KB090177

제 9 판

미시경제학

미시경제학 제 9 판

Robert S. Pindyck · Daniel L. Rubinfeld 지음

최병호 · 이우형 · 이대창 · 구균철 · 장용준 옮김

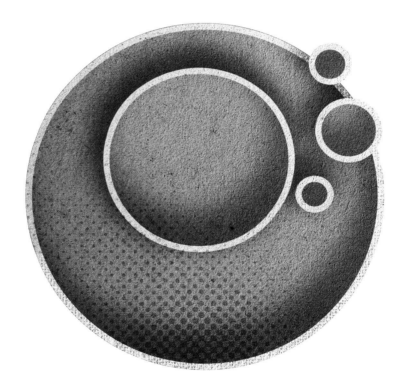

MICROECONOMICS

Pearson Education South Asia Pte Ltd
9 North Buona Vista Drive
#13-05/06 The Metropolis
Tower One
Singapore 138588

Pearson Education offices in Asia: *Bangkok, Beijing, Ho Chi Minh City, Hong Kong, Jakarta, Kuala Lumpur, Manila, Seoul, Singapore, Taipei, Tokyo*

Original edition MICROECONOMICS, GLOBAL EDITION 9/e, 9781292213316 by Robert S. Pindyck and Daniel L. Rubinfeld, published by Pearson Education Limited © 2018 Pearson Education Limited.

This translation published 2020. Authorized for sale only in South Korea.

4   3   2   1
23   22   21   20

ISBN 978-981-3136-86-1

Cover Art: © LeksusTuss/Shutterstock
가격: 42,000원

 Pearson

http://pearsonapac.com/

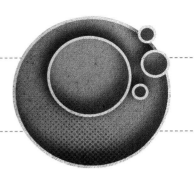

외국에서 발행된 교재를 번역하는 것은 동기 부여가 쉽지 않은 일이며, 상당히 번거로운 작업이기도 하다. 특히 미시경제학의 경우에는 국내외에서 출판된 많은 교재가 대학교재시장에서 유통되고 있기 때문에 번역의 의미가 크지 않을 수 있다. 그럼에도 불구하고 우리가 이책의 번역을 추진한 것은 많은 다른 미시경제학 교재와 비교하여 이 책이 가진 상당한 차별성과여러 가지 장점에 주목했기 때문이다.

Pindyke와 Rubinfeld의 『미시경제학』은 1992년 초판이 발행된 이후 여러 번의 수정과 보완을거치면서 2018년에 제9판이 발행되기까지 전 세계적으로 가장 많이 판매되는 미시경제학 교재로 자리 잡았다. 이 책에서는 미시경제학의 기본적인 내용은 물론 기업 간 전략적 상호관계와 게임이론, 불확실성과 정보, 환경정책적 문제, 후생경제학, 행동경제학 등 미시경제학과 직간접적으로 연계된 관련 분야를 폭넓게 다루면서도 통합적인 시각에서 전체적인 체계성을 유지하고 있다. 특히 이 책은 경제학적 지식의 전달에 그치지 않으며, 경제 현장에서 도출하거나 사회적인이슈와 관련된 130여 건이 넘는 매우 다양하고 풍부한 사례를 통하여 세상의 움직임에 대해 합리적이고 논리적으로 생각하고 이해하는 방법을 알려 준다. 나아가 우리가 살아가면서 직면할수 있는 다양한 경제적 및 비경제적 의사결정 문제에 대해 실천적 학문으로서 미시경제학적 지식이 유용하게 사용될 수 있음을 잘 보여 준다.

저자들이 서문에서 밝히고 있듯이, 제9판을 통해 중점적으로 보완된 내용은 게임이론과 기업들의 전략적 상호작용(제12장과 제13장), 불확실성과 비대칭적 정보의 역할과 함의(제5장과 제17장), 시장지배력을 가진 기업들의 가격전략(제10장과 제11장), 환경오염(제18장)과 같이 외부효과와 연관된 효율성 문제를 다루는 정책의 설계, 행동경제학(제19장) 등이다. 특히 최근에 관심을 끌고 있는 행동경제학에 관한 입문적인 내용은 제19장을 도입하여 별도로 담고 있다. 또한이 책의 가장 중요한 장점 중 하나인 사례의 경우 오래된 자료를 최근 자료로 대체하고 새로운사례를 다수 추가하였다.

이 책은 광범위한 내용을 담다 보니 한 학기용 교재로서는 분량이 많을 수 있으며, 학부 수준의 미시경제학 교재로서는 다소 어렵거나 복잡한 내용도 포함하고 있다. 그러므로 강의자의강의 목표와 강의 대상에 따라 내용을 신축적으로 선택할 수 있을 것이다. 역자들의 경험으로는 학부 2학년생을 대상으로 하는 한 학기 미시경제학 강의에서는 제1장에서 제4장, 제6장, 제7장의 1절에서 5절, 제8장에서 제10장, 제11장의 1절에서 4절, 제12장, 제14장, 제18장의 1절, 2절과 5절을 강의하면 적절할 것으로 생각한다. 학부 3학년 수준의 경영경제학 또는 관리경제학 강의에서는 미시경제학 강의의 전반적인 내용에 더하여 제5장, 제11장, 제12장, 제13장, 제14장, 제15장 및 제17장에 초점을 맞출 수 있을 것이다. 또한 이 책의 본문에는 수학을 사용한 분석이 없다는 점을 제외하면 대학원 석사과정의 교재로도 크게 모자람이 없는데, 이 경우에는 제16장과 제18장도 포함시킬 수 있을 것이다.

번역본을 준비하면서 많은 분의 도움을 받았다. 출간에 크고 작은 도움을 주신 모든 분께 깊은 감사의 마음을 전한다.

2020년 8월
옮긴이

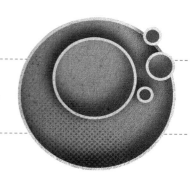

세상이 어떻게 움직이는지를 이해하고자 하는 사람들에게 미시경제학은 가장 적절하고 흥미로우며 중요한 학문분야이다(거시경제학은 두 번째로 중요한 분야이다). 기업의 경영에 관한 의사결정, 공공정책의 설계 및 이해를 포함하여 보다 일반적인 의미에서 현대경제가 어떻게 작동하는지를 이해하기 위해서는 미시경제학을 제대로 공부할 필요가 있다. 또한 미시경제학은 매일 접하는 뉴스를 이해하는 데에도 필요하다.

우리가 『미시경제학』을 저술한 이유는 게임이론과 경쟁전략, 불확실성과 정보의 역할, 시장지배력을 보유한 기업의 가격전략 등 최근 들어 미시경제학에서 중심적인 위치를 차지하게 된 새로운 주제들을 학생들이 접할 필요가 있다고 생각했기 때문이다. 또한 세상이 어떻게 움직이는지를 이해하는 것은 물론 의사결정을 위한 실천적 도구로서 미시경제학을 어떻게 사용할 수 있는지를 학생들에게 알려 주고 싶었다. 학생들이 흥미롭고 역동적인 학문인 미시경제학의 적절성과 유용성을 인식하기 위해서는 사회에서 실제적으로 부딪히는 다양한 의사결정 문제에 있어서 미시경제학이 실제로 어떻게 사용되는지를 제대로 이해할 필요가 있다.

이와 같은 필요성을 반영하여 『미시경제학』 제9판은 기업경영과 공공정책적 의사결정에 있어서 미시경제학적 이론의 적절성과 응용가능성을 강조하고 있다. 이러한 분야에의 응용가능성은 수요, 비용 및 시장효율성 분석, 가격전략의 설계, 투자 및 생산에 관한 의사결정, 공공정책 분석 등의 주제를 다루는 사례들을 통해 살펴본다. 사례들은 그 중요성을 강조하기 위해 본문에 포함시켰다.

『미시경제학』 제9판은 최근 이 분야에서 일어난 동태적인 변화를 포함하고 있다. 게임이론과 기업들의 전략적 상호작용(제12장과 제13장), 불확실성과 비대칭적 정보의 역할과 함의(제5장과 제17장), 시장지배력을 가진 기업들의 가격전략(제10장과 제11장), 환경오염(제18장)과 같이 외부효과와 연관된 효율성 문제를 다루는 정책의 설계, 행동경제학(제19장) 등이 그것이다.

다루는 범위가 포괄적이며 최신의 내용을 담고 있다고 해서 이 책이 어렵다는 것은 아니다. 우리는 가능하면 알기 쉽고 명확한 표현을 사용하고자 노력하였다. 미시경제학 공부는 즐겁고 흥미로워야 한다고 생각하는데, 이 책이 이런 생각을 제대로 반영할 수 있기를 바란다. 부록과 각주를 제외하고는 『미시경제학』은 수학을 사용하지 않기 때문에 다양한 수준의 학생들에게 적합

할 것이다. [다소 어려운 부분은 별표(*)로 표시해 두었으며 생략 가능하다.]

제9판의 변화된 내용

그동안 이 책의 새 판을 출간할 때는 구판의 내용에 새로운 주제를 더하고, 사례를 추가하거나 보다 최근 사례로 교체하고, 기존의 설명 방법을 더 쉽게 고치고자 하였다. 이번 제9판에서도 이런 방식을 이어 가고 있다. 이 책 전반적으로 상당한 변화를 이루었는데, 그중에서도 중요한 변화는 다음과 같다.

- 행동경제학에 관한 내용을 담은 제19장을 새로 추가하였다. 행동경제학은 제약(소득, 비용, 수요 등)하에서 무엇(효용, 산출량, 이윤 등)을 극대화하는 전형적인 틀을 벗어난다. 제약하의 최적화는 시장이 어떻게 움직이는지를 이해하는 데 매우 강력한 방법이지만 실제로 소비자와 기업이 어떻게 행동하는지를 정확하게 설명하지는 않는다. 새롭게 관심을 끌고 있는 분야인 행동경제학에서는 심리학의 연구결과를 소비자와 기업의 의사결정에 관한 경제학적 설명에 포함시킨다. 이 책의 구판에서도 행동경제학에 관한 내용을 제5장에 부분적으로 담았었지만, 제9판에서는 그 중요성을 고려하여 독립적인 장에 별도로 담는다.

이전과 마찬가지로 많은 사례를 최근 자료로 대체하는 것은 물론 다음과 같은 몇몇 새로운 사례를 추가하였다.

- 우버(Uber)나 리프트(Lyft)와 같은 차량공유(ride-share)서비스의 등장이 택시시장에 미치는 영향에 관한 몇몇 사례(제9장과 제13장)
- 테슬라(Tesla)의 새 배터리 공장(Gigafactory)에 있어서 규모의 경제가 전기자동차 배터리의 생산비용을 어떻게 감소시키는지를 보여 주는 사례(제7장)
- 합병정책의 새로운 사례(제10장)와 자동차부품 카르텔(제12장)에의 적용에 관한 사례
- 이 교재의 가격책정에 관한 두 가지 사례(제1장과 제12장)
- 소비자의 신용카드 빚의 활용(매우 높은 이자율에 대한 지불용의)과 헬스클럽 가입에 관한 의사결정 등을 포함하여 행태적(behavioral) 속성을 가진 행위에 대한 사례(제19장)
- 제19장을 제외하면 신판의 배치는 구판과 유사하다. 각 페이지의 여백을 이용하여 핵심적인 개념을 정의하였으며, 앞에서 배운 개념과 새로 설명하는 개념을 연결하였다.

강의 내용의 선택

강의자는 필요에 따라 이 책의 강의 내용을 상당히 신축적으로 선택할 수 있다. 기본적인 핵심 주제를 강조하고자 하는 한 쿼터나 한 학기 강의에서는 제1장에서 제6장, 제7장의 1절에서 4절, 제8장에서 제10장, 제11장의 1절에서 3절, 제12장, 제14장, 제15장의 1절에서 4절, 제18장의 1절, 2절과 5절을 강의할 것을 권한다. 좀 더 의욕적인 강의에서는 제7장과 제9장 전체와 제5장, 제16장, 제19장을 포함시킬 수 있다. 불확실성과 시장실패까지 강조하고 싶다면 제5장과 제17장도 포함시킨다.

강의자의 관심 분야나 강의목적에 따라 다른 내용이 추가되거나 앞에서 언급한 내용을 대체할 수 있다. 현대적 가격책정이론과 기업의 전략을 강조하는 강의에서는 제11장, 제12장, 제13장과 제15장 전체를 포함시킬 수 있다. 관리경제학 강의에서는 제4장, 제7장 및 제11장의 부록과 이 책의 마지막 부분에 담긴 회귀분석에 관한 부록을 포함시킬 수 있다. 후생경제학과 공공정책을 강조하는 강의의 경우에는 제16장과 함께 제18장 및 제19장 전체를 포함시킬 수 있다.

내용이 다소 어렵거나 핵심 내용에 비해 덜 중요한 내용을 담고 있는 절은 별표(*)로 표시해 두었다. 이런 부분은 생략하더라도 이 책의 전반적인 내용을 이해하는 데 문제가 없다.

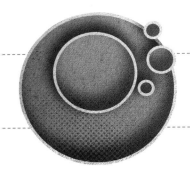

저자 소개

Pindyck 교수(사진에서 오른쪽)와 Rubinfeld 교수는 오랫동안 성공적으로 교재 저술작업을 함께 해 왔다.

교재를 3~4년마다 개정하는 것은 힘든 작업이며, 특히 앞선 제8판은 학생들의 호응도가 높았다. 때문에 저자들은 "출판사가 왜 개정판을 내려고 하지?"라고 의아해했다. "몇몇 사례들이 오래된 것이어서 그런가? 아니면 중고책시장과 관련이 있는가?" 둘 다 맞을 수도 있다. 어떤 이유에서든 이번에 발간하는 제9판은 내용이 상당히 개선되었으며 많은 새로운 사례들을 포함하고 있다.

Robert S. Pindyck는 MIT의 슬론 경영대학원(Sloan School of Management at MIT)에서 경제학 및 파이낸스 담당 도쿄–미쓰비시은행 석좌교수로 재직 중이다. Daniel L. Rubinfeld는 캘리포니아 버클리대학(Ubiversity of California, Berkeley)의 Robert L. Bridges 법학 및 경제학 석좌교수 겸 뉴욕대학(NYU)의 법학교수로 재직 중이다. Pindyck 교수는 1971년에, Rubinfeld 교수는 1972년에 각각 MIT에서 경제학 박사학위를 받았다. Pindyck 교수는 불확실성이 기업의 행위와 시장구조에 미치는 영향, 자연자원, 재화 및 금융시장의 행태, 환경경제학, 투자결정의 기준 등 미시경제학 분야의 다양한 주제에 대해 연구해 왔다. Rubinfeld 교수는 1997년과 1998년에 미국 법무부의 수석경제학자로 일했으며, 반독점, 경쟁정책, 법경제학, 법과 통계, 공공경제학 등의 분야에서 많은 논문을 저술하였다.

Pindyck와 Rubinfeld 교수는 또 다른 베스트셀러 교재인 *Econometric Models and Economic Forecasts*를 공동으로 저술하였다. 최근 두 사람은 발모제의 실험대상자로 자원하여 약을 복용 중이다. Rubinfeld 교수는 단순히 심리적 효과를 노리는 것이 아닐까 의심하고 있다.

저자에 관한 보다 많은 정보는 아래에 표시한 두 교수의 웹사이트에서 확인할 수 있다.

- http://web.mit.edu/rpindyck/www/
- https://www.law.berkeley.edu/our-faculty/faculty-profiles/daniel-rubinfeld/

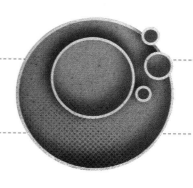

요약 차례

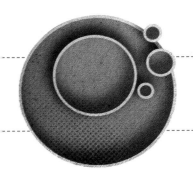

차례

제 9 장   경쟁시장 분석 ·· 325

제 3 부   시장구조와 경쟁전략

제 10 장   시장지배력: 공급독점과 수요독점 ·· 367

제 4 부　정보, 시장실패, 그리고 정부의 역할

제 17 장   비대칭적 정보하에서의 시장 ··· 669

제 18 장   외부효과와 공공재 ··· 703

사례 목록

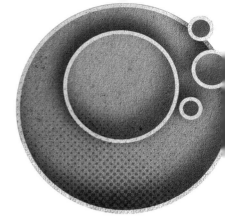

PART 1

서론: 시장과 가격

제1부에서는 미시경제학에서 다루는 내용을 전반적으로 살펴보며, 몇몇 기본 개념과 분석방법을 소개한다.

제1장에서는 미시경제학이 관심을 갖는 문제의 범위와 그러한 문제에 대해 미시경제학이 제시하는 답을 설명한다. 또한 시장이란 무엇이며, 시장의 경계는 어떻게 결정되며, 시장가격은 어떻게 측정하는지를 설명한다.

제2장에서는 미시경제학에서 가장 중요한 분석방법 중 하나인 수요-공급 분석을 소개하는데, 경쟁시장이 어떻게 작동하며, 수요와 공급이 어떻게 가격과 재화의 거래량을 결정하는지를 설명한다. 또한 수요-공급 분석을 이용하여 정부의 시장개입을 포함한 시장상황의 변화에 따른 영향을 확인하는 방법도 알아본다.

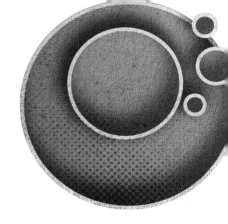

CHAPTER 1
서론

경제학은 미시경제학과 거시경제학의 두 분야로 나뉜다. **미시경제학**(microeconomics)은 개별 경제단위들의 행위를 다룬다. 개별 경제단위는 소비자, 근로자, 투자자, 토지소유자, 기업 등을 포함하는데, 경제가 작동하는 데 있어서 일정한 역할을 담당하는 개인 또는 조직을 일컫는다.[1] 미시경제학은 이러한 경제단위들이 어떤 방식으로, 또 어떤 이유로 의사결정을 하는지를 설명한다. 예를 들어 소비자는 어떻게 구매에 관한 의사결정을 하며, 이런 선택은 가격과 소득 변화에 의해 어떤 영향을 받는지를 설명한다. 또한 기업은 얼마나 많은 근로자를 고용할 것인지를 어떻게 결정하며, 근로자는 어디서, 얼마나 일할 것인지를 어떻게 결정하는지를 설명한다.

미시경제학의 또 다른 관심사는 개별 경제단위가 어떤 식으로 상호작용을 하면서 시장이나 산업과 같은 더 큰 경제단위를 형성하는가이다. 예를 들어 미시경제학은 미국의 자동차산업이 지금까지 어떻게 발전해 왔으며, 생산자와 소비자는 자동차시장에서 어떻게 상호작용하는지를 이해할 수 있도록 도와준다. 즉 자동차가격은 어떻게 결정되며, 자동차회사는 새로운 공장에 얼마나 투자하며, 매년 몇 대의 새 차를 생산하는지를 설명한다. 미시경제학은 개별 기업들과 소비자들의 행위와 상호작용을 살펴봄으로써 산업과 시장이 어떻게 작동하고 진화하며, 서로 간의 차이는 왜 발생하는지, 그리고 이들이 정부정책과 세계경제상황에 의해 어떻게 영향을 받는지를 보여 준다.

미시경제학과는 대조적으로 **거시경제학**(macroeconomics)은 국민총생산의 크기와 성장률, 이자율, 실업, 인플레이션 등 경제적 총량을 다룬다. 하지만 최근에는 미시경제학과 거시경제학의 경계는 차츰 엷어지고 있다. 그것은 거시경제학도 역시 전체 재화와 서비스시장, 노동시장, 채권시장 등

---

1 미시(micro)라는 접두어는 "작음"을 의미하는 그리스어로부터 유래한 것이다. 하지만 우리가 공부하게 될 개별 경제단위는 전체 경제와의 관계 속에서 파악할 때 작을 뿐이다. 예를 들어 제너럴모터스(General Motors, GM), IBM, 마이크로소프트(Microsoft) 등은 미국 내에서는 개별 경제단위이지만 그들의 연간 매출액은 많은 나라들의 국내총생산보다 오히려 많다.

미시경제학 소비자, 기업, 근로자, 투자자 등 개별 경제단위의 행위와 이와 같은 개별 경제단위로 구성된 시장을 다루는 경제학의 분야

거시경제학 국민총생산의 규모와 성장률, 이자율, 실업, 인플레이션 등과 같은 총량적인 경제변수를 다루는 경제학의 분야

시장에 대한 분석을 다루기 때문이다. 이와 같은 전체 시장이 어떻게 작동하는지를 이해하기 위해서는 먼저 그 시장을 구성하는 기업, 소비자, 투자자 등의 행위를 이해해야 한다. 따라서 거시경제학자들은 차츰 전체 경제현상의 미시적 기초에 관심을 기울이게 되었는데, 실제로 많은 거시경제학적 분석은 미시경제학적 분석을 확장시킨 것이다.

1.1   미시경제학의 주제

록 밴드 롤링스톤스(The Rolling Stones)의 노래 중에는 "당신이 원하는 것을 항상 가질 수 있는 것은 아냐(You can't always get what you want)"라는 제목의 곡이 있다. 이 말은 사실이다. 대부분 사람들은 자신이 가질 수 있거나 할 수 있는 것에는 한계가 있다는 사실을 어릴 때부터 터득하게 된다. 그런데 경제학자에게 있어서 그것은 집착에 가까울 수 있다.

미시경제학은 대부분 제한적인 상황에 관한 것인데, 예를 들어 소비자가 재화나 서비스에 지출할 수 있는 소득의 제한, 기업이 재화를 생산하는 데 활용할 수 있는 예산이나 기술적 노하우의 제한, 근로자가 노동 또는 여가에 활용할 수 있는 시간의 제한 등이다. 동시에 미시경제학은 이러한 제한적인 상황을 가장 유용하게 활용할 수 있는 방법을 고민한다. 보다 정확하게 말해서 미시경제학은 희소한 자원을 배분하는 방법에 관한 것이다. 예를 들어 미시경제학은 소비자가 자신의 제한된 소득을 다양한 재화나 서비스의 구매에 어떻게 배분하는 것이 최적인지를 설명한다. 근로자가 자신에게 주어진 시간을 근로와 여가 또는 한 가지 일과 다른 일 간에 어떻게 배분하는지를 설명한다. 또한 기업이 주어진 재무적 자원을 근로자를 추가적으로 고용하거나 또는 새로운 기계를 구입하는 데 어떻게 배분하는지, 서로 다른 제품의 생산에 어떻게 배분하는지를 설명한다.

쿠바, 북한, 구소련 등과 같은 계획경제에서는 대체로 정부가 이러한 배분을 결정한다. 정부는 기업들이 무엇을 얼마나 생산할 것인지, 어떻게 생산할 것인지를 통제한다. 근로자들은 직업과 근로시간은 물론 주거지의 선택에 이르기까지 자율권이 제한된다. 소비자들이 선택할 수 있는 재화의 종류도 상당히 제한적이다. 때문에 미시경제학의 분석방법과 개념의 상당 부분을 이런 국가에 적용하는 데는 한계가 있다.

상호교환관계

현대적인 시장경제에서 소비자, 근로자 및 기업은 희소한 자원을 배분하는 데 있어서 매우 유연하게 선택할 수 있다. 미시경제학은 소비자, 근로자 및 기업이 직면하는 **상호교환관계**(trade-offs)를 설명하며, 최적의 상호교환관계가 어떻게 이루어지는지를 보여 준다.

최적의 상호교환관계를 달성하는 방식에 관한 아이디어는 미시경제학의 주요 주제로서 이 책에서 계속 언급된다. 이에 대해 좀 더 구체적으로 살펴보자.

소비자 소비자는 한정된 소득을 가지고 다양한 재화와 서비스를 구매하거나 미래를 위한 저축에 사용한다. 제3~5장의 주제인 소비자이론(consumer theory)에서는 소비자가 자신의 선호하에서 어떤 재화를 많이 구입하는 반면 다른 재화는 적게 구입하는 선택을 통해 자신의 만족을 극대화하는 방법에 대해 설명한다. 또한 소비자가 현재 소비와 미래 소비 간 상호교환을 통해 자신의

소득 중 얼마를 저축해야 하는지를 선택하는 방법을 설명한다.

근로자   근로자도 역시 제약하에서 상호교환을 한다. 첫째, 사람들은 일을 할 것인지, 그리고 일을 한다면 언제 할 것인지를 결정한다. 근로자가 선택할 수 있는 직업의 유형과 그에 따른 보수의 차이는 부분적으로는 교육 정도와 기술습득 수준에 의해 결정되기 때문에 당장 직업을 가져서 소득을 얻을 것인지 혹은 계속 교육을 받음으로써 보다 나은 미래소득을 기대할 것인지를 선택해야 한다. 둘째, 근로자는 직장의 선택에 있어서도 상호교환관계에 직면한다. 예를 들어 어떤 사람들은 안정적이지만 승진기회가 적은 대기업을 선택하는 반면 다른 사람들은 안정성은 떨어지지만 승진기회가 많은 중소기업을 선택한다. 마지막으로 근로자는 일주일에 몇 시간이나 일할지를 결정해야 하는데, 이는 근로시간과 여가 간의 상호교환을 의미한다.

기업   기업은 생산할 수 있는 재화의 종류와 그러한 재화를 생산하는 데 필요한 자원에 관한 제약에 직면한다. 예를 들어 GM사는 승용차와 트럭은 아주 잘 만들지만 비행기, 컴퓨터, 약품 등을 생산할 능력은 없다. 또한 생산에 필요한 재무적 자원과 공장의 생산능력은 한정되어 있다. 이러한 제약하에서 GM사는 어떤 종류의 자동차를 얼마나 생산할 것인지를 결정해야 한다. 만약 내년에는 올해보다 더 많은 승용차와 트럭을 생산하기를 원한다면 더 많은 근로자를 고용할지, 그리고 새로운 공장을 건설할지를 결정해야 한다. 제6장과 제7장의 주제인 **기업이론**(theory of the firm)에서는 이와 같은 상호교환이 어떻게 이루어지는지를 살펴본다.

가격과 시장

미시경제학에서 두 번째로 중요한 주제는 가격의 역할이다. 앞서 설명한 모든 상호교환관계는 소비자, 근로자 및 기업이 직면하는 가격에 기초하여 결정된다. 예를 들어 어떤 소비자가 맥주와 치킨 간에 선택을 해야 한다면 그의 선택은 부분적으로는 두 재화에 관한 자신의 선호에 영향을 받는 동시에 두 재화의 가격에도 영향을 받는다. 마찬가지로 근로자는 부분적으로 노동의 대가인 임금에 기초하여 일과 여가 간에 선택을 한다. 또한 기업은 고용을 늘릴 것인가 혹은 더 많은 기계를 구입할 것인가에 관한 선택에 있어서 부분적으로 임금과 기계의 가격에 기초하여 결정한다.

또한 미시경제학은 가격이 어떻게 결정되는지도 설명한다. 중앙집권적 계획경제에서는 정부가 가격을 결정한다. 시장경제에서 가격은 소비자, 근로자, 그리고 기업의 상호작용에 의해 결정된다. 이러한 상호작용은 시장에서 일어나는데, 여기서 **시장**이란 어떤 재화의 가격을 결정하는 구매자와 판매자의 집합체를 의미한다. 예를 들어 자동차시장에서 승용차의 가격은 포드(Ford), GM, 토요타(Toyota) 등 자동차 제조업체 간의 경쟁과 함께 소비자들의 수요에 의해 결정된다. 시장의 핵심적인 역할은 미시경제학에서 세 번째로 중요한 주제이다. 시장의 본질과 작동에 관해서는 뒤에서 다시 살펴본다.

이론과 모형

다른 과학영역과 마찬가지로 경제학도 관찰된 현상을 **설명**하는 데 관심을 기울인다. 생산에 사용되는 원료가격이 인상될 때 기업이 근로자를 추가로 고용하거나 해고하는 이유는 무엇인가?

원료가격이 10% 인상될 때 기업 또는 해당 산업에서는 얼마의 근로자가 추가로 고용되거나 혹은 해고되는가?

경제학에서도 설명과 예측은 다른 과학과 마찬가지로 이론에 근거한다. 이론은 기본적인 법칙과 가정에 의해 관찰된 현상을 설명하기 위해 만들어진다. 예를 들어 **기업이론**은 기업이 자신의 이윤을 극대화한다는 단순한 가정하에서 출발한다. 이론은 이 가정을 이용하여 기업이 생산에 필요한 노동, 자본 및 원료의 양을 어떻게 선택하여 재화의 생산량을 결정하는가를 설명한다. 또한 이러한 선택은 어떤 경로를 통해 노동, 자본, 원료 등의 투입물가격에 영향을 받으며, 산출물의 가격도 영향을 받게 되는지를 설명한다.

또한 경제이론은 예측에 있어서도 기초가 된다. 기업이론은 임금의 인상 또는 원료가격의 인하 등에 의해 기업의 산출량이 증가 또는 감소하는지를 알려 준다. 통계학과 계량경제학적 방법을 적용함으로써 이론은 정량적인 예측이 가능한 모형을 만드는 데 활용된다. **모형**이란 경제이론에 근거한 기업, 시장 또는 다른 경제주체의 행위에 관한 수학적 표현을 의미한다. 예를 들어 우리는 어떤 기업을 대상으로 원료가격이 10% 하락할 경우 이 기업의 산출량은 **어떤 영향**을 받게 될 것인지를 보여 주는 모형을 만들 수 있다.

또한 통계학과 계량경제학을 이용하면 예측의 **정확성**을 측정할 수 있다. 예를 들어 원료가격이 10% 하락하면 산출량은 5% 증가할 것으로 예측한다고 하자. 이 경우 산출량이 정확히 5% 증가하는지 혹은 3~7% 사이로 증가하는지 확인이 필요하다. 예측의 정확성을 정량적으로 파악하는 것은 예측 그 자체 못지않게 중요하다.

경제학이나 물리학, 또는 다른 과학에 있어서도 이론은 완전히 정확하지는 않다. 어떤 이론의 유용성과 타당성은 그 이론이 설명하거나 예측하려는 현상을 성공적으로 설명하고 예측하는지 여부에 달려 있다. 그러므로 이론은 실제로 관측되는 현상에 비추어 지속적으로 검증된다. 이러한 검증을 통하여 이론은 수정되거나 보완되며, 때로는 폐기되기도 한다. 이론을 수정하고 보완하는 것은 과학으로서 경제학을 발전시키는 데 있어서 핵심적인 과정이다.

이론을 평가하는 데 있어서 이론이란 기본적으로 불완전한 것임을 명심해야 한다. 이론의 불완전성은 다른 모든 과학적 영역에 있어서도 마찬가지이다. 예를 들어 물리학에서 보일의 법칙(Boyle's law)은 기체의 부피, 온도 및 압력 간의 관계를 설명한다.[2] 이 법칙은 개별 기체분자들은 아주 작고 탄력적인 당구공처럼 움직인다는 가정에 근거한다. 오늘날의 물리학자들은 기체분자들이 항상 당구공처럼 움직이는 것은 아니기 때문에 보일의 법칙은 극한의 압력과 온도하에서는 성립하지 않음을 알고 있다. 하지만 이 이론은 대부분의 상황에서 기체의 온도가 압력과 부피의 변화에 의해 어떤 영향을 받는지를 상당히 잘 설명함으로써 기술자나 과학자들에게는 매우 중요한 지식이 된다.

이러한 상황은 경제학에서도 마찬가지이다. 예를 들어 기업이 항상 자신의 이윤극대화를 위해 행동하는 것은 아니기 때문에 기업이론은 자본투자에 관한 의사결정과 같이 기업의 행위 중 특

---

2 영국의 화학자이자 물리학자인 로버트 보일(Robert Boyle, 1627~1691)은 실험을 통하여 압력(P), 부피(V) 및 온도(T) 간에는 $PV = RT$의 관계가 있음을 발견하였다. 여기서 R은 상수이다. 그 이후 물리학자들은 이러한 관계를 기체분자의 움직임을 통계적으로 설명하는 이론인 동역학이론으로 발전시켰다.

정 부분을 설명하는 데는 제한적인 범위 내에서만 유용하다. 그럼에도 불구하고 기업이론은 기업의 행위, 성장, 기업과 산업의 진화 등과 관련된 광범위한 현상을 설명하기 때문에 기업의 관리자나 정책담당자에게는 매우 중요한 지식으로서 역할을 하게 된다.

실증적 분석과 규범적 분석

미시경제학은 실증적 문제와 규범적 문제 모두와 관계가 있다. 실증적 문제는 설명과 예측에 관한 것이며, 규범적 문제는 어떻게 되어야 하는가에 관한 것이다. 미국정부가 외국 자동차 수입에 대해 쿼터를 부과한다고 하자. 이때 자동차의 가격, 생산과 판매량은 어떤 영향을 받는가? 이러한 정책 변화로 인해 미국 소비자들과 미국의 자동차산업 근로자들은 어떤 영향을 받는가? 이런 질문들은 원인과 결과 간의 관계를 설명하는 **실증적 분석**(positive analysis)의 영역에 포함된다.

미시경제학의 핵심은 실증적 분석이다. 앞서 설명한 바와 같이 이론은 현상을 설명하기 위해 만들어지며, 관찰에 비추어 검증되며, 예측이 가능한 모형을 만드는 데 활용된다. 기업의 관리자에게나 정책담당자에게는 예측을 위해 경제이론을 활용하는 것은 중요하다. 연방정부가 조세수입을 증가시키고 수입원유에 대한 의존도를 낮추기 위하여 휘발유에 부과되는 세금을 인상할 것을 고려한다고 하자. 이런 정책 변화는 휘발유의 가격, 대형 또는 소형자동차에 관한 소비자의 선택, 운전자의 운행거리 등에 영향을 미치게 된다. 정유회사, 자동차회사, 자동차부품 제조업체, 그리고 여행사 등은 정책 변화에 현명하게 대처하기 위하여 조세인상에 따른 영향을 추정해야 한다. 정부의 정책담당자도 역시 이러한 정책 변화의 효과를 정량적으로 추정해야 한다. 즉 소비자들에게 추가적으로 부과되는 비용의 크기, 정유산업, 자동차산업 및 여행산업의 이윤과 고용에 미치는 영향, 매년 징수되는 조세수입 등을 파악해야 한다.

때로는 설명과 예측을 뛰어넘어 "무엇이 최선인가?"라는 질문을 던질 수도 있다. 이러한 질문은 **규범적 분석**(normative analysis)에 관한 것으로서 이 또한 기업의 관리자와 공공정책 담당자에게는 중요하다. 앞서 언급한 휘발유에 대한 과세 문제를 다시 제기해 보자. 세금이 인상됨에 따라 자동차회사는 대형과 소형자동차 생산량의 최적(이윤극대화) 결합을 결정해야 한다. 특히 보다 연비가 높은 자동차의 생산에 얼마를 투자할 것인가를 결정해야 한다. 정책담당자에게는 세금인상이 공공의 이익에 부합하는지 여부가 가장 중요한 문제이다. 수입원유에 대한 관세 등 다른 종류의 세금을 통하여 보다 낮은 사회적 비용을 발생시키면서 조세수입의 증가와 수입원유에 대한 의존도를 낮추는 동일한 정책목표를 달성할 수 있을 것이다.

규범적 분석은 다른 정책적 대안에 관한 것뿐만 아니라 특정한 정책적 선택의 설계와도 관련이 있다. 예를 들어 휘발유에 대한 과세가 바람직한 것으로 결정되었다고 하자. 그다음에는 비용과 편익 간 조화를 검토하면서 최적의 조세 수준을 살펴볼 수 있다.

규범적 분석은 종종 가치판단을 포함한다. 예를 들어 휘발유에 대한 과세와 수입원유에 대한 쿼터 간 비교를 통하여 휘발유 과세가 상대적으로 집행이 수월하지만 저소득층에게 더 큰 충격을 미친다고 결론 내릴 수 있다. 이때 사회는 형평성과 경제적 효율성을 서로 비교하면서 가치판단을 해야 한다. 가치판단이 포함되는 경우 미시경제학에 의해서는 최적의 정책을 선택하지 못한다. 하지만 상호교환관계를 명확히 함으로써 문제를 부각시키고 정확한 논점을 찾아낼 수는 있다.

실증적 분석 원인과 결과 간의 관계를 설명하는 분석

규범적 분석 어떻게 되어야 하는가를 살펴보는 분석

1.2   시장이란 무엇인가

기업관계자, 언론가, 정치인뿐만 아니라 소비자들도 원유시장, 주택시장, 채권시장 및 모든 종류의 재화와 서비스시장 등 항상 시장을 얘기한다. 하지만 그들이 "시장"이라는 단어를 통해 의미하는 바는 모호하며, 때로는 잘못 사용되기도 한다. 경제학에서 시장은 분석의 핵심이기 때문에 경제학자들은 시장을 언급할 때 가능하면 그 의미를 명확하게 하고자 노력한다.

시장이 무엇이며, 어떻게 움직이는가를 이해하기 위해서는 개별 경제단위를 기능에 따라 **구매자와 판매자**의 두 가지 광범위한 그룹으로 구분하는 것이 필수적이다. 구매자는 재화와 서비스를 구입하는 소비자와 재화와 서비스를 생산하기 위하여 노동, 자본 및 원료를 구입하는 기업을 포함한다. 판매자는 재화와 서비스를 판매하는 기업, 노동서비스를 판매하는 근로자, 기업에게 땅을 빌려 주거나 자연자원을 판매하는 자원의 소유자를 포함한다. 대부분 사람들과 기업들은 구매자인 동시에 판매자가 되는데, 무엇을 사는 사람은 구매자, 무엇을 파는 사람은 판매자로 단순하게 구분할 수 있다.

구매자와 판매자는 상호작용을 통해 시장을 형성한다. **시장**(market)이란 잠재적 또는 실제적 상호작용을 통하여 어떤 제품이나 제품묶음의 가격을 결정하는 구매자와 판매자의 집합체를 의미한다. 개인컴퓨터시장에서 구매자는 기업, 가계, 학생 등이며, 판매자는 휴렛팩커드(Hewlett-Packard), 르노보(Lenovo), 델(Dell), 애플(Apple) 등과 같은 제조업체이다. 시장은 산업보다는 넓은 개념이다. **산업**(industry)이란 같은 제품 또는 서로 밀접하게 연계된 제품들을 판매하는 기업의 집합이다. 따라서 산업이란 시장의 공급 측면을 의미한다.

경제학자들은 어떤 구매자와 판매자가 특정 시장에 포함되어야 하는지를 결정하는 **시장의 정의**(market definition)에 관심을 기울인다. 한 시장을 정의할 때 구매자와 판매자 간의 잠재적 상호관계는 실제적인 상호관계 못지않게 중요하다. 금시장을 예로 들어 보자. 금을 구입하고자 하는 뉴요커는 취리히에 직접 가서 금을 사지는 않는다. 뉴욕의 금 구매자들은 대부분 뉴욕 내의 판매자들과 접촉한다. 하지만 금의 수송비용은 그 가치에 비해 작기 때문에 취리히의 금값이 매우 싸다면 뉴욕의 구매자는 취리히에 직접 가서 금을 살 수도 있다.

어떤 재화의 가격차가 크다면 한 곳에서 싸게 구입하여 다른 곳에서 비싸게 판매하는 **차익거래**(arbitrage)가 발생할 수 있다. 이와 같은 차익거래의 가능성 때문에 뉴욕의 금값은 취리히의 금값과 크게 차이가 나지 않으며, 금에 대한 세계시장이 형성된다.

시장은 경제활동의 중심이며, 경제학에서 가장 흥미로운 주제들의 상당 부분은 시장의 움직임에 관한 것인데, 다음과 같은 예를 들 수 있다. 어떤 시장에서는 몇몇 기업들이 서로 경쟁하지만, 다른 시장에서는 수많은 기업들이 경쟁하는 이유는 무엇인가? 어떤 시장에서 많은 기업들이 경쟁하고 있으면 소비자들의 후생은 증가하는가? 만약 그렇다면 정부는 소수의 기업들만 참여하는 시장에 개입해야 하는가? 어떤 시장에서는 가격이 빠르게 증가 또는 감소하는 반면 다른 시장에서는 가격이 거의 변하지 않는 이유는 무엇인가? 어떤 시장이 사업을 시작하려는 기업가에게 최적의 기회를 제공하는가?

시장   실제적 또는 잠재적 상호작용을 통해 한 재화나 여러 재화묶음의 가격을 결정하는 구매자와 판매자의 집합

시장의 정의   특정 시장에 포함되어야 하는 구매자, 판매자 및 제품의 범위에 대한 결정

차익거래   한 곳에서 싼 가격에 제품을 구입하여 다른 곳에서 비싸게 판매하는 행위

경쟁시장과 비경쟁시장

이 책에서는 경쟁시장과 비경쟁시장의 행위를 함께 설명한다. **완전경쟁시장**(perfectly competitive market)에는 많은 구매자와 판매자가 참여하기 때문에 어떤 한 구매자나 판매자는 가격에 영향을 미칠 수 없다. 대부분의 농산물시장은 완전경쟁시장에 가깝다. 예를 들어 수많은 농부가 밀을 생산하며, 수많은 구매자들이 밀가루나 다른 제품을 만들기 위해 밀을 구입한다. 따라서 한 명의 농부나 한 명의 구매자가 밀가격에 심각한 영향을 미치지는 못한다.

다른 많은 시장도 충분히 완전경쟁시장으로 간주될 수 있을 만큼 경쟁적이다. 예를 들어 세계 구리시장에는 수십 개의 메이저 생산자가 있는데, 그 수는 충분히 많아서 한 생산자가 생산을 중단하더라도 가격에 미치는 영향은 미미하다. 이런 상황은 석탄, 철, 주석, 원목 등 다른 자연자원 시장의 경우도 마찬가지이다.

비록 생산자의 수가 적은 몇몇 시장들도 경쟁시장으로 간주하여 분석할 수 있다. 예를 들어 미국의 항공산업에는 수십 개의 항공사가 포함되는데, 대부분의 항공노선에는 몇몇 항공사만 항공 서비스를 제공한다. 그럼에도 불구하고 항공사 간 경쟁은 상당히 치열하기 때문에 분석 목적에 따라서는 항공시장은 경쟁적인 시장으로 간주된다. 그런데 어떤 시장은 생산자의 수가 많음에도 불구하고 **비경쟁적**인데, 개별 기업들이 담합하여 가격에 영향을 미치는 경우이다. 세계원유시장을 그 예로 들 수 있다. 1970년대 초반 이후로 세계원유시장은 OPEC 카르텔이 지배하고 있다 (카르텔이란 집단적으로 행동하는 생산자 그룹을 의미한다).

<aside>완전경쟁시장 많은 수의 구매자와 판매자로 구성되어서 어떤 한 구매자나 판매자가 가격에 중대한 영향을 미치지 못하는 시장</aside>

시장가격

시장은 구매자와 판매자 간 거래를 가능하게 하는데, 일정한 가격에 재화가 판매된다. 완전경쟁시장에는 일반적으로 하나의 **시장가격**(market price)이 형성된다. 캔자스시티의 밀가격과 뉴욕의 금가격을 생각해 보자. 가격은 쉽게 확인할 수 있는데, 예를 들어 신문의 경제면에서 매일 옥수수, 밀, 또는 금의 가격을 찾을 수 있다.

완전경쟁이 아닌 시장에서는 동일한 제품을 판매하는 기업들이 서로 다른 가격을 책정할 수 있다. 이런 현상은 한 기업이 다른 경쟁기업으로부터 소비자를 뺏어오기 위해 가격을 낮게 책정하거나, 혹은 소비자들이 어떤 기업의 제품에 대해 충성도(brand loyalty)를 가짐에 따라 그 기업이 다른 기업에 비해 상대적으로 높은 가격을 책정하는 경우에 나타난다. 예를 들어 어떤 슈퍼마켓에서 판매하는 서로 다른 상표의 세탁용 세제들은 가격에 차이가 날 수 있다. 또 한 동네의 두 슈퍼마켓에서는 동일한 상표의 세제를 서로 다른 가격에 판매할 수 있다. 이와 같은 경우에는 시장가격이란 상표나 매장에 따라 서로 다른 가격들의 평균을 의미한다.

대부분 재화의 시장가격은 시간이 지남에 따라 변하며, 많은 경우에 있어서 가격은 빠르게 변한다. 특히 완전경쟁시장에서 판매되는 재화의 경우에는 이런 현상이 두드러진다. 예를 들면, 주식의 경우 구매자와 판매자 수가 많으므로 주식시장은 매우 경쟁적이다. 주식시장에 투자하고자 하는 사람들은 주식의 가격은 분 단위로 변하며, 하루 동안에도 상당히 크게 변동할 수 있다는 것을 알고 있다. 마찬가지로 밀, 대두, 커피, 원유, 금, 은 및 목재와 같은 재화들의 가격도 하루 또는 한 주 동안 상당한 폭으로 등락할 수 있다.

<aside>시장가격 경쟁시장에서 나타나는 가격</aside>

시장의 정의 – 시장의 범위

앞서 살펴본 바와 같이 시장에 대한 정의는 한 시장에 어떤 구매자와 판매자가 포함되는지를 결정한다. 그런데 어떤 구매자와 판매자가 포함되는지를 결정하기 위해서는 **시장의 범위**(extent of a market)를 우선 결정해야 하는데, 그것은 지리적으로, 그리고 거래되는 재화의 범주 측면의 **경계**를 의미한다.

예를 들어 휘발유시장을 설명할 때는 그 지리적 경계가 로스앤젤레스 시내, 남부 캘리포니아 또는 미국 전체인지를 명확히 해야 한다. 또한 일반 휘발유와 고급휘발유가, 또는 휘발유와 디젤유가 같은 시장에 포함되는지 등 제품의 범위도 명확해야 한다.

시장을 매우 제한적인 지리적 경계로 구분하는 것은 의미가 있는데, 주택이 좋은 예이다. 시카고 시내에 직장이 있는 사람들은 출퇴근이 가능한 거리에 위치한 주택을 찾는다. 비록 집값이 매우 싸다고 하더라도 직장으로부터 200~300마일이나 떨어진 집을 찾지는 않는다. 또한 200마일이나 떨어진 주택은 시카고 근처로 옮길 수도 없다. 따라서 시카고의 주택시장은 클리블랜드, 휴스턴, 애틀랜타 또는 필라델피아의 주택시장과는 뚜렷하게 분리된다. 또한 주택시장에 비해서는 지리적으로는 덜 제한적이지만 휘발유 소매시장도 먼 거리를 이동해서 주유해야 할 때 발생하는 비용 때문에 역시 지역적인 시장이다. 따라서 남부 캘리포니아의 휘발유시장은 북부 일리노이의 시장과는 다르다. 반면 앞서 언급한 바와 같이, 금은 세계시장에서 거래되는데, 그것은 차익거래의 가능성 때문에 서로 다른 곳에서의 가격이 심각하게 차이가 나지 않기 때문이다.

또한 어떤 시장에 포함되는 제품의 범위에 대해서도 신중하게 생각해야 한다. 싱글렌즈 반사형(SLR) 디지털 카메라 시장에는 많은 제품들이 경쟁하고 있다. 소형 전자동 디지털 카메라의 경우는 보통 다른 목적에 이용되므로 SLR 카메라와 경쟁관계에 놓이지 않기 때문에 SLR 카메라와 같은 시장으로 간주할 수 없다. 휘발유의 경우에는 많은 소비자들이 일반 옥탄가와 고급 옥탄가 휘발유를 둘 다 사용하므로 둘은 같은 시장에 포함된다고 할 수 있다. 그러나 휘발유를 사용하는 차는 디젤유를 사용할 수 없기 때문에 디젤유는 같은 시장에 포함된다고 할 수 없다.[3]

시장의 정의는 다음과 같은 두 가지 이유에서 중요하다.

- 기업은 자신이 판매하거나 장차 판매하게 될 다양한 제품들에 대한 실제적이고 잠재적인 경쟁자가 누구인지를 알아야 한다. 또한 기업은 가격을 정하고, 광고비 예산을 결정하고, 자본투자를 결정하기 위하여 제품의 범주와 지리적 경계에 따라 자신의 제품이 속하는 시장을 파악해야 한다.
- 시장에 대한 정의는 공공정책적 의사결정에서도 중요하다. 정부는 유사한 제품을 생산하는 기업들 간의 인수합병을 허용해야 하는가 아니면 허용하지 말아야 하는가? 이 질문에 대한 답은 인수합병이 미래의 경쟁상황과 가격에 미치는 영향에 따라 다를 수 있지만, 때로는 시

---

3 시장의 범위를 어떻게 정할 수 있을까? 시장에서는 재화의 가격이 결정되므로 시장가격에 초점을 맞추는 것은 한 가지 방법이다. 서로 다른 지리적 지역이나 혹은 서로 다른 제품 유형에 있어서 제품의 가격이 거의 같은지, 혹은 같이 움직이는 경향이 있는지를 살펴볼 수 있는데, 둘 중 하나가 적용된다면 동일한 시장에 포함된다고 생각할 수 있다. 시장의 범위에 대한 보다 자세한 논의는 다음을 참조하라. George J. Stigler and Robert A. Sherwin, "The Extent of the Market," *Journal of Law and Economics* 27 (October 1985): 555–85.

사례 1.1 감미료시장

1990년에 ADM사(Archer-Daniels-Midland Company)는 CCP사(Clinton Corn Processing Company)를 인수하였다.[4] ADM은 옥수수시럽(high-fructose corn syrup)을 포함한 다양한 농업제품을 생산하는 회사였으며, CCP도 미국의 주요 옥수수시럽 제조업체 중 하나였다. 미국 법무부(DOJ)는 옥수수시럽의 가격을 경쟁가격 이상으로 인상시킬 수 있는 시장지배적 사업자가 탄생할 수 있다는 근거하에서 이 인수건을 승인하지 않았다.

ADM이 법무부의 결정에 불복함에 따라 이 사건은 법정으로 갔다. 기본적인 쟁점은 옥수수시럽시장이 설탕과 같은 다른 감미료시장과는 별도의 시장으로 인정되는지 여부였다. 만약 별도의 시장이라면 ADM과 CCP의 시장점유율의 합은 40%가 되므로 법무부의 우려는 정당한 것이었다. 하지만 ADM은 설탕과 옥수수시럽을 함께 포함시켜 감미료시장으로 보는 것이 보다 정확하게 시장을 정의하는 것이라고 주장하였다. 감미료시장에서 ADM과 CCP의 시장점유율의 합은 아주 낮았기 때문에 시장지배력에 의한 가격 인상을 우려할 필요가 없다는 것이었다.

ADM은 설탕과 옥수수시럽이 청량음료, 스파게티 소스, 팬케이크 시럽 등 다양한 식품의 감미료로 상호 대체적으로 사용된다는 점에서 두 제품은 동일한 시장에 포함되는 것으로 봐야 한다고 주장하였다. 또한 ADM은 옥수수시럽과 설탕의 가격 변동에 따라 식품제조업체들이 제품 생산에 있어서 두 감미료의 사용 비중을 변화시켰음을 보였다. 1990년 10월에 설탕과 옥수수시럽은 넓은 의미의 감미료시장에 포함된다고 판결함으로써 ADM의 주장을 받아들였다. 그 결과 ADM의 CCP 인수는 허용되었다.

설탕과 옥수수시럽은 달콤한 음식을 선호하는 미국인의 입맛을 만족시키기 위해 서로 대체적으로 사용된다. 감미료 사용량은 1990년대에 있어서 꾸준히 증가했으며, 1999년에는 1인당 150파운드까지 늘어났다. 그런데 2000년부터 미국인들이 건강에 대한 염려 때문에 설탕이 적게 든 스낵을 찾음에 따라 감미료 사용량은 줄어들기 시작하였다. 2014년에는 미국인의 1인당 감미료 소비량은 131파운드로 줄어들었다. 이에 더하여 설탕 소비는 1인당 68파운드로 늘어난 반면 옥수수시럽의 소비는 1인당 46파운드로 줄어들었다. 이처럼 옥수수시럽에서 설탕으로 소비 패턴이 변화된 것은 설탕이 옥수수시럽보다 "천연" 감미료로서 건강에 이롭다는 믿음이 일부 작용했기 때문이다.

장을 어떻게 정의하는가에 따라서도 달라진다.

1.3 실질가격과 명목가격

때때로 어떤 재화의 현재 가격과 과거의 가격 또는 미래의 가격을 비교할 필요가 생긴다. 이런 비교가 의미 있게 이루어지기 위해서는 전체적인 가격수준과 대비한 상대적인 가격을 측정할 필요가 있다. 절대적인 값으로 본다면 지금의 달걀 한 판의 가격은 50년 전의 가격에 비해 매우 비싸다. 하지만 전체적인 가격수준과 비교하면 지금의 달걀가격은 과거에 비해 오히려 싸다. 따라서 서로 다른 시간의 가격을 비교하기 위해서는 인플레이션에 따른 효과를 고려해야 한다. 즉 명목이 아닌 실질가격을 측정해야 한다.

한 재화의 **명목가격**(nominal price) 또는 경상가격(current-dollar price)이란 절대가격을 의미한다. 예를 들어 버터 1파운드의 명목가격은 1970년에는 $0.87, 1980년에는 $1.88, 1990년에는 $1.99, 2015년에는 $3.48였는데, 이는 해당 연도에 슈퍼마켓에서 볼 수 있었던 가격이다. 한 재

명목가격 인플레이션 효과를 조정하지 않은 절대가격

---

4 이 사례는 F. M. Scherer, "Archer-Daniels-Midland Corn Processing," Case C16-92-1126, John F. Kennedy School of Government, Harvard University, 1992에서 발췌한 것이다.

사례 1.2   자전거시장

여러분은 지금 사용 중인 자전거를 어디에서 구입했는가? 친구로부터 구입했거나 혹은 크레이그리스트(Craigslist)에 게재된 광고를 통해 중고자전거를 구입했을 수도 있다. 만약 새 자전거를 구입했다면 다음의 두 가지 유형의 상점 중 하나로부터 구입했을 것이다.

단순한 이동수단으로서 싼 자전거를 구입하고자 했다면 타깃(Target), 월마트(Wal-Mart) 또는 시어스(Sears)와 같은 대형 판매점에서 $100~$200를 주고 괜찮은 자전거를 구입했을 것이다. 그런데 여러분이 상당한 수준의 사이클 선수라면 자전거와 자전거부품을 전문적으로 판매하는 전문점에서 구입했을 것이다. $400 이하의 자전거를 찾기 힘들었다면 그보다 훨씬 높은 가격을 지불할 용의가 있었을 것이다.

$120짜리 허피(Huffy) 자전거에는 없지만 $1,000짜리 트렉(Trek) 자전거가 가진 기능은 무엇일까? 둘 다 전방 3단과 후방 7단의 21단 기어가 있으나, 트렉의 변속기능은 훨씬 고급이어서 보다 부드럽고 고르게 작동할 것이다. 둘 다 전방 및 후방 핸드 브레이크가 있지만 트렉의 브레이크가 훨씬 강하고 견고할 것이다. 또한 트렉은 허피에 비해 훨씬 가벼워서 사이클 선수에게 더 적합할 것이다.

따라서 자전거시장은 표 1.1에 나타난 바와 같이 자전거판매점의 유형에 따라 구분되는 2개의 서로 다른 시장이 존재한다. 타깃이나 월마트에서 판매하는 일반용 자전거는 허피, 슈윈(Schwinn), 맨티스(Mantis) 같은 기업에서 제조하며, 최소 $90에서 최대 $250를 넘지 않는 가격에 판매된다. 이런 기업들은 낮은 가격의 자전거를 생산하기 위해 주로 중국에서 제품을 생산한다. 자전거전문점에서 판매하는 트렉, 캐논데일(Cannondale), 자이언트(Giant), 게리피셔(Gary Fisher), 리들리(Ridley) 등의 전문가용 자전거는 최저 $400에서 시작하여 아주 높은 가격에 판매된다. 이런 기업들은 무게와 브레이크, 기어, 타이어 등의 성능을 강조한다.

허피와 슈윈 등은 자신들의 전문영역이 아닌, 혹은 경쟁우위가 없는 $1,000짜리 자전거를 생산하려는 시도를 한 적이 없다. 마찬가지로 트렉과 리들리는 평판과 품질을 쌓아 왔기 때문에 $100짜리 자전거를 생산할 기술도 없고 공장도 없다. 하지만 몽구스(Mongoose)는 두 시장을 넘나드는데, $120짜리 일반용 자전거부터 $700~$2,000의 고급 전문가용 자전거도 생산한다.

표 1.1	자전거시장
자전거 유형	**제조사와 가격(2011년)**
일반용 자전거: 타깃, 월마트, 케이마트(Kmart), 시어스 같은 박리다매 소매상에서 판매	허피: $90~$140 슈윈: $140~$240 맨티스: $129~$140 몽구스: $120~$280
전문가용 자전거: (자전거와 자전거 부품만 판매하는)자전거 전문점에서 판매	트렉: $400~$2,500 캐논데일: $500~$2,000 자이언트: $500~$2,500 게리피셔: $600~$2,000 몽구스: $700~$2,000 리들리: $1,300~$2,500 스캇(Scott): $1,000~$3,000 아이비스(Ibis): $2,000 이상

화의 **실질가격**(real price) 또는 불변가격(constant-dollar price)은 가격의 총량적 측정치와 대비한 상대가격으로서 인플레이션 효과를 조정한 가격이다.

소비재의 경우 총량적인 가격수준의 측정치로는 대부분 **소비자 물가지수**(Consumer Price Index, CPI)가 사용된다. CPI는 미국 노동통계국(U.S. Bureau of Labor Statistics)이 소매가격조사를 통해 산정하여 매달 발표한다. 이 지수는 전형적인 소비자가 구입하는 주요 재화묶음의 가격이 시간이 지남에 따라 어떻게 변화하는지를 알려 준다. 퍼센티지(%)로 나타낸 CPI의 변화율은 그 경제의 인플레이션율을 의미한다.

때로는 도소매점에서 판매되는 최종재의 가격뿐만 아니라 원자재의 가격이나 기업이 생산에 사용하는 중간재의 가격에 관심을 가질 수 있다. 이 경우에는 총량적 가격수준을 나타내는 지표로 **생산자 물가지수**(Producer Price Index, PPI)가 주로 사용된다. PPI도 역시 미국 노동통계국에서 산정하여 매달 발표하는데, 시간이 지남에 따른 원재료나 중간재 도매가격의 평균적인 변화를 보여 준다. 퍼센티지(%)로 나타낸 PPI의 변화율은 그 경제의 비용인플레이션율을 보여 주는데, 이를 통해 앞으로의 CPI 변화를 예측할 수 있다.

어떤 재화의 명목가격을 실질가격으로 변환시키기 위해 사용하는 가격지수는 재화의 유형에 따라서 달라진다. 소비자가 주로 구입하는 재화나 서비스의 경우에는 CPI가 적절한 반면 생산자가 주로 구입하는 재화나 서비스의 경우에는 PPI가 적절하다.

슈퍼마켓에서 판매되는 버터의 경우는 CPI가 적절한 가격지수이다. 인플레이션을 조정한 이후 2015년의 버터가격이 1970년의 가격에 비해 높은지를 확인할 수 있다. 이를 위해서는 2015년의 버터가격을 1970년의 화폐가치로 환산해야 한다. 1970년의 CPI는 38.8이었으며, 2015년에는 237.0으로 상승하였다. (미국에서는 1970년대와 1980년대 초에 상당한 인플레이션이 발생하였다.) 1970년의 달러로 환산한 2015년의 버터가격은 다음과 같이 계산된다.

$$\frac{38.8}{237.0} \times \$3.48 = \$0.57$$

따라서 실질가치로 파악하면 2015년의 버터가격은 1970년의 가격에 비해 싸졌음을 알 수 있다.[5] 다시 말해서 버터의 명목가격은 300%가 인상되었지만 CPI는 511%가 인상되었으므로 총량적 가격수준과 비교하면 버터가격은 하락한 것이다.

이 책에서는 명목가격보다는 실질가격에 관심을 두는데, 소비자는 재화들의 가격을 서로 비교하여 소비에 관한 선택을 하기 때문이다. 비교를 위한 공통의 기준이 있다면 재화들의 상대적인 가격을 쉽게 측정할 수 있다. 모든 가격을 실질가격으로 나타낸다면 이를 달성할 수 있다. 따라서 앞으로 가격을 단순히 달러로 표시하더라도 그 값은 실질적인 구매력을 나타낸다는 점을 기억하기 바란다.

---

[5] 미국 경제 전체에 관해서는 *Economic Report of the President*와 *Statistical Abstract of the United States*의 두 가지 주요 자료원이 있다. 둘 다 매년 발행되는 자료로서 U.S. Government Printing Office에서 구할 수 있다.

실질가격 총량적 가격과 대비한 어떤 재화의 상대가격으로서 인플레이션 효과를 조정한 가격

소비자 물가지수 총량적 가격수준의 측정치

생산자 물가지수 중간재와 도매제품의 총량적 가격수준의 측정치

사례 1.3 달걀가격과 대학교육의 가격

1970년에 A등급 달걀 한 다스의 가격은 약 61센트였다. 같은 해에 4년제 사립대학의 연간 교육비용은 기숙사비를 포함하여 약 $2,112였다. 2016년에 달걀가격은 한 다스에 $2.47로, 대학교육의 평균비용은 $25,694로 각각 올랐다. 실질가격으로 계산한다면 달걀과 대학교육은 각각 1970년에 비해 2016년에 더 비싸졌는가?

표 1.2는 1970~2016년의 달걀의 명목가격, 대학교육의 명목비용 및 CPI를 나타내고 있다. (CPI는 기준연도인 1983년의 값을 100으로 둔다.) 또한 다음과 같은 방법으로 계산한 달걀과 대학교육의 실질가격을 보여 준다.

$$1980년의\ 달걀의\ 실질가격 = \frac{CPI_{1970}}{CPI_{1980}} \times 1980년의\ 명목가격$$

$$1990년의\ 달걀의\ 실질가격 = \frac{CPI_{1970}}{CPI_{1990}} \times 1990년의\ 명목가격$$

이 표를 통하여 기간 중 대학교육의 실질비용은 231% 인상되었지만 달걀의 실질가격은 34% 인하되었음을 분명히 알 수 있다. 소비자의 선택에 있어서 중요한 것은 달걀과 대학교육의 명목가격이 1970년에 비해 지금 올랐다는 사실이 아니라 이러한 상대가격의 변화이다.

이 표에서는 1970년의 달러가치를 기준으로 실질가격을 계산했지만, 다른 연도를 기준연도로 삼아서 그해의 달러가치를 기준으로 실질가격을 쉽게 계산할 수 있다. 예를 들어 1990년 달러가치로 달걀의 실질가치를 계산하면 아래와 같다.

$$1970년의\ 달걀의\ 실질가격 = \frac{CPI_{1990}}{CPI_{1970}} \times 1970년의\ 명목가격$$

$$= \frac{130.7}{38.8} \times 0.61 = 2.05$$

$$2016년의\ 달걀의\ 실질가격 = \frac{CPI_{1990}}{CPI_{2016}} \times 2016년의\ 명목가격$$

$$= \frac{130.7}{241.7} \times 2.47 = 1.34$$

$$실질가격의\ 퍼센트\ 변화 = \frac{2016년의\ 실질가격 - 1970년의\ 실질가격}{1970년의\ 실질가격}$$

$$= \frac{1.34 - 2.05}{2.05} = -0.34$$

여기서 실질가격의 하락률은 1970년을 기준연도로 삼든 혹은 1990년을 기준연도로 삼든 동일하다는 점을 주목할 필요가 있다.

표 1.2	달걀과 대학교육의 실질가격[6]				
	1970	**1980**	**1990**	**2000**	**2016**
CPI	38.8	82.4	130.7	172.2	241.7
명목가격					
A등급 달걀	$0.61	$0.84	$1.01	$0.91	$2.47
대학교육	$1,784	$3,499	$7,602	$12,922	$25,694
실질가격(1970년 달러 기준)					
A등급 달걀	$0.61	$0.40	$0.30	$0.21	$0.40
대학교육	$1,784	$1,624	$2,239	$2,912	$4,125

---

6 대학교육의 비용에 관한 자료는 국가교육통계센터(National Center for Education Statistics)의 웹사이트 **http://nces.edu.gov**에서 교육통계요약(Digest of Education Statistics)을 다운로드하면 구할 수 있다. 달걀의 평균 소매가격에 대한 과거와 현재 자료는 노동통계국(Bureau of Labor Statistics)의 웹사이트 **http://www.bls.gov**에서 CPI-평균가격 자료를 선택하면 얻을 수 있다.

사례 1.4 최저임금에 관한 논쟁

많은 미국 근로자들은 지난 20여 년간 임금이 인상되지 않았기 때문에 먹고살기가 힘들다고 생각한다. 특히 최저임금을 적용받는 대부분의 미숙련근로자들의 생각은 더 그렇다. 그 결과 최저임금 인상을 주장하는 정치인들과 경제학자들이 있는 반면, 최저임금 인상은 10대들과 노동시장에 새로 진입하는 사람들의 일자리를 축소시킨다는 주장도 있다. 최저임금은 인상되어야 하는가?

Pindyck 교수는 "그대로 놔둬야 해요."라고 말한다. 그는 "최저임금은 1938년에 시간당 $0.25로 처음 도입된 이후 규칙적으로 인상되어 왔으며, 지금은 10년 또는 20년 전에 비해 상당히 높아요."라고 주장한다. 이에 대해 Rubinfeld 교수는 "당신은 인플레이션을 고려하지 않은 탓에 명목임금과 인플레이션 효과를 조정한 실질임금을 혼동하고 있어요. 그림 1.1에는 명목과 실질최저임금 추이가 나타나 있는데, 실질가격으로 파악하면 최저임금은 1970년대에 비해 오히려 낮음을 알 수 있어요."라고 말한다.

이에 대해 Pindyck 교수는 "좋은 지적입니다. 학생들에게 가르쳤듯이, 인플레이션을 무시할 수는 없어요. 그 점은 당신이 옳아요. 중요한 것은 실질최저임금인데, 그 값은 하락해 왔어요. 하지만 기억해야 할 두 가지 문제가 있어요. 첫째, 많은 주들은 연방의 최저임금에 비해 상당히 높은 최저임금을 적용하고 있어요. 예를 들어 2016년 캘리포니아는 $10, 뉴욕은 $9의 최저임금을 각각 적용하는데, 그 값은 같은 해의 연방 최저임금 $7.25보다 상당히 높은 수준입니다. 둘째, 더 중요한 점은 최저임금은 사용자들로 하여금 노동시장에 신규로 진입하는 근로자를 고용할 유인을 축소시키기 때문에 인상하지 않는 것이 최선입니다."

이에 대해 Rubinfeld 교수는 "많은 주에서 연방정부가 정한 것보다 높은 최저임금을 적용하고 있다는 점은 맞아요."라고 말한다. "하지만 최저임금 인상이 고용에 미치는 영향은 단정적으로 말하기가 쉽지 않아요. 경제학자들은 그 영향에 대해 상반되는 견해를 가집니다. 이 문제는 제14장에서 노동시장을 논의할 때 다시 살펴봅시다. 독자들은 최저임금에 관한 더 많은 정보를 **http://www.dol.gov**에서 확인할 수 있습니다."

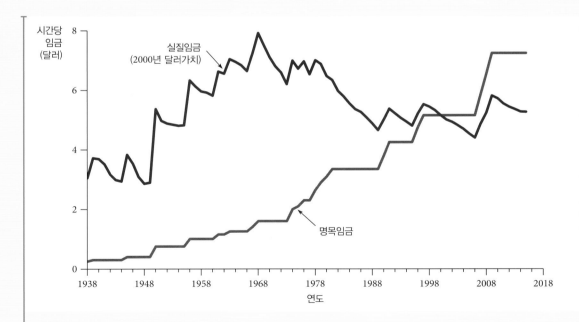

그림 1.1
최저임금
명목가치로 최저임금은 지난 80년간 꾸준히 인상되어 왔다. 그러나 실질가치로 파악하면 2016년의 최저임금은 1970년대보다 낮은 수준이다.

사례 1.5   건강관리와 대학교재

미국에서 건강관리에 관한 비용이 계속 인상되는 이유를 두고 건강관리 시스템의 비효율성 때문이라고 주장하는 사람들이 있다. 대학교재가격도 계속 인상되는데, 학생들은 높은 가격에 대해 종종 심하게 불평한다. 첫째, 건강관리와 대학교재는 실제로 계속 비싸졌는가? 이 가격은 전체적인 인플레이션을 고려하여 살펴보아야 한다. 따라서 건강관리와 대학교

육의 가격이 물가상승률에 비해 빠르게 인상되어 왔는지를 살펴보아야 한다.

　그림 1.2를 통해 이 문제에 대한 답을 알 수 있다. 여기에는 건강

관리와 대학교재의 명목가격지수와 함께 CPI의 추이가 나타나 있는데, 모두 1980년의 값을 100으로 조정한 것이다. 먼저 건강관리부터 살펴보면, 명목가격은 CPI에 비해 2배나 빨리 상승하여 실질가격은 인상되어 왔음을 알 수 있다. CPI는 1980년의 100에서 2016년에는 약 300으로 3배가 높아진 반면 건강관리 비용은 100에서 600으로 약 6배나 높아졌다. 어떤 이유 때문에 건강관리비용이 이처럼 많이 인상되었는가? 첫째, 소비자들이 과거에 비해 부유해짐에 따라 다른 재화 대신 건강관리 관련 재화를 더 많이 구매함에 따라 가격이 인상된 것이다. 둘째, 기대수

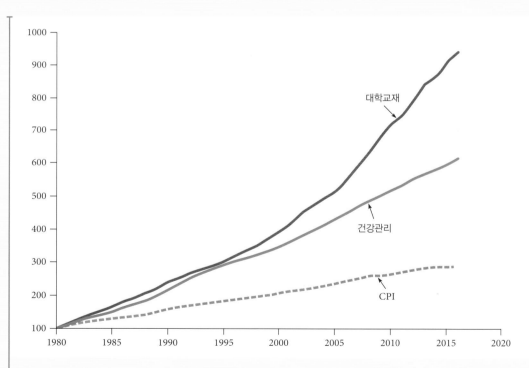

그림 1.2
건강관리와 대학교재의 가격
건강관리와 대학교재의 가격은 둘 다 전체적인 물가상승률에 비해 빠르게 인상되어 왔다. 특히 대학교재가격은 CPI에 비해 3배나 빠르게 인상되었다.

명이 높아짐에 따라 수확체감 단계에 도달했는데, 즉 수명을 연장시키는 데 필요한 비용이 점점 더 높아진 것이다. 제3장과 제6장에서 건강관리비용의 인상에 관해 설명할 것이다.

대학교재의 가격은 어떠한가? 대학교재가격은 1980년부터 2016년 기간 중 CPI가 3배로 높아진 것과 비교할 때 무려 9배의 경이적인 인상률을 기록했는데, 특히 1995년 이후 매우 급격하게 높아졌다. 그러므로 학생들이 서점에서 교재를 구입할 때 자주 화가 나는 것은 당연하다. 출판사들은 어떻게 점점 더 높은 가격을 책정할 수 있을까? 첫째, 교재는 학생이 아니라 강의자가 선택하는데, 강의자는 보통 가격을 잘 모르거나 혹은 가격에는 관심이 없다. 둘째, 잦은 인수합병으로 인해 출판업은 매우 집중화된 시장이 되었다. 출판업계에는 전체 교재의 대부분을 출판하는 단 3개의 메이저 업체만 존재하는데, 이들 업체들은 공격적인 가격경쟁은 피하는 것이 유리하다는 사실을 알고 있다. 제12장에서는 교재가격에 대해 보다 자세히 살펴본다.

1.4 미시경제학을 배우는 이유

독자들은 이 책을 다 공부한 후에는 미시경제학의 중요성과 광범위한 적용가능성에 대해 이해하게 될 것이다. 이 책의 주요 목표 중 하나는 미시경제학적 원리를 실제적인 의사결정 문제에 적용하는 방법을 알려 주는 것이다. 물론 다른 목표도 있다. 아래의 두 가지 예를 통하여 현실 세계에서 미시경제학의 활용과 함께 이 책의 전반에 관하여 소개하고자 한다.

기업의 의사결정: 토요타 프리우스

1997년에 토요타사는 프리우스(Prius)를 일본시장에 처음 출시했으며, 2001년부터 세계시장에 판매하기 시작하였다. 미국에서 판매된 최초의 하이브리드 자동차인 프리우스는 휘발유엔진과 배터리를 동시에 사용하는데, 차의 추진력이 배터리를 충전하는 방식이다. 하이브리드 자동차는 휘발유엔진을 사용하는 자동차에 비해 연비 면에서 훨씬 효율적이다. 프리우스를 예로 들면, 갤런당 45마일에서 55마일까지 운행할 수 있다. 프리우스는 매우 성공적이었으며, 몇 해 후에 다른 자동차업체들도 기존 자동차의 하이브리드판을 출시하기 시작하였다.

프리우스의 디자인과 효율적인 생산에는 인상적인 공학적 기술뿐만 아니라 다양한 경제학도 포함되어 있다. 첫째, 토요타는 대중들이 이 신제품의 디자인과 성능에 대해 어떻게 반응할 것인지를 조심스럽게 생각해야 했다. 초기 수요는 어느 정도이며, 얼마나 빨리 증가할까? 책정된 가격에 대해 수요는 어떻게 반응할까? 소비자의 선호와 다른 자동차와의 교환관계, 그리고 수요의 예측과 가격에 대한 반응은 토요타를 포함한 모든 자동차 제조업체에게는 핵심적인 관심사이다(소비자의 선호와 수요는 제3장, 제4장 및 제5장에서 다룬다).

다음으로 토요타는 이 자동차의 생산비용에 관심을 가져야 했다. 생산비용은 얼마나 될 것인가? 자동차 1대당 생산비용은 매년 총생산량과 어떤 관계를 가지는가? 관리자와 근로자가 생산과정에서 경험을 축적함에 따라 생산비용은 얼마나 줄어들며, 얼마나 빨리 줄어들 것인가? 이윤극대화를 위해서는 매년 프리우스를 얼마나 생산해야 하는가? (생산비용에 관해서는 제6장과 제7장에서, 이윤극대화 산출량 선택에 관해서는 제8장과 제10장에서 설명한다.)

또한 토요타는 가격전략도 수립해야 했으며, 자신의 가격에 대한 경쟁사들의 반응도 예측해야 했다. 프리우스는 첫 번째 하이브리드 자동차였지만 토요타는 프리우스가 연료효율적인 다른 소형자동차들과 경쟁할 것이며, 곧 다른 자동차업체들도 하이브리드 자동차를 출시할 것임을 알았다. 토요타는 프리우스 기본형 모델의 가격은 낮게 책정한 후 가죽시트와 같은 선택사양에 대해서는 높은 가격을 매길 것인가? 혹은 기본형 모델에 이런 사양들을 포함시킴으로써 전체적으로 높은 가격을 책정할 것인가? 토요타가 책정한 가격에 다른 경쟁업체들은 어떻게 반응할 것인가? 포드나 닛산(Nissan)과 같은 경쟁사들은 자신들의 소형차가격을 인하할 것인가 아니면 신속하게 하이브리드 자동차를 낮은 가격에 출시함으로써 대응할 것인가? 토요타는 가격 인하를 통해 대응할 것이라고 위협함으로써 포드와 닛산이 가격을 낮추는 것을 저지할 것인가? (가격전략에 관해서는 제10장과 제11장에서, 경쟁전략에 관해서는 제12장과 제13장에서 설명한다.)

프리우스의 생산을 위해서는 새로운 장비에 대한 대규모 투자가 필요하므로 토요타는 자신의 의사결정에 따르는 위험과 실현가능한 성과에 대해서도 관심을 두어야 했다. 위험은 부분적으로는 원유가격의 불확실성과 그에 따른 휘발유가격의 변동가능성 때문에 나타나는 것이었다(낮은 휘발유가격은 연료효율적인 소형자동차의 소비를 감소시킨다). 또 다른 위험은 일본과 미국의 공장에서 근무하는 근로자들에게 지급해야 할 임금의 불확실성에 관련된 것이었다(원유와 다른 상품시장은 제2장과 제9장에서 다룬다. 노동시장과 노조의 영향은 제14장에서 설명한다. 투자에 관한 의사결정과 불확실성의 의미는 제5장과 제15장에서 설명한다).

토요타는 조직 문제에 대해서도 고민을 해야 했다. 토요타는 서로 분리된 하부조직들이 엔진과 부품을 생산하며, 이들을 조립하여 완성차를 만드는 통합적 기업(integrated firm)이다. 서로 다른 하부조직을 관리하는 관리자에 대한 보상은 어떻게 결정해야 하는가? 조립을 담당하는 조직이 다른 조직으로부터 넘겨받는 엔진의 가격은 어떻게 정해야 하는가? (통합적 기업에 있어서 내부가격책정과 조직에 대한 인센티브 문제는 제11장과 제17장에서 살펴본다.)

마지막으로 토요타는 정부와의 관계와 규제정책의 영향을 고려해야 했다. 예를 들어 미국시장에서 판매되는 모든 자동차는 연방정부가 정한 오염배출기준을 충족시켜야 하며, 생산라인은 보건과 안전에 대해 정부가 정한 규제에 따라야 한다. 시간이 지남에 따라 이러한 규제와 기준은 어떻게 변화될 것이며, 그러한 변화는 비용과 이윤에 어떤 영향을 미칠 것인가? (오염을 제한하고 보건과 안전을 증진시키는 정부의 역할에 대해서는 제18장에서 검토한다.)

공공정책의 설계: 21세기의 자동차 연료효율성 기준

1975년에 미국정부는 국내에서 판매되는 승용차와 SUV를 포함한 소형트럭의 평균적인 연료효율성을 높이기 위한 규제를 도입하였다. 기업 평균 연료효율성(Corporate Average Fuel Economy, CAFE) 기준은 차츰 엄격해졌다. 2007년에 부시 대통령은 2020년까지 자동차회사들이 연비를 갤런당 35마일(mpg)까지 높이도록 요구하는 것을 주 내용으로 하는 에너지 자립과 보안에 관한 법률(Energy Independence and Security Act)에 서명하였다. 2011년에 오바마 정부는 35mpg의 목표는 2016년까지 달성하며, 2020년까지는 50mpg를 달성하도록 규제를 강화하였다. 이 프로그램의 첫 번째 목표는 수입원유에 대한 의존도를 낮춤으로써 미국의 에너지 안보를 확보하기 위한 것이었지만 온실가스의 배출 저감과 같은 상당한 환경적 측면의 편익도 가져왔다.

연료효율성 프로그램을 설계할 때는 몇 가지 중요한 의사결정이 이루어져야 하는데, 이에 관한 대부분의 의사결정은 경제학과 관련된다. 첫째, 정부는 이 프로그램이 소비자에게 미치는 영향을 화폐가치로 평가하여 산정해야 한다. 더 높은 연료효율성 기준으로 인해 연료효율성 향상에 필요한 비용의 일부가 소비자에게 전가됨으로써 자동차 구입비용을 인상시키지만, 연비 향상으로 자동차 운행에 소요되는 비용은 절감된다. 소비자에게 미치는 궁극적인 영향을 파악하기 위해서는 소비자의 선호와 수요에 관한 분석이 필요하다. 예를 들어, 소비자들은 자동차 운행을 줄이고 소득을 다른 재화의 소비에 더 많이 지출하는가? 만약 그렇다면 소비자들의 후생은 어떻게 변화되는가? (소비자의 선호와 수요는 제3장과 제4장에서 다룬다.)

CAFE 기준을 적용하기에 앞서 이 기준이 승용차와 소형트럭의 생산비용에 미치는 영향을 추정할 필요가 있다. 자동차회사들은 새로운 경량소재를 사용함으로써 비용 인상을 최소화시킬 것인가? (생산과 비용은 제6장과 제7장에서 다룬다.) 정부는 생산비용의 변화가 신형승용차와 소형트럭의 생산량과 가격에 미치는 영향을 파악해야 한다. 또한 추가되는 비용은 제조업체가 부담하는지 혹은 가격 인상을 통해 소비자에게 전가되는지도 알아야 한다. (산출량 결정은 제8장에서, 가격결정은 제10장~제13장에서 설명된다.)

정부는 석유 소비와 관련된 문제들이 왜 시장경제를 통해서는 해결되지 않는지에 대해서도 파악해야 한다. 그 이유 중 하나는 원유가격은 부분적으로 가격을 경쟁적 가격수준에 비해 높이는 역할을 하는 OPEC 카르텔에 의해 결정된다는 점이다. (기업이 가격설정력을 가지는 시장에서의 가격결정은 제10장~제12장에서 설명한다.) 마지막으로, 석유에 대한 미국의 높은 수요는 상당한 규모의 미국 달러를 원유생산국으로 유출시키는데, 이로 인해 경제학의 영역을 초월하는 정치 및 안보적 문제가 야기된다. 이때도 경제학은 외국산 원유에 대한 의존도를 축소시키는 가장 좋은 방법을 선택하는 데 도움을 준다. CAFE 프로그램과 같은 기준 설정이 석유 소비에 대해 부담금을 부과하는 방식에 비해 나은 방법인가? 보다 엄격한 기준을 적용함에 따른 환경적 측면의 함의는 어떠한가? (이런 프로그램은 제18장에서 다룬다.)

이상의 두 가지 예는 미시경제학이 어떻게 민간 및 공공정책적 의사결정에 활용되는지에 대해 보여 주고 있다. 이 책을 공부함으로써 미시경제학이 적용되는 더 많은 사례를 확인할 수 있을 것이다.

요약

1. 미시경제학은 소비자, 근로자, 투자자, 자원의 소유자, 기업 등 개별 경제단위의 의사결정과 함께 소비자와 기업의 상호작용을 통해 시장과 산업이 형성되는 과정을 살펴본다.

2. 미시경제학은 주로 이론에 의존하는데, 이론은 단순화를 통하여 경제단위들이 어떻게 행동하는지를 설명하며, 장차 어떻게 행동할 것인지를 예측할 수 있도록 해 준다. 모형은 이론을 수학적으로 나타낸 것으로서 이와 같은 설명과 예측에 도움을 준다.

3. 미시경제학은 현상을 설명하고 예측하는 것과 관련된

실증적 질문에 관한 것이다. 하지만 미시경제학은 어떤 선택이 기업이나 사회 전체적으로 최선인지에 관한 규범적 분석에서도 역시 중요하다. 규범적 분석은 종종 개별적인 가치판단과 결합되는데, 그것은 경제적 효율성뿐만 아니라 형평성과 공정성에 관한 이슈들도 포함되기 때문이다.

4. 시장은 상호작용하는 구매자와 판매자의 집단과 그러한 상호작용의 결과로 나타나는 판매와 구매의 가능성을 의미한다. 미시경제학에서는 개별 판매자나 구매자가 가격에 영향을 미치지 못하는 완전경쟁시장

과 개별 경제단위가 가격에 영향을 미치는 불완전경쟁시장을 함께 살펴본다.

5. 시장가격은 판매자와 구매자의 상호작용에 의해 정해진다. 완전경쟁시장에서는 일반적으로 하나의 가격이 정해진다. 불완전경쟁시장의 경우에는 서로 다른 판매자는 서로 다른 가격을 정할 수 있다. 이런 경우에는 시장가격이란 평균적인 가격을 의미한다.

6. 시장을 논의할 때는 지리적 경계와 함께 그 시장에 포함되는 제품의 범주를 명확히 해야 한다. 주택시장과 같은 시장은 매우 지역적인 반면 금시장은 세계적이다.

7. 인플레이션의 영향을 고려하기 위해서는 명목(경상)가격이 아닌 실질(불변)가격을 측정해야 한다. 실질가격은 인플레이션의 영향을 조정하기 위하여 CPI와 같은 총량적 가격지수를 사용한다.

복습문제

1. 좋은 이론이란 실제 자료를 이용한 실증적인 연구를 통해 부정될 수도 있는 이론이라는 말이 있다. 실증적으로 검증되지 않는 이론은 좋은 이론이 아닌 이유를 설명하라.

2. 다음 문장은 실증적 분석에 관한 것인가 아니면 규범적 분석에 관한 것인가? 이러한 두 가지 유형의 분석은 어떻게 다른가?
   a. 매년 구입할 수 있는 휘발유의 최대량을 정하여 개인별로 배분하는 휘발유 배급제는 경쟁시장기구의 움직임을 방해하므로 좋지 않은 사회정책이다.
   b. 휘발유 배급제는 좋아지는 사람보다 나빠지는 사람들이 더 많이 생긴다.

3. 뉴저지의 일반 휘발유가격은 오클라호마에 비해 갤런당 20센트가 더 비싸다고 하자. 이로 인해 차익거래(휘발유를 오클라호마에서 구입하여 이윤을 남기고

뉴저지에서 판매하는 행위)의 기회가 생긴다고 생각하는가? 그 이유를 설명하라.

4. 본문의 사례 1.3에서 달걀의 실질가격은 내린 반면 대학교육의 실질가격은 오른 데에는 어떤 경제적 힘이 작동하는가? 이와 같은 변화는 소비자의 선택에 어떤 영향을 미치는가?

5. 미국 달러에 대한 일본 엔화의 가치가 올라서 일정한 엔화를 사는 데 달러가 더 많이 필요하다고 하자. 이와 같은 엔화가치의 상승으로 미국 소비자들에 대해서는 일본산 자동차의 실질가격이 인상되는 동시에 일본 소비자들에 대해서는 미국산 자동차의 실질가격이 하락하는 이유를 설명하라.

6. 장거리 전화의 요금은 1996년 1분당 40센트에서 1999년에는 22센트로 떨어졌다(18/40 × 100 = 45% 감소). 이 기간 동안 CPI는 10% 상승하였다. 전화서비스의 실질가격에는 어떤 일이 일어났는가?

연습문제

1. 아래의 각 설명은 옳은가 혹은 틀린가를 설명하라.
   a. 맥도날드, 버거킹, 웬디스와 같은 패스트푸드 체인점은 미국 전역에서 영업을 한다. 따라서 패스트푸드시장은 전국적인 시장이다.
   b. 사람들은 대체로 자신이 거주하는 지역에서 옷을 산다. 따라서 애틀랜타의 옷시장은 로스앤젤레스의 옷시장과는 구분된다.
   c. 어떤 소비자는 펩시콜라를 선호하는 반면 다른 소비자는 코카콜라를 선호한다. 따라서 콜라시장은 하나의 시장이 아니다.

2. 아래 표에는 1980년부터 2010년까지 버터의 평균적인 소매가격과 1980년의 값을 100으로 하는 소비자물가지수가 나타나 있다.

	1980	1990	2000	2010
CPI	100	158.56	208.98	218.06
버터의 소매가격 (가염, AA등급, 파운드당)	$1.88	$1.99	$2.52	$2.88

a. 1980년의 달러가치로 버터의 실질가격을 계산하라. 1980년부터 2000년까지 버터의 실질가격은 상승했는가, 하락했는가 혹은 그대로인가? 1980년부터 2010년까지는 어떠한가?

b. 1980년 달러가치로 1980년부터 2000년까지 실질가격은 몇 퍼센트 변했는가? 1980년부터 2010년까지는 어떠한가?

c. 1990년의 CPI를 100으로 변환하여 버터의 실질가격을 1900년 달러가치로 나타내라.

d. 1990년 달러가치로 1980년부터 2000년까지 버터가격은 몇 퍼센트 변했는가? 그 값을 b에서 구한 값과 비교하라. 무엇을 알 수 있는지 설명하라.

3. 이 책을 인쇄하던 시점의 최저임금은 $7.25였다. 지금의 CPI를 알아보기 위하여 **http://www.bls.gov/cpi/home.htm**에 접속하여 "CPI Tables"를 클릭하라. 다음으로 "Table Containing History of CPI-U U.S. All Items Indexes are Annual Percent Changes from 1913 to Present"를 클릭하라. 여기서 1913년부터 지금까지 CPI를 구할 수 있다.

a. 이 수치들을 이용하여 1990년의 달러가치로 표시된 지금의 실질 최저임금을 계산하라.

b. 1985년과 비교할 때 현재 미국의 실질 최저임금은 1990년의 실질 달러가치를 기준으로 할 때 몇 퍼센트나 변화했는가?

CHAPTER 2
공급과 수요의 기초이론

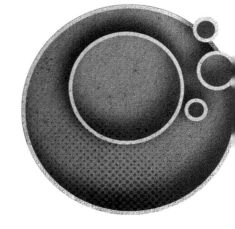

경제학의 유용성을 이해하기 위한 가장 좋은 방법 중 하나는 공급과 수요의 기초이론을 살펴보는 것이다. 공급-수요이론은 흥미로우면서도 중요한 광범위한 사회적 문제에 적용할 수 있는 기본적이고 강력한 분석적 틀을 제공한다. 몇 가지 예를 들면 다음과 같다.

- 세계 경제상황의 변화가 시장가격과 생산에 미치는 영향에 대한 이해와 예측
- 정부의 가격규제, 최저임금, 가격보조, 생산유인정책 등의 효과에 대한 평가
- 세금, 보조금, 관세, 수입할당이 소비자와 생산자에 미치는 영향의 측정

먼저 공급곡선과 수요곡선이 **시장기구**(market mechanism)를 나타내는 데 어떻게 활용되는지에 대해 살펴보자. 정부 개입(예를 들어, 가격규제나 각종 규제 등)이 없다면, 어떤 재화의 수요와 공급은 상호작용을 통해 균형을 이루어 그 재화의 시장가격과 산출량을 결정한다. 공급과 수요의 성격에 따라 가격과 산출량은 달라질 수 있다. 시간이 지남에 따른 가격과 수량의 변화는 공급과 수요가 전체적인 경제활동이나 노동비용과 같은 다양한 경제변수의 변화에 반응하는 방식에 따라 결정된다.

이 장에서는 공급과 수요의 특성을 살펴보며, 이러한 특성이 시장의 유형에 따라 어떻게 달라지는지를 살펴볼 것이다. 다음으로 공급과 수요곡선을 이용하여 다양한 사회현상들을 이해해 본다. 예를 들어, 몇몇 기본적인 재화의 가격은 장기간 꾸준히 떨어진 반면 다른 재화들의 가격은 급격한 등락을 나타낸 이유, 특정 재화의 경우에 수요부족 사태가 발생하는 이유, 향후 정부정책에 관한 계획 발표나 경제상황에 관한 예측이 그러한 정책과 상황이 나타나기도 전에 시장에 영향을 미치는 이유 등에 대해 살펴본다.

시장가격과 수량이 어떻게 결정되며, 시간이 지남에 따라 어떻게 변하는지를 **정성적으로**(qualitatively) 이해하는 것도 중요하지만, **정량적으로** (quantitatively) 이해하는 것 또한 중요하다. 이를 위해 간단한 계산을 통하

여 시장상황의 변화를 분석하고 예측해 본다. 또 국내외 거시적 환경 변화와 정부 개입에 대해 시장이 어떻게 반응하는지도 살펴본다. 이 장의 내용을 이해하기 위해 몇몇 간단한 사례를 제시한다. 또 끝부분에 제시된 연습문제를 직접 풀어 볼 것을 권한다.

2.1 공급과 수요

미시경제학에서 공급과 수요모형은 기본적 분석 틀이다. 이를 통해 가격은 어떤 이유에 의해 어떻게 변화하는지와 더불어 정부 개입이 시장에 미치는 영향을 이해할 수 있다. 공급-수요모형은 공급곡선과 수요곡선이라는 두 가지 중요한 개념으로 구성되는데, 우선 이 곡선들이 의미하는 바를 정확히 이해해 보자.

공급곡선

공급곡선 생산자가 팔고자 하는 재화의 양과 가격 간의 관계를 나타내는 곡선

공급곡선(supply curve)은 공급량에 영향을 미칠 수 있는 다른 요인들이 일정하게 유지된 상태에서 주어진 가격에서 생산자가 팔고자 하는 재화의 양을 나타낸다. 그림 2.1에서 곡선 S는 공급곡선을 보여 준다. 그래프의 수직축은 단위당 달러로 표시한 재화의 가격 P를 나타내는데, 이는 곧 주어진 공급량에 대해 판매자가 받는 가격을 보여 준다. 그래프의 수평축은 일정 기간 동안의 공급량인 Q를 나타낸다.

따라서 공급곡선은 공급량과 가격 간의 관계를 나타내는데, 이러한 관계는 다음과 같은 수식으로 표현할 수 있다.

$$Q_S = Q_S(P)$$

이 식은 또한 그림 2.1과 같이 공급곡선으로 표현할 수 있다.

그림 2.1에서 공급곡선은 우상향하는데, 그것은 가격이 오를수록 기업들은 더 많이 생산하고 판

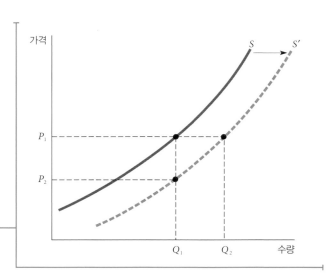

그림 2.1
공급곡선
그림에서 S로 표시된 공급곡선은 상품가격의 변화에 따라 생산자의 판매량이 어떻게 변하는지를 보여 준다. 공급곡선은 우상향의 기울기를 나타낸다. 가격이 오를수록 기업들은 더 많이 생산하고 판매할 수 있으며, 또 더 많이 생산하고 판매하고자 한다. 만약 생산비용이 낮아진다면, 기업은 같은 양을 더 낮은 가격에서 생산하든지 또는 같은 가격에서 더 많은 양을 생산할 수 있다. 이때 공급곡선은 오른쪽으로(S에서 S'으로) 이동하게 된다.

매할 수 있으며, 또 더 많이 생산하고 판매하고자 한다는 점을 보여 준다. 예를 들어, 가격이 오르면 현재 활동 중인 기업들은 더 많은 근로자들을 고용하거나 기존 근로자들의 근로시간을 늘림으로써 산출량을 증가시킬 수 있다. 또한 기업은 장기적으로는 생산설비를 확대함으로써 산출량을 증가시킬 수 있다. 또한 가격이 오르면 새로운 기업들이 시장에 진입할 수도 있다. 새 기업들은 경험이 없기 때문에 기존 기업에 비해 높은 비용을 지불해야 하는데, 가격 인상은 이런 문제를 해소해 줄 수 있다.

공급에 영향을 주는 다른 요인 공급량은 가격 외의 다른 요인들에 의해서도 영향을 받는다. 예를 들어, 공급자들이 팔고자 하는 상품의 양은 그들이 받는 가격뿐만 아니라 임금, 이자, 원자재 가격과 같은 생산비용에도 영향을 받을 수 있다. 그림 2.1에서 공급곡선 S는 이와 같은 다른 요인들이 일정한 값을 유지한다는 가정하에서 그려진 것이다. 만약 이러한 요인 중 하나 또는 여러 개가 변한다면 공급곡선의 위치는 이동하게 된다. 이로 인해 어떤 결과가 나타나는지를 살펴보자.

그림 2.1의 공급곡선 S는 P_1의 가격에서는 Q_1만큼의 재화가 생산되어 판매된다는 것을 보여 준다. 만약 원자재가격이 내려간다면, 공급곡선에는 어떠한 영향을 미치게 되는가?

원자재 구입비용이 하락(또는 다른 어떤 생산비용이 하락)한다면 기업은 더 많은 이윤을 얻을 수 있다. 이로 인해 기존 기업은 산출량을 증가시키며, 새로운 기업의 진입이 가능하게 된다. 만약 시장가격이 계속 P_1으로 유지된다면 공급량은 증가할 것이다. 즉 그림 2.1에서 공급량은 Q_1에서 Q_2로 증가한다. 이처럼 생산비용의 하락으로 각 시장가격 수준에서 산출량은 증가한다. 따라서 전체 공급곡선은 오른쪽으로 수평이동하는데, 이는 그림 2.1에서 S에서 S'으로의 이동으로 나타난다.

원자재 구입비용 하락에 따른 효과는 다른 방법으로도 설명할 수 있다. 그림 2.1에서 원자재비용 하락에도 불구하고 Q_1의 산출량을 계속 유지한다고 가정한다면 Q_1을 생산하기 위해서는 가격을 얼마로 책정해야 하는가? 생산비용이 하락했으므로 생산자는 더 낮은 가격인 P_2를 수용할 수 있다. 이는 다른 어떤 공급량 수준에서도 마찬가지이다. 따라서 그림 2.1에서 공급곡선은 오른쪽으로 수평이동하게 된다.

가격 변화에 따른 공급량의 변화는 공급곡선상의 이동으로 표현되지만, 다른 결정요인의 변화에 따른 공급의 변화는 공급곡선 자체의 이동으로 나타남을 알 수 있다. 공급과 관련한 이러한 두 유형의 변화를 구분하기 위하여 경제학자들은 일반적으로 공급곡선의 이동을 **공급의 변화**(change in supply)로, 공급곡선상의 이동을 **공급량의 변화**(change in the quantity supplied)로 부른다.

수요곡선

수요곡선(demand curve)은 주어진 가격에서 소비자가 사고자 하는 재화의 양을 나타낸다. 이러한 가격과 수요량 간의 관계를 수식으로 표현하면 다음과 같다.

$$Q_D = Q_D(P)$$

또한 수요곡선은 그림 2.2와 같이 그릴 수 있다. 여기서 수요곡선 D는 우하향하는 기울기를 가지

수요곡선 소비자가 사고자 하는 재화의 양과 가격 간의 관계를 나타내는 곡선

그림 2.2

수요곡선

그림에서 D로 표시된 수요곡선은 재화가격의 변화에 따라 소비자의 구매량이 어떻게 변하는지를 나타낸다. 수요곡선은 우하향의 기울기를 가진다. 다른 조건이 일정하다면, 가격이 내려갈수록 소비자들은 좀 더 많은 재화를 구매할 것이다. 수요량은 소득, 날씨, 다른 재화의 가격과 같은 다른 요인들에 의해서도 영향을 받는다. 대부분 재화에 있어서 소득이 증가하면 수요량은 증가한다. 소득의 증가로 인해 수요곡선은 오른쪽으로(D에서 D'으로) 이동하게 된다.

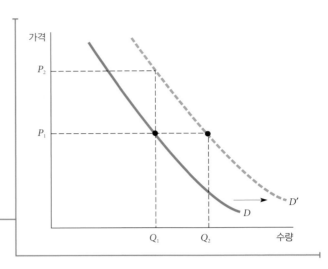

는데, 소비자들은 일반적으로 가격이 하락하면 더 많은 양을 사려고 한다는 점을 보여 준다. 어떤 재화의 가격이 하락함에 따라 그 재화를 이미 소비하고 있던 소비자들은 더 많이 구입할 유인이 생기며, 동시에 그 재화를 살 여유가 없었던 소비자들도 살 수 있게 된다.

물론 가격 외의 다른 요인들도 소비자들의 구매량에 영향을 미친다. 특히 중요한 요인은 바로 소득이다. 소득이 증가할수록 소비자들은 어떤 재화든지 더 많은 돈을 지출할 수 있으며, 어떤 소비자들은 대부분 재화를 이전에 비해 더 많이 구매하게 된다.

수요곡선의 이동 소득수준이 증가한다면 수요곡선에는 어떤 변화가 일어나는지를 살펴보자. 그림 2.2를 보면, 시장가격이 P_1으로 고정된 상태에서 소비자들의 소득수준이 증가하면 수요량은 Q_1에서 Q_2로 증가하게 된다. 이러한 소비량 증가는 모든 시장가격 수준에서 똑같이 발생하기 때문에 전체 수요곡선은 오른쪽으로 평행이동하게 된다. 이는 그림에서 D에서 D'으로의 이동으로 나타난다. 한편 주어진 수요량 Q_1에 대하여 소비자들이 지불하고자 하는 가격을 살펴볼 수도 있다. 소득수준이 증가하면 소비자들은 더 높은 가격을 지불할 수 있게 되는데, 이는 그림에서 P_1 대신 P_2로 나타난다. 이제 수요곡선은 오른쪽으로 이동할 것이다. 공급곡선의 경우와 마찬가지로, 수요곡선의 이동을 수요의 변화(change in demand)로, 수요곡선상의 이동을 수요량의 변화(change in the quantity demanded)로 부르기로 하자.[1]

대체재와 보완재 한 재화와 관련이 있는 다른 재화의 가격 변화도 역시 수요량에 영향을 미칠 수 있다. 만약 어떤 재화의 가격 상승으로 인해 다른 재화의 수요량이 증가한다면 이 둘은 **대체재**(substitutes)가 된다. 예를 들어, 구리와 알루미늄은 대체재이다. 산업용 재화로서 이 둘은 서로 대체하여 사용할 수 있으므로 알루미늄가격이 오르면 구리 수요량은 증가할 것이다. 마찬가지로, 소

대체재 한 재화의 가격 상승이 다른 재화의 수요량 증가에 영향을 주는 두 재화

---

1 수요곡선은 다음과 같은 수식으로 표현할 수 있다.

$$Q_D = D(P, I)$$

여기서 I는 가처분소득을 나타낸다. 수요곡선을 그릴 때 I는 고정된 값으로 둔다.

고기와 닭고기도 서로 대체재이다. 한 재화의 가격이 변할 때(두 재화의 상대가격이 변할 때) 대부분 소비자들은 한 재화에서 다른 재화로 구매를 이동시킨다.

반면, 어떤 재화의 가격 상승이 다른 재화의 수요량을 감소시킨다면 이 둘은 **보완재**(complements)가 된다. 예를 들어, 자동차와 휘발유는 보완재이다. 이 둘은 같이 소비해야 하므로 휘발유가격이 인하되면 자동차 수요량은 증가할 것이다. 마찬가지로, 컴퓨터와 컴퓨터 소프트웨어도 보완재이다. 지난 10년간 컴퓨터가격은 급격히 내려갔는데, 이로 인해 컴퓨터 구매량과 더불어 소프트웨어 패키지 구매량 또한 증가하였다.

그림 2.2에서 소득 증가로 인해 수요곡선이 오른쪽으로 이동함을 살펴보았다. 대체재가격의 상승이나 보완재가격의 하락도 이처럼 수요곡선을 이동시킨다. 날씨와 같은 다른 요인의 변화 또한 마찬가지이다. 예를 들어, 눈이 많이 내린다면 스키와 스노보드에 대한 수요곡선은 오른쪽으로 이동한다.

> **보완재** 한 재화의 가격 상승이 다른 재화의 수요량 감소에 영향을 주는 두 재화

2.2 시장 메커니즘

이제 그림 2.3을 통해 공급곡선과 수요곡선을 동시에 고려해 보자. 그림의 수직축은 재화 단위당 가격 P를 나타낸다. 이는 공급자가 주어진 공급량에 대해서 받는 가격이자 소비자가 주어진 수요량에 대해서 지불하는 가격이 된다. 수평축은 일정 기간 동안의 총수요량이자 총공급량인 Q를 나타낸다.

균형 두 곡선은 **균형가격**(equilibrium price) 또는 **시장청산가격**(market-clearing price)과 수량에서 교차한다. 그림 2.3에서 보듯이 P_0로 나타난 가격에서 공급량과 수요량은 Q_0로 같아진다. **시장기능**(market mechanism)이란 자유로운 시장에서 시장이 청산될 때까지, 즉 공급량과 수요량이 같아질 때까지 가격이 변하는 것을 의미한다. 균형점에서는 초과수요와 초과공급이 존재하지 않기에 가격을 변화시키는 압력은 없다. 공급과 수요가 항상 균형을 이루는 것은 아니며, 어떤 시

> **균형**(또는 시장청산)**가격** 공급량과 수요량이 같아지는 가격
>
> **시장기능** 자유시장에서 시장이 청산될 때까지 변화하는 가격의 성향

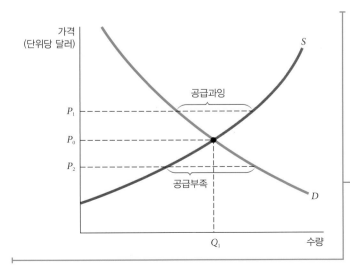

그림 2.3
공급과 수요
P_0의 가격과 Q_0의 수급량에서 시장은 청산된다. 그보다 높은 가격인 P_1에서는 공급과잉이 발생하고 가격은 내려간다. 그보다 낮은 가격인 P_2에서는 공급부족이 발생하고 가격은 상승한다.

장은 상황이 갑자기 바뀔 때 빠르게 청산되지 않을 수 있다. 그러나 시장은 균형상태로 돌아가려는 속성을 갖는다.

시장이 청산되는 과정을 이해하기 위하여 가격이 그림 2.3에서 P_1과 같이 시장청산 수준 이상에서 결정되었다고 가정하자. 이 가격에서 공급자는 수요자가 사려는 것보다 많이 생산하여 판매하고자 할 것이다. 그 결과로 공급량이 수요량을 초과하는 상태인 **공급과잉**(surplus)이 발생하게 된다. 이처럼 과잉 공급된 양을 판매하기 위하여(또는 적어도 더 이상의 생산 증가를 막기 위하여) 공급자들은 가격을 낮추기 시작할 것이다. 결국 가격이 내려가면서 균형가격인 P_0에 도달할 때까지 수요량은 증가하고 공급량은 감소하게 된다.

공급과잉 공급량이 수요량을 초과하는 상황

가격이 균형가격 P_0보다 낮은 P_2와 같다면 이와는 반대되는 현상이 나타난다. 이 경우에는 수요량이 공급량을 초과하는 상태인 **공급부족**(shortage)이 발생하며, 소비자들은 원하는 양을 구매할 수 없게 된다. 일부 소비자들은 다른 소비자들에 비해 더 높은 가격을 제시할 것이며, 이에 대해 생산자들은 가격을 올리고 공급량을 늘리게 될 것이다. 이러한 과정을 통해 결과적으로 가격은 P_0에 도달하게 된다.

공급부족 수요량이 공급량을 초과하는 상황

공급 – 수요모형의 적용 공급곡선과 수요곡선을 사용할 때는 일정한 가격수준에서 일정한 수량이 생산되고 판매된다고 가정한다. 이러한 가정은 시장이 적어도 어느 정도는 **경쟁적**일 때에만 가능하다. 이는 공급자와 수요자 모두 **시장지배력**(market power)을 행사할 수 없다는 의미로서 개별적으로 시장가격에 영향을 미칠 수 없다는 것이다.

반면, 시장에 오직 하나의 생산자인 독점기업이 존재한다고 가정해 보자. 이 경우, 가격과 공급량 간에는 일대일의 단순한 관계가 더 이상 성립하지 않는다. 그것은 수요곡선의 모양과 위치에 따라 독점기업의 전략적 행동이 달라지기 때문이다. 만약 수요곡선이 일정한 방향으로 이동한다면, 독점기업의 입장에서는 공급량을 그대로 두면서 가격을 바꾸든지 혹은 가격을 그대로 두고 공급량을 바꾸는 것이 유리할 수 있다. (그 이유와 배경은 제10장에서 자세히 다룬다.) 따라서 공급곡선과 수요곡선을 이용하는 경우에는 암묵적으로 경쟁시장을 가정한다.

2.3 시장균형의 변화

지금까지 임금, 자본비용, 소득과 같은 변수들의 변화에 따라 공급곡선과 수요곡선이 어떻게 이동하는지를 살펴보았다. 또한 시장기구를 통하여 공급량과 수요량이 같아지는 균형을 어떻게 달성하는지도 살펴보았다. 이제 공급곡선과 수요곡선이 이동함에 따라 균형이 어떻게 변화하는지를 살펴보자.

먼저 공급곡선의 이동부터 살펴보자. 그림 2.4에서 원자재가격의 하락 등으로 인해 공급곡선은 그림 2.1에서와 같이 S에서 S'으로 이동한다. 그 결과 시장가격은 P_1에서 P_3로 내려가며, 전체 산출량은 Q_1에서 Q_3로 증가한다. 즉 생산비용이 낮아짐에 따라 가격은 하락하고 판매량은 증가한다(실제로, 기술진보와 경영방식의 개선으로 인한 생산비용의 점진적인 감소는 경제성장을 가져다주는 중요한 동력이 된다).

한편 그림 2.5는 소득의 증가로 인해 수요곡선이 오른쪽으로 이동함에 따라 나타나는 상황을

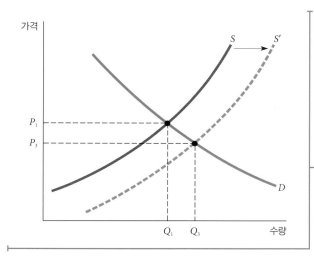

그림 2.4
공급곡선의 이동에 따른 새로운 균형
공급곡선이 오른쪽으로 이동하면 시장은 더 낮은 가격 P_3와 더 많은 수량 Q_3에서 청산된다.

보여 준다. 수요곡선과 공급곡선의 교차로 새로운 균형이 결정되면 새로운 가격과 수량이 나타난다. 그림 2.5에서 볼 수 있듯이, 소득이 증가하면 소비자들은 P_3와 같이 더 높은 가격을 지불하며, 기업들은 Q_3와 같이 더 많은 양을 생산하게 됨을 예상할 수 있다.

대부분 시장에서 공급곡선과 수요곡선은 시간이 지남에 따라 이동한다. 소비자들의 가처분소득은 경제가 성장함에 따라(또는 경기가 위축될 때) 변한다. 몇몇 재화에 대한 수요는 계절별로(예를 들면, 연료, 수영복, 우산), 연관재 가격의 변화에 따라(유가 상승으로 천연가스 수요 증가), 또는 단순히 선호의 변화에 따라 바뀐다. 마찬가지로, 임금, 자본비용, 원자재가격 또한 시간에 따라 변하며, 이러한 변화는 공급곡선의 이동에 영향을 미친다.

공급곡선과 수요곡선을 이용하여 이러한 변화들의 영향을 파악할 수 있다. 예를 들어, 그림

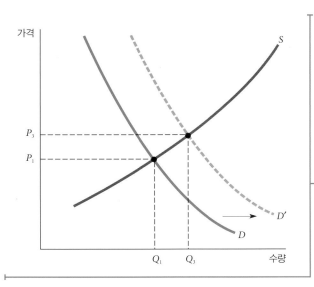

그림 2.5
수요곡선의 이동에 따른 새로운 균형
수요곡선이 오른쪽으로 이동하면 시장은 더 높은 가격 P_3와 더 많은 수량 Q_3에서 청산된다.

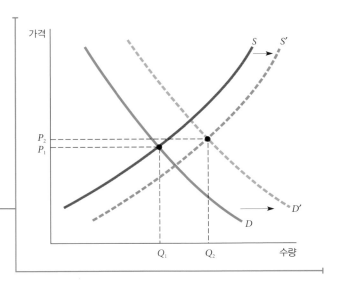

그림 2.6

공급과 수요의 동시 이동에 따른 새로운 균형

시간이 지나면서 시장상황이 변화됨에 따라 공급곡선과 수요곡선은 이동한다. 그림의 예에서, 공급곡선과 수요곡선이 각각 오른쪽으로 이동함에 따라 가격은 약간만 상승한 반면 수량은 많이 증가한다. 일반적으로, 가격과 수량의 변화는 두 곡선이 이동하는 정도와 모양에 따라 달라진다.

2.6에서 공급곡선과 수요곡선 둘 다 오른쪽으로 이동한다면 가격은 P_1에서 P_2로 약간 상승하며, 수량은 Q_1에서 Q_2로 많이 증가한다. 일반적으로 가격과 수량의 변화는 공급곡선과 수요곡선의 이동 정도와 그 모양에 따라 결정된다. 이러한 변화의 크기와 방향을 예측하기 위해서는 공급과 수요가 가격 및 다른 변수들에 의해 얼마나 영향을 받는지를 정량화할 수 있어야 한다.

사례 2.1 달걀가격과 대학교육가격에 대한 재검토

사례 1.3에서 1970~2016년 동안 달걀의 실질가격(불변 달러 가치)은 34% 감소한 반면 대학교육의 가격은 131%나 상승하였음을 살펴본 바 있다. 이처럼 달걀가격은 크게 하락하고 대학교육의 가격은 크게 상승한 이유는 무엇일까?

그림 2.7에 나타난 바와 같이, 각 재화에 대한 공급과 수요의 움직임을 살펴봄으로써 이러한 가격 변화를 이해할 수 있다. 달걀의 경우, 양계농장의 기계화가 생산비용을 크게 낮춤으로써 공급곡선을 아래로 이동시켰다. 이와 함께 많은 사람들이 건강상의 이유로 달걀을 덜 먹음에 따라 수요곡선은 왼쪽으로 이동하였다. 그 결과, 달걀의 실질가격은 크게 하락하였으며, 연간 총소비량은 53억 다스에서 64억 다스로 다소 증가하였다.

대학교육에 대한 공급과 수요는 각각 달걀시장과는 반대 방향으로 움직였다. 교수들의 연봉 인상과 더불어 강의실, 실험실, 도서관 등의 설비 및 유지비용이 증가함에 따라 공급곡선은 상향 이동하였다. 이와 더불어 더 많은 고교 졸업생들이 대학교육의 필요성을 인식함에 따라 수요곡선은 오른쪽으로 이동하였다. 그 결과, 등록금 인상에도 불구하고 2016년에는 1970년의 690만 명에 비해 약 2배나 많은 1,250만 명의 학생들이 4년제 대학에 입학하였다.

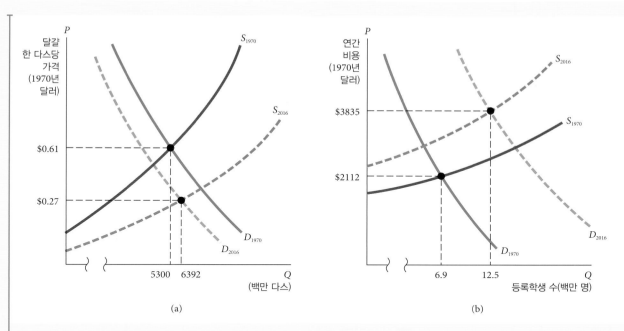

그림 2.7

(a) 달걀시장 (b) 대학교육시장

(a) 달걀의 경우 생산비용 하락에 따라 공급곡선이 오른쪽으로 이동하였고, 소비자 선호 변화에 따라 수요곡선은 왼쪽으로 이동하였다. 그 결과, 달걀의 실질가격은 크게 떨어졌으며, 소비는 늘어났다. (b) 대학교육의 경우 설비비, 유지비, 인건비 증가에 따라 공급곡선은 왼쪽으로 이동하였으며, 대학교육을 원하는 고졸자 수가 증가함에 따라 수요곡선은 오른쪽으로 이동하였다. 그 결과, 가격과 입학자 수 모두 크게 증가하였다.

사례 2.2 미국의 임금 불평등

지난 20년간 미국 경제는 급속한 성장세를 보였지만 성장의 혜택은 모두에게 고르게 분배되지는 않았다. 고소득 숙련근로자의 임금은 많이 증가한 반면 저소득 미숙련근로자의 임금은 실질 기준으로 다소 하락하였다. 전반적으로, 1980년경에 시작된 소득불평등의 확대는 최근 몇 년간 더욱 심해지고 있다. 예를 들어, 1978~2009년 사이 소득분포상 상위 20%의 실질(물가상승분 조정) 기준 평균 세전 가계소득은 45%가 증가한 반면, 하위 20%는 불과 4%만 증가하

였다.[2]

지난 20년 동안 소득불평등이 크게 확대된 이유는 근로자에 대한 공급과 수요에서 그 답을 찾을 수 있다. 교육수준이 낮은 미숙련근로자의 공급은 많이 증가하였지만 그들에 대한 수요는 조금만 증가하였다. 수요곡선은 오른쪽으로 약간 이동하였으나 공급곡선은 오른쪽으로 많이 이동하였으며, 그 결과 미숙련근로자의 임금은 하락하였다. 반면, 엔지니어, 과학자, 기업관리자, 경제학자와 같은 숙련근로

---

2 세후 기준 불평등 수준은 더 확대되었다. 소득분포상 하위 20%의 세후 실질 평균소득은 같은 기간 동안 하락하였다. 미국의 소득불평등 관련 과거 자료는 미국 인구조사국 웹페이지 **http://www.census.gov/**에서 Historical Income Inequality Tables를 참고하면 된다.

자의 경우에는 공급은 느리게 증가하였지만 이들에 대한 수요는 현저하게 증가하였으며, 그 결과 임금은 상승하였다. (독자들이 사례 2.1에서와 같이 공급곡선과 수요곡선을 그리고 그 이동을 살펴보기 바란다.)

실제로 고용 부문별 임금 변화를 살펴봄으로써 이러한 현상을 확인해 볼 수 있다. 예를 들어, 1980~2009년 사이 숙련근로자(금융업, 보험업, 부동산업 종사자)의 실질(물가상승 반영) 주급은 20% 이상 상승한 반면, 같은 기간 동안 미숙련근로자(소매유통업 종사자)의 실질 수급은 단 5%만 증가하였다.[3]

이러한 현상은 앞으로도 지속될 것으로 전망된다. 미국 경제에서 첨단기술 분야가 성장함에 따라 고숙련근로자에 대한 수요는 더욱 증가할 것이다. 이와 동시에 사무와 공장 자동화로 인해 미숙련근로자에 대한 수요는 계속 감소할 것이다. (이러한 추세는 사례 14.7에서 더 논의한다.) 그 결과 임금 불평등은 더욱 증가할 것이다.

사례 2.3 자원가격의 장기적 추세

많은 사람들은 지구의 천연자원에 대해 걱정하고 있다. 우리가 쓰는 에너지와 광물자원이 가까운 미래에 고갈되어 가격이 크게 상승함에 따라 경제성장이 끝나 버릴 수도 있다는 것이다. 공급과 수요 분석으로 이를 전망할 수 있다.

실제로 구리, 철, 석탄, 석유와 같은 광물자원들은 양이 제한적이다. 그러나 지난 세기 동안 주요 천연자원들의 가격은 내려갔거나, 전반적인 가격수준과 비교할 때 거의 제자리걸음을 하였다. 그림 2.8은 1880~2006년 사이 구리의 실질가격(물가상승률 적용)과 소비량을 나타내고 있다. (두 수치 모두 1880년 =1을 기준으로 한 상대적 지수로 나타낸 것이다.) 지금의 연간 소비량은 1880년과 비교하여 약 600배나 증가하였다. 그럼에도 불구하고 가격은 단기적인 변동은 있었지만, 장기적으로 유의미한 증가 추세를 보이지

는 않았다. 철, 석유, 석탄과 같은 다른 광물자원의 경우에도 유사한 추세를 확인할 수 있다.[4]

이와 같이 구리에 대한 소비는 크게 증가하였지만, 가격에는 별다른 변화가 없는 현상은 어떻게 설명할 수 있을까? 그 답은 그림 2.9의 그래프를 통해 얻을 수 있다. 그림에서 보듯이, 세계경제가 성장함에 따라 천연자원에 대한 수요는 증가하였다. 그러나 수요가 증가함에 따라 생산비용은 하락하였는데, 그것은 채굴이 용이한 대규모 광상(鑛床)이 새로 발견되었으며, 채굴기술의 발전과 대규모 채굴과 정제로 인한 경제적 이익을 얻을 수 있었기 때문이다. 그 결과, 공급곡선은 시간이 흐름에 따라 오른쪽으로 이동하였다. 그림 2.9에서 보듯이, 장기적으로 공급이 수요에 비해 많이 증가했기 때문에 가격은 내려갔다.

---

3 자세한 소득자료는 미국 노동통계조사국(BLS) 웹페이지 **http://www.bls.gov/**의 Detailed Statistics Section에서 찾아볼 수 있다. Current Employment Statistics Survey(National)에서 Employment, Hours, and Earnings를 선택하면 된다.

4 미국의 구리 소비지수는 1999년과 2000년에 약 102였으나, 2001~2006년 사이 수요의 감소로 인해 크게 떨어졌다. 이와 같은 감소세는 2009년까지 이어졌으며, 2010~2016년 사이에는 구리 소비가 약간 증가하였지만 1999~2000년 보다는 아주 낮은 수준이다. 그림 2.8의 소비자료(1880~1899년)와 가격자료(1880~1969년)는 Robert S. Manthy, *Natural Resource Commodities — A Century of Statistics* (Baltimore: Johns Hopkins Univ. Press, 1978)에서 인용하였다. 최근 가격자료(1970~2016년)와 소비자료(1970~2016년)는 U.S. Geological Survey — Minerals Information, Copper Statistics and Information (**http://minerals.usgs.gov/minerals/pubs/commodity/copper**)에서 인용하였다.

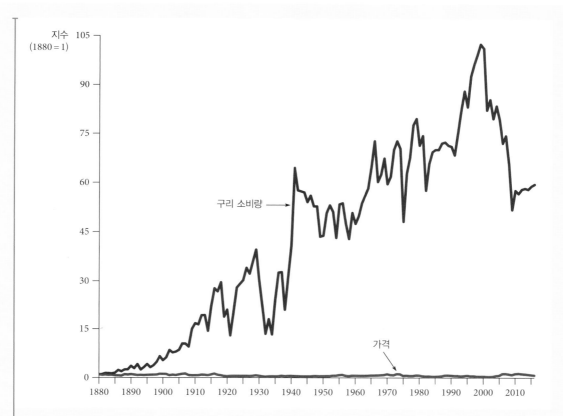

그림 2.8

구리 소비와 가격

구리에 대한 연간 소비가 약 100배 증가하였으나, 실질(물가상승률 반영)가격은 크게 변하지 않았다.

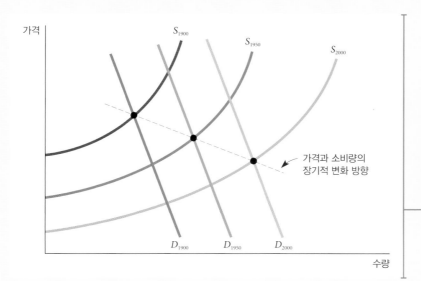

그림 2.9

광물자원의 공급과 수요의 장기적 움직임

지난 세기 동안 광물자원 대부분에 대한 수요는 현저히 증가하였지만, 실질(물가상승률 반영)가격은 내려갔거나 약간 올랐을 뿐이다. 그 이유는 생산비용의 하락으로 인해 공급곡선이 오른쪽으로 크게 이동했기 때문이다.

사례 2.4 9/11이 뉴욕시의 사무실 수요와 공급에 미친 영향

2001년 9월 11일, 세계무역센터(WTC)에 대한 테러리스트의 공격으로 세계무역센터를 포함한 21채의 건물이 훼손되거나 파괴되었는데, 이는 뉴욕 맨해튼 내 약 3,120만 평방피트 상당의 사무실 공간에 해당하는 면적으로서 뉴욕시 전체 사무실 공간의 약 10%를 차지하였다. 테러가 발생하기 직전에 맨해튼의 사무실 공실률은 8.0%였으며, 평균 임대료는 평방피트당 $52.5 수준이었다. 예상치 못한 사무실 공간의 대규모 감소로 인해 균형임대료는 상승하였으며, 그 결과로 사무실 임대공간의 균형수량은 줄어들었을 것이라고 생각할 수 있다. 또한 새로운 건물을 짓고 기존 건물을 보수하는 데 시간이 걸리기 때문에 공실률은 현저히 감소했을 것으로 생각할 수 있다.

그러나 놀랍게도 맨해튼 내 공실률은 2001년 8월의 8.0%에서 2001년 11월에는 9.3%로 높아졌다. 더욱이 실질임대료는 평방피트당 $52.50에서 $50.75로 하락하였다. 세계무역센터가 위치한 맨해튼 중심부에서는 보다 극적인 변화가 나타났다. 공실률은 7.5%에서 10.6%로 높아졌으며, 평균임대료는 $41.81로 약 8%가량 떨어졌던 것이다. 왜 이런 현상이 나타났을까? 임대료가 하락한 것은 사무실 공간에 대한 수요가 감소했기 때문이다.

그림 2.10은 맨해튼 중심부의 사무실 공간 시장을 보여 준다. 9/11 이전의 공급곡선과 수요곡선은 S_{Aug}와 D_{Aug}로 각각 나타나 있다. 맨해튼 중심부 사무실 공간의 균형 가격과 수량은 각각 평방피트당 $45.34와 7,640만 평방피트였다. 8월부터 11월 사이에 나타난 공급 감소는 공급곡선의 좌측 이동(S_{Aug}에서 S'_{Nov})으로 표현된다. 그 결과 균형가격은 P'으로 상승하고, 균형수량은 Q'으로 감소한 것이다. 많은 사람들은 9월 11일 이후 몇 달 동안은 이런 상황이 발생할 것으로 예측하였다.

그러나 공급 감소와 함께 사무실 공간에 대한 수요도 현저하게 감소할 수 있음을 예상하지는 못하였다. 우선, 많은 기업들은 파괴된 건물, 오염, 교통 악화, 기존 건물의 노후화 등으로 인한 생활여건 악화에 대한 우려로 인해 중심부를 떠났다. 테러로 피해를 입은 기업들은 필요한 사무실 공간의 크기를 재검토하여 대부분 기존 사무실 공간의 50%를 약간 넘는 정도로 공간을 축소시켰다. 다른 기업들은 맨해튼을 떠나 뉴욕시의 다른 곳을 선택했으며, 일부 기업들은 뉴저지로 이동하였다.[5] 더구나 2001년 말 미국 경제는 경기침체를 겪었으며, 이로 인해 사무실 공간에 대한 수요는 더욱 감소하였다. 이처

그림 2.10
뉴욕시 사무실 공간의 공급과 수요
9/11 사건 이후 공급곡선은 왼쪽으로 이동했으나 수요곡선 또한 왼쪽으로 이동하였다. 그 결과, 평균 임대료는 떨어졌다.

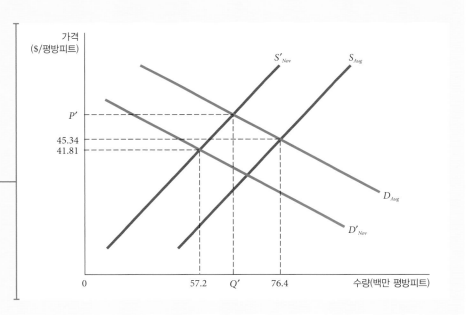

---

5 이와 관련된 내용은 Jason Bram, James Orr, and Carol Rapaport, "Measuring the Effects of the September 11 Attack on New York City," Federal Reserve Bank of New York, *Economic Policy Review*, November, 2002를 참고하기 바란다.

럼 여러 요인에 의한 사무실 공간에 대한 수요 감소가 누적됨에 따라 (D_{Aug}에서 D'_{Nov}로 이동), 9월 11일 이후 몇 달 동안 맨해튼 중심부 사무실 공간에 대한 평균 임대료는 오히려 떨어졌다. 11월경에는 임대료가 평방피트당 $41.81로 떨어졌음에도 불구하고 5,720만 평방피트의 공간은 여전히 비어 있었다.

또한 9/11 이후 미국 내 다른 주요 도시의 사무실용 부동산 시장에도 공실률은 증가하였다. 예를 들어, 시카고 중심부의 사무용 빌딩의 공실률은 증가하였는데, 테러리스트의 주된 공격 대상으로 간주되던 랜드마크 빌딩이나 그 근처에 있던 빌딩의 공실률은 보다 뚜렷하게 증가하였다.[6]

맨해튼 상업용 부동산 시장의 상황은 2001년 이후에 빠르게 회복되었다. 2007년 사무실 공실률은 9/11 이후 최저치인 5.8%를 기록했으며, 평균 임대료는 평방피트당 $74를 상회하였다. 그러나 금융위기 이후인 2009년 5월경에 공실률은 약 13%로 증가하였다. 맨해튼에 입지한 기업의 1/4 이상이 금융서비스 기업인 탓에 금융위기로 인해 상업용 부동산 시장은 침체를 겪었다. 그러나 부동산시장은 경제상황이 호전됨에 따라 다시 회복되었으며, 2016년에는 공실률이 9% 이하로 떨어졌다.

2.4 공급탄력성과 수요탄력성

앞에서 살펴본 바와 같이 어떤 재화의 수요는 그 재화의 가격뿐만 아니라 소비자의 소득수준과 다른 재화의 가격에 의해서도 영향을 받는다. 마찬가지로, 공급도 가격과 생산비용에 영향을 미치는 변수들에 의해 영향을 받는다. 예를 들어, 커피가격이 상승하면 커피 수요는 감소하고 공급은 증가할 것이다. 그런데 때로는 공급량 또는 수요량이 얼마만큼 증가 또는 감소하는지를 파악해야 할 필요가 있다. 커피 수요량은 커피가격의 변화에 얼마나 민감하게 반응할까? 만약 가격이 10%가량 상승한다면 수요량은 얼마나 변할까? 또 소득이 5% 증가한다면 수요량은 얼마나 변할까? 이러한 질문에 대한 답은 탄력성의 개념을 이용하여 찾을 수 있다.

탄력성(elasticity)은 한 변수의 변화에 따라 다른 변수가 반응하는 정도를 나타낸다. 구체적으로 탄력성은 한 변수가 1% 증가할 때 이에 반응하여 다른 변수는 몇 퍼센트나 변화하는지를 알려 주는 수치이다. 예를 들어, 수요의 가격탄력성은 가격의 변화에 따른 수요량의 반응을 보여 준다. 즉, 어떤 재화의 가격이 1% 증가함에 따라 그 재화에 대한 수요량은 몇 퍼센트 변화하는지를 알려 준다.

탄력성 한 변수가 1% 증가함에 따른 다른 변수의 퍼센트 변화

수요의 가격탄력성 이제 좀 더 자세히 살펴보자. **수요의 가격탄력성**(price elasticity of demand) E_p는 다음과 같이 쓸 수 있다.

$$E_p = (\%\Delta Q)/(\%\Delta P)$$

위 식에서 %ΔQ는 "수요량 변화의 퍼센트"를, ΔP는 "가격 변화의 퍼센트"를 의미한다. (Δ는 그리스 문자인 델타의 대문자로서 "변화"를 의미한다. 예를 들어 ΔX는 어떤 시점에서 다른 시점까지 "변수 X의 변화"를 나타낸다.) 어떤 변수의 변화 퍼센트는 그 변수의 절대치 변화를 그 변수의 원래 값으로 나눈 값이다. (만약 소비자 물가지수가 연초에 200이었다가 연말에는 204로 증가했

수요의 가격탄력성 어떤 재화의 가격이 1% 증가함에 따른 그 재화에 대한 수요량의 퍼센트 변화

---

6 이와 관련된 내용은 Alberto Abadie and Sofia Dermisi, "Is Terrorism Eroding Agglomeration Economies in Central Business Districts? Lessons from the Office Real Estate Market in Downtown Chicago," *Journal of Urban Economics*, Volume 64, Issue 2, September 2008, 451–463을 참고하기 바란다.

다면, 한 해 동안의 변화 퍼센트 또는 연간 인플레이션율은 $4/200 = 0.02$ 또는 2%가 된다.) 따라서 수요의 가격탄력성은 다음과 같이 나타낼 수도 있다.[7]

$$E_p = \frac{\Delta Q/Q}{\Delta P/P} = \frac{P\Delta Q}{Q\Delta P} \qquad (2.1)$$

일반적으로 수요의 가격탄력성은 음($-$)의 값을 가진다. 어떤 재화의 가격이 오를 때, 그 재화의 수요량은 보통 감소한다. 따라서 $\Delta Q/\Delta P$(가격 변화에 따른 수량의 변화)는 음($-$)의 값을 가지며, E_p도 음($-$)수가 된다. 그러나 때로는 가격탄력성의 크기(절댓값)만을 언급하기도 한다. 예를 들어, $E_p = -2$라면 탄력성의 크기는 2라고 말한다.

수요의 가격탄력성이 1보다 큰 값을 가진다면 가격의 퍼센트 증가에 비해 수요량의 퍼센트 감소가 더 크기 때문에 수요는 **가격탄력적**(price elastic)이라고 한다. 만약 가격탄력성이 1보다 작다면, 수요는 **가격비탄력적**(price inelastic)이라고 한다. 일반적으로 어떤 재화의 수요의 가격탄력성은 이 재화를 대체할 수 있는 다른 재화를 얼마나 쉽게 구할 수 있는지에 영향을 받는다. 서로 밀접한 대체재 관계인 두 재화의 경우에는 어느 한 재화의 가격이 인상됨에 따라 소비자는 그 재화를 덜 사는 대신 대체재를 더 많이 사게 될 것이다. 따라서 수요는 매우 가격탄력적이 된다. 밀접한 대체재가 없는 재화의 경우에는 수요는 보다 비탄력적일 것이다.

선형수요곡선 식 (2.1)에서 보듯이 수요의 가격탄력성은 수요량의 변화분을 가격의 변화분으로 나눈 값($\Delta Q/\Delta P$)에 가격을 수요량으로 나눈 값(P/Q)을 곱하여 구한다. 그런데 수요곡선상에서 아래쪽으로 이동함에 따라 $\Delta Q/\Delta P$는 변하지 않을 수 있지만 P/Q는 항상 변한다. 따라서 수요의 가격탄력성은 수요곡선상의 특정한 지점에서 측정되어야 하며, 일반적으로 수요곡선을 따라서 이동함에 따라 그 값은 변한다.

선형수요곡선 직선 형태의 수요곡선

이러한 원리는 **선형수요곡선**(linear demand curve)에서 쉽게 확인할 수 있는데, 선형수요곡선의 일반적인 모습은

$$Q = a - bP$$

와 같다. 예를 들어, 다음과 같은 수요곡선을 고려해 보자.

$$Q = 8 - 2P$$

이 수요곡선의 경우 $\Delta Q/\Delta P$는 -2로 일정한 값을 가진다(ΔP가 1일 때 ΔQ는 -2이다). 그러나 이 수요곡선의 가격탄력성은 일정하지 않다. 그림 2.11에서 보듯이, 수요곡선상에서 아래쪽으로 이동함에 따라 P/Q가 줄어들면서 탄력성의 크기는 작아진다. 수요곡선이 가격 축과 만나는 점 가까이에서는 Q가 매우 작으므로 수요의 가격탄력성 $E_p = -2(P/Q)$의 값은 매우 크다. $P = 2$이고 $Q = 4$일 때는 $E_p = -1$이다. 반면 수요곡선이 수량 축과 만나는 점에서는 $P = 0$이어서 $E_p = 0$이 된다.

---

7 무한히 작은 변화를 고려한다면(즉 ΔP가 아주 작게 변한다면) $E_p = (P/Q)(dQ/dP)$로 표현된다.

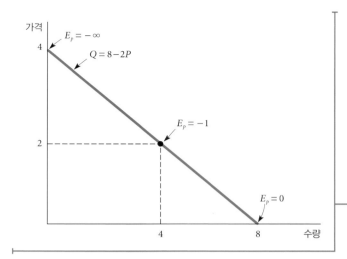

그림 2.11

선형수요곡선

수요의 가격탄력성은 수요곡선의 기울기와 더불어 가격과 수요량에도 영향을 받는다. 따라서 한 수요곡선상에서도 가격과 수요량이 변함에 따라 탄력성은 달라질 수 있다. 그림에 나타난 선형수요곡선은 기울기가 일정하다. 곡선 윗부분의 경우, 가격은 높고 수요량은 적기 때문에 탄력성은 매우 크다. 곡선의 아래쪽으로 갈수록 탄력성은 줄어든다.

가격을 수직축, 수량을 수평축으로 하여 수요곡선(그리고 공급곡선)을 그리므로 $\Delta Q / \Delta P =$ ($1 /$곡선의 기울기)가 된다. 그 결과, 가격과 수량의 어떠한 조합에 대해서도 수요곡선의 기울기가 가파를수록 수요는 가격비탄력적이 된다. 그림 2.12는 두 가지 경우를 보여 준다. 그림 2.12(a)는 **완전탄력적 수요**(infinitely elastic demand)를 나타낸다. 이때 가격 P^*에서 소비자들은 가능한 수준에서 최대한 구매할 것이다. 가격이 이 수준에서 조금만 올라도 수요량은 0으로 떨

완전탄력적 수요 어떤 가격에서 소비자들은 가능한 수준에서 최대한의 양을 구매한다. 그러나 가격이 조금만 올라도 수요량은 0이 되고, 가격이 조금만 내려가면 수요량은 무한대로 증가한다.

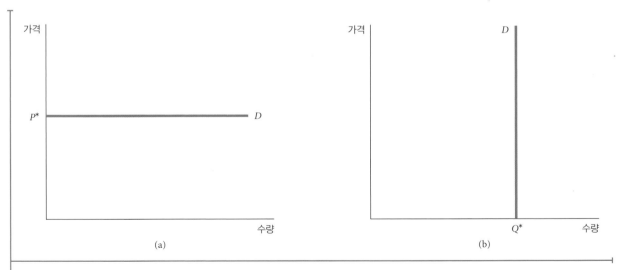

그림 2.12

(a) 완전탄력적 수요 (b) 완전비탄력적 수요

(a) 수요곡선이 수평선인 경우에는 $\Delta Q/\Delta P$는 무한대가 된다. 가격이 조금만 변하더라도 수요량은 엄청나게 크게 변하기 때문에 수요의 탄력성은 무한대이다. (b) 수요곡선이 수직선일 경우, $\Delta Q/\Delta P$는 0이다. 가격수준과 상관없이 수요량은 일정하므로 수요의 가격탄력성은 영이다.

어지게 되며, 가격이 조금이라도 내려가면 수요량은 무한대로 증가한다. 한편 그림 2.12(b)는 **완전비탄력적 수요**(completely inelastic demand)를 나타낸다. 이 경우 소비자들은 가격수준과 상관없이 일정한 수량 Q^*를 구매한다.

다른 수요탄력성 이제 가격 외에 다른 변수의 변화에 대한 수요의 탄력성을 살펴보자. 일반적으로 소득이 증가하면 대부분의 재화에 대한 수요는 증가한다. **수요의 소득탄력성**(income elasticity of demand)은 소득 I가 1% 증가할 때 수요량 Q는 몇 퍼센트 증가하는지를 보여 준다.

완전비탄력적 수요 가격과 상관없이 소비자들은 일정한 양을 구매한다.

수요의 소득탄력성 소득의 1% 변화에 따른 수요량의 퍼센트 변화

$$E_I = \frac{\Delta Q/Q}{\Delta I/I} = \frac{I}{Q}\frac{\Delta Q}{\Delta I} \tag{2.2}$$

한편 어떤 재화의 수요는 다른 재화의 가격에 영향을 받는다. 예를 들어, 버터와 마가린은 서로 간에 쉽게 대체되어 사용되기 때문에 각각의 수요는 상대방의 가격에 영향을 받는다. **수요의 교차가격탄력성**(cross-price elasticity of demand)은 다른 재화 가격의 1% 증가에 따른 한 재화 수요량의 퍼센트 변화를 나타낸다. 따라서 마가린가격에 대한 버터 수요의 탄력성은 다음과 같이 쓸 수 있다.

수요의 교차가격탄력성 다른 재화 가격의 1% 증가에 따른 한 재화 수요량의 퍼센트 변화

$$E_{Q_b P_m} = \frac{\Delta Q_b/Q_b}{\Delta P_m/P_m} = \frac{P_m}{Q_b}\frac{\Delta Q_b}{\Delta P_m} \tag{2.3}$$

위 식에서 Q_b는 버터의 수요량을, P_m은 마가린의 가격을 나타낸다.

위 사례와 같이 두 재화가 서로 대체재라면 교차가격탄력성은 양(+)의 값을 가진다. 두 재화는 시장에서 경쟁하므로 마가린가격이 오르면 버터는 마가린보다 상대적으로 저렴해지므로 버터 수요량은 증가한다(버터의 수요곡선이 오른쪽으로 이동하기 때문에 버터가격은 상승한다). 그러나 이런 현상이 항상 일어나는 것은 아니다. 어떤 재화들은 서로 보완재이다. 이 경우 재화들은 함께 소비되기 때문에 한 재화의 가격이 올라가면 다른 재화의 소비는 줄어들게 된다. 휘발유와 엔진오일을 예로 들어 보자. 만약 휘발유의 가격이 오르면 휘발유 소비량은 줄어든다. 자동차 운행량이 줄어듦에 따라 엔진오일에 대한 수요 또한 줄어든다(엔진오일의 수요곡선은 왼쪽으로 이동한다). 따라서 휘발유에 대한 엔진오일의 교차가격탄력성은 음(-)의 값이 된다.

공급의 가격탄력성 가격의 1% 증가에 따른 공급량의 퍼센트 변화

공급의 탄력성 공급에 관한 탄력성도 같은 방법으로 정의된다. **공급의 가격탄력성**(price elasticity of supply)은 가격의 1% 증가에 따른 공급량의 퍼센트 변화를 나타낸다. 높은 가격에서는 기업은 좀 더 많이 생산하려는 유인을 가지므로 공급의 가격탄력성은 보통 양(+)의 값을 가진다.

또한 이자율, 임금수준, 최종재 생산을 위해 투입되는 원재료와 중간재의 가격 등과 같은 다른 변수들에 대한 공급탄력성도 정의할 수 있다. 예를 들어, 대부분의 공산품에 있어서 원재료가격에 대한 공급탄력성은 음(-)의 값을 가진다. 원재료가격이 오르면 기업의 생산비용은 증가하므로, 다른 조건이 일정하다면 공급량은 줄어들 것이다.

점 탄력성과 호 탄력성

이상에서는 수요곡선 또는 공급곡선상의 한 점에서의 탄력성을 살펴보았는데, 이러한 탄력성은

점 탄력성(point elasticity)이라고 한다. **수요의 점 탄력성**(point elasticity of demand)은 수요곡선상의 특정한 점에서 계산한 수요의 가격탄력성으로서 식 (2.1)에서 정의한 바와 같다. 그림 2.11의 선형수요곡선에서 살펴본 바와 같이 수요의 점 탄력성은 수요곡선상의 어떤 점에서 측정하는가에 따라 달라진다.

이제 수요곡선(또는 공급곡선)상의 한 점이 아닌 일부 구간에 대한 가격탄력성을 측정해 보자. 예를 들어, 제품가격이 $8.0에서 $10.0로 인상됨에 따라 수요량은 6에서 4단위로 줄어든다고 하자. 이 경우 수요의 가격탄력성은 어떻게 측정해야 하는가? 가격은 25%($2 인상분을 원래 가격인 $8로 나눈 값) 인상된 것일까 아니면 20%($2 인상분을 새로운 가격인 $10로 나눈 값) 인상된 것일까? 이러한 가격 인상으로 인해 수요량은 $33\frac{1}{3}\%$(2/6) 감소한 것일까 아니면 50%(2/4) 감소한 것일까?

이러한 질문에는 명확한 답이 없다. 원래의 가격과 수요량을 사용하여 가격탄력성을 측정한다면 $E_p = (-33\frac{1}{3}\% / 25\%) = -1.33$이 된다. 반면, 새로운 가격과 수요량을 사용하는 경우에는 $E_p = -(50\% / 20\%) = -2.5$가 된다. 이 두 탄력성 값 간의 차이는 상당히 큰데, 어느 하나가 더 낫다고 말할 수는 없다.

수요의 호 탄력성 이 문제는 수요곡선상의 일정한 범위에 걸친 가격 변화에 대해 가격탄력성을 계산하는 **수요의 호 탄력성**(arc elasticity of demand)으로 해결할 수 있다. 최초가격이나 최종가격 중 하나를 선택하기보다는 이 둘 간의 평균가격인 $\overline{P}$와 평균수량인 $\overline{Q}$를 사용하는 것이다. 따라서 수요의 호 탄력성은 다음과 같이 계산한다.

$$\text{호 탄력성: } E_p = (\Delta Q / \Delta P)(\overline{P} / \overline{Q}) \tag{2.4}$$

위의 예에서 평균가격은 $9이고 평균수요량은 5단위이다. 따라서 호 탄력성은 다음과 같이 계산된다.

$$E_p = (-2 / \$2)(\$9 / 5) = -1.8$$

호 탄력성은 낮은 가격과 높은 가격에서 계산된 두 점 탄력성 사이의 어느 값이다. (그러나 항상 중간 값을 가지지는 않는다.)

비록 수요의 호 탄력성이 유용하게 사용되는 경우도 있지만 경제학자들이 "탄력성"이라는 용어를 사용할 때는 일반적으로 점 탄력성을 의미한다. 이 책에서도 특별한 언급이 없는 한 이를 따른다.

사례 2.5 밀시장

밀은 중요한 농산물이기 때문에 농업경제학자들은 밀시장에 대해 광범위하게 연구해 왔다. 최근 수십 년 동안 밀시장의 변화는 미국의 농부들과 농업정책에 중요한 함의를 제공한다. 어떤 일이 발생했는지를 이해하기 위해 1981년 이후 공급과 수요의 움직임을 살펴보자.

통계적 연구에 따르면 미국의 1981년의 밀 공급곡선은 대략 다음과 같다.[8]

$$공급: Q_S = 1800 + 240P$$

위 식에서 가격은 부셸당 명목달러로, 수량은 연간 백만 부셸로 각각 측정되었다. 또한 1981의 밀에 대한 수요는 다음과 같다.

$$수요: Q_D = 3550 - 266P$$

공급량과 수요량을 일치시킴으로써 1981의 시장청산가격은 다음과 같이 구할 수 있다.

$$Q_S = Q_D$$
$$1800 + 240P = 3550 - 266P$$
$$506P = 1750$$
$$P = \$3.46(부셸당)$$

여기서 구한 가격 \$3.46를 공급곡선의 식이나 수요곡선의 식에 대입하면 시장청산수량을 구할 수 있다. 공급곡선의 식에 대입하면 균형수량은 다음과 같이 구해진다.

$$Q = 1800 + (240)(3.46) = 2630(백만 부셸)$$

이 가격과 수량에서 수요와 공급의 가격탄력성은 얼마인가? 먼저 수요곡선을 이용하여 수요의 가격탄력성을 구하면 다음과 같다.

$$E_P^D = \frac{P}{Q}\frac{\Delta Q_D}{\Delta P} = \frac{3.46}{2630}(-266) = -0.35$$

따라서 수요는 가격비탄력적이다. 마찬가지로 공급의 가격탄력성은

다음과 같이 구할 수 있다.

$$E_P^S = \frac{P}{Q}\frac{\Delta Q_S}{\Delta P} = \frac{3.46}{2630}(240) = 0.32$$

위의 공급곡선과 수요곡선은 각각 선형이므로 가격탄력성은 곡선을 따라 이동함에 따라 달라진다. 예를 들어, 가뭄으로 인해 공급곡선이 왼쪽으로 이동하여 가격이 부셸당 \$4.00로 인상되었다고 하자. 이 경우, 수요량은 3550 − (266)(4.0) = 2486(백만 부셸)로 줄어들게 된다. 이 가격과 수량에서 수요의 가격탄력성은 다음과 같이 계산된다.

$$E_P^D = \frac{4.00}{2486}(-266) = -0.43$$

밀시장은 지난 수년간 변화해 왔는데, 부분적으로는 수요의 변화에 의한 것이다. 밀에 대한 수요는 내수(미국 소비자의 수요)와 수출(외국 소비자의 수요)의 두 부문으로 나뉜다. 지난 30년 동안 인구와 소득이 소폭 증가함에 따라 밀에 대한 내수는 약간 증가하였다. 반면 수출 수요는 크게 줄어들었다. 여기에는 여러 가지 이유가 있는데, 무엇보다도 농업부문에서 녹색혁명이 성공적으로 이루어진 탓에 밀을 가장 많이 수입하던 인도 등 개발도상국들의 자체적인 밀 산출량이 증가하였다. 이에 더하여 유럽국가들은 보호주의정책을 도입함으로써 자국 생산자에게는 보조금을 지급하고 밀 수입에 대해서는 관세를 부과하였다.

2007년에 미국의 밀 수요와 공급은 다음과 같았다.

$$수요: Q_D = 2900 - 125P$$
$$공급: Q_S = 1460 + 115P$$

다시 한 번 다음과 같이 공급량과 수요량을 일치시킴으로써 시장청산(명목)가격과 수량을 구할 수 있다.

$$1460 + 115P = 2900 - 125P$$
$$P = \$6.0(부셸당)$$
$$Q = 1460 + (115)(6) = 2150(백만 부셸)$$

---

8 밀의 수요와 공급, 시장상황의 변화에 대한 통계적 연구의 조사는 Larry Salathe and Sudchada Langley, "An Empirical Analysis of Alternative Export Subsidy Programs for U.S. Wheat," *Agricultural Economics Research* 38:1(Winter 1986) 을 참조하라. 이 사례의 공급곡선과 수요곡선은 모두 위의 연구결과를 기초로 한 것이다.

따라서 밀의 명목가격은 1981년 이후로 상당히 상승했는데, 이러한 가격 인상은 대부분 2005~2007년 사이에 발생하였다. (예를 들어, 2002년의 밀가격은 부셸당 $2.78에 불과하였다.) 그것은 2005년의 건조한 날씨, 2006년의 더 건조한 날씨, 2007년의 폭우 등과 함께 수출 수요가 증가했기 때문이다. 2007년의 가격과 수량수준에서 수요의 가격탄력성은 −0.35, 공급의 가격탄력성은 0.32임을 확인할 수 있다. 이와 같이 낮은 탄력성하에서 밀가격은 급격하게 상승했던 것이다.[9]

미국산 밀에 대한 세계 수요는 중국, 인도, 러시아와 같은 다른 주요 밀 생산국들의 정치적 상황과 날씨에 따라 등락하였다. 2008~2010년 동안 미국의 밀 수출은 국제적 생산량의 증가에 따라 30%가량 감소하였으며, 2010년의 밀가격은 2년 전의 $6.48에서 $4.87로

하락하였다. 그러나 2011년의 혹독한 날씨로 인해 밀의 공급부족이 발생했고, 미국의 수출은 33%가량 증가하여 가격은 $5.70까지 올랐다.

비록 미국산 밀에 대한 수출 수요는 그 후 내림세를 보였지만, 서로 다른 종류의 밀 종자에 대해 기후가 미치는 영향은 차이가 나므로 날씨가 밀 생산에 미치는 영향은 다소 모호하다. 예를 들어, 2015년의 비정상적인 추운 겨울 날씨는 겨울 밀의 작황을 악화시켰으나 생산량에는 거의 영향을 미치지 못하였다. 반면 듀럼밀(durum wheat)은 봄 재배 시기 동안의 좋은 날씨 조건으로 인해 전년 대비 53% 증가하였다. 그림 2.13은 1980년 이후 밀가격의 변화 추이를 보여 주고 있다.

1981년 밀의 시장청산가격은 $3.46으로 계산되었지만, 실제 가격은

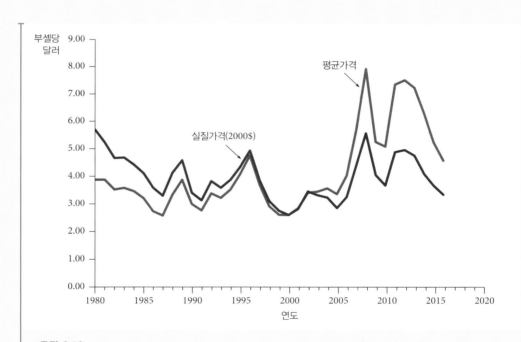

그림 2.13
미국 내 밀의 가격
밀가격은 날씨와 수출 수요의 변화에 따라 등락하였다.

9 이 값들은 미국 농무부(USDA) 경제연구서비스(ERS)가 추정한 단기 탄력성이다. 좀 더 자세한 사항은 다음 문헌들을 참고하길 바란다. William Lin, Paul C. Westcott, Robert Skinner, Scott Sanford, and Daniel G. De La Torre Ugarte, *Supply Response Under the 1996 Farm Act and Implications for the U.S. Field Crops Sector* (Technical Bulletin No. 1888, ERS, USDA, July 2000, **http://www.ers/usda/gov/**); James Barnes and Dennis Shields, *The Growth in U.S. Wheat Food Demand* (Wheat Situation and Outlook Yearbook, WHS−1998, **http://www.ers/usda/gov/**). 미국 밀 생산에 관한 배경정보는 **http://www.ers.usda.gov/topics/crops/wheat/background.aspx**에서 찾아볼 수 있다.

이보다 높았다. 그것은 미국정부가 가격지지정책을 통해 밀을 사들였기 때문이다. 또한 농민들은 밀 생산에 대해 직접적인 보조금도 수령하였다. 이러한 정책하에서 농민들은 납세자의 비용으로 밀 생산을 증가시켰다. 2002년과 2008년에 의회는 농민들에 대한 보조금 지급을 계속하거나 혹은 확대시키는 법을 통과시켰다. 2008년의 식품, 보전, 에너지 법안(Food, Conservation, and Energy Act of 2008)은 2012년까지 농업에 대한 보조금을 허용하였는데, 그 비용은 5년

간 $2,840억으로 추정되었다. 그러나 최근에는 미국의 재정위기로 인해 의회에서는 보조금 지급을 종료해야 한다는 의견도 나타났다.

미국, 유럽, 일본을 포함한 많은 나라에서는 농민들을 지원하기 위한 농업정책을 시행하고 있다. 제9장에서는 이러한 정책들이 어떤 작용을 하며, 소비자, 농민, 그리고 정부재정에 미치는 영향을 평가한다.

2.5 단기 탄력성과 장기 탄력성

수요와 공급의 분석에서는 단기와 장기를 구분할 필요가 있다. 다시 말해, 가격 변화에 따른 수요 또는 공급의 변화 정도를 파악하는 데 있어서는 그러한 변화가 얼마만큼의 시간 동안의 변화를 의미하는지를 명확히 해야 한다. 만약 1년 이하의 짧은 기간 동안의 변화를 고려한다면 단기적인 변화에 관한 것이다. 보통 장기를 얘기할 때는 가격 변화에 대해 소비자와 생산자가 완전히 반응할 수 있도록 충분한 시간이 경과하였음을 의미한다. 일반적으로 단기 수요곡선과 단기 공급곡선은 각각의 장기 곡선과는 매우 다른 모습을 보인다.

수요

대부분의 재화에 있어서 수요는 단기보다는 장기에서 훨씬 더 가격탄력적이다. 그것은 우선 사람들이 소비습관을 바꾸는 데는 시간이 걸리기 때문이다. 예를 들어, 커피가격이 급격하게 오르더라도 단기적으로 커피 수요량은 사람들이 커피를 적게 마시는 습관을 들이기 시작함에 따라 천천히 감소할 것이다. 또한 한 재화에 대한 수요는 수요가 느리게 변하는 다른 재화와 관련이 있을 수 있다. 예를 들어, 휘발유 수요는 단기보다는 장기적으로 훨씬 탄력적이다. 휘발유가격이 급격하게 상승하는 경우 운전자들은 운전을 적게 함으로써 단기적으로 휘발유의 수요량이 감소하지만, 장기적으로 소비자들이 소형자동차를 구입하거나 연비가 높은 자동차를 구입함에 따라 휘발유 수요량은 보다 급격하게 감소한다. 운전자들이 차량을 교체하는 일은 시간을 두고 서서히 일어나기 때문에 휘발유 수요량은 천천히 떨어진다. 그림 2.14(a)는 이와 같은 재화의 단기 수요곡선과 장기 수요곡선을 보여 주고 있다.

수요와 내구성 어떤 재화들에 있어서는 휘발유의 경우와는 반대로 장기보다는 단기에서 수요가 더 탄력적이기도 하다. 자동차, 냉장고, 텔레비전, 또는 산업용 자본재 등은 내구재(durable)로서 소비자가 보유한 전체 수량(total stock)이 연간 생산량보다 더 많다. 그 결과, 소비자들이 가지기를 원하는 전체 수량이 조금만 변화하더라도 전체 구매수준은 크게 변할 수 있다.

예를 들어, 냉장고가격이 10% 상승함에 따라 소비자들이 가지기를 원하는 냉장고의 전체 수량이 5% 감소하는 상황을 고려해 보자. 초기에는 소비자들은 이미 사용하고 있던 냉장고를 계속 사용함에 따라 새로운 냉장고에 대한 구매는 5% 이상 떨어질 것이다. 그러나 시간이 지남에 따라 소비자들이 보유한 냉장고가 낡게 되면 새로운 제품을 구입할 수밖에 없으므로 수요량은 증

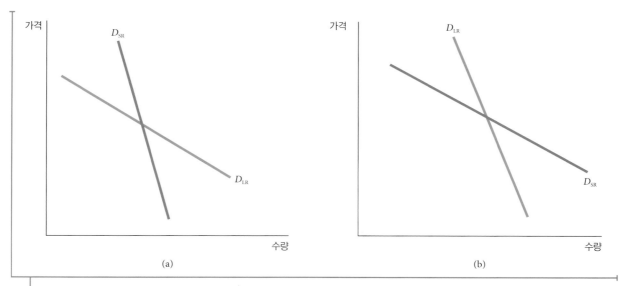

그림 2.14
(a) 휘발유: 단기 수요곡선과 장기 수요곡선   (b) 자동차: 단기 수요곡선과 장기 수요곡선
(a) 단기의 경우, 가격 인상은 휘발유 수요량에 큰 영향을 미치지 않는다. 차주들은 운전을 적게 하지만 당장은 사용하던 차를 연료
효율적인 신차로 바꾸지는 않을 것이다. 그러나 장기적으로는 운전자들이 소형이나 연료효율적인 자동차로 바꿀 것이기 때문에 휘
발유가격 인상이 휘발유의 수요량에 미치는 영향은 더 커질 것이다. 따라서 수요는 단기보다는 장기에서 보다 탄력적이 된다. (b) 자
동차 수요의 경우는 반대 상황이 나타난다. 자동차가격이 인상되는 경우 처음에는 소비자들이 신차 구매를 주저함에 따라 연간 구
매량이 급격히 떨어질 것이다. 그러나 장기적으로는 중고차는 새 차로 교체될 수밖에 없으므로 연간 수요량은 다시 증가한다. 따라
서 수요는 단기보다는 장기적으로 더 비탄력적이 된다.

가할 것이다. 장기적으로는 소비자가 소유한 냉장고의 전체 수량은 가격 상승 전과 비교하여 대
략 5% 수준으로 감소할 것이다. 이 경우 냉장고에 대한 수요의 장기 가격탄력성은 −0.05/0.1
= −0.5인 반면, 단기 탄력성은 이것보다 더 클 것이다.

이제 자동차의 경우를 고려해 보자. 신차 구매에 대한 미국의 연간 수요는 약 1,000만 대에
서 1,200만 대 정도이지만 사람들이 보유한 자동차는 모두 약 1억 3,000만 대이다. 만약 자동차
가격이 오른다면 많은 사람들은 신차 구매를 늦출 것이다. 이 경우 소비자가 인상된 가격수준에
서 소유하고자 하는 자동차의 총량이 조금만 줄어들더라도 자동차 구매량은 크게 떨어질 것이
다. 그러나 시간이 지남에 따라 오래된 차는 새 차로 교체되어야 하므로 새 차의 수요량은 다시
증가할 것이다. 그 결과 수요량의 장기적인 변화는 단기적인 변화보다는 훨씬 적게 된다. 그림
2.14(b)는 자동차와 같은 내구재의 수요곡선을 보여 준다.

소득탄력성   소득탄력성 역시 단기와 장기에 서로 차이가 난다. 식품, 음료, 연료, 오락 등 대부
분의 재화와 서비스에 있어서 소득탄력성은 단기보다는 장기에 더 크다. 총소득이 10%나 증가
하는 빠른 경제성장기의 휘발유 소비 행태를 고려해 보자. 사람들은 자동차여행을 더 많이 함에
따라 휘발유 소비는 증가할 것이다. 그러나 이러한 소비 변화에는 시간이 다소 걸리므로 초기에
는 휘발유 수요량은 약간만 증가한다. 따라서 장기 탄력성은 단기 탄력성보다 더 클 것이다.

내구재의 경우에는 상황이 달라진다. 다시 자동차를 생각해 보자. 총소득이 10% 증가함에 따라 소비자들이 구매하기를 원하는 자동차의 전체 수량이 5% 증가한다고 하자. 현재 총 1억 3,000만 대의 자동차가 있다면 5% 증가는 650만 대에 해당하는데, 이는 한 해 동안 나타나는 일반적인 수요량의 60~70% 수준이다. 따라서 단기적으로는 자동차의 구매량이 상당히 많이 증가한다. 하지만 시간이 지남에 따라 소비자들이 자신이 원하는 만큼의 자동차를 보유하게 되어 전체 보유 대수가 일정한 수준에 도달한 후에는 새 차에 대한 수요는 대부분 오래된 자동차를 교체하려는 수요로 이루어진다. 물론 전체 차량 보유 대수가 증가한다는 것은 매년 보다 많은 차가 교체되어야 한다는 것을 의미하므로 신차 구매는 여전히 예전보다는 증가할 것이다. 따라서 단기의 수요의 소득탄력성은 장기 탄력성보다 훨씬 더 클 것이다.

경기순환형 산업 내구재에 대한 수요는 단기적으로 소득 변화에 따라 큰 폭으로 등락하기 때문에 이러한 제품을 생산하는 산업은 경기순환(불황과 호황)과 같은 거시경제적 상황 변화에 매우 취약하다. 이들은 종종 **경기순환형 산업**(cyclical industries)이라고 불리는데, 이러한 산업의 판매 변화는 국내총생산(GDP)과 국민총소득의 순환적 변화보다 크게 나타나는 경향이 있다.

그림 2.15와 2.16은 이러한 현상을 잘 보여 주고 있다. 그림 2.15에는 연도별 실질(물가상승

경기순환형 산업 국내총생산과 국민총소득의 경기순환적 변화에 비해 매출액의 변화가 더 크게 나타나는 산업

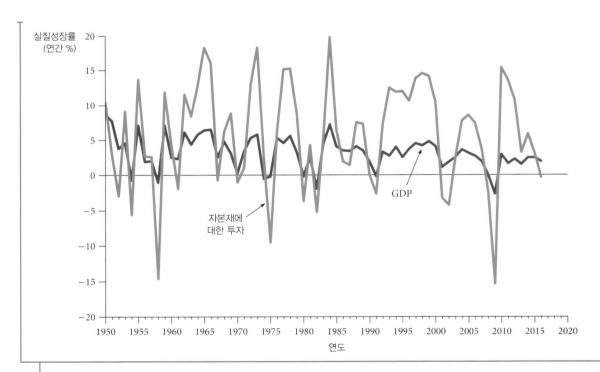

그림 2.15
GDP와 내구재 장비 투자
연도별 GDP 성장률과 내구재 장비 투자 증가율을 비교하고 있다. 내구성을 가지는 자본 장비의 경우 수요의 단기 GDP 탄력성이 장기 탄력성보다 더 크므로, 장비에 대한 투자 변화는 GDP의 변화보다 더 크게 나타난다. 따라서 자본재 산업은 "경기순환적"인 산업으로 인식된다.

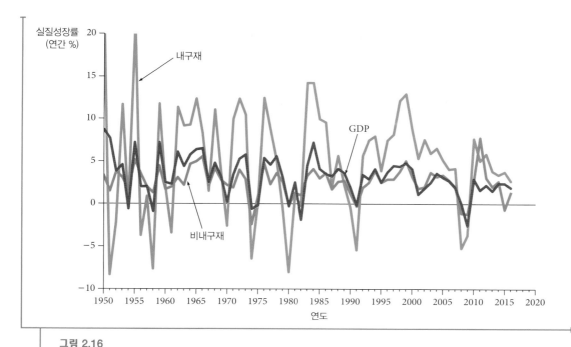

그림 2.16

내구재 소비와 비내구재 소비

내구재(자동차, 가전기기, 가구 등) 소비지출 증가율과 비내구재(식품, 의류, 서비스 등) 소비지출 증가율을 연도별 GDP 성장률과 비교하고 있다. 내구재의 경우 소비자들의 보유량이 연간 수요량보다 훨씬 많기 때문에 단기 수요탄력성은 장기 탄력성보다 더 크다. 자본장비와 같은 소비 내구재를 생산하는 산업은 "경기순환적"이다(즉, GDP의 변화보다 내구재 수요의 변화가 크게 나타난다). 그러나 비내구재 산업의 경우에는 이런 현상이 나타나지 않는다.

률 반영) GDP 성장률과 생산자의 내구성 장비(즉, 기업이 구매하는 기계 및 기타 장비)에 대한 실질 투자 증가율이 나타나 있다. 비록 내구성 장비에 대한 투자는 GDP의 움직임과 유사한 양상을 보이지만 GDP의 변화에 비해 더 크게 나타난다. 예를 들어, 1961~1966년 사이에 GDP는 해마다 적어도 4% 성장하였는데, 내구성 장비에 대한 투자는 이보다 훨씬 더 크게 증가하였다(1963~1966년 사이 10% 이상). 마찬가지로, 1993~1998년 동안 내구성 장비에 대한 투자는 GDP보다 훨씬 빠르게 증가하였다. 반면, 1974~1975년, 1982년, 1991년, 2001년, 2008년의 불황기에는 내구성 장비에 대한 투자는 GDP보다 더 크게 떨어졌다.

한편 그림 2.16은 내구재(자동차, 가전기기 등) 소비지출 증가율과 비내구재(식품, 연료, 의류 등) 소비지출 증가율을 연도별 실질 GDP 성장률과 비교해서 보여 준다. 내구재와 비내구재 모두 소비지출의 변화는 GDP의 변화와 같은 양상을 나타내지만, 내구재의 소비지출 변화는 이보다 몇 배나 크게 나타난다. 이는 제너럴모터스와 제너럴일렉트릭과 같은 기업들이 "경기순환형"으로 인식되는 이유를 보여 준다. 즉, 자동차와 전기제품의 판매는 거시경제적 상황 변화에 크게 영향을 받는다.

사례 2.6   휘발유 수요와 자동차 수요

앞서 언급하였던 수요의 여러 특징 중 몇몇은 휘발유와 자동차 사례를 통해 살펴볼 수 있다. 두 재화는 서로 보완재이다. 즉, 어느 하나의 가격이 오르면 다른 것의 수요는 감소한다. 또한 이들 각각의 동태적 움직임(장기 탄력성과 단기 탄력성)은 서로 반대로 나타난다. 휘발유의 경우에는 장기의 가격탄력성과 소득탄력성이 각각 단기보다 크지만 자동차의 경우에는 그 반대로 나타난다.

휘발유 수요와 자동차 수요에 대해서는 많은 정량적 분석이 있다. 여기서는 수요의 동태적 반응에 주목한 몇몇 연구를 바탕으로 탄력성 추정치를 소개하고자 한다.[10] 표 2.1은 미국에 있어서 단기와 장기, 그리고 그 중간 기간의 휘발유 수요의 가격탄력성과 소득탄력성을 보여 준다.

표 2.1에서 장기 탄력성과 단기 탄력성 간에는 큰 차이가 있음을 알 수 있다. 1974년 OPEC 카르텔이 결성됨에 따라 휘발유가격이 폭등하였지만 자동차회사와 원유회사의 경영자들을 포함한 많은 사람들은 휘발유의 수요는 매우 비탄력적이어서 수요량이 그다지 변하지 않으리라고 주장하였다. 실제로, 가격이 오른 후 1년 동안은 그들의 주장이 옳았다. 그러나 결국 수요는 크게 변하였다. 사람들이 운전습관을 바꾸고, 대형차를 소형차나 연료절약형 차로 교체하는 데 시간

이 걸렸을 뿐이었다. 이러한 반응은 1979~1980년에 발생한 두 번째 원유가격 폭등 후에도 그대로 나타났다. 부분적으로는 이러한 소비자들의 반응으로 인해 OPEC은 배럴당 $30 이상의 가격을 유지할 수 없었으며, 가격은 내려갔다. 마찬가지로, 2005~2011년 사이에 발생한 원유와 휘발유가격 상승에 대해서도 수요는 점진적으로 반응하였다. 2014년에 원유가격은 급락하기 시작하였으며, 그 결과로 소량 트럭에 대한 수요 증가와 승용차에 대한 수요 감소가 나타났다.

표 2.2는 자동차에 대한 수요의 가격탄력성과 소득탄력성을 보여 준다. 장기보다는 단기 탄력성이 훨씬 크다는 사실을 알 수 있다. 소득탄력성을 살펴보면 자동차산업의 경기순환적 성격을 분명히 알 수 있다. 예를 들어, 1991년의 경기침체기 동안 실질(물가상승률 고려) GDP는 2% 감소하였으나, 자동차 판매는 약 8%나 떨어졌다. 자동차 판매는 1993년에 회복되기 시작하였으며, 1995~1999년 사이에는 빠르게 증가하였다. 2008년의 경기침체기 동안, GDP는 거의 3%가량 떨어졌고, 승용차와 트럭 판매는 21%나 감소하였다. 자동차 판매는 2010년에 회복하기 시작하여 대략 10%나 증가하였다. 2015년경에 자동차 판매는 경기침체기 이전의 수준보다 많이 증가하였다.

표 2.1	휘발유에 대한 수요				
	가격 또는 소득 변화가 나타났던 후의 시간의 경과				
	1	2	3	5	10
가격탄력성	−0.2	−0.3	−0.4	−0.5	−0.8
소득탄력성	0.2	0.4	0.5	0.6	1.0

---

10 휘발유 및 자동차 수요와 탄력성 추정치에 관한 연구들은 다음을 참고하길 바란다. R. S. Pindyck, *The Structure of World Energy Demand* (Cambridge, MA: MIT Press, 1979); Carol Dahl and Thomas Sterner, "Analyzing Gasoline Demand Elasticities: A Survey," *Energy Economics* (July 1991); Molly Espey, "Gasoline Demand Revised: An International Meta-Analysis of Elasticities," *Energy Economics* (July 1998); David L. Greene, James R. Kahn, and Robert C. Gibson, "Fuel Economy Rebound Effects for U.S. Household Vehicles," *The Energy Journal* 20 (1999); Daniel Graham and Stephen Glaister, "The Demand for Automobile Fuel: A Survey of Elasticities," *Journal of Transport Economics and Policy* 36 (January 2002); and Ian Parry and Kenneth Small, "Does Britain or the United States Have the Right Gasoline Tax?" *American Economic Review* 95 (2005).

표 2.2	자동차에 대한 수요				
	가격 또는 소득 변화가 나타났던 후의 시간의 경과				
	1	**2**	**3**	**5**	**10**
가격탄력성	−1.2	−0.9	−0.8	−0.6	−0.4
소득탄력성	3.0	2.3	1.9	1.4	1.0

공급

공급탄력성 또한 단기와 장기에 차이가 난다. 대부분의 제품에 있어서 장기 공급은 단기 공급에 비해 훨씬 더 가격탄력적이다. 기업은 단기적으로는 **생산능력의 제약**에 직면하는데, 즉 새로운 생산설비를 설치하고 이를 운영하는 근로자를 고용하는 등 생산능력을 확장하는 데 시간이 걸린다. 그렇다고 해서 가격이 급등하더라도 단기적으로는 공급량이 증가하지 않는다는 것은 아니다. 기업은 단기적으로도 이미 설치된 설비의 가동률을 높이며, 기존 근로자에게 초과 근무수당을 지급하든지 혹은 새로운 근로자를 즉각 고용함으로써 생산량을 늘릴 수 있다. 하지만 기업은 설비를 확장하고 좀 더 많은 정규직을 고용할 시간적인 여유를 가짐으로써 생산량을 훨씬 많이 증가시킬 수 있다.

몇몇 상품과 서비스의 경우에는 단기적인 공급은 완전비탄력적이다. 대부분 도시의 임대주택이 대표적인 예이다. 매우 짧은 기간 동안 임대주택의 수는 고정되어 있다. 따라서 임대주택에 대한 수요의 증가는 임대료만 상승시킨다. 임대료에 대한 규제가 없다면, 장기적으로는 높은 임대료로 인해 임대주택의 소유주에게 기존 건물을 개조하거나 새로운 임대주택을 지을 유인을 제공한다. 그 결과, 공급량은 증가한다.

그러나 대부분 상품에 있어서는 가격 유인이 충분히 크다면, 기업은 단기적으로도 생산량을 증가시킬 방법을 찾을 수 있다. 다만, 여러 가지 제약으로 인해 생산량을 급하게 증가시키는 것은 높은 비용을 수반한다. 따라서 단기적으로는 공급량을 소폭 증가시키기 위해 가격이 많이 상승해야 하는 경우도 있다. 이러한 공급의 특성들은 제8장에서 자세히 다룬다.

공급과 재화의 내구성 어떤 재화의 경우에는 공급이 장기보다는 단기에 더 탄력적이다. 내구재가 이러한 재화들인데, 가격이 오를 때 재생품으로 일정한 양을 공급할 수 있다. 금속의 2차 공급, 즉 고철을 녹여서 재가공하여 공급하는 것이 대표적인 사례이다. 구리가격이 상승한다면 구리 고철을 새로운 공급원으로 전환시킬 유인이 커지며, 그 결과 초기에는 2차 공급이 급격히 증가한다. 하지만 질 좋은 고철 재고량이 줄어듦에 따라 고철을 녹여서 정화하고 재가공하는 데 드는 비용이 증가하므로 2차 공급은 축소된다. 따라서 2차 가공을 통한 공급의 장기 가격탄력성은 단기 탄력성보다 더 작다.

그림 2.17(a)와 2.17(b)는 구리의 1차 공급(광석 채취와 제련을 통한 생산)과 2차 공급의 장기 및 단기 공급곡선을 나타낸다. 표 2.3은 1차 및 2차 공급의 가격탄력성과 전체 공급의 가격탄력

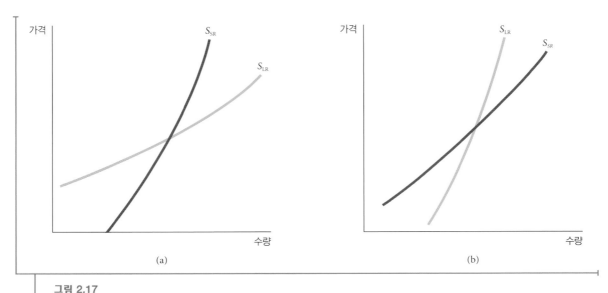

그림 2.17

구리: 단기 공급곡선과 장기 공급곡선

대부분 재화와 마찬가지로, 1차 가공 구리의 공급은 (a)에 나타나듯이 장기에 더 탄력적이다. 가격 인상에 따라 기업은 생산량을 증가시키고자 하지만 단기적인 생산능력 제약으로 인해 생산량은 제한적으로 증가한다. 장기적으로 기업은 생산능력을 확장하여 생산을 늘린다. (b)는 2차 가공 구리의 공급곡선을 나타낸다. 가격이 인상되면 구리 고철을 재가공하여 새 제품으로 공급할 유인이 커진다. 따라서 초기 단계에서는 공급(즉, 고철로부터의 공급)은 급증한다. 그러나 폐기물 재고량이 감소함에 따라 2차 공급은 줄어든다. 따라서 2차 가공 공급은 단기보다는 장기에 더 비탄력적이다.

표 2.3	구리의 공급	
	단기 가격탄력성	**장기 가격탄력성**
1차 공급	0.20	1.60
2차 공급	0.43	0.31
총공급	0.25	1.50

성 추정치를 보여 준다. 전체 공급의 가격탄력성 추정치는 1차 및 2차 공급의 탄력성 추정치의 가중 평균으로 계산되었다.[11] 전체 공급에서 2차 공급이 차지하는 비중은 약 20% 수준이므로, 전체 공급의 가격탄력성은 단기보다는 장기에 더 크다.

---

[11] 여기에 나타난 탄력성 추정치는 다음 연구에서 추정한 지역별 수치를 합산하여 계산되었다. Franklin M. Fisher, Paul H. Cootner, and Martin N. Baily, "An Econometric Model of the World Copper Industry," *Bell Journal of Economics* 3 (Autumn 1972): 568–609.

사례 2.7   브라질의 날씨와 뉴욕의 커피가격

가뭄이나 한파는 브라질의 커피나무에 큰 피해를 준다. 현재까지 브라질은 세계 최고의 커피생산국인 탓에 커피 공급은 감소하고 가격은 폭등하게 된다.

예를 들어 1975년 7월에는 서리로 인해 1976~77년 사이 브라질 커피 경작은 큰 피해를 보았다(북반구가 여름일 때 브라질은 겨울임). 그림 2.18에서 보듯이, 뉴욕의 커피가격은 1975년 파운드당 $0.68에서 1976년에는 $1.23로, 그리고 1977년에는 $2.70로 폭등하였다. 그 후 커피가격은 떨어졌으나 1985년에 7개월에 걸친 가뭄으로 인해 브라질의 커피 경작이 큰 피해를 봄에 따라 1986년에는 다시 급등하였다. 1994년 6월에는 가뭄 끝에 이어진 한파로 인해 브라질 커피 경작의 절반가량이 피해를 입었다. 그 결과 1994~1995년의 커피가격은 1993년에 비해 2배가량

올랐다. 2002년에는 커피가격이 30년 만에 최저수준으로 하락하였다. (전문가들은 향후 50년 동안 지구온난화로 인해 브라질 커피 생산지가 60%까지 없어짐에 따라 생산량은 크게 줄어들고 가격은 오를 것으로 전망한다. 그런 일이 일어난다면, 이 교과서의 제20판에서 다룰 것이다.)

그림 2.18에서 중요한 점은 한파나 가뭄 이후의 가격 상승은 대체로 단기적으로 나타났다는 점이다. 1년 이내에 가격은 내려가기 시작했으나 3~4년 이내에 원래 수준을 회복하였다. 예를 들어, 1978년 뉴욕의 커피가격은 파운드당 $1.48로 떨어졌고, 1983년에는 실질가격(물가상승률 고려) 기준으로 1975년 가격과 비교해서 단 몇 센트 차이가 나는 수준으로 떨어졌다.[12] 마찬가지로, 1987년에 커피가격은 가뭄 전인 1984년 수준 이하로 떨어졌고,

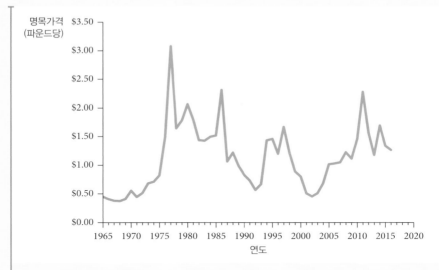

명목가격
(파운드당)

연도

그림 2.18
브라질산 커피가격
가뭄이나 한파로 인해 브라질 커피나무가 피해를 보면 커피가격은 치솟았다. 수요와 공급이 조정되면, 커피가격은 일반적으로 몇 년 후에 다시 떨어졌다.

---

12 그러나 국제커피협정(ICA)에서 부과된 수출 수량 제한으로 인해 1980년에 가격은 일시적으로 파운드당 $2.00 이상으로 올랐다. ICA는 1968년에 커피 생산국들이 만든 카르텔 협정이다. 이 협정은 커피가격에 대해서는 그다지 큰 영향을 미치지는 못하였다. 카르텔 가격은 제12장에서 자세히 다룬다.

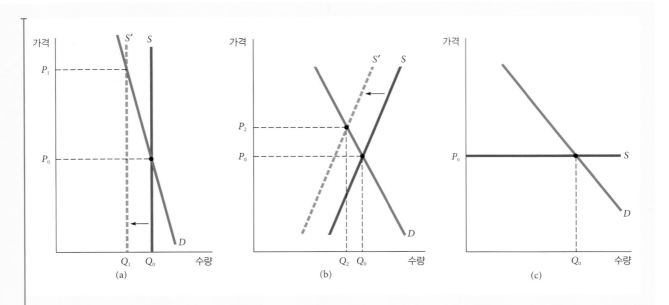

그림 2.19

커피의 공급과 수요

(a) 브라질 내 한파나 가뭄으로 인해 공급곡선은 왼쪽으로 이동한다. 단기에는 제한된 수의 커피나무만 재배되므로 공급은 완전비탄력적이다. 수요 역시 소비자들이 소비습관을 천천히 바꾸기 때문에 비탄력적이다. (b) 중기에는 공급과 수요 모두 더 탄력적으로 변한다. 따라서 가격은 원래 수준으로 돌아가는 과정의 중간 수준인 P_2로 떨어진다. (c) 장기에 새로운 커피나무가 완전히 자라나서 한파의 효과가 사라진 관계로 공급은 극도로 탄력적이다. 가격은 원래 수준인 P_0로 돌아간다.

1994년의 한파 발생 전까지 내림세를 지속하였다. 2002년에 파운드당 $0.45로 최저를 찍은 후, 커피가격은 연평균 17% 수준으로 올라서 2010년에는 $1.46에 이르렀는데, 이는 가격이 정점을 기록했던 1995년의 가격과 같다. 지난 10년간 브라질의 커피 재배농가는 생산량을 늘리기 위해 애썼으나 나쁜 날씨로 인해 수확량은 일정치 않았다.

커피가격이 이와 같은 움직임을 나타내는 것은 수요와 공급, 특히 공급이 단기보다는 장기에 훨씬 더 탄력적이기 때문이다. 그림 2.19는 이를 잘 보여 준다. 그림의 (a)를 보면, 초단기(한파 이후 한두 달 내)에서 공급은 완전비탄력적이다. 즉, 커피 수확량은 고정되어 있고, 이 중 일부가 한파로 인해 피해를 보았다. 수요 또한 상대적으로 비탄력적이다. 한파로 인해 공급곡선은 왼쪽으로 이동하며, 가격은 P_0에서 P_1으로 크게 올랐다.

한파 이후 1년쯤 지난 시점인 중기에는 공급과 수요 모두 더 탄력적이 된다. 공급의 경우 생존한 커피나무로부터의 수확량을 늘렸기 때문이고(품질은 약간 감소), 수요의 경우 소비자들이 그동안 구매습관을 바꾸었기 때문이다. 그림의 (b)에서 보듯이, 중기의 공급곡선 또한 왼쪽으로 이동했지만 단기와 비교할 때 가격은 P_1에서 P_2로 하락 폭이 줄었다. 또한 공급량 또한 단기의 Q_1에서 Q_2로 다소 증가하였다. 그림의 (c)는 장기의 모습을 보여 준다. 장기에 걸쳐 한파로 인해 피해를 본 나무들을 다시 재배했기 때문에 가격은 평상 시 수준을 회복하였다. 이때 장기 공급곡선은 간단하게 토지비용, 커피나무의 재배 및 관리비용, 경쟁적 수준의 이윤 등을 포함한 커피의 생산비용을 반영한다.[13]

---

13 미국 농무부의 해외 농업 서비스 웹페이지인 **http://www.fas.usda.gov/htp/coffee.asp**에서 세계 커피시장에 관한 더 많은 정보를 파악할 수 있다. 좋은 정보를 제공하는 또 다른 웹페이지는 **http://www.nationalgeographic.com/coffee**이다.

*2.6 시장상황 변화의 효과에 대한 이해와 예측

지금까지 공급과 수요에 관한 논의는 정성적 분석에 주로 의존하였다. 시장상황 변화의 영향을 분석하고 예측할 때 공급과 수요곡선을 활용하기 위해서는 정량적인 수치를 부여할 필요가 있다. 예를 들어, 브라질산 커피 공급이 50% 감소할 때 세계 커피가격에 어떠한 변화가 있는지를 분석하기 위해서는 실제의 공급곡선과 수요곡선을 결정해야 하며, 이들 곡선의 이동을 계산함으로써 가격의 변화를 파악할 수 있다.

이 절에서는 선형의 공급곡선과 수요곡선을 고려한 기본적인 계산 방법을 살펴본다. 비록 선형의 곡선은 보다 복잡한 모습을 가지는 곡선의 근사치이지만, 쉽게 활용할 수 있다는 장점이 있다. 휴대용 계산기와 연필을 이용한 매우 간단한 계산을 통하여 유용한 경제학적 분석을 할 수 있다.

우선, 시장에 대한 자료를 이용하여 적절한 선형의 수요곡선과 공급곡선을 찾는 방법을 알아보자. (이는 선형회귀분석이나 다른 통계적 기법에서 고려되는 **통계적 적합도**를 의미하는 것은 아니다. 이 부분은 뒷부분에서 다룬다.) 특정 시장에 대한 두 종류의 자료가 있다고 하자. 첫 번째 자료는 시장에서 나타나는 가격과 수량으로 구성되어 있다(즉, 시장이 균형상태에 있거나 시장상황이 정상적일 때 "평균적"으로 나타나는 가격과 수량). 이는 균형가격과 균형수량으로서 P^*와 Q^*로 표시한다. 두 번째 자료는 해당 시장에서 균형점 또는 그 근처에서 계산한 공급과 수요의 가격탄력성으로 구성되어 있다. 이는 E_S와 E_D로 지칭한다.

이러한 수치들은 누군가가 수행한 통계적 분석에서 얻을 수도 있지만, 상식적으로 타당한 수준에서 혹은 "만약에"라는 근거에서 생각해 볼 수 있는 값들이다. 먼저 그러한 수치들을 이용하여 **공급곡선과 수요곡선을 그릴 수 있다.** 그 후에는 GDP, 다른 재화 가격, 생산비용과 같은 변수들의 변화가 공급곡선과 수요곡선의 이동에 어떻게 영향을 미치며, 그 결과 가격과 수량은 어떻게 변하는지를 정량적으로 살펴볼 수 있다.

이제 그림 2.20에 있는 2개의 직선을 고려해 보자. 이 직선들은 다음과 같은 식으로 표현할 수 있다.

$$수요:\ Q = a - bP \tag{2.5a}$$
$$공급:\ Q = c + dP \tag{2.5b}$$

상수 a, b, c, d에 수치를 부여함으로써 수요곡선과 공급곡선을 파악할 수 있다. 다음과 같은 두 단계의 과정을 통해 살펴보자.

- **1단계**: 공급이든 수요든 가격탄력성은 다음과 같이 나타낼 수 있다.

$$E = (P/Q)(\Delta Q/\Delta P)$$

위 식에서 $\Delta Q/\Delta P$는 가격의 작은 변화에 따른 수요량 또는 공급량의 변화를 나타낸다. 선형곡선에서 $\Delta Q/\Delta P$의 값은 일정하다. 식 (2.5a)와 식 (2.5b)에서 공급곡선의 경우는 $\Delta Q/\Delta P = d$이고, 수요곡선의 경우에는 $\Delta Q/\Delta P = -b$이다. 이제 $\Delta Q/\Delta P$의 값들을 탄력성의 공식에 대입하면 다음과 같다.

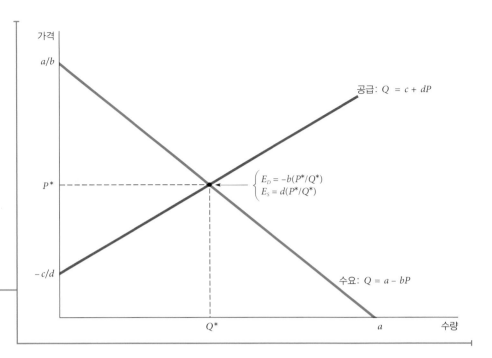

그림 2.20
자료를 통해 선형의 공급곡선과 수요곡선 파악하기
선형공급곡선과 수요곡선은 편리한 분석수단이다. 균형가격 P^*, 균형수량 Q^*, 수요의 가격탄력성 E_D 및 공급의 가격탄력성인 E_S의 자료들을 이용하여 공급곡선의 c와 d, 수요곡선의 a와 b값을 구할 수 있다(여기서는 $c < 0$). 수요곡선과 공급곡선은 시장의 움직임을 정량적으로 분석하는 데 이용할 수 있다.

수요: $E_D = -b(P^*/Q^*)$ **(2.6a)**

공급: $E_S = d(P^*/Q^*)$ **(2.6b)**

위 식에서 P^*와 Q^*는 이미 자료를 가지고 있는 균형가격과 균형수량을 각각 나타낸다. 이제 E_S와 E_D, P^*와 Q^*의 값을 알고 있으므로 이 값들을 식 (2.6a)와 식 (2.6b)에 대입하면 b와 d를 구할 수 있다.

- **2단계**: P^*와 Q^*, 그리고 앞에서 구한 b와 d를 식 (2.5a)와 식 (2.5b)에 대입하면 나머지 상수인 a와 c를 구할 수 있다. 예를 들어, 식 (2.5a)는 다음과 같이 다시 쓸 수 있다.

$$a = Q^* + bP^*$$

여기에 Q^*와 P^*의 값과 1단계에서 구한 b값을 대입하면 a를 구할 수 있다.

세계 구리시장의 장기 공급곡선과 수요곡선에 이러한 과정을 적용해 보자. 이 시장에 대한 자료는 다음과 같다.

수량 $Q^* = $ 연 1,800만 톤
가격 $P^* = $ 파운드당 \$3.00
공급탄력성 $E_S = 1.5$
수요탄력성 $E_D = -0.5$.

(지난 수십 년 동안 구리가격은 \$0.60와 \$4.00 이상 사이에서 등락했으나, 2008~2011년 사이

평균가격으로는 $3.00가 적당하다.)

우선 공급곡선을 나타내는 식 (2.5b)에서 위의 두 단계를 적용하여 c와 d를 구해 보자. 공급의 장기 가격탄력성 추정치는 1.5이며, $P^* = \$3.00$, $Q^* = 18$이다.

- **1단계**: 위 수치들을 식 (2.6b)에 대입하면 d를 구할 수 있다.

$$1.5 = d(3\,/\,18) = d\,/\,6$$

따라서 $d = (1.5)(6) = 9$이다.

- **2단계**: P^*, Q^*와 함께 위에서 구한 d값을 식 (2.5b)에 대입해 보자.

$$18 = c + (9)(3.00) = c + 27$$

따라서 $c = 18 - 27 = -9$이다. 이제 c와 d를 알았으므로 공급곡선을 다음과 같이 쓸 수 있다.

$$\text{공급: } Q = -9 + 9P$$

수요곡선을 나타내는 식 (2.5a)에 대해서도 같은 과정을 적용할 수 있다. 수요의 장기 가격탄력성은 -0.5이다.[14] 먼저, P^*, Q^*와 함께 이 값을 식 (2.6a)에 대입하면 다음과 같이 b를 구할 수 있다.

$$-0.5 = -b(3\,/\,18) = -b\,/\,6$$

따라서 $b = (0.5)(6) = 3$이다. 이제 b와 P^*, Q^*값을 식 (2.5a)에 대입하면 a를 구할 수 있다.

$$18 = a - (3)(3) = a - 9$$

따라서 $a = 18 + 9 = 27$이다. 이상을 통해 수요곡선을 다음과 같이 쓸 수 있다.

$$\text{수요: } Q = 27 - 3P$$

계산이 제대로 이루어졌는지를 확인하기 위해 공급량과 수요량을 같게 하여 균형가격을 구하면 다음과 같다.

$$\text{공급} = -9 + 9P = 27 - 3P = \text{수요}$$
$$9P + 3P = 27 + 9$$

따라서 $P = 36\,/\,12 = 3.00$이 되는데, 이는 앞서 구한 균형가격과 같다.

지금까지는 오직 가격만이 공급과 수요에 영향을 미치는 것으로 보았지만, 실제로는 다른 변수들도 영향을 미친다. 예를 들어, 수요는 가격과 더불어 소득에도 영향을 받는다. 따라서 수요곡선을 아래와 같이 다시 쓸 수 있다.

---

[14] 다음 논문을 참고하길 바란다. Claudio Agostini, "Estimating Market Power in the U.S. Copper Industry," *Review of Industrial Organization* 28 (2006), 17–39.

$$Q = a - bP + fI \qquad (2.7)$$

위 식에서 I는 총소득을 나타내는 지수나 GDP를 의미한다. 예를 들어, 기준연도에 I가 1의 값을 가진다면 그 이후의 증가 또는 감소를 나타내기 위하여 1보다 커지거나 작아진다.

구리시장의 사례에서 수요의 장기 가격탄력성의 타당한 추정치는 1.3이다. 선형수요곡선인 식 (2.7)에 수요의 소득탄력성 공식인 $E = (I/Q)(\Delta Q/\Delta I)$를 적용하여 f의 값을 구할 수 있다. 시작연도의 I값을 1이라고 할 때 소득탄력성의 식은 다음과 같이 표현된다.

$$1.3 = (1.0/18)(f)$$

따라서 $f = (1.3)(18)/(1.0) = 23.4$가 된다. 이제 $b = 3$, $f = 23.4$, $P^* = 3.00$, $Q^* = 18$을 식 (2.7)에 대입하면 a의 값은 3.6으로 구해진다.

이상에서는 자료를 이용하여 선형공급곡선과 수요곡선을 살펴보았다. 지금부터는 시장을 분석할 때 이들 곡선이 어떻게 활용되는지를 살펴보기 위해 구리가격의 움직임에 관한 사례 2.8과 세계 석유시장에 관한 사례 2.9를 살펴보자.

사례 2.8 구리가격의 추이

구리가격은 1980년에 파운드당 약 $1.00에 도달한 이후 1986년에는 파운드당 약 60센트까지 내려갔다. 실질가치(물가상승률 고려)를 기준으로 이 가격은 50년 전의 대공황 시기보다 더 낮았다. 구리가격은 페루와 캐나다에서 일어났던 광부들의 파업으로 공급이 크게 줄어듦에 따라 1988~1998년과 1995년에 올랐으나, 이후 1996~2003년 사이에 다시 내려갔다. 그러나 구리가격은 2003~2007년 사이에 급등하였으며, 2008~2009년의 경기침체기 동안에는 다른 제품들과 함께 가격이 떨어졌지만, 2010년 초에 다시 회복되었다. 이러한 회복세는 얼마 가지 못하였다. 2011년 이후 2016년까지 구리가격은 계속 내려갔다. 그림 2.21은 실질 기준과 명목 기준으로 1965년부터 2016년까지 구리가격의 추세를 보여 준다.

1980년과 1982년의 세계적인 불황으로 인해 구리가격은 내려갔다. 앞서 언급했듯이 구리 수요의 소득탄력성은 약 1.3이다. 그러나 1980년대 중반에 선진국들의 경제가 회복되었음에도 불구하고 구리가격은 오르지 않았다. 오히려 1980년대에는 구리 수요가 급락하였다.

2003년의 구리가격 하락은 다음의 두 가지 이유 때문에 나타났

다. 첫째, 구리 소비의 상당 부분은 발전기와 송전기 장비 건설에 소요된다. 그런데 1970년대 후반에 대부분의 선진국에서 전력시장의 성장률이 크게 떨어졌다. 예를 들어, 1960년대와 1970년대 초에 연간 6% 이상을 기록했던 미국 전력시장의 성장률은 1970년대 말부터 1980년대에는 2% 이하로 떨어졌다. 이와 같은 발전시장의 성장률 감소는 구리의 주요 수요원이 급격히 줄어들었음을 의미한다. 둘째, 1980년대에는 구리를 대체하여 알루미늄이나 광섬유와 같은 다른 소재들의 사용량이 증가하였다.

2003년 이후에 가격이 급등한 이유는 무엇일까? 첫째, 중국과 다른 아시아 국가들의 구리 수요가 미국과 유럽의 수요를 대신하여 급격히 증가하기 시작하였다. 예를 들어, 중국의 구리 소비는 2001년 이후 거의 3배나 증가하였다. 둘째, 1996년과 2003년 사이에 가격이 너무 많이 하락했던 탓에 미국, 캐나다, 칠레 내 채굴기업들은 수익성이 낮은 광산을 폐쇄하고 생산량을 축소시켰다. 예를 들어, 2000년과 2003년 사이에 미국의 구리 채굴량은 23%나 떨어졌다.[15]

가격 상승으로 인해 새로운 광산에 대한 투자와 생산량 증가도 나

---

15 중국 자료를 제공한 Patricia Foley 미국 금속통계국 전무이사께 감사드린다. 다른 자료는 미국 지질조사 광물자원 프로그램의 월별/연도별 보고서(**http://minerals.usgs.gov/minerals/pubs/copper**)에서 구하였다.

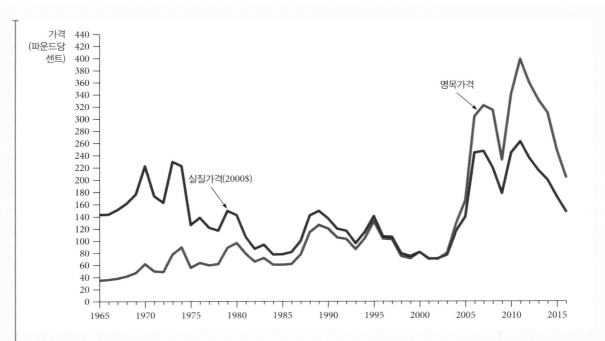

그림 2.21

구리가격, 1965~2016년

구리가격은 명목 기준(물가상승률 무시)과 실질 기준(물가상승률 고려) 모두에서 떨어졌다. 수요가 감소함에 따라 실질 기준으로 구리가격은 1970년대 초에서 1980년대 중반까지 꾸준히 떨어졌다. 1988~90년 페루와 캐나다 광산 파업으로 공급이 줄어 구리 가격은 올랐으나, 이후 파업이 끝나자 내려갔다. 1996~2002년 가격이 내려갔으나 2005년 초에 급등하였다. 이 오름세는 2011년 까지 계속되었으나, 2012년과 2016년 사이에 다시 떨어졌다.

타났다. 애리조나주에서는 2007년 펠프스닷지(Phelps Dodge)사가 대규모의 새로운 광산을 개발함에 따라 구리 생산량이 큰 폭으로 증가하였다.[16] 2007년경에 구리 생산자들은 이러한 새로운 투자의 결과로 또는 아시아 쪽 수요 정체나 감소로 인해 다시 가격이 내려갈 것을 염려하기 시작하였다.

이러한 기업들의 염려는 현실로 나타났다. 2011년까지 중국은 세계 최대 구리 수입국으로서 세계 수요의 40% 정도를 점하였다. 그러나 그해부터 중국 경제가 침체되기 시작하였으며, 구리와 다른 금속에 대한 소비도 줄어들기 시작하였다. 이러한 중국의 구리 수요 감소는 이후 5년간 지속되었으며, 러시아, 브라질, 인도 등 다른 국가들의 수요도 감소하였다. 전체 수요의 감소수준은 무려 50%에 이르렀다.

당연히 수요 감소에 반응하여 구리가격은 2012년에서 2016년 사이 파운드당 약 $2까지 크게 떨어졌다.

수요 감소는 구리가격에 어떤 영향을 미칠까? 앞서 도출하였던 선형공급곡선과 수요곡선을 이용하여 답을 구할 수 있다. 수요가 55% 감소할 때 가격에 미치는 효과를 계산해 보자. 여기서 GDP 성장의 효과는 고려하지 않으므로 수요방정식에서 소득을 나타내는 부분인 fI는 제외한다.

우선 수요곡선을 55% 왼쪽으로 이동시켜야 한다. 즉, 모든 가격수준에 대해 원래 수요량의 45%만 고려하면 된다. 간단하게 선형수요곡선식의 오른쪽 항에 0.45를 곱하면 다음과 같다.

$$Q = (0.45)(27 - 3P) = 12.15 - 1.35P$$

---

16 이러한 생산 증가로 인해 수백 개의 새로운 일자리가 생겨났으며, 그로 인해 주택가격도 상승하였다. "Copper Boom Creates Housing Crunch," *The Arizona Republic*, July 12, 2007.

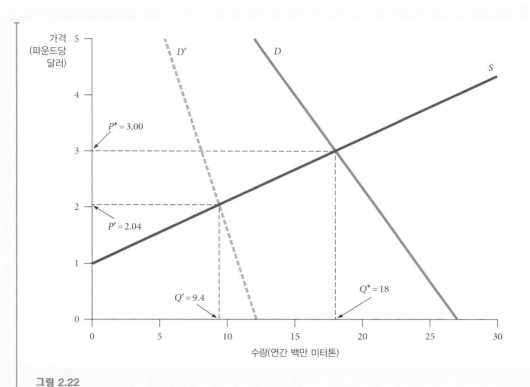

그림 2.22
구리의 공급과 수요
수요곡선의 이동으로 인해 가격이 거의 55%나 감소하였다.

따라서 공급은 $Q = -9 + 9P$가 된다. 이제 공급량과 수요량을 일치시키고 가격에 대해 풀면 다음과 같다.

$$-9 + 9P = 12.15 - 1.35P$$

또는 $P = 21.15 / 10.35 = \$2.04$(파운드당)이다. 따라서 그림 2.22에서 수요의 55% 감소로 인해 가격은 파운드당 \$3.00에서 \$2.00 수준까지 떨어졌다.[17]

사례 2.9　세계 원유시장의 격동

1970년대 초 이후 세계 원유시장은 OPEC 카르텔과 페르시아만 지역의 정치적 소용돌이 속에서 큰 변화를 겪었다. 1974년에는 OPEC(석유수출국기구)이 회원국들의 총산출량을 제한함에 따라 세계 원유가격은 경쟁시장에서 형성되는 가격에 비해 훨씬 높은 수준으로 올라갔다. 이는 OPEC이 세계 원유 생산량의 상당 부분을 담당하였기에 가능한 일이었다. 1979~1980년 동안에는 이란혁명과 이란-이라크

---

[17] 수요함수에 0.45를 곱했기 때문에(즉, 모든 가격에 대해 55% 수준으로 수요량이 감소한 상태) 새로운 수요곡선은 기존 것과 평행하지 않다는 점에 유의해야 한다. 새로운 수요곡선은 가격 축의 절편을 기준점으로 더 가파른 기울기를 가진다.

전쟁의 발발로 인해 이란과 이라크의 원유 생산량이 급격히 줄어듦에 따라 원유가격은 다시 크게 상승하였다. 1980년대에는 수요가 감소하였으며, 높은 가격하에서 경쟁국(OPEC 비회원국)들이 공급을 증가시킴에 따라 가격은 점진적으로 하락하였다. 이라크의 쿠웨이트 침공이 있었던 1990년의 일시적인 증가를 제외하고는 1988~2001년 동안 가격은 비교적 안정적으로 유지되었다. 2002~2003년 동안에는 베네수엘라의 파업과 2003년 봄에 시작된 이라크전쟁으로 인해 가격은 다시 올랐다. 아시아 지역의 수요 증가와 OPEC의 생산량 감축으로 인해 2008년 여름 내내 원유가격은 오름세를 지속하였다. 2008년 말의 경기침체로 인한 세계적인 수요 감소는 원유가격을 여섯 달 동안 127%나 폭락시켰다. 2009년과 2012년 사이에는 중국, 브라질, 인도의 지속적인 성장으로 인해 원유가격은 부분적으로나마 회복되었다. 그러나 2012년 후에는 두 가지 이유 때문에 원유가격이 다시 급락하였다. 첫째, 중국, 브라질, 러시아의 경기침체와 대부분의

EU회원국의 성장이 정체되면서 수요가 줄어들었다. 둘째, 미국의 새로운 원유공급원 덕분에 공급이 크게 증가하였다. 2015년에 원유가격은 배럴당 $40 이하로 떨어졌다. 그림 2.23은 1970년부터 2015년까지 세계 원유가격의 추이를 명목 기준과 실질 기준으로 보여 주고 있다.[18]

페르시아만은 전 세계적으로 불안정한 지역 중 하나로서 공급에 차질을 가져오는 사건이 발생함으로써 원유가격 급등을 야기할 가능성이 있다. 만약 페르시아만에서 전쟁이나 혁명 발발로 인해 원유 생산이 급감한다면, 원유가격은 단기와 장기에 각각 어떤 영향을 받게 되는가? 공급곡선과 수요곡선을 이용하여 이러한 사건의 결과를 간단하게 예측할 수 있다.

이 예는 2015~2016년 기간에 관한 것이므로 모든 가격은 2015년 달러를 기준으로 측정한다. 대략의 수치는 다음과 같다.

- 2015~2016년 세계 원유가격 = 배럴당 $50

그림 2.23
원유가격
OPEC 카르텔과 정치적 사건으로 인해 원유가격은 폭등하였다. 이후 공급과 수요가 조정됨에 따라 가격은 내려갔다.

---

18 세계 석유가격의 결정요인에 대한 자세한 내용은 다음을 참고하라. James D. Hamilton, "Understanding Crude Oil Prices," *The Energy Journal*, 2009, Vol. 30, pp. 179-206.

- 세계 수요와 전체 공급＝연간 350억 배럴
- OPEC 공급＝연간 120억 배럴
- 경쟁적(OPEC 비회원국) 공급＝연간 230억 배럴
- 사우디의 공급＝연간 36억 배럴(OPEC 공급의 일부)

석유 공급과 수요에 대한 가격탄력성 추정치는 다음과 같다.[19]

	단기 가격탄력성	장기 가격탄력성
세계 수요	−0.05	−0.30
경쟁적 공급	0.05	0.30

이러한 추정치를 통해 단기에는 다음과 같은 수요와 경쟁적 공급을 도출할 수 있다.

$$\textit{단기 수요:} \qquad D = 36.75 - 0.035P$$
$$\textit{단기 경쟁적 공급:}\ S_C = 21.85 + 0.023P$$

물론 총공급은 경쟁적 공급과 OPEC 공급의 합이며, 연간 120억 배럴로 주어져 있다. 120억 배럴을 위의 경쟁적 공급곡선에 대입하면 다음과 같은 단기의 총공급을 구할 수 있다.

$$\textit{단기 총공급:}\ S_T = 33.85 + 0.023P$$

수요량과 공급량을 일치시키면 균형가격은 배럴당 $50임을 확인할 수 있다.

이에 대응하여 장기의 수요곡선과 공급곡선은 다음과 같다.

$$\textit{장기 수요:} \qquad D = 45.5 - 0.210P$$
$$\textit{장기 경쟁적 공급:}\ S_C = 16.1 + 0.138P$$
$$\textit{장기 총공급:} \qquad S_T = 28.1 + 0.138P$$

역시 균형가격인 배럴당 $50에서 공급량과 수요량이 같아짐을 확인

할 수 있다.

사우디아라비아는 세계 최대 산유국 중 하나로서 대략 연간 36억 배럴을 생산하는데, 이는 전체 생산량의 약 10%에 해당한다. 만약 전쟁이나 정치적 격동으로 인해 사우디아라비아가 원유 생산을 중단한다면 가격은 어떻게 될까? 공급곡선과 수요곡선을 활용하여 이 문제에 답할 수 있다.

단기의 경우, 단기 총공급에서 3.6을 빼면 다음을 구할 수 있다.

$$\textit{단기 수요:} \quad D = 36.75 - 0.035P$$
$$\textit{단기 총공급:}\ S_T = 30.25 + 0.023P$$

총공급량과 수요량을 일치시킴으로써 단기에서 가격은 배럴당 $112.07로 2배 인상됨을 확인할 수 있다. 그림 2.24는 공급곡선이 이동하여 단기 가격이 상승하는 모습을 보여 준다. 초기 균형은 S_T와 D의 교차점이다. 사우디아라비아의 생산 중단 이후 새로운 균형은 S'_T와 D의 교차점에서 이루어진다.

그러나 장기의 경우 상황은 달라진다. 수요와 경쟁적 공급 모두 장기에서는 더 탄력적이기 때문에 연간 36억 배럴의 생산 감소로 인해 나타난 이와 같은 높은 가격은 유효하지 않다. 장기 총공급에서 3.6을 빼고 장기 수요와 일치시키면 가격은 $60.34로 떨어지는데, 이는 초기 가격 $50보다 $10.34만 높은 수준이다.

이상 정리하면, 사우디아라비아가 갑자기 원유 생산을 중단한다면 가격은 약 2배가량 증가할 것으로 기대할 수 있다. 그러나 그 후에는 수요가 감소하고 경쟁적 공급이 증가함에 따라 가격은 점진적으로 떨어지게 된다.

이는 1979~1980년 동안 이란과 이라크가 생산량을 급격히 감소시킴에 따라 실제로 일어난 일이다. 역사는 반복될 수 있고, 반복되지 않을 수도 있다. 만약 반복된다면, 적어도 원유가격에 대한 영향 정도는 예측이 가능하다.[20]

---

19 이들 수치의 출처와 OPEC 석유가격에 관한 자세한 논의는 다음을 참고하길 바란다. Robert S. Pindyck, "Gains to Producers from the Cartelization of Exhaustible Resources," *Review of Economics and Statistics* 60 (May 1978): 238–51; James M. Griffin and David J. Teece, *OPEC Behavior and World Oil Prices* (London: Allen and Unwin, 1982); and John C. B. Cooper, "Price Elasticity of Demand for Crude Oil: Estimates for 23 Countries," *Organization of the Petroleum Exporting Countries Review* (March 2003).

20 최근 자료와 세계 원유시장 관련 내용은 미국석유협회 웹사이트인 **www.api.org** 또는 미국 에너지정보국 웹사이트인 **www.eia.doe.gov**에서 찾아볼 수 있다.

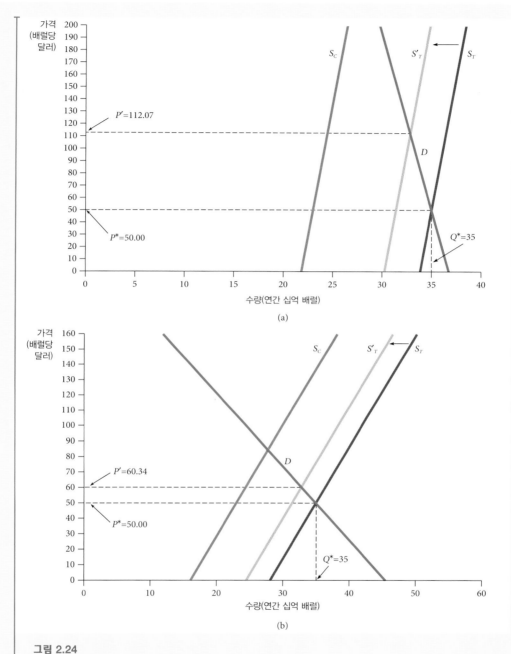

그림 2.24

사우디 생산 중단의 효과

총공급은 경쟁적(OPEC 비회원국) 공급과 연간 120억 배럴인 OPEC 공급의 합이다. (a)는 단기 공급곡선과 수요곡선을 보여 준다. 만약 사우디아라비아가 생산을 중단하면, 공급곡선은 왼쪽으로 연간 36억 배럴만큼 이동한다. (b)는 장기 곡선을 보여 준다. 장기에서는 수요와 경쟁적 공급이 더 탄력적이기 때문에 가격에 대한 효과는 훨씬 적어질 것이다.

2.7 정부 개입의 효과 – 가격규제

미국을 포함한 대부분의 선진국에서 시장은 정부의 개입으로부터 자유롭지 않다. 세금 부과와 보조금 지급 외에도 정부는 다양한 방법을 통해 (경쟁시장일지라도) 시장을 통제한다. 이 절에서는 공급곡선과 수요곡선을 활용하여 일반적인 정부의 시장 개입 수단 중 하나인 가격규제의 효과를 분석한다. 제9장에서는 가격규제 및 다른 유형의 정부 개입과 규제의 효과에 대해 보다 자세히 살펴본다.

그림 2.25는 가격규제의 효과를 보여 준다. 여기서 P_0와 Q_0는 각각 정부 개입이 없을 때 시장에서 결정되는 균형가격과 균형수량이다. 정부는 시장가격 P_0가 너무 높다고 생각하여 강제로 최대로 허용 가능한 상한가격(ceiling price)인 P_{max}를 설정하여 규제한다면 그 결과는 어떻게 되는가? 이와 같이 시장가격보다 낮은 가격에서 생산자(특히 생산비용이 높은 기업)는 생산량을 줄일 것이며, 공급량은 Q_1으로 감소한다. 반면 이러한 낮은 가격에서 소비자는 더 많이 구매할 것이며, 수요량은 Q_2로 증가한다. 따라서 수요는 공급을 초과하여 공급부족(즉, 초과수요)이 발생한다. 이때 초과수요량은 $Q_2 - Q_1$이 된다.

초과수요가 나타나는 경우에는 1974년 겨울과 1979년 여름에 휘발유 구매를 위해 주유소에 차들이 길게 늘어섰던 것처럼 재화를 구입하려는 사람들이 긴 줄을 서는 모습을 볼 수 있다. 두 해에 있어서 모두 긴 줄은 가격규제로 인해 나타난 것이었다. 정부는 세계 원유가격의 인상에 수반하여 미국 내의 석유와 휘발유가격이 오르는 것을 막고자 하였다. 초과수요는 때로는 생산량을 축소시키거나 배급을 초래하기도 한다. 예를 들어, 1970년대 중반의 가스 부족 사태는 천연가스에 대한 가격규제가 그 원인을 제공하였는데, 당시 가스 공급이 줄어듦에 따라 가스를 사용

그림 2.25
가격규제의 효과
가격규제가 없는 경우에는 균형가격 P_0와 균형수량 Q_0에서 시장은 청산된다. 만약 가격이 P_{max}보다 높지 않도록 규제한다면, 공급량은 Q_1으로 감소하고 수요량은 Q_2로 증가하여 공급부족 사태가 발생한다.

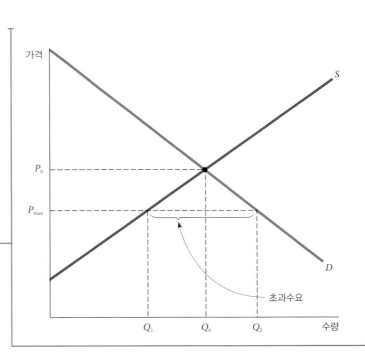

하던 많은 기업들이 문을 닫았다. 가격규제는 때로는 다른 시장에도 파급효과를 미쳐서 다른 재화의 수요를 증가시키기도 한다. 한 예로 천연가스에 대한 가격규제로 인해 잠재적 가스 구매자가 원유를 대신 사용하게 된다.

가격규제로 인해 어떤 사람들은 이득을 보지만 다른 사람들은 손해를 본다. 그림 2.25에서처럼 생산자들은 손해를 본다. 생산자들은 가격규제로 인해 낮은 가격을 받아야 하며, 일부는 산업을 떠난다. 전체는 아니라도 소비자 중 일부는 이득을 본다. 낮은 가격에서 재화를 구입한 소비자들은 이득을 보지만, 배급에서 배제되거나 재화를 전혀 구입하지 못한 소비자들은 손해를 본다. 승자의 이득과 패자의 손해는 얼마나 될까? 총이득은 총손실을 넘어설까? 이 질문에 답하기 위해서는 가격규제나 다른 형태의 정부 개입으로 인한 이득과 손실을 측정하는 방법을 알아야 한다. 이는 제9장에서 다루도록 한다.

사례 2.10 가격규제와 천연가스 부족 사태

1954년에 연방정부는 천연가스의 생산지 가격을 통제하기 시작하였다. 초기에는 상한가격이 시장의 균형가격에 비해 높았던 탓에 가격규제는 문제가 되지 않았다. 그러나 1962년경에 상한가격이 시장가격에 비해 낮아짐에 따라 가격규제의 효과가 나타나기 시작하면서 천연가스에 대한 초과수요도 차츰 증가하기 시작하였다. 1970년대에는 높은 원유가격으로 인해 천연가스의 초과수요는 심각한 수준이 되었으며, 광범위한 공급 축소가 진행되었다. 이후 얼마 되지 않아 상한가격은 시장에서 형성되는 가격보다 훨씬 낮은 수준이 되었다.[21]

오늘날 천연가스, 석유, 기타 원재료의 생산자와 산업계 구매자들은 가격이 급등할 때 정부가 또다시 가격규제를 통해 개입할 것인지를 우려하고 있다. 2007년의 시장상황에 기초하여 천연가스에 대한 가격규제의 효과를 대략 계산해 보자.

그림 2.26은 1950년에서 2007년 사이 명목 기준과 실질 기준(2000년 달러)으로 천연가스의 도매가격을 보여 준다. 다음 수치들은 2007년 미국 내 시장상황을 나타낸다.

- 경쟁시장에서 천연가스의 도매가격은 천 입방피트당 $6.40
- 가스 생산량과 소비량은 23조 입방피트

- 천연가스 공급과 수요에 영향을 미치는 원유의 평균가격은 배럴당 약 $50

합리적인 공급의 가격탄력성 추정치는 0.2이다. 원유와 가스는 종종 동시에 발견되어 함께 생산되므로 원유가격이 오르면 천연가스 생산 또한 증가한다. 공급의 교차가격탄력성 추정치는 0.1이다. 수요의 경우, 가격탄력성은 약 −0.5이고, 원유가격에 대한 교차가격 탄력성은 약 1.5이다. 이러한 수치에 적합한 선형공급곡선과 수요곡선은 다음과 같다.

$$공급: Q = 15.90 + 0.72P_G + 0.05P_O$$
$$수요: Q = 0.02 - 1.8P_G + 0.69P_O$$

위 식에서 Q는 천연가스 공급량(단위: 조 입방피트), P_G는 천연가스 가격(단위: 천 입방피트당 달러), P_O는 원유가격(배럴당 달러)을 나타낸다. 이러한 공급곡선과 수요곡선에 대해 공급량과 수요량을 같게 하고 P_O에 $50를 대입하면 천연가스의 균형시장가격은 $6.40임을 확인할 수 있다.

이제 정부가 시장가격인 입방피트당 $6.40가 너무 높다고 판단하

---

21 이러한 규제는 가스 공급회사가 구매하는 천연가스의 생산지 가격을 연방전략위원회가 통제하도록 하는 1954년의 대법원 결정에서 비롯되었다. 이러한 가격규제는 1978년의 Natural Gas Policy Act에 의해 1980년대에는 대부분 폐지되었다. 천연가스 규제에 대한 자세한 내용은 다음을 참조하라. Paul W. MacAvoy and Robert S. Pindyck, *The Economics of the Natural Gas Shortage* (Amsterdam: North-Holland, 1975); R. S. Pindyck, "Higher Energy Prices and the Supply of Natural Gas," *Energy Systems and Policy* 2(1978): 177–209; and Arlon R. Tussing and Connie C. Barlow, *The Natural Gas Industry* (Cambridge, MA: Ballinger, 1984).

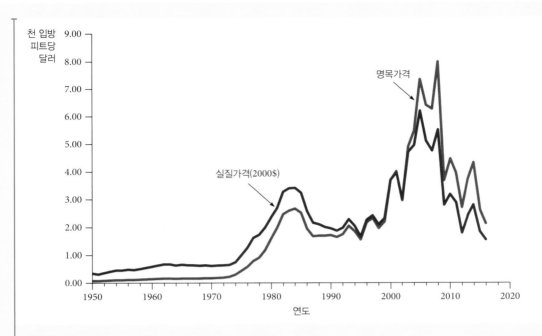

그림 2.26

천연가스가격

천연가스가격은 시장규제 폐지 이후인 1976년에 오르기 시작하였다. 이후 다른 연료와 마찬가지로, 가격은 2000년경
부터 급등하였으나, 2009∼2011년 사이에는 새로운 가스원이 발견됨에 따라 폭락하였다.

여 최고가격을 입방피트당 $3.00로 설정하는 가격규제를 시행한다
고 하자. 이러한 가격규제는 가스의 공급량과 수요량에 어떤 영향을
미치는가?

공급곡선과 수요곡선의 식에서 P_G에 $3.00를 대입해 보자(원유가
격 P_O는 $50로 고정). 공급곡선식에서 공급량은 20.6조 입방피트, 수

요곡선식에서 수요량은 29.1조 입방피트로 나타난다. 따라서 이러한
가격규제로 인해 29.1 − 20.6 = 8.5조 입방피트의 초과수요(즉, 공급
부족)가 발생한다. 사례 9.1에서는 가격규제로 인한 생산자와 소비자
의 이득과 손해를 측정하는 방법을 알려 준다.

요약

1. 공급−수요 분석은 미시경제학의 기초적인 방법론이
다. 경쟁시장에서 공급곡선과 수요곡선은 기업은 얼
마만큼 생산하고, 소비자는 얼마만큼 소비할 것인지
를 가격의 함수로 보여 준다.

2. 시장기구란 공급과 수요가 균형을 이루어(즉, 가격이
시장청산수준에 도달하여) 초과수요나 초과공급이
없는 상태를 나타낸다. 균형가격은 수요량과 공급량

이 같아질 때의 가격을 나타낸다.

3. 탄력성은 가격, 소득, 또는 다른 변수의 변화에 대한
공급과 수요의 반응 정도를 나타낸다. 예를 들어, 수
요의 가격탄력성은 가격의 1% 변화에 따른 수요량의
퍼센트 변화를 나타낸다.

4. 탄력성은 고려되는 시간의 길이와 관련이 있는데, 대
부분 상품에 있어서 단기 탄력성과 장기 탄력성을 구

분하는 것이 중요하다.

5. 공급-수요 그림을 통해 공급곡선이나 수요곡선의 이동이 시장가격과 수량의 변화에 어떠한 영향을 미치는지를 살펴볼 수 있다.

6. 특정 시장에 대한 공급곡선과 수요곡선을 대략적이나마 측정할 수 있다면, 공급량과 수요량을 같게 하여 시장청산가격을 구할 수 있다. 또한 소득이나 다른 재화의 가격과 같은 다른 경제변수들이 공급과 수요에 얼마나 영향을 주는지를 알 수 있다면, 이러한 변수들의 변화에 따라 시장청산가격과 수량이 얼마나 변화하는지를 측정할 수 있다. 이는 시장의 움직임을 설명하고 예측하는 수단이다.

7. 가격 및 수량에 대한 자료와 탄력성의 추정치를 선형 공급곡선과 수요곡선에 적용함으로써 간단한 수치 분석이 가능하다. 대부분 시장에 대해 이러한 자료와 탄력성 추정치를 구할 수 있으며, 매우 간단한 계산을 통해 시장의 움직임과 특성을 이해할 수 있다.

8. 정부가 가격규제를 시행하면, 가격은 공급과 수요가 같아지는 수준보다 낮게 유지된다. 그 결과 수요량이 공급량을 초과하는 공급부족 사태가 발생한다.

복습문제

1. 유난히 더운 날씨로 인해 아이스크림 수요곡선이 오른쪽으로 이동한 상황을 고려해 보자. 새로운 시장청산수준에서 아이스크림가격이 오르는 이유는 무엇인가?

2. 다음 상황들로 인해 버터가격과 수량은 어떤 영향을 받게 될 것인지를 공급곡선과 수요곡선을 이용하여 설명하라. (a) 마가린가격의 인상, (b) 우유가격의 인상, (c) 평균 소득수준의 하락.

3. 시리얼의 가격이 3% 인상됨에 따라 수요량은 6% 감소하였다면 시리얼의 수요의 탄력성은 얼마인가?

4. 공급곡선의 이동과 공급곡선상에서의 이동의 차이를 설명하라.

5. 많은 재화에 있어서 공급의 가격탄력성은 단기보다는 장기에 더 큰 이유를 설명하라.

6. 단기와 장기의 수요의 탄력성에 차이가 나는 이유를 설명하라. 주방용 휴지와 텔레비전의 두 재화를 고려해 보자. 어느 재화가 내구재인가? 주방용 휴지의 수요의 가격탄력성은 장기와 단기 중 어느 기간에 더 크다고 생각하는가? 그 이유는 무엇인가? 텔레비전에 대한 수요의 가격탄력성은 어떠한가?

7. 다음 설명이 맞는지 혹은 틀리는지 설명하라.
   a. 수요의 탄력성은 수요곡선의 기울기와 같다.
   b. 교차가격탄력성은 항상 양(+)의 값을 가진다.
   c. 아파트 공급은 장기보다는 단기에 더 비탄력적이다.

8. 정부가 소고기와 닭고기가격을 규제함에 따라 각각의 가격은 시장청산수준보다 낮게 설정되었다고 하자. 두 재화에 공급부족이 발생하는 이유와 공급부족수준을 결정하는 요인이 무엇인지를 설명하라. 돼지고기가격에는 어떤 영향이 있을지를 간단히 설명하라.

9. 어느 작은 대학도시의 시의회는 학생들의 생활비를 줄이기 위해 임대료를 규제하고자 한다. 방이 2개인 아파트의 평균 연간 시장청산 임대료는 월 $700인데, 1년 내에 $900로 오를 것으로 예상된다고 하자. 시의회는 현재 수준인 월 $700로 임대료를 동결하기로 결정하였다.
   a. 임대료 통제 후 아파트 임대료에는 어떤 일이 나타나게 될 것인지를 공급곡선과 수요곡선을 이용하여 설명하라.
   b. 이러한 정책은 모든 학생들에게 이득이 되는가? 그 이유는 무엇인가?

10. 등록금에 관한 논쟁에서 어느 대학의 한 관계자는 입학에 대한 수요의 가격탄력성은 완전비탄력적이라고 주장한다. 그녀는 그 증거로 지난 15년 동안 대학이 (실질 기준으로) 등록금을 2배로 인상했지만 학생 수나 학생들의 수준은 떨어지지 않았다는 사실을 제시

한다. 이러한 주장에 동의하는가? 간단히 설명하시오. (힌트: 이 관계자는 입학 수요에 관한 주장을 했으나, 수요곡선을 실제로 관찰했을까? 그 밖에 무슨 일이 있었을까?)

11. 어느 재화의 수요곡선이 다음과 같이 주어졌다.

$$Q = 10 - 2P + P_s$$

위 식에서 P는 그 재화의 가격이며, P_s는 대체재의 가격을 나타낸다. 대체재의 가격은 $2.00이다.

a. $P = 1.00라고 하자. 수요의 가격탄력성은 얼마인가? 수요의 교차가격탄력성은 얼마인가?

b. 이제 상품가격 P가 $2.00라고 하자. 이때 수요의 가격탄력성은 얼마인가? 수요의 교차가격탄력성은 얼마인가?

12. 사례 2.8과 같이 수요가 감소한 것이 아니라 구리 생산비용이 감소하여 공급곡선이 오른쪽으로 40% 이동하였다고 하자. 구리가격은 어떻게 변하는가?

13. 천연가스 수요가 완전비탄력적이라고 하자. 천연가스에 대한 가격규제가 있다면 그 효과는 어떠한가?

연습문제

1. 어느 상품의 수요곡선은 $Q = 300 - 2P + 4I$, 공급곡선은 $Q = 3P - 50$이라고 하자(I는 천 달러 단위로 나타낸 평균소득을 의미한다).

   a. $I = 25$일 때 이 상품의 시장청산가격과 수량을 구하라.

   b. $I = 50$일 때 이 상품의 시장청산가격과 수량을 구하라.

   c. 그래프를 이용하여 위의 답을 나타내라.

2. 각 가격수준에 대한 연간 수요량과 공급량이 아래 표와 같은 경쟁시장을 고려해 보자.

가격(달러)	수요(백만)	공급(백만)
60	22	14
80	20	16
100	18	18
120	16	20

   a. 가격이 $80일 때와 $100일 때 수요의 가격탄력성을 각각 구하라.

   b. 가격이 $80일 때와 $100일 때 공급의 가격탄력성을 각각 구하라.

   c. 균형가격과 수량은 얼마인가?

   d. 정부가 $80의 가격상한제를 시행한다면 공급부족이 발생하는가? 만약 그렇다면 그 크기는 얼마인가?

3. 사례 2.5의 밀시장을 고려하자. 1998년 미국산 밀에 대한 총수요는 $Q = 3244 - 283P$였으며, 국내 공급은 $Q_s = 1944 + 207P$였다. 1998년 말에 브라질과 인도네시아는 자국의 밀시장을 미국에 개방하였다. 이러한 새로운 시장으로 인해 미국산 밀에 대한 수요가 2억 부셸 증가하였다고 하자. 밀의 자유시장가격은 얼마이며, 미국 밀 농장의 생산량과 수요량은 얼마인가?

4. 식물성 섬유는 경쟁적인 세계시장에서 거래되는데, 국제가격은 파운드당 $9이다. 이 가격에서 미국은 무한대의 양을 수입할 수 있다. 각 가격수준에 대한 미국 내 공급과 수요는 아래 표와 같다.

가격(달러)	공급(백만)	수요(백만)
3	2	34
6	4	28
9	6	22
12	8	16
15	10	10
18	12	4

   a. 수요곡선과 공급곡선을 각각 도출하라.

   b. 가격이 $9일 때 수요의 가격탄력성은 얼마인가? 가격이 $12일 때는?

   c. 가격이 $9일 때 공급의 가격탄력성은 얼마인가? 가격이 $12일 때는?

   d. 자유경쟁시장에서 미국 내 가격과 식물성 섬유의 수입량은 얼마인가?

*5. 미국산 농산물에 대한 수요는 대부분 다른 나라로부터의 수요이다. 1998년에 미국산 밀에 대한 총수요는 $Q = 3244 - 283P$였다. 이 중 총국내수요는 $Q_D = 1700 - 107P$였으며, 국내공급은 $Q_S = 1944 + 207P$였다. 밀에 대한 수출수요가 40% 감소한다고 하자.

   a. 미국 농민들은 이러한 수출 수요 감소를 걱정하고 있다. 해외 수요의 감소는 미국 내 밀의 자유시장 가격에 어떤 영향을 미치는가? 농민들이 크게 걱정할 이유가 있는가?

   b. 이제 미국정부가 밀가격을 부셸당 $3.50 수준으로 올리기 위해 충분한 양의 밀을 사들인다고 하자. 수출 수요가 감소하는 상황에서 미국정부는 얼마만큼의 밀을 사야 하는가? 미국정부가 부담해야 하는 비용은 얼마인가?

6. 뉴욕시의 임대료 규제기관은 총수요가 $Q_D = 160 - 8P$임을 확인하였다. 수량은 아파트 만 채 단위로 측정된다. 가격인 월평균 임대료는 백 달러 단위로 측정된다. 또한 이 기관은 롱아일랜드에서 뉴욕시로 이주하면서 아파트에 거주하기를 원하는 3인 가족의 가구가 증가함에 따라 낮은 가격에서 임대 수요량이 증가했다는 사실을 발견하였다. 뉴욕시 부동산중개업자협의회는 이는 적절한 수요 추정치임을 인정하였고, 공급은 $Q_S = 70 + 7P$라고 밝혔다.

   a. 기관과 협의회가 밝힌 수요와 공급이 맞는다면 자유시장가격은 얼마인가? 만약 기관이 최대 평균 월 임대료를 $300로 규제함에 따라 아파트를 구하지 못하는 사람들이 도시를 떠난다면 도시 인구는 얼마나 변하는가?

   b. 기관이 협의회의 의견을 받아들여 모든 아파트에 대해 건물주가 공정수익률을 보장받을 수 있도록 $900로 월 임대료를 설정하였다고 하자. 만약 아파트 공급의 장기적 증가분 중 50%가 새로 건축되는 아파트로 공급된다면 얼마나 많은 아파트가 새로 건축되는가?

7. 2010년에 미국인들은 3,150억 개 또는 157억 5,000갑의 담배를 피웠다. 평균 소매가격(세금 포함)은 한 갑당 약 $5.00였다. 통계분석을 통해 수요의 가격탄력성은 −0.4이고, 공급의 가격탄력성은 0.5인 것으로 나타났다.

   a. 위 정보를 이용하여 담배시장에 대한 선형수요곡선과 공급곡선을 도출하라.

   b. 1998년에 미국인들은 235억 갑의 담배를 피웠고, 소매가격은 한 갑에 약 $2.00였다. 1998년과 2010년 사이에는 한편으로 흡연의 위험성에 대한 대중의 인식과 다른 한편으로는 가격 인상으로 인해 담배 소비가 줄었다. 전체 감소가 오직 가격 인상 때문이라고 가정한다면 수요의 가격탄력성으로부터 무엇을 추론할 수 있는가?

8. 사례 2.8에서는 2.6절에서 도출한 선형공급곡선과 수요곡선을 이용하여 구리 수요 20% 감소가 구리가격에 미치는 효과를 살펴보았다. 이제 구리 수요의 장기 가격탄력성이 −0.5가 아니라 −0.75라고 가정해 보자.

   a. 균형가격과 수량이 각각 파운드당 $P^* = \$3$과 $Q^* = 1,800$만 톤(연간)이라고 두고 더 낮은 가격탄력성에 대한 선형수요곡선을 도출하라.

   b. 위의 수요곡선을 이용하여, 구리 수요의 55% 감소가 구리가격에 미치는 영향을 다시 계산하라.

9. 사례 2.8에서 최근 세계적인 구리 수요의 감소는 부분적으로 중국의 소비 감소 때문에 나타났음을 살펴보았다. 그런데 만약 중국의 수요가 증가했다면 어떤 일이 일어났을까?

   a. 처음의 수요탄력성과 공급탄력성(즉, $E_D = -0.5$와 $E_S = 1.5$)을 이용하여 구리 수요 20% 증가가 구리가격에 미치는 효과를 계산하라.

b. 이제 이러한 수요 증가가 균형수량 Q^*에 미치는 효과를 계산하라.

c. 사례 2.8에서 논의했듯이, 2000년과 2003년 사이 미국의 구리 생산은 감소하였다. 구리 수요의 20% 증가와 구리 공급의 20% 감소를 동시에 고려할 때 균형가격과 수량에 대한 영향을 계산하라.

10. 사례 2.9는 세계 원유시장을 분석한다. 이 사례에서 사용했던 자료를 이용하여 다음을 해결하라.

    a. 단기 수요곡선과 경쟁적 공급곡선이 다음과 같음을 보여라.

$$D = 36.75 - 0.035P$$
$$S_C = 21.85 + 0.023P$$

    b. 장기 수요곡선과 경쟁적 공급곡선이 다음과 같음을 보여라.

$$D = 45.5 - 0.210P$$
$$S_C = 16.1 + 0.138P$$

    c. 사례 2.9에서는 사우디아라비아의 원유 생산 중단이 가격에 미치는 효과를 살펴보았다. 이러한 공급 감소 대신 사우디아라비아가 새로운 대규모 유전을 개발하여 OPEC의 생산량이 연 20억 배럴 증가한 것으로 가정해 보자. 이러한 생산 증가가 원유가격에 미치는 영향을 단기와 장기를 구분하여 계산하라.

11. 천연가스에 대한 가격규제의 효과를 분석한 사례 2.10을 참고하여 다음 문제를 해결하라.

    a. 사례에서 제시한 자료를 이용하여 다음 공급곡선과 수요곡선이 2005~2007년 동안의 천연가스시장을 나타냄을 보여라.

$$공급: Q = 15.90 + 0.72P_G + 0.05P_O$$
$$수요: Q = 0.02 - 1.8P_G + 0.69P_O$$

또한 원유가격이 \$50일 때 이들 곡선에서 천연가스의 자유시장가격은 \$6.40임을 증명하라.

    b. 가스에 대한 규제가격이 천 입방피트당 \$3.00가 아니라 \$4.50라고 가정하자. 이때 초과수요량은 얼마가 될까?

    c. 천연가스시장에 규제가 없는 상황을 고려해 보자. 만약 원유가격이 \$50에서 \$100로 올랐다면, 천연가스의 자유시장가격에는 어떤 영향을 미치는가?

*12. 아래 표는 인스턴트커피와 원두커피에 대한 2년 동안의 소매가격과 판매량을 보여 준다.

    a. 이 자료만을 이용하여 원두커피에 대한 수요의 단기 가격탄력성을 추정하라. 또 원두커피에 대한 선형수요곡선을 도출하라.

    b. 이제 인스턴트커피에 대한 수요의 단기 가격탄력성을 추정하라. 또 인스턴트커피에 대한 선형수요곡선을 도출하라.

    c. 어떤 커피의 수요의 단기 가격탄력성이 더 큰가? 이러한 결과가 나타난 이유는 무엇인가?

	인스턴트커피의 소매가격 (파운드당 달러)	인스턴트커피의 판매량 (백만 파운드)	원두커피의 소매가격 (파운드당 달러)	원두커피의 판매량 (백만 파운드)
첫해	10.35	75	4.11	820
이듬해	10.48	70	3.76	850

PART 2
생산자, 소비자, 그리고 경쟁시장

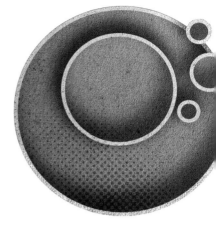

제2부는 미시경제학의 이론적 핵심을 다룬다.

제3장과 제4장은 소비자 수요의 기본 원리를 설명한다. 소비자가 소비에 관한 의사결정을 어떻게 하는지, 소비자의 선호와 예산제약이 다양한 상품에 대한 수요를 어떻게 결정하는지, 서로 다른 재화들의 수요 특성에 차이가 나는 이유는 무엇인지를 살펴본다. 제5장은 다소 높은 수준의 내용으로서 불확실성하 소비자 선택에 대해 설명한다. 이 장에서는 대체로 사람들이 위험한 상황을 싫어하는 이유는 무엇인지, 위험을 어떻게 줄이고, 여러 가지 위험한 대안 중에서 어떤 선택을 하는지를 다룬다.

제6장과 제7장은 기업이론을 다룬다. 여기에서는 기업이 생산비용을 최소화시키기 위해 자본, 노동, 원재료와 같은 투입요소들을 어떻게 배분하는지를 살펴본다. 또한 생산량과 생산 경험이 기업의 생산비용에 미치는 영향에 대해서도 살펴본다. 이어서 제8장은 기업이 이윤을 극대화하는 생산량을 어떻게 결정하는지를 설명한다. 또한 생산에 대한 개별 기업의 의사결정이 경쟁시장의 공급곡선과 어떤 관계가 있는지에 대해서도 살펴본다.

제9장은 공급곡선과 수요곡선을 활용하여 경쟁시장을 분석한다. 또한 가격규제, 수량제한, 세금, 보조금과 같은 정부정책이 소비자와 생산자에게 미치는 광범위한 효과를 살펴보며, 공급-수요 분석을 활용하여 이러한 효과를 분석해 본다.

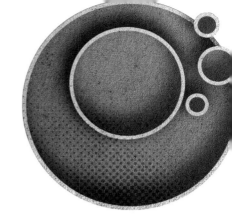

CHAPTER 3
소비자 행동

얼마 전, 제너럴밀스(General Mills)사는 새로운 아침식사용 시리얼을 출시하였다. 신제품인 애플시나몬 치리오스(Apple-Cinnamon Cheerios)는 기존의 치리오스 제품에 비해 더 달고 풍미가 높은 제품이었다. 애플-시나몬 치리오스를 시장에 출시하기 전에 이 회사는 "가격을 얼마로 책정할 것인가"라는 아주 중요한 문제를 해결해야만 했다. 이 시리얼이 얼마나 좋은 제품인지와는 별개로, 이 제품의 판매에 따른 이윤의 크기는 가격수준에 따라 달라질 것이다. 소비자가 신제품에 더 높은 가격을 지불할 것이라는 사실을 아는 것만으로는 충분치 않다. 문제는 얼마나 더 지불할 것인가이다. 따라서 제너럴밀스사는 애플시나몬 치리오스에 대한 수요를 파악하기 위해 소비자의 선호를 자세히 분석해야만 했다.

소비자의 선호를 파악해야 하는 제너럴밀스사의 문제는 미 의회가 연방식품교환권 프로그램을 평가하는 보다 복잡한 일과 유사함을 알 수 있다. 이 프로그램의 목적은 저소득층 가구에 대해 식품과 교환할 수 있는 쿠폰을 지급하는 것이다. 그러나 이 프로그램의 설계에는 그 평가를 복잡하게 만드는 다음과 같은 상시적인 문제가 있다. 식품교환권 프로그램은 대상자들에게 단순히 보조금을 지급하여 자신들이 원하는 식품을 사도록 하는 방식과 비교할 때 얼마나 많은 식품을 공급하게 될 것인가? 이 프로그램은 저소득층의 영양부족 문제에 대한 해결책이 아니라 식품 외의 재화를 구입하기 위해 지출하는 소득을 지원하는 결과를 초래하는 것이 아닌가? 시리얼의 사례를 통해서 살펴보았듯이, 이 경우에도 소비자 행위에 대한 분석이 필요하다. 이 경우 연방정부는 소득과 가격의 변화에 따라 저소득층이 다른 재화가 아닌 식품에 대한 지출을 얼마나 증가시킬 것인지를 파악해야 한다.

여기서 제시된 두 가지 문제 중 하나는 기업정책이며, 다른 하나는 공공정책이지만 이 문제들을 해결하기 위해서는 **소비자 행동이론**(theory of consumer behavior)을 이해할 필요가 있다. 이 이론은 소비자가 자신의 소득을 다양한 재화와 서비스를 구매하는 데 어떻게 분배하는지를 설명한다.

소비자 행동이론 소비자가 자신의 만족을 극대화하기 위해 소득을 다양한 재화와 서비스에 어떻게 배분하는지를 설명하는 이론

소비자 행동

소비자는 제한된 예산을 가지고 어떤 재화와 서비스를 살 것인가를 어떻게 결정하는가? 이 문제는 미시경제학의 기본적인 주제로서 이 장과 다음 장에서 다루게 된다. 이 문제를 해결함으로써 소비자가 자신의 소득을 여러 가지 재화와 서비스에 어떻게 배분하는지, 그리고 이를 통해 수요가 어떻게 결정되는지를 파악할 수 있다. 소비자의 구매결정을 이해함으로써 소득과 가격의 변화가 재화와 서비스의 수요에 어떻게 영향을 미치며, 특정 재화의 수요가 다른 재화에 비해 소득과 가격의 변화에 더 민감하게 반응하는 이유에 대해 살펴볼 수 있다.

소비자 행동은 다음의 세 가지 단계를 통해 잘 이해할 수 있다.

1. **소비자 선호**: 첫 번째 단계는 사람들이 어떤 재화를 다른 재화에 비해 선호하는 이유를 설명하는 방법을 찾는 것이다. 여기서 다양한 재화에 대한 소비자의 선호를 그림과 수식으로 표현하는 방법을 살펴본다.

2. **예산제약**: 소비자는 당연히 가격을 고려한다. 따라서 두 번째 단계에서는 소비자는 한정된 소득 때문에 구매할 수 있는 재화의 양이 제한된다는 사실을 설명한다. 이러한 상황에서 소비자는 무엇을 할 수 있는가? 이 질문에 대한 답은 다음의 세 번째 단계에서 소비자 선호와 예산제약을 한꺼번에 고려함으로써 찾을 수 있다.

3. **소비자 선택**: 소비자는 자신의 선호와 한정된 소득하에서 자신의 만족을 극대화하는 재화의 조합을 선택한다. 이 조합은 다양한 상품들의 가격에 영향을 받는다. 따라서 소비자의 선택을 이해함으로써 수요를 이해할 수 있다. 즉, 소비자의 소비량은 가격에 의해 결정된다.

이러한 세 가지 단계는 소비이론의 기초가 되는데, 이 장의 처음 세 절에서 자세히 다루게 된다. 이어서 소비자 행동에 대한 여러 가지 다른 흥미로운 측면들을 살펴본다. 예를 들어 소비자 행동을 실제로 관찰함으로써 소비자 선호의 특성을 결정하는 방법을 살펴본다. 만약 소비자가 비슷한 가격의 다른 재화 대신에 어느 한 재화를 선택한다면, 그는 이 재화를 선호한다고 추론할 수 있다. 구매 가능한 다양한 상품과 서비스의 가격 변화에 대한 소비자들의 실제 선택을 통해서도 비슷한 결론을 얻을 수 있다.

이 장의 마지막 부분에서는 제1장에서 다루었던 실질가격과 명목가격에 대해 다시 살펴본다. 소비자 물가지수는 시간의 흐름에 따른 소비자 만족도의 변화를 측정하는 한 가지 방법임을 알 수 있다. 이 장에서는 시간의 경과에 따른 구매력의 변화를 측정하는 다양한 지수들을 설명함으로써 구매력에 관한 문제를 보다 깊이 있게 다룬다. 이러한 지수들은 다양한 형태의 사회복지 프로그램의 편익과 비용에 영향을 미치기 때문에 정부정책을 결정하는 데 중요한 도구가 된다.

소비자는 무엇을 하는가? 본격적인 논의에 앞서, 소비자 행동에 관한 몇몇 가정과 그 현실성 여부를 살펴볼 필요가 있다. 소비자는 자신이 구매할 수 있는 다양한 재화와 서비스에 대한 선호를 가지며, 예산제약으로 인해 한정된 양만 구매할 수 있다는 가정은 문제가 되지 않는다. 그러나 소비자가 자신의 만족을 극대화하는 재화와 서비스의 조합을 선택한다는 가정은 논쟁의 여지가 있다. 소비자는 경제학자들이 주장하는 바와 같이 합리적이며, 충분한 정보를 가지고 있는가?

우리는 소비자가 항상 합리적으로 구매결정을 하지는 않는다는 사실을 알고 있다. 예를 들어,

소비자는 때로는 예산제약을 무시하거나 충분히 고려하지 않은 채 충동적으로 구매하며, 그 결과로 빚을 진다. 소비자는 때로는 선호가 확실치 않거나, 친구나 이웃의 소비결정에 의해 영향을 받거나, 심지어는 기분에 따라 구매결정을 하기도 한다. 설령 소비자가 합리적으로 행동한다고 하더라도 매일 접하는 수많은 가격과 선택을 완전히 고려한다는 것은 불가능한 일이다.

최근 경제학자들은 소비자의 합리성과 의사결정에 관하여 보다 현실적인 가정들을 담고 있는 소비자 행동 모형을 개발해 왔다. **행동경제학**(behavioral economics)이라 불리는 이 분야는 심리학 및 관련 분야의 연구결과를 상당히 포함한다. 제5장에서는 행동경제학의 몇몇 주요 결과를 논의할 것이다. 이 장에서 다루는 소비자 행동의 기본적인 모형은 현실을 단순화시킨 몇 가지 가정을 전제로 한다는 점을 분명히 한다. 그러나 여기서 다루는 모형이 소비자 선택과 수요의 특징에 관해 실제로 관찰되는 현상 대부분을 설명하는 데 전혀 손색이 없다는 점 또한 강조하고자 한다. 결과적으로, 이 모형은 경제학의 만능분석도구라고 할 수 있다. 이는 경제학뿐만 아니라 재정학, 마케팅과 같은 관련 분야에서도 널리 사용된다.

3.1 소비자 선호

경제 내에서 제공되는 수많은 재화와 서비스가 존재하며 개인적 취향도 다양한 상황에서 소비자의 선호를 어떻게 일관성 있게 나타낼 수 있을까? 먼저 소비자가 구매 가능한 서로 다른 상품들의 묶음들을 어떻게 비교하는지부터 살펴보자. 소비자는 어느 한 묶음을 다른 묶음보다 선호하는가 또는 두 묶음에 대해 무차별적인가?

시장바구니

여러 재화로 구성된 상품묶음을 **시장바구니**라고 부르기로 한다. 구체적으로 **시장바구니**(market basket)는 하나 또는 그 이상의 재화들의 양의 목록을 나타낸다. 시장바구니는 식품점 카트 속의 다양한 식료품을 포함할 수 있다. 또한 소비자가 매달 구입하는 식품, 옷, 주거서비스 등의 양을 의미할 수도 있다. 많은 경제학자들은 시장바구니와 같은 의미로 **상품묶음**(commodity bundle)이라는 단어를 사용하기도 한다.

시장바구니(또는 상품묶음) 하나 또는 그 이상의 재화들의 집합

소비자는 시장바구니를 어떻게 선택하는가? 예를 들어, 소비자는 매달 어느 정도의 옷과 어느 정도의 식품을 구입하는가? 비록 이러한 선택은 때로는 자의적이기는 하지만, 소비자는 대체로 자신을 가장 만족스럽게 만들어 주는 시장바구니를 선택한다는 사실을 곧 알게 될 것이다.

표 3.1은 매달 소비자가 구매하는 다양한 식품과 옷으로 구성된 몇 가지 시장바구니를 보여 준다. 식품 구매량은 용기 수, 패키지 수(예를 들어, 우유, 고기 등), 파운드나 그램과 같이 다양한 단위로 측정할 수 있다. 마찬가지로, 옷은 수, 무게, 크기 등 다양한 단위로 측정한다. 이러한 측정 방법은 자의적이므로 여기서는 간단히 각 재화 단위의 양으로 시장바구니를 표현한다. 예를 들어, 시장바구니 *A*는 식품 20단위와 옷 30단위로, 시장바구니 *B*는 식품 10단위와 옷 50단위로 구성된다.

소비자 행동이론을 설명하기 위해서는 소비자가 어떤 한 장바구니를 다른 것보다 선호하는지를 알아야 한다. 이 이론에서는 소비자의 선호는 일관적이며 타당하다고 가정한다는 사실을 주

표 3.1	여러 시장바구니	
시장바구니	**식품의 양**	**옷의 양**
A	20	30
B	10	50
D	40	20
E	30	40
G	10	20
H	10	40

주의: 시장바구니에 대한 표시에서 알파벳 C와 F는 사용하지 않을 것인데, 이는 시장바구니가 식품과 옷의 단위 수와 겹칠 수 있기 때문이다.

목해야 한다. 이러한 가정이 함의하는 바는 다음 절에서 다룬다.

선호에 관한 몇 가지 기본 가정

소비자 행동이론은 시장바구니 간 소비자의 선호에 관한 세 가지 기본 가정으로부터 출발한다. 이러한 가정들은 대부분의 상황에서 대부분의 사람에게 성립한다고 믿는다.

1. **완전성**: 선호는 완전(complete)하다고 가정한다. 즉, 소비자는 모든 선택 가능한 바구니에 대해 비교하고 순위를 정할 수 있다. 따라서 어느 두 시장바구니 A와 B에 대해 소비자는 B보다 A를 더 선호하든지, A보다 B를 더 선호하든지, 혹은 A와 B 간에 무차별적이다. 여기서 무차별적이라는 것은 두 시장바구니를 통해 소비자가 얻게 되는 만족도는 같다는 의미이다. 이러한 선호는 비용 측면을 고려하지 않음을 주목할 필요가 있다. 어떤 소비자가 햄버거보다 스테이크를 더 선호하더라도 햄버거의 가격이 더 싸므로 햄버거를 구입할 수 있다.

2. **이행성**: 선호는 이행적(transitive)이다. 이행성은 어떤 소비자가 바구니 B보다 A를 더 선호하고 C보다 B를 더 선호한다면, 이 소비자는 또한 C보다 A를 더 선호한다는 사실을 나타낸다. 예를 들어, 만약 포르쉐가 캐딜락보다 더 선호되고 쉐보레보다 캐딜락이 더 선호된다면, 포르쉐는 쉐보레보다 당연히 더 선호된다. 이행성은 소비의 선호가 일관적이기 위해 필요한 조건이다.

3. **양이 많을수록 더 좋다**: 재화는 바람직한 것(즉, 좋은 것)이라고 가정한다. 따라서 소비자는 어떤 재화든 양이 많을수록 더 선호한다. 또한 소비자는 결코 만족하거나 포만감을 느끼지 않는다. 약간 더 좋더라도 더 많은 것은 항상 더 좋다.[1] 이 가정은 학생들의 교육을 위한 목적으로 만들어졌다. 즉, 이 가정을 통해 그래프를 이용한 분석을 단순화시킬 수 있다. 물론 대기오염과 같은 몇몇 해로운 재화에 대해서는 소비자는 항상 적은 양을 선호한다. 대부분 소비자들

---

[1] 어떤 경제학자들은 세 번째 가정을 두고 **불포화성**(nonsatiation)이라는 용어를 사용하기도 한다.

은 이러한 재화를 구매하지는 않으므로 소비자 선택에 있어서는 "비재화(bads)"는 일단 다루지 않는다. 다만 비재화는 이번 장의 마지막 부분에서 다룰 것이다.

이러한 세 가지 가정은 소비자이론의 기초를 제공한다. 이 가정들이 소비자 선호를 직접 설명하지는 않지만, 소비자 선호에 대해 합리성과 정당성을 제공한다. 이러한 가정들을 토대로 소비자 행동에 관해 좀 더 자세히 살펴보자.

무차별곡선

무차별곡선을 이용하여 소비자 선호를 그림으로 표현할 수 있다. **무차별곡선**(indifference curve)은 소비자에게 같은 수준의 만족을 가져다주는 모든 시장바구니의 조합을 나타낸다. 따라서 소비자는 무차별곡선 위의 한 점으로 표시되는 각 시장바구니에 대해 무차별적이다.

무차별곡선 소비자에게 같은 수준의 만족을 가져다주는 모든 시장바구니의 조합을 나타내는 곡선

 선호에 관한 위의 세 가지 가정에 따르면 소비자는 항상 어느 한 시장바구니를 다른 바구니보다 더 선호하든지 또는 두 시장바구니에 대해 무차별함을 알 수 있다. 이를 근거로 모든 가능한 소비자 선택에 대해 순위를 매길 수 있다. 이러한 원리를 그림으로 표현하기 위해 소비 가능한 두 재화, 식품(F)과 옷(C)만 존재한다고 가정하자. 이 경우 모든 시장바구니는 소비자들이 구매하기 원하는 식품과 옷의 소비조합으로 표현된다. 이미 살펴보았듯이, 표 3.1은 식품과 옷의 다양한 소비량을 나타내는 바구니의 몇 가지 예를 보여 준다.

 어떤 소비자의 무차별곡선을 그리기 위해서는 먼저 개별 선호를 그리는 것부터 시작한다. 그림 3.1은 표 3.1에 나타난 바구니 목록을 그대로 옮겨서 나타내고 있다. 수평축은 주당 구매하는 식품의 개수를, 수직축은 옷의 개수를 나타낸다. 식품 20단위와 옷 30단위로 구성된 시장바구니 A는 G보다 더 선호되는 데, 이는 A가 더 많은 식품과 옷으로 구성되어 있기 때문이다(많을수록 더 좋다는 세 번째 가정을 기억하라). 마찬가지로, 시장바구니 E는 A보다 더 많은 식품과 옷으

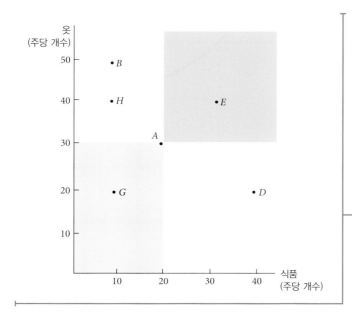

그림 3.1
개별 선호를 표현하기
각 재화의 양이 많은 바구니가 적은 바구니보다 선호되기 때문에 음영 부분에 포함된 시장바구니들은 서로 비교할 수 있다. 바구니 A는 G보다 선호되며, E는 A보다 선호된다. 그러나 A를 B, D 또는 H와 비교하기 위해서는 추가적인 정보가 필요하다.

로 구성되기 때문에 *A*보다 더 선호된다. 음영으로 표시한 영역에 위치한 모든 시장바구니(*E*와 *G* 등)는 *A*와 쉽게 비교되는데, 이들은 식품과 옷 둘 다 더 많거나 더 적게 담고 있기 때문이다. 그러나 *D*는 *A*에 비해 식품의 양은 많지만 옷의 양은 적다. 따라서 바구니 *A*와 *B*, *D*, *H* 간의 비교는 추가적인 정보가 없이는 불가능하다.

이 추가 정보는 그림 3.2에서 *A*, *B*, *D*점을 지나는 무차별곡선 U_1을 통해 얻을 수 있다. 이 곡선은 소비자가 이 세 가지 시장바구니 간에 무차별적임을 나타낸다. 이는 장바구니 *A*에서 *B*로 이동할 때 소비자가 추가로 20단위의 옷을 더 가지는 대신 10단위의 식품을 포기하더라도 더 나빠지거나 좋아지지 않음을 의미한다. 마찬가지로, 소비자는 *A*점과 *D*점 간에도 무차별하다. 즉 소비자는 식품 20단위를 더 얻기 위해 옷 10단위를 포기할 것이다. 반면 소비자는 U_1 아래에 놓인 *H*보다는 *A*를 더 선호할 것이다.

그림 3.2의 무차별곡선은 우하향함을 주목할 필요가 있다. 그 이유를 이해하기 위해 무차별곡선이 *A*에서 *E*로 우상향하는 경우를 생각해 보자. 이 경우는 소비자는 더 많은 양을 선호한다는 가정에 위배된다. 시장바구니 *E*에는 *A*보다 더 많은 식품과 옷이 담겨 있기 때문에 *E*는 *A*보다 선호되며, 따라서 *E*와 *A*는 같은 무차별곡선상에 있을 수 없다. 그림 3.2에서 무차별곡선 U_1의 **위쪽과 오른쪽**에 위치한 모든 시장바구니는 U_1상에 놓인 어떤 시장바구니보다 더 선호된다.

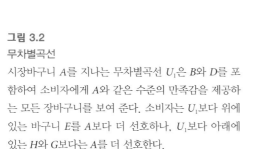

그림 3.2
무차별곡선
시장바구니 *A*를 지나는 무차별곡선 U_1은 *B*와 *D*를 포함하여 소비자에게 *A*와 같은 수준의 만족감을 제공하는 모든 장바구니를 보여 준다. 소비자는 U_1보다 위에 있는 바구니 *E*를 *A*보다 더 선호하나, U_1보다 아래에 있는 *H*와 *G*보다는 *A*를 더 선호한다.

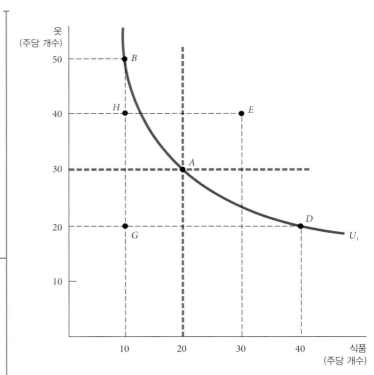

무차별지도

식품과 옷의 모든 조합에 대한 개인의 선호를 나타내기 위해 **무차별지도**(indifference map)라고 하는 무차별곡선의 집합을 그릴 수 있다. 지도에서 각 무차별곡선은 어떤 소비자가 무차별한 시장바구니들을 나타낸다. 그림 3.3은 무차별지도의 일부분인 3개의 무차별곡선을 보여 준다(전체 지도는 이와 같은 무차별곡선들이 무한대로 포함된다). 이 중 무차별곡선 U_3가 가장 높은 수준의 만족감을 나타내며, 그다음은 U_2, U_1 순이다.

무차별곡선은 서로 교차할 수 없다. 그 이유를 찾기 위해 두 무차별곡선이 교차하는 상황을 고려해 보고, 이러한 경우에는 소비자 행동에 관한 가정을 위반하게 되는지를 살펴본다. 그림 3.4에서 두 무차별곡선 U_1과 U_2가 A점에서 교차하고 있다. A와 B 모두 무차별곡선 U_1상에 있으므로 소비자는 이 두 시장바구니 간에 무차별하다. 또한 A와 D는 무차별곡선 U_2상에 있으므로 소비자는 이 두 시장바구니 간에 무차별하다. 그러므로 이행성의 가정에 따라 소비자는 B와 D 간에도 역시 무차별적이어야 한다. 그러나 이러한 결론은 옳지 않다. 시장바구니 B는 D에 비해 식품과 옷 모두 더 많은 양을 담고 있기 때문에 B는 D보다 선호되어야 한다. 따라서 무차별곡선이 서로 교차한다는 것은 많은 양이 적은 양보다 선호된다는 가정을 위반하는 것이다.

물론 모든 가능한 수준의 만족감을 나타내면서 서로 교차하지 않는 무차별곡선들이 수없이 많

무차별지도 어떤 소비자에게 무차별적인 시장바구니들로 구성된 무차별곡선의 집합을 나타내는 그림

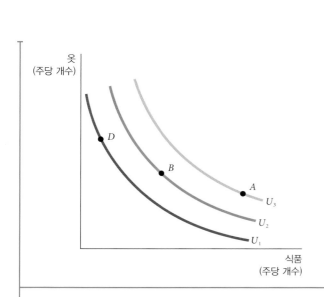

그림 3.3
무차별지도
무차별지도는 개인의 선호를 나타내는 무차별곡선들의 집합이다. 무차별곡선 U_3상에 위치한 A를 포함한 모든 시장바구니는 B와 같은 U_2상의 어떤 시장바구니보다 더 선호된다. 마찬가지로 U_2상의 어떤 시장바구니도 D와 같은 U_1상의 어떤 바구니보다 더 선호된다.

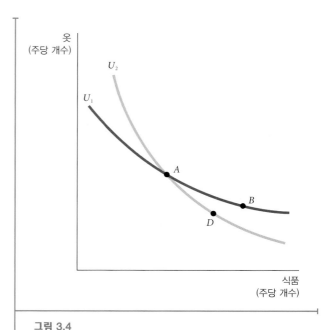

그림 3.4
무차별곡선은 서로 교차하지 않는다
무차별곡선 U_1과 U_2가 서로 교차한다면 소비자이론의 가정 중 하나를 위반하게 된다. 위 그림에 따르면, 소비자는 바구니 A, B와 D에 대해 무차별적이다. 하지만 B는 D에 비해 두 재화의 양이 모두 많으므로 B는 D보다 더 선호된다.

이 존재한다. 모든 시장바구니(각각은 그림 위의 한 점으로 표시됨)는 그것을 지나는 하나의 무차별곡선을 가진다.

무차별곡선의 모양

무차별곡선의 기울기는 우하향함을 기억하자. 식품과 옷의 예를 보면, 한 무차별곡선상에서 식품의 양이 증가할 때 옷의 양은 감소한다. 어떤 재화의 양이 더 많은 양이 더 좋은 것이라는 가정으로부터 무차별곡선이 우하향한다는 사실을 알 수 있다. 만약 무차별곡선이 우상향한다면 어떤 시장바구니에 다른 바구니보다 식품과 옷 모두가 많이 담겨 있더라도 소비자는 두 바구니 사이에서 무차별적인 상황이 나타난다.

제1장에서 보았듯이, 사람들은 상호교환관계(trade-off)에 직면한다. 무차별곡선의 모양은 소비자가 한 재화를 다른 재화로 어떻게 대체하는지를 보여 준다. 예를 들어, 그림 3.5의 무차별곡선을 살펴보자. 시장바구니 A에서 출발하여 바구니 B로 이동한다면 소비자는 식품 1단위를 추가로 얻기 위해 옷 6단위를 포기할 용의가 있음을 알 수 있다. 하지만 B에서 D로 이동한다면 식품 1단위를 추가로 얻기 위해 옷 4단위만 포기할 용의가 있다. 나아가 D에서 E로 이동하면 소비자는 식품 1단위를 얻기 위해 옷을 2단위만 포기할 용의가 있다. 더 많은 옷을 소비하면서 더 적은 식품을 소비할수록 소비자는 식품 1단위를 추가적으로 얻기 위해 포기하는 옷의 양은 더 많아진다. 마찬가지로, 더 많은 식품을 가질수록 식품을 더 얻기 위해 더 적은 양의 옷을 포기하려 할 것이다.

그림 3.5
한계대체율
무차별곡선의 기울기는 두 재화에 대한 소비자의 한계대체율(MRS)을 나타낸다. 그림에서 옷(C)과 식품(F)의 MRS는 6(A와 B 사이)에서 4(B와 D 사이), 2(D와 E 사이), 1(E와 G 사이)로 줄어든다. 무차별곡선을 따라 내려오면서 MRS가 감소한다면 무차별곡선은 원점에 대해 볼록한 모양을 가진다.

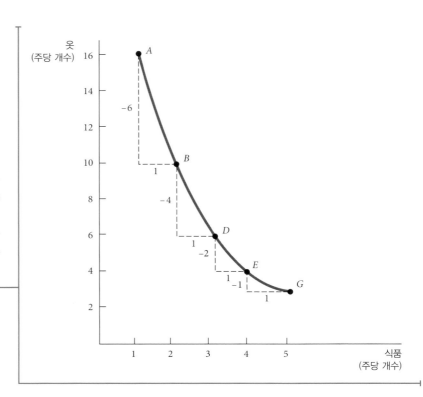

한계대체율

소비자가 어떤 재화를 얻기 위해 포기하고자 하는 다른 재화의 양을 측정하기 위해 **한계대체율** (marginal rate of substitution, MRS)이라는 척도를 사용한다. 옷 C에 대한 식품 F의 MRS는 소비자가 식품 1단위를 더 얻기 위해 포기할 용의가 있는 최대한의 옷의 양을 의미한다. 예를 들어 MRS가 3이라면 이는 소비자가 식품 1단위를 더 소비하기 위해 옷 3단위를 포기하려 함을 의미한다. 만약 MRS가 1/2이라면 소비자는 식품 1단위를 더 얻기 위해 옷을 1/2단위만 포기할 용의가 있다. 따라서 MRS는 소비자가 어떤 재화 1단위를 더 얻을 때 그것에 대해 부여하는 가치를 다른 재화의 양으로 나타내는 것이다.

그림 3.5를 다시 살펴보자. 수직축은 옷, 수평축은 식품을 나타낸다. MRS를 표현하기 위해서는 우선 어떤 재화를 더 얻는 대신 어떤 재화를 포기할 것인가를 결정해야 한다. 일관성을 유지하기 위해 이 책에서는 소비자가 수평축 재화 1단위를 더 얻기 위해 포기하고자 하는 수직축 재화의 양으로 MRS를 정의한다. 따라서 그림 3.5에서 MRS는 소비자가 식품 1단위를 더 얻기 위해 포기하고자 하는 옷의 양을 나타낸다. 옷의 변화량을 ΔC로, 식품의 변화량을 ΔF로 표시한다면, MRS는 $-\Delta C/\Delta F$로 표현할 수 있다. 한계대체율을 양(+)의 값으로 나타내기 위하여 마이너스 부호를 추가하였다(소비자가 식품을 추가로 얻기 위해서는 옷을 포기해야만 하므로 ΔC는 항상 음수가 된다).

따라서 곡선상의 어떤 점에서도 MRS는 무차별곡선 기울기의 크기(절댓값)와 같다. 예를 들어, 그림 3.5에서 A점과 B점 사이의 MRS는 6이다. 이는 소비자가 식품 1단위를 더 얻기 위해 옷 6단위를 포기할 용의가 있음을 보여 준다. 그러나 B점과 D점 사이에서 MRS는 4이다. 이는 B점이 나타내는 시장바구니에 담긴 옷과 식품을 가지고 있다면 소비자가 식품 1단위를 더 얻기 위해 옷 4단위를 포기하려 한다는 것을 나타낸다.

볼록성 그림 3.5에서 무차별곡선을 따라 아래로 내려갈수록 MRS의 값은 작아짐을 알 수 있다. 이는 우연한 현상이 아닌데, 이와 같은 MRS의 감소는 소비자 선호의 중요한 특성을 반영하고 있다. 이를 제대로 이해하기 위해 앞에서 소개했던 세 가지 가정에 더하여 소비자 선호와 관련된 가정 하나를 추가하고자 한다.

4. **한계대체율의 체감**: 무차별곡선은 일반적으로 원점에 대해 볼록하다. 볼록하다는 것은 곡선을 따라 아래로 움직일수록 무차별곡선의 기울기의 절댓값이 작아진다는 의미이다. 다시 말해서 무차별곡선을 따라 내려오면서 MRS가 작아진다면 무차별곡선은 원점에 대해 볼록하다는 것이다. 그림 3.5의 무차별곡선은 원점에 대해 볼록하다. 이미 살펴보았지만, 시장바구니 A에서 시작하여 바구니 B로 이동한다면, 옷 C에 대한 식품 F의 MRS는 $-\Delta C/\Delta F = -(-6)/1 = 6$이다. 그러나 시장바구니 B에서 시작하여 D로 이동한다면 MRS는 4로 줄어든다. 만약 바구니 D에서 시작하여 E로 이동한다면, MRS는 2이다. 또 E에서 시작하여 G로 가면 MRS는 1이다. 식품의 소비가 증가할수록 무차별곡선의 기울기의 절댓값은 작아진다. 따라서 MRS 또한 작아진다.[2]

한계대체율(MRS) 소비자가 어떤 재화 1단위를 추가적으로 얻기 위해 포기할 용의가 있는 다른 재화의 최대량

---

2 선호가 비볼록(nonconvex preference)하다면 무차별곡선상에서 수평축 재화의 양이 증가함에 따라 MRS는 커질 것이

무차별곡선이 볼록하다는 것은 합리적인가? 그렇다. 소비자가 한 재화를 점점 더 많이 소비할수록 소비자가 그 재화를 더 얻기 위해 포기해야 하는 다른 재화의 양은 점점 더 적어진다. 그림 3.5에서 무차별곡선을 따라 아래로 이동하면서 식품 소비를 점점 늘릴수록 소비자가 식품의 소비로부터 추가적으로 얻는 만족감은 점점 줄어들 것이다. 따라서 소비자가 식품을 더 얻기 위해 포기하려는 옷의 양은 점점 더 적어질 것이다.

이러한 원리는 다른 방법으로도 설명할 수 있다. 일반적으로 소비자는 어떤 한 재화만 담긴 시장바구니보다 여러 재화가 균형 있게 담긴 시장바구니를 더 선호한다. 그림 3.5에서 소비자는 식품 3단위와 옷 6단위가 상대적으로 균형 있게 담긴 시장바구니(D)와 식품 1단위와 옷 16단위가 담긴 다른 시장바구니(A)에서 같은 만족감을 가짐을 알 수 있다. 그렇다면 소비자는 예를 들어, 식품 6단위와 옷 8단위가 균형 있게 포함된 시장바구니에서 더 큰 만족감을 가질 수 있다.

완전대체재와 완전보완재

2.1절에서 어느 한 재화의 가격이 증가할 때 다른 재화의 수요가 증가하면 두 재화는 서로 대체재임을 설명한 바 있다.

무차별곡선의 모양을 통해 한 재화를 다른 것으로 대체하려는 소비자의 의향을 파악할 수 있다. 무차별곡선의 모양이 다르다면 소비자의 대체 의향도 달라진다. 이를 확인하기 위해 그림 3.6에 나타난 두 가지 극단적 사례를 살펴보자.

그림 3.6(a)는 사과주스와 오렌지주스에 대한 밥의 선호를 나타낸다. 밥은 오렌지주스 1잔과

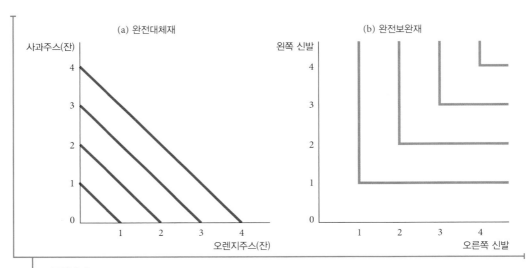

그림 3.6

완전대체재와 완전보완재

(a)에서 밥은 오렌지주스와 사과주스를 완전대체재로 생각한다. 즉 그는 항상 오렌지주스 1잔과 사과주스 1잔 간에 무차별하다. (b)에서 제인은 왼쪽 신발과 오른쪽 신발을 완전보완재로 고려한다. 제인은 왼쪽 신발을 하나 더 얻더라도 짝이 맞는 오른쪽 신발을 하나 더 얻지 못한다면 만족감이 전혀 증가하지 않는다.

다. 이러한 비현실적인 상황은 하나 또는 두 재화가 중독성을 가질 때 발생할 수 있다. 예를 들어 중독성 약물을 다른 재화로 대체하려는 의지는 그 약물의 사용량이 많아짐에 따라 증가할 것이다.

사과주스 1잔 사이에 전적으로 무차별하므로 두 재화는 완전대체재이다. 이 경우 오렌지주스에 대한 사과주스의 MRS는 1인데, 밥은 항상 어느 주스 1잔을 다른 주스 1잔과 교환할 용의가 있다. 일반적으로 어떤 재화에 대한 다른 재화의 한계대체율이 일정한 값을 가진다면 이 두 재화는 **완전대체재**(perfect substitutes)로 간주한다. 이때 두 재화에 대한 소비의 교환관계를 나타내는 무차별곡선은 직선으로 나타난다. 완전대체재의 경우 무차별곡선의 기울기는 반드시 −1일 필요는 없다. 예를 들어, 댄은 16MB 메모리칩과 2개의 8MB 메모리칩의 메모리 용량이 같다고 생각한다고 하자. 이 경우, 수직축에 8MB 칩의 개수를 설정한다면 댄의 무차별곡선 기울기는 −2가 될 것이다.

그림 3.6(b)는 오른쪽 신발과 왼쪽 신발에 대한 제인의 선호를 나타낸다. 제인에게는 왼쪽 신발을 하나 더 얻더라도 오른쪽 신발을 얻지 못한다면 만족감은 전혀 증가되지 않으므로 두 재화는 완전보완재이다. 이 경우 왼쪽 신발보다 오른쪽 신발이 더 많다면 오른쪽 신발에 대한 왼쪽 신발의 MRS는 0이 된다. 제인은 오른쪽 신발을 더 얻기 위해 왼쪽 신발을 포기할 용의가 없다. 따라서 왼쪽 신발이 오른쪽 신발보다 많다면 제인은 오른쪽 신발 하나를 더 얻기 위해 하나를 제외한 모든 왼쪽 신발을 포기할 것이므로 MRS는 무한대가 된다. 무차별곡선의 모양이 직각의 형태일 때 두 재화는 **완전보완재**(perfect complements)이다.

비재화 지금까지는 모든 예에서 재화(goods)만 언급하였는데, 즉 소비자는 항상 많은 양을 적은 양보다 선호하는 상황을 고려하였다. 그러나 적은 양이 많은 양보다 선호되는 **비재화**(bads)도 존재한다. 공기오염은 비재화이다. 집 단열재인 석면 또한 그렇다. 소비자 선호 분석에서 비재화는 어떻게 다루어야 하는가?

그 대답은 간단하다. 분석에서 소비자가 비재화는 양이 적을수록 선호하게끔 상품을 다시 정의하면 된다. 이런 방법을 통해 비재화를 재화로 간주하여 분석할 수 있다. 예를 들어, 공기오염에 대해 선호하는 것 대신에 공기오염을 줄이는 수준을 측정함으로써 깨끗한 공기라는 재화에 대한 선호를 논의할 수 있다. 마찬가지로, 석면을 비재화로 취급하기보다는 석면의 제거라는 재화에 대해 논의할 수 있다.

이러한 간단한 변화를 통해 소비자이론의 네 가지 가정을 모두 유지할 수 있으므로 이어서 소비자 예산제약에 대한 분석을 할 수 있다.

완전대체재 한 재화에 대한 다른 재화의 한계대체율이 일정한 값을 가지는 두 재화

2.1절에서 어느 한 재화의 가격이 증가할 때 다른 재화의 수요가 감소하면 두 재화는 서로 보완재임을 설명한 바 있다.

완전보완재 MRS가 영이거나 무한대인 두 재화. 무차별곡선은 직각 형태

비재화 적은 양이 많은 양보다 더 선호되는 재화

사례 3.1 새 자동차 디자인 1

여러분이 포드자동차(Ford Motor Company)에서 일하고 있으며, 새로운 모델을 도입하는 계획에 참여해야 한다고 가정해 보자. 새 모델은 실내공간을 강조해야 하는가 아니면 운전 편의성을 강조해야 하는가? 엔진의 파워를 강조해야 하는가? 연비를 강조해야 하는가? 이러한 문제를 결정하기 위해서는 엔진 마력, 크기, 운전 편의성, 연비, 실내공간 등 자동차의 다양한 특성에 대해 소비자들이 어느 정도 가

치를 부여하는지를 알아야 한다. 다양한 특성이 더 많이 갖추어진 자동차일수록 사람들은 더 큰 지불용의를 가질 것이다. 하지만 더 좋은 특성을 포함할수록 자동차 생산비용은 커지게 된다. 예를 들어, 힘이 좋은 엔진과 넓은 실내공간을 가진 자동차는 작은 엔진과 작은 공간을 가진 차에 비해 많은 생산비용이 든다. 포드사는 서로 다른 다양한 특성들을 상호 조정하여 어떤 특성을 강조할 것인가?

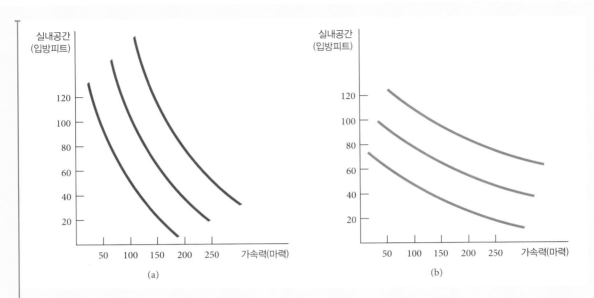

그림 3.7

자동차 특성에 대한 선호

무차별곡선을 이용하여 자동차 특성에 대한 선호를 표현할 수 있다. 각 무차별곡선은 동일한 만족감을 가져다주는 가속력과 실
내공간의 조합을 나타낸다. (a)에서 보듯이 포드 무스탕 쿠페 소유자들은 추가적인 가속력을 얻기 위해 상당 수준의 실내공간을
포기할 용의가 있다. 반면 (b)에서 보듯이 포드 익스플로러 소유자들은 그 반대의 선호를 가진다.

이 질문에 대한 답은 부분적으로는 생산비용에 달렸지만, 소비자
선호 또한 결정요인이 된다. 자동차의 다양한 특성에 대한 소비자들
의 지불용의를 확인하기 위해 경제학자들과 마케팅 전문가들은 다양
한 특성을 가지는 광범위한 모델에 대해 사람들이 실제로 지불한 금
액을 조사한다. 예를 들어, 두 자동차 간의 유일한 차이가 실내공간
인데, 실내공간이 2입방피트 더 넓은 자동차가 $1,000 더 비싸게 팔
린다면 실내공간의 가치는 입방피트당 $500가 된다. 다양한 구매자
와 모델에 대한 자동차 구매 내역을 조사함으로써 여러 특성의 가치
를 추정할 수 있으나, 각 특성이 조금씩 더 추가될 때 그 가치는 점점
더 떨어진다는 사실을 고려해야 한다. 이러한 정보를 얻는 한 가지
방법은 설문조사를 통해 서로 다른 특성들이 조합된 여러 가지 자동
차에 대한 소비자들의 선호를 조사하는 것이다. 또 다른 방법은 서로
다른 특성을 가지는 자동차에 대한 소비자의 과거 구매 이력을 통계

적으로 분석하는 것이다.

최근 한 통계분석에서는 다양한 특성을 가지는 포드자동차들을
광범위하게 조사하였다.[3] 그림 3.7은 포드자동차의 전형적인 소비자
를 대상으로 두 가지 특성인 실내공간 크기(입방피트로 측정)와 가속
력(마력으로 측정)을 고려한 분석에서 도출한 두 가지 무차별곡선을
나타내고 있다. 그림 3.7(a)는 전형적인 포드 무스탕 쿠페 소유자들
의 선호를 나타낸다. 이들은 실내공간보다는 가속력에 더 큰 가치를
두기 때문에 가속력의 실내공간에 대한 한계대체율이 매우 크다. 즉,
이들은 더 나은 가속력을 얻기 위해 상당한 크기의 실내공간을 포기
할 의향이 있다. 이를 그림 3.7(b)에 나타난 포드 익스플로러 소유자
의 선호와 비교해 보자. 이들은 작은 MRS를 가지는데, 그것은 더 넓
은 실내공간을 얻기 위해 상당 수준의 가속력을 포기할 용의가 있음
을 보여 준다.

3 Amil Petrin, "Quantifying the Benefits of New Products: The Case of the Minivan," *Journal of Political Economy* 110
(2002): 705–729. 이 사례에 대해 실증적 정보를 제공해 준 Amil Petrin에게 감사를 표한다.

효용 독자들은 아마 지금까지 설명했던 소비자 행동이론의 편리한 특징을 이해했을 것이다. 그 것은 각 시장바구니가 가져다주는 만족도를 굳이 수치로 나타낼 필요가 없다는 것이다. 예를 들어, 그림 3.3의 세 가지 무차별곡선에 있어서 A와 같은 무차별곡선 U_3상의 어떠한 시장바구니라도 B와 같은 U_2상의 어떤 장바구니보다 더 높은 만족감을 가져다줌을 알 수 있다. 마찬가지로, U_2상의 모든 장바구니는 U_1상의 바구니에 비해 더 선호된다. 무차별곡선은 소비자들이 여러 대안에 대 해 순위를 매길 수 있다는 가정을 이용하여 소비자 선호를 간단히 그림으로 표현한 것이다.

소비자이론은 소비자가 여러 가지 시장바구니에 대해 상대적 순위를 매길 수 있다는 가정에 근거한다. 그럼에도 불구하고 각 시장바구니에 수치를 부여하는 것이 유용한 경우도 있다. 이 러한 수리적 접근방법에서는 각 무차별곡선이 나타내는 만족도 수준에 점수를 부여하여 소비 자 선호를 표현할 수 있다. 이러한 개념을 효용이라고 한다. 일반적으로 효용이라는 단어는 이 익(benefit) 또는 웰빙(well-being)을 의미하는 상당히 넓은 의미로 사용된다. 사람들은 기쁨을 가져다주는 것은 취하고 고통을 안겨다 주는 것은 피함으로써 효용을 얻는다. 경제학에서 **효용** (utility)은 소비자가 시장바구니를 통해 얻을 수 있는 만족도를 수치로 나타낸 것이다. 즉 효용은 시장 바구니들의 순위를 간단하게 나타내기 위해 고안된 개념이다. 만약 여러분이 이 책 3권을 구입함 으로써 셔츠 하나를 살 때보다 더 행복해진다면, 이 책 3권은 셔츠 하나보다 더 큰 효용을 가져 다준다고 말한다.

효용함수 **효용함수**(utility function)는 각 시장바구니에 효용의 크기를 부여하는 공식이다. 예를 들어, 식품(F)과 옷(C)에 대한 필의 효용함수는 $u(F, C) = F + 2C$라고 하자. 이 경우, 식품 8단위 와 옷 3단위로 구성된 시장바구니의 효용은 $8 + (2)(3) = 14$가 된다. 따라서 필은 이 시장바구니 와 식품 6단위와 옷 4단위로 구성된 시장바구니[$6 + (2)(4) = 14$] 간에 무차별하다. 반면 이 두 시 장바구니는 식품 4단위와 옷 4단위로 구성된 시장바구니에 비해 더 선호되는데, 그것은 마지막 시장바구니가 제공하는 효용은 $12[= 4 + (4)(2)]$이기 때문이다.

시장바구니에 효용수준을 부여한다는 것은 시장바구니 A가 B보다 더 선호된다면 A의 효용수 준이 B의 효용수준에 비해 크다는 것이다. 예를 들어, 3개의 무차별곡선 중에서 가장 높은 곳에 있는 U_3상의 시장바구니 A는 3의 효용수준을 가질 수 있으며, 두 번째로 높은 U_2상의 시장바구 니 B는 2의 효용수준을, 가장 낮은 U_1상의 시장바구니 D는 1의 효용수준을 가질 수 있다. 따라 서 효용함수는 선호에 관하여 무차별지도와 똑같은 정보를 제공한다. 둘 다 만족수준에 따라 소 비자 선택에 순위를 매긴다.

이제 특정한 효용함수를 설정하여 보다 자세히 살펴보자. 효용함수 $u(F, C) = FC$는 식품 F단 위와 옷 C단위를 소비함에 따른 만족도는 F와 C의 곱으로 계산됨을 보여 준다. 그림 3.8은 이러 한 효용함수에 대한 무차별곡선을 보여 준다. 이 그림은 우선 특정한 시장바구니, 즉 $F = 5$, $C = 5$로 구성된 A를 선택하여 그릴 수 있다. 이 시장바구니를 통해 25의 효용수준을 가지는 U_1을 구 할 수 있다. 이후 $FC = 25$인 모든 시장바구니(예: B점의 $F = 10$, $C = 2.5$, D점의 $F = 2.5$, $C = 10$)를 찾아 무차별곡선[또는 **등효용곡선**(isoutility curve)]을 그릴 수 있다. 두 번째 무차별곡선인 U_2는 $FC = 50$인 모든 시장바구니를 포함하며, 세 번째인 U_3는 $FC = 100$인 모든 시장바구니를 포함한다.

효용 주어진 시장바구니로부터 소비자가 느끼는 만족감을 나타 내는 수치

효용함수 각 시장바구니에 효 용의 크기를 부여하는 공식

그림 3.8

효용함수와 무차별곡선

효용함수는 각각 수치가 부여된 무차별곡선들의 집합으로 나타낼 수 있다. 그림은 효용함수 FC에 대한 3개의 무차별곡선(각각의 효용수준은 25, 50, 100)을 보여 준다.

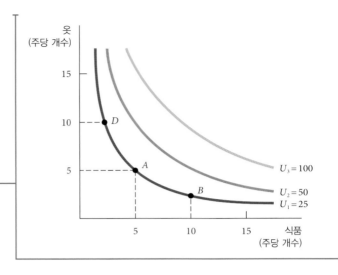

그런데 무차별곡선에 수치를 부여하는 것은 단지 편의성을 위한 것임을 주목할 필요가 있다. 이제 효용함수가 $u(F, C) = 4FC$로 바뀐다고 가정하고 앞서 도출한 25의 효용수준, 즉 $F = 5$, $C = 5$를 고려해 보자. 이제 효용수준은 4를 곱함으로써 100으로 증가한다. 효용수준이 25가 아닌 100이 되었지만 25의 무차별곡선은 같은 모습이다. 실제로 효용함수 $4FC$와 효용함수 FC로부터 각각 도출된 무차별곡선들 간의 유일한 차이는 수치가 25, 50, 100이 아닌 100, 200, 400으로 바뀌었다는 것뿐이다. 이와 같이 효용함수는 단순히 여러 가지 시장바구니들 사이에 순위를 매기는 방법이라는 사실을 명심하자. 어느 두 시장바구니 간의 효용 차이의 크기는 별다른 의미가 없다. U_3의 효용수준이 100이고 U_2의 수준이 50이라고 해서 U_3상의 시장바구니가 U_2상의 시장바구니에 비해 2배의 만족감을 준다는 의미는 아니다. 그것은 시장바구니의 소비로부터 사람의 복지 수준이나 만족도를 객관적으로 측정할 수 있는 수단이 없기 때문이다. 따라서 무차별곡선이나 효용의 측정에 있어서는 U_3는 U_2보다 나으며, U_2는 U_1보다 낮다는 것만 알 수 있지 어느 하나가 다른 것보다 얼마나 더 선호되는지는 알지 못한다.

서수적 효용과 기수적 효용　그림 3.3의 세 가지 무차별곡선은 시장바구니들을 선호되는 순서에 따라 나열한 서수적인 것이다. 따라서 시장바구니의 순위를 나타내는 효용함수를 **서수적 효용함수**(ordinal utility function)라고 부른다. 서수적 효용함수에서의 순위는 시장바구니들을 가장 선호되는 것부터 순서대로 매긴 것이다. 그러나 앞서 설명했듯이, 이러한 순서는 어떤 시장바구니가 다른 바구니보다 얼마나 더 선호되는지를 보여 주지는 않는다. 예를 들어, A와 같은 U_3상의 어느 한 점은 B와 같은 U_2상의 어떤 점에 비해 더 선호된다는 것을 알고 있다. 그러나 이러한 사실을 도출한 무차별지도나 서수적 효용함수를 통해서는 A가 B보다 (그리고 B가 D보다) 얼마나 더 선호되는지는 알 수 없다.

　서수적 효용함수를 고려할 때에는 함정에 빠지지 않도록 유의해야 한다. 조안의 서수적 효용함수에서는 이 책 1권에 대해 5의 효용수준을 부여하며, 마리아의 효용함수는 10을 부여한다고 가정하자. 만약 각자가 이 책을 1권씩 구매한다면 마리아가 조안보다 더 행복하다고 할 수 있는

서수적 효용함수　시장바구니들을 가장 선호되는 순서대로 순위를 매기는 효용함수

가? 그것은 아무도 모른다. 이러한 수치들은 자의적으로 부여한 값이므로 사람들 간의 효용 비교는 불가능하다.

경제학자들이 효용과 효용함수를 처음 연구했을 때, 그들은 개별 선호를 정량화하거나 기초적인 단위로 측정할 수 있어서 사람들 간의 비교가 가능한 순위를 매길 수 있을 것이라고 생각하였다. 이러한 접근방식을 고려하면 이 책 1권을 구입함으로써 마리아는 조안보다 2배 더 큰 만족감을 느낀다고 얘기할 수 있다. 또는 만약 두 번째 권을 구입함에 따라 조안의 효용수준이 10으로 증가한다면 그의 행복은 2배가 된다고 말할 수도 있다. 만약 장바구니에 부여한 수치가 이와 같은 의미를 가진다면 수치는 선택 가능한 대안들에 대해 기수적 순위를 제공한다고 할 수 있다. **기수적 효용함수**(cardianl utility function)는 어느 한 시장바구니가 다른 것보다 얼마나 더 선호되는지를 나타내는 효용함수이다. 서수적 효용함수와는 달리, 기수적 효용함수에서는 다양한 시장바구니 간의 가치 차이가 의미가 있으므로 임의로 2배 또는 3배가 되도록 시장바구니에 수치를 부여해서는 안 된다.

그렇지만 안타깝게도 어떤 개인이 한 시장바구니로부터 얻는 만족감이 다른 시장바구니로부터 얻는 만족감에 비해 몇 배나 더 큰지는 알 수 없다. 또한 똑같은 시장바구니에 대해 한 사람이 얻는 만족감이 다른 사람이 얻는 만족감에 비해 얼마나 더 큰지도 알 수 없다. (여러분은 어떤 것을 소비할 때 다른 것에 비해 2배 더 만족감을 느낀다고 얘기할 수 있는가?) 다행스럽게도, 이러한 제약은 크게 중요하지 않다. 소비자 행동을 이해하는 것이 목적이기 때문에 소비자들이 다양한 시장바구니들 간에 어떻게 순위를 매기는지를 이해하는 것이 가장 중요하다. 그러므로 지금부터는 서수적 효용함수만 고려하기로 한다. 이 접근방법만으로도 개별 소비자가 어떻게 소비에 관한 의사결정을 하는지 이해하고, 이를 토대로 소비자 수요의 특성에 관한 여러 시사점을 충분히 얻을 수 있다.

> **기수적 효용함수** 어느 한 장바구니가 다른 것보다 얼마나 더 선호되는지를 나타내는 효용함수

사례 3.2 돈으로 행복을 살 수 있을까?

경제학자들은 한 개인이 재화와 서비스를 소비함으로써 얻게 되는 행복이나 만족감을 측정하는 척도로서 효용이라는 용어를 사용한다. 많은 소득을 가질수록 더 많은 재화와 서비스를 소비할 수 있기 때문에 소득이 증가함에 따라 효용도 증가한다고 말한다. 그러나 과연 더 많은 소득과 소비가 더 큰 행복을 가져다주는가? 행복에 관한 다양한 측정방법을 비교하는 연구들은 이 질문에 대해 제한적이지만 긍정적인 답을 제시한다.[4]

한 연구에서는 "지금의 모든 것을 고려할 때 당신은 당신의 삶에 얼마나 만족하십니까?"라는 질문에 대한 답을 통해 행복을 서수적으로 측정하였다.[5] 답은 0(완전 불만족)과 10(완전 만족) 사이에서 선택

---

4 이 사례와 관련 있는 문헌들의 리뷰는 다음을 참고하기 바란다. Raphael DiTella and Robert MacCulloch, "Some Uses of Happiness Data in Economics," *Journal of Economic Perspectives* 20 (Winter 2006): 25–46. 또한 노벨상 수상자인 Angus Deaton이 쓴 다음 논문도 참고할 만하다. Angus Deaton, "Income, Health and Well-Being around the World: Evidence from the Gallup World Poll," *Journal of Economic Perspectives*, 22 (Spring 2008): 53–72.

5 Paul Frijters, John P. Haisken-Denew, and Michael A. Shields, "Money Does Matter! Evidence from Increasing Real Income and Life Satisfaction in East Germany Following Reunification," *American Economic Review* 94 (June 2004): 730–40.

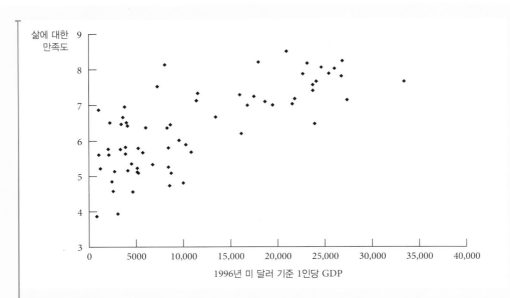

그림 3.9
소득과 행복
국가 간 비교를 통해 1인당 GDP가 높은 국가에 사는 개인이 낮은 국가에 사는 개인보다 평균적으로 더 행복
하다는 것을 알 수 있다.

하도록 하였다. 이 연구에서 소득은 행복수준에 관한 유력한 결정요인임이 나타났다(또 다른 유력한 결정요인은 고용 여부였다). 평균적으로 소득이 1% 증가함에 따라 만족도 점수는 0.5포인트 증가하였다. 효용 또는 만족도와 소득 간의 긍정적인 관계에 의하면 소비자가 구매하는 재화와 서비스의 바구니에 효용 수치를 부여하는 것은 합리적이다. 하지만 그 관계가 서수적인지 기수적인지는 논쟁의 여지가 있다.

이제 이 문제를 조금 더 깊게 들여다보자. 한 국가 내에서뿐만 아니라 국가 간에도 행복을 서로 비교할 수 있을까? 이 질문에 대해서도 역시 여러 가지 증거는 긍정적인 답을 준다. 67개국 사람들을 대상으로 한 별도의 설문조사에서 분석 팀은 "모든 것을 고려할 때, 당신은 요즘 당신의 삶에 대해 전반적으로 얼마나 만족하십니까?"라는 질문을 하였다. 응답자에게는 10점의 척도가 주어졌는데, 1점은 가장 불만족을, 10점은 가장 만족을 나타내었다.[6] 소득은 미국 달러 기준 각국의 1인당 국내총생산으로 측정되었다. 그림 3.9는 그 결과를 보

여 주는데, 각 점은 각 국가를 나타낸다. 1인당 국내총생산이 $5,000 미만인 가난한 국가에서 $10,000에 가까운 국가로 이동함에 따라 만족도는 크게 증가함을 알 수 있다. 일단 $10,000 수준에 도달한 후에는 만족도의 지수 척도는 낮은 비율로 증가한다.

만족도를 설명하는 데는 소득 이외에도 수많은 다른 요인들(건강, 날씨, 정치적 환경, 인권 등)이 있기 때문에 만족도를 국가 간에 비교하는 것은 힘들다. 흥미롭게도 132개국 내 136,000명의 개인을 대상으로 한 최근 설문조사에서는 1인당 GDP가 가장 높은 미국이 행복에 있어서 전체 16위를 차지하였다. 1위를 차지한 국가는 바로 덴마크였다. 대체로 북유럽 국가들과 영어권 국가들이 상위권이었고 남미의 몇몇 국가들도 상위권에 위치하였다. 그러나 한국과 러시아는 소득 수준에 비해서는 행복도가 높지 않았다. 미국 내에서 거주하는 곳이 행복을 느끼는 정도에 영향을 미칠까? 답은 명백하게 긍정적인데, 미시시피강 서쪽에 위치한 유타, 하와이, 와이오밍, 콜로라도가 상위권에 있었다(하위권 네 곳은 끝에서부터 웨스트버지니아, 켄터키, 미

6   Ronald Inglehart et al., *European and World Values Surveys Four-Wave Integrated Data File*, 1981–2004 (2006). **http://www.worldvaluessurvey.org**.

시시피, 오하이오인데, 모두 미시시피의 동쪽에 있다). 또한 소득과 만족도 사이의 관계는 두 가지 방향에서 성립될 수 있다. 더 많은 소득이 더 높은 만족도를 가져다주지만, 높은 만족도는 개인이 더 열심

히 일하도록 동기를 부여함으로써 더 많은 소득을 가져다준다. 흥미롭게도, 다른 요인들을 분석한 연구에서도 소득과 만족도 간의 긍정적인 관계는 여전히 유효하다.

3.2   예산제약

지금까지는 소비자이론의 첫 번째 부분이라 할 수 있는 소비자 선호에 대해 살펴보았는데, 무차별곡선(또는 효용함수)을 이용하여 소비자들이 다양한 상품묶음에 어떻게 가치를 부여하는지를 설명하였다. 이제 소비자이론의 두 번째 부분을 살펴보는데, 소비자들은 한정된 소득 때문에 소비 선택에 있어서 **예산제약**(budget constraint)에 직면한다.

> 예산제약 소비자들이 한정된 소득 때문에 직면하게 되는 제약

예산선

예산제약이 소비자 선택을 어떻게 제한하는지를 살펴보기 위해 일정한 액수의 소득 I를 가진 개인이 식품과 옷을 구매하는 상황을 고려해 보자. F는 식품 구매량, C는 옷 구매량으로 두며, 두 재화의 가격은 각각 P_F와 P_C라고 한다. 따라서 식품에 지출한 금액은 식품가격과 구매량의 곱인 $P_F F$가 되며, 옷에 지출한 금액은 $P_C C$가 된다.

  예산선(budget line)은 소비자가 자신의 소득을 모두 지출하여 구매할 수 있는 F와 C의 모든 조합을 나타낸다. 여기서는 오직 두 재화만을 고려하며, 저축의 가능성도 무시하므로 이 소비자는 자신의 전체 소득을 식품과 옷의 구입에만 지출하게 된다. 따라서 이 소비자가 살 수 있는 식품과 옷의 조합은 다음의 예산선상에 있게 된다.

> 예산선 소득을 모두 지출하여 구입할 수 있는 재화들의 조합

$$P_F F + P_C C = 1 \tag{3.1}$$

  예를 들어, 이 소비자의 주당 소득이 \$80이며, 식품의 단위당 가격은 \$1, 옷의 단위당 가격은 \$2라고 하자. 표 3.2는 이 소비자가 매주 \$80로 살 수 있는 식품과 옷의 다양한 조합을 보여 준다. 만약 이 소비자가 모든 예산을 옷을 사는 데만 사용한다면 단위당 \$2의 가격으로 최대 40단

표 3.2	시장바구니와 예산선		
시장바구니	식품(F)	옷(C)	총지출
A	0	40	\$80
B	20	30	\$80
D	40	20	\$80
E	60	10	\$80
G	80	0	\$80

위를 살 수 있는데, 이는 시장바구니 A로 나타난다. 만약 이 소비자가 모든 예산을 식품을 사는 데만 사용한다면 단위당 $1의 가격으로 최대 80단위를 살 수 있는데, 이는 장바구니 G로 나타난다. 장바구니 B, D, E는 이 소비자가 $80를 이용하여 식품과 옷을 살 수 있는 다른 세 가지 방법을 나타낸다.

그림 3.10은 표 3.2의 시장바구니들을 연결한 예산선을 보여 준다. 옷 1단위를 포기하면 $2가 절약되고 식품 1단위를 사면 $1가 지출되므로, 예산선상의 모든 점에서는 식품을 더 사기 위해 포기해야 하는 옷의 양은 항상 똑같다. 따라서 예산선은 점 A와 점 E를 연결하는 직선이 된다. 이 예에서는 예산선은 식 $F + 2C = \$80$로 주어진다.

예산선의 절편은 시장바구니 A가 된다. 이 소비자가 예산선에 따라 바구니 A에서 바구니 G로 이동함에 따라 옷에 대한 지출을 줄이는 대신 식품에 대한 지출은 늘린다. 식품 1단위를 더 소비하기 위해 포기해야 하는 옷의 양은 옷가격 대비 식품가격의 비율($1 / $2 = 1 / 2)임을 쉽게 확인할 수 있다. 옷의 단위당 가격은 $2이고 식품의 단위당 가격은 $1이므로 식품 1단위를 더 얻기 위해서는 옷 1/2단위를 포기해야 한다. 그림 3.10에서 예산선의 기울기($\Delta C / \Delta F = -1 / 2$)는 식품과 옷의 구입에 드는 상대적 비용을 나타낸다.

식 (3.1)을 이용하면 F를 더 많이 구입하기 위해 C를 얼마만큼 포기해야 하는지를 확인할 수 있다. 양변을 P_C로 나누고, 이를 C에 대해 풀면 다음과 같다.

$$C = (I / P_C) - (P_F / P_C)F \tag{3.2}$$

식 (3.2)는 수직축 절편이 I / P_C, 기울기가 $-(P_F / P_C)$인 직선의 방정식이다.

예산선의 기울기인 $-(P_F / P_C)$는 두 재화의 가격비율에 마이너스 부호를 붙인 것이다. 기울기의 크기는 전체 지출액의 변화 없이 어느 하나를 다른 것으로 대체할 때의 비율을 나타낸다. 수직축 절편(I / P_C)은 소득 I로 살 수 있는 C의 최대 구매량을 나타낸다. 또한 수평축 절편(I / P_F)은 모든

그림 3.10
예산선

예산선은 주어진 소득과 재화가격에서 소비자가 살 수 있는 재화들의 조합을 나타낸다. 선분 AG(B, D, E점을 통과)는 소득이 $80, 식품 단위당 가격이 $P_F = \$1$, 옷 단위당 가격이 $P_C = \$2$일 때의 예산선을 나타낸다. 예산선의 기울기(B와 D 사이에서 측정)는 $-P_F / P_C = -10/20 = -1/2$이다.

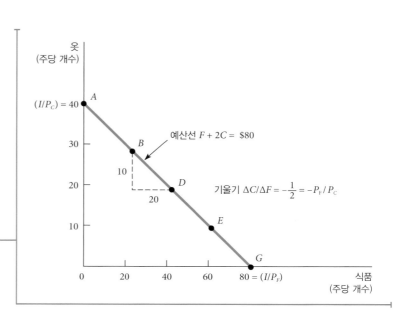

소득을 F에만 지출할 때 살 수 있는 F의 최대 구매량을 나타낸다.

소득과 가격 변화의 효과

예산선은 소득과 재화들의 가격에 따라 결정된다. 이제 가격과 소득의 변화가 예산선에 미치는 영향을 살펴보자.

소득 변화 소득의 변화는 예산선에 어떤 영향을 미칠까? 직선의 방정식인 식 (3.2)에서 보면 소득의 변화로 인해 예산선의 수직축 절편은 바뀌지만 기울기는 그대로임을 알 수 있다(이는 두 재화의 가격은 모두 변하지 않았기 때문이다). 그림 3.11을 보면, 소득이 \$80에서 \$160로 2배로 증가하면 예산선은 L_1에서 L_2로 바깥쪽으로 이동한다. 이때 L_2는 L_1과 평행하다는 사실에 유의하자. 이제 이 소비자는 식품과 옷 모두 구입량을 2배로 늘릴 수 있다. 마찬가지로 이 소비자의 소득이 \$80에서 \$40로 절반으로 줄어든다면 예산선은 L_1에서 L_3로 안쪽으로 이동한다.

가격 변화 한 재화의 가격이 변하지만 다른 재화의 가격은 그대로일 때 예산선은 어떻게 될까? 식품가격의 변화가 예산선에 미치는 영향을 보기 위해 예산선의 방정식 $C = (I/P_C) - (P_F/P_C)$를 이용할 수 있다. 식품가격이 \$1에서 \$0.50로 떨어졌다고 하자. 이 경우 예산선의 수직축 절편은 그대로이지만 기울기는 $-P_F/P_C = -\$1/\$2 = -\$1/2$에서 $-\$0.50/\$2 = -\$1/4$로 변한다. 그림 3.12를 보면, 처음의 예산선 L_1의 수직축 절편을 중심축으로 삼아 바깥쪽으로 회전시켜서 새로운 예산선인 L_2를 그릴 수 있다. 만약 이 소비자가 식품은 소비하지 않고 옷만 소비한다면 식품의 가격 변화에 영향을 받지 않으므로 예산선이 이렇게 회전하는 것은 당연하다. 그러나 이 소비자가 많은 양의 식품을 소비하는 사람이라면 그의 구매력은 증가한다. 식품가격의 하락으로

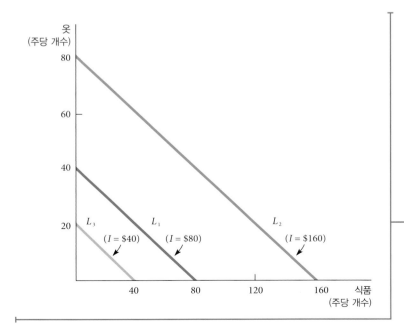

그림 3.11
소득 변화가 예산선에 미치는 효과
소득의 변화(가격은 불변)로 인해 원래의 예산선(L_1)은 평행이동한다. L_1에서의 소득인 \$80가 \$160로 증가하면 예산선은 L_2로 바깥쪽으로 이동한다. 만약 소득이 \$40로 줄어든다면 예산선은 L_3로 안쪽으로 이동한다.

그림 3.12

예산선에 대한 가격 변화의 효과

(소득이 불변인 상태에서) 한 재화의 가격 변화로 인해 예산선은 하나의 절편을 기준으로 회전하게 된다. 식품가격이 $1.00에서 $0.50로 떨어지면, 예산선은 L_1에서 L_2로 바깥으로 회전한다. 반면, 식품가격이 $1.00에서 $2.00로 오르면 예산선은 L_1에서 L_3로 안쪽으로 회전한다.

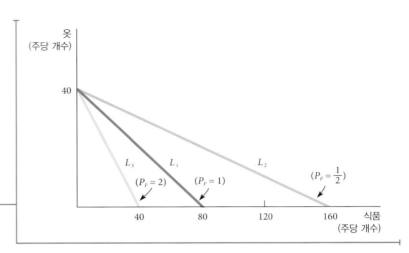

인해 구매할 수 있는 식품의 최대량은 2배로 증가한다.

반면 식품가격이 $1에서 $2로 2배가 된다면 이 소비자의 구매력은 감소하므로 예산선은 L_3와 같이 안쪽으로 회전한다. 마찬가지로, 이 소비자가 옷만 소비한다면 식품가격의 인상에 의해서는 아무런 영향을 받지 않는다.

만약 식품가격과 옷가격이 동시에 변하지만 두 가격의 비율은 그대로라면 어떻게 되는가? 예산선의 기울기는 바로 두 가격의 비율이기 때문에 예산선의 기울기는 변하지 않는다. 그러나 예산선의 절편은 이동하여 처음의 예산선과 평행하는 새로운 예산선이 그려진다. 예를 들어, 만약 두 재화의 가격이 절반으로 떨어진다면 예산선의 기울기는 그대로이지만 두 절편의 값은 각각 2배가 되어 예산선은 바깥으로 평행이동한다.

이상의 내용을 통해 소비자 **구매력**(purchasing power)의 결정요인에 관한 중요한 정보를 얻을 수 있다. 여기서 구매력은 재화와 서비스 구매를 통해 효용을 증가시키는 능력이라 할 수 있다. 구매력은 소득뿐만 아니라 가격에도 영향을 받는다. 예를 들어, 소득이 2배가 되거나 또는 모든 재화의 가격이 절반으로 떨어진다면 소비자의 구매력은 2배가 된다.

마지막으로, 식품과 옷의 가격, 그리고 소비자의 소득 모두가 2배가 되는 상황을 고려해 보자. (이는 인플레이션이 있는 상황에서 가능한 일이다.) 모든 가격이 2배가 되었기 때문에 가격비율이 변하지 않으므로 예산선의 기울기도 변하지 않는다. 옷의 가격이 소득과 함께 2배가 되었기 때문에 구매할 수 있는 옷의 최대량(예산선의 수직 절편)은 변하지 않는다. 또한 식품의 경우도 마찬가지이다. 따라서 모든 가격과 소득수준이 같은 수준으로 동시에 증가하는 인플레이션하에서는 소비자의 예산선 또는 구매력은 아무런 영향을 받지 않는다.

3.3 소비자 선택

이제 선호와 예산제약이 주어진 상태에서 소비자가 각 재화의 구매량을 결정하는 방법에 대해 알아보자. 소비자는 주어진 예산제약하에서 만족도를 극대화하는 합리적인 방식으로 재화를 선택한다고 가정한다. 소비자의 만족도를 극대화시키는 시장바구니는 다음의 두 가지 조건을 충족해야 한다.

1. **선택되는 시장바구니는 예산선상에 위치해야 한다.** 어떤 시장바구니가 예산선의 왼쪽 아래에 위치한다면 이는 예산의 일부가 사용되지 않고 남아 있으며, 남은 예산을 사용함으로써 만족도를 증가시킬 수 있음을 의미한다. 물론 소비자는 미래를 위해 소득의 일부를 저축하기도 한다. 이 경우, 소비자의 선택은 식품과 옷 사이에만 이루어지는 것이 아니라 지금의 옷이나 식품에 대한 소비와 미래의 옷이나 식품 간에도 이루어진다. 하지만 이 단계에서는 모든 소득은 지금 지출되어야 한다고 가정하여 단순화시킨 문제에 접근한다. 한편 예산선의 오른쪽 위에 위치하는 모든 시장바구니는 주어진 예산으로는 살 수 없는 것들임에 유의하자. 따라서 소비자에게 있어서 오직 예산선상의 시장바구니만 합리적이면서 실현 가능한 선택이다.

2. **선택되는 시장바구니는 소비자가 가장 선호하는 재화와 서비스의 조합이어야 한다.**

이러한 두 가지 조건을 통하여 소비자 만족 극대화 문제는 예산선상의 한 점을 선택하는 문제로 단순화된다.

여기서의 예와 같이 소비자가 선택할 수 있는 재화가 2개인 경우에는 그래프를 이용하여 소비자 선택 문제에 대한 해답을 구할 수 있다. 그림 3.13을 통해 이를 살펴보자. 여기에는 식품과 옷에 대한 소비자 선호를 나타내는 3개의 무차별곡선이 그려져 있다. 이 중 가장 바깥에 있는 U_3가 가장 높은 만족도를 나타내며, 그다음으로는 U_2와 U_1 순이다.

무차별곡선 U_1 위의 B점은 가장 선호되는 선택이 아닌데, 그것은 옷의 구입을 줄이는 대신 더 많은 식품을 사도록 소득을 다시 배분함으로써 소비자의 만족은 증가하기 때문이다. 특히 A점으로 이동한다면 소비자는 같은 돈을 쓰면서도 무차별곡선 U_2가 나타내는 더 높은 만족을 얻을 수

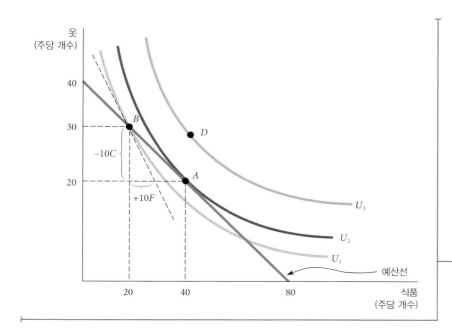

그림 3.13
소비자 만족 극대화
소비자는 시장바구니 A를 선택함으로써 만족을 극대화한다. 이 점에서 예산선과 무차별곡선 U_2는 접하며, 이보다 더 높은 수준의 만족도(예를 들어, 바구니 D)를 얻을 수는 없다. 극대화를 달성하는 A점에서 두 재화 사이의 MRS는 두 재화의 가격비율과 같다. B점에서 MRS$[-(-10/10) = 1]$는 가격비율(1/2)보다 더 크므로 만족도는 극대화되지 않는다.

있다. 또한 무차별곡선 U_3상의 시장바구니 D와 같이 무차별곡선 U_2의 오른쪽 위에 있는 바구니는 더 높은 만족을 가져다주지만 주어진 소득수준으로는 구입할 수 없다. 따라서 A점에서 소비자 만족은 극대화된다.

이러한 분석을 통하여 소비자의 만족을 극대화시키는 시장바구니는 예산선과 접하는 가장 높은 위치의 무차별곡선상에 존재한다는 사실을 알 수 있다. A점은 무차별곡선 U_2와 예산선 사이의 접점이다. A점에서 예산선의 기울기는 무차별곡선의 기울기와 같다. $\mathrm{MRS}(-\Delta C/\Delta F)$는 무차별곡선의 기울기에 마이너스 부호를 붙인 값이므로 주어진 예산제약하에서 소비자의 만족은 다음의 조건을 충족시키는 점에서 극대화됨을 알 수 있다.

$$\mathrm{MRS} = P_F/P_C \tag{3.3}$$

이것은 중요한 결론이다. 소비자의 만족은 두 재화의 한계대체율이 가격비율과 같을 때 극대화된다. 따라서 소비자는 두 재화, 식품과 옷의 소비를 조정하여 한계대체율과 가격비율이 같아지도록 함으로써 자신의 만족을 극대화할 수 있다.

식 (3.3)의 조건은 경제학에서 나타나는 최적화 조건의 한 가지 예이다. 이 예에서 만족은 식품 1단위를 더 소비함으로써 얻게 되는 추가적인 편익인 **한계편익**(marginal benefit)이 그에 따른 추가적인 비용인 **한계비용**(marginal cost)과 같을 때 극대화된다. 한계편익은 MRS로 측정된다. A점에서 이는 1/2(무차별곡선 기울기의 절댓값)인데, 이 소비자는 식품 1단위를 더 얻기 위해 옷 1/2단위를 포기할 용의가 있음을 의미한다. 같은 점에서 한계비용은 예산선 기울기의 절댓값으로 측정된다. 이 역시 1/2인데, 그것은 식품 1단위를 얻는 데 드는 비용은 옷 1/2단위를 포기하는 것이기 때문이다(예산선상에서는 $P_F = 1$, $P_C = 2$이다).

만약 MRS가 가격비율보다 작거나 크다면 소비자 만족은 극대화되지 않는다. 예를 들어, 그림 3.13의 B점을 A점과 비교해 보자. B점에서 소비자는 식품 20단위와 옷 30단위를 소비한다. 식품의 가격이 \$1이고 옷의 가격은 \$2이므로 가격비율(또는 한계비용)은 1/2이다. 그러나 MRS(또는 한계편익)는 1에 가까운 값이어서 1/2보다 크다. 그 결과, 소비자가 식품 1단위를 옷 1단위와 대체하더라도 만족수준은 줄어들지 않는다. 식품이 옷보다 싸므로 식품을 더 사는 대신 옷을 덜 사는 것이 유리하다. 예를 들어, 이 소비자가 옷을 1단위 적게 사는 경우 식품 1단위만 더 산다면 자신의 만족수준을 그대로 유지할 수 있지만, 절약한 \$2로 식품 2단위를 더 살 수 있을 것이다.

이러한 방법으로 예산선을 따라 이동하면서 1/2의 가격비율이 1/2의 MRS와 같아지는 A점에 도달할 때까지 예산을 계속 재배분한다. A점에서 이 소비자는 식품 2단위와 옷 1단위를 교환할 용의가 있다. 따라서 $\mathrm{MRS} = 1/2 = P_F/P_C$의 조건이 성립할 경우에만 소비자의 만족은 극대화된다.

MRS가 가격비율과 같다는 것은 아주 강력한 결과이다. 이제 막 식품과 옷을 구매한 두 소비자를 고려해 보자. 만약 두 소비자가 모두 극대화를 달성하고 있다면 단지 두 재화의 가격만 살펴보아도 각자의 MRS를 알 수 있다. 그러나 각 소비자는 자신의 선호에 따라 의사결정을 하므로 각 재화의 구매량에 대해서는 알 수 없다. 만약 두 소비자가 서로 다른 기호를 가진다면, 이들은 MRS가 같더라도 식품과 옷의 소비량은 서로 달라진다.

한계편익 재화 1단위를 추가적으로 소비할 때 얻는 편익

한계비용 재화 1단위를 추가적으로 얻을 때 드는 비용

사례 3.3 새 자동차 디자인 2

소비자 선택에 관한 분석을 통해 자동차에 대한 소비자 집단의 다양한 선호가 이들의 구매결정에 어떻게 영향을 미치는지를 살펴볼 수 있다. 사례 3.1에 이어서 신차를 구매하고자 하는 두 소비자 집단을 고려해 보자. 각 소비자는 $20,000의 예산을 가지며, 이 중 $10,000는 실내공간과 가속력에, 나머지 $10,000는 다른 특성에 쓰기로 한다. 각 소비자 집단의 크기와 가속력에 대한 선호는 다르다.

그림 3.14는 각 집단에 속한 개인의 신차 구매에 대한 예산제약을 보여 준다. 첫 번째 집단은 그림 3.7에서 살펴본 포드 무스탕 쿠페 소유자와 같이 실내공간의 크기보다는 가속력을 더 선호한다. 전형적인 개인의 무차별곡선과 예산선 간의 접점을 보면 이 집단에 속한 소비자는 가속력의 가치가 $7,000이고 실내공간의 가치가 $3,000인 자동차를 선호한다는 점을 알 수 있다. 주로 포드 익스플로러 소유자로 구성된 두 번째 집단에 속한 소비자는 가속력의 가치가 $2,500이

고 실내공간의 가치가 $7,500인 자동차 구매를 선호할 것이다.[7]

이 사례에서는 단지 두 가지 특성만을 고려하여 문제를 단순화시켰다. 실제로 자동차회사는 다양한 소비자 집단이 다양한 특성에 대해 얼마나 가치를 부여하는지를 파악하기 위해 마케팅과 통계학적 분석을 사용한다. 이러한 특성들이 자동차 제조비용에 미치는 영향에 관한 정보를 활용하여 자동차회사는 생산과 판매계획을 수립한다.

이 사례의 경우 자동차회사에게 유리한 옵션 중 하나는 그림 3.14 (a)의 소비자가 선호하는 것보다는 약간 낮은 수준의 가속력을 강조하는 모델을 생산하여 두 집단의 소비자 모두에게 판매하는 것이다. 두 번째 옵션은 실내공간을 강조하는 자동차를 상대적으로 많이 생산하고 가속력을 강조하는 자동차는 적게 생산하는 것이다.

각 집단 내 소비자 수에 관한 정보와 함께 각 집단의 선호에 대한 지식(실제 무차별곡선)을 통해 자동차회사는 합리적인 의사결정을

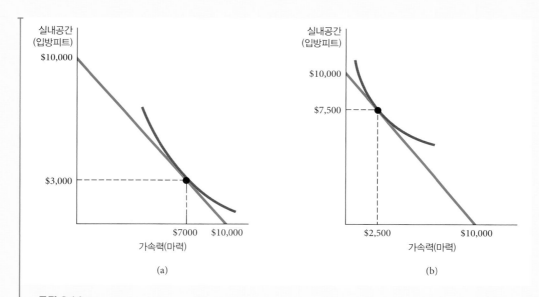

(a) (b)

그림 3.14
자동차 특성에 대한 소비자 선택
(a)의 소비자는 가속력을 더 높이기 위해 상당 수준의 실내공간을 포기할 의사가 있다. 주어진 예산제약에서 이들은 가속력이 좋은 자동차를 고를 것이다. (b)의 소비자에 대해서는 그 반대가 성립한다.

---

7 포드 무스탕 쿠페에 대한 무차별곡선은 $U = b_0 + b_1 S + b_2 S^2 + b_3 H + b_4 H^2 + b_5 O$의 모습을 가진다. 여기서 U는 효용수준, b_i는 상수, S는 실내공간(입방피트), H는 마력, 그리고 O는 자동차의 기타 속성들을 나타낸다. 각 무차별곡선은 같은 수준의 효용을 가져다주는 S와 H의 조합을 보여 준다. 포드 익스플로러에 무차별곡선도 같은 형태를 가지지만 b_i값들은 달라진다.

할 수 있을 것이다. 제너럴모터스사는 수많은 자동차 구매자들을 대상으로 한 설문조사를 통해 우리가 여기서 다룬 것과 유사한 정보를 얻고자 했다.[8] 몇몇 결과는 예상과 일치하였다. 예를 들어, 자녀가 있는 가장은 스타일보다는 기능을 더 중시하여 세단이나 스포츠카보다는 미니밴을 더 선호하는 경향이 있었다. 반면, 시골에 사는 가구들은 픽업트럭과 전륜구동을 더 선호하는 경향이 있었다. 흥미롭게도 소비자의 나이와 특성에 대한 선호 간에 강한 상관관계를 확인할 수 있다. 나이가 많은 소비자들은 더 많은 안전장치와 부속장치(예를 들어, 파워윈도나 파워핸들들)가 장착된 크고 튼튼한 차를 선호하는 경향이 있었다. 그러나 젊은 소비자들은 가속력이 좋고 세련된 자동차를 선호하였다.

모서리 해

때때로 소비자들은 몇몇 재화는 전혀 사지 않는 극단적인 선택을 한다. 예를 들어, 여행과 오락에 전혀 돈을 쓰지 않는 사람들도 있다. 무차별곡선을 이용한 분석은 소비자들이 어떤 재화를 전혀 소비하지 않는 경우에도 유용하다.

모서리 해 선택된 장바구니에서 다른 재화에 대한 어느 한 재화의 한계대체율이 예산선의 기울기와 같지 않은 상태

그림 3.15에서 간식에 대한 예산선 AB를 가지는 이 소비자는 냉동 요구르트(Y)는 구매하지 않고 오로지 아이스크림(IC)만 선택한다. 이러한 선택은 **모서리 해**(corner solution)를 나타낸다. 재화 중 하나를 전혀 소비하지 않을 때 소비묶음은 그래프의 구석에 나타난다. 만족을 극대화하는 B점에서 냉동 요구르트에 대한 아이스크림의 한계대체율은 예산선 기울기보다 크다. 이러한 불일치는 이 소비자가 냉동 요구르트를 기꺼이 포기하면서 이를 추가적인 아이스크림과 교환하려고 할 때 나타난다. 그러나 이 점에서 소비자는 이미 냉동 요구르트는 전혀 소비하지 않고 아이스크림만 소비하고 있기 때문에 냉동 요구르트를 음($-$)의 양으로 소비하는 것은 불가능하다.

모서리 해가 발생할 때 소비자의 MRS는 가격비율과 반드시 같을 필요는 없다. 식 (3.3)의 조건과는 달리, 모서리 해에서 아이스크림과 냉동 요구르트를 선택할 때 만족 극대화를 위한 필요조건은 다음의 부등식과 같다.[9]

$$\text{MRS} \geq P_{IC}/P_Y \tag{3.4}$$

물론, 모서리 해가 B가 아닌 A점에서 발생한다면 부등호의 방향은 반대가 된다. 어떤 경우든 앞서 도출한 한계편익과 한계비용 간의 등호 관계는 오직 모든 재화가 양($+$)으로 소비될 때만 성립한다.

소비자가 변화하는 경제적 조건 아래에서 얼마만큼의 재화를 소비할 것인지는 그 재화와 관련 재화에 대한 선호의 특성과 예산선의 기울기에 달려 있다. 그림 3.15와 같이 만약 냉동 요구르트에 대한 아이스크림의 MRS가 가격비율보다 훨씬 크다면 냉동 요구르트 가격이 조금 하락한다면 소비자 선택은 바뀌지 않는다. 이 소비자는 여전히 아이스크림만 소비할 것이다. 그러나 만약 냉동 요구르트 가격이 충분히 크게 하락한다면 소비자는 재빨리 많은 양의 냉동 요구르트를 소비할 것이다.

---

8 설문조사의 디자인과 결과는 다음에서 찾아볼 수 있다. Steven Berry, James Levinsohn, and Ariel Pakes, "Differentiated Products Demand Systems from a Combination of Micro and Macro Data: The New Car Market," *Journal of Political Economy*, 112 (February 2004): 68-105.

9 예산선 기울기가 무차별곡선 기울기와 같을 수도 있으나, 그런 경우는 매우 드물다.

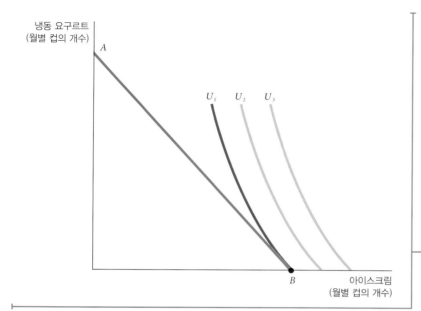

냉동 요구르트
(월별 컵의 개수)

A

U_1 U_2 U_3

B 아이스크림
(월별 컵의 개수)

그림 3.15
모서리 해
모든 수준의 소비량에 대해 소비자의 한계대체율이 가격비율과 같지 않을 때, 모서리 해가 나타난다. 소비자는 두 재화 중 오직 하나만을 소비하여 만족을 극대화한다. 예산선 AB에서 최고 수준의 만족은 무차별곡선 U_1상의 B에서 달성되는데, 이때 (냉동 요구르트에 대한 아이스크림의) MRS는 냉동 요구르트 가격 대비 아이스크림 가격의 비율보다 더 크다.

사례 3.4 건강관리에 관한 논쟁

미국에서는 건강관리에 대한 지출이 지난 수십 년 동안 극적으로 증가하였는데, 이 책의 저자인 Rubinfeld 교수를 포함한 몇몇 사람들은 이 문제의 심각성에 대해 경고하고 있다. Rubinfeld 교수와 다른 많은 사람들은 지출 급증의 원인이 미국의 건강관리체계가 매우 비효율적이기 때문이라고 주장한다. 이에 Pindyck 교수는 "그럴 수도 있지만, 다른 원인 또한 있을 겁니다. 소비자들이 경제적으로 더 풍요로워지면서 선호가 다른 재화에서 건강관리로 이동하게 됩니다. 어떤 사람이 이미 좋은 집과 자동차 2대를 소유하고 있다면, 세 번째 자동차와 수명을 1년 더 연장시킬 수도 있는 추가적인 건강관리 프로그램 중 어떤 것이 더 높은 만족감을 줄까요? Rubinfeld 교수님은 어떨지 몰라도 저는 추가적인 건강관리 프로그램을 선택할 것입니다."라고 말한다.

이에 대해 Rubinfeld 교수는 "저도 그럴 겁니다." 답한다. "그런데 이 문제는 건강관리와 다른 재화에 대한 소비자 선호를 나타내는 무차별곡선으로 풀어야 합니다. 만약 Pindyck 교수님의 생각이 옳다면 무차별곡선은 그림 3.16에 그려진 것과 같아야 합니다. 이 그림은 건

강관리(H)에 대한 소비와 다른 재화(O) 소비 간의 교환관계를 나타내는 여러 개의 무차별곡선과 예산선을 보여 줍니다. 무차별곡선 U_1은 저소득 소비자에게 적용되는데, 이 소비자의 예산선은 A점에서 무차별곡선과 접하므로 만족 극대화를 달성하는 건강관리 소비와 다른 재화 소비는 각각 H_1과 O_1이 됩니다. 무차별곡선 U_2는 더 큰 만족감을 주지만 좀 더 많은 소득을 가지는 소비자에게만 유효합니다. 이 경우 효용은 B점에서 극대화됩니다. 무차별곡선 U_3는 고소득 소비자의 것인데, 이들은 다른 재화 소비를 위해 건강관리를 포기하려는 의사가 적습니다. B점에서 C점으로 이동하면, 건강관리에 대한 소비는 H_2에서 H_3로 많이 증가하는 반면, 다른 재화에 대한 소비는 O_2에서 O_3로 조금만 증가합니다."

이어서 Rubinfeld 교수는 질문을 던졌다. "문제는 그림 3.16이 소비자 선호를 정확히 표현했는지 여부입니다. 결국, 누구나 그림을 그릴 수는 있지요. 그러나 그림 3.16이 현실 세계를 그대로 표현한다는 근거가 있을까요?"

이에 Pindyck 교수는 답하였다. "좋은 질문입니다. 적어도 최근 실

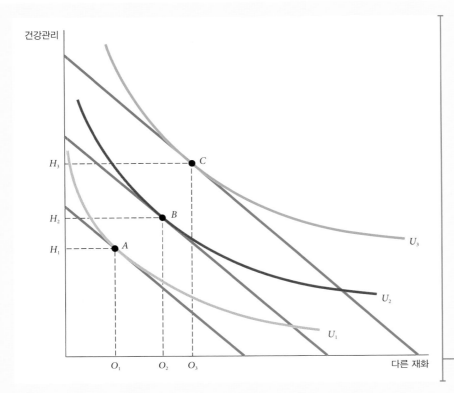

그림 3.16

건강관리와 다른 재화에 대한 소비자 선호

여기서 무차별곡선은 건강관리(H) 소비와 다른 재화(O) 소비 간의 교환관계를 나타낸다. 무차별곡선 U_1은 저소득 소비자의 것으로서 주어진 예산제약하에서 만족은 A점에서 극대화된다. 소득이 증가하면 예산선은 오른쪽으로 이동하므로 무차별곡선 U_2를 적용할 수 있다. 소비자는 B점으로 이동하며, 건강관리와 다른 재화 모두 소비가 증가한다. 무차별곡선 U_3는 고소득 소비자의 것으로서 다른 재화를 얻기 위해 건강관리를 포기할 용의는 줄어든다. B점에서 C점으로 이동하면 건강관리 소비는 많이 증가하나, 다른 재화의 소비는 O_2에서 O_3로 상대적으로 적게 증가한다.

증분석 연구 중 하나가 이것이 현실 세계를 잘 반영한다는 강력한 증거를 제시하고 있습니다.[10] 그리고 상식적으로 생각해도 그렇습니다. 만약 교수님이 소득이 충분히 풍족하다면 원하는 것 대부분을 가질 수 있을 텐데, 삶을 연장하는 건강관리에 더 지출하시겠어요 아니면 또 다른 자동차를 사는 데 쓰시겠어요?"

사례 3.5   대학교육 신탁기금

제인의 부모는 제인의 대학교육을 위하여 신탁기금에 가입하였다. 18세가 된 제인은 오직 교육에만 쓸 수 있다는 조건하에 전체 신탁기금을 받을 수 있다. 이 기금은 좋은 입학선물이지만 조건이 없는 기금보다는 못하다. 제인이 이와 같이 생각하는 이유를 알아보기 위해 수평축에 달러 단위의 연간 교육지출을, 수직축에 다른 형태의 소비지출을 고려한 그림 3.17을 살펴보자.

기금을 받기 전에는 제인의 예산선은 선분 PQ로 주어진다. 신탁기금이 모두 교육에만 지출된다면 신탁기금은 제인의 예산선을 PB의 길이만큼 바깥쪽으로 이동시킨다. 제인이 조건을 수용하여 신탁기금을 대학교육에 지출한다면 균형은 무차별곡선 U_1상의 A점에서

---

10 아래 논문에서 제시하는 흥미로운 결과를 참고하길 바란다. 저자들은 소득이 증가할수록 전체 소비지출의 최적 조합에서 건강관리의 비중이 커짐을 보여 주고 있다. 이들은 2050년에는 소비지출 중 건강관리가 차지하는 비중이 30%를 초과할 것으로 예상한다. Robert E. Hall and Charles I. Jones, "The Value of Life and the Rise in Health Spending," *Quarterly Journal of Economics*, February 2007, pp. 39–72.

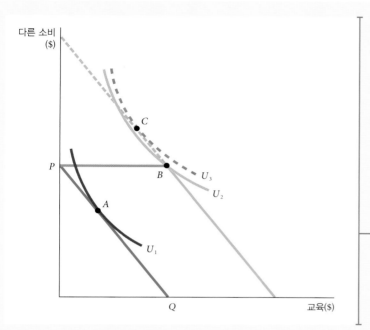

그림 3.17
대학교육 신탁기금
오직 교육에만 지출할 수 있는 대학신탁기금을 받음으로써 학생의 균형은 *A*에서 모서리 해인 *B*로 이동한다. 그러나 만약 신탁기금을 교육뿐만 아니라 다른 재화의 소비에도 사용할 수 있다면 학생은 *C*점을 선택함으로써 더 나아질 수 있다.

무차별곡선 U_2상의 B점으로 이동하여 제인의 만족은 증가한다.

그런데 *B*점에서는 다른 재화에 대한 교육의 한계대체율이 상대가격보다 낮으므로 *B*점은 모서리 해이다. 제인은 신탁기금 중 일부를 교육에 지출하고 나머지는 다른 재화의 소비에 쓰고 싶을 것이다. 만약 신탁기금의 사용에 대한 조건이 없다면, 제인은 교육에 대한 지출을 줄이는 대신(아마도 4년제가 아닌 2년제 대학을 선택) 교육보다

더 좋아하는 다른 재화에 대한 지출을 늘림으로써 무차별곡선 U_3상의 *C*점을 선택할 수 있다.

신탁기금의 수혜자들은 종종 사용조건이 있는 조건부 기금보다는 조건이 없는 기금을 더 선호한다. 그러나 부모들은 장기적으로 자녀들에게 더 유익할 것이라는 믿음 때문에 자녀들의 지출을 통제하는 조건부 기금을 더 선호한다.

3.4 현시선호

3.1절에서는 무차별곡선을 이용하여 개인의 선호를 나타내는 방법에 대해 살펴보았다. 또 3.3절에서는 주어진 예산제약하에서 선호가 어떻게 선택을 결정하는지에 대해 살펴보았다. 이러한 과정을 거꾸로 할 수 있을까? 즉, 소비자의 선택이 이미 주어진 상황에서 그 소비자의 선호를 파악할 수 있을까?

가격과 소득수준이 변함에 따라 소비자의 선택이 어떻게 변하는지를 알고, 그 선택의 수가 충분히 많다면 소비자의 선호를 파악할 수 있다. 만약 소비자가 여러 개 중 하나의 바구니를 선택하며, 선택된 시장바구니가 선택되지 않은 것에 비해 더 많은 지출을 요구하는 것이라면 소비자는 자신이 선택한 시장바구니를 선호하는 것이 틀림없다.

그림 3.18에서 직선 I_1으로 나타난 예산제약을 가지는 어떤 소비자가 시장바구니 *A*를 선택한다고 하자. *A*와 시장바구니 *B*와 *D*를 비교해 보자. 이 개인은 시장바구니 *B*와 직선 I_1 아래에 있

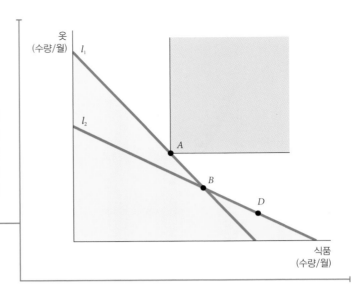

그림 3.18
현시선호: 2개의 예산선
만약 예산선 l_1상에서 어느 한 개인이 시장바구니 B보다 A를 선택한다면, A는 B보다 더 선호되는 것으로 나타난 것이다. 마찬가지로, 예산선 l_2상에서 개인이 시장바구니 B를 선택한다면, B가 시장바구니 D보다 더 선호된 것이다. A는 하늘색 음영 내의 모든 시장바구니보다 더 선호된 반면, 오렌지색 음영 내 모든 시장바구니는 A보다 더 선호된다.

는 모든 바구니를 선택할 수 있었으나 A를 선택하였다. 따라서 A는 B보다 더 선호된다고 말할 수 있다.

얼핏 보기에 D는 l_1상에 위치하지 않으므로 바구니 A와 D를 직접 비교할 수 없다고 생각할 수 있다. 그러나 식품과 옷의 상대가격이 바뀌어 새로운 예산선이 l_2가 되었을 때 이 개인이 바구니 B를 선택한다고 해 보자. 이때 D는 예산선 l_2상에 있으나 선택되지 않았으므로 B는 D(그리고 l_2 아래에 놓인 모든 바구니)보다 더 선호된다. A가 B보다 더 선호되고 B가 D보다 더 선호되므로 A는 D보다 더 선호된다는 결론을 내릴 수 있다. 또한 그림 3.18에서 바구니 A는 녹색 음영으로 표시된 영역 내에 놓인 다른 모든 시장바구니보다 더 선호된다는 사실을 알 수 있다. 그러나 식품과 옷은 모두 "비재화"가 아닌 "재화"이므로 A의 오른쪽과 위쪽에 위치한 분홍색 음영으로 표시된 사각형 내에 있는 모든 바구니는 A보다 더 선호된다. 따라서 A점을 지나는 무차별곡선은 음영으로 표시되지 않은 부분을 지나야 한다.

가격과 소득수준이 변할 때의 소비자의 선택에 관한 정보가 더 많다면 보다 정확한 형태의 무차별곡선을 그릴 수 있다. 그림 3.19에서 A를 지나는 예산선 l_3에 직면하는 소비자가 바구니 E를 선택한다고 가정해 보자. 같은 예산선상에 있으므로 A와 E는 똑같은 금액이 지출되지만 E가 선택되었으므로 E는 A보다 더 선호되며, 또한 E의 오른쪽과 위쪽에 있는 사각형 영역 내 모든 점은 A보다 더 선호된다. 이제 A를 통과하는 l_4하에서 이 소비자가 시장바구니 G를 선택한다고 가정해 보자. A가 아닌 G가 선택되었으므로, G는 A보다 더 선호되고, G의 오른쪽과 위쪽에 위치한 사각형 영역 내 모든 점은 A보다 더 선호된다.

이는 무차별곡선이 원점에 대해 볼록하다는 가정을 이용하여 좀 더 많은 설명을 할 수 있다. 이 경우 E가 A보다 더 선호되므로 그림 3.19에서 직선 AE의 오른쪽과 위쪽에 있는 모든 시장바구니는 A보다 더 선호된다. 만약 그렇지 않다면 A를 통과하는 무차별곡선은 AE의 오른쪽과 위쪽에 위치한 점을 통과한 후 E의 아랫부분을 지나야 한다. 이 경우 무차별곡선의 모양은 볼록성

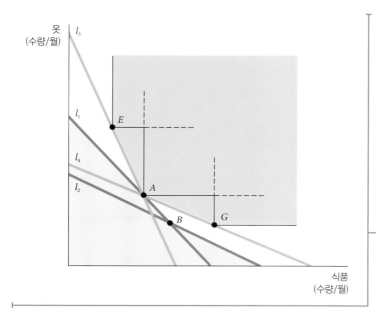

옷
(수량/월)

l_3

l_1

l_4

l_2

E

A

B

G

식품
(수량/월)

그림 3.19
현시선호: 4개의 예산선

예산선 l_1상에서 개인은 E를 선택하는데 이는 (A를 선택할 수도 있었기 때문에) E를 더 선호함을 나타낸 것이다. 마찬가지로, 예산선 l_4상에서 개인은 G를 선택하여 역시나 A보다 더 선호함을 나타내고 있다. 하늘색 음영 내의 모든 시장바구니보다 A가 더 선호되는 반면, 오렌지색 음영 내의 모든 시장바구니는 A보다 더 선호된다.

을 가질 수 없다. 비슷한 논리로, 직선 AG상과 그 위의 모든 점 역시 A보다 더 선호된다. 따라서 무차별곡선은 음영이 없는 영역에 있어야 한다.

현시선호(revealed preference) 접근방법은 개인의 선택이 소비자이론의 가정들과 일치하는지를 확인해 볼 수 있다는 점에서 의미가 있다. 사례 3.6에서 보듯이, 현시선호분석은 소비자가 특정한 상황에서 결정해야 하는 선택의 의미를 알려 준다.

사례 3.6 여가에 대한 현시선호

어느 한 헬스클럽에서는 시간당 사용료를 내고 시설을 이용하도록 하다가 연회비를 받고 시간당 이용료를 낮추는 방식으로 가격전략을 바꾸고자 한다. 새로운 가격전략으로 인해 이용자들은 이전보다 더 나아질까 아니면 더 나빠질까? 그 답은 사람들의 선호에 달려 있다.

로베르타는 운동, 영화관람, 외식 등 여가활동에 주당 $100의 소득을 지출할 수 있다고 가정하자. 헬스클럽이 시간당 $4를 이용료로 부과할 때, 로베르타는 1주일에 10시간 시설을 이용하였다. 새로운 가격전략에서 로베르타는 주당 $30의 회비를 내는 대신 시간당 $1로 시설을 사용할 수 있다.

로베르타에게는 이러한 가격 변화가 이득이 되는가? 현시선호분석을 이용하여 답을 찾을 수 있다. 그림 3.20에서 직선 l_1은 로베르타가 원래 가격전략하에서 직면하던 예산제약을 나타낸다. 이 경우 그녀는 10시간의 운동과 $60어치의 다른 여가활동을 나타내는 시장바구니 A점을 선택함으로써 만족을 극대화한다. 새로운 가격전략하에서 로베르타의 예산선은 l_2로 이동했지만 여전히 시장바구니 A를 선택할 수 있다. 그러나 U_1는 이제 l_2에 접하지 않으므로 로베르타는 B와 같이 25시간의 운동과 $45어치의 다른 여가활동을 나타내는 다른 시장바구니를 선택함으로써 더 나아진다. 로베르타가 A를 선택할 수 있었음에도 불구하고 B를 선택

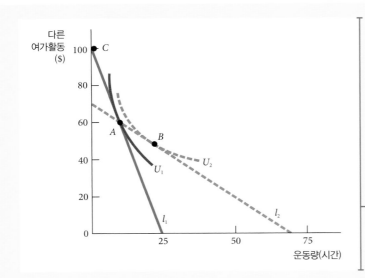

그림 3.20
여가에 대한 현시선호

예산선 l_1에 직면한 소비자는 A점에서 주 10시간 헬스클럽을 이용한다. 가격정책이 바뀌면 이 소비자의 예산선은 l_2로 바뀐다. 이때 소비자는 시장바구니 A를 구매할 수 있지만 더 높은 위치의 무차별곡선 위에 있는 시장바구니 B를 선택함으로써 더 나아진다.

하였으므로 B는 A보다 더 선호된다. 따라서 새로운 가격전략으로 인해 로베르타는 이득을 본다(또한 B는 헬스클럽을 전혀 이용하지 않는 C보다 더 선호된다는 점도 주목하라).

이러한 새로운 가격전략은 *이부가격제*(two-part tariff)라고 부르는데, 이 경우 헬스클럽의 이윤이 증가하는지도 살펴볼 수 있다. 만약 모든 이용자가 로베르타와 같이 헬스클럽을 더 많이 이용한다면 이윤은 증가한다. 그러나 일반적으로 이윤의 증가 여부는 이용자들의 선호와 시설운영에 드는 비용에 따라 결정된다. 이부가격제는 시장지배력을 가지는 기업의 가격설정전략을 다루는 제11장에서 자세히 설명한다.

3.5 한계효용과 소비자 선택

3.3절에서는 소비자가 주어진 예산제약하에서 자신의 만족을 어떻게 극대화하는지를 살펴보았다. 이는 주어진 예산제약에서 가장 높은 곳에 위치한 무차별곡선을 찾는 것이다. 가장 높은 곳에 위치한 무차별곡선은 소비자가 얻을 수 있는 가장 높은 수준의 효용을 나타내므로 소비자 선택 문제는 예산제약하에서 효용을 극대화하는 문제로 재구성할 수 있다.

효용의 개념은 소비자의 선택을 살펴보는 데 있어서 추가적인 통찰을 제공한다. 우선 소비에 의한 총효용과 마지막 단위를 소비할 때 얻는 만족을 구분해 보자. **한계효용**(marginal utility, MU)은 어떤 재화를 1단위 더 소비함으로써 얻는 추가적인 만족의 크기를 의미한다. 예를 들어 식품소비를 0단위에서 1단위로 증가시킬 때의 한계효용은 9, 1단위에서 2단위로 증가시킬 때의 한계효용은 7, 2단위에서 3단위로 증가시킬 때의 한계효용은 5가 될 수 있다.

이처럼 소비량을 증가시킴에 따라 수치가 감소하는 것은 소비자의 **한계효용체감**(diminishing marginal utility)을 나타낸다. 이는 어떤 재화의 소비량이 증가됨에 따라 추가되는 효용의 크기는 점점 더 작아지는 현상을 의미한다. 가령, 텔레비전 시청을 생각해 보자. 두세 시간을 시청한 후에는 한계효용은 줄어들 것이며, 네다섯 시간을 시청한 후에는 한계효용은 작아질 것이다.

이제 한계효용의 개념을 소비자 효용 극대화 문제와 연관시켜 보자. 먼저 그림 3.8의 무차별

한계효용(MU) 어떤 재화를 1단위 더 소비할 때 얻는 추가적인 만족의 크기

한계효용체감 어떤 재화를 더 많이 소비할수록 추가되는 효용의 크기는 점점 작아지는 원리

곡선상에서 아래로 조금 이동하는 경우를 생각해 보자. 식품 소비량을 ΔF만큼 증가시키면 식품 1단위당 MU_F의 한계효용이 발생한다. 이로 인해 총효용은 $MU_F\Delta F$만큼 증가한다. 동시에 옷 소비량은 ΔC가 줄어들어 1단위당 한계효용 MU_C만큼 효용을 감소시키므로 총효용은 $MU_C\Delta C$만큼 줄어들 것이다.

무차별곡선상의 모든 점은 같은 수준의 효용을 나타내기 때문에 F의 소비 증가로 인한 총효용의 증가는 C의 소비 감소로 인한 총효용의 감소로 상쇄되어야 한다. 이를 수식으로 표현하면 다음과 같다.

$$0 = MU_F(\Delta F) + MU_C(\Delta C)$$

위 식을 재정리하면 다음과 같다.

$$-(\Delta C / \Delta F) = MU_F / MU_C$$

여기서 $-(\Delta C / \Delta F)$는 옷(C)에 대한 식품(F)의 MRS이므로 위 식은 다음과 같이 표현할 수 있다.

$$MRS = MU_F / MU_C \tag{3.5}$$

식 (3.5)를 통해 MRS는 C의 한계효용에 대한 F의 한계효용 비율임을 알 수 있다. 소비자가 F를 점점 더 많이 얻기 위하여 C를 점점 더 많이 포기함에 따라 F의 한계효용은 감소하고 C의 한계효용은 증가하면서 MRS는 감소하게 된다.

앞에서 소비자가 만족을 극대화할 때 옷에 대한 식품의 MRS는 두 재화의 가격비율과 같아짐을 보았다.

$$MRS = P_F / P_C \tag{3.6}$$

또한 식 (3.5)에서 보듯이 MRS는 식품과 옷을 소비함에 따른 한계효용 비율과 같으므로 다음 관계를 얻을 수 있다.

$$MU_F / MU_C = P_F / P_C$$

또는

$$MU_F / P_F = MU_C / P_C \tag{3.7}$$

가 성립한다.

식 (3.7)은 중요한 결과이다. 이를 통해 각 재화의 구입에 지출되는 화폐 1단위당 한계효용이 서로 같도록 예산을 배분할 때 효용극대화가 달성된다는 사실을 알 수 있다. 이러한 원칙이 지켜져야 하는 이유를 살펴보자. 어떤 소비자가 추가적인 \$1를 옷을 사는 대신 식품에 소비할 때 더 많은 효용을 얻을 수 있다면 이 소비자는 식품을 구입하는 데 지출을 증가시킴으로써 효용을 증가시킬 수 있다. 추가적인 \$1를 식품에 지출할 때의 한계효용이 추가적인 \$1를 옷에 지출할 때의 한계효용보다 더 큰 이상 그는 예산을 식품에 더 배분하고 옷에는 덜 배분함으로써 효용을 증가시킬 수 있다. 소비에 있어서 한계효용체감에 의해 식품의 한계효용은 감소할 것이고, 같은 이유로 옷의 한계효용은 증가할 것이다. 소비자가 **한계치 균등의 원칙**(equal marginal principle)을 만족시킬 때만, 즉 모든 재화의 지출에 대해 화폐 1단위당 한계효용이 같아질 때 효용을 극대화할 수 있다. 한계치 균등의 원칙은 미시경제학에서 중요한 개념이다. 이는 소비자와 생산자의 행동에 관한 분석에서 계속 다른 형태로 다시 등장할 것이다.

한계치 균등의 원칙 소비자가 모든 재화에 대해 화폐 1단위당 한계효용이 같도록 지출할 때 효용이 극대화된다는 원칙

사례 3.7   한계효용과 행복

사례 3.2에서 우리는 어느 정도까지는 돈(즉, 높은 소득)으로 행복을 살 수 있음을 살펴보았다. 그렇다면 소비자 만족에 관한 연구들은 행복과 효용 및 한계효용 간의 관계에 대해 무엇을 얘기할 수 있을까? 흥미롭게도, 많은 연구들은 미국뿐만 아니라 다른 여러 나라에서도 소득의 한계효용이 체감하는 경향을 발견하고 있다. 그 이유를 보기 위해 사례 3.2의 그림 3.9를 다시 살펴보자. 자료를 통해 1인당 소득으로 표현되는 소득이 높은 국가일수록 만족, 행복, 효용(이 세 단어는 번갈아 사용됨)이 증가함을 알 수 있다. 그러나 만족의 증가분은 소득이 증가할수록 점점 감소하고 있다. 설문조사에서 나타난 만족도 지수를 기수적 지수로

인식한다면, 이 결과는 소득의 한계효용체감과 일치한다.

미국을 대상으로 분석한 결과도 그림 3.9의 자료에서 나타난 67개국에 관한 결과와 정량적으로 매우 유사하다. 그림 3.21은 미국 내 소득계층을 9개로 구분하여 각 소득계층에 속한 사람들이 느끼는 평균적인 삶의 만족도 수준을 보여 주고 있다. 가장 낮은 소득계층의 평균소득은 $6,250, 그다음 계층은 $16,250 등등으로 하여 가장 높은 계층의 평균소득은 $87,500이다. 굵은 곡선은 수치들을 가장 잘 나타내는 곡선이다. 이를 통해 행복은 소득과 함께 증가하지만, 그 증가율은 감소함을 알 수 있다. 심리학자인 Daniel Kahneman

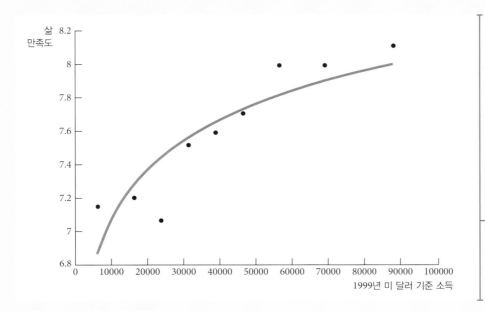

그림 3.21
한계효용과 행복
미국 내 소득계층 간 평균적인 삶의 만족도 수준의 비교를 통해 행복은 소득과 함께 증가하지만, 그 증가율은 감소함을 알 수 있다.

과 경제학자인 Angus Deaton이 수행한 최근 설문조사에서는 상대적으로 높은 소득계층에 속한 사람들의 경우는 여가와 건강은 전체 웰빙의 중요한 결정요인임에도 불구하고 돈을 더 버는 것이 그 사람들의 여가를 즐기는 능력과 건강을 증진시키지는 않음을 밝히고 있다.[11]

이러한 결과는 이 책의 기본이 되는 현대경제학의 의사결정이론에 대해 강력한 근거를 제시하지만, 여전히 조심스러운 접근이 필요하다. 예를 들어, 이 연구에서는 만족감이 세대에 따라 다르다는 사실을 간과하고 있다. 젊은 사람들은 나이가 든 사람들에 비해 더 낮은 만족감을 표시하는 경우가 많다. 이를 다른 방법으로 생각하면, 학생들은 나이가 들고 현명해질수록 무언가에 대해 긍정적인 기대를 더 많이 한다는 점을 들 수 있다.

행복에 관한 연구결과는 시대에 따라서 달라질 수도 있다. 지난 20년 동안 미국, 영국, 벨기에, 일본의 1인당 소득은 모두 급격히 증가하였다. 그러나 평균적인 행복수준은 상대적으로 크게 변하지 않았다. (덴마크, 독일, 이탈리아에서 만족수준은 약간 증가하였다.) 한 가지 가능한 해석은 행복이 절대적이 아닌 상대적인 웰빙의 수치라는 점이다. 한 국가의 소득이 시간에 따라 증가하면 그 국가 내 국민의 기대치는 증가한다. 즉, 이들은 더 높은 소득을 가지기를 소망한다. 만족감이 이러한 소망과 결합되어 있다면 시간이 지남에 따라 소득이 증가하더라도 만족감은 증가하지 않을 수도 있다.

배급제도

전쟁이나 위기상황이 발생할 경우에 정부가 나서서 식품, 휘발유 등의 재화를 배급함으로써 경쟁적 수준으로 가격이 오르는 것을 막는다. 예를 들어, 제2차 세계대전 당시 미국 내 각 가계는 1주일에 설탕 12온스, 5주당 커피 1파운드, 주당 휘발유 3갤런을 배급받았다. 가뭄 시기에는 물도 배급제를 통해 지급하곤 한다. 미국 내에서 캘리포니아주는 가정과 농업 부문에 대해 물 배급을 자주 시행하였다. 르완다, 인도, 파키스탄, 이집트와 같은 나라들은 최근인 2010년에도 물 배급을 시행하였다.

어떤 사람들은 경쟁이 없는 시장에 의존하기보다는 비가격적인 배급제도가 더 공평한 대안이라고 평가한다. 시장체계에서는 저소득층에 비해서 고소득층이 공급이 부족한 재화를 획득하기가 유리하다. 그러나 가계나 기업에 대한 쿠폰 배분과 같은 방식을 통해 재화가 배급된다면 모두가 똑같은 기회를 가지고 배급된 재화를 구매할 수 있다.

기본적인 소비자모형을 이용하여 배급제도를 분석하는 방법을 이해하기 위해 예시로서 1979년에 시행되었던 휘발유 배급제도를 고려해 보자. 1979년 이란혁명으로 원유가격이 폭등함에 따라 미국정부는 휘발유가격이 오르는 것을 막기 위해 가격규제를 시행하였는데, 그 결과 공급부족이 발생하였다. 주유소 앞에는 휘발유를 사기 위해 긴 줄이 이어졌다. 휘발유를 사기 위해 자신의 시간을 기꺼이 포기할 용의가 있었던 사람들은 휘발유를 샀지만 그렇지 못한 사람들은 사지 못했다. 자격이 있는 모든 사람들에게 최소한의 재화 소비를 보장해 주는 배급제는 다른 방식하에서는 재화를 살 수 없는 사람들에게도 그 재화를 살 수 있게 해 준다. 그러나 배급제는 더 많이 사려는 사람들에게는 살 수 있는 양을 제한함으로써 피해를 준다.[12]

---

11 Daniel Kahneman and Angus Deaton, "High Income Improves Evaluation of Life but Not Emotional Well-Being," *PNAS*, Vol. 107 (September 21, 2010): 16489–16493.

12 휘발유 배급과 관련한 보다 자세한 논의는 다음을 참고하라. H. E. Frech III and William C. Lee, "The Welfare Cost of Rationing-by-Queuing Across Markets: Theory and Estimates from the U.S. Gasoline Crises," *Quarterly Journal of Economics* (1987): 97–108.

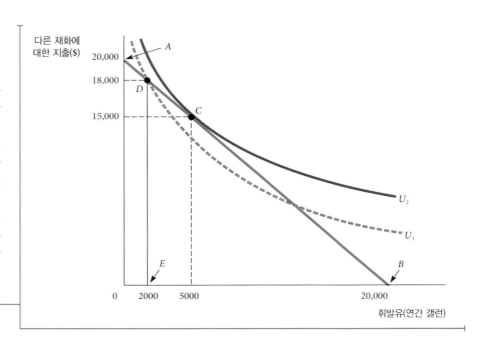

그림 3.22
휘발유 배급제의 비효율성
재화가 배급되는 경우에는 소비자들은 자신이 사고자 하는 양보다 적은 양만 살 수 있다. 따라서 소비자들의 후생은 낮아진다. 휘발유 배급제가 없다면 20,000갤런까지의 휘발유를 소비할 수 있다(B점). 이때 소비자는 무차별곡선 U_2상에 있는 C점에서 5,000갤런의 휘발유를 소비한다. 그러나 배급제로 인해 휘발유 소비량은 2,000갤런(E점)으로 제한됨으로써 소비자는 더 낮은 수준의 무차별곡선인 U_1상의 D점으로 이동한다.

이러한 내용은 그림 3.22에서 연간 소득이 $20,000인 어떤 소비자의 선택 문제를 통해 확인할 수 있다. 그림에서 수평축은 이 소비자의 연간 휘발유 소비량을, 수직축은 휘발유 구매 이후 나머지 소득을 나타낸다. 휘발유의 통제가격이 갤런당 $1라고 하자. 이 소비자의 소득은 $20,000이므로 예산선은 기울기가 −1인 선분 AB로 나타낼 수 있다. 수직축의 A점은 이 소비자의 총소득을 나타내는데, 즉 만약 휘발유를 전혀 소비하지 않는다면 그는 $20,000를 모두 다른 재화를 구입하는 데 사용한다. 수평축의 B점에서는 이 소비자는 모든 소득을 휘발유 구매에만 사용한다. 갤런당 $1의 통제가격하에서 이 소비자는 C점을 선택하는데, 즉 연간 5,000갤런의 휘발유를 사고 나머지 $15,000는 다른 재화의 소비에 지출한다. 이 점에서 그는 $20,000의 예산제약하에서 가능한 가장 높은 곳에 위치한 무차별곡선 U_2에 도달함으로써 효용극대화를 달성하게 된다.

이제 배급제가 시행됨에 따라 이 소비자가 최대 2,000갤런의 휘발유만 구매할 수 있는 상황을 고려해 보자. 그의 예산선은 ADE가 되는데, 2,000갤런을 넘는 휘발유를 구입할 수 없으므로 예산선은 직선이 아니다. D점은 연간 2,000갤런의 휘발유를 소비하는 점을 나타낸다. 배급으로 인해 휘발유 소비는 제한되므로 예산선은 수직선이 되어 E점으로 떨어진다. D점에서 이 소비자는 배급제가 없을 때 도달할 수 있었던 U_2에 비해 더 낮은 수준의 효용을 나타내는 U_1에 도달하는데, 그것은 자신이 원하는 것보다는 휘발유를 덜 소비하고 다른 재화를 더 소비해야 하기 때문이다.

통제된 가격수준에서 소비량을 제한받지 않는다면 이 소비자는 더 나은 상태에 있게 된다는 점은 분명하다. 그러나 이 소비자는 배급이 전혀 없을 때보다 배급제하에서 더 나아질 수 있는가? 이에 관한 답은 배급제가 없을 때의 휘발유의 경쟁시장가격 수준에 달려 있다. 이는 그림 3.23에서 잘 확인할 수 있다. 시장에서 휘발유의 가격이 갤런당 $1로 결정되어 이 소비자가 연간

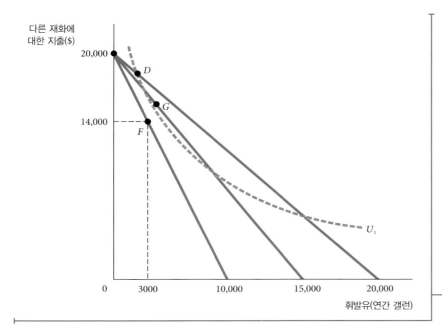

그림 3.23
휘발유 배급제와 자유시장 간 비교
어떤 재화에 대해 배급제를 시행하는 경우 일부 소비자는 이득을 보지만 다른 일부는 손해를 보게 된다. 배급제를 시행한다면 휘발유가격은 $1가 되며, 소비자는 연간 최대 2,000갤런을 소비할 수 있고 무차별곡선 U_1에 도달할 수 있다. 배급제가 없이 휘발유의 경쟁시장가격이 갤런당 $2라면, 이 소비자는 F점을 선택하여 효용수준은 무차별곡선 U_1보다 더 낮게 된다. 그러나 휘발유의 경쟁시장가격이 갤런당 $1.33라면 그는 G점을 선택하며 효용수준은 무차별곡선 U_1보다 더 높게 된다.

20,000갤런의 휘발유를 살 수 있었던 최초의 예산선을 상기하자. 배급제가 시행되면, 그는 연간 최대 2,000갤런의 휘발유만을 구매할 수 있으며, 무차별곡선 U_1에 도달한다. 이제 경쟁시장가격이 $1가 아니라 갤런당 $2라고 하자. 이때 예산선은 휘발유를 최대 연간 10,000갤런을 소비하는 선으로 나타날 것이고, 배급이 없다면 그는 무차별곡선 U_1 위의 F점을 선택하게 된다(F점에서 그는 3,000갤런의 휘발유를 소비하고 다른 재화의 소비에 $14,000를 지출한다).

이제 휘발유가격이 갤런당 $1.33일 경우에는 어떻게 되는지를 생각해 보자. 이때의 예산선에서는 연간 최대 15,000갤런($20,000 / 1.33)의 휘발유를 구입할 수 있다. 이 소비자는 G점과 같은 점을 선택하여 연간 3,000갤런 이상의 휘발유를 소비하고 다른 재화의 소비에도 $14,000 이상을 지출할 수 있다. 이 경우, G점은 무차별곡선 U_1보다 더 높은 위치에 있으므로 이 소비자는 배급이 없을 때 더 나은 상태가 된다. 따라서 배급제는 재화와 서비스 배분에 있어서 덜 효율적인 방식이기는 하지만, 일정한 배급 방식하에서는 일부 소비자는 이득을 보며 나머지는 손해를 볼 수 있다.

*3.6 생계비지수

최근 사회보장제도에 대해 격렬한 논쟁이 진행 중이다. 현재 제도하에서는 은퇴한 사람은 과거의 근무 경력에 기초하여 은퇴하던 시점에 처음 결정된 연금을 매년 받게 된다. 이러한 연금은 소비자 물가지수(CPI)의 증가율과 동일한 비율로 해마다 오른다. CPI는 은퇴자의 생계비를 정확히 반영하는가? 정부의 다른 복지프로그램과 민간부문의 연금, 그리고 민간부문의 임금협상 등에서 **생계비지수**(cost-of-living index)로 CPI를 사용하는 것이 적절한가? 마찬가지로 생산자 물가지수(PPI)가 시간이 경과됨에 따른 생산비용의 변화를 정확히 측정하는지에 대해서도 의

1.3절에서 소비자 물가지수는 "전형적인" 소비자의 전체 시장바구니 비용을 나타내는 지수라고 소개한 바 있다. CPI의 변화는 또한 물가상승률을 측정한다.

생계비지수 전형적인 소비자가 재화와 서비스의 묶음을 구매하는 데 드는 현재 비용을 기준 연도에 같은 묶음을 구매하는 데 든 비용으로 나눈 비율

1.3절에서 *생산자 물가지수*는 중간재와 도매상품의 총가격 수준을 나타내는 지수라고 소개한 바 있다.

문을 품을 수 있다. 이러한 질문에 대한 답은 소비자 행동에 관한 경제학 이론에서 찾을 수 있다. 이 절에서는 학생들과 학부모들이 직면할 수 있는 가상적인 가격 변화에 관한 예를 이용하여 CPI와 같은 비용지수의 이론적 기초를 살펴본다.

이상적 생계비지수

선호가 서로 같은 두 자매인 사라와 레이첼의 경우를 살펴보자. 2000년에 사라가 대학에 진학했을 때, 사라의 부모는 사라가 마음대로 쓸 수 있는 돈을 3개월마다 $500씩 주었다. 사라는 이 돈으로 파운드당 $2.00인 식품과 권당 $20인 책을 구입하는 데 지출할 수 있었다. 사라는 $200로 식품 100파운드를 사고 $300로 책 15권을 샀다. 10년 후인 2010년에 레이첼이 대학에 진학함에 따라 부모는 사라와 같은 구매력을 갖는 금액을 레이첼에게도 주기로 약속하였다. 그런데 대학이 위치한 동네의 물가가 상승하여 식품은 파운드당 $2.20, 책은 권당 $100로 올랐다. 레이첼이 2010년에 사라가 2000년에 누렸던 것과 같이 누리기 위해서는 얼마의 금액을 부모님으로부터 받아야 하는가? 표 3.3은 이 문제와 관련된 자료를 보여 주며, 그림 3.24는 그 답을 제공한다.

2000년에 사라가 직면했던 최초의 예산제약은 그림 3.24에서 직선 l_1으로 나타난다. 식품과 책에 대한 그녀의 효용극대화 조합은 무차별곡선 U_1상의 A점이다. 이와 같은 수준의 효용을 얻기 위해 사라는 표에 나타난 것과 같이 $500의 비용을 지불해야 한다.

$$\$500 = 식품 100파운드 \times \$2.00/파운드 + 책 15권 \times \$20/권$$

그림 3.24에 나타난 바와 같이, 인상된 가격하에서 레이첼이 사라와 같은 수준의 효용을 얻기 위해서는 예산선 l_2상에 있으면서 무차별곡선 U_1와 접하는 B점이 나타내는 식품과 책의 소비조합을 구매할 수 있는 예산이 필요하다. 이 점에서 그녀는 식품 300파운드와 책 6권을 구매한다. 이때 레이첼은 책의 가격이 식품가격에 비해 상대적으로 많이 올랐다는 사실을 고려하였다. 따라서 그녀는 책을 덜 사는 대신 식품을 더 많이 구입한 것이다.

사라와 같은 수준의 효용을 얻기 위한 레이첼의 비용은 다음과 같다.

$$\$1,260 = 식품 300파운드 \times \$2.20/파운드 + 책 6권 \times \$100/권$$

표 3.3	이상적인 생계비지수	
	2000년(사라)	**2010년(레이첼)**
책가격	$20/권	$100/권
책의 수(권)	15	6
식품가격	$2/파운드	$2.2/파운드
식품의 양(파운드)	100	300
지출액	$500	$1,260

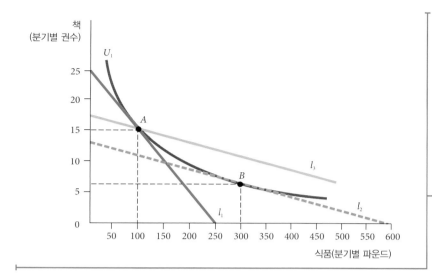

그림 3.24
생계비지수
상품묶음 *A*에 대한 기준연도 가격의 구매비용 대비 현재 가격의 구매비용 비율을 나타내는 가격지수는 이상적인 생계비지수의 값보다 크다.

따라서 레이첼에 대한 이상적인 **생계비 조정** 금액은 $760($1,260에서 사라에게 지급된 $500를 뺀 금액)가 된다. 이상적 생계비지수는 다음과 같다.

$$\$1{,}260 / \$500 = 2.52$$

이 지수를 구하기 위해서는 기준연도가 필요한데, 이 예에서는 2000년 = 100으로 정하므로 2010년의 지숫값은 252가 된다. 252라는 수치는 생계비가 152% 증가했다는 것을 의미하며, 100이라는 수치는 생계비에 변화가 없었음을 나타낸다. 이러한 **이상적 생계비지수**(ideal cost-of-living index)는 현재(2010년) 가격에서 어떤 수준의 효용을 얻는 데 필요한 비용을 기준연도(2000년)의 가격에서 같은 수준의 효용을 얻는 데 필요한 비용과 대비하여 상대적으로 표현한 것이다.

이상적 생계비지수 현재 가격에서 어떤 수준의 효용을 얻는 데 필요한 비용을 기준연도의 가격에서 같은 수준의 효용을 얻는 데 필요한 비용으로 나눈 값

라스파이레스 지수

이러한 이상적인 생계비지수를 구하기 위해서는 많은 양의 정보가 필요하다. 가격과 지출뿐만 아니라 매우 다양한 개개인의 선호도 알아야 한다. 따라서 실제 가격지수들은 소비자의 선호가 아닌 구매를 기반으로 측정된다. 라스파이레스 가격지수는 기준 시점의 고정된 소비묶음을 고려하는 가격지수이다. **라스파이레스 가격지수**(Laspeyres index)는 다음 질문에 대한 답을 준다. 어떤 개인이 기준연도에 구매한 재화와 서비스의 묶음을 현재 가격으로 사는 데 필요한 금액을 기준연도의 가격으로 사는 데 필요한 금액으로 나눈 값은 얼마인가?

라스파이레스 가격지수 어떤 개인이 기준연도에 구매한 재화와 서비스의 묶음을 현재 가격으로 사는 데 필요한 금액을 기준연도의 가격으로 사는 데 필요한 금액으로 나눈 값

　그림 3.24는 라스파이레스 가격지수를 보여 준다. 간단한 과정을 통해 레이첼의 경우에 대한 라스파이레스 생계비지수를 계산할 수 있다. 레이첼이 2010년에 100파운드의 식품과 15권의 책을 사기 위해서는 $1,720(100 × $2.20 + 15 × $100)를 지출해야 한다. 이러한 지출수준에서 레이첼은 예산선 l_3상의 *A*묶음(또는 이 선상의 어떤 다른 묶음)을 선택한다. 직선 l_3는 직선 l_2를 *A*점을 지날 때까지 이동시킨 것이다. l_3는 2000년에 사라가 구매한 소비묶음과 똑같은 묶음을 레이첼이 2010년 가격으로 구매할 수 있도록 하는 예산선임을 주목하자. 생계비의 상승을 레이첼

에게 보상해 주기 위해서는 예산을 $1,220 인상해야 한다. 2000년을 100으로 두면 라스파이레스 지수는 다음과 같다.

$$100 \times \$1,720 / \$500 = 344$$

이상적 생계비지수와 라스파이레스 지수 간의 비교 위의 예에서는 라스파이레스 지수는 이상적 가격지수보다 더 큰 값을 가진다. 라스파이레스 지수는 언제나 진정한 생계비지수보다 큰 값을 가지는가? 그림 3.24에서 보았듯 그 답은 그렇다는 것이다. 레이첼이 기준연도인 2000년에 l_3의 예산선을 가졌다고 가정해 보자. 그녀는 A묶음을 선택할 수는 있지만, 식품을 더 많이 사고 책을 덜 산다면(즉, 직선 l_3상에서 오른쪽으로 이동함으로써) 분명히 더 높은 수준의 효용을 달성할 수 있다. A와 B는 같은 수준의 효용을 주므로 레이첼에게는 이상적 생계비 조정보다 라스파이레스 생계비 조정이 더 유리하다. 따라서 라스파이레스 생계비지수는 이상적 생계비지수보다 더 큰 값을 갖는다.

이러한 결과는 일반적으로 지켜진다. 그 이유는 라스파이레스 가격지수에서는 가격이 변하더라도 소비자는 소비패턴을 바꾸지는 않는다고 가정하기 때문이다. 그러나 소비자들은 상대적으로 싸진 재화는 더 많이 소비하는 대신 상대적으로 비싸진 재화의 소비는 줄임으로써 가격이 변하기 전에 구매했던 상품묶음을 똑같이 구매하지 않아도 같은 수준의 효용을 달성할 수 있다.

파셰 지수

파셰 지수 한 개인이 현재 연도에 구매한 재화와 서비스의 묶음에 대해 현재 가격으로 사는 데 필요한 금액을 기준연도 가격으로 사는 데 필요한 금액으로 나눈 값

생계비지수를 실제로 측정하는 데 보편적으로 사용되는 또 다른 지수는 **파셰 지수**(Paasche index)이다. 기준연도의 상품묶음을 구매하는 데 드는 비용에 초점을 두는 라스파이레스 지수와 달리, 파셰 지수는 현재의 **상품묶음** 구매비용에 초점을 둔다. 특히, 파셰 지수는 다음과 같은 질문에 대한 답을 준다. 한 개인이 현재 연도에 구매한 재화와 서비스의 묶음에 대해 현재 가격으로 사는 데 필요한 금액을 기준연도 가격으로 사는 데 필요한 금액으로 나눈 값은 얼마인가?

라스파이레스 지수와 파셰 지수 간의 비교 라스파이레스 지수와 파셰 지수를 서로 비교하면 다음과 같다.

- **라스파이레스 지수**: 소비자가 기준연도에 구매한 재화와 서비스의 묶음을 현재 가격으로 사는 데 필요한 금액을 기준연도의 가격으로 사는 데 필요한 금액으로 나눈 값
- **파셰 지수**: 소비자가 현재 연도에 구매한 재화와 서비스의 묶음에 대해 현재 가격으로 사는 데 필요한 금액을 기준연도 가격으로 사는 데 필요한 금액으로 나눈 값

고정 가중치 지수 재화와 서비스의 구매량이 일정한 것으로 두고 구한 생계비지수

라스파이레스 지수(LI)와 파셰 지수(PI)는 모두 고정된 가중치를 사용하는 **고정 가중치 지수**(fixed-weight index)이다. 이 지수들을 구하는 데 사용되는 여러 재화와 서비스의 수량은 고정되어 있다. 다만 라스파이레스 지수에서는 수량이 기준연도 수준에서 고정된 반면, 파셰 지수는 현재 연도 수준에서 고정된다. 일반적으로 식품(F)과 옷(C) 두 재화만 있는 상황을 고려하여 다음과 같이 표시하자.

P_{Ft}, P_{Ct}: 현재 연도의 가격

P_{Fb}, P_{Cb}: 기준연도의 가격

F_t, C_t: 현재 연도의 수량

F_b, C_b: 기준연도의 수량

이를 통해 두 지수를 표현하면 다음과 같다.

$$LI = \frac{P_{Ft}F_b + P_{Ct}C_b}{P_{Fb}F_b + P_{Cb}C_b}$$

$$PI = \frac{P_{Ft}F_t + P_{Ct}C_t}{P_{Fb}F_t + P_{Cb}C_t}$$

라스파이레스 지수는 이상적인 생계비를 과대 측정하는 반면 파셰 지수는 이를 과소 측정한다. 그것은 파셰 지수는 소비자가 기준연도에도 현재 연도의 상품묶음을 그대로 살 것이라고 가정하기 때문이다. 실제로, 기준연도 가격에서 소비자는 소비묶음에 변화를 주어 더 낮은 비용으로 같은 수준의 효용을 달성할 수 있을 것이다. 파셰 지수는 현재 상품묶음을 현재 가격으로 사는 데 드는 비용을 현재 상품묶음을 기준연도 가격으로 사는 데 드는 비용으로 나눈 값이기 때문에, 기준연도 묶음의 비용(이 비율의 분모)이 과다 추정이 되고, 그 결과 파셰 지수는 과소 추정된다.

구체적 수치를 적용하여 라스파이레스 지수와 파셰 지수를 비교해 보기 위해 앞의 사례로 돌아가서 식품과 책 구매에 대한 사라의 선택을 살펴보자. (2000년에 대학에 들어간) 사라의 경우, 식품과 책의 기준연도 구매량을 현재 연도 가격으로 계산한 구매비용은 $1,720(100파운드 × $2.20 / 파운드 + 15권 × $100 / 권)이다. 이를 기준연도 가격으로 계산하면 $500(100파운드 × $2 / 파운드 + 15권 × $20 / 권)가 된다. 따라서 앞서 도출한 바와 같이 라스파이레스 지수 LI는 100 × $1,720 / $500 = 344가 된다. 반면, 현재 구매량을 현재 가격으로 계산한 구매비용은 $1,260(300파운드 × $2.20 / 파운드 + 6권 × $100 / 권)이다. 이를 기준연도 가격으로 계산하면 $720(300파운드 × $2 / 파운드 + 6권 × $20 / 권)가 된다. 따라서 파셰 지수 PI는 100 × $1,260 / $720 = 175가 된다. 예상한 바와 같이, 파셰 지수의 값은 라스파이레스 지수의 값보다 적으며, 이상적 지수의 값인 252보다도 적다.

미국의 물가지수: 연쇄 가중법

역사적으로 CPI와 PPI는 라스파이레스 가격지수로 측정되었다. 미국 노동통계국(BLS)은 전형적인 재화와 서비스의 소비묶음에 대하여 기준기간의 구매비용 대비 현재 구매비용의 비율로서 전체 CPI를 매달 측정한다. 특정 범주의 재화와 서비스(예를 들면, 주거)에 대한 CPI는 그 범주에 속하는 재화와 서비스의 묶음으로 측정된다. 중간재와 도매제품의 묶음을 사용하는 PPI 또한 비슷한 방식으로 계산된다.

라스파이레스 지수는 가격이 상승할 때 개인에게 보상해 줘야 하는 금액을 과대 측정한다는 점을 알고 있다. 사회보장 등 정부정책과 관련하여, 이러한 사실은 물가상승에 따라 퇴직연금을 조정할 때 CPI를 사용하는 것은 대부분 수령자에게 과다한 보상을 하는 것이며, 그 결과 더 많은 정부지출은 필요 이상으로 더 커진다.

경제학자들은 오래전부터 이와 같은 문제를 알고는 있었다. 하지만 라스파이레스 지수에 대한 불만은 1970년대의 에너지가격 폭등, 최근에 나타난 식품가격 변동, 그리고 연방정부의 부채 증가에 대한 우려가 나타난 이후에서야 나타났다. 예를 들어, 컴퓨터가격의 급격한 하락에 따른 컴퓨터 구매 경향의 변화를 적절히 고려하지 못함에 따라 CPI는 생계비를 매우 과대 측정하였다.

이러한 배경하에서 미국정부는 단순한 라스파이레스 지수에서 몇 년에 한 번씩 기준 가중치를 현실화하는 지수로 바꿈으로써 CPI와 PPI의 계산 방식에 변화를 주었다. **연쇄 가중법 가격지수**(chain-weighted price index)는 재화와 서비스의 시간에 따른 수량 변화를 고려하는 생계비 지수이다. 미국에 있어서 연쇄 가중법은 새로운 것이 아니었다. 이는 실질 GDP(물가상승이 조정된 GDP)의 추정치를 얻기 위해 명목 GDP를 변환시키는 데 사용되는 파셰 가격지수의 일종인 GDP 디플레이터를 개선하기 위해 1995년에 도입되었다.[13] 연쇄 가중법이 적용된 CPI, PPI, GDP 디플레이터를 사용하면 단순 라스파이레스 지수와 파셰 지수를 사용할 때 발생하는 편의 문제를 줄일 수 있으나, 가중치는 일정한 시간이 지난 후 바뀌기 때문에 편의가 완전히 없어지지는 않는다.[14]

노동통계국은 연쇄 가중법을 근간으로 CPI의 추정법을 계속 개선해 왔다. 예를 들어, 2015년 CPI 통계치를 공개할 때 BLS는 정확한 가격정보가 없는 상황에서 재화와 서비스가격을 산정하기 위해 좀 더 섬세한 방법을 사용했다고 발표하였다.

연쇄 가중법 가격지수 재화와 서비스의 수량 변화를 고려하는 생계비지수

요약

1. 소비자 선택이론은 사람들이 특정한 재화와 서비스의 묶음을 구매함으로써 얻을 수 있는 만족을 극대화하기 위해 합리적으로 행동한다는 가정에 기초한다.

2. 소비자 선택이론은 소비자 선호에 대한 분석과 소비자 선택에 제한을 가하는 예산선에 대한 분석의 두 가지 내용으로 구성된다.

3. 소비자는 시장바구니 또는 상품묶음을 서로 비교하여 선택한다. 소비자의 선호는 완전하고(소비자는 모든 가능한 장바구니를 비교할 수 있음), 이행적(만약 A가 B보다 더 선호되고 B가 C보다 더 선호되면, A가 C보다 더 선호됨)이라고 가정한다. 또한 경제학자들은 많은 양을 적은 양보다 항상 더 선호한다고 가정한다.

4. 같은 수준의 만족을 가져다주는 재화와 서비스의 모든 조합을 나타내는 무차별곡선은 우하향하며 서로 교차할 수 없다.

5. 무차별지도로 알려진 무차별곡선의 집합을 통해 소비자 선호는 완전하게 표현될 수 있다. 무차별지도는 소비자가 택할 수 있는 모든 선택의 서수적 순위를 나타낸다.

6. C에 대한 F의 한계대체율(MRS)은 F를 1단위 더 얻기 위해 포기할 용의가 있는 C의 최대량을 나타낸다. 무차별곡선을 따라 아래로 내려갈수록 MRS는 감소한다. MRS가 체감할 때, 무차별곡선의 모양은 원점에

---

[13] CPI와 PPI의 최근 변화에 관해서는 **http://www.bls.gov/cpi**와 **http://www.bls.gov/ppi**를 참조하기 바란다. 실질 GDP의 계산에 대한 정보는 **http://www.bea.gov**를 참조하기 바란다.

[14] 신제품의 출현이나 기존 제품의 품질향상을 반영하지 못한다면 CPI와 PPI에 있어서 추가적인 편의가 발생하게 된다.

대해 볼록하다.

7. 예산선은 소비자가 자신의 소득을 모두 지출할 때 구입할 수 있는 재화들의 모든 조합을 나타낸다. 예산선은 소비자의 소득이 증가함에 따라 바깥쪽으로 이동한다. 소득과 다른 재화의 가격에 대한 변화 없이 (수평축에 있는) 한 재화의 가격이 변할 때, 예산선은 (수직축상의) 고정축을 기준으로 회전한다.

8. 소비자는 예산제약하에서 만족을 극대화한다. 소비자가 두 재화를 모두 소비하여 만족을 극대화할 때, 한계대체율은 구매되는 두 재화의 가격비율과 같다.

9. 극대화는 때때로 한 재화를 전혀 소비하지 않는 상태인 모서리 해에서 발생한다. 이 경우, 한계대체율은 가격비율과 반드시 같을 필요가 없다.

10. 현시선호이론은 가격과 소득이 변할 때 소비자의 선택의 변화를 통하여 소비자의 선호를 파악할 수 있음을 보여 준다. 어떤 개인이 B를 선택할 수 있었음에도 바구니 A를 선택했을 때 A는 B보다 더 선호된다는 점을 알 수 있다.

11. 소비자이론은 두 가지 다른 접근방법을 고려한다. 무차별곡선 접근법은 효용의 서수적 특징을 이용한다 (즉, 여러 대안에 대해 순위를 매김). 효용함수 접근법은 각 장바구니에 수치를 부여하여 효용함수를 구한다. 만약 바구니 A가 바구니 B보다 더 선호된다면, A는 B보다 효용이 더 높다.

12. 위험이 있는 상황에서의 선택을 분석할 때나 개인 간

의 비교분석이 필요할 때는 효용함수의 기수적 특징이 중요하다. 일반적인 효용함수는 한계효용의 체감을 나타내는데, 한 재화를 더 많이 소비할수록 소비자의 효용 증가분은 점점 더 감소한다.

13. 효용함수 접근법에 따르면, 두 재화가 소비될 때 효용 극대화는 두 재화의 한계효용 비율(즉, 한계대체율)이 가격비율과 같을 때 달성된다.

14. 전쟁이나 기타 위기가 발생했을 때 정부는 종종 가격이 경쟁 수준으로 오르는 것을 내버려 두지 않고 식품, 휘발유, 다른 재화들을 배급한다. 일부 사람들은 시장에 의존하는 것보다 비가격적 배급제가 더 공평한 방법이라고 생각한다.

15. 이상적 생계비는 기준연도 가격으로 구매된 재화묶음에서 얻는 효용을 같은 수준을 유지하기 위해 현재 가격으로 구매되는 재화묶음의 비용을 측정한다. 그러나 라스파이레스 가격지수는 기준연도에 선택된 재화묶음에 대해 기준연도 가격으로 구매할 때의 비용 대비 같은 묶음에 대해 현재 가격으로 구매할 때의 비용비율을 나타낸다. 연쇄 가중법을 고려해도 CPI는 이상적 생계비지수를 과대 측정한다. 반면, 파셰 지수는 현재 연도에 선택된 재화묶음에 대해 기준연도 가격으로 구매할 때의 비용 대비 같은 묶음에 대해 현재 가격으로 구매할 때의 비용비율을 나타낸다. 따라서 이는 이상적 생계비지수를 과소 측정한다.

복습문제

1. 개인 선호에 대한 네 가지 기본 가정은 무엇인가? 각각의 중요성과 의의를 설명하라.

2. 무차별곡선은 우상향하는 기울기를 가질 수 있는가? 만약 그렇다면, 두 재화에 대해 무엇을 얘기할 수 있는가?

3. 두 무차별곡선이 서로 교차할 수 없는 이유를 설명하라.

4. 존은 항상 스프라이트 1개를 콜라 1개와 맞교환할 용의가 있다.
   a. 존의 한계대체율에 관하여 어떻게 설명할 수 있는가?
   b. 존의 무차별곡선을 그려라.
   c. 서로 다른 기울기를 가지는 2개의 예산선을 그리고, 만족 극대화 선택을 표현하라. 이러한 그림을

통해 도출할 수 있는 결론은 무엇인가?

5. 볼록한 형태의 무차별곡선 위에서 움직일 때 한계대체율은 어떻게 변하는가? 직선 형태의 무차별곡선의 경우는?

6. 소비자가 만족 극대화를 달성하기 위해서는 두 재화의 MRS가 가격비율과 같아야 하는 이유를 설명하라.

7. 두 재화가 완전대체재일 경우의 무차별곡선을 그려라. 만약 이들이 완전보완재라면 어떻게 되는가?

8. 서수적 효용과 기수적 효용의 차이는 무엇인가? 소비자 선택에 순위를 매기기 위해서는 기수적 효용의 가정이 필요하지 않은 이유를 설명하라.

9. 서독과의 통일 후 동독의 소비자들은 폭스바겐보다 메르세데스 벤츠를 더 선호하는 것으로 나타났다. 그러나 이들이 저축을 독일 마르크로 전환했을 때는 폭스바겐 판매점으로 몰려갔다. 이러한 역설적 상황에 대해 설명하라.

10. 두 재화에 대한 만족 극대화 선택을 표현하기 위해 무차별곡선과 예산선을 그리고 다음 질문에 답하라.

   a. 두 재화 중 하나가 배급된다고 가정하자. 소비자가 전보다 못한 상황에 처할 수 있음을 설명하라.

   b. 두 재화 중 하나의 가격이 현재 가격 아래 수준에서 고정된 상황을 고려해 보자. 그 결과, 소비자는 원하는 만큼 구매를 할 수 없다. 이때 소비자는 이득을 보는가 아니면 손해를 보는가?

11. 한계치 균등의 원칙을 설명하라. 만약 하나 또는 두 재화의 소비에 대해 한계효용이 체증한다면, 이러한 원칙이 더 이상 유효하지 않은 이유를 설명하라.

12. 지난 20년간 컴퓨터가격은 급락하였다. 이러한 가격 하락을 활용하여, 컴퓨터를 집중적으로 사용하는 개인의 소비자 물가지수가 생계비지수를 과대 측정할 가능성이 큰 이유를 설명하라.

13. 파셰 지수가 이상적 생계비지수를 과소 측정하는 이유를 설명하라.

연습문제

1. 이 장에서는 다양한 재화에 대한 소비자 선호는 변하지 않는다고 가정하였다. 그러나 어떤 상황에서는 소비가 이루어짐에 따라 선호가 변한다. 다음 두 재화의 소비에 있어서 시간이 지남에 따라 선호가 어떤 이유에서 또 어떻게 바뀌는지를 설명하라.

   a. 담배

   b. 특별한 요리가 있는 레스토랑에서 가지는 첫 번째 식사

2. 햄버거와 청량음료에 대해 다음과 같은 선호를 나타내는 무차별곡선을 그리고 만족(또는 효용)이 증가하는 방향을 표시하라.

   a. 조는 볼록한 무차별곡선을 가지며, 햄버거와 청량음료 모두를 싫어한다.

   b. 제인은 햄버거를 좋아하나 청량음료는 싫어한다. 만약 청량음료를 주면 그녀는 마시지 않고 버린다.

   c. 밥은 햄버거를 좋아하나 청량음료는 싫어한다. 만약 청량음료를 주면 그는 예의를 지키기 위해 이를 마신다.

   d. 몰리는 햄버거와 청량음료 모두를 좋아하나, 햄버거 2개당 정확히 하나의 청량음료만 마신다.

   e. 빌리는 햄버거를 좋아하나 청량음료는 좋아하지도 싫어하지도 않는다.

   f. 메리는 항상 청량음료를 1잔 더 마실 때보다 햄버거를 하나 더 먹을 때 2배의 만족감을 더 느낀다.

3. 만약 제인이 현재 야구경기 관람권 1장에 영화 관람권 4장을 맞교환하고자 한다면, 그녀는 영화보다 야구경기를 더 좋아해야 한다. 이는 옳은가 혹은 틀린가? 설명하라.

4. 자넬과 브라이언은 각자 새 차의 스타일과 연비기능에 $20,000를 지출하기로 계획하고 있다. 이들은 예

산을 사용함에 있어서 스타일만 고려하거나, 연비만 고려하거나, 또는 둘 다 고려할 수 있다. 자넬은 스타일에 크게 신경 쓰지 않으며, 연비가 최대한 높은 차를 원한다. 브라이언은 두 가지 특성을 똑같이 고려하여 각 특성에 동일한 금액을 지출하기를 원한다. 무차별곡선과 예산선을 이용하여 각자의 선택을 표현하라.

5. 브리짓과 에린이 식품(F)과 옷(C)의 두 재화에 소득을 지출하는 상황을 고려해 보자. 브리짓의 선호는 효용함수 $U(F, C) = 10FC$로, 에린의 선호는 효용함수 $U(F, C) = 0.2F^2C^2$로 표현된다.

   a. 수평축에 식품, 수직축에 옷을 두고 브리짓에게 상품묶음 (10, 5)와 동일한 수준의 효용을 주는 묶음들의 조합을 표시하라. 같은 상황을 고려하여 에린에 대해서도 표시하라.

   b. 위 문제의 그래프에서 브리짓과 에린에게 또 다른 상품묶음인 (15, 8)과 같은 수준의 효용을 주는 묶음들의 조합을 표시하라.

   c. 브리짓과 에린의 선호는 같다고 생각하는가 아니면 다르다고 생각하는가? 이를 설명하라.

6. 존스와 스미스는 하키경기와 록 콘서트에 대해 연간 $1,000의 예산을 지출하기로 결정하였다. 두 사람은 모두 하키경기와 록 콘서트를 좋아하여 두 재화 모두를 소비할 것이다. 그러나 이러한 두 가지 형태의 여가에 대해 이들의 선호는 상당히 다르다. 존스는 록 콘서트보다는 하키경기를, 스미스는 하키경기보다는 록 콘서트를 더 선호한다.

   a. 존스와 스미스의 무차별곡선을 각각 그려라.

   b. 한계대체율의 개념을 이용하여 무차별곡선이 서로 다른 이유를 설명하라.

7. DVD(D)의 가격은 $20, CD(C)의 가격은 $10이다. 필립은 $100의 예산을 이 두 재화의 구입에 지출하고자 한다. 그가 DVD 1개와 CD 1개를 이미 구매했다고 하자. 그는 추가적으로 3개의 DVD와 5개의 CD를 더 사기를 원한다.

   a. 위의 가격과 예산을 고려하여 수평축에 CD를 둔 그림에서 필립의 예산선을 그려라.

   b. 필립이 이미 구매한 것과 구매하기 원하는 것을 고려하여, 선택 가능한 CD와 DVD의 세 가지 다른 묶음을 표시하라(단 필립은 소수점 단위로 구매할 수 없다).

8. 앤은 직업상 4주마다 3번씩 여행을 가야 한다. 연간 여행 예산은 정해져 있으며, 기차 또는 비행기 중 하나를 이용할 수 있다. 그녀가 통상 이용하는 항공사는 연도별 여행거리에 따라 항공권 할인 혜택을 주는 상용 여행자 프로그램을 운영한다. 그녀의 여행거리가 25,000마일이 되면 항공사는 항공권가격을 해당 연도의 남은 기간에 한해 25%를 할인해 준다. 또한 여행거리가 50,000마일이 되면 50%를 할인해 준다. 기차 여행거리를 수직축, 항공 여행거리를 수평축에 두고 앤의 예산선을 그려라.

9. 데브라는 극장에 가면 보통 청량음료를 마시는데, 가격이 $1.50인 8온스짜리, $2.00인 12온스짜리, $2.25인 16온스짜리 중 하나를 선택한다. 데브라가 청량음료의 사이즈를 선택하는 상황에서 직면하는 예산제약을 그려라. (데브라는 마시다 남은 청량음료를 비용을 들이지 않고 버릴 수 있다.)

10. 안토니오는 입학 후 첫해에 5권의 새 대학교재를 권당 $80의 비용으로 구매한다. 중고책의 가격은 권당 $50이다. 서점에서 새 책 가격을 10%, 중고책가격을 5% 인상하고자 함에 따라 안토니오의 부모는 그에게 $40를 더 준다.

    a. 안토니오의 예산선에는 어떤 변화가 일어나는가? 새 책을 수직축에 두고 이러한 변화를 표시하라.

    b. 가격 변화 후 안토니오는 더 나아지는가 아니면 더 나빠지는가? 설명하라.

11. 조지아주에서 소비자들은 아보카도에 대해 복숭아보다 2배 더 높은 가격을 지불한다. 그러나 캘리포니아주에서는 아보카도와 복숭아의 가격이 같다. 만약 이 두 지역 내 소비자들이 모두 효용극대화를 추구한다면, 아보카도에 대한 복숭아의 한계대체율은 두 지역의 소비자들 간에 서로 같은가? 만약 그렇지 않다면, 어느 쪽이 더 큰가?

12. 벤은 점심 예산으로 피자와 부리또를 구매하고자 한다.
    a. 피자를 수평축에 둔 그래프에서 벤의 최적 상품묶음을 나타내라.
    b. 이제 피자에 세금이 부과되어 가격이 20% 인상된 상황을 고려해 보자. 벤의 새로운 최적 상품묶음을 나타내라.
    c. 이제 벤이 원하는 것보다 적은 양의 피자가 배급되는 상황을 고려해 보자. 벤의 새로운 최적 상품묶음을 나타내라.

13. 브렌다는 $25,000의 예산으로 새 차를 사고자 한다. 그녀는 각 자동차에 스타일 지수와 연비 지수를 매긴 잡지를 막 발견하였다. 각각의 지수는 1에서 10의 범위를 가지는데, 10은 스타일 또는 연비가 가장 좋음을 나타낸다. 자동차 리스트를 살펴보는 동안 브렌다는 평균적으로 스타일 지수가 1단위 증가할 때 자동차가격이 $5,000 증가한다는 점을 발견하였다. 또한 그녀는 연비 지수가 1단위 증가하면 차가격이 $2,500 증가한다는 점도 발견하였다.
    a. 연비를 수평축에 두고 $25,000의 예산으로 브렌다가 선택할 수 있는 스타일(S)과 연비(G)의 조합들을 표시하라.
    b. 브렌다의 선호는 연비를 1단위 더 높일 때보다 스타일을 1단위 더 높일 때 만족감이 3배라고 가정해 보자. 브렌다는 어떤 종류의 차를 선택할까?
    c. 브렌다의 스타일에 대한 연비의 한계대체율이 $S/(4G)$라고 하자. 그녀가 구입하는 차는 각 특성에 대해 어떤 지수 값을 갖는가?
    d. 브렌다의 스타일에 대한 연비의 한계대체율이 $(3S)/G$라고 하자. 그녀가 구입하는 차는 각 특성에 대해 어떤 지수 값을 갖는가?

14. 코니는 월 $200의 예산으로 고기와 감자를 구매한다.
    a. 고기가격이 파운드당 $4이고 감자가격이 파운드당 $2라 하자. 코니의 예산제약을 그려라.
    b. 코니의 효용함수는 $U(M, P) = 2M + P$라고 하자. 그녀의 효용을 극대화하는 고기와 감자의 구매량은 얼마인가? (힌트: 고기와 감자는 완전대체재

이다.)
    c. 코니의 단골가게에서는 할인행사를 진행 중이다. 만약 그녀가 20파운드의 감자(파운드당 $2)를 사면 10파운드 감자를 공짜로 더 준다. 이러한 행사는 처음 사는 20파운드에만 적용된다. 처음 사는 20파운드의 감자를 초과하는 감자는 여전히 파운드당 $2이다(보너스 감자는 제외). 그녀의 예산제약을 그려라.
    d. 감자부패증으로 감자가격이 파운드당 $4로 오르고, 상점도 행사를 종료하였다. 이제 코니의 예산제약은 어떻게 변하는가? 그녀의 효용을 극대화하는 고기와 감자의 구매량은 어떻게 되는가?

15. 제인은 휴가 중 국내여행 일수(D)와 해외여행 일수(F)를 통해 효용을 얻는데, 효용함수는 $U(D, F) = 10DF$로 나타난다. 또한 제인의 연간 여행 예산은 $4,000인데, 국내여행은 1일당 $100, 해외여행은 1일당 $400가 소요된다.
    a. 효용이 800인 무차별곡선과 1,200인 무차별곡선을 그려라.
    b. 위의 그림에서 제인의 예산선을 그려라.
    c. 제인은 800의 효용을 주는 상품묶음을 구매할 수 있는가? 1,200의 효용은 어떠한가?
    *d. 국내여행 일수와 해외여행 일수에 대한 제인의 효용극대화 선택을 구하라.

16. 줄리오는 식품(F)과 옷(C)의 소비를 통해 효용을 얻는데, 그의 효용함수는 $U(F, C) = FC$이다. 또한 식품가격은 단위당 $2, 옷가격은 단위당 $10, 줄리오의 주당 소득은 $50이다.
    a. 줄리오의 효용이 극대화될 때 옷에 대한 식품의 한계대체율은 얼마인가? 이를 설명하라.
    b. 줄리오는 효용극대화를 달성하는 묶음보다 식품을 더 많이, 옷을 더 적게 소비하고 있다고 하자. 이때 옷에 대한 식품의 한계대체율은 a의 답보다 더 큰가 또는 더 작은가? 이를 설명하라.

17. 메레디스는 식품(F)과 옷(C)의 소비로 효용을 얻는데, 그의 효용함수는 $U(F, C) = FC$이다. 1990년에 메레

디스의 소득은 $1,200이고 식품가격과 옷가격은 각각 단위당 $1였다. 그러나 2000년에 식품가격은 $2로, 옷가격은 $3로 올랐다. 1990년 생계비지수를 100으로 두자. 2000년 메레디스에 대한 이상적 생계비지수와 라스파이레스 생계비지수를 구하라. (힌트: 이러한 선호에서 메레디스는 같은 양의 식품과 옷을 구매할 것이다.)

CHAPTER 4
개별수요와 시장수요

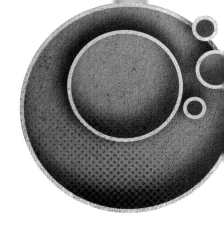

제3장에서는 소비자 수요이론의 기초적 토대를 마련하였다. 소비자 선호의 특성에 대해 설명하였고, 주어진 예산제약하에서 소비자가 효용을 극대화하는 시장바구니를 어떻게 선택하는지를 살펴보았다. 이 장에서는 수요를 분석하며, 어떤 재화에 대한 수요가 자신의 가격과 다른 재화의 가격, 소득에 의해 어떤 영향을 받는지를 좀 더 살펴본다.

수요에 대한 분석은 다음의 여섯 단계를 통해 이루어진다.

1. 먼저 개별 소비자의 수요곡선을 도출한다. 가격과 소득의 변화가 개인의 예산선에 미치는 영향을 알고 있으므로 가격과 소득의 변화가 소비자 선택에 미치는 영향도 결정할 수 있다. 또 그러한 정보를 이용하여 개인의 수요곡선상에서 가격의 변화가 그 재화의 수요량에 어떠한 영향을 주는지를 살펴볼 수 있다. 또한 개인의 소득 변화에 따라 수요곡선이 어떻게 이동하는지도 살펴본다.

2. 이를 토대로 가격 변화의 효과를 좀 더 자세히 분석한다. 어떤 재화의 가격이 오르면 그 재화에 대한 개인의 수요는 다음의 두 가지 측면에서 변화할 수 있다. 첫째, 그 재화가 다른 재화에 비해 상대적으로 비싸졌으므로 소비자들은 그 재화를 적게 사는 대신 다른 재화를 많이 살 것이다. 둘째, 가격 인상으로 인해 소비자의 구매력이 감소하는데, 구매력의 감소는 소득의 감소와 같이 소비자의 수요를 감소시킨다. 이와 같은 두 가지 효과를 분석함으로써 수요의 특성을 잘 이해할 수 있다.

3. 다음으로 시장수요곡선을 도출하기 위해 개별수요곡선들이 어떻게 합쳐지는지를 살펴본다. 또한 시장수요의 특징을 분석하며, 일부 재화의 수요가 다른 재화의 수요와는 다른 이유에 대해서도 살펴본다.

4. 이어서 소비자들이 재화를 소비할 때 지불한 금액 이상으로 얻는 편익을 측정하기 위해 시장수요곡선이 어떻게 활용되는지를 살펴본다. 이러한 내용은 나중에 시장에 대한 정부 개입의 효과를 분석할 때 매우 유용하게 사용된다.

5. 나아가 어떤 재화에 대한 한 사람의 수요가 다른 사람들의 수요에 의해

영향을 받는 상황을 의미하는 네트워크 외부효과를 살펴본다. 이 효과는 컴퓨터 하드웨어와 소프트웨어, 통신시스템과 같은 많은 첨단기술 제품들에 대한 수요에서 중요한 역할을 한다.

6. 마지막으로는 수요에 관한 실증적인 정보를 얻기 위해 경제학자들이 사용하는 방법에 대하여 간단하게 살펴본다.

4.1 개별수요

이 절에서는 예산제약하에서 개인의 소비 선택에 따라 개별 소비자의 수요곡선이 어떻게 도출되는지를 살펴본다. 이러한 개념들을 그림으로 표현하기 위해 식품과 옷의 두 가지 재화만 소비할 수 있는 상황을 고려하며, 3.3절에서 보았던 효용극대화 접근법을 활용한다.

가격의 변화

우선 식품가격이 변할 때 식품과 옷의 소비는 어떻게 변하는지를 살펴보자. 그림 4.1은 어떤 소비자가 고정된 소득을 두 재화에 배분할 때의 소비 선택을 보여 준다.

최초에 식품가격은 $1, 옷의 가격은 $2, 소비자의 소득은 $20이다. 그림 4.1(a)에서 효용극대화를 달성하는 소비 선택은 B점이다. 이 점에서 소비자는 식품 12단위와 옷 4단위를 구매하고, 무차별곡선 U_2가 가져다주는 효용을 얻는다.

이제 식품가격과 수요량의 관계를 나타내는 그림 4.1(b)를 살펴보자. 수평축은 그림 4.1(a)와 같이 식품 소비량을 나타내지만, 수직축은 이제 식품가격을 나타낸다. 그림 4.1(b)에서 G점은 그림 4.1(a)의 B점에 상응하는 점이다. G점에서 식품의 가격은 $1이며, 이 소비자는 식품 12단위를 구매한다.

이제 식품의 가격이 $2로 오른다고 하자. 제3장에서 보았듯이, 그림 4.1(a)의 예산선은 수직축의 절편을 축으로 안쪽으로 회전하여 기울기가 가격이 인상되기 전보다 2배 더 가파르게 된다. 식품의 상대가격 인상에 따라 예산선의 기울기의 크기가 증가하였다. 소비자는 이제 전보다 낮은 무차별곡선 U_1 위의 A점에서 효용을 극대화한다. 식품가격이 인상됨에 따라 소비자의 구매력은 낮아지고 달성할 수 있는 효용도 줄어든 것이다. A점에서 소비자는 식품 4단위와 옷 6단위를 선택한다. 이와 같은 소비 선택의 변화는 그림 4.1(b)에서 E점으로 나타나는데, $2의 가격에서 4단위의 식품이 소비된다.

한편 식품가격이 50센트로 떨어진다면 어떤 상황이 발생하는가? 예산선은 이제 바깥쪽으로 회전하므로 소비자는 그림 4.1(a)에서 D점을 선택하여 식품 20단위와 옷 5단위를 구매함으로써 더 높은 수준의 효용을 나타내는 무차별곡선 U_3에 도달한다. 그림 4.1(b)의 H점은 식품가격이 50센트일 때 식품은 20단위가 소비됨을 보여 준다.

개별수요곡선

계속해서 모든 가능한 식품가격의 변화를 고려해 보자. 그림 4.1(a)에서 **가격소비곡선**(price-consumption curve)은 식품가격의 변화에 대응하여 효용극대화를 달성하는 식품과 옷의 조합이 변화하는 경로를 추적하고 있다. 식품가격이 내려가면 달성 가능한 효용수준은 증가하고 소비자

3.3절에서는 소비자가 예산선에 접하는 가장 높은 위치의 무차별곡선상의 시장바구니를 어떻게 선택하는지를 설명한 바 있다.

3.2절에서 가격 변화에 대응하여 예산선이 어떻게 이동하는지를 설명한 바 있다.

가격소비곡선 한 재화의 가격이 변할 때 효용을 극대화하는 두 재화의 조합의 궤적을 나타내는 곡선

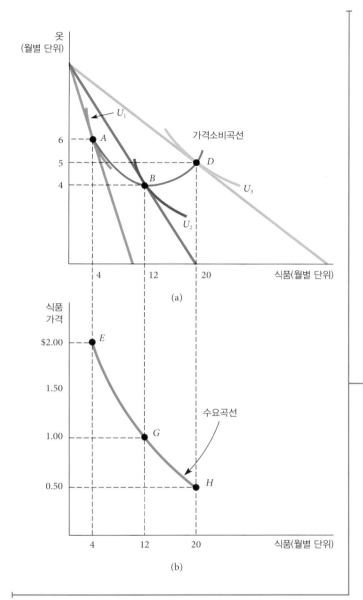

그림 4.1
가격 변화의 효과
소비자의 소득과 옷의 가격이 고정된 상태에서 식품가격이 내려
가면 소비자는 다른 시장바구니를 선택한다. (a)에서 다양한 식
품가격하에서 효용극대화를 달성하는 바구니들($2일 때 A점,
$1일 때 B점, $0.5일 때 D점)의 궤적을 이으면 가격소비곡선이
도출된다. (b)는 식품가격과 수요량의 관계를 나타내는 식품의
수요곡선을 보여 준다. (E점, G점, H점은 각각 A점, B점, D점
에 상응하는 점들이다.)

는 식품을 더 많이 구매한다는 사실을 주목하라. 가격이 하락함에 따라 재화의 소비가 증가하는
현상은 거의 항상 성립한다. 그러나 식품가격이 내려갈 때 옷의 소비에는 어떤 변화가 나타나는
가? 그림 4.1(a)에 나타난 것처럼 옷의 소비는 증가할 수도 있으며 감소할 수도 있다. 식품가격
이 하락하면 두 재화에 대한 소비자의 구매력이 향상되므로 식품과 옷의 소비는 모두 증가할 수
있다.

　　개별수요곡선(individual demand curve)은 한 재화의 가격과 개별 소비자가 그 재화를 구매하고
자 하는 양 간의 관계를 나타낸다. 그림 4.1(b)에서 개별수요곡선은 식품의 가격과 한 소비자가

개별수요곡선 한 재화의 가격
과 한 소비자가 구매하고자 하는
그 재화의 양과의 관계를 나타내
는 곡선

구매하고자 하는 식품의 양을 서로 연계시킨다. 이러한 수요곡선은 다음 두 가지 중요한 특징을 가진다.

3.1절에서 한계대체율(MRS)이란 소비자가 어떤 재화 1단위를 더 얻기 위해 기꺼이 포기하고자 하는 다른 재화의 최대량을 측정한다고 설명하였다.

1. **개별수요곡선상에서 이동함에 따라 소비자가 얻을 수 있는 효용수준은 변한다.** 제품의 가격이 내려갈수록 효용수준은 더 올라간다. 그림 4.1(a)에서 가격이 내려감에 따라 더 높은 무차별곡선에 도달할 수 있다는 점을 알 수 있다. 이러한 결과는 제품의 가격이 내려가면 소비자의 구매력이 향상된다는 단순한 사실을 반영한다.

2. **수요곡선상의 모든 점에서 소비자는 옷에 대한 식품의 한계대체율(MRS)이 식품과 옷의 가격 비율과 일치한다는 조건을 만족함으로써 효용을 극대화한다.** 식품의 가격이 내려가면 가격비율과 한계대체율도 역시도 작아진다. 그림 4.1(b)에서 가격비율은 E점의 $1(\$2/\$2)$에서 G점의 $1/2(\$1/\$2)$로, 그리고 H점의 $1/4(\$0.5/\$2)$로 점점 작아진다. 소비자는 효용을 극대화하므로 옷에 대한 식품의 MRS는 수요곡선상의 위에서 아래로 내려감에 따라 감소한다. 소비자가 식품을 더 많이 구매할수록 식품의 상대적 가치는 떨어지기 때문에 이러한 현상은 직관적으로도 이해될 수 있다.

한계대체율이 개별수요곡선상에서 변한다는 사실은 소비자가 재화와 서비스에 대해 어떤 가치를 부여하는지를 설명한다. 현재 식품 4단위를 소비하고 있는 어떤 소비자에게 추가 1단위를 더 소비한다면 얼마를 더 지불할 용의가 있는지를 물어본다고 하자. 그림 4.1(b)의 수요곡선상에 있는 E점은 이에 대해 $2라고 말하고 있다. 앞서 지적한 바와 같이, E점에서 옷에 대한 식품의 한계대체율은 1이기 때문에 추가적인 식품 1단위의 가치는 추가적인 옷 1단위의 가치와 같다. 그런데 옷 1단위를 얻는 데에는 $2의 비용이 드는데, 이는 곧 식품을 1단위 더 소비함으로써 얻는 가치, 즉 한계편익이다. 따라서 그림 4.1(b)에서 수요곡선을 따라 아래로 이동하면 한계대체율은 감소한다. 마찬가지로 소비자가 식품을 1단위 추가적으로 소비할 때 부여하는 가치는 $2에서 $1로, 그리고 $0.5로 떨어진다.

소득의 변화

지금까지는 식품의 가격 변화에 따라 식품과 옷의 소비량이 어떻게 변하는지를 살펴보았다. 이제 소득이 변화할 때는 어떤 변화가 나타나는지를 살펴보자.

소득 변화의 효과는 가격 변화의 효과와 상당히 유사한 방법으로 분석될 수 있다. 그림 4.2(a)는 식품가격이 $1이고 옷의 가격이 $2인 상태에서 주어진 소득을 식품과 옷에 배분하는 경우의 소비자의 소비 선택을 보여 준다. 그림 4.1(a)와 마찬가지로 옷의 소비량은 수직축에, 식품의 소비량은 수평축에 둔다. 그림 4.2(a)에서 소득 변화는 예산선의 변화로 나타난다. 처음에 이 소비자의 소득은 $10이다. 이때 효용극대화 소비 선택은 A점에서 이루어지며, 이 소비자는 식품 4단위와 옷 3단위를 소비한다.

이러한 식품 4단위의 선택은 그림 4.2(b)에서 수요곡선 D_1 위의 E점으로 나타난다. 수요곡선 D_1은 소득이 $10로 주어진 상태에서 식품가격이 변할 때 수요량의 변화를 추적한 곡선이다. 여기서는 식품가격은 변하지 않으므로 유일하게 관찰되는 점은 수요곡선상의 E점뿐이다.

이제 이 소비자의 소득이 $20로 증가한다고 하자. 이 소비자의 예산선은 바깥쪽으로 평행이동

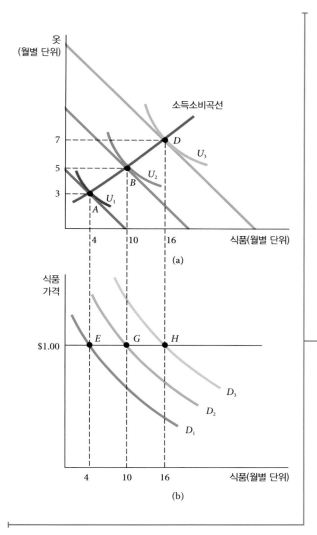

그림 4.2
소득 변화의 효과
모든 재화의 가격이 고정된 상태에서 소득의 증가는 소비자들의 장바구니 선택을 바꾸게 만든다. (a)에서 다양한 소득수준에 대응하는 소비자 만족 극대화의 바구니들(소득이 각각 $10일 때 A점, $20일 때 B점, $30일 때 D점)을 추적하면 소득소비곡선이 나타난다. 소득 증가에 따른 수요곡선의 오른쪽 이동은 (b)에서 나타난다(E, G, H는 각각 A, B, D에 상응하는 점들이다).

하며, 소비자는 무차별곡선 U_2로 표현되는 효용수준을 달성하게 된다. 이제 이 소비자의 최적 소비 선택은 B점에서 이루어지며, 식품 10단위와 옷 5단위를 구매한다. 그림 4.2(b)에서 식품 소비는 수요곡선 D_2 위의 G점으로 표시된다. D_2는 소득이 $20로 주어진 상태에서 식품가격이 변할 때 수요량의 변화를 추적한 수요곡선이다. 마지막으로, 만약 이 소비자의 소득이 $30로 증가하면, D점에서 식품 16단위와 옷 7단위의 장바구니를 선택하는데, 그것은 그림 4.2(b)의 H점으로 표시된다.

계속해서 가능한 모든 소득수준의 변화를 고려해 볼 수 있다. 그림 4.2(a)에서 **소득소비곡선**(income-consumption curve)은 모든 소득수준에 대응하는 식품과 옷의 효용극대화 소비조합들을 추적한 선이다. 그림 4.2에서 소득소비곡선의 기울기는 우상향하는데, 이는 소득이 증가할 때 식품과 옷의 소비가 모두 증가하기 때문이다. 앞에서는 재화의 가격 변화는 수요곡선상의 이동으

소득소비곡선 개별 소비자의 소득 변화에 따른 두 재화의 효용극대화 소비조합 변화의 궤적을 나타내는 곡선

로 표시된다는 것을 살펴본 바 있다. 여기서는 상황이 다르다. 각 수요곡선은 주어진 소득수준에 서 그려지므로 소득 변화에 따라 수요곡선 자체가 이동하게 된다. 따라서 그림 4.2(a)에서 소득소 비곡선 위의 A점은 그림 4.2(b)에서 수요곡선 D_1 위의 E점과 상응한다. B점은 다른 수요곡선인 D_2 위의 G점과 상응한다. 우상향하는 소득소비곡선은 소득의 증가로 인해 수요곡선이 오른쪽으 로 이동한다는 점을 보여 주는데, 이 사례에서 수요곡선은 D_1에서 D_2로, 다시 D_3로 이동한다.

정상재와 열등재

2.4절에서 수요의 소득탄력성 은 소득의 1% 변화에 대한 수 요량의 퍼센트 변화율을 나타 낸다고 설명하였다.

소득소비곡선이 양(+)의 기울기를 가진다면 수요량은 소득과 함께 증가한다. 그 결과 수요의 소득탄력성은 양(+)의 값을 가진다. 수요곡선이 오른쪽으로 더 많이 이동할수록 소득탄력성은 더 크다. 이런 경우에 해당하는 재화는 정상재(normal good)라고 한다. 소비자는 소득이 증가할 수록 해당 재화를 더 많이 사고자 한다.

그러나 어떤 재화의 경우에는 소득이 증가함에 따라 수요량이 감소할 수도 있다. 이때 수요의 소득탄력성은 음(−)의 값을 가지며, 열등재(inferior good)라고 부른다. 여기서 열등(inferior)하다 는 것은 단순히 소득이 증가함에 따라 소비가 감소한다는 것을 의미한다. 예를 들어, 햄버거는 어떤 사람들에게는 열등한데, 이들은 소득이 증가함에 따라 햄버거를 덜 먹는 대신 스테이크를 더 많이 먹는다.

그림 4.3은 열등재에 대한 소득소비곡선을 보여 준다. 소득수준이 상대적으로 낮을 때에는 햄 버거와 스테이크는 모두 정상재이다. 그러나 소득이 증가함에 따라 소득소비곡선이 (B에서 C점 으로) 후방굴절된다. 이러한 변화는 햄버거가 소득이 증가함에 따라 소비가 감소하는 열등재가 되었기 때문이다.

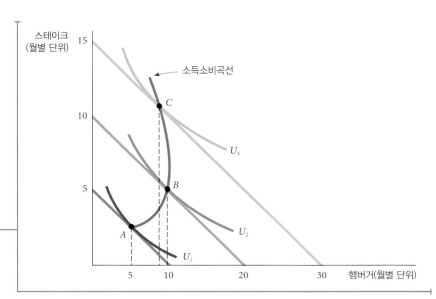

그림 4.3
열등재
소비자는 소득이 증가할 때 자신이 구매하고 있는 두 재화 가운데 한 가지 재화의 소비를 줄일 수 있다. 여기서 햄버거는 A점과 B점 사 이에서는 정상재이지만 소득소비곡선이 후방 굴절되는 B점과 C점 사이에서는 열등재가 된다.

엥겔곡선

소득소비곡선을 이용하여 한 개인의 소득수준과 한 재화의 소비량 간의 관계를 나타내는 **엥겔곡선**(Engel curve)을 도출할 수 있다. 그림 4.4는 두 가지 다른 재화에 대해 엥겔곡선이 어떻게 구해지는지를 보여 준다. 엥겔곡선이 우상향하는 그림 4.4(a)는 그림 4.2(a)에서 바로 도출된다. 두 그림 모두에서 소비자의 소득이 $10, $20, $30로 증가함에 따라 식품 소비량은 각각 4단위, 10단위, 16단위로 증가한다. 그림 4.2(a)에서 수직축은 월별 옷 소비량이고 수평축은 월별 식품 소비량을 나타내므로 소득의 변화는 예산선의 이동으로 나타난다. 그림 4.4(a)와 (b)에서 수평축은 식품과 햄버거의 소비량을 나타내지만 수직축은 소득수준을 나타낸다.

> 엥겔곡선 한 소비자의 소득수준과 한 재화의 소비량 간의 관계를 나타내는 곡선

그림 4.2(a)의 소득소비곡선이 우상향하는 것과 같이 그림 4.4(a)에서 우상향하는 엥겔곡선은 정상재인 경우를 나타낸다. 옷에 대한 엥겔곡선도 비슷한 모양임을 확인할 수 있다(소득이 증가함에 따라 옷의 소비량은 3단위, 5단위, 7단위로 증가한다).

그림 4.3으로부터 도출된 그림 4.4(b)는 햄버거에 대한 엥겔곡선을 보여 준다. 소득이 $10에서 $20로 증가함에 따라 햄버거의 소비도 5에서 10단위로 증가하였다. 그런데 소득이 더 증가하여 $20에서 $30가 되면 햄버거의 소비는 8단위로 줄어든다. 엥겔곡선에서 우하향하는 부분은 햄버거가 열등재인 소득 범위를 나타낸다.

대체재와 보완재

제2장에서 살펴본 수요곡선은 선호, 소득, 다른 재화의 가격이 주어진 상태에서 해당 재화의 가격과 수요량 간의 관계를 나타낸다. 그런데 많은 재화에 있어서 수요는 다른 재화의 가격에도 영향을 받는다. 예를 들어, 야구방망이와 야구공, 핫도그와 케첩, 컴퓨터 하드웨어와 소프트웨어

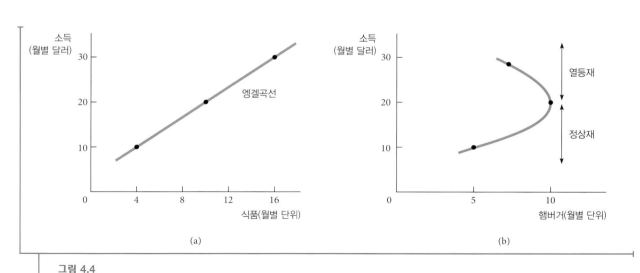

그림 4.4
엥겔곡선
엥겔곡선은 소득과 재화 소비량 간의 관계를 나타낸다. (a)에서 식품은 정상재이며 엥겔곡선은 우상향한다. 그러나 (b)에서 햄버거는 소득이 월 $20 이하일 때는 정상재이나 그 이상의 소득에서는 열등재가 된다.

사례 4.1   미국 내 소비자지출

앞에서 분석한 엥겔곡선은 개별 소비자들에게 적용되는 것이지만 소비자 집단에 대한 엥겔곡선도 도출할 수 있다. 이러한 정보는 특히 서로 다른 소득집단 간에 나타나는 소비자지출의 차이를 살펴보고자 할 때 유용하다. 표 4.1은 미국 노동통계국이 수행한 설문조사에서 나타난 몇몇 항목에 대한 소비지출 경향을 보여 준다. 이 자료는 수많은 가구들의 평균값을 나타내는데, 전형적인 가구의 소비지출 행태를 보여 주는 것으로 해석할 수 있다.

이 자료는 특정 재화에 대한 소득과 소비량 간의 관계가 아니라 소득과 소비지출액 간의 관계를 보여 준다. 첫 번째 두 항목인 오락과 주택구매는 수요의 소득탄력성이 높은 소비재들이다. 오락에 대한 가구당 평균적인 지출액을 보면, 가장 높은 소득집단의 지출액은 가장 낮은 소득집단에 비해 5배나 많다. 주택구매도 같은 경향을 보이는데, 가장 높은 소득집단의 지출액은 가장 낮은 소득집단에 비해

6배 이상 많다.

반면, 소득이 증가함에 따라 주택임대를 위한 지출액은 줄어든다. 이러한 경향은 대부분의 고소득층 가구는 집을 임대하기보다는 소유한다는 것을 나타낸다. 따라서 주택임대는 적어도 소득이 연간 $40,000인 집단에 대해서는 열등재이다. 마지막으로, 건강관리, 식품, 옷은 소득탄력성이 양(+)인 소비 항목이기는 해도 오락이나 주택구매보다는 높지 않다는 점을 확인할 수 있다.

그림 4.5는 표 4.1에 나타난 주택임대, 건강관리, 오락에 대한 자료를 그림으로 나타낸 것이다. 세 가지 엥겔곡선을 살펴보면, 우선 오락과 건강관리에 대한 소비지출은 소득이 증가함에 따라 빠르게 증가함을 알 수 있다. 주택임대의 경우는 소득이 낮은 경우에는 소득이 증가함에 따라 소비지출이 증가하지만 소득이 $40,000를 넘으면 소비지출이 감소하는 모습을 확인할 수 있다.

표 4.1	미국 가구의 연간 소비지출액						
	소득집단						
지출액($)	$10,000 미만	10,000~ 19,999	20,000~ 29,999	30,000~ 39,999	40,000~ 49,999	50,000~ 69,999	70,000 이상
오락	1,038	1,165	1,407	1,969	2,131	2,548	4,655
주택구매	1,770	2,134	2,795	3,581	4,198	5,556	11,606
주택임대	3,919	3,657	4,054	3,878	4,273	3,812	3,072
건강관리	1,434	2,319	3,124	3,539	3,709	4,702	6,417
식품	3,466	3,706	4,432	5,194	5,936	6,486	10,116
옷	798	766	960	1,321	1,518	1,602	2,928

출처: 미국 노동부 노동통계국, "Consumer Expenditure Survey, Annual Report 2015"

등은 함께 사용되는 재화들이다. 반면, 콜라와 다이어트콜라, 자가주택과 임대주택, 영화관람권과 영화비디오 대여 등의 재화들은 모두 서로 대체할 수 있다.

2.1절에서는 한 재화의 가격이 인상됨에 따라 다른 재화의 수요량이 증가한다면 두 재화는

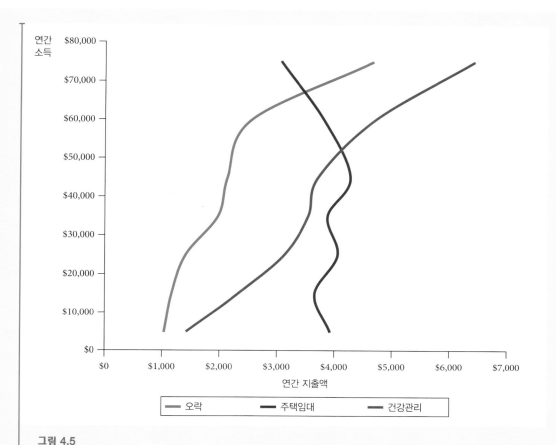

그림 4.5
미국 소비자의 엥겔곡선
주택임대, 건강관리, 오락에 대한 가구당 평균지출액이 연간 소득의 함수로 나타난다. 건강관리와 오락은 각각 소득과 함께 지출이 증가하므로 정상재이다. 그러나 주택임대는 $40,000를 넘는 소득에서는 열등재이다.

서로 대체재(substitutes)임을 살펴보았다. 만약 영화관람료가 오르면 사람들은 영화관람과 대체할 수 있는 영화비디오를 더 많이 대여할 것이다. 이와 유사하게 만약 한 재화의 가격이 인상됨에 따라 다른 재화의 수요량이 감소한다면 두 재화는 서로 **보완재**(complements)이다. 만약 휘발유가격이 올라서 휘발유 소비량이 감소한다면 자동차 엔진오일의 소비량도 감소할 것으로 기대할 수 있는데, 그것은 휘발유와 엔진오일은 모두 자동차 운행을 위해 필요하기 때문이다. 만약 한 재화의 가격 변화가 다른 재화의 수요량에 영향을 미치지 않는다면 두 재화는 서로 **독립적인**(independent) 재화들이다.

두 재화가 서로 보완재인지 또는 대체재인지를 알아보기 위한 한 가지 방법은 가격소비곡선을 살펴보는 것이다. 그림 4.1을 다시 살펴보자. 가격소비곡선이 우하향하는 부분에서는 식품과 옷은 서로 대체적이다. 이때 식품의 가격이 내려가면 옷의 소비량은 감소한다(아마도 식품에 대한 지출이 증가하여 옷을 살 수 있는 예산이 줄어들기 때문일 것이다). 이와 유사하게 가격소비곡선이 우상향하는 부분에서는 식품과 옷은 서로 보완적이다. 이때는 식품가격이 내려가면 옷의 소비는 증가한다(아마도 소비자가 외식을 더 자주 함에 따라 옷에도 더 신경을 써야 하기 때문일 것이다).

재화들이 서로 보완재나 대체재가 될 수 있다는 사실은 어떤 시장에서 가격 변화의 효과를 분석할 때는 관련된 다른 시장에 미치는 영향을 파악하는 것도 중요하다는 점을 알려 준다. (서로 다른 시장 간의 상호관계는 제16장에서 자세히 다룬다.) 두 재화가 서로 보완관계인지 대체관계인지 또는 독립적인지를 결정하는 것은 실증적으로 파악해야 할 사안이다. 이를 알아보기 위해서는 한 재화의 수요가 다른 재화의 가격 변화에 어떻게 반응하는지를 조사할 수 있어야 한다. 이는 생각보다는 어려운 작업인데, 재화의 가격 변화로 인해 수많은 다른 요인들이 동시에 변화하기 때문이다. 이 장의 4.6절에서는 재화의 수요에 영향을 미치는 여러 가지 결정요인들을 실증적으로 구분하는 방법을 소개한다. 그러나 우선은 기초적인 이론을 좀 더 살펴보는데, 다음 절에서는 어떤 재화의 가격 변화가 그 재화에 대한 소비자의 수요에 어떻게 영향을 미치는지를 좀 더 자세히 알아본다.

4.2 소득효과와 대체효과

한 재화의 가격이 하락하면 다음의 두 가지 효과가 나타난다.

1. **소비자들은 상대적으로 가격이 싸진 재화를 더 많이 구매하고, 상대적으로 비싸진 재화를 더 적게 구매하려는 경향이 있다.** 재화의 상대가격 변화에 따른 소비자의 이러한 반응을 대체효과(substitution effect)라고 한다.
2. **한 재화의 가격이 하락함에 따라 소비자의 실질구매력은 증가한다.** 소비자는 이제 적은 돈으로 같은 양의 재화를 살 수 있으며, 남은 돈으로 더 많은 재화를 살 수 있으므로 전보다 더 나은 상태가 된다. 이와 같이 실질구매력의 향상으로 발생하는 수요량의 변화를 소득효과(income effect)라고 한다.

일반적으로 이 두 효과는 동시에 발생하지만 분석의 편의를 위해 두 효과를 구분하여 살펴본다. 그림 4.6에서 소비자는 식품과 옷의 두 재화를 소비하며, 처음의 예산선은 RS로 주어져 있다. 소비자는 시장바구니 A를 선택함으로써 효용을 극대화하는데, 무차별곡선 U_1이 나타내는 효용을 얻는다.

3.4절에서는 소비 선택의 결과를 통해 소비자의 선호가 어떻게 드러나는지를 살펴보았다.

이제 식품의 가격이 하락함에 따라 예산선이 바깥쪽으로 회전하여 RT가 된다면 소비자의 선택에는 어떤 변화가 있게 되는지 살펴보자. 이제 소비자는 무차별곡선 U_2상의 B점에 해당하는 시장바구니를 선택한다. 소비자는 시장바구니 A를 선택할 수도 있지만 B를 선택하였으므로 3.4절에서 설명했던 현시선호이론에 의하면 B를 A보다 더 선호함을 알 수 있다. 따라서 식품가격의 하락으로 소비자는 구매력이 향상됨으로써 더 높은 수준의 만족을 얻게 된다. 가격 하락에 따른 식품의 전체 소비량의 변화는 F_1F_2로 나타난다. 처음에는 소비자는 OF_1만큼의 식품을 소비하였으나, 가격 변화 이후 식품 소비는 OF_2로 증가한 것이다. 따라서 선분 F_1F_2는 식품 소비의 증가분을 나타낸다.

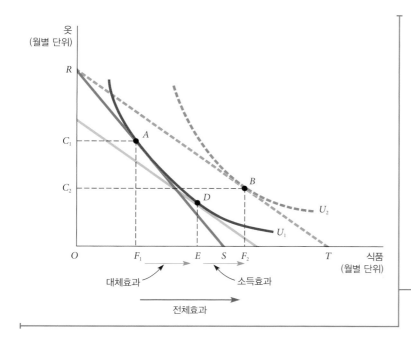

그림 4.6
소득효과와 대체효과: 정상재
식품가격의 하락은 소득효과와 대체효과를 발생시킨다. 소비자는 처음에 예산선 *RS*상의 *A*점을 선택한다. 식품의 가격이 하락함에 따라 소비자의 선택은 *B*점으로 이동하며, 식품의 소비량은 F_1F_2만큼 증가한다. 대체효과 F_1E(*A*점에서 *D*점으로의 이동)는 이전과 동일한 실질소득(효용수준)을 유지한 상태에서 식품과 옷의 상대가격 변화로 인한 식품 소비량의 변화를 보여 준다. 소득효과인 EF_2(*D*점에서 *B*점으로의 이동)는 두 재화의 상대가격이 그대로 유지된 실질구매력의 향상으로 인한 식품 소비량의 변화를 의미한다. 식품은 소득효과 EF_2가 양(+)의 값을 가지므로 정상재이다.

대체효과

가격의 하락은 대체효과와 소득효과 모두를 발생시킨다. **대체효과**(substitution effect)는 효용수준이 일정하게 유지된 상태에서 식품가격의 변화에 따른 식품 소비량의 변화를 나타낸다. 대체효과는 가격의 변화로 식품이 옷보다 상대적으로 저렴해짐에 따라 발생하는 식품 소비량의 변화를 보여 준다. 여기서 대체는 동일한 무차별곡선상의 이동으로 표현된다. 그림 4.6에서 대체효과는 식품 가격의 상대적인 하락을 반영하는 새로운 예산선 *RT*와 평행하면서 만족수준이 일정하다는 조건에 따라 원래의 무차별곡선 U_1과 접하는 가상의 예산선을 통하여 얻을 수 있다. 가상의 새로운 예산선은 대체효과를 따로 분리하여 파악하기 위하여 명목소득을 감소시켜서 그린 것이다. 가상적인 예산선이 주어진 상태에서 소비자는 시장바구니 *D*를 선택함으로써 *OE*단위의 식품을 소비한다. 따라서 F_1E는 대체효과를 나타낸다.

그림 4.6은 식품가격이 하락할 때 대체효과는 식품의 수요량을 항상 증가시킨다는 사실을 분명히 보여 준다. 이는 3.1절에서 설명하였던 소비자 선호에 관한 네 번째 가정, 즉 무차별곡선은 볼록하다는 가정으로 설명할 수 있다. 따라서 그림에서 나타나는 볼록한 형태의 무차별곡선하에서는 처음의 예산선 *RT*에 평행한 새로운 가상의 예산선상에서 만족을 극대화하는 점은 반드시 처음의 접점의 오른쪽 아래에 위치해야 한다.

소득효과

이제 **소득효과**(income effect)를 살펴보자. 이는 상대가격이 고정된 상태에서 구매력 향상에 따른 식품 소비량의 변화를 나타낸다. 그림 4.6에서 소득효과는 *D*점을 통과하는 가상의 예산선을 이와 평행하면서 *B*점을 통과하는 예산선 *RT*로 이동시킴으로써 파악할 수 있다. 소비자는 무차별곡선 U_2

대체효과 효용수준을 일정하게 유지한 상태에서 한 재화의 가격 변화에 따른 해당 재화의 소비량 변화

소득효과 한 재화의 상대가격이 고정된 상태에서 구매력 향상에 따른 해당 재화의 소비 변화

그림 4.7

소득효과와 대체효과: 열등재

처음에 소비자는 예산선 RS 위의 A점에 있다. 식품의 가격이 하락하면서 소비자는 B점으로 이동한다. 전체적인 식품 소비량의 변화는 대체효과인 F_1E(A에서 D로 이동)과 소득효과인 EF_2(D에서 B로 이동)로 분리할 수 있다. 여기서는 소득효과가 음(−)의 값을 가지므로 식품은 열등재이다. 그러나 대체효과가 소득효과를 능가하므로 식품의 가격이 하락하면 식품 소비량은 증가한다.

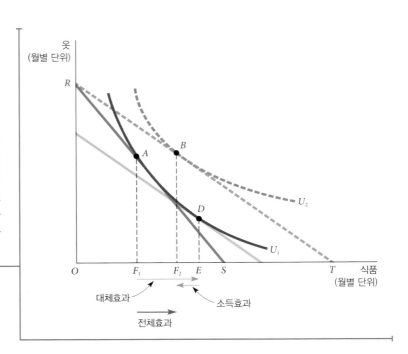

위의 장바구니 B를 선택한다. 식품가격의 하락으로 소비자의 구매력이 향상됨에 따라 이 소비자가 얻을 수 있는 효용수준은 증가한다. OE에서 OF_2로의 식품 소비량 증가가 소득효과를 나타낸다. 식품은 소득이 증가할수록 구매량이 증가하는 정상재이므로 소득효과는 양(+)의 값을 가진다. 소득효과는 한 무차별곡선에서 다른 무차별곡선으로의 이동을 반영하므로 소비자의 구매력 변화의 효과를 측정하는 것이다.

이상에서 가격 변화에 따른 전체적인 효과는 대체효과와 소득효과의 합으로 나타난다는 사실을 알 수 있다.

$$총효과(F_1F_2) = 대체효과(F_1E) + 소득효과(EF_2)$$

대체효과의 방향은 항상 같다는 사실을 기억하라. 즉 어떤 재화의 가격이 하락하면 그 재화의 소비량은 항상 증가한다. 그러나 소득효과의 방향은 그 재화가 정상재인지 또는 열등재인지에 따라 달라진다.

열등재 소득효과가 음(−)의 값으로 나타나는 재화

소득효과가 음(−)의 값인 재화는 **열등재**(inferior good)이다. 열등재의 경우는 소득이 증가함에 따라 소비량은 감소한다. 그림 4.7은 열등재에 대한 소득효과와 대체효과를 보여 주는데, 음(−)의 소득효과는 선분 EF_2로 나타난다. 열등재라고 하더라도 소득효과가 대체효과보다 상대적으로 더 큰 경우는 매우 드물다. 따라서 열등재의 경우에도 가격이 하락하면 그 소비량은 거의 항상 증가한다.

특수한 경우: 기펜재

이론적으로는 어떤 재화의 소득효과가 아주 크다면 그 재화의 수요곡선은 우상향할 수 있다. 이

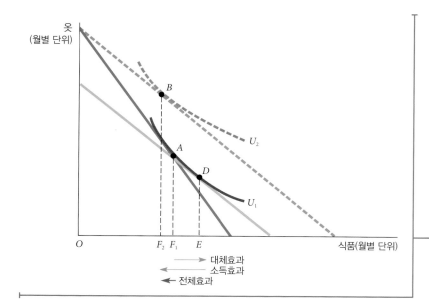

옷
(월별 단위)

B

A

D

U_2

U_1

O F_2 F_1 E 식품(월별 단위)

→ 대체효과
← 소득효과
← 전체효과

그림 4.8
우상향하는 수요곡선: 기펜재
식품이 열등재이면서 소득효과가 대체효과를 능가할 만큼 충분히 크다면 수요곡선의 기울기는 우상향한다. 처음에 소비자는 A점을 선택하지만 식품가격의 하락으로 B점을 선택하여 식품을 덜 소비한다. 소득효과인 EF_2가 대체효과인 F_1E보다 크기 때문에 식품가격의 하락으로 식품 소비량이 줄어든다.

러한 재화를 **기펜재**(giffen good)라고 한다. 그림 4.8은 기펜재의 소득효과와 대체효과를 보여 준다. 처음에 소비자는 A점을 선택하여 상대적으로 적은 양의 옷과 많은 양의 식품을 소비한다. 식품가격의 하락으로 실질소득이 증가하면 소비자는 B점을 선택하는데, 따라서 식품 소비량은 줄어드는 반면 옷 소비량은 늘어난다. 비록 식품 소비량은 줄어들었지만 현시선호이론을 통하여 소비자는 A점보다 B점에서 더 나은 상태에 있음을 알 수 있다.

기펜재는 흥미로운 경우이기는 하지만 큰 수준의 음($-$)의 소득효과가 나타나는 재화이기 때문에 현실에서는 큰 관심을 받지 못하였다. 소득효과는 일반적으로 크지 않다. 대부분 재화에 있어서 그 재화에 대한 지출이 소비자의 예산에서 차지하는 비중은 그리 높지 않다. 큰 수준의 소득효과는 열등재보다는 정상재에서 주로 나타난다.

기펜재 음($-$)의 값을 가지는 소득효과가 대체효과보다 더 커서 수요곡선이 우상향하는 재화

사례 4.2　휘발유세의 효과

미국정부는 에너지 절약과 조세수입 확보를 위해 자주 연방 휘발유세를 올리는 방안을 고려하였다. 예를 들어, 1993년에는 대규모 예산개혁 법안의 일부로 휘발유세를 4.3센트 인상하는 안이 가결되었다. 이러한 휘발유세 인상에도 불구하고 미국의 휘발유가격은 유럽의 휘발유가격보다 낮았다. 휘발유 소비량을 줄이는 것이 휘발유세 인상의 주요 목적이었으므로 정부는 휘발유세 인상으로 증가된 세수를

소비자들에게 되돌려주는 방법에 대해서도 고민하였다. 한 가지 제안은 증가된 세수를 1인당 일정한 금액으로 소비자들에게 다시 돌려주는 환급정책이었다. 이러한 정책의 효과는 어떠할까?

먼저 5년의 기간 동안 이 정책에 따른 효과를 살펴보자. 휘발유의 경우 적절한 수요의 가격탄력성은 약 -0.5이다.[1] 저소득층 수요자는 연간 약 1,200갤런의 휘발유를 사용하는데, 휘발유 가격은 갤런당 \$1

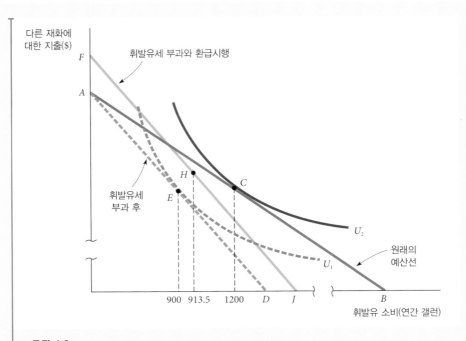

그림 4.9

휘발유세와 환급의 효과

소비자가 최초 C점에서 1,200갤런의 휘발유를 소비하고 있는 상태에서 휘발유세가 부과되었다. 세금의 효과로 인해 예산선은 AB에서 AD로 이동하고, 소비자는 900갤런의 휘발유를 소비하는 E점을 선택하여 효용을 극대화한다. 그러나 세금이 소비자에게 환급되면 휘발유 소비는 H점에서 913.5갤런으로 조금만 증가한다. 환급정책이 시행되더라도 소비자의 휘발유 소비량과 만족수준은 처음 수준보다는 떨어진다.

이고 이들의 연 소득은 $9,000이다.

그림 4.9는 휘발유세의 효과를 보여 준다. 원래의 예산선은 AB이고, 소비자는 무차별곡선 U_2상의 시장바구니 C점을 선택하여 효용을 극대화한다. 이 점에서 소비자는 1,200갤런의 휘발유를 소비하며, 나머지 소득 $7,800는 다른 재화의 소비에 지출한다. 만약 갤런당 50센트의 세금이 부과되면, 가격은 50센트만큼 인상되어 새로운 예산선은 AD로 이동한다.[2] 가격탄력성이 −0.5이므로 휘발유 소비량은 1,200갤런에서 900갤런으로 25% 감소하는데, 이는 무차별곡선 U_1상에서 효용을 극대화하는 E점으로 나타난다(휘발유가격의 각 1% 상승에 대해 수요량은 0.5%씩 감소한다).

그러나 환급정책은 이러한 효과를 부분적으로 상쇄시킨다. 정부가 휘발유세를 통해 거둬들이는 세금은 소비자 1인당 약 $450(휘발유 소비량 900갤런과 갤런당 세금 50센트의 곱)이므로 각 소비자에게 $450를 환급해 준다고 가정해 보자. 이러한 소득 증가는 휘발유 소비량에 어떤 영향을 미칠까? 그림에서 그 효과를 파악하기 위해 예산선을 $450만큼 위로 평행이동시키면 AD와 평행한 새로운 예산선 FJ를 얻을 수 있다. 이제 소비자는 휘발유를 얼마나 소비하는가? 제2장에서 휘발유에 대한 수요의 소득탄력성은 대략 0.3인 것으로 나타났다. 환급을 통해 증가한 소득 $450는 총소득 $9,000의 5%($450/$9,000=0.05)에 해당하므로 환급으로 인한 휘발유 소비

---

2 사례를 단순화하기 위해 소비자가 가격 인상의 형태로 전체 세금을 부담하는 것으로 가정하였다. 세금부과에 관한 자세한 분석은 제9장에서 자세히 다루고 있다.

증가량은 900갤런의 1.5%(0.3과 5%의 곱) 또는 13.5갤런이 될 것으로 예상할 수 있다. 새로운 효용극대화 선택인 H점은 이러한 예상을 반영한다(그림을 단순화하기 위해 H점에 접하는 무차별곡선을 생략하였다). 휘발유세를 부과한 후 환급정책을 시행한다면 휘발유 소비량은 1,200에서 913.5로 286.5갤런 감소할 것이다. 휘발유에 대한 수요의 소득탄력성이 상대적으로 낮아서 환급정책의 소득효과는 대체효과로 압도되므로 세금부과와 환급정책이 시행되더라도 소비를 감소시킨다.

세금환급정책을 실제로 실시하기 위하여 의회는 다양한 현실적인 문제들을 해결해야 한다. 무엇보다 예상되는 세수입과 환급 지출액은 해마다 달라지므로 예산정책을 수립하는 것이 어렵다. 예를 들어, 정책을 시행한 첫해에는 $450의 세금환급으로 소득이 증가한다. 이로 인해 두 번째 해에는 저소득층 소비자의 휘발유 소비량이 일부 증가하는 것으로 효과가 나타날 것이다. 그러나 두 번째 해에는 휘발유 소비량 증가로 세금으로 지불하는 금액과 그에 따라 개인이 지급받는 환급액이 증가할 것이다. 결과적으로 이러한 정책의 예산 규모를 예측하는 것은 쉽지 않다.

그림 4.9에서 H점은 무차별곡선 U_2보다 아래에 위치하고 있으므로 휘발유세 정책으로 인해 저소득층 소비자의 상황이 약간 나빠지게 된다는 것을 보여 준다. 물론, 일부 저소득층 소비자들은 이 정책으로 이득을 더 볼 수도 있다(예를 들어, 이들이 평균적으로 휘발유를 적게 소비하며, 휘발유를 더 많이 소비하는 소비자 집단에 의해 환급액이 결정되는 경우). 그러나 세금부과의 대체효과로 인해 평균적으로 소비자는 전보다 더 못한 상황에 처하게 된다.

그럼에도 불구하고 이러한 정책을 도입하는 이유는 무엇일까? 휘발유세를 지지하는 사람들은 (해외 원유에 대한 의존을 줄임으로써) 국가안보가 증진되고, 휘발유 사용량을 줄임으로써 대기 중 이산화탄소 배출량을 줄여 기후온난화를 늦추는 데 도움이 된다고 주장한다. 휘발유세의 효과에 대해서는 제9장에서 보다 자세히 살펴본다.

4.3 시장수요

지금까지는 개별 수요자의 수요곡선에 대해 설명하였다. 이제 시장수요곡선에 대해 살펴보자. 제2장에서 한 재화의 시장수요곡선은 그 재화의 가격이 변함에 따라 소비자 전체가 그 재화를 얼마만큼 구매하려고 하는지를 보여 준다고 설명하였다. 이 절에서는 특정 시장에서 **시장수요곡선**(market demand curve)은 그 시장에서 판매되는 재화에 대한 모든 소비자들의 개별수요곡선을 합하여 구할 수 있음을 살펴본다.

시장수요곡선 한 재화에 대해 시장 내의 모든 소비자들이 구매하고자 하는 양과 그 재화의 가격 간의 관계를 나타내는 곡선

개별수요로부터의 시장수요 도출

분석을 단순화하기 위해 커피시장에는 단 3명의 소비자(A, B, C)만 있다고 가정하자. 표 4.2는 각 소비자의 수요곡선상에 있는 몇몇 점들을 보여 준다. (5)열에 있는 시장수요는 각 가격수준에서 총수요량을 결정하기 위해 3명의 소비자의 개별 수요량을 나타내는 (2), (3), (4)열의 수치를 합한 것이다. 예를 들어, 가격이 $3일 때 전체 수요량은 2 + 6 + 10 = 18단위가 된다.

그림 4.10은 3명의 소비자들의 커피에 대한 수요곡선(D_A, D_B, D_C)을 보여 준다. 그림에서 시장수요곡선은 각 소비자의 수요를 수평적으로 합한 것이다. 주어진 가격에서 세 소비자들의 전체 수요량을 찾기 위하여 개인의 수요량을 수평적으로 합한다. 예를 들어, 가격이 $4일 때 시장의 수요량 11단위는 A의 수요량 0단위, B의 수요량 4단위, C의 수요량 7단위를 모두 합한 것이다. 개별수요곡선은 모두 우하향하므로 시장수요곡선 또한 우하향한다. 그러나 각 개별수요곡선이 직선이라 하더라도 시장수요곡선은 반드시 그럴 필요는 없다. 예를 들어, 그림 4.10에서 시장수요곡선은 굴절되어 있는데, 그것은 $4 이상의 가격에서는 2명은 커피를 구매하려고 하지만 한 소

표 4.2	시장수요곡선의 도출			
(1) 가격($)	**(2) 개인 A(단위)**	**(3) 개인 B(단위)**	**(4) 개인 C(단위)**	**(5) 시장(단위)**
1	6	10	16	32
2	4	8	13	25
3	2	6	10	18
4	0	4	7	11
5	0	2	4	6

비자는 전혀 구매하려 하지 않기 때문이다.

이상의 분석을 통해 다음의 두 가지 점을 알 수 있다.

1. **더 많은 소비자가 시장에 참여한다면 시장수요곡선은 오른쪽으로 이동한다.**
2. **개별 소비자의 수요에 영향을 미치는 요인들은 시장수요에도 영향을 미친다.** 예를 들어, 대부분 소비자들의 소득이 증가함에 따라 개별 소비자의 커피에 대한 수요가 증가한다고 하자. 각 소비자의 개별수요곡선이 오른쪽으로 이동하므로 시장수요곡선도 오른쪽으로 이동할 것이다.

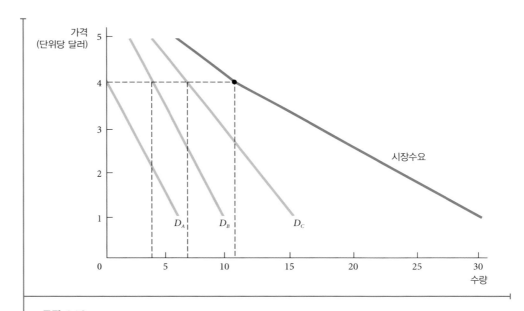

그림 4.10

시장수요곡선을 도출하기 위한 합

시장수요곡선은 세 소비자의 수요곡선 D_A, D_B, D_C의 합으로 도출된다. 각 가격수준에서 시장의 커피 수요량은 개별 소비자의 수요량의 합이다. 예를 들어, $4의 가격에서 시장수요량(11단위)은 A의 수요량(0단위), B의 수요량(4단위), C의 수요량(7단위)의 합이다.

개별수요를 합하여 시장수요를 구하는 것이 이론적인 과정만을 보여 주는 것은 아니다. 시장 수요가 서로 다른 인구집단의 수요에 의해 이루어지거나 서로 다른 지역에 거주하는 소비자들에 의해 이루어지는 경우에는 이런 방법을 통해 시장수요를 구하는 것은 의미가 있다. 가정용 컴퓨터에 대한 수요를 예로 들면, 자녀가 있는 가구, 자녀가 없는 가구 및 독신 가구 등 각 소비자 집단의 수요를 통해 독립적으로 얻은 한 정보를 합하여 전체적인 수요에 관한 정보를 얻을 수도 있다.

- 자녀가 있는 가구
- 자녀가 없는 가구
- 독신 가구

또는 미국의 전체 밀 수요는 국내수요(미국 내 소비자의 수요)와 수출수요(외국 소비자의 수요)를 합하여 구할 수 있다. 이는 사례 4.3에서 본다.

수요의 탄력성

2.4절에서는 수요의 가격탄력성은 가격의 1% 변화에 따른 수요량의 퍼센트 변화를 측정한다고 설명하였다. 어떤 재화의 수량을 Q, 가격을 P라고 두면 수요의 가격탄력성은 다음과 같다.

$$E_P = \frac{\Delta Q / Q}{\Delta P / P} = \left(\frac{P}{Q}\right)\left(\frac{\Delta Q}{\Delta P}\right) \tag{4.1}$$

여기서 Δ는 "변화"를 나타내며, $\Delta Q / Q$는 Q의 퍼센트 변화(변화율)를 의미한다.

비탄력적 수요 수요가 비탄력적일 때(즉, E_P의 절댓값이 1보다 작을 때)는 수요량은 가격 변화에 대해 상대적으로 덜 반응한다. 그에 따라 가격이 올라갈 때 상품에 대한 총지출은 증가한다. 예를 들어, 현재 한 소비자는 휘발유가격이 갤런당 $1일 때 연간 1,000갤런을 소비한다고 하자. 또한 이 소비자의 휘발유에 대한 수요의 가격탄력성은 −0.5라고 하자. 만약 휘발유가격이 $1.10로 오르면(10% 증가), 휘발유 소비는 950갤런으로 감소한다(5% 감소). 그러나 휘발유에 대한 총지출은 $1,000(1,000갤런 × 갤런당 $1)에서 $1,045(950갤런 × 갤런당 $1.10)로 증가할 것이다.

탄력적 수요 수요가 가격탄력적이라면(즉, E_P의 절댓값이 1보다 크다면) 가격이 올라감에 따라 그 재화에 대한 소비자의 총지출은 감소한다. 한 소비자는 닭고기의 가격이 파운드당 $2일 때 연간 100파운드를 구매하는데, 닭고기에 대한 수요의 가격탄력성은 −1.5라고 하자. 만약 닭고기의 가격이 $2.20로 인상된다면(10% 증가), 이 소비자의 닭고기 소비는 연간 85파운드로 줄어든다(15% 감소). 닭고기에 대한 총지출 또한 $200(100파운드 × 파운드당 $2)에서 $187(85파운드 × 파운드당 $2.20)로 줄어든다.

등탄력적 수요 수요의 가격탄력성이 수요곡선상에서 일정한 값을 가지는 수요곡선을 **등탄력적 수요곡선**(isoelastic demand curve)이라고 한다. 그림 4.11은 등탄력적 수요곡선을 보여 준다. 이

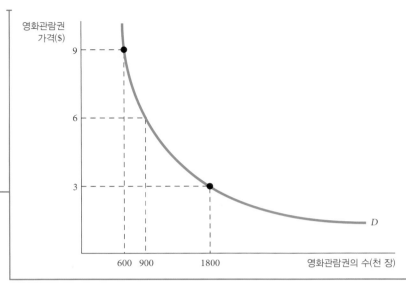

그림 4.11

단위탄력적 수요곡선

모든 가격에서 수요의 가격탄력성이 −1.0이라면 수요곡선 *D*상의 모든 점에서 소비자의 총지출액은 항상 일정하다.

2.4절에서 수요곡선이 직선이면 상품의 가격이 오를수록 수요는 점점 더 탄력적이 된다는 점을 살펴보았다.

수요곡선이 안쪽으로 어떻게 휘어져 있는지를 살펴보라. 이와는 대조적으로 2.4절에서 수요곡선이 직선인 경우에는 수요곡선을 따라 움직일 때 수요의 가격탄력성이 어떻게 변했는지를 기억하라. 수요곡선이 직선인 경우에는 수요곡선의 기울기는 일정하지만 수요의 가격탄력성은 일정하지 않다. 가격이 0이면 탄력성은 0이고, 가격이 오르면 탄력성도 증가하다가 오르다가, 수요량이 0이 될 때까지 가격이 충분히 오르면 탄력성은 무한대가 된다.

단위탄력적 수요곡선(unit-elastic demand curve)은 가격탄력성이 항상 −1인 수요곡선으로서 등탄력적 수요곡선의 특수한 경우인데, 그림 4.11에 나타나 있다. 단위탄력적인 수요곡선의 경우에는 가격이 변하더라도 총지출액은 항상 일정하다. 다시 말해 가격이 오르면 수요량은 해당 재화에 대한 총지출액이 변하지 않도록 감소한다. 예를 들어, 버클리의 소비자들은 개봉관 영화에 대해 관람권가격에 관계없이 연간 $540만를 지출한다고 하자. 이 경우 수요곡선 위의 모든 점에서 가격과 수량의 곱은 $540만가 된다. 그림 4.11에 나타난 것처럼 가격이 $6가 되면, 수요량은 900,000장이며, 가격이 $9로 오르면 수량은 600,000장으로 줄어든다.

표 4.3은 탄력성과 지출액 간의 관계를 요약한 것인데, 구매자보다는 판매자 관점에서 살펴보면 유용하다(구매자의 총지출은 판매자에게는 총수입이 된다). 가격이 비탄력적이라면 가격이

표 4.3	**가격탄력성과 소비자지출**	
수요	가격이 오를 때의 총지출	가격이 내릴 때의 총지출
비탄력적	증가한다	감소한다
단위탄력적	변하지 않는다	변하지 않는다
탄력적	감소한다	증가한다

오르면 수요량은 적게 줄어들어서 판매자의 총수입은 증가한다. 그러나 가격이 탄력적이라면 가격이 오르면 수요량은 많이 줄어들어서 판매자의 총수입은 감소한다.

사례 4.3 밀에 대한 총수요

제2장에서 살펴본 바와 같이 미국산 밀에 대한 수요는 국내수요(미국 내 소비자들의 수요)와 수출수요(외국 소비자들의 수요)로 이루어진다. 이제 국내수요와 해외수요를 합하여 밀에 대한 총수요를 도출해 보자.

밀에 대한 국내수요는 다음 식과 같다.

$$Q_{DD} = 1{,}430 - 55P$$

여기서 Q_{DD}는 부셸(백만 단위)로 표시된 국내수요량이며, P는 부셸당 가격(달러)을 나타낸다. 수출수요는 다음 식과 같다.

$$Q_{DE} = 1{,}470 - 70P$$

여기서 Q_{DE}는 부셸(백만 단위)로 표시된 해외의 수요량을 나타낸다. 그림 4.12에 나타나 있듯이, 수요곡선 AB로 표시된 국내수요는 상대적으로 가격비탄력적이다. (실증분석에 의하면 국내수요의 가격탄력성은 약 $-0.2 \sim -0.3$인 것으로 파악되었다.) 반면, CD로 표시된 수출수요는 좀 더 가격탄력적인데, 탄력성은 약 -0.4이다. 그것은 밀

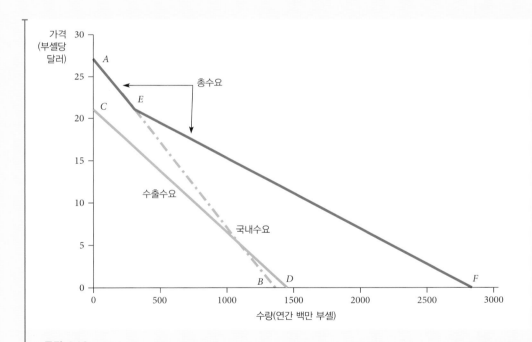

그림 4.12
밀에 대한 총수요
밀에 대한 세계 총수요는 국내수요인 AB와 수출수요인 CD를 수평적으로 합하여 구할 수 있다. 각 개별수요곡선이 직선이라도 시장수요곡선은 굴절되는데, 이는 밀의 가격이 부셸당 약 $21 이상이 되면 수출수요는 사라진다는 점을 반영한다.

의 가격이 오르면 미국산 밀을 수입하는 가난한 국가들은 다른 곡물이나 식용작물로 밀의 소비를 대체하기 때문이다.[3]

밀에 대한 세계수요를 도출하기 위해 두 수요함수식의 오른쪽 항을 더하면 다음과 같다.

$$Q_{DD} + Q_{DE} = (1,430 - 55P) + (1,470 - 70P)$$
$$= 2,900 - 125P$$

이 식은 그림 4.12에서 EF선으로 나타난다.

C점보다 높은 가격에서는 수출수요가 없으므로 세계수요와 국내수요는 같아진다. 그 결과, C점 이상의 모든 가격에서는 세계수요는 AE선으로 나타난다[만약 C점보다 높은 가격에 대해 국내수요와 해외수요를 합하면 양(+)의 국내수요에 음(−)의 수출수요를 합하는 잘못된 결과를 얻는다]. 그림에서 나타난 것처럼, 밀의 총수요곡선 AEF는 굴절된 모양을 가진다. 굴절은 E점에서 일어나는데, 그 이상의 가격에서는 수출수요가 없다.

투기적 수요(가수요)

지금까지는 수요에 대한 분석에서 소비자는 합리적이어서 전체 만족을 극대화할 수 있도록 자신의 소득을 재화와 서비스에 배분한다고 가정하였다. 그러나 일부 재화에 대한 수요는 실제로 그 재화를 소비함으로써 얻는 만족보다는 가격이 오를 것이라는 기대로 인해 발생하기도 한다. 이런 경우에는 해당 재화를 구매한 후 나중에 높은 가격으로 되팔아 이득을 얻을 수도 있다. 이러한 **투기적 수요**(speculative demand)는 지난 10년간 미국, 유럽, 중국에서 나타났던 주택가격 급등 현상을 부분적으로 설명한다.

투기적 수요는 종종 비합리적이다(제5장에서 살펴보겠지만 항상 그렇지는 않다). 사람들은 어떤 재화의 가격이 오르면 계속해서 오를 것이라는 생각을 가진다. 그러나 계속 오를 것이라는 생각에 대한 합리적인 근거는 대개 없으며, 가격이 계속 오를 것이라고 기대하고 무엇을 구매하는 소비자는 종종 도박을 하는 것이나 마찬가지이다.

투기적 수요 재화를 소유하거나 소비하는 것에서 직접적으로 이득을 얻기 위한 것이 아니라 가격이 오를 것이라는 기대 때문에 발생하는 수요

사례 4.4 주택에 대한 수요

일반적으로 주택은 한 가구의 예산에 있어서 가장 중요한 단일 지출항목이다. 평균적으로 미국의 가구들은 주택에 대해 소득의 25%를 지출한다. 주택에 대한 수요는 구매결정을 하는 가장의 상태와 나이에 의해 영향을 받는다. 주택 수요에 대해 접근하는 한 가지 접근

은 각 가구에 대해 필요로 하는 방의 수(수요량)와 추가적인 방에 대한 가격의 측정치와 가구의 소득 측정치를 연계시키는 것이다(토지가격을 포함하는 건축비의 차이로 인해 방의 가격은 다양하다). 표 4.4는 다양한 인구통계적 집단에 대한 방의 수요에 대한 가격탄력성

3 수요와 공급탄력성의 정량적 분석과 미국 밀시장의 분석에 관한 선행연구에 대해서는 다음의 연구를 참조하기 바란다. Larry Salathe and Sudchada Langley, "An Empirical Analysis of Alternative Export Subsidy Programs for U.S. Wheat," *Agricultural Economics Research* 38, No. 1 (Winter 1986); 또한 Michael J. Roberts and Wolfram Schlenker, "Identifying Supply and Demand Elasticities of Agricultural Commodities: Implications for the U.S. Ethanol Mandate," *American Economic Review* Vol. 103, No. 6 (October 2013): 2265–95도 참조.

표 4.4	방의 수요에 대한 가격탄력성과 소득탄력성	
집단	**가격탄력성**	**소득탄력성**
독신 가구	−0.10	0.21
기혼 가구, 가장의 나이 30세 이하, 자녀 1명	−0.25	0.06
기혼 가구, 가장의 나이 30~39세, 자녀 2명 이상	−0.15	0.12
기혼 가구, 가장의 나이 50세 이상, 자녀 1명	−0.08	0.19

과 소득탄력성을 보여 준다.

전체 인구를 세분화하여 살펴보면 하부집단 간에는 분명한 차이가 나타난다. 예를 들어, 가장의 나이가 젊은 가구의 가격탄력성은 −0.25로서 가장의 나이가 많은 가구의 수요에 비해 더 가격탄력적이다. 부모가 젊고 자녀가 어리면서 더 많은 자녀를 가질 계획이 있는 가구의 경우에는 가격에 더 민감하게 반응하는 것으로 짐작할 수 있다. 기혼 가구 중에서 방에 대한 수요의 소득탄력성 역시 나이에 따라 증가하는데, 이는 가장의 나이가 많은 가구가 가장의 나이가 젊은 가구보다 더 큰 집을 구매한다는 사실을 나타낸다.

가난한 가구들은 주택에 대한 지출은 소득에서 높은 비중을 차지한다. 예를 들어, 소득분포에서 하위 20%에 소속된 집단은 소득의 약 55%를 주택에 지출하는데, 이는 전체 가구의 평균 2.8%와 비교된다.[4] 보조금, 임대료 규제, 토지이용 규제와 같은 많은 정부정책들은 주택시장에서 가난한 가구들의 주거비 부담을 완화시키는 방안으로 제안된 것이다.

소득 보조금은 얼마나 효과적일까? 만약 보조금으로 인해 주택수요가 확실히 증가한다면, 보조금이 가난한 가수의 주거여건 개선에 역할을 할 것으로 짐작할 수 있다.[5] 반면, 보조금으로 인한 추가적인 소득을 주택이 아닌 다른 항목에 지출한다면 보조금은 주거에 관한 정책현안을 해결하지 못할 것이다.

실증적 증거는 소득분포에서 하위 10%에 위치한 가난한 가구에 있어서 주택의 소득탄력성은 약 0.09에 불과하며, 따라서 소득 보조금으로 주택보다는 다른 재화를 구매하는 데 지출한다는 사실을 알려 준다. 비교를 위해 상위 10%의 가장 부유한 가구를 살펴보면, 이들의 주택에 대한 소득탄력성은 약 0.54이다.

이러한 논의에서는 소비자들이 전체 만족을 극대화하기 위해 주택과 다른 재화에 소득을 지출하는데, 주택으로부터의 편익과 그 결과로 나타나는 주택에 대한 수요는 생활공간의 크기, 주변의 안전성, 학교 수준 등에 따라 나타난다고 가정한다. 그러나 최근 들어서는 주택에 대한 수요는 부분적으로 투기적 수요에 의해 주도되었다. 사람들은 향후 더 높은 가격으로 되팔 수 있다는 기대하에서 주택을 구매하였다. 투기적 수요(주택을 소유함으로써 얻는 직접적인 이득이 아닌 가격이 오를 것이라는 기대로부터 발생하는 수요)는 미국 내 많은 지역에서 인구통계적 특성에 의해 설명될 수 있는 수준 이상으로 주택가격이 급등하게 된 원인이 되었다.

투기적 수요로 인해 거품(수요의 기본적 특성이 아닌 가격이 계속 오를 것이라는 기대로 인한 가격 상승)이 발생할 수 있다. 결국, 거품은 꺼진다(새로운 구매자가 더는 시장에 나타나지 않으며, 이를 인식한 재화 소유자들이 팔기 시작하면 가격은 내려가고, 더 많은 사람이 팔려고 하면 가격은 더 내려감에 따라 가격 오름세가 멈춘다). 제5장에 살펴보듯이 거품은 시장기능을 저해하며, 거품이 사라지면 금융시장에서의 혼란을 일으켜서 문제를 발생시킨다. 이것이 바로 2008년에 미국의 주택시장에서 발생한 현상이다. 주택가격 거품이 꺼지면서 주택담보대출의 채무불이행이 발생함에 따라 2008년 후반에는 미국과 전 세계가 심각한 금융위기를 겪었다.

---

4 이는 "저렴한" 주택정책에 관한 논쟁의 출발점이다. 이에 대한 개괄적 내용은 다음을 참조하기 바란다. John Quigley and Steven Raphael, "Is Housing Unaffordable? Why Isn't It More Affordable," *Journal of Economic Perspectives* 18 (2004): 191–214.

5 Julia L. Hansen, John P. Formby, and W. James Smith, "Estimating the Income Elasticity of Demand for Housing: A Comparison of Traditional and Lorenz-Concentration Curve Methodologies," *Journal of Housing Economics* 7 (1998): 328–42.

사례 4.5 휘발유에 대한 장기 수요

선진국 가운데 미국의 휘발유가격은 상대적으로 싸다. 그 이유는 단순한데, 유럽, 일본 등 다른 국가들은 휘발유에 높은 세금을 부과하는 반면 미국은 낮은 세금을 부과하기 때문이다. 많은 경제학자들은 휘발유 소비를 줄여서 수입 원유에 대한 의존도를 낮추는 동시에 지구온난화의 주범인 온실가스 배출량을 감축

하기 위하여 휘발유세를 올려야 한다고 주장한다(또한 정부는 상당한 세수를 확보할 수 있다). 그러나 유권자들은 세금 인상을 싫어한다는 사실을 아는 정치가들은 휘발유세 인상을 반대한다.

휘발유세의 정치적인 측면은 논외로 하더라도, 휘발유가격이 인상되면 과연 휘발유 소비는 감소할까? 또는 연료 소비량이 많은 큰 차에 흠뻑 빠져 있는 운전자들에게는 가격 인상이 영향을 미치지 않을까? 여기서 중요한 사항은 휘발유에 대한 장기 수요인데, 이는 운전자들이 휘발유가격 인상에 대해 즉각적으로 가지고 있던 차를 처분

하고 새 차를 구매할 것이라고 기대할 수 없기 때문이다. 장기 수요곡선을 도출하는 한 가지 방법은 역사적으로 서로 다른 수준의 휘발세 부과로 인해 휘발유가격이 서로 다른 여러 국가들의 1인당 휘발유 소비량을 관찰하는 것이다. 그림 4.13은 이를 보여 준다. 수직축은 1인당 휘발유 소비량을, 수평축은 10개국의 갤런당 가격(달러)을 나타낸다[6](각 원은 해당 국가의 인구를 나타낸다).

미국은 휘발유가격이 월등히 낮으며, 1인당 휘발유 소비량은 가장 많다. 호주는 가격과 소비량이 대략 중간 정도 위치에 있다. 반면, 대부분 유럽국가들은 가격은 높고 1인당 소비량은 적다. 휘발유에 대한 수요의 장기 탄력성은 약 −1.4로 관찰된다.

이제 다시 원래의 질문으로 돌아가서, 휘발유가격의 인상으로 휘발유 소비가 감소할까? 그림 4.13은 명백한 답을 준다. 확실히 그렇다.

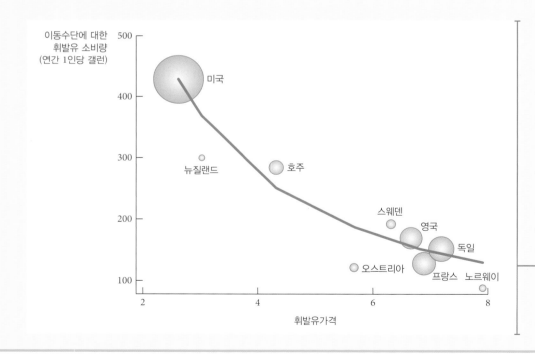

그림 4.13
10개국의 휘발유가격과 1인당 소비
이 그림은 2008~2010년 기간 중 10개국에 대한 갤런당 가격(미국 달러로 변환) 대비 1인당 휘발유 소비량을 보여 준다. 각 원은 해당 국가의 인구 규모를 나타낸다.

---

6 이 그림의 자료를 제공한 Chris Knittel에게 감사를 전한다. 이 그림은 소득격차를 제어하였으며, Christopher Knittel, "Reducing Petroleum Consumption from Transportation," *Journal of Economic Perspectives*, 2012의 그림 1을 바탕으로 작성되었다. 모든 자료는 **www.worldbank.org**에서 이용할 수 있다.

4.4 소비자잉여

소비자들이 재화나 서비스를 구매하는 이유는 구매를 통해 보다 나은 상태가 되기 때문이다. **소비자잉여**(consumer surplus)는 소비자들이 시장에서 재화를 구입함으로써 얼마나 더 나은 상태가 되는지를 측정한다. 특정 재화의 소비에 대해 서로 다른 소비자들은 서로 다른 가치를 부여하기 때문에 이들이 해당 재화의 구매를 위해 지불하고자 하는 최대 금액도 다르다. 개별 소비자의 소비자잉여는 어떤 재화에 대해 소비자가 지불하고자 하는 가격과 실제로 지불한 가격 간의 차이이다. 예를 들어, 한 학생이 록 콘서트 입장권을 $13에 살 용의가 있으나 실제로 $12를 냈다고 하자. 이 $1의 차이는 이 학생의 소비자잉여이다.[7] 어떤 재화를 구매하는 소비자들의 소비자잉여를 모두 합하면 전체 소비자잉여를 도출할 수 있다.

소비자잉여 한 재화에 대해 소비자가 지불하고자 하는 가격과 실제로 지불한 가격 간의 차이

소비자잉여와 수요

만약 수요곡선을 알 수 있다면 소비자잉여를 쉽게 측정할 수 있다. 수요와 소비자잉여 간의 관계를 살펴보기 위해 그림 4.14에 나타난 콘서트 입장권에 대한 한 소비자의 수요곡선을 보자(여기서는 개별수요곡선을 이용하여 설명하지만 시장수요곡선에도 똑같은 설명이 적용된다). 소비자가 서로 다른 수의 입장권을 구매함으로써 얻는 가치를 측정하는 방법을 보여 주기 위하여 수요곡선은 직선이 아닌 계단 모양으로 나타낸다.

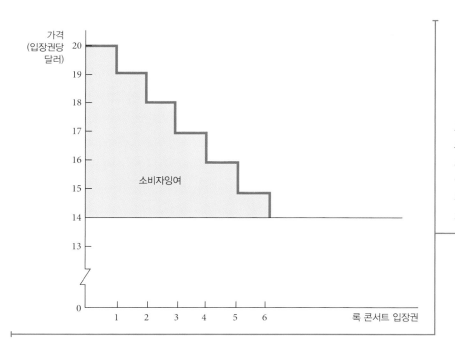

그림 4.14
소비자잉여
소비자잉여는 제품 소비에서 얻는 총이득에서 총구매비를 제한 값이다. 그림에서 6장의 입장권(개당 $14로 구매)에 대한 소비자잉여가 노란색 음영으로 표시되어 있다.

---

[7] 소비자잉여를 달러로 측정하기 위해서는 소비자가 가지는 무차별곡선의 모양에 관한 내재적 가정이 필요하다. 이는 소비자 소득의 증가에 따른 한계효용이 일정 소득 범위 내에서 같다는 것이다. 많은 경우에 이 가정은 합리적이다. 그러나 소득이 매우 크게 변할 때는 가정이 성립하지 않을 수도 있다.

몇 장의 입장권을 살 것인지를 결정할 때, 이 소비자는 다음과 같이 생각할 것이다. 첫 번째 1장의 가격은 $14이고 자신이 그에 대해 느끼는 가치는 $20이다. $20의 가치는 수요곡선에서 이 소비자가 추가적으로 구매하는 입장권에 대해 지불할 용의가 있는 최대 금액에 해당한다($20는 이 소비자가 첫 번째 1장에 대해 지불할 용의가 있는 최대 금액이다). 첫 번째 입장권은 이 소비자가 그것에 대해 부여하는 가치($20)가 자신이 지불해야 하는 가격($14)에 비해 높아서 $6의 잉여를 가져다주므로 구입할 가치가 있다. 두 번째 입장권도 역시 $5(= $19 − $14)의 잉여를 가져다주므로 구입할 가치가 있다. 세 번째 입장권도 $4의 잉여를 가져다준다. 또한 네 번째는 $3, 다섯 번째는 $2, 여섯 번째는 $1의 잉여를 각각 가져다준다. 이 소비자는 일곱 번째 입장권에 대해서는 무차별한데, 즉 일곱 번째 입장권에 대해서 그가 부여하는 가치는 지불해야 하는 가격과 같아지므로 잉여는 0이 된다. 또한 이 소비자는 그 이상의 입장권은 구입하지 않으려고 할 것이다. 그것은 추가적으로 1장 더 구입할 때 얻는 가치가 추가적으로 지불해야 하는 가격에 비해 낮기 때문이다. 그림 4.14에서 소비자잉여는 6장의 표가 각각 발생시키는 초과가치 또는 잉여를 합하여 구할 수 있다. 이 경우, 소비자잉여는 다음과 같다.

$$\$6 + \$5 + \$4 + \$3 + \$2 + \$1 = \$21$$

한 시장에서 전체 소비자가 얻는 총소비자잉여를 측정하기 위해서는 시장수요곡선 아래와 가격선 위 사이의 면적을 보면 된다. 록 콘서트의 사례에 관한 그림 4.15를 통해 이러한 원리를 살펴보자. 입장권의 단위는 천 장이며 개별수요곡선이 서로 다르므로 시장수요곡선은 직선으로 나

그림 4.15
일반화된 소비자잉여
한 시장에서 전체 소비자들이 얻는 소비자잉여의 크기는 수요곡선의 아래와 재화의 구매가격을 나타내는 직선 위에 있는 면적으로 측정된다. 여기에서 소비자잉여는 노란색으로 표시된 삼각형인데, $1/2 \times (\$20 - \$14) \times 6,500 = \$19,500$로 계산된다.

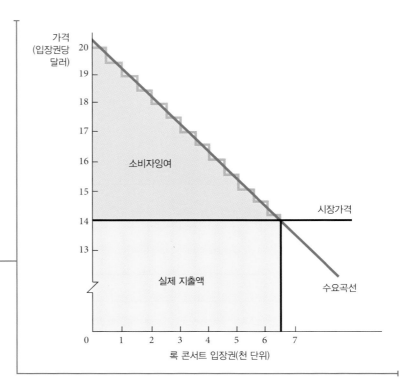

타난다. 입장권에 대한 실제 지출액은 $6,500 \times \$14 = \$91,000$이다. 노란색 음영으로 표시된 삼각형으로 나타나는 소비자잉여는 다음과 같다.

$$1/2 \times (\$20 - \$14) \times 6,500 = \$19,500$$

이 값은 전체 소비자가 얻는 총편익에서 소비자들이 입장권에 대해 지불한 총금액을 뺀 것이다.

시장수요곡선이 직선이 아닌 경우에도 소비자잉여의 크기는 항상 수요곡선 아래와 가격선 위 사이의 면적이 된다.

소비자잉여의 응용   소비자잉여는 경제학에서 널리 활용된다. 한 시장에 참가하는 여러 개인들의 소비자잉여를 다 합하면 소비자들이 그 시장에서 재화를 구입함으로써 얻게 되는 총편익을 측정할 수 있다. 소비자잉여와 생산자들이 얻는 총이윤을 합하면, 여러 유형의 시장구조하에서 나타나는 편익과 비용을 평가할 수 있을 뿐만 아니라 시장에서 소비자와 기업의 행동에 영향을 미치는 공공정책의 편익과 비용도 평가할 수 있다.

사례 4.6   깨끗한 공기의 가치

우리는 숨을 쉬는 데 돈을 지불하지 않으므로 공기는 공짜이다. 그러나 공기가 거래되는 시장이 존재하지 않기 때문에 지난 수십 년 동안 일부 도시의 공기 질은 점점 나빠졌다. 공기를 깨끗하게 유지하기 위해 의회는 1977년에 대기오염방지법(Clean Air Act)을 통과시켰으며, 여러 차례 개정해 왔다. 예를 들어, 1990년에는 자동차 배기가스에 대한 규제가 강화되었다. 이러한 규제는 가치가 있었을까? 깨끗한 공기로부터 얻어지는 편익이 자동차 생산자들에게 부과되는 직접적인 비용과 소비자들에게 부과되는 간접적인 비용보다 충분히 더 높았을까?

이 질문에 답하기 위해 의회는 국가과학원을 통해 비용-편익 분석을 이용한 배기량 규제의 효과를 분석하였다. 우선 편익을 측정하기 위하여 깨끗한 공기에 대한 수요 추정치를 이용하여 깨끗한 공기에 대해 사람들이 부여하는 가치를 측정하였다. 깨끗한 공기에 대한 시장은 존재하지 않지만, 사람들은 공기가 나쁜 지역에 위치한 비슷한 주택에 비해 공기가 맑은 지역에 위치한 주택에 대해 더 많은 비용을 지불한다는 정보를 이용하여 깨끗한 공기에 대한 수요함수를 추정하였다.[8] 보스턴과 로스앤젤레스 인근 지역의 주택가격에 대한 상세한 자료와 다양한 대기오염 수준을 서로 비교하였다. 주택 가치에 영향을 미칠 수 있는 다른 변수들의 효과도 통계적으로 분석에 고려하였다. 그 결과 깨끗한 공기에 대한 수요곡선을 도출하였는데, 대략 그림 4.16에 나타난 바와 같다.

그림에서 수평축은 *공기오염 감소량*을 나타내는데, 10pphm의 질소산화물(NOX) 수준으로 표시된다. 수직축은 이러한 질소산화물 감소에 따른 주택 가치의 증가를 나타낸다. 예를 들어, 공기 질이 나쁜 도시에 거주하는 가구의 깨끗한 공기에 대한 수요를 고려해 보자. 만약 이 가구가 공기오염을 1pphm 줄이는 데 $1,000의 비용이 든다면 질소산화물을 5pphm 감소시키기 위하여 수요곡선 위의 A점을 선택한다.

이러한 50% 또는 5pphm의 오염 감소는 이 가구에게 얼마만큼의 가치를 가져다줄 것인가? 이는 오염 감소에 따른 소비자잉여를 계

8 분석결과는 다음 연구에 요약되어 있다. Daniel L. Rubinfeld, "Market Approaches to the Measurement of the Benefits of Air Pollution Abatement," in Ann Friedlaender, ed., *The Benefits and Costs of Cleaning the Air* (Cambridge: MIT Press, 1976), 240–73.

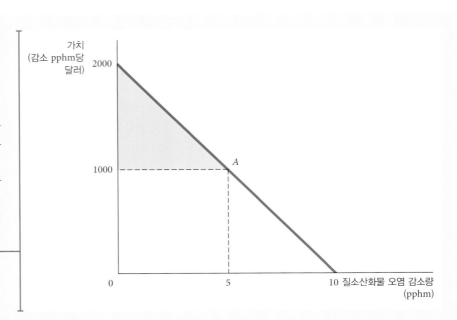

그림 4.16

깨끗한 공기의 가치

노란색으로 표시된 삼각형은 pphm당 $1,000의 비용으로 5pphm의 질소산화물을 감소시킬 때 발생하는 소비자잉여를 나타낸다. 대부분 소비자는 질소산화물 1단위를 줄이는 데 $1,000 이상의 비용을 지불할 용의가 있으므로 소비자잉여가 발생한다.

산하면 알 수 있다. 오염 감소의 비용이 단위당 $1,000이므로 이 가구는 $5,000를 지불할 것이다. 그러나 이 가구는 마지막 1단위 감소를 제외한 다른 모든 감소에 대해 $1,000 이상의 가치를 부여한다. 따라서 그림 4.16에서 노란색으로 표시된 삼각형은 (비용 대비) 공기정화의 가치를 나타낸다. 수요곡선이 직선이므로 잉여는 높이가 $1,000($2,000 − $1,000)이고 밑변이 5pphm인 삼각형의 넓이로 계산된다. 따라서 질소산화물 오염 감소에 대해 가구가 얻는 편익은 $2,500이다.

부유 분진에 초점을 맞춘 최근의 연구 또한 가구들이 공기오염 감소에 상당한 가치를 부여한다는 사실을 발견하였다.[9] (입방미터당 약 60밀리그램이 기준으로 하여) 전체 부유 분진을 입방미터당 1밀리그램 감소시키면 가구당 $2,400의 편익이 발생한다.

비용-편익 분석을 완성하기 위해서는 가구당 편익에 전체 가구 수를 곱하여 공기정화의 총편익을 측정하여 공기정화를 위해 지불해야 하는 총비용과 비교한다. 이러한 결과를 통하여 자동차 배기가스 배출 규제가 가치 있는 정책인지 확인할 수 있다. 제18장에서는 1990년의 대기오염방지법 개정으로 도입된 배출권 거래제도에 대해 살펴본다.

4.5 네트워크 외부효과

지금까지는 한 재화에 대한 많은 사람들의 수요는 서로 간에 독립적이라고 가정하였다. 톰의 커피에 대한 수요는 그의 기호와 소득, 커피가격, 차가격 등에 의해 영향을 받는다. 그러나 톰의 커피에 대한 수요는 존이나 해리의 커피에 대한 수요에 의해서는 영향을 받지 않는다. 이러한 가정 때문에 개인들의 수요를 모두 합하는 간단한 방법으로 시장수요곡선을 도출할 수 있었다.

그러나 일부 재화의 경우에는 한 사람의 수요는 다른 사람의 수요에 의해 영향을 받는다. 특히, 한 사람의 수요는 그 재화를 구매하는 다른 사람의 수에 영향을 받을 수도 있는데, 이런 경우

9 Kenneth Y. Chay and Michael Greenstone, "Does Air Quality Matter? Evidence from the Housing Market," *Journal of Political Economy* 113 (2005): 376–424.

에는 **네트워크 외부효과**(network externality)가 존재한다. 네트워크 외부효과는 긍정적이거나 부정적일 수 있다. 긍정적 네트워크 외부효과는 어떤 재화에 대한 한 소비자의 수요량이 다른 소비자들의 구매량이 증가함에 따라 증가하는 경우에 나타난다. 반면 부정적 네트워크 외부효과는 어떤 재화에 대한 한 소비자의 수요량이 다른 소비자들의 구매량이 증가함에 따라 감소하는 경우에 나타난다.

네트워크 외부효과 개인의 수요가 다른 사람들의 구매량에 영향을 받는 상황

긍정적 네트워크 외부효과

긍정적 네트워크 외부효과(positive network externality)의 한 예로는 워드프로세스 프로그램을 들 수 있다. 많은 학생이 마이크로소프트 워드(Microsoft Word)를 워드프로세스로 사용하는 이유는 부분적으로는 대부분의 친구들과 교수들이 그 프로그램을 사용하기 때문이다. 서로 같은 프로그램을 사용하므로 문서를 주고받을 때 문서를 다른 프로그램으로 변환시킬 필요가 없다. 더 많은 사람들이 어떤 제품을 사용하거나 특정한 활동에 참여할수록 각 개인에게는 그러한 제품을 사용하거나 활동에 참여함에 따른 고유한 가치가 향상된다.

소셜 네트워크(social network) 웹사이트도 좋은 예가 된다. 만약 내가 어떤 웹사이트의 유일한 회원이라면 그것은 나에게는 아무런 가치가 없다. 그러나 이 웹사이트에 가입하는 사람들의 수가 늘어날수록 그 가치는 증가할 것이다. 만약 어떤 소셜 네트워크 사이트가 처음에는 시장점유율 측면에서 우위를 차지하지 못하더라도 참여하는 회원 수가 늘어난다면 회원 수가 많은 사이트를 선호하는 더 많은 사람들이 참여함으로써 그 우위는 점점 더 커지게 된다. 이것이 개인 웹사이트인 페이스북(Facebook)과 전문가 웹사이트인 링크드인(LinkedIn)이 성공한 원인이다. 가상세계와 멀티플레이어 온라인 게임의 경우도 마찬가지이다.

또 다른 긍정적인 네트워크 외부효과의 예로는 **밴드왜건 효과**(bandwagon effect)를 들 수 있다. 이는 대부분 사람들이 어떤 재화를 가지고 있기 때문에 자신도 가지려고 하거나 혹은 다른 유행에 휩싸여서 다른 사람들과 같은 소비행위를 하는 것을 말한다. 밴드왜건 효과는 어린이들의 장난감(예를 들어, 비디오 게임) 구매에서 자주 나타난다. 장난감회사의 입장에서는 이런 효과를 최대한 끌어내는 것이 마케팅과 광고의 주요 목적이 된다. 의류회사의 경우도 마찬가지이다.

밴드왜건 효과 다른 사람들이 어떤 재화를 가지고 있기 때문에 다른 소비자도 그 재화를 가지려고 할 때 나타나는 긍정적 네트워크 외부효과

긍정적 네트워크 효과는 그림 4.17에 나타나 있는데, 수평축은 월별 천 단위의 제품 판매량을 나타낸다. 소비자들이 이 제품을 구매한 사람의 수가 단 20,000명이라고 생각한다고 하자. 이는 전체 소비자 수에 비해 매우 작은 숫자이므로 소비자들은 이 제품을 구매할 유인이 크지 않을 것이다. 일부 소비자들은 가격이 적절하다면 이 제품을 구매할 수도 있는데, 그들은 다른 사람들의 구매에 의해 영향을 받는 것이 아니라 이 제품의 고유한 가치 때문에 구매하는 것이다. 이 경우 수요는 D_{20}으로 나타난다(이 가상적 수요곡선은 외부효과가 없는 경우를 가정한 것이다).

이제 소비자들이 이 제품을 구매한 사람들의 수가 40,000명이라고 생각하는 상황을 고려해 보자. 이제 소비자들은 이 제품을 좀 더 매력적인 제품으로 생각함으로써 더 많은 소비자들이 이 제품을 사고자 한다. 이 경우 수요곡선은 D_{20}의 오른쪽에 위치한 D_{40}이 된다. 마찬가지로, 만약 소비자들이 이 제품을 60,000명의 사람들이 구매했다고 생각한다면 수요곡선은 D_{60}이 될 것이다. 이와 같이 소비자들이 좀 더 많은 사람이 제품을 구매했다고 믿을수록 수요곡선은 좀 더 오른쪽으로 이동한다.

그림 4.17
긍정적 네트워크 외부효과

긍정적 네트워크 외부효과가 존재하면 개인의 재화 구매량은 다른 이들의 구매 증가에 따라 같이 증가한다. 그림에서 제품가격이 $30에서 $20로 떨어짐에 따라 긍정적 외부효과로 인해 제품 수요는 D_{40}에서 D_{80}으로 우측 이동하게 된다.

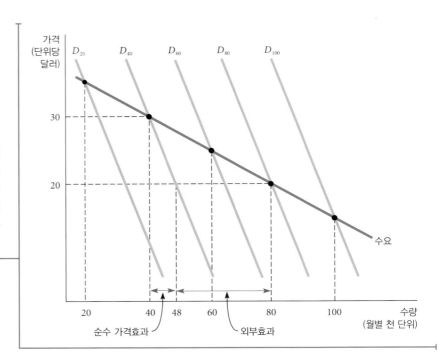

마침내 소비자들은 실제로 얼마나 많은 사람들이 이 제품을 구매했는지를 알게 될 것이다. 물론 이 숫자는 제품의 가격에 영향을 받을 것이다. 예를 들어, 그림 4.17에서 가격이 $30라면 40,000명이 이 제품을 사려고 할 것이다. 따라서 이때의 수요곡선은 D_{40}이 된다. 가격이 $20이면 80,000명이 구매하려고 하며, 이때의 수요곡선은 D_{80}이 된다. 따라서 시장수요곡선은 수요량 20,000, 40,000, 60,000, 80,000, 100,000에 각각 대응하는 수요곡선 D_{20}, D_{40}, D_{60}, D_{80}, D_{100} 위의 점들을 연결하여 구할 수 있다.

수요곡선 D_{20}와 그 밖의 수요곡선들을 비교하면, 시장수요곡선은 상대적으로 탄력적이다. 긍정적 외부효과로 인해 수요곡선이 더 탄력적이 되는 이유를 살펴보기 의해 수요곡선 D_{40}에서 가격이 $30에서 $20로 내려갔다고 해 보자. 만약 외부효과가 없다면 수요량은 40,000에서 48,000으로 증가할 것이다. 그러나 더 많은 사람들이 제품을 구매함에 따른 긍정적 네트워크 외부효과로 인해 수요량은 더 많이 증가하여 80,000이 된다. 따라서 긍정적 네트워크 외부효과는 가격 변화에 따른 수요의 반응을 증가시킨다. 즉, 수요는 더 가격탄력적이 된다. 나중에 살펴보겠지만, 이러한 결과는 생산자의 가격전략에 있어서 중요한 의미를 갖는다.

부정적 네트워크 외부효과

때로는 부정적인 네트워크 외부효과(negative network externality)가 나타난다. 정체나 혼잡을 예로 들 수 있다. 스키를 탈 때 사람들은 리프트에서 짧은 대기 줄을 선호하며, 사람들이 적은 슬로프를 선호한다. 그 결과로 스키 리조트의 리프트 이용권의 가치는 더 많은 사람들이 이용권을 구매할수록 낮아진다. 놀이동산, 스케이트장, 해변 등의 입장도 마찬가지이다.

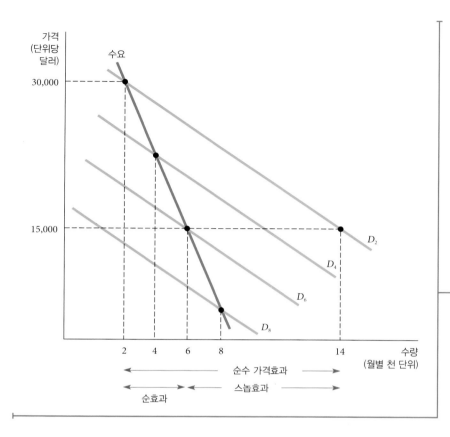

그림 4.18
부정적 네트워크 외부효과: 스놉효과
스놉효과는 부정적 네트워크 외부효과로서 다른 사람들의 구매량이 증가함에 따라 개별수요가 감소하는 것이다. 가격이 $30,000에서 $15,000로 떨어지고 더 많은 사람들이 이 재화를 구매함에 따라 스놉효과로 인해 수요는 D_2에서 D_6로 왼쪽으로 이동한다.

부정적 네트워크 외부효과의 다른 예로는 다른 사람들이 갖지 않는 차별적이고 독특한 재화를 갖기를 원하는 **스놉효과**(snob effect)를 들 수 있다. 스놉재화(snob good)의 수요량은 그 재화를 소유한 사람들의 수가 **적을수록** 커진다. 희귀한 예술품, 특별제작 스포츠카, 주문제작 의류 등이 스놉재화이다. 사람들은 그림이나 스포츠카에 대하여 소수의 사람들만이 그것을 소유한다는 사실로부터 발생하는 위신, 지위, 배타성 등으로부터 가치를 얻는다.

그림 4.18은 부정적 네트워크 외부효과의 경우를 보여 준다. 여기서 제품은 스놉재화여서 사람들은 차별성에 가치를 둔다고 가정하자. 그림에서 D_2는 소비자들이 단 2,000명만 이 재화를 사용한다고 믿을 때의 수요곡선이다. 만약 소비자들이 4,000명이 이 재화를 사용한다고 믿는다면 이 재화의 차별성은 줄어들며 스놉가치도 하락한다. 따라서 수요량은 줄어들고 수요곡선은 D_4가 된다. 마찬가지로, 6,000명이 이 재화를 사용한다고 믿는다면 수요량은 더 줄어들어 수요곡선은 D_6가 된다. 마침내 소비자들은 얼마나 많은 사람이 이를 실제로 갖고 있는지를 알게 된다. 따라서 시장수요곡선은 수요량 2,000, 4,000, 6,000 등에 각각 대응하는 수요곡선 D_2, D_4, D_6 등의 위에 있는 점들을 연결함으로써 구해진다.

부정적 네트워크 외부효과는 시장수요곡선을 덜 탄력적으로 만든다는 점에 주목하라. 그 이유를 살펴보기 위해 처음의 가격 $30,000에서는 2,000명이 이 제품을 사용한다고 하자. 가격이 $15,000로 하락한다면 어떤 일이 일어나는가? 만약 외부효과가 없다면 수요량은 D_2를 따라

스놉효과 소비자가 차별적이고 독특한 재화를 소유하고 싶을 때 나타나는 부정적 네트워크 외부효과

14,000단위로 증가할 것이다. 그러나 더 많은 사람이 이를 소유함으로써 재화의 가치는 크게 떨어진다. 부정적 네크워크 외부효과는 수요량의 증가를 억제시킴으로써 8,000단위로 수요량을 줄인다. 따라서 순 판매량은 6,000단위만 증가한다.

다양한 재화에 있어서 기업들은 마케팅과 광고를 통해 스놉효과가 발생하도록 노력한다(롤렉스시계를 생각해 보자). 목표는 그 재화에 대해 더 높은 가격을 부과할 수 있도록 수요를 보다 비탄력적으로 만드는 것이다.

부정적 네트워크 외부효과는 다른 이유로도 발생할 수 있다. 대기줄이 혼잡한 상황을 고려해 보자. 스키 경사로에서 사람이 적고 짧은 대기줄을 선호하므로 리프트표 구매로 인한 가치는 이를 구매한 사람들이 많아질수록 떨어진다. 이는 놀이공원, 스케이트장, 해변에서도 마찬가지이다.[10]

사례 4.7   페이스북과 구글플러스

소셜 네트워크 웹사이트인 페이스북은 2004년에 시작하였으며, 그해 말에 백만 명이 가입하였다. 2011년 초에는 6억 명이 가입함으로써 페이스북은 세계에서 구글 다음으로 방문자가 많은 웹사이트가 되었다. 페이스북의 성공의 핵심은 강력한 긍정적 네트워크 외부효과이다.

다른 소셜 네트워크 사이트가 아닌 페이스북에 가입한 이유를 스스로에게 물어본다면 그 이유를 찾을 수 있다. 다른 수많은 사람이 이미 페이스북에 가입했기 때문에 여러분도 가입했을 것이다. 더 많은 친구들이 가입할수록 뉴스나 다른 정보를 친구들과 공유하는 방법으로서 페이스북은 더 유용하게 사용될 것이다. 여러분이 친구들 사이에서 페이스북을 사용하지 않는 유일한 사람이라면 친구들 간의 소식이나 모임에서 연결고리가 끊어질 것이다. 가입자의 수가 많아질수록 더 많은 사람을 만나거나 다시 연결되고, 나의 사진을 감상하거나 의견을 듣는 사람들이 많아지며, 더욱 다양한 종류의 콘텐츠를 즐길 수 있게 된다. 표 4.5를 통하여 페이스북 가입자 수가 더 많아질수록 평균적인 사용자가 사이트를 사용하는 시간 또한 많아지게 된다는 사실을 확인할 수 있다.

페이스북의 성공을 바라보면서 다른 기업들도 자체적으로 경쟁적인 소셜 네트워크를 만들고자 노력하였다. 그중에서도 페이스북과 경쟁할 수 있는 충분한 자원을 보유한 구글이 가장 돋보이는 기업이었다. 2011년에 구글은 페이스북과 매우 흡사한 소셜 네트워크 사이트인 구글플러스(Google Plus)를 도입하였다. 2,500만 명 이상이 첫 달에 가입하였으며, 이어서 가입자의 수가 차츰 늘어남에 따라 초기에는 매우 성공적인 것으로 생각되었다. 그러나 시간이 지남에 따라 사용자의 수는 급격히 줄어들었다. 2015년 7월에 페이스북 사용자 수는 약 15억 명에 달했으나 구글플러스 사용자 수는 2천만 명에 못 미쳤다. 1년 후 구글은 소셜 네트워크 사업을 포기하였으며, 소셜 네트워크 사이트로서 구글플러스는 더는 존재하지 않는다.[11]

구글플러스가 처참하게 실패한 이유는 무엇일까? 구글플러스는 사용하기가 편리하며 개인정보 보호 측면에서 장점이 있었다. 물론 구글의 재정적 지원도 있었다. 그러나 페이스북과 대비할 때 사용자 수가 너무 적었다는 점이 핵심이었다. 2011년 구글플러스가 시장에 진입했을 때 페이스북에는 이미 8억 명 가까운 사용자가 있어서 엄

---

10 물론 사람들의 성향은 다를 수 있다. 어떤 사람들은 스키를 타거나 해변에서 하루를 보내는 것을 긍정적인 외부효과와 연계시킨다. 즉 이들은 사람이 붐비는 것 자체를 즐기므로 슬로프나 해변에 사람이 없는 것을 오히려 싫어할 수도 있다.

11 http://fortune.com/2015/07/02/google-plus-facebook-privacy/.

표 4.5	페이스북 사용자	
연도	페이스북 사용자(백만)	월별 1인당 사용시간
2004	1	
2005	5.5	
2006	12	< 1
2007	50	2
2008	100	3
2009	350	5.5
2010	500	7
2011	766	7.5
2012	980	8.5
2013	1,171	9
2014	1,334	10
2015	1,517	10.5
2016	1,654	11
출처: Facebook, eMarketer		

청나게 유리한 위치를 확보하고 있었다. 새로 소셜 네트워크에 가입하려고 하는 사람은 자연스럽게 페이스북과 같이 사용자가 가장 많은 사이트를 선택하게 된다. 극단적으로 강한 네트워크 외부효과는 승자 독식 시장을 만들었으며, 그 승자는 페이스북이었다.

*4.6 수요의 실증적 측정

이 책의 뒷부분에서는 기업의 경제적 의사결정 과정에서 수요에 관한 정보가 투입요소로서 어떻게 활용되는지를 살펴볼 것이다. 예를 들어, 제너럴모터스사가 새로운 자동차에 대해 할인을 해줄 것인지 혹은 시장이자율보다 낮은 이자율로 할부 판매를 할 것인지를 결정하기 위해서는 자동차에 대한 수요를 파악해야 한다. 수요에 관한 정보는 공공정책의 결정 과정에서도 중요하다. 예를 들어, 원유에 대한 수요는 의회가 수입 원유에 대해 세금을 부과하는 법안을 통과시켜야 할지를 결정하는 데 도움이 된다. 경제학자들이 수요곡선의 모양을 어떻게 결정하며, 수요의 가격탄력성과 소득탄력성을 실제로 어떻게 계산하는지 궁금할 것이다. 이 절에서는 수요를 측정하고 예측하는 몇몇 방법들을 간단히 소개한다. 이 절에 별표를 붙인 이유는 이 절의 내용이 보다 고급수준이며, 이 책의 나머지 부분을 이해하는 데 크게 필요하지 않기 때문이다. 그렇지만 이 절의 내용은 상당히 유익하며, 소비자 행동이론의 실증적 토대를 이해하는 데 도움이 될 것이다. 수요곡선과 수요탄력성을 추정하는 데 필요한 기초적인 통계분석 방법은 이 책의 부록인 "회귀분석의 기초"에서 설명한다.

통계적 접근방법을 통한 수요 측정

기업들은 종종 수요의 실증적 연구에 기초하여 얻어지는 시장에 관한 정보를 이용한다. 통계적 분석을 통하여 수요량에 영향을 미치는 소득이나 다른 제품의 가격과 같은 변수들의 효과를 분리시킴으로써 수요곡선을 추정할 수 있다. 여기서는 통계적 접근과 관련된 일부 개념적인 내용들을 간단하게 살펴본다.

표 4.6은 딸기의 연간 시장 판매량을 나타낸다. 농부들을 대표하는 기관은 딸기의 시장수요에 관한 정보를 이용하여 자체적으로 추정한 가격과 수요를 결정하는 요인들에 기초하여 판매량을 예측할 수 있다. 농부들이 지난해의 가격에 기초하여 재배량을 결정하기 때문에 딸기 생산량은 현재 시장가격보다는 기후조건에 민감하게 반응한다는 사실을 발견했다고 가정해 보자.

표 4.6의 가격과 수량 자료는 그림 4.19에 표시되어 있다. 만약 수요를 결정하는 요인이 가격뿐이라면 그림 4.19의 점들을 가장 적절하게 나타내는 딸기의 수요곡선은 식 $Q = a - bP$로 표현되는 D곡선이 될 수 있다.

식 $Q = 28.2 - 1.0P$로 표현되는 수요곡선 D는 실제로 딸기의 수요곡선을 나타내는가? 가격 외에 수요에 영향을 미치는 다른 중요한 요인이 없다면 답은 "그렇다"이다. 그러나 표 4.6은 또 다른 변수인 딸기 소비자의 평균 소득에 관한 자료를 포함하고 있다. 소득(I)은 분석기간 중 2배로 증가함에 따라 수요곡선도 이동하였다. 따라서 그림 4.19에서 수요곡선 d_1, d_2, d_3가 수요를 보다 정확하게 나타내고 있다. 이러한 선형수요곡선은 다음과 같은 식으로 표현될 수 있다.

$$Q = a - bP + cI \qquad\qquad (4.2)$$

수요방정식의 소득 항은 소득이 변함에 따라 수요곡선이 평행하게 이동한다는 것을 의미한다. 최소자승법을 이용하여 계산하면 수요관계는 $Q = 8.08 - 0.49P + 0.81I$로 나타난다.

표 4.6	수요에 관한 자료		
연도	수량(Q)	가격(P)	소득(I)
2004	4	24	10
2005	7	20	10
2006	8	17	10
2007	13	17	17
2008	16	10	27
2009	15	15	27
2010	19	12	20
2011	20	9	20
2012	22	5	20

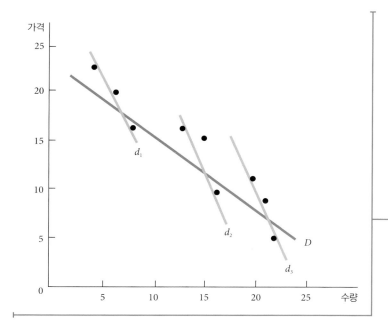

그림 4.19
수요의 측정
가격과 수량 자료를 이용하여 수요관계의 형태를 나타낼 수 있다. 그러나 같은 자료를 이용하여 하나의 수요곡선 D 를 그릴 수 있으며, 또는 시간이 지남에 따라 이동하는 3개의 수요곡선 d_1, d_2, d_3를 그릴 수도 있다.

수요관계의 형태

앞에서 논의한 수요관계가 직선이기 때문에 수요량에 대한 가격 변화의 효과는 일정하다. 그러나 수요의 가격탄력성은 가격수준에 따라 달라진다. 예를 들어, 선형의 수요방정식 $Q = a - bP$ 에서 가격탄력성 E_P는 다음과 같다.

$$E_P = (\Delta Q / \Delta P)(P / Q) = -b(P / Q) \tag{4.3}$$

따라서 탄력성은 가격이 올라감에 따라(그에 따라 수요량이 줄어듦에 따라) 증가한다.

예를 들어, 앞에서 살펴본 딸기의 수요곡선이 $Q = 8.08 - 0.49P + 0.81I$로 추정되었다고 하자. 이 경우 1999년($Q = 16$, $P = 10$)의 수요의 가격탄력성은 $-0.49(10 / 16) = -0.31$이지만, 2003년($Q = 22$, $P = 5$)의 가격탄력성은 큰 폭으로 감소하여 -0.11이 된다.

따라서 수요의 탄력성이 항상 일정할 이유는 없다. 그런데도 가격탄력성과 소득탄력성이 일정한 **등탄력적 수요곡선**은 상당히 유용하게 사용된다. 등탄력적 수요곡선을 로그-직선형태(log-linear form)로 나타내면 다음과 같다.

$$\log(Q) = a - b \log(P) + c \log(I) \tag{4.4}$$

위의 수요방정식에서 log( )는 로그함수를 나타내며, a, b, c는 각각 상수이다. 로그-선형 수요함수의 장점은 직선의 기울기 $-b$는 수요의 가격탄력성을, 상수 c는 수요의 소득탄력성을 각각 나타낸다는 점이다.[12] 예를 들어, 표 4.5의 자료를 이용하면 다음과 같은 회귀식을 도출할 수 있다.

---

12 e가 밑수인 자연로그함수는 $\log(Q)$의 변화에 대해 $\Delta(\log(Q)) = \Delta Q / Q$가 된다. 마찬가지로, $\log(P)$의 변화에 대해서

$$\log(Q) = -0.23 - 0.34 \log(P) + 1.33 \log(I)$$

위의 관계를 통해 딸기에 대한 수요의 가격탄력성은 -0.34(수요는 가격비탄력적임), 소득탄력성은 1.33임을 알 수 있다.

두 재화가 보완재인지 대체재인지를 구분하는 것은 유용하다. 두 번째 재화의 가격을 P_2라고 하면 수요함수는 다음과 같이 나타낼 수 있다.

$$\log(Q) = a - b \log(P) + b_2 \log(P_2) + c \log(I)$$

위 식에서 교차가격탄력성을 나타내는 b_2가 양$(+)$의 값을 갖는다면 두 재화는 서로 대체재이며, 음$(-)$의 값을 갖는다면 서로 보완재이다.

수요곡선의 형태와 추정은 마케팅 분야뿐만 아니라 반독점 분석에서도 점점 활발하게 이루어지고 있다. 최근에는 인수합병의 효과를 평가하기 위하여 수요함수를 추정하는 일은 보편적으로 이루어지고 있다.[13] 예전에는 많은 비용을 들여서 대형컴퓨터를 사용해야 가능했던 분석 작업이 이제는 개인용 컴퓨터로 몇 초 안에 가능해졌다. 이에 따라, 정부의 경쟁 관련 기관과 민간의 경제 및 마케팅 전문가들은 수요관계를 추정하기 위하여 슈퍼마켓의 스캐너 자료를 입력 정보로 자주 활용한다. 특정 제품에 대한 수요의 가격탄력성을 파악함으로써 기업은 가격을 올리거나 내리는 것이 이득이 되는지를 결정할 수 있다. 다른 조건이 일정하다면, 탄력성 크기가 작을수록 가격을 올리는 것이 이윤을 증가시킬 가능성이 높다.

사례 4.8 시리얼 제품에 대한 수요

크래프트 제너럴푸드(Kraft General Foods) 사의 자회사 중에서 포스트(Post)라는 브랜드의 시리얼을 생산하는 회사는 1995년에 나비스코(Nabisco)사의 쉬레디드 휘트(Shredded Wheat, SW) 시리얼 사업을 인수하였다. 이러한 인수는 포스트사가 가장 잘 팔리는 브랜드인 그레이프 너츠(Grape Nuts, GN)의 가격을 올릴 것인지 아니면 나비스코의 성공적인 브랜드인 SW 브랜드

의 가격을 올릴 것인지에 대한 법적 및 경제적인 인문을 제기하였다.[14] 뉴욕주가 이러한 인수에 대해 제기한 소송에서 중요한 현안은 과연 두 브랜드가 서로 밀접한 대체재인지에 대한 것이었다. 만약 두 브랜드가 대체재라면 포스트사는 SW 브랜드를 인수하기 전보다는 인수한 이후에 GN(또는 SW)의 가격을 인상하는 것이 더 유리할 것이다. 그 이유는 인수 후에는 GN(또는

는 $\Delta(\log(P)) = \Delta P / P$가 된다. 그러므로 $\Delta(\log(Q)) = \Delta Q / Q = -b[\Delta(\log(P))] = -b(\Delta P / P)$가 된다. 따라서 $(\Delta Q / Q) / (\Delta P / P) = -b$가 성립한다. 같은 방식으로 수요의 소득탄력성 c는 $(\Delta Q / Q) / (\Delta I / I)$로 주어진다.

13 다음 논문을 참고하기 바란다. B. Baker and Daniel L. Rubinfeld, "Empirical Methods in Antitrust Litigation: Review and Critique," *American Law and Economics Review* 1 (1999): 386–435.

14 *State of New York v. Kraft General Foods, Inc.*, 926 F. Supp. 321, 356 (S.D.N.Y. 1995).

SW)의 가격 인상에 따른 판매량의 손실 중 일부는 자신의 소비를 대체로(GN에서 SW로, 또는 SW에서 GN으로) 바꾸는 소비자들에 의해 어느 정도 회복되기 때문이다.

가격 인상에 따라 소비자가 다른 브랜드로 구매를 전환하는 수준은 (부분적으로) GN에 대한 수요의 가격탄력성에 의존한다. 다른 조건이 일정하다면, 수요의 가격탄력성이 클수록 가격 인상에 따라 판매액은 더 많이 줄어들 것이다. 따라서 가격 인상은 이윤에 부정적인 영향을 미칠 가능성이 높다.

GN과 SW 간의 대체성은 SW의 가격에 대한 GN 수요의 교차가격탄력성으로 측정될 수 있다. 탄력성은 3년간 10개 도시 내 가구들의 주당 구매에 대한 슈퍼마켓 스캐닝 자료를 활용하여 추정하였다. 추정된 등탄력적 수요방정식 가운데 하나는 다음과 같은 로그선형 형태로 나타났다.

$$\log(Q_{GN}) = 1.998 - 2.085 \log(P_{GN}) + 0.62 \log(I) + 0.14 \log(P_{SW})$$

여기서 Q_{GN}은 GN의 주간 판매량(파운드), P_{GN}은 GN의 파운드당 가격, I는 실질 개인소득, P_{SW}는 SW의 파운드당 가격을 나타낸다.

GN의 수요는 가격탄력성이 약 -2로서 (현재 가격수준에서) 탄력적이다. 소득탄력성은 0.62이다. 즉, 소득 증가에 따라 시리얼 구매가 증가하지만 일대일 관계보다는 적게 증가한다. 마지막으로, 교차가격탄력성은 0.14이다. 이를 통해 두 재화는 서로 대체재(SW의 가격 인상에 의해 GN의 수요량이 증가)이지만 서로 매우 밀접한 대체재는 아님을 알 수 있다.

인터뷰 및 실험적 접근방법을 통한 수요 결정

수요에 관한 정보를 획득하는 또 다른 방법은 소비자와 직접 인터뷰를 하는 것이다. 인터뷰에서는 소비자들에게 주어진 가격에서 제품을 얼마나 구매할 의향이 있는지를 물어본다. 그러나 이 접근방법은 사람들이 인터뷰에 대한 정보가 부족하거나, 흥미가 없거나, 혹은 일부러 잘못된 답변을 할 수도 있다는 문제점이 있다. 따라서 시장을 연구하는 사람들은 다양한 간접적인 조사방법을 설계하였다. 예를 들어, 소비자들에게 지금의 소비 패턴은 어떠하며, 특정 제품의 가격이 10% 할인된다면 어떻게 반응할 것인지를 물어본다. 또한 이때 다른 사람들은 어떻게 행동할 것이라고 생각하는지에 대해서도 물어볼 수 있다. 이처럼 수요를 간접적으로 측정하는 방법이 유용하기는 하지만 인터뷰 접근방법의 어려움으로 인해 경제학자와 마케팅 전문가들은 다른 대안적 방법을 사용하기도 한다.

직접적 마케팅 실험에서는 잠재적 고객들에게 어떤 제품을 실제로 할인하여 판매한다. 예를 들어, 항공사는 여섯 달 동안 특정 노선의 항공료를 인하함으로써 가격 변화는 수요에 어떤 영향을 미치는지, 그리고 가격 변화에 대해 경쟁사는 어떻게 반응하는지를 살펴볼 수 있다. 또 다른 예로, 시리얼회사는 버펄로, 뉴욕, 오마하, 네브래스카에서 일부 잠재적 고객들에게 박스당 25센트에서 $1 범위의 할인쿠폰을 제공함으로써 새로운 브랜드에 대한 시장반응을 조사해 볼 수 있다. 쿠폰에 대한 반응을 통하여 판매담당자들은 수요곡선의 형태를 파악할 수 있고, 제품을 국내에서 팔지 또는 국제적으로 팔지, 어떤 가격을 책정할지를 결정할 수 있다.

그러나 실제로 이루어지는 직접적인 실험조차도 문제점이 있다. 잘못된 실험으로 인해 손해를 볼 수 있으며, 이윤과 판매량이 증가한다고 해도 기업은 이러한 증가가 실험에서 변화시킨 특정한 요인에 의한 것인지를 확신할 수 없다. 즉 다른 요인들이 동시에 변화하여 영향을 미칠 수도 있다. 또한 실험을 통해 나타나는 소비자의 반응은 소비자가 그러한 변화를 단기적인 변화로 인식하기 때문에 영구적인 변화에 따른 소비자의 반응은 달라질 수도 있다. 끝으로 기업은 오직 제한된 수의 실험만을 시도할 수 있다.

요약

1. 한 제품에 대한 개별 소비자의 수요곡선은 모든 재화와 서비스에 관한 소비자의 선호에 관한 정보와 예산제약을 이용하여 도출된다.

2. 재화의 소비량과 소득 간의 관계를 나타내는 엥겔곡선은 소비자의 지출이 소득에 따라 어떻게 변하는지를 분석하는 데 유용하다.

3. 만약 어느 한 재화의 가격 인상에 의해 다른 재화의 수요량이 증가한다면 이 두 재화는 서로 대체재이다. 반대로, 어느 한 재화의 가격 인상으로 다른 재화의 수요량이 감소한다면 이 두 재화는 서로 보완재이다.

4. 한 재화의 가격 변화에 따른 그 재화의 수요량의 변화는 두 가지 효과로 나눌 수 있다. 하나는 대체효과로서 가격이 변할 때 만족수준은 그대로 유지된 상태에서 나타나는 수요량의 변화를 의미한다. 다른 하나는 소득효과로서 가격은 그대로 유지된 상태에서 만족수준의 변화에 따른 수요량의 변화를 나타낸다. 소득효과는 양(+) 또는 음(-)의 값을 가질 수 있으므로 가격 변화로 인해 수요량은 많이 또는 적게 변할 수 있다. 기펜재라 불리는 특수한 재화의 경우에는 수요량은 가격 변화와 같은 방향으로 움직이므로 개별수요곡선은 우상향한다.

5. 한 재화의 시장수요곡선은 그 재화의 시장에 있는 모든 소비자들의 개별수요곡선을 수평적으로 합하여 도출한다. 이는 특정 재화와 서비스의 수요에 사람들이 얼마만큼의 가치를 부여하는가를 측정할 때 활용될 수 있다.

6. 가격이 1% 오를 때 수요량이 1% 이하로 감소하면 수요는 가격비탄력적이고, 따라서 소비자의 지출은 증가한다. 가격이 1% 오를 때 수요량이 1% 이상으로 감소하면 수요는 가격탄력적이고, 따라서 소비자의 지출은 감소한다. 가격이 1% 오를 때 수요량이 1%로 감소하면 수요는 가격에 대해 단위탄력적이다.

7. 소비자잉여의 개념은 사람들이 제품 소비를 통해 얻는 편익을 측정하는 데 유용하다. 소비자잉여는 소비자가 한 재화에 지불하고자 하는 최대 금액과 실제로 지불하는 금액 간의 차이로 계산된다.

8. 투기적인 수요는 재화를 소유하거나 소비함으로써 얻는 직접적인 편익이 아니라 가격이 오를 것이라는 기대로부터 발생하는 수요이다.

9. 네트워크 외부효과는 한 사람의 수요가 다른 소비자들의 구매나 사용에 의해 직접적으로 영향을 받을 때 발생한다. 긍정적 네트워크 외부효과는 다른 사람들이 재화나 서비스를 구매하거나 사용하기 때문에 어떤 소비자의 수요량이 증가하는 경우를 의미한다. 반대로 부정적 네트워크 외부효과는 소수의 다른 사람들만이 그 재화나 서비스를 소유하거나 사용하기 때문에 수요량이 증가하는 경우를 의미한다.

10. 소비자 수요에 관한 정보를 얻기 위하여 인터뷰 및 실험적 접근방법, 직접적인 마케팅 실험, 간접적인 통계적 접근방법 등을 활용할 수 있다. 통계적 접근방법은 매우 유용하지만 작업을 위해서는 수요에 영향을 미치는 적절한 변수들을 결정하여야 한다.

복습문제

1. 다음 용어들 간의 차이를 설명하라.
   a. 가격소비곡선과 수요곡선
   b. 개별수요곡선과 시장수요곡선
   c. 엥겔곡선과 수요곡선
   d. 소득효과와 대체효과

2. 한 개인이 자신의 예산을 두 재화인 식품과 옷에 배분하는 상황을 고려해 보자. 두 재화는 모두 열등재가 될 수 있는가? 이를 설명하라.

3. 다음 서술이 참인지 거짓인지 설명하라.
   a. 수요곡선을 따라 아래로 이동하면 한계대체율은 체감한다.
   b. 수요곡선을 따라 아래로 이동하면 효용수준은 증

가한다.

c. 엥겔곡선은 항상 우상향한다.

4. 록 콘서트 관람권은 $10에 판매되고 있는데, 이 가격에서 수요는 발행 가능한 관람권 수보다 훨씬 많다. 관람권을 1장 더 구매할 때의 한계편익 또는 가치는 $10보다 더 큰가, 작은가, 혹은 같은가? 이러한 가치를 어떻게 측정할 수 있는가?

5. 다음 재화들은 서로 보완재인가 또는 대체재인가? 아니면 상황에 따라 달라질 수 있는가? 논의해 보라.

a. 수학 수업과 경제학 수업

b. 테니스 공과 테니스 라켓

c. 스테이크와 바닷가재

d. 같은 목적지를 비행기로 가는 것과 기차로 가는 것

e. 베이컨과 달걀

6. 어떤 소비자가 다음 각 묶음의 재화를 구입하기 위해 매월 일정한 소득을 지출한다고 하자.

a. 토르티야칩과 살사소스

b. 토르티야칩과 감자칩

c. 영화관람권과 고급커피

d. 버스를 이용한 이동과 지하철을 이용한 이동

만약 한 재화의 가격이 오르면 다른 재화의 수요량에 어떤 영향을 미치게 되는가? 어떤 묶음의 재화가 서로 보완재일 가능성 또는 대체재일 가능성이 있는가?

7. 미국산 의류제품에 대한 수요곡선을 고려할 때, 다음 중 어떤 상황이 수요곡선상의 이동으로 나타나고, 어떤 상황이 수요곡선 자체의 이동으로 나타나는가?

a. 외국산 의류 수입에 대한 수량제한 철폐

b. 미국 시민의 소득 증가

c. 해당 산업의 국내 생산비용 감소로 인한 시장 내 의류가격의 인하

8. 다음 재화 중 어떤 재화가 가격 인상으로 (대체효과와 더불어) 소득효과가 현저히 나타날 가능성이 높은가?

a. 소금

b. 주택

c. 극장 입장권

d. 식품

9. 어떤 주의 평균적인 가구는 연 800갤런의 휘발유를 소비한다고 하자. 이 주는 20%의 휘발유세를 새로 부과하면서 각 가구당 연간 $160의 세금을 환급해 주는 정책을 도입하고자 한다. 이러한 새로운 정책으로 인해 가구는 전보다 더 나은 상태가 되는가 아니면 더 못한 상태에 있게 되는가?

10. 다음 세 집단 중 어느 집단이 경영·경제학자학회 회원가입에 대한 수요의 가격탄력성이 가장 높으며, 어느 집단이 가장 가격비탄력적이라고 생각하는가?

a. 학생

b. 젊은 회사 임원

c. 나이 든 회사 임원

11. 다음 각 쌍의 재화 중 어느 것이 더 가격탄력적인가?

a. 특정 브랜드 치약에 대한 수요와 전체 치약에 대한 수요

b. 휘발유에 대한 단기적 수요와 장기적 수요

12. 긍정적 네트워크 외부효과와 부정적 네트워크 외부효과의 차이를 설명하고 각각에 대한 사례를 제시하라.

연습문제

1. 어떤 소비자는 매월 소득 중 일부를 자신의 취미활동인 와인 수집과 책 수집에 지출한다고 한다. 아래 정보를 이용하여 와인가격의 변화에 따른 가격소비곡선과 와인에 대한 수요곡선을 그려라.

와인가격	책가격	와인 구매량	책 구매량	예산
$10	$10	7	8	$150
$12	$10	5	9	$150
$15	$10	4	9	$150
$20	$10	2	11	$150

2. 어떤 소비자는 옷과 식품을 소비한다. 아래 정보를 이용하여 옷과 식품에 대한 소득소비곡선과 엥겔곡선을 그려라.

옷가격	식품가격	옷 수요량	책 수요량	예산
$10	$2	6	20	$100
$10	$2	8	35	$150
$10	$2	11	45	$200
$10	$2	15	50	$250

3. 제인은 관람권을 몇 장 가지고 있든지 관계없이 항상 야구관람권 1장을 더 구매할 때보다 발레관람권 1장을 더 구매할 때 2배의 효용을 더 얻는다. 발레관람권에 대한 제인의 소득소비곡선과 엥겔곡선을 그려라.

4. a. 오렌지주스와 사과주스는 서로 완전 대체재인 것으로 알려져 있다. 오렌지주스의 가격 변화에 따른 가격소비곡선과 소득소비곡선을 그려라.

   b. 왼쪽 신발과 오른쪽 신발은 서로 완전 대체재이다. 이에 대한 적절한 가격소비곡선과 소득소비곡선을 그려라.

5. 빌, 메리, 제인은 매주 각자의 효용을 극대화하는 두 재화 x_1과 x_2의 구매량을 정한다. 각자 한 주의 전체 소득을 두 재화의 구입에 지출한다.

   a. 3주 동안 빌의 선택에 관한 정보는 다음과 같다.

	X_1	X_2	P_1	P_2	I
1주	10	20	2	1	40
2주	7	19	3	1	40
3주	8	31	1	1	55

   1주와 2주 사이에 빌의 효용은 증가했는가 아니면 감소했는가? 1주와 3주 사이는 어떠한가? 그림을 그려서 설명하라.

   b. 메리의 선택에 관한 정보는 다음과 같다.

	X_1	X_2	P_1	P_2	I
1주	10	20	2	1	40
2주	6	14	2	2	40
3주	20	10	2	2	60

1주와 3주 사이에 메리의 효용은 증가했는가 아니면 감소했는가? 메리에게 두 재화는 정상재인가? 설명하라.

*c. 마지막으로, 제인의 선택에 관한 정보는 다음과 같다.

	X_1	X_2	P_1	P_2	I
1주	12	24	2	1	48
2주	16	32	1	1	48
3주	12	24	1	1	36

제인이 선택한 세 가지 상품묶음을 나타내는 예산선과 무차별곡선을 그려라. 이 경우 제인의 선호에 대해 무엇을 얘기할 수 있는가? x_1의 가격 변화에 따른 소득효과와 대체효과를 확인해 보라.

6. 샘과 바브 두 사람은 여가시간(L)을 보내는 것과 재화(G)를 소비함으로써 효용을 얻는다. 효용극대화를 위해 이들은 하루 24시간을 여가시간과 일하는 시간으로 나누어야 한다. 일하지 않는 시간은 곧 여가시간이 된다고 하자. 재화 G의 가격은 $1이고 여가의 가격은 시간당 임금과 같다. 두 사람의 선택에 관한 정보는 다음과 같다.

		샘	바브	샘	바브
G의 가격	L의 가격	L(시간)	L(시간)	G($)	G($)
1	8	16	14	64	80
1	9	15	14	81	90
1	10	14	15	100	90
1	11	14	16	110	88

수직축에는 가격을, 수평축에는 여가를 표시하고 여가에 대한 샘의 수요곡선과 바브의 수요곡선을 그려라. 둘 다 효용극대화를 한다는 점을 고려하면, 여가에 대한 두 사람의 수요곡선의 차이를 어떻게 설명할 수 있는가?

7. 작은 대학도시 내의 극장 경영자는 관람권가격의 부과 방법을 바꾸는 것을 고려하고 있다. 그는 경제컨설팅회사에 관람권에 대한 수요 추정을 의뢰하였다. 이 회사는 극장에 가는 사람들을 두 그룹으로 분류하여

두 가지 수요곡선을 도출하였다. 일반인(Q_{gp})과 학생 (Q_s)의 수요곡선은 각각 다음과 같다.

$$Q_{gp} = 500 - 5P$$
$$Q_s = 200 - 4P$$

a. 수직축에 P, 수평축에 Q를 두고 두 그룹의 수요곡선을 그려라. 현재 관람권가격이 $35일 때, 각 그룹의 수요량을 표시하라.

b. 현재 가격과 수요량에서 각 집단에 대한 수요의 가격탄력성을 구하라.

c. 극장 경영자는 각 관람권에 $35의 가격을 부과함으로써 관람권 판매수입을 극대화하고 있는가? 설명하라.

d. 관람권 판매를 통한 수입 극대화를 달성하기 위해서는 각 그룹에 대해 얼마의 가격을 부과해야 하는가?

8. 주디는 대학교재가격이 매년 5~10% 인상될 것임을 알고 있으며, 또 내년에 조부모로부터 상당한 금액의 용돈을 받을 것을 알고 있지만, 대학교재 구입에 매년 정확히 $500만 지출하기로 결정하였다. 주디의 교재에 대한 수요의 가격탄력성과 소득탄력성은 각각 얼마인가?

9. ACME사는 현재 가격에서 자사 제품인 컴퓨터 칩에 대한 수요의 단기 가격탄력성이 −2이고, 디스크 드라이브에 대한 가격탄력성은 −1임을 발견하였다.

a. 만약 이 회사가 두 제품의 가격을 10%씩 인상하기로 결정했다면, 판매량과 판매수입은 어떻게 변하는가?

b. 주어진 정보로부터 어떤 제품이 더 많은 수입을 올릴 수 있을지 말할 수 있는가? 만약 그렇다면, 그 이유는 무엇인가? 또는 그렇지 않다면, 추가적으로 어떤 정보가 필요한가?

10. 아래 상황에 나타난 개인의 행동을 관찰하여 각 재화에 대한 적절한 수요의 소득탄력성 부호를 구하라 (즉, 정상재인지 또는 열등재인지를 결정하라). 만약 소득탄력성의 부호를 알 수 없다면, 추가로 필요한 정

보는 무엇인가?

a. 빌은 자신의 모든 소득을 책과 커피에 지출한다. 그는 우연히 헌책 속에서 $20를 발견하여 새 시집 1권을 구매한다.

b. 빌은 더블 에스프레소를 마시려고 가지고 있던 돈 $10를 잃어버렸다. 그는 새 책을 친구에게 싼값에 팔아서 그 돈으로 커피를 마시려고 한다.

c. 커피와 책의 가격이 모두 25% 올랐다. 빌은 똑같은 비율로 두 재화 모두 소비량을 줄인다.

d. 빌은 예술학교를 그만두고 MBA 학위를 취득한다. 그는 책을 읽는 것과 커피 마시는 것을 그만두고 ≪월스트리트 저널≫을 읽고 병에 든 미네랄 생수를 마신다.

11. 식품에 대한 수요의 소득탄력성이 0.5이고 수요의 가격탄력성이 −1.0이라 하자. 펠리샤는 식품에 연 $10,000를 소비하며, 식품가격은 $2, 펠리샤의 연간 소득은 $25,000라고 하자.

a. 만약 식품에 판매세가 부과되어 인해 식품가격이 $2.50로 인상되었다면, 그녀의 식품 소비는 어떤 영향을 받는가?(힌트: 가격 변화가 크기 때문에 점 탄력성보다는 호 탄력성으로 가격탄력성을 측정해야 한다.)

b. 판매세의 효과를 상쇄시키기 위해 펠리샤에게 $2,500의 세금이 환급되었다고 한다면 그녀의 식품 소비량은 얼마가 되는가?

c. 판매세를 낸 금액과 똑같은 금액이 환급된다면 그녀는 세금이 부과되기 전과 비교하여 더 나은 상태가 되는가 혹은 더 못한 상태가 되는가? 그림을 통해 설명하라.

12. 여러분은 조그마한 사업을 하고 있는데, 판매하는 물건의 가격이 오른다면 수요량은 어떻게 변하는지를 알기를 원한다. 판매하는 물건의 정확한 수요곡선을 알지는 못하지만, 첫해에 $45의 가격에서는 1,200단위가 팔렸으며, 두 번째 해에 $30로 가격을 낮춤에 따라 1,800단위가 팔렸다는 사실은 안다.

a. 만약 가격을 10% 올릴 계획을 한다면, 수요량은

몇 퍼센트가 변할 것으로 추정하는 것이 합리적인 가?

b. 만약 가격을 10% 올린다면, 판매수입은 증가하는가 혹은 감소하는가?

13. 여러분이 운영비용이 전혀 들지 않는 유료다리의 관리자라고 하자. 다리를 건너는 수요(Q)는 $P = 15 - (1/2)Q$이다.

a. 다리를 건너는 수요의 수요곡선을 그려라.

b. 만약 통행료를 부과하지 않는다면 얼마나 많은 사람들이 다리를 건너게 될까?

c. 통행료로 $5를 부과하면 소비자잉여는 얼마나 감소하는가?

d. 여러분은 통행료를 $7로 올릴 것을 고려하는 중이다. 이렇게 인상된 가격에서 다리를 건너는 사람은 얼마나 될 것인가? 통행료 수입은 증가하는가 혹은 감소하는가? 위의 답이 수요의 가격탄력성에 관해 의미하는 바는 무엇인가?

e. 통행료를 $5에서 $7로 올릴 때 소비자잉여의 감소를 구하라.

14. 베라는 새 PC의 운영체제를 업그레이드하기로 하였다. 그녀는 새로운 리눅스 운영체제가 윈도우즈보다 기술적으로 더 우위에 있고 가격도 현저히 더 낮다고 전해 들었다. 그러나 그녀가 친구들에게 물어보니 친구들은 모두 윈도우즈가 장착된 PC를 사용한다는 사실을 알게 되었다. 친구들은 리눅스가 더 낫다는 것에 동의하지만, 지역상점에서 리눅스를 구매하는 것은 쉽지 않다고 말했다. 결국, 베라는 윈도우즈를 선택한다. 이러한 그녀의 선택을 어떻게 설명할 수 있을까?

15. 여러분이 농업 협동조합의 고문이고, 협동조합은 내년 상반기에 회원들이 목화 생산을 줄여야 하는지를 결정해야 한다고 하자. 협동조합은 이러한 조치가 회원들의 수입에 긍정적인 영향을 미칠지를 알기 위해 여러분의 의견을 구하고 있다. 목화(C)와 대두(S)는 남부지방에서 서로 대체적으로 경작되며, 목화에 대한 수요는 $C = 3.5 - 1.0P_C + 0.25P_s + 0.50I$인데, 여기서 P_C는 목화가격, P_s는 대두가격, I는 소득을 나타낸다. 여러분은 협동조합의 계획에 찬성하는가 혹은 반대하는가? 여러분이 정확한 조언을 하기 위해 필요한 추가 정보가 있는가?

16. 어느 소비자가 오직 스테이크와 감자만을 먹고 산다고 하자. 그의 예산은 열흘에 $30이고, 하루에 적어도 2개의 감자를 먹을 수 있도록 충분한 감자를 구매하여야 한다.

a. 감자 1개의 가격이 $0.50이고 스테이크 한 덩어리의 가격은 $10이다. 소비자는 각 재화를 얼마나 구매하는가?

b. 이제 감자가격이 $1로 올랐다고 하자. 소비자는 각 재화를 얼마나 구매하는가?

c. 이제 감자가격이 $1.25로 올랐다고 하자. 소비자는 각 재화를 얼마나 구매하는가?

d. 감자는 어떤 종류의 재화인가?

e. 감자의 수요곡선이 이러한 추세를 무한정 따를 것으로 기대하는가? 그렇다면 혹은 그렇지 않다면 그 이유는 무엇인가?

제4장 부록

수요이론 – 수학적 접근

이 부록에서는 수요이론의 기초적인 내용을 수학적인 방법으로 살펴본다. 미분에 어느 정도 익숙한 학생들은 이 부록을 통하여 수요이론의 전반적 내용을 간결하게 학습할 수 있다. 우선 제약조건하에서의 최적화에 대해 설명한다.

효용극대화

소비자 행동이론은 소비자들이 제한된 예산 제약 아래서 효용을 극대화한다는 가정에 기초를 두고 있다. 제3장에서는 각 소비자에 있어서 **효용함수**는 각 시장바구니가 가져다주는 효용수준으로 정의하였다. 또한 한 재화의 한계효용은 재화를 1단위 더 소비함에 따른 효용의 변화로 정의하였다. 미분을 사용하면 한계효용은 아주 적은 양의 소비가 증가할 때의 효용의 변화로 측정할 수 있다.

> 3.1절에서 효용함수는 각 시장바구니에 효용수준을 부여하는 공식이라고 설명하였다.

예를 들어, 밥의 효용함수가 $U(X, Y) = \log X + \log Y$이며, X는 식품, Y는 옷을 나타낸다고 하자. 이 경우, X를 추가적으로 더 소비함에 따른 한계효용은 효용함수를 X재에 대해 **편미분**한 것이다. 여기서 X재의 한계효용인 MU_X는 다음과 같다.

> 3.5절에서 한계효용은 어떤 재화를 1단위 더 소비할 때 얻는 추가적인 만족의 크기라고 설명하였다.

$$\frac{\partial U(X, Y)}{\partial X} = \frac{\partial(\log X + \log Y)}{\partial X} = \frac{1}{X}$$

제3장에서와 마찬가지로, 아래의 분석에서는 효용수준은 재화 소비량의 증가함수이지만, 한계효용은 소비량이 증가하면 감소한다고 가정한다. X와 Y 두 재화가 존재할 때 소비자의 최적화 문제는 다음의 식과 같이 표현할 수 있는데, 우선 목적함수는 다음과 같다.

$$\text{Maximize } U(X, Y) \tag{A4.1}$$

소비자의 모든 소득을 두 재화의 소비에 지출한다면 제약조건은 다음과 같다.

$$P_X X + P_Y Y = 1 \tag{A4.2}$$

여기서, $U(\ )$는 효용함수이며, X와 Y는 두 재화의 구매량, P_X와 P_Y는 각 재화의 가격, 그리고 I는 소득을 나타낸다.[1]

---

1 문제를 간단하게 만들기 위하여 효용함수는 연속함수이고(연속적으로 미분값을 가짐) 재화들은 무한대로 분할이 가능하다고 가정한다. 로그함수인 $\log(.)$는 수의 자연로그값을 나타낸다.

두 재화에 대한 개별 소비자의 수요량을 결정하기 위해서는 식 (A4.2)의 조건하에서 식 (A4.1)을 극대화하는 X와 Y를 구해야 한다. 효용함수의 구체적인 형태를 알면, X와 Y에 대한 소비자의 수요를 직접 구할 수 있다. 그러나 일반적인 형태의 효용함수 $U(X, Y)$를 고려하더라도 제약조건하에서의 최적화(constrained optimization) 문제를 해결함으로써 소비자의 효용극대화 조건을 구할 수 있다.

라그랑지 승수법

라그랑지 승수법 하나 또는 그 이상의 제약조건하에서 함수를 극대화 또는 극소화하는 기법

라그랑지 승수법(method of Lagrange multiplier)은 하나 또는 그 이상의 제약조건하에서 주어진 함수를 극대화 또는 극소화하는 데 사용되는 기법이다. 이 책 뒷부분에서 생산과 비용 문제를 분석하기 위해 이 기법을 사용할 것이므로 이 방법을 단계적으로 적용하여 식 (A4.1)과 (A4.2)의 소비자 최적화 문제의 해를 구해 본다.

라그랑지 함수 극대화 또는 극소화의 대상인 함수에 한 변수(라그랑지 승수)와 제약조건을 곱한 것을 더한 함수

1. **라그랑지 함수의 설정**: 먼저, 최적화 문제에 관한 라그랑지 함수를 설정해야 한다. **라그랑지 함수**(Lagrangian)는 극대화 또는 극소화의 대상인 목적함수(여기서는 효용함수)에 λ라는 변수와 제약조건(여기서는 소비자 예산제약)을 곱한 것을 더한 함수이다. λ의 의미에 대해서는 나중에 살펴보기로 한다. 따라서 라그랑지 함수는 다음과 같다.

$$\Phi = U(X, Y) - \lambda(P_X X + P_Y Y - I) \tag{A4.3}$$

예산제약은 다음과 같이 쓸 수 있다.

$$P_X X + P_Y Y - I = 0$$

즉, 변수들의 합이 0이므로 이를 라그랑지 함수에 넣더라도 목적함수인 효용함수는 그대로이다.

2. **라그랑지 함수의 미분**: 예산제약을 만족하는 X와 Y를 선택한다면 식 (A4.3)의 두 번째 항은 0이 된다. 따라서 라그랑지 함수를 극대화하는 것은 $U(X, Y)$를 극대화하는 것과 같다. Φ를 X와 Y, λ에 대해 각각 미분하고 이들을 0으로 두면 다음과 같은 극대화의 필요조건을 얻는다.[2]

$$\frac{\partial \Phi}{\partial X} = MU_X(X, Y) - \lambda P_X = 0$$

$$\frac{\partial \Phi}{\partial Y} = MU_Y(X, Y) - \lambda P_Y = 0 \tag{A4.4}$$

$$\frac{\partial \Phi}{\partial \lambda} = I - P_X X - P_Y Y = 0$$

위 식에서 MU는 한계효용을 나타낸다. 따라서 $MU_X(X, Y) = \partial U(X, Y)/\partial X$는 X재의 소비량

---

2 이러한 조건은 소비자가 두 재화 모두를 양(+)의 값으로 소비하는 "내부" 해를 구하는 데 필요하다. 반면, 소비자가 한 재화만을 모두 소비하고 다른 재화를 전혀 소비하지 않는 상황에서는 모서리 해가 나타난다.

이 아주 적게 증가함에 따른 효용의 변화를 나타낸다.

3. 필요조건식 풀이: (A4.4)의 세 방정식은 다음과 같이 다시 쓸 수 있다.

$$MU_X = \lambda P_X$$
$$MU_Y = \lambda P_Y$$
$$P_X X + P_Y Y = I$$

이제 3개의 미지수를 가진 3개의 방정식을 풀면 된다. 이를 통해 구한 X와 Y값은 소비자 최적화 문제의 해로서 효용을 극대화하는 X와 Y의 수요량이다.

한계치 균등의 원칙

위 식에서 세 번째 방정식은 소비자의 예산제약을 나타낸다. 앞의 두 방정식은 각 재화는 그 한계효용이 가격의 λ배가 될 때까지 소비되어야 한다는 점을 나타낸다. 앞의 두 방정식을 결합하면 다음과 같은 한계치 균등의 원칙(equal marginal principle)을 얻을 수 있다.

$$\lambda = \frac{MU_X(X, Y)}{P_X} = \frac{MU_Y(X, Y)}{P_Y} \tag{A4.5}$$

이 원칙은 각 재화의 한계효용을 그 재화의 가격으로 나눈 값은 똑같아야 함을 보여 준다. 최적화를 달성하기 위하여 소비자는 각 재화를 소비하는 데 지출하는 마지막 화폐 1단위로부터 똑같은 효용을 얻어야 한다. 만약 이 조건이 만족되지 않는다면 소비자는 한 재화를 더 소비하고 다른 재화를 덜 소비함으로써 효용을 증가시킬 수 있다.

개별 소비자의 최적화 문제를 보다 자세히 살펴보기 위해 식 (A4.5)를 다음과 같이 다시 쓸 수 있다.

$$\frac{MU_X(X, Y)}{MU_Y(X, Y)} = \frac{P_X}{P_Y} \tag{A4.6}$$

즉, 소비자의 효용극대화를 위하여 한계효용의 비율은 가격의 비율과 같아야 한다.

한계대체율

식 (A4.6)을 이용하여 효용함수와 무차별곡선 간의 관계를 살펴볼 수 있다. 무차별곡선은 소비자에게 동일한 수준의 효용을 가져다주는 모든 시장바구니를 나타낸다. 어떤 주어진 수준의 효용을 U^*로 표시하면 이 효용수준에 대응하는 무차별곡선은 다음과 같이 표현된다.

3.5절에서 한계대체율은 소비되는 두 재화의 한계효용 비율과 같다는 것을 보였다.

$$U(X, Y) = U^*$$

무차별곡선상에서 X의 양을 조금 늘리고 Y의 양을 조금 줄인다면 시장바구니의 구성은 바뀌지만 총효용은 변화하지 않아야 한다. 따라서 다음의 관계가 성립한다.

$$\mathrm{MU}_X(X, Y)dX + \mathrm{MU}_Y(X, Y)dY = dU^* = 0 \qquad \text{(A4.7)}$$

이를 다시 정리하여 다음과 같이 나타낼 수 있다.

$$-dY/dX = \mathrm{MU}_X(X, Y)/\mathrm{MU}_Y(X, Y) = \mathrm{MRS}_{XY} \qquad \text{(A4.8)}$$

위 식에서 MRS_{XY}는 한 소비자의 Y재에 대한 X재의 한계대체율을 나타낸다. 식 (A4.8)의 왼쪽 항은 무차별곡선의 기울기의 음($-$)의 값을 나타내므로, 무차별곡선과 예산선이 접하는 점에서 소비자의 한계대체율(효용수준을 일정하게 유지한 상태에서 두 재화 간 교환비율)은 한계효용의 비율과 같아야 한다. 또 식 (A4.6)을 적용하면 한계효용의 비율은 두 재화의 가격비율과도 같아야 한다.[3]

소비자의 무차별곡선이 볼록성을 가진다면 무차별곡선과 예산선의 접점은 소비자의 최적화 문제를 해결하는 점이다. 이 원칙은 제3장의 그림 3.13에 잘 나타나 있다.

소득의 한계효용

효용함수의 형태에 관계없이 라그랑지 승수 λ는 예산제약을 완화할 때, 즉 예산이 \$1 더 추가됨에 따라 발생하는 추가적인 효용의 크기를 나타낸다. 이를 살펴보기 위해 효용함수 $U(X, Y)$를 소득 I에 대해 미분해 보자.

$$dU/dI = \mathrm{MU}_X(X, Y)(dX/dI) + \mathrm{MU}_Y(X, Y)(dY/dI) \qquad \text{(A4.9)}$$

소득 증가분은 두 재화의 소비에 배분되므로 다음과 같이 쓸 수 있다.

$$dI = P_X dX + P_Y dY \qquad \text{(A4.10)}$$

식 (A4.5)를 식 (A4.9)에 대입하면, 다음을 얻는다.

$$dU/dI = \lambda P_X(dX/dI) + \lambda P_Y(dY/dI) = \lambda(P_X dX + P_Y dY)/dI \qquad \text{(A4.11)}$$

또한 식 (A4.10)을 식 (A4.11)에 대입하면

$$dU/dI = \lambda(P_X dX + P_Y dY)/(P_X dX + P_Y dY) = \lambda \qquad \text{(A4.12)}$$

이 된다. 따라서 라그랑지 승수는 소득이 1단위 더 추가될 때 얻는 추가적인 효용의 크기를 나타낸다.

효용극대화의 조건을 식 (A4.5)와 함께 살펴보면, 효용극대화를 위해서는 각 재화의 소비에 지출되는 화폐 1단위당 한계효용의 크기가 소득이 1단위 증가함에 따른 한계효용의 크기와 같아

---

3 여기서는 효용극대화를 위한 2계 조건이 성립하는 것으로 가정한다. 따라서 소비자는 효용을 극소화하는 것이 아니라 극대화하는 것이다. 볼록성 조건은 2계 조건이 만족되도록 하는 데 충분하다. 수학적으로 표현하자면, 2계 조건은 $d(\mathrm{MRS})/dX < 0$ 또는 $dY^2/dX^2 > 0$가 되는데, 여기서 $-dX/dY$는 무차별곡선의 기울기이다. 한계효용이 체감한다는 사실만으로는 무차별곡선이 볼록하다는 것을 보장하기에 충분치 않다.

야 한다는 사실을 알 수 있다. 이러한 조건이 만족되지 않는다면, 가격 대비 한계효용의 비율이 높은 재화를 더 소비하는 대신 다른 재화는 덜 소비함으로써 효용을 증가시킬 수 있다.

예제

일반적으로 식 (A4.4)에서 3개의 방정식의 해는 3개의 미지수 X, Y, λ를 두 재화의 가격과 소득의 함수로 나타냄으로써 구할 수 있다. 그 후 값을 대입하면 각 재화의 수요함수를 소득과 두 재화의 가격으로 구할 수 있다. 다음의 예를 통해 이러한 과정을 살펴보자.

자주 사용되는 효용함수인 **콥-더글러스 효용함수**(Cobb-Douglas utility function)는 다음의 두 가지 형태로 표현할 수 있다.

$$U(X, Y) = a \log(X) + (1 - a) \log(Y)$$

또는

$$U(X, Y) = X^a Y^{1-a}$$

이 두 가지 형태의 효용함수 중 어떤 것을 이용하더라도 똑같은 X와 Y의 수요함수를 얻을 수 있다. 여기서는 첫 번째 효용함수를 이용하여 수요함수를 도출해 본다.

주어진 예산제약하에서 X재와 Y재의 수요함수를 구하기 위하여 우선 라그랑지 함수를 다음과 같이 나타낸다.

$$\Phi = a \log(X) + (1 - a) \log(Y) - \lambda(P_X X + P_Y Y - I)$$

이를 X, Y, λ에 대해 각각 미분하여 0으로 두면 다음과 같다.

$$\partial\Phi / \partial X = a / X - \lambda P_X = 0$$
$$\partial\Phi / \partial Y = (1 - a) / Y - \lambda P_Y = 0$$
$$\partial\Phi / \partial\lambda = P_X X + P_Y Y - I = 0$$

처음 두 조건은 다음을 의미한다.

$$P_X X = a / \lambda \tag{A4.13}$$
$$P_Y Y = (1 - a)\lambda \tag{A4.14}$$

이 두 조건을 마지막 식(예산제약)에 대입하면 다음을 얻는다.

$$a / \lambda + (1 - a) / \lambda - I = 0$$

즉 $\lambda = 1 / I$가 된다. 이제 이 λ값을 다시 식 (A4.13)과 식 (A4.14)에 대입하면 다음과 같이 수요곡선을 도출할 수 있다.

$$X = (a / P_X)I$$

콥-더글러스 효용함수 $U(X, Y) = X^a Y^{1-a}$ 형태의 효용함수로서, X와 Y는 두 재화, 그리고 a는 상수이다.

$$Y = [(1 - a) / P_Y]I$$

이 예에서 각 재화의 수요는 오직 자신의 가격과 소득에 의해서만 영향을 받으며, 다른 재화의 가격에는 영향을 받지 않는다. 따라서 수요의 교차가격탄력성은 0이 된다.

2.4절에서 수요의 교차가격탄력성은 다른 재화 가격의 1% 증가에 따른 한 재화 수요량의 퍼센트 변화를 나타낸다고 설명하였다.

또한 이 예를 통해 라그랑지 승수의 의미를 다시 살펴볼 수 있다. 이를 위해 상수항과 가격 및 소득에 특정한 값을 넣어 보는데, 즉 $a = 1/2$, $P_X = \$1$, $P_Y = \$2$, $I = \$100$라고 하자. 이 경우 효용을 극대화하는 선택은 $X = 50$이고 $Y = 25$이다. 또한 $\lambda = 1/100$이 된다. 따라서 라그랑지 승수는 만약 소득이 $1 더 추가된다면 이 소비자가 달성할 수 있는 효용수준은 $1/100$만큼 증가한다는 것을 나타낸다. 이는 쉽게 확인할 수 있다. 소득이 $101라면 효용극대화의 선택은 $X = 50.5$, $Y = 25.25$가 된다. 계산을 통해 원래 수준의 효용은 3.565이고 새로운 수준의 효용은 3.575임을 알 수 있다. 따라서 소득이 $1 추가됨에 따른 효용 증가분은 0.01 또는 $1/100$임을 확인할 수 있다.

소비자 이론의 쌍대성

소비자의 최적화 의사결정 문제는 두 가지 다른 방법으로 접근할 수 있다. X와 Y의 최적 선택은 주어진 예산선에 접하는 가장 높은 수준의 무차별곡선[$U(\ )$의 극댓값]을 선택하는 문제를 통해 구할 수도 있으며, 또한 주어진 무차별곡선에 접하는 가장 낮은 수준의 예산선(예산지출의 극소화)을 선택하는 문제를 통해서도 구할 수 있다. 이러한 두 접근방법은 **쌍대성**(duality)이라는 용어로 표현할 수 있다. 이를 살펴보기 위해, 다음과 같이 특정한 효용수준을 가장 적은 예산으로 얻고자 하는 다음과 같은 소비자의 최적화 문제를 살펴보자.

쌍대성 소비자의 효용극대화 의사결정에 관한 두 가지 접근방법, 즉 주어진 예산제약하에서 가장 높은 수준의 무차별곡선을 선택하는 방법과 주어진 무차별곡선에 접하는 가장 낮은 수준의 예산선을 선택하는 방법은 동일한 결과를 가져다준다는 것

$$\text{Minimize } P_X X + P_Y Y$$

또한 제약조건은 다음과 같다.

$$U(X, Y) = U^*$$

따라서 라그랑지 함수는 다음과 같이 나타난다.

$$\Phi = P_X X + P_Y Y - \mu(U(X, Y) - U^*) \qquad \textbf{(A4.15)}$$

위 식에서 μ는 라그랑지 승수이다. Φ를 X, Y, μ에 대해 각각 미분하고 그 결과들을 0으로 두면, 다음과 같은 비용극소화의 필요조건들을 얻을 수 있다.

$$P_X - \mu \text{MU}_X(X, Y) = 0$$
$$P_Y - \mu \text{MU}_Y(X, Y) = 0$$

그리고

$$U(X, Y) = U^*$$

앞의 두 식을 풀고 식 (A4.5)를 고려하면 다음과 같다.

$$\mu = [P_X / \mathrm{MU}_X(X, Y)] = [P_Y / \mathrm{MU}_Y(X, Y)] = 1 / \lambda$$

또한 다음의 관계도 성립한다.

$$\mathrm{MU}_X(X, Y) / \mathrm{MU}_Y(X, Y) = \mathrm{MRS}_{XY} = P_X / P_Y$$

그러므로 비용극소화를 위한 X와 Y의 선택은 U^* 수준의 효용을 제공하는 무차별곡선과 예산선 간의 접점에서 도출된다. 이는 원래의 효용극대화 문제에서 도출한 최적점과 같으므로 비용극소화 문제를 통하여 도출한 수요곡선은 직접적인 효용극대화 문제에서 도출된 수요곡선과 같아진다.

　이러한 쌍대관계가 실제로 작동하는지를 살펴보기 위해 다시 콥–더글러스 효용함수를 이용하여 살펴보자. 이제 지수 형태의 콥–더글러스 효용함수 $U(X, Y) = X^a Y^{1-a}$를 고려해 보자. 이 경우 라그랑지 함수는 다음과 같다.

$$\Phi = P_X X + P_Y Y - \mu[X^a Y^{1-a} - U^*] \tag{A4.16}$$

이를 X, Y, μ에 대해 미분하고 영(0)으로 두면 다음 식들을 얻는다.

$$P_X = \mu\, a U^* / X$$
$$P_Y = \mu(1 - a) U^* / Y$$

위의 첫 번째 식에는 X를, 그리고 두 번째 식에는 Y를 각각 곱하면 다음을 얻는다.

$$P_X X + P_Y Y = \mu\, U^*$$

　우선, I를 비용을 극소화하는 지출액이라고 하면 $\mu = I / U^*$가 된다. 이를 위의 식에 대입하면 다음의 수요함수들을 얻을 수 있다.

$$X = aI / P_X, \quad Y = (1 - a)I / P_Y$$

이 두 수요함수는 앞의 효용극대화 문제를 통해 구한 수요함수들과 같다.

소득효과와 대체효과

수요함수를 통해 한 개인의 효용극대화 선택이 소득과 재화의 가격 변화에 대해 어떻게 반응하는지를 살펴볼 수 있다. 그러나 가격 변화로 인한 무차별곡선상의 이동과 무차별곡선 자체의 이동(즉, 구매력의 변화)을 구분하는 일은 중요하다. 이를 살펴보기 위해 X재의 가격이 변할 때 X재의 수요량은 어떻게 영향을 받는지를 4.2절에서 설명했듯이, 수요의 변화는 대체효과(효용수준이 고정된 상태에서의 수요량 변화)와 소득효과(상대가격은 변하지 않는 상태에서 효용수준의 변화에 따라 나타나는 수요량 변화)로 구분할 수 있다. 효용수준이 고정된 상태에서 X재 가격의 1단위 변화에 따른 X재 수요량의 변화는

> 4.2절에서는 가격 변화의 효과를 소득효과와 대체효과로 구분하였다.

$$\partial X / \partial P_{X|U=U^*}$$

따라서 X재의 가격 P_X의 1단위 변화에 따른 X재 수요량의 총변화는 다음과 같다.

$$dX / dP_X = \partial X / \partial P_{X|U=U^*} + (\partial X / \partial I)(\partial I / \partial P_X) \tag{A4.17}$$

식 (A4.17)에서 우변의 첫 번째 항은 효용의 크기가 고정되어 있으므로 대체효과를 나타내며, 두 번째 항은 소득이 증가하므로 소득효과를 나타낸다.

소비자의 예산제약 $I = P_X X + P_Y Y$를 P_X에 대해 미분하면 다음과 같다.

$$\partial I / \partial P_X = X \tag{A4.18}$$

소비자가 X재와 Y재를 이미 가지고 있다고 해 보자. 이 경우 식 (A4.18)을 통하여 X재의 가격이 \$1 오르면 소비자가 가지고 있는 X재를 팔아서 얻을 수 있는 소득은 \$$X$만큼 증가함을 알 수 있다. 그러나 소비자는 소비에 관한 선택을 하는 시점에 재화를 아직 가지고 있지 않은 상태에서 구매량을 선택하고자 한다. 따라서 식 (A4.18)은 가격이 변화된 이후에 소비자가 이전 상태를 유지하기 위해 필요로 하는 추가적인 소득을 나타낸다고 할 수 있다. 이러한 이유로 인해 일반적으로 소득효과는 양(+)이 아닌 음(−)의 값(구매력 감소를 반영)으로 표현한다. 따라서 식 (A4.17)은 다음과 같이 표현된다.

$$dX / dP_X = \partial X / \partial P_{X|U=U^*} - X(\partial X / \partial I) \tag{A4.19}$$

슬러츠키 방정식 가격 변화의 효과를 대체효과와 소득효과로 구분한 공식

위의 식은 **슬러츠키 방정식**(Slutzky equation)이라고 하며, 우변의 첫 번째 항은 대체효과(효용수준을 일정하게 유지한 상태에서의 가격의 변화로 인한 X재의 소비량의 변화)를 나타내며, 두 번째 항은 소득효과(가격 변화에 따른 구매력의 변화에 구매력 변화에 따른 수요량 변화를 곱한 것)를 나타낸다.

힉스(John Hicks)는 가격 변화를 대체효과와 소득효과로 분해하는 또 다른 방법을 고안했는데, 무차별곡선을 활용하지 않는다. 그림 A4.1에서 소비자는 처음에 예산선 RS상의 시장바구니 A를 선택한다. 식품가격이 하락하여 예산선이 RT로 이동한 후에 이 소비자가 전보다 나은 상태나 못한 상태에 놓이지 않도록 이 소비자로부터 예산을 빼앗아 온다고 가정해 보자. 이 경우 RT와 평행한 예산선을 그릴 수 있다. 만약 이 예산선이 A점을 통과한다면 소비자는 적어도 가격 변화가 있기 전의 만족 상태와 같은 수준의 만족을 얻을 것이고, 자신이 원한다면 여전히 시장바구니 A를 구매할 수 있다. 따라서 **힉스 대체효과**(Hicks substitution effect)에 따르면, 전과 같은 수준의 만족을 제공하는 예산선은 $R'T'$와 같은 선이 되어야 하는데, 이는 RT와 평행하고 A점의 오른쪽 아래에 위치한 B점에서 RS와 교차한다.

힉스 대체효과 슬러츠키 방정식의 대안적 방법으로 무차별곡선을 거칠 필요 없이 가격 변화를 분해하는 방법

현시선호를 통해 새롭게 선택된 시장바구니는 선분 BT' 위에 있어야 한다는 점을 알 수 있다. 왜냐하면 예산선 $R'B$상의 모든 시장바구니는 처음의 예산선 RS하에서 선택할 수 있었음에도 불구하고 선택되지 않았기 때문이다(소비자는 다른 어떤 선택 가능한 시장바구니들보다 A를 더 선호했음을 기억하라). 이제 BT' 선 위의 모든 점은 A점보다 더 많은 식품 소비량을 나타낸다. 따라서 효용수준이 일정하게 주어진 상태에서 식품가격이 하락하면 언제나 식품의 수요량은 증가한

3.1절에서 무차별곡선에 따라 아래로 이동할 때 한계대체율이 감소하면 무차별곡선은 볼록하다는 점을 설명하였다.

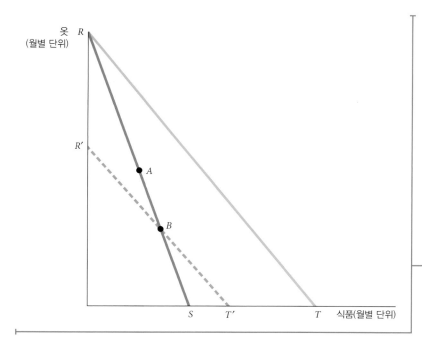

옷
(월별 단위)

R

R'

A

B

S T' T 식품(월별 단위)

그림 A4.1
힉스 대체효과
소비자는 최초 장바구니 A에서 소비한다. 식품가격의 하락으로 예산선은 RS에서 RT로 이동한다. 만약 이 소비자의 예전 상태보다 더 나은 상태가 되지 않게끔 충분한 예산을 빼앗아 온다면, 두 가지 조건이 만족하여야 한다. 첫째, 새로운 장바구니는 (A점의 오른쪽에서 RS와 교차하는) 예산선 $R'T'$의 한 부분인 BT' 위에 있어야 하고, 둘째 식품 소비량은 A점에서보다 더 커야 한다.

다. 이러한 음(−)의 대체효과는 모든 가격 변화에 대해 성립하며, 또 3.1절에서와 같은 무차별곡선의 볼록성 가정에 의존하지 않는다.

3.4절에서 소비자 선호에 관한 정보가 소비자의 선택을 통해 어떻게 나타나는지를 설명하였다.

연습문제

1. 다음 효용함수 중 무차별곡선이 볼록성을 갖는 것은 어떤 것이며, 갖지 않는 것은 어떤 것인가?
   a. $U(X, Y) = 2X + 5Y$
   b. $U(X, Y) = (XY)^5$
   c. $U(X, Y) = \text{Min}(X, Y)$, 여기서 Min은 X와 Y 중 더 작은 것을 나타냄

2. 아래의 두 효용함수로부터 똑같은 X재와 Y재에 대한 수요함수가 도출됨을 보여라.
   a. $U(X, Y) = \log(X) + \log(Y)$
   b. $U(X, Y) = (XY)^5$

3. 효용함수가 위의 1c에서와 같이 Min(X, Y)로 주어졌다. X재의 가격 변화에 따른 X재 수요량의 변화를 분해하는 슬러츠키 방정식은 어떻게 나타나는가? 이때 소득효과와 대체효과는 각각 어떻게 표현되는가?

4. 샤론은 다음과 같은 효용함수를 가진다.

   $$U(X, Y) = \sqrt{X} + \sqrt{Y}$$

   여기서 X는 사탕의 소비량을 나타내는데, 사탕의 가격 P_X는 \$1이다. 또한 Y는 커피의 소비량을 나타내며, 커피의 가격 P_Y는 \$3이다.
   a. 사탕과 커피에 대한 샤론의 수요함수를 각각 도출하라.
   b. 그녀의 소득이 $I = \$100$라고 하자. 샤론의 사탕 소비량과 커피 소비량은 얼마인가?
   c. 소득의 한계효용은 얼마인가?

5. 모리스는 다음과 같은 효용함수를 가진다.

   $$U(X, Y) = 20X + 80Y - X^2 - 2Y^2$$

위 식에서 X는 CD 소비량으로 가격은 $1, Y는 영화 비디오 대여량이며 가격은 $2이다. 모리스는 이 두 가

지 여가활동에 $41를 지출한다. 모리스의 효용을 극대화하는 CD 소비량과 비디오 대여량을 구하라.

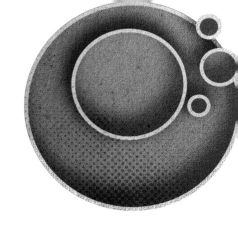

CHAPTER 5
불확실성과 소비자 행동

지금까지는 가격과 소득, 다른 변수들을 확실하게 알 수 있다고 가정하였다. 그러나 많은 경우에 있어서 사람들의 선택은 상당한 수준의 불확실성하에서 이루어진다. 예를 들어, 사람들은 주택이나 대학교육과 같은 대규모 지출을 할 때 돈을 빌리고 미래소득 중 일부로 그 돈을 갚을 계획을 세운다. 그러나 대부분 사람들의 미래소득이 불확실하다. 승진할 수도 있고 직급이 내려갈 수도 있으며, 직업을 잃을 수도 있기 때문에 소득은 증가할 수도 있고 감소할 수도 있다. 또한 만약 주택을 사거나 대학교육에 대한 투자를 늦춘다면 가격의 상승으로 그러한 소비를 할 여유가 줄어들 수도 있는 위험을 감수해야 한다. 사람들은 중요한 소비나 투자결정을 할 때 이러한 불확실성을 어떻게 고려해야 하는가?

때때로 우리는 얼마만큼의 위험을 부담해야 할지를 결정해야 한다. 예를 들어, 여윳돈을 안전하게 은행에 저축할 것인가 아니면 주식과 같이 위험은 따르지만 수익성이 높은 곳에 투자할 것인가? 직업이나 경력의 선택에 있어서 안정성은 있지만 승진의 기회는 제한적인 대기업에 근무하는 것이 더 나은가 아니면 작업 안정성은 떨어지지만 승진 기회가 더 많은 새로운 벤처 기업에 입사하거나 창업하는 것이 더 나은가?

이러한 질문에 답하기 위해서는 위험성이 있는 여러 가지 대안들을 서로 비교하여 선택을 하는 방법을 알아야 한다. 다음의 순서를 통해 이에 대해 살펴보자.

1. 선택 가능한 여러 대안들의 위험성을 비교하기 위해서는 위험을 측정할 수 있어야 한다. 따라서 위험을 측정하는 방법에 대해 먼저 살펴본다.

2. 위험에 대한 사람들의 선호를 살펴본다. 대부분 사람들은 위험을 바람직하지 않은 것으로 생각한다. 하지만 어떤 사람들은 다른 사람들에 비해 위험을 더 싫어한다.

3. 사람들이 어떻게 위험을 줄이거나 제거할 수 있는지를 살펴본다. 위험은 분산투자를 통해, 보험 가입을 통해, 또는 추가적인 정보에 대한 투

자를 통해 줄일 수 있다.

4. 어떤 상황에서는 사람들은 자신들이 감당할 수 있는 위험수준을 선택해야 한다. 주식이나 채권투자가 좋은 예이다. 이러한 투자로부터 기대할 수 있는 화폐적 이익과 그러한 이익이 지닌 위험 간에는 상호교환관계가 존재한다.

불확실성의 세계에서 개인의 행동은 종종 예측할 수 없고, 비합리적일 때도 있으며, 소비자이론의 기본 가정과는 어긋날 수도 있다. 이 책의 마지막 장에서는 심리학의 주요 개념을 도입함으로써 미시경제학의 연구범위를 확대하고 내용을 보다 풍부하게 만들어 주면서 계속 발전하고 있는 분야인 행동경제학에 대해 개략적으로 살펴볼 것이다.

5.1 위험에 대한 설명

위험을 정량적으로 측정하기 위하여 우선 특정한 행동이나 상황으로 인해 나타날 수 있는 모든 가능한 결과들과 그러한 결과들이 나타날 수 있는 가능성에 대해 살펴본다.[1] 가령, 여러분이 연안에서 석유를 탐사하는 기업에 대한 투자를 고려한다고 하자. 만약 이 기업이 탐사에 성공한다면 주식은 1주당 $30에서 $40로 오르는 반면 실패한다면 주가는 1주당 $20로 떨어질 것이다. 따라서 미래에는 1주당 $40와 $20의 두 가지 발생 가능한 결과가 있다.

확률

확률 주어진 결과가 나타날 가능성

확률(probability)은 주어진 결과가 나타날 가능성을 의미한다. 위의 예에서 석유탐사 계획이 성공할 확률은 1/4이고, 실패할 확률은 3/4이라고 하자(발생 가능한 모든 결과에 대한 확률의 합은 1이 되어야 한다).

여기서 말하는 확률은 불확실한 상황의 속성이나 관련된 사람들의 믿음, 혹은 이 둘 모두에 따라 달라질 수 있다. 확률을 객관적으로 정의한다면 특정한 상황이 나타날 수 있는 빈도라고 할 수 있다. 여러분이 과거 100건의 연안 석유탐사 중에서 25건은 성공했으며 75건은 실패했다는 사실을 안다고 하자. 이 경우, 성공확률이 1/4이라는 것은 객관적인데, 그것은 비슷한 경험에서 나타난 빈도에 근거하고 있기 때문이다.

그러나 확률을 측정하는 데 도움을 주는 과거의 비슷한 경험이 존재하지 않는다면 어떻게 하는가? 이런 경우에는 확률을 객관적으로 측정하기는 불가능하며, 보다 주관적인 측정이 필요하다. **주관적 확률**(subjective probability)은 어떤 결과가 발생할 것이라는 인식이다. 이러한 인식은 사람의 판단이나 경험에 기초하지만 과거에 특정 결과가 실제로 발생한 빈도에 의존하지는 않는다. 주관적으로 확률이 결정되는 경우에는 사람들은 서로 다른 결과에 대해 서로 다른 확률을 부여할 수 있으며, 그에 따라 선택도 달라질 수 있다. 예를 들어, 만약 예전에 탐사가 이루어지지

---

1 어떤 사람들은 약 60년 전에 경제학자 나이트(Frank Knight)가 제안한 정의에 따라서 불확실성과 위험을 구분하기도 한다. 불확실성은 많은 결과가 나타날 수 있으나 각 결과가 나타날 가능성은 알려지지 않은 상황을 언급한다. 위험은 모든 가능한 결과를 나열할 수 있고 각 결과가 나타날 가능성을 아는 상황을 언급한다. 이 장에서는 항상 위험한 상황을 언급하지만, 불확실성과 위험을 번갈아 가면서 사용하여 논의를 단순화시킨다.

않았던 지역에서 석유탐사가 시행된다면, 이 프로젝트의 성공 가능성에 대해 나는 여러분보다 높은 수준의 주관적 확률을 가질 수 있다. 그것은 아마 내가 이 프로젝트에 대해 더 잘 알고 있거나 석유사업에 대해 더 잘 알고 있어서 똑같은 정보라도 더 잘 활용할 수 있기 때문이다. 서로 다른 정보를 가지고 있거나 혹은 같은 정보를 가지고 있더라도 정보를 다루는 능력의 차이로 인해 사람들 간의 주관적 확률은 달라진다.

어떠한 성격의 확률을 사용하든지 확률은 여러 가지 위험한 선택을 표현하고 비교하는 데 필요한 두 가지 중요한 척도를 계산할 때 사용된다. 그중 하나는 기댓값(expected value)이며, 다른 하나는 발생 가능한 결과의 변동성(variability)이다.

기댓값

불확실한 상황에 대한 **기댓값**(expected value)은 발생 가능한 모든 결과의 가치 또는 **보수**(payoff)의 가중 평균값을 나타낸다. 이때 각 결과가 나타날 확률이 가중치로 사용된다. 따라서 기댓값은 평균적으로 기대하는 보수나 가치를 의미하는 **중심성향**(central tendency)을 측정한다.

위의 연안 석유탐사 예에서는 두 가지 발생 가능한 결과가 있다. 성공은 주식 1주당 $40의 보수를, 실패는 1주당 $20의 보수를 가져다준다. 어떤 결과가 나타날 확률을 Pr로 표시하면, 기댓값은 다음과 같다.

$$\text{기댓값} = \text{Pr(성공)}(\$40/주) + \text{Pr(실패)}(\$20/주)$$
$$= (1/4)(\$40/주) + (3/4)(\$20/주) = \$25/주$$

보다 일반적으로 두 가지 발생 가능한 결과가 있으며, 각 결과의 보수를 X_1과 X_2, 각 결과가 발생할 확률을 Pr_1과 Pr_2로 두면 기댓값은 다음과 같다.

$$E(X) = Pr_1X_1 + Pr_2X_2$$

만약 n개의 발생 가능한 결과가 있다면 기댓값은 다음과 같다.

$$E(X) = Pr_1X_1 + Pr_2X_2 + \cdots + Pr_nX_n$$

변동성

변동성(variability)은 불확실한 상황에서 나타날 수 있는 결과들이 서로 얼마나 다른지를 나타낸다. 다음의 예를 통해 변동성의 중요성을 살펴보자. 여러분이 시간제 판매사원으로 일을 하려고 하는데, 기대소득($1,500)은 동일하지만 보수를 지급하는 방식이 서로 다른 두 가지 방식 중에서 하나를 선택해야 한다. 첫 번째 방식은 완전한 위탁판매 방식으로서 판매량에 따라 소득이 결정된다. 판매가 성공적일 때는 $2,000, 그렇지 않으면 $1,000의 보수를 받으며, 두 결과가 나타날 확률은 똑같다. 두 번째 방식은 고정된 급여를 받는 것이다. 여러분은 거의 확실하게(0.99의 확률) $1,510를 보수로 받지만, 회사가 사업을 그만둘 확률이 0.01이며 이 경우에는 퇴직수당으로 $510를 받는다. 표 5.1은 발생 가능한 결과와 보수, 그리고 확률을 정리한 것이다.

기댓값   발생 가능한 모든 결과에 따른 보수를 각 결과가 나타날 확률로 가중하여 얻는 평균값

보수   발생 가능한 결과에 부여된 가치

변동성   불확실한 상황에서 발생 가능한 결과들이 서로 차이가 나는 정도

표 5.1	판매사원의 소득					
		결과 1		결과 2		기대소득($)
		확률	소득($)	확률	소득($)	
방식 1: 위탁판매		0.5	2,000	0.5	1,000	1,500
방식 2: 고정급여		0.99	1,510	0.01	510	1,500

표 5.2	기대소득으로부터의 편차($)				
		결과 1	편차	결과 2	편차
방식 1		2,000	500	1,000	−500
방식 2		1,510	10	510	−990

편차 기대보수와 실제 보수 간의 격차

이 두 보수지급방식하에서 기대소득은 똑같다. 즉 첫 번째 방식의 경우 기대소득은 0.5 ($2,000) + 0.5($1,000) = $1,500이며, 두 번째 방식의 기대소득은 0.99($1,510) + 0.01($510) = $1,500이다. 그러나 발생 가능한 보수의 변동성은 서로 다르다. 실제로 나타나는 보수와 기대보수 간의 차이가 클수록 위험은 더 크다는 점을 인식하고 변동성을 측정해 보자. 이러한 차이는 **편차**(deviation)라고 한다. 표 5.2는 각 보수지급방식하에서 나타날 수 있는 소득의 기대소득으로부터의 편차를 보여 준다.

표준편차 발생 가능한 각 결과에 따른 보수와 그 기댓값 간의 편차를 제곱한 것의 평균값의 제곱근

편차 그 자체만으로는 변동성을 측정할 수 없다. 그것은 편차는 양(+)의 값을 가질 수도 있으며, 음(−)의 값을 가질 수도 있어서 표 5.2에 나타난 것처럼 편차의 확률 가중 평균값은 항상 0이기 때문이다.[2] 이러한 문제를 해결하기 위해 먼저 각 편차를 제곱하여 숫자를 항상 양(+)으로 만든 후 **표준편차**(standard deviation)를 계산하여 변동성을 측정한다. 표준편차는 발생 가능한 각 결과에 따른 보수와 그 기댓값 간의 편차를 제곱한 것의 평균값의 제곱근으로 구할 수 있다.[3]

표 5.3은 위 예제에 대한 표준편차의 계산 결과를 보여 준다. 첫 번째 방식에 대한 편차 제곱의 평균값은 다음과 같다.

$$0.5(\$250,000) + 0.5(\$250,000) = \$250,000$$

따라서 표준편차는 $250,000의 제곱근인 $500이다. 마찬가지로, 두 번째 방식에 대한 편차 제곱의 확률 가중 평균값은 다음과 같다.

$$0.99(\$100) + 0.01(\$981,000) = \$9,900$$

---

2 첫 번째 방식의 경우 평균 편차는 0.5($500) + 0.5(−$500) = 0이고, 두 번째 방식의 경우는 0.99($10) + 0.01(−$990) = 0이다.

3 또 다른 변동성 측정방법으로서 분산은 표준편차의 제곱값이다.

표 5.3	표준편차의 계산($)					
	결과 1	편차의 제곱	결과 2	편차의 제곱	분산 (편차 제곱의 가중 평균)	표준편차
방식 1	2,000	250,000	1,000	250,000	250,000	500
방식 2	1,510	100	510	980,100	9,900	99.5

이 경우 표준편차는 $9,900의 제곱근인 $99.50가 된다. 따라서 두 번째 방식이 소득의 표준편차가 더 작으므로 첫 번째 방식보다 훨씬 덜 위험하다.[4]

발생 가능한 결과가 2개가 아니라 더 많은 경우에도 표준편차의 개념은 똑같이 적용된다. 예를 들어, 첫 번째 보수지급방식에서 소득은 $1,000에서 시작하여 $100씩 증가하면서 $2,000까지 될 수 있으며, 각 결과가 나타날 가능성은 모두 똑같다고 하자. 또 두 번째 방식에서 소득은 $1,300에서 $100씩 증가하여 $1,700까지 될 수 있으며, 역시 각 결과는 똑같은 확률로 나타난다고 하자. 그림 5.1은 이러한 경우를 그래프로 보여 준다(만약 2개의 결과만 나타날 수 있으며, 각 결과가 나타날 수 있는 확률이 똑같다면 그림은 높이가 각각 0.5인 2개의 수직선으로 표시된다).

그림 5.1에서 첫 번째 보수지급방식이 두 번째 방식보다 더 위험함을 알 수 있다. 첫 번째에서 발생 가능한 소득은 두 번째 방식에 비해 훨씬 넓게 퍼져 있다. 따라서 소득의 표준편차는 첫 번째 방식이 두 번째 방식에 비해 크다.

이 예에서는 모든 보수가 같은 확률로 발생한다고 가정하였다. 따라서 두 가지 보수지급방식하에서 각각의 소득이 나타날 확률을 보여 주는 확률분포곡선은 수평으로 그려진다. 그러나 어

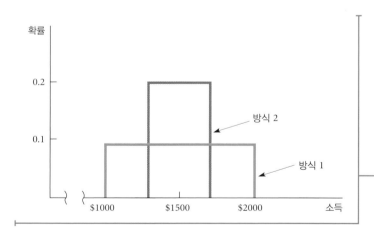

그림 5.1
소득의 확률분포곡선(각 소득이 발생할 확률이 동일한 경우)
첫 번째 방식의 보수의 분포는 두 번째 방식에 비해 넓게 퍼져 있으므로 표준편차가 더 크다. 두 방식하에서는 모든 결과가 똑같은 확률로 나타나기 때문에 소득의 확률분포곡선은 모두 수평으로 나타난다.

---

4 일반적인 수식으로 표현하면, 두 결과가 각각 X_1과 X_2의 보수를 가지며, 그 확률이 각각 Pr_1과 Pr_2이고, 보수들의 기댓값이 $E(X)$라고 하면 분산 σ^2는 다음과 같이 표현된다. 표준편차 σ는 분산의 제곱근이다.

$$\sigma^2 = \text{Pr}_1[(X_1 - E(X))^2] + \text{Pr}_2[(X_2 - E(X))^2]$$

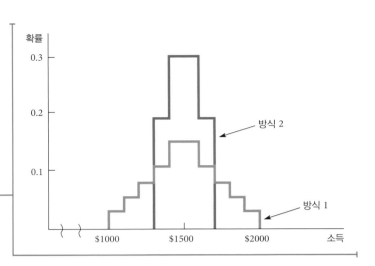

그림 5.2

소득의 확률분포곡선(각 소득이 나타날 확률이 서로 다른 경우)

첫 번째 보수지급방식하에서 소득의 분포는 두 번째보다 더 넓게 퍼져 있어서 표준편차가 더 크다. 두 분포 모두 중앙에 가까운 소득에 비해 중앙으로부터 멀리 떨어진 소득이 나타날 확률이 낮으므로 확률분포곡선은 중앙이 가장 높게 나타난다.

떤 결과가 나타날 확률은 다른 결과가 나타날 확률과는 차이가 나는 것이 일반적이다. 그림 5.2는 가장 극단적인 수준의 보수가 나타날 가능성이 가장 낮은 경우를 보여 준다. 역시 첫 번째 보수지급방식하에서의 소득의 표준편차는 더 크다. 보수의 표준편차를 위험의 정도를 측정하는 도구로 사용한다.

의사결정

이제 앞에서 살펴본 두 가지 보수지급방식 중 하나를 선택해야 한다면 여러분은 어떤 방식을 선택할 것인가? 만약 여러분이 위험을 싫어하는 사람이라면 여러분은 두 번째 방식을 선택할 것이다. 그것은 두 번째는 첫 번째와 기대소득이 같지만 덜 위험하기 때문이다. 그런데 첫 번째 방식에서 발생할 수 있는 각 소득에 $100씩을 추가하여 기대소득이 $1,500에서 $1,600로 증가한다고 하자. 표 5.4는 새로운 보수와 편차의 제곱을 보여 준다.

이제 두 가지 보수지급방식은 다음과 같이 정리된다.

방식 1:　기대소득 = $1,600　　　표준편차 = $500
방식 2:　기대소득 = $1,500　　　표준편차 = $99.50

첫 번째 방식은 두 번째 방식에 비해 기대소득은 높지만 더 위험하다. 어떤 방식을 선호하는지는 개인의 성향에 따라 달라진다. 위험을 개의치 않는 공격적인 성향의 사람이면 더 높은 기대소득

표 5.4	판매사원의 소득 − 수정($)					
	결과 1	편차의 제곱	결과 2	편차의 제곱	기대소득	표준편차
방식 1	2,100	250,000	1,100	250,000	1,600	500
방식 2	1,510	100	510	980,100	1,500	99.5

과 더 큰 표준편차를 가지는 첫 번째 방식을 선택할 것이며, 좀 더 보수적인 사람이라면 두 번째 방식을 선택할 것이다.

위험에 대한 사람들의 태도(attitude toward risk)는 그들의 의사결정에 영향을 미친다. 아래의 사례 5.1에서는 위험에 대한 태도가 사람들의 법규위반에 어떻게 영향을 미치며, 그것이 다양한 법규위반에 대하여 부과되는 벌금을 책정하는 데 어떤 의미를 갖는지 살펴본다. 다음의 5.2절에서는 사람들의 위험에 대한 선호를 자세히 살펴봄으로써 소비자 선택이론을 보다 구체화시킨다.

사례 5.1 범죄의 예방

과속, 주차위반, 탈세, 대기오염 등과 같은 유형의 범죄행위에 관해서는 구속형에 비해 벌금형이 그와 같은 행위를 저지하는 데 더 효과적일 수 있다.[5] 이러한 유형의 법규위반을 범하는 사람들은 충분한 정보를 가지고 있으며 또 이성적으로 행동하는 사람들이라고 생각할 수 있다.

다른 조건이 일정하다면, 벌금액이 높을수록 잠재적 범법자들의 법규위반 행위는 줄어들 것이다. 범죄가 사회에 $1,000의 비용을 발생시킨다고 하자. 만약 범법자를 적발하는 데 비용이 전혀 들지 않는다면 그 사회는 모든 위법행위를 적발하여 $1,000씩의 벌금을 부과할 것이다. 이러한 조치를 통해 범법행위를 저지름에 따른 이익이 $1,000의 벌금보다 적은 사람들의 범법행위를 억제할 수 있다.

그러나 실제로 범법자들을 적발하는 데는 많은 비용이 든다. 따라서 사회는 범법자의 일부만 체포하여 상대적으로 높은 벌금을 부과하고 사회에 배분함으로써 행정적 비용을 절감한다. 범법행위를 단념시키기 위해 부과되어야 하는 벌금의 크기는 잠재적 범법자들의 위험에 대한 태도에 따라 달라진다.

어떤 도시에서는 이중주차를 못하도록 하려고 한다고 하자. 그 도시에 거주하는 시민들은 이중주차를 함으로써 주차할 곳을 찾아 돌아다니는 데 쓰는 시간을 절약할 수 있으며, 그 시간을 다른 활동에 이용함으로써 $5의 이득을 본다고 하자. 만약 주차 위반자를 적발하는 데 비용이 들지 않는다면 $5를 초과하는 벌금, 가령 $6를 부과해야 한다. 이러한 조치로 인해 이중주차의 순이익($5의 이익 − $6의 벌금)은 음(−)의 값이 된다. 따라서 시민들은 법을 준수하게 될 것이다. 실제로 주차위반을 통해 $5와 같거나 그보다 적은 이득을 얻는 모든 잠재적 위반자들은 이중주차를 하지 않을 것이다. 그러나 이중주차로 인한 이득이 $5보다 더 큰 일부(가령, 응급상황으로 이중주차를 해야 하는 사람) 시민들은 법을 위반할 것이다.

현실적으로 모든 위반자를 적발하는 데에는 너무 많은 비용이 든다. 하지만 다행스럽게도 그럴 필요는 없다. 10명의 위반자 중 단 1명만 적발하여 $50의 벌금(적발 건수가 1/100이라면 $500의 벌금)을 부과한다면 같은 수준의 주차위반 억제효과를 얻을 수 있다. 이 경우, 기대 벌금액은 $50×0.1 또는 $500×0.01로 계산되어 $5가 된다. 높은 벌금액과 낮은 적발 확률을 결합하는 방법을 통해 집행비용을 줄일 수 있다. 이러한 접근방법은 특히 운전자들이 위험을 감수하기를 싫어할 때 효과적이다. 이 예에서 0.1의 적발 확률로 $50의 벌금을 부과하는 것은 대부분 사람의 위법행위를 억제할 것이다. 다음 절에서는 위험에 대한 사람들의 태도에 대해 살펴본다.

불법복제는 새로운 형태의 범죄로서 음악과 영화 제작자들에게는 심각한 문제가 되고 있다. 불법복제는 특히 적발하기가 힘들며, 벌금이 부과되는 경우가 드물다. 하지만 매우 높은 수준의 벌금액이 부과된다. 2009년 24곡의 음악을 불법으로 내려받은 어떤 여성에게 $190만의 벌금이 부과되었는데, 한 곡당 벌금액은 $80,000였다.

---

5 이 내용은 Gary S. Becker, "Crime and Punishment: An Economic Approach," *Journal of Political Economy* (March/April 1968): 169–217에서 간접적으로 인용하였다. 또한 A. Mitchell Polinskyand Steven Shavell, "The Optimal Tradeoff Between the Probability and the Magnitude of Fines," *American Economic Review* 69 (December 1979): 880–91도 참고하길 바란다.

5.2 위험에 대한 선호

이상에서는 보수지급방식의 선택에 관한 예를 통해 사람들이 위험한 상황을 어떻게 평가하는지를 살펴보았는데, 다른 유형의 선택에 있어서 똑같은 원리를 적용할 수 있다. 이 절에서는 위험한 상황에서의 소비자 선택과 그 결과로부터 소비자가 얻는 **효용**에 대해 살펴본다. 문제를 간단하게 하기 위해 소비자가 자신의 소득으로부터 얻는 효용 또는 자신의 소득으로 살 수 있는 시장바구니에서 얻는 효용을 고려한다. 따라서 이제는 보수를 화폐 단위가 아닌 효용의 크기로 측정한다.

3.1절에서 효용함수는 구매 가능한 각 시장바구니에 효용 수준을 부여한 것이라고 설명하였다.

그림 5.3(a)는 위험에 대한 한 여성의 선호를 나타내고 있다. 효용함수는 곡선 $0E$로 나타나는데, 이 여성이 자신의 각 소득수준(수평축에서 $1,000단위로 표시됨)에서 얻을 수 있는 효용의 크기(수직축에 표시됨)를 보여 준다. 효용의 크기는 소득이 $10,000에서 $20,000, $30,000로 증가함에 따라 각각 10에서 16, 18로 증가한다. 그러나 한계효용의 경우는 소득이 0에서 $10,000로 증가할 때는 10이지만, $10,000에서 $20,000로 증가할 때는 6으로, $20,000에서 $30,000로 증가할 때는 2로 점점 체감한다는 점에 주의하자.

3.5절에서 한계효용은 재화 1단위를 더 소비할 때 얻는 추가적인 만족의 크기라고 설명하였다.

이 소비자는 현재 $15,000의 소득을 가지고 있는데, 위험이 따르는 판매직을 선택할 것인지를 고민하고 있다. 이 직업을 통해 소득이 지금의 2배인 $30,000로 증가할 수도 있으며, $10,000로 떨어질 수도 있다. 발생 가능한 각 결과는 0.5의 확률을 가진다. 그림 5.3(a)에 나타난 바와 같이, 소득이 $10,000일 때는 10($A$점)의 효용을 얻으며, 소득이 $30,000일 때는 18($E$점)의 효용을 얻는다. 위험이 따르는 판매직은 $15,000의 소득에서 13.5($B$점)의 효용을 가져다주는 지금의 직업과 비교되어야 한다.

새로운 직업을 평가하기 위하여 그 직업을 선택한 결과로 나타나는 소득의 기댓값을 계산할 수 있다. 효용 차원에서 가치를 측정해야 하므로, 이 소비자가 가질 수 있는 **기대효용**(expected utility) $E(u)$를 계산해야 한다. 기대효용은 발생 가능한 모든 결과에 따른 효용에 각 결과가 발생할 확률을 가중치로 곱한 후 그 값들을 합한 것이다. 이 예에서 기대효용은 다음과 같다.

기대효용 발생 가능한 모든 결과에 따른 효용에 각 결과가 발생할 확률을 가중치로 곱한 것의 합

$$E(u) = (1/2)u(\$10,000) + (1/2)u(\$30,000) = 0.5(10) + 0.5(18) = 14$$

따라서 이 여성은 위험이 따르는 새 직업을 현재 직업보다 더 선호한다. 그것은 새 직업의 기대효용 14는 현재 직업의 효용 13.5보다 크기 때문이다.

이 여성의 현재 직업은 $15,000의 소득과 13.5의 효용을 보장해 주므로 위험이 없다. 새 직업은 위험하지만 더 높은 기대소득($20,000)과 더 높은 기대효용을 얻을 수 있다. 만약 이 여성이 기대효용을 증가시키고자 한다면 위험한 새 직업을 선택할 것이다.

위험에 대한 다양한 태도

사람들이 위험을 감수하고자 하는 성향은 서로 다르다. 일부는 위험회피적이나 일부는 위험선호적이고, 일부는 위험중립적이다. **위험회피적**(risk averse)인 사람은 기대가치가 같더라도 위험한 소득보다는 확실한 소득을 더 선호한다. 이런 사람은 소득의 한계효용이 체감한다. 위험회피적 성향은 위험에 대한 가장 보편적인 태도이다. 대부분의 사람들이 위험회피적이라는 사실은 사람

위험회피적 확실한 소득을 그것과 동일한 기댓값을 가지는 위험한 소득보다 더 선호하는 상황

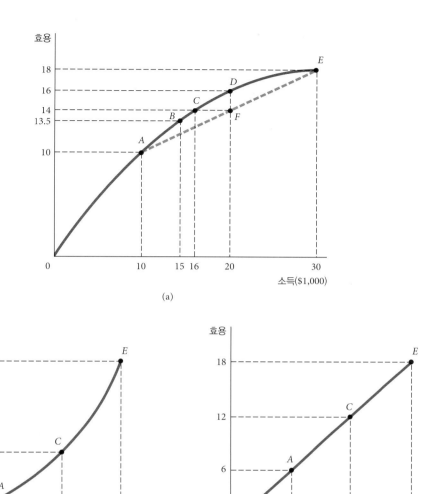

그림 5.3

위험회피적, 위험선호적, 위험중립적

위험에 대한 사람들의 선호는 다양하다. (a)에서 소비자의 한계효용은 소득이 증가함에 따라 감소한다. 이 소비자는 위험회피적인데, 그것은 각각 0.5의 확률로 $10,000 또는 $30,000의 소득을 얻을 수 있는 도박(14의 기대효용)에 비해 $20,000의 확실한 소득(16의 효용)을 더 선호하기 때문이다. (b)에서 소비자는 위험선호적이다. 이 소비자는 확실한 소득(8의 효용)보다 소득이 불확실한 도박(10.5의 기대효용)을 더 선호한다. 마지막으로, (c)에서 소비자는 위험중립적인데, 그는 확실한 소득과 동일한 기대소득을 갖는 불확실한 상황에 대해 무차별적이다.

들이 생명보험, 건강보험, 자동차보험 등에 가입할 뿐만 아니라 상대적으로 임금이 안정적인 직업을 가지려고 한다는 점을 통해 알 수 있다.

그림 5.3(a)는 위험회피적인 사람에 관한 것이다. 이 사람은 $20,000의 확실한 소득을 보장해주는 직업과 기대소득이 $20,000인 직업(0.5의 확률로 $30,000의 소득과 0.5의 확률로 $10,000의 소득을 얻는 직업) 간에 선택을 한다고 하자. 앞서 살펴본 바와 같이 불확실한 소득 $20,000의 기대효용은 F점에서 14가 되는데, 이는 A점에서의 효용 10과 E점에서의 효용 18의 평균값이다. 이제 14의 기대효용을 위험이 없이 확실하게 얻을 수 있는 $20,000의 효용과 비교할 수 있다. 위험이 없어 얻을 수 있는 소득의 기대효용은 16으로서 그림 5.3(a)의 D점으로 나타나는데, 이 값은 위험한 직업으로부터 얻을 수 있는 기대효용인 14보다 확실히 크다.

위험회피적인 사람에게는 효용의 변화라는 측면에서 손실이 이득보다 더 중요한데, 이는 그림 5.3(a)를 통해 확인할 수 있다. 소득이 $20,000에서 $30,000로 $10,000 증가할 때는 효용은 2단위 증가하지만 소득이 $20,000에서 $10,000로 $10,000 감소한다면 효용은 6단위나 감소한다.

위험중립적 확실한 소득과 그것과 같은 기대가치를 가지는 위험한 소득에 대해 무차별한 상황

위험중립적(risk neutral)인 사람은 확실한 소득과 같은 기댓값을 가지는 불확실한 소득 간에 무차별하다. 그림 5.3(c)에서 똑같은 확률로 $10,000 또는 $30,000의 소득을 얻는 직업의 기대효용은 12인데, 이는 $20,000의 확실한 소득을 가질 때 얻는 효용과 똑같다. 그림을 살펴보면, 위험중립적인 사람은 소득의 한계효용이 일정하다.[6]

위험선호적 확실한 소득보다 그것과 같은 기대가치를 가지는 위험한 소득을 더 선호하는 상황

마지막으로, **위험선호적**(risk loving)인 사람은 불확실한 소득의 기댓값이 확실한 소득에 비해 작더라도 확실한 소득보다는 불확실한 소득을 더 선호한다. 그림 5.3(b)는 이러한 경우를 보여준다. 여기서는 0.5의 확률로 각각 $10,000 또는 $30,000를 얻는 불확실한 소득의 기대효용은 확실한 소득인 $20,000의 효용보다 더 높다. 이를 수식으로 표현하면 다음과 같다.

$$E(u) = 0.5u(\$10,000) + 0.5u(\$30,000) = 0.5(3) + 0.5(18) = 10.5 > u(\$20,000) = 8$$

물론 어떤 위험은 회피하면서도 다른 위험은 선호하는 것처럼 행동하는 사람들도 있다. 예를 들어, 많은 사람은 생명보험에 가입하고 직업 선택에 관해서는 보수적이지만 여전히 도박을 즐긴다. 일부 범죄학자들은 처벌을 받을 가능성이 높음에도 불구하고 범죄를 저지르는 사람을 위험선호자로 표현한다. 그러나 이런 특별한 경우를 제외하면 중요한 구매를 할 때나 큰 금액의 소득이나 재산에 대해서 위험선호적인 사람은 드물다.

위험프리미엄 위험회피적인 사람이 위험을 회피하기 위해 지불하고자 하는 최대 금액

위험프리미엄 **위험프리미엄**(risk premium)은 위험회피적인 사람이 위험을 피하기 위해 지불하고자 하는 최대 금액을 나타낸다. 일반적으로 위험프리미엄의 크기는 그 사람이 직면하는 위험한 대안들에 따라 달라진다. 위험프리미엄을 측정하기 위해 그림 5.4에는 그림 5.3(a)의 효용함수를 $40,000의 소득수준까지 확장시켜 다시 그렸다. 앞에서 기대소득이 $20,000인 위험한 직업을 선택하는 사람의 기대효용은 14로 나타났다. 이 결과는 선분 AE를 이등분하여 $10,000와

---

6 따라서 사람들이 위험중립적이라면 그들이 얻는 소득을 복지수준의 척도로 사용할 수 있다. 소득을 2배로 만드는 정부정책은 사람들의 복지수준을 2배가 되게 한다. 같은 원리로, 기대소득의 변화 없이 사람들이 처한 위험을 바꾸는 정부정책은 이들의 복지수준에 영향을 미치지 않는다. 사람들이 위험중립적이라면 정부정책이 결과의 위험성에 미치는 효과와 관련된 복잡한 문제들을 피할 수 있다.

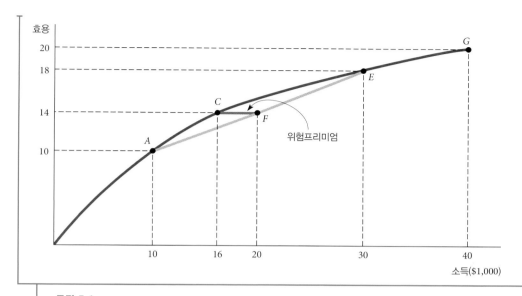

그림 5.4

위험프리미엄

위험프리미엄인 *CF*는 한 개인이 확실한 선택과 위험한 선택 간에 무차별적이기 위해 포기해야 하는 소득의
크기를 나타낸다. 여기서 위험프리미엄은 $4,000인데, 이는 *C*점에서 $16,000의 확실한 소득과 (0.5의 확률
로 *A*점이 되고, 0.5의 확률로 *E*점이 되는) 기댓값이 $20,000인 불확실한 소득이 주는 기대효용(14)이 똑같기
때문이다.

$30,000의 평균을 나타내는 *F*점으로부터 수직축 쪽으로 수평선을 그리면 알 수 있다. 그러나 이
사람이 $16,000의 확실한 소득을 가질 때도 14의 효용을 얻을 수 있는데, 이는 *C*점에서 아래로
수직선을 그리면 알 수 있다. 따라서 선분 *CF*로 나타나는 $4,000가 위험프리미엄이 되는데, 이
는 이 사람이 $16,000의 확실한 소득을 얻는 가상적인 직업과 위험한 직업에 대해 무차별한 상
태가 되기 위하여 포기해야 하는 기대소득의 크기($20,000 − $16,000)이다.

위험회피와 소득   한 개인의 위험회피 정도는 위험의 본질과 그 사람의 소득에 영향을 받는다.
다른 조건이 일정하다면, 위험회피적인 사람은 더 작은 변동성을 가지는 결과를 선호한다. 위 예
에서 소득이 $10,000와 $30,000인 두 결과가 존재할 때, 위험프리미엄이 $4,000임을 살펴보았
다. 이제 그림 5.4에서 역시나 나타나고 있는 두 번째 위험한 업무를 고려해 보자. 이 업무는 .5
의 확률로 $40,000의 소득을 가져 20의 효용수준을 얻고, .5의 확률로 $0의 소득을 가져 0의 효
용수준을 얻는다. 기대소득은 다시 $20,000이나 기대효용은 단지 10인데 다음과 같이 계산되었다.

$$기대효용 = 0.5u(\$0) + 0.5u(\$40,000) = 0 + 0.5(20) = 10$$

확실하게 $20,000를 주는 가상적 업무와 비교하여, 만약 이러한 위험한 업무를 맡는다면 기대
효용이 16이 아닌 10이 되므로 6단위 더 적게 얻는다. 그러나 동시에 확실하게 $10,000를 주는
업무에서는 효용을 10단위 얻을 수 있다. 따라서 이 경우의 위험프리미엄은 $10,000가 되는데,

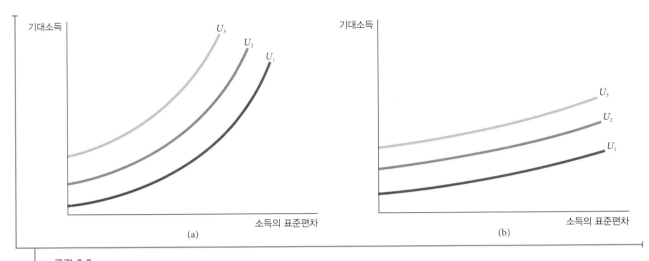

그림 5.5
위험회피와 무차별곡선
(a)는 극도로 위험을 회피하는 사람을 나타낸다. 이때 소득의 표준편차가 커지면 같은 수준의 상태를 유지하기 위해 기대소득이 많이 증가해야 한다. (b)는 위험회피 정도가 그리 크지 않은 사람을 나타낸다. 이때는 소득의 표준편차가 커지면 같은 수준의 상태를 유지하기 위해 기대소득이 단지 약간만 증가하면 된다.

3.1절에서 무차별곡선은 소비자에게 같은 수준의 만족을 가져다주는 모든 장바구니를 나타낸다고 설명하였다.

이는 이 사람이 불확실한 소득의 위험을 피하고자 기대소득 $20,000 중에서 $10,000를 포기하려고 하기 때문이다. 소득의 변동성이 클수록 위험한 상황을 모면하고자 더 많은 금액을 포기하려 할 것이다.

위험회피와 무차별곡선   위험회피의 크기는 기대소득과 소득 변동성 간의 조합을 나타내는 무차별곡선으로 표현할 수 있는데, 여기서 소득 변동성은 표준편차로 측정할 수 있다. 그림 5.5는 위험을 극도로 회피하는 사람과 회피 정도가 그리 크지 않은 사람에 대한 무차별곡선을 각각 보여주고 있다. 각 무차별곡선은 기대소득과 소득 변동성의 조합을 나타내는데, 이들은 같은 수준의 효용을 가져다준다. 그림에서 모든 무차별곡선이 우상향한다는 사실을 관찰할 수 있다. 위험은 바람직하지 않은 것이므로 위험이 클수록 개인이 같은 상태를 계속 유지하는 데 필요한 기대소득은 올라야 한다.

그림 5.5(a)는 극도로 위험을 회피하는 사람을 나타낸다. 그림에서 이 사람이 같은 상태를 유지하기 위해서는 소득의 표준편차가 증가할 때 기대소득이 많이 증가하여야 한다는 사실을 관찰할 수 있다. 그림 5.5(b)는 위험의 회피 정도가 그리 크지 않은 사람을 나타낸다. 이 경우, 소득의 표준편차가 많이 증가해도 기대소득은 조금만 증가해도 된다.

위험자산에 대한 수요를 설명하는 5.4절에서 위험회피를 표현하는 수단인 무차별곡선을 활용하는 것에 대해 다시 살펴볼 것이다. 그러나 우선 개인이 위험을 줄이는 방법에 대해 알아보자.

사례 5.2   최고경영자와 위험의 선택

기업의 임원들은 다른 사람들에 비해 더 위험선호적일까? 이들에게 조금 위험한 전략과 조금 안전한 전략을 제시한다면 어떤 것을 선택할까? 한 연구에서는 464명의 기업 임원을 대상으로 설문조사를 통해 가상의 기업 내 부사장으로서 직면할 수 있는 위험한 상황을 묘사한 후 어떤 반응을 보일지를 분석하였다.[7] 응답자들에게 네 가지 위험한 상황을 제시하였는데, 각각의 상황은 잘될 확률과 잘못될 확률을 가졌다. 보수와 확률은 각 상황이 같은 기댓값을 가지도록 설정되었다. 이 네 가지 상황을 위험 정도(잘된 결과와 잘못된 결과 간의 차이로 측정)에 따라 오름차순으로 정렬하면 다음과 같다.

1. 특허침해 관련 소송
2. 경쟁사 제품을 구매하려는 소비자
3. 노조 분쟁
4. 경쟁사와의 합작투자

이들이 위험을 감수하거나 회피하는 정도를 측정하기 위해 연구자는 응답자들에게 경영전략과 관련된 여러 가지 질문을 하였다. 한쪽 상황에서는 응답자들은 높은 수익을 얻을 가능성이 있는 위험한 전략을 당장 추구하거나 아니면 결과가 더 확실해지고 위험을 줄일 때까지 의사결정을 미룰 수 있었다. 다른 상황에서 응답자들은 당장은 위험하지만 잠재적으로 이익이 되어 승진할 수 있는 전략과 누군가에게 결정을 위임하여 현재 자리를 보전하나 승진 가능성은 없어지는 것 중 하나를 선택할 수 있었다.

조사 결과, 임원들의 위험에 대한 선호는 극도로 다양하다는 사실을 발견하였다. 약 20%는 상대적으로 위험중립적이었고, 40%는 좀 더 위험한 대안을 선택했지만 20%는 명백하게 위험회피적이었다(나머지 20%는 응답하지 않았다). 더 중요한 사실은 (위험한 대안을 선택했던 사람들을 포함하여) 임원들은 대체로 결정을 미루거나 더 많은 정보를 수집함으로써 위험을 줄이거나 없애려는 노력을 보편적으로 했다는 점이다.

일부 사람들은 2008년 금융위기는 투자 성공에 따른 보너스는 막대하지만, 투자가 실패하더라도 조금의 감봉 조치만 받는 은행가들과 월가 임원들의 과도한 위험 감수 때문에 나타났다고 주장하였다. 미 재무부의 부실자산구제프로그램(TARP)은 은행 중 일부를 구제해 주었으나, 현재까지도 은행 임원의 "불필요하고 과도한" 위험 감수를 제한하는 규제는 없다.

5.3   위험을 줄이는 방법

최근 복권사업의 성장세에서 알 수 있듯이, 사람들은 때때로 위험한 선택을 하는데, 그것은 위험회피적이기보다는 위험선호적 행동을 한다는 것을 보여 준다. 그러나 대부분의 사람은 복권과 카지노에 상대적으로 적은 금액만 지출한다. 더 중요한 결정을 할 때면 일반적으로 사람들은 위험회피적으로 된다. 이 절에서는 소비자와 기업이 일반적으로 위험을 줄이는 세 가지 방법에 대해 설명한다. 세 가지 방법은 분산화, 보험, 선택과 보수에 관한 더 많은 정보 획득이다.

분산화

오래된 격언 중에 "한 바구니에 모든 달걀을 다 담지 말라."라는 말이 있다. 이러한 격언을 무시하면 불필요한 위험에 처하게 된다. 만약 투자한 바구니가 잘못되면 모든 것을 잃을 것이다. 대신에 **분산화**(diversification)를 통해 위험을 줄일 수 있다. 이는 결과가 서로 밀접하게 연관되지 않은 다양한 활동에 자원을 배분하는 것이다.

분산화 결과가 서로 밀접하게 관련되지 않은 다양한 활동에 자원을 배분함으로써 위험을 줄이는 방법

---

7 이 사례에 대해서는 다음을 참고하라. Kenneth R. MacCrimmon and Donald A. Wehrung, "The Risk In-Basket," *Journal of Business* 57 (1984): 367–87.

표 5.5	가전제품 판매 소득($)	
	더운 날씨	**추운 날씨**
에어컨 판매	30,000	12,000
히터 판매	12,000	30,000

예를 들어, 여러분이 수수료만 받고 가전제품을 위탁판매한다고 하자. 여러분은 에어컨이나 히터 중 한 가지만 판매할 수도 있으며, 또는 각각에 대해 절반의 시간을 할애하여 판매할 수도 있다. 물론, 여러분은 내년의 날씨가 더울지 아니면 추울지를 확신할 수 없다. 이러한 위험을 최소화하기 위해 여러분은 시간을 어떻게 배분할 것인가?

분산화를 통하여 위험을 최소화할 수 있다. 그것은 한 종류의 상품을 판매하기보다는 시간을 배분하여 (판매가 서로 간에 크게 연관이 없는) 2개 또는 더 많은 종류를 파는 것이다. 상대적으로 더울 확률을 0.5, 추울 확률을 0.5라고 하자. 표 5.5는 에어컨을 판매할 때와 히터를 판매할 때 얻을 수 있는 소득을 나타낸다.

만약 에어컨 또는 히터만 팔게 되면 실제 소득은 $12,000 또는 $30,000가 되지만, 기대소득은 $21,000(0.5[$30,000] + 0.5[$12,000])가 될 것이다. 그러나 시간을 두 상품 사이에 똑같이 배분하여 분산화한다고 해 보자. 이 경우, 소득은 날씨와 상관없이 확실하게 $21,000가 될 것이다. 만약 날씨가 더우면 에어컨 판매에서 $15,000의 소득을, 히터 판매에서 $6,000의 소득을 얻게 될 것이다. 만약 날씨가 추우면, 에어컨 판매에서 $6,000의 소득을, 히터 판매에서 $15,000의 소득을 얻게 될 것이다. 이 예에서는 분산화를 통해 모든 위험은 제거된다.

물론 분산화가 항상 이와 같이 쉬운 것만은 아니다. 위 사례에서 히터와 에어컨 판매는 서로 **음(−)의 상관관계**(negative correlation)를 갖는다. 즉, 이들은 서로 반대 방향으로 움직이는데, 하나의 판매가 올라가면 다른 것의 판매는 감소한다. 그런데 분산화는 일반적인 원칙으로서 결과가 서로 밀접하게 연관되지 **않은** 다양한 활동에 자원을 배분하는 한 일부 위험을 제거할 수 있다.

음(−)의 상관관계변수 서로 반대 방향으로 움직이는 경향을 갖는 두 변수

뮤추얼펀드 개인투자자들의 자금을 모아서 많은 종류의 주식이나 기타 다양한 금융자산에 투자하는 조직

주식시장 분산화는 특히 주식에 투자하는 사람들에게 중요하다. 어느 날 개별 주가는 오를 수도 있고 내릴 수도 있으나, 어떤 주식은 가격은 오르고 다른 것은 떨어진다. 따라서 모든 돈을 하나의 주식에만 투자하는 (모든 달걀을 한 바구니에만 담는) 사람은 필요 이상으로 높은 위험을 감수하는 것이다. 10개 또는 20개의 다른 주식으로 구성된 포트폴리오에 투자함으로써 위험을 완전히 제거하지는 못해도 줄일 수는 있다. 마찬가지로, **뮤추얼펀드**(mutual fund)의 지분을 구입하면 분산화를 할 수 있다. 뮤추얼펀드는 개인투자자들의 자금을 모아서 많은 종류의 주식이나 기타 다양한 금융자산에 투자하는 조직이다. 주식과 채권에 투자하는 수많은 뮤추얼펀드가 존재한다. 이들 펀드는 분산화를 통해 위험을 줄이며, 일반적으로 개인이 주식 포트폴리오를 형성할 때의 비용보다 훨씬 낮은 수수료를 받기 때문에 인기가 있다.

양(+)의 상관관계변수 서로 같은 방향으로 움직이는 경향을 갖는 두 변수

주식시장에 있어서는 모든 위험을 분산화시킬 수는 없다. 비록 일부 주식의 가격이 오르고 다른 것은 떨어지더라도, 서로 다른 주식들의 가격은 일정 수준에서 서로 **양(+)의 상관관계**(positive correlation)를 갖는다. 주식들의 가격은 경제적 상황의 변화에 따라 같은 방향으로 움직

이는 경향이 있다. 예를 들어, 극심한 경기침체가 시작되면 많은 기업의 이윤은 줄어들며 시장은 전반적으로 축소된다. 따라서 분산투자한 주식 포트폴리오를 가지더라도 위험에 직면하게 된다.

보험

위험회피적인 사람은 위험을 줄이기 위해 대가를 지불할 용의가 있다. 사실, 보험료가 기대손실과 같다면(예를 들어, 기대손실이 $1,000인데 보험료가 $1,000인 경우) 위험회피적인 사람은 발생할 수 있는 금전적 손실을 전부 피하기 위해 보험에 가입할 것이다.

이에 대한 답은 위험회피에 관한 설명에 담겨 있다. 보험을 구매함으로써 개인은 손실 발생 여부에 관계없이 동일한 크기의 소득을 보장받을 수 있다. 보험료가 기대손실과 같으므로 이러한 확실한 소득은 위험한 상황에서의 기대소득과 같다. 위험회피적 소비자가 손실 발생과 관계없이 동일한 소득을 보장받는다면 손실이 없어서 높은 소득을 받거나 손실이 발생하여 낮은 소득을 받는 상황에 비해 더 큰 효용을 누릴 수 있다.

이러한 사실을 명확히 살펴보기 위해, 어떤 주택소유자의 집에 도둑이 들 확률이 10%이고 이 경우 $10,000의 손실을 입는다고 하자. 그는 현재 $50,000의 자산을 가지고 있다. 표 5.6은 $1,000를 지불하고 보험에 가입하거나 혹은 보험에 가입하지 않을 경우에 대한 이 사람의 재산을 보여 주고 있다.

어떤 상황이 나타나더라도 기대재산은 $49,000로 같아진다. 그러나 변동성은 크게 다르다. 표에서 보듯이, 재산의 표준편차는 보험에 가입하지 않는 경우에는 $3,000이며, 보험에 가입한다면 0이다. 만약 도둑이 들지 않는다면, 보험에 가입하지 않았을 때는 가입한 경우에 비해 $1,000의 이득을 얻는다. 그러나 도둑이 든다면 보험에 가입하지 않았다면 가입한 경우에 비해 $9,000의 손실을 입는다. 위험회피적 개인의 입장에서는 효용의 변화라는 측면에서 손실은 이득보다 더 중요하다는 사실을 기억하라. 따라서 위험회피적 주택소유자는 보험에 가입함으로써 더 높은 수준의 효용을 누릴 수 있을 것이다.

대수의 법칙 소비자들은 보통 보험판매에 특화된 회사의 보험에 가입한다. 보험회사는 많은 사람이 보험에 가입할수록 자신이 직면하는 위험은 상대적으로 작아진다는 사실을 알고 있다. 대규모로 운영함으로써 위험을 회피하는 능력은 대수의 법칙(law of large numbers)에 근거하는데, 이는 어떤 상황이 임의적이어서 제대로 예측할 수 없는 경우에도 많은 유사한 상황들의 평균적인 결과는 예측할 수 있다는 점을 보여 준다. 예를 들어, 동전을 한 번만 던질 때는 앞면이 나올지 또는 뒷면이 나올지를 예상할 수 없으나, 동전을 많이 던지면 대략 절반의 확률로 앞면 또는 뒷면이 나온다는 사실을 알 수 있다. 마찬가지로, 자동차보험을 판매할 때 특정 운전자가 사고를

표 5.6	보험 가입 여부의 결정($)			
보험 여부	절도 발생(PR=0.1)	절도 미발생(PR=0.9)	기대재산	표준편차
미가입	40,000	50,000	49,000	3,000
가입	49,000	49,000	49,000	0

낼 것인지를 예측하기는 힘들지만, 과거의 경험으로부터 많은 운전자 중에서 사고를 낼 운전자의 비중이 어느 정도인지를 합리적으로 확신할 수는 있다.

보험수리적 공정성   보험회사는 대규모로 운영을 함으로써 충분히 많은 수의 사건들을 통해 전체 보험료가 보험 지출액과 같도록 조정할 수 있다. 앞서 살펴본 도둑의 예를 다시 살펴보자. 어떤 사람이 집에 도둑이 들 확률이 10%임을 알고 있으며, 실제로 도둑이 든다면 $10,000의 손실을 볼 것이다. 이러한 위험에 직면하기 전에, 그는 기대손실이 $1,000(0.1 × $10,000)가 될 것으로 계산한다. 그러나 큰 손실을 볼 확률이 10%이기 때문에 위험은 상당하다. 이제 100명이 비슷한 상황에 놓여 있으며, 이들 모두 같은 보험회사의 도난 보험을 구매하는 경우를 생각해 보자. 이들 모두 10% 확률로 $10,000의 손실을 볼 가능성이 있으므로 보험회사는 각자에게 $1,000의 보험료를 부과할 것이다. 100명이 지불하는 $1,000의 보험료를 통해 총 $100,000의 보험 펀드가 조성되며, 보험회사는 이 자금을 이용하여 손실이 발생할 경우의 보상금으로 사용할 수 있다. 보험회사는 다수의 법칙에 따를 수 있는데, 전체적으로 보험가입자 100명의 기대손실은 1명당 $1,000에 매우 가깝다는 사실을 알게 된다. 따라서 전체 보험지급액은 $100,000에 가깝게 되며, 보험회사는 이 금액 이상의 손실에 대해서는 걱정할 필요가 없다.

사례 5.3   주택구매에 있어서 부동산권리보험의 가치

여러분이 생애 첫 주택을 구매한다고 하자. 거래를 잘 마무리하려면 여러분은 소유권을 명확히 확인해 주는 증서가 필요할 것이다. 이러한 명확한 소유권이 없이는 주택판매자가 실제 소유자가 아닐 가능성이 항상 존재한다. 물론 판매자가 사기를 칠 수도 있으며, 소유권이 어디에 있는지를 정확하게 파악하지 못할 가능성도 있다. 예를

들어, 판매자는 주택을 담보로 많은 대출을 받았을 수도 있으며, 주택의 사용을 제한하는 법률상의 조치가 가해져 있을 수도 있다.

이 주택에 대해 여러분은 $300,000를 지출하려고 하는데, 조사를 통해 1/20의 확률로 판매자가 실제 소유자가 아닐 수도 있다고 믿는다고 하자. 이 경우 재산 가치는 전혀 없어진다. 만약 관련 보험상품이 없다면, 위험중립적 사람은 이 주택에 대해 기껏해야 $285,000(0.95[$300,000]+0.05[0])만 지출하고자 할 것이다. 그러나 만약 여러분이 재산 대부분을 주택에 투자하는 경우라면, 아마도 위험회피적이 되어 이보다 더 적은 금액, 가령 $230,000만을 지출하려고 할 것이다.

이러한 상황에서 구매자는 명확치 않은 소유권으로 인한 위험을

회피하고자 할 것이다. 이들은 "부동산권리보험(title insurance)"에 가입하여 그러한 목적을 달성할 수 있다. 부동산권리보험회사는 해당 주택의 이력과 법적 책임 부과 여부를 조사하고, 일반적으로 소유권에 문제가 없음을 자체적으로 확인한다. 이후 보험회사는 발생할 수 있는 그 밖의 위험을 감당하는 것으로 계약한다.

부동산권리보험회사는 이 분야에 대한 전문성을 가지고 있으며, 관련 정보를 비교적 쉽게 수집할 수 있으므로 부동산권리보험료는 종종 연루된 손실의 기댓값보다 적다. 기대손실이 매우 큼에도 불구하고 $1,500짜리 부동산권리보험을 흔히 볼 수 있다. 판매자의 입장에서도 부동산권리보험을 환영하는데, 모두는 아니지만 위험선호적인 구매자가 아니라면 대부분의 주택구매자는 보험이 없는 것보다는 있을 때 주택구매에 더 많은 지출을 할 것이기 때문이다. 사실, 미국의 대부분 주는 부동산 거래 시 판매자들이 부동산권리보험을 제공하도록 의무화하고 있다. 이에 더해 주택구입자금을 융자하는 은행들은 이러한 위험에 대한 우려 때문에 새로운 구매자가 주택담보대출을 받을 때 부동산권리보험을 제출하도록 요구한다.

위 사례에서와 같이 보험료가 기대지급액과 같을 때, 보험은 **보험수리적으로 공정**(actuarially fair)하다고 말한다. 그러나 보험회사는 운영비용을 감당해야 하며, 약간의 이윤도 얻어야 하므로 대체로 보험료를 기대손실 이상으로 책정한다. 만약 충분한 수의 보험회사가 시장에서 경쟁하고 있다면 보험료는 보험수리적으로 공정한 수준에 근접할 것이다. 그러나 미국의 경우에는 일부 주정부는 비싼 보험료로부터 소비자를 보호하기 위해 보험료를 규제하기도 한다. 이 책의 제9장과 제10장에서는 정부의 시장 규제에 대해 자세히 살펴본다.

최근 일부 보험회사는 지진과 같은 대재앙은 매우 드물고 예측이 어려워서 그러한 위험은 분산화시킬 수 없다는 입장을 가지게 되었다. 실제로, 과거의 재앙으로부터 입은 손실에 비추어 볼 때 보험회사들은 보험수리적으로 공정한 보험료를 결정할 수 없다고 판단하고 있다. 예를 들어, 캘리포니아에서는 민간기업이 지진보험 상품의 제공을 거부함에 따라 이를 만회하고자 주정부가 보험사업에 뛰어들었다. 주정부가 운영하는 보험은 과거 민간보험회사가 제공했던 것보다 보험료는 비싸지만 보상 범위는 축소된다.

<aside>보험수리적 공정성 보험료가 기대지급액과 같은 상황을 나타냄</aside>

정보의 가치

사람들은 종종 제한된 정보를 바탕으로 의사결정을 한다. 만약 더 많은 정보를 가지고 있다면 더 정확한 예측을 함으로써 위험을 줄일 수 있을 것이다. 정보는 가치가 있는 재화이므로 사람들은 정보를 얻는 데 대가를 지불하고자 한다. **완전정보의 가치**(value of complete information)는 완전한 정보를 가지는 경우의 선택에 따른 기댓값과 불완전한 정보를 가지는 경우의 선택에 따른 기댓값 간의 차이를 나타낸다.

<aside>완전정보의 가치 정보가 완전할 때의 선택의 기댓값과 정보가 불완전할 때의 기댓값 간의 차이</aside>

정보의 가치를 살펴보기 위하여 여러분이 의류점을 운영하면서 가을 시즌 동안 옷을 얼마나 주문할지를 결정해야 하는 경우를 생각해 보자. 만약 100벌을 주문한다면, 1벌당 $180를 지불해야 한다. 만약 50벌만 주문한다면, 구매비는 $200로 증가한다. 여러분은 옷을 1벌당 $300에 판매할 예정이지만, 얼마나 팔릴지는 확신하지 못한다. 판매되지 않은 모든 옷은 반품이 가능하지만 이미 지급한 금액의 절반만 되돌려받는다. 추가적인 정보가 없다면, 여러분은 0.5의 확률로 100벌 또는 0.5의 확률로 50벌을 판매할 것으로 믿고 있다. 표 5.7은 이러한 두 가지 경우에 얻을 수 있는 이윤을 보여 준다.

추가 정보가 없으며, 여러분이 위험중립적이라면 100벌을 주문하여 이윤이 $12,000 또는 $15,000가 되는 상황을 선택할 것이다. 반면, 위험회피적이라면 50벌을 주문할 것이며, 이 경우에는 이윤은 확실히 $5,000가 된다는 것을 알고 있다.

완전한 정보가 있다면, 여러분은 미래의 판매량에 관계없이 정확한 주문을 할 수 있다. 만약

표 5.7	의류 판매의 이윤($)		
	50벌 판매	**100벌 판매**	**기대이윤**
50벌 주문	5,000	5,000	5,000
100벌 주문	1,500	12,000	6,750

50벌이 판매될 것이라면 50벌을 주문하며, 이윤은 $5,000가 될 것이다. 반면, 100벌이 판매된다면 100벌을 주문하며, 이윤은 $12,000가 될 것이다. 두 결과 모두 같은 확률을 가지므로 완전한 정보가 있을 때의 기대이윤은 $8,500가 될 것이다. 정보의 가치는 다음과 같이 계산된다.

$$
\begin{array}{lr}
\text{완전정보가 있을 때의 기댓값:} & \$8{,}500 \\
-\text{: 불확실성이 있을 때의 기댓값(100벌 구매):} & -6{,}750 \\
=\text{: 완전정보의 가치:} & \$1{,}750
\end{array}
$$

따라서 정확한 판매량을 예측하기 위해 $1,750까지 지불할 가치가 있다. 비록 예측이 결과적으로는 완벽하지는 않더라도 다음 해의 판매량에 대한 합리적인 예측치를 제공하는 마케팅 연구에 투자할 만한 가치는 있을 것이다.

사례 5.4   온라인 소비자 전자제품시장에서 정보의 가치

주요 가격비교 웹사이트인 Shopper.com에 관한 연구에서 볼 수 있듯이, 가격비교 인터넷 사이트를 통해 소비자들은 유용한 정보를 얻는다. 연구자들은 8개월 동안 가장 잘 팔리는 1,000개의 전자제품을 대상으로 소비자들에게 제공된 가격정보를 분석하였다. 분석 결과, 소비자들은 상점에서 사는 것보다 이러한 웹사이트를 이용할 때 약 16%를 절약하는 것으로 나타났는데, 이는 웹사이트를 통해 가장 가격이 싼 제품을 탐색하는 비용을 획기적으로 줄일 수 있었기 때문이다.[8]

가격비교 정보의 가치는 모든 사람과 모든 제품에 대해 똑같이 적용되지는 않는다. 여기에는 경쟁이 중요한 역할을 한다. 이 연구에서는 단 두 기업만 Shopper.com에 가격을 올릴 때, 소비자들은 11%를 절약한다는 사실을 발견하였다. 그러나 소비자들이 절약하는 정도는 경쟁사의 수가 많아짐에 따라 증가하였는데, 30개 이상의 기업이 가격을 올리면 20%까지 증가하였다.

인터넷으로 수많은 가격정보가 생성되고 이로 인해 장기적으로 오직 가장 싼 제품만 팔린다면 결국 그러한 정보의 가치는 0으로 떨어질 것으로 생각할 수도 있다. 지금까지는 그러한 일이 발생하지는 않았다. 인터넷으로 정보를 전달하고 획득하는 당사자들에게는 고정비용이 발생한다. 이는 서버유지비용과 Shopper.com과 같은 사이트에 가격을 올릴 때 드는 요금을 포함한다. 따라서 인터넷이 지속적으로 성장하고 성숙하는 과정에 있는 한 가격은 광범위한 차이를 나타낼 가능성이 있다.

정보가 많으면 항상 좋다고 생각할 수 있지만, 다음 사례를 살펴보면 항상 그런 것만은 아니다.

---

8   Michael Baye, John Morgan, and Patrick Scholten, "The Value of Information in an Online Electronics Market." *Journal of Public Policy and Marketing* 22 (2003): 17–25.

사례 5.5   의사와 환자, 정보의 가치

여러분이 심각한 병에 걸려 큰 수술을 받는다고 하자. 최고의 치료를 원한다면 여러분은 병원과 수술 담당 의사를 어떻게 결정할 것인가? 대체로 친구들이나 주치의에게 좋은 병원과 의사를 추천해 줄 것을 부탁할 것이다. 이런 방법이 도움이 될 수도 있지만 충분히 많은 정보를 바탕으로 한 의사결정을 위해서는 좀 더 자세한 정보가 필요할 것이다. 예를 들어, 추천받은 담당 의사와 병원이 여러분에게 필요한 수술을 얼마나 성공적으로 수행하였는가? 해당 의사가 담당한 환자 중 몇 명이 사망하였으며 몇 명이 심각한 후유증으로 고생하고

있는지, 또 이런 숫자는 다른 병원의 의사들의 경우와 비교하여 어느 정도인지 등의 정보가 필요할 것이다. 환자들의 입장에서는 대체로 이런 종류의 정보를 파악하는 것은 어려우며 아예 불가능할 수 있다. 만약 의사나 병원의 실적을 담은 자세한 정보를 쉽게 이용할 수 있다면 환자들에게 도움이 될 수 있는가?

꼭 그렇지만은 않다. 정보가 많다는 것은 좋을 수 있지만 항상 그렇지는 않다. 흥미롭게도 이 경우에는 실적 정보에 접근하는 것이 더 나쁜 결과를 초래할 수도 있다. 왜냐하면 그러한 정보에 대한 접근으로 인해 의사와 환자 모두의 행동에 영향을 주는 두 가지 다른 인센티브가 생기기 때문이다. 첫째, 환자들은 실적이 더 좋은 의사를 선택하므로 의사들은 더 좋은 성과를 얻으려는 유인이 생긴다. 이는 좋은 현상이다. 그러나 둘째, 의사들은 상대적으로 건강한 환자들만을 선택하여 제한된 수술을 할 유인도 생길 수 있다. 매우 고령이거나 중증의 환자들은 수술 후에 후유증을 앓거나 사망할 가능성이 크기 때문이다. 다른 조건이 일정하다면 이러한 환자를 담당한 의사의 실적은 낮을 가능성이 높다. 실적에 따라 의사를 판단하는 한, 의사들은 고령자나 중증 환자의 치료를 거부할 유인을 가지게 된다. 그 결과, 그러한 환자들은 치료받기가 어렵거나 불가능할 수 있을 것이다.

더 많은 정보가 좋은지 여부는 이러한 두 가지 효과 중에서 어떤 것이 더 크게 나타나는지에 달려 있다. 최근 연구에서 몇몇 경제학자들은 관상동맥회로 수술의 결과를 평가하기 위해 1990년대 초에 뉴욕과 펜실베이니아에서 도입되었던 수술 결과의 공표 의무화가 초래한 효과를 분석하였다.[9] 이들은 1987~94년 기간 중 미국 내 모든 노인 심장병 환자와 관상동맥회로 수술을 받은 환자들을 대상으로 병원의 선택과 결과를 조사하였다. 뉴욕과 펜실베이니아의 현황과 다른 주의 현황을 비교하여 이들은 성적표를 이용함에 따른 정보 증가의 효과를 확인하였다. 분석 결과, 수술결과의 공표는 환자들이 병원과 의사를 선택하는 데 도움을 주기는 했지만 의사들이 상태가 심각한 환자들보다는 상대적으로 건강한 환자들에 대한 수술을 더 많이 하도록 하는 원인이 되었음을 확인하였다. 전반적으로 이는 더 나쁜 결과로 이어졌는데, 특히 중증 환자들에게는 더욱 나쁜 결과를 초래하였다. 따라서 이 연구는 성적표가 후생을 악화시킨 것으로 결론지었다.

이런 문제에 대해 의료업계는 일정 수준에서 대응하였다. 예를 들어, 2010년에 실시된 심장 수술에서 전국적 차원에서 관상동맥회로 이식 절차의 결과를 자발적으로 보고하였다. 각 수술은 1~3개의 별로 평가되었으나, 의사들이 덜 위험한 환자들만을 선택하는 유인을 줄이기 위해 평가체계는 "위험수준에 따라 조정"되었다.

더 많은 정보를 가진다면 사람들은 위험을 낮추고 나쁜 결과의 효과를 줄이는 행동을 취하므로 후생이 증진될 수 있다. 그러나 이 사례를 통해 명확히 알 수 있듯이, 정보는 사람들이 바람직하지 않은 방향으로 행동을 바꾸도록 할 수도 있다. 이러한 내용에 대해서는 제17장에서 보다 자세히 살펴본다.

---

9 David Dranove, Daniel Kessler, Mark McClennan, and Mark Satterthwaite, "Is More Information Better? The Effects of 'Report Cards' on Health Care Providers," *Journal of Political Economy* 3 (June 2003): 555–558.

*5.4 위험자산에 대한 수요

대부분 사람들은 위험회피적이다. 사람들은 평균적으로는 같은 수준이라도 매달 들쭉날쭉한 소득보다는 고정적인 소득을 더 선호한다. 그러나 이런 사람들조차도 대부분 저축의 전부 또는 일부를 위험을 동반하는 주식과 채권, 그리고 기타 자산에 투자한다. 위험회피적 사람들이 주식에 투자하여 투자금액의 일부 또는 전부를 잃을 위험을 감수하는 이유는 무엇일까?[10] 사람들이 투자하고 미래에 대한 계획을 세울 때 얼마만큼의 위험을 감수해야 할지를 어떻게 결정할까? 이 질문에 답하기 위해서는 위험자산에 대한 수요를 살펴보아야 한다.

자산

자산 소유자에게 현금이나 서비스의 흐름을 제공하는 어떤 것

자산(asset)이란 그것을 소유한 사람에게 현금이나 서비스의 흐름을 제공하는 것을 말한다. 주택, 아파트, 은행예금, 제너럴모터스 주식 등은 모두 자산이다. 예를 들어, 주택소유자는 주택을 통해 주거서비스의 흐름을 제공받거나, 임대를 통해 현금의 흐름을 얻을 수 있다. 마찬가지로, 아파트의 경우에도 소유자는 임대를 통해 임대소득의 흐름을 얻을 수 있다. 은행예금은 (일반적으로 매일 또는 매달) 이자를 제공하는데, 보통은 계좌 내에서 재투자된다.

자산 소유에서 얻는 현금의 흐름은 아파트 임대소득과 같이 명시적인 지불의 형태로 나타난다. 건물주는 세입자로부터 매달 월세를 받는다. 또 다른 명시적인 지불로는 보통주의 배당금을 들 수 있다. 제너럴모터스의 주식을 소유한 사람은 3개월마다 분기별 배당금을 받는다.

그러나 때로는 자산 소유로부터 얻는 현금의 흐름은 묵시적이다. 이는 자산가치나 가격의 증가 또는 감소의 형태로 나타난다. 자산가치의 증가는 **자본이득**(capital gain)이며, 감소는 **자본손실**(capital loss)이 된다. 예를 들어, 도시인구가 증가함에 따라 아파트의 가치는 상승한다. 따라서 아파트를 소유한 사람은 임대소득 이상의 자본이득을 얻게 된다. 자본이득은 아파트가 팔릴 때까지는 실현되지 않는다. 즉 아파트가 팔리기 전에는 실제로 돈을 지급받지 않는다. 그러나 아파트가 언제든 팔릴 가능성이 있으므로 묵시적인 현금흐름은 존재한다. 주식가격은 매일 바뀌며, 그때마다 주식보유자는 이득을 얻거나 손해를 본다.

위험자산과 무위험자산

위험자산 소유자에게 불확실한 현금 또는 서비스의 흐름을 제공하는 자산

위험자산(risky asset)은 적어도 부분적으로는 불규칙적인 현금의 흐름을 제공한다. 즉, 현금의 흐름을 사전에 확실히 알 수는 없다. 위험한 자산의 명백한 예로는 제너럴모터스의 주식을 들 수 있다. 일정 기간 동안 주가가 오를지 또는 내릴지를 알 수 없고, 회사가 한 주당 같은 (또는 어떤 것이든) 배당금을 계속 지급할지도 확신할 수 없다. 사람들은 위험에 대해서는 주식시장을 자주 연상하지만 대부분 다른 자산들도 위험하긴 마찬가지이다.

아파트도 또 다른 예가 된다. 소유자는 아파트의 가격 오를지 내릴지 알 수 없으며, 아파트가 항상 완전히 임대될 것인지, 세입자가 임대료를 제대로 지급할 것인지에 대해서도 알 수 없다.

---

[10] 미국인 대부분은 간접적이기는 해도 적어도 일부 소득을 주식 또는 다른 위험자산에 투자한다. 예를 들어, 정규직을 가진 많은 사람들은 자신의 연봉에서 일부를 부담하고 고용주가 일부를 부담하는 연금 펀드에 지분을 가진다. 일반적으로 그러한 펀드는 부분적으로 주식시장에 투자된다.

회사채 또한 다른 예이다. 회사채를 발행한 기업이 파산하여 보유자에게 이자나 원금을 지급하지 못할 수 있다. 미국정부가 발행한 10년 또는 20년짜리 장기채권조차도 위험하다. 비록 연방정부가 파산할 가능성은 낮지만 물가상승률이 기대 이상으로 높아져서 미래의 이자 지급액과 원금 상환의 실질 가치가 내려가서 채권의 가치가 떨어질 수도 있다.

반면, **무위험자산**(riskless, risk-free asset)은 확실한 현금의 흐름을 가져다준다. 미국정부의 단기채권(Treasury bills)은 위험이 전혀 없거나 거의 없다. 이러한 채권은 몇 달 내에 만기가 도래하므로 예상치 못한 물가상승률로 인한 위험은 아주 적다. 또한 미국정부가 채권을 부도(만기가 도래할 때 지급을 거부하는 것)내지 않을 것임을 합리적으로 확신할 수 있다. 무위험 또는 위험이 거의 없는 자산의 또 다른 예는 통장식 예금계좌와 단기예금증서를 들 수 있다.

무위험자산　확실한 현금이나 서비스의 흐름을 제공하는 자산

자산수익률

사람들은 자산이 제공하는 현금의 흐름 때문에 자산을 구매하고 보유한다. 서로 다른 자산을 비교하기 위해서는 자산의 가격이나 가치에 대비한 현금의 흐름을 관찰하는 것이 도움이 된다. 자산의 **수익률**(rate of return)은 자산의 가격과 대비한 자본이득과 손실을 포함한 총 현금의 흐름을 나타낸다. 예를 들어, 현재 가격이 $1,000인 채권이 올해 (그리고 매년) $100를 배당한다면 수익률은 10%가 된다.[11] 만약 작년에 $1,000만였던 아파트가격이 올해 $1,100만로 올랐으며, 또한 (경비를 제한 후) $50만의 임대소득을 올렸다면 1년 동안의 수익률은 15%가 된다. 만약 제너럴모터스 주식이 연초에 $80였는데 연말에 $72로 떨어졌으며, $4의 배당금을 받는다면 수익률은 −5%(10%의 자본손실에서 5%의 배당금을 제한 값)가 된다.

수익률　자산의 가격 대비 총 현금의 흐름

사람들이 절약한 돈을 주식, 채권, 토지, 기타 자산에 투자할 때는 보통은 물가상승률 이상의 수익률을 얻기를 원한다. 즉 소비를 미룸으로써 현재의 모든 소득을 지출하여 살 수 있는 것보다 미래에 더 많이 살 수 있기를 원한다. 따라서 자산수익률은 (물가상승률이 조정된) 실질 기준으로 자주 나타낸다. 자산의 **실질수익률**(real rate of return)은 단순(또는 명목)수익률에서 물가상승률을 제한 값이다. 예를 들어, 물가상승률이 5%라면 위에서 언급된 채권, 아파트, GM 주식은 각각 5%, 10%, −10%의 실질수익률을 얻는다.

실질수익률　자산의 단순(또는 명목)수익률에서 물가상승률을 제한 값

기대수익률과 실제수익률　대부분의 자산은 위험하므로 투자자는 미래에 얼마의 수익을 얻을지를 미리 알 수 없다. 가령, 아파트의 가격은 오르지 않고 내려갈 수도 있고, GM 주가는 내려가지 않고 올라갈 수도 있다. 그러나 기대수익률을 살펴봄으로써 여러 자산을 서로 비교할 수 있다. 자산의 **기대수익률**(expected returns)은 수익률의 기댓값을 나타내는데, 이는 곧 평균적으로 얻을 수 있는 수익률이다. 어떤 경우에는 자산의 **실제수익률**(actual returns)이 기대수익률보다 훨씬 클 수 있으며, 어떤 경우에는 훨씬 낮을 수도 있다. 그러나 장기간에 걸쳐서 평균 수익률은 기대수익률에 근접해야 한다.

기대수익률　자산에 대해 평균적으로 기대되는 수익률

실제수익률　자산이 실제로 발생시키는 수익률

11　채권가격은 1년 사이에 자주 변한다. 만약 채권 가치가 오르면(또는 내리면) 수익률은 10% 이상(또는 이하) 증가할 것이다. 게다가 위에서 언급된 수익률은 대상 기간 동안 발생한 현금흐름을 비교하는 데 사용되는 "내부수익률(internal rate of return)"과 구분해야 한다. 제15장에서는 현재 할인가치를 다루면서 다른 형태의 수익률을 측정하는 방법을 살펴본다.

표 5.8	투자 종류에 따른 위험과 수익률(1926~2014년)		
	평균 수익률(%)	평균 실질수익률(%)	위험(표준편차)
보통주(S&P 500)	12.1	8.8	20.1
장기 회사채	6.4	3.3	8.4
미 정부 단기채	3.5	0.5	3.1

출처: ⓒ 2015 Morningstar, Inc. All Rights Reserved. Reproduced with permission.

서로 다른 자산의 기대수익률은 서로 다르다. 예를 들어, 표 5.8에 따르면 미국정부가 발행하는 단기채권의 실질 기대수익률은 1% 미만이지만, 뉴욕증권거래소에서 거래되는 대표 주식들의 기대 실질수익률은 9%에 가깝다.[12] 주식의 기대수익률이 훨씬 높음에도 불구하고 사람들이 정부의 단기채권을 사는 이유는 무엇일까? 이는 자산에 대한 수요는 기대수익률에만 의존하는 것이 아니라 위험에도 영향을 받기 때문이다. 주식의 기대수익률이 정부 단기채권에 비해 높지만 훨씬 더 위험하다. 위험을 측정하는 한 가지 지표인 실질 연간수익률의 표준편차는 보통주의 경우에는 약 20%, 회사채의 경우에는 8.4%이지만, 미국정부의 단기채권은 단 3.1%에 불과하다.

표 5.8의 숫자들을 살펴보면, 투자에 있어서 기대수익률이 높을수록 더 큰 위험이 있다는 사실을 알 수 있다. 이는 어떤 사람의 투자가 잘 분산되어 있으면 실제로 나타나는 현상이다.[13] 따라서 위험회피적인 투자자는 위험과 대비하여 기대수익률을 균형 있게 고려해야 한다. 다음 절에서는 이러한 상충관계에 대해 좀 더 자세히 살펴본다.

위험과 수익률 간의 상충관계

어떤 사람이 위험이 거의 없는 미 정부의 단기채권과 대표적인 주식 그룹에 투자하기를 원한다고 하자. 이 투자자는 각 자산에 얼마를 투자해야 할 것인지를 결정해야 한다. 가령, 단기채권에만 투자할지 또는 주식에만 투자할지 아니면 각각에 조금씩 투자하여 조합을 이룰지를 결정할 수 있다. 아래에서 살펴보듯이, 이 문제는 식품과 옷 구매 간에 예산을 배분하는 소비자의 문제와 유사하다.

R_f를 단기채권의 무위험 수익률이라고 하자. 위험이 없으므로 기대수익률과 실제수익률은 같다. 또한 R_m은 주식투자의 기대수익률, r_m을 실제수익률이라 하자. 실제수익률은 위험이 있다. 투자를 결정하는 시점에 발생 가능한 결과들과 각각의 확률을 알고 있으나, 어떤 특정 결과가 나타날지는 모른다. 위험자산은 무위험자산에 비해 기대수익률이 높다($R_m > R_f$). 만약 그렇지 않다면 위험회피 투자자는 단기채권만 구매하므로 주식은 팔리지 않게 된다.

---

12 일부 주식은 기대수익률이 높고, 일부는 낮다. (나스닥에 상장된 일부) 소기업의 주식은 기대수익률이 높지만 수익률의 표준편차도 크다.

13 분산 불가능한 위험(nondiversifiable risk)은 문제가 된다. 개별 주식은 매우 위험하더라도 기대수익률이 낮을 수 있다. 이는 주식을 다양하게 보유함으로써 대부분 위험을 분산시킬 수 있기 때문이다. 분산 불가능한 위험은 개별 주가가 전체 주식시장에서 서로 관련되어 있어서 나타나는 것으로서, 분산화된 주식 포트폴리오를 보유하더라도 여전히 존재하는 위험이다. 이러한 내용은 제15장에서 자본자산가격 결정 모형을 다룰 때 자세히 살펴본다.

투자 포트폴리오 투자자가 각 자산에 얼마를 투자할지를 결정하기 위해 총투자금액 중 주식에
투자하는 부분의 비중을 b로, 단기채권의 구매에 사용하는 비중을 $(1 - b)$라고 하자. 이 투자자
의 전체 포트폴리오에 대한 기대수익률인 R_p는 두 자산으로부터의 기대수익률에 대한 가중 평균
으로 구해진다.[14]

$$R_p = bR_m + (1 - b)R_f \tag{5.1}$$

예를 들어, 단기채권의 수익률이 4%($R_f = 0.04$)이고, 주식시장의 기대수익률이 12%($R_m = 0.12$), $b = 1/2$이라면 $R_p = 8\%$가 된다. 이 포트폴리오는 얼마나 위험한가? 위험 정도를 측정하
는 한 가지 방법은 수익률의 표준편차를 보는 것이다. σ_m을 위험한 주식투자의 표준편차라고 하
자. 조금의 계산 과정을 거치면 **포트폴리오의 표준편차인** σ_p는 위험자산에 투입된 포트폴리오의 비
중에 이 자산의 표준편차를 곱한 값임을 알 수 있다.[15]

$$\sigma_p = b\sigma_m \tag{5.2}$$

투자자의 선택 문제

이제 투자자가 투자 비율인 b를 어떻게 선택하는지에 대해 살펴보자. 이를 위해서는 투자자가
소비자 예산선의 경우와 유사한 위험과 수익률 간의 상충관계에 직면한다는 사실을 먼저 살펴볼
필요가 있다. 이러한 상충관계를 파악하기 위해 식 (5.1)에서 살펴본 포트폴리오의 기대수익률을
다음과 같이 다시 표현할 수 있다.

$$R_p = R_f + b(R_m - R_f)$$

이제 식 (5.2)에서 $b = \sigma_p/\sigma_m$이므로 다음 식을 도출할 수 있다.

$$R_p = R_f + \frac{(R_m - R_f)}{\sigma_m}\sigma_p \tag{5.3}$$

위험과 예산선 식 (5.3)은 위험(σ_p)과 기대수익률(R_p) 사이의 상충관계를 나타내므로 예산선이라
고 할 수 있다. 이 식은 직선으로 나타난다. 즉 R_m, R_f, σ_m이 모두 상수이므로, 기울기인 ($R_m -$

3.2절에서는 개인의 소득과
재화의 가격으로부터 예산선
이 어떻게 결정되는지를 설명
하였다.

---

14 두 변수의 합의 기댓값은 기댓값들의 합이다. 따라서 다음이 성립한다.

$$R_p = E[br_m] + E[(1-b)R_f] = bE[r_m] + (1-b)R_f = bR_m + (1-b)R_f$$

15 아래와 같이 각주 4를 통해 포트폴리오 수익률의 분산 공식을 도출하면 그 이유를 알 수 있다.

$$\sigma_p^2 = E[br_m + (1-b)R_f - R_p]^2$$

위 식에 식 (5.1)에 나타난 포트폴리오의 기대수익률 R_p를 대입하면 다음을 얻는다.

$$\sigma_p^2 = E[br_m + (1-b)R_f - bR_m - (1-b)R_f]^2 = E[b(r_m - R_m)]^2 = b^2\sigma_m^2$$

확률변수의 표준편차는 분산의 제곱근이므로, $\sigma_p = b\sigma_m$이다.

위험의 가격   투자자가 더 높은
기대수익률을 누리기 위해 감수
해야 하는 추가적인 위험

$R_f)/\sigma_m$도 일정한 상수이다. 이 식을 통해 기대수익률의 표준편차인 σ_p가 증가할수록 기대수익률 R_p도 증가한다는 사실을 알 수 있다. 이 예산선의 기울기인 $(R_m - R_f)/\sigma_m$는 **위험의 가격**(price of risk)이라고 하는데, 투자자가 더 높은 기대수익률을 얻기 위해 얼마만큼의 추가적인 위험을 감수해야 하는지를 나타낸다.

이러한 예산선은 그림 5.6에 나타나 있다. 만약 투자자가 위험을 전혀 원하지 않는다면 모든 예산을 단기채권에만 투자할 수 있으며($b = 0$), R_f의 수익률을 얻게 된다. 하지만 더 높은 기대수익률을 얻기 위해서는 투자자는 일부 위험을 감수해야 한다. 예를 들어, 모든 예산을 주식에만 투자한다면($b = 1$) R_m의 기대수익률을 얻지만 σ_m의 표준편차가 발생한다. 또는 투자자는 각 자산에 대해 일정 비율로 투자할 수도 있는데, 이때에는 R_f와 R_m 사이의 어떤 기대수익률을 얻으며, 표준편차는 σ_m보다는 작지만 0보다는 커진다.

위험과 무차별곡선   그림 5.6은 투자자의 문제에 대한 답을 보여 준다. 그림에는 3개의 무차별곡선이 그려져 있는데, 각 무차별곡선은 투자자가 동일한 만족감을 느끼는 위험과 수익률의 조합

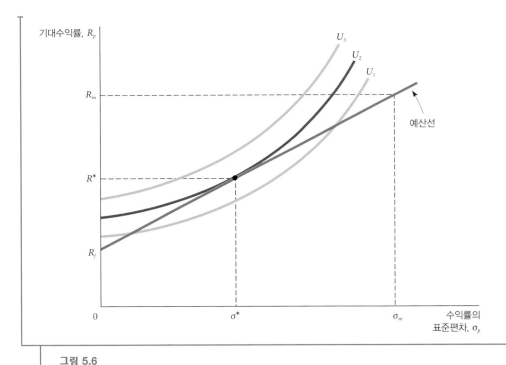

그림 5.6

위험과 수익률 사이의 선택

투자자는 두 가지 자산에 분산투자하는데, 하나는 위험이 전혀 없는 단기채권이고 다른 하나는 주식이다. 예산선은 기대수익률과 위험 간의 상충관계를 나타내는데, 위험은 수익률의 표준편차로 측정된다. 예산선의 기울기는 $(R_m - R_f)/\sigma_m$로서 위험의 가격에 해당한다. 3개의 무차별곡선이 그려져 있고, 각각은 투자자에게 같은 만족을 주는 위험과 수익률의 조합을 나타낸다. 곡선은 우상향하는데, 이는 위험회피적 투자자는 더 큰 위험을 감수할수록 기대수익률은 커지기 때문이다. 효용극대화 투자 포트폴리오는 무차별곡선 U_2가 예산선과 접하는 점에서 이루어진다.

을 나타낸다. 위험은 바람직하지 않은 것이므로 무차별곡선은 우상향한다. 따라서 투자자가 동일한 만족감을 유지하기 위해서는 위험이 클수록 수익률 또한 커져야 한다. 무차별곡선 U_3는 가장 높은 만족수준을 나타내며, U_1은 가장 낮은 만족수준을 나타낸다. 주어진 위험수준하에서 투자자는 U_2보다는 U_3상에서, 그리고 U_1보다는 U_2상에서 더 높은 수익률을 얻는다.

투자자는 3개의 무차별곡선 중 U_3상의 점들을 가장 선호할 것이다. 그러나 이는 달성할 수 없는데, 그것은 U_3가 예산선과 접하지 않기 때문이다. 곡선 U_1상의 점들은 선택이 가능하지만 투자자가 이보다 나은 선택을 할 수 있다. 식품과 옷의 소비량을 선택하는 것과 같이 투자자는 무차별곡선(이 경우 U_2)이 예산선과 접하는 점에서 위험과 수익률의 조합을 선택하는 것이 최선이다. 이 점에서 투자자의 수익률의 기댓값은 R^*이고 표준편차는 σ^*가 된다.

위험에 대한 사람들의 태도는 다양하다. 이러한 사실은 서로 다른 2명의 투자자가 자신들의 포트폴리오를 어떻게 선택하는지를 보여 주는 그림 5.7에 잘 나타나 있다. 투자자 A는 매우 위험회피적이다. A의 무차별곡선인 U_A는 위험이 적은 점에서 예산선과 접하기 때문에 A는 예산의 대부분을 단기채권에 투자하며, 무위험 수익률인 R_f보다는 약간 높은 기대수익률 R_A를 얻게 된다. 투자자 B는 위험회피적 성향이 덜하다. B는 예산 대부분을 주식에 투자하며, 포트폴리오의 기대수익률은 R_B로 더 높아지는 동시에 표준편차 σ_B도 더 커진다.

만약 B가 위험회피적 성향이 아주 낮다면, 주식을 신용매입할 것이다. 즉, 주식시장에서 실제로 소유할 수 있는 한도 이상으로 주식을 사기 위해 중개회사로부터 자금을 빌릴 것이다. 실제로 신용매입으로 주식을 사는 사람은 주식에 투자된 포트폴리오의 100% 이상의 포트폴리오를 소유한다. 이러한 상황은 두 투자자의 무차별곡선을 나타낸 그림 5.8에 잘 나타나 있다. 상대적으로

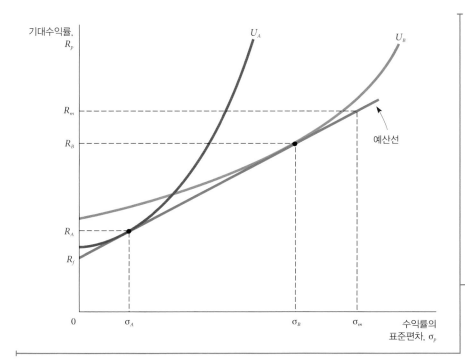

그림 5.7
2명의 다른 투자자의 선택
투자자 A는 매우 위험회피적이다. A의 포트폴리오는 대부분 무위험자산으로 구성되므로 기대수익률인 R_A는 무위험 수익률보다 약간 커진다. 그러나 A가 부담하는 위험 σ_A는 작다. 투자자 B는 위험회피적 성향이 덜하다. B는 예산 중 더 많은 비중을 주식에 투자한다. B의 포트폴리오에 대한 기대수익률 R_B는 더 높지만 위험 또한 더 커진다.

그림 5.8

신용매입을 통한 주식 구매

투자자 A는 위험회피적이므로 포트폴리오는 주식과 무위험 단기채권의 혼합으로 구성된다. 그러나 투자자 B는 위험회피적 성향이 매우 낮다. B의 무차별곡선인 U_B는 포트폴리오의 기대수익률과 표준편차가 전체 주식시장의 기대수익률과 표준편차보다 더 큰 점에서 예산선과 접한다. 이를 통해 B는 주식시장에서 자신이 지닌 자금보다 많은 금액을 투자한다는 사실을 알 수 있다. B는 신용매입으로 주식을 구매하여 이렇게 할 수 있다. 즉 B는 투자 자금의 조달을 위해 주식중개회사에서 돈을 빌린다.

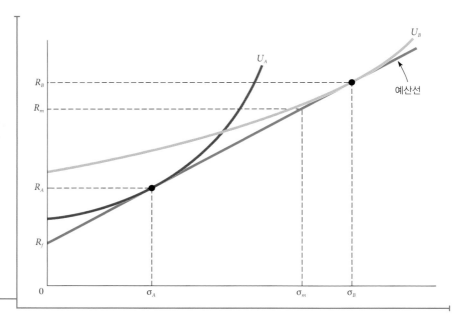

위험회피적인 투자자 A는 전체 예산의 약 절반을 주식에 투자한다. 그러나 투자자 B는 상대적으로 평평한 무차별곡선을 가지는데, 무차별곡선이 예산선과 접하는 점에서 포트폴리오의 기대수익률과 표준편차는 전체 주식시장의 기대수익률과 표준편차보다 크다. 이러한 포트폴리오를 유지하기 위하여 B는 주식시장에서 자기가 가진 자금의 100% 이상을 투자하기를 원하므로 돈을 빌려야 한다. 이와 같이 신용매입으로 주식을 구매하는 것은 **지렛대**(leverage)의 한 형태이다. 투자자는 위험 증가를 감수하는 대신 전체 주식시장의 기대수익률 이상으로 기대수익률을 증가시킬 수 있다.

제3장과 제4장에서는 소비자가 식품과 옷의 두 재화만을 선택한다는 가정을 통해 소비자 선택 문제를 단순화하였다. 같은 방식으로 이 장에서는 투자자가 단기채권과 주식의 두 자산만을 선택한다는 것으로 단순화하였다. 그러나 더 많은 자산(예를 들어, 회사채, 토지, 다른 형태의 주식)을 고려하더라도 기본 원리는 변하지 않는다. 모든 투자자는 위험과 수익률 간의 상충관계에 직면한다.[16] 투자자가 더 높은 기대수익률을 얻기 위해 감수하고자 하는 위험의 수준은 투자자가 얼마나 위험회피적인가에 달려 있다. 투자자의 위험회피적 성향이 덜하다면 포트폴리오에서 위험자산의 비중을 높이고자 한다.

---

16 앞서 언급했지만, 문제가 되는 것은 분산 불가능한 위험인데, 이는 투자자들이 많은 다양한 주식을 보유하여(즉, 뮤추얼펀드를 통해) 분산가능한 위험을 제거할 수 있기 때문이다. 제15장에서는 분산가능 위험과 분산불능 위험에 대해 논의한다.

사례 5.6 주식투자

1990년대는 미국인의 투자행위에 있어서 전환점이 된 시기이다. 먼저, 많은 사람이 생애 최초로 주식투자를 시작하였다. 1989년에 미국 내 가구의 약 32%는 재산 일부를 주식시장에 직접적(개별적 주식매입) 또는 간접적(뮤추얼펀드 또는 주식에 투자되는 연금)으로 투자하였다. 이 비중은 1998년경에는 49%로 높아졌다. 또한 같은 기간에 주식에 투자된 재산 비중은 약 26%에서 약 54%로 증가하였다.[17] 이러한 증가세는 대부분 젊은 투자자들로 인한 것이었다. 35세 이하 연령층의 경우, 주식시장에 참여하는 비율

은 1989년 약 22%에서 1998년에는 약 41%로 증가하였다. 거의 모든 측면에서 가구의 투자행위는 1990년대의 전환점 이후부터는 안정화되었다. 2007년에는 주식시장에 투자한 가구의 비율은 51.1%였다. 그러나 노인층의 주식투자는 훨씬 더 활발해졌는데, 2007년에는 75세 이상 노인층의 40%가 주식을 보유하였으며, 이는 1998년의 29%에 비해 상당히 높아졌다.

더 많은 사람들이 주식시장에 뛰어든 이유는 무엇일까? 투자를 더 쉽게 만드는 온라인 거래의 활성화가 하나의 이유가 된다. 다른

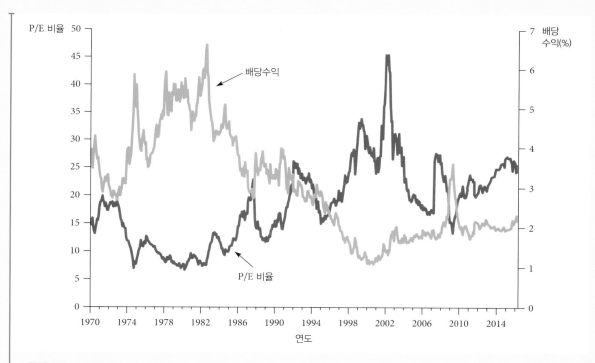

그림 5.9

S&P500지수의 배당수익과 P/E 비율

S&P500지수의 가격/순익(주식가격을 연간 주당 순익으로 나눈 값)이 1980년에서 2002년 사이 올랐다가 이후 떨어진 반면, 배당수익(연간 배당금을 주식가격으로 나눈 값)은 크게 떨어졌다.

---

17 관련 자료는 *Federal Reserve Bulletin*, January 2000, and the Survey of Consumer Finances, 2011에서 발췌하였다.

이유는 부분적으로 소위 "닷컴 열풍(dot com euphoria)"으로 인한 1990년대 말의 주가폭등을 들 수 있다. 이러한 주가폭등은 사람들에게 주가가 미래에도 계속 오를 것이라는 확신을 주었던 것이다. 한 분석가는 "7년간 시장의 거침없는 상승, 뮤추얼펀드의 인기, 사업주의 자발적 퇴직금 적립계획으로의 전환, 본인 주도 투자의 쇄도 등이 복합적으로 작용하여 금융천국의 국가를 창조하였다."라고 말하였다.[18]

그림 5.9는 1970~2016년 S&P500지수(500개의 대기업 주가지수)의 배당수익과 순익 대비 가격비율(P/E)을 보여 준다. 배당수익(연간 배당금을 주식가격으로 나눈 값)은 1980년의 약 5%에서 2000년경에는 2% 이하로 떨어졌음을 관찰할 수 있다. 그러나 가격/순익 비율(주식가격을 연간 주당 순익으로 나눈 값)은 1980년의 약 8에서 2002년에는 40 이상으로 올랐으며, 2005년과 2007년 사이에 약 20으로 떨어진 후 2016년까지 올랐다. 돌이켜 보면, P/E 비율의 증가는 기업 이윤이 다가오는 10년 동안 빠른 증가세를 이어 나갈 것으로 투자자들이 믿을 때만 나타났다. 이를 통해 1990년대 말에는 많은 투자자들의 위험회피 성향은 낮았으며 경제에 매우 낙관적이었다는 사실을 알 수 있다. 반면, 일부 경제학자들은 1990년대의 주가 상승이 투자자들이 다른 사람의 성공을 보고 시장에 서둘러 뛰어드는 "쏠림현상(herd behavior)"의 결과라고 주장하였다.[19]

쏠림현상의 심리적 동기를 통해 주식시장의 거품현상을 설명할 수 있다. 그러나 이는 주식시장 외의 다른 것을 설명할 때도 유용하다. 다양한 방법과 범위로 소비자와 기업 경영자의 행동을 설명할 때도 이를 적용할 수 있다. 소비자 선택에 관하여 지금까지 사용했던 간단한 가정들을 통해서는 이러한 행동을 항상 설명할 수는 없다. 제19장에서는 이러한 행동의 여러 측면을 자세히 설명하는데, 이를 이해하기 위해 제3장과 제4장에서 다루었던 전통적인 모형들이 어떻게 확장될 수 있는지를 살펴본다.

요약

1. 소비자와 경영자의 의사결정은 많은 경우에 미래에 관한 불확실성이 있는 상황에서 이루어진다. 이러한 불확실성은 발생 가능한 결과와 발생 확률이 알려져 있을 때는 위험이라는 용어로 표현된다.

2. 소비자와 투자자는 불확실한 결과의 기댓값과 변동성에 관심을 가진다. 기댓값은 위험한 결과가 가지는 가치의 중심 경향의 측정치이다. 변동성은 결과의 표준편차로 측정되는 경우가 많은데, 이는 발생 가능한 결과들이 가지는 각각의 기댓값 기준으로 편차의 확률 가중 평균에 제곱근을 적용한 값이다.

3. 불확실한 선택에 직면한 소비자는 기대효용을 극대화하는데, 이는 각 결과로부터 얻게 되는 효용을 각 결과들이 발생할 확률을 가중치로 사용하여 구한 평균값이다.

4. 위험회피적인 사람은 같은 기대수익률을 가진다면 위험자산에 비해 확실한 수익을 선호한다. 위험회피적

인 사람이 위험을 피하기 위해 지불할 용의가 있는 최대 금액을 위험프리미엄이라고 한다. 위험중립적인 사람은 위험한 투자의 기대수익률과 그와 같은 크기의 확실한 수익률 간에 무차별적인 사람이다. 위험선호적인 사람은 투자를 통해 확실한 기대수익률을 받는 것에 비해 주어진 기대수익률에서 위험한 투자를 더 선호할 것이다.

5. 위험은 (a) 분산화, (b) 보험, (c) 추가적인 정보의 획득을 통해 줄일 수 있다.

6. 대수의 법칙을 통해 보험회사는 보험료가 손실의 기댓값과 같은 보험을 제공할 수 있다. 이러한 보험은 보험수리적 공정성을 갖는다.

7. 소비자이론은 위험자산의 투자 결정을 설명하는 데도 적용될 수 있다. 예산선은 위험가격을 반영하며, 소비자 무차별곡선은 위험에 대한 태도를 반영한다.

---

18 "Investors Ignore Brokers, Dishing Out Their Own Tips" *Wall Street Journal*, September 12, 1997.

19 예를 들어 다음을 참조하라. Robert Shiller, *Irrational* Exuberance, Princeton University Press, 2000.

복습문제

1. 어떤 사람이 **위험회피적**이라는 것은 어떤 의미인가? 어떤 사람은 위험회피적이지만 다른 사람은 위험선호적인 이유는 무엇인가?

2. 변동성을 측정하는 데 있어서 분산(variable)이 범위(range)보다 더 나은 척도인 이유는 무엇인가?

3. 조지는 $5,000를 가지고 뮤추얼펀드에 투자하려고 한다. 뮤추얼펀드 A의 기대수익률은 15%이고 B의 기대수익률은 10%이다. 조지는 A를 선택할 것인가? 아니면 B를 선택할 것인가?

4. 소비자가 기대효용을 극대화한다는 것은 어떤 의미인가? 어떤 사람이 기대효용을 극대화하지 않는 경우를 고려할 수 있는가?

5. 손실의 기댓값보다 보험료가 더 큰 상황에서조차 사람들은 불확실성을 피하기 위해 보험을 드는 이유는 무엇인가?

6. 보험회사의 경영자들이 위험회피적 사람들로 구성되어 있음에도 불구하고 보험회사가 마치 위험중립적인 것처럼 행동하는 이유는 무엇인가?

7. 불확실성을 줄이기 위해 더 많은 정보를 얻는 데 돈을 지불하는 것은 어느 때 가치가 있는가?

8. 투자자 포트폴리오의 분산화는 위험을 어떻게 줄이는가?

9. 일부 투자자의 경우에는 포트폴리오 내 위험자산의 비중이 높지만, 다른 투자자의 경우에는 무위험자산의 비중이 높은 이유는 무엇인가? (힌트: 이러한 두 형태의 투자자는 평균적으로 정확히 같은 수익률을 가지는가? 만약 그렇다면 그 이유는 무엇인가?)

연습문제

1. 다음과 같이 세 가지 결과가 나타날 수 있는 복권을 고려해 보자.
   - 0.2의 확률로 $125 수령
   - 0.3의 확률로 $100 수령
   - 0.5의 확률로 $50 수령

   a. 이 복권의 기댓값은 얼마인가?
   b. 결과들의 분산은 얼마인가?
   c. 위험중립적 사람은 복권을 사기 위해 얼마를 지불하려고 하는가?

2. 여러분이 새로운 컴퓨터회사에 투자하였는데, 이 회사의 이윤은 다음의 두 가지 요인에 의해 결정된다. (1) 미 의회가 일본산 컴퓨터에 관세를 부과할지 여부, (2) 미국 경제가 천천히 성장할지 또는 급성장할지 여부이다. 여러분은 어떠한 네 가지 상호배타적 상황을 고려해야 하는가?

3. 리처드는 주정부가 발행하는 복권을 살지 고민 중이다. 각 복권의 가격은 1장당 $1이고 당첨금 및 그 확률은 다음과 같다.

확률	당첨금
0.5	$0.00
0.25	$1.00
0.2	$2.00
0.05	$7.50

   a. 만약 리처드가 복권을 산다면 당첨금의 기댓값은 얼마인가? 분산은 얼마인가?
   b. 리처드는 극단적으로 위험회피적인 사람으로서 "No-Risk Rick"으로 불린다. 그는 복권을 살 것인가?
   c. 리처드에게 1,000장의 복권이 주어졌다. 그가 모든 1,000장의 복권을 팔기 위한 최소한의 금액을 어떻게 결정할지를 설명하라.
   d. 장기적으로 복권가격과 확률 및 당첨금 표가 위와 같이 주어진 상태에서 정부는 복권에 대해 어떻게

할 것인가?

4. 어떤 투자자가 아래의 세 가지 결과가 예상되는 상황에 직면해 있다.

확률	수익
0.4	$100
0.3	30
0.3	−30

불확실한 투자의 기댓값은 얼마인가? 분산은 얼마인가?

5. 여러분이 보험설계사로서 새로운 고객인 샘과 보험 관련 상담을 해야 한다. 샘의 회사인 SCAM은 저지방, 저콜레스테롤 마요네즈를 개발하는 사업을 진행 중이다. 마요네즈 대용품을 최초로 발명하여 특허를 받은 회사는 높은 이윤을 얻을 수 있다. 여러분은 샘이 운영하는 SCAM이 매우 위험한 것으로 파악한다. 여러분은 그가 받을 수 있는 수익을 아래 표와 같이 평가한다.

확률	수익	결과
0.999	− $1,000,000	(실패)
0.001	$1,000,000,000	(성공 후 조제법 판매)

a. 샘의 프로젝트에 대한 기대수익은 얼마인가? 분산은?

b. 샘이 위험중립적이라면 보험에 지불하고자 하는 최대 금액은 얼마인가?

c. 여러분은 다음 달에 일본 기업이 만든 마요네즈 대용품이 출시된다는 사실을 알게 되었다. 샘은 이를 모르고 있고, 단지 보험에 대해 여러분이 마지막으로 제안한 금액인 $1,000를 막 거부하였다. 샘은 여러분에게 SCAM이 마요네즈 대용품을 완성하는 데 단기 6개월 정도가 걸릴 것으로 말한다. 샘에 대한 이후 제안에서 여러분은 보험료를 올릴 것인가? 아니면 내릴 것인가??

6. 나타샤의 효용함수는 $u(I) = \sqrt{10I}$ 로 주어지는데, 여기

서 I는 천 달러 단위의 연간 소득이다.

a. 나타샤는 위험선호적인가? 아니면 위험중립적인가? 아니면 위험회피적인가? 설명하라.

b. 나타샤는 현재 $40,000($I = 40$)의 소득을 벌고 있으며, 내년에도 확실히 그만큼 벌 수 있다고 하자. 그녀에게 0.6의 확률로 $44,000와 0.4의 확률로 $33,000를 벌 수 있는 새로운 직업을 가질 기회가 찾아왔다. 그녀는 이 직업을 선택할 것인가?

c. b에서 나타샤는 새로운 직업에 따른 소득의 변동성에 대비하기 위해 보험에 가입할 것인가? 만약 그렇다면, 보험에 대해 그녀는 얼마를 지불할 것인가? (힌트: 위험프리미엄은 얼마인가?)

7. 아래 표에 나타난 것처럼, 두 종류의 투자는 동일한 세 가지의 같은 보수를 주지만 각 보수에 대한 확률은 서로 다른 상황을 고려해 보자.

보수	확률(투자 A)	확률(투자 B)
$300	0.10	0.30
$250	0.80	0.40
$200	0.10	0.30

a. 각 투자의 기대수익과 표준편차를 계산하라.

b. 질의 효용함수는 $U = 5I$이며, I는 보수를 나타낸다. 그녀는 어떤 투자를 선택할까?

c. 켄의 효용함수는 $U = 5\sqrt{I}$ 이다. 그는 어떤 투자를 선택할까?

d. 라우라의 효용함수는 $U = 5I^2$이다. 그녀는 어떤 투자를 선택할까?

8. $250,000의 재산을 가진 가족농장 소유자인 여러분은 작년에 번 소득($200,000)을 수익률이 5%인 안전한 자산에 투자할 수도 있으며, 농장에 재투자하여 여름 옥수수를 재배할 수도 있다. 옥수수 재배는 수확까지 6개월이 걸리며 비용은 $200,000가 든다. 만약 비가 충분히 내린다면 여름 옥수수 재배를 통해 $500,000의 수입을 얻을 수 있다. 만약 가뭄이 든다면, 재배를 통해 $50,000를 벌 수 있다. 세 번째 선택

으로 여러분은 AgriCorp의 가뭄에 견딜 수 있는 여름 옥수수를 $250,000에 살 수 있는데, 이때에는 비가 충분히 내린다면 $500,000의 수입을, 가뭄이 들면 $350,000의 수입을 올릴 수 있다. 여러분은 위험회피적이고 가족 재산(W)에 대한 선호는 $U(W) = \sqrt{W}$ 로 나타난다. 여름에 가뭄이 들 확률은 0.30이고, 비가 잘 내릴 확률은 0.70이다. 세 가지 사항 중 여러분은 어떤 것을 선택할 것인가? 설명하라.

9. 낮은 소득에서는 위험선호적이지만 높은 소득에서는 위험회피적인 사람의 소득에 대한 효용함수 $U(I)$를 그려라. 이러한 효용함수가 이 사람의 선호를 합리적으로 나타내는 이유를 설명하라.

10. 어떤 도시에서 주차요금징수기를 감시할 사람들을 고용하는 데 얼마를 써야 할지를 고민하고 있다. 이 도시의 관리자는 다음 정보들을 가지고 있다.

   • 고용된 주차요금징수기 감시자 1명당 비용은 연간 $10,000이다.
   • 1명을 고용하면, 불법주차 시 운전자가 주차 딱지를 받을 확률은 0.25이다.
   • 2명을 고용하면 주차 딱지를 받을 확률은 0.5, 3명을 고용하면 0.75, 4명을 고용하면 1이 된다.

   • 2명을 고용하면 주차위반에 대한 벌금은 $20이다.

   a. 모든 운전자가 위험중립적이라고 하자. 지금 수준의 주차질서를 최소 비용으로 유지하기 위하여 여러분은 얼마의 주차위반 벌금을 부과할 것이며, 몇 명의 감시자를 고용할 것인가?
   b. 이제 운전자가 대단히 위험회피적이라면 a의 질문에 대한 답은 어떻게 되는가?
   c. (토론 문제) 만약 운전자들이 주차위반 벌금의 위험에 대비하여 보험을 들 수 있다면 무슨 일이 나타나는가? 그러한 보험을 허용하는 것이 공공정책적으로 바람직한가?

11. 적당히 위험회피적인 어떤 투자자가 포트폴리오의 50%를 주식에, 나머지 50%를 무위험 단기채권에 투자하고 있다. 다음 각각의 상황이 투자자의 예산선과 포트폴리오 내 주식투자의 비중에 어떠한 영향을 미치는지를 설명하라.

   a. 주식시장 수익률의 표준편차는 증가하나, 기대수익률은 일정하다.
   b. 주식시장 기대수익률은 증가하나, 표준편차는 일정하다.
   c. 무위험 단기채권의 수익률이 증가한다.

CHAPTER 6

생산

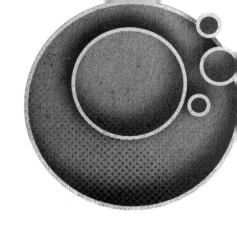

앞의 세 장에서는 시장의 수요 측면(소비자의 선호와 행동)에 초점을 맞추었다. 이제 공급 측면으로 관심을 돌려 생산자의 행동을 살펴보기로 하자. 기업은 어떻게 효율적으로 재화를 생산하며, 생산요소의 가격과 생산량의 변화에 따라 생산비용은 어떻게 변화하는지를 살펴본다. 또한 기업의 최적화 결정과 소비자의 최적화 결정 사이에는 강한 유사성이 존재한다는 사실도 살펴본다. 다시 말해, 소비자 행동에 대한 이해는 생산자 행동을 이해하는 데 도움을 줄 것이다.

이 장과 다음 장에서는 **기업이론**(theory of the firm)에 대해 논의한다. 기업이론은 기업이 비용을 최소화하는 생산량을 어떻게 결정하며, 또한 생산비용은 생산량의 변화에 따라 어떻게 변하는지를 설명한다. 생산과 비용에 관한 이해는 시장공급의 특징을 이해하는 데 도움을 주며, 또한 기업 경영에서 발생하는 문제들을 다루는 데 유용하게 활용될 수 있다. 이를 이해하기 위해, 제너럴모터스사와 같은 기업이 자주 직면하게 되는 문제들을 생각해 보자. 새로 짓는 자동차 공장에 얼마나 많은 조립라인의 기계와 노동을 사용해야 하는가? 만약 이 회사가 생산량을 늘리고자 한다면 근로자를 더 많이 고용해야 하는가, 공장을 새로 지어야 하는가, 아니면 둘 다 해야 하는가? 한 공장에서 여러 가지 모델을 생산하는 것이 적절한가, 아니면 각 공장에서 서로 다른 모델을 생산해야 하는가? 내년의 생산비용은 어떻게 될 것으로 예상하는가? 시간이 지남에 따라 비용은 어떻게 변할 것이며, 생산량에 따라 얼마나 영향을 받을 것인가? 이러한 문제들은 기업뿐만 아니라 재화나 서비스를 생산하는 모든 생산자, 예를 들면 정부나 비영리 기관에도 적용된다.

기업의 생산결정

제3장과 제4장에서는 소비자 행동을 3단계로 나누어 살펴보았다. 첫째, 소비자의 선호를 표현하는 방법에 대해 설명하였다. 둘째, 소비자는 예산제약에 직면한다는 점을 설명하였다. 셋째, 주어진 선호와 예산제약하에서 소비

기업이론 기업이 어떻게 비용을 최소화하는 생산을 결정하며, 생산량에 따라 비용이 어떻게 달라지는가를 설명하는 이론

자는 자신의 만족을 극대화하는 재화의 조합을 어떻게 선택하는가에 대해 보았다. 기업의 생산에 관한 결정은 소비자의 구매에 관한 결정과 유사하며, 역시 3단계로 이해될 수 있다.

1. **생산기술**: 우선 생산요소(노동, 자본, 원료 등)가 **최종생산물**(자동차, 텔레비전 등)로 어떻게 변환되는지를 설명하는 방법이 필요하다. 소비자가 서로 다른 재화들의 조합을 구매함으로써 동일한 수준의 만족도에 도달할 수 있는 것처럼, 기업도 서로 다른 생산요소들의 조합을 이용하여 동일한 수준의 생산량을 생산할 수 있다. 예를 들어 한 가전회사는 상당한 양의 노동(근로자들의 수작업으로 텔레비전을 조립)과 매우 적은 자본을 사용하여 매달 10,000대의 텔레비전을 생산할 수도 있으며, 또는 고도로 자동화된 자본집약적인 공장을 이용하여 매우 적은 양의 노동만으로 매달 같은 양의 텔레비전을 생산할 수도 있다.

2. **비용제약**: 기업은 생산에서 노동, 자본, 기타 생산요소의 가격을 고려해야 한다. 소비자가 한정된 예산에 의해 제약을 받는 것과 마찬가지로 기업은 생산비용에 관심을 가져야 한다. 예를 들어 매달 10,000대의 텔레비전을 생산하는 기업은 사용하는 생산요소의 가격에 부분적으로 영향을 받는 총생산비용을 최소화하는 방식으로 생산하기를 원할 것이다.

3. **생산요소의 선택**: 생산기술과 노동, 자본 및 기타 생산요소의 가격이 주어졌을 때 기업은 각 **생산요소를 얼마만큼** 사용하여 최종생산물을 생산할 것인가를 결정해야 한다. 소비자가 각 재화를 얼마만큼 구매할 것인지를 결정할 때 각 재화의 가격을 고려하는 것과 마찬가지로 기업은 각 생산요소를 얼마만큼 사용할 것인지를 결정할 때 각 생산요소의 가격을 고려해야 한다. 앞의 예에서 살펴본 가전회사가 임금이 낮은 국가에서 공장을 가동하고 있다면 노동을 많이 사용하고 자본은 매우 적게 사용하여 텔레비전을 생산하기로 결정할 것이다.

이상의 3단계가 기업이론의 골격인데, 이에 대해서는 이 장과 다음 장에서 자세히 살펴본다. 또한 기업행동의 다른 중요한 측면에 대해서도 살펴본다. 예를 들어 기업이 항상 비용을 최소화하는 생산요소들의 조합을 사용한다는 가정하에서, 생산량에 따라 총생산비용은 어떻게 변하는지, 그리고 기업이 자신의 이윤을 극대화하는 생산량을 어떻게 선택하는지를 살펴본다.

이 장에서는 먼저 기업의 본질에 대한 설명과 기업들이 존재하는 이유에 대해 살펴보며, 기업의 생산기술을 **생산함수**로 표현하는 방법에 대해 설명한다. 다음으로는 다른 생산요소들의 투입량을 고정시킨 상태에서 하나의 생산요소(노동)의 투입량을 변화시킬 때 기업의 생산량이 어떻게 변하는지를 생산함수를 사용하여 설명한다. 나아가 모든 생산요소들의 투입량을 변화시킬 수 있는 보다 일반적인 경우를 살펴보는데, 기업이 비용을 최소화하는 생산요소의 조합을 어떻게 선택하는가를 설명한다. 특히 기업의 생산 규모에 관심을 두는데, 예를 들어 생산 규모가 커짐에 따라 기업을 보다 생산적으로 만드는 어떤 기술적 이점이 있는지에 대하여 살펴본다.

6.1 기업과 생산결정

오늘날 우리가 알고 있는 기업이라는 존재는 비교적 최근에 나타난 개념이다. 1800년대 중반 이전까지만 하더라도 거의 모든 생산은 농부, 장인, 천을 짜고 옷을 만드는 사람들, 여러 재화를 사고파는 상인이나 중계인들에 의해 이루어졌다. 이는 미국이나 유럽 그리고 세계 어디에서도 마

찬가지였다. 소유자로부터 분리되고, 많은 근로자를 채용하고 관리하는 경영자에 의해 운영되는 기업이라는 개념은 그 당시 존재하지도 않았다. 현대적 주식회사는 19세기 후반에 비로소 나타났다.[1]

오늘날 우리는 기업을 당연한 것이라고 생각한다. 우리는 포드나 토요타와 같은 거대한 기업들이 없는 자동차 생산, 엑슨모빌이나 쉘과 같은 기업들이 없는 원유나 천연가스의 생산, 심지어 켈로그나 제너럴밀즈와 같은 기업들이 없는 아침식사용 시리얼의 생산을 상상하기 어렵다. 그러나 우리가 흔히 소비하는 재화나 서비스를 생산하기 위해서는 반드시 기업이라는 존재가 필요한지에 관한 질문을 던져 보자. 이것은 로널드 코우즈(Ronald Coase)가 1937년에 발표했던 유명한 논문에서 제기된 물음이다. 만약 자원배분이 바람직하게 이루어지도록 시장이 잘 작동하고 있다면 기업은 왜 필요한가?[2]

기업은 왜 존재하는가

자동차 생산을 위해서 기업은 정말 필요한가? 제너럴모터스사에 고용되어 일하는 대신에, 독립적으로 일하면서 필요할 때 각자가 해야 할 작업에 대해 서로 계약을 맺는 개인들의 집단에 의해서 자동차를 생산할 수는 없는가? 계약에 따라 어떤 사람은 자동차를 디자인하고, 다른 사람은 철판을 구입하고 기계를 임대하여 철판을 디자인대로 찍어내고, 또 다른 사람은 자동차의 핸들과 라디에이터(radiator)를 만들고, 또 다른 사람들은 여러 부분들을 조립하는 등, 다시 말해 모든 업무를 계약된 금액에 의해 시행할 수는 없는 것인가?

다른 예를 들어 보자. 이 책의 저자들은 대학에서 일한다. 대학의 본질은 연구와 함께 교육서비스를 제공하는 기업이다. 우리는 매달 월급을 받으면서 그 대가로 (우리의 "기업"이 뽑은 학생들에게 우리의 "기업"이 제공한 강의실에서) 정기적으로 수업을 하고, (우리의 "기업"이 제공한 연구실에서) 연구와 집필 활동을 하며, 기타 행정적인 업무도 수행한다. 그런데 우리가 대학을 통하지 않고 임대한 강의실에서 일정한 금액을 지불하는 학생들에게 시간 단위로 강의서비스를 제공하고, 건별로 계약된 금액을 받고 연구를 하는 것은 불가능한가? 간접비용이 발생하는 전문대학이나 종합대학은 과연 필요한가?

원칙적으로 말해, 자동차는 많은 수의 독립적인 근로자들에 의해 생산될 수 있으며, 교육서비스도 많은 독립적인 강사들에 의해 제공될 수 있다. 독립적인 근로자들은 계약된 금액을 받고 자신들의 서비스를 제공하는데, 계약금액은 시장의 수요와 공급에 의해 결정된다. 그러나 이런 식의 생산방식이 굉장히 비효율적이라는 것은 금방 알 수 있다. 자동차 생산을 위해 독립적인 근로자들이 누가 어떤 작업을 해야 하는가를 일일이 결정하고, 각 근로자가 자신이 맡은 일에 대해 요구하는 금액을 일일이 협상하는 일은 매우 어렵다. 만약 자동차의 디자인에 어떤 변화가 있다면 지금까지 협상을 통해 정한 모든 작업과 그에 대해 지불되는 금액들은 모두 새로운 협상을 통해 다시 정해야 한다. 이러한 식으로 생산되는 자동차는 아마도 품질은 형편없으며 생산비용은

---

1 현대적 주식회사의 발전 역사에 관해서는 Alfred Chandler, Jr., *The Visible Hand: The Managerial Revolution in American Business*, Cambridge: Harvard University Press, 1977을 참조.

2 Ronald Coase, "The Nature of the Firm," *Economica* 4 (1937): 386–405. 코우즈는 1991년 노벨경제학상 수상자이다.

천문학적으로 높아질 것이다.

기업은 근로자들이 독립적으로 일하는 경우에는 가질 수 없는 조정(coordination)이라는 극히 중요한 수단을 제공한다. 기업 내에서는 모든 근로자들이 자신이 수행하는 작업에 대한 협상과 그에 대해 지불되는 금액에 대해 일일이 협상해야 할 필요는 없어진다. 기업은 급여를 받는 근로자들을 관리하는 경영자를 둠으로써 이러한 협상을 피할 수 있다. 경영자는 근로자들에게 무엇을 언제 할 것인지 지시하고, 근로자들(경영자 자신을 포함하여)은 정해진 급여를 받는 것이다.

물론 기업이 효율적으로 운영될 것이라는 보장은 없으며 매우 비효율적으로 운영되는 기업들의 사례도 많다. 근로자들이 무엇을 하는지 경영자가 항상 감시할 수 있는 것도 아니고, 경영자 자신도 때때로 기업을 위한 의사결정을 하지 않고 자기 자신을 위한 의사결정을 한다. 이러한 이유 때문에 기업이론, 좀 더 일반적으로 **조직경제학**(organizational economics)은 미시경제학의 중요한 분야로 자리 잡고 있다. 기업이론은 실증적 측면(경영자나 근로자들이 어떤 행위를 왜 하는가에 대한 설명)과 규범적 측면(가능한 한 효율적인 운영을 위해서 기업은 어떤 식으로 조직되는 것이 최선인가에 대한 설명)을 모두 포함한다.[3] 이 책의 후반부에서 기업이론의 일부에 대해 살펴볼 것이다. 여기서는 기업이 존재하는 것은 존재하지 않는 경우보다 재화와 서비스가 훨씬 더 효율적으로 생산되기 때문이라는 점을 강조한다.

생산기술

기업은 어떤 일을 하는가? 앞에서 살펴본 바와 같이 기업은 수많은 근로자들과 경영자들의 활동을 조직하고 조정한다. 그렇다면 기업의 목적은 무엇인가? 가장 기초적인 수준에서 말한다면, 기업은 투입물(input)을 산출물(output)(또는 생산물)로 전환한다. 투입물을 산출물로 전환하는 생산과정이 기업이 하는 일의 본질이다. **생산요소**(factor of production)라고도 부르는 투입물은 기업이 생산과정에서 사용해야 하는 모든 것을 포함한다. 예를 들어 제빵업자의 경우 빵이나 케이크, 그리고 패스트리와 같은 생산물을 생산하는 데 필요한 생산요소로는 근로자의 노동, 밀가루나 설탕 같은 원료, 그리고 오븐, 믹서, 기타 장비와 같은 자본 등이 있다.

생산요소는 크게 **노동, 원료, 자본**으로 구분되는데, 각각은 좀 더 세분화된 요소들로 나뉠 수 있다. 노동은 숙련근로자(목수, 엔지니어)와 비숙련근로자(농장 근로자), 그리고 경영자의 기업가적 노력 등을 포함한다. 원료는 철, 플라스틱, 전기, 물, 그리고 기업이 최종 제품을 만들기 위해 구매하는 어떤 재화들을 포함한다. 자본은 토지, 건물, 기계, 기타 장비, 그리고 재고를 포함한다.

생산함수

기업은 노동, 자본, 원료 등을 다양하게 조합하여 생산요소를 생산물로 전환시킬 수 있다. 생산과정에 투입되는 생산요소와 그에 따른 생산물 사이의 관계는 생산함수로 표현된다. **생산함수**(production function)는 특정한 생산요소들의 조합에 의해 생산될 수 있는 생산물의 최대 생산량

생산요소 생산과정에 투입되는 투입물(예: 노동, 자본, 원료)

생산함수 생산요소들의 특정한 배합들로 기업이 생산할 수 있는 최대 생산량을 나타내는 함수

---

3 기업이론에 대한 문헌은 방대하다. 대표적인 것 중 하나로는 Oliver Williamson, *Markets and Hierarchies: Analysis and Antitrust Implications*, New York: Free Press, 1975를 들 수 있다. (Williamson은 2009년 노벨상 수상자이다.)

(q)을 나타낸다.[4] 비록 현실에서 기업은 방대한 종류의 투입물을 사용하지만, 분석을 단순화하기 위하여 노동(L)과 자본(K)이라는 두 종류의 생산요소에만 주목한다. 그러면 생산함수는 다음과 같이 나타낼 수 있다.

$$q = F(K, L) \tag{6.1}$$

이 식은 노동과 자본이라는 두 생산요소의 투입량과 생산량의 관계를 나타낸다. 예를 들어 생산함수는 10,000평의 공장과 조립라인에 투입되는 일정한 규모의 노동량으로 매년 생산될 수 있는 개인용 컴퓨터의 수를 나타낼 수도 있다. 또는 일정한 수의 기계와 근로자를 이용하여 한 농부가 생산할 수 있는 곡물의 양을 나타낼 수도 있다.

생산요소와 생산량은 유량(flow)의 개념이라는 사실에 주의해야 한다. 예를 들어 PC 제조업자는 매년 일정한 양의 노동을 사용하여 일정한 수의 컴퓨터를 생산한다. 기업이 자신의 공장과 기계를 소유하고 있더라도 공장과 기계를 사용하는 대가를 매년 지불하는 것으로 생각할 수 있다. 그러나 문제를 단순화하기 위하여, 기간에 대해서는 언급하지 않고 노동, 자본, 생산량에 대해서만 언급하기로 한다. 이 책에서는 기간에 대한 다른 언급이 없다면 노동과 자본의 양은 매년 사용되는 양을, 생산량은 매년 생산되는 양을 나타내는 것으로 한다.

생산함수에서는 생산요소들의 다양한 조합이 가능하므로 생산물은 여러 가지 방법으로 생산될 수 있다. 식 (6.1)의 생산함수는 자본을 더 많이 사용하고 노동을 덜 사용하든가, 아니면 반대가 될 수 있음을 보여 준다. 예를 들어 포도주는 근로자를 많이 사용하여 노동집약적으로 생산될 수도 있으며, 근로자는 조금만 사용하는 대신 기계를 많이 사용하여 자본집약적으로 생산될 수도 있다.

식 (6.1)은 어떤 **주어진 기술**하에서의 관계를 나타내는 것임을 유의하라. 즉 주어진 기술이란 생산요소를 생산물로 전환하는 데 사용될 수 있는 다양한 생산방법에 관한 지식이 주어진 상태임을 말한다. 기술이 발전하고 생산함수도 변하면 기업은 이전과 같은 생산요소의 조합으로 더 많은 생산량을 얻을 수 있다. 예를 들어 **빠른** 조립라인을 새로 도입한다면 주어진 기간 동안에 더 많은 컴퓨터를 생산할 수 있다.

생산함수는 기업이 효율적으로 운영될 때(기업이 최대한 효율적인 생산요소들의 조합을 이용할 때) 기술적으로 가능한 최대 생산량을 나타낸다. 생산이 효율적인 방법으로 이루어진다는 가정이 항상 성립하는 것은 아니다. 그러나 이윤을 추구하는 기업들은 자원을 낭비하지 않을 것이라고 생각하는 것은 합리적인 가정이다.

단기와 장기

기업이 생산과정에서 노동과 자본의 양을 달리하여 제품을 생산하기 위해 생산요소의 투입량을 조정하는 데는 시간이 걸린다. 기업이 새로운 공장을 짓는다면 먼저 계획을 수립한 후 일정한 건축 기간이 필요하며, 기계와 기타 장비들은 주문과 배달이 필요하다. 이러한 활동에는 1년 또는 그 이상의 기간이 걸리는 경우가 많다. 따라서 한 달이나 두 달처럼 짧은 기간 내의 생산결정에

---

4 이 장에서부터 변수 q는 개별 기업의 생산량, Q는 산업 전체의 생산량으로 표시한다.

서는 기업이 노동을 자본으로 대체하기가 쉽지 않다.

기업은 생산요소의 투입량을 변화시킬 수 있는지, 또한 변화시킬 수 있다면 어느 정도의 시간이 필요한지를 고려해야 하므로 생산에 대한 분석에서는 단기와 장기를 구별하는 것이 중요하다. **단기**(short run)는 하나 또는 그 이상의 생산요소의 투입량을 변화시킬 수 없는 기간을 말한다. 다시 말해, 단기에서는 투입량을 변화시킬 수 없는 생산요소가 적어도 하나 존재한다. 이러한 생산요소를 **고정생산요소**(fixed input)라고 한다. **장기**(long run)는 모든 생산요소의 투입량을 변화시킬 수 있는 기간을 말한다.

기업이 단기에서 할 수 있는 의사결정은 장기에서 할 수 있는 의사결정과는 매우 다르다. 기업은 단기에는 주어진 공장과 기계를 사용하면서 그 가동 수준을 변화시키지만 장기에는 공장의 규모를 변화시킨다. 단기의 모든 고정생산요소는 기업이 이윤을 내면서 생산하여 판매할 수 있다는 예측에 근거하여 선택한 이전의 장기적 의사결정에 의해 결정된 것이다.

장기와 단기를 구별하는 특정한 기간(예를 들어 1년)은 없으며, 상황에 따라 구별해야 한다. 예를 들어 어린이들에게 레모네이드를 판매하는 사람의 경우에 장기는 하루나 이틀 같은 짧은 기간일 수도 있으며, 석유화학물 혹은 자동차를 만드는 기업의 경우에 장기는 5년이나 10년의 기간일 수도 있다.

이 장의 후반부에서 보듯이 기업은 장기에 생산비용을 최소화하기 위해서 모든 생산요소의 투입량을 변화시킬 수 있다. 이러한 일반적인 경우를 다루기에 앞서, 단 하나의 생산요소에 대해서만 투입량을 변화시킬 수 있는 단기에 대한 분석을 먼저 시작하기로 한다. 즉, 자본을 고정생산요소, 노동을 변동생산요소로 가정한다.

6.2 변동생산요소가 하나(노동)일 때의 생산

기업이 어떤 생산요소를 얼마나 구입해야 하는지를 결정하기 위해서는 그에 따른 편익과 비용을 비교해야 한다. 때에 따라서는 생산요소를 추가적으로 투입함에 따라 발생하는 추가적인 생산량에 초점을 맞추어 비용과 혜택을 **추가적인** 것을 기준으로 비교해 살펴보는 것이 유용하다. 또 다른 상황에서는 한 생산요소의 투입량을 크게 증가시킨 결과를 살펴볼 때 **평균적인** 것을 기준으로 비교해 살펴보는 것이 유용하다. 우리는 혜택과 비용을 이러한 두 가지 측면에서 살펴본다.

자본의 투입량은 고정되어 있고 노동의 투입량은 변화시킬 수 있는 경우, 즉 단기에서 기업이 재화를 더 많이 생산할 수 있는 유일한 방법은 노동을 증가시키는 것이다. 예를 들어 여러분이 옷 공장을 운영하고 있다고 생각해 보자. 생산장비의 양은 고정되어 있지만 바느질을 하거나 기계를 작동하는 데 필요한 노동의 고용량은 변화시킬 수 있다. 여러분은 얼마나 많은 노동을 고용하여 얼마나 많은 옷을 생산할 것인지를 결정해야 한다. 이러한 결정을 하기 위해서는 노동의 투입량(L)을 증가시킬 때 생산량(q)은 얼마나 증가하는지를 알아야 한다.

표 6.1은 이러한 정보를 주고 있다. 이 표에서 처음 세 열은 자본의 양이 10단위로 고정되어 있는 상태에서 노동의 투입량을 변화시킴에 따라 한 달 동안 생산될 수 있는 생산량을 보여 준다. 첫 번째 열은 노동 투입량을, 두 번째 열은 고정된 자본 투입량을, 세 번째 열은 총생산량을 보여 준다. 노동의 투입량이 0이면 생산량도 0이다. 그 이후에는 노동의 투입량이 9단위로 증가할 때

까지 생산량은 증가한다. 이 점을 지나면 총생산량은 감소한다. 처음에는 노동의 투입량이 1단위씩 증가함에 따라 기계와 공장을 더 잘 활용할 수 있지만 어떤 점을 지나서는 추가적인 노동은 더 이상 유용하지 않으며 오히려 생산에 방해가 될 수도 있다. 2명보다는 5명이 조립공정을 좀 더 잘 운영할 수 있지만, 12명이 되면 서로의 일을 방해할 수도 있다.

평균생산물과 한계생산물

노동이 생산에 기여하는 정도는 평균적(average) 기준과 한계적(marginal) 또는 증분적(incremental) 기준으로 나타낼 수 있다. 표 6.1의 네 번째 열은 노동의 **평균생산물**(average product of labor, AP_L), 즉 노동 1단위당 생산량을 나타낸다. 평균생산물은 총생산량(q)을 노동의 총투입량(L)으로 나눈 것이다. 노동의 평균생산물은 기업 근로자의 생산성을 근로자 한 사람당 평균적으로 얼마나 많은 생산량을 생산하는가로 측정하는 것이다. 이 예에서는 평균생산물이 처음에는 증가하다가 노동의 투입량이 4단위보다 커지면 감소한다.

평균생산물 특정 생산요소의 1단위당 생산량

표 6.1의 다섯 번째 열은 노동의 **한계생산물**(marginal product of labor, MP_L)을 나타낸다. 이는 노동 1단위 투입 증가에 따른 추가적 생산량을 말한다. 예를 들어, 자본이 10단위에 고정되어 있는 상태에서 노동의 투입량이 2단위에서 3단위로 증가하면 총생산량이 40단위에서 69단위로 증가하며, 추가적 생산량은 29(즉 69 − 40)단위가 된다. 노동의 한계생산물은 $\Delta q / \Delta L$로 표시된다. 다시 말해, 생산량의 변화분(Δq)은 노동 1단위 증가(ΔL)의 결과이다.

한계생산물 생산요소 1단위의 증가에 따른 추가적인 생산량

표 6.1	변동생산요소가 하나일 때의 생산			
노동의 투입량(L)	자본의 투입량(K)	총생산량(q)	노동의 평균생산물 (q/L)	노동의 한계생산물 ($\Delta q/\Delta L$)
0	10	0	—	—
1	10	15	15	15
2	10	40	20	25
3	10	69	23	29
4	10	96	24	27
5	10	120	24	24
6	10	138	23	18
7	10	147	21	9
8	10	152	19	5
9	10	153	17	1
10	10	150	15	−3
11	10	143	13	−7
12	10	133	11.08	−10

노동의 한계생산물은 자본의 사용량에 따라 달라진다는 점을 유의하라. 만약 자본이 10단위에서 20단위로 증가한다면 노동의 한계생산물은 증가하게 된다. 그것은 사용할 수 있는 자본이 더 많아진다면 추가적으로 투입되는 근로자들은 더 생산적이 될 가능성이 높기 때문이다. 평균생산물처럼 한계생산물도 처음에는 증가하다가 나중에는 감소한다. 이 예에서는 세 번째 단위의 노동 이후부터 노동의 한계생산물이 감소하기 시작한다.

노동의 평균생산물과 한계생산물을 요약하면 다음과 같다.

$$\text{노동의 평균생산물} = \text{생산량} / \text{노동 투입량} = q / L$$
$$\text{노동의 한계생산물} = \text{생산량의 변화분} / \text{노동 투입량의 변화분} = \Delta q / \Delta L$$

총생산곡선의 기울기

그림 6.1은 표 6.1에 나타낸 수치를 그래프로 그린 것이다(그림의 모든 점은 실선으로 연결되어 있다). 그림 6.1(a)에서 보듯이 노동의 투입량이 증가함에 따라 생산량은 최고 153단위에 도달할 때까지 증가하며 그 이후에는 하락한다. 총생산량이 하락하는 부분은 점선으로 표시되는데, 이는 9명보다 많은 근로자를 투입하는 것은 경제적으로 합리적이지 못하다는 것을 보여 준다. 생산요소를 더 사용하면 추가적인 비용이 발생하지만 생산량은 줄어들므로 결코 수익성이 없다.

그림 6.1(b)는 평균생산물과 한계생산물 곡선을 나타내고 있다(세로축의 단위는 월 생산량에서 근로자 1인당 월 생산량으로 바뀌었다). 한계생산물은 총생산량이 증가할 때는 양(+)의 값이지만, 총생산량이 감소할 때는 음(-)의 값이 된다는 사실을 주목하라.

총생산량이 최대가 되는 점에서 한계생산물곡선이 그래프의 가로축을 통과하는 것은 우연이 아니다. 근로자를 한 사람 더 추가할 때 총생산량이 감소한다는 것은 그 근로자의 한계생산물이 음(-)이라는 것을 의미하기 때문이다.

평균생산물곡선과 한계생산물곡선은 서로 밀접한 관련이 있다. 한계생산물이 평균생산물보다 클 때 평균생산물은 증가한다. 이는 그림 6.1(b)에서 노동의 투입량이 5단위가 될 때까지 나타나는 현상이다. 추가로 투입된 근로자 1명이 가져오는 생산량이 기존 근로자들의 평균생산물보다 더 많다면(즉 한계생산물이 평균생산물보다 크다면), 그 근로자를 추가로 고용함에 따라 평균생산물은 증가한다. 표 6.1에서 2명의 근로자가 40단위를 생산하므로 근로자 1인당 평균생산물은 20단위이다. 세 번째 근로자를 추가한다면 생산량은 69단위가 되면서 29단위가 증가한다. 따라서 평균생산물은 20에서 23으로 증가한다.

마찬가지로, 한계생산물이 평균생산물보다 작을 때 평균생산물은 감소한다. 이는 그림 6.1(b)에서 노동 투입량이 5단위보다 더 많을 때 나타나는 현상이다. 표 6.1에서, 6명의 근로자는 138단위를 생산하며, 평균생산물은 23이다. 추가된 일곱 번째 근로자는 평균생산물보다 적은 9단위의 한계생산물을 가져오므로 평균생산물은 21로 감소한다.

이와 같이 평균생산물이 증가할 때는 한계생산물곡선이 평균생산물곡선 위에 있으며, 평균생산물이 하락할 때는 한계생산물곡선이 평균생산물곡선 아래에 위치한다. 따라서 평균생산물이 최대가 될 때 한계생산물과 평균생산물은 같아져야 한다. 이는 그림 6.1(b)의 D점에서 발생한다.

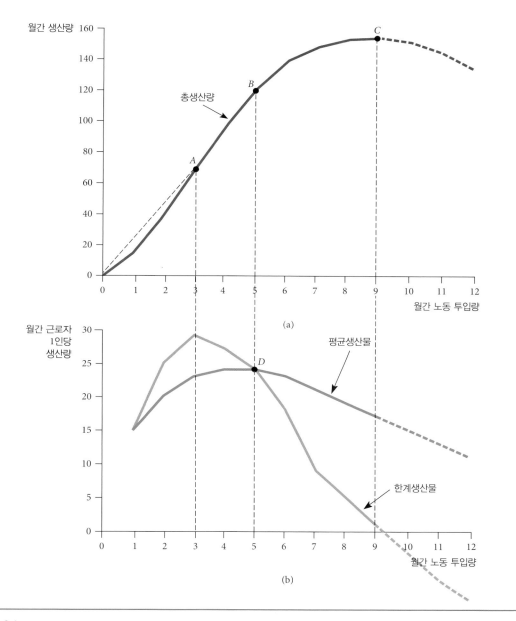

그림 6.1

변동생산요소가 하나일 때의 생산

(a)의 총생산곡선은 노동 투입량의 변화에 따른 생산량을 나타낸다. (b)의 평균생산물과 한계생산물은 (표 6.1의 자료를 이용한) 총생산물 곡선에서 얻을 수 있다. (a)의 A점에서, 노동이 3단위일 때의 한계생산물은 29단위이다. 왜냐하면 총생산곡선과 접하는 선의 기울기가 29이기 때문이다. 그러나 평균생산물은 23이며, 이는 원점에서 A점까지의 직선의 기울기이다. 또한 노동의 한계생산물은 이 점에서 최대가된다. B점에서 노동이 5단위일 때의 한계생산물은 24로 감소하며, 노동의 평균생산물과 같아진다. 따라서 (b)에서 평균생산물곡선과 한계생산물곡선은 교차한다(D점). 한계생산물곡선이 평균생산물곡선 위쪽에 위치할 때 평균생산물이 증가함에 유의하라. 노동 투입량이 5단위보다 크다면 한계생산물곡선은 평균생산물곡선 아래쪽에 위치하며, 따라서 평균생산물은 감소한다. 노동 투입량이 9단위를 초과한 후에는 노동 투입량이 증가할수록 총생산량은 감소한다.

현실에서는 이와 같이 한계생산물이 상승하다가 하락한다고 생각할 수 있는가? 텔레비전 조립공장의 경우를 생각해 보자. 근로자가 10명보다 적다면 조립라인을 제대로 운영할 수 없다고 하자. 10명에서 15명 사이의 근로자를 고용하면 조립라인을 운영할 수는 있지만 매우 비효율적일 수 있다. 조립라인을 좀 더 효율적으로 운영하기 위해 몇 명의 근로자를 추가한다면, 추가적인 근로자들의 한계생산물은 매우 클 것이다. 그러나 추가적인 효율성은 근로자의 수가 20명을 넘으면 감소하기 시작한다. 예를 들어 스물두 번째 근로자의 한계생산물은 여전히 매우 크지만(그리고 평균생산물보다 크지만), 열아홉 번째나 스무 번째 근로자의 한계생산물만큼 크지는 않을 것이다. 스물다섯 번째 근로자의 한계생산물은 더 작으며, 아마도 평균생산물과 같아질 것이다. 30명의 근로자가 있을 때 1명의 근로자를 더 추가하면 생산량은 증가하지만 증가폭은 크지 않으며, 따라서 한계생산물은 양(+)의 값을 가지지만 평균생산물보다는 작을 것이다. 40명 이상의 근로자가 있는 경우에는 근로자를 추가한다면 오히려 방해가 되어 생산량은 줄어들며, 따라서 노동의 한계생산물은 음(−)이 될 것이다.

노동의 평균생산물곡선

그림 6.1(a)는 총생산량과 평균생산물, 한계생산물의 기하학적 관계를 보여 준다. 노동의 평균생산물은 총생산량을 노동의 총투입량으로 나눈 것이다. 예를 들어 A점에서 평균생산물은 총생산량 69를 노동 투입량 3으로 나눈 값으로서 노동 1단위당 23단위의 생산량과 같다. 한편, 이 비율은 그림 6.1(a)에서 원점에서 A점을 잇는 직선의 기울기이다. 일반적으로, 어떤 노동의 투입량에서의 노동의 평균생산물은 원점에서 총생산곡선상의 해당 점을 잇는 직선의 기울기로 구할 수 있다.

노동의 한계생산물곡선

앞에서 보았듯이 노동의 한계생산물은 노동 1단위를 추가적으로 사용함에 따른 총생산량의 변화분이다. 예를 들어 B점에서의 한계생산물은 24인데, 이는 B점에서 총생산곡선에 접하는 직선의 기울기가 24이기 때문이다. 일반적으로, 어떤 점에서의 노동의 한계생산물은 그 점에서의 총생산곡선의 기울기로 구할 수 있다. 그림 6.1(b)에서 볼 수 있듯이 노동의 한계생산물은 처음에는 증가하다가 3단위에서 최대가 되며, 총생산곡선의 B점과 C점으로 올라감에 따라 하락한다. 총생산량이 최대가 되는 C점에서 총생산곡선에 접하는 직선의 기울기는 0이 되며, 노동의 한계생산물 또한 0이 된다. 이 점을 지나면 노동의 한계생산물은 음(−)이 된다.

평균생산물과 한계생산물의 관계   그림 6.1(a)에서 평균생산물과 한계생산물의 관계를 주목하라. A점에서, 노동의 한계생산물(총생산곡선상의 A점에 접하는 직선의 기울기로, 그래프에 표시되어 있지는 않다)은 노동의 평균생산물(점선으로 표시된 0A선)보다 크다. 따라서 A점에서 B점으로 이동함에 따라 노동의 평균생산물은 증가한다. B점에서 노동의 평균생산물과 한계생산물은 같다. 평균생산물은 원점에서 B점을 잇는 직선 0B의 기울기이며, 한계생산물은 총생산곡선상의 B점에 접하는 직선의 기울기이다(그림 6.1(b)의 D점에서 평균생산물과 한계생산물이 같아진다). 마지막으로, B점에서 C점으로 이동함에 따라 한계생산물은 평균생산물보다 작아진다. B점과 C점 사이에 있는 어떤 점에서도 그 점에 접하는 직선의 기울기가 원점에서 그 점을 잇는 직선의 기울기보다 작다는 사실을 확인할 수 있을 것이다.

한계수확체감의 법칙

노동의 한계생산물 체감(또는 기타 생산요소들의 한계생산물 체감)은 대부분의 생산과정에서 나타나는 현상이다. **한계수확체감의 법칙**(law of diminishing marginal returns)은 다른 생산요소의 투입량이 고정된 상태에서 한 생산요소의 투입량을 일정한 크기로 증가시킬 때 생산량의 추가적인 증가분이 점점 감소한다는 것을 말한다. (자본의 투입량은 고정된 상태에서) 노동 투입량이 적을 때는 노동이 추가적으로 투입됨에 따라 근로자들은 각자의 일에 좀 더 전문화할 수 있으므로 생산량이 크게 증가한다. 그러나 근로자의 수가 너무 많아지면 일부 근로자들은 비효율적이 되고 노동의 한계생산물이 하락하므로 궁극적으로는 수확체감 현상이 나타난다.

한계수확체감의 법칙은 적어도 하나의 생산요소의 투입량이 고정된 상태에 놓인 단기에는 항상 적용된다. 그러나 장기적인 상황에도 적용될 수 있다. 장기에는 모든 생산요소의 투입량이 가변적이지만, 어떤 경영자는 하나 또는 그 이상의 생산요소의 투입량이 변하지 않는 상황에서 생산을 선택할 수도 있다. 예를 들어 두 가지 규모의 공장만을 지을 수 있는 상황에서 경영자는 어떤 규모의 공장을 지어야 하는지를 결정해야 한다고 하자. 이 경우 경영자는 각 규모의 공장에서 한계수확체감의 현상이 언제 나타나는지를 알고 싶어 할 것이다.

노동의 투입량이 증가함에 따라 나타나는 한계수확체감의 법칙과 노동의 질의 변화(예를 들어, 처음에는 질이 높은 근로자가 고용되고 나중에는 질이 낮은 근로자가 고용되는 경우)는 구분해야 한다. 생산에 대한 분석에서, 우리는 모든 노동의 질은 동일하다고 가정한다. 한계수확체감 현상은 다른 고정된 생산요소들(예: 기계)의 사용이 제한되어 있기 때문에 발생하는 것으로서, 노동의 질이 떨어져서 발생하는 것이 아니다. 또한 한계수확체감을 음($-$)의 한계생산물과 혼동하지 않아야 한다. 한계수확체감의 법칙은 한계생산물이 점점 감소함을 의미하는 것으로서 한계생산물이 반드시 음이 된다는 뜻은 아니다.

한계수확체감의 법칙은 주어진 생산기술에 적용된다. 그러나 시간이 지남에 따라 발명이나 기술의 발전에 의해 그림 6.1(a)의 총생산곡선은 전체적으로 위로 이동할 수 있다. 따라서 생산요소의 투입량이 동일하더라도 더 많은 양의 생산물이 생산될 수 있다. 그림 6.2는 이러한 원리를 보여 준다. 초기의 총생산곡선은 Q_1으로 주어지지만, 기술의 발전은 총생산곡선을 Q_2, Q_3로 점차 위로 이동시킨다.

예를 들어 시간이 지남에 따라 농산물 생산에서 노동의 투입량이 증가하면서 기술도 발전한다고 하자. 이러한 발전은 병충해에 강한 종자, 보다 강력하고 효과적인 비료, 보다 개선된 영농장비 등을 포함한다. 이 경우 생산량의 변화는 A점(노동 투입량 6단위에 해당하는 Q_1곡선상의 점)에서 B점(노동 투입량 7단위에 해당하는 Q_2곡선상의 점)으로, 다시 C점(노동 투입량 8단위에 해당하는 Q_3곡선상의 점)으로 이동한다.

A점에서 B점과 C점으로의 이동은 노동의 증가가 생산량을 더 크게 증가시키는 것처럼 나타나게 하여 실제로는 존재하는 노동의 한계수확체감 현상이 나타나지 않는 것처럼 보이게 한다. 이러한 총생산곡선의 이동은 경제성장이 장기적으로는 음($-$)의 값이 될 것이라는 주장이 잘못되었을 수 있음을 보여 준다. 실제로, 사례 6.2에서 보듯이 장기적으로 기술이 발전한다는 사실을

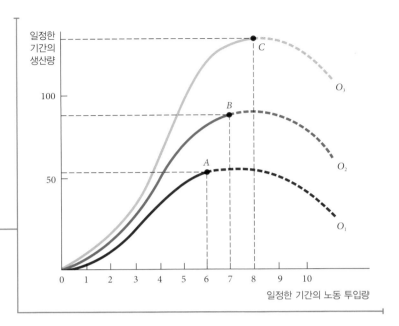

그림 6.2
기술 발전의 효과
어떤 주어진 기술하에서 노동의 수확체감 현상이 나타나더라도 기술의 발전이 있으면 노동생산성(노동 1단위당 생산량)은 증가할 수 있다. 시간이 지남에 따라 곡선 O_1의 A점에서 곡선 O_2의 B점, O_3의 C점으로 이동하면 노동생산성은 증가한다.

고려하지 못한 영국의 경제학자 맬서스(Thomas Malthus, 1766~1834)는 지속적인 인구의 증가가 음울한 결과를 가져올 것이라는 잘못된 예측을 하였다.

사례 6.1 의료서비스의 생산함수에 관한 논쟁

많은 국가에서는 의료서비스에 대한 지출이 빠르게 증가하였다. 이는 최근 몇 해에 걸쳐 GDP의 15%를 의료서비스에 대한 지출에 사용한 미국의 경우에 더 두드러지게 나타난 현상이지만, 다른 국가들도 상당한 자원을 의료부문에 사용하고 있다(예를 들어 프랑스와 독일은 GDP의 11%, 일본과 영국은 GDP의 8%). 이러한 지출의 증가는 그에 따른 생산물의 증가를 의미하는가, 생산의 비효율성을 의미하는가?

그림 6.3은 미국 의료서비스의 생산함수를 보여 준다.[5] 세로축은 의료부문에서 생산물 척도 중 하나로 사용될 수 있는 평균적인 기대수명의 증가를 나타낸다(다른 척도로는 심장마비 또는 뇌졸중 감소의 평균값이 사용될 수 있다). 가로축은 투입물(input)인 의료서비스에 대한 지출액(천달러)을 나타낸다. 여기에는 의사, 간호사, 의료행정직 근로자, 병원의 장비, 약 등에 대한 지출이 포함된다. 생산함수는 미국 인구 전체를 대상으로 1인당 의료지출액($)으로 표시된 투입물에 의해 생산될 수 있는 최대 의료생산물(기대수명의 상승)을 나타낸다. 생산곡선상에 있는 A점, B점, C점은 투입물이 가장 효율적으로 사용된 경우를 보여 준다. D점은 생산곡선 아래에 있으며 이는 주어진 투

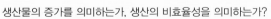

5 이 사례는 Alan M. Garber and Jonathan Skinner, "Is American Health Care Uniquely Inefficient?" *Journal of Economic Perspectives*, Vol. 22, No. 4 (Fall 2008): 27–50에 기초한 것이다.

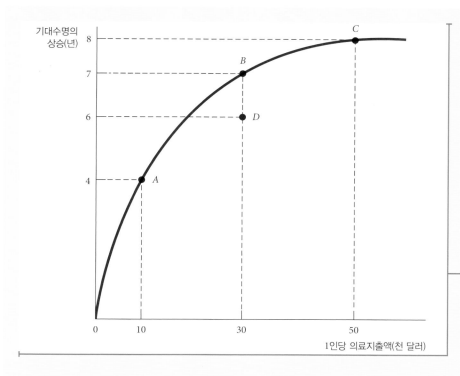

그림 6.3

의료서비스의 생산함수

의료서비스에 대한 추가적 지출(투입물)은 생산곡선을 따라 기대수명(생산물)을 증가시킨다. *B*점에서 *C*점으로 이동하면 수확체감이 나타나지만 *A*점, *B*점, *C*점은 투입물이 효율적으로 사용되고 있는 점들이다. *D*점은 투입물이 비효율적으로 사용되고 있는 점이다.

입물로 달성될 수 있는 최대의 생산물을 생산하지 못하는 비효율적 상태를 나타낸다.

Bob은 "의료서비스에 대한 지출의 증가는 의료서비스의 생산함수가 수확체감을 나타내고 있다는 점으로 설명할 수 있습니다."라고 주장한다. "그림 6.3은 단순하지만 매우 유용합니다. *B*점에서의 생산물은 *A*점에서의 생산물보다 훨씬 많습니다. *A*점에서 시작하여 의료지출액을 추가적으로 $20,000($10,000에서 $30,000로) 늘리면 기대수명은 3년 증가합니다. 그러나 미국의 경우 수십 년 전에 *B*점에 도달했을 것입니다. *B*점에서 *C*점으로 이동할 때 추가적인 $20,000의 의료지출액은 기대수명을 단지 1년밖에 증가시키지 못합니다. 왜 그럴까요? 그 이유는 현재의 의료기술하에서는 의료과정이나 새로운 약의 사용 등에 의료지출액을 추가적으로 투입하더라도 기대수명을 상승시키는 효과가 미미하기 때문입니다. 즉 의료지출액이 점점 증가하면서 의료지출액의 한계생산성이 점점 작아지기 때문입니다."

이에 대해 Dan은 다른 견해를 가진다. "미국의 의료서비스 생산은 비효율적인 것이 사실입니다. 즉 의료서비스에 대한 지출이 보다 효율적으로 사용된다면 동일한 지출을 가지고 보다 높은 수준의 의료서비스 생산이 가능할 것입니다. 그림의 *D*점에서 *B*점으로의 이동이 이를 나타냅니다. 그림은 만약 의료서비스 시스템이 보다 효율적으로 운영된다면 추가적인 지출이 없어도 기대수명이 늘어남을 보여줍니다."

"물론 과거 수십 년간 기술진보가 이루어졌습니다. 새로운 약이 개발되었을 뿐만 아니라 새로운 의료기기가 만들어졌으며, 진단절차도 개선되었습니다."라는 Bob의 반론에 Dan은 다음과 같이 대답한다. "그건 아마 사실일 겁니다. 그렇지만 미국 의료서비스의 비효율성은 두드러지며, 이를 부인할 수는 없습니다. 예를 들어, 미국의 청구, 보험 및 자격 증명 시스템은 다른 국가들에 비해 훨씬 복잡하고 부담이 많으므로 1인당 의료서비스 관리 직원의 수가 더 많습니다. 2015년 미국의 평균 기대수명(79.3세)은 세계에서 31번째로 스위스(83.2세)의 다음입니다. 반면에 의료지출은 1인당 $8,713인데 스위스는 단지 $6,466에 불과합니다."

미국의 의료서비스에 대한 이 두 사람의 설명은 모두 나름대로의 설득력을 가진다. 실제로 미국은 의료서비스 생산의 비효율성에 시달리고 있지만, 또한 미국 국민의 소득이 증가함에 따라 다른 재화에 대한 수요보다 의료서비스에 대한 수요가 점점 더 커지면서 수확체감 현상에 의해 추가적인 의료 혜택이 제한적으로 나타나는 것일 수도 있다.

사례 6.2 맬서스와 식량위기

한계수확체감의 법칙은 정치경제학자 맬서스(1766~1834)의 생각을 사로잡았던 개념이었다.[6] 맬서스는 세상의 토지는 제한적이므로 인구가 증가함에 따라 충분한 식량이 공급되지 못할 것이라고 믿었다. 그는 노동의 한계생산성과 평균생산성은 둘 다 하락하지만 식량을 필요로 하는 사람은 많아지기 때문에 대규모의 기아와 굶주림이 발생할 것이라고 예견하였다. 다행스럽게도 이는 잘못된 생각이었다 (노동의 한계수확이 체감한다는 것은 맞았지만).

지난 세기 동안 기술의 발전은 (인도와 같은 개발도상국을 포함한) 대부분의 국가에서 식량생산을 크게 변화시켰다. 그 결과 노동의 평균생산물과 식량의 총생산량은 증가하였다. 이러한 기술 발전은 병충해에 강하고 수확량도 많은 새로운 종자의 개발, 더 개선된 비료, 더 나은 수확장비 등을 포함한다. 표 6.2가 보여 주듯이, 세계 전체의 식량생산은 1960년 이후로 꾸준히 인구증가를 능가하였다.[7] 이러한 세계 농업생산성의 증가는 그림 6.4에서 알 수 있는데, 그림 6.4는 1970~2005년의 평균 곡물 생산량을 식량의 국제가격지수와 함께 보여 주고 있다.[8] 이 기간 동안에 곡물 생산량은 꾸준히 증가해 왔다. 20세기 후반을 지나면서 농업생산성의 증가로 인해 식량 공급이 증가하여 수요의 증가를 능가했고 (평균) 식량가격이 하락하였다. 그러나 21세기에는 기후조건의 변화와 식량 수출 감축이 수요의 공급 초과와 세계 식량가격의 상승을 초래하였다.

아프리카의 사헬(Sahel)지역과 같은 일부 지역에서 기아가 심각한 문제로 남아 있기는 하지만, 이는 그 지역에서의 노동생산성이 매우

표 6.2	1인당 세계 식량생산지수
연도	**지수**
1961~64	100
1965	101
1970	105
1975	106
1980	109
1985	115
1990	117
1995	119
2000	127
2005	135
2010	146
2013	151

낮다는 데 부분적인 이유가 있다. 비록 다른 국가들에서는 농산물이 남아돌지만 일부 지역에서는 대규모 기아가 존재하는 상황은 좀 더

노동생산성

이 책은 미시경제학 책이지만 여기서 설명되는 많은 개념들은 거시경제의 분석에 있어서도 기초가 된다. 거시경제학자들은 한 산업 전체 혹은 경제 전체로 본 노동의 평균생산물이라는 측면에서 **노동생산성**(labor productivity)에 특히 관심을 가진다. 이 절에서는 미국을 비롯한 몇몇 국가의 노동생산성에 대해 살펴보기로 한다. 이러한 주제는 그 자체로도 흥미롭지만 미시경제학과 거시경제학의 관련성을 이해하는 데도 도움을 준다.

노동생산성 산업 전체 혹은 경제 전체로 본 노동의 평균생산물

노동의 평균생산물은 노동 1단위당 생산량을 측정하는 것이므로 총 노동 투입량과 총생산량만 알면 쉽게 측정할 수 있다. 노동생산성은 산업 간의 비교뿐만 아니라 한 산업에서의 장기간에

---

6 Thomas Malthus, *Essay on the Principle of Population*, 1798.
7 세계의 1인당 식량생산 데이터는 UN 식량농업기구(FAO)의 자료이다. **http://faostat.fao.org.**
8 데이터는 UN 식량농업기구(FAO)와 세계은행(World Bank)의 자료이다.

그림 6.4
세계 곡물 생산량과 세계 식량가격
곡물 생산량은 증가해 왔다. 식량의 세계 평균가격은 20세기 후반 하락했으나, 21세기에는 상승하고 있다.

생산적인 지역으로부터 그렇지 않은 지역으로의 식량 재분배가 제대 로 되지 않고 있다는 것을 의미하며, 또한 식량생산에 있어서 생산적 이지 못한 지역의 국민소득이 낮은 데도 그 원인이 있다.

걸친 비교에도 유용하다. 그러나 노동생산성은 한 국가가 달성할 수 있는 국민들의 실질 **생활수 준**(real standard of living)을 결정해 준다는 의미에서 특히 중요하다.

생산성과 생활수준 노동생산성과 생활수준 사이에는 간단한 관계가 존재한다. 특정한 연도에 한 경제에서 생산된 재화와 서비스의 총가치는 임금, 자본에 대한 임대료, 기업의 이윤 등을 포 함하여 생산에 투입된 모든 생산요소에 지불된 지출과 일치한다. 소비자는 이러한 생산요소에 지불되는 금액을 임금, 봉급, 배당금, 이자 등의 형태로 지불받는다. 따라서 전체 소비자들은 그 들이 생산하는 총생산량을 증가시켜야만 장기적으로 소비를 증가시킬 수 있다.

생산성의 증가를 가져오는 원인을 규명하는 일은 경제학의 중요한 연구 분야 중 하나이다. 노 동생산성의 증가를 가져오는 가장 중요한 원인 중 하나는 **자본량**(stock of capital: 생산에 사용할 수 있는 총자본의 양)의 증가이다. 자본의 증가는 더 많은 기계와 더 나은 기계를 의미하므로 각 근로자는 근로시간당 더 많은 양을 생산할 수 있다. 노동생산성의 증가를 가져오는 또 다른 중

자본량 생산에 사용할 수 있는 총자본의 양

기술 변화 생산요소들을 보다 효율적으로 사용할 수 있도록 하는 기술의 발전

요한 원인은 **기술 변화**(technological change: 노동이나 기타 생산요소들이 보다 효율적으로 사용되고 새롭고 품질이 개선된 재화의 생산을 가능케 하는 기술의 발전)이다.

사례 6.3 노동생산성과 생활수준

미국, 유럽, 일본의 생활수준은 지속적으로 나아질 것인가, 아니면 지금 수준을 유지하는 데 그칠 것인가? 이 국가들에 있어서 소비자의 실질소득은 그들의 생산성이 증가하는 만큼 증가하므로 이에 대한 답은 근로자의 생산성에 달려 있다.

표 6.3이 보여 주고 있듯이 2010년 미국의 고용자 1인당 생산물 수준은 여타 선진국들에 비해서 높았다. 그러나 제2차 세계대전 이후의 기간에서 두 가지 현상을 볼 수 있다. 하나는 1990년대까지 미국의 노동생산성은 평균적으로 다른 대부분의 선진국의 경우보다 완만하게 증가했다는 것이며, 또 하나는 1980~2014 사이에 모든 선진국들의 노동생산성 증가는 그 이전의 기간보다 훨씬 낮았다는 것이다.[9]

1970~1999에는 일본이 가장 높은 생산성 증가율을 보였으며 독일과 프랑스가 그 뒤를 따랐다. 미국의 생산성 증가는 가장 낮았으며 심지어 영국의 생산성 증가보다도 조금 낮았다. 이러한 것은 부분적으로는 각 국가의 투자율과 자본축적의 증가율의 차이에 그 원인이 있었다. 제2차 세계대전 이후 가장 높은 자본의 증가를 보인 국가

는 일본, 프랑스와 독일이었으며, 이 국가들은 제2차 세계대전 이후 상당한 부분을 재건하였다. 따라서 미국의 노동생산성 증가율이 일본, 프랑스, 독일에 비해 낮게 나타난 이유는 부분적으로는 이 국가들이 전후 미국을 상당히 따라잡았기 때문이다.

생산성의 증가는 천연자원과도 관련이 있다. 원유나 기타 자원들이 줄어들기 시작하면서 근로자 1인당 생산물은 하락하였다. 맑은 공기와 깨끗한 물에 대한 국민들의 관심이 높아짐에 따라 환경에 대한 규제(예를 들어, 석탄을 캐낸 후에 원상태로 다시 공간을 메워야 하는 것)는 이러한 효과를 더욱 확대시켰다.

표 6.3은 미국의 생산성 증가율이 1990년대와 2000년대에 급격히 상승했음을 보여 준다. 일부 학자들은 이러한 성장에는 정보통신기술의 발달이 핵심적인 역할을 했다고 믿는다. 그러나 보다 최근에 나타난 생산성 증가율의 하락은 정보통신기술의 기여도가 이미 그 정점에 다다랐음을 알려 준다.

표 6.3	선진국의 노동생산성				
	미국	일본	프랑스	독일	영국
	근로시간 1시간당 GDP(2010년 미 달러)				
	$62.41	$39.39	$60.28	$58.92	$47.39
연도	노동생산성의 연간 증가율(%)				
1970~1979	1.7	4.5	4.3	4.1	3.2
1980~1989	1.4	3.8	2.9	2.1	2.2
1990~1999	1.7	2.4	2.0	2.3	2.3
2000~2009	2.1	1.3	1.2	1.1	1.5
2010~2014	0.7	1.2	0.9	1.2	0.5

---

9 GDP, 고용, 그리고 노동시간당 GDP의 최근 자료는 **http://www.oecd.org**에서 구할 수 있다.

사례 6.3에서 볼 수 있듯이, 노동생산성은 국가에 따라 상당히 다르며, 생산성의 증가율 또한 상당히 다르게 나타난다. 노동의 생산성은 생활수준에 핵심적인 영향을 미치므로 노동생산성의 차이를 이해하는 것은 중요하다.

6.3 변동생산요소가 둘일 때의 생산

한 생산요소(노동)의 투입량은 가변적이고 다른 생산요소(자본)의 투입량은 고정되어 있는 단기 생산함수에 대한 분석을 마쳤으므로 이제 자본과 노동 모두가 가변적인 장기에서의 생산에 대해 살펴보자. 기업은 노동과 자본의 양을 다양하게 조합하여 재화를 생산할 수 있다. 이 절에서는 기업이 동일한 생산량을 가져다주는 노동과 자본의 다양한 조합 중에서 어떤 조합을 선택할 것인지를 살펴본다. 이를 위해 우선 투입물의 조합이 2배, 3배 등으로 증가함에 따라 생산량이 어떻게 변하는지를 분석함으로써 생산과정의 규모에 대해 살펴본다.

등량곡선

어떤 기업이 두 가지 생산요소를 사용하여 재화를 생산하는데, 필요에 따라 각 생산요소의 사용량을 변화시킬 수 있는 생산기술의 경우를 생각해 보자. 생산요소는 노동과 자본으로서 식품을 생산하는 데 투입된다고 하자. 표 6.4는 이 기업이 두 가지 생산요소들의 여러 조합을 이용하여 생산할 수 있는 최대의 생산량을 나타내고 있다.

노동 투입량은 맨 위쪽 행에, 자본 투입량은 맨 왼쪽 열에 표시되어 있다. 각 수치는 한 해 동안 사용하는 노동과 자본의 조합을 통해 매년 생산될 수 있는 최대(기술적으로 효율적인) 생산량을 나타낸다. 예를 들어 연간 4단위의 노동과 연간 2단위의 자본을 사용하면 연간 85단위의 식품이 생산된다. 각 행을 따라서 살펴보면 자본 투입량이 고정된 상태에서 노동 투입량이 증가함에 따라 생산량이 증가하는 것을 볼 수 있다. 또한 각 열을 따라서 아래로 살펴보면 노동 투입량이 고정된 상태에서 자본 투입량이 증가함에 따라 생산량이 증가하는 것을 볼 수 있다.

표 6.4는 등량곡선을 사용하여 그래프로 표현할 수 있다. **등량곡선**(isoquant)은 동일한 생산량을

등량곡선 동일한 생산량을 가져다주는 생산요소들의 모든 가능한 조합을 나타내는 곡선

표 6.4	두 변동생산요소에 의한 생산				
	노동 투입량				
자본 투입량	1	2	3	4	5
1	20	40	55	65	⑦⑤
2	40	60	⑦⑤	85	90
3	55	⑦⑤	90	100	105
4	65	85	100	110	115
5	⑦⑤	90	105	115	120

가져다주는 생산요소들의 모든 가능한 조합을 나타내는 곡선이다. 그림 6.5에는 3개의 등량곡선이 있다(그림의 각 축은 각 생산요소의 투입량을 나타낸다). 이러한 등량곡선들은 표 6.4에 나타난 수치에 따라 그린 것인데, 다만 생산요소들을 아주 작게 나누어 사용할 수 있다는 가정하에서 매끈한 선으로 그려져 있다.

예를 들어 등량곡선 q_1은 연간 55단위를 생산하는 모든 노동과 자본의 연간 투입량의 조합을 나타낸다. A점과 D점은 표 6.4와 상응한다. A점은 1단위의 노동과 3단위의 자본으로 55단위의 생산물을 생산하며, D점은 3단위의 노동과 1단위의 자본으로도 동일한 양의 생산물이 생산된다는 것을 나타낸다. 등량곡선 q_2는 75단위의 생산량을 가져오는 생산요소들의 모든 조합을 나타내며, 이는 표 6.4에서 원으로 표시된 4개의 노동과 자본의 조합들에 상응하는 등량곡선이다(예를 들어 B점에서는 2단위의 노동과 3단위의 자본이 조합된다). 등량곡선 q_2는 q_1의 오른쪽 위에 위치한다. 왜냐하면 더 많은 생산량을 생산하기 위해서는 더 많은 노동과 자본을 투입해야 하기 때문이다. 마지막으로, 등량곡선 q_3는 90단위의 생산량을 가져오는 노동과 자본의 조합을 나타낸다. 예를 들어 C점은 3단위의 노동과 3단위의 자본을, E점은 2단위의 노동과 5단위의 자본의 조합을 나타낸다.

등량곡선 지도 여러 개의 등량곡선이 한 그래프에 같이 그려질 때 이를 **등량곡선 지도**(isoquant map)라고 한다. 그림 6.5는 등량곡선 지도를 이루는 많은 등량곡선 중 3개의 등량곡선을 보여주고 있다. 등량곡선 지도는 무차별곡선 지도가 효용함수를 나타내는 한 가지 방법인 것처럼 생산함수를 나타내는 또 다른 방법이다. 각 등량곡선은 서로 다른 생산량을 나타내며, 그림에서 등량곡선이 오른쪽 위로 이동할수록 생산량이 증가하는 것을 나타낸다.

> **등량곡선 지도** 생산함수를 나타내기 위해 여러 등량곡선들을 그린 그래프

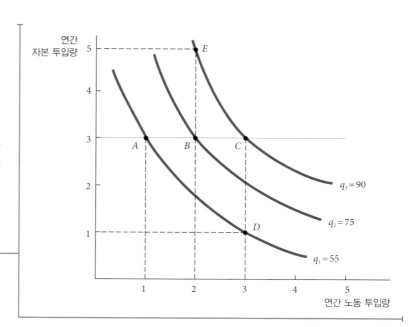

그림 6.5
두 변동생산요소에 의한 생산
등생산량곡선은 기업이 일정한 생산량을 생산하는 데 필요한 생산요소들의 여러 조합을 나타낸다. 한 무리의 등량곡선 혹은 등량곡선 지도는 기업의 생산함수를 보여 준다. 등량곡선 q_1(A점과 D점같이 매년 55단위를 생산)에서 q_2(B점같이 매년 75단위를 생산) 그리고 q_3(C점과 E점같이 매년 90단위를 생산)로 이동함에 따라 생산량은 증가한다.

생산요소 투입의 유연성

등량곡선은 생산에 관한 의사결정에서 기업이 가지는 유연성을 보여 준다. 기업은 일반적으로 한 생산요소를 다른 생산요소로 대체하여 투입함으로써 일정한 수준의 생산량을 달성할 수 있다. 경영자가 이러한 유연성을 이해하는 것은 중요하다. 예를 들어 패스트푸드 식당들은 최근 적은 임금만 주고 고용할 수 있는 젊은 근로자가 부족한 상황을 맞이하였다. 이에 식당들은 조리 기계의 자동화와 셀프 샐러드바를 설치함으로써 대응하는 한편 부족한 일손을 메우기 위해 나이든 근로자들을 고용하였다. 제7장과 제8장에서 살펴보겠지만 생산과정에서 이러한 유연성을 고려함으로써 경영자는 비용을 최소화하고 이윤을 극대화하는 생산요소의 조합을 선택할 수 있다.

한계수확의 체감

장기에는 노동 투입량과 자본 투입량이 모두 가변적이지만 생산요소들의 최적 조합을 선택하는 기업이 한 생산요소의 투입량을 고정시킨 상태에서 다른 생산요소의 투입량을 증가시키는 경우에 생산량은 어떻게 변하는지를 살펴볼 필요가 있다. 노동과 자본의 한계수확체감을 반영하는 그림 6.5는 이에 대해 보여 준다. 주어진 자본의 양(예를 들어 3단위의 자본)에서 수평선을 그어 봄으로써 노동의 한계수확체감에 대해 살펴볼 수 있다. 노동을 증가시킴에 따라 각 등량곡선이 나타내는 생산량을 살펴보면, 추가적인 노동 1단위가 가져오는 추가적인 생산량은 점점 줄어든다는 것을 알 수 있다. 예를 들어 노동이 1단위에서 2단위로(A에서 B로) 증가할 때 생산량은 20단위(55단위에서 75단위로) 증가한다. 그러나 노동이 다시 추가적으로 1단위 증가할 때(B에서 C로) 생산량은 15단위(75단위에서 90단위로)만 증가한다. 따라서 장기와 단기 모두에서 노동의 한계수확은 체감한다. 한 생산요소의 투입량을 고정시킨 상태에서 다른 생산요소의 투입량을 증가시킬 때 생산량의 추가적인 증가는 점점 작아지기 때문에 등량곡선은 노동을 대체하여 점점 더 많은 자본이 추가될 때 기울기는 더 커지며, 자본을 대체하여 점점 더 많은 노동이 추가될 때 점점 더 평평해진다.

자본의 경우에도 한계수확은 체감한다. 노동 투입량이 고정된 상태에서 자본의 양이 증가함에 따라 자본의 한계생산물은 점점 감소한다. 예를 들어 노동 투입량이 3단위에 고정되어 있을 때, 자본이 1단위에서 2단위로 증가할 경우 자본의 한계생산물은 20단위(75 − 55)이지만 자본이 2단위에서 3단위로 증가하면 자본의 한계생산물은 15단위(90 − 75)로 줄어든다.

생산요소들 간의 대체

두 생산요소의 투입량이 가변적이므로 경영자는 한 생산요소를 다른 생산요소로 대체할 수 있다. 각 등량곡선의 기울기는 생산량이 고정된 상태에서 한 생산요소의 투입량이 다른 생산요소의 투입량과 어떻게 대체될 수 있는가를 알려 준다. 음의 부호를 무시한 등량곡선의 기울기를 **기술적 한계대체율**(marginal rate of technical substitution, MRTS)이라고 한다. 노동의 자본에 대한 기술적 한계대체율은 생산량은 일정하게 유지하면서 노동을 추가적으로 1단위 더 사용할 때 줄일 수 있는 자본 투입량을 말한다. 이는 소비자이론에서 본 한계대체율(MRS)의 개념과 유사하다. 3.1절에서 MRS는 소비자가 자신의 만족수준을 변화시키지 않으면서 두 재화를 어떻게 서로 대

기술적 한계대체율(MRTS) 생산량을 변화시키지 않으면서 한 생산요소를 추가적으로 1단위 더 사용할 때 줄일 수 있는 다른 생산요소의 사용량

체하고자 하는가를 나타내는 개념이라고 설명하였다. 한계대체율과 마찬가지로 기술적 한계대체율은 항상 양의 값으로 표현된다.

$$\text{MRTS} = - \text{자본 투입량의 변화} / \text{노동 투입량의 변화}$$
$$= -\Delta K / \Delta L \text{(고정된 생산량 } q \text{에서의)}$$

여기서 ΔK와 ΔL은 등량곡선을 따라서 나타나는 자본과 노동의 작은 변화를 나타낸다.

그림 6.6에서 생산량을 75단위로 고정시키고 노동 투입량을 1단위에서 2단위로 증가시킬 때의 기술적 한계대체율은 2이다. 그러나 노동 투입량을 2단위에서 3단위로 증가시킬 때의 기술적 한계대체율은 1로 감소한다. 그 후에는 2/3로, 다시 1/3로 감소한다. 점점 더 많은 노동이 자본을 대체함에 따라 노동의 생산성은 점점 떨어지며 자본은 상대적으로 더 생산적이 된다. 따라서 생산량을 그대로 유지하기 위해 필요한 자본의 양은 점점 줄어들며, 등량곡선은 더 평평해진다.

기술적 한계대체율 체감 우리는 기술적 한계대체율이 체감한다고 가정한다. 다시 말해, 등량곡선을 따라 아래로 내려오면서 기술적 한계대체율은 작아진다. 이러한 가정의 수학적 의미는 등량곡선이 소비자의 무차별곡선처럼 원점에 대해서 볼록하다는 뜻이다. 이는 대부분의 생산기술에서 실제로 나타나는 현상이다. 기술적 한계대체율의 체감은 어떤 생산요소든 그 생산성에는 한계가 있다는 것을 의미한다. 자본을 대신하여 점점 더 많은 노동이 생산과정에 투입됨에 따라 노동의 생산성은 떨어진다. 마찬가지로, 노동을 대신하여 점점 더 많은 자본이 투입된다면 자본의 생산성은 떨어진다. 따라서 생산에서는 두 생산요소를 균형 있게 조합할 필요가 있다.

기술적 한계대체율은 노동의 한계생산물(MP_L) 및 자본의 한계생산물(MP_K)과 밀접하게 관련

3.1절에서 한계대체율이란 소비자가 만족의 크기를 변화시키지 않으면서 한 재화를 추가적으로 1단위 더 얻기 위해 포기하고자 하는 다른 재화의 최대량이라고 설명하였다.

3.1절에서 무차별곡선을 따라 아래로 내려오면서 한계대체율이 체감한다면 무차별곡선이 원점에 대해 볼록하다고 설명하였다.

그림 6.6
한계기술대체율
등량곡선은 무차별곡선처럼 우하향하며 원점에 대해 볼록하다. 등량곡선상의 어느 한 점에서의 기울기는 기술적 한계대체율(생산량을 변화시키지 않으면서 자본을 노동으로 대체하는 기업의 능력)을 나타낸다. 등량곡선 q_2에서 기술적 한계대체율은 2에서 1, 2/3, 1/3로 감소한다.

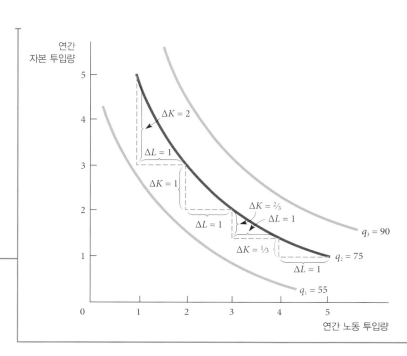

된다. 이를 살펴보기 위해서 노동 투입량을 조금 늘리고 생산량을 변화시키지 않을 만큼 자본 투입량을 줄인다고 생각해 보자. 추가적인 노동의 투입으로 발생하는 생산량의 증가는 추가된 노동 1단위당 추가적 생산량(노동의 한계생산물)에 추가된 노동의 단위를 곱한 것과 같아진다.

$$\text{노동 투입량의 증가에 따른 생산량의 증가} = (\text{MP}_L)(\Delta L)$$

마찬가지로, 자본 투입량을 줄임에 따라 발생하는 생산량의 감소는 줄어든 자본 1단위당 생산량(자본의 한계생산물)의 감소에 줄어든 자본의 단위를 곱한 것과 같아진다.

$$\text{자본 투입량의 감소에 따른 생산량의 감소} = (\text{MP}_K)(\Delta K)$$

등량곡선을 따라 이동한다는 것은 생산량을 일정하게 유지한다는 뜻이므로 총생산량의 변화는 0이 된다. 따라서

$$(\text{MP}_L)(\Delta L) + (\text{MP}_K)(\Delta K) = 0$$

이를 다시 정리하면 다음과 같은 결과를 얻는다.

$$(\text{MP}_L)/(\text{MP}_K) = -(\Delta K / \Delta L) = \text{MRTS} \qquad \textbf{(6.2)}$$

식 (6.2)는 두 생산요소 간의 기술적 한계대체율은 두 생산요소의 한계생산물의 비율과 일치함을 말해 주고 있다. 이 식은 제7장에서 비용을 최소화하는 생산요소의 투입량을 살펴볼 때 유용하게 사용된다.

생산함수 ― 두 가지 특수한 경우

여기서 살펴보는 극단적인 생산함수 두 가지는 생산과정에서 생산요소들이 서로 대체가 가능한 범위를 보여 주고 있다. 첫 번째 경우는 그림 6.7이 보여 주듯이 생산요소들이 서로 완전대체재인 경우이다. 이 경우 기술적 한계대체율은 등량곡선의 모든 점에서 일정하다. 따라서 A점에서와 같이 대부분 자본을 사용하여 주어진 생산량(예를 들어 q_3)을 생산할 수도 있으며, C점에서와 같이 대부분 노동을 사용하여 생산할 수도 있으며, B점에서와 같이 두 생산요소를 균형 있게 조합하여 생산할 수도 있다. 예를 들어 악기를 생산하기 위하여 거의 기계만을 사용할 수도 있으며, 거의 대부분 숙련노동을 사용할 수도 있다.

　그림 6.8은 이와 정반대의 경우인 **고정비율 생산함수**(fixed-proportions production function)를 보여 준다. 이 생산함수는 때때로 레온티에프(Leontief) 생산함수라고 한다. 이 경우에는 생산요소들 간의 어떠한 대체적인 사용도 불가능하다. 생산을 위해서는 노동과 자본의 특정한 조합이 요구된다. 추가적인 생산량은 노동과 자본을 특정한 비율로 증가시키지 않는다면 얻을 수 없다. 따라서 등량곡선은 L자 형태를 갖는다. 이는 마치 두 재화가 완전보완재일 때 무차별곡선이 L자 형태를 갖는 것과 같다. 한 가지 예로 착암기를 사용하여 도로변의 보도블록을 설치하는 경우를 생각해 보자. 하나의 착암기를 사용하는 데 한 사람이 필요하다. 두 사람과 착암기 하나 혹은 한 사람과 착암기 둘과 같은 조합으로는 생산량이 증가하지 않는다. 다른 예로, 시리얼 제조회사가 새로운 아침식사용 시리얼을 만들고자 하는데, 새로운 시리얼은 두 생산요소인 귀리와 견과를

3.1절에서 만약 한 재화의 다른 재화에 대한 한계대체율이 일정하다면 두 재화는 서로 완전대체재라고 설명하였다.

고정비율 생산함수　L자 모양의 등량곡선을 갖는 생산함수로서 생산에 있어서 노동과 자본에 대해 단 한 가지 조합만 가능한 생산함수

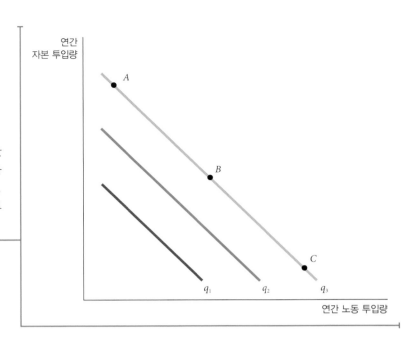

그림 6.7
생산요소가 서로 완전대체재일 때의 등량곡선
등량곡선이 직선일 때 기술적 한계대체율은 일정한 값
을 갖는다. 따라서 자본과 노동이 서로 대체되는 비율
은 생산요소들의 투입량과 관계없이 일정하다. A, B,
C점은 같은 생산량 q_3를 가져오는 자본과 노동의 서로
다른 세 가지 조합을 나타내고 있다.

사용하여 만들어진다고 하자. 이 시리얼을 만들려면 정확히 4온스의 귀리에 1온스의 견과를 혼
합해야 한다. 만약 이 회사가 견과만 추가적으로 투입한다고 하더라도 견과는 귀리와 일정한 비
율로 혼합되어야 하므로 새로운 시리얼의 생산량은 증가하지 않을 것이다. 마찬가지로, 견과의
추가 없이 귀리만 추가적으로 투입한다고 하더라도 역시 비생산적일 것이다.

그림 6.8의 A점, B점, 그리고 C점은 기술적으로 효율적인 생산요소들의 조합을 나타낸다. 예
를 들어 A점에서는 q_1만큼 생산하기 위하여 L_1의 노동과 K_1의 자본이 사용될 수 있다. 자본 투입

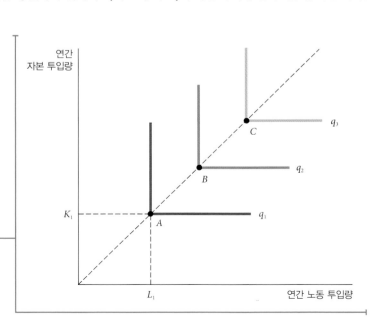

그림 6.8
고정비율 생산함수
등량곡선이 L자 모양일 때 주어진 생산량을 생산하기 위해서
노동과 자본은 단 하나의 조합만 사용할 수 있다(등량곡선 q_1
의 A점, 등량곡선 q_2의 B점, 등량곡선 q_3의 C점). 노동만 더
투입한다거나 자본만 더 투입한다고 해서 생산량이 증가하
지는 않는다.

량이 K_1으로 고정된 상태에서 노동을 더 많이 투입하더라도 생산량은 변하지는 않는다. 또한 노동 투입량이 L_1으로 고정된 상태에서 자본의 투입을 증가시키더라도 마찬가지이다. 따라서 L자 모양 등량곡선의 수직선 부분에서는 자본의 한계생산물이, 수평선 부분에서는 노동의 한계생산물이 0이 된다. 생산량의 증가는 A점의 조합에서 B점의 조합으로 이동하는 것처럼 노동과 자본 모두를 동시에 일정한 비율로 추가할 때만 가능하다.

<aside>3.1절에서 무차별곡선이 직각 형태이면 두 재화는 완전보완재라고 설명하였다.</aside>

고정비율 생산함수는 생산방법이 제한되어 있는 경우를 나타낸다. 예를 들어 TV쇼에는 자본(카메라, 음향장비 등)과 노동(프로듀서, 감독, 배우 등)의 일정한 조합이 필요하다. 더 많은 TV쇼를 생산하려면 모든 생산요소가 똑같은 비율로 증가해야 한다. 특히 노동을 대체하여 자본의 투입을 증가시키는 것은 매우 어렵다. 왜냐하면 (애니메이션을 제외하고는) 생산에는 배우들이 반드시 필요하기 때문이다. 마찬가지로, 쇼를 제작하는 데는 상당히 정교한 제작 장비가 필요하기 때문에 자본을 노동으로 대체하는 것도 매우 어렵다.

사례 6.4 밀의 생산함수

농산물은 여러 가지 다른 방법으로 생산될 수 있다. 미국의 대규모 농장에서 생산된 농산물은 일반적으로 자본집약적인 기술로 생산되며, 여기에는 건물 및 장비와 같은 자본에 대한 상당한 투자와 상대적으로 적은 노동력 투입이 포함된다. 그러나 농산물은 노동(땅을 경작할 인내심과 체력이 강한 사람들)을 많이 투입하고 자본(괭이)은 매우 적게 투입해서도 생산할 수 있다. 농산물의 생산을 표현하는 한 가지 방법은 일정한 수준(또는 여러 수준)의 생산량을 생산하기 위해 사용되는 생산요소들의 조합을 나타내는 등량곡선을 보여 주는 것이다. 다음은 밀의 생산에 있어서 통계적으로 측정된 생산함수를 설명하고 있다.[10]

그림 6.9는 연간 13,800부셸의 밀 생산량에 상응하는 생산함수의 등량곡선을 보여 주고 있다. 농장의 경영자는 이 등량곡선을 사용하여 노동과 자본 중 어느 생산요소를 더 많이 사용함으로써 더 많은 이윤을 얻을 수 있을지를 결정할 수 있다. 현재 이 농장은 A점에서 생산하고 있다고 하자. 노동의 투입량(L)은 500시간이며 자본의 투입량(K)은 100시간의 기계사용이다. 농장 경영자는 90시간만 기계를 사용하는 실험을 통하여 연간 같은 양의 밀을 생산하기 위해서는 줄어든 기계사용시간을 대체하기 위하여 260시간의 노동을 추가해야 한다는 사실을 알았다.

이러한 실험의 결과를 통해 경영자는 밀 생산의 등량곡선의 모양을 알 수 있다. 그림 6.9에서 A점($L=500$, $K=100$)과 B점($L=760$, $K=90$)을 비교해 보면, 둘은 같은 등량곡선상에 있으며 경영자는 기술적 한계대체율이 $0.04[(-\Delta K/\Delta L)=-(-10)/260]$임을 알 수 있다.

MRTS는 노동 투입의 증가와 기계사용의 감소와의 상충관계를 나타낸다. MRTS의 값이 1보다 매우 작기 때문에, 노동을 1시간 더 투입할 때 지불하는 임금이 기계를 1시간 더 사용하는 데 드는 비용과 같다면 경영자는 더 많은 자본을 사용해야 한다(현재의 생산량에서 경영자는 10단위의 자본을 노동으로 대체하기 위해 260단위의 노동을 투입해야 한다). 실제로, 노동이 기계의 사용보다 훨씬 값이 싼 경우가 아니라면 경영자는 보다 자본집약적인 생산을 해야 한다.

근로자를 얼마나 고용해야 하며, 기계를 얼마나 사용해야 하는지에 대한 결정은 다음 장에서 설명하는 생산비용을 통하여 알 수 있다. 그러나 이 예는 등량곡선과 기술적 한계대체율에 대한 지식이 경영자에게 얼마나 도움이 되는지를 보여 주고 있다. 이 예는 또한 노동이 상대적으로 비싼 미국이나 캐나다에서는 대부분의 농장이 기술

---

10 이 사례에서의 농산물 생산함수는 $q=100(K^8L^2)$이다. 여기서 q는 부셸 단위로 측정한 밀의 연간 생산량이고, K는 기계의 연간 사용량, 그리고 L은 연간 노동시간이다.

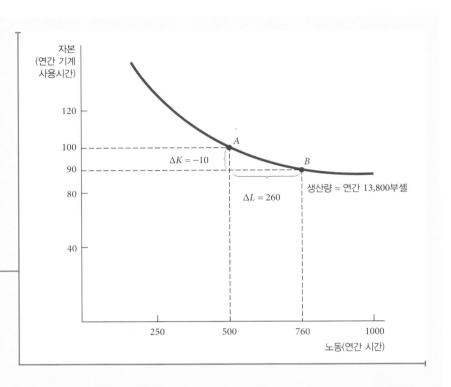

그림 6.9

밀의 생산을 보여 주는 등량곡선
연간 13,800부셸의 밀은 노동과 자본의 다른 조합에 의해서도 생산 가능하다. A점은 보다 자본집약적인 생산방법을, B점은 보다 노동집약적인 생산방법을 나타낸다. A와 B 사이의 한계기술대체율은 10/260 = 0.04 이다.

적 한계대체율의 값이 상대적으로 매우 큰 상황(자본/노동 비율이 높은 상황)에서 생산하며, 반면에 노동의 가격이 싼 개발도상국의 농장은 기술적 한계대체율이 매우 작은 상황(자본/노동 비율이 낮은 상황)에서 생산하는 이유를 보여 준다.[11] 자본/노동의 정확한 조합은 생산요소들의 가격에 의존하며, 이에 대해서는 제7장에서 살펴본다.

6.4 규모에 대한 수확

앞에서 살펴본 생산과정에서의 생산요소 대체에 관한 분석에서는 생산량이 고정된 상태에서 생산요소들 간의 대체에 대해 살펴보았다. 그러나 모든 생산요소가 가변적인 장기에서 기업은 생산량을 증가시킬 수 있는 최선의 방법을 고려해야 한다. 그 방법 중 하나는 모든 생산요소의 투입량을 동일한 비율로 증가시킴으로써 생산의 규모를 변화시키는 것이다. 100부셸의 밀을 생산하려면 1명의 농부가 1에이커의 땅에 1대의 기계를 사용해야 하는데, 만약 2명의 농부가 2대의 기계를 사용하여 2에이커의 땅에서 농사를 짓는다면 어떤 일이 일어나는가? 생산량이 증가하는 것은 분명하지만 생산량은 2배가 될 것인가, 2배보다 더 많을 것인가, 아니면 2배보다는 적을 것인가? **규모에 대한 수확**(returns to scale)은 모든 생산요소의 투입량이 똑같은 비율로 증가할 때 생산량

규모에 대한 수확 생산요소의 투입량이 똑같은 비율로 증가할 때 생산량이 증가하는 비율

---

11 각주 6의 생산함수를 이용하면 한계기술대체율이 MRTS=(MP$_L$/MP$_K$)=(1/4)(K/L)이 됨을 쉽게 알 수 있다. 따라서 MRTS는 자본 대 노동 비율이 하락함에 따라 감소한다. 이스라엘의 농업 생산에 관한 흥미로운 연구는 Richard E. Just, David Zilberman, and Eithan Hochman, "Estimation of Multicrop Production Functions," *American Journal of Agricultural Economics* 65 (1983): 770–80을 참조하라.

이 증가하는 비율을 말한다. 여기서는 규모에 대한 수확체증, 수확불변, 수확체감의 경우를 살펴보기로 한다.

규모에 대한 수확체증 생산요소의 투입량이 2배가 될 때 생산량이 2배보다 더 많아진다면 **규모에 대한 수확체증**(increasing returns to scale)이 나타난다. 이러한 현상은 기업의 규모가 증가함에 따라 경영자와 근로자가 각자의 일에 전문화할 수 있으며, 또한 보다 성능이 좋은 대규모 공장과 장비를 사용할 수 있음에 따라 나타나는 것이다. 자동차 생산에서의 조립라인은 규모에 대한 수확체증의 좋은 예이다.

규모에 대한 수확체증 현상은 공공정책의 측면에서도 매우 중요하다. 만약 규모에 대한 수확체증 현상이 나타난다면 하나의 큰 기업이 상대적으로 낮은 비용으로 생산하는 것이 여러 개의 작은 기업이 상대적으로 높은 비용으로 생산하는 것보다 경제적으로 훨씬 유리하다. 이러한 큰 기업은 자신의 가격을 마음대로 책정할 수 있으므로 이에 대해서는 규제가 필요하다. 예를 들어 정부의 가격규제를 받는 대규모 전력회사가 존재하는 이유는 전력의 공급에 있어서 규모에 대한 수확체증 현상이 있기 때문이다.

규모에 대한 수확불변 생산 규모와 관련하여 나타날 수 있는 두 번째 가능성은 모든 생산요소의 투입량이 2배가 될 때 생산량도 2배가 되는 경우이다. 이 경우를 **규모에 대한 수확불변**(constant returns to scale)이라고 한다. 규모에 대한 수확불변 현상이 존재할 때 기업의 규모는 생산요소들의 생산성에 영향을 주지 않는다. 특정한 생산과정을 사용하는 하나의 공장은 똑같이 하나 더 만들 수 있기 때문에 2개의 공장은 2배의 생산량을 가져다줄 수 있다. 예를 들어 대형 여행사는 고객이 많지 않은 소규모 여행사와 비교할 때 고객 1인당 같은 서비스를 제공하며 자본(사무실 공간)과 노동(직원)의 사용비율도 같을 수 있다.

규모에 대한 수확체감 마지막으로, 모든 생산요소의 투입량을 2배로 할 때 생산량은 2배보다 적게 증가할 수 있다. 이러한 경우를 **규모에 대한 수확체감**(decreasing returns to scale)이라고 하는데, 이러한 현상은 대규모 공정을 가진 일부 기업의 경우에 적용된다. 대규모의 공정을 조직하고 운영하는 데 따른 어려움은 노동과 자본 모두의 생산성을 떨어뜨리는 결과를 가져올 수 있다. 작업장이 보다 비인간적이 됨에 따라 근로자와 경영자 간 커뮤니케이션은 어려워질 수 있다. 따라서 규모에 대한 수확체감 현상은 작업을 서로 조정하고 경영자와 근로자 간의 유용한 대화채널을 유지하는 문제와 관련이 있을 수 있다.

그래프로 살펴보는 규모에 대한 수확

규모에 대한 수확이 모든 생산량 수준에서 동일하게 나타나야 할 이유는 없다. 예를 들어 낮은 생산량 수준에서는 규모에 대한 수확체증이 나타나지만 높은 생산량 수준에서는 수확불변이 나타나며, 궁극적으로는 수확체감이 나타날 수 있다.

규모에 대한 수확의 변화가 존재하는지 여부는 그림 6.10과 같이 그래프로 표현할 수 있다. 각 그림의 원점에서부터 그어진 직선 0A는 노동 5시간과 기계사용 2시간의 비율로 노동과 자본이 사용될 때 나타날 수 있는 여러 수준의 생산량을 보여 준다.

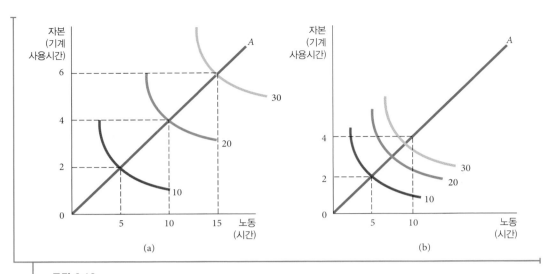

그림 6.10

규모에 대한 수확

(a)의 직선 0A에 따른 이동에서 보는 바와 같이 규모에 대한 수확불변 현상이 있으면 생산요소의 투입량이 일정한 비율로 증가함에 따라 등량곡선들은 똑같은 간격으로 이동한다. 그러나 (b)의 경우처럼 규모에 대한 수확체증 현상이 있을 때는 생산요소의 투입량이 직선을 따라 증가함에 따라 등량곡선들의 간격이 점점 더 좁아진다.

그림 6.10(a)에서 생산함수는 규모에 대한 수확불변을 보여 준다. 5시간의 노동과 2시간의 기계사용으로 10단위의 생산량이 생산된다. 두 생산요소의 투입량이 2배가 될 때 생산량은 10단위에서 20단위로 2배가 되며, 3배가 될 때 생산량은 10단위에서 30단위로 3배가 된다. 다시 말해, 20단위를 생산하려면 두 생산요소도 2배로 투입되어야 하며 30단위를 생산하려면 3배가 되어야 한다.

그림 6.10(b)에서 기업의 생산함수는 규모에 대한 수확체증을 보인다. 등량곡선들은 직선 0A를 따라 원점에서 멀어질수록 서로 더 가깝게 나타난다. 따라서 생산량을 10단위에서 20단위로 2배 증가시키기 위해 필요한 생산요소의 투입량은 2배보다 적다. 생산량을 30단위로 증가시키기 위한 생산요소의 투입량은 3배보다 훨씬 적다. (그림에는 없지만) 생산함수가 규모에 대한 수확체감을 보인다면 반대가 된다. 만약 생산함수가 규모에 대한 수확체감 현상을 갖는다면 생산량이 일정한 비율로 증가할 때 등량곡선들의 간격은 점점 더 커진다.

규모에 대한 수확은 기업이나 산업에 따라서 상당히 다르게 나타난다. 다른 사항들이 동일할 때, 규모에 대한 수확이 크면 클수록 한 산업에는 보다 더 큰 기업이 존재하기 쉽다. 제조업의 경우에 자본설비에 대한 투자가 매우 크므로 서비스산업에서보다 규모에 대한 수확체증 현상이 나타나기 쉽다. 서비스는 보다 노동집약적이며 대규모로 공급하는 만큼 소규모로도 효율적인 공급이 가능하다.

사례 6.5 카펫산업에서의 규모에 대한 수확

미국의 카펫산업은 조지아주 북부의 돌턴 (Dalton)시에 집중되어 있는데, 20세기 전반에는 많은 수의 소규모 기업들로 구성된 상대적으로 작은 산업이었으나, 매우 빠르게 성장하여 지금은 대규모와 중소규모의 많은 기업들이 있는 중요한 산업으로 자리 잡았다.

현재는 상대적으로 규모가 큰 3개의 기업 [쇼(Shaw), 모하크(Mohawk), 볼리유(Beaulieu)]과 많은 수의 소기업이 함께 있다. 또한 많은 소매상과 도매상, 구매 집단, 그리고 전국적인 소매체인점이 있다. 카펫산업이 빠른 성장을 보인 이유는 몇 가지가 있다. 상업용 및 주거용 양모, 나일론 및 폴리프로필렌 카펫에 대한 수요가 급증했을 뿐만 아니라 좀 더 크고, 빠르고, 더 효율적인 카펫 생산 기계와 같은 기술혁신은 생산비용의 감소와 함께 카펫 생산량을 크게 증가시켰다. 생산량이 증가함에 따라 기술혁신과 경쟁은 카펫의 실질가격을 하락시켰다.

규모에 대한 수확은 카펫산업의 성장을 어느 정도로 설명할 수 있을까? 분명히 (얼룩방지 원사와 같은) 핵심 생산요소들의 가공이나, 소매업자나 소비자에게 카펫을 분배하는 데 있어서는 상당한 개선이 있었다. 그러나 카펫 생산은 어떠한가? 카펫 생산은 자본집약적이다. 카펫을 제조하려면 실을 짜는 공정, 카펫을 적절한 크기로 자르는 공정, 카펫의 뒷면을 처리하는 공정, 포장하고 라벨을 붙이고 카펫을 이동시키는 공정 등에 필요한 여러 기계에 큰 투자를 해야 한다.

전체적으로 (공장과 장비를 포함한) 실물자본에 대한 투자는 보통 카펫 제조비용의 약 77%를 차지하는 반면 노동은 나머지 약 23%를 차지한다. 시간이 지나면서 점점 더 큰 공장에 더 큰 제조기계를 설치함으로써 주요 카펫 제조업자들은 생산 규모를 증가시켜 왔다. 동시에 노동의 사용 또한 크게 증가하였다. 이는 어떤 결과를 가져왔는가? 생산요소들의 비례적인 증가는 이러한 대규모 공장들의 생산량을 생산요소의 증가 이상으로 증가시켰다. 예를 들어 자본과 노동의 투입량을 2배로 증가시키면 생산량은 110% 증가하였다. 그러나 이러한 현상은 산업 전체적으로 발생하지는 않았다. 대부분의 소규모 카펫 제조업자들은 규모를 조금 변화시키더라도 생산량이 거의 변하지 않거나 또는 조금밖에 변하지 않는다는 사실을 파악하였다. 즉 생산요소의 투입량을 비례적으로 조금 증가시키는 경우 생산량도 꼭 그만큼 비례적으로 증가하였다.

따라서 카펫산업은 상대적으로 소규모 공장에서는 규모에 대한 수확이 불변이며, 큰 공장에서는 규모에 대한 수확이 증가하는 산업으로 특징지을 수 있다. 그러나 이러한 규모에 대한 수확의 증가는 한계가 있다. 만약 공장의 규모가 더욱 커진다면 결국에는 규모에 대한 수확체감 현상이 나타날 것이라고 예상할 수 있다.

요약

1. 생산함수는 생산요소들의 특정한 조합에 의해 생산될 수 있는 생산물의 최대 생산량을 나타낸다.
2. 단기에는 하나 또는 그 이상의 생산요소의 투입량이 고정되어 있다. 장기에는 모든 생산요소의 투입량이 가변적이다.
3. 변동생산요소가 노동 하나일 때의 생산은 노동의 평균생산물(노동 1단위당 생산량)과 노동의 한계생산물(노동이 1단위 증가하는 데 따른 추가적인 생산량)로 잘 설명할 수 있다.
4. 한계수확체감의 법칙에 따르면, 하나 또는 그 이상의 생산요소들이 고정되어 있을 때 변동생산요소(일반적으로 노동)의 투입량이 증가함에 따라 그 변동생산요소의 한계생산물은 궁극적으로 체감한다.
5. 등량곡선은 동일한 생산요소들의 조합을 보여 주는 곡선이다. 한 기업의 생산함수는 여러 수준의 생산량을 나타내는 한 무리의 등량곡선들로 표현될 수 있다.

6. 모든 생산요소의 한계생산물이 양(+)의 값을 가지기 때문에 등량곡선은 우하향한다. 각 등량곡선의 모양은 그 곡선상의 각 점에서의 기술적 한계대체율에 묘사될 수 있다. **노동의 자본에 대한 기술적 한계대체율(MRTS)**은 생산량은 변화시키지 않으면서 노동 1단위를 추가적으로 사용할 때 줄일 수 있는 자본의 양이다.

7. 한 국가가 달성할 수 있는 국민의 생활수준은 그 국가의 노동생산성과 밀접하게 관련되어 있다. 선진국들의 생산성 증가율 하락은 부분적으로 자본투자의 성장 부족에 기인한다.

8. 생산요소 간 대체가능성의 범위는 생산요소들이 완전대체적인 생산함수와 투입 비율이 고정된 생산함수(고정비율 생산함수) 사이에 있다.

9. 장기 분석에서는 기업의 규모나 생산 규모에 초점을 맞춘다. **규모에 대한 수확불변**은 모든 생산요소의 투입량을 2배로 할 때 생산량도 2배가 되는 것을 말한다. **규모에 대한 수확체증**은 모든 생산요소의 투입량을 2배로 할 때 생산량이 2배 이상이 되는 것을 말한다. **규모에 대한 수확체감**은 모든 생산요소의 투입량을 2배로 할 때 생산량이 2배 미만이 되는 것을 말한다.

복습문제

1. 생산함수란 무엇인가? 장기 생산함수는 단기 생산함수와 어떻게 다른가?

2. 노동 투입량을 증가시킬 때 단기에서 노동의 한계생산물이 처음에는 증가하는 이유는 무엇인가?

3. 단기의 생산에서 왜 궁극적으로 노동의 수확체감 현상이 나타나는가?

4. 여러분이 조립공정에 투입할 근로자를 찾고 있는 고용주라고 하자. 여러분은 노동의 평균생산물에 관심을 더 가질 것인가 아니면 마지막으로 고용된 근로자의 한계생산물에 더 관심을 가질 것인가? 만약 노동의 평균생산물이 하락한다는 사실을 발견한다면 여러분은 더 많은 근로자를 고용할 것인가? 이러한 상황이 여러분이 고용한 마지막 근로자의 한계생산물에 대해 의미하는 바는 무엇인가?

5. 생산함수와 등량곡선의 차이점은 무엇인가?

6. 끊임없이 변화하는 상황하에서 기업이 고정생산요소를 유지하는 이유는 무엇인가? 어떤 생산요소가 고정생산요소인지 변동생산요소인지를 결정하는 기준은 무엇인가?

7. 등량곡선은 원점을 향해 볼록할 수도 있고 직선일 수도 있고 L자 모양일 수도 있다. 생산함수가 어떤 특성을 가질 때 이러한 각 형태가 나타나는가? 또한 각 형태의 등량곡선은 MRTS에 대해 무엇을 의미하는가?

8. 등량곡선은 우상향할 수도 있는가? 설명하라.

9. 기술적 한계대체율을 설명하라. MRTS=4가 의미하는 바는 무엇인가?

10. 점점 더 많은 노동으로 자본을 대체해 감에 따라 기술적 한계대체율이 체감하는 이유를 설명하라.

11. 생산요소 중 하나에서 수확체감 현상이 나타나면서 동시에 규모에 대한 수확불변 현상이 나타날 수 있는가? 설명해 보라.

12. 기업은 생산량이 증가함에 따라 규모에 대한 수확체증, 규모에 대한 수확불변, 규모에 대한 수확체감 현상을 갖는 생산함수를 가질 수 있는가? 설명하라.

13. 생산물 q가 단일 생산요소인 노동(L)의 함수라고 하자. 다음의 생산함수들과 관련된 규모에 대한 수확을 설명하라.

    (a) $q = L/2$ (b) $q = L^2 + L$ (c) $q = \log(L)$

연습문제

1. 조가 운영하는 커피숍의 메뉴는 다양한 커피, 빵, 샌드위치로 구성된다. 추가적인 종업원의 한계생산물은 주어진 시간에 그 종업원이 맞이할 수 있는 고객의 수로 정의될 수 있다. 조는 1명의 종업원을 고용하고 있는데 한두 명을 더 고용할 것을 고려하고 있다. 두 번째나 세 번째 종업원의 한계생산물이 첫 번째 종업원의 한계생산물보다 더 높을 수 있는 이유를 설명하라. 추가적인 종업원의 한계생산물은 궁극적으로는 감소할 것이라고 생각하는 이유는 무엇인가?

2. 의자를 제조하는 회사가 기존의 공장과 장비를 가지고 의자를 생산하는 단기 상황에 있다. 이 회사의 생산량은 다음과 같이 종업원 수에 따라 달라진다.

종업원 수	의자 수
1	10
2	18
3	24
4	28
5	30
6	28
7	25

   a. 이 생산함수에서의 노동의 평균생산물과 한계생산물을 계산하라.
   b. 이 생산함수는 노동에 대한 수확체감을 나타내는가? 설명하라.
   c. 노동의 한계생산물이 음(−)의 값을 갖게 되는 이유로는 어떤 것이 있는가? 직관적으로 설명하라.

3. 다음 표의 빈칸을 채워라.

변동요소의 투입량	총생산량	변동요소의 한계생산물	변동요소의 평균생산물
0	0	−	−
1	225		
2			300
3		300	
4	1,140		
5		225	
6			225

4. 한 선거운동 전략가는 텔레비전 광고를 할 것인가, 아니면 잠재적 투표자에게 편지를 보낼 것인가를 결정해야 한다. 투표의 생산함수를 설명하라. 이 함수에 대한 정보(예: 등량곡선의 모양)는 이 전략가가 전략을 짜는 데 어떤 도움을 줄 수 있는가?

5. 다음의 각 경우에 해당하는 등량곡선을 그려라. 각 경우에 기술적 한계대체율에 대해서는 어떤 설명을 할 수 있는가?
   a. 어떤 기업이 자신의 제품을 정규직 직원만으로 생산할 수도 있고, 정규직과 비정규직 직원을 혼합하여 생산할 수도 있다. 정규직 직원을 1명씩 줄인다면 기업은 동일한 생산량을 유지하기 위해서 비정규직 직원의 채용을 점점 늘려야 한다.
   b. 어떤 기업이 자신의 생산량을 일정하게 유지하면서도 항상 노동 2단위당 자본 1단위를 대체해서 사용할 수 있다는 것을 발견하였다.
   c. 어떤 기업은 기계를 가동하기 위해서 기계 1대당 2명의 정규직 근로자를 채용해야 한다.

6. 어떤 기업은 장기에서 생산요소들을 서로 완전대체적으로 사용할 수 있는 생산공정을 가진다. 기술적 한계대체율이 높은지 혹은 낮은지를 말할 수 있는가? 아니면 더 많은 정보가 필요한가? 설명하라.

7. 컴퓨터 칩의 생산에 있어서 노동의 한계생산물은 시간당 50개의 칩이다. 노동시간의 기계사용시간에 대한 기술적 한계대체율은 1/4이다. 자본의 한계생산물은 얼마인가?

8. 다음 각 생산함수에서 규모에 대한 수확은 체증하는가, 불변인가, 체감하는가? 다른 생산요소들이 고정된 상태에서 한 생산요소의 투입량을 증가시키면 그 생산요소의 한계생산물은 어떻게 변하는가?
   a. $q = 3L + 2K$
   b. $q = (2L + 2K)^{1/2}$
   c. $q = 3LK^2$
   d. $q = L^{1/2}K^{1/2}$
   e. $q = 4L^{1/2} + 4K$

9. DISK사의 생산함수는 $q = 10K^{0.5}L^{0.5}$로 주어진다. q는 하루에 생산되는 컴퓨터의 수이고, K는 기계사용시간, L은 노동시간이다. DISK사의 경쟁사인 FLOPPY사의 생산함수는 $q = 10K^{0.6}L^{0.4}$이다.

   a. 만약 두 회사가 같은 양의 자본과 노동을 투입한다면 어떤 회사가 더 많은 생산량을 생산할 것인가?

   b. 자본은 9시간의 기계사용으로 제한되지만 노동의 공급은 제한되지 않는다면 어떤 회사의 노동 한계생산물이 더 많은가? 설명하라.

10. 사례 6.4에서, 밀의 생산함수는 $q = 100(K^{0.8}L^{0.2})$이다.

   a. 자본 투입량이 4, 노동 투입량이 49에서 시작하여 노동의 한계생산물과 자본의 한계생산물은 모두 체감한다는 것을 보여라.

   b. 이 생산함수는 규모에 대한 수확이 체증하는가, 체감하는가, 아니면 변하지 않는가?

11. 생산물인 기대수명(L년)은 의료서비스를 위한 지출액(H)과 영양공급을 위한 지출액(N)이라는 두 투입물의 함수이다. 투입물의 측정단위는 \$100/년이다. 생산함수는 $L = cH^{0.8}N^{0.2}$이다.

   a. 연간 \$400의 의료서비스 지출액($H = 4$)과 연간 \$4,900의 영양공급 지출액($N = 49$)을 가지고 의료서비스 지출액과 영양공급 지출액의 한계생산물이 모두 감소한다는 것을 보여라.

   b. 이 생산함수는 규모에 대한 수확체증, 규모에 대한 수확체감, 아니면 규모에 대한 수확불변을 보이는지를 확인하라.

   c. 기아에 허덕이는 어떤 국가가 있다고 하자. N은 2에 고정되어 있고, $c = 4$이다. L을 세로축, H를 가로축에 놓고 의료지출액(H)의 함수인 기대수명(L)의 생산함수를 그려라.

   d. 어떤 국가가 기아에 허덕이는 이 국가에 식량을 지원하여 $N = 4$로 증가했다고 하자. 새로운 생산함수를 그려 보라.

   e. $N = 4$, $H = 2$라고 하자. 여러분은 이 국가에 식량을 지원할 수도 있고 의료서비스를 지원할 수도 있다. H를 1만큼 증가시키는 것과 N을 1만큼 증가시키는 것 중 어느 쪽이 더 큰 혜택을 발생시키는가?

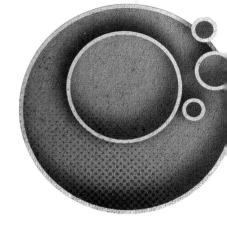

CHAPTER 7
생산비용

앞장에서는 생산요소를 생산물로 변환시키는 생산함수에 대해 살펴보았다. 이제 생산기술이 생산요소의 가격과 함께 기업의 생산비용을 어떻게 결정하는지에 대해 살펴본다.

생산기술이 주어진 상태에서 경영자는 어떻게 생산해야 하는가를 결정해야 한다. 앞에서 살펴본 바와 같이 기업은 다양한 생산요소들의 조합을 이용하여 동일한 생산량을 생산할 수 있다. 일정한 생산량을 생산하기 위해 노동을 아주 많이 사용하고 자본은 아주 적게 사용할 수도 있으며, 노동은 아주 적게 사용하고 자본을 아주 많이 사용할 수도 있으며, 또한 그 밖의 조합을 이용할 수도 있다. 이 장에서는 비용을 최소화하는 생산요소들의 최적 조합의 선택에 대해 살펴본다. 또한 생산비용은 생산량에 따라 어떻게 변하며, 시간이 지남에 따라 어떻게 변하는지에 대해서도 살펴본다.

먼저, 기업의 미래 성과에 관심을 가지는 경제학자들이 사용하는 비용의 개념과 기업의 재무제표에 초점을 맞추는 회계사들이 사용하는 비용의 개념을 구분하여 비용이 어떻게 정의되고 측정되는지에 대해 설명한다. 다음으로는 자본의 양을 변화시킬 수 없는 단기 상황과 모든 생산요소를 변화시킬 수 있는 장기 상황에서 생산기술의 특징이 비용에 어떠한 영향을 미치는지를 살펴본다.

또한 생산요소들의 조합을 변화시키는 경우와 다양한 생산물을 생산하는 경우에 규모에 대한 수확이라는 개념을 일반화시키는 방법에 대해 알아보며, 시간이 지나면서 경영자와 노동자의 경험이 축적되고 생산과정이 보다 효율적으로 됨으로써 비용은 어떻게 감소하는지에 대해서도 살펴본다. 마지막으로, 실증적 정보를 이용하여 비용함수의 추정과 미래의 비용을 예측하는 방법에 대해 살펴본다.

7.1 비용의 측정: 어떤 비용인가

기업의 비용 최소화에 대해 살펴보기 전에 비용이 무엇을 의미하는지와 비용을 어떻게 측정해야 하는지를 명확히 할 필요가 있다. 어떤 항목들이 기업의 비용으로 포함되어야 하는가? 기업이 노동자에게 지불하는 임금과 사무실을 임대하는 데 지불하는 임대료는 분명히 비용에 포함된다. 그러나 기업이 이미 빌딩을 소유하고 있어서 임대료를 지불할 필요가 없는 경우에는 어떻게 하는가? 기업이 이미 2, 3년 전에 장비의 구매나 연구 개발에 지출했기 때문에 회수할 수 없는 비용은 어떻게 다루어야 하는가? 우리는 경영자의 경제적 의사결정이라는 측면에서 이런 질문들에 대한 답을 찾아본다.

경제적 비용과 회계적 비용

경제학자는 비용이라는 개념에 대하여 회계사와는 다르게 이해한다. 회계사는 연말 회계보고서와 같이 외부적으로 활용하기 위한 목적에서 자산 및 부채의 변동을 살피고 과거 성과를 평가하는 데 관심을 가진다. 즉 회계사는 기업의 과거 재무상황이나 운영상황을 주로 살펴본다. 따라서 회계사가 측정하는 **회계적 비용**(accounting cost)에는 경제학자가 포함시키지 않는 항목들이 포함될 수 있으며, 경제학자가 일상적으로 비용으로 보는 항목은 포함되지 않을 수 있다. 예를 들어 회계적 비용에는 실제로 지불한 비용과 국세청의 세제혜택에 기초한 자본의 감가상각비가 포함된다.

경제학자들은(경영자들도 그럴 수 있지만) 기업의 미래를 바라보는 관점에서 희소한 자원의 적절한 배분에 관심을 가진다. 따라서 미래에 어떤 비용이 발생할 가능성과 기업이 자원을 재배분함으로써 이윤을 증가시킬 수 있는 방법에 대해 관심을 가진다. 따라서 경제학자들은 생산에 사용되는 자원의 **경제적 비용**(economic cost)에 주목한다. 어떤 자원들이 경제적 비용에 포함될까? "경제적"이라는 단어는 기업이 통제할 수 있는 비용과 통제할 수 없는 비용을 구별해야 함을 의미한다. 이는 또한 생산과 관련된 **모든** 비용을 살펴보아야 한다는 것을 말해 준다. 자본, 노동, 원료는 비용에 포함되어야 하는 자원들이다. 그러나 기업은 이런 것들과 마찬가지로 중요하지만 때로는 눈에 잘 띄지 않는 자원들을 사용하기도 하는데, 이러한 자원들도 당연히 비용에 포함되어야 한다. 기회비용의 개념은 이러한 자원들도 빠짐없이 비용에 포함시켜야 한다는 것을 알려 준다.

기회비용

기회비용(opportunity cost)은 기업의 자원을 최선의 다른 용도로 사용하지 않음으로써 사라진 기회와 관련된 비용이다. 다음과 같은 예를 통해 이를 쉽게 이해할 수 있다. 어떤 기업이 빌딩을 소유하고 있어서 사무실 사용에 임대료를 따로 지불하지 않는다고 하자. 그렇다면 이 기업이 사무실을 사용하는 데는 비용이 발생하지 않는가? 기업의 경영자나 회계사는 그렇다고 할 수도 있지만, 경제학자는 이에 동의하지 않는다. 경제학자는 이 기업이 빌딩의 사무실 공간을 다른 기업에 임대한다면 임대료를 받을 수 있다는 사실에 주목한다. 사무실 공간을 임대한다는 것은 빌딩이라는 자원을 다른 용도에 사용한다는 것을 말한다. 이러한 선택을 했더라면 기업은 임대료 수입을 얻을 수 있었을 것이다. 여기서 사라진 임대료는 기업이 사무실 공간을 직접 사용함에 따른 기회비용이 된다. 또한 사무실 공간은 이 기업이 활용하는 자원이므로 이 기회비용은 또한 사업을 하는 데 드는 경제적 비용이기도 하다.

기업의 노동자들에게 지불되는 임금이나 봉급도 분명히 사업을 하는 데 드는 경제적 비용이

회계적 비용 실제로 지출한 비용에 자본설비의 감가상각비를 더한 비용

경제적 비용 생산을 위해 경제적 자원을 사용할 때 드는 비용

기회비용 기업의 자원을 최선의 다른 용도로 사용하지 않음으로써 사라진 기회와 관련된 비용

다. 또한 잘 생각해 보면 이러한 비용도 기회비용임을 알 수 있다. 그 이유는 노동자들에게 지불된 금액은 다른 용도에 사용될 수도 있었기 때문이다. 기업은 아마 그 돈의 일부나 전부를 노동의 사용을 줄일 수 있는 기계를 구입하는 데 사용하거나 아니면 심지어 다른 제품을 생산하는 데 사용할 수도 있었을 것이다. 따라서 경제적 비용과 기회비용은 동일하다는 것을 알 수 있다. 기업이 사용하는 모든 자원을 제대로 포함시키고 측정한다면 다음의 관계가 성립한다.

경제적 비용 = 기회비용

경제적 비용과 기회비용은 서로 같은 개념이지만, 기회비용의 개념은 선택하지 않은 대안에 따른 금전적 지출이 반영되지 않을 때 특히 유용하다. 임금이나 기타 생산요소의 비용에 있어서 경제적 비용과 회계적 비용은 어떻게 다른지 알아보기 위해 기회비용에 대해 보다 자세히 살펴보자. 어떤 여성이 장난감 소매점을 운영하면서 자신의 봉급은 별도로 챙기지 않는 경우를 생각해 보자(설명을 단순화하기 위해 임대료 지불은 고려하지 않는다). 이 여성이 장난감 가게를 운영하는 대신 똑같은 노력이 필요한 다른 일을 한다면 연간 $60,000를 벌 수 있다고 하자. 이 경우, 장난감 가게를 운영하면서 보내는 시간에 대해 이 여성이 지불하는 기회비용은 $60,000이다.

이제 이 여성이 작년에 $100만의 장난감을 구입하여 창고에 보관 중이라고 하자. 이 여성은 연말의 휴가 기간에 장난감을 구입가보다 높은 가격에 모두 판매함으로써 상당한 이윤을 남길 수 있을 것으로 기대하고 있다. 그런데 가을로 접어들면서 다른 장난감 소매상으로부터 장난감 재고를 $150만에 사겠다는 제안을 받는다. 이 여성은 장난감 재고를 팔아야 하는가, 팔지 않아야 하는가? 이에 대한 답은 부분적으로는 사업에 대한 자신의 전망에 달려 있지만 또한 장난감 재고의 구입에 대한 기회비용에도 달려 있다. 장난감 재고를 모두 다시 구입하는 데 $150만가 든다면, 팔지 않는 것에 대한 기회비용은 이 가게주인이 처음에 지불한 금액인 $100만가 아니라 $150만가 된다.

처음에 장난감을 구입했을 때 지불한 비용과 장난감 재고의 현재 시장가치의 차이인 $50만를 기회비용으로 생각할 수도 있다. 핵심은 장난감 재고를 어떻게 해야 할지를 결정하는 것은 바로 미래의 사업을 위한 최선의 선택이 무엇인지를 결정한다는 것이다. 이를 위해서는 장난감 재고를 자신이 그대로 보유한다면 다른 회사에 판매함으로써 얻을 수 있는 $150만를 포기해야 한다는 사실을 인식해야 한다.[1]

하지만 회계사는 이런 식으로 생각하지 않을 것이다. 회계사는 이 장난감 가게주인에게 처음에 구입할 때 지불한 $100만가 재고의 비용이라고 말할 것이다. 이러한 판단이 왜 잘못된 것인가를 명확히 이해할 필요가 있다. 장난감 재고를 그대로 보유하면서 자신이 사용함에 따라 실제로 발생하는 경제적 비용은 그것을 다른 소매상에게 판매함으로써 얻을 수 있는 $150만이다.

회계사와 경제학자는 때로는 감가상각비에 대한 계산도 다르게 한다. 사업의 미래 수익성을 추정할 때 경제학자와 경영자는 공장이나 기계의 자본비용에 관심을 가진다. 이 비용에는 기계의 구입과 작동에 관한 금전적 지출뿐만 아니라 기계가 오래되어 마모됨에 따른 비용도 포함된

---

1 물론 기회비용은 상황과 기간에 따라 달라질 수 있다. 만약 휴가철에 수요가 급증하는 제품이 재고에 포함되어 있어 재고의 가치가 갑자기 $170만로 상승하였다면 재고를 그대로 유지하는 데 대한 기회비용은 $170만로 증가할 것이다.

다. 과거 실적을 평가할 때 원가회계 담당자는 광범위하게 정의된 유형의 자산에 적용되는 세법에서 원가 및 이익 계산에서 허용되는 감가상각비를 결정한다. 그러나 이러한 감가상각비에는 자산에 따라 차이가 나는 장비의 실제 마모가 반영될 필요는 없다.

매몰비용

기회비용은 대체로 숨겨진 비용이지만 경제적 의사결정에서는 반드시 고려해야 한다. 그러나 **매몰비용**(sunk cost)의 경우는 그 반대이다. 매몰비용이란 이미 지불되었으며 다시 회수할 수 없는 비용을 말한다. 매몰비용은 일반적으로 눈에 띄는 비용이지만, 일단 발생한 후에는 미래에 관한 경제적 의사결정에서 항상 무시되어야 한다.

매몰비용은 회수할 수 없으므로 기업의 의사결정에 영향을 주어서는 안 된다. 예를 들어 어떤 공장을 위해 특수하게 제작된 장비를 구입하는 경우를 생각해 보자. 기업이 이 장비를 당초의 용도 외에 다른 용도로 사용할 수 없다면 장비를 구입하는 데 이미 지불한 금액은 매몰비용이다. 다른 용도로 사용할 수 없으므로 이 장비의 기회비용은 0이다. 따라서 이 비용은 기업의 경제적 비용의 일부로 포함시켜서는 안 된다. 이 장비를 구입하기로 한 의사결정은 좋은 결정이었을 수도 있고 나쁜 결정이었을 수도 있다. 그러나 이는 문제가 되지 않는다. 이는 이미 지나가 버린 일이며 현재의 의사결정에 영향을 미쳐서는 안 된다.

만약 이 장비를 다른 용도로 사용할 수 있거나, 판매하거나 혹은 다른 기업에 임대할 수 있다면 문제가 달라진다. 이런 경우에는 장비의 사용은 경제적 비용을 발생시킨다. 다시 말해, 이 장비를 판매하거나 임대하는 대신 직접 사용함에 따른 기회비용이 발생한다.

이제 미래의 매몰비용에 대해 살펴보자. 예를 들어 기업이 특수한 용도로 사용할 장비를 구입할 것을 고려하고 있다고 하자. 발생할 수도 있는 미래의 매몰비용은 이 기계에 대한 **투자비용**이다. 이 경우 기업은 이러한 특수 용도의 기계에 투자하는 것이 **경제적인가**(비용을 보상하고도 남는 수입이 있는가)를 살펴봐야 한다. 제15장에서 이러한 종류의 투자결정에 대해 자세히 살펴볼 것이다.

예를 들어 어떤 기업이 본사를 새로운 도시로 옮기는 것을 고려하고 있다고 하자. 작년에 이 기업은 그 도시에 있는 어떤 빌딩을 살 수 있는 옵션을 $50만에 구입하였는데, 이 옵션은 그 빌딩을 $500만를 주고 살 수 있는 권리이다. 따라서 이 기업이 그 빌딩을 구매한다면 총비용은 $550만가 된다. 한편 이 기업은 같은 도시에 있는 비슷한 빌딩을 $525만에 구입할 수 있다는 것을 알게 되었다. 이 경우 기업은 어떤 빌딩을 사야 하는가? 답은 처음의 빌딩이다. $50만의 옵션은 매몰비용으로서 기업의 현재 의사결정에 영향을 미쳐서는 안 된다. 문제는 추가적으로 $500만를 지출할 것인가 아니면 추가적으로 $525만를 지출할 것인가이다. 경제적 분석에서는 옵션에 지불된 매몰비용을 분석에서 제외하므로 처음 빌딩의 경제적 비용은 $500만가 된다. 한편, 새로운 빌딩의 경제적 비용은 $525만이다. 물론 새로운 빌딩이 $490만라면 이 기업은 새로운 빌딩을 구입하면서 옵션을 포기해야 한다.

사례 7.1 새로운 로스쿨 건물의 입지 선정

노스웨스턴대학의 로스쿨은 오래전에 시카고 시내의 미시간호 주변에 자리 잡았다. 그러나 이 대학의 본 캠퍼스는 이반스톤의 교외에 위치하고 있다. 1970년대 중반에 로스쿨은 새로운 빌딩 건립을 계획하면서 적절한 위치를 결정해야 했다. 법률사무소가 많은 시카고 시내 중심부의 현재 위치에 빌딩을 지어야 할까 아니면 다른 단과대학들이 소재한 이반스톤으로 옮겨야 할까?

시카고 시내에 위치해야 한다고 주장하는 사람들이 많았다. 그들은 노스웨스턴대학이 이미 가지고 있던 시내 부지에 로스쿨을 새로 건립하는 것이 비용 측면에서 더 나은 결정이라고 주장하였다. 만약 이반스톤에 짓는다면 상당한 규모의 새 부지를 확보해야 했다. 이러한 주장은 경제적으로 합리적인가?

그렇지 않다. 이 주장은 기회비용을 무시하는 통상적인 실수를 저지른 것이다. 경제적인 관점에서 본다면 미시간호에 접한 부지의 기회비용이 높기 때문에 시카고 시내에 위치를 정한다는 것은 매우 비싼 비용을 지불하는 것이다. 그 부지를 판다면 이반스톤의 부지를 사고도 상당한 돈을 남길 수 있었다.

결과적으로 노스웨스턴대학은 시카고에 로스쿨 빌딩을 짓기로 결정하였다. 이는 비싼 비용을 지불한 결정이었다. 만약 시카고에 위치하는 것이 로스쿨의 입장에서는 매우 가치가 있었다면 그러한 결정은 적절한 결정이었을 수도 있다. 그러나 만약 시카고에 건립하면 토지 매입비용이 발생하지 않는다는 생각에서 그러한 결정이 이루어졌다면 적절한 결정이라고 볼 수 없다.

고정비용과 변동비용

비용 중 일부는 생산량과 함께 변하지만 나머지 일부는 기업의 생산량에 관계없이 변하지 않는다. 이러한 구분은 다음 장에서 살펴보는 기업의 이윤을 극대화하는 생산량의 선택에 있어서 매우 중요하다. 따라서 우리는 생산에 필요한 총경제적 비용인 **총비용**(total cost, TC 또는 C)을 두 가지로 구분한다.

- **고정비용**(fixed cost, FC): 생산량의 변화와 관계없이 변하지 않으며 조업을 그만둘 때만 없앨 수 있는 비용
- **변동비용**(variable cost, VC): 생산량의 변화에 따라 변하는 비용

상황에 따라 다를 수 있지만, 고정비용은 공장의 유지, 보험, 전기 및 최소한 고용해야 하는 직원들에 대한 지출을 포함하며, 기업의 생산량과 관계없이 일정하다. 변동비용은 생산을 위한 임금, 봉급, 원재료에 대한 지출 등을 포함하며 생산량이 증가함에 따라 증가한다.

고정비용은 생산량과 함께 변하지 않으며 전혀 생산이 이루어지지 않더라도 지불되어야 한다. 기업이 고정비용을 없앨 수 있는 유일한 방법은 조업을 중단하는 것이다.

조업중단   기업의 조업중단(shutting down)이 반드시 폐업을 의미하지는 않는다. 예를 들어 여러 개의 공장을 소유한 어떤 의류회사가 수요 감소에 따라 한 공장에서의 생산량과 비용을 가능한 한 많이 줄이려고 한다고 하자. 이 회사가 한 공장의 생산량을 0으로 줄인다면 원료나 노동에 대한 비용을 제거할 수 있지만 여전히 공장장의 봉급이나 안전관리요원의 임금, 시설유지비 등의 고정비용은 발생한다. 이러한 고정비용을 없앨 수 있는 유일한 방법은 그 공장의 문을 닫고 전기를 끊고 기계를 팔거나 폐기하는 것이다. 그러나 이렇게 하더라도 이 회사는 다른 공장을 가동하고 있기 때문에 의류사업에서 완전히 손을 뗀 것이 아니다. 나중에 새 기계를 구입하거나 기존

총비용(TC 또는 C) 생산에 드는 총경제적 비용으로서 고정비용과 변동비용으로 구성됨

고정비용(FC) 생산량의 변화에 따라 변하지 않으며, 조업을 중단할 경우에만 없앨 수 있는 비용

변동비용(VC) 생산량의 변화에 따라 변하는 비용

기계를 수리하기 위한 비용을 지불하고 그 공장을 다시 가동할 수도 있다.

고정비용 또는 변동비용?   변동비용과 고정비용을 어떻게 구분하는가? 이에 대한 답은 생산에서 고려하는 기간에 달려 있다. 몇 개월과 같이 매우 짧은 기간에는 대부분의 비용은 고정비용이다. 이러한 짧은 기간 동안에는 기업의 생산량과 관계없이 이미 구매계약을 맺은 원재료에 대한 대금을 지불해야 하며, 또한 근로자도 쉽게 해고할 수 없다.

한편 2, 3년과 같이 좀 더 긴 기간에는 많은 비용이 변동비용이 된다. 이러한 기간 동안에는 기업이 자신의 생산량을 줄이고자 한다면 노동력이나 원재료의 구매를 줄일 수 있으며, 심지어 기계의 일부를 매각할 수도 있다. 10년과 같이 매우 긴 기간 동안에는 거의 모든 비용은 변동비용이 된다. 근로자나 경영자를 해고할 수도 있으며(퇴직하는 사람을 보충하지 않는 방법으로 고용을 줄일 수도 있다), 기계의 대부분을 매각할 수도 있고, 오래된 기계를 교체하지 않고 폐기할 수도 있다.

기업의 경영에서 고정비용과 변동비용의 구분은 중요하다. 기업은 생산량을 늘리거나 줄이고자 할 때 그러한 변화가 비용에 미치는 영향을 파악해야 한다. 예를 들어 델타항공사(Delta Air Lines)가 직면했던 문제를 살펴보자. 델타는 비행 횟수를 10% 줄인다면 비용이 어떻게 변하는지를 알고자 했다. 그 답은 기간이 단기인가 장기인가에 따라 달라진다. 예를 들어 6개월과 같은 단기에는 비행스케줄이 고정되어 있으며 근로자를 해고하기가 어렵다. 따라서 델타의 단기 비용 대부분은 고정비용이며, 비행 횟수를 줄인다고 해서 비용이 크게 줄어들지는 않는다. 반면, 2년 혹은 그 이상과 같은 장기의 경우에는 상황은 매우 달라진다. 델타는 필요 없는 비행기를 팔거나 대여하며, 불필요한 근로자를 해고할 수 있는 충분한 시간을 가진다. 이 경우 대부분의 비용은 변동비용이 되며, 따라서 비행 횟수를 10% 줄임으로써 비용을 상당히 절감할 수 있다.

고정비용과 매몰비용

매몰비용과 고정비용은 자주 혼동된다. 앞에서 설명한 바와 같이, 고정비용은 기업이 생산량과 관계없이 지불하는 비용이다. 예를 들어 고정비용에는 회사를 운영하는 중역들의 봉급, 사무실 공간과 지원인력에 대한 지출, 그리고 보험료와 공장 유지비용 등이 포함될 수 있다. 고정비용은 기업이 조업을 중단하거나 사업을 그만둔다면 발생하지 않는다(중역들과 그들을 지원하는 인력은 필요 없게 된다).

한편, 매몰비용은 이미 발생했으며 회수할 수 없는 비용이다. 예를 들어 한 제약회사가 신약을 개발하고 실험하는 데 지출한 연구개발비와 신약의 안전성과 효능이 증명된 후에 마케팅에 지출한 비용을 생각해 보자. 신약의 성공 여부에 관계없이 이러한 비용은 다시 회수될 수 없으며 따라서 매몰비용이다. 또 다른 예로 컴퓨터에 사용되는 마이크로프로세서를 만드는 칩 제조공장의 비용을 생각해 보자. 이 공장에서 사용하는 장비는 매우 특화된 장비로서 다른 산업에서는 사용될 수 없다. 따라서 그 공장의 비용 중 전부는 아니라도 대부분은 매몰비용으로 다시 회수될 수 없는 비용이다(물론 비용 중 극히 일부는 장비를 고물로 팔아서 다시 회수될 수도 있을 것이다).

한편 기업이 생산량이나 이윤에 관계없이 사업을 계속하는 한 노동자에게 매년 퇴직보조금을 지불하는 계약을 맺었다고 하자. 이러한 지출은 기업이 사업을 그만두는 경우에만 중단되므로 고정비용으로 봐야 한다.

고정비용과 매몰비용을 구분하는 이유는 고정비용은 기업의 의사결정에 영향을 미치는 반면에 매몰비용은 그렇지 않기 때문이다. 고정비용은 수입에 비해 상대적으로 높으며 줄일 수도 없으므로 기업이 조업을 중단하도록 만들 수도 있다. 그 이유는 고정비용을 없애고 이윤을 포기하는 것이 지속적인 손실을 발생시키는 것보다 낫기 때문이다. 한편 잘못된 의사결정으로 인해 높은 매몰비용이 발생한다면(예를 들어 신제품 개발의 실패), 그 비용은 이미 지출된 비용이므로 조업을 중단하더라도 회수되지 않는다. 물론 앞에서 언급했듯이 미래에 발생할 수도 있는 매몰비용은 미래에 대한 기업의 의사결정(예를 들어 그 신제품을 개발해야 하는가?)에 영향을 미친다.

매몰비용의 분할할당 현실적으로는 많은 기업들은 매몰비용과 고정비용을 항상 구분하지는 않는다. 예를 들어 칩 제조공장(분명히 매몰비용임)에 $6억를 지출한 어떤 반도체회사가 이를 6년에 걸쳐 **분할할당**(amortization)하여 매년 $1억의 고정비용이 발생하는 것으로 처리할 수 있다. 이 회사의 경영자가 조업을 중단함으로써 매년 $1억의 지출을 줄일 수 없다는 것을 이해한다면 이것이 큰 문제가 되지 않는다. 실제로, 이러한 방식으로 자본 지출을 분할할당(수년에 걸쳐 고정비용으로 처리)하는 방법은 회사의 장기적인 수익성을 평가하는 유용한 방법이 될 수도 있다.

대규모 자본 지출을 분할할당하고 이를 지속적으로 발생하는 고정비용으로 처리하면 기업 활동에 대한 경제적 분석을 단순화할 수 있다. 앞으로 살펴보겠지만 자본 지출을 이러한 방식으로 처리함으로써 기업이 노동과 자본의 사용을 선택할 때 직면하는 상호교환관계(tradeoff)를 좀 더 쉽게 이해할 수 있다. 단순화를 위해, 여기서는 매몰비용을 분할할당하는 것으로 간주하여 기업의 생산과 관련된 의사결정을 살펴본다. 분석에서 매몰비용과 고정비용을 구분하는 것이 필수적인 경우에는 그에 대해 따로 언급할 것이다.

분할할당 한 번에 지출한 비용을 수년간 분산시켜서 매년 발생한 비용으로 처리하는 것

사례 7.2 매몰비용, 고정비용, 변동비용 : 컴퓨터, 소프트웨어, 피자

기업의 비용구조는 기업의 가격과 생산결정, 그리고 기업의 수익성에 중요한 영향을 미친다. 따라서 경영자는 생산비용의 특징을 이해하고 어떤 비용이 고정비용이고 어떤 비용이 변동비용이며 또 어떤 비용이 매몰비용인지를 구별할 수 있어야 한다. 이러한 여러 가지 비용의 상대적 크기는 산업에 따라 상당히 다르다. 좋은 예로는 개인용 컴퓨터 산업(대부분의 비용이 변동비용), 컴퓨터 소프트웨어 산업(대부분의 비용이 매몰비용), 피자사업(대부분의 비용이 고정비용) 등의 경우를 생각할 수 있다. 이러한 산업들에 대해 각각 살펴보자.

컴퓨터 : 델(Dell), 르노보(Lenovo), 휴렛팩커드(Hewlett-Packard)와 같은 기업들은 매년 수백만 대의 개인용 컴퓨터를 생산한다. 컴퓨터는 매우 유사하기 때문에 경쟁이 치열하며 수익성은 비용절감에 크게 의존한다. 비용의 대부분은 변동비용이며 따라서 매년 생산되는 컴퓨터 수에 비례해서 증가한다. 가장 중요한 것은 마이크로프로세서, 메모리칩, 하드디스크 드라이브, 사운드 카드 등의 부품비용이다. 통상적으로 이러한 부품들의 상당 부분은 컴퓨터의 생산량에 따라서 대량으로 외부공급자로부터 구매한다.

변동비용을 구성하는 또 다른 중요한 부분은 노동이다. 근로자는 컴퓨터를 조립하고, 포장, 운송하는 데 필요하다. 공장비용은 연간 컴퓨터 생산량에 비해 극히 적은 부분을 차지하기 때문에 매몰비용도 거의 없다. 마찬가지로 고정비용은 회사중역과 보안요원의 봉급, 전기요금 정도로 매우 적다. 따라서 델과 휴렛팩커드가 비용절감을 고려할 때는 부품에 대해 지불하는 가격을 낮추거나 노동의 사용량을 줄임으로써 변동비용을 줄이는 데 초점을 맞춘다.

소프트웨어: 개인용 컴퓨터에 사용되는 소프트웨어 프로그램의 경우는 어떠한가? 마이크로소프트사는 윈도즈 운영체제뿐만 아니라 워드, 엑셀, 파워포인트 등의 응용프로그램도 생산한다. 또한 그 외 많은 크고 작은 회사들도 개인용 컴퓨터에서 사용하는 소프트웨어 프로그램을 생산한다. 이러한 회사들의 생산비용은 컴퓨터 하드웨어를 생산하는 회사들의 비용과는 상당히 다르다. 소프트웨어 생산에서는 대부분의 비용이 매몰비용이다. 소프트웨어 생산회사는 새로운 응용프로그램을 개발하는 데 많은 돈을 지출하는데, 이러한 지출은 회수될 수 없다.

일단 프로그램 개발이 완료된 후에는 회사는 가능한 한 많은 카피를 판매함으로써 자신의 투자비용을 회수하고 또한 이윤을 증가시키고자 한다. 프로그램 카피를 생산하는 데 드는 변동비용은 매우 적은데, 대부분은 프로그램을 CD 등에 복사하거나 포장하고, 운송하는 데 드는 비용이다. 마찬가지로 고정비용도 적다. 따라서 대부분의 비용이 매몰비용이기 때문에 소프트웨어 개발 사업에 뛰어들기 위해서는 상당한 위험을 감수해야 한다. 개발비용이 지출되고 제품이 판매될 때까지 기업가는 얼마나 많은 카피가 팔릴지 혹은 수익을 얻을 수 있을지 알기 어렵다.

피자: 마지막으로 피자가게의 경우를 살펴보자. 피자가게의 경우에는 비용에서 고정비용이 가장 많은 부분을 차지한다. 피자를 굽는 오븐, 의자, 테이블, 그릇 등은 사업을 그만둔다면 다른 곳에 팔 수 있으므로 매몰비용은 적다. 변동비용 또한 매우 적다. 변동비용의 대부분은 피자를 만드는 데 드는 원료비(큰 피자 한 판을 만드는 데 드는 밀가루, 토마토소스, 치즈, 페페로니 등의 비용은 $1~2 정도일 것이다)와 피자를 만들고, 서빙하고, 배달하는 데 필요한 근로자에게 지불하는 임금이다. 여기에는 피자가게 주인의 기회비용(아마도 일주일에 60~70시간 정도를 일할 것이다), 임대료, 전기료, 수도료 등이 포함된다. 이와 같이 고정비용이 많이 들기 때문에 대부분의 피자가게는(큰 피자 한 판에 12달러를 받는다면 이를 만드는 데 드는 변동비용은 약 $3가 될 것이다) 이윤이 높지 않다.

미시경제학 교과서: 마지막으로 여러분이 읽고 있는 이 교과서의 비용을 생각해 보자. 여러분이 생각하는 비용은 변동비용(책 1권을 추가로 생산하기 위해 드는 비용)일 것이다. 저자에 대한 인세(도매가의 일정 비율)를 무시하고 하드커버로 된 책을 가지고 있다고 가정하면, 비용은 단지 $5~10이다. 저술과 개정에 든 저자의 시간에 대한 기회비용과 출판사의 편집, 조판 및 교정비용 등 대부분의 비용은 매몰비용이다. 컴퓨터 소프트웨어와 마찬가지로 교과서 생산비용은 여러분이 지불하는 가격과 크게 관련이 없다. 이에 대해서는 제12장에서 더 자세히 살펴보는데, 사례 12.5를 읽어 보라.

한계비용과 평균비용

이제 비용에 대한 설명을 마무리하기 위해 한계비용과 평균비용의 차이를 살펴본다. 이 두 가지 비용의 차이를 설명하기 위하여 표 7.1에 나타낸 바와 같이 많은 기업이 직면하는 대표적인 비용 상황을 보여 주는 비용함수(비용과 생산량과의 관계)를 사용한다. 한계비용과 평균비용의 개념을 설명한 후에 단기와 장기의 비용 분석은 어떤 차이가 있는지에 대해 살펴본다.

한계비용(MC) 생산량을 1단위 추가적으로 생산하는 데 따르는 비용의 증가분

한계비용(MC) 한계비용(marginal cost)은 증분적 비용(incremental cost)이라고도 하는데, 생산량을 1단위 추가적으로 생산하는 데 따르는 비용의 증가분을 말한다. 기업이 생산량을 변화시키더라도 고정비용은 변하지 않으므로 한계비용은 변동비용의 증가분과 같으며 또한 1단위 추가적인 생산에 따른 총비용의 증가분과 같다. 따라서 한계비용은 다음과 같이 표현할 수 있다.

$$MC = \Delta VC / \Delta q = \Delta TC / \Delta q$$

한계비용은 기업이 생산량을 1단위 더 생산할 때 얼마만큼의 비용이 더 발생하는지를 보여 준다. 표 7.1에서 한계비용은 세 번째 열에 있는 변동비용이나 네 번째 열에 있는 총비용으로부터 계산된다. 예를 들어 생산량을 2단위에서 3단위로 증가시킨다면 변동비용이 $78에서 $98로 증

표 7.1	기업의 비용						
생산량(연간)	고정비용 (연간 달러)	변동비용 (연간 달러)	총비용 (연간 달러)	한계비용 (단위당 달러)	평균고정비용 (단위당 달러)	평균변동비용 (단위당 달러)	평균총비용 (단위당 달러)
	(FC) (1)	(VC) (2)	(TC) (3)	(MC) (4)	(AFC) (5)	(AVC) (6)	(ATC) (7)
0	50	0	50	—	—	—	—
1	50	50	100	50	50	50	100
2	50	78	128	28	25	39	64
3	50	98	148	20	16.7	32.7	49.3
4	50	112	162	14	12.5	28	40.5
5	50	130	180	18	10	26	36
6	50	150	200	20	8.3	25	33.3
7	50	175	225	25	7.1	25	32.1
8	50	204	254	29	6.3	25.5	31.8
9	50	242	292	38	5.6	26.9	32.4
10	50	300	350	58	5	30	35
11	50	385	435	85	4.5	35	39.5

가하므로 한계비용은 \$20이다(또한 총비용도 \$128에서 \$148로 \$20만큼 증가한다. 총비용은 변동비용과 고정비용만큼 차이가 난다. 고정비용은 생산량이 변하더라도 변하지 않는 비용이다).

평균총비용 **평균총비용**(average total cost, ATC)은 평균비용(AC)이나 **평균경제적 비용**(average economic cost)이라고도 하며 총비용을 생산량으로 나눈 것, 즉 TC/q이다. 따라서 5단위가 생산될 때 평균총비용은 \$36(=\$180/5)이다. 평균총비용은 생산물의 단위당 비용을 의미한다.

ATC는 두 부분으로 구성된다. **평균고정비용**(average fixed cost, AFC)은 고정비용(표 7.1의 두 번째 열)을 생산량으로 나누어 구하는데, 즉 FC/q이다. 예를 들어 4단위를 생산할 때의 평균고정비용은 \$12.5(=\$50/4)이다. 고정비용은 일정하므로, 평균고정비용은 생산량이 증가함에 따라 감소한다. **평균변동비용**(average variable cost, AVC)은 변동비용을 생산량으로 나눈 것으로서, 즉 VC/q이다. 5단위를 생산할 때의 평균변동비용은 \$26(=\$130/5)이다.

이상에서는 경쟁시장 여부와 관계없이 생산과 관련된 의사결정에서 필요한 모든 종류의 비용에 대해 설명하였다. 이제 단기와 장기에는 비용들이 어떻게 달라지는지를 설명하는데, 단기와 장기의 구분은 특히 고정비용의 경우에 매우 중요하다. 초단기에는 고정된 비용(예를 들어 단기 계약에 의해서 정해진 근로자들의 임금)이라도 좀 더 긴 기간에는 고정비용이 아닐 수 있다. 마찬가지로 공장이나 장비에 들어가는 고정 자본비용도 기업이 새로운 공장을 짓고 새로운 장비를 구입할 수 있는 긴 시간을 생각한다면 변동비용이 된다. 그러나 장기라고 해서 고정비용이 반드시 사라지는 것은 아니다. 예를 들어 어떤 기업이 노동자 퇴직 프로그램을 운영한다면 그에 따라

평균총비용(ATC) 총비용을 생산량으로 나눈 것

평균고정비용(AFC) 고정비용을 생산량으로 나눈 것

평균변동비용(AVC) 변동비용을 생산량으로 나눈 것

기업이 부담해야 하는 비용 중 일부는 고정비용이 될 수 있으며, 장기에도 고정된 비용으로 남게 된다. 이러한 고정비용은 그 기업이 파산하는 경우에만 사라진다.

7.2　단기에서의 비용

이 절에서는 우선 단기 비용에 대해 살펴보며, 7.3절에서는 장기 비용을 살펴본다.

단기 비용을 결정하는 요소

6.2절에서는 생산요소를 추가적으로 투입함에 따라 생산량의 증가분이 감소하는 것을 한계수확체감이라고 설명하였다.

표 7.1은 단기에 생산량이 증가함에 따라 변동비용과 총비용이 증가하는 모습을 보여 준다. 이러한 비용들의 증가율은 생산과정의 성격에 따라 다르며, 특히 변동생산요소들이 어느 정도의 한계수확체감을 나타내는가에 따라 달라진다. 제6장에서 설명한 바와 같이 노동의 한계수확체감은 노동의 한계생산물이 줄어드는 현상을 의미한다. 노동이 유일한 생산요소일 경우 기업이 생산량을 증가시킨다면 어떤 상황이 발생하는가? 생산량을 증가시키기 위하여 기업은 더 많은 노동을 고용해야 한다. (수확체감으로 인해) 만약 기업이 더 많은 노동을 고용함에 따라 노동의 한계생산물이 차츰 감소한다면, 생산량을 증시키기 위해서는 점점 더 많은 비용을 지출해야 한다. 따라서 변동비용과 총비용은 생산량이 증가함에 따라 점점 증가한다. 한편 만약 노동 투입량이 증가하면서 노동의 한계생산물이 약간만 감소한다면 생산량 증가에 따른 비용의 증가는 그리 급격하게 나타나지 않는다.[2]

일정한 임금 w에서 원하는 양만큼 노동을 고용할 수 있는 한 기업의 경우에 초점을 맞추어 생산과 비용 간의 관계를 보다 자세히 살펴보자. 한계비용 MC는 생산량이 1단위 변할 때 나타나는 변동비용의 변화이다(즉 MC $= \Delta\text{VC}/\Delta q$). 이때 변동비용의 변화는 추가적 노동 1단위의 비용 w에 생산량을 증가시키기 위해 추가로 고용하는 노동량 ΔL을 곱한 값이다. 즉 $\Delta\text{VC} = w\Delta L$이므로 한계비용은 다음과 같이 표현된다.

$$\text{MC} = \Delta\text{VC}/\Delta q = w\Delta L/\Delta q$$

노동의 한계생산물은 6.2절에서 설명하였다.

제6장에서 노동의 한계생산물 MP_L는 노동의 투입량을 1단위 증가시킴에 따른 생산량의 증가분, 즉 $\Delta q/\Delta L$이라고 설명하였다. 따라서 생산량을 1단위 더 얻는 데 필요한 노동의 양은 $\Delta L/\Delta q = 1/\text{MP}_L$이다. 따라서 다음과 같은 관계가 성립한다.

$$\text{MC} = w/\text{MP}_L \tag{7.1}$$

식 (7.1)은 단 하나의 변동생산요소가 존재한다면 한계비용은 변동생산요소의 가격을 그 생산요소의 한계생산물로 나눈 값과 같아진다는 것을 보여 준다. 예를 들어 노동의 한계생산물이 3이고 임금은 시간당 $30라고 하자. 1시간의 추가적인 노동의 투입은 생산량을 3단위 증가시키므로 생산량을 1단위 증가시키기 위해서는 1/3시간의 추가적인 노동이 필요하며 비용은 $10가 된다. 생산량을 1단위 증가시키는 데 드는 한계비용은 $10이며, 이는 임금 $30를 노동의 한계생산

2　암묵적으로 노동시장이 경쟁시장이라고 가정하고 있기 때문에 생산량과 관계없이 노동 1단위당 가격은 항상 같다.

물 3으로 나눈 값과 같다. 노동의 한계생산물이 낮다는 것은 생산량을 증가시키려면 많은 양의 추가적인 노동이 필요하다는 의미이며, 한계비용은 높아진다. 반대로 노동의 한계생산물이 높다는 것은 생산량을 증가시키기 위해 필요한 추가적인 노동의 양이 적다는 것을 의미하며, 이는 또한 한계비용이 낮다는 뜻이다. 일반적으로, 노동의 한계생산물이 감소하면 항상 생산의 한계비용은 증가하며, 그 반대도 성립한다.[3]

한계수확체감의 법칙과 한계비용 한계수확체감의 법칙은 노동 투입량이 증가할수록 노동의 한계생산물이 점점 감소한다는 것을 의미한다. 따라서 한계수확체감이 나타나는 경우에는 생산량이 증가함에 따라 한계비용도 증가한다. 이는 표 7.1의 한계비용을 살펴봄으로써 알 수 있다. 생산량이 0에서 4에 이를 때까지는 한계비용은 감소하지만, 생산량이 4에서 11에 이를 때까지는 한계비용이 증가한다. 이는 한계수확체감이 나타남을 보여 준다.

비용곡선의 모양

그림 7.1은 생산량의 변화에 따른 여러 가지 비용들의 변화를 보여 준다. 그림의 위쪽은 총비용과 이를 구성하는 두 부분인 변동비용과 고정비용을 보여 주며, 아래쪽은 한계비용과 평균비용을 보여 준다. 표 7.1의 수치에 따라 작성된 이러한 곡선들은 서로 다른 정보를 제공한다.

그림 7.1(a)에서 고정비용은 $50에서 수평선으로 표시되는데, 즉 고정비용(FC)은 생산량의 변화에 따라 변하지 않는다. 변동비용(VC)은 생산량이 0일 때는 0이며, 생산량이 증가함에 따라 계속 증가한다. 총비용곡선(TC)은 고정비용곡선과 변동비용곡선을 수직으로 합하여 구해진다. 고정비용은 일정하므로 두 곡선의 수직거리는 항상 $50이다.

그림 7.1(b)는 그림 7.1(a)의 곡선들에 대응하는 한계비용과 평균비용곡선을 나타낸다.[4] 총고정비용이 $50이므로 평균고정비용곡선(AFC)은 생산량이 1일 때 $50에서 생산량이 증가함에 따라 계속 하락한다. 나머지 곡선들의 모양은 한계비용곡선과 평균비용곡선의 관계에 의해 결정된다. 한계비용이 평균비용보다 아래에 있는 한 평균비용곡선은 하락한다. 한계비용이 평균비용보다 위에 있는 한 평균비용곡선은 상승한다. 평균비용이 최소가 될 때 한계비용과 평균비용은 같아진다.

평균치 – 한계치의 관계 한계비용과 평균비용의 관계는 제6장에서 설명한 평균치와 한계치의 관계(한계생산물과 평균생산물의 관계)를 다시 보여 준다. 예를 들어 표 7.1에서 생산량이 5일 때 한계비용($18)은 평균변동비용($26)보다 작다. 따라서 생산량이 증가함에 따라 평균비용은 감소한다. 그러나 한계비용이 $29일 때에는 평균변동비용($25.5)보다 크며, 따라서 생산량이 증가함에 따라 평균비용은 증가한다. 마지막으로, 한계비용($25)과 평균변동비용($25)이 거의 같을 때에는 평균변동비용은 아주 조금 증가한다.

---

3 둘 이상의 변동생산요소가 존재한다면 이 관계는 더욱 복잡해진다. 그러나 기본적인 원칙은 그대로 성립한다. 즉, 생산요소들의 생산성이 크면 클수록 주어진 생산량을 생산하기 위해 지불해야 하는 변동비용은 작아진다.

4 곡선들은 표 7.1의 수치들과 정확하게 일치하지는 않는다. 한계비용은 생산량의 변화에 따른 비용의 변화를 나타내기 때문에 첫 1단위의 생산량을 $\frac{1}{2}$로 하고, 두 번째 1단위의 생산량을 $1\frac{1}{2}$로 하는 식으로 MC곡선을 그린 것이다.

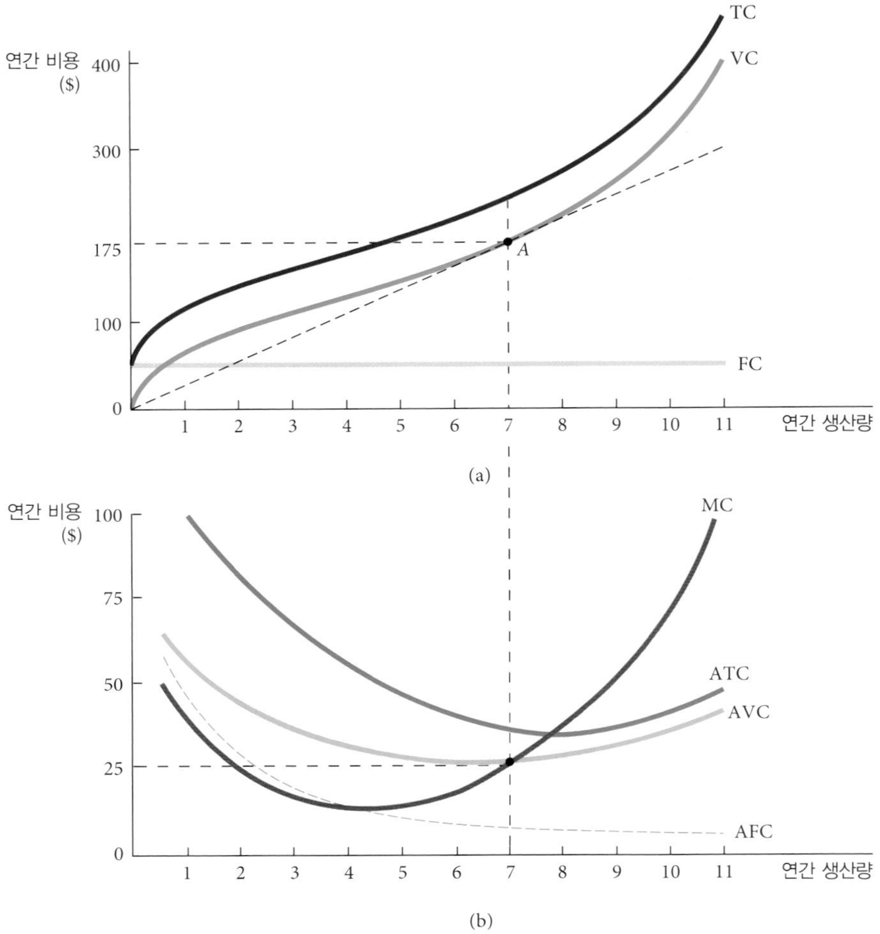

그림 7.1
한 기업의 비용곡선
(a)에서 총비용(TC)은 고정비용(FC)과 변동비용(VC)의 수직 합이다. (b)에서 평균총비용(ATC)은 평균변동비용(AVC)과 평균고정비용(AFC)의 합이다. 한계비용(MC)은 평균변동비용과 평균총비용의 최저점을 통과한다.

ATC곡선은 평균총비용을 나타낸다. 평균총비용은 평균변동비용과 평균고정비용을 합한 것인데, AFC곡선은 생산량이 증가함에 따라 감소하므로 ATC곡선과 AVC곡선의 수직거리는 생산량이 증가함에 따라 줄어든다. AVC곡선의 최저점은 ATC곡선의 최저점보다 낮은 생산량 수준에서 발생한다. 이는 MC곡선이 AVC곡선의 최저점과 ATC곡선의 최저점에서 일치하기 때문이다. ATC는 항상 AVC보다 크며, 또한 MC곡선이 증가하기 때문에 ATC곡선의 최저점은 AVC곡선의 최저점의 오른쪽 위에 있어야 한다.

총비용곡선과 한계비용곡선 및 평균비용곡선의 관계를 살펴보는 또 다른 방법은 원점에서 그림 7.1(a)의 A점을 잇는 직선을 살펴보는 것이다. 이 직선의 기울기는 평균변동비용(총변동비용 $175를 생산량 7로 나눈 것 혹은 단위당 $25의 변동비용)을 나타낸다. VC곡선의 기울기는 한계비용(생산량이 1단위 증가할 때 변동비용이 변하는 정도)을 나타내므로 A점에서 VC곡선에 접하는 접선의 기울기는 생산량이 7일 때 생산의 한계비용을 나타낸다. A점의 생산량에서 평균변동비용이 최소가 되므로 한계비용 $25는 평균변동비용 $25와 일치한다.

유량으로서의 총비용 기업의 생산량은 유량(flow)으로 측정되는데, 기업은 연간 얼마만큼의 재화를 생산한다. 따라서 총비용도 연간 몇 달러라는 식으로 유량으로 측정된다(그러나 평균비용과 한계비용은 단위당 금액으로 표시된다). 하지만 단순화를 위해 기간에 대해서는 언급하지 않고 총비용은 금액으로, 생산량은 생산단위로 표시한다. 그러나 기업이 생산하는 생산량과 생산을 위해 지출하는 비용은 어떤 기간에 걸쳐서 발생하는 것임을 기억해야 한다. 또한 특별한 언급이 없는 한 총비용(TC)을 비용(C)으로, 평균총비용(ATC)을 평균비용(AC)으로 표현한다.

한계비용과 평균비용은 매우 중요한 개념이다. 제8장에서 살펴보겠지만, 이 개념들은 기업이 자신의 생산량 수준을 선택할 때 결정적으로 사용된다. 단기 비용을 이해하는 것은 수요 조건들이 크게 변동하는 상황에서 생산 활동을 하는 기업에게는 특히 중요하다. 만약 어떤 기업이 지금 한계비용이 급격히 증가하는 생산량 수준에서 생산을 하고 있으며, 또한 앞으로 수요가 증가할 것으로 예상된다면 경영자는 높은 생산비용을 피하기 위해 생산능력을 확장하기를 원할 수 있다.

사례 7.3 알루미늄 제련공장의 단기 생산비용

알루미늄은 무게가 가볍고 변형이 쉬워서 비행기, 자동차, 포장 용기, 건축 자재 등 다양한 용도로 사용되는 금속이다. 알루미늄의 생산은 오스트레일리아, 브라질, 기니, 자메이카, 수리남 등의 국가에서 보크사이트를 채광함으로써 시작된다. 보크사이트는 알루미나(산화알루미늄)를 다량으로 함유하는 광석으로서 화학공정을 통하여 알루미나가 추출된다. 알루미나에 전기작용을 가하여 산소를 분리하는 제련과정을 거쳐서 알루미늄이 얻어진다. 알루미늄 생산에서 비용이 가장 많이 드는 부분인 제련과정에 대해 살펴보자.

UC 루살(UC RUSAL), 알코아(Alcoa), 알칸(Alcan), 중국알루미늄공사(Chalco)나 하이드로알루미늄(Hydro Aluminum)과 같은 주요 알루미늄 생산업체는 모두 제련공장을 운영한다. 전형적인 제련공장에는 2개의 생산라인이 있는데, 각 생산라인은 하루에 약 300~400톤의 알루미늄을 생산한다. 우리는 단기 생산비용에 초점을 맞춘다. 다시 말해, 단기에는 추가적인 공장을 짓기에는 시간이 충분히 않으므로 현재 있는 공장을 운영하는 데 따른 비용을 살펴본다(알루미늄 제련공장을 계획하여 건설하고 설비를 완전히 갖추는 데는 약 4년이 걸린다).

알루미늄 제련공장을 짓는 데는 $10억 이상의 많은 비용이 들지만, 그러한 공장을 다른 곳에 매각할 수 없다고 가정한다. 따라서 공장건설에 필요한 비용은 매몰비용이며 무시할 수 있다. 또한 대부분이 관리비용인 고정비용은 상대적으로 적으므로 역시 무시하자. 따라서 우리는 단기 변동비용에만 초점을 맞출 수 있다. 표 7.2는 전형적인 알루미늄 제련공장을 가동하는 데 드는 톤당 평균비용을 나타낸다.[5] 이 비용 수치는 하루에 근로자들이 2교대하면서, 600톤을 생산하는 공장에 대한 것이다. 알루미늄가격이 충분히 높다면 이 기업은 근로자를 3교대로 초과근무시키면서 생산량을 증가시킬 수 있다. 그러나 3교대를 하는 경우에는 높은 초과임금을 지불해야 하기 때문에 임금과 유지비용이 약 50% 증가한다. 표 7.2는 비용을 두 그룹으로 구분한다. 첫 번째 그룹은 생산량 수준에 관계없이 변하지 않는 비용이며, 두 번째 그룹은 생산량이 하루 600톤을 넘는 경우에 증가하는 비용이다.

알루미늄 제련공장에서 가장 중요한 비용은 전기와 알루미나에 드는 비용으로서 총생산비용의 약 60%를 차지한다. 전기, 알루미나, 기타 원료의 사용량은 알루미늄의 생산량과 직접적으로 비례하므로 이들은 생산량 수준에 대해 일정한 톤당 생산비용을 나타낸다. 또한 임금, 유지비용, 운송비용도 생산량 수준에 비례하지만 공장이 하루에 2교대로 운영되는 경우에만 해당된다. 하루 600톤을 초과하여 생산하는 경우에는 3교대가 필요하며, 이에 따라 톤당 임금, 유지비용,

---

5 이 사례는 Kenneth S. Corts, "The Aluminum Industry in 1994," Harvard Business School Case N9-799-129, April 1999에 기초한 것이다.

표 7.2	알루미늄 제련에 드는 비용($/톤) (하루 생산량 600톤 기준)		
모든 생산량 수준에서 일정하게 유지되는 톤당 비용		생산량 ≤ 600톤/하루	생산량 > 600톤/하루
전기		$316	$316
알루미나		369	369
기타 원료		125	125
공장가동용 연료		10	10
소계		$820	$820
하루 생산량이 600톤을 넘을 때 증가하는 톤당 비용			
임금		$150	$225
유지비용		120	180
운송비용		50	75
소계		$320	$480
톤당 총비용		**$1,140**	**$1,300**

그림 7.2

알루미늄 제련공장의 단기 변동비용

제련공장의 단기 평균변동비용은 2교대를 사용하는 생산량 수준까지는 일정하다. 3교대를 사용할 경우 한계비용과 평균변동비용은 최대 생산용량에 도달할 때까지 증가한다.

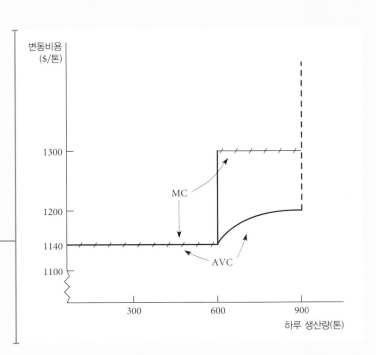

운송비용은 50% 증가한다.

그림 7.2는 제련공장의 단기 한계비용곡선과 평균변동비용곡선을 보여 준다. 하루 생산량 q가 600톤에 이르기까지는 총변동비용은 $1,140q$이므로 한계비용과 평균변동비용은 톤당 $1,140으로 일정하다.

3교대로 하루 생산량이 600톤을 초과하면 임금, 유지비용, 운송비용의 한계비용은 톤당 $320에서 $480로 상승하며, 이로 인해 전체 한계비용은 톤당 $1,140에서 $1,300로 상승한다.

생산량이 하루 600톤을 넘으면 평균변동비용은 어떻게 되는가? $q > 600$일 때, 총변동비용은 다음과 같다.

$$TVC = (1,140)(600) + 1,300(q - 600) = 1,300q - 96,000$$

따라서 평균변동비용은 다음과 같다.

$$AVC = 1,300 - \frac{96,000}{q}$$

그림 7.2에서 보듯이, 생산량이 하루 900톤에 이르면, 생산능력의 한계에 도달하며, 이 점에서 생산의 한계비용과 평균비용은 무한대가 된다.

7.3 장기에서의 비용

장기에서 기업은 보다 유연한 선택을 할 수 있다. 기존 공장을 확장하거나 새로운 공장을 지어서 생산능력을 증가시킬 수 있으며, 노동력을 늘리거나 줄일 수 있으며, 필요하다면 제품의 디자인을 변경하거나 새로운 제품을 개발할 수 있다. 이 절에서는 기업이 주어진 생산량을 생산하면서 생산비용을 최소화하는 생산요소들의 조합을 선택하는 방법에 대해 살펴본다. 또한 생산량과 장기 비용의 관계에 대해서도 살펴본다. 우선 자본재를 사용하는 데 드는 비용에 대해 설명한 후에 이 비용이 노동비용과 함께 생산량의 결정과 어떻게 연결되는지를 설명한다.

자본의 사용자 비용

기업은 생산과정에서 기계, 빌딩, 그리고 기타 자본을 임대하거나 리스하여 사용한다. 또 경우에 따라서는 자본을 구매하기도 하는데, 이런 경우에도 자본을 임대한 것으로 보는 것이 분석에 용이하다. 그 이유에 대하여 예를 통해 설명해 보자. 델타항공사가 새로운 보잉 777기를 $1.5억에 구매하려고 한다. 델타는 비행기를 구매하는 시점에 많은 돈을 지불하지만 경제적인 목적을 위해 구매가격을 비행기의 수명기간에 걸쳐서 분산하여 배분하거나 상각할 수 있다. 이러한 방법을 통하여 델타는 자신의 수입과 비용을 연간 유량 기준으로 비교할 수 있다. 비행기의 수명이 30년이라고 가정하자. 따라서 상각비용은 연간 $5백만인데, 이 금액은 비행기의 연간 경제적 감가상각비로 볼 수 있다.

만약 델타가 비행기를 구매하지 않는다면 $1.5억에 대해 이자수입을 얻을 수 있을 것이다. 이 사라진 이자수입은 반드시 고려해야 하는 기회비용이다. 따라서 이 경우 **자본의 사용자 비용**(user cost of capital)(비행기를 매각하거나 애초에 구매하지 않는 대신 비행기를 소유하고 사용함으로써 발생하는 연간 비용)은 경제적 감가상각비와 이자수입(즉 금융수익)의 합이 된다.[6]

자본의 사용자 비용 = 경제적 감가상각비 + (이자율)(자본의 가치)

이 예에서 비행기의 경제적 감가상각비는 연간 $5백만이다. 델타가 구매비용을 다른 곳에 투자

자본의 사용자 비용 자본재를 소유하고 사용하는 데 드는 연간 비용으로서 경제적 감가상각비와 포기한 이자수입의 합과 같다.

---

6 보다 정확히 말하면, 금융수익은 투자가 갖는 위험을 반영해야 한다. 따라서 이자율은 위험프리미엄을 포함해야 한다. 이 점은 제15장에서 다룰 것이다. 또한 자본의 사용자 비용에는 세금을 고려하지 않는데, 만약 세금을 고려한다면 수입과 비용은 세후 기준으로 측정되어야 한다.

한다면 10%의 수익률을 얻을 수 있다고 가정해 보자. 이 경우 자본의 사용자 비용은 $5백만 + (0.10)($1.5억 − 감가상각비)가 된다. 시간이 지남에 따라 비행기는 감가상각되어 그 가치가 떨어지며, 그에 따라 비행기에 투자된 돈(금융자본)의 기회비용 또한 줄어든다. 예를 들어 구매한 시점부터 최초 1년 동안에는 자본의 사용자 비용은 $5백만 + (0.10)($1.5억) = $0.2억가 된다. 비행기를 소유한 지 10년째가 되는 해에는 비행기는 $0.5억만큼 감가상각되므로 그 가치는 $1억가 된다. 그 시점에서의 자본의 사용자 비용은 연간 $5백만 + (0.10)($1억) = $0.15억가 된다.

자본의 사용자 비용은 다음과 같이 비율로도 표현할 수 있다.

$$r = \text{감가상각률} + \text{이자율}$$

이 예에서, 감가상각률은 연간 $1/30 = 3.33\%$이다. 만약 델타가 연간 10%의 수익을 얻을 수 있다면 자본의 사용자 비용은 연간 $r = 3.33 + 10 = 13.33\%$가 된다.

이미 알고 있듯이, 장기에 기업은 모든 투입요소를 변화시킬 수 있다. 이제 임금과 자본의 사용자 비용에 대한 정보가 주어진 경우에 기업이 주어진 양을 생산하는 데 있어서 비용을 최소화하는 투입요소들의 조합을 어떻게 선택하는지에 대해 살펴본다. 또한 장기 비용과 생산량 수준 간의 관계에 대해서도 검토한다.

비용을 최소화하는 생산요소의 선택

이제 기업이 직면하는 기본적인 문제인 "주어진 생산량을 최소의 비용으로 생산하기 위해서는 생산요소들을 어떻게 조합해야 하는가"를 살펴본다. 단순화를 위하여, (연간 노동시간으로 측정된) 노동과 (연간 기계사용시간으로 측정된) 자본이라는 두 변동생산요소가 존재하는 경우를 고려한다.

물론 기업이 사용하는 노동과 자본의 양은 이러한 생산요소들의 가격에 의해 영향을 받는다. 생산요소시장을 모두 경쟁시장이라고 가정하면, 생산요소들의 가격은 개별 기업의 사용량에 영향을 받지 않는다. (제14장에서는 노동시장이 경쟁시장이 아닌 경우를 살펴본다.) 이 경우 노동의 가격은 단순히 임금률 w이다. 그렇다면 자본의 가격은 얼마인가?

자본의 가격   장기에 기업은 자신이 사용하는 자본의 양을 조정한다. 설령 자본에 다른 용도로 사용될 수 없는 특별한 기계가 포함되더라도 이 기계에 대한 지출은 아직 매몰된 것이 아니므로 고려해야 한다. 기업은 앞으로 얼마나 많은 자본을 사용할 것인가를 결정해야 한다. 그러나 노동에 대한 지출과는 달리 자본에는 많은 초기 지출이 필요하다. 기업의 자본 지출과 계속적인 노동 비용을 비교하기 위하여 자본 지출을 유량(예를 들어 연간 금액)으로 나타내어야 한다. 이를 위해서는, 해당 자본의 수명기간에 걸쳐 지출액을 상각하고 또한 그 지출액이 다른 곳에 투자되었더라면 얻을 수 있는 잃어버린 이자수입을 비용에 포함시켜야 한다. 이것은 바로 **자본의 사용자 비용**을 계산할 때와 같다. 따라서 자본의 가격은 그것의 **사용자 비용**과 일치하며, $r = $ 감가상각률 + 이자율이 된다.

자본의 임대료   기업은 때때로 자본을 구매하는 대신에 임대하기도 한다. 큰 빌딩의 사무실 공간을 예로 들 수 있다. 이 경우, 자본의 가격은 자본을 1단위 임대하는 데 드는 연간 비용인 **임대료**(rental rate)이다.

임대료   자본 1단위를 임대하는 데 드는 연간 비용하지만 자본의 가격을 결정할 때는 자본을 임대하는 경우와 구매하는 경우를 구별할 필요가 없다. 여기서 가정한 바와 같이 만약 자본시장이 경쟁적이라면 임대료는 자본의 사용자 비용 r과 같아야 한다. 왜냐하면 경쟁시장에서는 자본을 소유하고 있는 기업(예를 들어 큰 빌딩을 소유하고 있는 기업)이 자본을 임대할 때는 경쟁적 수익률(즉 다른 곳에 투자했을 경우에 얻을 수 있는 수익률에 자본의 감가상각률을 더한 것)을 얻을 것으로 기대하기 때문이다. 이러한 경쟁적 수익률은 자본의 사용자 비용과 같다.

많은 교재에서는 단순히 모든 자본은 임대료 r로 임대된다고 가정한다. 앞에서 살펴보았듯이 이러한 가정은 합리적이지만 왜 합리적인가를 이해해야 한다. 구매한 자본은 자본의 사용자 비용과 동일한 임대료로 임대한 자본처럼 생각할 수 있다.

따라서 기업이 노동을 임금 또는 가격 w로 고용하는 것과 마찬가지로, 자본을 임대료 또는 가격 r로 임대하는 것으로 가정한다. 또한 기업은 자본의 매몰비용을 시간에 걸쳐 배분된 고정비용으로 간주한다고 가정한다. 따라서 매몰비용에 대해서는 신경 쓸 필요가 없다. 대신 기업이 자본과 노동을 얼마나 사용할 것인가를 결정할 때는 이러한 가격들을 어떻게 고려하는지에 초점을 맞추어야 한다.[7]

등비용선

등비용선을 이용하여 생산요소들을 고용함에 따라 발생하는 생산비용에 대해 살펴보자. **등비용선**(isocost line)은 주어진 총생산비용으로 구매할 수 있는 노동과 자본의 모든 조합을 나타낸다. 등비용선의 모양을 파악하기 위하여 주어진 생산량을 생산하는 데 발생하는 총비용(C)을 노동비용(wL)과 자본비용(rK)의 합으로 나타낸다.

$$C = wL + rK \tag{7.2}$$

식 (7.2)는 총비용이 달라지면 등비용선도 달라진다는 것을 보여 준다. 예를 들어 그림 7.3에서 등비용선 C_0는 총비용 C_0로 구매 가능한 노동과 자본의 모든 조합을 나타낸다.

총비용 식을 직선을 나타내는 식으로 바꾸면 다음과 같다.

$$K = C/r - (w/r)L$$

따라서 등비용선의 기울기는 $\Delta K / \Delta L = -(w/r)$, 즉 임금과 자본의 임대료 간의 비율로 표시된다. 이는 소비자 선택에서 소비자가 직면하는 예산선의 기울기와 유사하다(왜냐하면 생산요소이든 생산물이든 관계없이, 기울기는 두 재화의 가격비율에 의해서만 결정되기 때문이다). 이는 기업이 단위당 가격이 r인 자본을 w/r단위만큼 사기 위하여 1단위의 노동을 포기한다면(따라서 비용 w을 되돌려받는다면), 총비용은 변하지 않는다는 것을 보여 준다. 만약 임금이 $10이고 자본의 임대료가 $5라면, 기업은 총비용의 변화 없이 1단위의 노동을 2단위의 자본으로 대체할 수 있다.

등비용선 주어진 총생산비용으로 구매 가능한 노동과 자본의 모든 조합을 나타내는 선

---

7 물론 생산요소들의 가격은 초과근무라든가 자본재의 상대적 부족으로 인한 수요의 증가로 상승할 수 있다. 생산요소의 가격과 수요량과의 관계는 제14장에서 살펴본다.

생산요소의 선택

기업이 q_1을 생산하고자 할 때, 원하는 생산량을 어떻게 최소의 비용으로 생산할 수 있을까? 그림 7.3에서 q_1으로 표시된 등량곡선을 살펴보자. 문제는 총비용을 최소화하는 등량곡선상의 점을 선택하는 것이다.

그림 7.3은 이 문제의 답을 보여 준다. 기업이 생산요소들을 구매하는 데 C_0의 비용을 지출한다면 q_1을 생산하는 데 필요한 어떠한 생산요소들의 조합도 구매할 수 없다. 그러나 C_2의 비용으로는 K_2단위의 자본과 L_2단위의 노동을 사용하거나, K_3단위의 자본과 L_3단위의 노동을 사용하여 q_1을 생산할 수 있다. 하지만 C_2는 q_1을 생산하는 데 있어서 최소의 비용이 아니다. 기업은 생산량 q_1을 K_1단위의 자본과 L_1단위의 노동을 사용한다면 더 낮은 비용 C_1으로 생산할 수 있다. 등비용선 C_1은 q_1을 생산할 수 있는 가장 낮은 등비용선이다. 등량곡선과 등비용선이 접하는 A점은 비용을 최소화하는 생산요소들의 조합인 L_1과 K_1을 보여 주는데, 이는 그래프를 통해 알 수 있다. 이 점에서 등량곡선의 기울기와 등비용선의 기울기는 같아진다.

모든 생산요소에 대한 지출이 증가하더라도 생산요소들의 가격은 변하지 않으므로 등비용선의 기울기도 변하지 않는다. 그러나 절편은 변한다. 노동의 가격이 상승하는 경우를 생각해 보자. 이때 등비용선의 기울기 $-(w/r)$는 증가하여 등비용선은 더 가파르게 나타난다. 이는 그림 7.4에서 볼 수 있다. 처음의 등비용선은 C_1인데, 기업은 A점에서 L_1단위의 노동과 K_1단위의 자본을 사용하여 생산량 q_1을 최소의 비용으로 생산한다. 노동의 가격이 상승한다면 등비용선의 기울기는 더 가파르게 된다. 등비용선 C_2는 비싸진 노동가격을 반영한다. 비싸진 노동가격에 직면한 기업은 B점에서 L_2단위의 노동과 K_2단위의 자본을 사용함으로써 q_1을 생산하는 비용을 최소

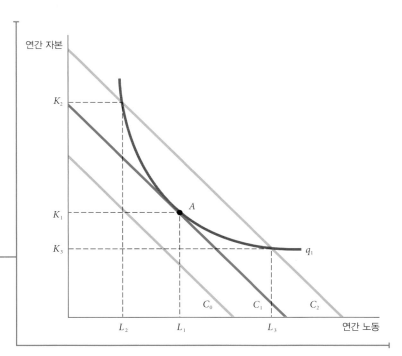

그림 7.3
주어진 생산량을 최소비용으로 생산하기
등비용선은 기업이 동일한 비용으로 생산할 수 있는 생산요소들의 조합을 나타낸다. 등비용선 C_1은 A점에서 등량곡선 q_1과 접하며, 생산량 q_1은 노동 투입량 L_1과 자본 투입량 K_1으로 최소비용 생산이 가능함을 보여 주고 있다. 다른 조합 (L_2, K_2)나 (L_3, K_3)은 동일한 양을 생산하지만 더 높은 비용을 발생시킨다.

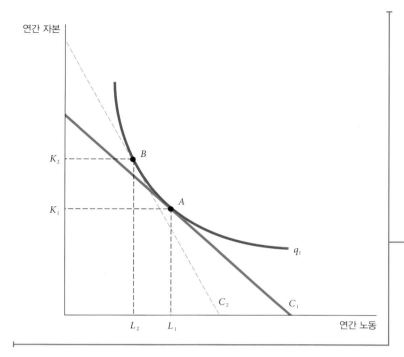

그림 7.4
생산요소의 가격이 변할 때 생산요소의 대체
등비용선 C_1에 직면하고 있는 기업은 A점에서 노동 L_1 단위와 자본 K_1단위를 사용하여 생산량 q_1을 생산한다. 노동가격이 상승하면 등비용선이 더욱 가팔라진다. 이제 생산량 q_1은 등비용선 C_2상의 B점에서 노동 L_2단위와 자본 K_2를 사용하여 생산된다.

화한다. 기업은 생산과정에서 노동을 자본으로 대체함으로써 상대적으로 비싸진 노동가격에 대응하는 것이다.

등비용선은 기업의 생산과정과 어떤 관련이 있는가? 생산기술의 분석에서는 노동의 자본에 대한 기술적 한계대체율(MRTS)은 등량곡선의 기울기에 음($-$)의 부호를 붙인 것이며, 이는 노동의 한계생산물과 자본의 한계생산물의 비율과 같음을 살펴보았다.

6.3절에서 MRTS는 생산량을 변화시키지 않으면서 노동을 1단위 더 투입할 때 줄일 수 있는 자본의 양이라고 설명하였다.

$$\text{MRTS} = -\Delta K / \Delta L = \text{MP}_L / \text{MP}_K \qquad (7.3)$$

위에서 등비용선의 기울기는 $\Delta K / \Delta L = -w/r$이며, 따라서 기업이 특정한 생산량을 최소의 생산비용으로 생산할 때는 다음의 조건이 성립한다.

$$\text{MP}_L / \text{MP}_K = w/r$$

이 조건은 다시 다음과 같이 표현될 수 있다.

$$\text{MP}_L / w = \text{MP}_K / r \qquad (7.4)$$

MP_L / w는 노동에 \$1를 추가적으로 지출한 결과로 나타나는 추가적인 생산량이다. 임금이 \$10이고 근로자 한 사람을 더 투입하면 생산량은 20단위 더 증가한다고 하자. 추가적인 근로자에게 지출한 달러당 생산량의 증가분은 $20/10 = 2$단위가 된다. 마찬가지로, MP_K / r은 자본에 \$1를 추가적으로 지출한 결과로 나타나는 추가적인 생산량이다. 따라서 식 (7.4)는 비용을 최소화하

기 위해 기업은 각 생산요소에 지출되는 마지막 $1가 동일한 크기의 추가적인 생산량을 가져오도록 각 생산요소의 투입량을 선택해야 한다는 것을 보여 준다.

　비용 최소화를 위해 이 조건이 성립되어야 하는 이유는 무엇인가? 임금이 $10이고 자본의 임대료가 $2라고 하자. 또 자본 1단위를 더 투입하면 생산량이 20단위 증가한다고 하자. 이 경우 $1의 자본이 추가적으로 가져오는 생산량은 달러당 20/2 = 10단위가 된다. 자본에 지출되는 $1가 노동에 지출되는 $1보다 5배나 더 생산적이기 때문에 기업은 자본을 더 많이 사용하는 대신 노동의 사용량을 줄여야 한다. 기업이 노동 투입량을 줄이고 자본 투입량을 증가시킨다면 노동의 한계생산물은 증가하고 자본의 한계생산물은 감소한다. 궁극적으로는, 생산물을 추가적으로 1단위 더 생산하기 위해 어떤 생산요소가 추가적으로 투입되는가에 관계없이 추가적인 비용은 같아지는 점에 도달하게 된다. 바로 그 점에서 기업은 비용을 최소화하는 것이다.

사례 7.4　폐수방류 부담금이 생산요소 선택에 미치는 영향

제철공장은 주로 강변에 위치한다. 강은 생산공정에 사용되는 철광석과 완제품인 철강제품의 운송비용을 줄여 준다. 유감스럽게도 강은 생산의 부산물인 공장 폐수를 싸게 처리하는 방법 또한 제공해 준다. 제철공장은 타코나이트 퇴적물을 미세하게 분쇄하여 철광석을 처리한다. 이 과정에서 철광석은 물과 미세광석의 흐름으로 자기장에 의해 추출된다. 이러한 과정에서 부산물로 발생하는 미세한 타코나이트 입자는 큰 비용을 들이지 않고 그대로 강에 방류될 수 있다. 별도의 제거방법을 사용하거나 처리공장을 통하여 처리하는 데는 많은 비용이 발생한다.

　타코나이트 입자는 분해되지 않는 폐기물로서 농작물이나 물고기에게 피해를 주기 때문에 미국 환경보호청(EPA)은 폐수 방류량에 대해 단위당 폐수방류 부담금을 제철공장에 부과한다. 제철공장의 경영자는 생산비용을 최소화하기 위하여 부담금 부과에 대해 어떻게 대응해야 하는가?

　규제가 없다면 공장은 2,000기계사용시간의 자본과 10,000갤런의 물(강에 방류될 때 타코나이트 입자가 포함됨)을 사용하여 한 달에 2,000톤의 철을 생산한다고 하자. 경영자는 기계사용시간당 $40, 강에 방류하는 물 1갤런당 $10의 비용이 발생하는 것으로 추정한다. 따라서 총생산비용은 $180,000(자본 $80,000와 폐수 $100,000)가 된다. 경영자는 환경보호청이 부과하는 폐수 1갤런당 $10의 폐수방류 부담금에 어떻게 대처해야 하는가? 경영자는 생산공정에 어느 정

도의 유연성이 있음을 알고 있다. 만약 기업이 비싼 폐수처리장비를 설치하면 같은 양의 철을 생산하면서도 폐수 방류량을 줄일 수 있다.

　그림 7.5는 비용을 최소화하기 위한 기업의 대응을 보여 준다. 세로축은 자본의 투입량을 월간 기계사용시간으로, 가로축은 월간 폐수의 사용량을 갤런으로 나타낸다. 먼저 폐수방류 부담금이 부과되지 않을 때 기업의 생산량을 살펴보자. *A*점은 기업이 최소의 비용으로 주어진 생산량을 생산하기 위해 사용하는 자본과 물의 양을 나타낸다. 비용을 최소화하고 있으므로 *A*점은 등량곡선과 접하는 등비용선 *FC*상에 있다. 자본 1단위의 비용은 폐수 1단위의 비용에 비해 4배가 많기 때문에 등비용선의 기울기는 $-10/\$40 = -0.25$이다.

　폐수방류 부담금이 부과된다면 폐수의 비용은 갤런당 $10에서 $20로 상승한다. 사용하는 폐수 1갤런당($10의 비용) 추가로 $10를 부담금으로 납부해야 한다. 따라서 폐수방류 부담금은 자본에 대한 폐수의 상대적 비용을 상승시킨다. 최소의 비용으로 같은 양을 생산하기 위해 경영자는 등량곡선에 접하는 기울기가 $-20/\$40 = -0.5$인 등비용선을 선택해야 한다. 그림 7.5에서, *DE*가 그러한 등비용선이며 *B*점이 적절한 자본과 폐수의 조합을 알려 준다. *A*점에서 *B*점으로의 이동은 폐수방류 부담금이 부과되는 경우에는 자본을 더 많이 사용하고(3,500기계사용시간) 폐수를 더 적게 방류하는(5,000갤런) 생산기술이 폐수를 재활용하지 않는 처음의 생산방법

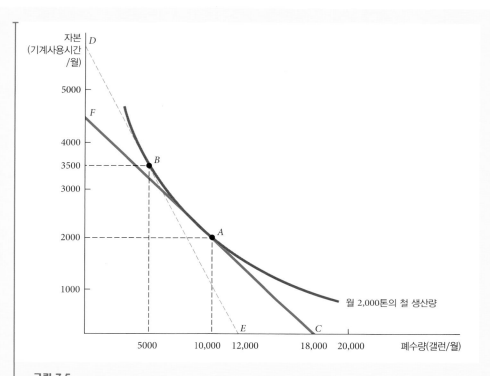

그림 7.5
폐수방류 부담금이 부과되는 경우의 비용 최소화
기업이 강에 방류하는 폐수에 대해 아무 요금 부담이 없을 경우, 10,000갤런의 폐수와 2,000기계사용시간의 자본을 사용하여 주어진 생산량을 생산한다(A점). 그러나 폐수방류 부담금은 폐수의 가격을 상승시켜 등비용선을 FC에서 DE로 이동시키고, 폐수의 양을 줄이는 B점에서 생산하게 만든다.

에 비해 비용을 줄일 수 있음을 보여 준다. 생산에 드는 총비용은 $240,000($140,000의 자본, $50,000의 폐수, $50,000의 폐수방류 부담금)로 증가한다.

이러한 결정으로부터 두 가지 사실을 알 수 있다. 첫째, 생산과정에서 생산요소들의 대체가 용이하다면(폐기물 처리를 위해 강을 사용하지 않고도 더 쉽게 타코나이트 입자를 처리할 수 있다면), 폐수 방류 부담금은 폐수를 줄이는 데 효과적인 방법이 될 수 있다. 둘째, 생산요소들 간의 대체성이 클수록 기업이 지불해야 하는 비용은 줄어든다. 이 예에서는 기업이 생산요소의 투입을 변화시키지 않았다면 총 폐수방류 부담금은 $100,000가 된다. 그러나 제철회사는 생산방법을 A점에서 B점으로 옮김으로써 단지 $50,000의 폐수방류 부담금만 지불하면 된다.

생산량이 변할 때의 비용 최소화

지금까지는 기업이 주어진 생산량을 최소비용으로 생산하기 위해서는 생산요소들의 조합을 어떻게 선택해야 하는가에 대해 살펴보았다. 이제 분석을 확장하여 기업의 비용이 생산량 수준에 따라 어떻게 달라지는지를 살펴보기로 한다. 이를 위해 각 생산량 수준에 대해 비용을 최소화하는 생산요소들의 사용량을 결정한 후 그에 따른 비용을 계산한다.

비용 최소화를 통해 그림 7.6이 보여 주는 결과를 얻는다. 기업이 노동(L)을 $w = \$10$ / 시간의 임금으로 고용할 수 있고, 자본(K) 1단위를 $r = \$20$ / 시간의 임대료로 임대할 수 있다고 가정한 것이다. 이와 같이 주어진 생산요소 비용하에서 그림 7.6은 3개의 등비용선을 보여 준다. 각 등비용선은 다음의 식으로 구한 것이다.

$$C = (\$10 / \text{시간})(L) + (\$20 / \text{시간})(K)$$

그림 7.6(a)에서 가장 낮은 등비용선은 $1,000의 비용을 나타내며, 가운데에 있는 등비용선은 $2,000, 가장 높은 등비용선은 $3,000의 비용을 나타낸다.

그림 7.6(a)의 점 A, B, C는 각각 등비용선과 등량곡선의 접점을 나타낸다. 예를 들어 B점은

그림 7.6
확장경로와 장기 총비용곡선
(a)에서, 원점에서 A, B, C점을 지나는 확장경로는 두 생산요소의 투입량을 변화시킬 수 있는 장기에서 각 생산량을 최소의 비용으로 생산하는 노동과 자본의 조합을 나타낸다. (b)에서, 원점에서 D, E, F점을 지나는 장기 총비용곡선은 각 생산량에서의 최소 생산비용을 나타낸다.

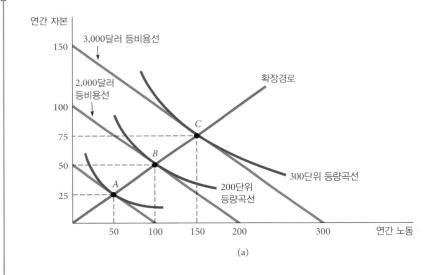

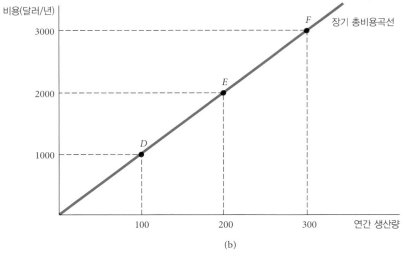

생산물 200단위를 최소의 비용으로 생산하기 위해서는 100단위의 노동과 50단위의 자본을 사용하면 된다는 것을 보여 준다. 이러한 조합은 $2,000를 나타내는 등비용선상에 있다. 마찬가지로, 생산물 100단위를(수치가 표시되어 있지는 않은 맨 아래쪽 등량곡선) 최소의 비용으로 생산하는 방법은 $1,000의 비용으로 A점(L = 50, K = 25)을 선택하는 것이며, 생산물 300단위를 최소의 비용으로 생산하는 방법은 $3,000의 비용으로 C점(L = 150, K = 75)을 선택하여 생산하는 것이다.

등비용선과 등량곡선의 접점들을 지나는 곡선을 확장경로라고 한다. **확장경로**(expansion path)는 각 생산량을 최소비용으로 생산하기 위해 기업이 선택하는 노동과 자본의 조합들을 나타낸다. 생산량의 증가에 따라 노동과 자본의 사용량이 각각 증가한다면 확장경로는 우상향한다. 이예에서는 확장경로의 기울기를 쉽게 계산할 수 있다. 생산량이 100단위에서 200단위로 증가함에 따라 자본 사용량은 25단위에서 50단위로 증가하며, 노동 사용량은 50단위에서 100단위로 증가한다. 각 생산량에서 기업은 노동 사용량의 절반에 해당하는 자본을 사용한다. 따라서 확장경로는 다음과 같은 기울기를 갖는 직선이 된다.

확장경로 등비용선과 등량곡선의 접점들을 지나는 곡선

$$\Delta K / \Delta L = (50 - 25) / (100 - 50) = \frac{1}{2}$$

확장경로와 장기 비용

기업의 확장경로는 기업의 장기 총비용곡선 $C(q)$와 동일한 정보를 내포하고 있는데, 그것은 그림 7.6(b)에서 알 수 있다. 확장경로를 통해 비용곡선을 찾기 위해서는 다음의 세 단계를 거친다.

1. 그림 7.6(a)에서 특정한 생산량을 나타내는 하나의 등량곡선을 선택한다. 그리고 그 등량곡선과 등비용선이 접하는 점을 선택한다.
2. 선택한 등비용선으로부터 그 생산량을 생산하는 데 드는 최소비용을 결정한다.
3. 그림 7.6(b)와 같이 생산량 대 비용의 조합을 그래프로 나타낸다.

생산량이 100단위에서부터 시작한다고 하자. 100단위에 해당하는 등량곡선이 등비용선과 접하는 점은 그림 7.6(a)의 A점이다. A점은 $1,000의 등비용선상에 있기 때문에, 장기에서 생산량 100단위를 생산하는 데 필요한 최소비용은 $1,000임을 알 수 있다. 생산량 100단위와 비용 $1,000의 조합을 그림 7.6(b)에서 D점으로 표시한다. 따라서 D점은 100단위를 생산하는 데 드는 비용이 $1,000임을 나타낸다. 마찬가지로, E점은 $2,000의 비용으로 200단위를 생산하는 것을 나타내며, 이는 확장경로상의 B점에 해당한다. 마지막으로, F점은 $3,000의 비용으로 300단위를 생산하는 것을 나타내며, 이는 확장경로상의 C점에 해당한다. 모든 생산량 수준에 대해 이러한 과정을 반복한다면 그림 7.6(b)의 장기 총비용곡선(각 생산량을 생산하는 데 드는 최소 장기 비용)을 얻을 수 있다.

이 특별한 예에서는 장기 총비용곡선이 직선으로 나타나는데, 그것은 생산에 있어서 규모에 대한 수확불변이 나타나기 때문이다. 다시 말해 모든 생산요소의 투입량이 비례적으로 증가할 때 생산량도 그와 같은 비례로 증가하기 때문이다. 다음 절에서 살펴보듯이, 확장경로의 모양을 살펴봄으로써 기업의 활동 규모가 변함에 따라 비용이 어떻게 변하는지를 파악할 수 있다.

사례 7.5 에너지 사용 줄이기

전 세계적으로 정책담당자들은 에너지 사용을 줄이는 방안을 찾는데 관심을 기울여 왔다. 이는 부분적으로는 현재 사용하는 대부분의 에너지원이 화석연료이고, 따라서 온실가스의 배출과 지구온난화의 원인이 되는 환경 문제에 대한 우려를 반영하는 것이다. 그러나 에너지는 원유이든, 천연가스이든, 석탄이나 핵 원료이든 모두 비싸다. 따라서 기업들은 에너지 사용량을 줄임으로써 생산비용을 낮출 수 있다.

기업이 에너지 사용량을 줄일 수 있는 방법에는 기본적으로 두 가지가 있다. 첫 번째는 에너지를 다른 생산요소로 대체하는 것이다. 예를 들어 어떤 기계는 구매비용이 비싼 대신 에너지 효율적일 수 있다. 따라서 에너지가격이 상승할 때 기업들은 에너지 효율성이 높은 기계를 구매하여 사용함으로써(즉 에너지를 자본으로 대체함으로써) 에너지가격 상승에 대응할 수 있다. 최근 여러 해에 걸친 에너지가격 상승에 대해 기업들이 이와 같은 방식으로 대응해 왔음을 확인할 수

있다. 기업들은 더 비싸지만 에너지 효율성이 높은 온·냉방시설, 생산시설, 트럭이나 자동차 등의 운송수단을 구입하여 사용한 것이다.

두 번째 방법은 기술 변화를 통해 에너지 사용량을 줄이는 것이다. 시간이 흐름에 따라 연구개발을 통한 기술혁신으로 생산요소의 사용량을 줄이면서도(더 적은 노동과 자본, 더 적은 에너지) 이전과 동일한 생산량을 생산하는 것이 가능해지고 있다. 따라서 에너지와 자본의 상대가격이 변하지 않더라도 기업들은 더 적은 에너지(그리고 더 적은 자본)를 사용하여 동일한 생산량을 생산할 수 있게 되었다. 지난 20여 년간 발전해 온 로봇공학(robotics)은 한 가지 사례이다. 이제 자동차와 트럭은 전보다 (더 적은 노동뿐만 아니라) 더 적은 자본과 더 적은 에너지를 사용하여 생산된다.

에너지 사용량을 줄일 수 있는 이러한 두 가지 방법은 그림 7.7(a)와 그림 7.7(b)를 통해 살펴볼 수 있다. 그림은 생산을 위해 자본과

그림 7.7a
에너지의 자본 대체를 통한 에너지 효율성
에너지를 자본으로 대체하면 에너지 효율성을 더 높일 수 있다. 이는 등량곡선 q_1상의 A점에서 B점으로의 이동으로 나타난다. 이 경우, 등비용선이 C_0에서 C_1으로 이동함에 따라 자본은 K_1에서 K_2로 증가하고, 에너지는 E_2에서 E_1으로 감소한다.

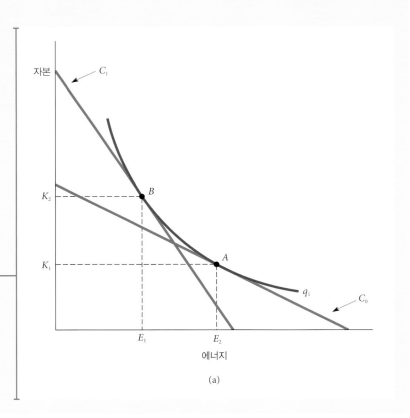

(a)

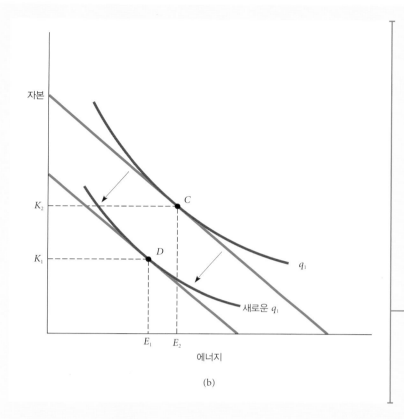

그림 7.7b
기술발전을 통한 에너지 효율성
기술발전은 동일한 생산량을 더 적은 양의 생산요소 투입으로 생산할 수 있음을 의미한다. q_1으로 표시된 등량곡선은 생산량 q_1을 생산하는 에너지와 자본의 조합을 보여 준다. 이 등량곡선이 등비용선과 C점에서 접하는 경우 에너지와 자본의 조합은 E_2와 K_2이다. 기술발전으로 등량곡선이 안쪽으로 이동했기 때문에 이제 동일한 생산량 q_1은 더 적은 에너지와 자본으로 생산가능하다. 이 경우 D점에서 에너지와 자본의 조합은 E_1과 K_1이다.

에너지가 어떻게 결합될 수 있는가를 보여 준다.[8] 각 그림의 등량곡선은 동일한 생산량을 생산할 수 있는 자본과 에너지의 조합을 보여 준다. 그림에서는 두 가지 방법으로 에너지 사용량을 어떻게 줄일 수 있는지 보여 준다. 첫째, 기업들은 에너지를 보다 많은 자본의 사용으로 대체할 수 있다. 에너지 절약형 생산시설에 대한 정부의 보조금 지원, 그리고(혹은) 전기요금의 상승은 이런 방식의 기업들의 대응을 가져온다. 이는 그림 7.7(a)에서 등량곡선 q_1상에서 A점에서 B점으로 이동하는 것으로 표현된다. 이 경우, 등비용선이 C_0에서 C_1으로 이동함에 따라 자본의 사용은 K_1에서 K_2로 증가하는 반면 에너지의 사용은 E_2에서 E_1로 줄어든다. 둘째, 그림 7.7(b)에서처럼 기술발전으로 인해 일정한 크기의 생산량을 의미하는 등량곡선(q_1)은 안쪽으로 이동한다. 이 경우 두 등량곡선이 동일한 생산량을 나타내는 것임에 유의하라. 기술발전은 동일한 생산량을 더 적은 자본(K_2에서 K_1으로의 이동)과 더 적은 에너지(E_2에서 E_1으로의 이동)를 이용하여 생산할 수 있도록 해 준다. 결과적으로, C점에서 등비용선과 접하던 처음의 등량곡선 q_1은 더 적은 자본재와 더 적은 에너지를 가지고도 동일한 생산량을 생산할 수 있게 됨에 따라 안쪽으로 이동하면서 등비용선과 D점에서 접하는 새로운 등량곡선(새로운 q_1)이 된다.

7.4 장기 비용곡선과 단기 비용곡선

앞에서는 단기 평균비용곡선은 U자형임을 보았다. 이제 장기 평균비용곡선도 U자형이 될 수 있

---

8 이 사례는 Kenneth Gillingham, Richard G. Newell, and Karen Palmer, "Energy Efficiency Economics and Policy," *Annual Review of Resource Economics*, 2009, Vol. 1: 597–619를 참조한 것이다.

음을 살펴본다. 그러나 다른 장기 평균비용곡선과 단기 평균비용의 모두 U자형으로 나타나더라도 이면에 있는 경제적 요인은 서로 다르다. 이 절에서는 장기 평균비용곡선과 장기 한계비용곡선에 대해 설명하며, 이 곡선들과 단기 비용곡선들의 차이점에 대해 살펴본다.

단기에서 나타나는 생산의 비유연성

장기는 기업이 사용하는 모든 생산요소의 투입량이 가변적인 상황으로서 기업의 계획 기간은 공장 규모도 변화시킬 수 있을 만큼 충분히 길다. 이러한 생산요소 선택에 있어서의 추가적인 유연성으로 인해 기업은 장기에는 단기에 비해 낮은 평균비용으로 생산을 할 수 있다. 그 이유를 살펴보기 위해, 자본과 노동이 모두 가변적인 경우와 단기에 자본이 고정되어 있는 경우를 비교해 보자.

그림 7.8에는 기업의 등량곡선이 나타나 있다. 기업의 장기확장경로(long-run expansion path)는 그림 7.6에서와 같이 원점에서부터 시작하는 직선으로 표시되어 있다. 이제 단기에는 자본의 투입량이 K_1으로 고정된다고 하자. q_1을 최소의 비용으로 생산하기 위해 기업은 등비용선 AB와의 접점에 대응하는 L_1의 노동량을 선택한다. 단기에는 기업이 생산요소 사용에 있어서 유연성이 없다는 사실은 기업이 자본 사용량을 증가시키지 않고 생산량을 q_2로 증가시키고자 할 때 나타난다. 만약 자본의 사용량이 고정되어 있지 않다면 자본 K_2와 노동 L_2를 사용하여 q_2를 생산할 것이다. 이 경우 생산비용은 등비용선 CD에 의해 주어진다.

그러나 자본의 사용량이 고정되어 있기 때문에 기업은 P점의 자본 K_1과 노동 L_3를 사용하여 생산량을 늘릴 수밖에 없다. P점은 등비용선 EF상에 있으며, 등비용선 CD에 비해 높은 비용을 나타낸다. 이처럼 자본의 양이 고정되어 있는 경우에는 기업이 생산량을 증가시키고자 할 때 상대

그림 7.8

단기에서 생산의 비유연성

기업이 조업을 할 때 단기에는 자본의 사용량이 고정되기 때문에 생산요소 사용에 있어서 유연성이 없으며, 따라서 생산비용은 최소가 되지 않을 수 있다. 초기의 생산량은 q_1이다. 단기에는 자본이 K_1으로 고정되어 있기 때문에 q_2을 생산하기 위해서는 노동을 L_1에서 L_3로 늘려야 한다. 장기에는 노동을 L_1에서 L_2로, 자본을 K_1에서 K_2로 증가시킴으로써 단기에 비해 낮은 비용으로 q_2를 생산할 수 있다.

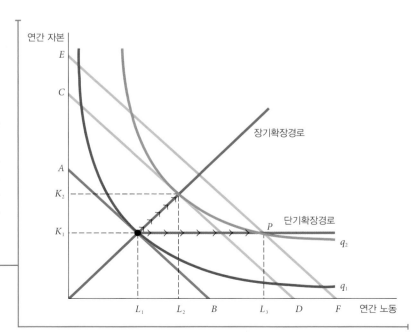

적으로 비싼 노동을 상대적으로 싼 자본으로 대체할 수 없기 때문에 생산비용이 상승한다. 이와 같은 비유연성은 원점에서 출발하여 자본의 투입량이 K_1에 도달하면 수평선이 되는 단기확장경로 (short-run expansion path)를 통해 나타난다.

장기 평균비용

장기에는 자본의 사용량을 변화시킬 수 있다는 것은 생산비용을 줄일 수 있다는 것을 의미한다. 장기에서 기업이 확장경로를 따라 이동하면서 비용이 어떻게 변하는지를 알아보기 위해 장기 평균비용곡선과 장기 한계비용곡선을 살펴보자.[9] 장기 평균비용곡선과 장기 한계비용곡선의 모양을 결정짓는 가장 중요한 요인은 생산규모와 비용 최소화를 위해 필요한 생산요소의 투입량 간의 관계이다. 예를 들어 생산이 모든 생산요소 투입량 수준에서 규모에 대한 수확불변을 나타낸다면 모든 생산요소의 투입량을 2배로 할 때 생산량도 2배가 된다. 생산량이 증가하더라도 생산요소들의 가격은 변하지 않기 때문에 평균생산비용은 모든 생산량 수준에서 똑같아진다.

반면 생산이 규모에 대한 수확체증을 나타낸다면 모든 생산요소의 투입량을 2배로 증가시키면 생산량은 2배보다 많이 증가한다. 이 경우, 평균생산비용은 생산량이 증가함에 따라 감소한다. 왜냐하면 2배의 비용을 들여서 2배보다 많은 생산량을 생산할 수 있기 때문이다. 같은 논리로, 규모에 대한 수확체감이 나타날 때는 생산량이 증가함에 따라 평균생산비용은 증가하게 된다.

그림 7.6(a)의 확장경로에 상응하는 장기 총비용곡선은 원점에서부터 시작되는 직선으로 나타난다. 이와 같은 규모에 대한 수확불변의 경우에는 장기 평균비용이 일정하다. 다시 말해, 장기 평균비용은 생산량이 증가하더라도 변하지 않는다. 100단위의 생산량에서 장기 평균비용은 $\$1,000 / 100 = \$10$이다. 200단위의 생산량에서는 장기 평균비용은 $\$2,000 / 200 = \$10$이며, 300의 생산량에서도 평균비용은 $\$10$이다. 평균비용이 일정하다는 것은 한계비용도 일정하다는 것을 의미하므로, 장기 평균비용곡선과 장기 한계비용곡선은 모두 $\$10$에서 수평선으로 표시된다.

앞 장에서는 기업의 생산기술이 처음에는 규모에 대한 수확체증을 보이다가 생산량이 늘어남에 따라 규모에 대한 수확불변을 보이며, 마침내는 규모에 대한 수확체감을 보이는 경우를 살펴보았다. 그림 7.9는 그와 같은 경우에 해당하는 **장기 평균비용곡선**(long-run average cost curve, LAC)을 보여 준다. **단기 평균비용곡선**(short-run average cost curve, SAC)과 마찬가지로 장기 평균비용곡선도 U자형으로 나타난다. 그러나 장기 평균비용곡선이 U자 형태를 가지는 것은 한 생산요소의 수확체감 때문이 아니라 규모에 대한 수확체증과 수확체감 때문에 나타나는 현상이다.

생산량이 차츰 증가함에 따른 장기 총비용의 변화를 나타내는 **장기 한계비용곡선**(long-run marginal cost curve, LMC)은 장기 평균비용곡선으로부터 알 수 있다. LMC는 LAC가 하락할 때는 장기 평균비용곡선의 아래에 위치하며, LAC가 상승할 때는 LAC의 위에 위치한다.[10] 이 두 곡선은 장기평균비용곡선의 최저점인 A점에서 서로 교차한다. LAC가 일정한 특별한 경우에는

장기 평균비용곡선(LAC) 자본을 포함한 모든 생산요소가 가변적일 경우의 생산량과 평균생산비용의 관계를 나타내는 곡선

단기 평균비용곡선(SAC) 자본투입량이 고정되어 있을 경우의 생산량과 평균생산비용의 관계를 나타내는 곡선

장기 한계비용곡선(LMC) 생산량이 1단위씩 점차적으로 증가함에 따른 장기 총비용의 변화를 나타내는 곡선

---

9 단기에서, 평균비용곡선과 한계비용곡선의 모양은 기본적으로 수확체감에 의해 결정되었다. 제6장에서 보았듯이 각 생산요소의 수확체감은 규모에 대한 수확불변(혹은 수확체증)과 일치한다.

10 $AC = TC/q$임을 기억하라. 따라서 $\Delta AC / \Delta q = [q(\Delta TC / \Delta q) - TC] / q^2 = (MC - AC) / q$이다. AC가 증가할 경우 $\Delta AC / \Delta q$는 양$(+)$의 값을 가지며 $MC > AC$이다. 마찬가지로 AC가 감소할 경우에는 $\Delta AC / \Delta q$가 음$(-)$의 값을 가지며 $MC < AC$이다.

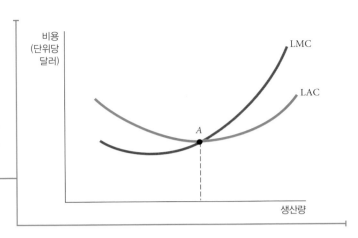

그림 7.9
장기 평균비용과 장기 한계비용
기업이 장기 평균비용(LAC)이 감소하고 있는 점에서 생산하고 있다면, 장기 한계비용(LMC)은 LAC보다 작다. 반대로, LAC가 증가하고 있다면 LMC가 LAC보다 크다. 두 곡선은 A점에서 교차하며 이 점이 LAC곡선의 최저점이다.

LAC와 LMC는 같아진다.

규모의 경제와 규모의 불경제

생산량이 증가함에 따라 평균생산비용은 적어도 어떤 생산량까지는 하락하는데, 이는 다음과 같은 이유 때문에 나타날 수 있다.

1. 기업의 생산 규모가 커지면 근로자들은 가장 생산적인 활동에 특화할 수 있다.
2. 생산 규모가 커짐에 따라 유연한 생산이 가능해진다. 경영자는 사용하는 생산요소들의 조합을 변경시킴으로써 생산공정을 좀 더 효율적으로 조직할 수 있다.
3. 생산 규모가 커지면 기업은 대량 구매를 통해 생산요소를 보다 낮은 가격에 구입할 수 있다. 경영자가 낮아진 생산요소들의 가격을 활용한다면 생산 규모에 따라 생산요소의 조합이 변할 수 있다.

그러나 어떤 생산량 수준에 도달한 후에는 평균생산비용은 생산량의 증가와 함께 증가할 수 있다. 이는 다음과 같은 세 가지 이유로 발생할 수 있다.

1. 적어도 단기에서는 정해진 공장 공간과 기계를 사용함에 따라 근로자들이 효율적으로 일하기가 곤란할 수 있다.
2. 기업의 규모가 커지면서 해야 할 업무가 증가함에 따라 기업 경영은 더 복잡하고 비효율적이 될 수 있다.
3. 생산요소의 구입량이 일정한 수준에 도달하면 대량 구매로 인한 이점이 사라지게 된다. 주요 생산요소의 공급부족이 발생한다면 생산요소의 가격은 오히려 상승할 수 있다.

규모의 경제 2배보다 적은 비용으로 생산량을 2배로 증가시킬 수 있는 상황

규모의 불경제 생산량을 2배로 늘리기 위해 2배 이상의 비용이 필요한 상황

기업의 생산 규모와 비용 간의 관계 분석에서 생산요소의 사용비율이 변한다면 확장경로는 더 이상 직선이 아니므로 규모에 대한 수확의 개념은 더 이상 적용되지 않는다. 그 대신 2배보다 적은 비용으로 생산량을 2배로 늘릴 수 있다면 기업은 **규모의 경제**(economies of scale)를 누린다고 말한다. 또한 생산량을 2배로 늘릴 때 생산비용이 2배보다 많이 증가한다면 **규모의 불경제**

(diseconomies of scale)가 나타난다고 말한다. **규모의 경제**라는 용어는 규모에 대한 수확체증을 특별한 경우로 포함하지만 보다 일반적인 표현이다. 왜냐하면 규모의 경제는 기업이 생산량을 변화시키면서 생산요소들 간의 투입비율을 변화시키는 경우를 반영하기 때문이다. 보다 일반적으로는 U자 형태의 장기 평균비용곡선은 기업이 상대적으로 낮은 생산량 수준에서는 규모의 경제를 가지며, 높은 생산량 수준에서는 규모의 불경제에 직면함을 보여 준다.

규모에 대한 수확(생산요소들이 일정한 비율로 사용되면서 생산량이 증가하는 경우)과 규모의 경제(생산요소들의 투입비율이 가변적인 경우)의 차이를 이해하기 위해 목장의 경우를 생각해 보자. 우유 생산량은 땅, 장비, 젖소, 그리고 사료의 함수이다. 50마리의 젖소를 키우는 소규모 목장은 장비보다는 노동을 더 많이 사용하는 방식(예를 들어 소젖을 손으로 짠다)으로 생산요소를 조합할 것이다. 만약 모든 생산요소의 투입량이 2배가 되어 100마리의 젖소를 키운다면 우유 생산량은 2배가 될 것이다. 이러한 상황은 젖소가 200마리 혹은 그 이상 있는 목장의 경우에도 마찬가지일 것이다. 이 경우에는 규모에 대한 수확불변이 존재한다.

그러나 대규모 목장은 기계를 사용할 수 있다. 대규모 목장이라도 계속 손(노동)으로 소젖을 짠다면 목장의 규모와 관계없이 규모에 대한 수확불변이 계속 적용된다. 그러나 젖소의 수가 50마리에서 100마리로 늘어날 때 목장은 착유기를 사용함으로써 생산기술을 변화시키며, 그에 따라 우유의 평균생산비용을 1갤런당 20센트에서 15센트로 줄일 수 있다. 이 경우에는 규모의 경제가 발생하는 것이다.

이 예는 기업의 생산과정에서 규모에 대한 수확불변을 나타내는 경우에도 규모의 경제를 누릴 수 있다는 사실을 보여 준다. 물론, 기업은 규모에 대한 수확체증과 규모의 경제를 동시에 누릴 수 있다.

규모에 대한 수확체증: 모든 생산요소의 투입량을 2배로 증가시킬 때 생산량은 2배 이상 증가한다.

규모의 경제: 생산량을 2배로 증가시키더라도 비용은 2배보다 적게 증가한다.

규모의 경제는 비용−생산량 탄력성(cost-output elasticity, E_C)으로 측정되는데, E_C는 다음 식에서 보듯이 생산량이 1% 증가함에 따른 생산비용의 퍼센트 변화를 나타낸다.

$$E_C = (\Delta C / C)(\Delta q / q) \tag{7.5}$$

비용의 개념과 E_C가 어떤 관련이 있는지 알아보기 위해 식 (7.5)를 다음과 같이 다시 표현한다.

$$E_C = (\Delta C / \Delta q) / (C / q) = \mathrm{MC} / \mathrm{AC} \tag{7.6}$$

한계비용이 평균비용과 일치한다면 E_C의 값은 1이 된다. 이 경우, 비용은 생산량과 같은 비율로 증가하며, 규모의 경제나 규모의 불경제가 존재하지 않는다(규모에 대한 수확불변은 생산요소들 간의 투입비율이 일정한 경우에 해당된다). 규모의 경제가 존재한다면(비용이 생산량의 증가비율보다 적게 증가한다면) 한계비용은 평균비용보다 작으며(둘 다 감소한다) E_C의 값은 1보다 작

6.4절에서, 모든 생산요소의 투입량을 2배로 늘릴 때 생산량이 2배보다 많아질 경우 규모에 대한 수확체증이 발생한다고 설명하였다.

다. 끝으로 규모의 불경제가 존재한다면 한계비용은 평균비용보다 크며 E_C의 값은 1보다 크다.

사례 7.6   테슬라의 배터리 비용

테슬라(Tesla)는 2003년 창립된 이래 미래형 자동차를 닮은 세련된 전기자동차로 잘 알려져 있다. 그러나 테슬라가 생산하는 자동차는 대부분 사람들에게는 가격이 너무 비싼데, 모델 S 세단의 경우 가격이 약 $85,000부터 시작한다. 테슬라는 새로운 대중적인 자동차(모델 3)를 2017년부터 생산할 예정이다. 모델 3의 최저가격은 약 $35,000로 예상되며, 따라서 일반 소비자들도 구입이 가능할 것이다.

테슬라의 모델 S는 왜 그렇게 비싼지, 또 모델 3를 아주 싼 가격에 판매하면서도 테슬라는 여전히 이윤을 낼 수 있는지 알아보자. 그 답은 전기자동차의 부품 중 가장 비싼 부품인 배터리의 비용에서 찾을 수 있다. 2016년에 전기자동차용 배터리는 킬로와트/시간(kWh)당 에너지 저장비용이 약 $400였다. 모델 3의 배터리는 용량이 50kWh이므로 배터리가격은 약 $20,000에 달하여 판매가격 $35,000의 절반 이상을 차지한다. 만약 배터리 비용이 그렇게 높다면 테슬라는 모델 3로 손해를 보게 될 것이다. 이런 문제를 해결하기 위해 배터리 생산에 있어서의 규모의 경제를 누리고자 테슬라는 네바다주에 $50억 규모의 초대형 공장(Gigafactory)을 건설하였다.

이 공장은 2017년에 문을 열 예정이며, 2020년에 공장이 완전히 가동된다면 연간 500,000개 이상의 배터리를 생산할 수 있을 것으로 예상된다. 2016년에 테슬라가 생산한 배터리의 양이 35,000개임을 고려한다면 생산능력이 크게 향상되는 것이다. 테슬라는 생산 첫 해에 배터리 비용을 1/3(kWh당 에너지 저장비용은 약 $250)로 감소하고, 생산량이 증가함에 배터리 비용이 더 낮아질 것으로 예상한다. 이는 50kWh 배터리의 비용이 2017년에는 $12,500, 공장이 완전히 가동되는 2020년에는 약 $10,000가 될 것임을 의미한다. 배터리 비용이 그 범위

그림 7.10
테슬라의 배터리 생산에 대한 평균비용

배터리 생산의 평균비용은 2016년 kWh당 약 $400였다. 모델 3의 배터리는 50kWh의 용량으로, kWh당 $400로는 배터리당 $20,000의 비용이 드는 것을 의미한다. 그러나 배터리의 대량생산으로 그 비용을 크게 줄일 수 있다. 대량생산이 테슬라의 초대형 공장의 목적이다.

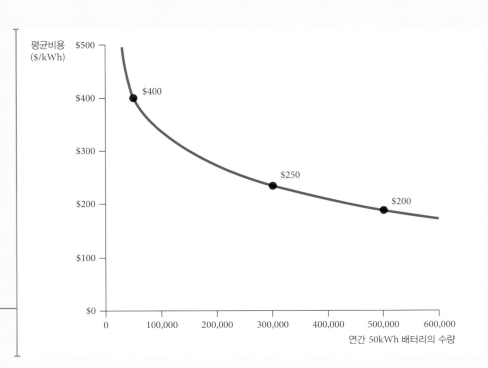

내라면 테슬라는 모델 3를 통해 이윤을 얻을 수 있을 것이다. 생산이 정점에 달하면 연간 50기가와트/시간의 배터리를 생산할 것이다. 이는 2016년 세계 전체의 생산량보다 많은 것이다. 배터리 중 일부는 가정용 에너지 저장과 같은 다른 용도로 판매될 것이다.

그림 7.10은 배터리 생산의 평균비용곡선을 보여 준다. 그림에서 알 수 있듯이 규모의 경제는 배터리 생산비용을 낮추는 데 있어서 중요하다. 이 경우, 비용을 절반으로 줄인다면 테슬라는 모델 3를 많은 소비자가 감당할 수 있는 낮은 가격으로 판매하면서도 이윤을 얻을 수 있을 것이다.

단기 비용과 장기 비용의 관계

그림 7.11은 단기 비용과 장기 비용의 관계를 보여 준다. 어떤 기업이 자기 제품에 대한 미래 수요가 불확실함에 따라 세 가지 다른 규모의 공장을 고려하고 있다고 하자. 세 규모의 공장의 단기 평균비용곡선은 각각 SAC_1, SAC_2, SAC_3로 주어진다. 공장은 한 번 건설되면 상당 기간 동안 그 규모를 변화시킬 수 없으므로 규모에 관한 결정은 매우 중요하다.

그림 7.11은 실현 가능한 세 가지 규모의 공장의 경우를 보여 준다. 만약 이 기업이 q_0단위를 생산한다면 가장 작은 규모의 공장을 지어야 하며 평균비용은 \$8가 된다. (이 기업이 q_1을 생산하더라도 단기 평균비용은 여전히 \$8이다.) 그러나 q_2를 생산한다면 중간 정도 규모의 공장을 짓는 것이 최선의 선택이다. 마찬가지로 q_3를 생산한다면 가장 큰 규모의 공장을 짓는 것이 최선이 된다.

이 기업의 장기 평균비용곡선은 어떻게 되는가? 장기에는 기업이 공장의 규모를 변화시킬 수 있다. 공장 규모를 변화시킬 때 기업은 항상 평균생산비용을 최소화하는 공장 규모를 선택할 것이다.

장기 평균비용곡선은 단기 평균비용곡선들에 있어서 빗금 친 부분에 해당한다. 왜냐하면 이러한 빗금 친 부분들은 어떤 생산량에서든지 최소의 비용을 나타내기 때문이다. 장기 평균비용곡

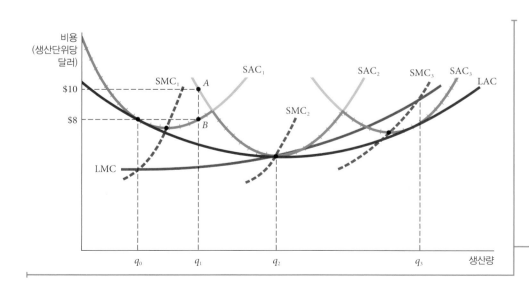

그림 7.11
규모의 경제와 규모의 불경제를 갖는 장기 비용곡선
장기 평균비용곡선(LAC)은 단기 평균비용곡선 SAC_1, SAC_2 그리고 SAC_3를 둘러싸는 포락선이다. 규모의 경제와 규모의 불경제가 존재할 경우 단기 평균비용곡선의 최저점은 장기 평균비용곡선 상에 위치하지 않는다.

선은 단기 평균비용곡선들을 둘러싸는 **포락선(envelope)**이 된다.

이제 서로 다른 단기 평균비용곡선을 가진 다양한 크기의 공장 규모가 선택될 수 있다고 해 보자. 장기 평균비용곡선은 단기 평균비용곡선들을 감싸고 있는 포락선이므로, 그림 7.11에서 곡선 LAC가 된다. 이 기업은 어떤 수준의 생산량을 선택하든지 원하는 생산량을 최저 평균비용으로 생산할 수 있는 공장 규모(그리고 자본과 노동의 조합)를 선택할 수 있다. 장기 평균비용곡선은 처음에는 규모의 경제를 나타내다가 생산량이 증가함에 따라 규모의 불경제를 나타낸다.

단기 비용곡선과 장기 비용곡선 간의 관계를 명확하게 파악하기 위하여, 한 기업이 q_1을 생산하기를 원한다고 해 보자. 만약 이 기업이 작은 공장을 짓는다면 단기 평균비용곡선은 SAC_1가 적합하며, 평균생산비용은 $8이다($SAC_1$의 B점). 즉 작은 규모의 공장은 평균생산비용이 $10인 ($SAC_2$의 A점) 중간 규모의 공장보다 나은 선택이다. 따라서 세 가지 규모의 공장만 선택할 수 있다면 B점은 장기 비용곡선상의 한 점이 된다. 만약 다른 규모의 공장을 지을 수 있고 그 중 적어도 어느 한 규모의 공장에서 $8보다 낮은 평균비용으로 q_1을 생산할 수 있다면 B점은 더 이상 장기 비용곡선에 포함되지 않는다.

그림 7.11에서 어떠한 규모의 공장이라도 건설이 가능하다면 포락선은 U자형으로 그려진다. 다시 말하자면 LAC곡선은 절대 어떠한 단기 평균비용곡선(SAC)보다 위에 위치하지는 않는다. 또한 장기에는 규모의 경제와 규모의 불경제가 존재하므로 규모가 가장 작은 공장과 가장 큰 공장의 평균비용곡선의 최저점은 장기 평균비용곡선상에 위치하지 않는다는 사실을 주의할 필요가 있다. 예를 들어, 평균비용곡선의 최저점에서 가동되는 작은 규모의 공장은 효율적이지 못하다. 왜냐하면 그보다 큰 규모의 공장을 활용한다면 수확체증의 이점을 살림으로써 더 낮은 평균비용으로 생산할 수 있기 때문이다.

마지막으로, 장기 한계비용곡선(LMC)은 단기 한계비용곡선들을 둘러싸는 포락선이 아님에 유의하라. 단기 한계비용은 특정한 규모의 공장에 해당되지만 장기 한계비용은 모든 가능한 규모의 공장에 해당되는 것이다. 장기 한계비용곡선상의 각 점은 가장 비용 효율적인 규모의 공장과 관련된 단기 한계비용으로 구성된다. 이러한 관계에 따라 그림 7.11에서 SAC_1이 LAC와 접하는 점의 생산량 q_0에서 SMC_1은 LMC와 교차한다.

7.5   두 생산물을 갖는 생산 – 범위의 경제

많은 기업들은 하나 이상의 제품을 생산한다. 때로는 기업이 생산하는 제품은 서로 밀접하게 관련된다. 예를 들어 양계농장은 닭고기와 달걀을 생산하며, 자동차회사는 승용차와 트럭을 생산하며, 그리고 대학은 강의와 연구를 생산한다. 물론 기업이 생산하는 여러 제품들이 물리적으로 서로 관련이 없는 경우도 있다. 이와 같이 한 기업이 두 종류 이상의 제품을 함께 생산할 때는 생산이나 비용상의 이점을 누릴 수 있는데, 그것은 생산요소나 생산시설을 같이 이용하거나, 마케팅 활동을 같이 하거나, 공동 관리를 통한 비용절감에 의해 나타난다. 경우에 따라서는 한 제품의 생산과정에서 가치 있는 부산물이 자동적으로 생산되기도 한다. 예를 들어 판금제조기업의 경우에는 제품 생산에 따른 부산물로 판매 가능한 고철이나 철판 조각이 생산된다.

생산변환곡선

결합생산(joint production)의 경제적 이점을 살펴보기 위해 승용차와 트랙터를 생산하는 한 자동차회사의 경우를 살펴보자. 두 제품 모두 자본(공장과 기계)과 노동을 생산요소로 사용한다. 승용차와 트랙터는 보통 같은 공장에서 생산되지는 않는다. 그러나 두 제품은 경영자원을 공동으로 사용하며, 유사한 기계와 숙련된 노동을 사용한다. 이 회사의 경영자는 각 제품을 얼마나 생산할 것인지를 결정해야 한다. 그림 7.12는 주어진 양의 노동과 기계를 이용하여 생산할 수 있는 승용차와 트랙터의 여러 가지 조합을 나타내는 **생산변환곡선**(product transformation curve)을 보여 준다. 곡선 O_1은 생산요소들을 상대적으로 적게 투입하여 생산할 수 있는 두 제품의 모든 조합을 나타내며, 곡선 O_2는 생산요소들을 2배로 투입할 경우에 생산할 수 있는 두 제품의 모든 조합을 나타낸다.

생산변환곡선은 음(−)의 기울기를 가지는데, 그것은 한 제품을 더 많이 생산하기 위해서는 다른 제품의 생산량 일부를 포기해야 하기 때문이다. 예를 들어 승용차를 주로 생산하는 기업은 트랙터 생산에는 자원을 적게 할당할 것이다. 그림 7.12에서 곡선 O_2는 곡선 O_1보다 원점에서 2배 먼 거리에 놓여 있다. 이는 이 기업의 생산과정은 두 제품을 생산하는 데 있어서 규모에 대한 수확불변이 나타난다는 것을 의미한다.

만약 곡선 O_1이 직선이라면 결합생산에 따른 이득이나 손실은 없다. 승용차를 생산하는 데 특화된 작은 회사와 트랙터를 생산하는 데 특화된 작은 회사는 두 제품 모두를 생산하는 하나의 큰 회사와 동일한 생산량을 생산할 것이다. 그러나 생산변환곡선은 밖으로 휘어져 있다(혹은 원점에 대해 오목하다). 그 이유는 한 회사가 결합생산을 하는 경우에는 동일한 양의 자원을 이용하여 두 회사가 각각 따로 제품을 생산하는 경우에 비해서 더 많은 승용차와 트랙터를 생산할 수 있다는 이점을 가지기 때문이다. 이러한 생산상의 이점은 생산요소들의 공동 사용을 포함한다. 예를 들어 하나의 경영진은 둘로 분리된 경영진보다 더 효율적으로 생산 일정을 짜고 생산을 조직할 수 있으며, 회계나 재무 관련 행위를 더 효과적으로 수행할 수 있다.

생산변환곡선 주어진 양의 생산요소들을 이용하여 생산할 수 있는 서로 다른 두 생산물(제품)의 여러 조합을 나타내는 곡선

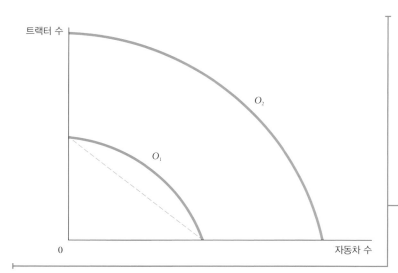

그림 7.12
생산변환곡선
생산변환곡선은 고정된 양의 생산요소들을 가지고 생산할 수 있는 두 생산물의 여러 조합을 나타낸다. 생산변환곡선 O_1과 O_2는 밖으로 휘어져(혹은 원점에 대해 오목) 있는데 이는 생산에 범위의 경제가 존재하기 때문이다.

범위의 경제와 범위의 불경제

범위의 경제 한 기업의 결합생산량이 각각 하나의 제품을 생산하는 서로 다른 두 기업에 의해 달성될 수 있는 생산량보다 많은 상황

일반적으로 **범위의 경제**(economies of scope)는 한 기업의 결합생산량이 동일한 양의 생산요소를 서로 배분하여 사용하는 서로 다른 두 기업에 의해 달성될 수 있는 생산량보다 많을 때 나타난다. 만약 한 기업의 결합생산량이 2개의 개별 기업들이 생산하는 생산량의 합보다 적다면 **범위의 불경제**(diseconomies of scope)가 나타나는 것이다. 이는 한 제품의 생산이 다른 제품의 생산을 방해할 때 발생할 수 있다.

범위의 불경제 한 기업의 결합생산량이 각각 하나의 제품을 생산하는 서로 다른 두 기업에 의해 달성될 수 있는 생산량보다 적은 상황

규모의 경제와 범위의 경제 사이에는 직접적인 관계는 없다. 두 제품을 생산하는 기업은 비록 생산과정에서 규모의 불경제가 존재하더라도 범위의 경제를 누릴 수 있다. 예를 들어 플루트와 피콜로를 같이 생산하는 기업은 각각을 따로 생산하는 경우에 비해 두 제품을 싸게 생산할 수 있다고 하자. 하지만 이 악기들의 생산에는 매우 숙련된 노동력이 필요하므로 소규모로 생산하는 것이 가장 효율적이다. 마찬가지로 두 제품을 결합생산하는 기업은 각 제품에 대해서 규모의 경제를 가질 수 있으나 범위의 경제는 가지지 못할 수 있다. 예를 들어 여러 기업을 소유하고 있는 거대한 복합기업(conglomerate)은 대규모 생산에 따른 효율성은 누릴 수 있지만 경영이 분리되기 때문에 범위의 경제의 이점을 가지지는 못할 수 있다.

범위의 경제도

범위의 경제가 나타나는 정도는 기업의 비용을 살펴봄으로써 알 수 있다. 어떤 생산요소 조합을 이용하여 한 기업이 두 가지 제품을 생산하는 경우에 서로 독립적인 두 기업이 두 제품을 한 가지씩 생산할 때에 비해 많은 양을 생산한다면 한 기업이 두 제품을 생산하는 데 드는 비용은 두 독립적인 회사들이 제품을 한 가지씩 생산할 때 드는 비용보다 낮아진다. 범위의 경제의 정도를 측정하기 위해서는 둘 혹은 그 이상의 제품들을 결합생산하는 경우에는 개별적으로 생산하는 경우에 비해 몇 퍼센트의 생산비용이 절감되는지를 파악해야 한다. 식 (7.7)은 비용절감으로 계산한 **범위의 경제도**(degree of economies of scope, SC)를 나타낸다.

범위의 경제도(SC) 둘 이상의 제품을 개별적으로 생산하지 않고 결합생산을 할 때 발생하는 비용절감의 비율

$$SC = \frac{C(q_1) + C(q_2) - C(q_1, q_2)}{C(q_1, q_2)} \tag{7.7}$$

여기서 $C(q_1)$은 q_1만을 생산하는 데 드는 비용을, $C(q_2)$는 q_2만을 생산하는 데 드는 비용을 나타내며, $C(q_1, q_2)$는 두 생산물을 결합생산할 때의 비용을 나타낸다. 승용차와 트랙터의 예에서와 같이 생산물의 물리적 단위를 서로 합할 수 있을 때는 $C(q_1 + q_2)$로 표현된다. 범위의 경제가 존재한다면 결합생산의 비용은 개별 생산에 따른 비용의 합보다 적다. 따라서 범위의 경제도 SC는 0보다 크다. 범위의 불경제가 나타나는 경우에는 SC가 음($-$)의 값을 가진다. 일반적으로 SC의 값이 클수록 범위의 경제의 정도는 더 커진다.

사례 7.7 트럭운송산업에서의 범위의 경제

여러분이 다양한 크기의 화물을 운송하는 트럭운송회사를 운영하고 있다고 하자.[11] 트럭운송사업은 서로 관련이 있지만 화물의 크기에 따라, 또 운송거리에 따라 서로 구별되는 제품들을 배달하는 사업이다. 화물은 그 크기와 관계없이 중간 경유지를 거치지 않고 한 위치에서 다른 위치로 직접 배달될 수 있으며, 또 중간 경유지에서 목적지별로 화물을 함께 모은 후에 최종 목적지로 배달될 수도 있다. 각 화물의 운송거리는 서로 다르다.

이와 같은 화물운송 상황은 규모의 경제와 범위의 경제에 대한 문제를 제기한다. 규모에 대한 문제는 대규모의 직접 운송이 작은 트럭에 의한 개별 운송보다 비용이 낮으며 수익성이 높은가 하는 것이다. 범위에 대한 문제는 큰 트럭운송회사가 신속한 직접 운송과 중간 경유지를 통한 느린(그러나 비용이 덜 드는) 간접 운송을 함께할 때 비용상의 이점이 나타나는가 하는 것이다. 중앙본부가 운송경로에 대한 계획과 조직을 담당하는 경우에는 범위의 경제가 나타날 수 있다. 범위의 경제가 나타나기 위해서는 많은 운송이 있을 경우에 경로의 조직과 운송 유형이 보다 효율적으로 이루어질 수 있어야 한다. 이런 경우에 트럭운송회사는 트럭 한 대에 실을 수 있는 양을 다 채워 운송할 가능성이 높아진다.

트럭운송산업에 관한 한 연구는 범위의 경제가 존재함을 보여 준다. 예를 들어 105개의 트럭운송회사에 대한 한 분석은 (1) 트럭 한 대를 채우지 않고 짧은 거리 운송, (2) 트럭 한 대를 채우지 않고 중간 정도 거리 운송, (3) 트럭 한 대를 채우지 않고 긴 거리 운송, (4) 트럭 한 대를 다 채운 운송이라는 네 가지의 경우로 구별하여 살펴보았다. 결과는 어느 정도 큰 운송회사의 경우에 범위의 경제도(SC)가 1.576으로 나타났다. 그러나 매우 큰 운송회사의 경우 범위의 경제도는 0.104로 떨어졌다. 큰 회사는 충분히 큰 규모의 화물을 운송하기 때문에 화물을 추가로 적재하기 위해 중간 기점을 경유하는 것이 이익이 되지 않는다. 목적지까지의 직접 운송으로 충분하다. 그러나 매우 큰 운송회사의 경우 경영과 관련된 다른 불리한 점이 나타나기 때문에 회사가 커짐에 따라서 범위의 경제도는 낮아진다. 어느 경우이든, 중간 지점에서 화물을 다 채우지 못한 트럭에 다른 화물을 싣는 것이 기업의 비용을 낮추었으며, 그에 따라 이윤은 증가한다.

따라서 이 연구에 따르면, 트럭운송산업에서 경쟁하려면 트럭운송회사는 중간 지점에서 트럭의 나머지 빈 공간에 다른 화물들을 채울 수 있을 정도로 충분히 커야 한다.

*7.6 비용의 동태적 변화 – 학습곡선

지금까지 살펴본 바에 의하면 규모에 대한 수확체증은 대기업의 장기 평균비용이 소기업에 비해 낮은 이유 중 하나가 된다. 그러므로 시간이 지남에 따라 평균비용이 낮아지는 기업은 규모에 대한 수확체증을 누리면서 성장하는 기업이라고 결론짓기 쉽다. 그러나 반드시 그렇지는 않다. 어떤 기업의 경우에는 시간이 지남에 따른 장기 평균비용의 하락이 근로자와 경영자가 경험을 쌓아 감에 따라 새로운 기술적 정보를 습득하기 때문에 나타날 수 있다.

경영자와 근로자의 경험이 축적됨에 따라 같은 양을 생산하더라도 한계비용과 평균비용은 낮아질 수 있는데, 그 이유로는 다음 네 가지를 들 수 있다.

1. 처음에는 근로자들이 주어진 작업을 하는 데 시간이 많이 걸린다. 그러나 점점 숙달됨에 따

---

11 이 사례는 Judy S. Wang Chiang and Ann F. Friedlaender, "Truck Technology and Efficient Market Structure," *Review of Economics and Statistics* 67 (1985): 250-58에 기초한 것이다.

라 작업 속도는 빨라진다.

2. 경영자들은 원자재의 구매부터 제작에 이르기까지 전체 생산과정을 좀 더 효율적으로 운영하는 방법을 학습하게 된다.

3. 처음에는 제품 디자인에 대해 신중했던 기술자도 충분한 경험을 얻음으로써 불량품을 증가시키지 않으면서 비용을 감소시키는 디자인의 변화를 보다 잘 수용하게 된다. 보다 우수하고 전문화된 장비와 공장 조직도 비용을 낮추게 된다.

4. 원료 공급자는 필요한 원료를 좀 더 효율적으로 생산하는 방법을 습득하게 되며, 이에 따른 이익의 일부는 원료를 사용하는 기업에게 비용 감소의 형태로 이전된다.

결과적으로 기업은 시간이 지나면서 누적 생산량이 증가함에 따라 뭔가를 학습한다. 경영자는 생산을 계획하고 미래의 비용을 예측하기 위하여 이러한 학습 과정을 유용하게 이용할 수 있다. 그림 7.12는 이러한 과정을 **학습곡선**(learning curve)을 통해 보여 준다. 학습곡선은 누적 생산량과 생산물을 1단위 생산하는 데 필요한 생산요소 투입량 간의 관계를 나타낸다.

학습곡선 생산물 1단위를 생산하기 위해 필요한 생산요소 투입량과 누적 생산량과의 관계를 나타내는 곡선

학습곡선의 그래프

그림 7.13은 공작기계 생산에 있어서의 학습곡선을 보여 준다. 가로축은 이 기업이 그동안 생산한 공작기계의 누적 생산량(약 40단위)을, 세로축은 기계 1대를 생산하는 데 필요한 노동시간을 나타낸다. 기계 생산에 필요한 노동시간이 줄어들수록 한계비용과 평균비용은 낮아지므로 생산물 1단위당 필요한 노동시간은 생산비용에 직접적으로 영향을 미친다.

그림 7.13의 학습곡선은 다음과 같은 관계에 기초한 것이다.

$$L = A + BN^{-\beta} \tag{7.8}$$

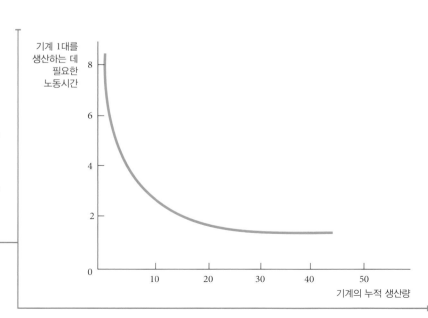

그림 7.13
학습곡선
시간이 지나면서 경영자와 근로자가 더 많은 경험을 쌓으면서 공장이나 설비를 보다 효율적으로 이용할 수 있게 됨으로써 기업의 생산비용은 하락할 수 있다. 학습곡선은 누적 생산량이 증가함에 따라 1단위 생산에 필요한 노동시간이 줄어드는 정도를 보여 준다.

기계 1대를 생산하는 데 필요한 노동시간

기계의 누적 생산량

여기서 N은 누적 생산량이며, L은 1단위 생산에 필요한 노동시간이다. A, B, β는 상수인데, A와 B는 양(+)의 값을 가지며, β는 0과 1 사이의 값이다. N이 1이면 L은 $A + B$가 되므로 $A + B$는 생산물을 처음 1단위 생산할 때 요구되는 노동시간을 나타낸다. β가 0이라면 생산물 1단위당 요구되는 노동시간은 누적 생산량이 증가하더라도 똑같은 크기를 가지므로 학습현상이 나타나지 않는다. β가 양(+)의 값이고 N이 점점 커지면 L은 A에 가까워진다. 따라서 A는 모든 학습효과가 발생한 후에 생산물 1단위당 요구되는 최소한의 노동시간을 나타낸다.

β의 값이 클수록 학습효과의 중요성은 커진다. 예를 들어 β의 값이 0.5라면 생산물 1단위당 요구되는 노동시간은 누적 생산량의 제곱근에 비례하여 줄어든다. 이러한 수준의 학습효과는 기업이 점점 경험을 쌓음에 따라 생산비용을 상당한 크기로 줄일 수 있다.

이 예에서 β의 값은 0.31인데, 이러한 학습곡선의 경우에는 누적 생산량이 2배가 될 때마다 기계 1대를 생산하는 데 필요한 노동시간은 약 20%씩 줄어든다.[12] 그림 7.13에서 학습곡선은 누적 생산량이 약 20에 도달할 때까지 매우 급하게 떨어진다. 그러나 20단위를 초과하면 비용절감 효과는 매우 작아진다.

학습효과와 규모의 경제

이 기업이 20단위 이상의 기계를 생산한 후에 학습곡선 전체의 효과가 거의 사라진다면 일반적인 비용 분석을 사용할 수 있다. 그러나 새로운 생산과정에서 낮은 생산량 수준에서는 상대적으로 비용이 높으며 높은 생산량 수준에서는 상대적으로 비용이 낮다면 이는 규모의 경제가 아닌 학습효과를 의미한다. 학습효과로 인해 성숙한 기업의 생산비용은 생산 규모에 관계없이 상대적으로 낮다. 만약 공작기계를 생산하는 기업이 생산에서 규모의 경제가 나타난다는 것을 안다면 그 기업은 규모와 관련된 비용 축소의 이점을 살리기 위해서 기계를 대량으로 생산해야 한다. 또한 학습효과가 나타난다면 생산 규모에 관계없이 기계 생산량이 누적됨에 따라 보다 효율적인 생산이 가능하므로 생산비용을 낮출 수 있다.

그림 7.14는 이러한 현상을 보여 준다. AC_1은 규모의 경제를 누리는 기업의 장기 평균비용곡선이다. AC_1을 따라서 생산량이 A에서 B로 증가함에 따라 규모의 경제로 인해 비용은 낮아진다. 그러나 AC_1의 A에서 AC_2의 C로의 이동은 평균비용곡선을 아래로 이동시키는 학습효과 때문에 비용이 낮아지는 것이다.

신제품의 생산비용을 예측하고자 하는 기업에게 학습곡선은 매우 중요하다. 예를 들어 어떤 기업이 처음 10대의 기계를 생산하는 경우에는 기계 1대당 노동 요구량이 1.0이며, 최소한으로 요구되는 노동량을 나타내는 식 (7.8)의 A가 0이며, β가 약 0.32임을 안다고 하자. 이런 상황에서 표 7.3은 80대의 기계를 생산하는 데 필요한 총노동량을 계산한 것이다.

학습곡선이 존재하므로 생산물 1단위당 요구되는 노동 투입량은 생산량이 증가함에 따라 감소한다. 그 결과, 생산량을 증가시킴에 따라 요구되는 총노동량의 증가분은 점점 줄어든다. 따라서 기업이 초기에 많은 노동 투입이 요구된다는 점만 고려한다면 사업을 지나치게 비관적으로 전망할 수 있다. 이 기업이 연간 10대의 기계를 생산하면서 오랫동안 사업을 한다고 계획하고 있

---

12 $(L-A) = BN^{-0.31}$이므로 $0.8(L-A)$는 $B(2N)^{-0.31}$과 거의 같아진다.

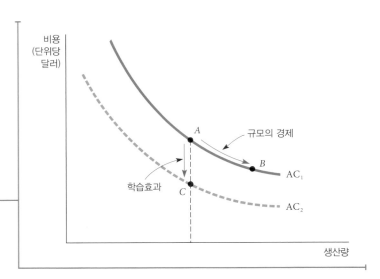

그림 7.14

규모의 경제와 학습효과

기업의 평균생산비용은 시간이 지남에 따라 하락할 수 있다. 이는 규모의 경제로 인한 판매량의 증가(AC₁곡선의 *A*점에서 *B*점으로의 이동) 때문이거나 혹은 학습효과(AC₁곡선의 *A*점에서 AC₂곡선의 *C*점으로의 이동) 때문일 수도 있다.

으며, 첫해에는 기계 10대를 생산하는 데 요구되는 총 노동 투입량이 10이라고 하자. 생산을 시작한 첫해에는 사업을 배워야 하므로 기업의 비용은 매우 높다. 그러나 일단 학습효과가 발생하기 시작한다면 생산비용은 하락한다. 8년이 지난 후에는 기계 10대를 생산하는 데 필요한 노동의 양은 5.1에 그치며, 생산물 1단위당 비용은 첫해의 약 절반에 지나지 않는다. 따라서 학습곡선은 기업이 시장에 진입함으로써 이윤을 얻을 수 있을지 여부를 판단하는 데 있어서 매우 중요한 역할을 한다.

표 7.3	특정 생산량을 생산하는 데 필요한 노동량의 예측	
누적 생산량(*N*)	매 10단위의 생산량에서 생산량 1단위당 요구되는 노동량(*L*)*	총노동량
10	1.00	10.0
20	.80	18.0＝(10.0＋8.0)
30	.70	25.0＝(18.0＋7.0)
40	.64	31.4＝(25.0＋6.4)
50	.60	37.4＝(31.4＋6.0)
60	.56	43.0＝(37.4＋5.6)
70	.53	48.3＝(43.0＋5.3)
80	.51	53.4＝(48.3＋5.1)

*이 열에 있는 수치들은 식 $\log(L) = -0.322 \log(N/10)$에서 계산된 것이다. 여기서 L은 단위 노동량이고, N은 생산물의 누적 생산량이다.

사례 7.8 실제의 학습곡선

이제 막 화학제품산업에 진출한 어떤 기업의 경영자가 다음과 같은 문제에 직면하고 있다고 하자. 산업용 화학제품을 적게 생산하여 높은 가격에 판매해야 할 것인가 아니면 가격을 낮게 책정하고 판매량을 늘려야 할 것인가? 만약 이 산업에 학습곡선이 존재한다면 두 번째 선택이 좋은 선택일 수 있다. 시간이 지남에 따라 생산량이 증가하면서 평균생산비용은 낮아지고 이윤은 증가할 것이다.

2배가 될 때는 평균생산비용은 27%씩 하락함을 보여 준다. 이러한 결과는 화학제품산업에는 규모의 경제보다 학습효과가 더 중요하다는 사실을 보여 주는 것이다.[14]

학습곡선의 중요성은 반도체산업에서도 볼 수 있다. 1974부터 1992년까지 출시된 7개 세대의 D램(dynamic random-access memory, DRAM) 반도체에 관한 연구에 따르면 학습률은 평균 약 20%(누적 생산량이 10% 증가한다면 2%의 비용절감을 가져옴)로 나타났다.[15] 또한 이 연구에서는 일본 기업들과 미국 기업들 간의 학습효과에는 큰 차이가 없는 것으로 나타났다.

결정을 내리기 전에 먼저 학습곡선이 실제로 존재하는지를 판단해야 한다. 학습곡선이 존재한다면 많은 양을 생산하고 판매함으로써 시간이 지남에 따라 평균비용을 줄이고 이윤을 증가시킬 수 있다. 또 학습효과와 규모의 경제를 구별해야 한다. 규모의 경제가 나타난다면 어떤 시점에서의 생산량이 많을수록 평균비용이 낮아진다. 반면에 학습곡선이 존재하면 누적 생산량이 증가할수록 평균비용은 낮아진다. 비교적 적은 양을 계속 생산한다면 학습곡선의 효과를 누릴 수 있지만 규모의 경제에 의한 효과는 얻지 못한다.

어떻게 할 것인가를 결정하기 위해 학습효과(근로자가 새로운 공정을 학습하거나 공정의 개선 등)를 규모에 대한 수학체증과 구별하는 통계적 연구를 참고할 수 있다. 예를 들어 37개의 화학제품에 대한 한 연구는 화학제품 생산에서 생산비용의 하락은 누적 생산량의 증가, 설비의 개선, 그리고 약간의 규모의 경제와 직접적으로 관련된다는 사실을 보인다.[13] 실제로 연구대상이었던 화학제품 모두에 있어서 평균생산비용은 연간 5.5%씩 하락한다. 이 연구는 공장의 규모가 2배가 될 때는 평균생산비용이 11%씩 하락하지만, 누적 생산량이

또 다른 예로는 항공기제조업이 있다. 이 산업에 대한 연구에 따르면 학습률은 최대 40%에 달하는 것으로 나타났다. 그림 7.15는 에어버스 항공기 생산에서의 노동 요구량을 보여 준다. 처음 10대에서 20대 사이의 항공기 생산에서는 100대나 200대째 생산에 비해서 훨씬 많은 양의 노동 투입이 요구된다는 것을 알 수 있다. 또한 학습곡선은 어떤 생산량을 지나서는 매우 평평해지는데, 즉 생산량이 200대에 이르면 모든 학습효과가 거의 다 실현된다.

학습곡선 효과는 장기 비용곡선의 모양을 결정하는 데 있어서 중요한 역할을 하며, 따라서 경영적 의사결정에 상당한 도움을 준다. 경영자는 학습곡선이 주는 정보를 이용하여 생산의 수익성을 판단할 수 있으며, 만약 수익성이 있다면 공장을 얼마나 크게 지어야 하며, 양(+)의 순현금흐름을 발생시키기 위해서는 누적 생산량이 어느 정도가 되어야 하는지를 결정할 수 있다.

---

13 이 연구는 Marvin Lieberman, "The Learning Curve and Pricing in the Chemical Processing Industries," *RAND Journal of Economics* 15 (1984): 213–28에 의해 수행되었다.

14 저자는 화학제품의 평균비용(AC), 산업의 누적 생산량(X), 생산공장의 평균 규모(Z)를 사용하여 $\log(AC) = -0.387\log(X) - 0.173\log(Z)$를 추정하였다. 누적 생산량 계수 -0.387은 누적 생산량이 1% 증가할 때마다 평균비용이 0.387% 감소함을 의미한다. 공장 규모 계수 -0.173은 공장 규모가 1% 증가할 때마다 평균비용이 0.173% 감소함을 말한다.

우변의 생산량과 공장 규모 변수의 두 계수를 해석하면, 평균 공장 규모의 증가로 인한 비용절감이 약 15%이고, 누적 생산량 증가로 인한 비용절감이 85%이다. 연구 기간 동안 공장 규모가 2배이고 누적 생산량이 5배가 된다고 하면, 규모의 증가로 인한 비용절감이 11%이고 누적 생산량 증가로 인한 비용절감이 62%가 된다.

15 이 연구는 D. A. Irwin and P. J. Klenow, "Learning-by-Doing Spillovers in the Semiconductor Industry," *Journal of Political Economy* 102 (December 1994): 1200–27에 의해 수행되었다.

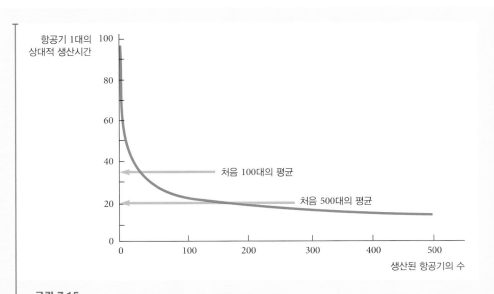

그림 7.15
에어버스 생산의 학습곡선
이 학습곡선은 비행기를 1대 생산하는 데 필요한 노동량과 비행기의 누적 생산량의 관계를 보여 준다.
생산공정이 좀 더 잘 조직되고 근로자가 자신의 일에 더 익숙해질 때, 비행기 1대를 생산하는 데 필요한
노동량은 크게 줄어든다.

*7.7   비용의 추정과 예측

비용함수   생산비용과 생산량 및 그 외 기업이 통제할 수 있는 변수들 간의 관계를 나타내는 함수

사업을 확장하거나 축소하는 기업은 생산량이 변함에 따른 비용 변화를 예측해야 한다. 미래 비용의 추정치는 비용함수를 통해 구할 수 있는데, **비용함수**(cost function)는 생산비용과 생산량 및 그 외 기업이 통제할 수 있는 변수들 간의 관계를 나타낸다.

예를 들어 자동차산업의 단기 생산비용을 파악하는 경우에는 각 자동차회사의 생산량(Q) 관련 자료에 관한 정보를 각 기업의 변동비용(VC)과 연관시킬 수 있다. 총비용 대신에 변동비용을 사용하면 여러 제품을 동시에 생산하는 기업의 고정비용을 특정한 제품에 배분해야 하는 문제점을 피할 수 있다.[16]

그림 7.16은 전형적인 비용과 생산량 자료를 보여 준다. 그래프의 각 점은 한 자동차회사의 생산량과 변동비용 간의 관계를 나타낸다. 비용을 정확히 예측하기 위해서는 변동비용과 생산량 사이에 존재하는 관계를 찾아야 한다. 그런 다음에 각 회사가 자신의 생산량을 증가시킨다면 관련된 비용은 어떻게 변화할 것인지를 계산할 수 있다. 그림의 곡선은 이러한 점을 염두에 두고 그린 것으로서 생산량과 변동비용 간의 관계를 잘 나타낸다(일반적으로 자료를 잘 나타내는 곡

---

[16] 만약 생산량이 증가함에 따라 추가적인 장비가 필요해진다면, 그 장비의 연간 임대료는 변동비용에 포함되어야 한다. 그러나 같은 기계가 모든 생산량 수준에서 사용될 수 있다면, 그 비용은 고정비용이므로 변동비용에 포함되어서는 안 된다.

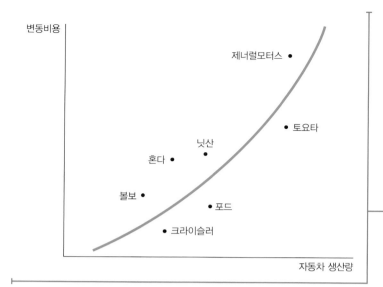

변동비용

제너럴모터스 •

• 토요타

닛산
혼다 • •

볼보 •

• 포드

• 크라이슬러

자동차 생산량

그림 7.16
자동차산업의 변동비용곡선
변동비용곡선에 대한 실증적 추정은 한 산업에 속한 개별
기업들의 자료를 이용하여 구할 수 있다. 자동차 생산의 변
동비용곡선은 각 기업의 생산량과 변동생산비용을 연계시
키는 점들을 가장 잘 대변하는 곡선을 통계적으로 결정하는
방법으로 구할 수 있다.

선은 최소제곱 회귀분석을 통하여 구할 수 있다). 그러나 구체적으로 어떤 관계가 가장 적절하
며, 그러한 관계는 수학적으로 어떻게 표현되는가?

최소제곱 회귀분석은 이 책의
부록에서 설명된다.

다음은 선택 가능한 비용함수 중 하나를 보여 준다.

$$VC = \beta q \tag{7.9}$$

이 함수는 사용하기는 쉽지만, 이와 같이 비용과 생산량 간의 관계를 **선형**으로 나타내는 것은
한계비용이 일정한 경우에 적합하다.[17] 생산량이 1단위씩 증가할 때 변동비용은 β만큼 증가한다.
따라서 한계비용은 일정한 값 β가 된다.

만약 U자 형태의 평균비용곡선과 상수가 아닌 한계비용을 원한다면 좀 더 복잡한 비용함수를
사용해야 한다. 사용 가능한 한 가지 함수는 2차 비용함수로서 다음과 같이 변동비용을 생산량
및 생산량의 제곱으로 표현한다.

$$VC = \beta q + \gamma q^2 \tag{7.10}$$

이 함수에 따르면 한계비용곡선은 $MC = \beta + 2\gamma q$로서 직선으로 나타난다.[18] γ가 양($+$)의 값
을 가진다면 한계비용은 생산량이 증가함에 따라 증가하며, 음($-$)의 값을 가진다면 한계비용은
생산량이 증가함에 따라 감소한다.

만약 한계비용곡선이 직선이 아니라면 다음과 같은 3차 비용함수를 사용해야 한다.

---

17 비용의 통계적 분석에서, 생산요소의 비용, 생산과정, 생산 혼합 등에 관한 기업 간의 차이를 설명하기 위해 다른 변
수들을 비용함수에 추가할 수도 있다.

18 단기 한계비용은 $\Delta VC / \Delta q = \beta + \gamma \Delta(q^2)$으로 주어진다. 그러나 $\Delta(q^2)/\Delta q = 2q$이다. (계산이나 수치 예를 이용하여 이를
확인해 보라.) 따라서 $MC = \beta + 2\gamma q$이다.

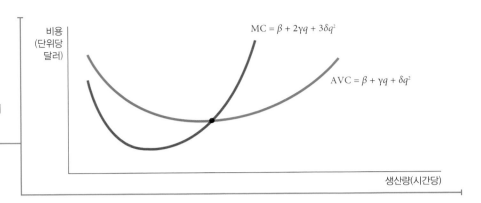

그림 7.17

3차 비용함수

3차 비용함수는 평균비용곡선과 한계비용곡선이 모두 U자 형태임을 의미한다.

$$VC = \beta q + \gamma q^2 + \delta q^3 \tag{7.11}$$

그림 7.17은 3차 비용함수를 보여 준다. 이는 평균비용곡선뿐만 아니라 한계비용곡선도 U자 형임을 의미한다.

여러 가지 이유로 인해 비용함수는 측정하기가 어렵다. 첫째, 생산량에 대한 자료는 흔히 서로 다른 제품의 생산량을 모두 합하여 제시된다. 예를 들어 제너럴모터스는 여러 종류의 자동차를 함께 생산한다. 둘째, 비용에 대한 자료를 제공하는 회계 정보는 기회비용을 제대로 반영하지 못한다. 셋째, 기업이 2개 이상의 생산라인을 가진 복합기업이라면 공장유지비용 등 기타 공장 관련 비용을 특정한 제품에 적절히 배분하기가 어렵다.

비용함수와 규모의 경제에 대한 측정

앞에서 살펴본 바와 같이 규모의 경제가 존재할 때는 비용-생산량 탄력성 E_C의 값은 1보다 작으며, 규모의 불경제가 존재하는 경우에는 그 값이 1보다 크다. 규모의 경제지수(scale economies index, SCI)는 규모의 경제가 존재하는지 여부를 알려 주는 지수로서 다음과 같이 정의된다.

$$SCI = 1 - E_C \tag{7.12}$$

이 식에서 $E_C = 1$이어서 SCI = 0이라면 규모의 경제나 불경제는 존재하지 않는다. E_C가 1보다 커서 SCI가 음(-)의 값을 가진다면 규모의 불경제가 존재한다. 또 E_C가 1보다 작아서 SCI가 양(+)의 값을 가질 때는 규모의 경제가 존재한다.

사례 7.9   전력 생산의 비용함수

1955년에 미국의 소비자들은 3,690억 kwh
의 전기를 소비했으며, 1970년에는 10,830억
kwh의 전기를 소비하였다. 1970년에는 전력
회사의 수가 줄어들었기 때문에 기업당 전력
생산량은 큰 폭으로 증가하였다. 이러한 생산
량의 증가는 규모의 경제에 의한 것이었는가
아니면 그 밖의 요인 때문에 나타난 것이었는

가? 만약 규모의 경제 때문에 발생하였다면 규제당국이 지역별로 전
력 생산을 독점하는 회사들을 분할했던 것은 경제적으로 비효율적인
정책이었다고 할 수 있다.

이에 대하여 1955년과 1970년의 전력 판매수입이 $100만 이상이
었던 전력회사들을 대상으로 진행된 흥미로운 연구가 있다.[19] 이 연
구에서 전력 생산비용은 앞에서 살펴본 2차나 3차 방정식의 비용함
수보다 약간 더 복잡한 비용함수를 이용하여 추정되었다.[20] 표 7.4는
이 연구의 결과에서 나타난 규모의 경제지수의 추정치를 보여 준다.
모든 전력회사를 다섯 가지 규모의 그룹으로 분류하며, 각 그룹의 생
산량(kwh)의 중앙값(median)이 표시된다.

SCI의 값이 양(+)으로 나타나는 것은 1955년에는 모든 규모의 전
력 생산회사들이 규모의 경제를 누리고 있었음을 보여 준다. 그러
나 규모의 경제의 크기는 전력회사의 규모가 커짐에 따라 줄어든다.
1955년의 평균비용곡선은 그림 7.18에서 볼 수 있다. 최저 평균비용
은 생산량이 약 200억 kwh인 A점에서 나타난다. 1955년에는 어떤
전력회사도 이러한 생산량을 생산할 수 있는 규모가 아니었으므로
규모의 경제를 충분히 활용할 수 없었다. 그러나 생산량이 90억 kwh
에 이른 후에는 평균비용곡선이 상당히 평평해진다는 것을 알 수 있
다. 124개 회사 중 7개의 회사가 이 정도의 전력량을 생산하였다.

1970년의 자료를 이용하여 똑같은 비용함수를 추정한 결과 그림

7.18에서 1970년이라고 표시된 비용곡선이
나타났다. 그림을 통해 평균비용곡선이 1955
년과 1970년 사이에 하락했다는 사실을 명확
하게 알 수 있다(자료는 1970년 기준 실질달
러로 계산된 것이다). 그러나 1970년에는 비
용곡선의 평평한 부분은 약 150억 kwh에서부
터 시작한다. 1970년에는 80개의 회사 중 24
개의 회사가 이 정도의 생산량을 생산하였다. 따라서 더 많은 회사
들이 규모의 경제가 더 이상 중요하지 않은 평균비용곡선의 평평한
부분에서 생산하였던 것이다. 더 중요한 것은 1955년의 비용곡선에
서 대부분의 전력회사들이 위치했던 점보다 1970년의 비용곡선에서
대부분의 전력회사들이 위치했던 점이 비용곡선의 더 평평한 부분
에 있었다는 것이다(5개 회사는 규모의 불경제를 나타내는 점에 있
었다: 콘 에디슨(Consolidated Edison)[SCI = −0.003], 디트로이트 에
디슨(Detroit Edison)[SCI = −0.004], 듀크 파워(Duke Power)[SCI = −
0.012], 커먼웰스 에디슨(Commonwealth Edison)[SCI = −0.014] 그
리고 서던(Southern)[SCI = −0.028]). 따라서 1955년과 비교할 때
1970년에 전력회사들은 규모의 경제를 더 많이 누렸음을 알 수
있다.

비용함수에 대한 이러한 분석에 의하면 전력 생산비용의 하락은
대규모 회사들에 의한 규모의 경제를 누렸기 때문이 아님을 명백히
알 수 있다. 규모의 경제와는 관련이 없는 기술의 발전이나 석탄과
원유 같은 생산요소의 실질가격 하락이 전력의 생산비용을 하락시킨
중요한 원인이다. 어느 정도의 전력 생산량에서 생산 규모를 더 늘림
으로써 평균비용곡선상에서 오른쪽으로 이동하여 생산비용이 낮아
지는 것(규모의 경제)은 기술발전 효과와 비교한다면 아주 미미한 것
이다.

표 7.4	전력산업에서 규모의 경제				
생산량(백만 kwh)	43	338	1,109	2,226	5,819
1955년의 SCI 값	0.41	0.26	0.16	0.10	0.04

---

19 이 사례는: Laurits Christensen and William H. Greene, "Economies of Scale in U.S. Electric Power Generation,"
Journal of Political Economy 84 (1976): 655-76에 기초한 것이다.

20 이 연구에서 사용된 초월대수 비용함수는 우리가 앞에서 거론한 함수들보다 더 일반적인 함수관계를 보여 준다.

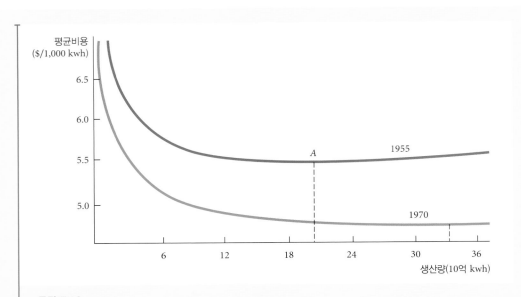

그림 7.18
전력산업의 평균생산비용
1955년 전력의 평균비용은 약 200억 kwh의 생산량에서 최저점에 도달하였다. 1970년에 평균비용은 급격히 하락하였으며 330억 kwh의 생산량에서 최저점에 도달하였다.

요약

1. 경영자, 투자자, 그리고 경제학자는 기업의 자원 이용과 관련한 기회비용을 반드시 고려해야 한다. 기회비용은 기업이 자원을 차선의 용도에 사용하는 사라진 기회와 관련된 비용이다.

2. 경제적 비용은 기업이 생산을 위해 경제적 자원을 사용할 때 발생하는 비용을 말한다. 경제적 비용과 기회비용은 같은 개념이지만, 기회비용은 특히 사라진 기회가 금전적 지출을 반영하지 않는 상황에서 유용하다.

3. 매몰비용은 이미 지출되었으며 다시 회수될 수 없는 비용이다. 따라서 매몰비용은 미래에 대한 경제적 의사결정에서 무시해야 한다. 이미 매몰된 지출은 다른 용도를 가지지 않으므로 그 기회비용은 0이다.

4. 단기에서는 하나 또는 그 이상의 생산요소 투입량이 고정된다. 총비용은 고정비용과 변동비용으로 구분된다. 한계비용은 생산량이 1단위 증가함에 따라 발생하는 추가적인 변동비용이다. 평균변동비용은 총변동비용을 생산량으로 나눈 것이다.

5. 일부 생산요소들이 가변적이지 않은 단기에서는 수확체감의 성격이 비용곡선의 형태를 결정한다. 특히, 변동생산요소의 한계생산물과 한계비용은 서로 역의 관계를 가진다. 평균변동비용곡선과 평균총비용곡선은 U자 형태를 나타낸다. 어떤 수준의 생산량을 넘으면서 단기 한계비용곡선은 상승하며, 평균변동비용곡선과 평균총비용곡선의 최저점을 통과한다.

6. 장기에서는 모든 생산요소의 투입량을 변화시킬 수 있다. 따라서 각 생산요소의 투입량은 생산요소들의 상대적 가격과 상호 대체성에 따라 결정된다. 비용을 최소화하는 생산요소 투입량은 목표 생산량을 나타내는 등량곡선과 등비용선의 접점에서 결정된다.

7. 확장경로는 비용을 최소화하는 생산요소들의 사용량이 기업의 규모(또는 생산량)가 증가함에 따라 어떻게 변하는지를 보여 준다. 따라서 확장경로는 장기 계획에 관한 의사결정에 유용한 정보를 제공한다.

8. 장기 평균비용곡선은 단기 평균비용곡선들을 둘러싸고 있는 포락선이며, 규모에 대한 수확이 존재하는지 여부를 알려 준다. 초기에 규모에 대한 수확체증이 나타난 후 규모에 대한 수확체감이 나타난다면 장기 평균비용곡선은 U자 형태가 된다. 또한 이 경우에 장기 평균비용곡선은 단기 평균비용곡선의 최저점들을 모두 포함하지는 않는다.

9. 생산량을 2배 증가시킬 때 비용이 2배보다 적게 증가한다면 **규모의 경제**가 존재한다. 생산량을 2배 증가시킬 때 비용이 2배보다 더 많이 증가한다면 규모의 불경제가 존재한다. 규모의 경제와 불경제는 생산요소의 투입비율이 변하는 경우에도 적용되는 개념이다. 그러나 규모에 대한 수확은 생산요소들의 투입비율이 서로 고정되어 있을 때에만 적용되는 개념이다.

10. 범위의 경제는 2개의 독립적인 기업이 각각 하나의 제품만을 생산할 때에 비해 하나의 기업이 두 제품을 더 적은 비용으로 생산할 수 있는 현상을 말한다. 범위의 경제도는 하나의 기업이 두 제품을 같이 생산할 때의 비용이 이들을 각각 개별로 생산할 때의 비용에 비해 몇 퍼센트 감소하는지로 측정된다.

11. 평균생산비용은 시간이 지남에 따라 기업이 좀 더 효율적으로 생산하는 방법을 익힌다면 하락할 수 있다. **학습곡선**은 기업의 누적 생산량이 증가함에 따라 주어진 생산량을 생산하는 데 필요한 생산요소의 양이 얼마나 감소하는가를 나타낸다.

12. 비용함수는 생산량과 생산비용 간의 관계를 나타낸다. 비용함수는 측정한 시점에서 또는 일정한 기간에 걸쳐서 나타나는 한 산업 내 기업들의 자료를 이용하여 단기와 장기 모두에 대해서 측정될 수 있다. 비용함수는 선형, 2차, 3차 방정식을 포함하여 여러 가지 함수를 사용하여 나타낼 수 있다.

복습문제

1. 한 기업이 자신의 회계사에게 연간 $10,000를 지불하고 있다. 이는 경제적 비용인가?

2. 작은 소매점의 여주인은 회계업무를 자신이 직접 처리한다. 이 업무에 대한 기회비용은 어떻게 측정하겠는가?

3. 다음 내용이 맞는지 혹은 틀린지를 설명하라.
   a. 기업의 소유주가 자신의 봉급을 가져가지 않는다면 회계적 비용은 0이지만 경제적 비용은 0보다 크다.
   b. 양(+)의 회계적 이윤이 항상 양(+)의 경제적 이윤을 의미하는 것은 아니다.
   c. 기업이 실업상태에 있는 근로자 1명을 고용한다면 그 사람의 서비스를 사용하는 데 따른 기회비용은 0이다.

4. 노동이 유일한 변동생산요소라고 하자. 생산량이 증가하면서 한계생산비용이 점점 감소한다면 노동의 한계생산물에 대해서는 어떻게 설명할 수 있는가?

5. 어떤 의자 제조업자는 생산과정에서 자본의 노동에 대한 기술적 한계대체율이 노동자에 대한 임금과 기계 임대료 간의 비율보다 더 크다는 사실을 발견하였다. 생산비용을 최소화하기 위해서 이 사람은 자본과 노동의 사용량을 어떻게 변화시켜야 하는가?

6. 등비용선이 직선으로 나타나는 이유는 무엇인가?

7. 한계생산비용이 증가하고 있다고 하자. 이 경우 평균변동비용은 증가하고 있는가 혹은 감소하고 있는가? 설명하라.

8. 한계생산비용이 평균변동비용보다 크다고 하자. 이 경우 평균변동비용이 증가하고 있는가 감소하고 있는가? 설명하라.

9. 기업의 평균비용곡선이 U자 형태일 때 평균변동비용

곡선의 최저점이 평균총비용곡선의 최저점보다 적은 생산량에서 나타나는 이유는 무엇인가?

10. 만약 한 기업이 어떤 수준의 생산량까지는 규모의 경제를 누리고, 그다음부터 생산량에 비례하여 비용이 증가한다면 장기 평균비용곡선의 모습은 어떻게 그려지는가?

11. 한 생산요소의 가격이 변한다면 기업의 장기 확장경로는 어떻게 변하는가?

12. 규모의 경제와 범위의 경제를 구별하라. 왜 이 중 하나는 다른 하나가 나타나지 않을 때에도 나타날 수 있는가?

13. 기업의 확장경로는 항상 직선인가?

14. 규모의 경제와 규모에 대한 수확의 차이는 무엇인가?

연습문제

1. 조는 연간 $50,000의 봉급을 받으면서 일하던 컴퓨터 프로그래머직을 그만두고 자신이 소유하면서 그동안 연간 $24,000의 임대료를 받았던 빌딩에서 컴퓨터 소프트웨어 사업을 시작하였다. 사업 첫해의 지출액은 자신에게 지불하는 봉급 $40,000, 임대료 $0, 기타 비용 $25,000로 나타났다. 조가 경영하는 컴퓨터 소프트웨어 사업의 회계적 비용과 경제적 비용을 계산해 보라.

2. a. 아래 표의 빈칸을 채워라.
   b. 가로축에 수량을, 세로축에 비용을 두고 한계비용, 평균변동비용, 평균총비용을 각각 그려라.

3. 어떤 기업의 고정생산비용은 $5,000이며, 생산량 1단위당 한계생산비용은 $500로 일정하다.

   a. 이 기업의 총비용함수는? 평균비용은?
   b. 기업이 평균총비용을 최소화하기를 원한다면 이 기업은 규모를 크게 해야 하는가 아니면 작게 해야 하는가? 설명하라.

4. 어떤 기업이 자신의 생산량에 관계없이 일정한 금액의 세금을 지불해야 한다고 하자.

   a. 세금은 이 기업의 고정비용, 한계비용, 평균비용에 각각 어떤 영향을 주는가?
   b. 만약 이 기업의 생산량에 비례해서 세금이 부과된다면 세금은 이 기업의 고정비용, 한계비용, 평균비용에 각각 어떤 영향을 주는가?

5. 최근의 《비즈니스위크》지에는 다음과 같은 기사가 실렸다.

생산량	고정비용	변동비용	총비용	한계비용	평균고정비용	평균변동비용	평균총비용
0			100				
1			125				
2			145				
3			157				
4			177				
5			202				
6			236				
7			270				
8			326				
9			398				
10			490				

"최근 자동차 판매가 부진했던 기간 동안 GM, 포드, 크라이슬러는 근로자를 해고하는 것보다 생산된 자동차를 렌터카회사에 손해를 보고 싸게 파는 것이 낫다고 판단하였다. 왜냐하면 공장을 닫았다가 다시 여는 데는 많은 비용이 들 뿐만 아니라 노동조합과의 계약 때문에 근로자들이 일을 하지 않더라도 임금을 지불해야 하기 때문이었다."

이 기사에서 자동차를 손해 보고 판다는 것은 회계적 이윤을 말하는가 아니면 경제적 이윤을 말하는가? 이 두 경우는 어떻게 다른가? 간단히 설명하라.

6. 경기침체로 인해 노동비용이 50% 하락했으며 앞으로도 상당 기간 동안 그 수준에 머무를 것으로 예상된다고 하자. 이에 따른 노동가격과 자본가격의 상대적 변화가 기업의 확장경로에 미치는 영향을 그래프로 그려라.

7. A지점에서 B지점으로 항공기를 운항하는 데 드는 비용은 $50,000이다. 이 항공사는 이 항로를 하루 네 번 오전 7시, 오전 10시, 오후 1시, 오후 4시에 운항한다. 첫 번째와 마지막 운항은 240개의 좌석이 모두 차지만, 두 번째와 세 번째 운항은 손님이 반밖에 차지 않는다. 시간대별 운항의 승객 1인당 평균비용을 계산하라. 여러분은 항공사의 마케팅 컨설턴트로서 어느 시간대의 승객에 초점을 맞추어야 하는지를 알고자 한다. 아침과 오후의 피크타임대의 승객에 초점을 맞추어야 하는가 아니면 낮 시간의 승객에 초점을 맞추어야 하는가? 여러분의 조언은 어떠한가?

8. 여러분이 엔진을 대량생산하는 공장을 관리하고 있다고 하자. 엔진의 생산기술은 다음의 생산함수로 주어져 있다.

$$q = 5KL$$

여기서 q는 1주일당 생산되는 엔진의 수이며, K는 조립용 기계의 수이며, L은 노동자의 수이다. 기계 1대당 임대료는 1주일에 $r = \$10,000$이며, 근로자 1명당 임금은 1주일에 $w = \$5,000$이다. 엔진 생산비용에는 노동과 기계에 대한 비용 외에 엔진 1개당 $2,000의 재료비가 포함된다. 공장에는 5대의 조립기계가 설치되어 있다.

a. 이 공장의 비용함수는 어떻게 되는가? 다시 말해, 엔진을 q개 생산하는 데는 얼마의 비용이 드는가? q개의 엔진을 생산하기 위한 평균비용과 한계비용은 얼마인가? 생산량과 함께 평균비용은 어떻게 변하는가?

b. 250개의 엔진을 생산하기 위해서는 몇 명의 근로자가 필요한가? 엔진 1개당 평균생산비용은 얼마인가?

c. 여러분은 공장의 생산공정을 새롭게 설계하려고 한다. 어떤 수준의 생산량에서든 총생산비용을 최소화하기 위해서는 새로운 공정은 자본/노동(K/L) 비율을 어떻게 가져가야 하는가?

9. 어떤 회사의 단기 총비용함수는 $TC = 200 + 55q$로 주어진다. TC는 총비용을, q는 총생산량을 나타낸다 (각각의 측정단위는 1,000이다).

a. 이 회사의 고정비용은 얼마인가?

b. 만약 이 회사가 100,000단위를 생산한다면 평균변동비용은 얼마인가?

c. 한계비용은 얼마인가?

d. 평균고정비용은 얼마인가?

e. 이 회사가 대출을 하여 공장을 확장한다고 하자. 이 경우, 고정비용은 $50,000 증가하지만 변동비용은 1,000단위당 $45,000로 하락한다. 이자비용($i$) 또한 방정식에 포함된다고 하자. 이자율이 1포인트씩 증가할 때마다 총비용은 $3,000씩 증가한다. 새로운 비용 식을 구하라.

*10. 의자를 제조하는 기업은 시간당 $30의 임금으로 근로자를 고용하며 기계 임대료로 시간당 $15를 지불한다. 의자 1개는 4시간의 노동을 사용하거나 기계를 4시간 사용하여 생산될 수 있으며, 혹은 4시간 내에서 노동과 기계를 어떻게 조합하더라도 생산될 수 있다. 현재 의자 1개당 3시간의 노동과 1시간의 기계를 사용하여 의자를 생산하고 있다면 이 기업은 생산

비용을 최소화하고 있는가? 그렇다면 그 이유는 무엇인가? 만약 그렇지 않다면 더 나은 방법은 무엇인가? 등량곡선과 현재의 노동과 자본의 조합 및 최적 노동과 자본의 조합을 나타내는 2개의 등비용선을 그려라.

*11. 어떤 기업의 생산함수는 $q = 10L^{\frac{1}{2}}K^{\frac{1}{2}}$이다. 노동 1단위당 비용은 \$20이고 자본 1단위당 비용은 \$80이다.

   a. 이 기업은 제품을 현재 100단위 생산하고 있으며 비용을 최소화하는 노동과 자본의 사용량은 각각 20과 5라고 판단하고 있다. 등량곡선과 등비용선을 사용하여 이 상황을 그래프로 표시하라.

   b. 이제 이 기업은 생산량을 140단위로 증가시키려고 한다. 단기에 자본의 투입량이 고정되어 있다면, 이 기업은 몇 단위의 노동을 필요로 하는가? 그래프로 설명하고 이 기업의 새로운 총비용을 계산하라.

   c. 이 기업이 140단위를 생산할 때 장기에 생산비용을 최소화시키는 자본과 노동의 사용량을 그래프로 표시하라.

   d. 기술적 한계대체율이 K/L라면 140단위를 생산하는 데 필요한 최적의 자본과 노동의 사용량은 각각 얼마인가?

*12. 다음은 한 컴퓨터 제조회사의 평균비용(AC)함수인데, 연간 컴퓨터 생산량이 10,000대에서 50,000대 사이인 공장규모하에서 평균비용과 누적 생산량 Q(천 대) 및 연간 컴퓨터 생산량 q(천 대) 간의 관계를 나타낸다.

$$AC = 10 - 0.1Q + 0.3q$$

   a. 학습효과는 존재하는가?

   b. 규모의 경제나 불경제가 존재하는가?

   c. 이 기업은 지금까지 총 40,000대의 컴퓨터를 생산했으며, 올해에는 10,000대의 컴퓨터를 생산하고 있다. 내년에는 생산량을 12,000대로 증가시키고자 한다. 내년의 평균생산비용은 증가할 것인가 혹은 감소할 것인가? 설명하라.

*13. 어떤 산업의 장기총비용함수는 $TC = a + bq + cq^2 + dq^3$으로 주어진다. a, b, c, d가 어떤 값을 가진다면 평균비용곡선은 U자 형태가 되는지 계산하라.

*14. 어떤 컴퓨터회사는 기계와 노동을 사용하여 하드웨어와 소프트웨어를 동시에 생산한다. 하드웨어(H)와 소프트웨어(S)를 동시에 생산하는 데 따른 총비용함수는 다음과 같다.

$$TC = aH + bS - cHS$$

여기서 a, b, c는 양(+)의 값을 가진다. 이 총비용함수는 규모의 경제를 나타내는가, 혹은 규모의 불경제를 나타내는가? 범위의 경제를 나타내는가 혹은 범위의 불경제를 나타내는가?

*15. Jacob Viner는 널리 알려진 유명한 논문[J. Viner, "Cost Curves and Supply Curves," *Zeitschrift fur Nationalokonomie* 3 (Sept. 1931): 23-46]에서 U자 형태의 장기 평균비용(LAC)곡선과 접하면서 그 접점이 단기 평균비용(SAC)곡선의 최저점이 되는 일련의 SAC곡선을 그리지 못하는 문서 작성자를 비난하였다. 문서 작성자는 그러한 그림을 그리는 것은 불가능하다고 항변하였다. 이 논쟁에서 여러분은 누구를 지지하는가? 무엇 때문인가? 그림을 이용하여 답하라.

*16. 어떤 도로포장회사는 고정된 양의 토지(T)와 투입량이 가변적인 시멘트(C)와 노동(L)을 사용하여 주차공간(q)을 포장한다. 이 회사는 현재 1,000개의 주차공간을 포장하고 있다. 시멘트의 비용은 에이커당 \$4,000이고, 노동비용은 시간당 \$12이다. 기업이 선택한 시멘트와 노동량에서 $MP_C = 50$이고, $MP_L = 4$이다.

   a. 이 기업은 주차공간의 생산비용을 최소화하고 있는가? 그 이유는 무엇인가?

   b. 만약 비용 최소화 상태가 아니라면 비용을 줄이기 위해 C와 L의 조합을 어떻게 바꾸어야 하는가?

제7장 부록

생산과 비용이론 – 수학적 접근

이 부록은 생산과 비용이론의 기초에 대한 수학적 접근을 제시한다.

비용 최소화

기업이론은 기업이 생산비용을 최소화하는 생산요소들의 양을 선택한다는 가정에 기초한다. 자본(K)과 노동(L)이라는 2개의 생산요소가 있다면 생산함수 $F(K, L)$은 기업이 모든 가능한 두 생산요소의 조합으로 생산할 수 있는 최대의 생산량을 나타낸다. 각 생산요소의 한계생산물은 양($+$)의 값을 가지지만 체감한다고 가정한다. 자본과 노동의 한계생산물을 각각 $\mathrm{MP}_K(K, L)$과 $\mathrm{MP}_L(K, L)$로 표현하면 다음과 같이 나타낼 수 있다.

$$\mathrm{MP}_K(K, L) = \frac{\partial F(K, L)}{\partial K} > 0, \quad \frac{\partial^2 F(K, L)}{\partial K^2} < 0$$

$$\mathrm{MP}_L(K, L) = \frac{\partial F(K, L)}{\partial L} > 0, \quad \frac{\partial^2 F(K, L)}{\partial L^2} < 0$$

경쟁기업은 노동의 가격 w와 자본의 가격 r을 주어진 것으로 생각한다. 따라서 일정한 생산량 q_0을 생산한다는 제약하에서 비용 최소화 문제는 다음과 같이 표현된다.

$$\text{Minimize C} = wL + rK \tag{A7.1}$$

일정한 생산량 q_0가 생산되어야 한다는 제약조건은 다음과 같이 표현된다.

$$F(K, L) = q_0 \tag{A7.2}$$

C는 정해진 생산량 q_0를 생산하는 데 드는 비용을 나타낸다.

자본과 노동에 대한 기업의 수요를 결정하기 위해 식 (A7.2)의 제약조건하에서 식 (A7.1)을 최소화하는 K와 L의 값을 구한다. 이러한 제약조건하에서의 최적화 문제를 풀기 위하여 제4장의 부록에서 사용했던 세 단계의 과정을 거친다.

- **1단계**: 라그랑지안 함수를 만든다. 이는 최소화해야 하는 생산비용과 라그랑지 승수(λ)를 제약조건에 곱한 것의 합으로 구성된다.

$$\Phi = wL + rK - \lambda[F(K, L) - q_0] \tag{A7.3}$$

- **2단계**: 라그랑지안 함수를 K, L, λ에 대해 미분한다. 각 편도함수를 0으로 놓고 최소화를 위

한 필요조건들을 구한다.[1]

$$\partial\Phi/\partial K = r - \lambda MP_K(K, L) = 0$$
$$\partial\Phi/\partial L = w - \lambda MP_L(K, L) = 0$$
$$\partial\Phi/\partial\lambda = q_0 - F(K, L) = 0$$

(A7.4)

- **3단계:** 이 방정식들을 풀어서 최적화를 가져오는 L, K, λ의 값을 구한다. 식 (A7.4)의 처음 두 조건을 결합하면 다음과 같은 의미 있는 결과를 얻는다.

$$MP_K = (K, L)/r = MP_L(K, L)/w$$

(A7.5)

식 (A7.5)에 따르면, 기업이 비용을 최소화하려면 각 생산요소의 한계생산물을 그 생산요소의 가격으로 나누어 준 값이 서로 같아지도록 생산요소의 양을 선택해야 한다. 이는 본문의 식 (7.4)에서 도출한 조건과 완전히 일치한다.

마지막으로, 라그랑지 승수를 표현하기 위해 식 (A7.4)의 처음 두 조건을 다시 정리하면 다음과 같다.

$$r - \lambda MP_K(K, L) = 0 \Rightarrow \lambda = \frac{r}{MP_K(K,\ L)}$$

$$w - \lambda MP_L(K, L) = 0 \Rightarrow \lambda = \frac{w}{MP_L(K,\ L)}$$

(A7.6)

생산량이 1단위 증가한다고 해 보자. 자본의 한계생산물은 자본을 1단위 추가할 때 증가하는 생산량을 말하므로 $1/MP_K(K, L)$은 생산량을 1단위 더 생산하기 위하여 추가적으로 필요한 자본의 양을 나타낸다. 따라서 $r/MP_K(K, L)$은 자본을 증가시킴으로써 추가적으로 얻는 생산량 1단위를 위해 자본에 추가적으로 지불해야 하는 비용을 말한다. 마찬가지로, $w/MP_L(K, L)$은 노동을 증가시킴으로써 추가적으로 얻는 생산량 1단위를 위해 노동에 추가적으로 지불해야 하는 비용을 말한다. 이 두 경우에서, 라그랑지 승수는 한계비용과 일치하는데, 생산량이 1단위 증가할 때 비용이 얼마나 증가하는지를 보여 준다.

기술적 한계대체율

등량곡선은 동일한 생산량(q_0)을 생산하는 생산요소의 모든 조합을 나타내는 곡선임을 기억하라. 따라서 조건 $F(K, L) = q_0$는 하나의 등량곡선을 나타낸다. 등량곡선을 따라 이동하면 생산요소들의 조합은 바뀌지만 생산량의 변화, 즉 $F(K, L)$을 전미분한 값은 0이어야 한다(즉, $dq = 0$). 따라서 다음과 같은 관계가 성립한다.

$$MP_K(K, L)dK + MP_L(K, L)dL = dq = 0$$

(A7.7)

이를 다시 정리하면 다음과 같다.

---

[1] 이 조건들은 양(+)의 값을 가지는 두 생산요소를 포함하는 해를 얻기 위해 필요하다.

$$-dK/dL = \text{MRTS}_{LK} = \text{MP}_L(K, L) / \text{MP}_K(K, L) \tag{A7.8}$$

여기서 MRTS_{LK}는 노동의 자본에 대한 기술적 한계대체율을 나타낸다.

식 (A7.5)의 조건을 다시 정리하면 다음과 같다.

$$\text{MP}_L(K, L) / \text{MP}_K(K, L) = w / r \tag{A7.9}$$

식 (A7.8)의 좌변은 등량곡선의 음(–)의 기울기 크기를 나타내므로, 등량곡선과 등비용선이 접하는 점에서 기업의 기술적 한계대체율(생산량을 일정하게 유지하는 생산요소 간의 교환비율)은 생산요소의 가격비율(등비용선의 기울기)과 같아진다.

이러한 결과를 식 (A7.9)를 달리 표현함으로써 다른 측면에서 이해할 수 있다.

$$\text{MP}_L / w = \text{MP}_K / r \tag{A7.10}$$

식 (A7.10)은 식 (A7.5)와 같으며, 생산요소들에 지출된 금액 1단위당 한계생산물은 모든 생산요소에서 같아야 함을 말해 주고 있다.

생산과 비용이론의 쌍대성

소비자이론에서와 같이, 기업의 생산요소 투입량에 대한 의사결정도 쌍대성(duality)의 성격을 가진다. 최적의 K와 L의 양을 선택하는 문제는 등량곡선에 접하는 가장 낮은 등비용선을 구하는 문제로 볼 수 있을 뿐만 아니라, 주어진 등비용선에 접하는 가장 높은 등량곡선을 선택하는 문제로도 볼 수 있다. 생산을 위해 C_0의 비용을 지출하는 경우를 생각해 보자. 쌍대성 문제는 일정한 비용 C_0로 가장 많은 생산량을 생산하기 위해서는 K와 L을 어떻게 조합해야 하는가를 묻는 것이다. 다음의 문제를 통해 이 두 접근방법이 동일한 것임을 살펴보자.

$$\text{Maximize } F(K, L) \text{ subject to } wL + rL = C_0 \tag{A7.11}$$

이 문제는 라그랑지안 방법으로 풀 수 있다.

- **1단계**: 라그랑지안 함수를 만든다.

$$\Phi = F(K, L) - \mu(wL + rK - C_0) \tag{A7.12}$$

여기서 μ는 라그랑지 승수이다.

- **2단계**: 라그랑지안 함수를 K, L, μ에 대해 미분하여 각 편도함수를 0으로 두어 극대화의 필요조건을 얻는다.

$$\begin{aligned}
\frac{\partial \Phi}{\partial K} &= \text{MP}_K(K,\ L) - \mu r = 0 \\
\frac{\partial \Phi}{\partial L} &= \text{MP}_L(K,\ L) - \mu w = 0 \\
\frac{\partial \Phi}{\partial \lambda} &= wL - rK + C_0 = 0
\end{aligned} \tag{A7.13}$$

- **3단계**: 식 (A7.13)을 이용하여 K와 L의 값을 구한다. 특히, 처음 두 식을 결합하면 다음과 같은 결과를 얻는다.

$$\mu = \frac{MP_K(K,\ L)}{r}$$

$$\mu = \frac{MP_L(K,\ L)}{w} \tag{A7.14}$$

$$\Rightarrow \frac{MP_K(K,\ L)}{r} = \frac{MP_L(K,\ L)}{w}$$

이는 식 (A7.5)의 비용 최소화를 위한 필요조건과 동일한 결과이다.

콥-더글러스 비용과 생산함수

특정한 생산함수 $F(K,\ L)$이 주어질 때 식 (A7.13)과 (A7.14)의 조건은 비용함수 $C(q)$를 도출하는 데 사용될 수 있다. 이를 이해하기 위해 다음 **콥-더글러스 생산함수**(Cobb-Douglas production function)의 경우를 살펴보자.

$$F(K,\ L) = AK^\alpha L^\beta$$

> 콥-더글러스 생산함수 $q = AK^\alpha L^\beta$ 형식의 생산함수로 q는 생산량, K는 자본 투입량, 그리고 L은 노동 투입량이다. 또 A, α, β는 양(+)의 상수이다.

여기서 A, α, β는 양(+)의 상수이다.

$\alpha < 1$, $\beta < 1$이라고 가정하면, 노동과 자본의 한계생산물은 체감한다.[2] 만약 $\alpha + \beta = 1$이라면, K와 L를 2배로 늘릴 때 F도 2배가 되므로 규모에 대한 수확불변이 나타난다. 또 $\alpha + \beta > 1$이라면 규모에 대한 수확체증이, $\alpha + \beta < 1$이라면 규모에 대한 수확체감이 나타난다.

이를 사례 6.4의 카펫산업에 적용해 보자. 작은 기업이든 큰 기업이든, 기업들의 생산은 콥-더글러스 생산함수로 표현된다고 하자. 작은 기업은 $\alpha = 0.77$, $\beta = 0.23$이고, $\alpha + \beta = 1$이므로 규모에 대한 수확불변이 존재한다. 큰 기업의 경우에는 $\alpha = 0.83$, $\beta = 0.22$이고 $\alpha + \beta = 1.05$이므로 규모에 대한 수확체증이 존재한다. 콥-더글러스 생산함수는 경제학에서 자주 접하는 함수로서 많은 종류의 생산모형에 사용된다. 이미 보았듯이 이 함수는 모든 유형의 규모에 대한 수확을 다룰 수 있다. 또한 A의 변화를 통하여 기술이나 생산성의 변화를 설명할 수 있다. 즉 A의 값이 클수록 주어진 K와 L로 더 많은 양이 생산된다.

생산량 q_0을 최소비용으로 생산할 수 있는 자본과 노동의 투입량을 알아내기 위해 먼저 라그랑지안 함수를 만든다.

$$\Phi = wL + rK - \lambda(AK^\alpha L^\beta - q_0) \tag{A7.15}$$

이를 K, L, λ에 대해서 미분하고 각 편도함수를 0으로 놓으면 다음과 같다.

$$\partial\Phi / \partial L = w - \lambda(\beta AK^\alpha L^{\beta-1}) = 0 \tag{A7.16}$$

---

2 예를 들어, 노동의 한계생산물은 $MP_L = \partial[F(K,\ L)] / \partial L = \beta AK^\alpha L^{\beta-1}$로 주어진다. 따라서 L이 증가하면 MP_L은 감소한다.

$$\partial\Phi \,/\, \partial K = r - \lambda(\alpha AK^{\alpha-1}L^{\beta}) = 0 \qquad\qquad \textbf{(A7.17)}$$

$$\partial\Phi \,/\, \partial\lambda = AK^{\alpha}L^{\beta} - q_0 = 0 \qquad\qquad \textbf{(A7.18)}$$

식 (A7.16)으로부터 다음과 같은 결과를 얻는다.

$$\lambda = w \,/\, A\beta K^{\alpha}L^{\beta-1} \qquad\qquad \textbf{(A7.19)}$$

이를 식 (A7.17)에 대입하면 다음을 얻는다.

$$r\beta AK^{\alpha}L^{\beta-1} = w\alpha AK^{\alpha-1}L^{\beta} \qquad\qquad \textbf{(A7.20)}$$

또는 이 식은 다음과 같이 쓸 수 있다.

$$L = \frac{\beta r}{\alpha w}K \qquad\qquad \textbf{(A7.21)}$$

식 (A7.21)은 확장경로이다. 식 (A7.21)을 식 (A7.18)의 L에 대입하여 다음과 같은 결과를 얻는다.

$$AK^{\alpha}\Big(\frac{\beta r}{\alpha w}K\Big)^{\beta} - q_0 = 0 \qquad\qquad \textbf{(A7.22)}$$

이를 다시 정리하면 다음과 같다.

$$K^{\alpha+\beta} = \Big(\frac{\alpha w}{\beta r}\Big)^{\beta}\frac{q_0}{A} \qquad\qquad \textbf{(A7.23)}$$

따라서 다음의 관계를 얻는다.

$$K = \Big(\frac{\alpha w}{\beta r}\Big)^{\frac{\beta}{\alpha+\beta}}\Big(\frac{q_0}{A}\Big)^{\frac{1}{\alpha+\beta}} \qquad\qquad \textbf{(A7.24)}$$

식 (A7.24)는 자본에 대한 수요로서 비용을 최소화하는 자본의 투입량을 보여 준다. 즉 식 (A7.24)는 생산량 q_0를 최소의 비용으로 생산하기를 원한다면 자본을 얼마나 투입해야 하는지를 보여 준다. 비용을 최소화하는 노동 투입량을 구하기 위해서는 식 (A7.24)를 식 (A7.21)에 대입하면 된다.

$$L = \frac{\beta r}{\alpha w}K = \frac{\beta r}{\alpha w}\Big[\Big(\frac{\alpha w}{\beta r}\Big)^{\frac{\beta}{\alpha+\beta}}\Big(\frac{q_0}{A}\Big)^{\frac{1}{\alpha+\beta}}\Big]$$

$$L = \Big(\frac{\beta r}{\alpha w}\Big)^{\frac{\alpha}{\alpha+\beta}}\Big(\frac{q_0}{A}\Big)^{\frac{1}{\alpha+\beta}} \qquad\qquad \textbf{(A7.25)}$$

식 (A7.25)는 노동에 대한 수요를 나타낸다. 만약 임금(w)이 자본의 가격(r)에 비해 상대적으로 상승한다면, 기업은 자본을 더 많이 사용하고 노동은 더 적게 사용할 것이다. 기술발전으로 인하여 A의 값이 커진다면 기업은 같은 양의 생산요소를 투입하여 더 많은 생산물을 생산할 수 있으므로 주어진 생산량을 생산하기 위한 자본(K)과 노동의 투입량(L)은 모두 줄어든다.

이상은 주어진 생산량이라는 제약조건하의 비용 최소화 문제를 통해 자본과 노동의 최적조합을 결정하는 문제를 살펴본 것이다. 이제 기업의 비용함수에 대해 살펴보자. 어떤 생산량 q를 생산하기 위한 총비용은 식 (A7.24)의 K와 식 (A7.25)의 L을 식 $C = wL + rK$에 대입하여 구할 수 있다. 약간의 계산과정을 거치면 다음의 결과를 얻는다.

$$C = w^{\beta/(\alpha+\beta)} r^{\alpha/(\alpha+\beta)} \left[\left(\frac{\alpha}{\beta}\right)^{\beta/(\alpha+\beta)} + \left(\frac{\alpha}{\beta}\right)^{-\alpha/(\alpha+\beta)} \right] \left(\frac{q}{A}\right)^{1/(\alpha+\beta)} \tag{A7.26}$$

이 비용함수는 첫째, 생산량 q가 증가함에 따른 총생산비용의 증가와 둘째, 생산요소들의 가격변화에 따른 총비용의 변화를 보여 준다. 만약 $\alpha + \beta = 1$이라면, 식 (A7.26)은 다음과 같이 간단하게 표현된다.

$$C = w^{\beta} r^{\alpha} [(\alpha/\beta)^{\beta} + (\alpha/\beta)^{-\alpha}](1/A)q \tag{A7.27}$$

이 경우, 생산비용은 생산량의 증가와 똑같은 비율로 증가한다. 따라서 생산에는 규모에 대한 수확불변이 나타난다. 마찬가지로, $\alpha + \beta > 1$이라면 규모에 대한 수확체증이, 그리고 $\alpha + \beta < 1$이라면 규모에 대한 수확체감이 나타난다.

기업의 비용함수는 여러 가지 바람직한 특징을 가진다. 식 (A7.27)의 비용함수가 규모에 대한 수확불변의 생산기술을 반영하는 경우를 살펴보자. 생산량 q_0를 생산하기를 원하지만 임금이 2배로 상승하였다고 하자. 그렇다면 생산비용은 어떻게 변하는가? 새로운 생산비용은 다음과 같이 주어진다.

$$C_1 = (2w)^{\beta} r^{\alpha} \left[\left(\frac{\alpha}{\beta}\right)^{\beta} + \left(\frac{\alpha}{\beta}\right)^{-\alpha} \right] \left(\frac{1}{A}\right) q_0 = 2^{\beta} \underbrace{w^{\beta} r^{\alpha} \left[\left(\frac{\alpha}{\beta}\right)^{\beta} + \left(\frac{\alpha}{\beta}\right)^{-\alpha} \right] \left(\frac{1}{A}\right) q_0}_{C_0} = 2^{\beta} C_0$$

가정에 따라 $\alpha < 1$, $\beta < 1$이다. 따라서 $C_1 < 2C_0$이다. 비록 임금이 2배로 상승하더라도 q_0를 생산하는 데 드는 비용은 2배보다는 적게 증가한다. 이는 예상할 수 있는 결과인데, 갑자기 더 높은 임금을 지불해야 한다면 기업은 노동을 상대적으로 값이 싸진 자본으로 대체함으로써 총생산비용의 증가를 억제하게 된다.

이제 주어진 비용 C_0을 가지고 생산량을 극대화하는 쌍대성 문제를 생각해 보자. 이 문제는 콥–더글러스 생산함수를 사용하여 스스로 풀어 보기 바란다. 식 (A7.24)와 (A7.25)가 생산량을 극대화하는 생산요소들의 양을 나타낸다는 사실을 보여야 한다. 이 문제를 풀기 위해서는 라그랑지안 함수 $\Phi = AK^{\alpha}L^{\beta} - \mu(wL + rK - C_0)$에서 시작해야 한다.

연습문제

1. 다음 생산함수들은 규모에 대한 수확체증, 수확불변, 수확체감 중 어떤 것을 나타내는가?

   a. $F(K, L) = K^2L$

   b. $F(K, L) = 10K + 5L$

   c. $F(K, L) = (KL)^{0.5}$

2. 어떤 제품의 생산함수가 $q = 100KL$로 주어져 있다. 자본의 가격이 하루에 $120이고 노동의 가격이 하루에 $30일 때, 1,000단위의 생산량을 생산하는 데 드는 최소비용은 얼마인가?

3. 생산함수가 $F(K, L) = KL^2$으로 주어진다고 하자. 자본의 가격은 $10이고, 노동의 가격은 $15이다. 어떤 주어진 생산량을 최소의 비용으로 생산하기 위한 노동과 자본의 조합은 어떻게 되어야 하는가?

4. 파카복을 생산하는 한 기업의 생산함수는 다음과 같다.

   $$q = 10K^{0.8}(L - 40)^{0.2}$$

   여기서 q는 파카복의 생산량이고, K는 봉제기계의 사용시간이며, L은 노동시간이다. 자본과 노동 외에도 파카복 1벌당 $10의 재료비가 든다.

   a. 생산함수를 제약조건으로 하는 비용 최소화 문제를 이용하여 비용을 최소화하는 K와 L을 생산량 (q), 임금(w), 기계 임대료(r)의 함수로 나타내라. 이 결과를 이용하여 총비용함수를 구하라. 총비용함수는 q, r, w, 그리고 단위당 재료비 $10의 함수로 표시된다.

   b. 이 생산에는 시간당 $32달러를 지불해야 하는 숙련노동자가 필요하며, 기계의 임대료는 시간당 $64이다. 이러한 생산요소들의 가격하에서 총비용함수를 q의 함수로 표현하라. 이 생산기술은 규모에 대한 수확체감, 불변, 체증 중 어떤 것을 보이는가?

   c. 이 회사는 1주일당 2,000벌을 생산하고자 한다. 생산요소들의 가격이 위에서와 같다면 얼마나 많은 노동자를 고용(주당 40시간의 노동으로)해야 하며, 또 얼마나 많은 기계를 임대(주당 40시간의 기계사용시간으로)해야 하는가? 이 생산량에서 한계비용과 평균비용은 얼마인가?

5. 어떤 농장이 다음과 같은 생산함수하에서 자본과 노동을 이용하여 사과를 생산한다.

   $$q_{\text{apples}} = KL^2 - L^3$$

   이 농장은 사과 생산에 사용하기 위해 600단위의 자본을 가지고 있다.

   a. 노동의 총생산물 함수를 구하라.

   b. 노동의 평균생산물 함수를 구하라.

   c. 노동의 한계생산물 함수를 구하라.

   d. 노동 투입량이 몇 단위를 초과하면 수확체감이 발생하는가?

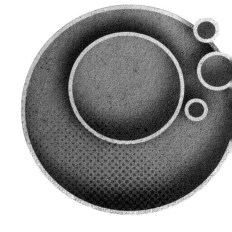

CHAPTER 8

이윤극대화와 경쟁시장의 공급

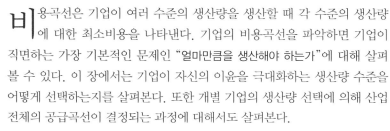용곡선은 기업이 여러 수준의 생산량을 생산할 때 각 수준의 생산량에 대한 최소비용을 나타낸다. 기업의 비용곡선을 파악하면 기업이 직면하는 가장 기본적인 문제인 "얼마만큼을 생산해야 하는가"에 대해 살펴볼 수 있다. 이 장에서는 기업이 자신의 이윤을 극대화하는 생산량 수준을 어떻게 선택하는지를 살펴본다. 또한 개별 기업의 생산량 선택에 의해 산업 전체의 공급곡선이 결정되는 과정에 대해서도 살펴본다.

제6장과 제7장에서 살펴본 생산과 비용은 모든 유형의 시장에 속한 기업들에게 적용된다. 따라서 우선 일반적 상황에서 이윤극대화를 가져다주는 생산량의 결정에 대해 살펴본 후에 이 장의 주제인 완전경쟁시장에 초점을 맞춘다. 완전경쟁시장에서는 모든 기업이 동일한 제품을 생산하며 개별 기업의 생산량은 산업 전체의 생산량에 비해 매우 적기 때문에 개별 기업의 생산량 결정은 시장가격에 전혀 영향을 미치지 않는다. 이윤이 발생할 가능성이 있다고 판단될 때는 새로운 기업이 시장에 쉽게 진입할 수 있으며, 손실이 발생할 때에는 기존 기업은 시장에서 쉽게 빠져나올 수 있다.

먼저 경쟁시장이 정확히 무엇을 의미하는지에 대해 설명한다. 이어서 (어떤 시장에서든) 기업은 이윤극대화를 목적으로 한다는 가정에 대해 설명하며, 시장이 경쟁적이든 아니든 모든 시장의 모든 기업이 이윤극대화를 위해 적용해야 하는 한 가지 원칙을 설명한다. 또한 단기와 장기에 있어서 경쟁기업의 이윤극대화 생산량 선택에 대해 설명한다.

다음으로 생산비용이나 생산요소가격의 변화가 기업의 생산량 선택에 미치는 영향에 대해 살펴보며, 이러한 과정을 통해 **기업의 공급곡선**을 도출한다. 또 산업의 공급곡선을 얻기 위하여 개별 기업의 공급곡선을 합한다. 단기에서 기업은 이윤을 극대화하기 위한 생산량을 선택한다. 장기에 기업은 생산량을 결정할 뿐만 아니라 시장에 계속 머물 것인지 여부도 결정한다. 높은 이윤을 얻을 수 있을 것이라는 전망은 기업의 산업 내 진입을 촉진하는 반면 손실은 기업이 떠나게 만든다는 것에 대해서도 살펴본다.

8.1   완전경쟁시장

제2장에서는 수요–공급 분석을 통해 시장 상황의 변화가 휘발유나 밀 같은 제품의 시장가격에 어떤 영향을 미치는지를 설명하였다. 또 각 제품의 균형가격과 균형수량은 시장수요곡선과 시장 공급곡선이 만나는 점에서 결정된다는 것도 살펴보았다. 그러한 분석은 완전경쟁시장의 모형에 기초한 것인데, 완전경쟁 모형은 농업, 연료와 기타 제품, 주택, 서비스, 그리고 금융시장을 포함한 여러 시장을 살펴보는 데 매우 유용하다. 완전경쟁 모형의 중요성을 고려하여 기본적인 가정에 대해 주의 깊게 살펴본다.

이미 설명한 바와 같이 완전경쟁 모형은 (1) 가격수용자, (2) 제품의 동질성, (3) 자유로운 진입과 퇴출이라는 세 가지 기본 가정에 기초하는데, 여기서는 이러한 가정들을 다시 요약 정리한다.

가격수용자   완전경쟁시장에는 많은 기업들이 서로 경쟁하고 있기 때문에 각 기업은 자신이 생산하는 제품에 대해 수많은 직접적인 경쟁자를 맞이한다. 개별 기업은 시장의 총생산량에 비해서는 매우 적은 양을 판매하므로, 개별 기업의 결정은 시장가격에 전혀 영향을 미치지 않는다. 따라서 각 기업은 시장가격을 주어진 것으로 본다. 간단히 말해, 완전경쟁시장에 있는 기업은 **가격수용자**(price taker)이다.

여러분이 소형전구를 유통하는 도매상이라고 하자. 여러분은 전구를 제조업자로부터 구입하여 소규모 사업자나 소매업자들에게 재판매한다. 불행하게도, 여러분은 서로 경쟁하고 있는 많은 도매상 중 하나이다. 따라서 여러분은 소비자와 값을 흥정할 여지가 거의 없다는 사실을 이해한다. 만약 여러분이 시장에서 결정되는 경쟁가격에 전구를 판매하지 않는다면 여러분의 고객들은 다른 도매상으로부터 전구를 구입할 것이다. 또한 여러분은 여러분이 판매하는 전구의 수가 전구의 도매가격에 영향을 거의 또는 전혀 주지 않을 것이라는 사실도 안다. 따라서 여러분은 가격수용자이다.

가격수용자라는 가정은 기업뿐만 아니라 소비자에게도 적용된다. 완전경쟁시장에서 개별 소비자는 그 산업에서 생산되는 총생산량 중 아주 적은 양만을 구매하므로 시장가격에 전혀 영향을 미치지 못한다. 따라서 개별 소비자도 가격을 주어진 것으로 받아들인다.

달리 표현하면 가격수용자라는 가정은 시장에는 많은 수의 독립적인 기업과 독립적인 소비자가 있으며, 각자는 자신의 결정이 가격에 영향을 미치지 않는다고 믿는다는 것이다.

제품의 동질성   가격수용적인 행동은 일반적으로 기업들이 동일하거나 거의 동일한 제품을 생산하는 시장에서 나타난다. 한 시장에 있는 모든 기업의 제품들이 서로 완전대체적(동질적)인 경우에는 어떤 기업이 자기 제품의 가격을 다른 기업보다 높게 책정한다면 제품을 거의 판매하지 못한다. 대부분의 농산물은 동질적이다. 예를 들어 어떤 지역에서 생산된 농산물들의 질은 비교적 유사하기 때문에 옥수수 구매자들은 어느 농장에서 재배했는가를 묻지 않는다. 원유, 휘발유, 구리, 철, 목재, 목화, 철판 등의 원재료도 매우 동질적이다. 경제학자들은 그러한 동질적인 제품들을 **상품**(commodity)이라고 한다.

이와 반대로, 제품들이 서로 이질적이라면 각 기업은 경쟁사보다 가격을 높게 책정하더라도 제품을 판매할 수 있는 기회를 가지게 된다. 예를 들어 하겐다즈 같은 고급 아이스크림은 다른 아이스크림과는 성분이 다르며, 많은 소비자들에게 우수한 제품으로 인식되기 때문에 다른 제품에 비해 높은 가격에 판매될 수 있다.

제품의 동질성이라는 가정은 매우 중요하다. 왜냐하면 이 가정 때문에 수요-공급 분석에서 단일시장가격이 나타나기 때문이다.

자유로운 진입과 퇴출 세 번째 가정인 **자유로운 진입과 퇴출**(free entry and exit)은 새로운 기업이 해당 산업에 진입해서 생산을 하는 것을 어렵게 하거나, 혹은 기존 기업이 이윤을 얻지 못하여 해당 산업에서 퇴출하는 것을 어렵게 만드는 특별한 비용이 없다는 것을 의미한다. 따라서 구매자는 한 공급자에서 다른 공급자로 쉽게 거래처를 바꿀 수 있으며, 공급자는 시장에 쉽게 진입하거나 퇴출할 수 있다.

자유로운 진입과 퇴출 기업이 어떤 산업에 진입하거나 퇴출하는 것을 어렵게 만드는 특별한 비용이 없는 상황

진입을 제한하는 특별한 비용이란 시장에 진입하려는 기업은 지불해야 하지만 이미 시장에 있는 기업은 지불하지 않는 비용을 말한다. 제약산업의 경우를 예로 들면, 머크(Merck)와 화이자(Pfizer) 같은 기업들은 어떤 약을 생산할 수 있는 특허를 보유하기 때문에 완전경쟁적이지 않다. 시장에 진입하려는 새로운 기업은 연구개발에 투자하여 자신의 약을 개발하거나, 이미 시장에 있는 하나 또는 그 이상의 기업들에게 상당한 특허 사용료를 지불해야 한다. 연구개발비나 특허 사용료는 어떤 기업이 시장에 진입할 수 있는 능력을 제한할 수 있다. 마찬가지로 항공기산업도 완전경쟁적이지 않다. 항공기산업에 진입하기 위해서는 공장부지와 재판매 가치가 거의 없거나 전혀 없는 장비에 막대한 투자를 해야 하기 때문이다.

자유로운 진입과 퇴출이라는 가정은 효과적인 경쟁을 위해 중요하다. 이는 현재의 공급자가 자신의 가격을 올린다면 소비자는 자신의 수요를 경쟁기업으로 쉽게 전환할 수 있음을 의미한다. 또한 기업의 입장에서는 어떤 산업에 이윤기회가 있다면 자유롭게 진입할 수 있고 손실을 볼 때는 자유롭게 퇴출할 수 있음을 의미한다. 따라서 기업은 필요한 만큼 노동을 고용하거나 자본과 원료를 구매할 수 있으며, 또한 공장을 폐쇄하거나 이전할 때 이 생산요소들을 쉽게 매각하거나 이동시킬 수 있다.

만약 완전경쟁의 이 세 가지 가정이 성립한다면, 시장수요곡선과 시장공급곡선을 사용하여 시장가격의 변화를 분석할 수 있다. 물론 대부분의 시장에서 이러한 가정이 정확하게 성립하지는 않는다. 그러나 이런 가정이 성립하지 않는다는 것은 완전경쟁 모형이 쓸모없다는 것을 의미하지는 않는다. 어떤 시장은 세 가지 가정을 거의 만족시킬 정도로 완전경쟁 모형에 가깝게 나타난다. 그러나 이러한 세 가지 가정 중에서 하나 또는 그 이상이 성립하지 않아서 시장이 완전경쟁시장이 아닌 경우에도 완전경쟁시장과 비교함으로써 그 시장에 대해 많은 것을 알 수 있다.

시장은 어떤 경우에 매우 경쟁적인가

각 기업이 동질적인 제품에 대해 완전히 수평인 수요곡선을 가지며, 자유롭게 진입하고 퇴출할 수 있다는 의미에서 완전경쟁적인 시장은 현실에서는 농업의 경우를 제외하면 매우 드물다. 그럼에도 불구하고 많은 시장은 기업들이 매우 탄력적인 수요곡선에 직면하며, 또한 상대적으로 쉽게 진입이나 퇴출을 할 수 있다는 점에서 매우 경쟁적이다.

2.4절에서 가격의 상승률보다 수요량의 감소율이 더 크다면 수요는 가격탄력적이라고 설명하였다.

한 시장이 완전경쟁에 가까운지 여부를 판단할 수 있는 어떤 대강의 원칙이 있다면 유용하겠

지만 불행하게도 그러한 원칙은 없다. 왜 그런 원칙이 없는지를 이해하는 것도 중요하다. 산업 내에 적어도 10~20개의 많은 수의 기업이 있어서 완전경쟁시장일 가능성이 높은 산업에 대해 살펴보자. 기업들은 가격을 책정할 때 명시적으로 혹은 묵시적으로 서로 담합할 수 있으므로 많은 수의 기업이 있다는 사실만으로는 어떤 산업이 완전경쟁에 가깝다고 하기에 충분하지 않다. 반대로, 한 시장에 적은 수의 기업이 있다고 해서 기업 간의 경쟁이 없음을 의미하지도 않는다. 한 시장에 3개의 기업만 있고 시장수요가 매우 탄력적이라고 하자. 이 경우 각 기업이 직면하는 수요곡선은 거의 수평에 가까우며, 기업들은 마치 완전경쟁시장에 있는 것처럼 행동할 수도 있다. 제13장에서 살펴보겠지만 설령 시장수요가 매우 탄력적이지 않더라도 세 기업은 매우 치열하게 경쟁할 수도 있다. 중요한 것은 기업들은 많은 경우에 경쟁적으로 행동할 수 있지만, 시장이 매우 경쟁적인지를 알려 주는 간단한 지표는 없다는 사실이다. 따라서 제12장과 제13장에서 보듯이 기업들 자체와 그들 간의 전략적 상호작용을 분석할 필요가 자주 생긴다.

8.2 이윤극대화

이제 이윤극대화 분석에 대해 살펴보자. 이 절에서는 기업들이 정말로 이윤을 극대화하려고 하는지에 대해 살펴본다. 그리고 8.3절에서는 (경쟁시장이든 아니든) 기업이 자신의 이윤을 극대화시키는 생산량의 크기를 알아내기 위해 사용할 수 있는 원칙을 설명한다. 끝으로 경쟁시장에 있는 기업의 특별한 경우를 살펴본다. 어떤 경쟁기업이 직면하는 자신의 수요곡선과 시장수요곡선을 구별함으로써 경쟁기업의 이윤극대화 원칙을 설명한다.

기업은 이윤을 극대화하는가

이윤극대화는 미시경제학에서 자주 사용되는 가정인데, 그것은 이윤극대화의 가정을 통해 기업의 행위를 매우 합리적이고 정확하게 예측할 수 있으며, 또한 불필요하게 복잡한 분석을 피할 수 있기 때문이다. 그러나 기업들이 실제로 자신의 이윤을 극대화하는 행동을 하는가에 대해서는 많은 논쟁이 진행되어 왔다.

개인이 소유하고 운영하는 조그만 기업에서는 모든 의사결정에서 이윤을 가장 중요하게 고려하게 된다. 그러나 대기업에서 매일 의사결정을 하는 경영자는 소유자(주주)와는 거의 접촉이 없다. 따라서 소유자는 경영자의 행동을 일일이 감시할 수 없다. 경영자는 기업 운영에 재량권이 있으며 따라서 이윤극대화로부터 벗어나는 행동을 할 수 있다.

경영자는 매출액(판매수입)의 극대화나 매출액의 성장, 주주들을 만족시킬 수 있는 배당금 지급 등의 목표에 더 많은 관심을 가질 수도 있다. 경영자는 또한 장기이윤을 극대화하는 것이 주주의 이해관계를 만족시키는 좋은 방법임에도 불구하고 단기이윤에(아마도 승진이나 보너스를 받기 위해) 너무 집착할 수도 있다.[1] 또한 기술이나 마케팅 관련 정보를 얻는 데는 비용이 많이 들기 때문에 경영자는 정보가 덜 필요한 경험원칙을 적용하여 기업을 운영할 수도 있다. 뿐만 아

---

1 좀 더 정확히 말하면 기업의 시장가치를 극대화하는 것이 이윤을 극대화하는 것보다 더 적절한 목적이다. 왜냐하면 시장가치는 기업이 시간에 걸쳐 얻는 이윤의 흐름이 포함되기 때문이다. 주주들이 실제로 관심을 가지는 것은 현재와 미래 이윤의 흐름이다.

니라 소유자가 부담할 용의가 있는 위험보다 더 큰 위험이 있는 기업 인수나 성장전략을 추구할 수도 있다.

CEO들의 급격한 봉급인상과 함께 최근에 발생한 여러 대기업의 파산, 특히 금융 분야에서 나타난 기업들의 파산은 대기업 경영자들의 동기에 대한 의문을 제기한다. 제17장에서 강조하겠지만, 이는 경영자와 소유자의 유인에 대한 논의에서 매우 중요한 문제이다. 우선적으로는 경영자가 장기이윤의 극대화라는 목적 외의 다른 목적을 추구하는 자유는 제약을 받는다는 사실을 인식할 필요가 있다. 경영자가 다른 목적을 추구한다면 주주나 이사회는 경영자를 교체할 수 있으며, 아니면 기업이 새로운 경영진에 의해 인수될 수도 있다. 어떤 경우이든, 경제적 이윤극대화에 가깝게 가지 않는 기업은 생존할 가능성이 적다. 경쟁적 산업에서 생존하는 기업들은 장기이윤의 극대화를 그들의 가장 높은 우선순위 중 하나로 둔다.

따라서 이윤극대화의 가정은 합리적이다. 오랜 기간 사업을 하고 있는 기업은 경영자가 다른 무엇을 하고 있는 것처럼 보이더라도 이윤에 많은 신경을 쓰고 있을 가능성이 높다. 예를 들어 공영TV에 지원금을 제공하는 어떤 기업은 매우 공익적이고 이타적인 기업으로 보일지도 모른다. 그러나 그러한 자비심을 통해 기업은 소비자들에게 좋은 이미지를 심어 줄 수 있으므로 기업의 장기적인 이해와 일치한다.

다른 형태의 조직

지금까지는 기업의 행위를 분석하는 대부분의 경제적 분석에서 이윤극대화가 기본 가정이라는 점을 강조하였다. 이제 이러한 가정의 한계를 보여 주는 예를 살펴보자. 어떤 형태의 조직들은 이윤극대화와는 매우 다른 목적을 가진다. 그러한 조직들 중 대표적인 것이 **협동조합**(cooperative)이다. 협동조합은 회원들의 상호이익을 위해서 회원들에 의해 운영되고 회원들이 공동으로 소유하는 기업이나 사람들의 연합체를 말한다. 예를 들어 여러 목장들이 협동조합을 결성함으로써 자신들이 생산한 우유를 소비자에게 분배하고 유통시키는 데 필요한 자원을 공동으로 관리할 수 있다. 공동 마케팅이나 공동 유통을 하더라도, 우유 협동조합에 가입한 각 목장은 자율적인 경제적 단위이므로 각 목장은 협동조합 전체의 이윤을 극대화하기보다는 자신의 이윤을 극대화하고자 한다. 협동조합은 농산물시장에서 흔히 볼 수 있다.

협동조합 상호이익을 위해 회원들에 의해 운영되고 회원들이 공동소유하는 기업이나 사람들의 연합체

많은 동네나 도시에서 사람들은 식품 협동조합에 가입할 수 있다. 이러한 협동조합의 목적은 회원들에게 가능한 한 싼 가격으로 식품이나 기타 농산물을 공급하는 것이다. 식품 협동조합은 흔히 식품가게나 작은 슈퍼마켓처럼 운영되는데, 회원들에게만 물품을 판매하거나, 비회원에게도 개방하는 경우에 회원들에게는 할인혜택을 준다. 가격은 협동조합 자체의 손해가 나지 않는 수준에서 책정되며, 간혹 이윤이 발생하면 그 이윤은 (통상적으로 회원들의 구매량에 비례하여) 회원들에게 분배한다.

이러한 조직형태의 또 다른 예로는 주택 협동조합(housing cooperative) 또는 **코옵**(co-ops)을 들 수 있다. 코옵은 아파트 빌딩의 토지와 건물을 소유하는 주식회사에 의해 운영된다. 코옵의 회원인 거주자는 장기 리스계약의 경우와 마찬가지로 자신이 거주하는 아파트를 점유할 권한과 주식회사의 지분을 가진다. 회원은 거주자들 간 사교 모임의 조직, 자금의 관리, 심지어는 어떤 사람이 그 아파트에 주거할 수 있는지에 대한 결정 등 아파트 빌딩 운영 전반에 걸쳐 참여한다. 다른

협동조합과 마찬가지로 코옵의 목적도 자체적인 이윤극대화가 아니라 회원들에게 가장 낮은 비용으로 높은 주거환경을 공급하는 데 있다.

콘도미니엄 개인이 소유하지만 공동시설에 대해서는 소유자 협회가 공동으로 비용을 지불하고 관리하는 주택 단위

이와 유사한 주택 관련 조직으로는 **콘도미니엄**(condominium) 또는 콘도(condo)가 있다. 콘도는 거주자들이 개별적으로 소유하는 주택단위(아파트, 서로 연결되어 있는 타운하우스, 혹은 다른 형태의 부동산)로서, 복도, 열처리시설, 엘리베이터, 실외 공간과 같은 공동시설에 대한 이용과 접근은 소유자 단체에 의해 공동으로 관리된다. 각 거주자들은 공동시설의 관리비나 운영비를 나누어 분담한다. 사례 8.1에서 보듯이 코옵에 비해 콘도는 관리 구조가 단순하다는 중요한 이점이 있다.

사례 8.1 뉴욕시의 콘도와 코옵

콘도 소유자들은 다른 소유자들과 함께 공유 공간(예: 공동 현관)을 관리하지만 콘도의 가치를 극대화하기 위해 각자의 주거 단위를 어떻게 관리하는가는 전적으로 각자가 알아서 한다. 이와 대조적으로 코옵의 경우에는 해당 건물이 지고 있는 담보대출에 대해 입주자들은 공동의 채무를 지며, 좀 더 복잡한 관리 규약을 가진다. 일반적으로 대부분의 규약 내용은 전체 입주자들을 대표하는 입주자 대표회의에 위임되지만 입주자들은 종종 코옵의 관리에 많은 시간을 들이기도 한다. 또한 콘도의 입주자들은 개별 주거 단위를 각자 언제든지 원하는 자에게 매도할 수 있지만 매도가 성사되기 전 반드시 입주자 대표회의의 승인을 받아야 한다.

미국 전역을 대상으로 볼 때, 콘도가 코옵보다 훨씬 더 보편적이며 그 비율은 대략 10 대 1 정도이다. 그러나 뉴욕시의 경우는 미국 전역과 전혀 다른 양상을 보이는데, 코옵과 콘도의 비율이 약 4 대 1 정도로 코옵이 더 보편적이다. 뉴욕시에서 코옵이 상대적으로 더 인기가 있는 이유 중 하나는 역사적인 배경 때문이다. 미국에서 주거형

코옵은 19세기 중반부터 시작된 오래된 형태이지만 콘도는 1960년대에 시작된 것으로서 그 당시 뉴욕시의 많은 주거 건물들은 이미 코옵으로 운영되고 있었다. 또한 다른 지역에서 콘도가 큰 인기를 얻고 있을 때 뉴욕시는 빌딩들이 코옵으로 운영되도록 규제하였다.

역사적으로는 이러했지만 뉴욕시의 건축물 규제는 이미 오래전에 사라졌다. 그럼에도 불구하고 코옵에서 콘도로의 전환은 상대적으로 느리게 진행되었다. 그 이유에 대해 한 연구가 흥미로운 답을 주고 있다.[2] 그 연구에 의하면 콘도는 유사한 규모의 코옵에 비해 약 15.5% 비싼 것으로 나타났다. 따라서 코옵 형태로 운영하는 것이 주거지의 가치를 극대화하는 가장 좋은 방법은 아닌 것이 확실하다. 그렇지만 코옵 건물의 입주자들은 새로운 이웃을 선별할 수 있는 기회를 가졌으며, 뉴요커들은 이러한 점에 상당한 가치를 두었던 것으로 보인다. 뉴욕시 거주자들은 이러한 비금전적인 가치를 얻기 위해 상당한 금액을 희생할 용의가 있었던 것이다.

8.3 한계수입, 한계비용과 이윤극대화

이제 이윤극대화 가정으로 돌아와서 기업 운영에 있어서 이 가정의 의미를 살펴보자. 우선 완전경쟁시장에 있는 기업이든 시장가격에 영향을 미칠 수 있는 기업이든 관계없이 모든 기업이 어떤 식으로 이윤을 극대화하는 생산량을 결정하는지를 살펴보자. **이윤**(profit)은 (총)수입(total revenue)과 (총)비용(total cost)의 차이이므로 이윤극대화를 달성하는 생산량의 크기를 파악하기

이윤 총수입과 총비용의 차이

---

2 Michael H. Schill, Ioan Voicu, and Jonathan Miller, "The Condominium v. Cooperative Puzzle: An Empirical Analysis of Housing in New York City," *Journal of Legal Studies*, Vol. 36 (2007): 275-324.

위해서는 수입에 대한 분석이 필요하다. 기업의 생산량을 q로 두고, 수입을 R로 두자. 수입은 생산물의 가격(P)에 판매 수량(q)을 곱한 것으로서 $R = Pq$로 표현된다. 생산비용 C도 생산량의 크기에 따라 달라진다. 기업의 이윤 π는 수입과 비용의 차이이다.

$$\pi(q) = R(q) - C(q)$$

(여기서는 π, R 그리고 C가 생산량에 따라 결정됨을 명시적으로 나타내고 있지만, 이후에는 생략할 것이다.)

이윤을 극대화하기 위해서 기업은 수입과 비용의 차이가 가장 커지는 생산량을 선택한다. 이러한 원칙은 그림 8.1에 나타나 있다. 수입 $R(q)$는 기업이 더 많은 양을 판매하기 위해서는 가격을 낮춰야 한다는 사실을 반영하는 곡선이다. 수입곡선의 기울기는 **한계수입**(marginal revenue)을 나타낸다. 한계수입은 판매량이 1단위 증가함에 따른 수입의 변화를 말한다.

그림에는 총비용곡선 $C(q)$도 그려져 있다. 이 곡선의 기울기는 한계비용인데, 생산량을 추가적으로 1단위 더 생산할 때 발생하는 추가적인 비용을 말한다. 단기에는 고정비용이 존재하기 때문에 생산량이 0일 때도 총비용 $C(q)$는 양(+)의 값을 가진다는 사실에 주목하라.

그림 8.1에 나타난 바와 같이 생산량이 적다면 기업의 이윤은 음(−)이 된다. 이는 고정비용과 변동비용을 충당하기에는 수입이 충분치 않기 때문이다. 생산량이 증가함에 따라서 수입은 비용보다 빠르게 증가하며, 따라서 결국 이윤은 양(+)의 값을 가지게 된다. 이윤은 생산량이 q^*에 도달할 때까지 계속적으로 증가한다. 이 점에서 한계수입과 한계비용은 일치하며 수입과 비용의 수직적 거리인 AB는 가장 멀어진다. 따라서 q^*는 이윤을 극대화하는 생산량 수준이다. 생산량이 q^*보다 많을 때는 비용이 수입보다 더 빠르게 증가한다는 사실을 주목하라. 즉 한계수입이 한계비용보다 작다. 따라서 생산량이 q^*를 초과하여 증가함에 따라 이윤은 최고 수준에서 낮아

한계수입 판매량 1단위 증가에 따른 수입의 변화

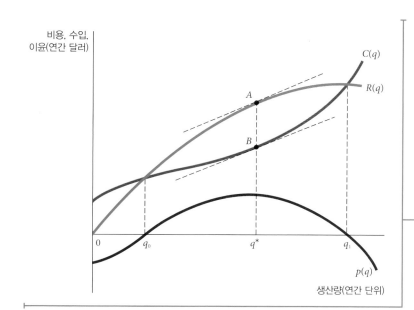

그림 8.1
단기에서의 이윤극대화
기업은 수입 R과 비용 C의 차이인 AB, 즉 이윤이 극대가 되는 생산량 q^*를 선택한다. 그 점에서 한계수입(수입곡선의 기울기)과 한계비용(비용곡선의 기울기)이 같아진다.

지기 시작한다.

한계수입이 한계비용과 같아질 때 이윤이 극대가 된다는 원칙은 경쟁기업이든 아니든 관계없이 모든 기업에 적용된다. 이 중요한 원칙은 수식을 사용하여 구할 수도 있다. 이윤, $\pi = R - C$ 는 추가적인 생산량이 이윤을 변화시키지 않는 점($\Delta\pi / \Delta q = 0$)에서 극대가 된다.

$$\Delta\pi / \Delta q = \Delta R / \Delta q - \Delta C / \Delta q = 0$$

$\Delta R / \Delta q$는 한계수입 MR이며, $\Delta C / \Delta q$는 한계비용 MC이다. 따라서 MR − MC = 0일 때 이윤이 극대화된다.

$$\text{MR}(q) = \text{MC}(q)$$

경쟁기업의 수요와 한계수입

경쟁적 산업에서 각 기업의 판매량은 산업 전체의 판매량에 비해 매우 적기 때문에 기업의 판매량에 관한 결정은 시장가격에 영향을 미치지 못한다. 시장가격은 시장수요와 시장공급곡선에 의해 결정된다. 따라서 경쟁기업은 가격수용자이다. 가격수용은 완전경쟁시장의 기본가정 중 하나임을 기억하라. 가격을 수용하는 기업은 자신의 생산량 결정이 재화의 가격에 전혀 영향을 미치지 못한다는 사실을 안다. 예를 들어 어떤 농부가 한 해 동안 어느 정도의 면적에 밀을 재배할 것인지를 결정할 때는 밀의 시장가격(부셸당 $4라고 하자)은 주어진 것으로 생각할 수 있다. 즉 밀의 시장가격은 이 농부의 경작면적에 대한 의사결정에 의해 영향을 받지 않는다.

시장수요곡선과 개별 기업이 직면하는 기업의 수요곡선은 구별할 필요가 있다. 이 장에서는 시장의 생산량과 수요량은 대문자로(Q와 D), 개별 기업의 생산량과 수요량은 소문자로(q와 d) 표시한다.

경쟁기업은 가격수용자이므로 어떤 개별 기업이 직면하는 수요곡선은 수평선으로 주어진다. 그림 8.2(a)에서, 농부의 수요곡선은 (부셸당) $4의 가격에 대응하는 수평선이다. 그래프의 가로축은 농부가 판매할 수 있는 밀의 양을, 세로축은 가격을 나타낸다.

그림 8.2(a)에서 기업(이 경우는 농부)이 직면하는 수요곡선과 그림 8.2(b)의 시장수요곡선 D 를 비교해 보자. 시장수요곡선은 각 가격 수준에서 모든 소비자들이 밀을 얼마나 살 것인가를 보여 준다. 가격이 낮아지면 소비자들은 밀을 더 많이 구입하기 때문에 시장수요곡선은 우하향한다. 그러나 기업이 직면하는 수요곡선은 수평선이 된다. 왜냐하면 기업의 판매량은 가격에 영향을 미치지 못하기 때문이다. 기업이 자신의 밀 판매량을 100부셸에서 200부셸로 증가시킨다고 하자. 산업 전체의 생산량은 2억 부셸이기 때문에 농부의 생산량 증가는 시장에 거의 아무런 영향을 미치지 못할 것이다. 가격은 한 기업의 생산량이 아닌 시장에 있는 모든 기업과 모든 소비자의 상호작용에 의해 결정된다.

같은 맥락에서, 수평인 수요곡선에 직면하는 기업은 가격을 낮추지 않고도 추가적인 양을 판매할 수 있다. 따라서 추가적으로 1단위를 더 판매한다면 기업의 총수입은 가격과 동일한 크기로 증가한다. 1부셸의 밀을 $4에 팔면 $4의 추가적인 수입이 생기는 것이다. 따라서 한계수입은 $4에서 일정하다. 또한 기업이 생산한 모든 밀은 부셸당 $4에 판매되기 때문에 평균수입도 역시 $4이다.

4.1절에서, 수요곡선이 소비자가 구매할 재화의 수량과 그 재화의 가격을 어떻게 연관시키는지에 대해 설명하였다.

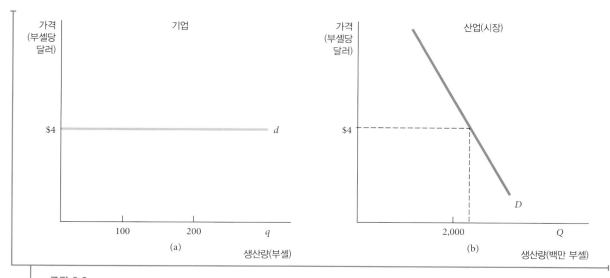

그림 8.2

경쟁기업이 직면하는 수요곡선

경쟁기업은 산업 내 모든 기업의 총생산량에 비해 매우 적은 양을 생산한다. 따라서 그 기업은 시장가격을 주어진 것으로 여기며, 자신의 결정에 의해 가격이 영향을 받지 않는다는 가정하에 자신의 생산량을 결정한다. (b)에서 시장수요곡선은 우하향하지만, (a) 에서 기업이 직면하는 수요곡선은 완전탄력적이다.

경쟁시장의 각 기업이 직면하는 수요곡선 d는 평균수입곡선인 동시에 한계수입곡선이다. 이 러한 수요곡선에서는 한계수입, 평균수입, 가격은 모두 같다.

경쟁기업의 이윤극대화

경쟁기업이 직면하는 수요곡선은 수평이어서 MR = P의 관계가 성립하므로 모든 기업에게 적용되는 이윤극대화의 일반적인 원칙은 단순화된다. 완전경쟁시장의 기업은 한계비용이 가격과 일치하는 생산량을 선택해야 한다.

$$MC(q) = MR = P$$

경쟁기업에게는 정해진 가격이 주어지므로 이 식은 경쟁기업의 생산량을 결정하기 위한 원칙이지 가격을 결정하기 위한 원칙이 아님을 유의하라.

경쟁기업의 이윤극대화 생산량의 선택은 매우 중요한 문제이기 때문에 이 장의 나머지는 대부분 이 문제의 분석에 할애한다. 먼저 단기의 생산량 결정부터 살펴본 후에 장기에 대해 살펴본다.

8.4   단기에서의 생산량 선택

기업의 공장 규모가 고정된 단기에서 기업은 얼마나 많이 생산해야 하는가? 이 절에서는 기업이
수입과 비용에 관한 정보를 이용하여 이윤극대화 생산량을 결정하는 문제에 대해 설명한다.

경쟁기업의 단기에서의 이윤극대화

단기에서 기업은 고정된 크기의 자본을 가지고 생산활동을 하므로 이윤을 극대화하기 위해서는
변동생산요소(노동과 원료)의 투입량을 결정해야 한다. 그림 8.3은 기업의 단기 의사결정을 보여
준다. 평균수입곡선과 한계수입곡선은 $40의 가격에서 수평선으로 그려진다. 또한 평균총비용
곡선(ATC), 평균변동비용곡선(AVC), 한계비용곡선(MC)도 볼 수 있는데, 이러한 곡선들을 통해
기업의 이윤을 좀 더 쉽게 이해할 수 있다.

기업의 이윤은 한계수입이 한계비용과 같아지는 A점에서 최대가 되는데, 이때 생산량은 $q^* =$

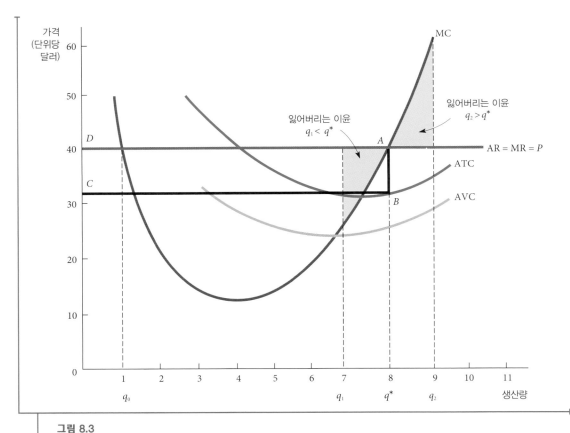

그림 8.3
양(+)의 이윤을 가지는 경쟁기업
단기에서, 경쟁기업은 한계비용(MC)이 가격 P(혹은 한계수입 MR)와 같아지는 생산량 q^*를 선택함으로써 이윤을 극대
화한다. 이윤은 사각형 ABCD의 면적으로 표시된다. 생산량을 변화(더 적은 생산량 q_1이나 더 많은 생산량 q_2)시킴에 따
라 이윤은 감소한다.

8이며, 가격은 \$40이다. $q^* = 8$이 정말로 이윤을 극대화하는 생산량인지 확인하기 위해서는 q^* 보다 낮은 생산량 수준을 살펴보자. 예를 들어 $q_1 = 7$에서는 한계수입이 한계비용보다 크므로 생산량을 늘리면 이윤이 증가한다. $q_1 = 7$과 q^* 사이에 음영으로 표시된 면적은 q_1을 생산함으로써 잃어버리는 이윤의 크기를 보여 준다. 생산량이 q^*보다 많으면, 예를 들어 q_2에서는 한계비용이 한계수입보다 크다. 따라서 생산량을 줄임에 따른 비용의 감소분은 수입의 감소분보다 크다. q^* 와 $q_2 = 9$ 사이에 음영으로 표시된 면적은 q_2를 생산함으로써 잃어버리는 이윤의 크기를 보여 준다. 생산량이 $q^* = 8$일 때 이윤의 크기는 사각형 ABCD의 면적에 해당한다.

MR과 MC 곡선은 q^*에서뿐만 아니라 q_0에서도 서로 만난다. 그러나 q_0에서는 명백히 이윤이 극대화되지 않는다. 한계비용이 한계수입보다 훨씬 아래에 있기 때문에 생산량을 q_0보다 증가시키면 이윤은 증가한다. 따라서 이윤극대화 조건은 다음과 같이 요약할 수 있다. 즉 한계비용이 상승하고 있는 영역에서 한계수입과 한계비용이 일치해야 한다. 이 결론은 매우 중요하다. 왜냐하면 이는 기업이 경쟁기업인지 여부와 관계없이 이윤을 극대화하는 기업의 생산량 결정에 적용되기 때문이다. 이 결론은 다음과 같이 다시 표현할 수 있다.

> 생산량 원칙: 기업은 한계수입과 한계비용이 같아지는 수준에서 생산량을 생산해야 한다.

그림 8.3은 경쟁기업의 단기이윤도 보여 준다. 직선거리 AB는 생산량이 q^*일 때 가격과 평균비용 간의 차이로서 생산량 1단위당 평균이윤에 해당한다. 선분 BC는 생산량을 나타낸다. 따라서 사각형 ABCD는 이윤의 크기를 나타낸다.

그림 8.4가 보여 주는 것처럼 기업은 단기에서 항상 이윤을 얻는 것은 아니다. 그림 8.3과의 차이점은 고정비용이 더 높다는 것이다. 고정비용이 높아지면 평균총비용은 증가하지만 평균변동비용곡선과 한계비용곡선은 변화하지 않는다. 이윤극대화 생산량 q^*에서 가격 P는 평균비용보다 낮다. 따라서 선분 AB는 평균손실의 크기를 나타내는 것이다. 이번에는 사각형 ABCD의 면적은 총손실의 크기를 나타낸다.

기업은 언제 조업을 중단해야 하는가

어떤 기업이 손실을 보고 있다고 하자. 이 기업은 조업을 중단하고 자신이 속한 산업을 떠나야 하는가? 이에 대한 답은 부분적으로는 미래의 경영 상황에 대한 기업의 전망에 달려 있다. 만약 여건이 나아져서 미래에는 수익성이 있을 것으로 전망한다면 단기적으로 손실을 감수하면서도 계속 사업을 하는 것이 옳은 판단일 수 있다. 그러나 기업이 제품가격이 예측 가능한 미래에도 그대로 같은 수준에 머무를 것으로 예상한다고 하자. 이런 경우에 이 기업은 어떻게 해야 하는가?

이윤극대화 생산량 q^*에서 가격이 평균총비용보다 낮다면 손실이 발생한다. 이런 경우에 사업 여건이 개선될 기회가 없다면 기업은 조업을 중단하고 그 산업에서 떠나야 한다. 이러한 결정은 그림 8.4에서 가격이 평균변동비용보다 높을 때에도 적용된다. 만약 계속 생산을 한다면 생산량 q^*에서 이 기업의 손실은 극소화될 것이다. 그러나 이때에는 가격이 평균총비용보다 낮기 때문에 이 기업은 여전히 손실을 볼 것이다. 또한 그림 8.4에서 평균총비용이 평균변동비용보다 높아

한계비용, 평균비용, 그리고 총비용은 7.1절에서 설명하였다.

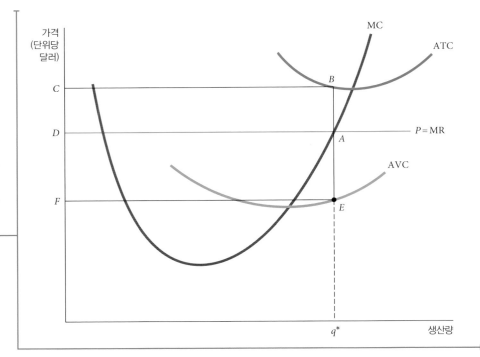

그림 8.4
손실을 발생시키는 경쟁기업
경쟁기업은 가격이 AVC보다 낮을 때 조업을 중단해야 한다. 단기에 기업은 가격이 평균변동비용보다 높다면 생산을 할 것이다.

7.1절에서, 고정비용이란 생산량의 수준과 관계없이 발생하는 비용이지만 기업이 조업을 중단할 경우 제거될 수 있는 비용이라고 설명하였다.

진 것은 고정비용 때문이며, 평균총비용이 가격보다 높아져서 손실을 본다는 것에 주목하라. 고정비용은 생산량의 크기에 따라 변하는 비용이 아니지만 기업이 조업을 중단하면 제거될 수 있는 비용이다(고정비용의 예로는 공장관리자, 안전요원의 봉급과 공장의 난방을 유지하고 공장을 밝히는 데 필요한 전력 등이 포함된다).

그렇다면 조업을 중단하는 것은 항상 적절한 전략인가? 반드시 그렇지는 않다. 기업은 제품의 가격이 상승하거나 생산비용이 하락한다면 앞으로 다시 이윤이 발생할 것으로 예상하므로 단기적으로 손실을 감수하면서도 사업을 계속할 수 있다. 손실을 감수하면서 사업을 계속하는 것은 힘든 일이지만 장래에 좋은 시절을 만날 수 있는 기회를 열어 두는 것이기도 하다. 또한 사업을 계속함으로써 현재 사용 중인 자본재의 양을 변화시켜서 평균총비용을 하락시킬 수 있는 유연성도 가질 수 있다. 이는 특히 가격이 평균변동비용보다 높은 경우에 더 매력적인데, 왜냐하면 q^*를 생산함으로써 기업은 적어도 고정비용의 일부를 충당할 수 있기 때문이다.

제7장의 사례 7.2에서 살펴본 피자가게의 예는 이러한 점을 잘 보여 준다. 피자가게는 고정비용(임대료, 피자 오븐 등)은 높지만 변동비용(재료와 일부 근로자의 임금)은 낮다. 피자가게가 판매하는 피자의 가격이 평균총생산비용보다 낮다고 하자. 이 경우 피자가게는 피자를 계속 팔수록 손실을 보므로 앞으로도 사업여건이 개선될 여지가 없다면 조업을 중단해야 한다. 주인은 가게를 팔고 사업에서 손을 떼야 하는가? 반드시 그렇지는 않다. 이에 대한 결정은 피자사업의 향후 전망에 관한 주인의 예측에 달려 있다. 피자에 아주 매운 할라페뇨(jalapeno)를 추가한다거나, 가격을 올린다거나, 새로운 피자를 개발하여 광고한다면 사업은 잘 풀릴 수도 있을 것이다.

사례 8.2 알루미늄 제련소의 단기 생산량 결정

알루미늄 제련소의 경영자는 이윤을 극대화하는 생산량을 어떻게 결정해야 하는가? 사례 7.3에서 살펴본 바와 같이 제련소의 단기 한계비용은 하루 2교대나 3교대에 따라 달라진다. 그림 8.5에서 볼 수 있듯이, 한계비용은 1일 생산량 600톤까지는 톤당 $1,140이며, 600톤에서 900톤까지는 톤당 $1,300이다.

초기의 알루미늄가격은 $P_1 = \$1,250$라고 하자. 이 경우 이윤을 극대화하는 생산량은 600톤이며, 제련소는 하루 2교대로 근로자를 고용함으로써 가변비용을 차감한 이윤인 톤당 $110를 얻을 수 있다. 3교대를 운영하는 경우 초과작업시간이 요구되며 알루미늄가격 P_1은 초과작업시간을 통해 이윤을 얻기에는 충분히 높은 가격이 아니다. 그러나 알루미늄가격이 톤당 $P_2 = \$1,360$로 상승한다고 해 보자. 3교대 운영 시 발생하는 $1,300의 한계비용보다 가격이 높으므로 1일 생산량을 900톤으로 증가시킴으로써 이윤은 커지게 된다.

마지막으로, 가격이 톤당 $1,100로 하락한다고 하자. 이 경우 제련소는 생산을 중단해야 하지만 사업에서 완전히 손 뗄 필요는 없을 수도 있다. 왜냐하면 장차 가격이 상승하면 생산을 다시 재개할 수 있기 때문이다.

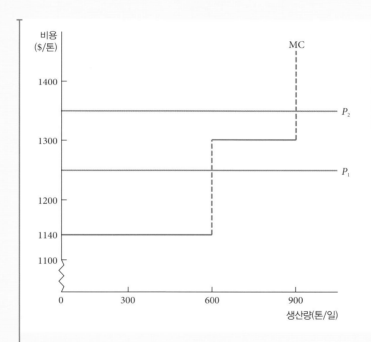

그림 8.5

알루미늄 제련공장의 단기 생산량

단기에서, 가격이 톤당 $1,140보다 높고 $1,300보다 낮다면 이 공장은 하루에 600톤을 생산해야 한다. 만약 가격이 톤당 $1,300보다 높다면 작업교대를 늘려서 하루에 900톤을 생산해야 한다. 만약 가격이 톤당 $1,140 미만으로 떨어진다면 생산을 멈추어야 한다. 그러나 앞으로 가격이 오를지도 모르기 때문에 아마도 알루미늄 제련공장을 완전히 그만둘 필요는 없을 수도 있다.

사례 8.3 경영자가 비용에 대해 고려해야 할 점

한계수입이 한계비용과 같아져야 한다는 원칙을 적용하는 것은 경영자가 한계비용을 제대로 추정할 수 있는 능력에 달려 있다.[3] 비용을 잘 측정하기 위해서 경영자는 다음의 세 가지 사항을 유념해야 한다.

첫째, 예외적인 경우를 제외하면, *평균변동비용을 한계비용 대신 사용해서는 안 된다*. 한계비용이나 평균변동비용의 크기가 거의 일정할 때는 둘 간의 차이는 거의 없다. 그러나 한계비용과 평균변동비용이 급격히 상승하는 경우에는 생산량 결정에서 평균변동비용을 사용한다면 잘못된 판단을 초래할 수 있다. 예를 들어 한 기업이 비용에 관해 다음 표와 같은 정보를 가지고 있다고 하자.

현재 생산량	하루에 100단위. 이 중 80단위는 정규작업시간에, 그리고 나머지 20단위는 초과작업시간에 생산
재료비	모든 생산량 수준에서 단위당 $8
인건비	정규작업시간에는 생산단위당 $30, 초과작업시간에는 생산단위당 $50

먼저 처음 80단위의 생산량에서 평균변동비용과 한계비용을 계산한 후 초과작업시간을 통해 추가적으로 20단위를 더 생산한다면 비용은 어떻게 변하는가를 살펴보자. 처음 80단위에서, 평균변동비용은 노동비용($2,400 = 단위당 $30 × 80단위)에 재료비($640 = 단위당 $8 × 80단위)를 더한 값을 생산량 80단위로 나눈 것으로서 ($2,400 + $640)/80 = 단위당 $38이다. 각 생산량 수준에서 평균변동비용이 같으므로 각 단위의 한계비용도 $38로 평균변동비용과 같다.

생산량이 하루 100단위로 증가한다면 평균변동비용과 한계비용은 모두 변한다. 이제 변동비용은 증가하게 되는데, 추가적인 재료비 $160(단위당 $8 × 20단위)와 추가적인 노동비용 $1,000(단위당 $50 × 20단위)가 포함된다. 따라서 새로운 평균변동비용은 총노동비용에 총재료비를 더한 값($2,400 + $1,000 + $640 + $160)을 생산량 100단위로 나눈 것으로 단위당 $42가 된다.

한계비용은 어떻게 변하는가? 단위당 재료비는 $8로 고정되지만 노동의 한계비용은 단위당 $50로 상승한다. 따라서 초과작업시간으로 인해 증가된 생산량 각 단위의 한계비용은 $58가 된다. 한계비용이 평균변동비용보다 크기 때문에 평균변동비용을 기준으로 삼는다면 생산량은 과도하게 많아진다.

둘째, *기업의 회계장부에 나타난 어떤 항목은 두 부분으로 구성될 수 있는데, 이 중 한 부분만 한계비용과 관련된 것일 수 있다.* 예를 들어 경영자가 생산량을 감소하려고 한다면 일부 근로자의 노동시간을 줄이고 일부 근로자를 해고한다고 하자. 그러나 해고를 당한 근로자가 받는 봉급은 생산량 감축에 따라 발생하는 한계비용의 감소를 정확하게 나타내는 척도가 아니다. 예를 들어 노동조합과의 계약에서는 통상적으로 근로자를 해고할 때 근로자가 받던 봉급의 일부분을 지급하도록 되어 있다. 이런 경우에는 생산량이 증가함에 따른 한계비용의 상승은 생산량이 감소함에 따른 한계비용의 감소와는 달라진다. 이때 발생하는 한계비용의 감소는 해고된 근로자에게 지급하는 봉급을 공제한 후의 노동비용으로 측정되기 때문이다.

셋째, *한계비용의 측정에는 기회비용이 포함되어야 한다.* 한 백화점이 아동용 가구를 팔려고 한다고 하자. 경영자는 새로운 판매 공간을 확보하기보다는 매장 3층의 가전제품 매장 공간의 일부를 아동용 가구 매장으로 사용하기로 결정한다. 이 공간의 한계비용은 가전제품을 계속 판매할 경우에 얻을 수 있는 이윤인 하루 1평방피트당 $90가 된다. 이와 같이 기회비용으로 측정된 한계비용은 백화점이 그 공간의 사용을 위해 실제로 지불한 금액보다 훨씬 클 수 있다.

이러한 세 가지 사항은 경영자가 한계비용을 정확히 측정하는 데 도움을 줄 수 있다. 이런 점들을 고려하지 못한다면 과다 혹은 과소 생산으로 인해 기업의 이윤은 감소한다.

8.5 경쟁기업의 단기 공급곡선

공급곡선은 기업이 각 가격수준에서 얼마만큼 생산할 것인가를 알려 준다. 앞에서 보았듯이 경쟁기업은 가격이 한계비용과 일치하는 점까지 생산량을 증가시키며, 만약 가격이 평균변동비용

---

3 이 사례는 비용과 경영자의 의사결정에 대한 다음의 책에서 발췌한 것이다. Thomas Nagle and Reed Holden, *The Strategy and Tactics of Pricing*, 5th ed. (Upper Saddle River, NJ: Prentice Hall, 2010), ch. 2.

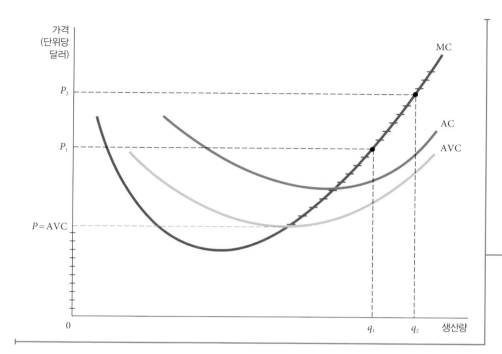

그림 8.6
경쟁기업의 단기 공급곡선
단기에서, 기업은 평균변동비용을 충당할 수 있는 한 한계비용(MC)이 가격과 일치하는 수준에서 생산량을 결정한다. 단기 공급곡선은 한계비용곡선의 빗금친 부분으로 주어진다.

아래에 있을 때는 생산을 멈춘다. 따라서 기업의 공급곡선은 한계비용이 평균변동비용보다 큰 영역에서의 한계비용곡선이 된다.

그림 8.6은 단기 공급곡선을 보여 준다. 이러한 단기 공급곡선은 AVC의 최저점보다 높은 가격(P)수준에서 이윤을 극대화하는 생산량을 바로 알려 준다. 예를 들어 가격 P_1에서 공급량은 q_1이며, P_2에서는 q_2가 된다. P가 AVC의 최저점보다 낮거나 같다면 이윤을 극대화하는 생산량은 0이 된다. 그림 8.6에서 단기 공급곡선은 빗금으로 표시한 세로축 부분과 평균변동비용의 최저점 위에 있는 빗금으로 표시한 한계비용곡선이다.

경쟁기업의 단기 공급곡선이 우상향하는 이유는 한계비용이 증가하는 이유와 동일한데, 생산요소의 투입량이 증가함에 따라 나타나는 한계수확체감 현상 때문이다. 따라서 시장가격의 상승은 이미 시장 내에 있는 기업들이 생산량을 증가시키도록 유인한다. 가격 상승으로 추가적인 생산에 따른 이윤이 증가할 뿐만 아니라 모든 생산량에 상승된 가격이 적용되므로 총이윤도 증가한다.

6.2절에서, 한계수확체감은 한 생산요소 투입량의 추가적인 증가에 따라 생산물의 증가분이 점점 줄어드는 현상이라고 설명하였다.

생산요소가격의 변화에 대한 기업의 반응

생산물의 가격이 변할 때 기업은 한계비용이 가격과 일치하도록 생산량을 조정한다. 하지만 대체로 생산요소의 가격이 변하면 생산물의 가격도 변한다. 이 절에서는 한 가지 생산요소의 가격이 변할 때 기업의 생산량이 어떻게 변하는지를 살펴본다.

그림 8.7에서 보듯이 생산물의 가격이 $5일 때 처음의 한계비용곡선은 MC_1으로 나타난다. 이 경우, 기업은 q_1을 생산함으로써 이윤을 극대화한다. 이제 한 가지 생산요소의 가격이 상승한다

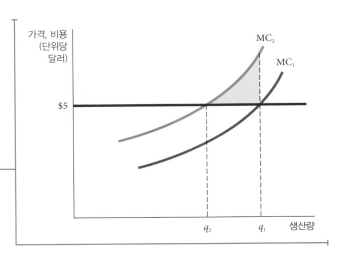

그림 8.7

생산요소가격의 변화에 대한 기업의 반응
한계비용이 MC_1에서 MC_2로 증가할 때 이윤극대화 생산량은 q_1에서 q_2로 줄어든다.

고 하자. 생산량 1단위를 추가적으로 생산함에 따른 비용이 증가하므로 한계비용곡선은 MC_1에서 MC_2로 이동하며, 이윤극대화 생산량은 $P = MC_2$가 성립하는 q_2가 된다. 따라서 생산요소가격의 상승으로 기업의 생산량은 감소한다.

만약 기업이 계속 q_1을 생산한다면 마지막 생산단위에서 손실이 발생한다. 사실 q_2를 초과하는 모든 생산량에서는 이윤이 감소한다. 그림에서 음영으로 표시된 영역은 생산량을 q_1에서 q_2로 줄임에 따라 기업이 얻는 총절감액(혹은 이윤 상실의 감소분)을 나타낸다.

사례 8.4 석유제품의 단기 생산

여러분이 원유를 정제하여 휘발유, 제트유, 가정용 보일러 중유 등의 석유제품을 생산하는 기업의 경영자라고 하자. 원유는 충분히 공급되지만 얼마나 정제할지는 정제시설의 규모와 정제비용에 따라 달라진다. 여러분은 하루 생산량을 어떻게 결정해야 하는가?[4]

이러한 결정에는 원유 정제의 한계비용에 관한 정보가 핵심적인 역할을 한다. 그림 8.8은 석유제품 생산의 단기 한계비용곡선(SMC)을 보여 준다.

생산량이 증가할수록 한계비용은 상승하지만 매끈한 곡선의 형태가 아닌 계단식으로 나타난다. 한계비용이 고르지 않은 형태로 상승하는 이유는 원유를 정제해서 최종 제품을 생산할 때의 공정이 달라지기 때문이다. 특정 공정이 용량 한계에 도달하면 생산량을 증가시키기 위해서는 고비용 공정으로 전환해야 한다. 예를 들어, 휘발유는 경질원유로부터 열분해(thermal cracker)라는 공정을 거쳐 낮은 비용으로 생산될 수 있다. 이러한 공정이 용량 한계에 도달한다면 (중질원유 혹은 경질원유를 정제해서) 추가적으로 휘발유를 생산하는 것은 여전히 가능하지만, 생산비용은 상승한다. 그림 8.8의 경우에는

---

4 이 사례는 다음에 기초한 것이다. James M. Griffin, "The Process Analysis Alternative to Statistical Cost Functions: An Application to Petroleum Refining," *American Economic Review* 62 (1972): 46–56. 숫자들은 특정 정제공장에서 업데이트되어 적용되었다.

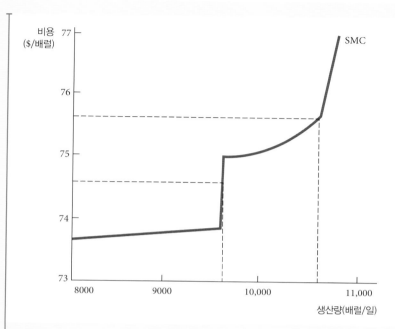

그림 8.8
석유제품의 단기 생산
한 처리 공정에서 다른 처리 공정으로 이동함에 따라 원유로부터의 석유제품 생산의 한
계비용은 생산의 몇몇 단계에서 급격히 증가한다. 따라서 생산량이 어떤 가격 변화에
는 둔감하게 반응하지만, 어떤 가격 변화에는 매우 민감하게 반응한다.

생산량이 하루 9,700배럴에 이를 때 첫 번째 용량 한계에 도달한다. 생산량이 하루 10,700배럴 이상으로 증가하면 두 번째 용량 한계가 중요해진다.

이제 생산량을 결정하는 문제는 어렵지 않다. 정제된 제품의 가격이 배럴당 $73라고 하자. 첫 번째 공정을 통한 생산의 한계비용이 $74에 가깝기 때문에 가격이 $73라면 원유를 정제하지 말아야 한다. 그러나 가격이 $74와 $75 사이에 있다면 열분해 공정을 통해 하루 9,700배럴이 생산된다. 마지막으로 가격이 $75보다 높으면 고비용

공정으로 옮겨 생산량을 하루 10,700배럴까지 증가시키게 된다.

한계비용이 계단식으로 상승하기 때문에 가격이 조금 변할 때는 생산량을 크게 바꿀 필요가 없다는 사실을 알 수 있다. 따라서 여러분은 가격이 충분히 상승(또는 하락)하기 전까지는 적합한 공정으로 정제할 수 있는 한계만큼 원유를 사용하고자 할 것이다. 즉, 가격이 상승하면 고비용 공정을 추가적으로 사용해도 될 정도로 충분히 상승한 것인지를 먼저 살펴봐야 한다.

8.6 단기 시장공급곡선

단기 시장공급곡선(short-run market supply curve)은 단기에서 한 산업이 각 가격에서 공급하려는 생산물의 양을 나타낸다. 산업의 공급량은 그 산업에 있는 모든 개별 기업의 공급량을 합한 것이다. 따라서 시장공급곡선은 각 기업의 공급곡선을 합함으로써 구해진다. 그림 8.9는 한 산업 내에 단기 생산비용이 각기 다른 3개의 기업이 있을 때 시장공급곡선을 구하는 방법을 보여 준다.

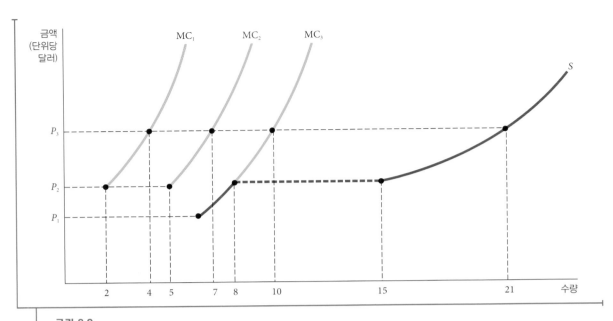

그림 8.9

단기의 산업공급곡선

단기의 산업공급곡선은 개별 기업들의 공급곡선의 합이다. 세 번째 기업이 다른 두 기업보다 낮은 평균변동비용곡선을 가지므로 시장공급곡선 S는 P_1에서 시작되며, 가격이 P_2가 되어 꺾일 때까지는 세 번째 기업의 한계비용곡선 MC_3와 같아진다. 가격이 P_2 이상이라면 산업의 공급량은 세 기업 각각의 공급량의 합이 된다.

한계비용곡선은 각 기업의 평균변동비용곡선 위에 있는 부분만 그려져 있다(그래프를 간단히 하기 위해 3개의 기업만 있는 경우를 살펴보지만 많은 수의 기업이 있는 경우에도 방법은 동일하다).

    P_1보다 낮은 가격에서는 이 산업의 생산량은 0이 되는데, P_1은 비용이 가장 적은 기업의 평균변동비용의 최저점과 같기 때문이다. 가격이 P_1과 P_2 사이에 있을 때에는 기업 3만 재화를 생산한다. 따라서 산업공급곡선은 기업 3의 한계비용곡선 MC_3의 일부분과 같아진다. 가격이 P_2일 때는 세 기업이 공급하는 수량을 모두 합한 것이 산업 전체의 공급량이 된다. 기업 1은 2단위, 기업 2는 5단위, 그리고 기업 3은 8단위를 공급한다. 따라서 산업 전체의 공급량은 15단위가 된다. 가격이 P_3이라면 기업 1은 4단위, 기업 2는 7단위, 그리고 기업 3은 10단위를 공급하므로 산업 전체의 공급량은 21단위가 된다. 산업의 공급곡선은 우상향하지만 세 기업 모두가 재화를 공급하는 가장 낮은 가격인 P_2에서 꺾이는 모양이 된다. 그러나 시장에 많은 수의 기업이 있다면 이러한 꺾임 현상은 거의 나타나지 않는다. 따라서 공급곡선은 일반적으로 매끄럽게 우상향하는 곡선으로 나타난다.

시장공급의 탄력성

그런데 개별 기업의 공급곡선을 단순히 합하여 시장공급곡선을 구하는 것은 항상 성립하지는 않는다. 가격이 상승함에 따라 해당 산업에 있는 모든 기업은 자신들의 생산량을 증가시킨다. 이러한 생산량의 증가는 생산에 사용되는 생산요소의 수요를 증가시켜 생산요소의 가격 상승을 유발하게 된다. 그림 8.7에서 보았듯이, 생산요소의 가격 상승은 기업의 한계비용곡선을 위로 이동시킨다. 예를 들어 쇠고기에 대한 수요의 증가는 소의 사료로 사용되는 옥수수나 콩의 수요를 증가시킬 수 있으며, 이에 따라 이러한 곡물들의 가격이 상승할 수 있다. 생산요소의 가격 상승은 기업의 한계비용곡선을 위로 이동시키게 된다. 이로 인해 어떤 주어진 생산물의 시장가격에서 각 기업은 생산량을 줄이며, 그 결과 시장공급곡선은 생산요소의 가격이 상승하지 않는 경우와 비교할 때 생산물의 가격 변화에 대해 덜 민감하게 반응하는 모습으로 나타난다.

시장공급의 가격탄력성은 시장가격에 대한 산업공급량의 민감도를 나타낸다. 공급의 탄력성(E_S)은 가격(P) 1% 변화에 대한 공급량(Q)의 변화율이다.

$$E_S = (\Delta Q / Q) / (\Delta P / P)$$

한계비용곡선이 우상향하므로 단기에서 공급의 탄력성은 항상 양(+)의 값을 갖는다. 생산량이 증가함에 따라 한계비용이 급격히 상승한다면 공급의 탄력성은 작아진다. 단기에는 기업의 생산능력이 제약되므로 생산량을 증가시키기 위해서는 많은 비용이 발생한다. 그러나 생산량이 증가함에 따라 한계비용이 완만하게 증가한다면 공급량은 상대적으로 좀 더 탄력적이 된다. 이런 경우에는 가격이 소폭 상승하더라도 기업들은 생산량을 상당히 많이 증가시킨다.

한 가지 극단적인 경우는 **공급이 완전비탄력적인 경우**인데, 이는 해당 산업의 공장이나 장비들이 완전히 가동되고 있어서 생산량을 증가시키기 위해서는 새로운 공장을 지어야 하는 경우(즉 생산량의 증가가 장기에서만 가능할 때)에 나타난다. 또 다른 극단적인 경우는 **공급이 완전탄력적**인 경우로서 한계비용이 일정할 때 발생한다.

2.4절에서 공급의 탄력성을 가격의 1% 상승에 대한 공급량의 변화율로 정의하였다.

사례 8.5 단기에서 구리의 세계적 공급

단기에서, 구리와 같은 광물의 시장공급곡선은 세계 주요 생산기업들의 채굴비용이 어떻게 변하는가에 따라 달라진다. 구리를 채굴하거나 제련·정제하는 비용은 임금과 운송비의 차이, 원광석의 구리 함유 정도에 따라 달라진다. 표 8.1은 세계 9대 구리 생산국가의 구리 생산량 및 구리 생산비용에 관한 통계를 보여 준다.[5] 단기에서 채굴장, 제련소, 정제시설 등을 구축하는 데 들어간 비용은 매몰비용이므로 표 8.1의 한계비용은 시설을 구축하는 데 지출된 비용이 아니라 운영하는 데 지출된 비용을 나타낸다.

이 자료를 이용하여 구리의 단기 세계공급곡선을 그릴 수 있다. 이러한 공급곡선은 기존의 채굴장과 정제시설이 주어졌다고 전제하기 때문에 단기 공급곡선이다. 그림 8.10은 표 8.1에 있는 9개 국가들의 공급곡선이 어떻게 그려지는지를 보여 준다(여기의 공급곡선은 더 낮은 비용으로 생산하거나 더 높은 비용으로 생산하는 일부 생산자를 제외하기 때문에 완전한 공급곡선은 아니다). 또한 그림 8.10의 공급곡선은 근사치로 그려졌다는 점도 인식하기 바란다. 각 국가의 한계비용은 그 국가의 모든 구리 생산자들의 한계비용을 평균한 값이며, 한계비용과 평균비용은 거의 같은 값이라고 가정한다. 예를 들어 미국의 경우에는 한계비용이 $1.70보다 높은 생산자도 있는 반면 이보다 낮은 생산자도 있다.

러시아는 가장 낮은 비용으로 구리를 생산하는데, 구리 정제의 한

---

5 한계생산비용에 관한 자료를 기꺼이 제공해 준 Charles River Associates, Inc.의 James Burrows에게 감사를 표한다. 업데이트된 자료와 관련 정보는 다음에서 얻을 수 있다. **http://minerals.usgs.gov/minerals**.

표 8.1	전 세계 구리산업(2014년)	
국가	연간 생산량(천 톤)	한계비용(파운드당 달러)
오스트레일리아	1,000	2.30
캐나다	680	2.60
칠레	5,800	1.60
인도네시아	400	1.80
페루	1,400	1.70
폴란드	425	2.40
러시아	850	1.30
미국	1,370	1.70
잠비아	730	1.50

출처: U.S. Geological Survey, Mineral Commodity Summaries, January 2015 (**http://minerals.usgs.gov/minerals/pubs/commodity/copper/mcs‐2015‐coppe.pdf**)

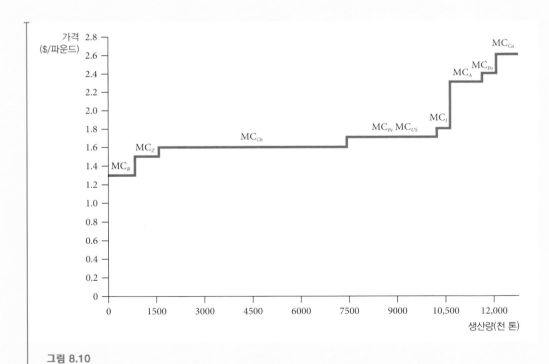

그림 8.10

구리의 단기 세계공급곡선

구리의 세계공급곡선은 주요 구리 생산국의 한계비용곡선을 합함으로써 구해진다. 공급곡선은 우상향한다. 왜냐하면 한계생산비용이 러시아의 $1.30 수준에서 캐나다의 $2.60 수준까지 다양하기 때문이다.

계비용은 파운드당 약 \$1.30이다. 한계비용곡선에서 MC_R로 표시된 부분은 러시아의 한계비용곡선이다. 이 부분의 한계비용곡선은 러시아의 채굴 및 정제시설이 최대 생산량에 도달할 때까지 수평이다. (연간 75만 톤에서 러시아의 구리 생산량은 최고점에 도달한다.) MC_Z로 표시된 부분은 잠비아의 한계비용곡선을 나타내며, MC_{Ch} 부분은 칠레의 한계비용곡선을 나타내는 식으로 한계비용곡선이 그려진다.

구리의 세계공급곡선은 각 국가의 공급곡선을 수평으로 합함으로써 구해진다. 그림에서 볼 수 있듯이 공급탄력성은 구리가격에 따라 달라진다. 파운드당 \$1.30나 \$1.80와 같이 상대적으로 낮은 가격에서는 공급곡선은 상당히 탄력적인데, 이는 가격의 작은 상승에도 구리의 공급량이 크게 증가하기 때문이다. 그러나 파운드당 \$2.40 이상의 높은 가격에서 공급곡선은 비탄력적인데, 그러한 가격에서는 모든 생산자가 최대 생산능력이나 그에 가까운 상태에서 생산하기 때문이다.

단기에서의 생산자잉여

제4장에서 설명한 바와 같이 소비자잉여는 한 사람이 어떤 재화에 대해서 지불하려고 하는 최대금액과 그 재화의 시장가격의 차이로 측정된다. 이와 유사한 개념이 기업에게도 적용된다. 만약 어떤 재화의 한계비용이 상승하고 있다면, 그 재화의 가격은 가장 마지막 1단위를 제외한 모든 생산량 단위에서 한계비용보다 높다. 따라서 기업은 마지막 1단위를 제외한 모든 생산량 단위에서 잉여를 얻는다. 한 기업이 얻는 **생산자잉여**(producer surplus)는 그 기업이 생산하는 재화의 시장가격과 한계생산비용 간의 차이를 모든 생산량 단위에 대해 합한 것이다. 소비자잉여가 해당 재화의 수요곡선 아래와 시장가격 위에 놓인 면적으로 측정되는 것과 마찬가지로 생산자잉여는 공급곡선 위와 시장가격 아래에 놓인 면적으로 측정된다.

그림 8.11은 단기에서 기업의 생산자잉여를 나타낸다. 이윤을 극대화하는 생산량은 $P = MC$가 성립하는 q^*이다. 생산물 각 단위를 판매함으로써 생산자가 얻는 잉여는 가격과 그 단위를 생산하는 데 드는 한계비용의 차이이다. 따라서 이 기업이 얻는 생산자잉여는 판매된 각 단위로부터 얻는 생산자잉여를 모두 합한 것이다. 이는 0의 생산량에서 이윤을 극대화하는 생산량 q^*까

> 소비자잉여는 4.4절에서 설명하였는데, 한 재화에 대한 소비자의 지불용의금액과 실제 지불한 금액 간의 차이로 정의하였다.
>
> **생산자잉여** 어떤 기업이 생산하는 재화의 시장가격과 한계비용 간의 차이를 그 기업이 생산하는 모든 생산량 단위에 대해 합한 것

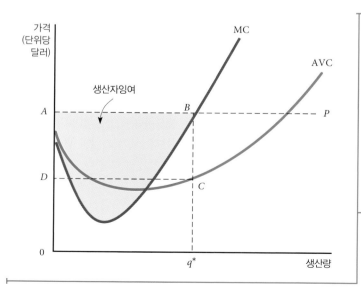

그림 8.11
기업의 생산자잉여
기업의 생산자잉여는 생산량 0과 이윤극대화 생산량인 q^* 사이에서 시장가격의 아래와 한계비용곡선의 위에 놓인 노란색 면적으로 계산된다. 이는 사각형 $ABCD$의 면적과도 같은데, 왜냐하면 q^*까지의 모든 한계비용의 합은 q^* 생산의 변동비용과 같기 때문이다.

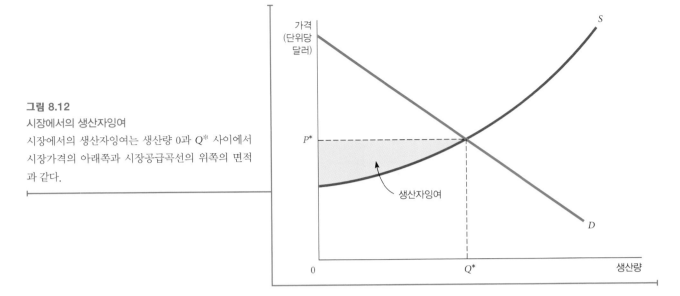

그림 8.12

시장에서의 생산자잉여

시장에서의 생산자잉여는 생산량 0과 Q^* 사이에서 시장가격의 아래쪽과 시장공급곡선의 위쪽의 면적과 같다.

지 수평의 수요곡선 아래에 있고 한계비용곡선의 위에 있는 노란색 면적으로 표시된다.

0에서 q^*까지 각 생산단위의 한계비용의 합은 q^* 생산의 총변동비용의 크기와 같다. 한계비용은 생산량의 증가에 따른 총비용의 증가분을 의미한다. 고정비용은 생산량과 함께 변하는 비용이 아니므로 각 생산단위의 한계비용을 모두 합한 것은 총변동비용과 같아야 한다.[6] 따라서 생산자잉여는 **기업의 총수입**과 **총변동비용**의 차이로 정의될 수도 있다. 그림 8.11에서 생산자잉여는 수입($0ABq^*$)에서 변동비용($0DCq^*$)을 차감한 사각형 $ABCD$의 면적과도 같다.

생산자잉여와 이윤   생산자잉여는 이윤과 밀접한 관련이 있지만 이윤과 똑같지는 않다. 단기에서 생산자잉여는 수입에서 변동비용을 차감한 것으로서 **변동이윤**(variable profit)에 해당한다. 한편 총이윤은 수입에서 변동비용과 고정비용을 포함한 총비용을 차감한 것이다.

$$생산자잉여 = PS = R - VC$$
$$이윤 = \pi = R - VC - FC$$

따라서 고정비용이 존재하는 단기에서는 생산자잉여가 이윤보다 크다.

기업이 누리는 생산자잉여의 크기는 생산비용에 달려 있다. 생산비용이 높은 기업의 생산자잉여는 적으며, 생산비용이 낮은 기업은 더 많은 생산자잉여를 얻는다. 모든 기업의 생산자잉여를 합하면 시장에서의 생산자잉여를 결정할 수 있는데, 그림 8.12는 이를 보여 준다. 시장공급곡선은 세로축의 한 점에서 시작되는데, 그 점은 시장에서 가장 비용이 낮은 기업의 평균변동비용을 나타낸다. 생산자잉여는 생산량 0과 Q^* 사이에서 시장가격의 아래와 공급곡선의 위에 있는 면적이 된다.

---

6   0에서 q^* 사이의 한계비용곡선 아래쪽 면적은 $TC(q^*) - TC(0) = TC - FC = VC$이다.

8.7 장기에서의 생산량 선택

단기에는 기업이 사용하는 생산요소 중 적어도 하나 이상은 투입량이 고정된다. 이러한 상황은 기업이 생산공정에 신기술을 도입하거나 시장 여건의 변화에 따라 생산 규모를 확장하거나 축소할 수 있는 유연성을 제한한다. 이와는 대조적으로 장기에서 기업은 공장의 규모를 포함하여 사용하는 모든 생산요소의 양을 변화시킬 수 있다. 또한 기업은 생산을 중단하고 해당 산업을 떠날 수도 있으며, 해당 산업에 진입할 수도 있다. 여기서는 경쟁시장에 주목하므로 자유로운 진입과 퇴출이 가능하다. 다시 말해, 기업들은 어떠한 법적 제약도 받지 않고 진입이나 퇴출이 가능하며, 진입과 관련된 어떠한 특별한 비용도 없다(8.1절에서 설명한 바와 같이 이는 완전경쟁시장의 중요한 가정 중 하나임을 기억하라). 이제 경쟁시장에 있는 기업의 장기 이윤극대화 생산량 결정을 분석한 후, 장기 경쟁균형의 성격에 대해 살펴본다. 또한 진입과 퇴출, 경제적 이윤과 회계적 이윤 사이의 관계에 대해 살펴본다.

장기이윤의 극대화

그림 8.13은 장기에서 경쟁적 기업의 이윤극대화 생산량 결정을 보여 준다. 단기에서와 같이, 기업이 직면하는 수요곡선은 수평선으로 나타난다(그림 8.13에서 기업은 시장가격이 \$40로 주어진 것으로 생각한다). 기업의 단기 평균비용곡선 SAC와 단기 한계비용곡선 SMC는 기업이 양($+$)의 이윤을 얻을 수 있을 만큼 충분히 낮다. 이때 기업은 SMC $= P =$ MR이 성립하는 q_1의 생산량을 생산하며, 이윤은 사각형 $ABCD$로 주어진다. 장기 평균비용곡선 LAC는 생산량 q_2까지는 규모의 경제가 존재하며 그보다 많은 생산량에서는 규모의 불경제가 존재한다는 것을 보여

7.4절에서 기업이 2배보다 적은 비용으로 생산량을 2배로 늘릴 수 있을 때 규모의 경제가 발생한다고 설명하였다.

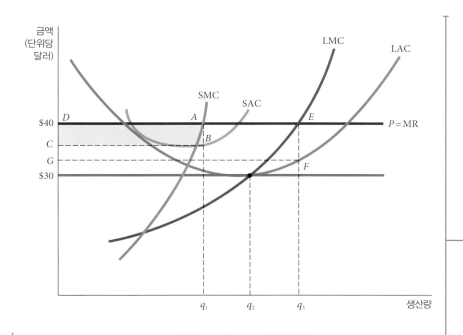

그림 8.13
장기에서의 생산량 선택
기업은 가격이 장기 한계비용 LMC와 일치하는 생산량을 선택함으로써 이윤을 극대화한다. 장기에서 기업은 생산량을 증가시킴으로써 이윤을 $ABCD$에서 $EFGD$로 증가시킨다.

준다. 장기 한계비용곡선 LMC는 생산량 q_2에서 장기 평균비용곡선의 최저점을 아래로부터 통과한다.

만약 기업이 시장가격이 $40로 유지될 것이라고 믿는다면, 기업은 장기 한계비용과 시장가격 $40가 일치하는 생산량 q_3를 생산하기 위해 공장 규모를 확장시키고자 한다. 공장 규모의 확장이 이루어진다면 생산물 단위당 이윤의 크기는 AB에서 EF로 증가하며, 총이윤은 ABCD에서 EFGD로 증가한다. 생산량 q_3는 이윤을 극대화하는 생산량이다. 이보다 적은 어떠한 생산량(예를 들어 q_2)에서도 1단위 추가적인 생산에서 얻는 한계수입은 한계비용보다 크기 때문에 생산 규모를 확장하는 것이 바람직하다. 그러나 q_3보다 많은 어떠한 생산량에서도 한계비용은 한계수입보다 크기 때문에 추가적인 생산은 이윤을 감소시킨다. 요약하면, 장기에서 이윤을 극대화하는 경쟁기업의 생산량은 장기 한계비용이 가격과 일치하는 점에서 결정된다.

시장가격이 상승할수록 기업은 더 많은 이윤을 얻게 된다는 것을 알 수 있다. 반대로 가격이 $40에서 $30로 하락하면 이윤은 감소한다. 가격이 $30이면 이윤극대화 생산량은 q_2이며, 이 생산량에서 장기 평균비용이 최저가 된다. 이 경우 $P =$ ATC이므로 기업은 0의 경제적 이윤을 얻는다.

장기 경쟁균형

장기에서 시장의 균형이 성립되기 위해서는 일정한 경제적 조건이 성립해야 한다. 시장에 있는 어떤 기업도 시장에서 철수하려고 하지 않으며, 동시에 시장 밖에 있는 어떤 기업도 시장에 진입하려고 하지 않는다. 이윤, 진입, 장기 경쟁균형은 정확하게 어떤 관계를 가지는가? 그 답은 경제적 이윤을 시장으로 진입하거나 시장으로부터 퇴출하도록 하는 유인과 연결 지음으로써 알 수 있다.

회계적 이윤과 경제적 이윤 제7장에서 살펴보았듯이, 회계적 이윤과 경제적 이윤을 구별하는 것은 중요하다. 회계적 이윤은 기업의 수입에서 노동, 원재료 그리고 이자와 감가상각비를 차감한 것이다. 경제적 이윤을 구할 때는 기회비용을 고려한다. 기회비용 중 하나로서 기업이 자신의 자본을 다른 곳에 사용했을 때 얻을 수 있는 수익을 들 수 있다. 예를 들어 기업이 노동과 자본을 생산요소로 사용하는데, 자본은 구매한다고 하자. 회계적 이윤은 수입(R)에서 노동비용(wL)을 차감하여 구한다. 그러나 경제적 이윤(π)은 수입(R)에서 노동비용(wL)과 자본비용(rK)을 차감한 것과 같다.

$$\pi = R - wL - rK$$

제7장에서 설명한 것처럼, 자본비용의 정확한 크기는 자본의 사용자비용으로 측정한다. 그것은 기업이 자신의 돈으로 해당 자본을 구매하는 대신 그 돈을 다른 곳에 투자했을 때 얻을 수 있는 연간 수입액에 그 자본의 연간 경제적 감가상각비를 더한 금액이다.

0의 경제적 이윤 기업은 자신의 투자에 대해 이윤을 얻을 것이라는 기대를 가지고 사업을 시작한다. **0의 경제적 이윤**(zero economic profit)은 기업이 투자에 대해 정상이윤(normal profit)을 얻는다는 것을 의미한다. 자본의 사용자 비용의 일부인 정상이윤은 기업이 자신의 돈을 다른 곳에 투자하는 대신 자본을 구매하는 데 사용한 것에 대한 기회비용이다. 기업이 0의 경제적 이윤을 얻는

0의 경제적 이윤 기업이 자신의 투자에 대해 정상이윤을 얻고 있는 것을 말한다. 즉, 자신의 돈을 다른 곳에 투자함으로써 얻을 수 있는 것과 같은 크기의 수익을 자신의 사업에 투자해서 얻고 있음을 의미한다.

다는 것은 기업이 자신의 돈을 다른 곳에 투자했을 때 얻을 수 있는 이윤과 똑같은 크기의 이윤을 자본에 투자하여 얻고 있다는 의미이다. 즉 기업은 자신의 돈으로 경제적 수익을 얻고 있는 것이다. 따라서 이 기업은 사업을 제대로 운영하고 있으며, 계속 사업을 해 나가야 한다[그러나 음(−)의 경제적 이윤을 얻고 있는 기업은 앞으로 수익이 높아질 전망이 없다면 사업을 그만두는 것을 고려해야 한다].

곧 살펴보겠지만, 장기에서 경쟁시장에 있는 기업의 경제적 이윤은 0이 된다. 기업의 경제적 이윤이 0이라는 것은 기업이 제대로 운영되고 있지 않음을 의미하는 것이 아니라, 그 산업이 경쟁시장이라는 것을 의미한다.

진입과 퇴출 그림 8.13은 시장가격이 $40라면 기업은 생산량을 증가시키며 양(+)의 이윤을 얻는다는 것을 보여 준다. 이윤은 자본에 대한 기회비용을 차감하고 계산된 것이기 때문에, 양(+)의 이윤은 수익성 있는 산업에 진입함으로써 투자에 대해 충분히 높은 수익을 얻는다는 것을 의미한다. 이처럼 높은 수익성은 투자자로 하여금 자원을 다른 산업에서 이 산업으로 이동시키도록 유인함으로써 시장으로의 진입이 발생한다. 신규 진입으로 인한 생산량 증가는 시장공급곡선을 오른쪽으로 이동시킨다. 그 결과, 시장 생산량은 증가하고 시장가격은 하락한다.[7] 그림 8.14는 이를 보여 준다. 그림 8.14(b)에서 공급곡선은 S_1에서 S_2로 이동하며, 따라서 가격은 P_1($40)에서 P_2($30)로 하락한다. 한 기업의 경우를 보여 주는 그림 8.14(a)에서는 장기 평균비용곡선(LAC)이 수평선인 가격선과 q_2의 생산량에서 접한다.

이와 비슷한 이야기가 퇴출의 경우에도 적용된다. 각 기업의 최저 장기평균비용은 $30를 유지하지만 시장가격이 $20로 떨어진다고 하자. 이미 살펴본 바와 같이 가격 변화를 기대할 수 없다면 가격이 평균변동비용보다 낮아서 총비용을 감당할 수 없을 때 기업은 산업에서 떠날 것이다. 그러나 여기서 그치지 않는다. 일부 기업들이 시장에서 퇴출하면 생산량은 감소하며, 그 결과 시장공급곡선은 왼쪽으로 이동한다. 시장 생산량은 감소하고 가격은 손익분기점 가격인 $30에서 균형에 도달할 때까지 상승할 것이다.

> 진입과 퇴출이 자유로운 시장에서 기업은 양(+)의 장기이윤을 얻을 수 있을 때 시장에 진입하며 장기손실에 직면하는 경우에는 시장에서 퇴출한다.

기업의 경제적 이윤이 0이라면 기존 기업들은 해당 산업에서 퇴출하려는 유인을 가지지 않는다. 마찬가지로 다른 기업들도 해당 산업으로 진입하려는 특별한 유인을 가지지 않는다. 어떤 산업의 **장기 경쟁균형**(long-run competitive equilibrium)은 다음의 세 조건이 충족될 때 발생한다.

1. 해당 산업에 있는 모든 기업이 이윤을 극대화하고 있다.
2. 모든 기업의 경제적 이윤이 0이기 때문에 어떤 기업도 해당 산업에 진입하거나 해당 산업으로부터 퇴출하려는 유인을 가지지 않는다.
3. 제품의 가격은 산업에서 공급되는 공급량과 소비자에 의해서 수요되는 수요량을 일치시키는 수준에서 결정된다.

장기 경쟁균형 해당 산업에 있는 모든 기업이 이윤을 극대화하고 있으며, 어떤 기업도 해당 산업에 진입하거나 해당 산업으로부터 퇴출하려는 유인을 가지지 않으며, 가격은 공급량과 수요량이 일치하는 수준에서 결정된다.

---

[7] 장기 공급곡선이 우상향하는 이유에 대해서는 다음 절에서 살펴본다.

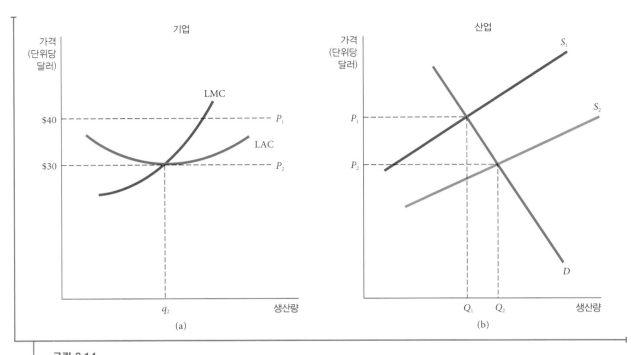

그림 8.14

장기 경쟁균형

(b)에서와 같이 초기에 장기 균형가격은 단위당 $40이며, 이는 수요곡선 D와 공급곡선 S_1의 교차점에서 나타난다. (a)에서 보면, 장기 평균비용은 생산량이 q_2인 $30에서 최저가 되기 때문에 이 기업은 양(+)의 이윤을 얻는다. (b)에서 보듯이 양(+)의 이윤은 신규 기업의 진입을 촉진하여 공급곡선을 오른쪽(S_2)으로 이동시킨다. (a)에서 장기균형은 $30의 가격에서 이루어지는데, 각 기업은 0의 이윤을 얻으며 산업으로의 진입이나 산업으로부터 퇴출의 유인이 존재하지 않는다.

장기균형에 도달하는 동태적인 과정은 다소 혼란스러울 수 있다. 기업은 이윤을 얻기 위하여 시장에 진입하며, 경제적 손실 때문에 시장으로부터 퇴출한다. 그러나 장기균형에서 기업은 0의 경제적 이윤을 얻는다. 이윤이 결국 0이 된다는 것을 알면서도 기업이 시장에 진입하려는 이유는 무엇인가? 이는 0의 경제적 이윤이 금융자본에 대한 투자로부터 얻을 수 있는 경쟁적 수익을 의미하기 때문이다. 경제적 이윤이 0일 때 기업은 자신이 소속한 산업을 떠나서 다른 곳으로 갈 유인을 가지지 않는다. 왜냐하면 그 산업을 떠난다고 하더라도 금전적으로 더 나은 상태를 얻을 수 없기 때문이다. 만약 기업이 그 산업에 충분히 빠른 시기에 진입해서 단기적으로 경제적 이윤을 얻는다면 기업에는 그만큼 더 좋은 것이다. 마찬가지로, 기업이 이윤을 얻지 못하는 산업에서 빨리 퇴출한다면 그만큼 투자자들의 돈을 절약할 수 있다. 따라서 장기균형이라는 개념은 기업이 취하는 행동의 방향을 알려 준다. 경제적 이윤이 궁극적으로 0이 되는 장기균형은 경영자를 실망시키는 상황이 아니다. 오히려 긍정적인 측면에서 이해되어야 하는데, 그것은 경쟁적 수익을 얻을 수 있는 기회를 의미하기 때문이다.

비용이 동일한 기업들 장기균형의 모든 조건이 충족되어야 하는 이유를 살펴보기 위해, 모든 기업이 동일한 비용을 가진다고 가정하자. 이윤을 얻을 수 있는 기회를 보고 너무 많은 기업이 한 산업에 진입한다면 어떤 상황이 일어나는지를 생각해 보자. 그림 8.14(b)의 산업공급곡선은 오른쪽으로 더 많이 이동하며, 가격은 $30 아래로(예를 들어 $25로) 하락한다. 이 가격에서는 기업들은 손실을 입게 되므로 일부 기업은 이 산업을 떠날 것이다. 이러한 기업들의 퇴출은 시장공급곡선이 S_2로 다시 돌아올 때까지 계속될 것이다. 따라서 퇴출이나 진입의 유인이 없는 경우에만 시장은 장기균형 상태에 있게 된다.

비용이 서로 다른 기업들 이제 한 산업에 있는 기업들이 서로 다른 비용곡선을 가지는 경우를 생각해 보자. 예를 들어 어떤 기업이 기술특허를 보유한다면 다른 기업들에 비해 낮은 평균비용으로 생산할 수 있다. 이 경우 그 기업이 다른 기업들보다 많은 회계적 이윤을 얻고, 또한 더 많은 생산자잉여를 얻는 것은 장기균형과 일치하는 현상이다. 다른 기업들은 생산비용을 낮출 수 있는 기술특허를 얻지 못한다면 이 산업으로 진입할 어떠한 유인도 가지지 않는다. 반대로 기술특허를 보유한 기업은 이 산업으로부터 퇴출할 유인을 가지지 않는다.

여기서 회계적 이윤과 경제적 이윤의 구별은 중요하다. 만약 특허를 통해 이윤을 증가시킬 수 있다면, 이 산업에 있는 다른 기업들은 특허를 사용하기 위하여 대가를 지불하려고 할 것이다(혹은 특허를 보유한 기업 전체를 매수하려고 할 것이다). 따라서 특허의 가치가 증가한다면 특허를 보유한 기업의 기회비용도 증가한다. 기업은 특허를 사용하는 대신 특허권을 팔 수도 있다. 만약 모든 기업이 똑같이 효율적이라면 특허를 보유한 기업의 **경제적 이윤**은 0이 된다. 그러나 특허를 보유한 기업이 다른 기업들보다 더 효율적이라면 그 기업은 양(+)의 이윤을 얻게 된다. 반면에 특허를 보유한 기업이 덜 효율적이라면 그 기업은 특허를 팔고 해당 산업에서 떠나야 한다.

토지의 기회비용 회계적 이윤이 양(+)인 기업이 0의 경제적 이윤을 얻는 다른 사례도 있다. 예를 들어 큰 쇼핑몰 옆에 자리 잡은 옷가게를 생각해 보자. 좋은 곳에 위치한 덕분에 손님이 많아져서 그 가게의 회계적 이윤은 크게 증가할 수 있다. 이때 그 가게가 차지하는 토지의 비용은 과거의 구입 원가를 기초로 산정된다. 그러나 경제적 이윤을 고려한다면 토지의 비용은 기회비용을 반영해야 한다. 이 경우에 기회비용은 토지의 현재 시장가치가 된다. 토지의 기회비용이 제대로 반영되어 비용에 포함된다면 이 옷가게의 경제적 이윤은 다른 옷가게에 비해 높은 것이 아니다.

따라서 경제적 이윤이 0이라는 조건은 시장이 장기균형 상태에 있기 위해서는 필수적으로 요구되는 조건이다. 정의에 따르면, 양(+)의 경제적 이윤은 투자자에게는 투자기회를, 기업에게는 해당 산업에 진입하려는 유인을 의미한다. 그러나 양(+)의 회계적 이윤은 그 산업에 이미 진입해 있는 기업이 가치 있는 자산, 기술, 아이디어를 가지고 있음을 나타내는 신호일 뿐이며, 반드시 새로운 기업의 진입을 촉진하지는 않는다.

경제적 렌트

일부 기업들은 공급이 한정된 생산요소를 가지고 있기 때문에 다른 기업들에 비해 높은 회계적 이윤을 얻는 경우가 있다. 이러한 생산요소로는 토지, 천연자원, 경영기술, 기타 창조적인 재능 등이 있다. 이러한 상황에서 장기에 경제적 이윤이 0이 되는 이유는 공급이 제한된 생산요소를 다른 기업들이 대가를 지불하고 사용하려고 하기 때문이다. 따라서 양(+)의 회계적 이윤은 희

경제적 렌트 한 생산요소에 대해 지불하고자 하는 금액에서 그 것을 구입하기 위해 필요한 최소의 금액을 차감한 값

소한 자원이 가져다주는 **경제적 렌트**로 해석된다. **경제적 렌트**(economic rent)는 기업들이 어떤 생산요소에 대해 지불하고자 하는 금액에서 그것을 구입하기 위해 필요한 최소한의 금액을 차감한 값으로 정의된다. 경쟁시장에서는 (단기에서든, 장기에서든) 이윤이 0인 경우에도 경제적 렌트는 양(+)이 될 수 있다.

예를 들어 한 산업에 있는 두 기업이 토지를 보유하고 있으며, 토지를 구매하는 데 드는 최소비용은 두 기업 모두에게 0이라고 하자. 그런데 한 기업은 강가에 위치하여 내륙에 위치한 다른 기업보다 연간 $10,000의 운송비를 절약할 수 있다고 하자. 이 경우, 첫 번째 기업이 두 번째 기업에 비해 $10,000의 이윤을 더 얻는 것은 첫 번째 기업이 강가에 위치하고 있어서 연간 $10,000의 경제적 렌트를 얻기 때문이다. 경제적 렌트가 발생하는 이유는 강가에 위치한 토지는 가치가 있어서 다른 기업들이 그 토지의 가치에 상응하는 금액을 지불할 용의가 있기 때문이다. 결과적으로 이 특별한 생산요소에 대한 경쟁은 이 생산요소의 가치를 $10,000까지 증가시키게 된다. 토지의 렌트($10,000와 그 토지를 구매하는 데 지불한 0의 비용과의 차이)도 역시 $10,000가 된다. 따라서 경제적 렌트는 증가하지만 강가에 위치한 첫 번째 기업의 경제적 이윤은 0이다. 경제적 렌트는 토지 소유에 대한 기회비용을 반영하며, 보다 일반적으로는 공급이 제한된 생산요소를 소유하는 데 대한 기회비용을 반영한다. 여기서 토지 소유에 대한 기회비용은 $10,000이며, 그것은 경제적 렌트로 정의된다.

경제적 렌트가 존재한다는 것은 일부 시장에서는 이윤창출의 기회가 있음에도 불구하고 기업들이 진입할 수 없는 이유를 설명해 준다. 이러한 시장에서는 하나 또는 그 이상의 생산요소의 공급이 제한적인 탓에 몇몇 기업들이 경제적 렌트를 얻지만 모든 기업의 경제적 이윤은 0인 시장이다. 0의 경제적 이윤은 기업이 적어도 다른 기업들과 똑같이 효율적으로 생산할 때에만 해당 시장에 그대로 머물러야 한다는 것을 말해 준다. 또한 시장에 진입하려는 기업에게는 이미 그 시장에 있는 기존 기업들보다 더 효율적으로 생산할 수 있는 경우에만 양(+)의 이윤을 얻을 수 있다는 사실도 말해 준다.

장기에서의 생산자잉여

어떤 기업이 양(+)의 회계적 이윤을 얻고 있으나 다른 기업들은 그 산업으로 진입하거나 퇴출하려는 유인을 가지지 않는다고 하자. 이 회계적 이윤은 경제적 렌트를 반영해야 한다. 경제적 렌트와 생산자잉여는 어떤 관련이 있는가? 우선 경제적 렌트는 생산요소에 적용되는 개념인 반면에 생산자잉여는 생산물에 적용되는 개념이다. 또한 생산자잉여는 생산자가 받는 시장가격과 한계생산비용의 차이에 해당한다. 따라서 장기의 경쟁시장에서 한 기업이 자신의 생산물로부터 얻은 생산자잉여는 그 기업이 가진 모든 희소한 생산요소들로부터 얻는 경제적 렌트로 구성된다.[8]

예를 들어 한 야구팀이 특정 도시에서 활동할 수 있는 운영권을 가지고 있다고 하자. 또한 이 팀이 운영권을 얻을 수 있는 또 다른 도시에서 벌 수 있는 수입은 현재 활동하는 도시에서 얻는 수입에 비해 현저하게 낮다고 하자. 따라서 이 팀은 현재 활동 중인 도시와 관련된 경제적 렌트를 얻고 있는 것이다. 이러한 경제적 렌트는 이 팀이 현재 활동 중인 도시에 대해 지불하고자 하

---

8 비경쟁적 시장에서 생산자잉여는 경제적 이윤뿐만 아니라 경제적 렌트도 포함한다.

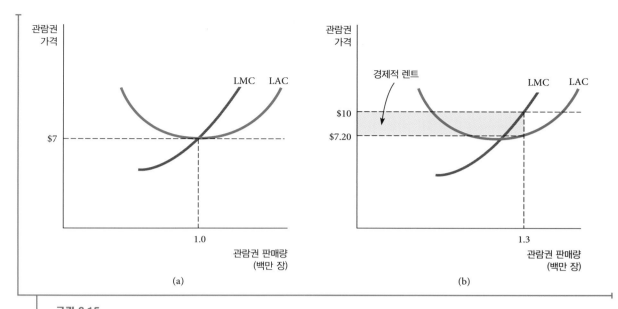

그림 8.15

장기균형에서 기업들은 0의 이윤을 얻는다

장기균형에서 모든 기업은 0의 경제적 이윤을 얻는다. (a)에서 중규모 도시의 야구팀은 한계비용과 평균비용이 일치하는 수준에서의 가격($7)에 관람권을 판매한다. (b)에서는 수요가 더 커서 $10에 판매할 수 있다. 이 팀은 평균비용과 평균 경제적 렌트의 합이 관람권의 가격과 같아질 때까지 판매를 늘린다. 운영권 소유에 대한 기회비용을 고려하면, 이 팀은 0의 경제적 이윤을 얻는다.

는 금액과 다른 도시에서 활동하기 위해 지불해야 하는 금액 간의 차이를 반영한다. 이 팀은 또한 현재 활동하고 있는 도시에서 야구 관람권과 기타 야구 관련 제품의 판매로부터 생산자잉여를 얻는다. 이러한 생산자잉여는 다른 생산요소(야구장, 야구선수)와 관련하여 얻는 렌트를 포함하여 모든 경제적 렌트를 반영하는 것이다.

그림 8.15는 경제적 렌트를 얻는 기업이 경제적 렌트를 얻지 못하는 기업과 똑같은 경제적 이윤을 얻음을 보여 준다. 그림의 (a)는 중규모 도시에서 야구팀을 운영하는 기업의 경제적 이윤을 나타낸다. 관람권의 평균가격은 $7이고 비용은 이 기업이 0의 경제적 이윤을 얻도록 하는 수준이다. 그림의 (b)는 대도시에서 활동하지만 비용은 (a)의 경우와 동일한 야구팀을 운영하는 기업의 이윤을 나타낸다. 대도시에서 활동하기 때문에 더 많은 사람들이 야구경기를 보기 원하므로 (b)의 기업은 관람권 1장당 평균비용 $7.2보다 높은 $10의 가격에 판매할 수 있으므로 1장당 $2.8의 회계적 이윤을 얻는다. 그러나 큰 도시에서 활동함으로써 발생하는 렌트는 기회비용을 나타내는데, 그것은 이 기업이 자신의 운영권을 다른 기업에게 팔 수 있기 때문이다. 결과적으로 보다 대도시에 입지한 기업의 경제적 이윤 역시 0이 된다.

8.8   산업의 장기 공급곡선

단기 공급의 분석에서는 기업의 공급곡선을 먼저 도출한 후 개별 기업의 공급곡선의 합을 이용하여 시장공급곡선을 도출하였다. 그러나 장기 공급은 이런 방식으로 분석할 수 없다. 장기에는 시장가격이 변함에 따라서 기업들이 시장에 진입하기도 하고 시장에서 퇴출하기도 한다. 이러한 상황에서는 공급곡선들을 합하는 것이 불가능하다. 왜냐하면 시장 전체의 공급량을 알기 위해 어떤 기업의 공급량을 더해 주어야 하는지를 알 수 없기 때문이다.

한 산업의 장기 공급곡선의 모양은 그 산업 전체 생산량의 증가나 감소가 그 산업에 있는 기업들이 사용하는 생산요소의 가격에 어떤 영향을 미치는가에 따라 달라진다. 어떤 경우에는 생산에 규모의 경제가 존재하거나 생산요소의 대량 구입으로 인한 비용절감으로 생산이 증가할수록 생산요소의 가격이 하락한다. 또 어떤 경우에는 규모의 불경제가 나타나서 생산이 증가함에 따라 생산요소의 가격이 상승한다. 세 번째 경우는 생산이 증가해도 생산요소의 가격이 변하지 않을 수 있다. 이상의 어느 경우이든 한 산업의 장기 공급곡선을 살펴보기 위해 모든 기업은 똑같은 생산기술을 보유하고 있다고 가정한다. 즉 생산량은 새로운 발명에 의해서가 아니라 더 많은 생산요소를 투입함으로써 증가한다. 또한 산업이 확대되든 축소되든 생산요소시장의 상황은 변하지 않는다고 가정한다. 예를 들어 노동에 대한 수요가 증가하더라도 노조는 근로자들의 임금 계약에서 우월적인 지위를 갖지 않는다.

이러한 가정하에서 산업을 비용불변산업, 비용증가산업 및 비용감소산업의 세 가지 유형으로 구분하여 장기공급을 분석한다.

비용불변산업

비용불변산업   장기 공급곡선이 수평인 산업

그림 8.16은 **비용불변산업**(constant-cost industry)의 장기 공급곡선을 도출하는 과정을 보여 준다. 그림의 (a)는 개별 기업의 생산량을, (b)는 산업 전체의 생산량을 나타낸다. 이 산업은 초기에 시장수요곡선 D_1과 단기 시장공급곡선 S_1의 교차점에서 균형상태에 있다고 가정하자. 수요곡선과 공급곡선이 교차하는 점 A는 장기 공급곡선 S_L상에 있는데, 장기 균형가격이 P_1일 때 해당 산업은 Q_1을 생산한다는 것을 알려 준다.

장기 공급곡선상의 다른 점들을 구하기 위해, 시장수요가 예상 외로 증가한다고 하자. 대표적인 기업은 초기에 가격 P_1이 장기 한계비용 및 장기 평균비용과 같아지는 데서 q_1을 생산한다. 그런데 이 기업은 단기균형에도 있기 때문에 가격은 또한 단기 한계비용과도 일치한다. 이제 어떤 이유에 의해 시장수요곡선이 D_1에서 D_2로 이동한다면 수요곡선 D_2는 공급곡선 S_1과 C점에서 교차한다. 따라서 가격은 P_1에서 P_2로 상승한다.

그림 8.16(a)는 이러한 가격 상승이 이 산업에 있는 대표적 기업에게 미치는 영향을 보여 준다. 가격이 P_2로 상승할 때 이 기업은 자신의 단기 한계비용곡선을 따라서 생산량을 q_2로 증가시킨다. 이 생산량에서는 가격과 단기 한계비용이 같아지므로 기업은 이윤을 극대화한다. 모든 기업이 이런 식으로 반응한다면 각 기업은 단기균형에서 양(+)의 경제적 이윤을 얻게 된다. 이러한 이윤의 발생으로 시장에 있는 기존 기업들은 시설을 확장하여 생산량을 증가시키며, 새로운 기업들이 시장에 진입한다.

이에 따라 그림 8.16(b)의 단기 공급곡선은 S_1에서 S_2로 오른쪽으로 이동하며, 시장은 D_2와 S_2의 교차점에서 새로운 장기균형에 도달하게 된다. 이 교차점이 장기균형이 되기 위해서는 생산량이 충분히 증가하여 기업들이 얻는 경제적 이윤은 0이 되며, 그 결과 기업들이 이 산업으로 진입하거나 산업에서 퇴출하려는 유인이 사라져야 한다.

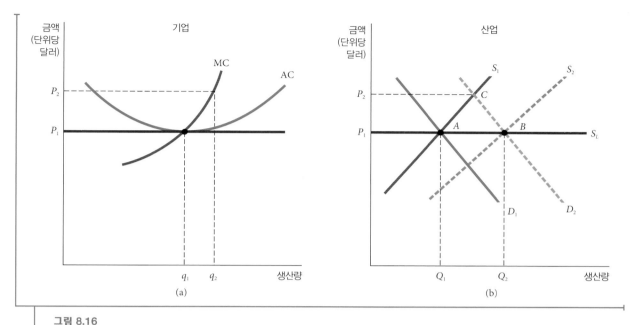

그림 8.16
비용불변산업의 장기 공급
(b)에서 비용불변산업의 장기 공급곡선은 수평선 S_L이다. 수요가 증가하면 먼저 가격 상승(A점에서 C점으로의 이동)을 유발하며, (a)에서 기업은 먼저 생산량을 q_1에서 q_2로 증가시킨다. 그러나 신규 기업의 진입은 산업공급곡선을 오른쪽으로 이동시킨다. 생산요소의 가격은 산업의 생산량 증가에 영향을 받지 않으므로 원래의 가격이 될 때까지[(b)의 B점] 진입이 발생한다.

비용불변산업에서 기업들은 생산량이 증가함에 따라 필요한 추가적인 생산요소들을 단위당 가격 상승 없이 구매할 수 있어야 한다. 예를 들어 이러한 상황은 생산에서 주로 사용되는 생산요소가 비숙련노동인 경우에 나타날 수 있다. 비숙련노동의 시장가격(임금)은 노동의 수요 증가에 의해 영향을 받지 않는다. 생산요소의 가격이 변하지 않으므로 기업의 비용곡선도 변하지 않는다. 새로운 균형은 그림 8.16(b)의 B점이 되며, 가격 P_1은 수요의 증가가 나타나기 전의 초기 가격과 같다.

따라서 비용불변산업의 장기 공급곡선은 장기 평균비용의 최저점과 일치하는 가격수준에서 수평선으로 나타난다. 이보다 높은 가격에서는 양(+)의 이윤이 발생하여 새로운 기업의 진입과 단기 공급의 증가가 나타나며, 그 결과 가격은 하락한다. 비용불변산업에서는 최종생산물시장의 변화가 생산요소의 가격에 영향을 미치지 않는다. 따라서 비용불변산업의 장기 평균비용곡선은 수평선으로 나타난다.

비용증가산업

비용증가산업(increasing-cost industry)에서는 산업이 확대되면서 생산요소에 대한 수요가 증가함에 따라 생산요소의 일부 또는 전부의 가격이 상승한다. 이는 규모의 불경제를 통해 설명할 수 있다. 예를 들어 해당 산업이 숙련노동을 사용한다면 숙련노동에 대한 수요가 증가함에 따라 공급이 부족해질 수 있다. 또는 기업이 특정한 토지에서만 얻을 수 있는 광물을 생산에 사용한다면

비용증가산업 장기 공급곡선이 우상향하는 산업

생산요소로서의 토지비용은 생산이 증가함에 따라 상승하게 된다. 그림 8.17은 비용증가산업의 장기 공급곡선을 도출하는데, 비용불변산업의 경우와 유사함을 알 수 있다. 이 산업은 초기에 그림 8.17(b)의 A점에서 균형을 이룬다. 수요곡선이 예기치 않게 D_1에서 D_2로 이동한다면 생산물의 가격은 단기에서 P_2로 상승하며 산업의 생산량은 Q_1에서 Q_2로 증가한다. 그림 8.17(a)에서 보듯이 대표적 기업은 높아진 가격에 반응하여 자신의 단기 한계비용곡선을 따라서 이동하면서 생산량을 q_1에서 q_2로 증가시킨다. 이 기업을 포함한 다른 모든 기업이 얻는 이윤의 증가로 인해 새로운 기업들이 이 산업으로 진입한다.

새로운 기업들의 진입으로 생산량이 증가함에 따라 생산요소에 대한 수요가 증가하면 생산요소의 일부 또는 전부의 가격이 상승한다. 따라서 단기 시장공급곡선은 비용불변산업의 경우와 마찬가지로 오른쪽으로 이동하지만 이동 폭은 작다. 따라서 새로운 균형은 B점이 되며 가격은 초기 가격 P_1보다 높은 P_3가 된다. 생산요소의 가격 상승에 따라 기업의 단기와 장기 비용곡선도 위로 이동하므로 기업들이 장기균형에서 0의 경제적 이윤을 가지기 위해서는 시장가격이 높아져야 한다. 그림 8.17(a)는 이를 보여 주고 있다. 평균비용곡선은 AC_1에서 AC_2로 이동하며 한계비용곡선은 MC_1에서 MC_2로 왼쪽으로 이동한다. 새로운 장기 균형가격인 P_3는 새로운 평균비용의 최저점과 일치한다. 비용불변산업의 경우와 마찬가지로 초기의 수요 증가에 따라 나타난 단기이윤의 증가는 장기에서 기업들이 생산량을 증가시키고 또한 생산요소의 가격이 상승함으로써 사

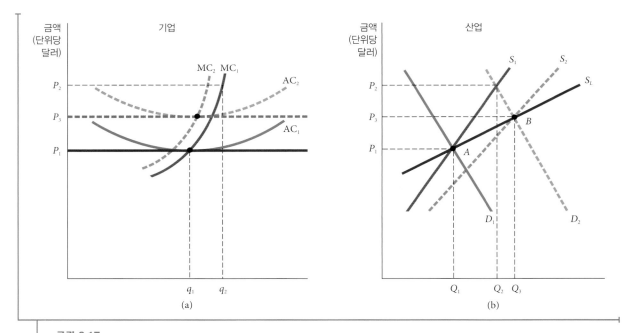

그림 8.17

비용증가산업의 장기 공급

(b)에서와 같이 비용증가산업의 장기 공급곡선은 우상향하는 곡선 S_L이다. 수요의 증가로 인해 가격은 상승하며, 기업은 (a)에서와 같이 생산량을 q_1에서 q_2로 증가시킨다. 이 경우, 신규 기업의 진입으로 공급곡선은 S_1에서 S_2로 오른쪽으로 이동한다. 그 결과 생산요소의 가격이 상승하기 때문에 새로운 장기균형은 초기균형보다 높은 가격에서 이루어진다.

라진다.

따라서 그림 8.17(b)의 B점의 새로운 균형은 이 산업의 장기 공급곡선상에 있게 된다. 비용증가산업의 경우에는 장기 공급곡선은 우상향한다. 이 산업에서는 생산요소가격의 상승을 보상해 주는 높은 가격에서만 더 많은 생산량을 생산한다. "비용 증가"라는 표현은 기업들의 장기 평균비용곡선이 위로 이동한다는 의미이며, 비용곡선의 기울기가 우상향한다는 것은 아니다.

비용감소산업

산업의 장기 공급곡선은 우하향할 수도 있다. 이 경우에도 앞에서와 마찬가지로 예기치 못한 수요의 증가로 산업의 생산량은 증가한다. 그러나 산업이 점점 성장함에 따라 생산요소 중 일부를 전보다 더 싸게 얻을 수 있는 규모의 이점을 가질 수 있다. 예를 들어 산업이 성장함에 따라 물류체계가 개선될 수 있으며, 낮은 비용으로 우수한 금융 네트워크를 활용할 수도 있다. 이런 경우에는 기업들이 규모의 경제를 누리지 않더라도 기업들의 평균비용곡선은 아래로 이동하며 해당 제품의 시장가격은 하락한다. 시장가격의 하락과 평균생산비용의 하락으로 새로운 장기균형이 이루어지며, 새로운 장기균형에서는 기업의 수는 전보다 많아지고 생산량도 전보다 많아진다. 따라서 **비용감소산업**(decreasing-cost industry)의 경우에 산업의 장기 공급곡선은 우하향한다.

비용감소산업 장기 공급곡선이 우하향하는 산업

사례 8.6 비용불변, 비용증가, 비용감소 산업: 커피, 원유, 자동차

지금까지 이 책에서 소개했던 많은 산업들은 장기 생산비용이 변하지 않거나, 증가하거나, 혹은 감소하는 산업으로 구분할 수 있는데, 일부 산업들에 대해 다시 살펴보자. 우선 장기 생산비용이 일정한 산업부터 살펴본다. 사례 2.7에서 커피의 공급은 장기적으로는 매우 탄력적임을 보았다[그림 2.18(c) 참조]. 그 이유는 커피를 경작할 수 있는 땅은 항상 구할 수 있고, 또한 커피나무를 심고 관리하는 데 드는 비용은 커피의 생산량과 관계없이 일정하기 때문이다. 따라서 커피산업은 비용불변산업이다.

다음으로 비용증가산업의 경우를 살펴보자. 사례 2.9에서 원유산업은 우상향하는 장기 공급곡선을 가지는 비용증가산업이라고 설명하였다[그림 2.24(b) 참조]. 비용이 증가하는 이유는 쉽게 개발할 수 있는 대규모 원유매장지가 한정되어 있기 때문이다. 따라서 원유회

사들은 생산량이 증가함에 따라 점점 더 비싼 채취비용이 드는 원유매장지로부터 원유를 확보해야 한다.

마지막으로 비용감소산업의 경우이다. 사례 3.1과 3.3에서는 자동차의 수요에 대해 설명하였다. 그렇다면 공급의 경우는 어떠한가? 자동차산업에서는 생산량이 증가함에 따라 필요한 부품들을 다량으로 구입하며, 그에 따라 부품들을 좀 더 싼 값에 구입할 수 있기 때문에 비용상의 이점이 나타난다. 실제로 GM, 토요타, 포드, 혼다 등의 주요 자동차회사들은 배터리, 엔진, 브레이크, 기타 주요 부품 등 각 생산요소를 효율적으로 생산하는 전문 생산기업들로부터 구매한다. 따라서 자동차의 평균생산비용은 자동차 생산량이 많아짐에 따라 감소한다.

세금의 효과

제7장에서 폐수방류 부담금의 예를 통하여 설명하였듯이, 기업이 사용하는 생산요소에 부과되는 세금은 기업에게 생산과정에서 생산요소의 사용 방법을 변화시키려는 유인을 제공한다. 여기서는 생산물에 부과되는 세금에 대해 기업은 어떻게 반응하는가를 살펴본다. 분석을 단순화시

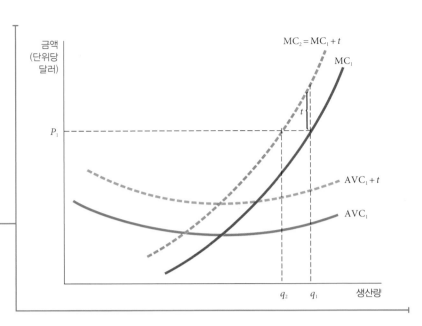

그림 8.18

경쟁기업의 생산물에 대한 세금의 효과

생산물에 대한 세금은 기업의 한계비용을 세금의 크기만큼 위로 이동시킨다. 기업은 한계비용과 세금의 합이 가격과 일치하는 점까지 생산량을 감소시킨다.

키기 위해, 기업은 고정비율 생산기술을 사용한다고 가정한다. 생산과정에서 오염을 발생시키는 기업의 생산물에 대해 세금이 부과되면 기업은 생산량을 줄이며, 따라서 오염 배출량도 줄어든다. 혹은 단지 정부의 조세수입을 증가시키기 위해 세금이 부과될 수도 있다.

먼저, 생산물에 대한 세금이 어느 한 기업에만 부과되므로 해당 재화의 시장가격에는 영향을 미치지 않는다고 하자. 우선 생산물에 부과되는 세금이 기업의 생산량에 미치는 영향에 대해 살펴보자. 그림 8.18은 q_1을 생산하여 P_1의 시장가격에 판매하면서 양(+)의 경제적 이윤을 얻고 있는 어떤 기업의 단기 비용곡선을 보여 준다. 생산물 단위당 세금이 부과되므로 기업의 한계비용곡선은 MC_1에서 위로 이동하여 $MC_2 = MC_1 + t$가 된다. 여기서 t는 생산물 단위당 세금이다. 세금은 또한 평균변동비용곡선도 t만큼 위로 이동시킨다.

생산물에 대한 세금은 두 가지 효과를 가질 수 있다. 만약 이 기업이 세금이 부과된 후에도 여전히 양(+)의 또는 0의 경제적 이윤을 얻을 수 있다면 기업은 한계비용에 세금을 더한 값이 생산물의 가격과 일치하는 생산량을 선택함으로써 자신의 이윤을 극대화한다. 따라서 이 기업의 생산량은 q_1에서 q_2로 감소하며, 세금의 암묵적인 효과는 공급곡선을 세금의 크기만큼 위로 이동시키는 것이다. 만약 세금이 부과된 후에 이 기업이 더 이상 경제적 이윤을 얻을 수 없다면 이 기업은 시장에서 퇴출할 것이다.

이제 이 산업에 있는 모든 기업에게 세금이 부과되어 모든 기업의 한계비용이 증가한다고 하자. 각 기업은 현재의 시장가격에서는 생산량을 줄이기 때문에 산업의 총생산량은 줄어들며 가격은 상승한다. 그림 8.19는 이러한 경우를 보여 주고 있다. 공급곡선은 S_1에서 $S_2 = S_1 + t$로 상향이동하며, 이 재화의 시장가격은 (세금의 크기보다는 작게) P_1에서 P_2로 상승한다. 이와 같은 가격 상승은 앞에서 살펴본 효과를 축소시킨다. 기업들은 가격 상승이 없을 경우에 비해 생산량을 적게 줄이게 된다.

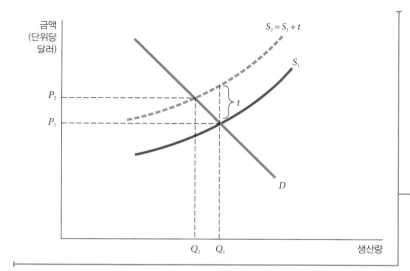

그림 8.19
생산물에 대한 세금이 산업의 생산량에 미치는 효과
생산물에 대한 세금이 경쟁시장의 모든 기업에게 부
과되면, 산업공급곡선은 세금의 크기만큼 위로 이동
한다. 이러한 이동은 시장가격을 상승시키고 산업 전
체의 생산량을 감소시킨다.

한편, 생산물에 대한 세금 부과로 다른 기업에 비해 비용이 다소 높은 일부 기업들은 해당 산업에서 퇴출할 수도 있다. 이는 세금이 각 기업의 장기 평균비용곡선을 위로 이동시키기 때문이다.

공급의 장기 탄력성

공급의 장기 탄력성은 단기 탄력성과 똑같이 정의되는데, 가격의 변화율($\Delta P/P$)에 대한 생산량의 변화율($\Delta Q/Q$)이다. 비용불변산업의 장기 공급곡선은 수평이며, 따라서 장기 공급탄력성의 값은 무한대로 커진다(가격이 아주 작게 오르더라도 생산량은 엄청나게 증가한다). 그러나 비용증가산업의 경우에 장기공급의 탄력성은 양(+)의 값을 가지지만 무한대는 아니다. 장기에서 산업은 스스로 조절하면서 확장할 수 있으므로 공급의 장기 탄력성은 단기 탄력성에 비해 크다고 예상할 수 있다.[9] 탄력성의 크기는 시장이 확장됨에 따라 생산요소의 비용이 어느 정도로 증가하는가에 따라 달라진다. 예를 들어 항상 쉽게 구할 수 있는 생산요소를 사용하는 산업은 공급이 제한된 생산요소를 사용하는 산업에 비해 탄력적인 장기 공급곡선을 가지게 된다.

사례 8.7　뉴욕의 택시 공급

택시요금은 운행거리에 따라 달라진다. 대부분의 도시에서는 택시요금을 규제하는데, 요금은 통상 일정한 거리까지는 기본 고정요금이 적용되며, 그 거리를 초과하면 운행거리당 요금이 추가되는 구조를 가진다. 2016년에 뉴욕시에서는 모두 13,150대의 택시가 운행되었다. 일반적으로 택시요금이 하락하면 택시를 운행하려는 운전자의 수는 줄어들며, 그에 따라 택시의 수도 줄어들 것으로 생각할 수

---

9 상황에 따라서는 반대의 경우도 성립한다. 구리와 같은 내구재에서 나오는 고철의 공급탄력성을 생각해 보자. 제2장에서 살펴본 것처럼 단기에는 고철의 재고가 있으므로 공급의 장기 탄력성은 단기 탄력성보다 작을 것이다.

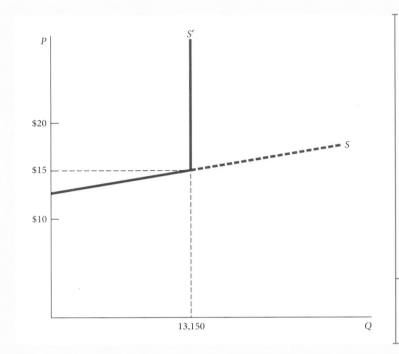

그림 8.20
뉴욕시 택시의 공급곡선
만약 면허증 발급 수를 제한하지 않는다면 공급곡선은 매우 탄력적이 된다. 택시기사들은 열심히 일하지만 많이 벌지 못한다. 가격 P(승차거리 5마일 기준)의 하락은 많은 택시기사들이 다른 직업을 찾도록 만든다. 마찬가지로 가격의 상승은 많은 택시기사들을 시장으로 끌어들일 것이다. 그러나 면허증의 수(택시의 수)는 13,150개로 제한되어 있다. 따라서 공급곡선은 이 수량에서 수직이 된다.

있다. 마찬가지로 택시요금이 상승하면 택시를 운행하려는 운전자의 수가 증가하며, 그에 따라 택시의 수도 증가할 것이라고 생각할 수 있다. 이러한 판단이 옳은지 살펴보자.

택시운전은 쉬운 일이 아니다. 대부분의 택시기사들은 일주일에 6일, 12시간 교대로 일한다. 택시기사들의 연간 수입은 어느 정도 될까? 연간 50주를 근무한다고 치면, 연간 총근무시간은 (12)(6)(50) = 3,600시간이다. 그러나 이 시간에는 정류장에서 손님을 기다리거나 손님을 찾기 위해서 빈 차로 시내를 돌아다니는 시간이 포함된다. 따라서 실제로 손님을 태우고 다니는 시간은 전체 시간 중 약 2/3에 해당하는 연간 2,400시간이다. 시간당 약 10마일의 속도로 운행한다면 손님을 태운 유료 운행거리는 연간 약 24,000마일이 된다. 뉴욕시에서 손님의 평균 승차거리는 약 5마일인데, 2016년 미터기에 나타난 평균요금은 약 $12.60였다. 팁을 포함하면 약 $15인 셈이다. 평균 승차거리인 5마일을 기준으로 삼는다면 택시기사들은 연간 (24,000)/5 = 4,800번 손님을 태우고 ($15)(4,800) = $72,000의 수입을 얻는다.

기사들은 기름값, 보험료, 택시의 유지관리비 및 감가상각비를 지불해야 하는데, 이런 비용은 모두 합해 연간 약 $10,000이 된다. 그러나 이것이 다는 아니다. 대부분의 다른 도시에서와 마찬가지로 뉴욕시에서 택시를 운행하기 위해서는 면허증(medallion)을 받아야 한다. 뉴욕시가 발행하는 면허증은 택시회사가 소유하며, 택시회사는 면허증을 뉴욕시가 정한 가격에 택시기사들에게 임대한다. 그 임대가격은 12시간 교대근무에 대해 $110이다. 일주일에 6번 교대근무하고, 연간 50주를 근무하므로 택시기사들은 면허증을 임대하는 데 추가적으로 연간 (6)(50)(110) = $33,000을 지불해야 한다. 따라서 택시기사들의 연간 순소득은 $72,000 − $10,000 − $33,000 = $29,000이 된다.

이제 뉴욕시가 택시요금을 낮춘 탓에 평균 승차거리 5마일당 $15가 아닌 $10밖에 벌지 못한다고 하자. 이제 택시기사들의 연간 총수입은 $72,000이 아니라 $48,000이 된다. 여기에서 면허증 임대료, 기름값 등을 빼면 연간 순소득은 $5,000에 불과하다. 이렇다면 아무도 택시를 운전하려고 하지 않을 것이다. 이제 뉴욕시가 5마일당 $15가 아니라 $20를 벌 수 있도록 택시요금을 올린다고 하자. 이제 택시기사들의 연간 총수입은 $96,000가 되며, 제반 비용을 공제한 순소득은 $53,000가 된다. 이 정도는 특별한 기술이나 높은 교육수준을 요구하지 않는 직업의 수입으로는 나쁘지 않다. 따라서 많은 사람들이 택시를 운전하려고 할 것이다. 이렇게 본다면 뉴욕시의 택시 공급곡선은 매우 탄력적이라고 생각할 수 있다. 가격(5마일 운행

요금)이 조금만 하락하더라도 공급량(운행되는 택시의 수)은 크게 감소하며, 가격이 조금만 상승하더라도 공급량은 크게 증가한다. 그림 8.20의 S로 표시된 공급곡선은 이를 보여 주고 있다.

그러나 여기에 빠뜨린 점이 있다. 요금을 인하하면 공급량은 크게 감소하지만, 요금을 인상할 때는 공급량의 증가가 나타나지 않는다. 왜 그럴까? 그 이유는 뉴욕시의 전체 택시면허증 수가 1937년과 거의 같은 13,150개로 고정되어 있기 때문이다. 뉴욕시는 추가적인 면허증을 발급하지 않음으로써 택시의 공급량이 13,150대보다 많아지지 않도록 제한하고 있는 것이다. 따라서 공급곡선은 13,150에서 수직선(그림에서 S′으로 표시된 선)으로 나타난다.

많은 도시들은 택시운행 면허증제도를 시행하면서 면허증의 수를 제한하고 있다. 그 이유는 제9장의 사례 9.5를 통해 알 수 있다.

사례 8.8   주택의 장기 공급

자가주택과 임대주택의 경우를 비교해 보면 장기 공급곡선의 탄력성이 서로 다르게 나타난다는 흥미로운 사실을 발견할 수 있다. 사람들은 집이 제공하는 서비스(주거와 숙식 공간으로서의 편익)를 얻기 위하여 집을 사거나 임대한다. 어떤 지역에서 집이 제공하는 서비스의 가격이 오르면 집의 공급량은 크게 증가할 수 있다.

먼저 토지가 부족하지 않은 교외나 시골지역에서 자가주택의 공급에 대해 살펴보자. 이 경우에는 주택의 공급량이 증가하더라도 토지의 가격은 크게 상승하지 않는다. 또한 목재나 기타 건축자재의 시장은 전국적인 시장이므로 주택건축과 관련된 비용도 크게 오르지 않는다. 따라서 자가주택의 경우에 장기 공급곡선의 탄력성은 매우 커서 비용불변산업의 탄력성에 가까워지게 된다. 실제로, 많은 연구는 자가주택의 장기 공급곡선이 거의 수평에 가깝다는 사실을 보여 준다.[10]

임대주택의 경우는 상황이 매우 다르다. 임대주택의 건설은 흔히 지역별 구획정리법(local zoning law)에 의해 제한된다. 많은 지역에서는 임대주택의 건설을 법으로 금지하며, 일부 지역에서는 일정한 곳에 국한해서 임대주택의 건설을 허용한다. 대부분 임대주택이 위치해 있는 도심 지역의 토지는 제한적이며 그만큼 가치가 있기 때문에 임대주택 장기 공급곡선의 탄력성은 자가주택에 비해 매우 작다. 임대주택서비스의 가격이 상승함에 따라 임대주택의 공급은 높은 층수의 새로운 임대주택을 건설하거나 오래된 임대주택을 재건축하는 방법으로 증가한다. 제한된 지역에 임대주택이 점점 더 많이 들어섬에 따라 해당 지역의 땅값이 올라가고 또한 건물을 높게 지음에 따라 단위당 건축비용이 증가하기 때문에 수요의 증가는 임대주택의 생산요소가격을 상승시킨다. 이와 같은 비용증가산업의 경우에 공급곡선의 탄력성은 1보다 훨씬 작다. 한 연구에서는 임대주택의 공급곡선 탄력성을 0.36으로 측정한다.[11]

---

10 관련 문헌으로는 다음을 보라. Dixie M. Blackley, "The Long-Run Elasticity of New Housing Supply in the United States: Empirical Evidence for 1950 to 1994," *Journal of Real Estate Finance and Economics* 18 (1999): 25–42.

11 John M. Quigley and Stephen S. Raphael, "Regulation and the High Cost of Housing in California," *American Economic Review*, Vol. 95(2), 2005: 323–328.

요약

1. 경영자는 여러 가지 제약조건하에서 다양한 목적을 가지고 기업을 운영할 수 있다. 그러나 우리는 기업이 장기이윤을 극대화한다는 목적하에서 행동한다고 가정할 수 있다.

2. 많은 시장은 기업들이 자신의 수요곡선이 거의 수평에 가깝다고 생각하면서 행동하는 완전경쟁시장에 가까울 수 있다. 일반적으로 한 산업에 속한 기업의 수가 항상 그 산업의 경쟁도를 알려 주는 좋은 지표인 것은 아니다.

3. 경쟁시장에 있는 기업은 그 산업 전체 생산량의 아주 적은 부분을 차지하므로 자신의 생산량에 대한 결정이 시장가격에 영향을 미치지 않는다고 생각하면서 자신의 생산량을 결정한다. 이 경우 수요곡선과 한계수입곡선은 같아진다.

4. 단기에서, 경쟁기업은 (단기)한계비용이 가격과 일치하는 생산량을 선택함으로써 자신의 이윤을 극대화한다. 이때 가격은 그 기업의 최저 평균변동비용과 같거나 그보다 더 커야 한다.

5. 한 산업의 단기 시장공급곡선은 그 산업에 있는 기업들의 공급곡선들을 수평으로 합한 것이다. 단기 시장공급곡선의 특징은 공급곡선의 탄력성으로 나타난다. 공급의 가격탄력성은 가격의 변화율에 대한 공급량의 변화율로 측정된다.

6. 한 기업이 얻는 생산자잉여는 그 기업의 총수입과 이윤극대화 생산량을 생산하는 데 필요한 최소비용과의 차이이다. 단기와 장기 모두에서 생산자잉여는 수평인 가격선 아래와 한계비용곡선 위의 면적과 같다.

7. 경제적 렌트는 희소한 생산요소에 대해 지불하는 가격에서 그 생산요소를 얻기 위해 필요한 최저 금액을 뺀 값으로 정의된다. 장기의 경쟁시장에서 생산자잉여는 모든 희소한 생산요소들에 의해서 발생하는 경제적 렌트의 크기와 같다.

8. 장기에서 이윤을 극대화하는 경쟁기업은 가격이 장기한계비용과 일치하는 생산량을 선택한다.

9. 장기 경쟁균형은 다음의 조건들이 성립할 때 나타난다. (a) 기업들은 이윤을 극대화하며, (b) 모든 기업이 0의 경제적 이윤을 얻고 있어서 시장에 진입하거나 퇴출하려는 유인이 없으며, (c) 수요량이 공급량과 일치한다.

10. 산업의 장기 공급곡선은 비용불변산업의 경우에는 수평이 된다. 비용불변산업에서는 (생산물의 수요 증가에 따른) 생산요소의 수요 증가가 생산요소의 시장가격에 아무런 영향을 미치지 못한다. 그러나 생산요소들에 대한 수요의 증가가 생산요소들의 일부 또는 전부의 시장가격을 상승시키는 비용증가산업에서는 산업의 장기 공급곡선은 우상향한다.

복습문제

1. 손실이 발생하는 기업이 조업을 중단하는 대신 생산을 계속하는 이유는 무엇인가?

2. 산업의 공급곡선이 산업의 장기 한계비용곡선과 일치하지 않는 이유를 설명하라.

3. 장기균형에서 산업 내 모든 기업이 0의 경제적 이윤을 얻는 이유는 무엇인가?

4. 경제적 이윤과 생산자잉여의 차이를 설명하라.

5. 기업들이 장기에는 경제적 이윤이 0이 되는 것을 알면서도 시장에 진입하는 이유는 무엇인가?

6. 20세기 초 미국에는 많은 소규모 자동차 기업들이 있었지만 20세기 말에는 단지 3개의 큰 기업만 남았다. 이런 상황이 독점금지법에 대한 연방정부의 느슨한 집행의 결과가 아니라면, 기업 수의 감소는 어떻게 설명될 수 있는가? (힌트: 자동차산업의 비용구조의 특징은 무엇인가?)

7. X재 산업은 완전경쟁산업으로서 모든 기업은 0의 경제적 이윤을 얻고 있다. 만약 X재의 가격이 하락한다면 어떤 기업도 살아남지 못한다. 여러분은 이 설명에

동의하는가, 동의하지 않는가?

8. 영화에 대한 수요가 증가하면 배우들의 보수도 인상된다. 영화의 장기 공급곡선은 수평인가 아니면 우상향하는가? 설명하라.

9. 기업은 항상 장기 평균비용이 최저가 되는 생산량을 생산해야 한다. 맞는가, 틀리는가? 설명하라.

10. 우상향하는 장기 공급곡선을 가지는 산업에서도 규모에 대한 수확불변 현상이 나타날 수 있는가? 설명하라.

11. 어떤 시장이 완전경쟁시장이 되기 위해서는 어떤 가정들이 필요한가? 이러한 가정들이 중요한 이유는 무엇인가?

12. 어떤 경쟁산업에서 수요가 증가하였다고 하자(즉 수요곡선이 위쪽으로 이동하였다). 경쟁시장에서는 어떤 단계를 거쳐서 생산량이 증가하는가? 정부가 상한가격(price ceiling)을 설정한다면 답은 달라지는가?

13. 정부가 담배경작에 대해 경작면적 단위당 일정한 보조금을 지급하는 법을 통과시켰다고 하자. 이 법은 담배의 장기 공급곡선에 어떤 영향을 미치는가?

14. 어떤 브랜드의 진공청소기는 매장에서도 구입할 수 있지만 웹사이트에서도 구매할 수 있다고 하자.
   a. 모든 판매자가 동일한 가격을 책정한다면 이러한 판매 방식은 모두 장기적으로 0의 경제적 이윤을 얻는가?
   b. 모든 판매자가 동일한 가격을 책정하며 그중 한 판매자가 자신이 소유하고 있는 빌딩에 매장을 갖고 판매한다고 하자. 따라서 이 판매자는 임대료를 내지 않는다. 이 판매자는 양(+)의 경제적 이윤을 얻는가?
   c. 임대료를 내지 않는 판매자는 자기가 판매하는 진공청소기의 가격을 낮추려는 유인을 가지는가?

연습문제

1. 다음 표에 나타난 수치들은 한 기업이 판매하는 재화의 판매가격과 총생산비용을 알려 준다.
   a. 빈칸을 채워라.

   b. 가격이 \$60에서 \$50로 하락한다면 이 기업의 생산량 선택과 이윤에는 어떤 변화가 나타나는가?

2. 연습문제 1의 자료를 사용하여 이 기업의 고정비용이

q	P	R $P=60$	C	π $P=60$	MC $P=60$	MR $P=60$	R $P=50$	MR $P=50$	π $P=50$
0	60		100						
1	60		150						
2	60		178						
3	60		198						
4	60		212						
5	60		230						
6	60		250						
7	60		272						
8	60		310						
9	60		355						
10	60		410						
11	60		475						

$100에서 $150로, 그리고 $200로 증가할 때 생산량 선택과 이윤은 어떻게 변하는지를 보여라. 판매가격은 단위당 $60로 고정되어 있다고 가정하라. 고정비용이 이 기업의 생산량 선택에 미치는 효과에 대해 어떤 일반적인 결론을 도출할 수 있는가?

3. 연습문제 1의 자료를 사용하여 다음 질문에 답하라.

   a. 이 기업의 단기 공급곡선을 도출하라(힌트: 비용곡선).

   b. 동질적인 기업이 시장에 100개 있다면 이 산업의 공급곡선은 어떻게 나타나는가?

4. 여러분이 경쟁시장에 있는 시계제조업체의 경영자라고 하자. 회사의 생산비용은 $C = 200 + 2q^2$으로 주어지는데, q는 생산량이며, C는 총비용이다(한계비용은 $4q$이며, 고정비용은 $200이다).

   a. 만약 시계의 가격이 $100라면, 이윤을 극대화하기 위하여 얼마나 많은 시계를 생산해야 하는가?

   b. 이윤의 크기는 얼마인가?

   c. 기업이 양(+)의 생산량을 생산하기 위한 최소가격은 얼마인가?

5. 어떤 경쟁기업의 한계생산비용이 $MC(q) = 3 + 2q$로 주어진다고 하자. 또한 이 기업이 생산하는 재화의 시장가격은 $9라고 하자.

   a. 이 기업은 얼마나 생산하는가?

   b. 이 기업의 생산자잉여는 얼마인가?

   c. 이 기업의 평균변동비용이 $AVC(q) = 3 + q$로 주어진다고 하자. 또한 이 기업의 평균고정비용은 $3라고 하자. 이 기업은 단기에서 양(+), 음(−), 0의 이윤 중 어떤 이윤을 얻는가?

6. 한 기업이 경쟁시장에서 재화를 생산하고 있으며, 총비용함수는 $C = 50 + 4q + 2q^2$이고, 한계비용함수는 $MC = 4 + 4q$이다. 시장가격이 $20일 때 이 기업은 5단위를 생산한다. 이 기업은 이윤을 극대화하는가? 장기에 이 기업은 몇 단위를 생산해야 하는가?

7. 위 기업의 비용함수가 $C(q) = 4q^2 + 16$이라고 하자.

   a. 변동비용, 고정비용, 평균비용, 평균변동비용, 평균고정비용을 구하라(힌트: 한계비용은 $MC = 8q$).

   b. 평균비용, 한계비용, 평균변동비용을 그래프로 그려라.

   c. 평균비용을 최소화하는 생산량을 구하라.

   d. 가격이 어떤 범위에 있을 때 이 기업은 양(+)의 생산량을 생산하는가?

   e. 가격이 어떤 범위에 있을 때 이 기업은 음(−)의 이윤을 얻는가?

   f. 가격이 어떤 범위에 있을 때 이 기업은 양(+)의 이윤을 얻는가?

8. 어떤 경쟁기업의 단기비용함수가 다음과 같다: $C(q) = q^3 - 8q^2 + 30q + 5$.

   a. MC, AC, AVC를 구하고 그래프로 그려라.

   b. 가격이 어떤 범위에 있을 때 이 기업의 생산량은 0이 되는가?

   c. 이 회사의 공급곡선을 그래프로 그려라.

   d. 가격이 얼마일 때 이 기업은 정확히 6단위를 생산하는가?

9. a. 한 기업의 단기 생산함수가 $q = 9x^{1/2}$로 주어졌다. 고정비용은 $1,000이며, x는 변동생산요소로서 단위당 가격은 $4,000이다. q를 생산하는 데 드는 총비용은 얼마인가? 다시 말해, 총비용함수 $C(q)$를 구하라.

   b. 공급곡선을 나타내는 식을 구하라.

   c. 생산물의 가격이 $1,000라면 이 기업은 몇 단위를 생산해야 하는가? 또한 그 경우 이윤의 크기는 어떠한가? 답을 구하고 비용곡선과 함께 그래프로 나타내라.

10. 한 산업에 대해 다음과 같은 정보가 주어진다고 하자.

$$Q^D = 6,500 - 100P \qquad \text{시장수요}$$
$$Q^S = 1,200P \qquad \text{시장공급}$$
$$C(q) = 722 + \frac{q^2}{200} \qquad \text{기업의 총비용함수}$$
$$MC(q) = \frac{2q}{200} \qquad \text{기업의 한계비용함수}$$

모든 기업은 동질적이고 시장은 완전경쟁시장이라고 하자.

a. 균형가격, 균형수량, 각 기업의 공급량, 각 기업의 이윤을 구하라.

b. 여러분은 장기적으로 이 산업에 새로운 기업이 진입할 것으로 생각하는가, 기존 기업이 이 산업에서 퇴출할 것으로 생각하는가? 설명하라. 기업의 진입이나 퇴출은 시장균형에 어떤 영향을 미치게 되는가?

c. 장기에서 각 기업이 판매하려고 하는 최저가격은 얼마인가? 이윤은 양(+)인가, 음(−)인가, 0인가? 설명하라.

d. 단기에서 각 기업이 판매하려고 하는 최저가격은 얼마인가? 이윤은 양(+)인가, 음(−)인가, 0인가? 설명하라.

*11. 한 경쟁적 기업의 총비용함수는 $C(q) = 450 + 15q + 2q^2$이고, 한계비용함수는 $MC(q) = 15 + 4q$이다. 시장가격이 생산물 1단위당 $P = \$115$라면 이 기업의 생산량은 얼마인가? 이 기업이 얻는 이윤과 생산자잉여를 구하라.

*12. 몇몇 가게들이 고객들에 대한 서비스 차원에서 필름을 현상해 주고 있다. 이러한 서비스의 비용함수는 $C(q) = 50 + 0.5q + 0.08q^2$이고, 한계비용함수는 $MC = 0.5 + 0.16q$이다.

a. 필름 1통을 인화하는 데 시중에서 받는 가격이 $8.50라면 이 산업은 장기균형에 있는가? 만약 아니라면 장기균형에서의 가격을 구하라.

b. 이제 필름을 현상하는 새로운 기술이 개발되어 필름현상비용이 25% 줄어든다고 하자. 이 산업이 장기균형에 있다고 가정할 때 이 기술을 도입하려는 가게는 얼마를 지불할 용의가 있는가?

*13. 어떤 도시의 도심지에는 여러 핫도그 노점상들이 장사를 하고 있다. 각 노점상이 판매하는 핫도그의 한계비용은 1개당 $1.5이며, 고정비용은 없다고 하자. 한 노점상이 하루에 팔 수 있는 핫도그의 최대량이 100개라고 하자.

a. 핫도그의 가격이 $2라면 각 노점상은 핫도그를 몇 개나 판매하려고 하는가?

b. 이 산업이 완전경쟁이라면 핫도그의 가격은 $2에 머물러 있겠는가? 그렇지 않다면 가격은 얼마가 되는가?

c. 각 노점상 모두가 하루에 100개의 핫도그를 팔며, 이 도시의 노점상 핫도그에 대한 수요가 $Q = 4,400 - 1,200P$라면, 노점상의 수는 몇 개인가?

d. 시 당국이 노점상에게 면허증을 발급하여 노점상을 규제하려고 한다. 만약 시 당국이 20개의 면허증만 발급하고 면허를 받은 각 노점상이 하루에 100개의 핫도그를 판매한다면, 핫도그의 판매가격은 어떻게 되는가?

e. 시 당국이 면허증을 판매하기로 한다고 하자. 노점상들은 면허증에 최대 얼마의 가격을 지불하려고 하는가?

*14. 많은 기업들이 있는 경쟁시장에서 자신의 제품을 $5에 판매하는 어떤 기업의 제품에 대해 단위당 $1의 판매세가 부과된다.

a. 세금은 이 기업의 비용곡선에 어떠한 영향을 미치는가?

b. 이 기업의 가격, 생산량, 이윤에는 어떠한 변화가 발생하는가?

c. 이 산업에 기업들의 진입이나 퇴출이 발생하는가?

*15. 한 경쟁산업에서 절반의 기업들(공해를 유발하는 기업)에게는 10%의 판매세가 부과된다. 이로부터 발생하는 수입은 공해를 유발하지 않는 나머지 기업들에게 판매액의 10%에 해당하는 보조금으로 지불된다.

a. 판매세나 보조금이 부여되기 전에 모든 기업은 똑같은 크기의 고정된 장기 평균비용을 가진다고 하자. 단기와 장기의 경우에 재화의 가격, 각 기업의 생산량, 산업 전체의 생산량에 어떤 변화가 발생할 것으로 예상하는가? (힌트: 가격은 이 산업이 사용하는 생산요소와 어떠한 관계를 가지는가?)

b. 이러한 정책은 세금수입과 보조금 지급액이 항상 일치하는 균형예산을 달성하는가? 설명하라.

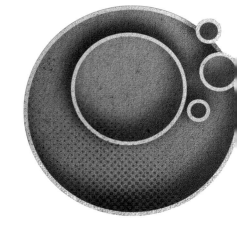

CHAPTER 9

경쟁시장 분석

제 2장에서는 수요곡선과 공급곡선이 경쟁시장을 이해하고 설명하는 데 어떻게 도움이 되는지 살펴보았다. 또한 제3~8장에서는 이러한 곡선들이 어떻게 도출되며 곡선의 모양을 결정짓는 요인은 무엇인지를 살펴보았다. 이제 다시 수요-공급 분석으로 돌아가서 소비자가 구매결정과 관련하여 직면하는 문제, 기업이 장기 계획을 세우는 데 직면하는 문제, 정부가 정책을 설계하고 그러한 정책의 영향을 평가하는 데 직면하는 문제 등 다양한 경제 문제에서 이러한 분석이 어떻게 활용될 수 있는지를 살펴본다.

먼저 소비자잉여와 생산자잉여의 개념을 이용하여 정부정책으로부터 누가 혜택을 받고 누가 손실을 입으며, 혜택과 손실은 어느 정도인가 등 정부정책의 후생효과에 대해 살펴본다. 또한 소비자잉여와 생산자잉여를 이용하여 경쟁시장의 균형에서 생산자와 소비자의 경제적 후생의 합을 극대화하는 경쟁시장의 효율성에 대해서 살펴본다.

다음으로는 수요-공급 분석을 다양한 문제에 적용해 본다. 다른 나라와 마찬가지로 미국의 경우에도 정부는 거의 대부분의 시장에 대해 여러 가지 방식으로 개입한다는 점을 고려하여 정부 개입의 효과에 대해 주로 살펴본다. 이러한 문제들에 대한 해결책과 함께 경제적 분석의 방법을 통하여 이러한 문제들에 접근하는 방법을 보여 준다. 여러 가지 사례를 살펴봄으로써 경제적 여건의 변화나 정부정책에 따라 나타나는 시장의 반응을 예상하고 그 결과로 나타나는 소비자와 생산자의 이익과 손해를 평가하는 방법을 파악할 수 있다.

9.1 정부정책의 이득과 손실 평가 – 소비자잉여와 생산자잉여

제2장의 마지막 부분에서 정부가 가격상한을 설정하는 경우에는 재화의 수요량은 증가하며(더 낮아진 가격에서 소비자들은 더 많이 구매한다) 공급량은 감소(생산자들은 낮아진 가격에서는 많은 양을 공급하려 하지 않는다)

2.7절에서는 가격규제하에서는 제품의 가격은 허용된 가격상한의 최대치를 넘을 수 없음을 설명하였다.

한다는 것을 살펴보았다. 가격상한의 설정은 공급부족(초과수요)을 초래한다. 물론 해당 재화를 여전히 살 수 있는 소비자들은 가격상한 설정으로 인해 재화를 더 싼 값으로 구매할 수 있으므로 이익을 얻는다. 이러한 효과는 가격규제의 일차적인 목적이다. 그러나 해당 재화를 구매하지 못하는 소비자들도 고려한다면 소비자들은 전체적으로 얼마나 더 나아지는가? 더 나빠지는 것은 아닌가? 또한 소비자와 생산자를 함께 생각한다면 전체적인 후생은 얼마나 증가 또는 감소하는가? 이러한 질문들에 대한 답을 구하기 위해서는 정부 개입이 초래하는 이익과 손실의 크기를 측정하고, 그러한 개입으로 인한 시장가격과 수량의 변화를 측정하는 방법이 필요하다.

여기서는 정부의 개입에 의해 발생하는 소비자잉여와 생산자잉여의 변화를 계산하는 방법을 사용한다. 제4장에서 설명한 바와 같이 소비자잉여는 경쟁시장에서 소비자들이 얻는 순편익의 합이며, 또한 제8장에서 설명한 것처럼 생산자잉여는 생산자들이 얻는 순편익의 합이다. 여기서는 소비자잉여와 생산자잉여가 실제로 어떻게 적용되는지를 살펴본다.

소비자잉여와 생산자잉여의 복습

4.4절에서 보았듯이, 소비자잉여는 한 재화에 대해 소비자가 지불할 용의가 있는 금액과 재화를 구매할 때 실제 지불하는 금액과의 차이로 정의된다.

규제가 없는 경쟁시장에서 소비자와 생산자는 현재의 시장가격에서 재화나 서비스를 서로 사고판다. 그러나 일부 소비자에게는 그 재화의 가치가 시장가격을 초과할 수 있다. 그들은 해당 재화를 구매하기 위해 더 많이 지불해야 한다면 그렇게 할 것이다. 소비자잉여는 소비자들이 해당 재화에 대하여 지불하는 금액 이상으로 얻는 총편익 또는 가치이다.

예를 들어 그림 9.1에서와 같이 재화의 단위당 시장가격이 $5라고 하자. 일부 소비자들은 이 재화의 가치를 매우 높게 평가하여 $5보다 많은 금액을 지불하려고 한다. 예를 들어 소비자 A는 이 재화에 대해 $10까지 지불하려고 한다. 그러나 시장가격이 $5이기 때문에 이 소비자는 $5의

그림 9.1
소비자잉여와 생산자잉여
소비자 A는 시장가격이 $5인 이 재화에 대해 $10를 지불할 용의가 있다. 따라서 $5의 편익을 얻는다. 마찬가지로 소비자 B는 $2의 편익을 얻는다. 소비자 C는 지불할 용의가 있는 금액과 시장가격이 완전히 일치하므로 아무런 편익도 얻지 못한다. 모든 소비자들의 편익의 총합으로 나타나는 소비자잉여는 수요곡선과 시장가격 사이의 노란색 면적이다. 생산자잉여는 생산자들의 이윤의 총합과 생산요소들의 렌트의 합으로 나타나며, 공급곡선과 시장가격 사이의 녹색 면적이다. 소비자잉여와 생산자잉여의 합은 경쟁시장의 후생편익을 나타낸다.

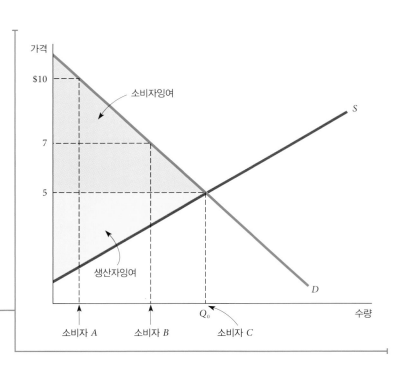

순편익(이 재화에 대해 A가 부여하는 가치 \$10에서 이 재화를 구매하기 위해 지불해야 하는 금액 \$5를 뺀 값)을 얻는다. 한편 소비자 B는 이 재화의 가치에 대해 A보다는 약간 낮게 평가한다. 소비자 B는 \$7를 지불할 용의가 있으며, 따라서 \$2의 순편익을 얻는다. 마지막으로, 소비자 C는 이 재화에 대해 시장가격과 똑같은 \$5의 가치를 부여한다. 소비자 C는 이 재화를 구매하는 것과 구매하지 않는 것에 대해 무차별하며, 만약 시장가격이 1센트라도 더 높다면 이 재화를 구매하지 않을 것이다. 따라서 소비자 C는 아무런 순편익도 얻지 못한다.[1]

소비자 전체가 얻는 소비자잉여는 수요곡선과 시장가격 사이의 면적(그림 9.1의 노란색 면적)으로 나타난다. 소비자잉여는 소비자들이 얻는 순편익의 총크기를 나타내므로 정부 개입으로부터 소비자가 얻는 이득이나 손실은 소비자잉여의 변화로 측정할 수 있다.

생산자잉여는 생산자에게 해당되는 소비자잉여와 유사한 개념이다. 일부 생산자들은 시장가격과 같은 비용으로 재화를 생산한다. 하지만 어떤 생산자들은 시장가격보다 낮은 비용으로 생산하며, 시장가격이 더 낮아져도 여전히 생산하여 판매할 수 있다. 이러한 생산자들은 재화를 생산하여 판매함으로써 편익(잉여)을 얻는다. 재화의 각 단위에 대한 생산자잉여는 생산자가 그 단위에 대해 받는 시장가격과 그 단위를 생산하기 위해 지불하는 한계비용의 차이이다.

시장 전체적으로 생산자잉여는 공급곡선 위와 시장가격 아래에 있는 면적으로서 **재화를 보다 낮은 비용으로 생산할 수 있는 생산자들이 재화를 시장가격에 판매함으로써 얻는 편익**이다. 그림 9.1에서 생산자잉여는 녹색으로 표시된 삼각형이다. 생산자잉여는 생산자들에게 돌아가는 순편익의 총크기를 나타내므로 정부정책으로 인한 이익이나 손실은 생산자잉여의 변화를 살펴봄으로써 알 수 있다.

> 8.6절에서 보았듯이 생산자잉여는 각 생산단위의 시장가격과 한계비용과의 차이를 모두 합한 것으로 정의된다.

소비자잉여와 생산자잉여의 적용

소비자잉여와 생산자잉여를 이용하여 시장에서의 정부 개입에 대한 **후생효과**(welfare effect)를 평가할 수 있다. 우리는 정부 개입에 의해 누가 이득을 보며 누가 손실을 보는지, 그리고 그 정도는 어떤지 알 수 있다. 그 방법을 알아보기 위해 제2장의 끝부분에서 살펴본 가격규제의 예로 돌아가 보자. 정부는 시장청산가격보다 낮게 설정한 가격상한보다 비싸게 파는 것을 위법으로 규정한다. 가격상한의 설정은 생산량을 줄이고 수요량을 늘림으로써 공급부족(초과수요)을 발생시킨다.

> **후생효과** 소비자와 생산자에게 발생하는 이익이나 손실

그림 9.2는 그림 2.24에 정부의 가격규제로 인한 소비자잉여와 생산자잉여의 변화를 추가한 것이다. 이러한 변화에 대해 하나씩 살펴보자.

1. **소비자잉여의 변화**: 가격규제로 인해 일부 소비자들은 상태가 나빠지며, 다른 소비자들은 나아진다. 나빠지는 사람들은 재화의 생산량이 Q_0에서 Q_1으로 줄어듦에 따라 해당 재화를 구매할 수 없게 된 사람들이다. 그러나 다른 소비자들은 해당 재화를 여전히 구매할 수 있다(아마도 그들은 적절한 시간에 적절한 장소에 있었거나, 줄을 서서 기다릴 용의가 있기 때문일 것이다). 이러한 소비자들은 전보다 낮은 가격(P_0가 아닌 P_{max})으로 해당 재화를 구매할 수 있으므로 전보다 나아진다.

---

[1] 물론 일부 소비자는 이 재화를 \$5보다 낮게 평가한다. 이 소비자들은 균형수량 Q_0의 오른쪽에 위치하는 수요곡선 부분에 해당되며, 이 재화를 구매하지 않는다.

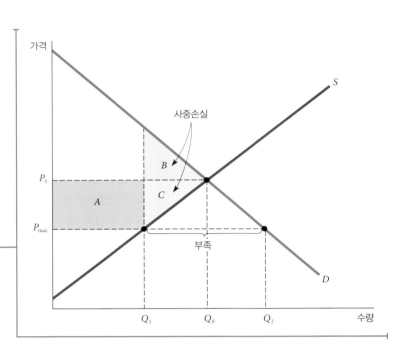

그림 9.2
가격규제에 의한 소비자잉여와 생산자잉여의 변화
재화의 가격이 시장청산가격 P_0보다 낮은 수준인 P_{max}보다 높아지지 않도록 규제되고 있다. 소비자가 얻는 이득은 사각형 A와 삼각형 B의 차이이다. 생산자가 입는 손실은 사각형 A와 삼각형 C의 합이다. 삼각형 B와 C는 가격규제로부터 발생하는 사중손실을 나타낸다.

각 그룹의 사람들은 **얼마나 더 나아지거나 더 나빠진 것인가?** 여전히 해당 재화를 구매할 수 있는 소비자들의 소비자잉여는 파란색으로 표시된 사각형 A만큼 증가한다. 이 사각형은 재화의 각 단위당 가격의 하락폭에 낮은 가격에 구매할 수 있는 양을 곱한 것이다. 반면에, 더 이상 해당 재화를 구매할 수 없게 된 소비자는 소비자잉여를 잃는데, 그 크기는 녹색으로 표시된 삼각형 B에 해당한다. 이 삼각형은 소비자가 이 재화로부터 얻는 가치에서 재화를 구매하기 위해 지불해야 하는 금액을 뺀 것으로서 생산량이 Q_0에서 Q_1으로 감소하기 때문에 잃게 되는 가치이다. 따라서 소비자잉여의 순 변화는 $A - B$와 같다. 그림 9.2에서 사각형 A는 삼각형 B보다 더 크므로 소비자잉여의 순 변화는 0보다 큼을 알 수 있다.

이 재화를 구매할 수 있는 소비자는 이 재화에 가장 높은 가치를 부여하는 소비자라고 가정하고 있다는 것을 주목할 필요가 있다. 만약 그렇지 않다면 잃어버리는 소비자잉여의 크기는 삼각형 B보다 클 것이다. 예를 들어 Q_1을 무작위로 소비자에게 나누어 준다면 줄어드는 소비자잉여의 크기는 삼각형 B보다 커진다. 많은 경우에 있어서 재화에 가장 높은 가치를 부여하는 소비자가 그것을 구매할 수 있다고 생각할 이유는 없다. 따라서 소비자잉여의 감소분은 삼각형 B보다 클 수 있으며, 그에 따라 가격규제에 의한 비효율은 매우 커진다.[2]

또한 우리는 배급에 따른 기회비용을 무시하였다. 예를 들어 이 재화를 원하는 소비자는 이 재화를 얻기 위해 긴 줄에 서서 기다려야 할 수도 있다. 이 경우 그들의 시간이 갖는 기회비용은 사라지는 소비자잉여에 포함되어야 할 것이다.

---

[2] 가격규제의 이러한 측면에 대한 분석은 David Colander, Sieuwerd Gaastra, and Casey Rothschild, "The Welfare Costs of Market Restriction," *Southern Economic Journal* 77(1), 2011: 213–223 참조.

2. **생산자잉여의 변화**: 가격규제가 있더라도 상대적으로 낮은 비용으로 재화를 생산하는 생산자는 여전히 이 시장에 남게 되지만 자신의 재화에 대해 전보다 낮은 가격을 받게 된다. 반면에 생산비용이 높은 생산자는 시장을 떠나게 된다. 두 그룹의 생산자는 모두 생산자잉여를 잃게 된다. 시장에 남아 있으면서 Q_1의 생산량을 생산하는 생산자는 전보다 낮은 가격을 받기 때문에 사각형 A로 표시된 생산자잉여를 잃는다. 또한 **총생산량**도 줄어든다. 보라색으로 표시된 삼각형 C만큼의 생산자잉여는 시장을 떠난 생산자와 시장에 남아 있지만 전보다 더 적은 양을 생산하는 생산자가 잃는 생산자잉여를 나타낸다. 따라서 생산자잉여의 총변화는 $-A - C$가 된다. 생산자는 가격규제로 인하여 명백하게 손실을 입는다.

3. **사중손실**: 가격규제에 의해 생산자가 입게 되는 손실은 소비자가 얻는 이득에 의해 상쇄되는가? 그렇지 않다. 그림 9.2가 보여 주듯이 가격규제로 인해 총잉여는 줄어드는데, 이를 **사중손실**(deadweight loss)이라고 한다. 소비자잉여의 변화는 $A - B$이고 생산자잉여의 변화는 $-A - C$이므로 잉여의 총변화는 $(A - B) + (-A - C) = -B - C$이다. 따라서 그림 9.2에서 두 삼각형 B와 C로 표시되는 사중손실이 발생하는데, 이것이 가격규제로 인해 발생하는 비효율성이다. 생산자잉여의 감소는 소비자잉여의 증가보다 더 크다.

> **사중손실** 총잉여(소비자잉여+생산자잉여)의 순손실

만약 정치인들이 생산자잉여보다 소비자잉여를 더 중요하게 생각한다면 가격규제로부터 발생하는 사중손실은 정치적으로 큰 영향을 미치지 않을 수도 있다. 그러나 수요곡선이 매우 비탄력적이라면 가격규제는 그림 9.3에서 보듯이 소비자잉여의 순손실을 초래할 수 있다. 그림 9.3에서,

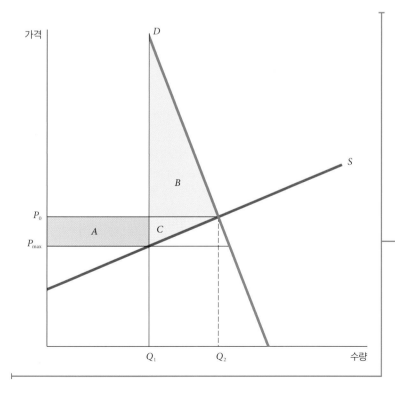

그림 9.3
수요가 비탄력적일 때 가격규제의 효과
수요가 상당히 비탄력적이라면 삼각형 B는 사각형 A보다 클 수 있다. 이런 경우에 소비자는 가격규제로 인해 순손실을 입게 된다.

이 재화를 구매할 수 없게 된 소비자의 손실을 나타내는 삼각형 *B*는 이 재화를 구매할 수 있는 소비자가 얻는 이득을 나타내는 사각형 *A*보다 크다. 이때에는 소비자들이 이 재화의 가치를 높게 평가하고 있기 때문에 이 재화를 구매할 수 없게 된 소비자들은 큰 손실을 입게 된다.

휘발유에 대한 수요는 장기에서는 상당히 탄력적이지만 단기에서는 매우 비탄력적이다. 1979년 여름 미국에서는 국제유가의 상승에 의한 국내유가의 상승을 억제하기 위하여 휘발유가격을 규제했기 때문에 휘발유 부족 현상이 발생하였다. 소비자들은 휘발유를 사기 위하여 긴 줄을 이루며 몇 시간씩 기다렸다. 이러한 현상은 소비자들을 보호하기 위한 목적에서 시행된 가격규제로 인해 소비자들은 이전보다 오히려 더 못한 상태에 처하게 됨을 보여 주는 좋은 예이다.

사례 9.1 가격규제와 천연가스 부족

사례 2.10에서는 1970년대에 미국정부가 시행했던 천연가스에 대한 가격규제에 대해 살펴보았으며, 정부가 천연가스의 도매가격을 또 다시 규제하는 경우에는 어떤 결과가 나타날 것인가에 대해 분석하였다. 2007년 천연가스의 경쟁시장 도매가격은 1천 입방피트당 약 $6.40였는데, 정부가 최고가격을 $3.00로 규제한다면 수요량과 공급량은 어떻게 되는지를 계산하였다. 이제 소비자잉여, 생산자잉여, 사중손실에 대한 이해를 바탕으로 이러한 최고가격 규제가 후생에 미치는 영향을 계산할 수 있다.

사례 2.10에서 천연가스의 공급곡선과 수요곡선이 대략 다음과 같았다.

$$공급: \quad Q^S = 15.90 + 0.72P_G + 0.05P_O$$
$$수요: \quad Q^D = 0.02 - 1.8P_G + 0.69P_O$$

여기서 Q^S와 Q^D는 공급량과 수요량이며, 측정단위는 1조 입방피트(Tcf)이다. P_G는 천연가스 1천 입방피트당 가격($/mcf)이며, P_O는 원유의 1배럴당 가격($/b)이다. Q^S와 Q^D를 일치시키고 1배럴당 $50의 원유가격을 이용하면 경쟁시장의 균형가격과 균형수량은 각각 $6.40/mcf와 23 Tcf임을 알 수 있다. 그러나 가정에 의한 가격규제 하에서 허용 가능한 최대가격은 $3.00/mcf였으며, 그에 따라 공급량은 20.6 Tcf, 수요량은 29.1 Tcf였다.

그림 9.4는 이러한 수요곡선과 공급곡선을 보여 주며, 시장의 균형가격과 규제된 가격을 비교하고 있다. 사각형 *A*와 삼각형 *B*, *C*는 가격규제로 인한 소비자잉여와 생산자잉여의 변화의 크기를 나타낸다. 이 사각형과 삼각형의 면적을 계산함으로써 가격규제의 득과 실을 측정할 수 있다.

1Tcf는 10억 mcf이다. 20.6Tcf를 수요곡선 식에 대입하면 20.6Tcf에서 그은 수직선이 수요곡선과 $7.73/mcf에서 만난다는 것을 알 수 있다. 따라서 다음과 같이 각 면적들의 크기를 측정할 수 있다(삼각형의 면적은 밑변과 높이의 곱에 1/2을 곱해서 구한다).

$$A = (206억\ mcf) \times (\$3.40/mcf) = \$700.4억$$
$$B = (1/2) \times (24억\ mcf) \times (\$1.33/mcf) = \$16억$$
$$C = (1/2) \times (24억\ mcf) \times (\$3.40/mcf) = \$40.8억$$

가격규제로 인한 소비자잉여의 변화는 $A - B = 700.4 - 16 = \$684.4억$, 생산자잉여의 변화는 $-A - C = -700.4 - 40.8 = -\$741.2억$이다. 또한 이 해의 사중손실은 $-B - C = -16 - 40.8 = -\$56.8억$이다. 이러한 사중손실의 대부분이 삼각형 *C*로부터 발생하는데, 즉 가격규제로 인해 천연가스를 얻을 수 없는 소비자가 입는 손실에서 발생한다.

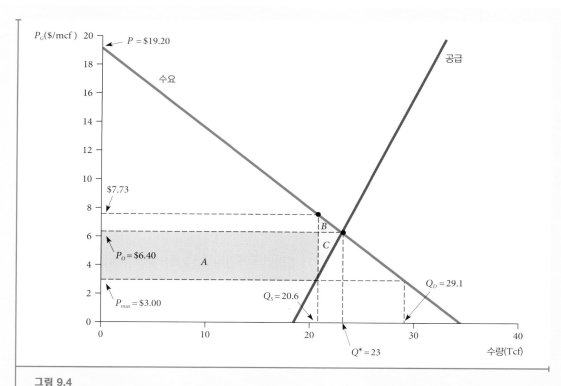

그림 9.4

천연가스에 대한 가격규제의 효과

천연가스의 시장청산가격은 $6.40/mcf이고 가격규제하에서의 최고가격은 $3.00이다 따라서 $29.1 - 20.6 = 8.5$Tcf의 공급부족이 발생한다. 소비자가 얻는 이익은 사각형 A에서 삼각형 B를 뺀 값이며, 생산자의 손실은 사각형 A에 삼각형 C를 더한 값이다. 사중손실은 삼각형 B와 C의 합이다.

9.2 경쟁시장의 효율성

시장의 결과는 **경제적 효율성**(economic efficiency, 소비자잉여와 생산자잉여의 합의 극대화)의 달성 여부를 살펴봄으로써 평가할 수 있다. 우리는 가격규제에 의해 사중손실이 발생한다는 것을 살펴보았다. 따라서 가격규제는 경제에 효율성 비용을 발생시키며, 소비자와 생산자잉여는 사중손실의 크기만큼 줄어든다(물론 이러한 결과는 항상 그 정책이 나쁜 정책이라는 것을 뜻하지는 않는다. 이러한 정책을 통해 정책입안자나 대중이 중요하다고 생각하는 다른 목적을 달성할 수도 있다).

시장실패 경제적 효율성의 달성이 유일한 목적이라면 경쟁시장에 아무런 규제를 하지 않는 것이 좋은 선택이라고 생각할 수 있다. 그러나 이러한 생각이 항상 옳지는 않다. 경우에 따라서는 **시장실패**(market failure)가 발생한다. 이런 경우에는 가격이 소비자와 생산자에게 적절한 신호를 보내지 못하기 때문에 규제가 없는 경쟁시장은 비효율적이다. 즉, 소비자잉여와 생산자잉여의

> 경제적 효율성 소비자잉여와 생산자잉여의 합의 극대화

> 시장실패 가격이 소비자와 생산자에게 적절한 신호를 제공하지 못하기 때문에 규제가 없는 경쟁시장이 비효율적이 되는 상황

합을 극대화하지 못한다. 시장실패가 발생하는 두 가지 중요한 원인은 다음과 같다.

1. **외부성**: 소비자나 생산자의 행동은 때로는 시장가격의 일부에 포함되지 않는 비용이나 편익을 발생시킨다. 그러한 비용이나 편익을 **외부성**(externality)이라고 한다. 왜냐하면 이러한 것들은 "시장 외부적인" 것이기 때문이다. 한 가지 예로 산업용 화학물질 생산자에 의해 발생하는 환경오염의 사회적 비용을 들 수 있다. 정부의 개입이 없다면 그러한 생산자는 오염의 사회적 비용을 고려하려는 유인을 가지지 않는다. 외부성과 그에 대한 정부의 적절한 대응은 제18장에서 살펴본다.

2. **정보의 부족**: 소비자가 제품의 질이나 내용에 대해 충분한 정보를 가지지 못하여 자신의 효용을 극대화하는 소비결정을 할 수 없을 때에도 시장실패가 발생할 수 있다. 이런 경우에는 제품의 내용을 정확하게 표시하도록 요구하는 등의 정부 개입이 필요할 수 있다. 정보의 역할에 대해서는 제17장에서 자세히 살펴본다.

외부성 소비자나 생산자의 행동이 다른 소비자나 생산자에게 영향을 미치지만 시장가격에 반영되지 않는 편익이나 손실

외부성이나 정보의 부족이 없다면 규제가 없는 경쟁시장은 생산물을 경제적으로 효율적 수준으로 생산한다. 이를 살펴보기 위해서 가격이 시장청산가격과 다른 가격으로 규제되는 경우에는 어떤 상황이 나타나는지를 살펴보자.

앞에서는 가격이 시장청산가격보다 낮은 수준으로 규제되는 가격상한제의 효과를 살펴보았다. 그림 9.2에서 볼 수 있듯이 생산량은 Q_0에서 Q_1으로 감소하며, 그에 따라 총잉여는 감소(삼각형 B와 C의 사중손실)한다. 너무 적은 양이 생산되며, 전체적으로 소비자와 생산자는 전보다 나쁜 상황에 처한다.

이제 그림 9.5에서와 같이 정부가 시장청산가격(P_0)보다 높은 가격(예를 들어 P_2)으로 가격규제를 실시하는 경우를 생각해 보자. 높아진 가격에서 생산자는 생산량을 증가(Q_0 대신 Q_2)시키지만 소비자는 구매량을 줄인다(Q_0 대신 Q_3). 생산자는 팔리는 만큼만 생산한다고 가정하면 시장의 생산량은 Q_3가 되며, 따라서 총잉여는 줄어든다. 그림 9.5의 사각형 A는 생산자가 전보다

그림 9.5

가격이 시장청산가격보다 높은 수준에서 유지될 때의 후생손실

가격이 P_2보다 낮아지지 않도록 규제된다면 수요량은 Q_3로 줄어든다. 만약 Q_3만 생산된다면 사중손실은 삼각형 B와 C의 합이 된다. 만약 가격 P_2에서 생산자가 Q_3보다 더 많이 생산한다면 사중손실은 더 커진다.

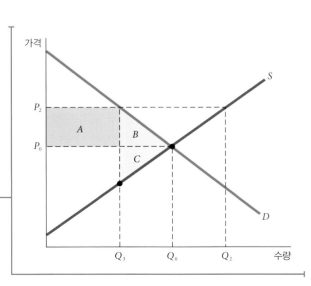

높은 가격을 받음에 따라 소비자잉여 중에서 생산자에게 이전되는 부분을 나타내며, 삼각형 *B*와 *C*는 사중손실을 나타낸다. 높아진 가격 때문에 일부 소비자는 더 이상 해당 재화를 구매하지 않으며(삼각형 *B*로 주어진 소비자잉여의 감소), 일부 생산자는 더 이상 해당 재화를 생산하지 않는다(삼각형 *C*로 주어진 생산자잉여의 감소).

그런데 그림 9.5의 삼각형 *B*와 *C*로 나타나는 사중손실은 시장청산가격보다 높은 수준에서 가격을 통제할 때 발생하는 효율성 비용의 크기를 낙관적으로 평가한 것이다. 일부 생산자는 가격이 P_2로 높아짐에 따라 생산시설을 확대하고 생산량을 증가시킬 수도 있는데, 그에 따라 재고가 증가한다. 또는 생산자들을 만족시키기 위해서는 생산량을 Q_2나 혹은 그와 비슷한 수준으로 유지하도록 해야 하는데, 이를 위해 정부가 팔리지 않은 재고를 사들일 수도 있다(이는 미국의 농업에서 발생하는 현상이다). 두 경우 모두 실제로 발생하는 총후생손실의 크기는 삼각형 *B*와 *C*의 면적을 합한 것보다 커진다.

다음으로는 최저가격제와 가격지지제, 그리고 그와 관련된 정책들을 자세히 검토한다. 수요-공급 분석을 활용하여 이런 정책들을 이해하고 평가하는 방법에 대해 살펴보며, 경쟁시장균형으로부터 벗어남에 따라 발생하는 효율성 비용에 대해서도 살펴본다.

사례 9.2   인간의 신장 시장

사람들은 자신의 신체 일부를 팔 수 있는 권리를 가져야 하는가? 미국 의회의 답은 "아니다"이다. 1984년에 통과된 미국의 장기이식에 관한 법(National Organ Transplantation Act)은 장기이식을 위한 신체 일부의 상업적 거래를 금지하며, 기증의 경우에만 장기이식을 허용한다.

비록 이 법은 장기의 판매를 금지하지만 장기를 가치 없는 것으로 만들지는 못한다. 법은 자신의 장기를 공급하는 사람이 경제적 보상을 받는 것을 금지하며, 또한 인간 장기의 공급부족을 발생시킨다. 매년 미국에서는 16,000개의 신장, 44,000개의 각막, 2,300개의 심장이 이식된다. 그러나 이러한 장기에 대해서는 항상 상당한 크기의 초과수요가 나타나는데, 많은 사람들이 장기를 공급받지 못하며 그중 일부는 죽어 가고 있다. 예를 들어 2016년 7월에는 약 121,000명의 환자가 장

기이식을 기다리고 있었다. 그러나 2015년에 미국에서 장기이식 수술을 받은 사람은 30,969명에 불과하였다. 1990년 이후 장기이식 수술은 약 2배가 증가했지만 같은 기간 동안 장기이식을 기다리는 환자의 수는 약 5배 증가하였다.[3]

이 법이 초래하는 결과를 살펴보기 위해 신장의 수요와 공급을 살펴보자. 먼저 공급곡선을 살펴보면, 법에 의해서 가격은 0이지만 연간 약 16,000개의 신장이 기증에 의해 공급된다. 그러나 신장이식을 필요로 하는 많은 사람들이 여전히 혜택을 보지 못하고 있다. 만약 가격이 $20,000라면 8,000개의 신장이 추가적으로 공급될 것으로 추정된다. 직선의 공급곡선 $Q = a + bP$를 가정하고, $P = 0$, $Q = 16,000$을 대입하면 $a = 16,000$이 된다. $P = \$20,000$, $Q = 24,000$을 대입하면 $b = (24,000 - 16,000)/20,000 = 0.4$가 된다.

---

3 이에 관한 자료는 다음에서 찾을 수 있다. Organ Procurement and Transplantation Network, **http://www.optn. transplant.hrsa.gov.**

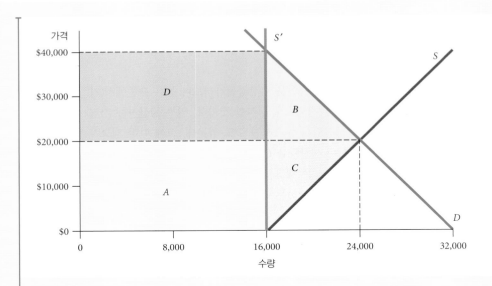

그림 9.6

신장시장과 장기이식법의 효과

시장청산가격은 $20,000이며, 이 가격에서 연간 24,000개의 신장이 공급된다. 법에 의해 신장의 가격은 0이다. 여전히 연간 약 16,000개의 신장이 기증되는데, 이러한 공급 제한은 S′으로 표현된다. 공급자들이 입는 손실은 사각형 A와 삼각형 C이다. 만약 소비자들이 비용을 들이지 않고 신장을 얻는다면 사각형 A에서 삼각형 B를 뺀 값만큼의 이익을 얻는다. 그러나 실제로는 지불용의금액에 따라 신장이 배분된다. 따라서 많은 수혜자는 공급이 제한된 상황에서 시장균형가격인 $40,000를 거의 다 지불한다. 사각형 A와 D는 공급이 제한될 때의 신장의 총가치를 나타낸다.

따라서 공급곡선은 다음과 같다.

$$공급: Q^S = 16,000 + 0.4P$$

$20,000의 가격에서 공급곡선의 가격탄력성은 0.33이 된다.

한편, $20,000의 가격에서는 연간 신장 수요량은 24,000개로 예상된다. 공급과 마찬가지로 수요도 가격비탄력적이다. $20,000의 가격에서 수요의 가격탄력성 추정치는 −0.33이다. 따라서 직선의 수요곡선을 가정하면 다음과 같은 수요곡선이 나타난다.

$$수요: Q^D = 32,000 - 0.4P$$

2.6절에서 균형가격과 수량 그리고 수요와 공급의 가격탄력성의 정보를 이용하여 선형인 수요와 공급 곡선을 도출하는 방법을 설명하였다.

그림 9.6은 이러한 수요곡선과 공급곡선을 보여 준다. 시장의 균형가격과 균형수량은 각각 $20,000와 24,000개이다.

장기이식법에 의해 시장의 판매가 금지되어 있으므로 공급은 기증에 의한 공급량인 16,000개로 한정된다. 이러한 공급곡선은 수직선 S′로 표시된다. 이 법은 신장 공급자와 수요자의 후생에 어떤 영향을 미치는가?

공급을 살펴보면, 신장을 기증하는 사람들은 $20,000의 가격을 받지 못하므로 이들이 잃는 잉여의 크기는 사각형 A로서 (16,000)($20,000) = $3.2억가 된다. 또한 $20,000의 가격으로 신장을 팔 용의가 있는 사람들이 신장을 팔지 못함에 따라 잃는 잉여의 크기는 삼각형 C = (1/2)(8,000)($20,000) = $0.8억가 된다. 따라서 신장의 공급자가 입게 되는 총손실액은 $4억가 된다.

수혜자(수요자)의 경우는 어떤가? 법에 의해 신장은 수혜자에게 기증되기 때문에 신장을 받는 수요자는 $20,000의 가격을 지불하지 않아도 된다. 따라서 사각형 A($3.2억)의 이익을 얻는다. 한편, 수혜받지 못한 사람들은 삼각형 B($0.8억)만큼의 소비자잉여를 잃는다. 따라서 수혜자 전체로 볼 때 소비자잉여의 순증가는 $3.2억 − $0.8억 = $2.4억가 된다. 따라서 전체 사중손실의 크기는 삼각형 B와

C($1.6억)가 된다.

장기의 상업적 거래를 금지하는 정책으로 인해 신장시장에서 발생하는 이와 같은 후생효과는 두 가지 점에서 수정될 필요가 있다. 첫째, 신장은 가장 높은 가치를 부여하는 사람들에게만 제공되는 것은 아니다. 만약 한정된 신장이 $40,000보다 낮은 가치를 가지는 사람들에게 일부 공급된다면 사중손실의 실제 크기는 추정치보다 커진다. 둘째, 초과수요가 발생하기 때문에 수혜자들이 신장을 기증에 의해서만 받는다고 확신할 수는 없다. 실제로 신장은 종종 얼마나 지불할 용의가 있는지에 따라 배분된다. 따라서 실제로는 많은 수혜자는 공급량이 16,000개로 한정되어 있는 상황에서 형성되는 가격인 $40,000를 거의 다 지불하는 것이 현실이다. 따라서 신장의 가치(그림에서 사각형 A와 D)의 대부분은 병원이나 중개인에게 지불된다. 결국 이러한 법에 의해 공급자의 잉여와 수혜자의 잉여는 크게 줄어든다.[4]

물론, 신체조직의 판매를 금지해야 한다는 주장도 있다.[5] 그러한 주장 중 하나는 불완전한 정보의 문제와 관련하여 제기되는데, 만약 사람들이 장기 공급의 대가를 받는다면 자신의 건강에 대한 좋지 않은 정보를 감출 것이라는 것이다. 이러한 주장은 간염, 에이즈, 기타 바이러스를 감염시킬 가능성이 있는 혈액의 판매에도 적용될 수 있다. 그러나 이러한 경우에도 안전성 검사를 거쳐서 (검사에 비용이 든다면 그 비용도 가격에 반영하면서) 판매할 수 있도록 하는 것이 판매를 금지하는 것보다는 효율적인 결과를 가져다줄 수 있다. 이러한 문제는 오랫동안 미국의 혈액공급정책에서 중요한 논쟁거리였다.

또 다른 주장은 생명연장에 필수적인 신장을 지불능력을 근거로 배분하는 것은 공정하지 못하다는 것이다. 이러한 주장은 경제학의 영역을 넘어선 주장이다. 그러나 다음의 두 가지 사항은 기억해야 한다. 첫째, 기회비용이 매우 큰 재화의 가격이 강제적으로 0으로 설정된다면 공급은 줄어들고 초과수요가 발생하기 마련이다. 둘째, 인공수족 및 관절, 인공심장판막 같은 생체조직의 대체품은 일정한 가격에 거래되는 데 반해 생체조직은 왜 다르게 취급되어야 하는지가 명확하지 않다.

인간 장기의 거래와 관련해서는 많은 복잡한 윤리적, 경제적 문제가 연관되어 있다. 그러한 문제는 중요하며, 이 예에서는 그러한 문제를 도외시한 결론을 주장하는 것은 아니다. 다만, 음울한 과학(dismal science)이라고 불리는 경제학은 인간의 신체조직도 경제적 가치를 가진다는 점을 무시해서는 안 된다는 것을 보여 준다. 따라서 신체조직의 판매를 금지함으로써 사회가 얻는 혜택이 있다면 그 혜택은 사회가 부담하는 비용과 비교하여 평가해야 한다.

9.3 최저가격제

앞에서 보았듯이, 정부는 때때로 시장청산가격보다 높은 수준으로 가격을 올리려고 한다. 이에 관한 예로는 미국 민간항공위원회에 의한 항공사의 가격규제, 최저임금법, 다양한 농업정책을 들 수 있다(9.5절에서 살펴보겠지만 대부분의 수입할당제나 관세도 그러한 의도를 반영한다). 시장청산가격보다 가격을 높게 유지하는 한 가지 방법은 직접적인 규제로서 정해진 최저가격보다 낮은 가격을 매기는 것을 불법으로 규정하는 것이다.

그림 9.5를 다시 살펴보자. 만약 생산자가 단지 Q_3만 팔 수 있을 것으로 정확히 예상한다면, 순후생손실은 삼각형 B와 C가 된다. 그러나 앞에서 설명했듯이 생산자는 Q_3보다 많은 생산량을

---

4 때로는 부유한 외국인들이 미국에 와서 $40,000 이상 지불하고 대기 순번에 앞서서 신장을 제공받는다는 증거가 있다. "재정적으로 수익성이 좋기 때문에 시스템은 부분적으로 이러한 것을 설정해 놓고 있다 – 이들 중 많은 사람들은 병원에 날개를 달아 줄 능력이 있고, 그리고 그렇게 한다."라고 NYU의 티쉬(Tisch) 의과대학 윤리학자 Arthur Caplan 박사는 말한다. "그들은 보통 현금을 그것도 선불로 지급한다. 그리고 가끔 비용을 전부 지불할 테니 1인실이 아닌 한 층 전체를 원한다고 말한다. [이 환자들은] 부유한 미국인조차 하기 힘든 방식으로 영향력을 행사할 수 있다." 출처: https://www.vice.com/read/why-is-it-legal-for-rich-foreigners-to-buy-organs-in-america-1211.

5 이런 주장의 장단점에 관한 논의는 다음을 참조하라. Susan Rose-Ackerman, "Inalienability and the Theory of Property Rights," *Columbia Law Review* 85 (June 1985): 931–69, Roger D. Blair and David L. Kaserman, "The Economics and Ethics of Alternative Cadaveric Organ Procurement Policies," *Yale Journal on Regulation* 8 (Summer 1991): 403–52.

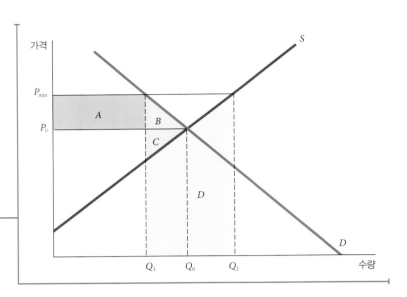

그림 9.7

최저가격제

가격이 P_{min} 아래로 하락하지 않도록 규제된다. 생산자들은 Q_2를 공급하기 원하지만, 소비자들은 Q_3만 구매한다. 만약 생산자가 실제로 Q_2를 생산한다면 $Q_2 - Q_3$는 판매되지 않으며, 생산자잉여의 변화는 $A - C - D$가 된다. 이 경우 생산자들 전체는 전보다 못한 상태가 된다.

생산할 수 있다. 생산자들이 높은 가격에서 자신들이 팔고자 하는 양을 전부 팔 수 있을 것으로 생각하여 생산량을 정하는 경우를 생각해 보자. 그림 9.7에서 그러한 상황을 볼 수 있다. P_{min}은 정부가 설정한 최저가격이다. 이제 공급량은 Q_2가, 그리고 수요량은 Q_3가 되며, 그 차이는 판매되지 않은 초과공급을 나타낸다. 이 경우에 소비자잉여와 생산자잉여의 변화를 살펴보자.

해당 재화를 여전히 구매하는 소비자들은 높은 가격을 지불해야 하므로 그림 9.7의 사각형 A만큼의 잉여를 잃게 된다. 일부 소비자들은 높은 가격 때문에 소비를 포기하는데, 그에 따른 손실은 삼각형 B만큼의 소비자잉여의 감소로 측정된다. 따라서 소비자잉여의 전체적인 변화는 다음과 같다.

$$\Delta CS = -A - B$$

소비자들은 이러한 정책으로 명백히 전보다 더 못한 상태에 처하게 된다.

생산자들은 판매하는 재화 각 단위에 대해 높은 가격을 받으므로 사각형 A만큼 잉여가 증가한다(사각형 A는 소비자로부터 생산자에게 이전되는 금액을 나타낸다). 그러나 생산량이 Q_0에서 Q_3로 감소하므로 삼각형 C만큼의 생산자잉여가 감소한다. 이제 생산자들이 생산량을 Q_0에서 Q_2로 증가시킬 때 발생하는 비용을 살펴보자. 생산자들은 Q_3만큼만 팔 수 있기 때문에 $Q_2 - Q_3$를 생산하는 데 드는 비용을 보상하는 수입은 전혀 얻지 못한다. 이 비용은 공급곡선이 산업 전체의 한계비용곡선이라는 점을 이용하여 측정할 수 있다. 즉 공급곡선은 각 생산단위를 추가적으로 생산함에 따른 비용의 증가분을 나타내므로 공급곡선 아래에 있는 Q_3에서 Q_2까지의 면적이 $Q_2 - Q_3$를 생산하는 데 드는 비용을 나타낸다. 이 비용은 사다리꼴 D의 면적으로 표현된다. 따라서 팔리지 않는 생산량을 두고 생산자들이 생산량을 줄이지 않는다면 생산자잉여의 변화는 다음과 같아진다.

$$\Delta PS = A - C - D$$

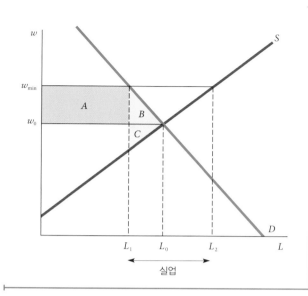

그림 9.8
최저임금제

시장청산임금은 w_0이지만 기업은 w_{min}보다 낮은 임금을 지불할 수 없다. 그 결과 $L_2 - L_1$만큼 실업이 발생하고, 사중손실은 삼각형 B와 C가 된다.

사다리꼴 D가 크기 때문에 최저가격제는 생산자잉여만으로도 순손실을 초래한다. 결과적으로 이러한 정부의 개입은 과잉생산에 따른 비용 때문에 생산자의 이윤을 감소시킬 수 있다.

최저가격제의 또 다른 예로는 최저임금법을 들 수 있다. 이 정책의 효과는 그림 9.8에서 노동의 수요와 공급을 통하여 볼 수 있다. 최저임금은 시장청산임금인 w_0보다 높은 수준인 w_{min}에 설정된다. 따라서 일자리를 구할 수 있는 근로자는 높은 임금을 받는다. 하지만 일하기를 원하는 일부 근로자는 일자리를 구하지 못한다. 즉 최저임금정책에 따라 $L_2 - L_1$의 실업이 발생한다. 최저임금에 대해서는 제14장에서 보다 자세히 살펴볼 것이다.

사례 9.3 항공산업에 대한 규제

지금과 비교할 때 1980년 이전의 미국 항공산업의 상황은 많이 달랐다. 민간항공협회(Civil Aeronautics Board, CAB)가 요금과 항로를 엄격히 규제하였다. CAB는 대부분의 가격(항공요금)을 자유로운 시장에서 형성될 수 있는 가격보다 훨씬 높은 수준으로 규제하였다. CAB는 새로운 항공사의 시장진입을 막았으며, 그 결과 단지 한두 개의 항공사가 많은 항로를 운행하였다. 1981년에 항공산업에 대한 규제는 완전히 철폐되었으며, CAB 자체도 1982년에 해체되었다. 그 이후로 많은 새로운 항공회사가 새로 진입했던 반면 기존 항공사 중 일

부는 시장에서 퇴출했으며, 항공사 간의 가격경쟁은 매우 치열해졌다.

많은 항공사의 경영자들은 규제완화로 인해 경쟁이 치열해짐에 따라 이윤이 크게 줄어들고 파산하는 항공사도 나타날 수 있어서 항공산업이 큰 혼란에 빠질 수 있다고 우려하였다. CAB가 초창기부터 항공산업을 규제해 왔던 근거는 미국 경제에서 매우 중요한 산업인 항공산업의 "안정성"을 확보한다는 것이었다. 가격이 시장균형가격보다 높게 유지되는 한, 기업이 얻는 이윤은 경쟁시장에서 얻을 수 있는 이윤보다 더 클 것이라고 생각할 수도 있다.

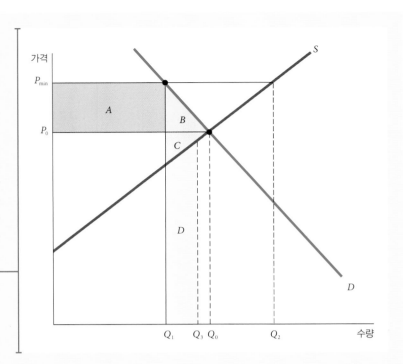

그림 9.9
민간항공협회에 의한 항공산업 규제의 효과
가격 P_{min}에서 항공사들은 Q_2를 공급하고자 하는데,
이는 소비자가 구매하는 양 Q_1보다 많다. 여기서는
항공사들이 Q_3를 공급한다고 하자. 사다리꼴 D는 판
매되지 않은 좌석에 대한 비용이다. 삼각형 C와 사다
리꼴 D의 합이 사각형 A보다 크다면 규제의 결과 항
공사의 이윤은 줄어든다. 또한 소비자는 $A + B$만큼
손실을 입는다.

규제완화는 항공산업에 커다란 변화를 가져왔다. 일부 항공사는
합병되거나 시장에서 퇴출되었으며, 새로운 항공사가 시장에 진입하
였다. 가격은 이전과 비교해서 크게 하락했지만 항공사의 이윤은 전
반적으로 크게 감소하지는 않았다. 그 이유는 그동안 CAB가 설정한
최저가격으로 인해 비효율성과 불필요하게 높은 비용이 발생했기 때
문이었다. 그림 9.9는 최저가격의 효과를 보여 준다. P_0와 Q_0는 시장
균형가격과 수량, P_{min}은 CAB가 설정했던 최저가격, Q_1은 최저가격
에서의 수요량을 나타낸다. 문제는 P_{min}의 가격에서 항공사들은 Q_1보
다 훨씬 많은 양인 Q_2를 공급하기를 원했다는 것이다. 실제로 공급량
은 Q_2만큼 증가하지는 않았지만 항공사들 간의 판매경쟁은 그림의
Q_3와 같이 Q_1보다는 많은 공급량을 가져왔다. 그 결과, 좌석판매율은
상대적으로 낮았으며, 이윤도 하락하였던 것이다(사다리꼴 D는 팔리
지 않은 좌석 때문에 발생한 비용이다).

표 9.1의 자료는 그동안 미국 항공산업에서 나타난 상황을 보여준
다.[6] 규제완화 이후에 항공사의 수는 크게 증가했으며 좌석판매율도
크게 증가하였다. 인플레이션 효과가 제거된 승객 1인 비행마일당 수
입(passenger-mile rate)은 1980∼1990년 기간 중 크게 하락했으며

2015년까지 계속해서 떨어졌다. 이는 항공사 간의 경쟁이 치열해짐
에 따라 항공요금이 하락한 결과로 나타난 것이다.

생산비용은 어떠했는가? 인플레이션 효과가 제거된 실질비용지
수는 1975∼1980년에 약 45%나 증가했으며, 그 이후 20년간은 서
서히 하락하였다. 그러나 이러한 비용 변화는 상당 부분 원유가격
의 변화에 따른 연료비의 변화에 의한 것이다(대부분의 항공사에서
연료비는 전체 운영비용의 30% 이상을 차지한다). 표 9.1에서 보듯
이 실질연료비는 크게 변동했지만 이는 규제완화와는 관련이 없다.
항공사가 원유가격에 영향을 미칠 수는 없기 때문에 연료비의 변화
효과를 제거한 실질비용지수를 살펴볼 필요가 있다. 실질연료비는
1975∼1980년에 상당히 증가했는데, 이는 실질비용지수 상승의 대
부분을 차지한다. 2000∼2010년에는 원유가격의 급격한 상승으로
실질연료비는 거의 3배 가까이 올랐다. 연료비가 변하지 않았다면
실질비용지수는 (89에서 148로) 크게 상승하는 대신 오히려 (85에서
76으로) 하락했을 것이다.

그렇다면 항공산업에 대한 규제완화가 소비자와 생산자에게는 어
떤 영향을 미쳤는가? 새로운 항공사가 진입하고 요금이 하락한 것은

---

6 Department of Commerce, Air Transport Association.

표 9.1	항공운송산업에 관한 자료					
	1975	1980	1990	2000	2010	2015
항공회사 수	36	63	70	94	63	98
좌석판매율(%)	54.0	58.0	62.4	72.1	82.1	84.4
비행마일당 수입(1995년 달러 기준)	0.218	0.210	0.149	0.118	0.094	0.090
실질비용지수(1995 = 100)	101	145	119	89	148	93
실질연료비지수(1995 = 100)	249	300	163	125	342	196
연료비 변화 효과를 제거한 실질비용지수(1995 = 100)	71	87	104	85	76	82

소비자에게는 이익이 되었다. 그러한 이익은 그림 9.9의 사각형 *A*와 삼각형 *B*의 합으로 나타난 소비자잉여의 증가이다(항공 체증으로 인해 연착이나 운항취소가 늘어나는 등 서비스의 질이 전보다 떨어진다면 소비자가 실제로 받는 혜택은 이보다 약간 줄어들 수 있다). 항

공사는 경쟁이 심해짐에 따라 사업 환경이 급격히 변화하는 가운데서 살아남는 방법을 터득해야 했으며 일부 항공사는 결국 살아남지 못했다. 실제로 그림 9.10에 나타난 바와 같이 1980년부터 2000년까지 이윤율은 급격히 낮아졌다. 그러나 전체적으로 볼 때, 항공사들

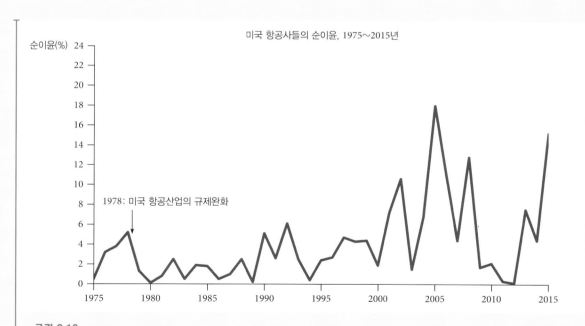

그림 9.10

항공산업의 이윤

1980년의 규제완화에 의해 신규 항공사가 진입했으며 가격경쟁이 치열해지면서 이윤은 매우 낮았다. 2000년 이후에는 항공사들의 합병과 좌석 용량 감소로 이윤은 증가하였다.

출처: Airlines for America, Bureau of Transportation Statistics.

의 운영 효율성은 높아졌으며, 그 결과 생산자잉여가 증가했을 가능성이 높다. 따라서 규제완화로 인해 상당한 후생 증가가 나타났다.[7]

그러나 2005년부터 미국 항공사들의 이윤율은 (비록 원유가격의 변화와 경기침체에 따라 불안정적으로 요동치기도 했지만) 평균적으로 상승하였다. 일련의 합병에 따라 대형 항공사의 수는 9개에서 5개로 감소했으며, 항공 네트워크 서비스는 개선되었으나 가격경쟁은 완화되었다. 항공산업의 가격 결정에 대해서는 제10장, 제11장 및 제13장에서 다시 다룬다.

9.4 가격지지와 생산량 할당

가격지지 정부가 가격을 시장 균형가격보다 높게 설정하고, 초과공급을 정부가 매입하여 그 가격을 유지시키는 정책

최저가격을 설정하는 방법 외에도 정부는 다른 방법을 통해 재화의 가격을 높일 수 있다. 대부분의 미국의 농업정책은 **가격지지**(price support)정책에 바탕을 두고 있다. 이 정책은 정부가 경쟁시장의 균형가격보다 높은 가격을 설정하고 그 가격이 유지되도록 초과공급량을 매입하는 것이다. 정부는 또한 직접적으로 생산량을 제한하거나 생산자에 대한 유인을 제공하여 **생산량을 제한함**으로써 가격을 높일 수도 있다. 이 절에서는 이러한 정책들이 어떻게 작용하며, 소비자, 생산자, 그리고 정부예산에 미치는 영향을 살펴본다.

가격지지

미국에서 가격지지정책은 낙농제품, 담배, 옥수수, 콩 등 농산물의 가격을 높여서 농업 생산자들의 소득을 높이는 것을 목표로 한다. 가격지지정책하에서 정부는 지지가격 P_s를 설정하고 그 수준에서 가격을 유지하기 위해 필요한 생산량을 모두 구매한다. 이는 그림 9.11에 나타나 있는데, 소비자, 생산자, 그리고 정부의 이익과 손실을 살펴보자.

소비자 가격 P_s에서 수요량은 Q_1으로 하락하지만 공급량은 Q_2로 증가한다. 이 가격을 유지하고 생산자의 재고가 쌓이지 않도록 하기 위하여 정부는 $Q_g = Q_2 - Q_1$의 양을 구매해야 한다. 소비자의 수요량에 정부의 수요량 Q_g가 추가되면 생산자는 P_s의 가격에서 원하는 양을 모두 판매할 수 있다.

해당 재화를 구매하는 소비자는 P_0보다 높은 가격인 P_s를 지불해야 하므로 사각형 A만큼의 소비자잉여를 상실하게 된다. 또한 높은 가격 때문에 일부 소비자는 더 이상 해당 재화를 구매하지 않거나 구매량을 줄인다. 이들은 삼각형 B만큼의 소비자잉여를 잃게 된다. 따라서 앞에서 살펴본 최저가격제와 마찬가지로 이 경우에도 소비자가 입은 손실의 크기는 다음과 같다.

$$\Delta CS = -A - B$$

---

7 규제완화에 대한 연구는 다음을 참조하였다. John M. Trapani and C. Vincent Olson, "An Analysis of the Impact of Open Entry on Price and the Quality of Service in the Airline Industry," *Review of Economics and Statistics* 64 (February 1982): 118–38; David R. Graham, Daniel P. Kaplan, and David S. Sibley, "Efficiency and Competition in the Airline Industry," *Bell Journal of Economics* (Spring 1983): 118–38; S. Morrison and Clifford Whinston, *The Economic Effects of Airline Deregulation* (Washington: Brookings Institution, 1986); and Nancy L. Rose, "Profitability and Product Quality: Economic Determinants of Airline Safety Performance," *Journal of Political Economy* 98 (October 1990): 944–64.

생산자   생산자는 이익을 얻으므로 가격지지정책의 목적이 달성된다. 생산자는 높은 가격 P_s에서 Q_0보다 많은 Q_2를 판매한다. 그림 9.11에서 생산자잉여의 증가는 다음과 같다.

$$\Delta PS = A + B + D$$

정부   정부 또한 비용이 발생하는데, 이 비용은 세금으로 지불되어야 하므로 결과적으로는 소비자가 지불하는 비용이다. 비용은 정부가 재화를 구매하기 위해 지불해야 하는 금액으로서 $(Q_2 - Q_1)P_s$에 해당한다. 이 금액은 그림 9.11에서 점으로 표시된 큰 사각형으로 나타난다. 이러한 비용은 만약 정부가 구매량의 일부를 낮은 가격에 팔 수 있다면 줄어들 수 있다. 즉, 정부는 낮은 가격에 해외에 판매함으로써 비용의 일부를 줄일 수 있다. 그러나 이런 방식의 판매는 외국시장에 농산물을 판매하는 국내 생산자에게 피해를 입힌다. 정부가 가격지지정책을 통해 지원하고자 하는 대상이 바로 국내 생산자임을 고려할 필요가 있다.

이 정책의 총후생비용에 대해 살펴보자. 후생의 총변화는 소비자잉여의 변화에 생산자잉여의 변화를 더하고 정부의 비용을 뺀 값으로서 다음과 같다.

$$\Delta CS + \Delta PS - 정부의\ 비용 = D - (Q_2 - Q_1)P_s$$

그림 9.11에서 사회는 전체적으로는 점을 찍어 표시된 큰 사각형에서 삼각형 D를 뺀 만큼 전보다 상황이 나빠진다.

사례 9.4에서 살펴보겠지만, 이러한 후생손실은 매우 클 수 있다. 이 정책의 가장 큰 문제점은 보다 효율적으로 농업생산자들을 도울 수 있는 방법들이 있다는 사실이다. 만약 정책의 목적이 농업생산자들이 $A + B + D$와 동일한 크기의 추가적인 소득을 얻도록 하는 것이라면 농업생산자들에게 그만큼의 돈을 직접 주는 것이 가격지지보다 사회적으로 훨씬 비용이 적게 든다. 가격지

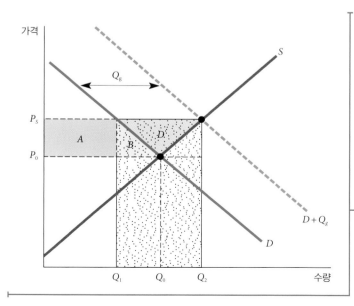

그림 9.11
가격지지

시장청산가격 P_0보다 높은 가격 P_s를 유지하기 위해 정부는 Q_g를 구매한다. 생산자가 얻는 이익은 $A + B + D$이고, 소비자가 입는 손실은 $A + B$가 된다. 정부의 비용은 점으로 표시된 사각형으로 $P_s(Q_2 - Q_1)$이다.

지하에서는 소비자는 어차피 $A + B$만큼의 잉여를 잃게 되므로 농업생산자들에게 그만큼의 돈을 직접 지급함으로써 사회는 점을 찍어 표시된 큰 사각형에서 삼각형 D를 뺀 만큼의 금액을 절약할 수 있다. 그렇다면 정부가 단순히 돈을 지급하지 않는 이유는 무엇인가? 그것은 아마 가격지지가 직접 돈을 지급하는 것에 비해 눈에 덜 띄어서 정치적인 부담이 더 적기 때문일 것이다.[8]

생산량 할당

정부는 직접 생산물을 구매하여 총수요량을 증가시키는 방법 외에도 **생산량을 줄임으로써** 생산물의 가격 상승을 유도할 수 있다. 이를 위해 정부는 각 기업이 생산할 수 있는 양을 할당한다. 할당량(쿼터)을 적절히 조정함으로써 정부는 해당 재화의 가격을 원하는 수준까지 끌어 올릴 수 있다.

사례 9.5에서 보듯이, 많은 도시들은 높은 택시요금을 유지하기 위해 바로 이런 방법을 사용한다. 많은 도시에서는 택시 영업자에게 영업면허(medallion)를 소지하도록 의무화하며, 면허의 총량을 제한하는 방법으로 택시서비스의 총공급량을 조절한다. 또 다른 예로는 주정부들의 주류 면허 관리를 들 수 있다. 주류를 판매하는 식당이나 술집은 주류 면허가 있어야 하며, 주정부는 면허 수를 제한함으로써 새로운 식당의 진입을 제한한다. 따라서 면허를 가진 식당은 높은 가격을 책정함으로써 많은 이윤을 얻는다.

그림 9.12는 생산량 할당에 따른 후생효과를 보여 준다. 정부는 생산량을 시장청산수준인 Q_0

그림 9.12

공급량 제한

가격 P_s를 시장청산가격 P_0보다 높게 유지하기 위해 정부는 택시 영업면허증과 같이 생산량을 할당하거나 농업의 경작지 제한 정책과 같이 생산량을 줄이기 위해 금전적 인센티브를 주는 방식으로 공급량을 Q_1으로 제한한다. 인센티브가 유효하기 위해서는 인센티브의 크기는 적어도 $B + C + D$만큼은 되어야 한다. 이는 높은 가격 P_s에서 생산자가 경작을 통해 얻을 수 있는 추가적인 이윤과 같다. 따라서 정부의 비용은 적어도 $B + C + D$가 된다.

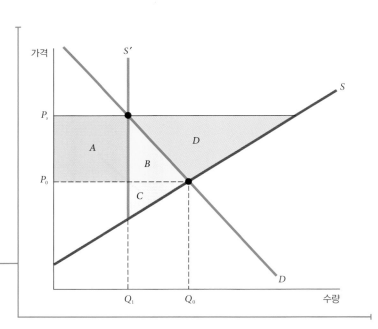

가 아닌 Q_1으로 제한한다. 따라서 공급곡선은 Q_1에서 위로 꺾어지는 수직선 S'이 된다. 소비자잉여는 사각형 A(높은 가격에 해당 재화를 구매하는 소비자의 잉여)와 삼각형 B(높은 가격에서는 더 이상 해당 재화를 구매하지 않는 소비자의 잉여)의 합만큼 감소한다. 생산자는 높은 가격에 판매함으로써 사각형 A만큼의 이익을 얻지만 Q_0가 아닌 Q_1만큼 생산하여 판매하기 때문에 삼각형 C만큼의 손실을 입는다. 따라서 전체적인 사중손실의 크기는 삼각형 B와 C가 된다.

인센티브 정책   미국의 농업정책에서는 생산량을 직접적으로 할당하기보다는 인센티브를 통해 생산량을 감소시키는 방식이 주로 사용된다. 경작지 제한정책(acreage limitation program)은 농업생산자가 자신의 경작지 일부를 경작하지 않는다면 금전적 인센티브를 제공한다. 그림 9.12는 이러한 방식으로 공급량을 줄일 때의 후생효과를 보여 준다. 농업생산자들이 경작면적 제한에 동의한다면 공급곡선은 생산량 Q_1에서 완전비탄력적이 되며, 시장가격은 P_0에서 P_s로 상승한다.

직접적인 생산량 할당에서와 같이 소비자잉여의 변화는 다음과 같다.

$$\Delta \text{CS} = -A - B$$

농업생산자들은 생산량 Q_1에 대해 높은 가격을 받으며, 잉여의 증가는 사각형 A로 나타난다. 그러나 생산량이 Q_0에서 Q_1으로 줄어들기 때문에 생산자잉여는 삼각형 C만큼 줄어든다. 끝으로 농업생산자들은 생산량을 줄임으로써 정부로부터 돈을 받는다. 따라서 생산자잉여의 총변화는 다음과 같다.

$$\Delta \text{PS} = A - C + \text{생산량 축소에 따른 보상금}$$

정부가 부담하는 비용은 농업생산자들이 생산량을 Q_1으로 줄이도록 유인할 수 있는 충분한 크기의 보상금이다. 인센티브는 적어도 $B + C + D$만큼은 커야 한다. 왜냐하면 이는 가격이 P_s일 때 생산량을 늘림으로써 농민들이 벌어들일 수 있는 추가적인 이윤의 크기이기 때문이다(높은 가격 P_s에서는 정부가 생산량을 줄이려는 노력을 하더라도 농민들은 더 많이 생산하려는 유인을 가진다는 사실을 유의하라). 따라서 정부가 부담해야 하는 비용은 적어도 $B + C + D$가 되어야 한다. 생산자잉여의 총변화는 다음과 같다.

$$\Delta \text{PS} = A - C + B + C + D = A + B + D$$

이는 정부구매로 유지되는 가격지지로 인해 나타나는 생산자잉여의 변화와 똑같은 크기이다(그림 9.11 참조). 따라서 농업생산자들이 얻는 금전적 이익은 똑같아지므로 농업생산자들은 이 두 정책 간에 차이를 느끼지 못할 수 있다. 마찬가지로 소비자도 이 두 정책에서 똑같은 크기의 금전적 손실을 입는다.

그렇다면 정부의 입장에서는 어떤 정책이 더 많은 비용을 발생시키는가? 이에 대한 답은 그림 9.12에서의 삼각형들의 합 $B + C + D$가 그림 9.11에서 점을 찍어 표시된 큰 사각형인 $(Q_2 - Q_1)$ P_s보다 큰가, 아니면 작은가에 달려 있다. 일반적으로는 작을 것이다. 따라서 정부구매에 의해 유지되는 가격지지정책보다 경작지 제한정책이 정부에게(그리고 사회에) 더 적은 비용을 발생시킨다.

그러나 경작지 제한정책도 여전히 단순히 농업생산자들에게 돈을 주는 것보다는 더 높은 비용을 사회에 발생시킨다. 경작지 제한정책하에서 사회 전체의 후생 변화(ΔCS + ΔPS − 정부의 비용)의 크기는 다음과 같다.

$$\Delta후생 = -A - B + A + B + D - B - C - D = -B - C$$

만약 정부가 단순히 농업생산자들에게 $A + B + D$만큼의 돈을 주고 가격과 생산량에 관여하지 않는다면 사회는 효율성의 관점에서 명백히 더 나은 결과를 얻는다. 농업생산자들은 $A + B + D$를 얻고 정부는 $A + B + D$를 잃으므로 사회 전체의 후생 변화의 크기는 $B + C$만큼의 손실이 아닌 0이 된다. 그러나 경제적 효율성이 항상 정부정책의 목적은 아니다.

사례 9.4 밀에 대한 가격지지

사례 2.5와 4.3에서는 미국의 밀시장에 대해 살펴보았다. 직선의 수요와 공급 곡선을 사용하여 1981년의 밀의 시장가격은 약 $3.46임을 확인하였다. 그러나 밀에 대한 수출 수요의 감소로 인해 2002년에는 밀의 가격은 약 $2.78 수준까지 떨어졌다. 실제로 미국정부는 밀가격을 높게 형성시키

는 정책을 사용했으며 동시에 농업생산자들에게 직접 보조금을 지급하기도 하였다. 그러한 정책은 어떻게 시행됐으며 그 결과 소비자는 어떤 비용을 부담하였으며, 미국정부는 얼마만큼의 비용을 부담했는지에 대해 살펴보자.

먼저 1981년의 시장상황을 살펴보자. 그해에는 밀 생산에 대한 제한은 없었다. 그러나 정부구매에 의해 밀가격은 $3.70으로 상승하였다. 가격을 $3.46에서 $3.70으로 상승시키기 위해 미국정부가 구매했던 밀의 양을 파악하기 위해서는 공급곡선과 총민간수요(국내수요 + 해외수요)곡선을 알아야 한다.

1981년의 공급: $Q_s = 1,800 + 240P$

1981년의 수요: $Q_D = 3,550 - 266P$

수요와 공급을 일치시키면 시장균형가격 $3.46과 균형생산량 26억 3천만 부셸을 얻는다. 이는 그림 9.13에서 볼 수 있다.

가격을 $3.70으로 상승시키기 위하여 정부는 Q_g만큼의 밀을 구매하였다. 따라서 총수요(민간 + 정부)는 다음과 같다.

1981년의 총수요: $Q_{DT} = 3,550 - 266P + Q_g$

이제 다음과 같이 공급을 총수요와 일치시킨다.

$1,800 + 240P = 3,550 - 266P + Q_g$

또는

$Q_g = 506P - 1,750$

이 식은 미국정부가 구매해야 하는 밀의 양 Q_g를 지지가격 P의 함수로 나타낸다. 가격을 $3.70로 유지하기 위해서 정부가 구매해야 하는 밀의 양은 다음과 같다.

$Q_g = (506)(3.70) - 1,750 = 1.22$억 부셸

그림 9.13에서 보듯이 1.22억 부셸은 $3.70에 공급되는 26.88억 부셸과 민간수요량 25.66억 부셸의 차이이다. 그림 9.13은 소비자와 생산자들의 이익과 손실도 보여 준다. 소비자는 사각형 A와 삼각형 B만큼의 손실을 입는다는 사실을 기억하라. 사각형 A는 (3.70 − 3.46)(2,566) = $6.16억이고, 삼각형 B는 (1/2)(3.70 − 3.46)(2,630 − 2,566) = $8백만이므로 소비자에게 발생하는 총비용은 $6.24억이다.

정부가 부담하는 비용은 $3.70 × 1.22억 부셸 = $4.514억이다. 따라서 이 가격보조정책에 따른 총비용은 $6.24억 + $4.514억 = $10.75억이 된다. 이 금액을 생산자가 얻는 이익인 사각형 A + 삼각형 B + 삼각형 C와 비교하면 이익의 크기는 $6.38억임을 알 수 있다.

1981년의 밀에 대한 가격보조정책은 매우 많은 비용을 발생시켰다. 농업생산자들의 생산자잉여는 $6.38억가 증가한 반면 소비자와

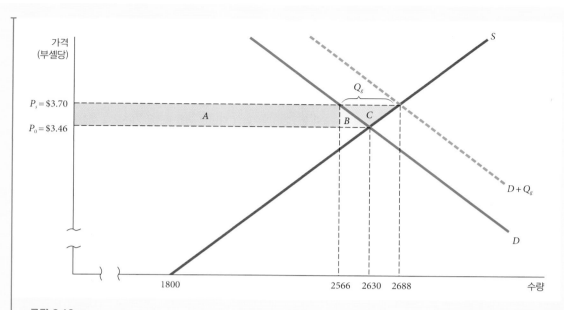

그림 9.13
1981년의 밀시장
1.22억 부셸의 밀을 구매함으로써 정부는 시장청산가격을 $3.46에서 $3.70로 인상시켰다.

납세자는 $10.76억를 지불해야 했다. 그러나 실제로 납세자가 지불한 비용은 이보다 많았는데, 밀 생산자에게 부셸당 약 30센트의 보조금도 함께 지급되었기 때문이다. 따라서 농업생산자들은 $8.06억의 추가적인 이익을 얻었다.

1996년에 미국 의회는 "농장에 자유를(Freedom to Farm)"이라는 별명의 새로운 농업 관련 법안을 통과시켰다. 이 법의 취지는 정부의 역할을 축소하여 농업을 보다 시장지향적인 산업으로 만들기 위한 것이었다. 이 법은 밀, 옥수수, 쌀, 기타 농작물에 대한 생산량 할당 정책을 사용하지 못하도록 했으며, 2003년까지 점진적으로 정부구매와 보조금을 줄이도록 하였다. 그러나 이 법에 의해 농업에 대한 규제나 지원이 완전히 없어졌던 것은 아니다. 예를 들어 땅콩과 설탕에 대한 가격보조정책은 그대로 유지되었다. 또한 의회가 2003년에 이 법을 연장하지 않았다면 1996년 이전에 실시했던 가격보조정책이나 생산량 할당 정책이 다시 실시되었을 것이다. (의회는 연장하지 않았다 — 자세한 설명은 아래에 있다.) 또한 1996년의 법 아래에서도 농업에 대한 보조금 지급은 상당한 수준으로 유지되었다.

사례 2.5에서 2007년에 밀의 시장가격은 부셸당 약 $6로 상승했음을 보았다. 2007년의 수요곡선과 공급곡선은 다음과 같다.

수요:　　$Q_D = 2,900 - 125P$

공급:　　$Q_S = 1,460 + 115P$

이 식들을 통하여 시장균형수량이 21.5억 부셸임을 알 수 있다.

미국 의회는 1996년의 법을 연장시키지는 않았다. 그 대신 2002년에 의회와 부시행정부는 1996년 법을 뒤집는 농가안정 및 농촌투자법(Farm Security and Rural Investment Act)을 통과시켰는데, 이 법은 곡물과 면화를 포함한 대부분의 농작물에 대해 다시 보조금을 지급할 수 있도록 규정하였다.[9] 이 법은 명시적으로 가격보조를 다시 실시하도록 규정하지는 않지만, 정부가 경작지를 기준으로 일정한 금액을 농작물 재배자에게 직접 지불하도록 규정한다. 밀의 경우에 2001년 미국의 밀 경작지 면적을 기준으로 계산해 보면, 새로운 법

9 Mike Allen, "Bush Signs Bill Providing Big Farm Subsidy Increases," *The Washington Post*, May 14, 2002; David E. Sanger, "Reversing Course, Bush Signs Bill Raising Farm Subsidies," *The New York Times*, May 14, 2002.

에 의해 납세자들은 매년 거의 $11억에 가까운 금액을 밀 경작자에게 지불하는 것이다.[10] 2002년의 법은 10년간에 걸쳐 납세자에게 약 $1,900억의 비용을 부담시킨 것으로 추정되었다.

미국 의회는 2007년에 농업보조금을 다시 수정하여 대부분의 곡물에 이전의 보조금을 그대로 유지하거나 확대시켰다. 그 결과 미국의 납세자는 전보다 더 큰 부담을 안게 되었다. 2008년 미국의 농업보조금법(Food, Conservation, and Energy Act)은 2012년까지 대부분의 작물에 대한 농가보조금을 증가시켰으며 그 비용은 5년간 총 $2,840억으로 예상되었다. 그러나 최근에는 미국정부의 재정위기로 시계추는 보조금을 없애는 방향으로 이동하였다. 2014년 농업법은 1996년부터 2013년까지 법에 의해 보장된 농산품(밀, 옥수수, 콩,

쌀, 땅콩 등)의 생산자와 농지소유자에게 매년 과거 생산량과 법이 규정하는 금액을 기준으로 지급되었던 "직접보조금(direct payment)"을 폐지하였다. 그러나 이 법에서는 정해진 농산품의 전국 평균가격이 법적으로 공시된 "기준가격" 아래로 떨어지면 작동하는 "가격손실보상(Price Loss Coverage, PLC)" 보조금과 농산품 판매수입이 판매수입의 다년간 이동평균을 기준으로 책정된 보장된 수입 아래로 떨어지면 작동하는 "농업위험보상(Agriculture Risk Coverage, ARC)" 보조금을 지급하도록 규정한다. 따라서 직접보조금이 폐지되었음에도 불구하고 농업생산자들에게는 납세자의 부담으로 지급되는 충분한 보조금이 여전히 보장된다.

사례 9.5 택시는 왜 잘 안 보이나?

뉴욕에서 택시를 잡으려면 운이 있어야 한다. 비가 오거나 출퇴근 시간대에 뉴욕에서 택시를 보고 손을 흔들기까지는 1시간이나 걸릴 수도 있다. 왜 뉴욕에서는 택시 잡기가 그렇게 어려울까?

이유는 단순하다. 뉴욕시는 택시마다 영업면허증(medallion)을 소유하도록 규제함으로써 택시의 수를 제한하는데, 영업면허증의 수를 제한하는 것이다. 2016년에 뉴욕시에 발급된 면허증의 수는 13,150건이었다. 이는 택시 잡기가 훨씬 쉬웠던 1937년에 발급되었던 면허증의 수와 거의 같았다. 그러나 1937년 이후로 뉴욕시는 엄청나게 성장했으며 택시 승차 수요도 엄청나게 늘어났다. 따라서 뉴욕시가 면허증을 13,150건으로 제한하는 것은 뉴욕시민들의 삶을 힘들게 하는 것이다. 어떤 도시가 시민들의 삶을 어렵게 만드는 짓을 하는 이유는 무엇인가? 면허증을 더 많이 발급할 수는 없는가?

이런 의문에 대한 답도 단순하다. 면허증 발급을 확대시킨다면 면허증을 보유한 대부분의 대형 택시회사들은 저항할 것이기 때문이다. 택시기사들에게 면허증과 택시를 임대함으로써 수익을 얻는 대형 택시회사들은 상당한 정치적 영향력과 로비력이 있다. 면허증은 그것을 소유한 회사만 사고팔 수 있다. 1937년에는 그 당시로서

는 많은 수의 면허증이 발급되었기 때문에 면허증은 거의 가치가 없었다. 1947년에는 면허증의 가치가 $2,500였으며, 1980년에는 $55,000, 2011년에는 $880,000로 높아졌다. 뉴욕시가 새 면허증을 발급하지 않았기 때문에 면허증의 가치가 $1백만 가까이까지 올라간 것이다. 그러나 뉴욕시가 새로운 면허증을 발급하기 시작하면 그 가치는 크게 떨어질 것이다. 따라서 13,150건의 면허증 중 대부분을 소유한 뉴욕시의 대형 택시회사들은 뉴욕시가 면허증을 추가로 발급하는 것을 막기 위해 모든 수단을 동원하였으며, 그들의 노력은 성공하였다.

그림 9.14는 이러한 상황을 보여 준다. 수요곡선 D_{2011}와 공급곡선 S는 뉴욕시와 다른 도시들의 택시시장에 대한 통계적 분석을 통하여 구한 탄력성을 이용하여 그려진다.[11] 뉴욕시가 면허증 7,000건을 새로 발급하여 면허증의 수가 모두 약 20,000건이 된다면 수요와 공급은 면허증 1건당 가격이 약 $350,000가 되는 곳에서 균형을 이룬다. 이는 여전히 비싼 가격이지만 면허증을 임대하여 택시를 운행함으로써 이윤을 얻는 데는 큰 무리가 없는 가격이다. 그러나 공급이 13,150건으로 제한되면 그 점에서 공급곡선(S')은 수직선이 되며, 면

---

10 2001년에 추정된 직접 지불액 = (지급 비율)*(지급액)*(기준면적)*0.85 = ($0.52)*(40.2)*(59,617,000)*0.85 = $10.6억이다.

11 탄력성은 다음에서 인용하였다. Bruce Schaller, "Elasticities for Taxicab Fares and Service Availability," *Transportation* 26 (1999): 283–297. 뉴욕시의 택시규제와 면허증 가격에 관한 정보는 다음에서 볼 수 있다. New York City's Taxi and Limousine Commission의 웹사이트: http://www.nyc.gov/tlc와 http://www.schallerconsult.com/taxi/.

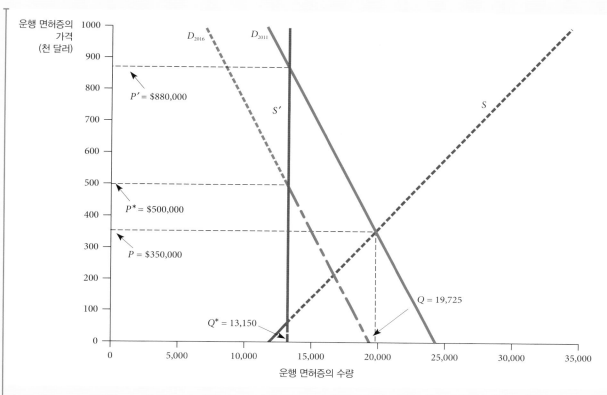

그림 9.14

뉴욕시의 택시 영업면허증

수요곡선 D_{2011}은 2011년에 택시회사들이 수요하는 면허증의 수를 면허증가격의 함수로 나타낸 것이다. 공급곡선 S는 현재 면허증 소유자가 팔고자 하는 면허증의 수를 면허증가격의 함수로 보여 준다. 뉴욕시는 면허증의 수를 13,150개로 제한한다. 따라서 공급곡선은 수직이 되며, 2011년의 시장가격인 $880,000에서 2011년의 수요곡선과 교차한다. 전통적인 택시를 대체하는 우버나 리프트의 진입으로 2016년에는 수요곡선이 왼쪽으로 이동하였으며, 면허증의 가격은 새로운 수요곡선과 교차하는 점인 $500,000로 하락하였다.

허증 1건의 가격이 $880,000가 되는 점에서 수요곡선과 교차한다.

뉴욕시의 면허증 발급정책은 택시기사들과 시민들에게 피해를 끼치는 것이다. 대부분의 면허증은 택시기사들이 아닌 대형 택시회사들의 소유이며, 택시기사들은 면허증을 임대한다(소수의 면허증만 개인 택시기사들이 소유한다). 택시기사가 되기 위해서는 도로주행 시험을 보고 택시기사자격을 얻어야 한다. 2011년에 뉴욕시에는 자격증을 가진 44,000명의 택시기사가 있지만, 이들 중 13,150명만 택시를 운행하며 나머지는 실업상태에 있는 것이다.

뉴욕시와 같이 많은 도시에서는 택시면허증을 관리한다. 보스턴시의 경우 2010년에 면허증의 총수는 1,825건이었으며, 면허증 하나당 $410,000에 거래되었다. 밀라노, 로마 등 이탈리아 도시에서 택시를

잡아 본 적이 있는가? 이탈리아정부는 택시 면허증의 수를 심하게 제한하고 있으며 면허증은 뉴욕시처럼 대형 택시회사들이 소유하는 것이 아니라 개별 패밀리(family)들이 소유하고 있다. 패밀리들은 귀중한 면허증의 가치를 보전하기 위해 정치적 연줄을 가지고 있다.

최근에는 택시시장을 극적으로 변화시키면서 면허증의 가격을 가파르게 하락시키는 일이 발생하였다. 그것은 바로 우버(Uber), 리프트(Lyft) 등과 같이 스마트폰의 앱을 이용해서 원하는 목적지까지 차량공유를 요청할 수 있는 "차량공유(ride-share)"서비스의 시장 진입이다. 차량공유서비스가 전통적인 택시시장의 일부를 차지하면서 택시운행 면허증에 대한 수요는 감소하였다. 그림 9.15에 나타난 바와 같이 뉴욕 면허증의 가격은 급격히 하락하였다. 보스턴과 시카고 등

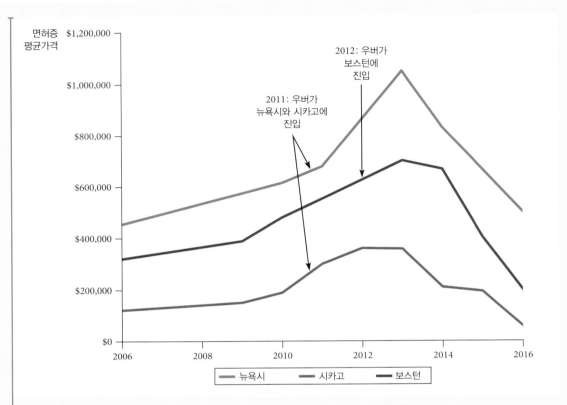

그림 9.15
뉴욕시, 시카고, 그리고 보스턴의 택시 면허증 가격
면허증의 가격은 2006년에서 2012년까지 상승하였다. 그것은 공급은 제한되었지만 수요가 증가하였기 때문이다. 그러나 그 후 우버나 리프트 같은 차량공유서비스가 시장에 진입함에 따라 수요곡선이 왼쪽으로 이동하였다. 그 결과 면허증가격은 급격히 하락하였다.

다른 도시에서도 마찬가지로 우버의 시장 진입 이후 면허증의 가격   은 급격히 하락한 것을 확인할 수 있다.

9.5 수입할당제와 관세

수입할당제 어떤 재화의 수입량을 제한하는 정책

관세 수입되는 재화에 부과되는 세금

많은 국가들은 어떤 재화의 국내가격을 국제가격보다 높게 유지하기 위해서 **수입할당제**(import quota)와 **관세**(tariff)를 활용하는데, 그 결과 국내 산업은 자유무역하에서 얻을 수 있는 이윤보다 더 많은 이윤을 얻는다. 그러나 이러한 보호정책하에서는 소비자들이 입는 손실이 국내생산자의 이익을 초과하므로 많은 비용이 발생한다.

수입할당제와 관세가 없다면 어떤 국가는 해당 재화의 국제가격이 수입이 없을 경우의 국내가격보다 낮을 때 그 재화를 수입하게 된다. 그림 9.16은 이러한 원칙을 나타낸다. S와 D는 국내공급곡선과 국내수요곡선이다. 만약 수입이 없다면 국내가격과 수량은 수요와 공급이 일치하는 P_0

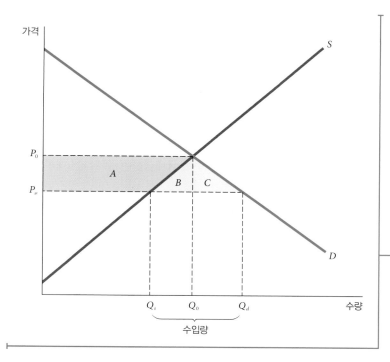

그림 9.16
수입을 막는 수입관세와 수입할당제
자유경쟁시장에서는 국내가격이 국제가격 P_w와 일치한다. 총수요량은 Q_d가 되며, 이 중 Q_s는 국내에서 공급되고 나머지는 수입된다. 수입이 불가능해지면 가격이 P_0로 상승한다. 생산자의 이익은 사다리꼴 A이며, 소비자의 손실은 $A+B+C$이다. 따라서 사중손실은 $B+C$가 된다.

와 Q_0가 된다. 그러나 국제가격 P_w가 P_0보다 낮다면 국내소비자는 해외로부터 해당 재화를 구매할 유인을 가지며, 수입이 금지되지 않는다면 수입하게 된다. 해당 재화가 수입되면 국내가격은 국제가격 P_w수준으로 하락하며, 낮아진 가격에서 국내생산은 Q_s로 감소하고 국내소비는 Q_d로 증가한다. 따라서 수입량은 국내소비량과 국내생산량의 차이인 $Q_d - Q_s$가 된다.

이제 국내생산자의 압력에 굴복하여 정부가 수입할당량을 0으로 정하여 수입을 막는다고 하자. 이러한 정책에 따른 이익과 손실은 무엇인가?

수입이 불가능하므로 국내가격은 P_0로 상승한다. 해당 재화를 여전히 구매하는 소비자들은 수입이 허용될 때의 가격에 비해 높은 가격에서 Q_0만큼 구매하므로 사다리꼴 A와 삼각형 B만큼의 소비자잉여를 잃게 된다. 또한 높아진 가격 때문에 일부 소비자는 더 이상 해당 재화를 구매하지 않으므로 삼각형 C만큼의 소비자잉여가 추가적으로 사라진다. 따라서 소비자잉여의 총변화는 다음과 같다.

$$\Delta CS = -A - B - C$$

국내생산자의 경우는 어떠한가? 국내생산량은 Q_s에서 Q_0로 증가하며, P_w보다 높은 P_0의 가격에서 해당 재화가 판매된다. 따라서 생산자잉여는 사다리꼴 A만큼 증가한다.

$$\Delta PS = A$$

따라서 총잉여의 변화 $\Delta CS + \Delta PS$는 $-B - C$가 된다. 즉 소비자의 손실이 생산자의 이익보다 커서 사중손실이 발생한다.

또한 매우 높은 관세를 부과함으로써 수입량을 0으로 줄일 수도 있다. 이 경우 관세는 P_0와 P_w의 차이와 같거나 더 커야 한다. 이러한 크기의 관세가 부과될 때 재화의 수입은 없으며, 따라서 정부는 관세수입을 얻지 못한다. 그러므로 소비자와 생산자에게 미치는 효과는 수입할당제의 경우와 같다.

일반적으로 정부의 정책은 수입을 완전히 없애지 않고 감소시키는 식으로 시행되는데, 역시 관세나 수입할당제를 활용할 수 있다. 그림 9.17은 이를 보여 준다. 자유무역하에서 국내가격은 국제가격 P_w와 일치하며, 수입량은 $Q_d - Q_s$가 된다. 이제 수입 재화 1단위당 T달러의 관세가 부과된다고 하자. 국내가격은 P^*(국제가격 + 관세)로 상승하며, 국내생산은 증가하는 대신 국내소비는 감소한다.

그림 9.17에서 관세 부과로 인한 소비자잉여의 변화는 다음과 같다.

$$\Delta CS = -A - B - C - D$$

또한 생산자잉여의 변화는 다음과 같다.

$$\Delta PS = A$$

정부는 관세에 수입량을 곱한 것만큼의 관세수입(사각형 D)을 얻는다. 따라서 총후생의 변화는 $\Delta CS + \Delta PS +$ 정부의 관세수입이 되며, 이는 $-A - B - C - D + A + D = -B - C$가 된다. 삼각형 B와 C는 수입을 제한함으로써 발생하는 사중손실의 크기를 나타낸다(B는 국내의 초과생산으로부터 발생하는 손실이며, C는 소비가 감소함으로써 발생하는 손실이다).

정부가 수입을 제한하기 위해 관세 대신 수입할당제를 사용한다고 하자. 해외생산자는 단지

그림 9.17
수입관세와 수입할당제(일반적인 경우)
수입이 감소하면 국내가격은 P_w에서 P^*로 상승한다. 이는 수입할당이나 관세 부과($T = P^* - P_w$)를 통해 달성될 수 있다. 사다리꼴 A는 국내생산자의 이익이며, $A + B + C + D$는 소비자의 손실이다. 관세가 부과되면 정부는 D만큼의 관세수입을 얻는다. 따라서 국내의 순손실은 $B + C$가 된다. 만약 수입할당제가 사용되면, 사각형 D는 외국생산자가 얻는 이윤의 일부가 되고 국내 순손실은 $B + C + D$가 된다.

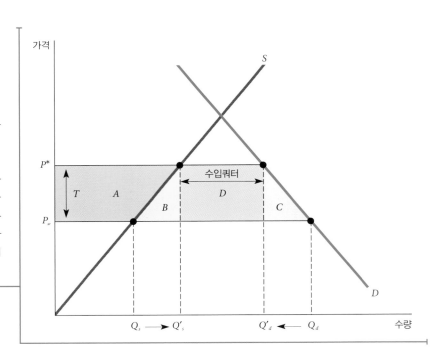

일정한 수량(그림 9.17의 $Q'_d - Q'_s$)만 국내로 수출할 수 있고, 국내 판매가격을 P^*로 설정할 수 있다. 국내 소비자잉여와 생산자잉여의 변화는 관세가 부과되는 경우와 같지만, 대신에 정부의 관세수입(사각형 D)은 이윤의 증가 형태로 해외생산자에게 돌아간다. 국가 전체적으로 보면, 사중손실 B와 C뿐만 아니라 D까지 잃게 됨으로써 관세를 부과하는 경우보다 나빠진다.[12]

이는 바로 1980년대 일본 자동차의 수입과 관련하여 발생했던 상황이다. 미국 자동차 생산자들의 압력을 받아 레이건정부는 일본정부와 "자발적 수입제한"을 협상하였다. 이 협정에 의해 일본은 자동차 수출을 스스로 제한하였다. 따라서 일본 자동차회사들은 국제가격보다 높은 가격에 자신들의 자동차를 미국에 판매할 수 있었으며, 자동차 1대당 높은 이윤을 얻을 수 있었다. 미국의 입장에서는 단순히 수입관세를 부과함으로써 더 좋은 결과를 얻을 수 있었을 것이다.

사례 9.6　설탕의 수입쿼터

최근 몇 년 동안 설탕의 국제가격은 파운드당 10~28센트로 형성되었지만 미국 내의 설탕가격은 파운드당 30~40센트를 유지하였다. 그 이유는 미국정부가 설탕 수입을 제한함으로써 $40억 규모의 국내 설탕산업을 보호하기 때문이다. 만약 미국 설탕산업이 생산비용이 낮은 해외생산자와 경쟁한다면 미국의 설탕산업은 사라지게 될 것이다. 정부의 수입제한 조치는 국내 설탕 생산자에게는 좋은 정책이었다. 그러나 이러한 정책은 일부 해외 설탕 생산자(특히 로비를 통해 상당한 수입쿼터를 배정받은 해외 설탕 생산자)에게도 좋은 정책이었다. 이런 유형의 정책들이 대부분 그렇듯이 이 정책은 미국 소

비자에게는 나쁜 정책이었다.

얼마나 나쁜 정책인지를 살펴보기 위해, 2016년의 설탕시장을 살펴보자. 다음 표는 2016년의 자료이다.[13]

이 가격과 수량에서 미국 국내 공급곡선의 가격탄력성은 1.5였고, 국내수요의 가격탄력성은 −0.3이었다.[14]

이 자료를 이용하여 직선의 수요와 공급곡선을 도출함으로써 설탕 수입쿼터의 효과를 계산할 수 있다. 179억 파운드의 생산량, 파운드당 27센트의 가격, 공급 곡선의 가격탄력성

> 2.6절에서 이러한 자료로부터 선형 수요와 공급 곡선을 도출하는 방법을 설명하였다.

12 수입할당제는 미국의 수입기업이나 무역회사에 쿼터를 할당하는 방식으로 유지될 수 있다. 이들 중개업자는 매년 일정한 양을 수입할 권리를 가지게 된다. 중개업자는 해외시장에서 P_w의 가격으로 재화를 구매하여 국내에서 P^*에 판매할 수 있기 때문에 이러한 권리는 가치를 갖는다. 따라서 이 권리의 총가치는 사각형 D로 주어진다. 만약 정부가 이 권리를 D에 해당하는 금액에 판다면, 관세를 통해 얻을 수 있는 것과 같은 크기의 수입을 얻을 수 있다. 그러나 이 권리는 그냥 주어지며, 그 돈은 중개업자에게 돌아간다.

13 출처: USDA, Sugar: World Markets and Trade, May 2016. **http://apps.fas.usda.gov/psdonline/circulars/Sugar. pdf**. Also, Sugar and Sweeteners Yearbook Tables: Tables 3b and 4, **http://www.ers.usda.gov/data-products/sugar-and-sweeteners-yearbook-tables.aspx**.

14 가격과 수량은 다음에 기초하였다. USDA's Economic Research Service. 더 많은 정보는 다음을 보라. **http://www.ers.usda.gov/Briefing/Sugar/Data.htm**. 탄력성 추정은 다음을 기초로 하였다. Morris E. Morkre and David G. Tarr, *Effects of Restrictions on United States Imports: Five Case Studies and Theory*, U.S. Federal Trade Commission Staff Report, June 1981; and F. M. Scherer, "The United States Sugar Program," Kennedy School of Government Case Study, Harvard University, 1992. 설탕 수입쿼터에 관한 일반적인 연구와 미국의 다른 농업정책에 관해서는 다음을 보라. D. Gale Johnson, *Agricultural Policy and Trade* (New York: New York University Press, 1985); and Gail L. Cramer and Clarence W. Jensen, *Agricultural Economics and Agribusiness* (New York: Wiley, 1985).

미국 국내생산량:	179억 파운드
미국 소비량:	240억 파운드
미국가격:	27센트/파운드
국제가격:	17센트/파운드

1.5를 이용하여 다음과 같은 공급곡선을 얻는다.

미국 국내의 공급: $Q_S = -8.95 + 0.99P$

수량의 단위는 십억 파운드이며, 가격은 파운드당 가격이다. 마찬가지로, 수요의 가격탄력성 −0.3과 미국 국내소비량, 가격을 이용하여 다음과 같은 수요곡선을 얻는다.

미국 국내의 수요: $Q_D = 31.20 - 0.27P$

그림 9.18은 이러한 수요와 공급 곡선을 보여 준다. 설탕의 국내 수요곡선과 공급곡선을 이용하면 17센트/파운드의 국제가격에서 미국의 국내생산은 단 약 80억 파운드, 국내소비는 약 267억 파운드가 되므로 267 − 80 = 187억 파운드가 수입되어야 한다는 것을 알 수 있다. 그러나 미국 설탕 생산자에게는 다행스럽게도 수입량은 단 61

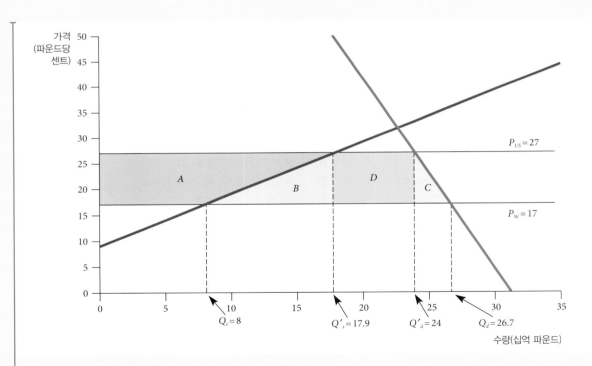

그림 9.18

2016년 설탕의 수입쿼터

파운드당 17센트의 국제가격에서 2016 미국의 설탕 소비량은 약 267억 파운드였으며, 이 중 80억 파운드를 제외하면 모두 수입되었다. 수입을 6.1억 파운드로 제한함으로써 국내가격은 10센트로 상승하였다. 소비자의 손실은 A + B + C + D로 약 $25억였으며, 국내생산자의 이득은 사다리꼴 A로 약 $13억였다. 사각형 D의 $6.1억는 쿼터를 할당받은 해외생산자의 이익이었다. 삼각형 B와 C는 사중손실을 나타내며 약 $6.31억이다.

억 파운드로 제한되었다.

설탕 수입의 제한이 미국 국내 설탕가격에 미친 영향을 파악하기 위해 미국 국내의 공급함수와 수요함수를 사용하여 공급량에서 수요량을 뺀 값을 6.1로 둔다.

$$Q_S - Q_D = (31.20 - 0.27P) - (-8.95 + 0.99P) = 6.1$$

이 식을 풀면 $P = 27.02$센트라는 것을 알 수 있다. 따라서 설탕의 수입제한은 그림에서처럼 미국 국내 설탕가격을 약 27센트로 상승시켰던 것이다.

이러한 수입제한으로 미국 소비자들이 부담한 비용은 얼마였을까? 소비자잉여의 손실의 크기는 사다리꼴 A + 삼각형 B + 삼각형 C + 사각형 D이다. 사다리꼴 A는 \$12.93억, 삼각형 B는 \$4.97억, 삼각형 C는 \$1.33억, 사각형 D는 \$6.10억로 계산된다. 따라서 2016년에 소비자들이 부담한 총비용은 약 \$25억에 달하였다.

설탕 생산자는 이러한 정책으로 얼마만큼의 이익을 얻었을까? 생산자잉여는 사다리꼴 A(약 \$13억)이다. 해외생산자는 높은 가격을 받을 수 있었으므로 \$6.10억(사각형 D)의 이익을 얻었다. 삼각형 B + 삼각형 C는 약 \$6.31억의 사중손실을 나타낸다.

지난 10여 년간 설탕 국제가격은 변동 폭이 매우 컸다. 2000년대 중반 유럽연합은 유럽산 설탕에 대한 기존의 보호를 없앴으며, 그 결과 유럽은 설탕의 순수출국에서 순수입국이 되었다. 한편 인도, 파키스탄, 중국 등 신흥공업국들의 설탕 수요는 폭발적으로 증가하였다. 이러한 국가들의 설탕 생산량은 예측하기가 어렵다. 이 국가들은 종종 설탕의 순수출국이 되기도 하지만 정부정책, 기상 조건에 따라 생산량이 줄어들면 국내수요를 충당하기 위해 설탕의 순수입국이 되기도 한다. 또한 브라질을 포함한 여러 국가들이 에탄올 생산에 설탕을 사용함에 따라 식품용으로 사용할 수 있는 설탕의 양은 더 감소하고 있다.

9.6 세금과 보조금의 효과

정부가 어떤 재화의 판매에 대해 단위당 \$1의 세금을 부과한다면 그 재화의 가격에는 어떤 변화가 나타나는가? 많은 사람들은 세금이 부과되지 않았을 때보다 재화 1단위당 \$1를 더 지불해야 하므로 가격이 \$1 상승할 것이라고 대답할 것이다. 그러나 이러한 대답은 옳지 않다.

혹은 다음과 같은 문제를 생각해 보자. 정부는 휘발유 1갤런당 50센트의 세금을 부과하고자 하는데, 세금을 징수하는 두 가지 방법을 고려하고 있다. 첫 번째 방법은 주유소 주인이 세금(50센트에 판매한 휘발유 양을 곱한 값)을 정부에 납부하도록 하는 것이며, 두 번째 방법은 소비자가 세금(50센트에 구매한 휘발유 양을 곱한 값)을 정부에 납부하도록 하는 것이다. 둘 중 어떤 방법이 소비자에게 더 많은 비용을 발생시킬 것인지를 물어본다면 많은 사람들은 두 번째 방법이라고 대답할 것이다. 그러나 이 대답도 틀린 것이다.

세금의 부담(또는 보조금의 혜택)은 일부는 소비자에게, 일부는 생산자에게 돌아간다. 또한 누가 실제로 세금을 내는가는 세금의 부담과는 전혀 관계가 없다. 첫 번째 방법이든 두 번째 방법이든 소비자가 부담하는 세액은 똑같다. 곧 살펴보겠지만, 소비자가 부담하는 세금의 몫은 수요곡선과 공급곡선의 모습에 따라, 더 정확하게 말해 수요곡선과 공급곡선의 탄력성의 상대적 크기에 따라 달라진다. 첫 번째 질문을 살펴보면, 재화 1단위당 부과되는 \$1의 세금으로 그 재화의 가격은 상승한다. 그러나 가격은 \$1보다는 적게 상승하며 경우에 따라서는 훨씬 적게 상승한다. 수요곡선과 공급곡선을 이용하여 세금이 부과된다면 소비자와 생산자는 어떤 영향을 받으며 가격과 수량은 어떻게 되는지를 살펴본다.

종량세의 효과 문제를 단순화하기 위해 판매되는 재화 1단위당 일정한 금액이 부과되는 **종량세**(specific tax)를 고려한다. 종량세와는 대조적으로 주정부가 부과하는 판매세와 같은 종가세(ad valorem tax) 또는 비례세(proportional tax)도 있다. (종가세를 사용하더라도 결과는 거의 같다.) 종량세의 예로는 연방정부나 주정부가 휘발유와 담배에 부과하는 세금을 들 수 있다.

정부가 어떤 재화 1단위당 t센트의 세금을 부과한다고 해 보자. 모든 사람들이 법을 준수한다면 정부는 판매되는 재화 1단위당 t센트를 받아야 한다. 이는 구매자가 지불하는 가격이 판매자가 받는 순 가격(net price)보다 t센트만큼 높다는 것을 의미한다. 그림 9.19는 이러한 단순한 관계와 그 의미를 보여 준다. P_0와 Q_0는 세금이 부과되기 전의 시장가격과 수량을 나타낸다. P_b는 구매자가 지불하는 가격이며, P_s는 세금이 부과된 후에 판매자가 받는 순 가격이다. $P_b - P_s = t$임을 확인하라.

세금이 부과된 후에 시장의 수급량은 어떻게 결정되며, 구매자와 판매자는 각각 얼마만큼의 세금을 부담하는가? 먼저, 구매자는 자신이 지불하는 가격인 P_b를 고려한다. 구매자가 구매하는 수량은 수요곡선에 의해 주어지는데, 가격 P_b에서 수요곡선이 나타내는 양이다. 마찬가지로 판매자는 자신이 받는 순 가격 P_s을 고려한다. 생산자가 생산해서 판매하는 수량은 P_s의 가격에서 공급곡선이 나타내는 양이다. 끝으로 구매량과 판매량은 일치해야 한다. 따라서 세금이 부과된 후의 시장 수급량을 알기 위해서는 가격 P_b에서 수요곡선이 나타내는 양과 가격 P_s에서 공급곡선이 나타내는 양을 찾아야 하며, $P_b - P_s$는 세금 t의 크기와 같다. 그림 9.19에서 보듯이 그 수량은 Q_1로 결정된다.

누가 세금을 부담하는가? 그림 9.19의 경우에는 구매자와 판매자가 거의 똑같은 크기의 세금을 부담한다. 시장가격(구매자가 지불하는 가격)은 세금의 절반 정도 상승하며, 판매자가 받는 가격은 세금의 절반 정도 하락한다.

그림 9.19가 나타내듯이 세금이 부과된 후 시장균형은 네 가지 조건이 만족되어야 한다.

그림 9.19

세금의 귀착

P_b는 소비자가 지불하는 (세금이 포함된) 가격이다. P_s는 판매자가 받는 가격으로 세금을 뺀 것이다. 여기서 세금의 부담은 소비자와 판매자 사이에 균등하게 나누어진다. 소비자는 $A + B$만큼 잉여를 잃으며, 판매자는 $D + C$만큼 잃는다. 그리고 정부는 $A + D$만큼 수입을 얻는다. 사중손실은 $B + C$이다.

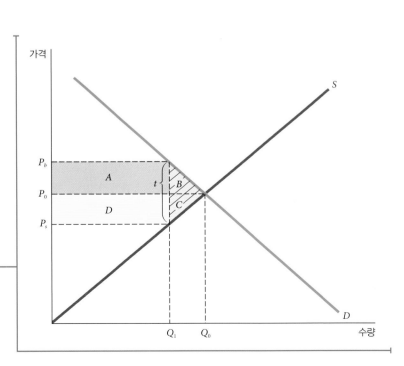

1. 판매량과 구매자가 지불하는 가격 P_b는 수요곡선상에 있어야 한다(왜냐하면 구매자는 자신이 지불하는 가격만 고려하기 때문이다).

2. 판매량과 판매자의 가격 P_s는 공급곡선상에 있어야 한다(왜냐하면 판매자는 세금을 빼고 자신이 받는 금액만 고려하기 때문이다).

3. 수요량은 공급량과 일치해야 한다(그림에서 Q_1).

4. 구매자가 지불하는 가격과 판매자가 받는 가격의 차이는 세금 t와 같아야 한다.

이러한 조건들은 다음의 네 방정식으로 요약된다.

$$Q^D = Q^D(P_b) \tag{9.1a}$$
$$Q^S = Q^S(P_s) \tag{9.1b}$$
$$Q^D = Q^S \tag{9.1c}$$
$$P_b - P_s = t \tag{9.1d}$$

만약 수요곡선 $Q^D(P_b)$, 공급곡선 $Q^S(P_s)$, 그리고 세금의 크기 t를 안다면, 구매자의 가격 P_b와 판매자의 가격 P_s에 대해 이 식들을 풀 수 있으며, 수요량과 공급량도 파악할 수 있다. 이 값들은 쉽게 찾을 수 있는데, 사례 9.7에서 구해 본다.

그림 9.19는 세금이 발생시키는 **사중손실**도 보여 준다. 구매자는 높아진 가격을 지불하므로 소비자잉여의 변화는 다음과 같다.

$$\Delta CS = -A - B$$

판매자는 낮아진 가격을 받으므로 생산자잉여 역시 다음과 같이 변한다.

$$\Delta PS = -C - D$$

정부의 세금수입은 tQ_1으로서 사각형 A와 D의 합이다. 후생의 총변화는 $\Delta CS + \Delta PS +$ 정부의 수입이며, 따라서 $-A - B - C - D + A + D = -B - C$가 된다. 삼각형 B와 C는 세금로 인해 발생하는 사중손실을 나타낸다.

그림 9.19에서 구매자와 판매자가 부담하는 세금의 크기는 거의 똑같다. 그러나 항상 이와 같은 결과가 나타나는 것은 아니다. 만약 수요가 상대적으로 비탄력적이고, 공급이 상대적으로 탄력적이라면 세금은 대부분 구매자가 부담하게 된다. 그림 9.20(a)는 그 이유를 보여 주고 있다. 수요량을 조금 줄이기 위해 가격은 상대적으로 크게 증가해야 하지만 공급량을 줄이려면 가격이 약간만 하락해도 된다. 예를 들어 담배는 중독성이 있으므로 수요의 탄력성이 작다(약 -0.4). 따라서 연방과 주 정부의 담배세는 대부분 담배 구매자가 부담한다.[15] 한편, 그림 9.20(b)는 이와 반대인 경우를 보여 주고 있다. 만약 수요가 상대적으로 탄력적이고 공급이 상대적으로 비탄력적이라면 세금은 대부분 판매자가 부담하게 된다.

---

[15] Daniel A. Sumner and Michael K. Wohlgenant, "Effects of an Increase in the Federal Excise Tax on Cigarettes," *American Journal of Agricultural Economics* 67 (May 1985): 235–42.

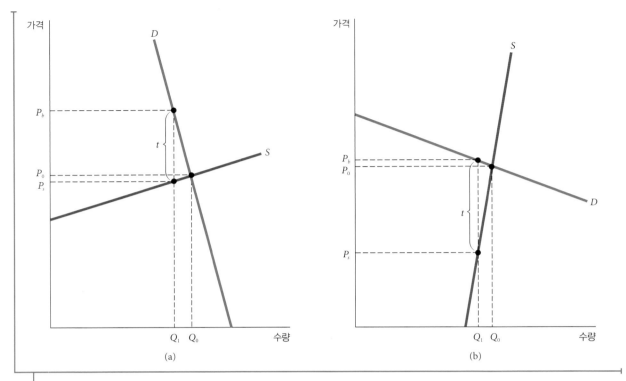

그림 9.20

세금의 효과는 수요곡선과 공급곡선의 탄력성에 의존한다

(a) 만약 수요가 공급에 비해 매우 비탄력적이라면 세금은 대부분 구매자가 부담하게 된다.

(b) 만약 수요가 공급에 비해 매우 탄력적이라면 세금은 대부분 판매자가 부담하게 된다.

수요곡선과 공급곡선 전체에 대해서가 아니라 곡선상의 한 점 또는 좁은 범위의 가격과 수량에서의 수요와 공급의 탄력성을 알더라도 누가 세금을 더 많이 부담하게 되는지는 대략 알 수 있다. (세금이 실제로 부과되고 있는 경우이든, 정책수단으로 고려되고 있는 경우이든 관계없이) 일반적으로, E_d/E_s가 작다면 세금의 대부분을 구매자가 부담하며, E_d/E_s가 크다면 대부분을 판매자가 부담한다.

"세금전가(passing-through)" 공식을 이용하면 구매자가 부담하는 세금의 비율을 계산할 수 있다.

$$세금전가 비율 = E_s/(E_s - E_d)$$

이 공식은 세금 중 어느 정도가 가격 인상이라는 형태로 소비자에게 전가되는지를 알려 준다. 예를 들어 수요가 완전비탄력적이어서 $E_d = 0$이라면, 세금전가 비율의 값은 1이 되며 세금을 전부 구매자가 부담하게 된다. 수요가 완전탄력적이라면 세금전가 비율의 값은 0이 되며 생산자가 세금을 전부 부담하게 된다[생산자가 부담하는 비율은 $-E_d/(E_s - E_d)$가 된다].

보조금의 효과

보조금(subsidy)의 효과도 세금의 경우와 같은 방법으로 분석될 수 있다. 실제로 보조금은 음(−)의 세금이라고 생각할 수 있다. 보조금이 지급되는 경우에는 판매자가 받는 가격은 구매자가 지불하는 가격보다 높아지며 이 둘 간의 차이가 보조금의 크기가 된다. 보조금이 생산량과 소비량에 미치는 효과는 세금의 효과와는 정반대이다. 시장의 수급량은 증가한다.

그림 9.21은 보조금의 경우를 보여 준다. 보조금이 지불되기 전의 시장가격 P_0에서 수요와 공급의 탄력성은 거의 같다. 따라서 구매자와 판매자는 보조금의 혜택을 거의 똑같이 나누어 가진다. 그렇지만 세금의 경우와 마찬가지로 항상 이와 같은 결과가 나타나는 것은 아니다. 일반적으로 E_d/E_s가 작다면 보조금의 혜택 대부분을 구매자가 가져가며, E_d/E_s가 크다면 판매자가 대부분을 가져간다.

세금의 경우와 마찬가지로 수요곡선, 공급곡선, 보조금의 크기 s가 주어진다면 그에 따라 나타나는 시장의 가격과 수량을 구할 수 있다. 세금의 경우와 마찬가지로 보조금의 경우에도 시장균형을 위해 동일한 네 가지 조건이 필요하다. 다만, 이번에는 판매자 가격과 구매자 가격의 차이가 보조금의 크기가 된다. 이러한 조건들은 다음의 4개의 방정식으로 나타낼 수 있다.

$$Q^D = Q^D(P_b) \tag{9.2a}$$
$$Q^S = Q^S(P_s) \tag{9.2b}$$
$$Q^D = Q^S \tag{9.2c}$$
$$P_s - P_b = s \tag{9.2d}$$

이 장의 마지막에 있는 연습문제 2번과 14번과 같은 문제를 풀어 보면 세금이나 보조금의 효과를 분석하는 데 도움이 될 것이다.

보조금 구매자의 가격을 판매자의 가격보다 낮게 만드는 지원금, 즉 음(−)의 세금

2.5절에서 수요는 종종 단기에서보다 장기에서 더욱 가격탄력적이라고 설명하였다. 왜냐하면 사람들이 그들의 소비습관을 바꾸는 데는 시간이 걸리고 그리고(혹은) 한 재화에 대한 수요는 느리게 변하는 다른 재화의 저장량과 연관이 있을 수도 있기 때문이다.

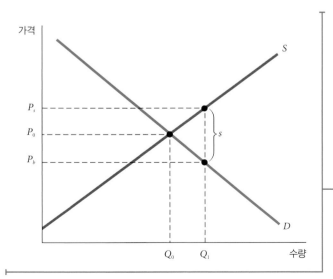

그림 9.21
보조금
보조금은 음(−)의 세금으로 생각할 수 있다. 세금과 마찬가지로 보조금의 혜택은 수요와 공급의 상대적인 탄력성에 따라 구매자와 판매자가 나누어 가진다.

사례 9.7 휘발유에 대한 세금

휘발유에 높은 세금을 부과함으로써 정부의 조세수입을 늘리고 원유의 소비량을 줄이며 수입원유 의존도를 줄이려는 계획은 미국에서 여러 해 동안 논의되어 왔다. 휘발유 1갤런당 $1의 세금부과가 휘발유의 가격과 소비량에 미치는 영향을 살펴보자.

휘발유 평균가격이 갤런당 약 $3이고, 총소비량이 연간 약 1,400억 갤런이었던 2015~2016년의 시장 자료를 바탕으로 분석한다.[16] 또 가격 변화가 발생한 후 약 3~4년 기간에 걸쳐 나타나는 탄력성을 의미하는 중기(intermediate-run) 가격탄력성을 사용한다.

휘발유 수요에 대한 합리적인 중기 가격탄력성의 추정치는 −0.5이다(제2장의 사례 2.6 참조). 이러한 탄력성의 값, 갤런당 $3의 가격, 연간 1,400억 갤런의 수요량 자료를 이용하여 직선의 수요곡선을 구할 수 있는데, 다음 식과 같다.

휘발유의 수요: $Q^D = 209 - 23P$

> 선형곡선에 대한 계산 과정은 2.6절을 참조하라. 가격과 수량 데이터, 그리고 수요와 공급의 탄력성 추정이 주어지면, 2단계의 과정을 이용하여 수요량과 공급량을 구할 수 있다.

휘발유는 원유에서 정제되며 원유는 미국 내에서 일부 생산되고 일부는 수입된다(일부 휘발유는 직접 수입되기도 한다). 따라서 휘발유의 공급곡선은 원유의 국제가격, 미국 국내 원유공급량, 정제비용에 영향을 받는다. 공급곡선의 가격탄력성은 대략 0.4 정도로 나타난다. 이러한 탄력성의 값, 갤런당 $3의 가격, 연 1,400억 갤런의 공급량 자료를 이용하여 다음과 같은 직선의 공급곡선을 구할 수 있다.

휘발유의 공급: $Q^S = 83 + 19P$

이러한 수요곡선과 공급곡선을 통하여 시장균형가격과 균형수량은 각각 $3/갤런과 연간 1,400억 갤런으로 나타난다.

이 곡선들을 이용하면 갤런당 $1의 휘발유 세금 부과에 따른 효과를 계산할 수 있다. 먼저, 네 가지 조건을 방정식으로 나타낸다.

$$Q^D = 209 - 23P_b \quad \text{(수요)}$$
$$Q^S = 83 + 19P_s \quad \text{(공급)}$$
$$Q^D = Q^S \quad \text{(수요량과 공급량은 일치해야 한다)}$$
$$P_b - P_s = 1.00 \quad \text{(정부는 갤런당 \$1의 수입을 얻는다)}$$

이제 처음 3개의 식을 사용하여 다음과 같은 관계를 얻는다.

$$209 - 23P_b = 83 + 19P_s$$

마지막 식은 $P_b = P_s + 1.00$로 표현되므로 이를 위의 식 P_b에 대입하여 다음과 같은 관계를 얻는다.

$$209 - 23(P_s + 1.00) = 83 + 19P_s$$

이를 다시 정리하여 P_s를 구하면 다음과 같다.

$$19P_s + 23P_s = 209 - 23 - 83$$
$$45P_s = 103, \text{ 즉 } P_s = 2.45$$

$P_b = P_s + 1.00$이므로 $P_b = 3.45$이다. 마지막으로 수요곡선이나 공급곡선을 이용해 시장의 균형수량을 구한다. 수요곡선에 $P_b = 3.45$를 대입하면 $Q = 209 - 23(3.45) = 209 - 79.35$이며, 따라서 $Q = 129.65$, 즉 약 연간 1,300억 갤런이다. 이는 휘발유 소비량이 7% 감소한다는 것을 보여 준다. 그림 9.22는 세금의 효과를 보여 준다.

$P_b = 3.45$이고 $P_s = 2.45$이므로 세금의 부담은 소비자와 생산자에게 거의 똑같이 나누어진다. 소비자는 갤런당 약 45센트의 세금을 지불하며, 생산자는 갤런당 약 55센트의 세금을 낸다. 따라서 소비자와 생산자 모두 이러한 세금에 대해 반대했으며, 정치인들도 이러한 세금부과가 제안됐을 때마다 이의 시행을 거부했던 것이다. 그러나 이 세금을 통해 정부수입은 크게 증가한다. 연간 조세수입은 $tQ = (1.00)(130) = $1,300억나 된다.

---

[16] 출처: U.S. Energy Information Agency, **http://www.eia.gov/petroleum/gasdiesel/**. 물론 가격은 지역과 휘발유의 등급에 따라 달라지지만 여기서는 이를 무시할 수 있다. 원유와 원유 제품의 수량은 배럴로 측정된다. 1배럴은 42갤런이므로 연간 1,400억 갤런은 연간 33억 배럴로 쓸 수도 있다.

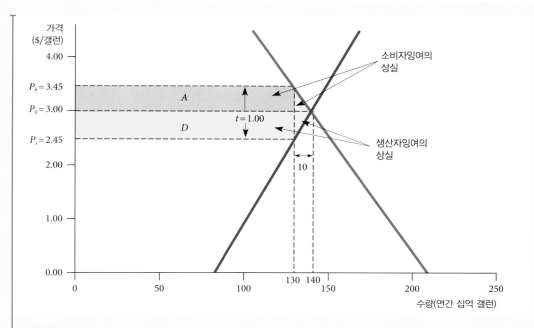

그림 9.22

휘발유세 $1의 효과

휘발유의 가격은 갤런당 $3.00에서 $3.45로 상승하며, 판매량은 1,400억 갤런에서 1,300억 갤런으로 줄어든다. 연간 세금 수입은 (1.00)(130) = $1,300억이다. 사중손실을 나타내는 두 삼각형은 연간 $50억이다.

그러나 소비자와 생산자가 부담하는 비용은 정부의 세금수입 $1,300억보다 많다. 그림 9.22는 이 세금으로 인한 사중손실의 크기를 2개의 삼각형으로 보여 준다. 두 사각형 A와 D는 정부가 징수하는 세금의 크기이며, 소비자와 생산자가 잃는 총손실은 이보다 크다.

휘발유에 대한 세금부과가 바람직한 것인지 아닌지를 판단할 때는 우선 세금부과로 발생하는 사중손실을 고려해야 하는데, 그림 9.22에서 쉽게 계산할 수 있다.

$$(1/2) \times (\$1\,/\,\text{갤런}) \times (100\text{억 갤런}\,/\,\text{년}) = \$50\text{억}/\text{년}$$

사중손실의 크기는 정부 조세수입의 약 4%가 되며 이는 세금이 가져다줄 수 있는 혜택과 비교되어야 한다.

요약

1. 간단한 수요-공급 모형을 이용하여 가격규제, 최저가격제, 가격지지정책, 생산량 할당제, 생산량을 제한하는 유인정책, 수입 관세와 할당제, 그리고 세금과 보조금 등 다양한 정부정책을 분석할 수 있다.

2. 각 사례에서는 소비자와 생산자에게 발생하는 이익과 손실을 평가하기 위해 소비자잉여와 생산자잉여를 이용하였다. 천연가스에 대한 가격규제, 항공산업에 대한 규제, 밀에 대한 가격지지정책, 설탕에 대한 수입할당제 등의 사례에서는 이익과 손실이 상당히 클 수 있다는 사실을 발견하였다.

3. 정부가 세금을 부과하거나 보조금을 지급할 때는 일반적으로 가격은 세금의 크기나 보조금의 크기만큼

상승하거나 하락하지 않는다. 또한 세금의 부담이나 보조금은 소비자와 생산자에게 나누어져서 귀착된다. 각 그룹이 부담하거나 지급받는 비율은 수요와 공급의 탄력성의 상대적 크기에 따라 결정된다.

4. 일반적으로 정부의 개입은 사중손실을 발생시킨다. 소비자잉여와 생산자잉여가 동일하게 취급하더라도 잉여를 한 그룹에서 다른 그룹으로 이전시키는 정부의 정책은 순손실을 발생시킬 수 있다. 어떤 경우에는 사중손실의 크기가 작지만, 어떤 경우(예를 들어 가격지지와 수입 할당)에는 클 수 있다. 사중손실은 정책

의 고안과 실행에서 반드시 고려해야 하는 경제적 비효율성의 한 형태이다.

5. 경쟁시장에 대한 정부의 개입이 항상 나쁜 것은 아니다. 정부와 정부가 대표하는 사회는 경제적 효율성이 아닌 다른 목적을 가질 수 있다. 한편 정부의 개입을 통해 경제적 효율성이 개선되는 경우도 있다. 외부성과 시장실패의 경우가 그 예이다. 이러한 상황과 이에 대한 정부의 대응 방법에 대해서는 제17장과 제18장에서 살펴볼 것이다.

복습문제

1. 사중손실은 무엇을 의미하는가? 가격상한제가 사중손실을 발생시키는 이유는 무엇인가?

2. 한 재화의 공급곡선이 완전비탄력적이라고 하자. 정부가 시장청산가격보다 낮은 수준에서 가격상한을 설정한다면 사중손실이 발생하는가? 설명하라.

3. 가격상한이 소비자를 더 나은 상태로 만들 수 있는가? 어떤 조건하에서 소비자를 이전보다 나쁜 상태로 만드는가?

4. 정부가 어떤 재화의 가격을 일정한 최저 수준 아래로 내려가지 못하도록 규제한다고 하자. 그러한 가격하한에 의해 생산자는 전체적으로 전보다 못한 상태가 될 수 있는가? 설명하라.

5. 다음의 재화나 서비스의 가격을 상승시키기 위해서 실제로 생산량 제한은 어떻게 이용되는가? (a) 택시 이용, (b) 식당이나 술집에서 파는 술, (c) 밀 또는 옥

수수

6. 정부가 농업생산자들의 소득을 증가시키려고 한다. 가격지지나 경작지 제한정책이 단순히 농업생산자들에게 돈을 주는 것보다 더 많은 비용을 사회적으로 발생시키는 이유는 무엇인가?

7. 정부가 어떤 재화의 수입량을 제한하려고 한다. 수입할당제나 관세를 이용하는 것이 바람직한가? 그 이유는 무엇인가?

8. 세금은 소비자와 생산자가 나누어 부담한다. 어떤 상황에서 소비자가 세금의 대부분을 부담하게 되는가? 어떤 상황에서 생산자가 세금의 대부분을 부담하게 되는가? 소비자가 얻는 보조금 혜택의 크기는 어떻게 결정되는가?

9. 세금이 사중손실을 발생시키는 이유는 무엇인가? 사중손실의 크기는 무엇에 의해 결정되는가?

연습문제

1. 미국 의회는 자주 최저임금을 인상시켰다. 일부 사람들은 정부가 고용주에게 보조금을 지불한다면 근로자에게 높은 임금을 지불하는 것을 도울 수 있다고 주장하였다. 이 문제는 최저임금과 임금에 대한 보조금에 관한 질문이다. 비숙련노동자의 공급곡선이 다

음과 같다고 하자.

$$L^S = 10w$$

여기서 L^S는 비숙련노동자의 수(백만 명/년), w는 임금률(달러/시간)이다. 노동에 대한 수요는 다음과 같다.

$$L^D = 80 - 10w$$

a. 자유로운 시장에서 형성되는 임금률과 고용수준은 얼마인가? 정부가 시간당 $5의 최저임금을 설정한다면 얼마나 많은 사람이 고용되는가?

b. 최저임금 대신에 정부가 고용자 1인당 1시간에 $1의 보조금을 지불한다고 하자. 총고용량은 얼마가 되는가? 또, 균형임금률 수준은 어떻게 되는가?

2. 어떤 재화의 시장에서 수요곡선과 공급곡선은 다음과 같다.

수요: $P = 10 - Q$

공급: $P = Q - 4$

여기서 P는 단위당 가격, Q는 수량(천 개)이다.

a. 시장의 균형가격과 수량은?

b. 정부가 이 재화의 소비를 줄이고 정부의 조세수입도 늘리기 위해서 단위당 $1의 세금을 부과한다고 하자. 새로운 균형수량은 얼마인가? 소비자가 지불하는 가격은? 단위당 생산자가 받는 금액은?

c. 정부가 입장을 바꿔 그동안 부과하던 세금을 없애고 그 대신 생산자들에게 단위당 1달러의 보조금을 지불하기로 결정한다고 하자. 균형수량은 얼마인가? 구매자가 지불하는 가격은? (보조금을 포함하여) 판매자가 1단위당 받는 금액은? 정부가 부담하는 총비용은?

3. 일본의 쌀 생산비용은 매우 높은데, 그 이유는 부분적으로는 토지의 높은 기회비용과 대규모 생산에 의한 규모의 경제를 누리지 못하는 데 있다. 일본정부가 쌀 생산량을 유지하기 위해 사용하는 다음의 두 가지 정책을 분석하라. (1) 생산되는 쌀 1파운드당 보조금 지급, (2) 수입쌀에 대한 파운드당 관세의 부과. 수요곡선과 공급곡선의 그래프를 이용하여 각 정책에 따른 균형가격과 균형수량, 국내 쌀 생산량, 정부의 수입이나 적자, 사중손실을 보여라. 일본정부는 어떤 정책을 더 선호할 것으로 생각되는가? 일본 농업생산자들은 어떤 정책을 더 선호할 것으로 생각되는가?

4. 1983년에 레이건정부는 현물지급정책(Payment-in-Kind Program)이라는 새로운 농업정책을 도입하였다. 이 정책의 운용에 대해 밀시장을 통해서 살펴보자.

a. 수요함수는 $Q^D = 28 - 2P$, 공급함수는 $Q^S = 4 + 4P$라고 하자. 여기서 P는 밀의 부셸당 가격이며, Q는 십억 부셸 단위로 표시된 수량이다. 시장균형가격과 균형수량을 구하라.

b. 정부는 밀 생산량을 경쟁시장의 생산량에 비해 25% 정도 감축시키려고 한다. 이를 위해 밀 경작지를 줄이는 농업생산자에게 대가를 지불하는데, 대가는 돈으로 지불되는 것이 아니라 정부가 보유하고 있는 밀로 지불된다. 그 밀은 이전의 가격지지정책을 통해 정부가 비축한 것이다. 포기한 경작지에서 생산될 수 있는 양만큼의 밀이 보상으로 주어진다. 농업생산자들은 자신이 받은 밀을 시장에서 팔 수 있다. 이러한 정책하에서 농업생산자들은 밀을 얼마나 생산하는가? 정부에 의해 시장에 간접적으로 공급되는 밀의 양은 얼마인가? 새로운 시장가격은? 농업생산자들이 얻는 이익의 크기는? 소비자가 얻는 이익이나 손실은?

c. 만약 정부가 보유하던 밀을 농업생산자들에게 다시 돌려주지 않았다면 그대로 저장하거나 폐기처분했을 것이다. 납세자는 이 정책으로 인해 이익을 보는가? 이 정책의 잠재적인 문제점은 무엇인가?

5. 미국에서는 매년 약 1억 파운드의 젤리빈(jelly bean)이 소비되며, 가격은 파운드당 약 50센트이다. 그러나 젤리빈 생산자들은 그들의 소득이 너무 적다고 생각하여 정부에게 가격지지정책이 필요함을 호소하였다. 이에 따라 정부는 젤리빈의 가격을 파운드당 $1로 유지시키기에 필요한 양만큼의 젤리빈을 구매할 예정이다. 그러나 정부의 경제학자들은 젤리빈의 수요곡선과 공급곡선의 탄력성에 대한 자료가 없기 때문에 이 정책의 효과에 대해 우려를 표명하였다.

a. 이 정책에 따른 정부의 비용은 연간 $5천만보다 많을 수 있는가? 어떤 상황에서 연간 $5천만보다

적은 비용이 발생하는가? 그래프를 사용하여 설명하라.

b. 이 정책은 소비자에게 연간 $5천만보다 많은 비용(소비자잉여의 상실)을 발생시킬 수 있는가? 어떤 상황에서 연간 $5천만보다 적은 비용이 발생하는가? 그래프를 사용하여 설명해 보라.

6. 제2장의 연습문제 4번에서는 경쟁적인 세계시장에서 거래되는 식물성 섬유가 파운드당 $9의 국제가격에 미국으로 수입되는 경우를 살펴보았다. 여러 수준의 가격에서 미국 국내의 수요량과 공급량은 다음 표와 같다.

가격	미국 국내의 공급 (백만 파운드)	미국 국내의 수요 (백만 파운드)
3	2	34
6	4	28
9	6	22
12	8	16
15	10	10
18	12	4

미국 시장에 대한 다음 질문에 답하라.

a. 수요곡선은 $Q^D = 40 - 2P$이고, 공급곡선은 $Q^S = 2/3P$임을 확인하라.

b. 무역에 대한 아무런 제한이 없다면, 미국의 수입량은 1,600만 파운드임을 확인하라.

c. 만약 미국정부가 파운드당 $3의 관세를 부과한다면, 미국의 국내가격과 수입량은 얼마가 되는가? 미국정부가 관세로 벌어들이는 수입은 얼마인가? 사중손실의 크기는?

d. 만약 미국정부가 관세 대신에 수입 할당량을 800만 파운드로 정한다면 미국의 국내가격은 얼마가 되는가? 수입 할당이 미국의 식물성 섬유 소비자에게 발생시키는 비용의 크기는? 미국 생산자가 얻는 이익은?

7. 미국은 현재 커피를 전량 수입하고 있다. 미국 소비자의 연간 커피 수요는 수요곡선 $Q = 250 - 10P$로 주어진다. Q는 백만 파운드 단위로 측정된 수량이며, P는 파운드당 시장가격이다. 세계 각국의 커피 생산자들은 자신들이 생산한 커피를 파운드당 일정한 한계비용(=평균비용) $8에 미국 내 유통업자들에게 수출한다. 미국 유통업자들은 이에 다시 파운드당 일정한 비용 $2를 포함하여 유통시킨다. 미국 커피시장은 경쟁시장이다. 미국 의회는 커피 수입에 대해 파운드당 $2의 관세 부과를 고려하고 있다.

a. 관세가 부과되지 않는다면, 소비자는 커피 1파운드당 얼마를 지불하는가? 수요량은 얼마인가?

b. 관세가 부과된다면, 소비자는 커피 1파운드당 얼마를 지불하는가? 수요량은 얼마인가?

c. 상실하는 소비자잉여를 계산하라.

d. 정부가 세금수입을 계산하라?

e. 관세는 사회 전체적으로 순이익을 가져오는가, 혹은 순손실을 가져오는가?

8. 어떤 광물이 매우 경쟁적인 국제시장에서 온스당 $9에 거래되고 있다. 이 가격에서 미국은 원하는 양만큼을 수입할 수 있다. 미국 국내공급곡선은 $Q^S = 2/3P$이다. Q^S는 국내생산량(백만 온스), P는 국내가격이다. 미국 국내수요곡선은 $Q^D = 40 - 2P$이다. Q^D는 국내수요량(백만 온스)이다.

최근 미국 국내 산업은 온스당 $9의 수입관세로 보호되고 있다. 그러나 외국정부의 압력으로 인해 미국정부는 관세 철폐를 계획 중이다. 이에 위협을 느낀 이 산업의 생산자들은 연간 수입량을 800만 온스에 제한하도록 외국정부의 자발적 수출제한을 협상할 것을 요구하고 있다.

a. $9의 관세가 부과될 때 미국 국내가격은 얼마가 되는가?

b. 만약 미국정부가 관세를 없애고 자발적 수출제한 협정이 승인된다면 미국 국내가격은 얼마가 되는가?

9. 미국 의회가 정기적으로 검토하는 세제개편안에서는 증류주에 대한 추가적인 세금부과가 고려되고 있

다. 이 세금은 맥주에는 적용되지 않는다. 증류주의 공급의 가격탄력성은 4.0이고, 수요의 가격탄력성은 −0.2이다. 증류주가격에 대한 맥주 수요의 교차탄력성은 0.1이다.

a. 만약 새로운 세금이 부과된다면 증류주의 공급자와 수요자 중 누가 세금을 더 많이 부담하는가? 그 이유는 무엇인가?

b. 맥주의 공급이 무한탄력적이라고 하자. 새로운 세금은 맥주시장에 어떤 영향을 미치는가?

10. 사례 9.1에서는 천연가스에 대한 가격규제가 가져오는 이득과 손실을 계산했으며, $56.8억의 사중손실이 발생한다는 것을 보았다. 이는 원유가격이 배럴당 $50일 때의 크기이다.

a. 만약 원유가격이 배럴당 $60라면, 천연가스의 경쟁시장가격은 얼마가 되는가? 만약 천연가스에 대한 최고가격이 1천 입방피트당 $3로 규제된다면 사중손실의 크기는 얼마가 되는가?

b. 천연가스의 경쟁시장가격이 $3가 되도록 하는 원유가격은 얼마인가?

11. 사례 9.6은 설탕에 대한 수입쿼터의 효과를 설명하고 있다. 2016년에 설탕의 수입은 61억 파운드로 제한되었으며, 이에 따라 미국 국내가격은 파운드당 27센트로 상승하였다. 수입쿼터가 100억 파운드로 확대되었다고 하자.

a. 새로운 미국 국내가격은?

b. 소비자가 얻는 이득과 국내생산자가 입는 손실은?

c. 사중손실에 미치는 효과와 외국생산자에게 미치는 효과는?

12. 후라빈(hula bean)의 국내공급곡선과 국내수요곡선은 다음과 같다.

$$공급: P = 50 + Q$$
$$수요: P = 200 - 2Q$$

여기서 P는 파운드당 센트로 표시된 가격이며, Q는 백만 파운드 단위로 측정된 수량이다. 세계 후라빈시장에서 미국은 규모가 작은 생산자이고, 현재의 가격(이 가격은 어떤 것에도 영향을 받지 않는다)은 파운드당 60센트이다. 미국 의회는 파운드당 40센트의 관세부과를 고려하고 있다. 관세가 부과될 경우 미국 국내의 후라빈의 가격은? 관세가 발생시키는 국내소비자와 국내생산자의 이익이나 손실, 그리고 미국정부의 관세수입을 계산하라.

13. 현재 미국의 사회보장급여세(social security payroll tax)는 고용주와 고용인이 똑같이 부담한다. 고용주는 그들이 지불하는 임금의 6.2%를 정부에 내고, 고용인은 그들이 받는 임금의 6.2%를 낸다. 만약 고용주가 12.4% 전부를 지불하고 고용인은 세금을 전혀 지불하지 않는다면 고용인은 전보다 나아지는가?

14. 세금이 어떤 재화에 부과되면 그 부담은 생산자와 소비자에게 나누어진다. 또한 자동차의 수요는 자동차의 마모에 따른 교체 수요에 영향을 받는다. 갑자기 자동차에 20%의 특별 판매세가 부과된다고 하자. 세금 중 소비자가 부담하는 부분은 시간이 경과함에 따라 증가하는가, 감소하는가, 변하지 않는가? 간단히 설명하라. 50센트의 휘발유 세금이 부과되는 경우에는 어떻게 되는가?

15. 2011년에 미국인들은 160억 갑의 담배를 피웠으며, 1갑당 평균 $5의 소매가격을 지불하였다.

a. 공급탄력성의 값이 0.5, 수요탄력성의 값이 −0.4일 때 직선의 담배 수요곡선과 공급곡선을 구하라.

b. 미국의 경우 담배는 연방정부의 과세 대상이며, 2011년에 1갑당 약 $1였다. 이 세금은 시장청산가격과 수량에 어떤 영향을 미치는가?

c. 소비자는 얼마만큼의 연방세금을 지불하는가? 생산자는 얼마만큼의 연방세금을 지불하는가?

PART 3
시장구조와 경쟁전략

제3부에서는 여러 종류의 시장에 대해 살펴보는데, 기업의 가격, 투자 및 생산량에 대한 결정은 시장구조와 경쟁기업의 행동에 의해 어떻게 영향을 받는지를 설명한다.

제10장과 제11장에서는 단일 공급자나 단일 수요자가 가격에 영향력을 행사할 수 있는 능력을 의미하는 **시장지배력**(market power)에 대해 살펴본다. 시장지배력은 어떻게 발생하며, 기업에 따라 시장지배력은 어떻게 차이가 나며, 기업의 시장지배력이 소비자와 생산자의 후생에는 어떻게 영향을 미치며, 정부는 기업의 시장지배력을 어떻게 제한할 수 있는지 등에 대하여 살펴본다. 또한 기업이 자신의 시장지배력을 최대한으로 이용하기 위하여 가격과 광고에 관한 전략을 어떻게 설계하는지에 대해서도 살펴본다.

제12장과 제13장에서는 기업의 수가 한정된 시장을 다룬다. 많은 기업들이 차별화된 제품을 판매하는 **독점적 경쟁시장**(monopolistic competition)부터 기업들이 의사결정을 서로 조정하여 마치 하나의 독점기업처럼 행동하는 **카르텔**(cartel)에 이르기까지 여러 종류의 시장에 대해 살펴본다. 특히 소수의 기업들만 존재하는 시장에 대하여 보다 자세히 살펴본다. 그러한 시장에서는 각 기업은 가격, 생산, 투자를 결정하는 데 있어서 경쟁기업이 어떻게 반응할 것인가를 염두에 두어야 한다. 이러한 기업의 전략적 행위를 분석하기 위해서 게임이론의 원리를 적용한다.

제14장에서는 노동과 원자재를 거래하는 생산요소시장이 어떻게 작동하는지를 살펴본다. 기업이 생산요소 투입을 결정하는 과정과 생산요소시장의 구조가 이러한 결정에 어떻게 영향을 미치는지에 대해 살펴본다. 제15장에서는 자본투자결정을 분석한다. 기업은 투자에 따른 미래의 이윤을 어떻게 측정하며, 미래의 이윤을 투자의 비용과 비교하여 투자 여부를 결정하는 방법에 대해서도 살펴본다. 이러한 분석은 개인이 자동차나 가전제품을 구매하거나 교육에 투자하는 행위를 분석하는 데도 그대로 적용될 수 있다.

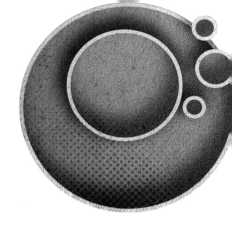

CHAPTER 10

시장지배력: 공급독점과 수요독점

완전경쟁시장에서는 하나의 재화를 생산하고 소비하는 많은 공급자와 수요자가 있기 때문에 개별 공급자나 수요자는 시장가격에 영향을 미치지 못한다. 시장의 수요와 공급의 힘이 가격을 결정한다. 개별 기업은 시장가격을 주어진 것으로 간주하고 얼마만큼을 생산하여 공급할 것인가를 결정하며, 소비자도 시장가격은 주어진 것으로 간주하고 얼마만큼을 구매할 것인가를 결정한다.

이 장에서 다루는 (공급)독점과 수요독점은 완전경쟁과는 정반대의 경우이다. (공급)**독점**(monopoly)은 시장에 단 하나의 공급자가 있으며, 다수의 수요자가 있는 경우를 말한다. 반대로 **수요독점**(monopsony)은 시장에 단 하나의 수요자만 있으며, 다수의 공급자가 있는 경우를 말한다. 독점과 수요독점은 상당히 밀접한 관련이 있기 때문에 이 장에서 함께 살펴본다.

이 장에서는 우선 독점기업(monopolist)의 행위에 대해 살펴본다. 독점기업은 어떤 제품의 유일한 생산자이므로 시장수요곡선 자체가 바로 독점기업이 직면하는 수요곡선이 된다. 시장수요곡선은 독점기업이 받는 가격과 독점기업의 생산량을 직접 연결시켜 준다. 우리는 독점기업이 가격에 대한 자신의 지배력을 어떻게 이용할 수 있는지를 살펴보며, 독점기업의 이윤을 극대화하는 가격과 수량이 경쟁시장의 경우와는 어떻게 다른지를 살펴본다.

일반적으로 경쟁시장의 수량과 가격과 비교하여 독점시장의 수량은 적으며 가격은 높다. 따라서 경쟁시장의 경우와 비교할 때 독점시장에서는 제품을 구매하는 소비자의 수는 줄어들며 더 높은 가격을 지불하므로 사회적인 비용이 발생한다. 이러한 이유 때문에 시장이 독점화되는 것을 막기 위한 반독점법이 존재한다. 생산에 있어서 규모의 경제가 존재하여 독점적 생산자를 허용하는 것이 바람직하다면(예를 들어 지역 전력회사) 정부는 독점적 생산자가 설정하는 가격을 규제함으로써 효율성을 증진시킬 수 있음을 살펴본다.

하나의 기업만이 해당 재화를 생산·공급하는 순수독점시장(pure monopoly)은 드물다. 오히려 몇몇 기업들이 서로 경쟁하는 시장구조가 일반적이

독점 공급자가 하나인 시장

수요독점 수요자가 하나인 시장

다. 그러한 시장에서 기업 간의 상호작용은 매우 복잡한 양상을 나타낼 수 있으며, 많은 경우에 제12장과 제13장에서 살펴볼 전략적 게임(strategic gaming)의 측면을 포함한다. 이런 시장의 기업들은 시장가격에 영향을 미칠 수 있으며, 한계비용보다 높은 가격을 책정하는 것이 이익이 됨을 안다. 이런 기업들은 **독점력**(monopoly power)을 가지는데, 독점력을 발생시키는 원인과 독점력의 크기를 측정하는 방법, 그리고 독점력이 가격에 대해 갖는 의미에 대해 살펴본다.

다음으로는 **수요독점**에 대해 살펴본다. 경쟁적인 구매자와는 달리, 수요독점기업은 자신의 수요량에 따라 다른 가격을 지불한다. 수요독점기업의 문제는 수요로부터 자신이 얻는 순편익(net benefit: 수요로부터 얻는 가치에서 수요를 위해 지불하는 금액을 뺀 것)을 극대화하는 수요량을 선택하는 것이다. 수요독점기업의 선택이 어떻게 이루어지는지를 파악함으로써 수요독점기업과 (공급)독점기업 사이에는 상당한 유사성이 있음을 알 수 있다.

순수 수요독점시장 또한 아주 드물지만 소수의 수요자가 있는 시장은 많은데, 수요자들은 시장이 경쟁시장인 경우에 지불해야 하는 가격보다 낮은 가격을 지불하고 해당 재화를 구매할 수 있다. 이런 수요자들은 **수요독점력**(monopsony power)을 가진다. 수요독점력은 생산요소시장에서 주로 나타난다. 예를 들어 미국의 최대 자동차 제조회사인 제너럴모터스사는 타이어, 자동차 배터리, 기타 자동차 부품시장에서 수요독점력을 가진다. 이와 같은 수요독점력을 발생시키는 원인과 수요독점력을 측정하는 방법, 그리고 가격설정에 있어서 수요독점력의 함의에 대해 살펴본다.

시장지배력 판매자 또는 구매자가 재화의 가격에 영향을 미칠 수 있는 능력

공급독점력과 수요독점력은 **시장지배력**(market power)의 두 가지 유형인데, 시장지배력이란 공급자 또는 수요자가 재화의 가격에 영향을 미칠 수 있는 능력을 의미한다.[1] 현실의 시장에서는 공급자나 수요자가 적어도 어느 정도의 시장지배력을 가지므로 시장지배력은 어떻게 작동하며, 또한 시장지배력은 생산자와 소비자에게 어떤 영향을 미치는지를 이해할 필요가 있다.

10.1 독점

한 제품의 유일한 생산자로서 독점기업은 독특한 위치에 있다. 만약 독점기업이 자기 제품의 가격을 올리고자 한다면 그는 경쟁기업이 더 낮은 가격을 책정함으로써 자신의 시장을 뺏어 가는 것을 염려할 필요가 없다. 독점기업이 바로 시장 자체이며, 독점기업은 시장에 공급되는 재화의 양을 완전히 통제한다.

그러나 이러한 사실은 이윤극대화를 추구하는 독점기업이 자기가 원하는 어떤 가격이든 마음대로 책정할 수 있다는 것을 의미하지 않는다. 예를 들어 이 책을 예로 들어 보자. 피어슨코리아는 이 책에 대한 저작권을 가지므로 이 책의 독점생산자이다. 그러나 이 책을 10만 원에 팔지는 않는다. 왜냐하면 그 가격에 이 책을 살 사람은 거의 없을 것이며, 그에 따라 피어슨코리아사의 이윤도 크게 줄어들기 때문이다.

이윤을 극대화하기 위해 독점기업은 먼저 자신의 비용과 시장수요의 특징을 파악해야 한다.

---

1 법원은 반독점법에 위배될 정도의 상당하고 지속적인 시장지배력을 표현하기 위해 "독점력(monopoly power)"이라는 용어를 사용한다. 하지만 이 책에서는 편의상 "독점력"을 다르게 사용하는데, 즉 그 크기에 상관없이 공급자의 시장지배력을 나타내는 의미로 사용한다.

수요와 비용에 대한 정확한 정보는 기업이 합리적인 의사결정을 내리는 데 있어서 매우 중요하다. 그러한 정보를 바탕으로 독점기업은 얼마만큼을 생산해서 판매할 것인가를 결정해야 한다. 생산량이 결정되면 독점기업이 제품 단위당 받는 가격은 시장수요곡선으로부터 바로 알 수 있다. 또는 독점기업은 가격을 결정할 수도 있으며, 그 가격에서 얼마만큼을 판매할 수 있는지를 시장수요곡선에서 바로 확인할 수 있다.

평균수입과 한계수입

독점기업의 경우 판매되는 제품 1단위당 수입을 의미하는 **평균수입**은 바로 시장수요곡선이다. 이윤을 극대화하는 생산량을 결정하기 위해서 독점기업은 자신의 **한계수입**(marginal revenue)을 알아야 한다. 한계수입은 1단위를 더 공급할 때 발생하는 총수입의 변화분이다. 총수입, 평균수입, 한계수입 간의 관계를 파악하기 위해 다음과 같은 독점기업의 수요곡선을 고려해 보자.

$$P = 6 - Q$$

표 10.1은 이 수요곡선에서 도출되는 총수입, 한계수입, 평균수입의 변화를 보여 준다. 가격이 $6일 때는 공급량은 0이므로 총수입은 0이 된다. 가격이 $5일 때는 1단위가 공급되므로 총수입과 한계수입은 각각 $5가 된다. 공급량이 1단위에서 2단위로 증가하면 총수입은 $5에서 $8로 증가하므로 한계수입은 $3가 된다. 공급량이 2단위에서 3단위로 증가할 때 한계수입은 $1로 줄어든다. 그리고 공급량이 3단위에서 4단위로 증가하면 한계수입은 음의 값을 갖는다. 한계수입이 양의 값을 가지는 한, 공급량이 증가함에 따라 총수입은 증가하지만 한계수입이 음의 값을 가진다면 공급량이 증가함에 따라 총수입은 감소한다.

우하향하는 수요곡선의 경우에는 가격(평균수입)은 한계수입보다 큰데, 그것은 모든 공급량은 같은 가격에 판매되기 때문이다. 예를 들어 판매량을 1단위 증가시키기 위해서는 가격이 하락해야 한다. 이 경우 추가적인 1단위뿐만 아니라 판매되는 모든 재화에 하락한 가격이 적용되므로 그로부터의 수입은 줄어든다. 가령 표 10.1에서 공급량이 1단위에서 2단위로 증가할 때 가격은 $4로 하락하며 한계수입은 $3가 된다. 이는 $4(추가적으로 1단위를 더 공급함으로써 얻는 수입)

한계수입 생산량을 1단위 증가시킴에 따른 총수입의 변화

8.3절에서는 한계수입이란 생산량이 1단위 증가함에 따라 수입이 얼마나 증가하는지를 측정한다고 설명하였다.

표 10.1	총수입, 한계수입, 평균수입			
가격(P)	수량(Q)	총수입(R)	한계수입(MR)	평균수입(AR)
$6	0	$0	–	–
5	1	5	$5	$5
4	2	8	3	4
3	3	9	1	3
2	4	8	−1	2
1	5	5	−3	1

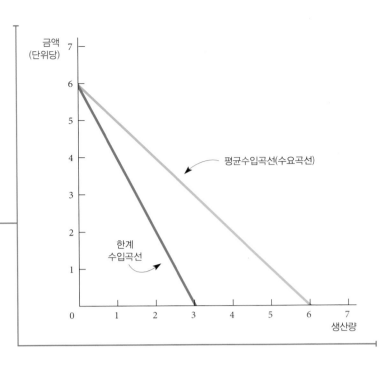

그림 10.1
평균수입과 한계수입
수요곡선이 $P = 6 - Q$일 때의 평균수입곡선과 한계수입곡선이 그려져 있다.

에서 $1(처음의 1단위를 $5가 아닌 $4에 판매함에 따른 수입의 감소)를 뺀 것이다. 따라서 한계수입($3)은 가격($4)보다 적다.

그림 10.1은 표 10.1의 평균수입과 한계수입을 그래프로 나타낸 것이다. 수요곡선이 직선인 경우에는 한계수입곡선의 기울기는 수요곡선의 기울기의 2배가 되며, 두 곡선의 절편은 같다.[2]

독점기업의 생산량 결정

독점기업은 얼마만큼을 생산해야 하는가? 제8장에서 설명한 바와 같이 기업은 이윤을 극대화하기 위하여 한계수입과 한계비용을 일치시키는 생산량을 생산해야 한다. 이 원칙은 독점기업에게도 그대로 적용된다. 그림 10.2가 보여 주듯이 시장수요곡선 D는 독점기업의 평균수입곡선이다. 수요곡선은 독점기업이 받는 생산물 단위당 가격을 생산량의 함수로 나타낸다. 그림 10.2에는 주어진 수요곡선에 상응하는 한계수입곡선 MR, 평균비용곡선 AC, 한계비용곡선 MC도 나타난다. 한계수입과 한계비용은 생산량 Q^*에서 같아진다. 수요곡선에서 생산량 Q^*에 상응하는 가격 P^*를 파악할 수 있다.

기업의 이윤이 Q^*의 생산량에서 극대화되는 이유는 무엇인가? 그림 10.2에서 독점기업이 Q^*보다 적은 Q_1을 생산하여 높은 가격 P^*를 받는다면 한계수입은 한계비용보다 커진다. 이때 독점기업이 생산량을 Q_1보다 조금 증가시킨다면 (MR − MC)만큼의 추가적인 이윤을 얻게 되므로

7.1절에서 한계비용은 산출량 1단위 증가에 따른 변동비용의 변화분이라고 설명하였다.

2 가격이 수량의 함수가 되도록 수요곡선을 나타내면 $P = a - bQ$가 되므로 총수입은 $PQ = aQ - bQ^2$이 된다. 미분을 사용하면 한계수입은 $d(PQ)/dQ = a - 2bQ$로 구해진다. 이 예에서 수요곡선은 $P = 6 - Q$이고 한계수입은 MR $= 6 - 2Q$가 된다. 이러한 관계는 Q가 매우 적은 양으로 변할 때 성립하는 관계이므로 표 10.1에 나타난 숫자와 정확히 일치하지는 않는다.

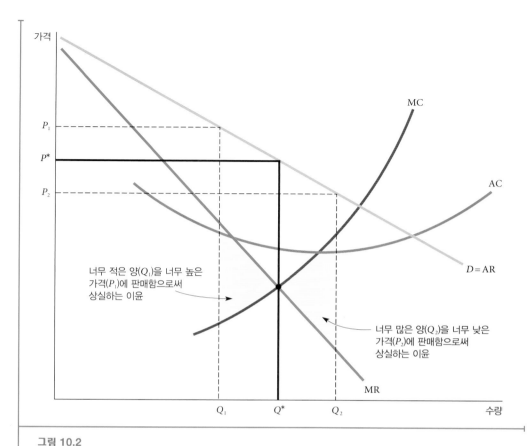

그림 10.2

한계수입과 한계비용이 같아질 때 이윤은 극대화된다

Q^*는 MR = MC가 성립하는 생산량이다. 기업이 Q^*보다 적은 양 Q_1을 생산한다면 기업은 추가적으로 얻을 수 있는 일부 이윤을 포기하는 것이다. 즉 Q_1과 Q^* 사이의 생산량에서는 재화를 생산하여 판매함에 따라 추가적으로 얻는 이윤이 그 재화를 생산하는 추가적인 비용을 초과한다. 이와 유사하게 생산량을 Q_2로 증가시키면 이윤은 감소하는데, 그것은 추가적인 수입에 비해 추가적인 비용이 더 발생하기 때문이다.

총이윤은 증가한다. 이와 같이 생산량이 Q^*에 이를 때까지 생산량을 계속 증가시킴으로써 총이윤을 증가시킬 수 있다. Q^*에서는 추가적으로 1단위를 더 생산하여 얻는 추가적인 이윤이 0이 된다. 따라서 Q^*보다 적은 생산량 Q_1에서는 독점기업은 Q^*를 생산할 때에 비해 가격을 받을 수는 있지만 이윤이 극대화되지는 않는다. 만약 독점기업이 Q_1을 생산한다면 독점기업이 얻는 이윤은 Q_1과 Q^* 사이에서 MR곡선의 아래와 MC곡선의 위에 있는 면적만큼 줄어든다.

생산량이 Q^*보다 많을 때에도 이윤은 극대화되지 않는다. 예를 들어 Q_2에서는 한계비용이 한계수입보다 크다. 따라서 만약 독점기업이 생산량을 Q_2보다 줄인다면 자신의 이윤을 (MC − MR)만큼 증가시킬 수 있다. 생산량이 Q^*에 이를 때까지 계속 생산량을 감소시킨다면 이윤은 점점 증가한다. Q_2에서 생산량을 축소하여 Q^*를 생산함에 따라 기업이 추가적으로 얻는 이윤의 크기는 Q^*와 Q_2 사이에서 MC곡선 아래와 MR곡선 위에 있는 면적으로 표시된다.

수식을 통해서도 Q^*가 이윤극대화 생산량임을 확인할 수 있다. 이윤(π)은 총수입과 총비용의 차이이다. 총수입과 총비용은 모두 생산량 Q에 따라 변한다.

$$\pi(Q) = R(Q) - C(Q)$$

$Q = 0$에서 시작하여 생산량이 증가한다면 이윤은 최대가 될 때까지 증가한 후에 감소하기 시작한다. 따라서 이윤을 극대화하는 생산량 Q는 생산이 증가함에 따라 추가적으로 발생하는 이윤의 크기가 0이 될 때의 생산량이다. 즉 $\Delta\pi/\Delta Q = 0$일 때의 생산량으로서 다음의 조건을 만족시키는 생산량이다.

$$\Delta\pi/\Delta Q = \Delta R/\Delta Q - \Delta C/\Delta Q = 0$$

여기서 $\Delta R/\Delta Q$는 한계수입이며, $\Delta C/\Delta Q$는 한계비용이다. 따라서 이윤을 극대화하기 위한 조건은 MR - MC = 0, 즉 MR = MC이다.

예시

한 가지 예를 이용하여 이 결과를 명확하게 이해해 보자. 생산비용이 다음과 같다고 하자.

$$C(Q) = 50 + Q^2$$

따라서 고정비용은 \$50이고, 변동비용은 Q^2이다. 수요곡선은 다음과 같다고 하자.

$$P(Q) = 40 - Q$$

한계수입과 한계비용을 일치시킴으로써 생산량 $Q = 10$일 때 이윤이 극대화된다는 사실을 알 수 있다. 수요곡선으로부터 이 생산량에 상응하는 가격은 \$30이 된다.[3]

비용, 수입, 이윤은 그림 10.3(a)에 표시된다. 기업의 생산량이 0이거나 아주 적을 때에는 고정비용 때문에 이윤은 음(-)이 된다. Q가 증가함에 따라 이윤은 증가하며 $Q^* = 10$에서 이윤은 \$150의 최댓값에 도달한다. 생산량이 이보다 많아지면 이윤은 줄어들기 시작한다. 이윤이 극대화되는 점에서 총수입곡선과 총비용곡선의 기울기는 똑같아진다(접선 rr'와 cc'는 서로 평행한다). 총수입곡선의 기울기는 $\Delta R/\Delta Q$로서 한계수입에 해당한다. 총비용곡선의 기울기는 $\Delta C/\Delta Q$이며 이는 한계비용에 해당한다. 한계수입과 한계비용이 일치할 때 이윤은 극대화되므로 생산량 $Q^* = 10$에서 이 두 선의 기울기는 같아진다.

그림 10.3(b)는 그림 10.3(a)에 상응하는 평균수입곡선과 한계수입곡선, 평균비용곡선과 한계비용곡선을 보여 준다. 한계수입곡선과 한계비용곡선은 $Q^* = 10$에서 서로 만난다. 이 생산량에서 생산물 단위당 평균비용은 \$15이고, 생산물 단위당 가격은 \$30이다. 따라서 단위당 평균이윤은 \$30 - \$15 = \$15가 된다. 10단위가 공급되므로 이윤은 (10)(\$15) = \$150가 되는데, 이는 노란

---

3 평균비용은 $C(Q)/Q = 50/Q + Q$이며, 한계비용은 $\Delta C/\Delta Q = 2Q$이다. 수입은 $R(Q) = P(Q)Q = 40Q - Q^2$이므로 한계수입은 MR $= \Delta R/\Delta Q = 40 - 2Q$가 된다. 한계수입과 한계비용을 일치시키면 이윤극대화 생산량 $Q = 10$을 구할 수 있다.

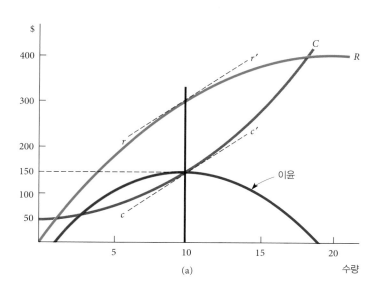

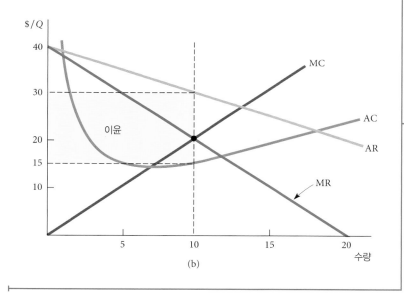

그림 10.3

이윤극대화의 예

(a)는 총수입 R과 총비용 C, 그리고 둘 간의 차이인 이윤을 나타낸다. (b)는 평균수입과 한계수입, 그리고 평균비용과 한계비용을 보여 준다. 한계수입은 총수입곡선의 접선의 기울기이며, 한계비용은 총비용곡선의 접선의 기울기이다. 이윤극대화 생산량은 $Q^* = 10$인데, 한계수입과 한계비용이 같아지는 생산량이다. 이 생산량에서 이윤곡선의 접선의 기울기는 0이 되며, 총수입곡선과 총비용곡선의 접선의 기울기는 같아진다. 생산물 단위당 이윤은 $15로서 평균수입과 평균비용 간의 차이에 해당한다. 모두 10단위가 생산되므로 이윤은 $150가된다.

색 사각형의 면적에 해당한다.

가격설정의 어림원칙

한계수입과 한계비용이 일치하도록 가격과 생산량을 결정해야 한다는 것은 알지만 실제로 기업의 경영자는 이러한 가격과 생산량을 어떻게 파악할 수 있는가? 대부분의 경영자는 자기 기업의 평균수입곡선과 한계수입곡선에 대해 제한된 정보만 가진다. 마찬가지로 자기 기업의 한계비용도 일정한 범위의 생산량에 대해서만 알 수 있다. 따라서 한계수입이 한계비용과 일치해야 한다는 조건을 실제로 쉽게 적용할 수 있는 어림원칙이 필요하다.

이를 위해, 우선 한계수입을 다음과 같이 표현해 보자.

$$MR = \frac{\Delta R}{\Delta Q} = \frac{\Delta(PQ)}{\Delta Q}$$

생산물을 추가적으로 1단위 더 생산함에 따라 발생하는 추가적인 수입 $\Delta(PQ)/\Delta Q$는 다음과 같은 두 가지 요소로 구성된다.

1. 생산물 1단위를 더 생산하여 P의 가격에서 판매할 때 증가하는 수입은 $(1)(P) = P$가 된다.
2. 그러나 기업이 직면하는 수요곡선은 우하향하므로 1단위를 더 판매하기 위해서 가격은 $\Delta P/\Delta Q$만큼 조금 내려가야 한다. 이는 판매하는 모든 수량으로부터 얻는 수입이 전보다 줄어든다는 것을 의미한다. 따라서 총수입은 $Q(\Delta P/\Delta Q)$만큼 줄어든다.

따라서 다음의 관계를 얻을 수 있다.

$$MR = P + Q\frac{\Delta P}{\Delta Q} = P + P\left(\frac{Q}{P}\right)\left(\frac{\Delta P}{\Delta Q}\right)$$

수요의 탄력성에 대해서는 2.4절과 4.3절에서 설명하고 있다.

수요의 가격탄력성은 $E_d = (P/Q)(\Delta Q/\Delta P)$로 정의되므로 위 식에서 우변의 $(Q/P)(\Delta P/\Delta Q)$는 이윤극대화 생산량에서 측정된 수요의 가격탄력성의 역수$(1/E_d)$이다. 따라서 다음과 같이 나타낼 수 있다.

$$MR = P + P(1/E_d)$$

기업의 목적은 이윤극대화이므로 한계수입을 한계비용과 일치시키면 다음의 관계를 얻는다.

$$P + P(1/E_d) = MC$$

이를 다시 정리하면 다음과 같다.

$$\frac{P - MC}{P} = -\frac{1}{E_d} \tag{10.1}$$

위의 관계는 가격책정을 위한 어림원칙을 보여 준다. 왼쪽 항의 $(P - MC)/P$은 가격 대비 가격과 한계비용의 차이이다. 이 관계는 가격과 한계비용의 차이를 가격으로 나눈 값이 수요의 가격탄력성의 역수와 같아야 함을 보여 준다[수요의 가격탄력성 값은 음$(-)$이므로 이 수치의 값은 양$(+)$이 된다].[4] 이 식을 다시 정리하면, 가격과 한계비용을 연계시키는 다음의 관계를 얻을 수 있다.

---

4 이러한 관계는 이윤극대화 점에서 성립한다는 점을 주목할 필요가 있다. 만약 수요의 가격탄력성과 한계비용이 고려 대상인 생산량의 범위에서 크게 벗어난다면 최적 생산량을 파악하기 위해서는 수요곡선과 한계비용곡선 전체에 대한 정보가 있어야 한다. 한편 이 공식은 특정한 생산량과 가격이 이윤극대화를 가져오는 최적 생산량과 가격에 해당하는지를 확인하는 데 사용할 수 있다.

$$P = \frac{MC}{1 + (1/E_d)} \qquad (10.2)$$

예를 들어 수요의 가격탄력성이 −4이고 한계비용이 $9라면 이윤극대화 가격은 $9/(1 − 1/4) = $9/0.75 = $12가 된다.

이제 독점기업이 설정하는 가격은 경쟁시장에서의 시장가격과 얼마나 차이가 나는지를 살펴보자. 제8장에서 살펴보았듯이 완전경쟁시장에서의 시장가격은 한계비용과 같다. 따라서 독점기업은 한계비용보다 높은 수준에서 가격을 책정한다. 이때 가격과 한계비용의 차이는 가격탄력성의 역수의 값에 따라 달라진다. 식 (10.1)은 만약 수요가 매우 가격탄력적이라면 E_d는 매우 큰 음(−)의 값을 가지므로 가격은 한계비용과 거의 같아진다. 이러한 경우 독점시장의 결과는 경쟁시장과 거의 같다. 실제로 수요가 매우 탄력적이라면 독점기업이 추가적으로 얻는 이익은 거의 없다.

또한 독점기업은 수요곡선상의 비탄력적 부분, 즉 수요의 가격탄력성의 절댓값이 1보다 작은 부분에 해당하는 생산량은 선택하지 않는다. 그 이유를 살펴보기 위해 독점기업이 수요곡선상에서 수요의 가격탄력성이 −0.5인 점에서 생산한다고 하자. 이 경우 독점기업은 생산량을 줄여서 높은 가격에 판매함으로써 자신의 이윤을 증가시킬 수 있다. 예를 들어 10%의 판매량 감소로 가

8.1절에서 보았듯이 완전경쟁기업은 가격과 한계비용이 같아지도록 생산량을 선택한다.

사례 10.1 아스트라-머크사의 가격설정

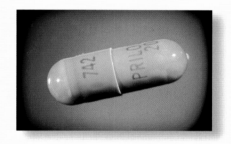

아스트라-머크(Astra-Merck)사는 1995년에 프릴로섹(Prilosec)이라는 차세대 위궤양 치료제를 개발하였다. 이미 시장에는 다른 약들이 있었는데, 타가메트(Tagamet), 잔탁(Zantac), 펩시드(Pepcid), 액시드(Axid)는 각각 1977년, 1983년, 1986년, 1988년에 시장에 출시되었다. 이 네 가지 치료제는 모두 위산의 분비를 감소시키는 약이었다. 그러나 프릴로섹은 매우 다른 생화학적 메커니즘에 기초한 약으로서 기존 약에 비해 효능이 훨씬 뛰어났다. 1996년 프릴로섹은 전 세계적으로 가장 잘 팔리는 약이 되었으며 이 약과 경쟁할 만한 치료

제는 없었다.[5]

1995년에 아스트라-머크사는 프릴로섹 하루분을 약 $3.5에 공급한 반면에 타가메트나 잔탁의 가격은 각각 $1.5와 $2.25였다. 이러한 가격은 식 (10.1)에 따른 가격책정 방식과 일치하는가? 프릴로섹 생산의 한계비용은 하루분 기준으로 30~40센트에 불과하였다. 통계적 분석을 통해 구한 프릴로섹 수요의 가격탄력성은 −1.0에서 −1.2 사이에 있었다. 따라서 프릴로섹의 가격을 한계비용 대비 400% 넘도록 책정하는 것은 어림원칙과 일치한다.

5 프릴로섹은 스웨덴의 아스트라사와 미국의 머크사 간의 합작투자에 의해 개발되었으며 1989년에 처음 출시되었다. 처음에는 역류성 식도염의 치료제로 허가받았지만 1991년에는 단기적인 위궤양 치료제로 사용이 허용되었다. 그 후 1995년에는 만성 위궤양 치료제로 허가받으면서 시장이 크게 확대되었다. 1998년에 아스트라사는 프릴로섹에 대한 권리 중 머크의 지분을 사들였다. 1999년 아스트라사는 제네카(Zeneca)라는 회사를 인수하여 현재는 아스트라제네카사가 되었다. 2001년에 아스트라제네카사는 프릴로섹의 판매로 $49억의 수입을 올렸는데, 세계에서 가장 많이 판매된 처방약으로 자리 잡았다. 프릴로섹에 대한 아스트라제네카사의 특허권 소멸이 가까워지면서 이 회사는 새로운 위궤양 치료제인 넥시움(Nexium)을 출시하였다. 넥시움은 2006년에 약 $57억가 판매되어 세계에서 세 번째로 많이 팔린 약이 되었다.

격은 20% 상승하며, 따라서 수입은 10% 증가한다. 만약 한계비용이 0보다 크다면 생산량을 줄임에 따라 생산비용이 감소하기 때문에 이윤은 10% 이상 증가한다. 독점기업이 판매량을 줄이고 가격을 올림에 따라 수요곡선상에서 수요의 가격탄력성의 절댓값 크기가 1보다 큰 점으로 이동하여 식 (10.2)를 만족시키게 된다.

그런데 한계비용이 0일 때는 이윤극대화를 위한 가격결정에 식 (10.2)의 관계를 바로 사용할 수 없다. 그러나 식 (10.1)로부터 독점기업은 이윤극대화를 위해 수요의 가격탄력성 크기가 정확하게 −1이 되는 점에서 생산해야 함을 알 수 있다. 한계비용이 0이라면 이윤극대화는 총수입(매출액) 극대화와 같으며, 또한 총수입은 $E_d = -1$일 때 극대화되기 때문이다.

4.3절의 표 4.3에서는 가격이 상승할 때 소비자의 총지출액(따라서 기업의 총수입)은 수요가 가격비탄력적이면 증가하고, 탄력적이면 감소하며, 단위탄력적이면 일정하다고 설명하였다.

수요의 이동

경쟁시장의 경우에는 공급량과 가격 사이에 명확한 관계가 있다. 이 관계는 **공급곡선**으로 나타나며, 제8장에서 보았듯이 시장공급곡선은 해당 산업 전체의 한계비용을 나타낸다. 공급곡선은 각 가격수준에서 생산자들이 얼마만큼을 공급할 것인지를 알려 준다.

이와는 달리, 독점시장에는 **공급곡선이 없다**. 다시 말해, 독점시장에서는 가격과 생산량 사이에 일대일의 관계가 존재하지 않는다. 그 이유는 독점기업의 생산량은 한계비용에 의해 달라질 뿐만 아니라 수요곡선의 모양에 의해서도 영향을 받기 때문이다. 따라서 경쟁시장의 경우와 같이 수요가 이동함에 따라 공급곡선을 따라서 나타나는 가격과 생산량의 궤적은 나타나지 않는다. 그 대신 수요의 이동은 생산량의 변화는 없으면서 가격만 변하는 경우, 가격은 변하지 않으면서 생산량만 변하는 경우, 생산량과 가격이 모두 변하는 경우 등 다양한 결과를 초래할 수 있다.

10.4(a)와 그림 10.4(b)에서 이를 볼 수 있다. 두 그림에서 처음의 수요곡선은 D_1이며 이에 따른 한계수입곡선은 MR_1이다. 독점기업의 처음 가격과 생산량은 P_1과 Q_1이다. 그림 10.4(a)에서 수요곡선은 아래로 이동하면서 기울기가 줄어드는데, 새로운 수요곡선은 D_2이며 새로운 한계수입곡선은 MR_2이다. 여기서는 MR_1과 MR_2가 같은 점에서 한계비용곡선과 만난다. 따라서 생산량은 $Q_1 = Q_2$로 동일하며, 가격만이 P_2로 하락한다.

그림 10.4(b)에서 수요곡선은 위로 이동하면서 기울기가 줄어든다. 이제 새로운 한계수입곡선 MR_2가 한계비용곡선과 만나는 점에서의 생산량은 Q_1이 아니라 Q_2가 된다. 이 경우에는 수요곡선은 이동했지만 가격 P_2는 전과 같은 수준에서 결정된다.

수요의 이동은 일반적으로 가격과 수량 모두를 변화시킨다. 그러나 그림 10.4가 보여 주는 것과 같이 특별한 경우에는 독점적 공급과 경쟁적 공급 사이에 매우 큰 차이가 있음을 알 수 있다. 경쟁적 산업에서는 각 가격에 상응하는 공급량이 정해진다. 그러나 독점시장에서는 이런 관계가 나타나지 않으며, 독점기업은 수요가 이동함에 따라 같은 가격에서 다른 생산량을 공급할 수도 있고 다른 가격으로 같은 생산량을 공급할 수도 있다.

세금의 효과

9.6절에서는 종량세란 판매되는 재화 1단위당 일정한 금액이 부과되는 세금이며, 종량세가 가격과 수량에 미치는 효과를 설명하였다.

독점산업의 경우에는 생산물에 부과되는 세금의 효과도 경쟁산업의 경우와는 다를 수 있다. 제9장에서 설명한 바와 같이 종량세가 부과될 때 경쟁산업에서는 시장가격이 세금보다는 적게 상승하며, 세금은 소비자와 공급자가 나누어 부담한다. 그러나 독점시장의 경우에는 경우에 따라서

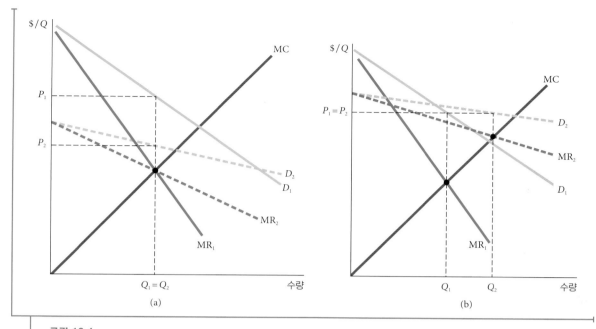

그림 10.4

수요의 이동

수요곡선의 이동을 살펴보면 독점시장에는 공급곡선이 없다는 것을 알 수 있는데, 즉 가격과 생산량 간에는 일대일의 관계가 나타나지 않는다. (a)에서 수요곡선 D_1이 새로운 수요곡선 D_2로 이동한다면 새로운 한계수입곡선 MR_2가 한계비용곡선과 만나는 점은 처음의 한계수입곡선 MR_1가 한계비용곡선과 만나는 점과 같아진다. 따라서 가격이 P_1에서 P_2로 하락하더라도 이윤극대화 생산량은 변하지 않는다. (b)의 경우에는 새로운 한계수입곡선 MR_2가 한계비용곡선과 만나는 점에서 생산량은 Q_2로 증가한다. 그런데 수요가 보다 탄력적이 되므로 가격은 변하지 않는다.

는 세금 부과로 인해 가격은 세금의 크기보다 더 많이 오를 수도 있다.

세금이 독점기업에 미치는 효과에 대한 분석은 간단하다. 재화 1단위당 t달러의 세금이 부과된다면 독점기업은 판매하는 재화 1단위마다 t달러의 세금을 정부에 납부해야 한다. 따라서 독점기업의 한계(및 평균)비용은 세금의 크기만큼 증가한다. 독점기업의 초기 한계비용을 MC로 두면 최적 생산량은 다음과 같은 조건을 만족해야 한다.

$$MR = MC + t$$

그림 10.5가 보여 주듯이 세금 부과는 한계비용곡선을 t만큼 위로 이동시키며, 새로운 이윤극대화 생산량은 이동한 한계비용곡선과 한계수입곡선이 만나는 점에서 결정된다. 그림에서 P_0와 Q_0는 각각 세금이 부과되기 전의 가격과 생산량이며, P_1과 Q_1은 각각 세금이 부과된 후의 가격과 생산량을 나타낸다.

한계비용곡선이 위로 이동함에 따라 생산량은 감소하고 가격은 상승한다. 경우에 따라서는 가격이 세금보다 적게 상승하지만 항상 그렇지는 않다. 그림 10.5는 가격이 세금보다 더 많이 상승하는 경우를 보여 준다. 이런 현상은 경쟁시장에서는 나타날 수 없지만 독점시장에서는 가격과

8.2절에서는 기업은 한계수입과 한계비용이 일치하는 점에서 생산량을 선택함으로써 이윤을 극대화한다고 설명하였다.

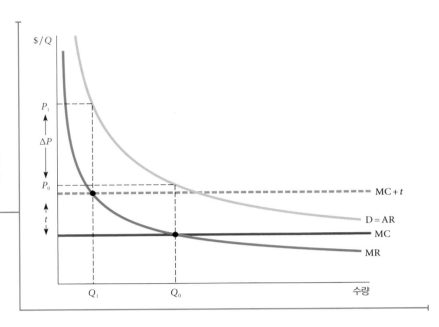

그림 10.5

종량세가 독점기업에게 미치는 효과

재화 1단위당 t의 세금이 부과되면 기업의 한계비용은 t만큼 증가하여 MC + t가 된다. 이 예에서는 가격 상승분 ΔP는 세금 t보다 크다.

한계비용 간의 관계가 수요의 가격탄력성에 의해 영향을 받기 때문에 나타날 수 있다. 예를 들어 독점기업이 직면하는 수요곡선이 -2의 일정한 탄력성을 가지며, 한계비용(MC)도 일정하다고 하자. 식 (10.2)에 따르면 이런 경우에는 가격은 한계비용의 2배가 된다. 세금이 t일 때 한계비용은 MC + t가 되며, 가격은 $2(MC + t) = 2MC + 2t$로 증가한다. 따라서 가격은 세금의 2배만큼 상승한다. 그러나 가격이 상승함에도 불구하고 독점기업의 이윤은 감소한다.

*다공장 기업

기업은 한계수입과 한계비용이 같아지는 수준에서 생산량을 결정함으로써 이윤을 극대화한다. 그런데 많은 기업들에 있어서 생산은 생산비용이 서로 다를 수 있는 2개 이상의 공장에서 이루어진다. 그러나 이 경우에도 이윤극대화를 가져오는 생산량을 결정하기 위해 적용되는 원칙은 단일 공장 기업의 경우와 매우 유사하다.

어떤 기업이 2개의 공장을 보유하고 있다면 이 기업은 총생산량과 각 공장의 생산량을 어떻게 결정해야 하는가? 이에 대한 답은 두 단계로 나누어서 생각할 수 있다.

- **제1단계**: 총생산량이 얼마이든지 두 공장의 한계비용이 같아지도록 두 공장에 나누어서 생산해야 한다. 만약 그렇지 않다면 기업은 각 공장의 생산량을 재조정함으로써 비용을 감소시키고 이윤을 증가시킬 수 있다. 예를 들어 공장 1의 한계비용이 공장 2의 한계비용보다 높다면, 기업은 공장 1의 생산량을 줄이고 공장 2의 생산량을 늘림으로써 총생산량은 똑같게 유지하면서도 총비용을 감소시킬 수 있다.
- **제2단계**: 총생산량은 한계수입과 한계비용이 같아지는 수준에서 결정되어야 한다. 만약 그렇지 않다면 기업은 총생산량을 증가 또는 감소시킴으로써 이윤을 증가시킬 수 있다. 예를 들어 한계비용은 각 공장에서 서로 같지만 한계수입이 한계비용보다 크다고 해 보자. 이 경우 기

업은 각 공장에서 더 많이 생산함으로써 더 큰 이윤을 얻을 수 있다. 이는 추가적인 단위로부터 벌어들이는 수입이 그 추가적인 단위를 생산하는 데 드는 비용보다 크기 때문이다. 각 공장의 한계비용이 서로 같아야 하고, 한계수입이 한계비용과 같아야 하므로 각 공장에서 한계수입과 한계비용이 같을 때 이윤은 극대화된다.

이러한 결과는 수식으로도 확인할 수 있다. Q_1과 C_1을 각각 공장 1의 생산량과 총비용이라고 하고, Q_2와 C_2를 각각 공장 2의 생산량과 총비용이라고 하자. 따라서 총생산량은 $Q_T = Q_1 + Q_2$이며 이윤은 다음과 같다.

$$\pi = PQ_T - C_1(Q_1) - C_2(Q_2)$$

기업은 마지막 1단위가 발생시키는 추가적인 이윤이 0이 될 때까지 각 공장의 생산량을 증가시켜야 한다. 우선 다음과 같이 공장 1의 추가적인 생산량으로부터 발생하는 추가적인 이윤이 0이 되어야 한다.

$$\frac{\Delta\pi}{\Delta Q_1} = \frac{\Delta(PQ_T)}{\Delta Q_1} - \frac{\Delta C_1}{\Delta Q_1} = 0$$

여기서 $\Delta(PQ_T)/\Delta Q_1$은 기업이 1단위를 추가적으로 생산하여 판매함으로써 얻는 수입, 즉 한계수입(MR)이다. 또 $\Delta C_1/\Delta Q_1$는 공장 1의 한계비용이다. 따라서 위의 식은 $MR - MC_1 = 0$을 의미하며, 다음과 같이 표현된다.

$$MR = MC_1$$

다음으로는 공장 2의 추가적인 생산량으로부터 발생하는 추가적인 이윤이 0이 되도록 해야 하는데, 아래 식으로 표현된다.

$$MR = MC_2$$

이러한 관계는 동시에 성립해야 하므로 기업은 다음과 같은 조건이 만족되도록 생산해야 한다.

$$MR = MC_1 = MC_2 \tag{10.3}$$

그림 10.6은 두 공장을 소유한 기업의 경우에 이러한 조건을 보여 준다. MC_1과 MC_2는 두 공장의 한계비용곡선이다(공장 1의 한계비용이 공장 2보다 높다). 또한 MC_T는 기업의 총한계비용곡선이며, 이는 MC_1과 MC_2를 수평으로 합한 것이다. 이제 이윤을 극대화하는 생산량 Q_1, Q_2와 Q_T를 알 수 있다. 먼저 MC_T와 MR이 만나는 점에서 총생산량 Q_T를 파악한다. 다음으로 Q_T에 해당하는 한계수입곡선상의 점에서 수직축을 향해 수평선을 긋는다. 그림에서 수직축에 MR^*로 표시된 점이 생산량 Q_T에서의 기업의 한계수입이다. 식 (10.3)이 보여 주듯이, 이 한계수입과 MC_1 및 MC_2가 만나는 점에서 각 공장에서 생산해야 하는 생산량 Q_1과 Q_2가 결정된다.

총생산량 Q_T는 기업의 한계수입 MR과 그에 따른 가격 P^*를 결정한다. 그러나 Q_1과 Q_2는 각 공장의 한계비용을 결정한다. MC_T는 MC_1과 MC_2를 수평으로 합해서 구한 것이므로 $Q_1 + Q_2$

각 공장의 한계비용을 합하여 총한계비용을 구하는 것은 8.5절에서 경쟁시장에서는 개별 기업의 한계비용을 수평으로 합하여 산업의 공급곡선을 구한 것과 유사하다.

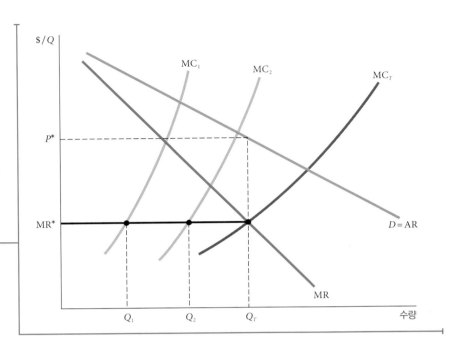

그림 10.6
두 공장에 의한 생산
2개의 공장을 소유한 기업은 총생산량에 따라 결정되는 한계수입 MR과 각 공장의 한계비용, MC_1과 MC_2이 같아지는 생산량 수준 Q_1과 Q_2로 선택함으로써 이윤을 극대화한다.

$= Q_T$가 된다. 따라서 이러한 생산량 수준에서 $MR = MC_1 = MC_2$의 조건이 만족된다.

10.2   독점력

현실에서는 시장에 한 기업만 존재하는 순수독점시장(pure monopoly)은 드물며, 몇 개의 기업이 서로 경쟁하는 시장이 훨씬 일반적이다. 이런 경우에는 경쟁이 어떠한 모습으로 나타나는지에 대해서는 제12장과 제13장에서 자세히 살펴본다. 여기서는 시장에 몇 개의 기업이 있는 경우에는 각 기업은 우하향하는 수요곡선에 직면하며, 따라서 각 기업이 정하는 생산량에서 가격은 한계비용보다 크다는 것을 설명한다.

4개의 기업이 칫솔을 생산하고 있는 칫솔시장의 수요곡선이 그림 10.7(a)에 나타난 것과 같이 $Q = 50,000 - 20,000P$라고 하자. 각 기업은 하루 5,000개의 칫솔을 생산하므로 하루에 총 20,000개의 칫솔이 생산되며, 칫솔 1개의 가격은 $1.5라고 하자. 시장수요는 한 기업의 수요보다 상대적으로 비탄력적인데, $1.5의 가격에서 시장수요의 가격탄력성은 −1.5로 계산된다.

이제 A기업이 자신의 칫솔 판매량을 증가시키기 위하여 가격을 낮출 것인지를 고민 중이라고 하자. 이에 관한 결정을 하기 위해서는 가격을 낮춤에 따라 자신의 공급량이 얼마나 증가할 것인지를 알아야 한다. 다시 말해서 자신이 직면하고 있는 수요곡선이 시장수요곡선과 얼마나 다른지를 알아야 한다. 우선 그림 10.7(b)가 보여 주듯이 A기업은 자신의 수요곡선 D_A가 시장수요곡선보다 훨씬 탄력적이라고 생각할 수 있다. $1.5의 가격에서 A기업이 생산하는 칫솔에 대한 가격탄력성은 −6.0이다. 만약 A기업이 자신의 칫솔가격을 $1.5에서 $1.6으로 인상한다면 일부 소비자는 다른 기업의 칫솔을 살 것이므로 자신의 공급량은 5,000개에서 3,000개로 줄어들 것이라고

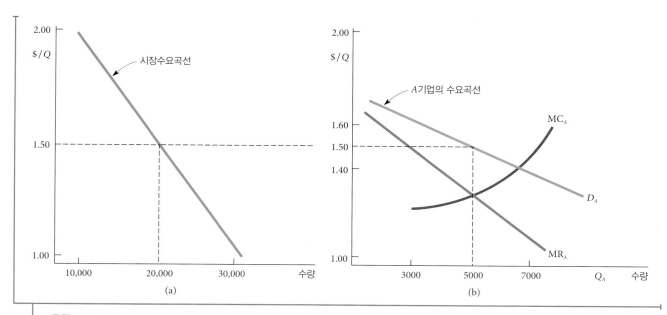

그림 10.7

칫솔에 대한 수요

그림에서 (a)는 칫솔에 대한 시장수요곡선을 보여 주며, (b)는 개별 기업 A의 칫솔에 대한 수요곡선을 보여 준다. 시장가격이 \$1.5일 때 시장수요의 가격탄력성은 −1.5이다. 하지만 A기업이 직면하는 수요곡선 D_A은 다른 기업들과의 경쟁 때문에 훨씬 탄력적이다. \$1.5의 가격에서 기업 A의 칫솔에 대한 가격탄력성은 −6이다. 하지만 여전히 A기업은 일정한 시장지배력을 가지는데, 이윤극대화 가격 \$1.5는 한계비용을 초과한다.

예상할 수 있다(만약 네 기업이 모두 가격을 \$1.6로 인상한다면 A기업의 판매량은 4,500개로 조금만 줄어들 것이다). 이 경우 다음과 같은 이유로 인해 A기업의 칫솔 판매량은 완전경쟁시장의 경우와는 달리 0이 되지는 않는다. 첫째, 만약 A기업의 칫솔이 다른 기업들의 칫솔과 다르다면 일부 소비자는 약간 더 비싼 가격을 지불하고도 A기업의 칫솔을 구매할 것이다. 둘째, 다른 기업들도 가격을 올릴 수 있다.

한편 A기업이 자신의 칫솔가격을 인상하는 경우도 이와 유사하다. A기업은 칫솔가격을 \$1.5에서 \$1.4로 인하함으로써 5,000개보다 많이, 예를 들어 7,000개의 칫솔을 판매할 수 있다고 기대할 수 있다. 그러나 가격을 낮춘다고 하더라도 전체 시장을 자신이 차지하지는 못한다. 일부 소비자는 여전히 경쟁기업의 칫솔을 선호할 것이며 또한 경쟁기업도 가격을 낮출 수 있다.

따라서 A기업의 칫솔에 대한 수요곡선은 A기업의 제품이 경쟁기업들의 제품과 얼마나 차별적인가와 함께 기업들이 서로 얼마나 경쟁적인가에 따라 달라진다. 제12장과 제13장에서는 제품차별화와 기업 간의 경쟁에 대해 살펴보게 된다. 그러나 여기서도 한 가지는 명확히 할 필요가 있다. A기업이 직면하는 수요곡선은 시장수요곡선보다는 훨씬 탄력적이지만 완전경쟁산업에 있는 기업의 수요곡선처럼 무한대로 탄력적이지는 않다는 것이다.

사례 10.2   탄산음료의 가격탄력성

탄산음료시장은 *시장의 수요탄력성과 기업의 수요탄력성*이 서로 다르다는 것을 보여 주는 좋은 예이다. 탄산음료는 아동 비만을 유발하므로 탄산음료에 대한 과세가 국민건강을 증진시켜 준다는 점에서 탄산음료에 대한 분석은 중요하다.

최근의 여러 통계분석에 따르면 미국의 탄산음료시장 전체의 수요탄력성은 −0.8과 −1.0 사이로 추정되었다.[6] 이는 모든 탄산음료 생산자들이 자신들이 생산하는 모든 브랜드의 탄산음료가격을 1\$ 올릴 때 시장 전체의 수요량은 0.8~1.0% 정도 감소한다는 것을 의미한다.

그러나 개별 탄산음료의 수요는 이보다 더 탄력적일 것이다. 소비자들이 어떤 탄산음료의 가격이 오르면 다른 탄산음료로 자신의 소비를 바로 대체할 수 있다. 탄산음료 브랜드에 따라 탄력성이 다르겠지만, 코카콜라의 경우 수요의 가격탄력성은 약 −5로 추정되었다.[7] 달리 말해 코카콜라가격이 1% 상승하면 다른 모든 탄산음료들의 가격이 변하지 않는 경우에 코카콜라의 수요량은 현재의 수요량보다 약 5% 감소한다는 것이다.

학생들과 기업인들은 때로는 시장의 수요탄력성과 기업(또는 브랜드)의 수요탄력성을 구분하지 않는다. 시장 전체의 수요곡선은 기업(또는 브랜드)의 수요곡선과는 다르기 때문에 이들의 가격탄력성도 당연히 서로 다르다.

생산, 가격, 그리고 독점력

제12장과 제13장에서 살펴보겠지만, 어떤 기업의 제품에 대한 수요의 가격탄력성을 결정하는 것은 시장 전체의 수요의 가격탄력성을 구하는 것보다 어렵다. 그럼에도 불구하고 기업은 시장에 대한 연구와 통계적 분석을 이용하여 자기 제품의 수요탄력성을 추정한다. 자기 제품에 대한 탄력성을 파악하는 것은 이윤극대화 생산량과 가격을 결정하는 데 있어서 핵심적인 작업이다.

그림 10.7의 칫솔의 수요에 대해 다시 살펴보자. *A*기업이 자신의 수요곡선에 대해 잘 알고 있다면 *A*기업은 칫솔을 얼마나 생산해야 하는가? 여기서도 똑같은 원칙이 적용된다. 즉 이윤극대화는 한계수입과 한계비용이 같아지는 생산량에서 달성된다. 그림 10.7(b)에서 그러한 생산량은 5,000개이다. 그에 따라 가격은 \$1.5가 되는데, 이 가격은 한계비용보다 높다. 따라서 *A*기업이 순수독점기업은 아니지만 독점력을 가진다. 즉 *A*기업은 한계비용보다 높은 가격을 책정함으로써 이윤을 확보할 수 있다. 물론 *A*기업의 독점력은 자신이 시장 전체를 차지하는 경우에 비해서는 작지만 무시하지 못할 정도로 클 수 있다.

이와 관련하여 다음과 같은 두 질문을 할 수 있다.

1. 기업들을 서로 비교하기 위하여 독점력(시장지배력)의 크기를 어떻게 측정할 수 있는가? (지금까지는 독점력의 구체적 크기에 대해서는 언급하지 않았다.)

2. 독점력의 원천은 무엇이며, 한 기업이 다른 기업에 비해 큰 독점력을 가지는 이유는 무엇인가?

---

6 T. Andreyeva, M.W. Long, and K.D. Brownell, "The Impact of Food Prices on Consumption: A Systematic Review of Research on the Price Elasticity of Demand for Food," *American Journal of Public Health*, 2010, Vol. 100, 216-222.

7 사례 12.1을 보라.

아래에서는 이러한 두 가지 질문에 대해 살펴보는데, 두 번째 질문에 대해서는 제12장과 제13장에서 보다 자세히 살펴본다.

독점력의 측정

경쟁기업과 독점력을 보유한 기업 간의 중요한 차이점은 경쟁기업의 경우에는 가격이 한계비용과 일치하지만, 독점력을 보유한 기업의 경우에는 가격이 한계비용보다 높다는 것이다. 따라서 독점력을 측정하는 자연스러운 방법은 이윤극대화 가격이 한계비용보다 얼마나 높은가를 살펴보는 것이다. 이를 위해 가격설정의 어림원칙을 사용할 수 있다. 이러한 측정방법은 1934년 경제학자 러너(Abba Lerner)가 소개한 것으로서 **러너의 독점력 지수**(Lerner Index of Monopoly Power)라고 한다. 이 지수는 가격과 한계비용의 차이를 가격으로 나눈 값인데, 수식으로 나타내면 다음과 같다.

러너의 독점력 지수 가격이 한계비용을 초과한 정도를 가격으로 나누어 독점력을 측정하는 지수

$$L = (P - \text{MC}) / P$$

러너지수는 항상 0과 1 사이의 값을 가진다. 완전경쟁기업의 경우에는 $P = \text{MC}$이므로 $L = 0$이다. L이 클수록 독점력은 커진다.

이러한 독점력 지수는 기업이 직면하는 수요의 가격탄력성으로도 표현된다. 식 (10.1)에서 다음과 같은 관계를 구할 수 있다.

$$L = (P - \text{MC}) / P = -1 / E_d \qquad \textbf{(10.4)}$$

식 (10.4)에서 E_d는 시장수요곡선의 가격탄력성이 아닌 개별 기업의 수요곡선의 가격탄력성이다. 앞에서 살펴본 칫솔의 예를 이용하면, A기업의 수요의 가격탄력성은 -6이므로 A기업의 독점력은 $1/6 = 0.167$이다.[8]

한편, 기업이 상당한 독점력을 가지더라도 항상 높은 이윤이 보장되지는 않는다. 이윤은 가격에 비해 평균비용이 어느 정도인가에 따라 달라진다. A기업이 B기업보다 더 큰 독점력을 가지더라도 평균비용이 높다면 B기업보다 이윤이 적을 수 있다.

가격설정의 어림원칙

앞에서는 식 (10.2)를 이용하여 가격을 간단히 한계비용의 몇 배라는 식으로 표현하였다.

$$P = \frac{\text{MC}}{1 + (1/E_d)}$$

이러한 관계는 독점력을 보유한 어떠한 기업의 경우에도 가격설정을 위한 어림원칙으로 사용할 수 있다. 여기서 E_d는 시장수요의 탄력성이 아니라 기업수요의 탄력성임을 주의해야 한다.

기업수요의 가격탄력성을 구하는 것은 시장수요의 가격탄력성을 구하는 것에 비해 어렵다. 왜

---

8 러너지수를 기업에 대한 공공정책의 분석에 적용하는 데는 세 가지 문제가 있다. 첫째, 한계비용은 측정이 쉽지 않으므로 평균가변비용이 자주 사용된다. 둘째, 기업이 반독점법에 저촉되는 것을 피하기 위해 의도적으로 가격을 낮게 정한다면 러너지수로는 독점력을 정확히 측정할 수 없다. 셋째, 러너지수는 학습곡선(learning curve)이나 수요곡선의 이동 등에 따른 효과 등 가격책정에 관련된 동태적 측면을 고려하지 않는다. Robert S. Pindyck, "The Measurement of Monopoly Power in Dynamic Markets," *Journal of Law and Economics* 28 (April 1985): 193–222.

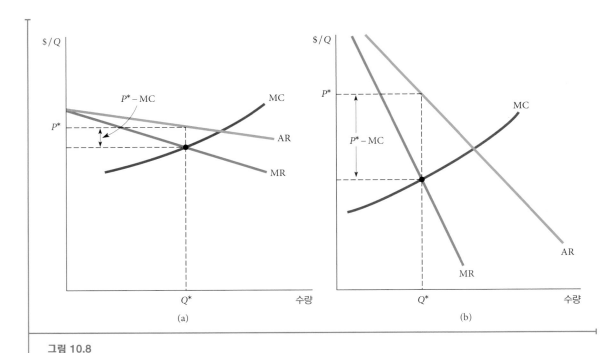

그림 10.8

수요의 가격탄력성과 이윤폭에 의한 가격책정

이윤폭 $(P - MC)/P$는 기업수요의 가격탄력성의 역수이다. (a)에서와 같이 어떤 기업의 수요가 가격탄력적이라면 이윤폭은 적으며 독점력도 작다. 그러나 (b)의 경우와 같이 기업수요가 비탄력적이라면 반대가 된다.

냐하면 기업수요의 가격탄력성은 기업의 가격 변화에 대한 경쟁기업들의 반응에 의해서도 영향을 받기 때문이다. 경영자는 자신의 가격을 1% 변화시킬 때 자신의 수요량은 몇 퍼센트 변할 것인가를 추정해야 한다. 이는 공식적인 모형을 사용하거나 또는 경영자의 직관이나 경험을 통하여 추정할 수도 있다.

자기 기업의 수요의 가격탄력성을 구한 후에는 경영자는 적절한 이윤폭(한계비용과 가격의 차이)을 결정해야 한다. 기업의 수요의 가격탄력성이 크다면(이 경우, 해당 기업의 독점력은 매우 작다) 이윤폭은 줄어들 것이다. 어떤 기업의 수요의 가격탄력성이 작다면(이 경우, 해당 기업의 독점력은 상당한 수준이다) 이윤폭을 크게 책정할 수 있다. 그림 10.8(a)와 10.8(b)는 두 가지 극단적인 경우를 보여 주고 있다.

사례 10.3   이윤폭에 의한 가격설정: 슈퍼마켓에서 디자이너 청바지까지

여기서 살펴보는 세 가지 경우를 통해 이윤폭에 의한 가격설정(markup pricing)을 이해할 수 있다. 소매 슈퍼마켓 체인점을 살펴보자. 식품에 대한 시장수요의 가격탄력성(약 −1)은 매우 작을 수 있지만, 대부분 지역에는 여러 개의 슈퍼마켓이 있다. 따라서 어떤 슈퍼마켓이 가격을 크게 올린

다면 많은 손님을 다른 슈퍼마켓에 빼앗길 것이다. 따라서 한 슈퍼마켓이 직면하는 수요의 가격탄력성은 −10만큼 클 수도 있다. 이 수치를 식 (10.2)에 대입하면 $P = MC/(1 − 0.1) = MC/(0.9) = (1.11)MC$를 얻는다. 따라서 일반적인 슈퍼마켓 경영자는 자신의 가격을 자신의 한계비용보다 약 11% 정도만 높게 설정해야 한다. 가게의 규모와 종업원의 수는 고정된 상태에서 어느 정도 크기의 판매량에서 나타나는 한계비용에는 도매점에서 식품을 구매하는 비용, 식품을 보관하는 비용, 식품을 진열하는 비용 등이 포함된다. 실제로 대부분 슈퍼마켓의 이윤폭은 약 10~11%로 나타난다.

일주일 내내 24시간 영업을 하는 소규모 편의점은 슈퍼마켓에 비해 가격을 높게 책정한다. 그 이유는 편의점이 직면하는 수요곡선은 슈퍼마켓의 경우보다 비탄력적이기 때문이다. 편의점을 이용하는 고객들은 일반적으로 가격에 덜 민감하다. 그들은 밤늦게 우유나 식품이 필요한 사람들이거나 슈퍼마켓까지 가는 것을 번거롭게 생각하는 사람들이다. 편의점의 경우 수요의 가격탄력성은 약 −5이다. 따라서 이윤폭에 의한 가격설정의 어림원칙에 의하면 가격은 한계비용보다

약 25% 높아야 한다. 실제로 편의점의 가격은 이와 같이 나타난다.

러너지수 $(P − MC)/P$에 의하면 편의점이 슈퍼마켓보다 더 큰 독점력을 가진다. 하지만 편의점이 더 높은 이윤을 얻는 것은 아니다. 편의점의 규모는 슈퍼마켓에 비해서는 매우 작으며 평균 고정비용은 더 높기 때문에 편의점이 큰 슈퍼마켓보다 높은 가격을 받고 있지만 이윤의 크기는 훨씬 작다.

마지막으로 디자이너 청바지의 경우를 살펴보자. 많은 기업이 청바지를 생산하지만 일부 소비자는 디자이너 청바지에 훨씬 더 높은 가격을 지불하려고 한다. 정확하게 얼마나 더 많이 지불하려고 하는가(더 정확히는, 가격이 오르면 수요량은 얼마나 감소하는가)라는 질문에 대해서는 청바지 생산기업이 유의해서 살펴봐야 한다. 왜냐하면 이런 정보는 가격(도매상과 소매상은 여기서 이윤을 더 붙여서 팔 것이다)을 책정하는 데 매우 중요하기 때문이다. 디자이너 청바지의 경우, 수요의 가격탄력성은 일반적으로 −2~−3 사이에 있다. 이는 가격이 한계비용보다 50~100% 높아야 한다는 의미이다. 디자이너 청바지의 한계비용은 한 벌에 $20~25이고, 브랜드에 따라 다르기는 하지만 도매가격은 $30~50이다. 이와는 대조적으로 대량생산되는 일반 청바지의 경우에 도매가격은 $18~25이다. 그 이유는 디자이너 상표가 붙어 있지 않은 일반 청바지의 수요가 훨씬 가격탄력적이기 때문이다.

사례 10.4   영화비디오의 가격설정

1980년대 중반에 미국에서는 비디오레코더를 보유한 가구가 급속히 많아지면서 영화비디오의 대여와 판매도 크게 증가하였다. 많은 영화비디오가 소규모 대여점을 통해서 대여되었으며, 판매량이 많아지면서 판매시장은 커졌다. 그러나 생산자들은 적절한 판매가격을 설정하는 데 어려움을 겪었다. 그 결과 표 10.2에서 보듯이 1995년에 인기 있었던 영화비디오는 매우 다양한 가격에 판매되었다.

〈제국의 역습(The Empire Strikes Back)〉은 거의 $80에 판매되었지만, 유사한 소비자층을 대상으로 했으며 비슷하게 인기가 있었던

〈스타 트렉(Star Trek)〉은 겨우 $25 정도에 판매되었다. 이러한 가격 차이는 불확실성과 가격설정에 대한 생산자들의 상당한 관점의 차이를 반영한 것이었다. 가격 인하를 통해 소비자들이 영화비디오를 대여하는 대신 구매하도록 유인할 수 있는지가 가격결정에서 중요한 문제가 되었다. 영화비디오 생산자의 수입은 비디오 대여점의 수입과는 아무런 관계가 없으므로 가격 인하를 통해 많은 소비자들이 영화비디오를 대여하지 않고 구매하도록 유인할 수 있어야만 했다. 당시에는 시장이 아직 충분히 형성되지 않았기 때문에 수요의 가격탄

표 10.2	비디오와 DVD 영화의 소매가격			
1985년			**2016년**	
영화제목	**소매가격($)**		**영화제목**	**소매가격($)**
	VHS			**DVD**
〈퍼플 레인(Purple Rain)〉	$29.98		〈다이버전트 시리즈: 얼리전트 (The Divergent Series: Allegiant)〉	$29.95
〈레이더스(Raiders of the Lost Ark)〉	$24.95		〈레버넌트: 죽음에서 돌아온 자 (The Revenant)〉	$17.99
〈제인 폰다 워크아웃(Jane Fonda Workout)〉	$59.95		〈인사이드 아웃(Inside Out)〉	$19.96
〈스타워즈 에피소드 5 - 제국의 역습 (The Empire Strikes Back)〉	$79.98		〈스타워즈: 깨어난 포스 (Star Wars: The Force Awakens)〉	$29.99
〈사관과 신사(An Officer and a Gentleman)〉	$24.95		〈미니언즈(Minions)〉	$12.96
〈스타 트렉(Star Trek: The Motion Picture)〉	$24.95		〈헝거게임: 더 파이널 (The Hunger Games: Mockingjay, Part 2)〉	$14.99
〈스타워즈(Star Wars)〉	$39.98		〈13시간(13 Hours: The Secret Soldiers of Benghazi)〉	$29.99
출처(2016): Amazon.				

력성에 대한 자료가 생산자에게는 없었다. 따라서 그들은 직감과 시행착오를 통해 가격을 책정하였던 것이다.[9]

그러나 시장이 성숙함에 따라 판매에 관한 자료가 축적되고 이를 바탕으로 시장을 분석함으로써 가격을 보다 정확하게 설정할 수 있었다. 자료 분석 결과, 영화비디오의 수요는 매우 가격탄력적이었으며 이윤을 극대화하는 가격은 $15~30 수준이었다. 1990년대에는 대부분의 생산자들이 그 수준까지 가격을 인하하였다. 1997년에 DVD가 처음 시장에 나왔을 때 가장 잘 판매되는 영화 DVD들의 가격은 거의 같게 책정되었다. 그 이후로 인기 있는 영화 DVD의 가격은 상당히 같은 수준으로 책정되었으며, 지속적으로 하락하였다. 그 결과, 그림 10.9에서 볼 수 있듯이 영화비디오의 판매액은 2004년까지 꾸준히 증가하였다. 2006년에 고화질 DVD가 시장에 나오면서 소비자들이 점차 고화질 DVD로 전환함에 따라 일반 영화 DVD의 판매는 고화질 DVD로 대체되기 시작하였다.

그림 10.9에서는 모든 DVD(일반 및 고화질 DVD)의 판매액이 2007년에 정점에 도달한 후 빠르게 감소하기 시작했음을 알 수 있다. 어떤 상황이 발생한 것인가? 영화를 케이블TV나 위성TV 서비스 회사들의 VOD(Video On Demand) 서비스를 통해 볼 수 있게 되었던 것이다. 이를 통해 많은 영화가 공짜로 제공되거나, 유료인 경우에도 한 편당 $4~6의 요금으로 볼 수 있었다. 맞춤식으로 즉시 제공되는 이러한 영화는 인터넷을 이용한 동영상으로 제공되는 영화와 함께 DVD의 판매를 급속히 감소시켰다.

---

9 "Video Producers Debate the Value of Price Cuts," *New York Times*, February 19, 1985. 영화비디오의 가격책정에 관해서는 다음 연구를 참조하라. Carl E. Enomoto and Soumendra N. Ghosh, "Pricing in the HomeVideo Market" (working paper, New Mexico State University, 1992).

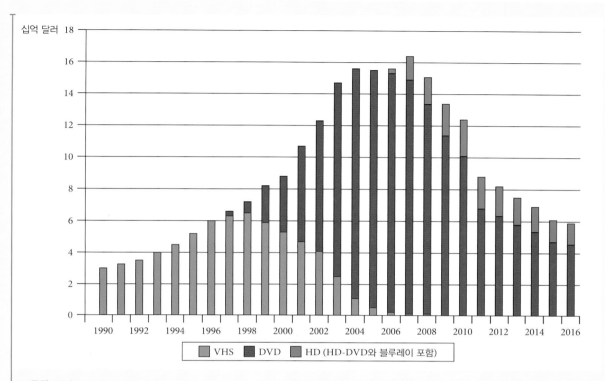

그림 10.9
비디오의 판매

1990년과 2004년 사이에 가격 인하에 따라 소비자들의 영화비디오 구매량은 증가하였다. 2001년에 영화 DVD의 판매액은 VHS의 판매액을 추월하였다. 2006년에는 고화질 DVD가 출시되었으며, 기존 DVD의 판매를 대체할 것으로 예상되었다. 하지만 2008년부터는 스트리밍 비디오의 출현에 따라 기존 DVD와 고화질 DVD를 포함한 전체 DVD의 판매액은 급속히 줄어들었다.

10.3 독점력의 발생 원인

어떤 기업은 독점력이 거의 없는 반면 다른 기업은 상당한 독점력을 보유하는 이유는 무엇인가? 독점력은 가격을 한계비용보다 높게 책정할 수 있는 기업의 능력이며, 가격과 한계비용의 차이는 해당 기업이 직면하는 수요의 가격탄력성의 역수에 의해 영향을 받는다. 식 (10.4)가 보여 주듯이 기업수요곡선이 가격비탄력적일수록 기업의 독점력은 커진다. 따라서 한 기업의 독점력을 결정하는 요인은 궁극적으로는 그 기업의 제품에 대한 수요의 가격탄력성이다. 따라서 다음과 같이 질문할 수 있다. 어떤 기업이 다른 기업에 비해 비탄력적인 수요곡선에 직면하는 이유는 무엇인가?

기업이 직면하는 수요곡선의 탄력성은 다음의 세 가지 요인에 의해 결정된다.

1. **시장수요의 탄력성**: 기업은 시장수요곡선보다 탄력적인 수요곡선에 직면한다. 따라서 시장수요곡선의 탄력성은 기업이 가질 수 있는 독점력에 한계를 정한다.

2. **시장에 있는 기업의 수**: 시장에 많은 수의 기업이 있다면 한 기업이 독자적으로 가격에 상당한 영향을 미칠 수 있는 가능성은 적다.

3. **기업 간 상호작용**: 시장에 단지 두세 개의 기업만 있더라도 시장을 더 많이 차지하기 위한 서로 간의 경쟁이 강하게 나타난다면 한 기업이 자신의 가격을 인상함으로써 이윤을 증가시키기는 어렵다.

이제 독점력을 결정짓는 이러한 세 가지 요인에 대해 살펴보자.

시장수요의 가격탄력성

시장에 하나의 기업만 존재하는 순수독점의 경우에는 기업의 수요곡선은 시장수요곡선과 같다. 이 경우에는 기업이 보유하는 독점력은 순전히 시장수요의 가격탄력성에 의해 결정된다. 그러나 일반적으로 시장에서는 여러 기업이 서로 경쟁한다. 따라서 시장수요곡선의 탄력성은 각 기업이 직면하는 수요곡선의 탄력성에 대해 하한을 정한다. 즉 개별 기업의 수요의 가격탄력성은 시장수요의 가격탄력성보다 낮을 수 없다. 그림 10.7의 칫솔 생산자들의 경우를 보자. 칫솔에 대한 시장 전체의 수요곡선은 그다지 탄력적이지 않을 수 있다. 그러나 각 칫솔 생산자의 수요곡선은 보다 탄력적이다(그림 10.7에서 시장수요의 탄력성은 −1.5이고 각 기업의 수요 탄력성은 −6이다). 어떤 기업의 탄력성은 기업들이 서로 얼마나 치열하게 경쟁하는가에 따라 달라진다. 그러나 경쟁의 강도에 관계없이 각 기업이 직면하는 수요곡선의 가격탄력성의 절댓값은 1.5보다 작을 수는 없다.

원유에 대한 수요는 적어도 단기에는 매우 비탄력적이기 때문에 OPEC은 1970년대와 1980년대 초반에 원유가격을 한계생산비용보다 훨씬 높게 올릴 수 있었다. 그러나 커피, 코코아, 주석, 구리와 같은 재화에 대한 수요는 원유보다 훨씬 가격탄력적이기 때문에 그 시장을 카르텔화하여 가격을 올리려던 생산자의 시도는 대부분 실패로 끝났다. 이와 같은 예에서 볼 수 있듯이 시장수요의 가격탄력성은 개별 생산자가 가질 수 있는 독점력에 한계를 정해 준다.

기업의 수

기업의 수요곡선을(따라서 기업의 독점력을) 결정하는 두 번째 요인은 시장에 있는 기업의 수이다. 다른 사항들이 일정하다면 각 기업의 독점력은 기업의 수가 증가할수록 작아진다. 경쟁하는 기업들의 수가 증가함에 따라 각 기업은 자신의 판매량을 빼앗기지 않으면서 가격을 인상하는 것이 점점 더 힘들어진다.

물론 실제로 중요한 것은 단순히 기업의 수가 아니라 시장점유율이 상당히 큰 주요 기업들의 수이다. 예를 들어 두 대기업이 시장 전체 공급량의 90%를 차지하며, 다른 20개의 기업들이 나머지 10%를 차지한다면, 두 대기업은 상당한 독점력을 가질 수 있다. 한 시장에서 소수의 기업이 공급량의 대부분을 차지하고 있을 때 시장이 매우 **집중화되어**(concentrated) 있다고 말한다.[10]

사업을 하는 데 있어서 가장 두려운 것은 경쟁이라는 말이 있다. 이는 사실일 수도 있으며 그

---

[10] 집중화율(concentration ratio)은 시장 전체의 판매량에서 상위 몇 개의 기업이 차지하는 판매량의 비중으로서 시장의 집중도를 나타내기 위해 자주 사용한다. 집중도는 독점력을 결정하는 한 가지 요인이지만 유일한 요인은 아니다.

렇지 않을 수도 있다. 그러나 한 시장에 아주 적은 수의 기업만 존재하는 경우에는 각 기업의 경영자는 새로운 기업의 시장 진입을 반기지 않을 것이라는 사실은 확실하다. 기업 수의 증가로 기존 기업의 독점력은 감소한다. 제13장에서 자세히 살펴보겠지만, 경쟁전략의 한 가지 중요한 측면은 새로운 기업의 진입을 막는 **진입장벽**(barrier to entry)을 만드는 방법에 관한 것이다.

진입장벽 새로운 경쟁자의 진입을 방해하는 조건

진입장벽이 자연적으로 제공되는 경우도 있다. 예를 들어 한 기업이 어떤 재화의 생산에 필요한 기술에 특허권(patent)을 보유할 수 있다. 이런 경우 적어도 특허기간이 끝날 때까지는 다른 기업이 시장에 들어가는 것은 불가능하다. 법적으로 부여되는 그 밖의 권리들도 유사한 작용을 한다. 책, 음악, 컴퓨터 소프트웨어 프로그램 등에 대한 저작권(copyright)은 한 기업에게만 판매권을 제공한다. 정부의 면허(license)가 필요한 통신사업이나 방송사업 등에서도 새로운 기업의 진입은 쉽지 않다. 끝으로 규모의 경제(economies of scale)로 인해 많은 기업들이 해당 재화를 공급한다면 비용이 지나치게 높아질 수도 있다. 때로는 규모의 경제가 너무 광범위하여 단 하나의 기업이 전체 시장의 공급을 차지하는 것이 가장 효율적일 수 있다. 이러한 경우에 발생하는 독점을 **자연독점**(natural monopoly)이라고 한다. 규모의 경제와 자연독점에 대해서는 아래에서 자세히 살펴본다.

7.4절에서는 기업이 2배보다 적은 비용으로 생산량을 2배로 증가시킬 수 있다면 규모의 경제를 누린다고 설명하였다.

기업 간 상호작용

서로 경쟁하는 기업들 간의 상호작용 또한 중요한(경우에 따라서는 가장 중요한) 독점력의 결정요인이다. 한 시장에 4개의 기업이 있다고 하자. 기업들은 시장점유율을 높이기 위해 자신의 가격을 경쟁기업의 가격보다 낮게 설정할 수 있다. 이러한 행동에 따라 시장가격은 경쟁시장의 가격수준에 가깝게 낮아질 수 있다. 각 기업은 자신이 가격을 올리면 가격경쟁력이 없어지고 시장을 잃을지도 모른다고 우려하게 된다. 그 결과 기업들은 독점력을 거의 가지지 못할 수 있다.

한편, 기업들은 서로 치열하게 경쟁하지 않을 수도 있다. 오히려 기업들은 생산량을 줄임으로써 가격을 인상시키는 담합에 (반독점법에 위반되지만) 동의할 수 있다. 혼자서 가격을 올리는 것보다 같이 가격을 올린다면 이윤을 증가시킬 수 있는 가능성은 훨씬 더 커진다. 따라서 담합은 상당한 독점력으로 이어질 수 있다.

기업 간의 상호작용에 대해서는 제12장과 제13장에서 보다 자세히 살펴본다. 여기서는 다른 사항들이 일정하다면, 기업들이 서로 치열하게 경쟁할 때 기업의 독점력은 줄어드는 반면 기업들이 서로 협조할 때는 독점력이 더 커진다는 점만 강조한다.

한 기업의 독점력은 시간이 지남에 따라 변한다. 그것은 기업의 경영여건(시장수요와 생산비용), 기업의 행위, 경쟁기업의 행위 등이 시간이 지남에 따라 변하기 때문이다. 따라서 독점력은 동태적인 측면에서 살펴볼 필요가 있다. 예를 들어 시장수요곡선은 단기에서는 매우 비탄력적이더라도 장기에서는 탄력적이 될 수 있다(OPEC의 석유 카르텔은 단기에서는 상당한 독점력을 누렸지만 장기에서는 독점력이 크게 줄어들었다). 나아가 단기에서의 실제 독점력이나 잠재적 독점력은 장기적으로 한 산업을 보다 경쟁적으로 만들 수 있다. 즉, 상당한 수준의 단기이윤은 해당 산업에 새로운 기업의 진입을 유인하므로 장기적으로는 기업들의 독점력을 감소시킨다.

10.4 독점력의 사회적 비용

9.1절에서 살펴봤듯이 소비자잉여는 소비자가 지불한 대가를 초과하는 총편익이나 가치를 의미한다.

경쟁시장에서는 가격이 한계비용과 일치한다. 반면 기업이 독점력을 가진다면 가격은 한계비용보다 높다. 독점력은 높은 가격과 낮은 생산량을 의미하므로 소비자는 나빠지며 기업은 좋아진다. 그러나 만약 소비자후생과 생산자후생을 똑같이 중요하게 생각한다면, 독점력은 소비자와 생산자 모두를 전체적으로 더 나은 상태로 만드는가 아니면 더 못한 상태로 만드는가?

이 질문에 답하기 위해서는 어떤 재화가 경쟁시장에서 생산될 때의 소비자잉여와 생산자잉여의 합을 독점기업이 생산할 때의 소비자잉여와 생산자잉여의 합과 서로 비교해야 한다.[11] 경쟁시장과 독점기업이 똑같은 비용곡선을 가진다고 가정한다. 그림 10.10은 독점기업의 평균수입곡선, 한계수입곡선, 한계비용곡선을 보여 준다. 이윤을 극대화하기 위해서 독점기업은 한계수입이 한계비용과 같아지는 점에서 생산한다. 따라서 가격은 P_m으로, 수량은 Q_m으로 결정된다. 경쟁시장에서는 가격이 한계비용과 같다. 따라서 경쟁시장의 가격과 수량인 P_c와 Q_c는 평균수입곡선(수요곡선)과 한계비용곡선이 만나는 점에서 결정된다. 이제 경쟁가격과 경쟁수량 P_c와 Q_c에서 독점가격과 독점수량인 P_m과 Q_m으로 이동할 때 소비자잉여와 생산자잉여가 전체적으로 어떻게 변하는지를 살펴보자.

독점하에서는 경쟁시장에 비해 가격이 높아지므로 수요자의 구매량은 줄어든다. 높은 가격 때문에 해당 재화를 구매하는 소비자는 사각형 A로 표시된 만큼의 잉여를 잃게 된다. 또한 해당 재화를 구매하지 않는 소비자도 삼각형 B만큼의 잉여를 잃게 된다. 따라서 소비자 전체가 잃는 잉여는 $A + B$가 된다. 그러나 생산자는 재화를 더 높은 가격에 판매할 수 있으므로 사각형 A만큼

그림 10.10
독점력으로 인한 사중손실
음영으로 표시된 사각형과 삼각형은 경쟁가격과 수량 P_c와 Q_c에서 독점가격과 수량 P_m과 Q_m으로 이동에 따른 소비자영여와 생산자잉여의 변화를 보여 준다. 독점하에서는 높은 가격으로 인해 소비자는 $A + B$의 잉여를 잃으며 생산자는 $A - C$의 잉여를 얻는다. 사중손실은 $B + C$이다.

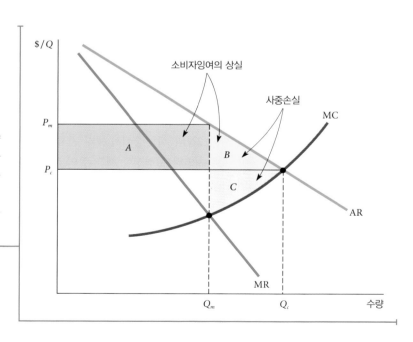

---

[11] 2개 또는 더 많은 기업이 있으며 각 기업이 일정한 독점력을 가진다면 문제는 더욱 복잡해진다. 하지만 기본적인 결과는 변하지 않는다.

의 이익을 얻게 된다. 하지만 P_c의 가격에서 $Q_c - Q_m$만큼을 더 판매함으로써 얻을 수 있는 생산자잉여를 잃게 되는데, 이는 삼각형 C로 표시된다. 따라서 생산자가 얻는 생산자잉여의 증가는 $A - C$이다. 생산자가 얻는 잉여에서 소비자가 잃는 잉여를 빼면 잉여의 순손실은 $B + C$가 된다. 이것이 독점력이 발생시키는 비용으로서 **사중손실**(deadweight loss)이라고 부른다. 독점기업의 이윤을 세금으로 거둬들여서 이를 해당 재화의 소비자에게 돌려준다고 하더라도 비효율이 발생한다. 왜냐하면 경쟁시장의 경우에 비해 생산량이 줄어들기 때문이다. 사중손실은 이러한 비효율성에 의해 발생하는 사회적 비용을 나타낸다.

렌트 추구

독점력에 의해 실제로 발생하는 사회적 비용은 그림 10.10의 삼각형 B와 C보다 더 클 수 있다. 그 이유는 독점기업이 렌트를 추구할 수 있기 때문이다. **렌트 추구**(rent seeking)는 독점력을 획득하고, 유지하며, 행사하기 위해 사회적으로 비생산적인 노력에 돈을 지출하는 행위를 의미한다. 렌트 추구 활동에는 잠재적 경쟁자의 시장 진입을 어렵게 만드는 정부의 규제를 획득하기 위한 로비활동(또는 캠페인)이 포함된다. 또한 광고나 반독점법 조사를 피하기 위한 법적인 노력도 이에 해당된다. 또 실제로 사용하지도 않는 추가적인 생산시설을 설치하여 잠재적 경쟁자에게 시장에 진입하더라도 충분한 양을 판매할 수 없다고 믿도록 만드는 것도 렌트 추구로 볼 수 있다. 독점기업이 이러한 렌트 추구 활동에 드는 비용을 부담하려는 경제적 인센티브의 크기는 독점력이 가져다주는 이익의 크기($A - C$)와 밀접한 관련이 있다. 따라서 소비자로부터 기업으로 이전되는 잉여의 크기가 클수록(사각형 A가 클수록) 독점기업이 발생시키는 사회적 비용은 더 커진다.[12]

> **렌트 추구** 독점력을 획득하거나 유지하기 위해 사회적으로 비생산적인 노력에 지출하는 행위

한 가지 예를 살펴보자. 1996년에 미들랜드사(Archer Daniels Midland, ADM)는 자동차 연료용 에탄올(에틸알코올)의 생산원료로 옥수수만을 사용하도록 규제해 줄 것을 클린턴 행정부에 로비하여 성공하였다(당시 미국정부는 수입원유에 대한 의존도를 줄이기 위해 휘발유에 에탄올을 첨가한다는 계획을 세웠다). 에탄올은 옥수수, 감자, 곡물, 기타 어떤 원료로 생산하든지 화학적 성분은 똑같다. 그렇다면 에탄올을 옥수수로만 생산할 것을 요구한 이유는 무엇인가? 그것은 미들랜드사가 옥수수를 사용하여 에탄올을 생산하는 시장에서 독점적 지위를 누렸기 때문이다. 그러한 규제는 미들랜드사가 독점력으로부터 얻는 이익을 증가시켰다.

가격규제

독점력이 발생시키는 사회적 비용 때문에 반독점법은 기업이 과다한 독점력을 가지는 것을 규제하고 있다. 이 장의 끝부분에서 반독점법에 대하여 자세히 살펴본다. 여기서는 정부가 독점력을 규제하는 또 다른 방법인 **가격규제**(price regulation)에 대해 살펴본다.

제9장에서는 경쟁시장에 대한 가격규제는 항상 사중손실을 가져온다는 것을 살펴보았다. 그

---

12 렌트 추구는 Gordon Tullock이 최초로 사용한 개념이다. 보다 구체적인 내용은 다음을 참고하라. Gordon Tullock, *Rent Seeking* (Brookfield, VT: Edward Elgar, 1993); Robert D. Tollison and Roger D. Congleton, *The Economic Analysis of Rent Seeking* (Brookfield, VT: Edward Elgar, 1995).

러나 기업이 독점력을 보유한다면 항상 그렇지는 않으며, 반대로 가격규제가 독점력이 발생시키는 사중손실을 없앨 수도 있다.

그림 10.11은 가격규제의 효과를 보여 준다. P_m과 Q_m은 가격규제가 없는 경우의(즉 한계수입이 한계비용과 같아지는 점에서의) 가격과 수량이다. 이제 가격이 P_1 이하로 규제된다고 하자. 독점기업의 이윤극대화 생산량을 알아내기 위해서는 가격규제가 평균수입과 한계수입에 어떤 영향을 미치는지를 파악해야 한다.

독점기업은 생산량 Q_1까지는 가격을 P_1보다 높게 책정하지 못하므로 새로운 평균수입곡선은 P_1에서의 수평선이 된다. 생산량이 Q_1보다 많을 때에는 독점기업의 평균수입곡선은 처음의 평균수입곡선과 같다. Q_1보다 많은 생산량에서 독점기업의 가격은 평균수입곡선(수요곡선)에 의해 결정되는 가격으로서 P_1보다 낮으므로 가격상한 규제의 영향을 받지 않는다.

독점기업의 새로운 한계수입곡선은 새로운 평균수입곡선에 따라 그려지는데, 그림 10.11에서 보라색 선으로 표시된다. 생산량이 Q_1에 이르기까지는 한계수입곡선과 평균수입곡선은 같다(평

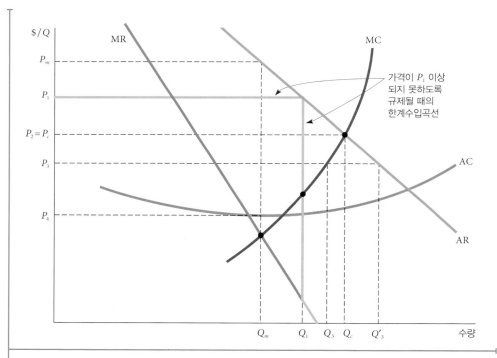

그림 10.11

가격규제

아무런 규제가 없다면 독점기업은 Q_m을 생산하여 P_m의 가격에 판매한다. 정부가 가격상한을 P_1으로 정한다면 생산량 Q_1까지는 기업의 평균 및 한계수입은 일정하며 P_1과 같아진다. 생산량이 Q_1보다 많아지면 처음의 평균 및 한계수입곡선이 적용된다. 따라서 새로운 한계수입곡선은 보라색으로 표시한 선으로서 Q_1에서 한계비용과 같아진다. 가격이 한계비용과 평균수입이 같아지는 P_c로 더 낮아지면 생산량은 Q_c로 증가한다. 이 생산량은 경쟁시장의 생산량과 일치한다. 가격을 P_3로 더욱 낮추면 생산량은 Q_3로 줄어들어서 $Q'_3 - Q_3$만큼의 공급부족이 발생한다.

균수입이 일정하다면 평균수입과 한계수입은 같아진다). 생산량이 Q_1보다 많다면 한계수입곡선은 다시 처음의 한계수입곡선이 된다. 따라서 한계수입곡선은 (1) 생산량 Q_1까지는 가격 P_1에서 수평인 선, (2) 처음의 평균수입곡선과 한계수입곡선을 연결하면서 Q_1에서 수직인 선, (3) 생산량이 Q_1보다 많을 때에는 처음의 한계수입곡선의 세 부분으로 구성된다.

이윤을 극대화하기 위해서는 독점기업은 한계수입곡선과 한계비용곡선이 만나는 점에 해당하는 Q_1을 생산해야 한다. 가격 P_1과 생산량 Q_1에서 독점력에 의한 사중손실의 크기는 줄어드는 것을 확인할 수 있다.

가격을 좀 더 아래로 내린다면 생산량은 계속 증가하며 사중손실의 크기도 계속 감소한다. 가격 P_c에서 평균수입곡선(수요곡선)과 한계비용곡선이 만나며, 이때 생산량은 이 시장이 경쟁시장일 때의 생산량과 같아진다. 따라서 독점력이 발생시키는 사중손실은 제거된다. 가격을 P_3와 같이 더 내린다면 생산량은 감소한다. 이러한 생산량 감소는 경쟁시장을 상한가격으로 규제할 때 나타나는 생산량 감소와 같다. 따라서 $Q'_3 - Q_3$만큼의 공급부족이 발생하며, 규제에 의한 사중손실도 발생한다. 가격을 더 내린다면 생산량은 더 감소하고 공급부족은 더 심해진다. 가격을 P_4보다 더 아래로 내린다면 가격은 평균비용의 최저점보다 낮아져서 기업은 손실을 입으며, 사업을 포기하게 된다.

자연독점

가격규제는 자연독점의 경우에 자주 사용된다. **자연독점**(natural monopoly)은 여러 기업이 나누어 생산하는 경우보다 더 낮은 비용으로 시장 전체의 수량을 생산하는 기업을 말한다. 만약 어떤 기업이 자연독점기업이라면 그 기업이 혼자 시장 전체의 수요를 감당하도록 하는 것이 경쟁적인 여러 기업이 생산에 참여하는 것보다 더 효율적이다.

일반적으로 자연독점은 그림 10.12에서와 같이 규모의 경제가 강하게 나타나는 경우에 발생한다. 만약 그림에서 보여 주는 기업을 상호 경쟁하는 2개의 기업으로 쪼개어 각 기업이 시장수요의 절반씩을 공급하도록 한다면 각 기업의 평균비용은 자연독점기업에 비해 높아진다.

그림 10.12에서 평균생산비용은 계속 하락하므로 한계비용은 항상 평균비용 아래에 위치한다. 만약 이 기업이 규제를 받지 않는다면 이 기업은 P_m의 가격에서 Q_m의 생산량을 선택한다. 규제기관이 기업의 가격을 경쟁시장의 가격수준인 P_c까지 내리도록 할 수 있다면 가장 바람직하다. 그러나 이는 독점기업의 평균비용에도 미치지 못하는 가격수준이므로 이 자연독점기업은 사업을 포기할 것이다. 따라서 차선의 방법은 가격을 P_r 수준에서 규제하는 것이다. 이 가격에서는 평균비용이 평균수입과 일치한다. 그러므로 자연독점기업은 독점이윤을 전혀 누리지 못하며, 기업이 산업을 떠나지 않도록 하면서 생산될 수 있는 최대량이 생산된다.

자연독점 여러 기업이 재화를 생산하는 경우에 비해 더 낮은 비용으로 시장 전체 수량을 생산하는 기업

규제의 실제 모습

그림 10.11의 P_c로 나타나는 경쟁가격은 기업의 한계비용곡선과 평균수입(수요)곡선이 만나는 점에서 결정된다. 이와 유사하게 자연독점의 경우에도 그림 10.12에서 P_r로 나타나는 적용 가능한 최저가격은 평균비용곡선이 수요곡선과 만나는 점에서 결정된다. 그러나 실제로 이런 가격을 정확히 알아내기는 어렵다. 수요곡선이나 비용곡선은 시장 여건이 변함에 따라 바뀔 수 있기 때

그림 10.12

자연독점의 가격규제

어떤 기업이 전체 생산량에 대해 규모의 경제를 누린다면 이 기업은 자연독점기업이 된다. 만약 가격이 P_c로 규제된다면 기업은 손실을 보며 사업을 포기하게 된다. 가격을 P_r로 정함으로써 기업이 산업에 계속 머물도록 하면서 가장 큰 생산량을 얻을 수 있다. 이때 초과이윤은 0이 된다.

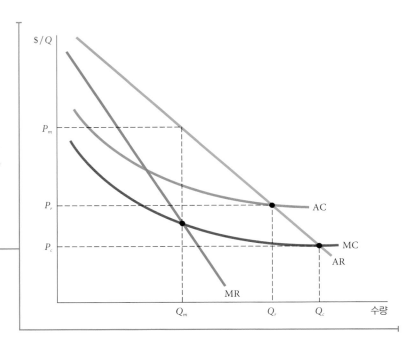

문이다.

이런 이유 때문에 때로는 독점에 대한 가격규제는 독점기업이 투자한 자본에 대한 수익률을 기준으로 삼기도 한다. 규제기관은 독점기업의 수익률이 "경쟁적인" 또는 "공정한" 수준이 되도록 가격을 정한다. 이러한 조치를 **수익률규제**(rate-of-return regulation)라고 한다. 규제하에서 허용될 수 있는 최고의 가격수준은 독점기업이 얻을 것으로 기대되는 수익률을 바탕으로 설정된다.[13]

수익률규제 기업이 얻을 것으로 예상되는 수익에 기초하여 규제기관이 허용하는 최대가격을 설정하는 방식

그러나 수익률 규제의 경우에도 어려운 문제들이 발생한다. 첫째, 기업의 수익률을 정확히 파악하기 위한 핵심 정보인 자본의 가치를 측정하기가 어렵다. 둘째, "공정한" 수익률은 기업의 실제 자본비용에 기초하여 결정되어야 하지만 그러한 자본비용은 규제기관의 정책에 따라 달라지며, 미래에 허용될 자본수익률에 대한 투자자들의 기대에 따라 달라진다.

결국 적절한 수익률을 계산하기 위해 사용되는 여러 수치들에 대한 합의에 도달하기 위해서는 (기타 규제와 관련된 청문회로 소비되는 긴 기간을 제외하고라도) 상당한 시간이 걸리기 때문에 규제기관은 생산비용과 시장 여건의 변화에 제대로 대응하여 규제를 할 수 없게 된다. 이러한 과정에서 변호사, 회계사, 경제전문가 등은 이익을 보게 된다. 규제가격을 한 번 바꾸는 데 걸리는 시간은 보통 1년 이상이며, 이러한 지체 현상을 **규제지체**(regulatory lag)라고 한다.

---

[13] 규제기관은 가격결정을 위해 다음과 같은 공식을 자주 사용한다.

$$P = \text{AVC} + (D + T + sK)/Q$$

여기서 AVC는 평균가변비용, Q는 생산량, s는 허용 가능한 공정한 수익률, D는 감가상각, T는 조세, K는 기업의 현재 자본스톡을 각각 나타낸다.

가격규제의 또 다른 방법은 해당 기업의 변동비용과 과거 가격을 주로 고려하고 물가상승률과 생산성 증가를 참고하여 가격상한(price cap)을 정하는 것이다. 가격상한규제하에서는 수익률규제의 경우에 비해 기업은 보다 유연해진다. 예를 들어 가격상한규제하에서는 기업은 규제기관의 허락이 없이도 실제 물가상승률과 예상 생산성 증가율의 차이만큼 매년 가격을 인상할 수 있다. 이런 종류의 가격상한규제는 장거리 전화요금과 시내 전화요금에 대한 규제에 사용된다.

1990년대에 들어서 미국의 규제환경은 큰 변화를 경험하였다. 많은 주에서는 전력회사에 대한 규제가 철폐되었으며, 통신산업 분야의 규제도 대부분 철폐되었다. 생산수준이 확대되면서 규모의 경제로 인한 이점이 대부분 사라졌기 때문에 더 이상 그러한 기업들을 자연독점기업으로 인식할 수 없게 되었다. 또한 기술의 변화로 인해 새로운 기업이 해당 산업에 쉽게 진입할 수 있게 되었다.

10.5   수요독점

지금까지는 판매자의 측면에 초점을 맞추어 시장지배력에 대해 설명하였다. 이제 **구매자**의 측면에서 살펴본다. 만약 구매자의 수가 많지 않다면 구매자도 시장지배력을 가질 수 있으며, 그러한 시장지배력을 이용하여 재화에 대해 지불하는 가격에 영향을 미칠 수 있다.

우선, 몇 가지 용어에 대해 살펴본다.

- **수요독점**(monopsony): 구매자가 하나인 시장
- **수요과점**(oligopsony): 소수의 구매자만 있는 시장
- **수요독점력**(monopsony power): 시장에 하나 또는 소수의 구매자만 있다면 구매자는 수요독점력을 가질 수 있다. 수요독점력은 구매자가 재화의 가격에 영향을 미칠 수 있는 능력을 의미한다. 수요독점력에 의해 구매자는 재화에 대해 경쟁시장의 가격보다 낮은 가격을 지불할 수 있다.

여러분이 어떤 재화를 얼마나 살 것인지를 결정한다고 해 보자. 이 경우에는 기본 원칙을 적용할 수 있는데, 즉 그 재화의 마지막 단위가 주는 추가적인 가치가 그 마지막 단위를 구매하는 데 드는 추가적 비용과 같아질 때까지 그 재화를 구매하는 것이다. 다시 말해, 마지막 단위가 가져다주는 추가적 편익이 추가적인 비용과 같아져야 한다.

이제 추가적 편익과 추가적 비용에 대해 보다 자세히 살펴보자. 어떤 재화를 1단위 더 살 때 얻는 추가적 편익을 **한계가치**(marginal value)라고 한다. 한계가치는 어떻게 결정되는가? 제4장에서는 개별수요곡선은 한계가치 혹은 한계효용을 수요량의 함수로 나타낸 것이라고 설명하였다. 따라서 한 재화에 대한 여러분의 수요곡선은 그 재화에 대한 여러분의 **한계가치**(한계편익)곡선이다. 개별수요곡선은 우하향하는데, 이는 재화를 1단위 더 구매함에 따라 얻는 한계가치가 구매량이 증가함에 따라 감소하기 때문이다.

어떤 재화 1단위를 더 살 때 드는 추가적 비용은 **한계지출**(marginal expenditure)이라고 한다. 한계지출은 여러분이 경쟁적 수요자인가, 아니면 수요독점력을 보유한 수요자인가에 따라 달라진다. 여러분이 해당 재화의 가격에 아무런 영향을 미칠 수 없는 경쟁적 수요자라면, 얼마나 많

수요과점 소수의 구매자만 존재하는 시장

수요독점력 가격에 영향을 미칠 수 있는 구매자의 능력

한계가치 재화를 1단위 더 구매함으로써 얻는 추가적인 편익

4.1절에서는 수요곡선상에서 아래로 움직임에 따라 추가적인 1단위에 대해 소비자가 부여하는 가치는 떨어진다고 설명하였다.

한계지출 재화를 1단위 더 구매함에 따른 추가적인 비용

은 양을 구매하는지에 관계없이 각 구매 단위에 대해 지불하는 비용은 동일하다. 이때 각 단위에 대해 지불하는 비용은 그 재화의 시장가격이다. 그림 10.13(a)는 이를 보여 준다. 각 구매 단위에 대해 여러분이 지불하는 금액은 각 단위에 대한 **평균지출**(average expenditure)이며, 이는 모든 구매 단위에 대해서 똑같다. 그렇다면 각 단위에 대해 여러분이 지불하는 한계지출은 얼마인가? 여러분이 경쟁적 수요자이므로, 한계지출은 평균지출과 같으며 평균지출은 또한 해당 재화의 가격이다.

평균지출 재화 1단위당 가격

또한 그림 10.13(a)는 여러분이 부여하는 한계가치(여러분의 수요곡선)를 보여 준다. 여러분은 마지막 1단위의 한계가치가 그 단위를 구매하는 데 지불하는 한계지출과 같아질 때까지 구매해야 한다. 따라서 여러분은 한계지출곡선과 수요곡선(한계가치곡선)이 일치하는 수량인 Q^*를 구매해야 한다.

한계지출과 평균지출의 개념은 구매자가 수요독점력을 가질 때 나타나는 상황을 이해하는 데 도움을 준다. 그에 대해 살펴보기 전에 우선 경쟁적 구매자의 상황과 경쟁적 판매자의 상황 간의 유사성을 살펴보자. 그림 10.13(b)는 완전경쟁적인 판매자가 얼마만큼을 생산하여 판매할 것인지를 어떻게 결정하는지를 보여 준다. 판매자는 시장가격을 주어진 것으로 받아들이므로 평균수입과 한계수입은 가격과 일치하며, 이윤극대화 생산량은 한계수입곡선과 한계비용곡선이 만나는 점에서 결정된다.

이제 여러분이 이 재화의 유일한 구매자라고 하자. 여러분은 시장공급곡선에 직면하는데, 이는 판매자들이 공급하려는 양을 여러분이 지불하는 가격의 함수로 나타낸다. 여러분의 구매량은

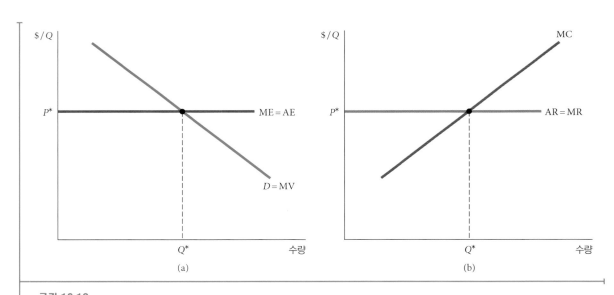

그림 10.13
경쟁적 판매자와 경쟁적 구매자
(a)에서 경쟁적 수요자는 시장가격 P^*를 받아들인다. 따라서 한계지출과 평균지출은 같으며, 일정한 값을 가진다. 구매량은 가격과 한계가치(수요)가 일치하는 가격에서 결정된다. (b)에서 경쟁적 판매자도 역시 시장가격을 받아들인다. 한계수입과 평균수입은 일정하며 같은 값을 가진다. 판매량은 가격과 한계비용이 같아질 때 결정된다.

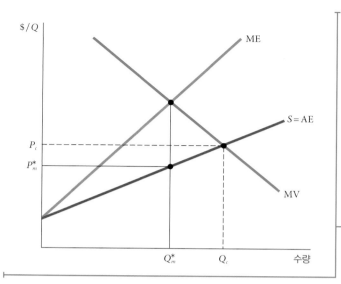

그림 10.14

수요독점적 구매자

시장공급곡선은 수요독점기업의 평균지출곡선 AE이다. 평균지출이 증가하므로 한계지출은 평균지출 위에 위치한다. 수요독점기업은 한계지출과 한계가치(수요)가 일치하는 양 Q^*를 구매한다. 가격 P_m^*는 평균지출(공급)로부터 도출된다. 경쟁시장의 가격 P_c는 P^*보다 높으며, 경쟁시장의 수량 Q_c는 Q^*보다 많다. P_c와 Q_c는 평균지출곡선(공급곡선)과 한계가치곡선(수요곡선)이 만나는 점에서 구해진다.

여러분의 한계가치곡선(수요곡선)이 시장공급곡선과 만나는 점에서 결정되는가? 그렇지 않다. 만약 여러분이 이 재화를 구매함으로써 얻는 순편익을 극대화하고자 한다면, 더 낮은 가격에서 더 적은 양을 구매해야 한다.

여러분의 구매량은 여러분이 구매하는 마지막 1단위로부터 얻는 한계가치가 그 단위에 대해 지불하는 한계지출과 일치하는 양이어야 한다.[14] 그러나 시장공급곡선은 한계지출곡선이 아니며, 여러분이 구매하는 총수량에 대해 여러분이 얼마를 지불해야 하는가를 알려 주는 역할을 한다. 다시 말해, 공급곡선은 **평균지출**곡선이다. 또한 평균지출곡선이 우상향하므로 한계지출곡선은 그 위에 위치해야 한다. 1단위를 추가적으로 구매하려면 그 추가적인 1단위에 대해서만이 아니라 구매하는 모든 단위에 대해 지불하는 가격이 상승한다.[15]

그림 10.14는 이와 같은 원칙을 보여 준다. 수요독점기업이 구매하는 최적 수요량은 수요곡선과 한계지출곡선이 만나는 점에서 Q_m^*으로 결정된다. 또 수요독점기업이 지불하는 가격은 공급곡선으로부터 알 수 있다. 즉, 수요독점기업이 지불하는 가격은 최적 구매량 Q_m^*에 대응하는 P_m^*이다. 여기서 수량 Q_m^*은 경쟁시장에서 나타나는 수량 Q_c보다 적으며, 가격 P_m^*은 경쟁시장에서 나타나는 가격 P_c보다 낮다.

---

14 수학적으로는 구매로부터의 순편익 NB를 NB $= V - E$로 나타낼 수 있는데, 여기서 V는 구매로부터 구매자가 얻는 가치를, E는 지출액을 나타낸다. 순편익은 다음과 같이 ΔNB$/\Delta Q = 0$의 조건하에서 극대화된다.

$$\Delta NB / \Delta Q = \Delta V / \Delta Q - \Delta E / \Delta Q = MV - ME = 0$$

따라서 MV = ME가 된다.

15 한계지출곡선을 수학적으로 도출하기 위해서는 공급곡선을 $P = P(Q)$로 나타낸다. 따라서 총지출 E는 가격에 수량을 곱한 값, 즉 $E = P(Q)Q$가 된다. 한계지출은 다음과 같이 구해진다.

$$ME = \Delta E / \Delta Q = P(Q) + Q(\Delta P / \Delta Q)$$

공급곡선은 우상향하므로 $\Delta P / \Delta Q$는 양(+)의 값을 가지며, 한계지출은 평균지출보다 크다.

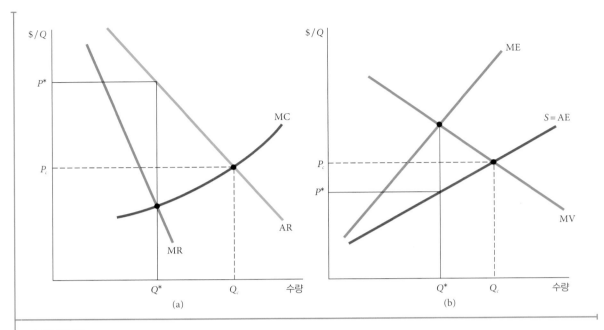

그림 10.15

공급독점과 수요독점

그림은 공급독점과 수요독점의 유사성을 보여 준다. (a) 공급독점기업은 한계수입과 한계비용이 같아지는 생산량을 선택한다. 평균수입은 한계수입보다 크며, 따라서 가격은 한계비용을 초과한다. (b) 수요독점기업은 한계지출이 한계가치와 일치하는 점까지 구매한다. 한계지출은 평균지출을 초과하므로 한계편익은 가격보다 높다.

수요독점과 공급독점의 비교

수요독점은 (공급)독점과의 비교를 통해 쉽게 이해할 수 있다. 이러한 비교는 그림 10.15(a)와 그림 10.15(b)에서 볼 수 있다. 독점기업이 한계비용보다 높은 가격을 책정하는 이유는 우하향하는 수요곡선(평균수입곡선)을 가지기 때문이다. 수요곡선이 우하향하므로(즉 평균수입이 감소하므로) 한계수입은 평균수입보다 작다. 이윤극대화를 위해 한계비용을 한계수입과 일치시키면 경쟁시장에 비해 적은 양 Q^*이 생산되며, 경쟁시장에서의 가격 P_c보다 높은 가격 P^*가 형성된다.

수요독점기업의 상황도 이와 유사하다. 그림 10.15(b)가 보여 주듯이, 수요독점기업은 한계가치보다 낮은 가격에서 재화를 구매할 수 있다. 이는 공급곡선(평균지출곡선)이 우상향하기 때문이다. 따라서 수요독점기업에게는 한계지출이 평균지출보다 크다. 한계가치를 한계지출과 일치시키면 경쟁시장에 비해 적은 양 Q^*를 구매하며, 경쟁시장에서의 가격 P_c보다 낮은 가격 P^*에 도달하게 된다.

10.6 수요독점력

순수 수요독점시장보다 더 보편적인 시장은 소수의 기업이 구매자로서 수요독점력을 가지면서 서로 경쟁하는 시장이다. 예를 들어 미국의 주요 자동차 제조회사들은 타이어의 구매자로서 서

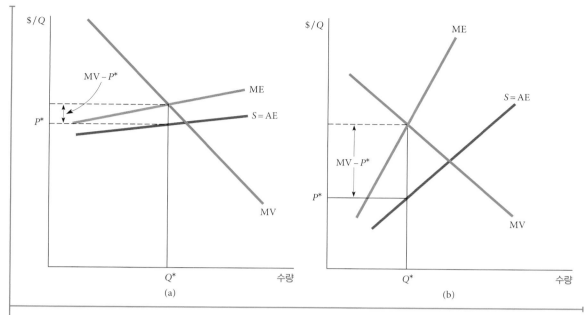

그림 10.16

수요독점력: 탄력적인 공급곡선과 비탄력적인 공급곡선

수요독점력은 공급의 탄력성에 따라 결정된다. 공급이 탄력적이라면 (a)에서 보듯이 한계지출과 평균지출은 크게 다르지 않으며, 가격은 경쟁시장의 가격과 비슷한 수준에서 결정된다. 하지만 공급이 (b)에서 보듯이 비탄력적이라면 그 반대 현상이 나타난다.

로 경쟁한다. 이들은 타이어 수요시장에서 높은 비중을 차지하므로 각 회사는 일정한 수요독점력을 가진다. 최대 구매자인 제너럴모터스사는 타이어와 기타 자동차 부품의 공급계약을 체결할 때 상당한 수요독점력을 행사한다.

경쟁시장에서는 가격이 한계가치와 일치한다. 그러나 수요독점력을 보유한 구매자는 한계가치보다 낮은 가격에서 해당 재화를 구입할 수 있다. 한계가치보다 얼마나 낮은 가격에 구매할 수 있는가는 구매자가 직면하는 공급곡선의 가격탄력성에 따라 결정된다.[16] 만약 공급곡선이 매우 탄력적이라면(E_S의 값이 클 경우), 가격 하락폭은 작으며 수요자는 거의 수요독점력을 가지지 못한다. 반대로 공급곡선이 매우 비탄력적이라면, 가격 하락폭은 크며 구매자는 상당한 수요독점력을 가지게 된다. 그림 10.16(a)와 그림 10.16(b)는 이러한 두 가지 경우를 보여 준다.

수요독점력의 발생 원인

어떤 시장에서 수요독점력의 크기를 결정하는 요인은 무엇인가? 이에 대한 답도 (공급)독점력의 경우와 유사하게 생각할 수 있다. 앞에서 살펴보았듯이 (공급)독점력의 크기는 시장수요곡선의 탄력성, 시장에 있는 공급자의 수, 공급자 간의 상호작용이라는 세 가지 요인에 의해 영향을 받

---

16 정확한 관계는 $(MV - P)/P = 1/E_S$가 된다. 이 식은 $MV = ME$이며 $ME = \Delta(PQ)/\Delta Q = P + Q(\Delta P/\Delta Q)$에서 도출된 것이다.

는다. 수요독점력도 이와 유사하게 시장공급곡선의 탄력성, 시장에 있는 수요자의 수, 수요자 간의 상호작용에 의해 영향을 받는다.

시장공급곡선의 탄력성 수요독점기업이 직면하는 공급곡선은 우상향하기 때문에 한계지출이 평균지출보다 크다는 점에서 이익을 얻는다. 공급곡선의 탄력성이 작을수록 한계지출과 평균지출의 차이는 커지며, 그에 따라 수요독점기업은 더 높은 수요독점력을 가진다. 시장에 하나의 구매자만 있는 순수 수요독점의 경우에는 수요독점기업의 수요독점력은 전적으로 시장공급곡선의 탄력성에 의해 결정된다. 만약 공급곡선이 매우 탄력적이라면 수요독점력은 작아지며, 유일한 구매자라는 사실로 인한 이익은 거의 없다.

구매자의 수 대부분 시장에는 하나 이상의 구매자가 존재한다. 구매자의 수는 수요독점력의 크기를 결정하는 중요한 요인이다. 구매자의 수가 매우 많을 때에는 어떤 구매자도 가격에 큰 영향을 미칠 수 없다. 따라서 각 구매자는 매우 탄력적인 공급곡선에 직면하며, 시장은 거의 완전경쟁에 가까워진다. 반대로 구매자의 수가 적다면 수요독점력은 커진다.

구매자 간의 상호작용 이제 시장에 서너 명의 구매자가 있다고 하자. 만약 구매자들이 서로 매우 치열하게 경쟁한다면 이러한 경쟁은 재화의 가격을 해당 재화에 대한 구매자들의 한계가치에 가깝게 상승시킬 것이며, 따라서 구매자들은 거의 수요독점력을 가지지 못하게 된다. 한편 이 구매자들이 거의 경쟁하지 않거나 심지어 담합한다면 가격은 크게 오르지 않을 것이며, 수요독점력은 마치 하나의 수요자의 경우처럼 높아질 수 있다.

따라서 (공급)독점기업의 경우와 마찬가지로 구매자들이 어느 정도의 수요독점력을 가질 것인가를 예측할 수 있는 단순한 방법은 없다. 구매자의 수를 살펴볼 수도 있고, 공급곡선의 탄력성을 측정해 볼 수도 있지만, 그러한 방법으로는 수요독점력의 크기에 대한 충분한 정보를 얻지는 못한다. 수요독점력의 크기는 구매자 간의 상호작용에도 영향을 받으며 이러한 상호작용을 확실히 밝혀내기는 더욱 어렵다.

수요독점력의 사회적 비용

수요독점력에 의해 재화의 가격은 낮아지며 구매량은 줄어들기 때문에 구매자는 나아지며 판매자는 나빠진다고 생각할 수 있다. 그러나 만약 소비자후생과 생산자후생을 똑같이 중요하게 생각한다면, 수요독점력은 전체적으로 소비자와 생산자를 더 나은 상태로 만드는가, 아니면 더 못한 상태로 만드는가?

이에 대한 답을 얻기 위해서는 경쟁시장에서의 소비자잉여와 생산자잉여의 합과 하나의 수요자가 있을 경우의 소비자잉여와 생산자잉여의 합을 서로 비교해야 한다. 그림 10.17은 수요독점기업의 평균지출곡선, 한계지출곡선, 한계가치곡선을 보여 준다. 수요독점기업의 순편익은 한계가치가 한계지출과 같아지는 수량 Q_m을 P_m의 가격에서 구입할 때 극대화된다. 경쟁시장에서 가격은 한계가치와 같다. 따라서 경쟁시장에서의 가격(P_c)과 수량(Q_c)은 평균지출곡선과 한계가치곡선이 만나는 점에서 결정된다. 이제 경쟁시장의 가격과 수량인 P_c와 Q_c에서 수요독점시장의 가격과 수량인 P_m과 Q_m으로 이동함에 따라 총잉여는 어떻게 변하는가를 살펴보자.

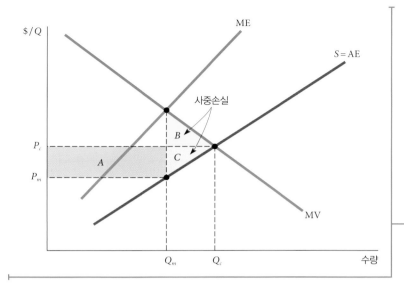

그림 10.17
수요독점력으로 인한 사중손실
음영으로 표시된 사각형과 삼각형은 경쟁적 가격(P_c)과 수량(Q_c)에서 수요독점적 가격(P_m)과 수량(Q_m)으로 움직임에 따른 판매자와 구매자의 잉여의 변화를 보여 준다. 가격은 낮아지고 수량은 줄어들기 때문에 구매자(소비자)의 잉여는 $A - B$만큼 증가하며 생산자잉여는 $A + C$만큼 줄어든다. 따라서 $B + C$만큼의 사중손실이 발생한다.

수요독점하에서 가격은 낮아지고 판매량은 줄어든다. 낮은 가격 때문에 해당 재화를 공급하는 판매자들은 사각형 A만큼의 잉여를 잃게 된다. 또한 공급량이 줄어듦으로써 삼각형 C만큼의 잉여도 잃게 된다. 따라서 판매자 전체가 잃는 총잉여는 $A + C$가 된다. 구매자는 낮은 가격을 지불하므로 사각형 A만큼의 잉여를 얻는다. 그러나 구매자는 Q_c가 아닌 Q_m만큼을 구매하므로 삼각형 B로 표시된 잉여를 잃게 된다. 따라서 구매자가 얻는 총잉여는 $A - B$가 된다. 구매자가 얻는 잉여에서 판매자가 잃은 잉여를 빼면 총잉여의 순손실은 $B + C$가 된다. 바로 이것이 **수요독점력**으로부터 발생하는 사중손실이다. 수요독점기업의 이득을 세금으로 거둬들여 이를 해당 재화의 판매자들에게 돌려준다고 하더라도 비효율이 발생한다. 왜냐하면 경쟁시장에 비해서 생산량이 줄어들기 때문이다. 사중손실은 이러한 비효율성이 초래하는 사회적 비용을 나타낸다.

수요독점에 의한 사중손실은 10.4절에서 살펴본 독점력에 의한 사중손실과 유사하다.

쌍방독점

공급독점기업과 수요독점기업이 만날 때 나타나는 상황에 대해서는 한마디로 말하기가 쉽지 않다. 하나의 판매자와 하나의 구매자가 있는 시장을 **쌍방독점**(bilateral monopoly)이라고 한다. 이러한 시장에서 결정되는 가격과 수량은 예측하기가 어렵다. 수요자와 공급자는 서로 협상을 해야 하는 상황에 놓이게 된다. 협상을 통하여 누가 더 좋은 결과를 얻게 될지를 알려 주는 법칙은 없다. 한쪽이 더 많은 시간과 인내심을 가지면서 협상에서 유리한 결과를 얻을 수도 있고, 가격이 너무 높거나 너무 낮을 경우에는 거래를 하지 않을 것임을 상대방이 믿도록 함으로써 더 나은 결과를 얻을 수도 있다.

쌍방독점 하나의 구매자와 하나의 판매자만 존재하는 시장

쌍방독점은 거의 찾아보기 어렵다. 보다 흔히 나타나는 시장은 공급독점력을 보유한 소수의 생산자들이 수요독점력을 보유한 소수의 구매자들에게 판매하는 시장이다. 이러한 경우에도 협상이 결과에 영향을 미치겠지만 어떤 대강의 원칙이 적용될지는 알 수 있다. 바로 수요독점력과 공급독점력은 서로 반대로 작용하는 경향이 있다는 원칙이다. 다시 말해 구매자들의 수요독점력은 판

매자들의 공급독점력을 감소시키는 경향이 있으며, 그 역도 성립한다. 그러나 이러한 경향이 있더라도 시장에서 나타나는 결과가 완전경쟁시장의 결과와 유사할 것이라고 말하기는 어렵다. 예를 들어 만약 (공급)독점력이 매우 크고 수요독점력이 작다면, 독점력의 차이로 인해 시장에는 공급독점력이 더 중요한 작용을 할 것이다. 그러나 일반적으로 수요독점력은 가격을 한계비용 가까이 내리는 힘으로 작용할 것이며, 또한 공급독점력은 가격을 한계가치 가까이 올리는 힘으로 작용할 것이다.

사례 10.5 미국 제조업체의 수요독점력

가격 대비 가격-비용의 격차 $(P - MC)/P$로 측정되는 독점력은 여러 제조업 간에 매우 다르게 나타난다. 어떤 산업의 경우에는 거의 0에 가깝고, 다른 산업의 경우에는 0.4나 0.5 정도로 높다. 이러한 차이가 발생하는 이유는 부분적으로는 독점력을 결정하는 요인들이 다르기 때문이다. 어떤 산업의 시장수요는 다른 산업에 비해 탄력적이며,

어떤 산업은 다른 산업보다 공급자 수가 많으며, 또한 어떤 산업은 다른 산업보다 공급자 간의 경쟁이 치열하게 이루어진다. 그러나 이러한 공급독점력의 차이를 설명하는 다른 이유로는 각 산업에서 수요자들의 수요독점력의 차이를 들 수 있다.

한 통계적 연구는 미국의 327개의 제조업을 대상으로 수요독점력의 역할을 분석하였다.[17] 이 연구는 수요독점력으로 가격-비용의 격차의 차이를 어느 정도로 설명할 수 있는가를 분석한 것으로서 수요자들의 수요독점력을 직접 측정할 수는 없지만 산업 간 수요독점력의 차이를 반영하는 수요자 집중률(해당 산업 전체의 매출액 중에서 상위 3~4개의 대기업 구매자들이 차지하는 매출액 비율), 수요자들의 연평균 수요량 등의 자료를 사용하였다.

이 연구는 수요자들의 수요독점력이 공급자의 가격-비용 격차에 중요한 영향을 미치며, 따라서 수요독점력이 공급자들이 가질 수 있는 공급독점력을 크게 감소시킬 수 있음을 보였다. 예를 들어 수요독점력을 결정하는 중요한 요인 중 하나인 수요자 집중률을 살펴보면, 단지 4~5개의 수요자들이 거의 대부분의 공급량을 수요하는 산업들에서 공급자의 가격-비용 격차는 수백 개의 수요자가 있는 산업들

과 비교할 때 평균적으로 10% 가까이 낮은 것으로 나타났다.

제조업에서 수요독점력을 살펴볼 수 있는 좋은 예로는 브레이크나 라디에이터 같은 자동차 부품시장이다. 미국의 주요 자동차 제조회사들은 각 부품을 적어도 3개 또는 많게는 12개의 부품공급업체로부터 구매한다. 또한 표준화된 부품 중 일부(예: 브레이크)는 자체적으로 생산하기도 한다. 이러한 상황은 제너럴모터스나 포드 같은 자동차 제조회사가 부품공급업체와의 협상에서 상당히 유리한 입장에 있다는 사실을 말해 준다. 각 부품공급업체는 부품 공급을 위해 서로 경쟁하면서 몇 안 되는 수요자에게 부품을 판매해야 한다. 특수한 부품의 경우에는 그 부품을 구매하는 자동차 제조회사가 하나인 경우도 있다. 따라서 자동차 제조회사들은 상당한 수요독점력을 가진다.

자동차 제조회사들이 수요독점력을 가진다는 것은 부품공급업체들의 사업 여건을 통해 명확히 알 수 있다. 부품공급계약을 따내기 위해 부품공급업체는 신뢰성(제품의 질, 빠듯한 납기를 맞추는 능력 등)을 증명하는 기록을 보여 줄 수 있어야 하며, 또한 자동차 수요의 변화에 따른 부품주문량의 변화도 수용해야 한다. 한편, 가격 협상은 악명 높게 어렵다는 소문이 나 있다. 부품 1개당 가격을 1센트만 높게 제시해도 경쟁부품업체에 계약을 뺏기는 경우가 종종 있다. 따라서 부품공급업체들이 거의 아무런 공급독점력을 가지지 못한다는 사실은 놀랍지 않다.

---

17 Steven H. Lustgarten, "The Impact of Buyer Concentration in Manufacturing Industries," *Review of Economics and Statistics* 57 (May 1975): 125–32.

10.7 시장지배력의 제한: 반독점법

공급 또는 수요 측면의 시장지배력은 경쟁가격에서 해당 제품을 살 수 있었던 잠재적 구매자에게 폐해를 초래한다는 점에 대해 살펴보았다. 또한 시장지배력은 생산량을 줄임으로써 사중손실을 초래하며, 과도한 시장지배력은 공평성과 공정성의 문제도 발생시킨다. 어떤 기업이 상당한 수준의 독점력을 가진다면, 이 기업은 소비자에게 추가적인 비용을 부담시킴으로써 자신의 이윤을 증가시킬 수 있다. 이론적으로는 이 기업의 초과이윤을 세금으로 거둬들인 후 그 수입을 해당 재화의 구매자에게 돌려줄 수 있다. 그러나 현실적으로 그러한 재분배는 거의 불가능하다. 독점기업이 발생시키는 이윤 중 얼마만큼이 독점력으로 인해 발생한 것인지를 파악하기는 힘들며, 모든 구매자를 다 찾아서 각자의 구매량에 비례해서 돈을 되돌려주는 것은 더더욱 어렵다.

그렇다면 사회가 시장지배력을 제한하고 경쟁제한행위를 방지할 수 있는 방법은 무엇인가? 전력회사와 같은 자연독점기업에게는 직접적인 가격규제가 그 답이 된다. 그러나 좀 더 일반적인 방법은 기업이 인수·합병을 통해 과다한 시장지배력을 가지는 것을 저지하며, 시장독점력을 이미 보유한 기업들에게는 독점력을 활용한 경쟁제한을 하지 못하도록 하는 것이다. 미국에서는 정부의 이러한 역할은 **반독점법**(antitrust laws)을 통해 이루어지고 있다. 다른 여러 국가들에서도 이와 유사한 법들이 시행되고 있다. 반독점법은 경쟁을 제한할 가능성이 있는 기업의 행위들을 금지함으로써 경쟁을 촉진시키는 것을 목적으로 하는 여러 법령과 규제를 지칭한다.

반독점법의 내용은 국가들마다 차이가 있으므로 미국을 중심으로 반독점법이 어떻게 작동하고 있는지 살펴보기로 한다. 우선 미국을 비롯한 많은 국가들에서는 담합과 같은 행위는 명백히 금지하지만 독점기업의 지위를 가진다거나 독점력을 보유한다는 것 자체가 불법으로 간주되지는 않는다. 오히려 특허 및 저작권법은 해당 혁신을 가져온 기업의 독점적 지위를 보호해 준다. 마이크로소프트사가 개인용 PC의 운영체제시장에서 독점에 가까운 지위를 차지하게 된 것은 다른 회사가 마이크로소프트의 윈도우즈를 복사하는 것이 금지되기 때문이다. 마이크로소프트가 운영체제시장에서 완전한 독점을 보유하고 있다고 하더라도[애플(Apple)이나 리눅스(Linux) 운영체제도 이 시장에서 경쟁하고 있으므로 마이크로소프트가 실제로 완전한 독점력을 가지는 것은 아니다], 그 자체가 위법은 아니다. 위법이 될 수 있는 경우는 마이크로소프트가 개인용 PC의 운영체제에 대한 독점력을 이용하여 다른 기업이 새로운 운영체제를 개발하여 시장에 들어오는 것을 막거나, 이 시장에서의 독점력을 활용하여 다른 시장에서의 경쟁을 저해하는 경우이다. 사례 10.8에서 알 수 있듯이 바로 이것이 미국 법무부(U.S. Department of Justice)와 유럽위원회(European Commission)가 마이크로소프트를 기소한 이유이다.

반독점법 경쟁을 제한하거나 제한할 가능성이 있는 행위를 금지하는 규칙과 규제

기업들이 할 수 있는 행위에 대한 규제

혁신은 경제성장을 가져오고, 소비자의 후생을 증가시킨다. 따라서 애플이 아이폰과 아이패드를 개발하여 시장지배력을 가지거나, 어떤 제약회사가 신약을 개발하여 시장지배력을 가지는 것은 반가운 일이다. 그러나 기업들은 용납될 수 없는 방법을 이용하여 시장지배력을 가질 수도 있는데, 반독점법은 바로 이러한 경우에 적용된다. 미국의 반독점법이 기본적으로 어떻게 기능하는지를 살펴보자.

1890년에 통과된 셔먼법(Sherman Act) 제1조는 거래를 제한하는 계약, 단합, 모의를 금지한다. 불법적인 단합의 확실한 예는 생산자들이 서로 간에 생산량을 제한하거나 가격을 경쟁수준보다 높게 유지한다는 명시적인 합의를 하는 경우이다. 미국의 경우, 사례 10.7에서 보듯이 이러한 불법적인 단합과 모의는 수없이 목격되어 왔다.

동반행위(parallel conduct)의 형태로 이루어지는 묵시적 담합도 반독점법 위반으로 간주될 수 있다. 예를 들어 B기업이 계속해서 A기업이 책정한 가격에 맞추어 자신의 가격을 변화시키거나(동반가격책정), 또 담합이 없는 경우에 일반적으로 예상될 수 있는 기업들의 행위와는 반대되는 행위를 한다면(수요의 감소나 공급과잉이 발생해도 가격을 올리는 등) 기업 상호 간에 묵시적 이해가 있었다는 것이 인정될 수 있다.[18]

셔먼법 제2조는 시장을 독점하거나 또는 독점하려는 시도를 불법으로 규정하고 있으며 또한 독점을 초래하는 기업 간의 모의를 금지한다. 1914년에 통과된 클레이튼법(Clayton Act)은 반경쟁적인 행위로 간주될 수 있는 관행을 구체적으로 열거하고 있다. 예를 들어 이 법은 시장점유율이 높은 기업이 자신의 제품을 구매하는 구매자나 임대하여 사용하는 임차인에게 경쟁기업의 관련 제품을 구매하지 말 것을 요구하는 것은 위법이라고 규정한다. 또한 이 법은 **약탈적 가격설정**(predatory pricing)을 위법으로 규정한다. 약탈적 가격설정이란 경쟁기업을 시장에서 쫓아내거나 새로운 기업의 시장 진입을 막으려는 목적으로 가격을 설정하는 것을 의미한다(이러한 가격정책이 성공하는 경우, 약탈적 기업은 경쟁기업을 시장에서 쫓아낸 후 높은 가격을 책정하여 더 큰 이윤을 얻을 수 있다).

독점력은 기업들이 서로 합병하여 대규모의 시장지배적인 기업이 되거나, 한 기업이 다른 기업을 인수하거나 다른 기업의 주식을 매입하여 지배권을 가질 때에도 달성될 수 있다. 클레이튼법은 "현저하게 경쟁을 위축시키거나", "독점을 발생시킬 우려가 있는 경우"의 인수합병을 금지하고 있다.

반독점법은 기업의 반경쟁적 행위에 대해서도 규제를 가한다. 예를 들어 1936년의 로빈슨-패트만법(Robinson-Patman Act)에 의해 일부 수정된 클레이튼법은 기본적으로 동일한 제품의 구매자들에게 서로 다른 가격을 책정하는 것이 경쟁을 저해할 가능성이 있는 경우에는 이를 금지한다. 그러나 이 경우에도 기업이 그러한 가격차별이 경쟁을 하는 데 필요하다는 것을 보일 수만 있다면 법의 저촉을 피할 수 있다(다음 장에서 살펴보겠지만, 가격차별은 아주 일반적인 관행이다. 그러나 가격차별로 인해 구매자가 경제적 손실을 보며, 또한 기업 간의 경쟁이 줄어든다면 반독점법 위반 행위가 될 수 있다).

미국의 반독점법을 구성하는 또 하나의 중요한 법은 1914년에 통과된 연방거래위원회법(Federal Trade Commission Act, 1914년에 제정되고 1938년, 1973년, 1975년에 수정됨)이다. 이 법

동반행위 암묵적 담합의 한 가지 유형으로서 한 기업이 다른 기업의 행위를 지속적으로 따라서 하는 현상

약탈적 가격설정 경쟁기업을 시장에서 쫓아내거나 새로운 기업의 시장 진입을 막음으로써 미래에 보다 높은 이윤을 얻고자 하는 목적으로 가격을 책정하는 행위

---

18 셔먼법은 거래를 제한하기 위한 모의로 인해 미국 시장에 영향을 미치는 범위 내에서는 미국에서 사업을 하는 모든 기업에게 적용된다. 외국 정부나 외국 정부의 관할하에서 사업을 하는 기업에 대해서는 이 법이 적용되지 않는다. 따라서 OPEC는 미국 법무부를 두려워할 필요가 없다. 또한 수출과 관련해서는 기업들은 서로 담합할 수 있다. 1918년에 통과된 웹-포머레니법(Webb-Pomerene Act)은 국내시장이 담합에 의해 영향을 받지 않는다면 수출시장을 대상으로 한 가격고정이나 관련된 담합을 허용한다. 이러한 행위를 하는 기업들은 웹-포머레니협회를 구성해야 하며, 미국정부에 등록해야 한다.

에 의해 연방거래위원회(Federal Trade Commission, FTC)가 설립되었다. 이 법은 불공정하고 반경쟁적인 기업행위(예를 들어 기만적 광고행위나 상표부착 행위, 자신의 제품을 파는 소매점의 계약에서 경쟁기업의 제품을 팔지 않는다는 내용을 포함시키는 행위 등)에 대해 폭넓은 금지조항들을 규정함으로써 셔먼법과 클레이튼법을 보완하여 시장경쟁을 증진시키는 것을 목적으로 한다. 이러한 금지조항들은 FTC에 의해서 행정절차에 따라 해석되고 집행되므로 다른 어떤 반독점법 법규보다 광범위하고 강력한 영향력을 행사한다.

그러나 미국의 반독점법은 어떤 것이 허용되고 어떤 것은 허용되지 않는지에 대해 매우 모호하게 기술하고 있다. 이 법들은 일반적인 법적 골격만을 제공하고 있기 때문에 법무성, 연방거래위원회, 법원은 법을 해석하고 적용하는 데 있어서 광범위한 재량권을 가진다. 이와 같은 접근법이 중요한 의미를 갖는 이유는 어떠한 행위가 경쟁을 저해할 것인지를 사전에 알기 어렵기 때문이다. 바로 이러한 모호성 때문에 법원은 법조문의 의미를 해석하는 과정이 필요하며, FTC나 법무부는 보충적 규정과 유권해석을 제시할 필요가 있는 것이다.

반독점법의 집행

미국의 반독점법은 세 가지 방식으로 집행된다.

1. **법무부의 반독점국을 통한 법 집행**: 법무부의 법 집행 정책은 행정부의 견해를 잘 반영한다. 법무부는 외부고발이나 자체조사에 따라 형사소송 또는 민사소송을 할 수 있으며, 둘을 병행할 수도 있다. 형사사건의 경우에는 기업에게 벌금을 부과할 수 있으며, 관련된 개인에게는 벌금이나 징역을 부과할 수도 있다. 예를 들어 가격고정이나 조작을 모의한 개인은 중범죄로 기소될 수 있으며, 만약 유죄가 인정된다면 징역형에 처해진다(여러분이 사업에서 성공하기 위해 미시경제학에서 배운 지식을 활용한다면 이 점을 기억해야 한다). 만약 민사소송에서 기업이 패소한다면 기업은 반경쟁적 행위를 멈춰야 하며, 또한 피해를 배상해야 하는 경우도 자주 발생한다.

2. **연방거래위원회의 행정조치를 통한 법 집행**: 연방거래위원회도 외부제보나 자체조사를 통해 행동에 나설 수 있다. 일단 연방거래위원회에서 조치가 필요하다고 결정되면 해당 기업이 법규를 자발적으로 준수하도록 요구할 수 있으며 또는 시정조치를 하도록 위원회 차원의 공식명령을 내릴 수도 있다.

3. **민간에 의한 제소를 통한 법 집행**: 개인이나 기업은 자신의 사업이나 재산상 피해액의 3배에 해당하는 손해배상(treble damage)을 요구하는 소송을 제기할 수 있다. 이러한 3배 피해보상 규정은 기업들의 반독점법 위반행위를 강력하게 억제하는 역할을 한다. 또한 개인이나 기업은 반독점적 위반자가 반경쟁적 행위를 멈추게 하는 금지명령을 법원이 내릴 것을 요구할 수도 있다.

미국의 반독점법은 다른 국가들의 반독점법에 비해 더 엄격하고 적용대상이 광범위하다. 실제로 어떤 사람들은 미국의 엄격한 반독점법이 미국 기업이 국제시장에서 외국 기업과 효과적으로 경쟁하는 것을 방해한다고 주장하기도 한다. 미국의 반독점법으로 인해 미국 기업의 활동이 제약받는 것은 확실하며 때로는 미국 기업이 국제시장에서 불리한 입장에 놓이게 되는 것도 사실일 수 있다. 그러나 이러한 비판은 반독점법이 가져다주는 편익과 비교되어야 한다. 기업 간의 공정한 경쟁은 경제적 효율성, 혁신, 경제성장을 위해 필수적으로 요구되며, 미국의 반독점법은 이러한 경쟁을 유지하는 데 핵심적인 역할을 담당해 왔다.

유럽의 반독점법

유럽연합(European Union)이 자리를 잡으면서 반독점행위를 다루는 방법도 차츰 발전해 왔다. 둘 이상의 국가가 해당되는 경우에 이 문제를 해결하는 책임은 벨기에의 수도 브뤼셀에 있는 경쟁이사회(Competition Directorate)가 가진다. 또한 각 회원국은 자체적인 반독점국을 가지는데, 각국의 반독점국은 자국 내에서 지대한 영향을 미치는 반독점 관련 사항에 대해 책임을 진다.

대체적으로 유럽연합의 반독점법은 미국의 반독점법과 매우 유사하다. 유럽공동체 협약 제101조는 미국의 셔먼법 제1조처럼 "거래의 제한"에 대해 언급한다. 또한 협약 제102조는 지배적

사례 10.6 가격에 대한 전화 한 통

1981년과 1982년 초에 아메리칸 항공사와 브래니프 에어웨이는 승객 유치를 위해 격렬하게 경쟁하고 있었다. 서로 시장을 좀 더 많이 차지하기 위해 상대방보다 싼 요금을 책정하는 가격 인하 전쟁이 벌어졌다. 1982년 2월 21일 아메리칸 항공사의 회장 크랜달(Robert Crandall)은 브래니프 에어웨이의 회장 퍼트남(Howard Putnam)에게 한 통의 전화를 걸었다. 이 전화내용은 비밀리에 녹음 되었는데, 그 내용은 다음과 같다.[19]

크랜달: 나는 우리 두 회사 모두 돈 한 푼 못 벌면서 서로 간에 @$%&!는 것은 정말 바보 같은 짓이라고 생각합니다.

퍼트남: 그래요…

크랜달: 당신 내 얘기가 뭔지 알잖아요. @!#$%&!. 도대체 원하는 게 뭡니까?

퍼트남: 당신이 우리 노선 하나하나에 중복 운항하면 우리로서도 가만히 당하고 있을 수는 없잖소.

크랜달: 물론 그래요. 그러나 이스턴 항공사와 델타 항공사도 서로 간에 이런 짓을 수년 동안 해 오고 있잖소.

퍼트남: 내게 뭐 제안하고 싶은 게 있는 거요?

크랜달: 그래요. 제안 하나 합시다. 당신이 @!#$%&! 요금을 20% 올리면 나도 내일 당장 우리 회사의 항공요금을 똑같이 올리겠소.

퍼트남: 우리는…

크랜달: 당신은 돈을 더 벌 것이고 나도 더 벌 것 아니겠소.

퍼트남: 우리는 가격결정에 대해 서로 의논할 수 없다는 것 모르시오!

크랜달: @!#$%&!, 우리는 우리가 원하는 어떠한 @!#$%&! 것에 대해서도 서로 이야기할 수 있소.

크랜달은 잘못 알고 있었다. 기업의 중역들은 그들이 말하고 싶은 것을 다 말할 수 없다. 가격에 대해 이야기하여 가격을 고정시키는 데 합의하는 것은 명백하게 셔먼법 제1조를 위반하는 일이다. 퍼트남은 이를 알고 있었으므로 크랜달의 제안을 바로 거절하였다. 이 전화내용을 확인한 후 법무성은 가격고정을 제안하여 반독점법을 위반했다는 혐의로 크랜달을 법원에 고소하였다.

그러나 가격고정을 제안하는 것만으로는 셔먼법 제1조를 위반했다고 하기에는 충분하지 않다. 법 위반이 성립하려면 당사자들이 담합하기로 합의한 사실이 있어야 한다. 퍼트남이 크랜달의 제안을 거절했기 때문에 크랜달이 셔먼법 제1조를 위반했다는 것은 성립하지 않았다. 그러나 나중에 법원은 가격고정을 제안한 것은 항공운송산업의 일부를 독점화하려는 의도로 볼 수 있으며, 만약 그렇게 인정된다면 셔먼법 제2조를 위반한 것이라고 판결하였다. 아메리칸 항공사는 다시는 그와 같은 행동을 하지 않을 것을 법무성에 약속하였다.

기업에 의한 독점력 남용에 초점을 맞추고 있는데, 이는 미국의 셔먼법 제2조와 여러 면에서 유사하다. 합병과 관련된 유럽합병규제법(European Merger Control Act)은 미국 클레이튼법의 제7조와 맥을 같이한다.

이러한 유사성에도 불구하고 유럽과 미국의 반독점법은 그 절차나 내용에서 서로 상당한 차이가 있다. 특히 합병에 관한 허용 여부는 미국보다 유럽에서 더 신속하게 결정된다. 또한 미국 기업이 미국 내에서 독점력을 획득하는 것을 증명하는 것보다 유럽 기업이 지배적 위치를 갖는 것을 증명하는 것이 실무적으로 더 쉽다. 유럽연합이나 미국은 모두 가격고정 행위에 대해서는 적극적으로 반독점법을 적용하지만, 미국은 가격고정에 대해 형사상의 벌금뿐만 아니라 징역형까지 규정하고 있는 데 반해 유럽은 민법상의 피해배상만 규정한다.

지난 10년간 전 세계적으로 반독점법의 적용은 크게 증가해 왔다. 현재 100개가 넘는 국가에서는 반독점법 시행을 위한 기관을 가지고 있다. 전 세계적인 반독점법 공식기관은 없지만 국제협의체인 국제경쟁네트워크(International Competition Network) 주최로 매년 적어도 한 번은 전 세계 반독점법 기관들의 연례회의가 개최되고 있다.

사례 10.7 안 돼요! 바로 감옥행이에요.

기업의 중역들은 미국에서 가격고정(price fixing)은 엄청난 벌금을 물어야 할 뿐만 아니라 징역도 살게 되는 범죄행위라는 것을 종종 잊는 것 같다. 징역을 사는 것은 장난이 아니다. 감방에서는 인터넷이나 전화서비스가 엉망이며, 케이블 TV도 없고, 식사는 형편없다. 여러분이 어떤 기업의 성공한 중역이 된다면 전화기를 들기 전에 다시 한 번 생각해 보기 바란다. 여러분 회사가 유럽이나 아시아 국가에 있기 때문에 미국 감옥에는 가지 않을 것이라는 생각은 하지 않는 것이 좋다. 몇몇 사례를 소개한다.

- 1996년에, 라이신(동물 사료에 사용되는 아미노산의 일종)을 생산하는 ADM(Archer Daniels Midland)사와 다른 두 기업은 가격고정을 했다는 이유로 기소되었으며, 1999년에 미들랜드사의 중역 3명은 가격고정을 적극 유도했다는 이유로 2~3년의 형을 받고 수감되었다.[20]

- 1999년에 세계 4대 제약 및 화학회사인 스위스의 로슈, 독일의 바스프, 프랑스의 롱프랑, 일본의 다케다는 미국에서 시판되는 비타민의 가격을 고정시키는 국제적 모의를 했다는 이유로 미국 법무성에 의해 기소되었다. 이 회사들은 미국 법무성에 $15억의 벌금을 물었으며, 유럽위원회에는 $10억, 또한 이와는 별도로 민간소송에 의해 $40억 이상을 지불하였다. 이 회사들의 간부들은 미국 내에서 수감되었다.

- 2002~2009년 기간 동안 호라이즌 라인즈(Horizon Lines) 선박회사는 푸에르토리코 선적의 시스타 라인즈(Sea Star Lines) 선박회사와 가격고정을 하였다. 이들 선박회사의 임원 5명이 1년에서 4년까지의 징역을 선고받고 수감되었다.

- 대부분 한국과 일본 회사들인 8개 회사들은 1998~2002년 기간 동안 DRAM 반도체 가격을 고정시켰다는 판결을 받고 모두 18명의 임원들이 미국 교도소에 수감되었다.

---

20 2009년에 개봉된 〈정보원(The Informant)〉이라는 영화에서는 ADM사의 사장 역을 맡은 맷 데이먼(Matt Damon)이 가격고정의 모의를 시작했으며, 횡령죄로 수감되었다.

- 2009년 5개 회사가 2001~2006년 동안 LCD가격을 고정했다는 판결을 받고 $10억의 과징금 외에도 22명의 임원들이 미국 교도소에 수감되었다.
- 2011년에 아이오와주에서 2개 회사가 레미콘의 가격고정을 했고 입찰담합(bid rigging)을 했다는 판결을 받았으며, 임원 1명은 1년, 다른 1명은 4년의 징역을 선고받았다.
- 2013년에 미국 육군 공병대의 계약담당자가 입찰담합으로 4년형을 선고받았다. 이 입찰담합을 주도했던 사람은 이미 19년형을 선고받은 상황이었다.
- 2014~15년에 총 29명의 기업임원이 전 세계적인 자동차부품가격담합에 연루되어 평균 15개월의 미국 교도소 징역형을 선고받았다.

이런 기업인들의 실수를 따라 해서는 안 된다.

사례 10.8 미국과 유럽연합 대(對) 마이크로소프트사

지난 30년간 마이크로소프트사는 이 회사의 컴퓨터 운영체제와 사무용 소프트웨어 시장에서 90% 이상의 시장점유율을 유지하면서 PC 소프트웨어시장을 석권하였다. 또한 마이크로소프트사의 Office365는 구글앱 등 다른 경쟁자가 있음에도 불구하고 시장을 선도하고 있다.

마이크로소프트사의 믿기 어려운 성공은 부분적으로는 혁신적인 기술과 회사의 공급전략 그리고 창업자인 빌 게이츠 덕분이다. 기업의 성공으로 시장 지배적인 위치를 차지하는 것이 경제적으로나 법적으로 무슨 문제가 되는가? 이에 대한 대답은 상황에 따라서는 문제가 될 수도 있다는 것이다. 미국과 유럽연합의 반독점법은 기업이 거래를 제한하거나 부당한 수단으로 독점을 유지하고자 하는 것을 불법으로 간주하고 있다. 마이크로소프트는 반경쟁적인 불법행위를 하였는가?

1998년의 미국정부의 대답은 그렇다는 것이었다. 미국 법무성은 마이크로소프트사를 법원에 제소하였다. 그 이유는 마이크로소프트가 자기 운영체제의 독점적 지위를 유지하기 위하여 자신의 인터넷 브라우저인 익스플로러를 윈도우즈 운영체제와 불법으로 묶어팔기를 했다는 것이었다. 미국 법무성에 의하면 마이크로소프트는 넷스케이프사의 인터넷 브라우저인 넷스케이프 내비게이터가 자신이 PC 운영체제에서 차지하는 독점적 지위를 위협한다고 판단하여 그러한 묶어팔기를 했다는 것이다. 넷스케이프 내비게이터는 선(SUN)사의 자바(Java) 언어를 사용하는데, 이는 윈도우즈와 경쟁하는 운영체제용으로 개발된 프로그램들도 구동할 수 있기 때문에 그러한 위협은 실제적으로 존재하였다. 법원은 마이크로소프트사가 PC 운영체제시장에서 독점력을 보유한다고 판결하였고, 이는 셔먼법 제2조를 위반했다는 의미였다.

그러나 마이크로소프트의 문제는 미국 내에만 국한되지 않았다. 2004년에 유럽위원회(European Commission)는 마이크로소프트가 윈도우즈미디어플레이어(Windows Media Player)를 운영체제와 묶어팔기함으로써 미디어플레이어시장을 독점화하였다고 주장하였다. 유럽위원회는 마이크로소프트에게 윈도우즈미디어플레이어가 들어가 있지 않은 윈도우즈 운영체제를 생산하도록 명령하였다. 또한 마이크로소프트는 소비자가 처음 컴퓨터를 부팅시킬 때 브라우저를 선택할 수 있도록 하는 데에 동의했으며, 2012년에 유럽에서의 법적 분쟁이 마무리가 되었다.

2016년에 와서는 경쟁의 주축이 스마트폰산업으로 옮겨 왔다. 여기서 마이크로소프트사는 구글의 안드로이드와 애플의 iOS 운영체제로부터 강력한 경쟁에 직면해 있다.

사례 10.9 합병정책에 관한 논쟁

기업의 인수합병을 허가해 주는 기준은 얼마나 엄격해야 하는가? 혹시 활발한 합병으로 인해 경쟁이 줄어들고 소비자가격이 인상되지는 않았는가? 미국 법무부와 연방거래위원회, 그리고 유럽연합은 합병이 비용을 절약해 줄 것이라는 주장을 보다 신중하게 판단해야 하며, 오히려 소비자에게 미칠 수 있는 손해에 보다 관심을 기울여야 하지 않겠는가?

"맞습니다." Pindyck 교수가 말한다. "규제당국은 합병심사에서 보다 엄격할 필요가 있습니다. 합병은 많은 산업들을 지나치게 집중화시켰고 소비자들의 피해를 초래했습니다. 초대형 기업들은 공급과 유통망을 장악하였으며, 그로 인해 중소규모의 경쟁자들은 퇴출되었고, 소비자들의 선택권을 박탈하였으며, 가격은 올랐습니다. 합병을 원하는 기업들은 합병이 효율성을 높여 비용을 줄일 것이며 결국 소비자에게 이익이 될 것이라고 주장합니다. 그러나 이러한 주장은 근거가 미약하고 합병 이후에 실현되지 않는 경우가 많습니다."

"아닙니다." Rubinfeld 교수가 대답하였다. "교수님은 규제당국의 입장에 치우쳐 있으며 많은 합병들로 인해 나타난 소비자 편익을 간과하고 있습니다. 물론 2개의 기업이 1개로 합쳐져서 독점기업이 되는 경우는 문제가 될 수 있습니다. 하지만 95% 이상의 합병의 경우에는 인수기업의 시장지배력을 증가시키지 않고 공적 조사도 필요 없습니다. 4개의 기업이 3개가 되거나 3개의 기업이 2개로 되는 경우가 가장 관심을 많이 받습니다. 이런 경우에 효율성과 잠재적 경쟁과 관련된 주장들이 제기되는 것이지요. 어떤 합병은 실제로 비용을 절약해 주는 효율성을 달성합니다. 그러한 합병은 생산비용과 행정비용을 줄일 뿐만 아니라 제품의 품질을 향상시키고 서비스를 개선합니다. 그리고 대부분의 경우 합병으로 인한 가격 상승은 크지 않습니다."

Pindyck 교수가 말하였다. "$5억 이상의 대형 합병의 수가 최근 수년간 지속적으로 증가하고 있으며, 그중 상당 부분이 소비재와 서비스 부문에서 일어났습니다. 사실 그림 10.18에서 볼 수 있듯이 1992년에서 2007년까지 15년 동안 여러 산업들은 더욱더 집중화되

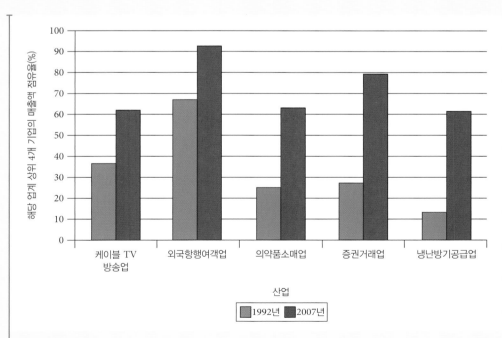

그림 10.18
몇몇 산업에서의 집중도 변화
그림은 미국 내 산업별로 1992년과 2007년에 매출액이 가장 높은 4개 기업들의 시장점유율을 보여 준다.

었습니다. 케이블 및 위성방송을 예로 들어 봅시다. 그 결과 가격 상승은 차치하고라도 소비자 선택권은 매우 좁아졌고 어떤 이들은 품질도 떨어졌다고 느끼고 있습니다."

"여기서 질문은," Rubinfeld 교수가 대답하였다. "이러한 합병들이 소비자에게 더 큰 편익을 주었고 비용을 낮춰서 장기적으로 가격도 낮출 수 있도록 효율성을 향상시켰는지 여부입니다. 비록 모든 경우가 그렇지는 않지만 일부 합병은 분명히 이러한 긍정적인 결과를 가져왔습니다." 두 저자는 이러한 상황으로 인해 정부의 합병정책이 매우 복잡할 수밖에 없다고 결론지었다.

요약

1. 시장지배력은 판매자나 구매자가 재화의 가격에 영향을 미칠 수 있는 능력을 의미한다.

2. 시장지배력에는 두 가지 형태가 있다. 판매자가 자신의 가격을 한계비용보다 높게 책정할 때는 판매자가 (공급)독점력을 가지며, 독점력의 크기는 가격이 한계비용을 초과하는 정도로 측정된다. 한편 구매자가 자신의 한계가치보다 낮은 가격으로 해당 재화를 구매할 때는 구매자가 수요독점력을 가진다. 수요독점력의 크기는 한계가치가 가격을 초과하는 정도로 측정된다.

3. 독점력의 크기는 부분적으로는 시장에서 서로 경쟁하는 기업의 수에 의해 결정된다. 만약 시장에 한 기업(순수독점기업)만 있다면 독점력의 크기는 전적으로 시장수요의 가격탄력성에 달려 있다. 시장수요의 가격탄력성이 낮을수록 기업은 더 큰 독점력을 가진다. 시장에 여러 기업이 있다면 독점력의 크기는 기업들 간의 상호작용에 의해서도 영향을 받는다. 서로 공격적으로 경쟁하면 할수록 각 기업의 독점력은 작아진다.

4. 수요독점력의 크기는 부분적으로 시장에 있는 구매자의 수에 의해 결정된다. 만약 시장에 1명의 구매자(순수 수요독점기업)만 있다면 수요독점력의 크기는 시장공급곡선의 탄력성에 따라 달라진다. 공급곡선이 가격비탄력적일수록 수요자는 더 큰 수요독점력을 가진다. 시장에 여러 구매자가 있다면 수요독점력의 크기는 구매자들이 해당 재화의 구매를 위하여 얼마나 치열하게 경쟁하는가에 따라서도 달라진다.

5. 시장지배력은 사회적 비용을 발생시킨다. (공급)독점과 수요독점의 경우 모두 경쟁시장 수준에 비해 생산량이 줄어들기 때문에 소비자잉여와 생산자잉여에 사중손실이 발생한다. 또한 렌트 추구 행위에 따른 추가적인 비용도 발생한다.

6. 규모의 경제가 나타날 때는 순수독점시장이 바람직한 시장 형태일 수도 있다. 그러나 사회적 후생 극대화를 위하여 정부는 순수독점기업의 가격을 규제하고자 한다.

7. 일반적으로 반독점법은 기업들이 과다한 시장지배력을 갖는 것을 막기 위해 마련된 것이다.

복습문제

1. 어떤 독점기업은 한계비용이 한계수입을 초과하는 점에서 생산하고 있다. 이 독점기업이 자신의 이윤을 증가시키기 위해서는 생산량을 어떻게 조정해야 하는가?

2. 이윤을 극대화하는 독점기업에서 $(P - MC)/P$는 수요의 가격탄력성에 따라 어떻게 달라지는가? 이 값이 독점력을 나타내는 지표로 이용되는 이유는 무엇인가?

3. 독점시장에서는 시장공급곡선이 존재하지 않는 이유는 무엇인가?

4. 순수독점기업이 아니더라도 기업이 독점력을 가질 수 있는 이유는 무엇인가?

5. 독점력을 발생시키는 진입장벽에는 어떤 것들이 있는가? 예를 들어 설명하라.

6. 개별 기업의 독점력의 크기는 어떤 요인들에 의해 영향을 받는가? 각각을 간단히 설명하라.

7. 독점력이 사회적 비용을 발생시키는 이유는 무엇인가? 생산자가 독점력에 의해 얻는 이득을 소비자들에게 되돌려줄 수 있다면 독점력에 의한 사회적 비용은 제거될 수 있는가? 간단히 설명하라.

8. 정부가 가격을 내리도록 강제할 때 독점기업이 생산량을 증가시키는 이유는 무엇인가? 정부가 독점기업의 생산량을 극대화하는 가격상한을 설정한다면 그 가격은 얼마가 되어야 하는가?

9. 수요독점기업은 재화의 구매량을 어떻게 결정하는가? 경쟁적 수요자보다 많이 구매하는가, 아니면 적게 구매하는가? 간략히 설명하라.

10. 수요독점력이 의미하는 바는 무엇인가? 어떤 기업이 시장에 있는 유일한 구매자가 아니라고 하더라도 수요독점력을 가지는 이유는 무엇인가?

11. 수요독점력을 발생시키는 원인은 무엇인가? 개별 기업의 수요독점력의 크기는 어떤 요인들에 의해 영향을 받는가?

12. 수요독점력이 사회적 비용을 발생시키는 이유는 무엇인가? 만약 구매자가 수요독점력에 의해 얻는 이득을 판매자에게 재분배해 줄 수 있다면 수요독점력에 의한 사회적 비용은 제거될 수 있는가? 간단히 설명하라.

13. 미국의 반독점법은 기업의 시장지배력을 어떻게 제한하는가? 반독점법의 주요 조항을 예로 들어 보라.

14. 미국의 반독점법이 실제로 어떻게 집행되는지를 간단히 설명하라.

연습문제

1. 독점기업이 생산하는 제품에 대한 수요가 증가한다면 가격은 항상 상승하는가? 설명하라. 수요독점기업이 구매하고자 하는 제품의 공급이 증가한다면 가격은 항상 하락하는가? 설명하라.

2. 세계 최대의 농기계 생산업체인 카터필러사가 가격결정에 대한 조언을 구하기 위해 여러분을 고용했다고 하자. 이 회사는 가격을 5% 인상하면 매출은 얼마나 줄어들 것인가를 알고 싶어 한다. 이 문제에 도움을 주기 위해 여러분은 무엇을 알아야 하는 가? 그것들이 왜 중요한지를 설명하라.

3. 어떤 독점기업이 직면하는 수요곡선은 가격탄력성이 −2로 일정한 값을 가진다. 이 기업의 한계비용은 단위당 $20로 일정하며 이윤을 극대화하는 가격을 설정하고 있다. 만약 한계비용이 25% 증가한다면 기업이 책정하는 가격도 똑같이 25% 상승해야 하는가?

4. 다음은 어떤 기업의 평균수입(수요)곡선이다.

$$P = 120 - 0.02Q$$

여기서 Q는 주당 생산량이며, P는 단위당 센트로 측정된 가격이다. 이 기업의 비용함수는 $C = 60Q + 25,000$으로 주어진다. 이 기업은 이윤을 극대화한다고 가정하자.

a. 이 기업의 주당 생산량은 얼마이며, 가격과 이윤의 크기는 얼마인가?

b. 만약 정부가 제품 단위당 14센트의 세금을 부과한다면, 새로운 생산량, 가격, 이윤은 얼마인가?

5. 다음의 표는 한 독점기업이 일정한 한계비용 $10에 생산하고 있는 제품의 수요곡선을 보여 준다.

가격	수량
18	0
16	4
14	8
12	12
10	16
8	20
6	24
4	28
2	32
0	36

a. 이 기업의 한계수입곡선을 계산하라.

b. 이 기업이 이윤을 극대화하는 생산량과 가격은 얼마인가? 이윤은 얼마인가?

c. 이 시장이 경쟁시장인 경우에 나타나는 균형가격과 균형수량은 얼마인가?

d. 만약 이 독점기업이 경쟁시장에서의 가격으로 경쟁시장에서의 생산량을 생산하도록 강요받는다면 그에 따른 사회적 이익은 얼마나 되는가? 누가 이득을 얻고 누가 손실을 보는가?

6. 어떤 산업의 주요 특징은 다음과 같다.

$C = 100 + 2q^2$	각 기업의 비용함수
$MC = 4q$	각 기업의 한계비용
$P = 90 - 2Q$	시장수요함수
$MR = 90 - 4Q$	산업의 한계수입

a. 이 산업에 하나의 기업만 존재하는 경우 이 독점기

업의 독점가격, 수량, 이윤을 구하라.

b. 이 산업이 경쟁적이라면 시장가격, 수량, 이윤은 어떻게 구해지는가?

c. 수요곡선, 한계수입곡선, 한계비용곡선, 평균비용곡선을 그려라. 독점기업의 이윤과 경쟁산업의 이윤의 차이를 두 가지 방법으로 설명하고 두 가지 방법에 따른 결과가 수치로는 동일함을 증명하라.

7. 이윤을 극대화하는 독점기업이 800단위의 재화를 생산하고 있으며, 재화 1단위당 가격은 $40로 정하고 있다.

a. 이 재화의 수요의 가격탄력성이 −2라면, 마지막 단위 생산의 한계비용은 얼마인가?

b. 이 기업은 한계비용보다 몇 퍼센트 높은 가격을 책정하고 있는가?

c. 마지막 1단위의 평균비용이 $15이고, 고정비용이 $2,000라면 이 기업의 이윤은 얼마인가?

8. 2개의 공장에서 생산을 하는 기업의 비용이 다음과 같이 주어졌다고 하자.

$$제1공장: C_1(Q_1) = 10Q_1^2$$
$$제2공장: C_2(Q_2) = 20Q_2^2$$

이 기업이 직면하고 있는 수요곡선은 다음과 같다.

$$P = 700 - 5Q$$

여기서 Q는 총생산량으로서 $Q = Q_1 + Q_2$이다.

a. 두 공장의 한계비용곡선, 평균수입곡선, 한계수입곡선, 총한계비용곡선(생산량 $Q = Q_1 + Q_2$의 한계비용곡선)을 그려라. 이윤을 극대화하는 각 공장의 생산량과 총생산량, 가격을 계산하라.

b. 이윤을 극대화하는 Q_1, Q_2, Q와 P를 구하라.

c. 제1공장의 노동비용이 증가했다고 하자. 이 기업은 제1공장의 생산량, 제2공장의 생산량, 총생산량을 어떻게 변화시켜야 하는가? 가격은?

9. 어떤 제약회사는 새로운 약에 대해 독점권을 보유하고 있다. 이 약은 두 공장 중 어느 공장에서든 생산될 수 있다. 두 공장의 생산비용은 다음과 같다.

$$MC_1 = 20 + 2Q_1$$
$$MC_2 = 10 + 5Q_2$$

이 회사가 추정하는 수요곡선은 $P = 20 - 3(Q_1 + Q_2)$ 이다. 이 회사는 각 공장에서 얼마만큼 생산해야 하며, 단위당 얼마에 판매해야 하는가?

10. 미국에서 20세기에 가장 유명한 반독점법 적용사례 중 하나는 1945년의 알코아(Aluminum Company of America, Alcoa) 사건이다. 그 당시 알코아는 미국의 알루미늄괴 생산의 약 90%를 생산하던 기업이었다. 이 회사는 알루미늄시장을 독점한다는 점 때문에 기소되었다. 이에 대해 알코아는 비록 1차 알루미늄(알루미늄괴)시장에서는 자신이 큰 부분을 점유하는 것은 사실이지만, 2차 알루미늄(재생 알루미늄)시장에서는 전체 알루미늄 공급량의 약 30%만 차지하며 2차 시장에서는 여러 기업들이 서로 경쟁한다고 주장하였다. 따라서 자신은 큰 독점력을 가지는 것이 아니라고 주장하였다.

   a. 알코아를 지지하는 명확한 주장을 해 보라.

   b. 알코아를 반박하는 명확한 주장을 해 보라.

   c. 1945년에 핸드(Learned Hand) 판사가 내린 판결은 가장 유명한 판결 중 하나로 알려져 있다. 핸드 판사의 판결문에 대해 아는 바가 있는가?

11. 한 독점기업의 수요곡선이 $P = 11 - Q$로 주어진다. 여기서 P는 단위당 가격이며, Q는 천 단위로 측정된 수량이다. 단위당 평균생산비용은 $6으로 일정하다.

   a. 평균수입곡선, 한계수입곡선, 평균비용곡선, 한계비용곡선을 그려라. 이윤을 극대화하는 생산량과 가격은 얼마인가? 그 결과 이윤의 크기는 얼마인가? 러너지수를 이용하여 독점력의 크기를 계산하라.

   b. 정부가 단위당 $7의 상한가격을 설정한다. 이 경우 이 독점기업의 생산량은 얼마가 되는가? 총이윤은? 이 독점기업의 독점력에는 어떤 변화가 발생하는가?

   c. 어떤 상한가격하에서 생산량은 가장 많아지는가?

그 가격에서 이 독점기업의 생산량과 독점력의 크기는 얼마인가?

12. 어떤 기업이 미국시장에서 일정한 로고가 새겨진 티셔츠를 판매하는 독점권을 가진다. 티셔츠의 수요는 $Q = 10{,}000 / P^2$이다. 이 기업의 단기비용은 $SRTC = 2{,}000 + 5Q$이고, 장기비용은 $LRTC = 6Q$이다.

   a. 단기이윤을 극대화하기 위해 이 기업은 가격을 얼마로 정해야 하는가? 판매량은 얼마이며, 총이윤의 크기는 얼마인가? 이 기업은 단기에는 생산을 하지 않는 것이 유리한가?

   b. 장기에서는 얼마의 가격을 설정해야 하는가? 공급량과 총이윤의 크기는? 이 기업은 장기에는 생산을 하지 않는 것이 유리한가?

   c. 이 기업의 단기 한계비용이 장기 한계비용보다 낮다고 생각하는가? 그 이유는 무엇인가?

13. 여러분은 완전경쟁시장에서 1개당 $10에 어떤 물건을 판매하고 있다. 여러분은 이 물건을 두 공장에서 생산한다. 제1공장에서 노사 문제가 발생하여 임금을 인상시켜야 함에 따라 제1공장의 한계비용이 상승한다. 이에 대응하기 위해 여러분은 제2공장에서의 생산량을 늘려야 하는가?

14. 주요 대학의 조교시장은 수요독점시장이라고 할 수 있다. 조교의 수요곡선이 $W = 30{,}000 - 125n$이라고 하자. 여기서 W는 연간 임금이며, n은 채용되는 조교의 수이다. 조교의 공급곡선은 $W = 1{,}000 + 75n$이라고 하자.

   a. 만약 대학이 수요독점기업의 지위를 이용한다면 얼마나 많은 조교를 채용할 것이며, 임금은 얼마를 지불할 것인가?

   b. 만약 대학이 연간 $10,000의 임금에서 무한대의 조교를 공급받을 수 있다면, 대학은 얼마나 많은 조교를 채용할 것인가?

*15. 한 기업이 어떤 제품의 시장에서 독점기업의 지위를 누리고 있다. 이 제품의 생산비용은 $C = 100 - 5Q + Q^2$이고, 수요는 $P = 55 - 2Q$이다.

   a. 이윤을 극대화하기 위해 이 기업은 가격을 얼마로

설정해야 하는가? 그리고 생산량은 얼마인가? 이 기업의 이윤은 얼마이며, 소비자잉여의 크기는 얼마인가?

b. 만약 이 기업이 완전경쟁기업인 것처럼 행동하여 $MC = P$를 만족시킨다면, 생산량은 얼마가 되는가? 이 경우 이 기업이 얻는 이윤은 얼마이며, 소비자잉여의 크기는 얼마인가?

c. a에서, 독점력에 의해 발생하는 사중손실의 크기는 얼마인가?

d. 정부가 이 기업의 제품에 대해 최고가격을 \$27로 규제한다고 하자. 이러한 정부의 규제는 이 제품의 가격, 수량, 소비자잉여, 그리고 이 기업의 이윤의 크기에 어떤 영향을 미치는가? 정부의 가격규제가 발생시키는 사중손실의 크기는 얼마인가?

e. 이제 정부가 최고가격을 개당 \$23로 규제한다고 하자. 이러한 규제는 이 제품의 가격, 수량, 소비자잉여, 이 기업의 이윤, 사중손실의 크기에 어떤 영향을 미치는가?

f. 정부가 최고가격을 \$12로 규제한다고 하자. 이러한 규제는 이 제품의 수량, 소비자잉여, 이 기업의 이윤, 사중손실에 어떤 영향을 미치는가?

*16. 미네소타주의 레이크워베곤이라는 동네에는 10가구가 살고 있다. 각 가구의 전기에 대한 수요는 $Q = 50 - P$이다. 레이크워베곤 전력회사의 전력 생산비용은 $TC = 500 + Q$이다.

a. 만약 전력회사를 감독하는 규제기관이 이 시장에서 사중손실이 발생하지 않기를 원한다면 규제기관은 이 전력회사가 가격을 얼마로 설정하도록 요구해야 하는가? 이 경우 전력 생산량은 얼마가 되는가? 그 가격에서 발생하는 소비자잉여와 전력회사의 이윤을 계산하라.

b. 만약 규제기관이 전력회사가 손실을 입지 않기를 원한다면, 규제기관이 설정할 수 있는 최저가격은 얼마가 되어야 하는가? 이 경우의 생산량, 소비자잉여, 이 기업이 얻는 이윤을 계산하라. 사중손실은 발생하는가?

c. 크리스티나는 이 작은 마을에 사중손실은 없어야 한다고 생각한다. 크리스티나는 각 가구가 사용하는 전력량에 관계없이 일정한 금액을 지불한 다음에 사용하는 전력량에 따라 단위당 일정한 요금을 내는 것을 제안한다. 이렇게 한다면 a에서 규제기관이 설정한 가격을 받으면서도 전력회사는 손해를 보지 않을 수 있다. 크리스티나의 계획이 제대로 작동하기 위해서 각 가구는 얼마의 일정한 금액을 지불해야 하는가? 각 가구가 전력 없이 지내기보다는 크리스티나의 제안을 따를 것으로 여러분이 확신할 수 있는 이유는 무엇인가?

17. 미국 중부지역의 한 도시는 노스스타 일렉트릭(Northstar Electric)이라는 회사로부터 전기를 구입하고 있다. 이 회사는 독점회사이지만 시민들에 의해 소유되고 있다. 시민 각자는 연말에 이 회사가 얻은 이윤을 공평하게 나누어 갖는다. 이 회사의 CEO는 모든 이윤이 시민들에게 돌아가므로 전기에 대해 독점가격을 책정하는 것이 경제적으로 옳다고 주장한다. 이 말이 맞는가, 틀리는가? 설명해 보라.

18. 어떤 독점기업이 다음의 수요곡선에 직면하고 있다.

$$Q = 144 / P^2$$

여기서 Q는 수요량이고, P는 가격이다. 이 독점기업의 평균변동비용은 $AVC = Q^{1/2}$이며, 고정비용은 $FC = 5$이다.

a. 이 독점기업의 이윤극대화 가격과 수량은 얼마인가? 총이윤의 크기는 얼마인가?

b. 정부가 가격이 \$4를 넘지 못하도록 규제한다면 이 독점기업은 얼마를 생산하는가? 이 경우 이 독점기업의 총이윤의 크기는 얼마가 되는가?

c. 정부는 이 독점기업이 가능한 한 최대의 생산량을 공급하도록 상한가격을 책정하고자 한다. 이러한 목적을 달성할 수 있는 가격수준은 얼마가 되어야 하는가?

19. 어떤 도시에서는 우버가 차량공유서비스시장에서 독점기업이다. 여기서 평일 수요곡선은 $P = 50 - Q$로

주어진다. 그러나 주말에는 저녁마다 수요가 급증하여 수요곡선이 $P = 100 - Q$가 된다. 우버의 한계비용은 0이다.

a. 평일과 주말의 이윤극대화 가격은 각각 얼마인가?

b. 만약 한계비용이 10이라면 평일과 주말의 이윤극

대화 가격은 얼마가 되는가?

c. b에서 구한 가격과 수량을 바탕으로 주말의 수요곡선, 한계수입곡선, 한계비용곡선을 그려라. 주말에 우버의 이윤과 사중손실을 그래프를 그려 설명하라.

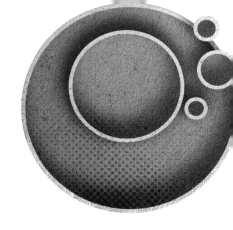

CHAPTER 11
시장지배기업의 가격설정

제10장에서 설명했듯이, 시장지배력은 매우 보편적인 현상이다. 많은 산업에서 생산자는 소수에 불과하여 각 생산자는 어느 정도의 독점력을 지니고 있다. 또한 원자재, 노동, 특수 자본재의 구매자로서 많은 기업들은 요소시장에서 어느 정도의 수요독점력을 지니고 있다. 이러한 기업의 경영자들이 직면하는 문제는 어떻게 시장지배력을 가장 효율적으로 활용하는가이다. 경영자들은 단기와 장기에 있어서 이윤을 극대화하기 위해 가격을 설정하고, 요소투입량을 선택하고, 생산량을 결정해야 한다.

시장지배기업의 경영자는 완전경쟁기업의 경영자보다 훨씬 어려운 의사결정을 해야 한다. 산출물시장에서 완전경쟁적인 기업은 시장가격에 아무런 영향력을 미치지 못한다. 따라서 기업의 경영자는 단지 기업 운영의 비용 측면만 신경 쓰면 되므로 시장가격과 한계비용을 일치시키는 생산량을 택하면 된다. 그러나 시장지배력을 지닌 기업의 경영자는 수요의 특성도 신경 써야 한다. 기업제품에 대해 단일가격을 매기는 경우라고 하더라도 최소한 수요탄력성의 추정치라도 파악해야만 적정 가격과 이에 상응하는 생산량을 결정할 수 있다. 나아가 기업들은 종종 보다 복잡한 가격전략을 구사할 때 훨씬 나은 성과를 거두는 경우가 많다. 예를 들면 고객별로 서로 다른 가격을 부과하는 것이다. 이러한 가격전략을 수립하기 위하여 경영자들은 수요에 대한 특별한 식견이나 보다 많은 정보를 갖춰야 한다.

이 장에서는 시장지배력을 지닌 기업들이 어떻게 가격을 설정하는지에 대해 설명한다. 우리는 모든 가격전략의 기본 목표인 소비자잉여를 가로채서 이를 기업의 추가적인 이윤으로 전환시키는 것부터 설명을 시작한다. 그리고 가격차별(고객에 따라 다른 가격 부과)이 이 목표를 어떻게 달성할 수 있는지 살펴본다. 가격차별은 여러 가지 형태로 광범위하게 적용되고 있으므로 이것이 어떻게 작동하는지 이해하는 것은 중요하다.

다음으로는 고객이 어떤 재화를 사기 이전에 그 재화를 살 수 있는 권리에 대해 먼저 지불하도록 하는 이부가격(two-part tariff)에 대해 논의한다. 이 가격의 고전적인 사례는 놀이공원이다. 고객들은 입장료를 먼저 지불하고 입장하며, 놀이기구를 탈 때는 추가요금을 지불한다. 놀이공원은 매우 특별한 시장처럼 보이지만 이부가격을 적용하는 다른 예도 많다. 질레트(Gillette) 면도기의 가격은 그 면도기를 가지고 있는 사람에게 그 면도날을 살 기회를 주는 수준에서 결정된다. 테니스클럽은 연회비를 낸 회원들에게만 시간당 사용료를 따로 받는다. 장거리전화 통신회사는 사용자에게 월 기본요금에 더해 분당 통화요금을 추가로 부과한다.

여러 제품을 모아 하나의 꾸러미로 파는 묶어팔기(bundling)도 다룬다. 여러 소프트웨어 패키지들을 함께 묶어 파는 개인용 컴퓨터의 경우를 예로 들 수 있다. 항공료, 렌트카, 호텔을 함께 묶어서 단일 패키지가격에 판매하는 일주일 여행상품과 선루프, 파워윈도, 가죽시트가 표준사양으로 되어 있는 럭셔리자동차도 이에 해당된다.

마지막으로 시장지배력을 지닌 기업이 광고를 활용하는 것에 대해 살펴본다. 광고에 얼마의 예산을 쓸 것인가를 결정하기 위해서는 수요에 대한 정보를 파악해야 하는데, 이는 기업의 가격전략과 밀접하게 연관되어 있다. 우리는 이윤극대화 광고비–판매수입 비율을 결정하는 간단한 원칙을 도출할 것이다.

11.1 소비자잉여 가로채기

소비자잉여는 4.4절과 9.1절에서 설명하였다.

앞으로 우리가 살펴보게 될 모든 가격전략에는 한 가지 공통점이 있다. 그것은 바로 **소비자잉여**를 가로채서 이를 생산자에게 넘겨주는 수단이라는 점이다. 이는 그림 11.1에서 명확히 알 수 있다. 어떤 기업이 단일가격으로 모든 생산량을 판매한다고 상정해 보자. 이윤을 극대화하려면 그 기업은 한계비용과 한계수익곡선이 만나는 점에서 가격 P^*와 이에 상응하는 생산량 Q^*를 선택할 것이다. 이 기업은 일단 이윤을 확보하겠지만 경영자는 보다 더 큰 이윤을 벌 수 있는 방법이 없을까 궁리할 것이다.

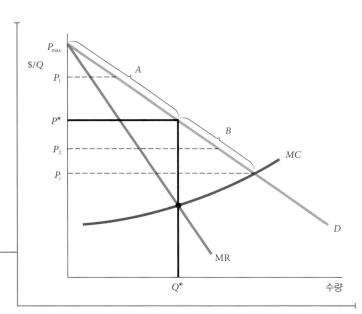

그림 11.1
소비자잉여 가로채기
기업이 모든 고객에게 단일가격만 부과할 수 있다면 가격은 P^*, 생산량은 Q^*가 될 것이다. 이상적으로는 기업이 지불의사금액이 P^*보다 큰 고객에게는 더 높은 가격을 부과하여 소비자잉여의 일부를 가로채는 것이다. 또한 지불의사금액이 P^*보다 낮은 고객에게도 가격을 낮춰 판매를 늘리는데 이때 인하가격을 다른 고객들에게는 적용하지 않는다. 이런 방식으로 B영역의 고객으로부터도 일부 소비자잉여를 가로챌 수 있다.

경영자는 수요곡선의 A영역에 있는 고객들은 P^*보다 높은 가격을 지불하고자 한다는 것을 파악하고 있다. 그러나 가격을 인상한다면 일부 고객을 잃을 것이며, 판매량은 감소하여 이윤은 줄어들게 된다. 이와 유사하게 일부 고객은 지불하고자 하는 가격이 P^*보다 낮기 때문에 이 기업의 제품을 사지 않는다. 그러나 이들 중 상당수는 (수요곡선의 B영역에 있고) 기업의 한계비용보다는 높은 가격을 지불할 용의가 있다. 기업이 제품가격을 낮춘다면 이러한 고객 중 일부에게 제품을 판매할 수 있다. 하지만 가격을 낮춘다면 기존 고객으로부터 받는 판매수입이 적어져서 이윤이 줄어들게 될 것이다.

이 기업은 어떻게 하면 A영역에 있는 고객들의 소비자잉여(혹은 적어도 이의 일부라도)를 차지하는 동시에 B영역에 있는 잠재고객 중 일부에게 이윤을 남기면서 판매를 더 할 수 있을까? 단일가격을 부과한다면 이런 일은 가능하지 않다. 그러나 기업은 고객이 수요곡선의 어떤 영역에 속해 있는가에 따라 고객별로 다른 가격을 부과할 수도 있다. 예를 들면, A영역의 위쪽 끝부분에 있는 일부 고객들에게는 높은 가격 P_1을 부과하며, B영역에 있는 일부 고객에게는 낮은 가격 P_2를 부과하며, 이 둘의 중간에 있는 일부 고객에게는 P^*를 부과하는 것이다. 이것이 **가격차별**(price discrimination)의 기본원리이다. 즉, 서로 다른 고객에게 서로 다른 가격을 부과하는 것이다. 물론, 문제는 어떻게 다른 고객을 식별하여 그들에게 다른 가격을 지불하도록 할 수 있는가이다. 다음 절에서 어떻게 이것이 가능한지 알아볼 것이다.

이 장에서 논의할 다른 가격설정 방식인 이부가격제와 묶어팔기 역시 기업이 시장영역을 확대하여 더 많은 고객을 확보하고 이로써 더 많은 소비자잉여를 가로채는 기법이다. 각각의 경우 기업의 이윤 증가폭과 소비자후생에 대한 영향의 크기를 살펴볼 것이다(기업의 독점력이 크다면 이러한 가격전략은 소비자와 생산자를 모두 이롭게 한다). 먼저 가격차별에 대해 살펴보자.

> 가격차별 유사한 재화에 대해 서로 다른 고객에 대해 서로 다른 가격을 부과하는 행위

11.2 가격차별

가격차별은 크게 1차, 2차, 3차의 세 가지로 구분된다. 이를 차례대로 살펴보자.

1차 가격차별

기업의 입장에서는 모든 고객에게 서로 다른 가격을 부과하는 것이 가장 이상적이다. 즉 기업은 가능하다면 각 고객이 구매하려는 단위에 대해 그 고객이 지불하고자 하는 최고가격을 부과할 것이다. 이러한 최고지불의사금액을 고객의 **유보가격**(reservation price)이라고 부른다. 기업이 각 고객에 대하여 그의 유보가격을 가격으로 부과하는 행위를 완전 **1차 가격차별**(first-degree price discrimination)이라고 한다.[1] 이러한 가격설정 방식이 기업의 이윤에 어떤 영향을 주는지 알아보자.

우선 그림 11.2에서 기업이 단일가격 P^*만을 부과할 때 얻는 이윤을 알아볼 필요가 있다. 이를 파악하기 위해 전체 생산량 Q^*에 이르기까지 추가로 생산되어 판매되는 제품 1단위별로 발생하

> 유보가격 고객이 재화를 구매할 때 지불할 용의가 있는 최대 가격

> 1차 가격차별 각 고객의 유보가격만큼 가격을 부과하는 방식

> 8.3절에서 기업의 이윤극대화 생산량은 한계수입과 한계비용이 같게 되는 생산량임을 설명하였다.

---

[1] 각 고객은 재화 1단위씩 구매한다고 가정한다. 만약 어떤 고객이 1단위 이상을 구매한다면 기업은 구매단위별로 다른 가격을 부과해야 한다.

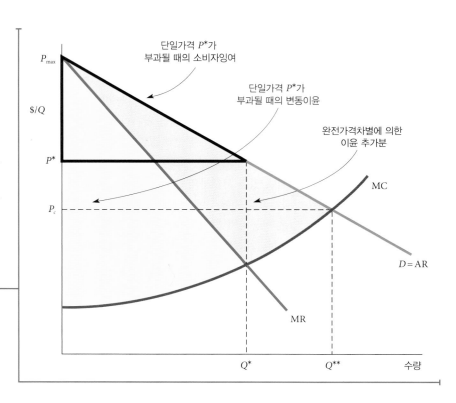

그림 11.2

완전 1차 가격차별에 의한 추가적 이윤
기업이 각 고객에게 그의 유보가격을 부과하므로 생산량을 Q^{**}로 늘리는 것이 이윤에 도움이 된다. 기업이 단일가격 P^*를 부과할 때는 기업의 변동이윤은 한계수입과 한계비용곡선 사이의 면적이다. 1차 가격차별에 의해 이윤은 수요곡선과 한계비용곡선 사이의 면적으로 확대된다.

는 이윤을 더해 나간다. 추가이윤은 각 단위별로 한계수입에서 한계비용을 뺀 것이다. 그림 11.2에서는 첫 번째 단위가 한계수입이 가장 높고 한계비용은 가장 낮다. 1단위씩 추가함에 따라 한계수입은 감소하고 한계비용은 증가한다. 그리하여 기업은 한계비용과 한계수입이 같아지는 산출량 Q^*을 생산한다.

변동이윤 기업이 생산량을 1단위씩 늘릴 때마다 얻는 이윤의 합으로 총이윤에 고정비용을 더한 값

1단위씩 추가로 생산함에 따라 발생하는 이윤을 모두 합함으로써 기업의 **변동이윤**(variable profit)을 구할 수 있다. 이는 고정비용을 감안하지 않은 기업의 이윤이다. 그림 11.2에서 변동이윤은 한계비용과 한계비용곡선 사이의 **노란색으로 음영 처리**된 부분의 면적이 된다.[2] 소비자잉여는 평균수입곡선과 고객이 지불하는 가격 P^* 사이의 면적으로서 검은색 삼각형으로 표시된다.

완전가격차별 기업이 완벽하게 가격을 차별할 수 있다면 어떤 일이 일어날까? 각 고객에게 그가 지불할 용의가 있는 최대금액과 정확히 같은 가격이 부과되므로 한계수입곡선은 더 이상 기업의 생산량 결정과는 관련을 갖지 않는다. 대신 1단위를 더 판매할 때 얻어지는 추가적인 수입은 단순히 그 단위에 대해 부과되는 가격으로서 수요곡선에 의해 주어진다.

가격차별은 기업의 비용구조에는 영향을 미치지 않으므로 1단위 더 생산할 때의 추가비용은

---

2 제10장에서 총이윤 π는 총수입 R과 총비용 C 간의 차이이므로 이윤 증가분은 그냥 $\Delta\pi = \Delta R - \Delta C = MR - MC$가 된다는 점을 상기하라. 변동이윤은 $\Delta\pi$들을 모두 더하면 구해지며 다름 아닌 MR과 MC곡선 사이의 면적이 된다. 이 수치는 고정비용을 감안하지 않은 것이다. 고정비용은 기업의 생산량과 가격결정에 영향을 주지 못한다. 총이윤은 변동이윤에서 고정비용을 뺀 값이 된다.

기업의 한계비용에 의해 결정된다. 따라서 1단위를 더 생산하여 판매할 때 추가되는 이윤은 이제 수요와 한계비용의 차이가 된다. 수요가 한계비용보다 적어지지 않는 한 기업은 생산을 증가시킴으로써 이윤을 증가시킬 수 있다. 총생산량이 Q^{**}가 될 때까지 이윤은 증가한다. Q^{**}에서 수요와 한계비용은 같아지며, 이보다 생산량이 증가하면 이윤은 감소한다.

변동이윤은 이제 수요곡선과 한계비용곡선 사이의 면적이 된다.[3] 그림 11.2에서 기업의 이윤이 어떻게 증가했는지 살펴보라(가격차별에 의한 추가이윤은 보라색으로 표시된 영역과 같다). 아울러 각 고객은 자신이 지불하고자 하는 최대금액을 가격으로 부담하였으므로 모든 소비자잉여는 기업이 차지하게 되었다는 점을 주목하라.

불완전가격차별 현실적으로는 완전 1차 가격차별을 적용하는 것은 거의 불가능하다. 첫째, 모든 고객에게 각각 다른 가격을 부과한다는 것은 (고객 수가 아주 소수가 아닌 한) 비현실적이다. 둘째, 기업은 일반적으로 모든 고객의 유보가격을 일일이 알지 못한다. 설사 각 고객에게 지불용의금액을 물어본다고 하더라도 솔직한 대답을 듣기는 어렵다. 고객들은 지불의사가 매우 낮다고 답하는 것이 자신에게 유리하기 때문이다.

그러나 때로 기업은 고객들의 유보가격을 추정하여 고객들에게 소수의 다른 가격을 부과하는 불완전한 차별을 할 수 있다. 이러한 관행은 의사, 변호사, 회계사 또는 건축사처럼 고객에 대해 잘 알고 있는 전문직 종사자들이 활용한다. 이 경우 고객의 지불용의금액이 평가될 수 있으며, 가격은 그에 따라 정해진다. 예를 들면 의사는 지불용의금액이나 보험혜택이 적은 저소득층 환자에게는 낮은 가격을 부과하는 대신 고소득층이나 많은 보험금을 지불하는 보험에 가입한 환자에 대해서는 높은 가격을 부과한다. 회계사의 경우, 의뢰인의 세금신고서 작성이 다 끝난 시점에 의뢰인의 지불용의금액이 어느 정도인지를 가늠할 수 있어서 매우 유리한 위치에 있게 된다.

다른 사례로 보통 15% 마진율을 받는 자동차 딜러를 들 수 있다. 딜러는 고객과 흥정을 하여 자신이 받는 마진율의 일부를 고객에게 양보할 수 있으며, 때로는 고객이 표시가격 전체를 지불해야만 한다고 주장을 굽히지 않을 수도 있다. 유능한 딜러는 고객을 붙잡는 방법을 알고 있다. 흥정을 그만두고 다른 점포로 갈 것 같은 고객에게는 큰 폭의 할인을 제공하지만(딜러의 입장에서는 못 팔고 이윤을 전혀 못 내는 것보다 적은 금액이나마 이윤을 내는 것이 낫다), 구매를 서두르는 고객에게는 할인을 전혀 안 해 주거나 아주 적게 해 준다. 다시 말해서 성공하는 딜러는 어떻게 가격차별을 해야 하는지를 안다.

또 하나의 사례로 대학 등록금을 들 수 있다. 대학은 동일한 학위과정에 있는 학생들에게는 등록금을 차등하지 않는다. 대신 대학들은 장학금이나 대출보조금을 지원하는 방식으로 학생들에게 재정지원을 한다. 이는 모두 학생들이 부담해야 하는 등록금을 줄여 주는 것이다. 재정지원을 원하는 학생들에게는 재산에 대한 정보를 제출하도록 의무화함으로써 대학은 재정지원액을 학생의 지불능력 및 지불용의금액과 연계시킬 수 있다. 따라서 재정적으로 넉넉한 학생들은 많은 학비를 내는 반면 재정적으로 어려운 학생들은 적은 학비를 낸다.

---

3 이윤의 추가분은 다시 $\Delta\pi = \Delta R - \Delta C$이다. 그러나 ΔR은 각 고객이 부담하는 가격(즉, 평균수입곡선)이 되므로 $\Delta\pi = AR - MC$가 된다. 변동이윤은 이러한 $\Delta\pi$들의 합이 되므로 AR곡선과 MC곡선 사이의 면적이 된다.

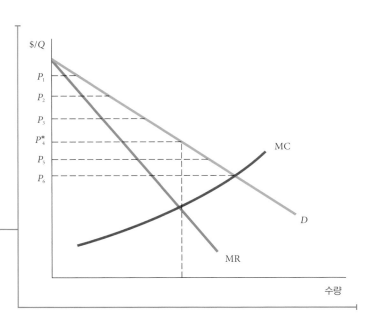

그림 11.3
실제의 1차 가격차별
기업은 보통 모든 소비자의 유보가격을 모른다. 하지만 때때로 유보가격은 어느 정도 식별될 수 있다. 그림에서는 6개의 유보가격이 부과된다. 기업은 더 큰 이윤을 벌고 일부 소비자도 덕을 본다. 단일가격 P^*_4로는 거래하는 소비자 수가 더 적었다. 이제 가격 P_5나 P_6를 부담하는 소비자는 소비자잉여를 즐긴다.

그림 11.3에는 불완전 1차 가격차별이 묘사되어 있다. 만일 단일가격을 부과한다면 가격은 P^*_4가 될 것이다. 그림에는 6개의 다른 가격이 설정되어 있는데, 이 중 가장 낮은 가격인 P_6은 한계비용과 수요곡선이 만나는 점 근처에서 정해져 있다. P^*_4 이상의 높은 가격을 지불할 용의가 없었던 잠재적 고객들도 이 상황에서 더 나아진다. 그들은 이제 구매를 하며 최소한 약간의 소비자잉여를 즐긴다. 사실 가격차별에 의해 새로운 고객들이 충분히 시장거래에 참여하게 된다면 생산자와 소비자 모두가 이롭게 되는 점까지 소비자후생이 개선될 수 있다.

2차 가격차별

소비자가 일정 기간 동안 한 재화를 여러 단위 구매한다고 할 때 소비자의 유보가격은 구매량이 많아짐에 따라 점차 감소한다. 수돗물, 난방연료, 그리고 전기를 예로 들 수 있다. 소비자는 한 달에 몇백 킬로와트의 전기를 구입하지만 전기 소비량이 늘면서 지불용의금액은 차츰 감소한다. 처음 100킬로와트의 가치는 매우 크다. 당장 냉장고와 기본적인 조명에 사용할 수 있기 때문이다. 이후 추가적으로 전기를 사용함에 따라 에너지 절약이 점차 용이해지며, 전기요금이 높다면 에너지 절약은 더욱 가치가 있을 것이다. 이러한 상황에서 기업은 소비량에 따라 가격을 차별할 수 있다. 이러한 가격차별을 **2차 가격차별**(second-degree price discrimination)이라고 하는데, 동일한 재화나 서비스에 대해 구매량 기준으로 다른 가격을 부과하는 방식으로 운영된다.

2차 가격차별 동일 재화와 서비스에 대해 구매량에 따라 다른 단위당 가격을 부과하는 방식

수량할인(quantity discount)은 2차 가격차별의 좋은 예다. 낱개로 파는 전구 1개의 가격은 $5이지만 같은 전구 4개가 담긴 한 상자의 가격은 $14로 정할 수 있는데, 이때 전구 1개당 평균가격이 $3.50가 된다. 또한 아침식사용 시리얼의 온스당 가격은 16온스 박스보다 24온스 박스가 더 저렴하다.

구간가격설정 다른 구매량이나 구간에 따라 다른 가격을 부과하는 방식

2차 가격차별의 또 다른 예로는 전력회사, 천연가스회사, 도시수도회사 등이 활용하는 **구간가**

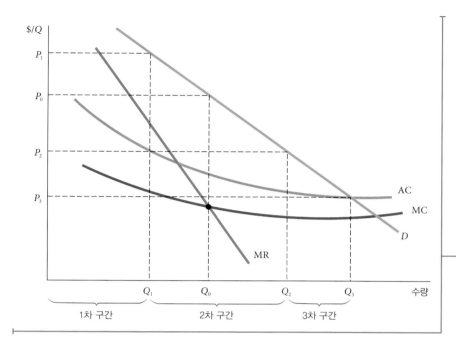

그림 11.4

2차 가격차별

동일 재화의 다른 수량 또는 구간별로 다른 가격이 부과된다. 이 그래프에서는 세 가지 구간이 있고 구간별로 P_1, P_2, P_3의 가격이 설정된다. 규모의 경제가 작동되고 평균비용과 한계비용은 감소한다. 2차 가격차별은 생산량을 늘리고 비용을 낮춤으로써 소비자를 이롭게 할 수 있다.

격설정(block pricing)을 들 수 있다. 구간가격설정하에서 소비자는 서로 다른 구매량 또는 구매구간에 따라 다른 가격을 지불한다. 규모의 경제로 인해 평균비용과 한계비용이 감소한다면 요금을 감독하는 정부기관은 구간가격설정을 장려할 수 있다. 이 가격제하에서는 생산량이 증가하여 규모의 경제로 인한 이점을 더 많이 누릴 수 있기 때문에 소비자후생이 증진되며 동시에 기업도 더 큰 이윤을 누릴 수 있다. 가격이 전반적으로 낮아지더라도 단위비용 감소에 의한 비용절감에 의해 기업의 이윤은 증가한다.

그림 11.4는 평균비용과 한계비용이 감소하는 기업의 2차 가격차별을 표현하고 있다. 만일 단일가격이 부과된다면 가격은 P_0가 되고 이에 상응하는 생산량은 Q_0가 된다. 그림에는 구매량에 따라 3개의 다른 가격이 부과되는데, 첫 번째 구간에서는 P_1, 두 번째 구간에서는 P_2, 세 번째 구간에서는 P_3이다.

3차 가격차별

어느 유명 주류회사는 다소 이상하게 가격을 정하고 있다. 이 회사는 보드카를 생산하는데, 이를 가장 부드럽고 맛있는 술로 광고하고 있다. 이 보드카의 이름은 "Three Star Golden Crown"이고 한 병에 $16에 판매된다.[4] 그런데 한편으로는 이 회사는 똑같은 보드카를 "Old Sloshbucket"라는 상표가 부착된 병에 담아 한 병에 $8에 팔고 있다. 이 회사는 왜 이런 일을 하는가? 회사 사장은 술통 옆에서 너무 많은 시간을 보내고 있는가?

그럴 수도 있지만 이 회사는 **3차 가격차별**(third-degree price discrimination)을 하고 있으며, 이

3차 가격차별   소비자들을 서로 다른 수요곡선을 갖는 2개 이상의 그룹으로 나누어 각 그룹마다 다른 가격을 부과하는 방식

---

4   회사 보호를 위해 가명을 쓰고 있다.

렇게 함으로써 이윤을 증가시킬 수 있기 때문이다. 이러한 방식의 가격차별에서는 소비자들을 각각 별도의 수요곡선을 갖는 두세 그룹으로 분리한다. 이는 가장 보편적인 가격차별 방식으로서 사례도 풍부하다. 일반항공요금과 특별항공요금, 프리미엄 술과 보통 술, 캔 식품과 냉동채소, 학생과 노인에 대한 할인요금 등이 그러하다.

소비자를 그룹별로 구분하기 소비자들을 서로 다른 그룹으로 나누기 위하여 몇 가지 특성이 활용된다. 예를 들어 학생과 노년층은 평균적으로 다른 연령층에 비해 지불용의금액이 적고(소득이 낮기 때문이다) 신원확인은 쉽게 이루어진다(학생증이나 운전면허증을 통해 확인). 같은 방식으로 출장비로 비싼 항공료를 지불하는 비즈니스여행객과 휴가를 즐기기 위한 여행객을 구분하기 위해 항공사들은 특별할인 항공권에 대해서는 사전구매 또는 토요일 숙박 조건 등 몇 가지 요구사항을 제시한다. 주류회사나 프리미엄 대 일반브랜드 식품(예를 들면, 슈퍼마켓 자체 상표 부착 상품)의 경우 상표 자체가 소비자들을 그룹으로 나눈다. 일반브랜드 상품이 유명브랜드 상품과 완전히 같거나 거의 차이가 없으며 유명브랜드를 제조한 바로 같은 회사의 제품임에도 불구하고 많은 소비자들은 유명브랜드 상품에 대해 더 비싼 가격을 지불하고 구매하고자 한다.

만일 3차 가격차별이 실시된다면 기업은 어떤 방법으로 각 소비자 그룹별로 어떤 가격을 매길지를 결정할까? 다음 두 단계에 대해 생각해 보자.

1. 이윤을 극대화시키기 위해서는 생산량의 크기에 관계없이 각 그룹의 한계수입이 서로 같아지도록 생산량을 그룹별로 나누어야 한다. 예를 들어 2개의 소비자 그룹이 존재하는 경우 첫 번째 그룹의 한계수입 MR_1이 두 번째 그룹의 한계수입 MR_2보다 크다면 이 기업은 두 번째 그룹으로부터 첫 번째 그룹으로 제품판매를 이동시킴으로써 이득을 볼 수 있다. 이는 첫 번째 그룹에 부과하는 가격을 낮추고 두 번째 그룹에 부과하는 가격을 높임으로써 달성할 수 있다. 따라서 두 가격이 어떤 수준에서 책정되든지 관계없이 그 가격하에서 그룹 간 한계수입이 서로 같아져야 한다.

2. 총생산량은 각 소비자 그룹의 한계수입과 한계비용이 같아지도록 조정되어야 한다는 것을 알고 있다. 그렇지 않다면 기업은 생산량을 늘리거나 또는 줄임으로써(즉 두 그룹에게 부과하는 가격을 낮추거나 인상시킴으로써) 이윤을 증대시킬 수 있다. 예를 들어 각 그룹의 한계수입은 동일하지만 한계수입이 한계비용보다 크다고 하자. 그렇다면 기업이 생산량을 늘린다면 이윤이 더 커질 것이다. 이는 두 소비자 그룹에게 부과되는 가격을 낮추게 되며, 이에 따라 각 그룹의 한계수입은 같은 수준에서 감소하지만 한계비용에 접근해 갈 수 있다.

이 문제를 수학적으로 살펴보자. P_1을 첫 번째 소비자 그룹에 부과되는 가격, P_2를 두 번째 그룹에 부과되는 가격, 그리고 $C(Q_T)$를 생산량 ($Q_T = Q_1 + Q_2$)를 생산할 때의 총비용이라고 하자. 그렇다면 총이윤은 다음과 같이 구해진다.

$$\pi = P_1 Q_1 + P_2 Q_2 - C(Q_T)$$

이 기업은 마지막 단위의 판매로부터 얻는 이윤이 0이 될 때까지 Q_1과 Q_2를 증가시킬 것이다. 먼저 첫 번째 소비자 그룹에 대한 판매로부터 얻는 추가적인 이윤이 0이 되는 조건은 다음과 같다.

$$\frac{\Delta \pi}{\Delta Q_1} = \frac{\Delta(P_1 Q_1)}{\Delta Q_1} - \frac{\Delta C}{\Delta Q_1} = 0$$

여기서 $\Delta(P_1 Q_1)/\Delta Q_1$은 첫 번째 소비자 그룹에 대해 1단위 더 판매함으로써 얻는 추가적 수입, 즉 $\mathrm{MR_1}$이다. 다음 항 $\Delta C/\Delta Q_1$은 재화를 1단위 더 생산함에 따른 추가적 비용, 즉 한계비용(MC)이다. 따라서 다음 조건이 도출된다.

$$\mathrm{MR_1} = \mathrm{MC}$$

이와 유사하게 두 번째 소비자 그룹에 대해서도 다음 조건이 성립한다.

$$\mathrm{MR_2} = \mathrm{MC}$$

이들 조건을 같이 묶으면 가격과 생산량은 다음 조건을 만족시켜야 한다.

$$\mathrm{MR_1} = \mathrm{MR_2} = \mathrm{MC} \qquad \textbf{(11.1)}$$

다시 정리하면, 각 소비자 그룹의 한계수입은 같아야 하며, 이는 동시에 한계비용과도 같아야 한다.

상대가격의 결정   경영자들은 각 소비자 그룹에게 부과해야 하는 가격의 비율인 상대가격을 기준으로 생각하고 이를 수요탄력성과 연관시킬 수도 있다. 10.1절에서는 다음과 같이 한계수입을 수요의 탄력성을 이용하여 표현한 바 있다.

$$\mathrm{MR} = P(1 + 1/E_d)$$

따라서 $\mathrm{MR_1} = P_1(1 + 1/E_1)$이고, $\mathrm{MR_2} = P_2(1 + 1/E_2)$가 된다. 여기서 E_1과 E_2는 각각 첫 번째와 두 번째 시장에서 기업의 판매에 대한 수요의 가격탄력성이다. 이제 식 (11.1)에서와 같이 $\mathrm{MR_1}$과 $\mathrm{MR_2}$를 서로 일치시키면 상대가격비율에 대하여 다음 관계가 도출된다.

$$\frac{P_1}{P_2} = \frac{(1 + 1/E_2)}{(1 + 1/E_1)} \qquad \textbf{(11.2)}$$

따라서 수요의 가격탄력성이 상대적으로 더 낮은 소비자들에게 더 높은 가격이 부과되어야 한다. 예를 들어 1그룹 소비자들의 수요탄력성이 -2이고, 2그룹 소비자들의 수요탄력성이 -4라고 하면 $P_1/P_2 = (1 - 1/4)/(1 - 1/2) = (3/4)/(1/2) = 1.5$가 된다. 다시 말해, 첫 번째 소비자 그룹에 부과되는 가격은 두 번째 소비자 그룹에 부과되는 가격의 1.5배가 되어야 한다.

그림 11.5는 3차 가격차별을 설명하고 있다. 첫 번째 소비자 그룹의 수요곡선 D_1은 두 번째 소비자 그룹의 수요곡선보다 덜 탄력적인 점을 주목하라. 따라서 첫 번째 그룹에게 부과된 가격이 더 높다. 총생산량 $Q_T = (Q_1 + Q_2)$은 한계수입곡선 $\mathrm{MR_1}$과 $\mathrm{MR_2}$를 수평으로 합한 $\mathrm{MR_T}$와 한계비용곡선이 만나는 점에서 정해진다. MC는 $\mathrm{MR_1}$ 및 $\mathrm{MR_2}$과 같아야 하므로 교차점에서 왼쪽으로 수평선을 그어 생산량 Q_1과 Q_2를 구할 수 있다.

10.1절에서 가격설정의 어림법칙을 다룰 때 이윤극대화 기업은 한계수입이 제품가격과 가격-탄력성 비율을 더한 것과 같아지는 생산량을 선택한다고 설명하였다.

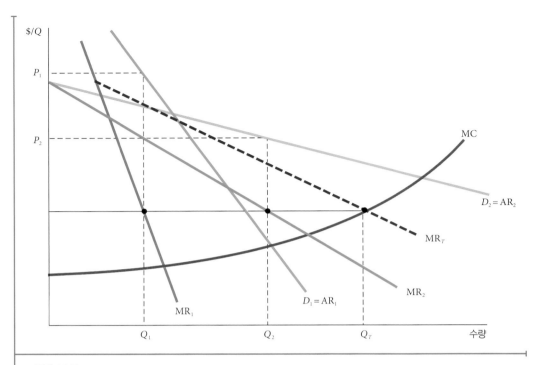

그림 11.5
3차 가격차별
소비자들이 서로 다른 수요곡선을 갖는 2개 그룹으로 나뉘어진다. 각 그룹으로부터의 한계수입과 한계비용이 같아지도록 최적 가격과 수량이 결정된다. 그림에서 수요곡선이 D_1인 그룹 1에는 가격 P_1이 부과되고 수요곡선이 더 탄력적인 D_2인 그룹 2에는 이보다 낮은 가격 P_2가 부과된다. 한계비용은 총생산량 Q_T에 따라 달라진다. 여기서 Q_1과 Q_2는 $MR_1 = MR_2 = MC$를 충족하도록 결정된다.

그림 11.6
소규모시장에는 판매하지 않음
3차 가격차별이 가능하더라도 한계비용이 증가한다면 소비자 그룹 전부를 대상으로 판매하는 것이 이득이 되지 않을 수도 있다. 여기서 수요곡선이 D_1인 첫 번째 그룹은 이 제품에 대해 높은 가격을 지불하지 않으려 한다. 이 그룹에는 설사 판매를 해도 가격을 아주 낮게 팔아야 하므로 늘어나는 한계비용을 감당할 수 없기 때문에 이윤을 내기가 쉽지 않을 것이다.

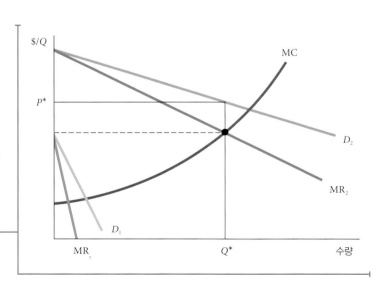

기업이 하나 이상의 소비자 그룹에게 재화를 판매하고자 하는 것이 항상 이롭지는 않다. 특히 두 번째 그룹의 수요가 소량이고 한계비용이 급격하게 증가한다면 이 그룹을 위해 제품을 판매하기 위해 생산량을 증가시킴에 따른 비용 증가가 수입 증가를 압도할 수도 있다. 따라서 그림 11.6에 나타난 것처럼 이러한 경우 기업은 단일가격 P^*를 부과하고 큰 소비자 그룹에게만 판매하는 것이 더 낫다. 상대적으로 작은 시장에서 제품을 판매하기 위해 지출해야 하는 추가적인 비용이 이 시장에서 얻을 수 있는 추가적인 판매수입보다 더 클 수 있다.

사례 11.1   쿠폰과 리베이트의 경제학

가공식품이나 관련 소비재를 생산하는 기업들은 종종 고객들이 제품을 할인가로 구매할 수 있는 쿠폰을 발행한다. 이러한 쿠폰은 보통 제품에 대한 광고 중 한 부분으로 발행되는데, 신문이나 잡지 또는 우편판촉물로 발행된다. 예를 들어 어떤 브랜드의 아침식사용 시리얼 쿠폰의 경우 그 브랜드의 시리얼 한 상자를 구매하면 50센트를 할인받을 수 있다. 기업들이 그냥 가격을 낮춘다면 쿠폰 인쇄비와 수집비용을 절감할 수 있음에도 불구하고 그렇게 하는 대신 쿠폰을 발행하는 이유는 무엇인가?

쿠폰은 가격차별의 수단이다. 연구에 의하면 단 20~30%의 소비자들만이 정기적으로 쿠폰을 신경 써서 자르고 모아서 사용하는 것으로 나타난다. 이러한 소비자들은 쿠폰을 무시하는 사람들보다 가격에 민감한 편이다. 이들은 일반적으로 수요의 가격탄력성이 높고 유보가격은 낮다. 그러므로 시리얼회사는 쿠폰을 발행함으로써 소비자를 두 그룹으로 분리하여 가격에 민감한 그룹에 대해 다른 그룹보다 낮은 가격을 부과한다.

리베이트 프로그램도 동일한 방법으로 실시된다. 예를 들어 휴렛팩커드사는 고객이 정해진 양식에 기재사항을 적고 잉크젯프린터 구매증명서와 함께 우편으로 보내면 $10를 환불해 주는 프로그램을 시행하였다. 왜 그냥 프린터가격을 $10 낮추지 않는가? 상대적으로 가격에 민감한 소비자들만이 리베이트를 신청하는 번거로운 작업을 마다하지 않는다. 이 프로그램은 가격차별의 한 수단이다.

실제로 이런 방식을 통해 소비자들을 서로 다른 그룹으로 구분할 수 있을까? 표 11.1은 여러 가지 상품에 대해 쿠폰 사용자와 비사용자들의 수요의 가격탄력성을 추정한 통계적 연구의 결과를 보여 준다.[5] 이 연구는 쿠폰 사용자들이 가격에 보다 민감한 수요 성향을 나타냄을 확인해 준다. 또한 두 소비자 그룹 사이에 탄력성은 얼마나 차이가 나는지, 상품별로는 얼마나 차이가 나는지를 보여 준다.

이러한 가격탄력성 추정치는 기업의 특정 브랜드에 대한 수요의 가격탄력성이 아닌 시장수요의 가격탄력성이므로 이것만으로 기업의 가격설정과 할인 폭을 결정할 수는 없다. 예를 들어 표 11.1에서 케이크믹스(cake mix)의 경우 쿠폰을 사용하지 않는 소비자의 가격탄력성은 −0.21이지만 쿠폰을 사용하는 소비자의 가격탄력성은 −0.43이다. 그런데 주요 대여섯 개 케이크믹스 브랜드의 수요의 가격탄력성은 이 두 수치보다 훨씬 크며, 어림법칙으로 대략 5~6배 크다.[6] 예를 들어 필스버리(Pillsbury) 브랜드 케이크믹스의 경우 쿠폰 사용자의 수요탄력성은 대략 −2.4, 비사용자의 탄력성은 약 −1.2 정도이다. 식 (11.2)에 따르면 이는 쿠폰 비사용자에 대한 가격은 쿠폰 사용자 가격에 비해 1.5배는 높아야 한다는 것이다. 다시 말해서 케이크믹스 한 상자가 $3라면, 이 회사는 $1를 할인해 주는 쿠폰을 제공해야 한다.

---

5 이 연구는 Chakravarthi Narasimhan에 의한, "A Price Discrimination Theory of Coupons," *Marketing Science* (Spring 1984)이다. 아침 시리얼에 관한 최근 연구는 가격차별모형의 결과와는 달리 쿠폰을 아주 쉽게 얻을 수 있는 기간에는 판매대에 표시된 시리얼가격이 낮은 경향이 있다. 이는 아마도 쿠폰 발행이 시리얼 제조사 간의 가격경쟁을 심화시키기 때문에 일어날 수 있다. Aviv Nevo and Catherine Wolfram의 "Prices and Coupons for Breakfast Cereals," *RAND Journal of Economics* 33 (2002): 319 − 39를 참조하라.

6 이 어림법칙은 제12장에서 논의되는 쿠르노 모형으로 기업 간 경쟁이 설명될 수 있을 때 적용된다.

표 11.1	쿠폰 사용자와 비사용자의 수요의 가격탄력성	
	가격탄력성	
품목	쿠폰 비사용 소비자	쿠폰 사용 소비자
화장지	-0.60	-0.66
스터핑/드레싱	-0.71	-0.96
샴푸	-0.84	-1.04
식용유/샐러드유	-1.22	-1.32
간편식	-0.88	-1.09
케이크믹스	-0.21	-0.43
고양이 사료	-0.49	-1.13
냉동전채요리	-0.60	-0.95
젤라틴	-0.97	-1.25
스파게티 소스	-1.65	-1.81
크림 린스/컨디셔너	-0.82	-1.12
수프	-1.05	-1.22
핫도그	-0.59	-0.77

사례 11.2 항공요금

여행객들은 뉴욕과 로스앤젤레스 간 왕복 항공요금이 천차만별인 것을 알고는 자주 놀란다. 예를 들면 최근 일등석 요금은 약 $2,000 정도이나, 일반석 요금은 $1,000이며, 출발 2주 전 사전구매나 토요일 밤 체류를 요구하는 특별할인요금은 $200 정도까지 저렴하다. 일등석의 서비스가 최소 체류조건을 요구하는 일반석의 서비스와 같지는 않더라도 일등석의 비싼 가격이 비단 서비스 차이에만 기인하는 것은 아닌 것 같다. 그렇다면 항공사가 이러한 요금체계를 유지하는 이유는 무엇인가?

이러한 요금체계는 항공사가 가격차별을 통해 이윤을 늘리는 수단이 된다. 수요의 탄력성이 서로 다른 소비자들은 서로 다른 비행기표를 구입하기 때문에 가격차별을 통해 항공사는 상당한 이득을 보게 된다. 표 11.2는 미국 국내선에서 일등석, 일반석 그리고 할인된

일반석(제약조건이 있고 부분적으로 환불불가능)의 수요의 가격탄력성과 소득탄력성을 보여 준다.

할인된 일반석에 대한 수요의 경우 일등석이나 일반석에 비해 가격탄력성이 두세 배나 높다는 점에 주목하라. 왜 이러한 차이가 나는가? 할인석은 보통 가족여행객이나 휴가여행객들이 사용하지만 일등석이나 일반석은 여행일정에 대한 선택의 여지가 없으며 회사가 비용을 부담하는 업무 목적의 출장자들이 구매하는 경우가 많다. 물론 이 탄력성은 시장수요에 대한 것이고 여러 항공사들이 고객을 두고 경쟁하므로 각 항공사의 탄력성은 이보다 훨씬 더 클 수 있다. 그러나 3개 서비스 등급 간 상대적 탄력성 크기는 모든 항공사에서 대체로 같아야 한다. 수요의 탄력성이 서로 매우 다르다면 항공사들이 다른 등급의 서비스에 대해 매우 다른 요금을 설정한다는 것은 놀라

표 11.2	항공여행에 대한 수요의 탄력성		
탄력성	**요금 범주**		
	일등석	**일반석**	**할인된 일반석**
가격	−0.3	−0.4	−0.9
소득	1.2	1.2	1.8

운 일이 아니다.

항공사의 가격차별은 점점 더 정교해진다. 항공권을 얼마나 일찍 구매하느냐에 따라, 여행일정이 변하거나 취소될 때 얼마나 환불해 주는지에 따라, 그리고 주말에 여행지에 체류하는지 여부에 따라 다양한 요금이 가능하다.[7] 항공사 목표는 유보가격이 서로 다른 여행객들을 더 세밀하게 차별하는 것이다. 항공운송산업에 종사하는 한 임원은 "고객이 $400를 지불할 용의가 있는 좌석을 $69에 팔 이유가 없다."고 말한다.[8] 동시에 어떤 항공사라도 한 좌석이라도 빈 좌석으로 남겨 두기보다는 $69에라도 좌석을 팔려고 할 것이다.

11.3 시점 간 가격차별과 최대부하 가격설정

서로 밀접하게 연관된 다음의 두 가지 중요한 가격차별도 폭넓게 활용된다. 첫 번째는 **시점 간 가격차별**(intertemporal price discrimination)이다. 이는 서로 다른 수요함수를 가지는 소비자들을 서로 다른 그룹으로 분리하고 시점에 따라 서로 다른 가격을 부과하는 것이다. 두 번째는 **최대부하 가격설정**(peak-load pricing)이다. 이는 생산능력의 한계 탓에 한계비용이 높아지는 최대부하 기간에 보다 높은 가격을 부과하는 것이다. 이 두 가지 전략은 모두 시점이 다를 때 다른 가격을 부과하는 것이지만 그 배경은 다소 다르다. 차례대로 살펴보자.

시점 간 가격차별 서로 다른 수요함수를 가진 소비자들을 다른 그룹으로 나누어서 시점에 따라 서로 다른 가격을 부과하는 방식

최대부하 가격설정 생산능력의 한계 때문에 한계비용이 크게 높아지는 최대부하 기간에 더 높은 가격을 부과하는 방식

시점 간 가격차별

시점 간 가격차별의 목적은 처음에는 가격을 높게 설정하고 나중에는 낮아지도록 부과함으로써 소비자를 고수요 그룹과 저수요 그룹으로 나누는 것이다. 이 전략이 어떻게 작동하는지 알아보기 위해 전자제품회사가 고성능 디지털카메라나 LCD TV모니터처럼 기술적으로 앞선 새로운 제품에 대해 어떻게 가격을 설정하는지를 생각해 보자. 그림 11.7에서 D_1은 신제품의 가치를 높게 평가하며 당장 구매하기를 원하는 소규모 소비자 그룹(즉 최신 카메라를 원하는 사진애호가)의 (비탄력적인) 수요곡선이다. D_2는 가격이 너무 높으면 신제품을 사는 것을 포기하는 다수 소비자들로 이루어진 그룹의 수요곡선이다. 그렇다면 이 전략은 신제품 출시 초기에는 높은 가격

---

7 항공사들은 각 항공편마다 각 요금 범주별로 가능한 좌석 수를 배정한다. 배정은 총수요와 각 항공편 예상 승객구성비에 기초하여 이루어지며, 항공편 출발시간이 가까워질수록, 그리고 수요와 승객구성 추정이 변함에 따라 배정도 조정된다.

8 "The Art of Devising Air Fares," *New York Times*, March 4, 1987.

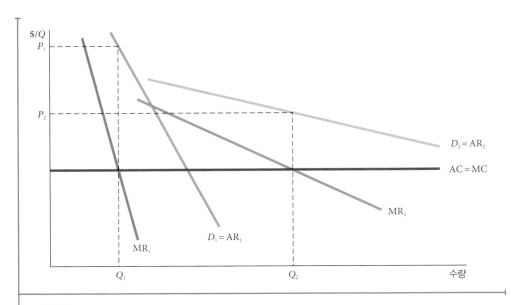

그림 11.7

시점 간 가격차별

시간에 따라 가격을 변동시켜 소비자들을 다른 그룹으로 분리한다. 기업은 초기에는 높은 가격을 설정함으로써 자신의 제품을 매우 선호하여 당장 구매하기를 원하는 소비자들로부터 소비자잉여를 가로챈다. 나중에는 좀 더 많은 소비자에게 제품을 판매하기 위해 가격을 낮춘다.

P_1으로 수요곡선 D_1의 소비자들에게 대부분을 판매하는 것이다. 첫 번째 그룹 소비자들이 제품을 구매한 후에는 가격을 P_2로 낮추어 수요곡선이 D_2인 대다수 소비자 그룹에게 판매한다.[9]

시점 간 가격가차별의 또 다른 사례를 살펴보자. 우선 영화의 경우 개봉하는 시점에는 높은 가격을 부과하며, 오래 상영된 후에는 가격을 낮추는 것을 들 수 있다. 또 다른 사례로는 책을 처음 출판할 때는 두꺼운 표지의 양장본으로 출간하여 높은 가격에 판매하며, 1년 정도가 지난 후에는 얇은 표지의 책을 싼 가격에 판매하는, 출판업계에서 광범위하게 시행되는 관행을 들 수 있다. 많은 사람들은 얇은 표지의 책이 싼 가격에 판매되는 것은 생산비용이 훨씬 낮기 때문이라고 생각한다. 그러나 그렇지 않다. 일단 책이 편집되고 조판이 되면 한 권 더 인쇄하는 데 드는 한계비용은 표지를 두껍게 하든 얇게 하든 매우 낮아서 $1 정도에 불과하다. 얇은 표지의 책이 훨씬 저렴하게 팔리는 것은 인쇄비가 싸기 때문이 아니라 고수요 소비자들이 이미 두꺼운 표지의 책을 구입했기 때문이다. 나머지 소비자, 즉 얇은 표지의 책을 구매하는 소비자들의 수요는 일반적으로 매우 탄력적이다.

---

9 새로운 전자제품의 가격이 시간이 가면서 감소하는 또 다른 이유는 생산량이 늘어나면서 규모의 경제효과와 학습효과로 비용이 하락하기 때문이기도 하다. 그러나 비용이 하락하지 않는 경우에도 생산자들은 처음에는 높은 가격을 설정했다가 시간이 지날수록 가격을 낮추는 방식의 가격차별을 통해 소비자잉여를 가로챔으로써 이윤을 크게 할 수 있다.

최대부하 가격설정

최대부하 가격설정도 시점에 따라 다른 가격을 설정하는 방식을 따른다. 그러나 이러한 가격차별의 목적은 소비자잉여를 가로채기 위해서라기보다는 한계비용에 가까운 가격을 소비자에게 부과함으로써 경제적 효율을 증대시키는 것이다.

어떤 재화나 서비스의 경우 특정 시간대(도로와 터널의 경우 출퇴근 시간대에, 전력의 경우 늦여름 오후 시간대에, 스키리조트나 놀이공원의 경우 주말에) 수요는 최고조(peak)에 달한다. 생산능력의 한계(capacity limit) 때문에 피크시간대에는 한계비용도 높아진다. 따라서 피크시간대에는 가격도 더 높아야 한다.

그림 11.8은 이러한 상황을 보여 주고 있다. 수요곡선 D_1은 피크시간대의 수요를, D_2는 그 외 시간대의 수요를 나타낸다. 기업은 매 시간대마다 한계수입을 한계비용과 일치시킨다. 따라서 피크시간대에는 높은 가격 P_1을, 그 밖의 시간대에는 낮은 가격 P_2를 부과하며, 그에 따른 생산량은 각각 Q_1과 Q_2이 된다. 이러한 가격전략은 모든 시간대에 동일한 가격을 설정하는 경우와 비교해서 기업에 더 많은 이윤을 가져다준다. 가격이 한계비용에 가깝게 설정되기 때문에 생산자잉여와 소비자잉여의 합은 더 커진다.

최대부하 가격설정에 의한 효율성 증대는 중요하다. 만약 기업이 규제 대상인 독점기업(예: 전력회사)이라면 규제 당국은 가격 P_1과 P_2를 한계수입곡선 MR_1, MR_2가 한계비용곡선과 만나는 점이 아니라 수요곡선 D_1, D_2가 한계비용곡선과 만나는 점으로 설정해야 한다. 그렇게 할 경우 소비자가 효율성 증대에 따른 이익 전체를 가져간다.

최대부하 가격설정은 3차 가격차별과는 다르다는 점을 주의하라. 3차 가격차별에서는 한계수입이 소비자 그룹별로 서로 같아야 하며, 동시에 한계비용과도 같아야 한다. 그것은 서로 다른

9.2절에서 경제적 효율성이란 소비자잉여와 생산자잉여의 합을 극대화하는 것을 의미한다고 설명하였다.

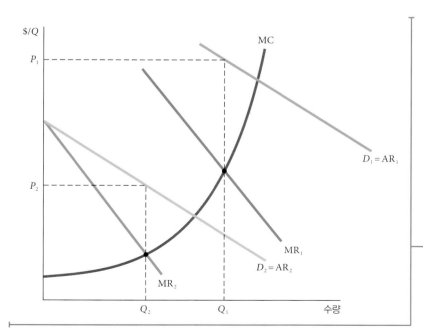

그림 11.8
최대부하 가격설정
어떤 재화나 서비스의 수요는 하루 또는 1년 중 특정 시간대에 급격히 증가한다. 피크시간대에 높은 가격 P_1을 부과하는 것은 단일가격을 부과하는 것보다 항상 기업에게 더 많은 이윤을 가져다준다. 피크시간대에는 한계비용이 더 높으므로 이러한 가격설정은 더 효율적이다.

소비자 그룹에 재화와 서비스를 제공하는 데 드는 비용은 서로 독립적으로 결정되는 것이 아니기 때문이다. 일반석과 할인된 일반석 요금의 경우를 예로 들면, 할인된 일반석 판매량이 늘어나면 일반석 판매비용에 영향을 미친다. 이는 전체 승객 수가 늘어남에 따라 한계비용이 빠르게 증가하기 때문이다. 그러나 최대부하 가격을 설정하는 경우(또는 대부분 시점 간 가격차별의 경우)에는 그렇지 않다. 스키리조트나 놀이공원에서 주중 입장권을 더 많이 판다고 하더라도 주말 입장권 판매비용이 유의적으로 높아지는 것은 아니다. 마찬가지로, 전력을 비수기에 더 많이 공급하더라도 성수기 전력 공급비용이 유의하게 증가하지는 않는다. 결과적으로 각 시점의 가격과 판매량은 시점별로 독립적으로 한계비용과 한계수입을 일치시킴으로써 결정할 수 있다.

주간관람보다 야간관람 시 요금을 더 비싸게 부과하는 영화관도 또 다른 사례이다. 대부분의 영화관에 있어 주간상영의 한계비용은 야간상영의 한계비용과는 독립적으로 결정된다. 극장주인은 각 시점 간 수요와 한계비용 추정치를 이용하여 주간상영과 야간상영에 대한 최적 가격을 각각 독립적으로 설정할 수 있다.

사례 11.3 베스트셀러 소설의 가격설정

출판사는 책을 두꺼운 표지와 얇은 표지로 동시에 출판함으로써 가격차별을 한다. 대부분 재화의 경우에도 그렇듯이 책에 대한 지불용의금액은 소비자마다 상당히 다르다. 예를 들어 일부 고객은 새로운 베스트셀러 책이 발행되자마자 가격이 $25일지라도 구입하길 원한다. 그러나 다른 고객은 얇은 표지의 책이 $10에 나올 때까지 기다렸다가 구입할 것이다. 출판사는 어떤 방법으로 두꺼운 표지의 책과 얇은 표지의 책의 적정가격을 결정하는가? 또한 얼마가 지난 후에 얇은 표지의 책을 발간하는가?

그것은 소비자들을 두 그룹으로 나누어 높은 가격을 지불할 용의가 있는 소비자들은 높은 가격을 지불하게 하고, 높은 가격을 지불할 용의가 없는 소비자들은 기다렸다가 얇은 표지의 책을 사도록 유도하는 것이다. 따라서 얇은 표지의 책이 출간되기까지 상당한 시간이 흘러야 한다. 만약 소비자들이 얇은 표지의 책이 곧 출간될 것임을 안다면 두꺼운 표지의 책을 구입할 유인이 없게 된다.[10] 다른 한편으

로는 얇은 표지의 책을 너무 늦게 발간한다면 소비자들의 관심은 시들어서 시장수요는 사라질 것이다. 결과적으로 출판사는 보통 12~18개월의 시차를 두고 얇은 표지의 책을 출간한다.

가격의 경우에는 두꺼운 표지의 책가격을 정하는 것은 쉽지 않다. 항상 잘 팔리는 일부 저자들의 책을 제외하면 출판사는 새로 출간할 책의 수요가 얼마인지 측정할 자료가 없다. 보통은 과거에 출판한 유사한 책의 판매실적만을 가지고 판단한다. 그러나 이것도 각 범주별로 집계된 자료만 참고할 수 있다. 그러므로 대부분의 신간소설은 비슷한 가격으로 출판된다. 그러나 기다렸다가 나중에 얇은 표지의 책을 구입하고자 하는 소비자의 수요탄력성은 서적애호가에 비해 훨씬 탄력적이라는 사실은 명백하다. 따라서 얇은 표지의 책은 두꺼운 표지의 책에 비해 훨씬 싼 가격에 판매되는 것이다.[11]

---

10 일부 소비자는 두꺼운 표지의 책이 더 내구성이 있고 책장에서 더 멋있게 보이기 때문에 이미 얇은 표지의 책이 판매된다고 하더라도 두꺼운 표지의 책을 구입할 것이다. 가격을 설정할 때는 이런 점도 유념해야 한다. 하지만 이 문제는 시점 간 가격차별에 비하여 부차적인 문제이다.

11 같은 책일지라도 두꺼운 표지의 책과 얇은 표지의 책은 보통 다른 출판사에서 출판한다. 저자의 대리인은 두 유형의 책을 출판할 권리를 경매에 부친다. 그러나 얇은 표지의 책 출판에 대한 계약에서는 두꺼운 책의 판매권을 보호하기 위해 발간 시차에 대한 규정을 둔다. 그러나 두 책의 발간 시차와 가격은 시점 간 가격차별을 위해 선택된다는 원칙은 지켜진다.

11.4 이부가격

이부가격(two-part tariff)은 가격차별과 관련이 있는데, 기업이 소비자잉여를 가로챌 수 있는 또다른 수단이 된다. 이 경우 소비자는 먼저 제품을 구매할 권리에 대하여 요금을 지불해야만 한다. 그 후 소비자는 사고자 하는 제품 각 단위에 대해 추가적인 요금을 지불한다. 이부가격제의 고전적인 사례는 놀이공원이다.[12] 놀이공원에 들어가기 위해서는 우선 입장료를 지불해야 하며, 입장 후 각 놀이기구를 탈 때는 일정한 금액을 다시 지불해야 한다. 놀이공원의 경영자는 입장료를 비싸게 받고 놀이기구를 이용하는 가격을 싸게 받을 것인지 아니면 반대로 무료로 입장을 시키고 놀이기구가격을 비싸게 부과할지 결정해야 한다.

이부가격은 그 밖에도 많은 경우에 이용되고 있다. 테니스와 골프클럽(연간 회원비와 코트를 사용하거나 골프 라운드마다 비용을 추가로 지불한다), 대형 메인프레임 컴퓨터 임대(월정액을 지불하고 처리시간별로 추가사용료 부과), 전화통화서비스(월정액과 분당 사용료 부과) 등을 예로 들 수 있다. 이 전략은 또한 면도기와 같은 상품의 판매에도 응용된다(소비자는 면도기를 구매할 때 값을 지불하며, 이 면도기에만 맞는 면도날을 단위당 가격을 지불하고 구매하여 소비해야 한다).

기업은 **입장료**(T)와 **사용료**(P)를 어떻게 설정해야 하는지를 결정해야 한다. 기업이 어느 정도 시장지배력을 가지고 있다고 가정하면 입장료를 비싸게 받는 대신 사용료를 싸게 해야 하는가, 아니면 그 반대가 되어야 하는가? 이 문제에 답하기 위해서는 기본원칙을 이해할 필요가 있다.

단일 소비자 단지 1명의 소비자(또는 동일한 수요곡선을 갖는 여러 소비자)만 있는 경우를 생각해 보자. 아울러 기업이 이 소비자의 수요곡선을 알고 있다고 하자. 기업은 최대한 많은 소비자잉여를 가로채고 싶어 한다는 것을 기억하라. 이 경우 해법은 명확하다. 그림 11.9에서 보듯이

이부가격 소비자들에게 입장료와 사용료를 모두 부과하는 가격설정 방식

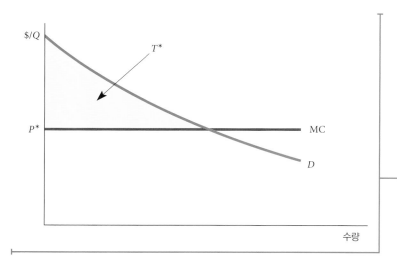

그림 11.9
단일 소비자에 대한 이부가격
소비자의 수요곡선은 D이다. 기업은 사용료 P를 한계비용과 같게 하고 입장료 T^*를 소비자잉여 전체의 크기와 같게 설정함으로써 이윤을 극대화한다.

---

[12] 이 가격전략에 대해서는 이를 처음 분석한 Walter Oi, "A Disneyland Dilemma: Two-Part Tariffs for a Mickey Mouse Monopoly," *Quarterly Journal of Economics* (February 1971): 77-96 참조.

사용료 P를 한계비용과 같게 설정하며, 입장료 T는 소비자의 총소비자잉여와 같게 설정하는 것이다. 따라서 소비자는 이 상품을 사용하려면 T^*(혹은 이보다 약간 적은 금액)를 지불하고 단위 소비량마다 $P^* =$ MC를 지불한다. 요금이 이렇게 설정되면 기업은 소비자잉여 전체를 자신의 이윤으로 가로채게 된다.

2명의 소비자   이제 2명의 서로 다른 소비자(또는 동일한 소비자들로 이루어진 두 소비자 그룹)가 있다고 하자. 이 경우 기업은 하나의 입장료와 하나의 사용료만을 설정할 수 있다. 따라서 더 이상 사용료를 한계비용과 일치시키려고 하지 않을 것이다. 만약 사용료를 한계비용과 같게 한다면 이 기업은 입장료를 두 수요자 중 수요가 적은 소비자의 소비자잉여보다 크게 설정할 수 없으며(만약 크게 설정한다면 그 고객을 잃는다), 따라서 이윤을 극대화하지 못한다. 대신 기업은 사용료는 한계비용보다 높게 설정하며, 입장료는 수요가 더 작은 소비자의 소비자잉여와 같게 설정해야 한다.

그림 11.10은 이를 잘 보여 주고 있다. 최적 사용료 P^*를 한계비용보다 높게 설명하면 기업의 이윤은 $2T^* + (P^* -$ MC$)(Q_1 + Q_2)$가 된다(2명의 소비자가 있으며, 각 소비자는 T^*를 지불한다). 이 이윤은 삼각형 ABC 면적의 2배보다 더 크다는 것을 증명할 수 있다. 삼각형 ABC의 면적은 사용료 P^*를 MC와 같게 설정할 때의 소비자잉여의 크기이다. P^*와 T^*의 정확한 값을 구하려면 기업은 한계비용 외에도 수요곡선 D_1과 D_2에 대한 정보를 알아야 한다. 이에 관한 정보가 있다면 이윤을 P와 T의 함수로 나타내고 이윤을 극대화하는 두 가격을 선택할 수 있다(연습문제 10번 참조).

그림 11.10
소비자 2인에 대한 이부가격
이윤을 극대화하는 사용료 P^*는 한계비용보다 크다. 입장료 T^*는 수요가 적은 소비자의 소비자잉여와 같다. 결과적으로 얻게 되는 이윤은 $2T^* + (P^* -$ MC$)(Q_1 + Q_2)$가 된다. 이 이윤은 삼각형 ABC 면적의 2배보다 크다는 점을 유의하라.

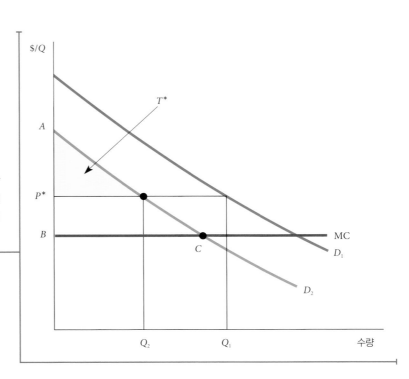

다수의 소비자 그러나 대부분의 기업은 수요가 각기 다른 여러 부류의 소비자를 대한다. 불행하게도 이 경우 최적의 이부가격을 계산하는 간단한 공식은 없으며, 시행착오를 거쳐야 할 수도 있다. 그러나 항상 상호교환관계가 존재한다는 사실을 기억하라. 입장료를 싸게 하면 입장객 수가 많아짐에 따라 더 많은 제품이 판매되어 이윤이 높아진다. 다른 한편으로는 입장료가 싸지고 입장객 수가 많아짐에 따라 입장료 수입으로부터 발생하는 이윤은 줄어들 것이다. 따라서 문제는 입장객 수가 최적이 되도록 하는 입장료, 즉 이윤을 극대화하는 입장료를 어떻게 선택하느냐이다. 원칙적으로 이 문제는 먼저 제품 판매가격 P를 정하는 것부터 시작하여 최적의 입장료 T를 구하고, 이 두 가격하에서 얻게 되는 이윤을 측정한다. 그리고 가격 P를 다르게 설정하여 이에 상응하는 입장료를 계산하며, 그에 따라 새로 얻게 되는 이윤의 크기를 결정한다. 이런 과정을 반복함으로써 최적 이부가격을 찾을 수 있다.

그림 11.11은 이 원칙을 잘 보여 준다. 기업의 이윤 π는 두 부분으로 구분되는데, 각 부분은 상품의 판매가격이 P로 고정되어 있다고 가정한 상태에서 입장료 T의 함수로 그려진다. 첫 번째 부분의 이윤 π_a는 입장료로부터 발생하는 이윤으로서 수입 $n(T)T$와 같다. 여기서 $n(T)$는 입장객 수이다(입장료 T가 높아짐에 따라 n은 작아진다). 처음에 T가 0에서부터 점점 높아짐에 따라 입장료 수입 $n(T)T$도 커진다. 그러나 궁극적으로 T가 더 증가하면 n은 매우 작아져서 $n(T)T$는 감소한다. 두 번째 요소 π_s는 제품판매가격이 P일 때 판매로부터 얻어지는 이윤으로서 $(P-MC)Q$와 같다. 여기서 Q는 입장객들의 제품 구입량이다. 입장객 수 n이 커질수록 구매량 Q도 커질 것이다. 따라서 T가 커짐에 따라 n은 줄어들므로 π_s는 감소한다.

우리는 먼저 한 가지 P값에 대하여 이윤을 극대화하는 최적의 T^*를 정한다. 그다음 다른 P값을 적용하여 이윤을 극대화하는 새로운 T^*를 구하고 이윤이 앞에서 구한 값보다 더 큰지 혹은 작은지를 판단한다. 이런 과정을 이윤이 극대화될 때까지 반복한다.

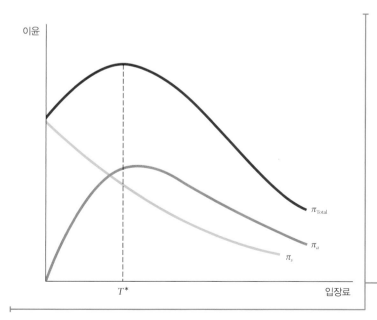

그림 11.11

소비자가 다수인 경우의 이부가격

총이윤 π는 입장료 판매에 따른 이윤 π_a과 제품 판매에 따른 이윤 π_s의 합이다. π_a와 π_s은 모두 입장료 T에 따라 달라지므로 다음의 관계가 성립한다.

$$\pi = \pi_a + \pi_s = n(T)T + (P-MC)Q(n)$$

여기서 n은 입장객 수로서 입장료 T에 따라 달라지며, Q는 제품 판매량으로서 n이 클수록 커진다. T^*는 P가 주어졌을 때 이윤을 극대화하는 입장료이다. 최적 P와 T를 구하려면 먼저 특정한 P값에서 시작하여 최적 T를 구하고 이로부터 얻게 되는 이윤을 측정한다. 그 후 P를 다른 값으로 변화시켜서 그에 상응하는 T를 다시 계산하여 새로 얻어지는 이윤의 크기를 측정한다.

이부가격을 설계하려면 단일가격을 정할 때보다 더 많은 자료가 필요하다. 전체 수요함수와 한계비용을 아는 것만으로는 충분하지 않다. 대부분의 경우 모든 소비자들의 수요곡선을 파악한다는 것은 불가능하다. 그러나 최소한 각 개인의 수요가 서로 어느 정도 다른지를 파악할 수 있어야 한다. 만약 제품에 대한 소비자들의 수요가 매우 비슷하다면 판매가격 P는 한계비용과 가깝게 정하고 입장료 T는 높게 설정할 수 있다. 이 경우에 기업은 대부분의 소비자잉여를 가로챌 수 있기 때문에 기업 입장에서는 이상적이다. 반면, 상품에 대한 소비자들의 수요가 다르다면 P는 한계비용보다 상당히 높게 정하고 입장료는 낮게 정할 것이다. 이 경우 이부가격은 소비자잉여를 가로채는 수단으로서는 그 실효성이 떨어진다. 단일가격을 설정하더라도 비슷한 결과를 얻을 수 있기 때문이다.

캘리포니아 디즈니랜드와 플로리다 디즈니월드의 가격전략은 높은 입장료를 받는 대신 놀이기구 사용에는 돈을 전혀 받지 않는 것이다. 이러한 전략은 디즈니 놀이공원을 찾는 소비자들의 수요가 매우 유사하기 때문에 적절하다고 볼 수 있다. 디즈니 놀이공원을 찾는 대부분의 사람들은 식사와 음료를 포함한 하루 예산을 계획하고 오는데, 예산의 크기는 대부분의 소비자에 있어서 크게 다르지 않다.

기업들은 끊임없이 혁신적인 가격전략을 모색하고 있다. 몇몇 기업들은 입장료 T를 내면 제품 몇 개를 공짜로 사용하게 하는 형태로 약간 변형된 이부가격을 고안하여 적용하였다. 예를 들어 질레트 면도기를 사면 보통 몇 개의 면도날이 포장 속에 포함되어 있는 것을 볼 수 있다. 또한 메인프레임 컴퓨터의 월 임대료는 일정량까지는 사용이 공짜이며, 그 이상을 쓸 경우 사용요금이 추가로 부과된다. 기업들은 이러한 변형된 전략을 통하여 높은 입장료 T를 설정하면서도 소량을 소비하기를 원하는 소비자들에게도 물건을 팔 수 있다. 왜냐하면 이러한 가격전략하에서는 소량을 원하는 소비자들은 사용료를 거의 또는 전혀 내지 않아도 되므로 입장료가 높더라도 제품을 구입한다. 이 경우 기업은 높은 입장료를 통해 소량을 원하는 소비자들의 잉여를 가로채는 동시에 다량을 원하는 소비자들의 잉여도 가져온다.

사례 11.4 이동전화서비스의 가격설정

이동전화서비스의 가격설정 방식은 통상 이부가격제를 따른다. 월 기본요금에 일정 시간 동안의 무료통화가 포함되며, 이를 초과하는 통화에 대해서 분당 사용료가 추가되는 형태이다. 최근까지 이동전화서비스 공급자들은 대체로 몇 개의 다른 요금체계를 제시하고 있었다. 2011년에 버라이즌(Verizon)은 월정요금 $39.99에 통화 시간대에 관계없이 450분 동안 통화할 수 있으며(밤 시간과 주말에는 무제한 통화), 450분을 초과하는 통화에 대해서는 분당 $0.45를 부과하는 체계, 월정요금 $59.99에 900분 동안 통화

할 수 있으며, 900분을 초과하는 통화에 대해서는 분당 $0.40를 부과하는 체계, 그리고 월정요금 $69.99로 무제한 통화를 할 수 있는 체계를 제시하였다.

버라이즌을 포함한 대부분의 이동전화서비스 공급자들이 여러 유형의 이부가격을 제시하는 이유는 무엇인가? 하나의 월정요금과 분당 통화료로 이루어진 단일이부가격을 제시하지 않는 이유는 무엇인가? 그 이유는 기업들은 여러 종류의 가격체계를 제시함으로써 3차 가격차별과 이부가격을 혼합할 수 있기 때문이다. 이러한 가격

체계하에서 소비자들은 예상통화시간에 따라 스스로 자신들을 서로 다른 그룹에 포함시키도록 고안되어 있다. 이러한 가격차별은 잘 작동하였으며, 기업들은 상당한 수준의 이윤을 얻을 수 있었다.

그런데 상황이 변하였다. 소비자들은 이동전화서비스를 하나의 제품으로 인식하기 시작했고 더 나은 가격조건이라면 공급자를 기꺼이 변경하게 되었다. 공급자 입장에서도 한계비용이 0에 가깝기 때문에 치열한 가격경쟁이 일어났다. 결국 2015년에 이르러 이동전화서비스 공급자들은 전화요금에 대해 이부가격을 폐지하고 월정요금으로 무제한 통화를 할 수 있도록 변경하였다.

그러나 이부가격이 사라진 것은 아니었으며, 가격차별이 없어진 것도 아니었다. 대부분의 소비자들은 이동전화를 통화뿐만 아니라 인터넷 검색, 이메일 수신 등에도 사용한다. 어떤 소비자들에게는 이런 작업이 통화보다 더 중요하다. 그러나 인터넷 검색은 대용량 데이터 전송을 필요로 한다. 이는 소비자에게 데이터요금제가 필요하다는 것이다. 즉, 매달 소비자가 데이터 전송에 얼마를 지불하느냐를 정하는 요금제를 말한다. 따라서 이동통신사들은 과거 통화요금제와 매우 유사한 데이터요금제를 제시하고 있다. 즉 매달 일정 수준의 무료 데이터 사용량을 보장하는 월정가격에 더해 월별 추가 송신 데이터에 대하여 사용량당 요금을 부과하는 방식, 그리고 데이터 사용량에 상관없이 부과되는 월정 접속료를 부과하는 방식이 그러하다.

표 11.3은 미국과 영국, 호주, 중국의 3개국에서 2016년 적용되었던 데이터 요금제를 보여 준다. 버라이즌이 제시했던 요금제를 보면, 제일 싼 것은 월 1GB만 무료로 사용할 수 있는 월 $30의 정액요금제에 접속료 $20가 더해진 요금제이다. 데이터 추가사용에 대해서는 1GB당 $15가 추가된다. 웹 검색을 하고 동영상을 시청하고자 하는 소비자들은 매달 상당한 데이터 사용량을 허용하는 좀 더 비싼 요금제를 원할 것이다. 버라이즌은 다시 한 번 이러한 요금제로 3차 가격차별과 이부가격을 혼합해 쓸 수 있게 된다. 즉, 소비자들이 예상 데이터 사용량을 기준으로 스스로를 다른 그룹으로 분리하도록 하고 그룹별로 다른 요금을 선택하도록 하는 것이다.

스프린트(Sprint)나 AT&T, 그리고 영국[보다폰(Vodafone)], 호주(보다폰] 및 중국[차이나유니콤(China Unicom)]의 이동통신 공급자들도 유사한 요금제를 제시하고 있다는 점을 주목하라. 이동통신 공급자들은 가장 수익성이 높은 가격전략은 가격차별과 이부가격을 혼합하는 것임을 알고 있기 때문이다.

표 11.3	이동전화 데이터통신 요금제(2016년)		
데이터 사용량	월정요금	월 접속료	추가요금
A. 버라이즌			
1GB	$30	$20	$15/GB
3GB	$45	$20	$15/GB
6GB	$60	$20	$15/GB
12GB	$80	$20	$15/GB
18GB	$100	$20	$15/GB
B. 스프린트			
1GB	$20	$45	없음[1]
3GB	$30	$45	없음
6GB	$45	$45	없음
12GB	$60	$45	없음
24GB	$80	$45	없음
C. AT&T			
2GB	$30	$25	$15/GB
5GB	$50	$25	$15/GB

(계속)

표 11.3	이동전화 데이터통신 요금제(2016년)(계속)		
데이터 사용량	월정요금	월 접속료	추가요금
15GB	$100	$15	$15/GB
20GB	$140	$15	$15/GB
25GB	$175	$15	$15/GB
30GB	$225	$15	$15/GB
D. 보다폰(영국)²			
3GB	£37	없음	£6.50/250MB
6GB	£42	없음	£6.50/250MB
12GB	£47	없음	£6.50/250MB
24GB	£52	없음	£6.50/250MB
30GB	£58	없음	£6.50/250MB
E. 보다폰(호주)			
4GB	$60	없음	$10/GB
7GB	$70	없음	$10/GB
8GB	$80	없음	$10/GB
11GB	$100	없음	$10/GB
16GB	$130	없음	$10/GB
F. 차이나유니콤			
1GB	$25	없음	$.03/MB
2GB	$35	없음	$.03/MB
3GB	$45	없음	$.03/MB
6GB	$80	없음	$.03/MB

1   모든 요금제에 2GB 무제한 데이터 사용이 포함됨

2   £1= $1.29 (2016년 7월 기준)
    여러 이동통신회사로부터 구한 자료임. 1GB=1기가바이트=1,000메가바이트

*11.5 묶어팔기

아마도 여러분은 1939년에 개봉된 영화 〈바람과 함께 사라지다(Gone with the Wind)〉를 봤을 것이다. 이 영화는 개봉 당시와 마찬가지로 지금도 여전히 인기가 있는 고전작품이다.[13] 그

---

[13] 인플레이션을 조정할 때 〈바람과 함께 사라지다〉는 역대 최고 수입을 올린 영화이기도 하다. 1997년 개봉된 〈타이타닉〉은 $6억 100만의 수입을 올렸다. 〈바람과 함께 사라지다〉는 1939년 불변가격으로 $8,150만의 수입을 올렸는데, 이를 1997년 기준으로 환산하면 $9억 4,100만에 해당한다.

러나 여러분은 이 영화의 배급사인 MGM이 같은 해에 배급했던 실패작 〈거티의 가터 가져오기 (Getting Gertie's Garter)〉는 본 적이 없을 것이다. 아울러 이 두 영화가 당시로는 매우 이례적이고 혁신적인 방식으로 가격이 설정되었다는 점을 알지 못할 것이다.[14]

〈바람과 함께 사라지다〉의 상영권을 얻은 영화관은 〈거티의 가터 가져오기〉도 같이 받아야만 했었다(영화관은 영화사 또는 배급사에게 상영하는 영화에 대해 하루 또는 1주일당 임대료를 지불해야 한다). 다시 말해 이 두 영화는 **묶어팔기**(bundling), 즉 하나의 패키지로 팔린 것이다.[15] 영화사는 왜 이렇게 했을까?

여러분은 이에 대한 답은 매우 명확하다고 생각할 것이다. 즉 〈바람과 함께 사라지다〉는 매우 훌륭한 영화이고 〈거티〉는 형편없는 영화이므로 묶어팔기는 결국 영화관에게 〈거티〉를 강매하는 것이라고 생각할 것이다. 그런데 이러한 설명은 경제적인 합리성으로 볼 때 맞지 않다. 영화관의 〈바람과 함께 사라지다〉에 대한 유보가격(최대지불의사가격)이 주당 $12,000이고 〈거티〉의 유보가격은 $3,000라고 가정하자. 그렇다면 두 영화를 개별적으로 받건 패키지로 받건 최대지불용의가격은 $15,000이다.

묶어팔기는 소비자들의 수요가 이질적임에도 불구하고 기업이 가격차별을 하지 못하는 경우에 채택할 수 있는 전략이다. 영화관들은 서로 다른 고객 그룹을 대상으로 하므로 영화에 대한 영화관들의 수요는 서로 다르다. 예를 들어 어떤 영화관이 특정 연령층을 주 고객으로 한다면 그 연령층의 수요를 반영한 영화를 상영하고자 할 것이다.

영화관들이 고객들의 이질성을 어떻게 활용할 수 있는지를 알아보기 위해 위의 두 영화에 대한 두 영화관의 유보가격이 다음과 같다고 하자.

	바람과 함께 사라지다	거티의 가터 가져오기
A영화관	$12,000	$3,000
B영화관	$10,000	$4,000

만일 배급사가 영화필름을 따로 임대한다면 〈바람과 함께 사라지다〉에 부과할 수 있는 최대가격은 $10,000이다. 왜냐하면 이보다 높은 가격에서는 B영화관은 영화를 상영하지 않기 때문이다. 같은 이유로 〈거티〉에 대해 부과할 수 있는 최대가격은 $3,000이다. 이와 같이 두 영화를 분리하여 가격을 부과하는 경우 각 영화관에서 얻을 수 있는 수입은 $13,000이며, 총수입은 $26,000가 된다. 그러나 두 영화필름을 묶어서 판매하는 경우를 생각해 보자. A영화관은 두 필름 묶음은 $15,000(= $12,000 + $3,000)의 가치가 있다고 판단할 것이며, B영화관은 그 가치를 $14,000(= $10,000 + $4,000)로 판단할 것이다. 따라서 이 경우에 영화제작사는 각 영화관에

묶어팔기 2개 이상의 제품을 하나의 패키지로 파는 것

---

14 이 모든 것을 알고 있는 독자들에게 던지는 저자들의 마지막 일반상식 질문은 〈거티의 가터 가져오기〉에서 거티 역을 맡은 배우는 누구인가이다.

15 1948년 미국 연방 대법원은 영화사들이 독점금지법을 위반하여 영화관들로 하여금 강제로 전부 아니면 전무를 양자택일하도록 한다고 판결하고 주요 영화사들이 영화를 강제로 묶어 팔지 못하게 하였다. 이에 더해 영화사들은 자신들이 소유한 극장체인을 매각하도록 강제함으로써 수십 년 동안 영화사들을 강력한 세력집단으로 만든 독점적 수직통합 체제는 종식되었다.

두 영화필름 묶음의 가격을 $14,000로 책정할 수 있으며, 총수입은 $28,000가 된다. 결과적으로 묶어팔기에 의해 $2,000의 수입을 더 벌 수 있게 된다.

상대적 가치평가

영화를 각각 따로 판매하는 경우에 비해서 묶어서 판매하는 경우에 이익이 더 많은 이유는 무엇인가? 그것은 위의 예에서 보듯이 두 영화에 대한 영화관들의 상대적 가치평가(relative valuations)가 서로 반대이기 때문이다. 다시 말해 두 극장 모두 〈거티〉보다는 〈바람〉에 대해 더 많이 지불하고자 하지만, A영화관은 B영화관에 비해 〈바람〉에 대해 더 많은 금액을 지불하고자($12,000 대 $10,000) 하는 반면, B영화관은 A영화관보다 〈거티〉에 대해 더 많은 금액을 지불하고자 ($4,000 대 $3,000) 하기 때문이다. 이러한 현상에 대해 전문적인 용어로는 수요가 음(−)의 상관관계(negatively correlated)를 갖는다고 한다. 즉, 〈바람〉에 대해 가장 많이 지불하고자 하는 영화관은 〈거티〉에 대해 제일 적게 지불하고자 하는 것이다. 이것이 왜 중요한가를 알아보기 위해 수요가 양(+)의 상관관계를 갖는다고 하자. 즉 A영화관은 두 영화 모두에 대해 B영화관보다 더 많이 지불하려 한다고 하자.

	바람과 함께 사라지다	거티의 가터 가져오기
A영화관	$12,000	$4,000
B영화관	$10,000	$3,000

이제 두 영화묶음에 대해 A영화관이 지불하고자 하는 최대금액은 $16,000이지만, B영화관의 경우에는 $13,000에 불과하다. 따라서 이 영화들을 묶어서 판매한다면 영화제작사가 부과할 수 있는 최대가격은 $13,000이고 총수입은 $26,000가 되는데, 이는 두 영화를 따로 판매할 때의 수입과 같다.

이제 어느 기업이 2개의 상품을 여러 소비자에게 판매한다고 하자. 묶어팔기가 왜 이득이 되는지를 분석하기 위해 주어진 가격에서 유보가격과 소비자의 의사결정을 통해 소비자 선호를 표현하는 간단한 그림을 사용한다. 그림 11.12에서 수평축은 r_1으로 재화 1에 대한 어떤 소비자의 유보가격을 나타내며, 수직축 r_2는 재화 2에 대한 그 소비자의 유보가격을 나타낸다. 이 그림은 3명의 소비자의 유보가격 조합을 보여 준다. 소비자 A는 재화 1에 대해서는 $3.25까지 지불의사가 있으며, 재화 2에 대해서는 $6까지 지불하고자 한다. 소비자 B는 재화 1에 대해서는 $8.25까지 지불의사가 있고, 재화 2에 대해서는 $3.25까지 지불하고자 한다. 또 소비자 C는 각 재화에 대해 $10까지 지불의사가 있다. 일반적으로 소비자가 몇 명이건 유보가격은 이와 같은 점으로 나타낼 수 있다.

많은 수의 소비자들이 있으며, 두 제품은 각각 P_1과 P_2의 가격으로 따로 판매한다고 하자. 그림 11.13은 소비자들이 어떻게 그룹으로 구분될 수 있는지 보여 준다. I영역에 위치한 소비자들은 각 재화에 대해 현재 부과되고 있는 가격을 초과하는 유보가격을 가지고 있으므로 이들은 두 재화를 모두 구입할 것이다. II영역에 있는 소비자들의 경우에는 재화 2는 유보가격이 P_2보다 높

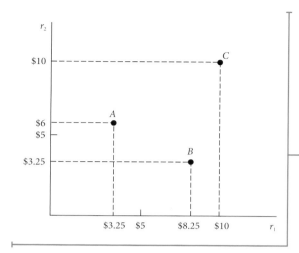

그림 11.12
유보가격
두 재화에 대한 3명의 소비자의 유보가격 r_1과 r_2가 A, B, C로 표시되어 있다.
소비자 A의 경우 재화 1에 대해서는 $3.25를, 재화 2에는 $6를 지불하고자 한다.

지만 재화 1의 유보가격은 P_1보다 낮다. 따라서 이들은 재화 2만을 구입할 것이다. 유사하게 IV 영역에 있는 소비자는 재화 1만 구입한다. 마지막으로 III영역에 있는 소비자는 각 재화에 대한 유보가격이 현재 부과되어 있는 가격보다 낮으므로 어느 상품도 구매하지 않을 것이다.

이제 두 재화를 하나로 묶어서 총가격 P_B에 판매한다고 하자. 그렇다면 그림 11.14처럼 그래프를 두 영역으로 나눌 수 있다. 소비자들은 묶음의 총가격이 두 제품에 대한 유보가격의 합보다 작거나 같은 경우에만 묶음을 구매할 것이다. 이를 구분하는 선은 따라서 방정식 $P_B = r_1 + r_2$ 또는 $r_2 = P_B - r_1$과 같다. I영역에 위치한 소비자들의 유보가격을 합하면 P_B보다 높으므로 이들은 이 묶음을 구입할 것이다. II영역에 있는 소비자들의 경우는 유보가격을 합하면 P_B보다 낮으므로 이 묶음을 사지 않을 것이다.

그림 11.14의 II영역에 위치한 소비자들 중 일부는 만약 이 제품들이 별개로 판매된다면 가격에 따라 둘 중 하나를 구매했을 수도 있다. 따라서 기업이 제품을 묶어서만 판매한다면 이러한

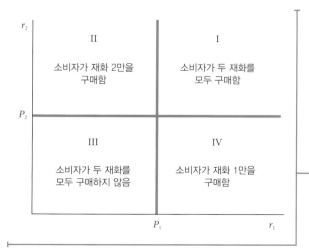

그림 11.13
제품을 별개로 판매할 경우 소비결정
I영역 소비자들의 유보가격은 두 제품에 대한 실제가격 P_1과 P_2를 초과하므로 두 상품을 모두 구매한다. II영역과 IV영역의 소비자들은 두 상품 중 하나만 구매하며, III영역의 소비자들은 둘 다 구매하지 않는다.

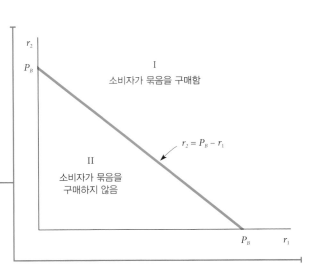

그림 11.14
상품을 묶어팔기 할 경우 소비결정
소비자들은 유보가격의 합 r_1+r_2와 묶어팔기 가격 P_B를 비교한다. r_1+r_2이
P_B와 같거나 클 경우에만 묶음을 구매한다.

소비자들을 놓치게 되므로 기업은 묶어서 판매함으로써 더 나은 성과를 거둘 수 있을지 잘 결정
해야 한다.

일반적으로 묶어팔기가 더 나은 경우는 수요가 서로 음($-$)의 상관관계를 가질 때이다. 다시
말해 재화 1에 대한 유보가격이 가장 높은 소비자가 재화 2에 대해서는 가장 낮은 유보가격을 지
니는 경우나 혹은 그 반대의 경우에는 묶어서 파는 것이 기업에게 이득이 된다. 그림 11.15는 두

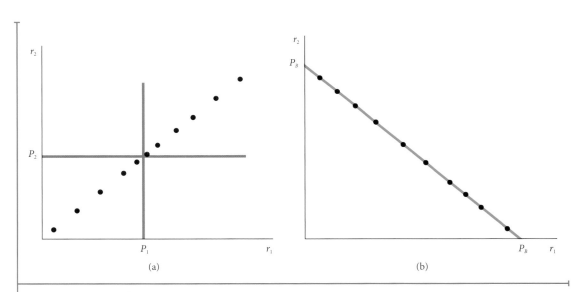

그림 11.15
유보가격
그림 (a)에서는 수요가 완전한 양($+$)의 상관관계이므로 영화사는 묶어팔기로 이득을 보지 못한다. 이 경우에는 묶어팔기나
각 제품을 따로 파는 경우나 이윤은 같아진다. 그림 (b)에서는 수요가 완전한 음($-$)의 상관관계를 가지므로 묶어서 파는 것
이 이상적인 전략이다. 기업은 소비자잉여 모두를 가로챌 수 있다.

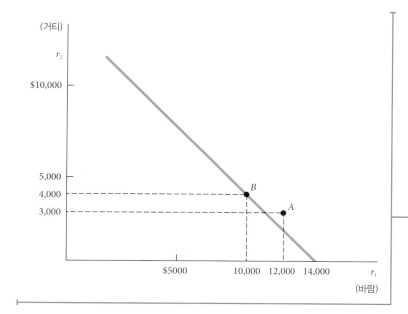

그림 11.16
영화 사례
소비자 A와 B는 두 영화관이다. 그래프는 〈바람과 함께 사라지다〉와 〈거티의 가터 가져오기〉에 대한 유보가격을 나타낸다. 수요가 음($-$)의 상관관계를 보이고 있으므로 영화제작사는 묶어팔기를 통해 이윤을 높일 수 있다.

가지 극단적인 경우를 보여 준다. 그림 (a)에서 각 점은 두 재화에 대한 한 소비자의 유보가격을 나타낸다. 두 재화에 대한 수요는 완전한 양($+$)의 상관관계를 보이고 있음을 주목하라. 즉 재화 1에 대한 유보가격이 가장 높은 소비자가 역시 재화 2의 유보가격도 가장 높다. 만약 기업이 묶어팔기를 함으로써 가격 $P_B = P_1 + P_2$를 부과한다면 두 재화를 각각 P_1과 P_2의 가격으로 따로 판매하는 경우와 같은 수익을 얻는다. 반면에 그림 (b)에서는 수요가 완전한 음($-$)의 상관관계를 가지는데, 재화 2에 대해 높은 유보가격을 가지는 소비자는 재화 1에 대해서는 낮은 유보가격을 갖는다. 이러한 경우에는 묶어팔기가 이상적인 전략이 된다. 묶음에 대해 가격 P_B를 부과함으로써 기업은 소비자잉여 전체를 가로챌 수 있다.

그림 11.16은 앞에서 살펴본 영화관의 사례에서 두 영화관의 수요가 어떻게 음($-$)의 상관관계를 가지는지 보여 주고 있다(극장 A는 〈바람과 함께 사라지다〉에 대해 상대적으로 더 많이 지불하고자 하는 반면 극장 B는 〈거티의 가터 가져오기〉에 대해 더 많이 지불하고자 한다). 때문에 영화제작사는 두 영화를 묶어서 $14,000의 가격에 판매함으로써 더 많은 이윤을 얻을 수 있다.

혼합 묶어팔기

지금까지는 기업이 제품을 판매할 때 각각 따로 팔거나 또는 하나로 묶어서 팔거나 두 가지 중 하나만 선택할 수 있다고 가정하였다. 그러나 **혼합 묶어팔기**(mixed bundling)라는 세 번째 선택도 가능하다. 이름이 의미하는 바와 같이 기업은 상품을 각각 따로 파는 동시에 개별 제품의 가격의 합보다 낮은 가격으로 묶어서 판매할 수 있다[따라서 묶어서만 판매하는 전략은 **순수 묶어팔기**(pure bundling)라고 부른다]. 혼합 묶어팔기는 수요가 약간 음($-$)의 상관관계를 갖거나 혹은 완전한 음($-$)의 상관관계를 갖더라도 한계비용이 상당히 큰 경우에 이상적인 전략이 된다(지금까지는 한계비용이 0이라고 가정하였다).

혼합 묶어팔기 제품을 따로 팔기도 하고 묶어서도 판매하는 것

순수 묶어팔기 제품을 묶어서만 판매하는 것

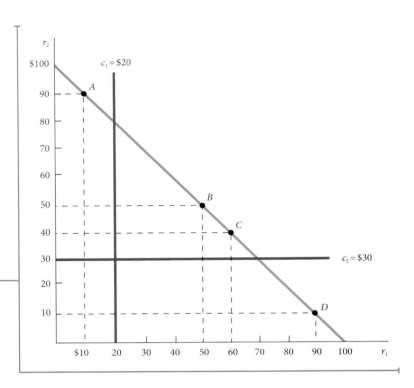

그림 11.17
혼합 대비 순수 묶어팔기
한계비용이 양(+)의 값일 때 혼합 묶어팔기가 순수 묶어팔기보다 수익률이 높다. 소비자 A의 재화 1에 대한 유보가격은 한계비용 c_1보다 아래에 위치하고, 소비자 D의 재화 2에 대한 유보가격은 한계비용 c_2 아래에 있다. 혼합 묶어팔기로 소비자 A는 재화 2만 구매하도록 유인하고 소비자 D는 재화 1만 구매하도록 유인하여 기업의 비용을 낮출 수 있다.

그림 11.17에서 혼합 묶어팔기는 가장 높은 이윤을 가져다주는 전략이다. 비록 수요는 완전한 음(−)의 상관관계를 보이지만 한계비용이 상당히 높다(재화 1을 생산하는 데 드는 한계비용은 \$20이고 재화 2의 한계비용은 \$30이다). 그림에는 A에서 D까지 4명의 소비자들이 있다. 이제 다음 세 가지 판매전략을 서로 비교해 보자.

1. 각 재화를 가격 $P_1 = \$50$와 $P_2 = \$90$에 별개로 판매하는 경우
2. 재화를 가격 \$100에 묶음으로만 판매하는 경우
3. 혼합 묶어팔기를 하여 각 재화를 가격 $P_1 = P_2 = \$89.95$에 별개로 판매하거나 가격 \$100에 묶음으로 판매하는 경우

표 11.4는 세 가지 판매전략과 그에 따른 이윤을 보여 준다. (P_1, P_2, P_B에 다른 값을 넣어 보면 여기서 주어진 가격들이 각 전략별로 이윤을 극대화하는 가격임을 알 수 있다.) 제품을 별개로 판매할 경우에는 소비자 B, C와 D는 재화 1을 구매하고 소비자 A만 재화 2를 구매한다. 이에 따라 총이윤은 $3(\$50 − \$20) + 1(\$90 − \$30) = \$150$가 된다. 순수 묶어팔기를 하는 경우에는 소비자 4명은 모두 묶음을 \$100에 구매하며, 총이윤은 $4(\$100 − \$20 − \$30) = \$200$가 된다. 이 경우 소비자들의 수요는 음(−)의 상관관계를 가지므로 순수 묶어팔기를 함으로써 별개로 판매하는 것보다 많은 이윤을 남길 수 있다. 혼합 묶어팔기의 경우는 어떠한가? 이제 소비자 D는 제품 1을 \$89.95에 구입하며, 소비자 A는 제품 2를 \$89.95에, 그리고 소비자 B와 C는 각각 묶음을 \$100에 구입한다. 이제 총이윤은 $(\$89.95 − \$20) + (\$89.95 − \$30) + 2(\$100 − \$20 − \$30) =$

표 11.4	묶어팔기의 예			
	P_1	P_2	P_B	이윤
별개로 판매	$50	$90	–	$150
순수 묶어팔기	–	–	$100	$200
혼합 묶어팔기	$89.95	$89.95	$100	$229.90

$229.9가 된다.[16]

이 경우 수요들이 완벽한 음(−)의 상관관계에 있어서 4명의 소비자 모두 유보가격이 직선 $r_2 = 100 − r_1$ 상에 있음에도 불구하고 혼합 묶어팔기가 가장 높은 이윤을 가져다주는 전략이다. 왜 그러한가? 각 제품에 대하여 한계비용은 소비자 1인의 유보가격보다 높다. 예를 들어 소비자 A의 재화 2에 대한 유보가격은 $90이지만 재화 1에 대한 유보가격은 $10에 불과하다. 재화 1을 1단위 더 생산하는 비용은 $20이므로 기업으로서는 소비자 A가 묶음이 아닌 재화 2만 구입하기를 원한다. 기업이 이 목적을 달성하는 방법은 재화 2의 가격을 소비자 A의 유보가격보다 약간 낮게 설정하는 동시에 묶어팔기 가격을 소비자 B와 소비자 C가 수용할 만한 가격으로 제시하는 것이다.

이 사례에서는 만약 한계비용이 0이라면 혼합 묶어팔기가 좋은 전략이 아니다. 한계비용이 0이라면 소비자 A가 재화 1을 사지 못하게 하며, 소비자 D가 재화 2를 사지 못하게 하는 것은 이득이 되지 않는다. 이 점은 각자 확인해 보기 바란다(연습문제 12번 참조).[17]

한계비용이 0이라고 하여도 소비자들의 수요가 완전한 음(−)의 상관관계를 갖지 않는다면 혼합 묶어팔기는 순수 묶어팔기보다 더 많은 이윤을 가져다줄 수 있다[그림 11.17에서 4명의 소비자의 유보가격들은 완전한 음(−)의 상관관계를 가진다는 점을 기억하라]. 이는 그림 11.17의 사례를 수정한 그림 11.18에 나타나 있다. 그림 11.18에서 한계비용은 0이다. 그러나 소비자 B와 C의 유보가격은 더 높아졌다. 다시 한 번 별개로 판매하기, 순수 묶어팔기, 혼합 묶어팔기의 세 전략을 비교해 보자.

표 11.5에는 세 전략하에서 최적가격과 각 전략에 따른 이윤이 나타나 있다(여기서도 P_1, P_2, P_B에 다른 값을 넣어 보면 이 표에서 주어진 가격들이 각 전략하에서 이윤을 극대화하는 가격임을 확인할 수 있다). 제품을 별개로 판매할 경우 소비자 C와 D만 재화 1을 구매하고 소비자 A와 B만 재화 2를 구매한다. 이에 따라 총이윤은 $320가 된다. 순수 묶어팔기의 경우에는 4명의 소

---

16 혼합 묶어팔기에서 제품 1과 2의 가격은 $90가 아닌 $89.95로 책정되었다. 만약 $90로 책정했다면 소비자 A와 D는 제품 하나만 사는 것과 묶음을 사는 것 간에 차이를 느끼지 못한다. 만약 소비자들이 묶음을 산다면 기업의 이윤은 낮아질 것이다.

17 경우에 따라서 독점력을 지닌 기업은 자사 제품을 다른 회사 제품과 묶어 팔 때 더 높은 이윤을 얻을 수 있다. Richard L. Schmalensee, "Commodity Bundling by Single-Product Monopolies," *Journal of Law and Economics* 25 (April 1982): 67-71 참조. 또한 묶어팔기는 상품들이 서로 대체재이거나 보완재일 때 더 높은 이윤을 올릴 수 있다. Arthur Lewbel, "Bundling of Substitutes or Complements," *International Journal of Industrial Organization* 3 (1985): 101-7 참조.

그림 11.18
한계비용이 0인 경우 혼합 묶어팔기
한계비용이 0이고 소비자들의 수요가 완전한 음(−)의 상관관계를
갖지 않는다면 혼합 묶어팔기가 여전히 순수 묶어팔기보다 더 많
은 이윤을 가져다준다. 이 사례에서 소비자 B와 C는 소비자 A와 D
보다 묶음에 대해 \$20 더 지불할 의사가 있다. 순수 묶어팔기의 경
우 묶음가격이 \$100이다. 혼합 묶어팔기의 경우 묶음가격은 \$120
로 올라갈 수 있고 소비자 A와 D에게는 여전히 개별 상품에 대해
\$90를 부과할 수 있다.

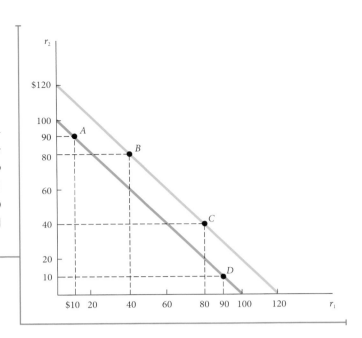

비자 모두 묶음을 \$100에 구매하고 총이윤은 \$400가 된다. 예상한 것처럼 소비자수요는 음(−)
의 상관관계를 가지므로 순수 묶어팔기가 별개 판매보다 더 많은 이윤을 가져다준다. 그러나 혼
합 묶어팔기가 여전히 더 나은 판매방법이다. 혼합 묶어팔기를 하면 소비자 A는 재화 2만 구매
하고, 소비자 D는 재화 1만 구매하며, 소비자 B와 C는 묶음을 \$120에 구매한다. 총이윤은 \$420
가 된다.

왜 한계비용이 0인 경우에도 혼합 묶어팔기가 순수 묶어팔기보다 더 큰 이윤을 가져다주는가?
그것은 소비자들의 수요가 완전하게 음(−)의 상관관계를 갖지 않기 때문이다. 두 제품 모두에
대해 수요가 높은 소비자 B와 C는 소비자 A와 D보다 묶음에 대해 더 많은 금액을 지불하고자
한다. 따라서 혼합 묶어팔기에서 묶음의 가격을 \$100에서 \$120로 높여서 두 소비자에게 묶음을
판매하고 나머지 소비자들에게는 한 제품에 \$90를 부과한다.

표 11.5	한계비용이 0인 경우 혼합 묶어팔기			
	P_1	P_2	P_B	이윤
별개로 판매	\$80	\$80	–	\$320
순수 묶어팔기	–	–	\$100	\$400
혼합 묶어팔기	\$90	\$90	\$120	\$420

실제 묶어팔기

묶어팔기는 매우 광범위하게 사용되는 가격전략이다. 예를 들어 신차를 구매할 경우 파워윈도, 파워시트 또는 선루프와 같은 선택사양을 별도로 구매할 수 있으며, 이들 사양이 함께 묶여 있는 "럭셔리 패키지"를 구매할 수도 있다. 렉서스, BMW, 인피니티와 같은 고급자동차 제조사는 이러한 사양을 기본으로 포함시켜 팔고자 한다. 이는 순수 묶어팔기에 해당한다. 그러나 중간 정도 가격대의 자동차의 경우에는 이러한 품목들은 선택사양이지만 보통은 묶음으로 판매된다. 자동차회사는 어떤 품목을 이런 묶어팔기에 포함시킬 것인가와 함께 가격을 어떻게 설정할지도 결정해야 한다.

또 다른 예는 휴가여행상품이다. 만약 여러분이 유럽으로 휴가를 떠난다면, 스스로 호텔 예약, 항공티켓 구매 그리고 렌트카 예약을 할 수 있다. 대신 여러분은 항공표, 육상여행일정, 호텔, 식사 등이 함께 묶여 있는 휴가패키지를 구입할 수도 있다.

또 다른 예로는 케이블 TV를 들 수 있다. 유선공급자는 전형적으로 기본서비스를 낮은 월정요금으로 제공하며, 시네맥스, HBO, 디즈니채널 등과 같은 각 프리미엄 채널에 대해서는 소비자가 수신을 원하는 경우에 추가 월정요금을 받고 제공한다. 또한 2개 이상의 프리미엄 채널을 하나로 묶어서 파는 패키지상품도 제공한다. 케이블채널에 대한 수요는 음(−)의 상관관계를 가지므로 묶어팔기는 더 높은 이윤을 가져다준다. 소비자들의 수요가 음(−)의 상관관계를 갖는다는 사실은 어떻게 알 수 있는가? 하루는 24시간밖에 없으므로 소비자가 HBO를 보는 시간에는 디즈니채널을 볼 수 없다. 따라서 한 채널에 대한 유보가격이 높은 소비자는 다른 채널에 대해서는 상대적으로 낮은 유보가격을 가질 것이다.

기업은 자신의 제품을 묶어 팔 것인지 여부를 어떻게 정하며, 이윤극대화 가격은 어떻게 결정하는가? 대부분 기업들은 소비자의 유보가격을 알지 못한다. 그러나 기업들은 시장조사를 통해

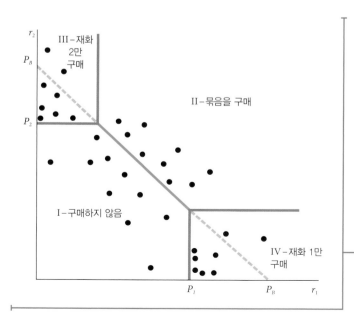

그림 11.19

실제의 혼합묶어팔기

이 그림에 나타난 점들은 대표적 소비자표본의 유보가격 추정치들이다. 기업은 먼저 묶어팔기 가격 P_B를 고른다. 그림에서 점들의 대략 중간을 통과하는 대각선을 그어 묶음의 가격 P_B를 선택한다. 그다음으로 개별 가격 P_1과 P_2를 정한다. P_1, P_2, P_B가 주어지면 이에 상응하는 이윤을 계산할 수 있다. 경영자들은 P_1, P_2, P_B를 올리거나 내리면서 더 많은 이윤을 가져주는 가격들을 살펴볼 수 있다. 이런 과정을 반복하면서 총이윤을 극대화하는 가격을 찾을 수 있다.

유보가격의 분포는 추정할 수 있다. 그러한 정보를 이용하여 가격전략을 설계할 수 있다.

이는 그림 11.19에 예시되어 있다. 여기서 점들은 유보가격의 추정치 또는 시장조사를 통해 알게 된 대표적인 소비자들의 표본으로 얻어진 유보가격이다. 기업은 그림에서처럼 점들의 대략 가운데를 통과하는 대각선을 그어 묶음의 가격 P_B를 고른다. 그다음 각 재화의 가격으로 설정할 P_1과 P_2를 살펴본다. P_1, P_2, P_B가 주어지면 그림에 보이는 것처럼 소비자들을 네 영역으로 분리할 수 있다. I영역에 위치한 소비자들은 $r_1 < P_1$, $r_2 < P_2$, $r_1 + r_2 < P_B$이므로 아무것도 구입하지 않는다. II영역에 있는 소비자들은 $r_1 + r_2 > P_B$이므로 묶음을 구매한다. III영역에 위치한 소비자들은 $r_2 > P_2$, $r_1 < P_B - r_2$이므로 재화 2만 구매한다. 또한 IV영역에 위치한 소비자들은 재화 1만 구매한다. 이와 같은 분포하에서 기업은 그에 상응하는 이윤을 계산할 수 있다. 그런 후 P_1, P_2, P_B를 올리거나 내리면서 어느 경우가 더 많은 이윤을 가져오는지를 알아볼 수 있다. 컴퓨터를 활용하여 이를 여러 번 반복하면 마침내 총이윤을 극대화하는 가격을 발견할 수 있다.

사례 11.5   정식과 일품요리: 음식점의 가격설정 문제

많은 음식점들은 정식 만찬과 일품요리를 함께 제공한다. 왜 그런가? 대부분 고객들은 저녁식사에 얼마를 지출할지, 그리고 어떤 식당에서 식사를 할지를 대략 정하고 외식을 하러 간다. 그러나 고객들의 선호는 서로 다르다. 어떤 고객은 전채요리(appetizer)를 중요하게 생각하지만 후식(desert)은 생략한다. 다른 사람들은 전채에는 무관심하지만 후식은 필수적이라고 생각한다. 또 어떤 고객들은 전채와 후식 모두에 어느 정도의 가치를 부여하기도 한다. 음식점이 이처럼 선호가 이질적인 소비자들로부터 가능한 한 많은 소비자잉여를 가로채기 위해서는 어떤 가격전략을 구사해야 하는가? 물론 정답은 혼합 묶어팔기이다.

음식점의 입장에서 볼 때 혼합 묶어팔기란 정식(전채, 주 요리, 후식 등이 패키지로 나오는 것)과 일품요리(전채, 주 요리, 후식이 별개로 나오는 것)를 함께 제공하는 것이다. 이 전략을 통해 음식점은 어떤 요리를 다른 요리보다 월등히 높게 평가하는 고객으로부터 소비자잉여를 가로챌 수 있게끔 일품요리 메뉴의 가격을 설정할 수 있다. (이러한 고객은 그림 11.17에서 소비자 A와 D에 해당한다.) 동시에 정식은 여러 가지 요리에 대한 유보가격의 차이가 비교적 작은 고객(즉, 전채와 후식 모두에 중간 정도 가치를 부여하는 고객)을 유치할 수 있도록 한다.

예를 들어 음식점이 정식에 $20를 지출하고자 하는 고객을 붙잡으려면 전채에 $5, 주 요리에 $14, 후식에 $4를 부과할 수 있다. 아울러 음식점은 전채와 주 요리와 후식이 함께 나오는 정식을 $20에 제공할 수 있다. 그렇다면 후식은 좋아하지만 전채는 덜 좋아하는 고객은 주 요리와 후식만 주문하고 $18를 지출할 것이다(음식점은 전채를 준비하는 비용을 절약할 수 있다). 동시에 전채와 후식 모두에 대해 중간 정도의 가치(예를 들면 $3 또는 $3.50)를 부여하는 고객은 정식을 주문할 것이다.

혼합 묶어팔기를 경험하기 위해 고급 프랑스식 음식점에 갈 필요는 없다. 표 11.6은 맥도날드에서 파는 여러 단품들의 가격과 버거, 감자튀김, 음료수가 함께 나오는 세트메뉴의 가격을 보여 주고 있다. 빅맥, 감자튀김, 그리고 음료수를 별개로 주문하여 $9.00에 사거나 아니면 한 묶음으로 주문하여 $7.31에 살 수 있다. 만약 감자튀김을 좋아하지 않는다면 빅맥과 음료수만 별개로 사면 모두 $6.69를 지불하는데, 이는 묶어팔기보다 $0.62가 싸다.

중국을 방문했는데 우연히 햄버거와 감자튀김을 먹고 싶을 때가 있을 것이다. 2016년 현재 맥도날드는 중국 내에 2,200개의 매장을 가지고 있다. 어떤 메뉴는 미국과는 좀 다르지만 혼합 묶어팔기는 같은 방식으로 실시되고 있다. 표 11.6에서 보는 것처럼 빅맥, 감자튀김과 소다수를 별개로 사면 모두 33RMB를 지불해야 하지만 묶음으로는 20RMB에 살 수 있다. 빅맥이 싫다면 오리버거(duck burger)를 주문할 수 있다. 이를 단품으로는 23RMB에 살 수 있으며, 감자튀김과 소다수와 묶어서는 31RMB에 살 수 있다.

소비자에게는 좋지 않을 수 있지만 음식점의 재무적 성공을 위해서라면 창조적인 요리보다 창조적 가격설정이 더 중요하다. 성공적인 음식점이라면 고객의 수요특성을 파악하여 가격전략에 반영함으로써 소비자잉여를 최대한 많이 가로챈다.

표11.6	맥도날드의 혼합 묶어팔기-미국과 중국(2016년)				
미국(매사추세츠)					
개별 품목	**가격**	**식사(소다수와 감자튀김 포함)**	**별도판매가격**	**묶어팔기 가격**	**절약**
프리미엄 맥랩 치킨 앤 베이컨	$5.36	프리미엄 맥랩 치킨 앤 베이컨	$9.49	$7.80	$1.69
필레 오 피쉬	$4.62	필레 오 피쉬	$8.75	$7.06	$1.69
빅맥	$4.87	빅맥	$9.00	$7.31	$1.69
쿼터파운더	$4.62	쿼터파운더	$8.75	$7.06	$1.69
더블 쿼터 파운더	$5.84	더블 쿼터 파운더	$9.97	$8.16	$1.81
맥너겟 10조각	$5.48	맥너겟 10조각	$9.61	$7.92	$1.69
감자튀김 L사이즈	$2.31				
소다 L사이즈	$1.82				

출처: http://www.fastfoodmenuprices.com/mcdonalds-prices/

중국(베이징)					
개별 품목	**가격***	**식사(소다수와 감자튀김 포함)**	**별도판매가격**	**묶어팔기 가격**	**절약**
빅맥	17 RMB	빅맥	33 RMB	20 RMB	13 RMB
독일소시지 더블 비프버거	20 RMB	독일소시지 더블 비프버거	36 RMB	32 RMB	4 RMB
오리버거	23 RMB	오리버거	39 RMB	31 RMB	8 RMB
감자튀김	7 RMB				
음료	9 RMB				

*1 RMB=$0.15

출처: http://www.chinahighlights.com/travelguide/chinese-food/eating-drinking-cost.htm
http://english.visitbeijing.com.cn/yc/perspective/n214967547.shtml
http://www.nbcnews.com/news/china/peking-duck-burgers-take-mcdonalds-its-big-macs-china-n448276

끼워팔기

끼워팔기(tying)는 제품이 어떤 조합으로 구매 또는 판매되어야만 하는 요건을 지칭하는 일반적인 용어이다. 순수 묶어팔기는 끼워팔기의 가장 일반적인 형태이지만 끼워팔기에는 다른 방식도 있다. 예를 들어 기업이 소비자에게 복사기와 같은 제품을 팔면서 복사용지와 같은 부수적인 제품도 함께 구매하도록 요구하는 경우를 생각해 보라. 첫 번째 제품을 구매하는 소비자는 같은 회사로부터 부수적인 제품도 구매해야 한다. 이러한 요구조건은 일반적으로 계약을 통해 부과된다. 이는 앞서 논의한 묶어팔기와는 다르다. 묶어팔기의 예에서 소비자는 여러 제품 중 하나만 구입하더라도 만족할 수 있다. 그러나 이 경우에 첫 번째 제품은 두 번째 부수적인 제품이 없다면 아무 쓸모가 없다.

왜 기업들은 이런 방식을 활용하는가? 끼워팔기를 통해 기업이 얻는 중요한 혜택은 기업이 소비자수요를 측정할 수 있으며, 그에 따라 가격차별을 보다 효과적으로 실행할 수 있다는 점이다. 예를 들면 1950년대에 제록스(Xerox)사는 복사기를 독점 판매했지만 복사용지는 독점 판매하지 못했다. 제록스사는 복사기를 임대한 고객들에게 제록스 복사용지를 사용하도록 요구하였다. 이러한 끼워팔기를 통해 제록스사는 소비량을 측정할 수 있었으며(복사기를 많이 사용하는 고객들은 복사용지를 더 많이 구입하였다) 이로써 제록스사는 복사기에 이부가격을 적용할 수 있었다. 아울러 1950년대에 IBM도 메인프레임 컴퓨터를 임대한 고객들로 하여금 IBM이 제작한 종이 컴퓨터카드를 사용하도록 의무화하였다. 카드의 가격을 한계비용보다 훨씬 높게 설정함으로써 IBM은 수요가 많은 소비자들의 컴퓨터 사용에 대해 효과적으로 높은 가격을 부과할 수 있었다.[18]

끼워팔기는 또한 기업의 시장지배력을 확장하기 위해서도 활용될 수 있다. 사례 10.8에서 살펴본 바와 같이 미국 법무부는 1998년에 마이크로소프트사를 대상으로 소송을 제기하였다. 그 이유는 마이크로소프트사가 PC 운영체제시장에서 독점력을 유지하기 위해 인터넷 익스플로러를 윈도우98 운영체제에 끼워 판매하였다는 것이었다.

끼워팔기는 다른 용도로도 사용된다. 한 가지 중요한 용도는 브랜드 가치를 보호하는 것이다. 프랜차이즈 본사는 대체로 가맹점들이 재료를 본사로부터 의무적으로 구매하도록 한다. 예를 들어 모빌오일(Mobil Oil)사는 가맹 주유소들에게 모빌 윤활유와 모빌 배터리만을 판매하도록 의무화한다. 이와 유사하게 최근까지 맥도날드 가맹점은 햄버거에서 종이컵까지 모든 재료와 소모품을 본사로부터 구매해야만 하였다. 이는 제품의 동질성을 확보하고 브랜드 가치를 보호하기 위한 조치였다.[19]

---

18 미국정부의 반독점법에 따른 규제조치에 의해 IBM의 이러한 가격전략은 중단되었다.

19 경우에 따라 미국 법원은 끼워팔기가 반드시 기업의 브랜드 가치가 되는 고객충성도/선의를 보호하는 것이 아니라 오히려 반경쟁적이라고 판결하였다. 오늘날 맥도날드 가맹점은 맥도날드가 승인한 공급업체들로부터 재료와 소모품을 구매할 수 있다. 프랜차이즈의 끼워팔기와 연관된 반독점 문제에 관한 논의에 대해서는 다음을 참조하라. Benjamin Klein and Lester F. Saft, "The Law and Economics of Franchise Tying Contracts," *Journal of Law and Economics* 28 (May 1985): 345–61.

*11.6 광고

지금까지 기업이 가격을 결정함에 있어서 자신의 시장지배력을 어떻게 활용할 수 있는지를 살펴보았다. 기업의 입장에서 가격설정은 중요한 일이다. 그러나 시장지배력을 지닌 대부분의 기업은 또 다른 중요한 의사결정을 해야 하는데, 그것은 광고를 얼마나 할 것인가이다. 이 절에서 우리는 시장지배력을 지닌 기업이 이윤을 극대화하는 광고 관련 의사결정을 살펴보며, 또한 그러한 의사결정이 해당 기업의 제품에 대한 소비자수요의 특성에 의해 어떤 영향을 받는지를 살펴보기로 한다.[20]

단순화를 위해 기업이 자사 제품에 대해 하나의 가격만 책정한다고 가정하자. 아울러 기업이 충분한 시장조사를 통하여 수요량은 제품가격 P와 광고비 지출액 A에 따라 달라짐을 안다고 가정하자. 즉 기업은 $Q(P, A)$를 알고 있는 것이다. 그림 11.20은 기업이 광고를 하는 경우와 하지 않는 경우의 수요와 비용곡선들을 보여 주고 있다. AR과 MR은 기업이 광고를 하지 않을 때의 평균수입과 한계수입이며, AC와 MC는 평균비용과 한계비용이다. 기업은 MR = MC의 조건을 만족시키는 Q_0를 생산하고 P_0의 가격을 받는다. 1단위당 이윤은 P_0와 평균비용의 차이이므로 총이윤 π_0는 회색 사각형으로 표시된다.

이제 기업이 광고를 하는 경우를 살펴보자. 광고로 인해 수요곡선은 오른쪽으로 이동한다. 새로운 평균수입과 한계수입곡선은 AR′과 MR′으로 주어져 있다. 광고비는 고정비용이므로 기업의 평균비용곡선은 AC′으로 위쪽으로 이동한다. 하지만 한계비용은 그대로이다. 광고를 함으로써 기업은 MR′ = MC의 조건을 만족시키는 Q_1을 생산하며, 가격은 P_1이 된다. 총이윤은 보라색으로 표시된 사각형 π_1이며, 처음의 이윤보다 훨씬 크다.

그림 11.20에서 기업은 광고를 통해 보다 나아짐을 명확히 알 수 있지만 광고를 얼마나 해야 하는지를 알 수는 없다. 기업은 다음과 같이 표현되는 이윤을 극대화하기 위해 적정 가격 P와 광고비 A를 선택해야 한다.

$$\pi = PQ(P, A) - C(Q) - A$$

주어진 가격에서 광고비를 늘리면 판매량이 증가하고 그에 따라 판매수입도 증가할 것이다. 그러나 기업의 이윤을 극대화하는 광고비 지출액은 얼마인가? 아마도 광고비로 지출되는 마지막 $1의 금액이 추가적인 판매수입 $1를 가져올 때까지, 즉 광고의 한계수입 $\Delta(PQ)/\Delta A$가 1이 될 때까지 광고비 지출을 증가시켜야 한다고 생각할 수 있다. 그러나 그림 11.20에서 보듯이 이러한 판단은 한 가지 중요한 점을 놓치고 있다. 그림에서 보듯이 광고는 생산량을 Q_0에서 Q_1으로 증가시킨다는 점을 주목할 필요가 있다. 그러나 생산량이 증가하면 생산비용도 증가하므로 광고비를 $1 추가로 지출함에 따른 편익과 비용을 비교할 때는 이러한 점도 고려해야 한다.

올바른 결정은 광고비 $1를 추가적으로 지출할 때 얻어지는 한계수입 MR_{Ads}가 광고의 모든 한

7.1절에서 보았듯이 한계비용 (제품 1단위를 추가적으로 생산함에 따른 비용 증가)은 평균비용(생산물 1단위당 비용)과 다르다.

---

[20] 완전경쟁기업은 광고를 할 이유가 없다. 정의에 따르면 완전경쟁기업은 주어진 시장가격에서 생산하는 만큼 팔 수 있다. 바로 이 점이 옥수수나 콩에 대한 광고를 보기 힘든 이유이다.

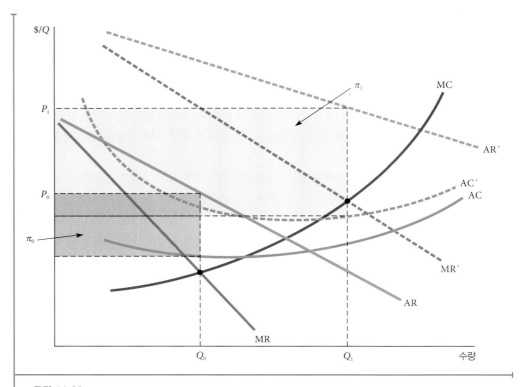

그림 11.20

광고의 효과

AR과 MR은 각각 기업이 광고를 하지 않을 때의 평균수입과 한계수입이며, AC와 MC는 각각 평균비용과 한계
비용이다. 기업은 Q_0를 생산하고 P_0의 가격을 받는다. 총이윤은 π_0로서 회색으로 표시된 사각형이다. 기업이 광
고를 한다면 평균수입곡선과 한계수입곡선은 오른쪽으로 이동한다. 평균비용은 AC′로 증가하지만 한계비용은
동일하다. 이제 기업은 MR′=MC의 조건이 성립하는 Q_1을 생산하고 P_1의 가격을 받는다. 총이윤 π_1은 전보다
커진다.

계비용과 같아질 때까지 광고비 지출을 늘리는 것이다. 여기서 모든 한계비용이란 광고에 직접
적으로 투입되는 금액과 광고로 인해 증가하는 판매량으로 인해 발생하는 한계비용을 합한 것이
다. 따라서 기업은 다음 조건을 만족시킬 때까지 광고비를 지출해야 한다.

$$\mathrm{MR_{Ads}} = P\frac{\Delta Q}{\Delta A} = 1 + \mathrm{MC}\frac{\Delta Q}{\Delta A} \tag{11.3}$$

$$= 광고와 관련된 모든 한계비용$$

기업의 경영자들은 이 원칙을 무시하는 경향이 있다. 경영자들은 단순히 광고를 통해 기대되
는 편익(즉, 추가 판매수입)과 광고비용을 비교하는 것으로 광고예산을 정당화하려고 한다. 그러

나 판매량의 증가는 생산비용의 증가를 의미하므로 이 비용도 반드시 고려해야 한다.[21]

광고비 결정에 대한 어림법칙

MR = MC라는 원칙과 마찬가지로 식 (11.3)을 실제로 적용하는 것은 쉽지 않다. 제10장에서는 MR = MC의 조건이 가격설정과 관련하여 $(P - MC)/P = -1/E_D$의 어림법칙을 의미한다는 것을 설명하였다. 여기서 E_D는 기업이 직면하는 수요의 가격탄력성이다. 이 어림법칙을 식 (11.3)에 적용하면 광고비 결정을 위한 어림법칙을 도출할 수 있다.

먼저 식 (11.3)은 다음과 같이 다시 정리할 수 있다.

$$(P - MC)\frac{\Delta Q}{\Delta A} = 1$$

이제 이 식의 양변에 **광고비-매출액 비율**(advertising-to-sales ratio) A/PQ를 곱하면 다음을 얻는다.

$$\frac{P - MC}{P}\left[\frac{A\Delta Q}{Q\Delta A}\right] = \frac{A}{PQ}$$

대괄호 안에 있는 항 $(A/Q)(\Delta Q/\Delta A)$는 **수요의 광고비 탄력성**(advertising elasticity of demand)으로서 광고비 1% 증가에 따른 수요량의 퍼센트 변화를 나타낸다. 이 탄력성을 E_A로 표시하면, $(P - MC)/P$은 $-1/E_p$와 같아야 하므로 위의 식은 다음과 같이 다시 정리된다.

$$A/PQ = -(E_A/E_p) \tag{11.4}$$

식 (11.4)는 광고비 결정을 위한 어림법칙이다. 이에 따르면 기업의 이윤을 극대화하는 광고비/매출액 비율은 수요의 광고비 탄력성을 수요의 가격탄력성으로 나눈 값에 음(−)의 부호를 붙인 값과 같다. 시장조사를 통하여 이 두 탄력성에 대한 정보를 얻을 수 있다면 기업은 이 법칙을 이용하여 광고비로 배정된 예산이 너무 적거나 많은지 검토할 수 있다.

어느 기업이 연간 $1백만의 매출을 올리면서 광고비로는 $1만를 지출하고 있다고 하자. 광고비/매출액 비율은 1%이다. 이 기업은 자기 제품에 대한 수요의 광고비 탄력성이 0.2여서 광고비를 $1만에서 $2만로 2배 증가시키면 매출액이 20% 증가한다는 것을 알고 있다. 아울러 이 기업은 수요의 가격탄력성이 −4라는 것도 알고 있다. 수요의 가격탄력성이 −4여서 한계비용을 초과하는 가격의 마크업이 상당히 크다는 점을 알고 있다면 이 기업은 광고비 예산을 더 늘려야 하는가? 대답은 "그렇다"이다. 식 (11.4)에 따르면 이 기업의 광고비/매출액 비율은 −(0.2/ −4) = 5%가 적정한 값이므로 이 기업은 광고비 예산을 $1만에서 $5만로 늘려야 한다.

이 법칙에 따르면 기업은 만약 (i) 수요가 광고에 대해 매우 민감하게 반응하거나(E_A가 큰 경우) 또는 (ii) 수요의 가격탄력성이 그다지 크지 않다면(E_p의 절댓값이 작은 경우) 광고를 많이 해

제10장의 식 (10.1)은 이윤극대화 기업의 가격설정 어림법칙이다. 이는 전체 가격에서 한계비용을 뺀 이윤폭이 차지하는 비율이 절댓값으로 표시된 수요의 가격탄력성의 역수와 같아야 한다는 것을 의미한다.

광고비-매출액 비율 기업의 매출액 대비 광고비 지출액의 비율

수요의 광고비 탄력성 광고비 1% 증가에 따른 수요량의 퍼센트 변화

---

[21] 미분으로 이 결과를 도출하려면 $\pi(Q, A)$를 A로 미분하고 다음과 같이 도함수를 0과 일치시킨다.

$$\partial\pi/\partial A = P(\partial Q/\partial A) - MC(\partial Q/\partial A) - 1 = 0$$

이를 다시 정리하면 식 (11.3)이 된다.

야 한다. (i)은 쉽게 이해할 수 있지만 수요의 가격탄력성이 작을 때 광고를 많이 해야 하는 이유는 무엇인가? 수요의 가격탄력성이 작다는 것은 가격이 한계비용보다 큰 정도, 즉 마크업이 크다는 것을 의미한다. 따라서 1단위 더 판매할 때 얻어지는 한계이윤이 높다. 이 경우 광고를 통해 얼마간 더 판매할 수 있다면 그 비용은 부담할 만한 가치가 있다.[22]

사례 11.6 실제의 광고

사례 10.2에서는 슈퍼마켓, 편의점, 디자이너 청바지 제조업자의 마크업 가격설정(markup pricing) 활용에 대해 살펴보았는데, 각 경우에 있어서 마크업, 즉 가격에서 한계비용을 초과하는 부분이 기업이 직면하는 수요의 가격탄력성에 따라 달라지는 것을 알아보았다. 이제 이런 기업들과 다른 제품의 제조업자들이 실제로 하고 있는 광고에 대해 살펴보자.

먼저 슈퍼마켓의 경우를 보면, 일반적인 슈퍼마켓이 직면하는 수요의 가격탄력성은 약 −10임을 알고 있다. 따라서 수요의 광고비 탄력성을 알 수 있으면 광고비-매출액 비율을 파악할 수 있다. 광고비 탄력성은 슈퍼마켓이 입지한 곳의 위치와 지역 유형에 따라 상당히 큰 차이가 있다. 일반적으로는 그 크기가 0.1~0.3 정도이다. 이 수치를 식 (11.4)에 대입하면 전형적인 슈퍼마켓의 경우 광고비는 매출액의 1~3%가 되어야 한다는 것을 알 수 있다. 실제로 많은 슈퍼마켓은 이 정도의 광고비를 지출하고 있다.

편의점의 경우 수요의 가격탄력성이 낮아서 약 −5 정도이지만 광고비/매출액 비중은 일반적으로 슈퍼마켓의 경우에 비해 낮으며, 종종 0이 되기도 한다. 편의점은 대부분 근처에 살고 있는 고객을 대상으로 하고 있기 때문이다. 고객들은 늦은 밤에는 몇몇 품목만 필요로 하거나 또는 슈퍼마켓에 가서 물건을 사기 위해 운전을 하고자 하지 않는다. 이 고객들은 이미 편의점에 대해 알고 있어서 광고를 한다고 해서 구매 습관을 바꾸지는 않는다. 따라서 E_A는 매우 작으며, 광고의 가치는 크지 않다.

디자이너 청바지 제조업자들에게는 광고가 매우 중요하다. 이들의 광고비-매출액 비율은 10~20% 정도로 높다. 광고는 소비자들이 제품을 인지하도록 도움을 주며, 특정 상표의 제품에 대해 독특한 분위기와 이미지를 각인시킨다. 앞서 살펴본 바와 같이 메이저 상표의 경우 수요의 가격탄력성이 −3 ~ −4이며, 수요의 광고비 탄력성은 0.3~1.0에 이를 수 있다. 따라서 10~20%의 광고비 수준은 일리가 있어 보인다.

세탁용 세제의 경우는 어떤 브랜드의 제품이든지 최소한 디자이너 청바지만큼 수요가 가격탄력적임에도 불구하고 모든 제품을 통틀어서 광고비-매출액 비율이 가장 높은데, 때로는 30%가 넘기도 한다. 이러한 광고비 지출은 어떻게 정당화될 수 있는가? 그것은 광고비 탄력성이 매우 크기 때문이다. 어떤 세탁용 세제이건 그 수요는 절대적으로 광고에 의존한다. 광고가 없다면 소비자는 특정 브랜드의 세제를 거의 사지 않는다.[23]

마지막으로 표 11.7은 처방전 없이 구입가능한 주요 브랜드 약품의 매출액, 광고비 지출액 및 그 둘의 비율을 보여 준다. 전반적으로 광고비-매출액 비율은 매우 높다는 점을 주목하라. 세탁용 세제의 경우와 마찬가지로 유명 브랜드 약품의 광고비 탄력성은 매우 높다. 예를 들어 알카셀처(Alka-Seltzer), 미란타(Mylanta), 그리고 텀스(Tums)는 모두 효능이 거의 같은 제산제이다. 매출액은 특정 브랜드에 대한 소비자 인지도에 의존하므로 광고가 필요한 것이다.

---

22 광고는 종종 수요의 가격탄력성에 영향을 주며 이 사실을 감안해야만 한다. 어느 상품의 경우 광고는 폭넓은 고객층을 유인하거나 밴드왜건 효과를 유발하여 시장을 확대시킨다. 이는 광고가 없을 경우와 비교해 수요의 가격탄력성을 크게 할 수 있다(그래도 E_A가 큰 경향이 있으므로 광고는 여전히 할 만한 가치가 있다). 때로는 광고가 어떤 이미지, 매력, 브랜드정체성을 창출하여 어느 상품을 다른 것과 차별화시키는 역할도 하여 상품의 수요를 광고가 없을 때와 비교해 덜 탄력적으로 만들기도 한다.

23 수요의 광고비 탄력성 추정에 대한 통계적 접근을 살펴보기 위해서는 다음을 참조하라. Ernst R. Berndt, *The Practice of Econometrics* (Reading, MA: Addison-Wesley, 1991), ch. 8.

표11.7	주요 브랜드 일반약품의 매출액과 광고비(단위: 백만 달러)		
	매출액	**광고비**	**비율(%)**
진통제			
타이레놀	855	143.8	17
애드빌	360	91.7	26
바이엘	170	43.8	26
엑시드린	130	26.7	21
제산제			
알카셀처	160	52.2	33
미란타	135	32.8	24
텀스	135	27.6	20
감기약(코막힘 완화제)			
베나드릴	130	30.9	24
슈다페드	115	28.6	25
기침약			
빅스	350	26.6	8
로비투신	205	37.7	19
홀스	130	17.4	13

출처: Milt Freudenheim, "*Rearranging Drugstore Shelves*," *New York Times*, September 27, 1994.

요약

1. 시장지배력을 지닌 기업은 큰 이윤을 획득할 잠재력이 있으므로 남들이 부러워할 만한 위치에 있다. 그러나 이러한 잠재력을 얼마나 실현시킬 수 있는지는 결정적으로 가격전략에 달려 있다. 기업이 단일가격을 설정하는 경우에도 자사 제품에 대한 수요의 가격탄력성 추정치를 알아야 한다. 여러 다른 가격을 설정하는 좀 더 복잡한 가격전략을 구사하려면 수요에 대하여 보다 많은 정보가 필요하다.

2. 가격전략의 목표는 기업이 자신의 제품을 판매할 수 있는 고객의 저변을 넓히며, 가능한 한 많은 소비자잉여를 가로채는 것이다. 기업은 여러 가지 방법을 통해 이런 목표를 달성할 수 있는데, 하나가 아닌 여러 가지 가격을 책정하는 방법이 보편적이다.

3. 기업은 각 소비자의 유보가격을 판매가격으로 부과하는 완전가격차별을 하고 싶어 한다. 그러나 실제로 이를 실현하는 것은 거의 불가능하다. 따라서 여러 유형의 불완전가격차별이 기업의 이윤을 증가시키기 위하여 활용된다.

4. 이부가격은 소비자잉여를 가로채는 또 다른 수단이다. 소비자들은 입장료를 지불해야만 단위당 가격을 지불하고 제품을 구매할 수 있다. 이부가격은 소비자들의 수요가 비교적 동질적일 때 가장 효과가 크다.

5. 소비자들의 수요가 이질적이고 음(−)의 상관관계를 갖는다면 기업은 묶어팔기를 통해 이윤을 증가시킬 수 있다. 순수 묶어팔기는 2개 이상의 상품을 패키지로 묶어서 판매하는 것이다. 혼합 묶어팔기의 경우는 소비자가 상품을 각각 별개로 사거나 또는 하나의 묶음으로 살 수 있다. 한계비용이 상당히 크거나 수요

가 완전한 음(−)의 상관관계를 갖지 않는다면 혼합 묶어팔기는 순수 묶어팔기에 비해 많은 이윤을 가져다준다.

6. 묶어팔기는 끼워팔기의 특별한 경우이다. 끼워팔기는 여러 상품들이 어떤 조합으로 판매되거나 구매되는 것을 말한다. 끼워팔기는 수요를 측정하거나 브랜드 이름과 관련된 영업권을 보호하기 위해 사용된다.

7. 광고는 이윤을 더 증가시킬 수 있다. 이윤을 극대화하는 광고비−매출액 비율은 수요의 광고비 탄력성을 수요의 가격탄력성으로 나눈 비율과 같다.

복습문제

1. 어떤 기업이 완전 1차 가격차별을 할 수 있다고 하자. 이 기업이 부과할 수 있는 가장 낮은 가격은 얼마이며 또 총생산량은 얼마가 되는가?

2. 자동차 영업사원들은 어떻게 가격차별을 하는가? 가격차별을 제대로 실행하는 능력이 영업사원의 소득에 미치는 영향은 어떠한가?

3. 전력회사들은 종종 2차 가격차별을 한다. 그러한 가격차별로 인해 소비자후생이 증가하는 이유는 무엇인가?

4. 3차 가격차별의 몇 가지 예를 들어라. 소비자 그룹별로 수요는 다르지만 수요의 가격탄력성이 같다면 3차 가격차별은 효과가 있는가?

5. 최적의 3차 가격차별의 경우 각 소비자 그룹의 한계수입이 한계비용과 같아야 함을 보여라. 이 조건을 이용하여 어느 한 소비자 그룹의 수요곡선이 바깥쪽으로 이동함에 따라 그 그룹으로부터의 한계수입이 증가할 경우 기업은 가격과 총생산량을 어떻게 변경해야 하는지 설명하라.

6. 미국의 자동차회사들은 자동차가격을 설정할 때 대체로 자동차 그 자체 또는 전동조향장치나 자동변속기와 같은 기본적인 사양보다는 가죽장식과 같은 럭셔리 사양 품목에 훨씬 더 높은 비율의 마크업(가격과 비용의 차이)을 부과한다. 그 이유를 설명하라.

7. 최대부하 가격설정을 가격차별의 한 유형으로 볼 수

있는 이유는 무엇인가? 이 가격하에서 소비자는 더 이득을 보게 되는가? 예를 들어 설명하라.

8. 서로 다른 수요곡선을 가진 2명의 소비자가 있다면 기업은 최적의 이부가격을 어떻게 결정할 수 있는가? (기업은 수요곡선들을 알고 있다고 가정하라.)

9. 질레트 안전면도기의 가격설정이 이부가격에 해당되는 이유를 설명하라. 질레트사는 면도기와 함께 면도날을 독점 공급하는 제조사여야만 하는가? 여러분이 질레트사의 이부가격 설정에 대해 조언한다면 적정한 가격을 부과하기 위해 어떤 과정을 거치도록 제안하겠는가?

10. 캘리포니아의 우드랜드라는 도시에는 여러 명의 치과의사가 있지만 안과의사는 1명밖에 없다. 노인들은 치과검진에 할인을 받을 가능성이 높은가 아니면 시력검사에 할인을 받을 가능성이 높은가? 그 이유는 무엇인가?

11. MGM사는 어떤 이유에서 〈바람과 함께 사라지다〉와 〈거티의 가터 가져오기〉를 묶어서 판매하였는가? 묶어팔기가 더 큰 이윤을 발생시키기 위해서 수요는 어떤 특성을 가져야 하는가?

12. 혼합 묶어팔기와 순수 묶어팔기는 어떻게 다른가? 혼합 묶어팔기가 순수 묶어팔기보다 선호되기 위한 조건은 무엇인가? 많은 음식점에서 순수 묶어팔기 대신

에 (일품요리와 정식 메뉴를 함께 제공하는) 혼합 묶어팔기를 하는 이유는 무엇인가?

13. 끼워팔기와 묶어팔기는 어떻게 다른가? 기업이 끼워팔기를 하는 이유는 무엇인가?

14. 광고비로 지출되는 마지막 $1가 추가로 매출액 $1를 올릴 수 있을 때까지 광고비를 늘리는 것이 적정 수준의 광고비를 결정하는 기준으로서 옳지 않은 이유는 무엇인가? 한계광고비용을 결정하기 위해서는 어떤 법칙을 따라야 하는가?

15. 기업은 자사의 광고비-매출액 비율이 너무 높거나 낮은지를 어떻게 판단할 수 있는가? 이를 위해 필요한 정보는 무엇인가?

연습문제

1. 성공적인 가격차별을 위해서는 소비자를 구분하고 차익거래를 방지할 수 있어야 있다. 다음 사항들이 어떻게 가격차별로 기능할 수 있는지를 설명하고 소비자 구분과 차익거래에 대해서도 설명하라.

　a. 비행기 여행자가 저가요금의 혜택을 받기 위해서는 적어도 한 번 토요일 밤을 집에서 떨어져 지내도록 요구하는 것

　b. 시멘트를 판매자가 구매자에게 직접 배달할 것을 주장하며 가격을 구매자의 소재지에 따라 다르게 설정하는 것

　c. 요리기구를 판매할 때 쿠폰을 제공하고 구매자가 그 쿠폰을 제조사에 보내면 $10를 환불받도록 하는 것

　d. 화장지를 일시적으로 할인가격에 파는 것

　e. 성형수술에서 저소득 환자보다 고소득 환자에게 더 높은 가격을 부과하는 것

2. 자동차극장 영화(drive-in movie)에 대하여 혼자 오는 관객보다는 커플 관객의 수요가 더 가격탄력적이라면 극장으로서는 운전자에 대해 입장료를 부과한 후 승객당 추가요금을 부과하는 것이 최적의 가격전략이 된다. 옳은가 틀린가? 설명하라.

3. 사례 11.1에서는 가공식품과 관련 소비재 제조업자들이 쿠폰을 가격차별의 수단으로 활용하는 방법을 살펴보았다. 미국에서는 쿠폰이 광범위하게 사용되지만 다른 나라에서는 그렇지 않다. 독일에서는 쿠폰이 불법이다.

　a. 독일에서 쿠폰 사용을 금지하는 것은 독일 소비자에게 이득이 되는가 혹은 손해가 되는가?

　b. 쿠폰 사용을 금지하는 것은 독일 생산자에게는 이득이 되는가 손해가 되는가?

4. BMW는 생산량에 관계없이 $20,000의 한계비용과 $100억의 고정비용으로 자동차를 생산할 수 있다고 하자. 여러분이 BMW의 최고경영자에게 유럽 시장과 미국 시장에서 가격과 생산량을 각각 얼마로 정해야 하는지 자문한다고 하자. 각 시장에서 BMW 자동차에 대한 수요는 다음과 같다.

$$Q_E = 4,000,000 - 100P_E$$
$$Q_U = 1,000,000 - 20P_U$$

여기서 E는 유럽, U는 미국을 나타낸다. 미국 시장에서의 판매는 BMW 딜러를 통해서만 이루어진다고 가정하자.

　a. BMW는 각 시장에서 얼마를 판매해야 하며, 가격은 얼마로 설정해야 하는가, 총이윤은 얼마가 되는가?

　b. 만약 BMW가 각 시장에서 동일한 가격을 부과해야 한다면 각 시장에서의 판매량, 균형가격과 이윤은 얼마가 되는가?

5. 어떤 독점기업이 생산된 제품을 지역적으로 분리되어 있는 두 시장에 어떻게 나누어 팔 것인가를 결정하고자 한다. 두 시장의 수요곡선과 한계수입곡선은 다음과 같다.

$$P_1 = 15 - Q_1 \qquad MR_1 = 15 - 2Q_1$$
$$P_2 = 25 - 2Q_2 \qquad MR_2 = 25 - 4Q_2$$

독점기업의 총비용곡선은 $C = 5 + 3(Q_1 + Q_2)$이다. 다음의 각 조건하에서 이 기업의 가격, 생산량, 이윤, 한계수입 그리고 사중손실은 얼마인가? (i) 독점기업이 가격차별을 할 수 있는 경우 (ii) 법에 의해 두 시장에 서로 다른 가격을 부과하는 것이 금지된 경우

*6. 엘리자베스 항공사(EA)는 시카고와 호놀룰루 간한 노선만 운항한다. 각 운항에 대한 수요곡선은 $Q = 500 - P$이다. 한 번 운항하는 데 발생하는 비용은 $30,000에 승객 1명당 $100가 추가된다.

  a. 이윤극대화를 위해 EA는 얼마의 가격을 부과해야 하는가? 각 운항에는 몇 명의 승객이 탑승하는가? 각 운항에서 EA가 얻는 이윤은 얼마인가?

  b. EA는 매 운항에 따라 발생하는 고정비용이 $30,000가 아니라 $41,000임을 알았다. EA는 영업을 지속할 수 있는가? EA사가 직면하는 수요곡선과 고정비용이 $30,000일 때 EA의 평균비용곡선, 그리고 고정비용이 $41,000일 때 EA의 평균비용곡선을 이용하여 질문에 답하라.

  c. EA사는 호놀룰루로 가는 항공편을 이용하는 승객은 두 유형이 있다는 사실을 알게 되었다. A유형은 비즈니스 출장자들로서 수요곡선이 $Q_A = 260 - 0.4P$이다. B유형은 학생들로서 수요는 $Q_B = 240 - 0.6P$이다. 학생들은 구분이 용이하므로 EA는 학생들과 비즈니스 출장자들에게 서로 다른 요금을 부과하기로 하였다. 이 두 수요곡선과 이들의 수평적 합을 그래프에 그려라. EA는 학생요금으로 얼마를 부과해야 하는가? 다른 승객들에게는 얼마를 부과해야 하는가? 유형별로 각각 몇 명의 승객이 탑승할 것인가?

  d. 각 운항마다 발생하는 EA의 이윤은 얼마인가? EA는 영업을 지속할 수 있는가? 각 소비자 그룹별로 소비자잉여를 계산하라. 총소비자잉여는 얼마인가?

  e. EA가 가격차별을 하기 전에 A유형의 승객이 호놀룰루까지의 항공편을 이용함으로써 얻는 소비자잉여는 얼마였는가? B유형 승객의 경우는 얼마였는가? 가격차별로 인해 총판매량은 변하지 않음에도 불구하고 총소비자잉여가 감소하는 이유는 무엇인가?

7. 많은 소매 비디오가게는 비디오테이프를 빌려 줄 때고객이 다음 두 가지 요금제 중 하나를 선택하도록한다.

- **이부가격:** 연회비(예를 들어 $40)와 영화 1편당 저렴한 하루 임대가격(영화 1편당 하루 $2) 부과
- **단일요금:** 연회비는 없지만 상대적으로 비싼 영화 1편당 하루 임대가격(영화 1편당 하루 $4) 부과

이 경우 이부가격을 책정하는 이유는 무엇인가? 단순히 이부가격만 부과하지 않고 고객이 두 요금제 중에서 선택하도록 하는 이유는 무엇인가?

8. 샐(Sal) 위성방송회사는 로스앤젤레스와 뉴욕의 고객들에게 TV를 방송한다. 이 두 그룹의 수요곡선은 각각 다음과 같다.

$$Q_{NY} = 60 - 0.25P_{NY}$$
$$Q_{LA} = 100 - 0.50P_{LA}$$

여기서 Q단위는 연간 천 명이고 P는 연간 이용료를 나타낸다. Q단위의 서비스를 제공하는 데 드는 비용은 다음과 같다.

$$C = 1,000 + 40Q$$

여기서 $Q = Q_{NY} + Q_{LA}$이다.

  a. 뉴욕과 로스앤젤레스 시장의 이윤극대화 가격과생산량은 시장별로 각각 얼마인가?

  b. 국방부가 최근 배치한 새로운 위성 덕분에 이제로스앤젤레스 사람들이 샐이 뉴욕에 방영하는 TV방송을 수신할 수 있고, 뉴욕의 사람들은 샐의 로스앤젤레스 방송을 수신할 수 있게 되었다. 따라서 뉴욕이나 로스앤젤레스에 있는 사람은 어느 지

역에서 회원가입을 하더라도 샐의 방송을 수신할 수 있다. 따라서 단일가격을 책정할 수밖에 없다. 샐은 얼마의 가격을 부과해야 하며, 뉴욕과 로스앤젤레스에서의 판매량은 각각 얼마인가?

c. 위의 a와 b 중에서 어떤 상황이 샐에게 더 유리한가? 소비자잉여를 기준으로 살펴볼 때 뉴욕의 사람들은 어느 쪽을 선호하는가? 로스앤젤레스의 사람들은 어느 쪽을 선호하는가? 그 이유는 무엇인가?

***9.** 슈퍼컴퓨터(SC)사는 슈퍼컴퓨터를 임대해 주는 회사이다. SC는 단위기간별로 고정된 임대료를 받고 초당 P센트에 무제한 컴퓨터를 사용할 수 있도록 한다. SC는 10개의 기업과 10개의 교육기관의 두 유형의 잠재 고객을 보유하고 있다. 각 기업의 수요곡선은 $Q = 10 - P$이며(Q의 단위는 월간 백만 초), 각 교육기관의 수요곡선은 $Q = 8 - P$이다. SC의 추가 컴퓨터 사용에 따른 한계비용은 사용시간에 관계없이 초당 2센트이다.

a. 만약 기업 고객과 교육기관 고객을 분리할 수 있다면 각 그룹에 대해 얼마의 임대료와 사용료를 부과해야 하는가? SC의 이윤은 얼마가 되는가?

b. 두 유형의 고객을 분리할 수 없으며, 임대료를 전혀 부과하지 않는다고 하자. SC의 이윤을 극대화하는 사용료는 얼마이며, 이윤은 얼마인가?

c. 이제 하나의 이부가격을 설정하여 기업과 교육기관의 두 그룹 모두에게 하나의 임대료와 하나의 사용료를 부과한다고 하자. 사용료와 임대료는 각각 얼마로 설정해야 하는가? 이 경우 SC의 이윤은 얼마가 되는가? 가격이 한계비용과 일치하지 않는 이유를 설명하라.

10. 여러분이 어느 부유한 동네에 단 하나뿐인 테니스클럽을 소유하고 있다고 하자. 여러분은 회비와 코트 사용료를 결정해야 한다. 고객은 두 유형으로 구분된다. 먼저 테니스광인 고객의 수요곡선은 다음과 같다.

$$Q_1 = 10 - P$$

여기서 Q_1은 주당 코트 사용시간을 나타내며 P는 각 고객에게 부과되는 시간당 사용료를 나타낸다. 또한 테니스를 가끔 치는 고객들의 수요는 다음과 같다.

$$Q_2 = 4 - 0.25P$$

각 그룹의 고객 수는 1,000명이라고 하자. 테니스코트는 충분하여 코트 사용시간당 한계비용은 0이라고 하자. 테니스클럽의 주당 고정비용은 $10,000이다. 테니스광인 고객과 가끔 치는 고객을 구분할 수가 없어서 그들에게 동일한 가격을 부과한다고 하자.

a. 클럽에서 회원을 테니스광인 고객들로 제한한다고 하자. 이윤극대화를 위해 연회비와 코트 사용료를 얼마로 정해야 하는가? (1년을 52주라고 하고 테니스광만 회원이 될 수 있음을 기억하라.) 이 경우 클럽의 주당 이윤은 얼마가 되는가?

b. 어떤 친구가 여러분에게 두 유형의 고객들이 모두 회원으로 가입할 수 있도록 한다면 이윤을 증가시킬 수 있다고 조언한다. 이 친구의 조언은 옳은가? 주당 이윤을 극대화하려면 연회비와 코트 사용료는 얼마로 정해야 하는가? 이 경우 이윤은 얼마가 되는가?

c. 최근 몇 년간 젊고 부유한 전문직 종사자들이 이 동네로 이주해 왔는데, 이들은 모두 테니스광이라고 하자. 이제 테니스광인 고객의 수는 3,000명으로 늘어났으며, 가끔 치는 고객의 수는 1,000명이다. 이윤을 극대화하는 연회비와 사용료는 얼마인가? 클럽의 주당 이윤은 얼마인가?

11. 두 가지 상품에 대한 소비자 3명의 유보가격을 보여주는 그림 11.12를 다시 살펴보자. 두 상품을 생산하는 한계비용은 0이라고 가정하자. 생산자는 별개로 팔기, 순수 묶어팔기, 혼합 묶어팔기 중 어떤 방식을 택할 때 가장 많은 이윤을 얻을 수 있는가? 가격은 얼마로 책정해야 하는가?

12. 그림 11.17을 다시 살펴보자. 한계비용 c_1과 c_2는 각각 0이다. 이 경우 혼합 묶어팔기가 아니라 순수 묶어팔기가 가장 많은 이윤을 얻는 가격전략이 된다. 묶음에

대해 가격은 얼마로 부과되어야 하는가? 이 기업의 이윤은 얼마가 되는가?

13. 몇 년 전 《뉴욕타임즈》에 IBM의 가격전략에 대한 기사가 실렸다. 바로 전날 IBM은 자사의 대부분 소형 및 중형 컴퓨터의 가격을 크게 인하한다고 발표하였다. 기사 내용은 다음과 같다.

IBM은 고객들이 컴퓨터를 임대하는 대신 직접 구매하도록 유도하기 위해 주기적으로 판매가격을 인하하는 것 이외에 다른 방도가 없는 것 같다. 만일 IBM의 전략이 성공한다면 IBM의 주요 경쟁사들의 상황은 훨씬 힘들어질 것이다. 모건스탠리(Morgan Stanley)의 울리치 와일(Ulric Weil)은 자신의 신간 『80년대의 정보시스템』에서 컴퓨터를 직접구매함에 따라 IBM의 판매수입과 이윤은 크게 증가할 것이라고 설명한다. 와일 씨는 IBM이 임대에 무게를 두는 방식으로 돌아갈 수 없다고 선언한다.

a. IBM이 "고객으로 하여금 임대 대신 직접구매를 하도록 유도해야 한다"는 주장을 뒷받침할 수 있는 간단하고 명료한 논거를 제시하라.

b. 이러한 주장에 반대하는 논거를 간단 명료하게 제시하라.

c. IBM과 같은 기업에게 있어서 임대와 직접판매 중에서 어느 것이 나은 선택인지를 결정하는 요인은 무엇인가? 간략히 설명하라.

14. 3명의 소비자로 구성된 시장에 재화 1과 재화 2를 판매하고 있는데, 소비자들의 유보가격은 다음과 같다.

유보가격($)		
소비자	재화 1	재화 2
A	20	100
B	60	60
C	100	20

각 재화의 단위비용은 $30이다.

a. (i) 재화를 별개로 판매할 때, (ii) 순수 묶어팔기를 할 때, (iii) 혼합 묶어팔기를 할 때의 최적 가격과 그에 따른 이윤을 계산하라.

b. 어떤 가격전략하에서 이윤이 가장 커지는가? 그 이유는 무엇인가?

15. 어떤 회사는 2개의 제품을 생산하고 있는데, 두 제품의 수요는 서로 독립적이다. 두 제품 모두 한계생산비용은 0이다. 4명의 소비자(또는 소비자 그룹)가 있으며, 이들의 유보가격은 다음과 같다.

유보가격($)		
소비자	재화 1	재화 2
A	25	100
B	40	80
C	80	40
D	100	25

a. 다음의 세 가지 가격전략을 고려하라. (i) 재화를 별개로 판매, (ii) 순수 묶어팔기, (iii) 혼합 묶어팔기의 각 가격전략하에서 최적 가격과 이에 따른 이윤을 구하라. 어느 전략이 가장 좋은가?

b. 이제 각 재화를 생산하는 한계비용이 $30라고 하자. 이러한 변화로 인해 a의 답은 어떤 영향을 받는가? 최적 전략이 달라지는 이유는 무엇인가?

16. 어떤 케이블TV회사는 기본채널에 더해 스포츠채널(상품 1)과 영화채널(상품 2)의 두 가지 채널을 제공한다. 기본채널 가입자는 추가 서비스에 대해 각각 월 정요금 P_1과 P_2를 지불하거나 또는 두 채널을 하나의 묶음으로 $P_B < P_1 + P_2$를 내고 볼 수 있다. 물론 이 두 가지 추가 채널의 구입을 포기하고 기본채널만 구입할 수 있다. 추가 채널에 대한 한계비용은 0이다. 시장조사를 통해 회사는 두 가지 추가 채널에 대해 대표적인 고객 그룹의 유보가격을 추정하였는데, 유보가격은 그림 11.21에 x로 표시되어 있다. 이 케이블회사가 현재 부과하고 있는 가격들은 P_1, P_2, P_B로 표시되어 있다. 그래프에는 영역이 I, II, III과 IV로 나뉘어져 있다.

a. I영역의 소비자는 만약 하나라도 구매한다면 어느 상품을 구매하는가? II영역의 소비자는? III영역

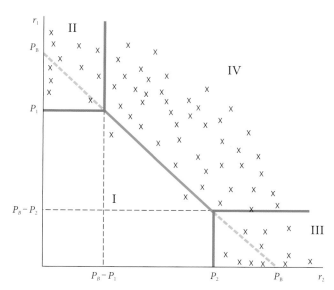

그림 11.21
연습문제 16의 그림

의 소비자는? IV영역의 소비자는? 간단히 설명하라.

b. 그림에 나타난 바와 같이 스포츠채널과 영화채널에 대한 유보가격은 서로 음(−)의 상관관계를 갖고 있음을 주목하라. 케이블TV채널 고객의 유보가격들이 음(−)의 상관관계를 갖는 이유는 무엇이라고 생각하는가? 혹은 왜 음(−)의 상관관계가 아닐 것이라고 예상하는가?

c. 이 회사 부사장의 의견은 다음과 같다. "채널을 추가로 공급하는 데에 드는 한계비용이 0이므로 혼합 묶어팔기가 순수 묶어팔기보다 결코 나을 것이 없다. 두 가지 상품을 하나로 묶어서 묶음으로만 팔아도 이윤은 똑같게 될 것이다." 여러분은 이 견해에 동의하는가, 동의하지 않는가? 이유를 설명하라.

d. 이 케이블TV회사가 혼합 묶어팔기를 고수한다고 하자. 그림 11.21의 유보가격 분포를 고려할 때 현재 부과하고 있는 가격을 변경시켜야 한다고 생각하는가? 만일 그렇다면 어떻게 변화시켜야 하는가?

*17. 독점력을 지니고 있는 어느 회사가 직면하는 수요곡선은 다음과 같다.

$$P = 100 - 3Q + 4A^{1/2}$$

기업의 총비용함수는 다음과 같다.

$$C = 4Q^2 + 10Q + A$$

여기서 A는 광고비 지출액이고 P와 Q는 가격과 생산량이다.

a. 기업의 이윤을 극대화하는 A, Q, P의 값을 구하라.

b. 이 기업의 이윤이 극대화될 때의 A, Q, P의 값을 기준으로 러너지수 $L = (P - MC)/P$를 계산하라.

제11장 부록

수직으로 통합된 기업

많은 기업들은 **통합**(integrated)되어 있다. 여러 사업부로 구성되어 있으며, 각 사업부에는 자체 관리자가 있다. 어떤 기업들은 **수평적으로 통합**(horizontally integrated)되어 있다. 이 경우 동일하거나 밀접하게 연관된 상품을 생산하는 여러 사업부가 있다. 10.1절에서 다공장기업을 논의할 때 이와 관련한 사례를 살펴보았다. 어떤 기업들은 **수직적으로 통합**(vertically integrated)되어 있다. 이러한 기업들은 여러 사업부로 구성되어 있으며, 기업 내 일부 사업부에서는 부품을 만들며, 다른 사업부에서는 부품을 이용하여 최종제품을 생산한다. 예를 들어 자동차기업에는 엔진, 브레이크, 라디에이터, 기타 부품을 제조하는 상류사업부(upstream division)와 이러한 부품들을 이용하여 완성차를 만드는 하류사업부(downstream division)가 있다.

이 부록에서는 수직적으로 통합된 기업에서 발생하는 경제적 문제를 설명하고자 한다. 앞으로 살펴보겠지만 수직적 통합은 중요한 편익을 제공하지만 동시에 복잡한 가격설정 문제가 나타난다. 상류사업부에서 하류사업부로 이전되는 부품에 대한 가치평가를 어떻게 해야 하는가? 기업은 상류사업부에서 하류사업부로 판매되는 부품의 내부가격(internal prices), 즉 **이전가격**(transfer prices)을 결정해야 한다. 이전가격은 각 사업부서의 관리들이 생산량을 결정하는 데 있어서 신호 역할을 하므로 정확하게 정해져야 한다.

먼저 수직통합을 통해 얻을 수 있는 이익에 대해 설명한다. 이 이익은 기업에 대한 이익이면서 동시에 최종 상품의 소비자가 누리는 이익도 된다. 그러나 어떤 기업들은 수직적으로 통합되어 있지 않다. 그러한 기업들은 필요한 부품을 단순히 다른 독립적인 기업으로부터 구매한다. 그 이유를 이해하기 위해 우리는 수직적 통합과 관련된 몇 가지 문제에 대해 설명한다. 그 후에는 이전가격의 설정에 대해 설명을 하면서 수직통합기업들이 총이윤을 극대화하기 위해서는 이전가격을 어떻게 결정해야 하는지에 대해 살펴볼 것이다.

왜 수직적으로 통합하는가

수직통합은 여러 가지 이익을 가져다준다. 만약 상류사업부와 하류사업부가 동일한 기업에 소속되어 있다면 생산된 부품은 정확한 시간에 전달되며, 하류사업부가 요구하는 규격에 정확하게 일치하는 부품을 생산하여 제공할 수 있다. (이러한 이점은 독립적인 상류기업과 하류기업 간에 신중하게 작성된 구속력 있는 계약을 통해서도 달성할 수 있다.) 그러나 수직통합의 가장 큰 이점은 이중마진(double marginalization), 다시 말해 이중의 이윤(double markup)을 회피할 수 있다는 점이다.

수평적 통합 한 기업 내에서 여러 공장들이 동일한 제품이나 연관된 제품을 생산하는 조직 형태

수직적 통합 한 기업 내에 여러 사업부가 있으며, 어떤 사업부는 부품을 생산하고 다른 사업부에서는 이를 이용하여 최종 완제품을 생산하는 조직 형태

이전가격 한 기업 내에서 상류사업부가 하류사업부에 부품을 판매할 때 적용하는 내부가격

시장지배력과 이중마진

수직적으로 연계된 여러 기업들이 서로에게 상품을 사고판다면 이들은 시장지배력을 갖게 된다. 예를 들어 유나이티드테크놀로지(United Technologies)사와 제너럴일렉트릭(General Electric)사는 제트비행기 엔진 생산에 독점력을 지니고 있는데, 이 기업들은 제트비행기 엔진을 상업용 항공기시장에서 독점력을 지닌 보잉사나 에어버스사에 판매한다. 수직적으로 연계되어 있는 기업들은 이러한 독점력을 어떻게 행사하며, 그에 따라 가격과 생산량은 어떤 영향을 받는가? 기업들은 상류사업과 하류사업을 통합하는 수직적 통합을 통해 이득을 보는가? 소비자들은 이득을 보는가?

이러한 질문에 답하기 위해 다음 사례를 생각해 보자. 엔진을 제조하는 어떤 기업이 엔진시장에서 독점력을 지니고 있으며, 이 엔진을 구매하는 자동차제조사도 자동차시장에서 독점력을 지니고 있다고 하자. 시장지배력으로 말미암아 이들 두 기업이 합병한다면 두 기업에게 이득이 되는가? 최종재인 자동차의 소비자들은 두 기업의 합병으로 이득을 보는가 손해를 보는가? 많은 사람들은 첫 번째 질문에는 "그럴 수도 있다."라고 답하고 두 번째 질문에는 "손해가 된다."라고 답할 것이다. 그러나 이 경우 두 회사의 수직적 합병은 두 회사 모두에게 이득이 되며, 소비자들에게도 역시 이득이 된다.

분리된 기업들   다음의 간단한 사례를 생각해 보자. 특별한 엔진을 독점적으로 생산하는 제조업체가 엔진을 일정한 한계비용 c_E에 생산하여 일정한 가격 P_E에 판매한다고 하자. 스포츠카를 독점적으로 공급하는 어떤 자동차제조사가 이 엔진을 구매하여 P의 가격에 자동차를 판매한다. 자동차에 대한 수요는 다음과 같다.

$$Q = A - P \tag{A11.1}$$

여기서 상수 A에 대해서는 $A > c_E$이 성립한다. 문제를 가능한 한 단순하게 만들기 위해 우리는 자동차제조사에게는 엔진비용 이외에는 다른 비용이 없다고 가정한다(여러분은 자동차를 조립하는 데 일정한 한계비용 c_A가 추가적으로 소요된다고 가정하고 이 문제를 다시 한 번 풀어 볼 수 있다).

만일 두 기업이 서로 독립적이라면 자동차제조사는 엔진가격 P_E를 주어진 것으로 간주하고 다음과 같이 표현된 이윤을 극대화하는 자동차가격을 선택할 것이다.

$$\pi_A = (P - P_E)(A - P) \tag{A11.2}$$

P_E가 주어져 있을 때 이윤을 극대화하는 자동차가격은 다음과 같이 계산된다.[1]

$$P^* = \frac{1}{2}(A + P_E) \tag{A11.3}$$

또한 판매되는 자동차의 수량과 자동차제조사의 이윤은 다음과 같다.[2]

---

1 π_A를 P로 미분한 도함수를 0으로 놓는다.
2 P^*를 대신하여 식 (A11.3)의 표현을 식 (A11.1)에 대입하여 Q를 구하고, 식 (A11.2)에 대입하여 π_A를 구한다.

$$Q = \frac{1}{2}(A - P_E) \tag{A11.4}$$

그리고

$$\pi_A = \frac{1}{4}(A - P_E)^2 \tag{A11.5}$$

엔진제조사의 경우는 어떠한가? 이 회사는 엔진가격 P_E를 정할 때 다음의 이윤을 극대화하고자 한다.

$$\pi_E = (P_E - c_E)Q(P_E) \tag{A11.6}$$

$$= (P_E - c_E)\frac{1}{2}(A - P_E)$$

이윤을 극대화하는 엔진가격은 다음과 같이 계산된다.[3]

$$P_E{}^* = \frac{1}{2}(A + c_E) \tag{A11.7}$$

또한 엔진제조사의 이윤은 다음과 같다.

$$\pi_E{}^* = \frac{1}{8}(A - c_E)^2 \tag{A11.8}$$

이제 다시 자동차제조사의 이윤을 나타내는 식 (A11.5)에서 엔진가격 P_E에 식 (A11.7)에서 구한 값을 대입한다. 따라서 자동차제조사의 이윤이 다음과 같이 구해진다.

$$\pi_A{}^* = \frac{1}{16}(A - c_E)^2 \tag{A11.9}$$

두 회사의 총이윤은 다음과 같다.

$$\pi_{\text{TOT}}{}^* = \pi_A{}^* + \pi_E{}^* = \frac{3}{16}(A - c_E)^2 \tag{A11.10}$$

또한 소비자가 지불하는 자동차가격은 다음과 같다.

$$P^* = \frac{1}{4}(3A + c_E) \tag{A11.11}$$

수직적 통합　이제 엔진제조사와 자동차제조사가 합병함으로써 하나의 수직적으로 통합된 기업이 되었다고 하자. 합병된 회사의 경영진은 다음에 나타난 이윤을 극대화하도록 자동차가격을 정할 것이다.

$$\pi = (P - c_E)(A - P) \tag{A11.12}$$

이제 이윤을 극대화하는 자동차가격은 다음과 같다.

3　π_E를 P_E로 미분한 도함수를 0으로 놓는다.

$$P^* = (A + c_E)/2 \tag{A11.13}$$

이에 따라 이윤은 다음과 같다.

$$\pi^* = \frac{1}{4}(A - c_E)^2 \tag{A11.14}$$

통합된 기업의 이윤이 두 개별 회사가 독립적으로 운영될 때의 총이윤보다 크다는 점을 주목하라. 아울러 소비자가 부담하는 자동차가격은 더 낮다[이를 확인하기 위해 $A > c_E$라는 점을 상기하고 식 (A11.11)과 식 (A11.13)을 비교하라]. 그러므로 이 경우 수직통합은 합병하는 기업들뿐만 아니라 소비자들에게도 이득이 된다.

이중마진   수직적 합병이 합병된 기업들과 소비자들 모두에게 이득이 되는 이유는 무엇인가? 그 이유는 바로 수직적 통합을 통해 **이중마진**(double marginalization)의 문제를 피할 수 있기 때문이다. 두 기업이 서로 독립적으로 운영될 때에는 각 기업이 자신의 독점력을 이용하여 자신의 제품에 대한 가격을 한계비용보다 높게 설정한다. 이를 위해서 기업은 생산량을 줄여야 한다. 엔진제조사는 가격을 한계비용보다 높게 설정하기 위해 생산량을 줄이며, 자동차회사도 마찬가지로 이렇게 한다. 이러한 이중마진은 가격을 단일마진의 경우보다 높이는 역할을 한다.

이러한 이중마진의 사례는 그림 A11.1을 통해 알 수 있다. 이 그래프는 자동차 수요곡선(즉 평균수입곡선)과 한계수입곡선을 보여 준다. 자동차제조사의 입장에서 자동차에 대한 한계수입곡선은 자동차엔진에 대한 수요곡선이 된다(엔진에 대한 순 한계수입곡선이다). 이는 자동차제조사가 구매하는 엔진의 수를 가격의 함수로 표현한 것이다. 엔진제조사 입장에서 보면 이는 엔진

이중마진   수직계열화된 각 기업이 한계비용보다 높게 가격을 설정하여 최종제품의 가격을 증가시키는 방식

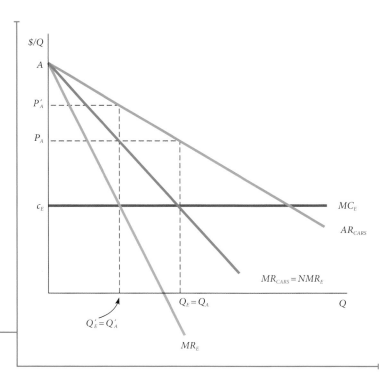

그림 A11.1
이중마진의 예
자동차제조사의 입장에서는 자동차의 한계수입곡선이 엔진에 대한 수요곡선(엔진의 순 한계수입곡선)이 된다. 이 수요곡선에 상응하는 것이 엔진제조사의 한계수입곡선 MR_E이다. 만약 엔진제조사와 자동차제조사가 별개의 기업들이라면 엔진제조사는 엔진 생산량을 한계수입과 한계비용이 일치하는 점 Q'_E로 정한다. 자동차제조사는 이만큼의 엔진을 구매하여 같은 수의 자동차를 생산한다. 따라서 자동차가격은 P'_A가 된다. 만약 두 회사가 합병한다면 통합기업의 수요곡선은 AR_{CARS}이고 한계수입곡선은 MR_{CARS}가 된다. 이 기업은 MR_{CARS}가 자동차 생산에 드는 한계비용 MC_E와 같아지는 점에서 엔진과 동일한 수의 자동차를 생산한다. 따라서 더 많은 엔진과 자동차가 생산되고 자동차가격은 낮아진다.

의 평균수입곡선(즉, 엔진제조사가 직면하는 엔진의 수요곡선)이 된다. 그림에는 이 수요곡선에 대응하여 엔진제조사의 한계수입곡선이 MR_E로 표시되어 그려져 있다. 엔진제조사와 자동차제조사가 별개의 기업들이라면 엔진제조사는 한계수입곡선과 한계비용곡선이 만나는 점에서 엔진 생산량을 결정하는데, 엔진 생산량은 Q'_E로 표시된다. 자동차제조사는 이만큼 엔진을 구매하여 같은 수의 자동차를 생산한다. 따라서 자동차의 가격은 P'_A가 된다.

이제 두 회사가 합병한다면 어떤 일이 나타나는가? 통합기업의 수요곡선은 AR_{CARS}이며, 이에 상응하는 한계수입곡선은 MR_{CARS}이다. 이 기업은 자동차의 한계수입곡선과 자동차 생산에 드는 한계비용(이 예에서는 단순하게 엔진의 한계비용과 같다)이 만나는 점에서 엔진 생산량 및 같은 수의 자동차 생산량을 정한다. 그림에 나타난 것처럼 더 많은 엔진과 자동차가 생산되며, 이에 따라 가격은 낮아지게 된다.

수직통합의 대안 만약 수직합병을 할 수 없다면 이중마진의 문제를 완화하기 위해 기업이 선택할 수 있는 일은 무엇인가? 한 가지 방안은 상류회사들이 하류시장을 가능한 한 경쟁적으로 만듦으로써 이중마진 문제를 어느 정도 해소하는 것이다. 프로세서(컴퓨터 처리장치)시장에서 독점력을 지닌 인텔(Intel)사는 개인용 컴퓨터(PC)시장이 가능한 한 치열한 경쟁상태를 유지하도록 할 수 있는 모든 일을 다 하고 싶어 하는데, 심지어 사업을 그만두어야 할 만큼 위험에 빠진 컴퓨터회사들을 도와서 생존경쟁을 지속하게 한다.

이중마진 문제를 다루는 두 번째 방안은 **수량을 강제**(quantity forcing)하는 것이다. 이는 하류기업들이 생산량을 줄임으로써 마진을 크게 하려는 시도를 하지 못하도록 판매량을 할당하거나 다른 제약을 부과하는 것이다. 예를 들어 자동차회사들은 금전적인 유인을 제공하는 프로그램을 통하여 어느 정도의 시장지배력을 지니고 있는 딜러들이 가능한 한 많은 자동차를 판매하도록 독려한다.

> **수량강제** 하류기업들이 가능한 한 많은 물량을 판매하도록 판매할당이나 다른 인센티브를 사용하는 것

통합된 기업의 이전가격 설정

이제 수직통합기업의 이윤극대화 문제에서 기업이 이전가격과 사업부서별 생산량을 어떻게 정하는지를 살펴보자. 우선 가장 단순한 경우부터 고려하는데, 상류사업부의 생산물에 대한 외부시장이 없는 경우이다. 즉 상류사업부는 외부의 다른 어떤 기업도 생산하거나 사용하지 않는 재화를 생산한다. 이와 같이 단순한 경우를 검토한 이후에는 상류사업부의 생산물에 대한 외부시장이 존재하는 경우를 다룰 것이다.

외부시장(outside market)이 없는 경우의 이전가격 설정

그림 A11.1을 다시 살펴보자. 만약 기업이 통합되어 있다면 이윤을 극대화하는 엔진과 자동차의 생산량은 MR_{CARS}가 자동차 생산의 한계비용 MC_E와 같아지는 점에서의 생산량인 $Q_E = Q_A$가 된다. 이제 하류의 자동차사업부는 자동차 생산을 위해 사용하는 엔진에 대하여 상류의 엔진사업부에게 이전가격을 지불해야 한다고 상정해 보자. 이전가격은 얼마가 되어야 하는가? 이는 엔진 생산의 한계비용 MC_E와 같아야 한다. 이 경우 자동차사업부의 자동차 생산 한계비용은 MC_E와 같아지며, 자동차사업부가 자기 사업부의 이윤을 극대화한다고 하더라도 적정한 양의 자동차를

생산한다.

이 문제를 이해하기 위한 또 다른 방법은 기회비용의 측면에서 보는 것이다. 통합기업이 자동차 1대를 더 생산하기 위해 엔진 1대를 더 사용함에 따른 기회비용은 엔진의 한계비용이다. 그러므로 다음과 같은 간단한 원리가 성립한다. 상류사업부가 생산하는 부품의 이전가격을 그 부품을 생산하는 데 드는 한계비용과 같도록 설정하라.

그런데 그림 A11.1의 예는 자동차를 생산하는 데에 드는 비용은 엔진비용뿐이라는 가정을 통하여 문제를 매우 단순화시킨 것이다. 그러나 이제 3개의 사업부를 지닌 기업을 고려해 보자. 2개의 상류사업부는 하류의 가공사업부가 사용하는 투입물을 생산한다. 두 상류사업부의 생산량은 각각 Q_1과 Q_2이고 총생산비는 $C_1(Q_1)$와 $C_2(Q_2)$이다. 하류사업부는 다음과 같은 생산함수를 통해 생산량 Q를 생산한다.

$$Q = f(K, L, Q_1, Q_2)$$

여기서 K와 L은 자본과 노동투입이며, Q_1과 Q_2는 상류사업부로부터의 중간투입물이다. 투입물 Q_1과 Q_2의 비용을 제외하면 하류사업부의 총생산비용은 $C_d(Q)$이다. 최종 상품의 판매로부터 얻어지는 총수입은 $R(Q)$이다.

앞에서와 같이 중간투입물 Q_1과 Q_2에 대해서는 기업 외부시장이 존재하지 않는다고 가정하므로 중간재는 기업 내 하류사업부에서만 사용될 수 있다. 그렇다면 기업은 다음의 두 가지 문제에 직면한다.

1. 기업의 이윤을 극대화하는 생산량 Q_1과 Q_2는 얼마인가?

2. 기업의 경영을 분산시킬 수 있는 인센티브 제도가 존재하는가? 특히 각 사업부서가 자신의 이윤을 극대화하는 경우 기업 전체의 이윤도 극대화되는 이전가격 P_1과 P_2의 조합이 존재하는가?

기업의 총이윤은 다음과 같이 표현된다.

$$\pi(Q) = R(Q) - C_d(Q) - C_1(Q_1) - C_2(Q_2) \tag{A11.15}$$

이러한 이윤을 극대화하는 생산량 Q_1은 어떻게 결정되는가? 이는 마지막 1단위의 Q_1의 생산비용이 그것이 기업에게 가져다주는 추가적인 판매수입과 같아지는 생산량이다. Q_1을 1단위 더 생산하는 데에 드는 비용은 한계비용 $\Delta C_1 / \Delta Q_1 = \mathrm{MC}_1$이다. 또 1단위를 더 투입해서 얻어지는 추가 판매수입은 얼마인가? Q_1을 1단위 더 투입할 때 기업은 최종재를 Q_1의 한계생산, 즉 $\Delta Q / \Delta Q_1 = \mathrm{MP}_1$만큼 더 생산할 수 있다. 최종재 1단위를 더 생산할 때 추가되는 판매수입은 $\Delta R / \Delta Q = \mathrm{MR}$이다. 그러나 이는 또한 하류사업부에 추가비용을 $\Delta C_d / \Delta Q = \mathrm{MC}_d$만큼 발생시킨다. 따라서 Q_1을 1단위 더 생산함으로써 얻게 되는 순 한계수입 NMR_1은 $(\mathrm{MR} - \mathrm{MC}_d)\mathrm{MP}_1$이 된다. 이를 1단위 더 생산함에 따른 한계비용과 같게 두면 이윤극대화를 위한 다음의 원칙을 도출하게 된다.[4]

10.1절에서 기업은 한계수입과 한계비용이 같아지는 생산량에서 이윤이 극대화된다고 설명하였다.

---

4 식 (A11.15)를 Q_1에 대하여 미분하면 이 원칙을 얻게 된다.

$$\mathrm{d}\pi/\mathrm{d}Q_1 = (\mathrm{d}R/\mathrm{d}Q)(\partial Q/\partial Q_1) - (\mathrm{d}C_d/\mathrm{d}Q)(\partial Q/\partial Q_1) - \mathrm{d}C_1/\mathrm{d}Q_1$$
$$= (\mathrm{MR} - \mathrm{MC}_d)\mathrm{MP}_1 - \mathrm{MC}_1$$

이윤을 극대화하기 위해 $\mathrm{d}\pi/\mathrm{d}Q = 0$으로 두면 식 (A11.16)을 얻게 된다.

$$\text{NMR}_1 = (\text{MR} - \text{MC}_d)\text{MP}_1 = \text{MC}_1 \tag{A11.16}$$

두 번째 투입물에 대해서도 동일한 과정을 통하여 다음을 얻을 수 있다.

$$\text{NMR}_2 = (\text{MR} - \text{MC}_d)\text{MP}_2 = \text{MC}_2 \tag{A11.17}$$

식 (A11.16)과 (A11.17)에서 보듯이 하류사업부의 한계수입과 한계비용을 일치시켜서, 즉 MR $= \text{MC}_d$로 두고 최종재의 생산량 Q를 구하는 것은 옳지 않다. 이렇게 한다면 중간투입물의 생산비용을 무시하게 된다(이 비용이 0보다 크므로 MR은 MC_d보다 크다). 아울러 식 (A11.16)과 (A11.17)은 한계분석의 일반적인 조건이라는 점을 주목하라. 각 상류사업부의 생산량은 그것의 한계비용과 그 투입물이 기업 전체의 이윤에 추가적으로 기여하는 몫이 서로 같아지도록 결정되어야 한다.

이제 하류사업부가 사용하는 중간투입물에 대해 이전가격 P_1과 P_2는 얼마로 책정되어야 하는가? 3개의 사업부가 각각 해당 사업부의 이윤을 극대화하도록 이전가격을 활용한다면 전체 기업의 이윤도 극대화되어야 한다는 점을 기억하라. 2개의 상류사업부는 다음과 같은 해당 사업부의 이윤 π_1과 π_2을 극대화한다.

$$\pi_1 = P_1 Q_1 - C_1(Q_1)$$
$$\pi_2 = P_2 Q_2 - C_2(Q_2)$$

상류사업부들은 P_1과 P_2가 주어진 것으로 생각하므로 이들은 $P_1 = \text{MC}_1$, $P_2 = \text{MC}_2$가 되도록 Q_1과 Q_2를 선택할 것이다. 마찬가지로 하류사업부는 다음의 이윤을 극대화한다.

$$\pi(Q) = R(Q) - C_d(Q) - P_1 Q_1 - P_2 Q_2$$

하류사업부들은 P_1과 P_2가 주어진 것으로 간주하므로 다음 조건을 만족시키는 Q_1과 Q_2를 선택한다.

$$(\text{MR} - \text{MC}_d)\text{MP}_1 = \text{NMR}_1 = P_1 \tag{A11.18}$$

$$(\text{MR} - \text{MC}_d)\text{MP}_2 = \text{NMR}_2 = P_2 \tag{A11.19}$$

이전가격들을 각각의 한계비용과 같도록($P_1 = \text{MC}_1$, $P_2 = \text{MC}_2$) 함으로써 식 (A11.16)과 식 (A11.17)의 이윤극대화 조건이 충족된다는 점을 주목하라. 그러므로 이제 이전가격의 문제에 대한 간단한 해법을 얻게 되었다. 각 이전가격을 해당 상류사업부의 한계비용과 같도록 설정한다. 그 후 각 사업부가 자기 사업부의 이윤을 극대화한다면 상류사업부가 생산하고자 하는 생산량 Q_1과 Q_2는 하류사업부가 사기를 원하는 구매량과 같아지며, 기업 전체의 이윤은 극대화된다.

이를 그래프로 보여 주기 위해 레이스카모터스 주식회사(Race Car Motors, Inc)에는 2개의 사업부가 있다고 하자. 상류 엔진사업부에서는 엔진을 생산하고 하류 조립사업부에서는 자동차 1대마다 엔진 1기(그리고 몇 개의 다른 부품들)를 사용하여 자동차를 조립한다. 그림 A11.2에서 평균수입곡선 AR은 레이스카모터스사의 자동차에 대한 수요곡선이다(이 기업은 자동차시장에서 독점력을 지니고 있다는 점을 유념하라). MC_A는 엔진이 주어진 상태에서(즉 엔진의 생산비용

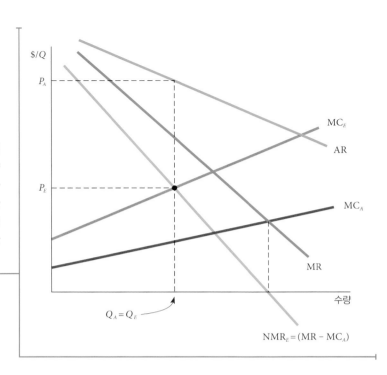

그림 A11.2
레이스카모터스 주식회사
기업의 상류사업부는 엔진 생산 한계비용 MC_E와 하류사업부의 엔진의 순 한계수입 NMR_E가 일치하도록 엔진 생산량 Q_E만큼 생산해야만 한다. 자동차 1대당 엔진 1기를 사용하므로 NMR_E는 자동차 판매의 한계수입과 자동차조립의 한계비용의 차이, 즉 $MR - MC_A$이다. 엔진의 최적 이전가격 P_E는 엔진을 생산하는 한계비용과 같다. 완성차는 P_A에 판매된다.

을 포함하지 않는다) 자동차를 조립하는 데 드는 한계비용이다. 자동차 1대를 생산하는 데는 엔진 1기가 필요하기 때문에 엔진의 한계생산물은 1이다. 따라서 $MR - MC_A$로 표시된 곡선은 엔진의 순 한계수입곡선이다.

$$NMR_E = (MR - MC_A)MP_E = MR - MC_A$$

이윤극대화 엔진 생산량(그리고 자동차 생산량)은 순 한계수익곡선 NMR_E와 엔진의 한계비용곡선 MC_E가 교차하는 점에서 결정된다. 기업이 생산할 자동차 생산 대수를 결정하였으며 사업부서별 비용함수를 알고 있다면 레이스모터스의 경영진은 이제 자동차 생산에 사용되는 엔진의 가치를 정확하게 반영하는 이전가격 P_E를 설정할 수 있다. 이 이전가격은 사업부서별 이윤(그리고 사업부서별 경영진에 대한 연말 보너스)을 계산하는 데에 반드시 활용되어야 한다.

외부경쟁시장이 있는 경우의 이전 가격설정

이제 상류사업부에서 생산한 중간재가 거래되는 기업 외부의 **경쟁시장**이 있는 경우를 생각해 보자. 외부시장이 경쟁시장이므로 상품을 사고 파는 단일 시장가격이 존재한다. 따라서 중간재의 **한계비용은 바로 시장가격**이 된다. 최적 이전가격은 한계비용과 같아야 하므로 이는 또한 경쟁시장 가격과 일치해야 한다.

이를 이해하기 위해 레이스카모터스사가 생산하는 엔진이 거래되는 경쟁시장이 있다고 하자. 만약 엔진의 시장가격이 낮다면 레이스카모터스사는 일부 또는 모든 엔진을 시장에서 구매하기를 원할 것이다. 반대로 시장가격이 높다면 자신이 만든 엔진을 시장에 판매하기를 원할 것이다.

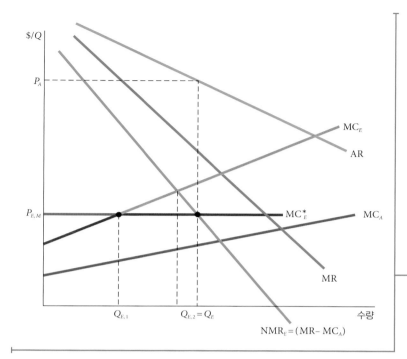

그림 A11.3
외부경쟁시장에서의 엔진 구입
레이스카모터스사의 엔진 한계비용 MC_E^*는 생산량
이 $Q_{E,1}$보다 적거나 같을 경우에는 상류사업부의 한
계비용이고 $Q_{E,1}$보다 많을 경우에는 시장가격 $P_{E,M}$이
된다. 하류사업부는 총 $Q_{E,2}$만큼의 엔진을 사용하여
같은 수의 자동차를 생산해야 한다. 이 경우 엔진의
한계비용은 순 한계수입과 일치한다. 엔진 중 $Q_{E,2}-$
$Q_{E,1}$만큼은 외부시장에서 구매하며, 나머지 $Q_{E,1}$만큼
의 엔진에 대해서 하류사업부는 상류사업부에 이전
가격 $P_{E,M}$를 지불한다.

그림 A11.3은 첫 번째 경우를 보여 준다. 생산량이 $Q_{E,1}$보다 적을 때에는 상류사업부의 엔진 생산의 한계비용 MC_E는 시장가격 $P_{E,M}$보다 낮다. 반대로 생산량이 $Q_{E,1}$보다 많을 경우에는 한계비용이 시장가격보다 높다. 기업은 엔진을 가장 낮은 비용으로 조달해야 하므로 엔진의 한계비용 MC_E^*는 생산량이 $Q_{E,1}$보다 적을 때에는 상류부서의 한계비용이 되며, 생산량이 $Q_{E,1}$보다 많을 때에는 시장가격이 될 것이다. 이제 레이스카모터스사는 외부엔진시장이 없는 경우에 비하여 더 많은 엔진을 사용하여 더 많은 자동차를 생산한다는 점을 주목하라. 하류사업부는 이제 $Q_{E,2}$만큼 엔진을 구매하여 같은 수의 자동차를 생산한다. 그러나 하류사업부는 필요로 하는 엔진 중에서 $Q_{E,1}$만 상류사업부에서 구입하고 나머지는 공개시장에서 구입한다.

레이스카모터스사가 자체적으로도 제작이 가능한 엔진을 공개시장에서 구입한다는 것은 이상하게 여겨질 수도 있다. 그러나 만약 이 기업이 필요한 엔진을 모두 자체적으로 생산한다면 엔진 생산의 한계비용은 경쟁시장의 가격을 초과할 것이다. 이로 인해 상류사업부의 이윤은 더 높아지겠지만 기업 전체의 이윤은 줄어들 것이다.

그림 A11.4는 레이스카모터스사가 엔진을 외부시장에 판매하는 경우를 보여 주고 있다. 이제 경쟁시장가격 $P_{E,M}$은 외부시장에 없을 때 설정했던 이전가격보다 높다. 이 경우 상류의 엔진사업부는 엔진을 $Q_{E,1}$만큼 생산하지만 이 중 $Q_{E,2}$만 하류사업부에서 자동차를 조립하기 위해 사용한다. 나머지는 $P_{E,M}$의 가격으로 외부시장에서 판매된다.

외부엔진시장이 없는 경우와 비교해 보면 레이스카모터스사는 엔진은 더 많이 생산하지만 자동차는 더 적게 생산한다는 점을 주목하라. 제작한 엔진을 모두 사용하여 더 많은 자동차를 생산하지 않는 것은 엔진의 가치가 너무 높기 때문이다. 엔진을 외부시장에 판매함으로써 얻는 순수

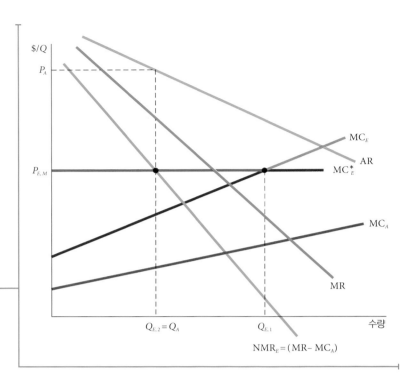

그림 A11.4

외부경쟁시장에서의 엔진 판매

레이스카모터스사의 최적 이전가격은 다시 시장가격인 $P_{E,M}$이 된다. 이 가격은 MC_E와 NMR_E가 만나는 점보다 위에 위치한다. 따라서 상류사업부는 생산한 엔진의 일부를 외부시장에 판매한다. 상류사업부는 MC_E와 $P_{E,M}$이 일치하는 점에서 $Q_{E,1}$만큼 엔진을 생산한다. 하류사업부에서는 이 가운데 $Q_{E,2}$만 사용하는데, 이는 NMR_E와 $P_{E,M}$이 같아지는 생산량이다. 외부시장이 없는 경우인 그림 A11.2와 비교할 때 엔진은 더 많이 생산되지만 자동차는 더 적게 생산된다.

입이 추가적으로 엔진을 사용하여 자동차를 생산할 때 발생하는 순수입보다 더 크기 때문이다.

외부 불완전경쟁시장이 있는 경우의 이전 가격설정

이제 상류사업부의 산출물을 거래하는 외부시장이 있지만 이 시장은 불완전경쟁시장인 경우를 생각해 보자. 상류의 엔진사업부에서 생산하는 엔진은 레이스카모터스사만 제작할 수 있는 특수한 엔진이라고 하자. 따라서 레이스카모터스사는 외부시장에서는 엔진의 독점공급자이면서 동시에 이 엔진을 내부적으로도 사용한다. 자세한 내용은 생략하지만, 엔진사업부에게 지불되는 이전가격은 엔진이 외부시장에서 거래되는 가격보다 낮아야 한다는 점은 중요하다. 그것은 엔진을 내부적으로 사용할 때의 기회비용은 바로 엔진 생산의 한계비용인 반면 이를 외부에 판매할 때의 기회비용에는 독점이윤이 포함되어 있으므로 더 높기 때문이다.

때로는 수직통합기업은 자신이 수요독점력(monopsony power)을 지니고 있는 외부시장에서 부품을 구매할 수도 있다. 예를 들어 레이스카모터스사가 상류 엔진사업부가 생산하는 엔진을 사용하는 유일무이한 기업이지만 다른 기업도 같은 엔진을 생산한다고 생각해 보자. 따라서 레이스카모터스사는 필요한 엔진을 자사의 상류 엔진사업부에서 구매할 수도 있고, 자신이 수요독점적 지위를 지니고 있는 외부시장에서 조달할 수도 있다. 이런 경우에는 엔진사업부에게 지불하는 이전가격은 외부의 엔진시장에서 구매하는 가격보다 높아야 한다. 그것은 수요독점력이 있는 상태에서 외부시장에서 1단위 추가로 더 구매하는 것은 시장의 실제 가격보다 높은 한계지출액을 발생시키기 때문이다(외부시장에서 1단위 더 구매하면 모든 구매량에 적용되는 평균지출액을 증가시키므로 한계지출액은 더 높아지게 된다). 한계지출액은 엔진을 외부에서 조달함에 따른 기회비용이 되고, 따라서 엔진사업부에게 지불되는 이전가격과 일치해야 한다. 이로 인해 이전가격은 외부시장에 지불되는 가격보다 높아진다.

조세와 이전가격 설정

지금까지는 이전가격 설정을 논의하면서 조세를 고려하지 않았다. 그러나 통합기업이 세후(after-tax)이윤을 극대화하는 것을 목표로 한다면 조세는 이전가격 설정에 있어서 중요한 역할을 한다. 특히 상류사업부와 하류사업부가 서로 다른 국가에서 활동하는 경우에는 더 중요하다.

이를 이해하기 위하여 레이스카모터스사의 상류 엔진사업부는 법인세율이 낮은 아시아국가에 위치하고 하류 조립사업부는 세율이 높은 미국에 위치하고 있다고 하자. 조세가 없는 경우 한계비용, 즉 엔진의 최적 이전가격은 $5,000라고 하자. 조세 부과는 이전가격에 어떤 영향을 미치는가?

이 예에서 세율의 차이는 하류사업부에서 엔진을 사용하는 기회비용이 $5,000를 초과하게 만든다. 그것은 엔진을 사용할 때 발생하는 하류사업부 이윤은 상대적으로 높은 세율로 과세되기 때문이다. 따라서 조세를 고려한다면 기업은 이전가격을 더 높게 설정하기를 원할 것이다. 이로 인해 미국 하류사업부의 이윤은 감소하며(따라서 세금도 적게 내며), 상류사업부는 세율이 더 낮기 때문에 이윤은 증가할 것이다.

수식으로 표현한 예

레이스카모터스사의 자동차에 대한 수요는 다음과 같다고 하자.

$$P = 20,000 - Q$$

따라서 한계수입은 다음과 같다.

$$MR = 20,000 - 2Q$$

하류사업부의 자동차 조립비용은 다음과 같다.

$$C_A(Q) = 8,000Q$$

따라서 하류사업부의 한계비용 $MC_A = 8,000$이다. 상류사업부의 엔진 생산비용은 다음과 같다.

$$C_E(Q_E) = 2Q_E^2$$

따라서 상류사업부의 한계비용은 $MC_E(Q_E) = 4Q_E$이다.

첫째, 외부엔진시장이 없다고 하자. 엔진과 자동차는 얼마나 생산되어야 하는가? 엔진의 이전가격은 얼마가 되어야 하는가? 이 문제를 풀려면 우리는 엔진의 순 한계수입을 엔진 생산에 따른 한계비용과 일치시켜야 한다. 자동차 1대에 엔진 1기가 필요하기 때문에 $Q_E = Q$이다. 따라서 엔진의 순 한계수입은 다음과 같다.

$$NMR_E = MR - MC_A = 12,000 - 2Q_E$$

10.5절에서 우리는 구매자가 수요독점력이 있는 경우 한계지출곡선은 평균지출곡선 위에 위치한다고 설명하였다. 이는 상품을 추가로 1단위 더 구매하는 결정으로 인해 모든 단위에 대해 지불되는 가격이 인상되기 때문이다.

이제 NMR_E와 MC_E를 일치시킨다.

$$12,000 - 2Q_E = 4Q_E$$

따라서 $6Q_E = 12,000$이고 $Q_E = 2,000$이다. 그러므로 이 기업은 엔진 2,000기와 자동차 2,000대를 생산한다. 최적 이전가격은 엔진 2,000기의 한계비용이다.

$$P_E = 4Q_E = \$8,000$$

둘째, 엔진을 외부경쟁시장에서 $6,000에 사고 팔 수 있다고 하자. 이 가격은 외부시장이 없을 때의 최적 이전가격인 $8,000보다 낮은 수준이다. 따라서 이 기업은 외부시장에서 엔진을 구입해야 한다. 엔진의 한계비용과 최적 이전가격은 이제 $6,000가 된다. 이 $6,000의 한계비용을 엔진의 순 한계수입과 같도록 하면 다음과 같다.

$$6,000 = NMR_E = 12,000 - 2Q_E$$

따라서 엔진과 자동차의 총생산량은 3,000이 된다. 기업은 이제 엔진비용이 이전보다 싸졌기 때문에 더 많은 자동차를 생산하여 더 낮은 가격에 판매한다. 아울러 이제 엔진의 이전가격이 $6,000이므로 상류 엔진사업부는 1,500기의 엔진만 공급한다[$MC_E(1,500) = \$6,000$]. 하류사업부는 나머지 엔진 1,500기를 외부시장에서 구입한다.

연습문제

1. 보잉사의 보잉 787 항공기에 대한 월간 수요함수는 다음과 같다.

$$Q = 120 - 0.5P$$

여기서 Q는 항공기의 월간 판매량이며, P는 단위가 백만 달러로 표시된 항공기가격이다. 항공기는 GE사가 제작하는 엔진을 사용하는데, 보잉사는 GE에 엔진 1기당 P_E(단위는 백만 달러)의 가격을 지불한다. GE가 엔진 1기를 제작하는 데 따른 한계비용은 $2,000만이다. 보잉사에게는 엔진에 대해 지불하는 비용 이외에 추가적으로 항공기 1대당 $1억의 한계비용이 발생한다.

a. 엔진가격이 P_E로 주어질 때 보잉사의 이윤을 극대화하는 항공기가격은 얼마인가? GE가 엔진 1기에 대해 부과하는 이윤극대화 가격은 얼마인가? 엔진가격이 주어진 상태에서 보잉사는 항공기가

격을 얼마로 책정할 것인가?

b. 보잉사가 GE의 엔진사업부를 인수함에 따라 이제 엔진과 항공기가 단일 기업에 의해 생산된다고 하자. 이 경우 이 기업은 항공기가격을 얼마로 책정할 것인가?

2. 레이스카모터스사의 사례에서 수식으로 설명한 예를 다시 살펴보자. 상류사업부, 하류사업부, 기업 전체의 이윤을 다음의 세 가지 경우에 대해 각각 계산하라. (a) 외부 엔진시장이 없는 경우, (b) 엔진시장이 완전경쟁시장이고 시장가격인 $6,000인 경우, (c) 이 기업이 외부시장에 엔진을 독점으로 공급하는 경우. 어느 경우에 레이스카모터스사는 가장 많은 이윤을 남길 수 있는가? 어느 경우에 상류사업부와 하류사업부는 각각 가장 많은 이윤을 얻는가?

3. 에이젝스(Ajax) 컴퓨터사는 사무실 빌딩의 실내 온도 조절 컴퓨터를 제조한다. 이 기업은 상류사업부에서

생산하는 마이크로프로세서와 외부경쟁시장에서 구입하는 다른 부품을 사용한다. 마이크로프로세서 생산의 한계비용은 $500로 고정되어 있으며, 하류사업부에서 컴퓨터를 조립하는 데 따른 한계비용은 (다른 부품을 포함하여) $700로 고정되어 있다. 지금까지는 마이크로프로세서의 외부시장은 존재하지 않았으며, 이 회사는 컴퓨터를 $2,000에 판매해 왔다.

a. 마이크로프로세서의 외부시장이 생기기 시작했다고 하자. 에이젝스는 이 시장에서 독점력을 행사하고 있으면서 마이크로프로세서를 1개당 $1,000에 판매하고 있다. 마이크로프로세서에 대한 수요가 에이젝스 컴퓨터에 대한 수요와 서로 관련이 없다고 가정한다면, 에이젝스사는 자신의 하류사업부에서 사용하는 마이크로프로세서의 이전가격을 얼마로 설정해야 하는가? 컴퓨터 생산량을 늘려야 하는가, 줄여야 하는가, 아니면 그대로 두어야 하는가? 간략히 설명하라.

b. 만약 컴퓨터의 수요와 마이크로프로세서의 수요가 서로 경쟁적이라면, 즉 마이크로프로세서를 구입하는 사람들 중 일부는 이를 자체 온도조절장치를 제작하는 데 사용한다면 a에 대한 답은 어떻게 달라지는가?

4. 리복(Reebok)은 운동화를 제조하여 판매한다. 이 기업이 직면하는 시장수요는 $P = 11 - 1.5Q_s$와 같다. 여기서 Q_s는 판매되는 운동화 컬레 수이고 P는 달러로 표시된 운동화 한 컬레의 가격이다. 운동화 한 컬레를 생산하기 위해서는 1평방야드의 가죽이 필요하다. 가죽은 리복의 주형(form)사업부에서 가공한다. 가죽의 생산비용은 다음과 같다.

$$TC_L = 1 + Q_L + 0.5Q_L^2$$

여기서 Q_L은 가죽의 생산량(평방야드)이다. 가죽을 제외한 운동화의 비용함수는 다음과 같다.

$$TC_s = 2Q_s$$

a. 최적 이전가격은 얼마인가?

b. 가죽은 경쟁시장에서 $P_F = 1.5$의 가격으로 거래될 수 있다. 이 경우 주형사업부는 회사 내부에 가죽을 얼마나 공급해야 하는가? 외부시장에는 얼마나 공급해야 하는가? 리복은 외부시장으로부터 가죽을 구매해야 하는가? 최적 이전가격을 구하라.

c. 리복의 주형사업부에서 가공하는 가죽이 독창적이고 품질이 매우 우수하다고 하자. 따라서 주형사업부는 가죽을 내부의 하류사업부서에게 공급하는 동시에 외부시장에서 독점공급자로 행동할 수 있다. 외부시장에서 가죽의 수요곡선은 $P = 32 - Q_L$이다. 하류사업부에서 사용하는 가죽에 대한 최적 이전가격은 얼마인가? 외부시장에는 얼마의 가격으로 판매해야 하는가? 외부시장에는 얼마나 판매해야 하는가?

CHAPTER 12
독점적 경쟁과 과점

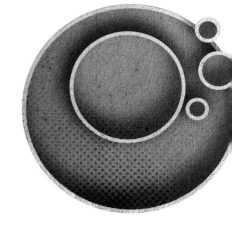

앞의 두 장에서는 독점력을 지닌 기업이 자신의 이윤을 극대화하기 위해 가격과 생산량을 어떻게 결정하는지 살펴보았다. 아울러 순수독점 기업이 아니더라도 기업은 독점력을 행사할 수 있음을 살펴보았다. 많은 산업에서는 여러 기업들이 서로 경쟁하고 있더라도 각 기업은 어느 정도의 독점력을 지니고 있다. 각 기업은 가격에 대한 통제력을 지니고 있으며, 이윤을 내기 위해 한계비용보다 높은 가격을 부과한다.

이 장에서는 순수독점이 아니면서도 기업이 독점력을 갖는 시장구조를 살펴보고자 한다. 먼저 다소 모순적인 용어인 **독점적 경쟁**(monopolistic competition)에 대해 살펴본다. 독점적 경쟁시장은 두 가지 중요한 측면에서 완전경쟁시장과 유사한데, 그것은 시장에는 다수의 기업들이 존재하며, 새로운 기업들이 제한 없이 시장에 진입할 수 있다는 점이다. 그러나 이 시장에서는 기업들이 생산하는 제품이 차별화되어 있다는 점에서 완전경쟁시장과 다르다. 각 기업은 품질, 모양, 인지도(평판)가 서로 다른 브랜드의 제품을 판매하며, 각 기업은 자기 브랜드 제품의 유일한 생산자이다. 각 기업이 행사하는 독점력의 크기는 자사 제품을 다른 기업의 제품과 어느 정도 차별화하느냐에 달려 있다. 독점적 경쟁산업의 예는 풍부하다. 치약, 세탁용 세제, 그리고 포장커피 등이 이에 해당된다.

두 번째로 살펴볼 시장구조는 **과점**(oligopoly)이다. 이 시장에서는 소수의 기업들만이 서로 경쟁을 하고 있으며 새로운 기업들의 시장 진입은 방해를 받고 있다. 기업들이 생산하는 제품은 자동차의 경우처럼 차별적일 수도 있으며, 철강처럼 차별화되지 않을 수도 있다. 과점산업의 독점력과 수익성은 부분적으로 기업들이 서로 어떻게 상호작용하는가에 달려 있다. 예를 들어 기업의 상호작용이 경쟁적이기보다는 협력적이라면 기업들은 한계비용보다 높은 가격을 설정하여 높은 이윤을 누릴 수 있다.

어떤 과점산업에서는 기업들이 서로 협력하지만 다른 산업에서는 이윤이 낮아진다는 사실을 알면서도 서로 공격적으로 경쟁하기도 한다. 그 이유를 이해하기 위해서는 과점기업들의 생산량과 가격결정 방식을 이해해야 한

독점적 경쟁 기업들이 자유롭게 진입하여 각자 차별화된 브랜드 상품을 생산하고 있는 시장

과점 단지 소수의 기업들만이 서로 경쟁을 하고 새로운 기업의 시장 진입이 방해를 받고 있는 시장

카르텔 일부 또는 모든 기업이 명시적으로 담합을 하고 공동의 이윤을 극대화할 목적으로 가격과 생산량을 조절하는 시장

다. 과점시장에서는 각 기업이 전략적으로 행동하기 때문에 기업들의 의사결정은 복잡하다. 즉 과점기업은 자신의 결정에 대한 경쟁기업들의 반응을 예상하고 의사결정을 해야 한다. 따라서 과점시장을 이해하기 위해서는 게임과 전략의 기본개념을 먼저 이해해야 한다. 게임과 전략에 대해서는 제13장에서 보다 자세히 살펴볼 것이다.

세 번째로 살펴볼 시장구조는 **카르텔**(catel)이다. 카르텔화된 시장에서는 일부 또는 모든 기업들이 명시적으로 담합한다. 기업들은 공동이윤을 극대화하기 위해 가격과 산출량을 조절한다. 카르텔은 OPEC 원유 카르텔의 경우처럼 경쟁적인 시장에서 발생할 수도 있으며, 국제 보크사이트(bauxite) 카르텔처럼 과점시장에서 발생할 수도 있다.

언뜻 보면 카르텔은 순수독점처럼 보일 수도 있다. 결국에 카르텔에 속한 기업들은 자신들이 큰 회사의 한 부분인 것처럼 행동하는 것 같다. 그러나 카르텔은 순수독점과는 두 가지 중요한 점에서 다르다. 첫째, 카르텔이 시장 전체를 지배하는 경우는 거의 없으므로 카르텔은 항상 가격을 설정할 때 그 가격이 카르텔 비회원사들의 생산량에 미치는 영향을 살펴보아야 한다. 둘째, 카르텔의 회원사는 대기업의 한 부서가 아니므로 가격 인하 또는 시장점유율 확대를 통해 다른 회원사들을 속이고 싶은 유혹에 빠질 수 있다. 결과적으로 많은 카르텔은 불안정하며, 오래가지 않는다.

12.1 독점적 경쟁

많은 산업에서 제품들은 서로 차별화되어 있다. 여러 가지 이유로 소비자들은 각 기업의 제품은 다른 기업의 제품과는 다르다고 보고 있다. 예를 들어 크레스트(Crest) 치약은 콜게이트(Colgate), 에임(Aim) 그리고 다른 여러 치약들과 다르다고 생각한다. 이 차이는 부분적으로는 향기, 밀도, 평판(맞든 틀리든 크레스트의 충치예방효과가 상대적으로 좋다는 이미지)을 의미한다. 이에 따라 일부 소비자는 더 비싼 가격을 주고 크레스트 치약을 산다.

프록터앤갬블(Proctor & Gamble)사는 크레스트 치약의 유일한 생산자이므로 이 회사는 독점력을 지닌다. 그러나 크레스트 치약의 가격이 오르면 소비자들이 쉽게 다른 브랜드의 치약으로 대체할 수 있으므로 이 독점력은 제한적이다. 비록 크레스트 치약을 좋아하는 소비자들은 약간 비싼 가격에 구입할 의사가 있지만 가격이 다른 치약에 비해 훨씬 비싸다면 대부분의 소비자들은 크레스트 치약을 구입하지 않을 것이다. 크레스트 치약 사용자는 일반적으로 치약 1개에 25센트나 50센트는 더 지불할 용의가 있겠지만 $1나 $2를 더 지불하려고 하지는 않을 것이다. 대부분의 소비자에게 치약은 치약일 뿐이며, 제품 간 차이는 크지 않다. 그러므로 크레스트 치약에 대한 수요곡선은 우하향이긴 하지만 상당히 탄력적이다(크레스트 치약에 대한 수요의 가격 탄력성은 −5 정도로 추정된다). 제한적인 독점력 때문에 프록터앤갬블사는 한계비용보다는 약간 높은 가격을 책정하지만 아주 높게 책정하지는 않는다. 이러한 사정은 타이드(Tide) 합성세제와 스콧(Scott) 종이타월도 마찬가지이다.

10.2절에서는 어떤 제품의 판매자가 한계비용보다 높은 가격을 부과하면서 이윤을 보고 있다면 어느 정도 독점력을 지닌다고 설명하였다.

독점적 경쟁의 요소

독점적 경쟁시장은 다음 두 가지 핵심적인 특성을 지닌다.

1. 기업들이 서로 대체성이 높지만 완전대체재가 아닌 차별화된 상품을 판매하면서 서로 경쟁한다. 다시 말해 수요의 교차탄력성은 매우 크지만 무한대는 아니다.

2. **자유로운 시장 진입과 퇴출이 가능하다.** 새로운 기업이 자신의 브랜드를 가지고 시장에 진입하기가 비교적 쉬우며, 기존 기업들이 수익성이 떨어짐에 따라 시장을 떠나는 것도 비교적 용이하다.

자유로운 진입이 왜 중요한 조건인지를 알아보기 위하여 치약시장과 자동차시장을 비교해 보자. 치약시장은 독점적 경쟁시장이지만 자동차시장은 그 특성상 과점시장에 가깝다. 다른 기업들이 새로운 브랜드의 치약을 출시하는 것이 비교적 용이하고 이러한 점이 크레스트나 콜게이트를 생산하는 기업들의 수익성을 제한한다. 만약 치약시장에서 기업들이 얻는 이윤이 크다면 다른 기업들이 필요한 투자(연구개발, 생산, 광고, 판촉 등에 대한 투자)를 통하여 자신의 새로운 브랜드를 출시할 것이며, 이 때문에 크레스트와 콜게이트를 생산하는 기업의 사장점유율과 수익성은 감소하게 된다.

자동차시장도 제품차별화의 특성을 지닌다. 그러나 자동차 생산에서 나타나는 큰 규모의 경제로 인해 새로운 기업의 시장 진입은 어렵다. 따라서 일본 자동차 생산업체들이 중요한 경쟁자로 등장했던 1970년대 중반까지 미국의 3대 주요 자동차 메이커들은 시장을 독차지할 수 있었다.

치약 외에도 독점적 경쟁의 예는 많다. 비누, 샴푸, 탈취제, 면도크림, 감기약과 약국에서 볼 수 있는 많은 다른 품목들이 독점적 경쟁시장에서 판매된다. 마찬가지로 많은 스포츠상품시장도 독점적 경쟁시장이다. 대부분의 소매업도 독점적 경쟁에 해당한다. 소매점들은 입지, 가용성, 영업사원의 전문성, 신용판매조건 등을 이용하여 차별화된 서비스를 제공하며, 시장 진입은 비교적 쉽다. 때문에 만약 어떤 지역에 몇 개 안 되는 소매점들이 높은 이윤을 누리고 있다면 그 지역에는 새로운 소매점이 진입할 것이다.

단기균형과 장기균형

독점의 경우처럼 독점적 경쟁기업들도 우하향하는 수요곡선에 직면한다. 그러므로 기업들은 어느 정도 독점력을 갖는다. 그러나 이것이 독점적 경쟁기업들이 많은 이윤을 벌어들일 가능성이 높음을 의미하지는 않는다. 아울러 독점적 경쟁은 완전경쟁의 경우와 유사하다. 기업의 진입이 자유롭기 때문에 이윤을 얻을 수 있는 가능성은 새로운 기업이 경쟁제품을 가지고 시장에 진입하도록 유인할 것이며, 결과적으로 이윤은 0이 될 것이다.

이를 명확하게 이해하기 위해 단기와 장기에 있어서 독점적 경쟁기업의 균형가격과 생산량을 살펴보자. 그림 12.1(a)는 단기균형을 보여 주고 있다. 한 기업의 상품이 다른 경쟁기업의 제품들과는 차별화되어 있으므로 이 기업의 수요곡선 D_{SR}은 우하향한다(이는 기업의 수요곡선이고 시장수요곡선이 아니다. 시장수요곡선은 이보다 기울기가 더 가파르다). 한계수익곡선과 한계비용곡선이 만나는 곳에서 이윤극대화 생산량 Q_{SR}을 찾을 수 있다. 이에 상응하는 가격 P_{SR}은 평균비용을 초과하므로 이 기업은 그림에서 노란색으로 표시된 사각형 크기의 이윤을 얻게 된다.

장기적으로 보면 이러한 이윤은 다른 기업의 시장 진입을 유도한다. 다른 기업들이 경쟁제품을 출시함에 따라 이 기업은 시장점유율의 일부를 잃게 되며, 판매량은 줄어든다. 그림 12.1(b)

10.1절에서 우리는 독점기업은 한계수익과 한계비용이 같도록 생산량을 정함으로써 이윤을 극대화한다고 설명하였다.

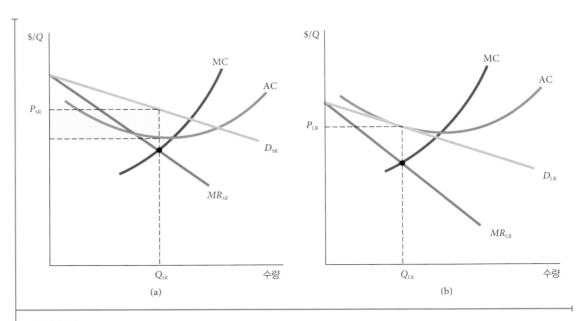

그림 12.1

단기와 장기의 독점적 경쟁기업

기업은 자신의 브랜드 제품에 관해서는 유일한 생산자이므로 우하향하는 수요곡선을 가진다. 가격은 한계비용보다 높으며, 기업은 독점력을 지닌다. 단기에는 (a)에 나타난 것처럼 가격이 평균비용을 초과하여 기업은 노란색 사각형만큼의 이윤을 얻는다. 장기에는 이러한 이윤이 경쟁제품을 지닌 새로운 기업들을 시장으로 유인한다. 이에 따라 기존 기업의 시장점유율은 떨어지고 수요곡선은 아래로 이동한다. (b)에 나타난 바와 같이 장기에는 가격이 평균비용과 같아지고 기업은 독점력을 지님에도 불구하고 경제적 이윤은 0이 된다.

와 같이 기업의 수요곡선이 아래로 이동한다(장기에서는 평균비용곡선과 한계비용곡선도 이동할 수 있다. 여기서는 단순화를 위해 비용이 변하지 않는다고 가정한다). 장기수요곡선 D_{LR}은 정확히 이 기업의 평균비용곡선에 접하게 된다. 여기서 이윤극대화 생산량은 Q_{LR}이 되며, 가격은 P_{LR}이 된다. 또한 가격과 평균비용이 같아지므로 이윤은 0이 된다. 하지만 이 기업은 여전히 독점력을 지닌다. 이 기업의 제품은 장기에서도 여전히 차별적이므로 장기 수요곡선은 우하향한다. 그러나 다른 기업의 시장 진입에 따른 경쟁으로 인해 이 기업의 이윤은 0이 된다.

좀 더 일반적으로 말하면, 기업들은 서로 다른 생산비용을 가질 수 있으며, 어떤 제품은 다른 제품과 큰 차이가 있을 수 있다. 이 경우 기업들은 약간 더 높은 가격을 부과할 수 있으며, 일부 기업들은 약간의 이윤을 얻을 수 있다.

8.7절에서 진입과 퇴출의 가능성 때문에 장기균형에서 기업들의 경제적 이윤은 0이 된다고 설명하였음을 상기하라.

독점적 경쟁과 경제적 효율성

9.2절에서는 완전경쟁시장에서는 소비자잉여와 생산자잉여의 합이 극대화되므로 효율적이라고 설명하였다.

완전경쟁시장이 바람직한 이유는 이 시장이 경제적으로 효율적이기 때문이다. 외부효과나 그 밖에 시장의 작동을 방해하는 요인이 없다면 소비자잉여와 생산자잉여의 합은 가장 크게 된다. 독점적 경쟁도 여러 가지 면에서 완전경쟁과 유사하다. 독점적 경쟁은 효율적인 시장구조인가? 이 질문에 답하기 위해 독점적 경쟁산업의 장기균형과 완전경쟁산업의 장기균형을 비교해 보자.

그림 12.2는 독점적 경쟁에서 나타나는 두 가지 비효율성을 보여 준다.

1. 완전경쟁시장과는 달리 독점적 경쟁시장에서는 균형가격이 한계비용을 초과한다. 이는 추가적인 산출량 1단위가 소비자에게 주는 가치가 그것을 생산하는 비용을 초과한다는 것을 의미한다. 만약 수요곡선이 한계비용곡선과 교차하는 점까지 생산량을 늘린다면 총잉여는 그림 12.2(b)의 노란색으로 표시된 면적과 같은 크기로 증가할 수 있다. 이는 새로운 사실은 아니다. 이미 제10장에서 독점력은 사중손실을 초래한다는 것을 살펴보았는데, 기업은 독점적 경쟁시장에서도 여전히 독점력을 가지기 때문이다.

10.4절에서 독점력으로 인해 발생하는 사중손실에 대해 논의하였다.

2. 그림 12.2(b)에서 독점적 경쟁기업의 생산량은 평균비용곡선의 최저점에 해당하는 생산량보다 적다는 점을 주목하라. 완전경쟁시장이나 독점적 경쟁시장에서 새로운 기업들의 시장진입은 기업들의 이윤을 0으로 만든다. 완전경쟁시장에서는 각 기업은 수평적인 수요곡선에 직면한다. 따라서 이윤이 0이 되는 점은 그림 12.2(a)에서와 같이 평균비용곡선의 최저점이 된다. 그러나 독점적 경쟁시장에서는 수요곡선은 우하향한다. 따라서 이윤이 0이 되는 점은 평균비용곡선의 최저점보다 왼쪽에 있게 된다. 시장에 참여하는 기업의 수가 더 적다면 각 기업은 생산량을 증가시킴으로써 평균비용을 더 낮출 수 있다. 하지만 그렇게 하지 못하기 때문에 기업은 초과생산능력(excess capacity)을 가지며, 이는 비효율적이다.

이러한 비효율은 소비자들에게도 손해가 된다. 그렇다면 독점적 경쟁은 사회적으로 바람직하지

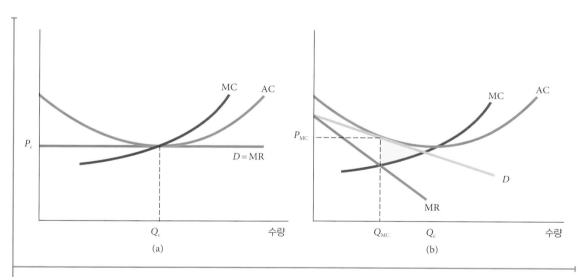

그림 12.2
독점적 경쟁균형과 완전경쟁균형의 비교
완전경쟁에서는 (a)와 같이 가격이 한계비용과 같다. 그러나 독점적 경쟁에서는 가격이 한계비용을 초과한다. 때문에 (b)의 노란 면적만큼 사중손실이 존재한다. 두 시장 모두에서 새로운 기업들의 시장 진입은 이윤이 0이 될 때까지 지속된다. 완전경쟁시장에서는 기업이 직면하는 수요곡선은 수평선이므로 이윤이 0이 되는 점은 평균비용의 최저점이 된다. 독점적 경쟁에서는 수요곡선이 우하향하므로 이윤이 0이 되는 점은 평균비용의 최저점에서 왼쪽에 있게 된다. 독점적 경쟁을 평가하기 위해서는 이러한 비효율성을 제품 다양성을 통해 소비자가 얻는 이득과 반드시 비교해 봐야 한다.

않은 시장구조여서 규제가 필요한가? 그렇지 않다. 그 이유는 다음의 두 가지로 설명될 수 있다.

1. 대부분의 독점적 경쟁시장에서 기업의 독점력은 크지 않다. 보통은 충분히 많은 수의 기업들이 충분히 대체 가능한 제품들을 가지고 서로 경쟁한다. 따라서 어느 한 기업도 매우 높은 독점력을 가질 수는 없다. 따라서 독점력으로 인한 사중손실의 크기는 작다. 또한 기업의 수요곡선이 매우 탄력적이므로 평균비용도 최저수준에 가깝다.

2. 독점적 경쟁이 초래하는 비효율은 독점적 경쟁이 가져다주는 중요한 편익인 제품 다양성(product diversity)과 비교해 봐야 한다. 대부분의 소비자들은 여러 가지 면에서 차이가 나는 다양한 경쟁제품과 브랜드 중에서 선택할 수 있다는 점을 중시한다. 제품 다양성이 가져다주는 이득은 클 수 있으며, 우하향하는 수요곡선이 발생시키는 비효율에 따른 비용을 쉽게 압도할 수 있다.

사례 12.1 콜라와 커피시장의 독점적 경쟁

청량음료시장과 커피시장은 독점적 경쟁시장의 특징을 잘 보여 준다. 각 시장에는 약간씩 다르지만 서로 밀접한 대체관계에 있는 다양한 제품들이 존재한다. 콜라의 경우 각 브랜드의 제품들은 맛의 차이가 거의 없다. (여러분은 코카콜라와 펩시, 코카콜라와 RC콜라의 차이점을 설명할 수 있는가?) 또한 원두커피의 경우에도 각 제품은 맛, 향, 그리고 카페인 함유량에서 약간씩 다를 뿐이다. 대부분의 소비자들은 자신만의 취향을 개발한다. 맥스웰하우스 커피를 다른 브랜드보다 좋아하여 항상 이것만 구입할 수도 있다. 그러나 소비자의 제품 충성도(brand loyalty)에는 보통 한계가 있다. 만일 맥스웰하우스 커피의 가격이 다른 제품의 가격보다 크게 오른다면 여러분과 여러 다른 소비자들은 아마 다른 브랜드의 커피를 선택할 것이다.

맥스웰하우스 커피의 생산업체인 제너럴푸드(General Foods)사는 자신의 커피 브랜드에 대해 얼마나 큰 독점력을 행사하는가? 다시 말해 맥스웰하우스 커피의 수요는 얼마나 탄력적인가? 대부분의 대기업은 시장조사의 일환으로 제품 수요를 면밀히 분석하며, 자료는 보통 외부에 공개하지 않는다. 그러나 여러 가지 브랜드의 콜라와 원

두커피 수요를 분석한 두 연구에서는 모의쇼핑 실험을 통해 가격 변화에 따라 각 브랜드의 시장점유율이 어떻게 결정되는지를 살펴보았다. 표 12.1은 이 연구에서 얻은 여러 제품에 대한 수요의 가격탄력성을 보여 준다.[1]

첫째, 콜라 중에서는 RC콜라가 코카콜라보다 훨씬 비탄력적이다. RC콜라는 콜라시장에서 점유율은 낮지만 맛은 코카콜라나 펩시, 그리고 다른 브랜드와는 뚜렷하게 차이가 나므로 이 제품을 구매하는 소비자들의 제품충성도는 매우 높다. 그러나 RC콜라가 코카콜라보다 독점력이 크다고 해서 이윤도 더 크다는 것은 아니다. 이윤은 고정비용과 판매량, 그리고 가격에 의존한다. 평균이윤은 훨씬 적지만 코카콜라는 시장점유율이 훨씬 크므로 더 많은 이윤을 올린다.

둘째, 전체적으로 볼 때 커피는 콜라보다 가격탄력성이 더 높다. 콜라보다는 커피의 차이를 인지하기가 어렵기 때문에 콜라에 비해 커피 소비자의 제품충성도는 낮다. 척풀오넛(Chock Full o'Nuts) 커피는 경쟁제품보다 가격탄력성이 낮다. RC콜라처럼 척풀오넛도 폴저스(Folgers)나 맥스웰하우스 커피와 구별되는 맛을 지니고 있기 때문에 이 제품을 구입하는 소비자는 계속 충성도를 유지하는 경향이 있

1 표 12.1의 탄력성 추정치는 다음 자료에서 발췌하였다. John R. Nevin, "Laboratory Experiments for Estimating Consumer Demand: A Validation Study," *Journal of Marketing Research* 11 (August 1974): 261-68; and Lakshman Krishnamurthi and S. P. Raj, "A Model of Brand Choice and Purchase Quantity Price Sensitivities," *Marketing Science* (1991). 모의쇼핑 실험에서 소비자들은 이미 가격이 설정되어 있는 다른 다양한 제품 중에서 자신이 좋아하는 제품을 고르라는 질문을 받는다. 이 실험은 매번 가격을 다르게 설정하여 여러 번 반복된다.

다. 폴저스와 맥스웰하우스 커피 간에 맛의 차이를 느끼거나 그 차이에 신경 쓰는 소비자의 수는 더 적다.

RC콜라와 척풀오넛 커피를 제외하면 모든 콜라와 커피는 가격탄력성이 매우 높다. 탄력성의 크기는 −4에서 −8 사이이며 각 제품은 제한적인 독점력만 갖고 있다. 이는 독점적 경쟁시장에서 전형적으로 나타나는 현상이다.

표 12.1	콜라와 커피 수요의 탄력성	
	브랜드	**수요의 탄력성**
콜라	RC콜라	−2.4
	코카콜라	−5.2 ∼ −5.7
원두커피	폴저스	−6.4
	맥스웰하우스	−8.2
	척풀오넛	−3.6

12.2　과점

과점시장에서 상품은 차별화될 수도 있고 되지 않을 수도 있다. 중요한 것은 몇 안 되는 소수의 기업들만이 총생산량의 대부분 또는 전부를 차지하고 있다는 점이다. 어떤 과점시장에서는 **진입장벽**으로 인해 새로운 기업들의 시장 진입이 어렵거나 불가능함에 따라 일부 또는 모든 기업이 장기간에 걸쳐 상당한 이윤을 누리게 된다. 과점은 보편적인 형태의 시장구조이다. 과점산업의 예로는 자동차, 철강, 알루미늄, 석유화학, 전기장비 그리고 컴퓨터를 들 수 있다.

진입장벽은 왜 발생하는가? 제10장에서는 몇 가지 이유에 대해 살펴보았다. 규모의 경제로 인해 시장에 많은 기업들이 존재하는 경우에는 기업은 수익을 내기 힘들다. 특허나 기술에 대한 접근이 어려울수록 잠재적인 경쟁자들은 시장에서 배제된다. 브랜드 인지도나 시장 평판을 얻기 위해 투자해야 하는 금액이 클 경우 새로운 기업의 시장 진입은 어려워진다. 이러한 것들은 자연적인 진입장벽으로서 특정 시장의 구조로 인해 나타나는 것이다. 이에 더하여 기존 기업들은 새로운 기업의 진입을 억제하기 위해 **전략적 행동**(strategic action)을 취할 수 있다. 예를 들어 기존 기업들은 새로운 기업이 시장에 진입한다면 시장에 물량을 퍼붓고 가격 인하를 단행할 것이라고 위협할 수 있으며, 이러한 위협이 신빙성을 가질 수 있도록 초과생산능력을 구축할 수도 있다.

과점기업의 의사결정은 매우 복잡하다. 그것은 가격설정, 생산량, 광고, 그리고 투자 등 모든 의사결정에 있어서 중요한 전략적인 고려가 필요하기 때문이다. 소수의 기업들만이 서로 경쟁하기 때문에 각 기업은 자신의 행동이 경쟁자들에게 어떤 영향을 미치며, 나아가 경쟁자들이 어떻게 반응할지 주의 깊게 살펴보아야 한다.

자동차 판매가 부진한 탓에 포드는 가격을 10% 인하하여 수요를 진작시키는 방안을 고려한다고 하자. 포드는 경쟁 자동차회사가 어떻게 반응할지에 대해 주의 깊게 생각해야 한다. 경쟁사들은 전혀 반응을 하지 않을 수도 있으며, 가격을 조금만 낮춤으로써 경쟁사의 판매량은 줄어드는 대신 포드의 판매량이 대폭 늘어날 수 있다. 또는 경쟁사들이 포드와 같은 수준으로 가격을 인하하여 맞대응할 수도 있다. 이 경우 자동차회사들 모두 판매량을 늘릴 수 있지만 낮은 판매가격 때문에 이윤은 크게 낮아질 것이다. 또 하나의 가능성은 다른 경쟁자들이 포드사보다 가격을 더 많이 인하하여 포드사가 촉발한 가격 인하를 응징하는 것이다. 이러한 반응은 가격 인하 전쟁을 초래하여 업계의 수익성을 급격하게 악화시킬 것이다. 포드는 이 모든 가능성을 조심스럽게 견주어 보아야 한다. 사실 기업은 가격 인하, 생산량 결정, 주요 판촉활동, 생산능력 확충을 위한 신규 투자 등 거의 모든 중요한 경제적 의사결정에 있어서 경쟁사의 가장 유력한 반응이 어떻게 나타날지 반드시 파악하기 위해 노력해야 한다.

이러한 전략적 고려는 복잡할 수 있다. 각 기업은 의사결정을 할 때 경쟁자들의 반응을 고려해야 하며, 경쟁자들도 역시 자신들의 반응이 가져올 수 있는 결과를 고려하여 의사결정을 해야 한다. 나아가, 의사결정, 반응, 반응에 대한 반응 등의 과정은 동태적이며, 장시간에 걸쳐 일어난다. 어느 기업의 경영자가 자신의 의사결정에 따른 잠재적 결과에 대해 평가할 때는 경쟁자들도 자신들만큼이나 합리적이고 지혜롭다는 점을 고려해야 한다. 따라서 경영자들은 경쟁자의 입장에 서서 어떻게 반응할 것인가를 생각해야 한다.

과점시장의 균형

시장분석에서는 일반적으로 균형상태에서 나타나게 될 가격과 수량을 파악하고자 한다. 예를 들면 완전경쟁시장에서 균형가격에서는 공급량과 수요량이 같아진다는 것을 살펴보았다. 또한 독점시장에서는 한계수입과 한계비용이 같아질 때 균형이 발생한다는 것도 파악하였다. 마지막으로, 독점적 경쟁시장의 분석에서는 새로운 기업의 진입으로 인해 이윤이 0이 될 때 장기균형이 발생한다는 것도 살펴보았다.

이러한 시장들에서 기업은 가격이나 시장수요를 주어진 것으로 간주하고 대체적으로 경쟁자들은 무시할 수 있었다. 그러나 과점시장에서 기업은 부분적으로 경쟁자들의 행동에 대한 전략적 고려에 입각하여 가격과 생산량을 정한다. 동시에 경쟁자의 의사결정도 첫 번째 기업의 의사결정에 따라 달라진다. 그렇다면 균형시장가격과 생산량을 어떻게 파악할 수 있는가?(또는 균형의 존재 여부를 어떻게 파악할 수 있는가?) 이 질문에 답하기 위해서는 기업들이 서로의 행위를 명시적으로 고려하여 의사결정을 할 때 달성되는 균형에 대해 설명할 수 있는 기본원칙을 필요로 한다.

완전경쟁시장과 독점경쟁시장에서의 균형이 어떻게 설명되었는지를 상기해 보자. 시장이 균형상태에 있을 때, 기업은 자신이 할 수 있는 최선을 다하고 있으며 자신의 가격이나 생산량을 변경시킬 이유를 찾지 못한다. 따라서 완전경쟁시장은 공급량과 수요량이 같을 때 균형상태가 된다. 각 기업은 자신이 할 수 있는 최선을 다하는데, 생산된 모든 것을 팔고 있으며 이윤을 극대화하고 있다. 마찬가지로, 독점기업은 한계수입과 한계비용이 같을 때 역시 자신이 할 수 있는 최선을 다함으로써 이윤을 극대화하고 있으므로 균형상태에 있는 것이다.

내쉬균형 이와 같은 원칙을 약간 수정하여 과점시장에 적용할 수 있다. 그러나 이제 각 기업은

8.7절에서는 완전경쟁시장에서는 경제적 이윤이 0이 되어 어느 기업도 시장에 진입하거나 퇴출할 유인이 없고 수요와 공급량이 같을 때 장기균형이 발생한다고 설명하였다.

경쟁자들이 어떤 행위를 할지 주어져 있을 때 자신이 할 수 있는 최선을 다하길 원한다. 그렇다면 각 기업은 경쟁사들이 어떻게 행동할 것이라고 가정해야 하는가? 어떤 기업은 경쟁자들이 어떻게 행동할지 주어져 있을 때 자신이 할 수 있는 최선을 다할 것이므로 경쟁자들 역시 그 어떤 기업이 어떻게 행동할지 주어져 있을 때 자신들이 할 수 있는 최선을 다할 것이라고 가정하는 것이 자연스럽다. 따라서 각 기업은 경쟁자들의 행동을 고려하여 자신의 의사결정을 하며, 경쟁자들도 마찬가지로 행동할 것이라고 가정한다.

이러한 개념은 다소 추상적인 것처럼 여겨질 수도 있겠지만 논리적이며, 이후 과점시장의 균형을 결정하는 데 있어서 기초가 된다. 이 개념은 1951년 수학자 존 내쉬(John Nash)에 의해 최초로 명확히 설명되었으므로 이러한 개념을 적용한 균형을 **내쉬균형**(Nash equilibrium)이라 부른다. 내쉬균형은 중요한 개념으로서 앞으로도 계속 활용된다.

내쉬균형 경쟁자들의 행동이 주어진 상태에서 각 기업이 자신이 할 수 있는 최선을 다할 때 나타나는 전략이나 행동의 집합

> 내쉬균형: 경쟁기업들의 행동이 주어져 있을 때 각 기업이 자신이 할 수 있는 최선의 선택을 함으로써 나타나는 균형

제13장에서는 내쉬균형의 개념을 좀 더 자세하게 논의함으로써 내쉬균형이 광범위한 전략적 문제들에도 적용될 수 있음을 살펴볼 것이다. 이 장에서 과점시장의 분석에 내쉬균형을 적용해 본다.

문제를 가능한 한 단순화시키기 위해 이 장에서는 2개의 기업만이 서로 경쟁하고 있는 시장에 주로 초점을 맞춘다. 이러한 시장을 **복점**(duopoly)이라고 한다. 따라서 각 기업은 자신의 의사결정에 있어서 단지 1명의 경쟁자만을 고려한다. 복점시장에 대한 분석에서 얻을 수 있는 기본적인 결과는 2개 이상의 기업들이 있는 시장들에도 그대로 적용된다.

복점 2개의 기업이 서로 경쟁하고 있는 시장

쿠르노 모형

우선 1838년 프랑스 경제학자 쿠르노(Augustin Cournot)에 의해 처음 소개된 간단한 복점모형부터 살펴보자. 기업들은 하나의 동일한 상품을 생산하며, 시장수요를 잘 알고 있다고 하자. 각 기업은 얼마만큼 생산해야 할지 결정해야 하는데, 두 기업의 결정은 동시에 이루어진다. 각 기업은 자신의 생산량을 결정할 때 경쟁자를 염두에 둬야 한다. 각 기업은 경쟁자도 역시 얼마를 생산할지 결정하는 중이며, 시장가격은 두 기업의 **총생산량**에 따라 달라진다는 점을 알고 있다.

쿠르노 모형(Cournot model)의 핵심은 각 기업이 자신의 생산량을 결정할 때 경쟁자의 생산량은 고정되어 있다고 간주한다는 것이다. 이것이 어떻게 작동하는지 살펴보기 위해 기업 1의 생산량 결정을 고려해 보자. 기업 1은 기업 2가 아무것도 생산하지 않을 것이라고 생각한다고 해 보자. 이 경우에는 기업 1의 수요곡선은 시장수요곡선이 된다. 그림 12.3에서 이는 $D_1(0)$로 나타나 있는데, 이는 기업 2의 생산량이 0일 때 기업 1의 수요곡선을 의미한다. 그림 12.3에서는 이 수요곡선에 따른 한계수입곡선 $MR_1(0)$이 나타나 있다. 기업 1의 한계비용 MC_1은 일정하다고 가정한다. 그림에 나타나 있듯이 기업 1의 이윤극대화 생산량은 50단위가 된다. 이는 $MR_1(0)$이 MC_1과 만나는 점에서의 생산량이다. 따라서 만약 기업 2의 생산량이 0이라면 기업 1은 50단위를 생산해야 한다.

8.8절에서는 기업들이 동질적이거나 동일한 상품을 생산하는 경우에 소비자들은 구매결정에서 가격만을 고려한다고 설명하였다.

쿠르노 모형 여러 기업들이 동질적인 제품을 생산하는 과점모형으로서 각 기업은 경쟁자들의 생산량이 고정되어 있다고 간주하며, 모든 기업이 동시에 생산량을 결정한다.

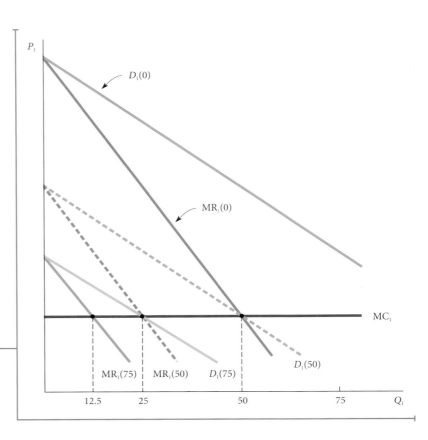

그림 12.3

기업 1의 생산량 결정

기업 1의 이윤극대화 생산량은 기업 2의 생산량에 대한 기업 1의 예상에 따라 달라진다. 만약 기업 1이 기업 2가 전혀 생산하지 않을 것으로 예상한다면 기업 1의 수요곡선 $D_1(0)$은 시장수요곡선이 된다. 이에 따른 한계수입곡선 $MR_1(0)$은 기업 1의 한계비용 MC_1과 생산량이 50단위가 되는 점에서 만난다. 만약 기업 1이 기업 2가 50단위 생산할 것으로 예상하면 기업 1의 수요곡선 $D_1(50)$은 같은 양만큼 왼쪽으로 이동한다. 이 경우 기업 1의 이윤극대화 생산량은 25단위가 된다. 마지막으로 기업 1이 기업 2가 75단위 생산할 것을 예상한다면 기업 1은 12.5단위만 생산할 것이다.

이제 기업 1은 기업 2가 50단위를 생산할 것이라고 예상한다고 하자. 그렇다면 기업 1의 수요곡선은 왼쪽으로 50단위만큼 이동한 시장수요곡선이다. 그림 12.3에서 이 곡선은 $D_1(50)$으로 표시되며, 이에 따른 한계수입곡선은 $MR_1(50)$으로 표시되어 있다. 이제 기업 1의 이윤극대화 생산량은 $MR_1(50) = MC_1$의 조건이 성립하는 25단위이다. 이제 기업 1은 기업 2가 75단위 생산할 것으로 예상한다고 하자. 그렇다면 기업 1의 수요곡선은 왼쪽으로 75단위만큼 이동한 시장수요곡선이 된다. 이는 $D_1(75)$로 표시되어 있으며, 이에 따른 한계수입곡선은 $MR_1(75)$이다. 기업 1의 이윤극대화 생산량은 이제 12.5단위이며, 이는 $MR_1(75) = MC_1$이 성립하는 점이다. 마지막으로 기업 1은 기업 2가 100단위를 생산할 것으로 예상한다고 하자. 기업 1의 수요곡선과 한계수입곡선은(그림에 나타나 있지 않다) 기업의 한계비용곡선과 수직축에서 교차하게 된다. 따라서 기업 1은 기업 2가 100단위 생산할 것으로 예상한다면 자신은 전혀 생산하지 않아야 한다.

반응곡선 이상의 결과는 다음과 같이 정리된다. 만약 기업 1이 기업 2가 아무것도 생산하지 않을 것이라고 예상하면 기업 1은 50을 생산한다. 기업 2가 50단위를 생산할 것이라고 예상한다면 기업 1은 25단위를 생산하고, 기업 2가 75단위를 생산한다고 예상한다면 기업 1은 12.5를 생산하고, 기업 2가 100단위를 생산할 것으로 예상한다면 기업 1의 생산량은 0이 된다. 따라서 기

반응곡선 어떤 기업의 이윤극대화 생산량과 그 기업이 생각하는 경쟁자의 예상 생산량 간의 관계

업 1의 이윤극대화 생산량은 기업 2가 생산할 것으로 자신이 예상하는 생산량이 많을수록 감소한다. 이러한 상황을 나타낸 곡선을 기업 1의 **반응곡선**(reaction curve)이라고 부르며, $Q_1^*(Q_2)$로 표시한다.

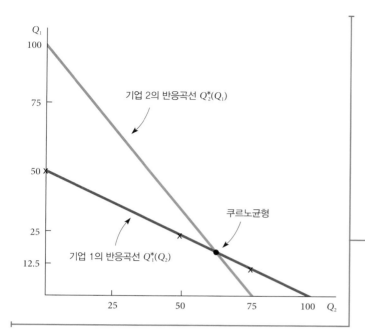

그림 12.4
반응곡선과 쿠르노균형
기업 1의 반응곡선은 기업 1의 생산량을 자신이 예상하는 기업 2의 생산량의 함수로 표현한 것이다. (Q_2가 0, 50, 75일 때의 각 점은 그림 12.3의 예를 반영한다.) 기업 2의 반응곡선은 기업 2의 생산량을 자신이 예상하는 기업 1의 생산량의 함수로 표현한 것이다. 쿠르노균형에서 각 기업은 경쟁자의 생산량을 정확하게 예측하고 그 예측에 따라 자신의 이윤을 극대화한다. 따라서 어떤 기업도 이 균형에서 벗어나려고 하지 않을 것이다.

그림 12.4에는 위의 네 경우에 해당하는 생산량들을 나타내는 점을 연결하여 구한 기업 1의 반응곡선이 나타나 있다.

기업 2에 대해서도 똑같이 분석할 수 있다. 즉 기업 1의 예상 생산량에 관한 여러 가지 가정하에서 기업 2의 이윤극대화 생산량을 찾을 수 있다. 그 결과는 기업 2의 반응곡선으로 나타나는데, 이것은 기업 2의 생산량과 기업 2가 기업 1이 생산할 것이라고 예상하는 생산량을 연계시킨 $Q_2^*(Q_1)$이다. 만약 기업 2의 한계비용곡선이 기업 1의 한계비용곡선과 다르다면 기업 2의 반응곡선도 역시 기업 1의 반응곡선과는 다른 모습이 될 것이다. 예를 들면 기업 2의 반응곡선은 그림 12.4에 그려진 모습처럼 될 것이다.

쿠르노균형 각 기업은 얼마만큼 생산할 것인가? 각 기업의 반응곡선은 경쟁자의 생산량이 주어질 때 자신이 얼마만큼 생산해야 하는지를 알려 준다. 균형에서 각 기업은 자신의 반응곡선에 의해 생산량을 정한다. 따라서 균형생산량 수준은 두 반응곡선이 서로 만나는 점에서 결정된다. 이런 방법으로 구한 생산량의 조합을 **쿠르노균형**(Cournot equilibrium)이라고 한다. 쿠르노균형에서 각 기업은 경쟁자의 생산량에 대한 정확한 예측하에서 자신의 이윤을 극대화하는 생산량을 선택한다.

쿠르노균형은 내쉬균형의 하나임을 주목하라(따라서 때로는 **쿠르노-내쉬균형**이라고 부르기도 한다). 내쉬균형에서 각 기업은 자신의 경쟁자의 행위가 주어져 있을 때 자신이 할 수 있는 최선의 선택을 함을 기억하라. 결과적으로, 어느 기업도 자신의 행동을 바꾸려고 하지 않는다. 쿠르노균형에서 각 기업은 **경쟁기업의 생산량이 주어져 있을 때 자신의 이윤을 극대화하는 생산량**을 생산하므로 누구도 자신의 생산량을 바꾸려고 하지 않을 것이다.

두 기업이 쿠르노균형과는 다른 생산량을 생산하고 있다면 각 기업은 쿠르노균형이 달성될 때

쿠르노균형 쿠르노 모형의 균형으로서 각 기업이 자신의 경쟁자가 얼마만큼 생산할지 정확히 예측하고 그에 따라 자신의 생산량을 결정할 때 달성된다.

까지 자신의 생산량을 조정할 것인가? 그러나 쿠르노 모형은 동태적인 조정과정에 대해서는 아무것도 말해 주지 않는다. 그것은 어떤 형태라도 조정과정이 있다면 각 기업은 경쟁자의 생산량이 고정되어 있다고 생각한다는 이 모형의 핵심가정이 더 이상 성립하지 않기 때문이다. 두 기업이 모두 자신의 생산량을 조정하려고 한다면 어느 누구의 생산량도 고정되어 있을 수는 없다. 동태적 조정에 대해 이해하기 위해서는 다른 모형이 필요하다. 이에 관해서는 제13장에서 살펴본다.

각 기업이 자신의 경쟁자의 생산량이 고정되어 있다고 가정하는 것은 어떤 경우에 합당한가? 만약 각 기업이 자신의 생산량을 단 한 번만 선택한다면 더 이상 생산량을 변경할 수 없기 때문에 이 가정은 합당하다. 아울러 일단 두 기업이 쿠르노균형 상태에 있다면 더 이상 어느 기업도 자신의 생산량을 변경할 어떠한 유인도 없기 때문에 이 경우에도 합당한 가정이 된다. 따라서 쿠르노 모형은 균형상태에 있는 기업의 행위에 대한 분석에만 사용할 수 있다.

선형수요곡선을 사용한 예

이제 구체적인 예를 통해 쿠르노 모형을 살펴보자. 2개의 동일한 기업이 선형의 시장수요곡선에 직면하고 있다고 하자. 이 예를 이용하여 쿠르노균형의 의미를 명확히 이해하고 이를 완전경쟁균형과 두 기업이 담합하여 협력적인 생산량을 선택할 때의 결과와 비교할 수 있다.

복점기업들이 다음과 같은 시장수요에 직면하고 있다고 하자.

$$P = 30 - Q$$

여기서 Q는 두 기업의 총생산량이다($Q = Q_1 + Q_2$). 또한 두 기업의 한계비용은 0이라고 하자.

$$MC_1 = MC_2 = 0$$

기업 1은 이윤을 극대화하기 위해 한계수입과 한계비용을 일치시켜야 한다는 사실을 이용하여 기업 1의 반응곡선을 다음과 같이 구할 수 있다. 기업 1의 총수입 R_1은 다음과 같이 주어진다.

$$R_1 = PQ_1 = (30 - Q)Q_1$$
$$= 30Q_1 - (Q_1 + Q_2)Q_1$$
$$= 30Q_1 - Q_1^2 - Q_2Q_1$$

기업 1의 한계수입 MR_1은 생산량 변화분 ΔQ_1으로부터 발생하는 총수입 증가분 ΔR_1이다.

$$MR_1 = \Delta R_1/\Delta Q_1 = 30 - 2Q_1 - Q_2$$

이제 MR_1을 기업 1의 한계비용인 0과 같게 하여 Q_1에 대해 풀면 다음을 구할 수 있다.

$$\text{기업 1의 반응곡선: } Q_1 = 15 - \frac{1}{2}Q_2 \tag{12.1}$$

같은 계산과정을 기업 2에 대해서도 적용하면 다음을 얻을 수 있다.

$$\text{기업 2의 반응곡선: } Q_2 = 15 - \frac{1}{2}Q_1 \qquad\qquad\text{(12.2)}$$

균형생산량 수준은 두 반응곡선이 교차하는 점에서의 Q_1과 Q_2의 값으로서 두 방정식 (12.1)과 (12.2)를 만족시키는 값이다. Q_2대신에 식 (12.2)의 오른쪽 항을 식 (12.1)에 대입하면 다음과 같이 균형생산량을 구할 수 있다.

$$\text{쿠르노균형: } Q_1 = Q_2 = 10$$

따라서 총생산량은 $Q = Q_1 + Q_2 = 20$, 균형시장가격은 $P = 30 - Q = 10$이며, 각 기업의 이윤은 100이 된다.

그림 12.5는 각 기업의 반응곡선과 쿠르노균형을 보여 준다. 기업 1의 반응곡선은 생산량 Q_1을 기업 2의 생산량 Q_2 기준으로 보여 준다. 마찬가지로 기업 2의 반응곡선은 Q_2를 Q_1 기준으로 보여 준다(두 기업이 같으므로 두 반응곡선의 모양도 똑같다). 쿠르노균형은 두 곡선의 교차점에 위치한다. 이 점에서 각 기업은 경쟁자의 생산량이 정해진 상태에서 자신의 이윤을 극대화한다.

지금까지 우리는 두 기업이 서로 경쟁한다고 가정하였다. 이제 반독점법이 완화되어 두 기업이 담합할 수 있다고 해 보자. 이 경우 두 기업은 총이윤을 극대화하는 생산량을 생산할 것이다. 그런 다음에는 아마 이 이윤을 똑같이 나눠 가질 것이다. 총이윤은 한계수입과 한계비용(이 경우 0)이 같아지는 총생산량 Q에서 극대화된다. 두 기업의 총수입은 다음과 같다.

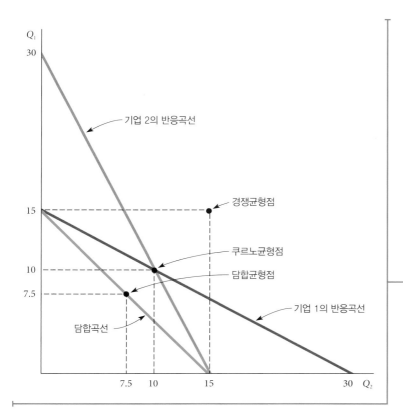

그림 12.5
복점의 예
수요곡선은 $P = 30 - Q$이고 두 기업의 한계비용은 0이다. 쿠르노균형에서 각 기업은 10단위를 생산한다. 담합곡선은 두 기업의 이윤의 합을 극대화하는 생산량의 조합 Q_1과 Q_2를 보여 준다. 두 기업이 담합하고 이윤을 똑같이 나눠 가진다면 각 기업은 7.5단위를 생산할 것이다. 또 경쟁균형에서는 가격은 한계비용과 같고 이윤은 0이 된다.

$$R_1 = PQ = (30 - Q)Q = 30Q - Q^2$$

따라서 한계수입곡선은 다음과 같다.

$$MR = \Delta R / \Delta Q = 30 - 2Q$$

MR을 한계비용 0과 일치시키면 생산량 $Q = 15$에서 총이윤은 극대화됨을 알 수 있다.

총생산량이 15가 되는 Q_1과 Q_2의 어떠한 조합에서도 총이윤은 극대화된다. 그림 12.5에서 담합곡선(collusive curve)으로 나타난 $Q_1 + Q_2 = 15$는 총이윤을 극대화하는 생산량 Q_1과 Q_2의 모든 조합을 보여 준다. 만약 두 기업이 이윤을 똑같이 나눠 가지는 것에 동의한다면 각 기업은 전체 생산량의 절반씩을 생산할 것이다.

$$Q_1 = Q_2 = 7.5$$

예상한 바와 같이 두 기업은 담합을 통하여 생산을 적게 하면서도 쿠르노균형의 경우보다 더 높은 수준의 이윤인 112.5를 벌게 된다. 그림 12.5에는 이러한 담합균형과 함께 가격을 한계비용과 같게 설정함으로써 구해지는 경쟁균형(이때 생산량은 $Q_1 = Q_2 = 15$이며, 각 기업의 이윤은 0이 됨을 확인할 수 있다)이 나타나 있다. 기업들의 입장에서는 쿠르노균형의 결과는 완전경쟁하에서의 결과에 비해서는 좋지만 담합할 때의 결과만큼은 좋지 않음을 주목할 필요가 있다.

선점자의 우위-스타켈버그 모형

쿠르노 모형에서는 두 복점기업은 생산량을 동시에 결정한다고 가정하였다. 이제 한 기업이 생산량을 먼저 결정한다면 어떤 일이 벌어질지를 다음의 두 가지 점에서 살펴본다. 첫째, 먼저 행동하는 것이 유리한가? 둘째, 각 기업은 얼마만큼이나 생산할 것인가?

앞의 예를 계속 사용하여 두 기업의 한계비용은 0이고 시장수요곡선은 $P = 30 - Q$(여기서 Q는 총생산량)로 가정한다. 기업 1이 먼저 생산량을 정하고 난 후 기업 2는 기업 1의 생산량을 관찰한 다음에 자신의 생산량을 결정한다고 하자. 따라서 기업 1은 자신의 생산량을 결정할 때 기업 2가 어떻게 반응할 것인지를 고려하여야 한다. 이러한 **스타켈버그 모형**(Stackelberg model)은 같은 복점시장에서 어느 기업도 반응할 기회를 갖지 못하는 쿠르노 모형과는 다르다.

먼저 기업 2의 문제로부터 시작하자. 기업 2는 기업 1이 생산량을 결정한 다음에 자신의 생산량을 결정하므로 기업 1의 생산량을 주어진 것으로 간주한다. 따라서 기업 2의 이윤극대화 생산량은 식 (12.2)와 같이 기업 2의 쿠르노 반응곡선으로 주어진다.

> 스타켈버그 모형   한 기업이 다른 기업보다 먼저 생산량을 결정하는 과점모형

$$\text{기업 2의 반응곡선: } Q_2 = 15 - \frac{1}{2}Q_1 \tag{12.2}$$

기업 1의 경우는 어떠한가? 이윤을 극대화하기 위하여 기업 1은 한계수입이 한계비용과 같아지는 점에서 산출량 Q_1을 선택한다. 앞서 살펴본 바와 같이 기업 1의 수입은 다음과 같다.

$$R_1 = PQ_1 = 30Q_1 - Q_1^2 - Q_2Q_1 \tag{12.3}$$

R_1은 Q_2에 따라 달라지기 때문에 기업 1은 기업 2가 얼마만큼 생산할 것인지를 예상해야만 한

다. 그러나 기업 1은 기업 2가 식 (12.2)의 반응곡선에 따라 생산량 Q_2를 선택할 것임을 알고 있다. 식 (12.2)를 식 (12.3)의 Q_2에 대입하면 기업 1의 총수입은 다음과 같아진다.

$$R_1 = 30Q_1 - Q_1^2 - Q_1\left(15 - \frac{1}{2}Q_1\right)$$

$$= 15Q_1 - \frac{1}{2}Q_1^2$$

따라서 기업 1의 한계수입곡선은 아래와 같다.

$$\text{MR}_1 = \Delta R_1/\Delta Q_1 = 15 - Q_1 \tag{12.4}$$

여기서 MR_1을 한계비용 0과 같게 두면 $Q_1 = 15$가 된다. 또한 기업 2의 반응곡선 (12.2)로부터 $Q_2 = 7.5$를 얻을 수 있다. 기업 1은 기업 2보다 2배를 생산하며, 이윤 또한 2배가 된다. 먼저 행동함에 따라 기업 1은 유리해진다. 이러한 결과는 자신의 생산량을 상대편에게 먼저 알린다면 불리해질 것이라는 직관적인 판단과는 상반된다. 그렇다면 먼저 행동하는 것은 어떤 이유에서 전략적으로 유리한가?

그것은 먼저 발표하는 것이 기정 사실(fait accompli)을 만드는 격이기 때문이다. 경쟁자가 어떻게 하든 상관없이 먼저 결정하는 기업의 생산량은 클 것이다. 기업 2가 이윤을 극대화하기 위해서는 기업 1이 먼저 정한 큰 수준의 생산량을 주어진 것으로 받아들여서 자신의 생산량은 적게 정해야 한다. 만약 기업 2도 생산량을 크게 한다면 이는 시장가격을 끌어내려서 두 기업 모두에게 손해가 되는 결과를 초래할 것이다. 기업 2가 돈을 버는 것보다 경쟁자에게 맞대응하는 것이 더 중요하다고 생각하지 않는 한 생산량을 크게 하는 것은 비이성적이다. 제13장에서 살펴보겠지만 이러한 선점자의 우위(first mover advantage)는 많은 전략적 상황에서 발생할 수 있다.

쿠르노 모형과 스타켈버그 모형은 과점시장의 기업들의 행위를 서로 다르게 표현한다. 어느 모형이 더 적절한지는 산업에 따라 다르다. 대체로 비슷한 기업들로 구성되어 어느 한 기업이 강력한 우위나 선도적인 지위를 갖지 않는 산업의 경우에는 쿠르노 모형이 더 적절하다고 볼 수 있다. 그러나 어떤 산업은 신제품 출시나 가격결정에 있어 통상적으로 선도적 역할을 하는 한 대기업에 의해 지배된다. IBM이 선도자 위치에 있는 메인프레임 컴퓨터시장을 한 가지 예로 들 수 있다. 이런 경우에는 스타켈버그 모형이 보다 현실에 가깝다고 볼 수 있다.

12.3 가격경쟁

지금까지는 과점기업들이 생산량에 대하여 서로 경쟁한다고 가정하였다. 그러나 많은 과점산업에서 경쟁은 가격 차원에서 이루어진다. 예를 들어 자동차회사들은 가격을 핵심 전략변수로 보며, 각 기업은 경쟁사를 염두에 두고 자사 자동차의 가격을 결정한다. 이 절에서는 내쉬균형의 개념을 이용하여 가격경쟁을 살펴보는데, 우선 동일한 제품을 생산하는 산업의 경우를 살펴본 후 다소 차별화된 제품들을 생산하는 산업에 대하여 살펴본다.

동일한 제품의 가격경쟁 – 베르트랑 모형

베르트랑 모형(Bertrand model)은 1883년 프랑스의 경제학자 조제프 베르트랑(Joseph Bertrand)에 의해 개발되었다. 쿠르노 모형과 마찬가지로, 베르트랑 모형은 동일한 제품을 생산하면서 동시에 의사결정을 하는 기업들에게 적용된다. 그러나 기업들은 생산량 대신 가격을 선택한다. 아래에서 살펴보듯이 이 경우 시장의 결과는 매우 다르게 나타난다.

앞의 복점시장의 예로 돌아가 보자. 시장수요곡선은 다음과 같다.

$$P = 30 - Q$$

여기서도 $Q = Q_1 + Q_2$는 동일한 제품의 총생산량이다. 그러나 이번에는 두 기업의 한계비용을 $3로 둔다.

$$MC_1 = MC_2 = \$3$$

이 시장에서 두 기업이 생산량을 동시에 결정할 때 나타나는 쿠르노균형은 $Q_1 = Q_2 = 9$임을 확인할 수 있다. 아울러 쿠르노균형에서 시장가격은 $12이며, 각 기업의 이윤은 $81가 된다는 것도 확인할 수 있다.

이제 두 기업이 생산량 대신 가격을 동시에 결정함으로써 경쟁한다고 하자. 각 기업은 얼마의 가격을 선택할 것이며, 그에 따라 이윤은 얼마가 될 것인가? 이 질문에 답하기 위해서는 제품이 동일하기 때문에 소비자들은 제일 싼 가격으로 파는 판매자에게서만 제품을 구매할 것이라는 점을 주목해야 한다. 따라서 두 기업이 서로 다른 가격을 책정한다면 더 낮은 가격을 책정하는 기업이 시장 전체를 차지하게 될 것이다. 만약 두 기업이 같은 가격을 부과한다면 소비자로서는 누구로부터 구매해도 마찬가지가 되므로 각 기업은 시장을 양분하여 절반씩 차지하게 될 것이다.

이 경우 내쉬균형은 어떠한 것인가? 이 문제를 조금만 생각해 보면 기업들은 가격을 인하하려는 유인을 가지므로 내쉬균형은 완전경쟁균형과 같아지게 됨을 알 수 있을 것이다. 즉 두 기업 모두 한계비용과 같은 가격을 설정하게 된다. 따라서 $P_1 = P_2 = \$3$가 된다. 그러므로 산업 전체의 생산량은 27단위가 되며, 각 기업은 13.5단위를 생산한다. 또 가격이 한계비용과 같으므로 두 기업의 이윤은 0이 된다. 이러한 결과가 내쉬균형임을 확인하기 위해 두 기업 중 어느 기업이든 가격을 변경할 유인을 가지는지를 살펴보자. 기업 1이 가격을 올린다면 기업 1은 자신의 판매량을 모두 기업 2에게 빼앗기게 되므로 지금보다 나아질 수 없다. 만약 기업 1이 가격을 낮춘다면 기업 1은 시장 판매량 전체를 확보할 수 있지만 1단위 판매할 때마다 손실을 보게 된다. 따라서 이 경우에도 지금보다 더 나쁜 상황이 된다. 따라서 기업 1은(마찬가지로 기업 2도) 현 상태에서 벗어나려는 어떠한 유인도 없다. 각 기업은 경쟁자의 행동이 주어진 상태에서 자신의 이윤을 극대화하기 위해 할 수 있는 최선을 다하고 있는 것이다.

기업들이 약간의 이윤을 가질 수 있도록 각 기업이 똑같이 좀 더 높은 가격을 책정한다면 내쉬균형은 성립할 수 없는가? 어떤 기업이라도 자신의 가격을 조금 낮춘다면 그 기업은 시장 전체를 차지하고 이윤을 거의 2배로 올릴 수 있다. 따라서 각 기업은 경쟁기업에 비해 낮은 가격으로 판매하고자 할 것이다. 이러한 가격 인하 경쟁은 가격이 $3로 떨어질 때까지 지속될 것이다.

전략적 선택변수를 생산량에서 가격으로 변경함에 따라 극적으로 다른 결과를 얻는다. 쿠르노 모형에서 각 기업은 단지 9단위를 생산하기 때문에 시장가격은 $12이다. 그러나 이제 시장가격은 $3이다. 쿠르노 모형에서 각 기업은 이윤을 얻지만 베르트랑 모형에서는 기업들이 가격을 한계비용과 같은 값으로 설정하므로 이윤을 얻지 못한다.

베르트랑 모형은 여러 가지 면에서 비판을 받는다. 첫째, 기업들이 동일한 제품을 생산할 경우에는 가격보다는 생산량으로 경쟁하는 것이 좀 더 자연스럽다. 둘째, 기업들이 가격으로 경쟁하고 그 결과 서로 같은 가격을 책정한다면 각 기업에게는 총판매량 중에서 얼마의 몫이 돌아가는가? 여기서는 총판매량이 기업들 사이에 균등하게 배분될 것이라고 가정하지만 반드시 그렇게 되어야만 하는 이유는 없다. 이러한 비판에도 불구하고 베르트랑 모형은 과점시장의 균형은 기업들의 전략변수 선택에 따라 크게 달라진다는 점을 보여 준다는 점에서 유용하다.[2]

차별화 제품의 가격경쟁

일반적으로 과점시장에서 판매되는 제품들은 차별화되어 있다.[3] 따라서 각 기업의 시장점유율은 가격뿐만 아니라 제품의 디자인, 성능, 그리고 내구성 차이 등에 따라 결정된다. 이러한 경우 기업들은 생산량보다는 가격으로 경쟁하는 것이 더 자연스럽다.

제품이 차별화되어 있는 과점시장에서 가격경쟁이 어떻게 작동하는지를 살펴보기 위해 다음과 같은 간단한 예를 살펴보자. 두 복점기업의 고정비용은 모두 $20이고, 변동비용은 모두 0이라고 가정하자. 또한 다음과 같은 동일한 수요곡선에 직면하고 있다고 하자.

$$\text{기업 1의 수요: } Q_1 = 12 - 2P_1 + P_2 \tag{12.5a}$$

$$\text{기업 2의 수요: } Q_2 = 12 - 2P_2 + P_1 \tag{12.5b}$$

여기서 P_1과 P_2는 각 기업이 부과하는 가격이며, Q_1과 Q_2는 각 가격에서의 판매량이다. 각 기업의 판매량은 자신의 가격을 올리면 감소하지만 경쟁사가 가격을 올린다면 증가한다는 점을 주목하라.

가격 선택 두 기업이 자신의 제품가격을 동시에 결정하며, 이때 각 기업은 경쟁사의 가격은 고정된 것으로 간주한다고 가정한다. 따라서 내쉬균형의 개념을 이용하여 가격이 결과적으로 얼마로 결정되는지 알 수 있다. 먼저 기업 1부터 시작하자. 이 기업의 이윤 π_1은 판매수입 P_1Q_1에서 고정비용 $20를 뺀 것이다. 식 (12.5a)를 이용하면 이윤은 다음과 같이 표현된다.

$$\pi_1 = P_1Q_1 - 20 = 12P_1 - 2P_1^2 + P_1P_2 - 20$$

P_1이 얼마일 때 기업 1의 이윤은 극대화되는가? 그 답은 기업 1이 고정된 것으로 생각하는 P_2에 따라 달라진다. 그러나 기업 2가 어떤 가격을 설정하든지 관계없이 기업 1의 이윤은 자신의

---

2 아울러 만약 기업들이 동일한 상품을 생산하면서 먼저 생산능력으로 경쟁하고 그다음에는 가격으로 경쟁을 한다면 그 결과는 수량으로 경쟁할 때의 쿠르노균형과 같아진다. David Kreps and Jose Scheinkman, "Quantity Precommitment and Bertrand Competition Yield Cournot Outcomes," *Bell Journal of Economics* 14 (1983): 326-38 참조.

3 언뜻 보기에 동일한 제품에도 가격차화는 존재할 수 있다. 예를 들어 휘발유의 경우를 생각해 보자. 휘발유 그 자체는 동일한 상품이지만 주유소들은 위치나 제공하는 서비스에서 다소 차이가 난다. 이에 따라 휘발유가격은 주유소마다 다를 수 있다.

제품가격을 아주 조금 올릴 때 추가적으로 발생하는 이윤이 0이 될 때 극대화된다. P_2가 고정된 것으로 간주하면 기업 1의 이윤을 극대화시키는 가격은 다음의 조건과 같이 결정된다.

$$\Delta\pi_1/\Delta P_1 = 12 - 4P_1 + P_2 = 0$$

이 식을 정리하면 다음과 같은 가격설정 원칙, 즉 기업 1의 반응곡선을 얻을 수 있다.

$$\text{기업 1의 반응곡선: } P_1 = 3 + \frac{1}{4}P_2$$

이 식은 기업 2의 가격이 P_2로 정해져 있을 때 기업 1은 가격을 얼마로 정해야 하는지를 알려 준다. 같은 방식으로 다음과 같은 기업 2의 가격설정 원칙을 구할 수 있다.

$$\text{기업 2의 반응곡선: } P_2 = 3 + \frac{1}{4}P_1$$

이 두 반응곡선은 그림 12.6에 그려져 있다. 내쉬균형은 두 반응곡선이 교차하는 점이다. 각 기업은 가격을 $4로 책정하며, 각 기업의 이윤은 $12가 됨을 확인할 수 있다. 이 점에서 각 기업은 경쟁기업의 가격을 주어진 것으로 간주하고 자신이 할 수 있는 최선을 다하고 있기 때문에 어느 기업도 자기 제품의 가격을 변경할 어떠한 유인도 갖지 않는다.

이제 두 기업이 담합을 한다고 해 보자. 이 경우 두 기업은 가격을 독립적으로 설정하는 대신에 동일한 가격을 책정하기로 결정한다. 이 가격은 두 기업의 공동이윤을 극대화한다. 이 경우 두 기업은 $6의 가격을 부과하며, 이에 따라 각 기업의 이윤은 $16가 된다. 따라서 두 기업은 각각 전보다 더 나은 상태에 있게 됨을 알 수 있다.[4] 그림 12.6은 이러한 담합균형을 보여 준다.

그림 12.6
가격경쟁의 내쉬균형
이제 두 기업은 차별화된 제품을 판매하고 있으며, 각 기업의 수요는 자신의 제품가격과 경쟁기업의 제품가격에 의존한다. 각 기업은 경쟁기업의 가격을 주어진 것으로 간주하며, 두 기업이 동시에 가격을 결정한다. 기업 1의 반응곡선은 기업 1의 이윤극대화 가격을 기업 2의 가격의 함수로 표현한 것이다. 내쉬균형은 두 반응곡선의 교차점이다. 각 기업은 $4의 가격을 설정하는데, 경쟁기업의 가격이 정해진 상태에서 할 수 있는 최선의 선택을 한 것이므로 가격을 변경할 유인이 없다. 아울러 담합균형점도 나타나 있는데, 두 기업이 협력하여 가격을 정한다면 $6를 선택할 것이다.

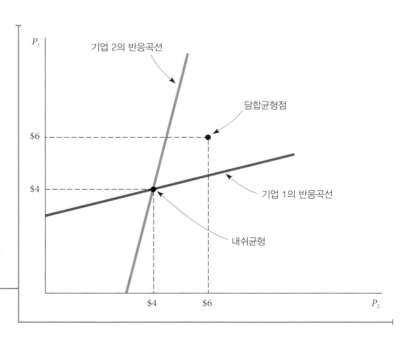

마지막으로 기업 1이 가격을 먼저 결정하며, 기업 2는 기업 1이 결정한 가격을 확인한 후에 자신의 가격을 결정하는 경우를 살펴보자. 기업들이 생산량 경쟁을 하는 스타켈버그 모형과는 달리 이 경우 기업 1은 먼저 행동함으로써 확연히 불리한 상황에 놓인다(이는 기업 2의 반응곡선을 염두에 두고 기업 1의 이윤극대화 가격을 계산해 보면 알 수 있다). 이 경우에는 왜 먼저 행동하는 것이 불리한가? 그것은 먼저 가격을 결정하는 것은 나중에 행동하는 기업이 약간 낮게 가격을 설정하여 더 큰 시장점유율을 차지할 수 있는 기회를 주기 때문이다(이 장 연습문제 11번을 참조하라).

사례 12.2 프록터앤갬블사의 가격설정

프록터앤갬블(P&G)사는 방충용 테이프를 일본 시장에 판매하기 위한 시장 진입 계획을 세웠다. P&G사는 자신의 생산비용과 시장수요곡선을 알고는 있었지만 가오(Kao)사와 유니레버(Unilever)사도 동시에 시장 진입을 계획하고 있었기 때문에 가격을 얼마로 설정해야 하는지를 판단하기가 어려웠다. 세 기업 모두 거의 비슷한 시기에 가격을 결정하고자 했으므로 P&G사는 자사 제품가격을 결정할 때 이러한 점을 고려해야만 했다.[5]

세 기업은 같은 기술을 사용하여 방충용 테이프를 생산했으므로 생산비용은 같았다. 각 기업은 월간 $480,000의 고정비용을 지출하며, 변동비용은 단위당 $1였다. 시장조사를 통해 P&G는 월간 판매수요는 다음과 같다는 것을 알게 되었다.

$$Q = 3,375P^{-3.5}(P_U)^{.25}(P_K)^{.25}$$

여기서 Q는 천 단위로 나타낸 월간 판매량이며, P, P_U 그리고 P_K는 각각 P&G사, 유니레버사 그리고 가오사의 가격을 나타낸다. 이제 여러분이 P&G사의 입장이 되었다고 하자. 유니레버사와 가오사가 동일한 수요조건을 지닌다고 가정할 때 가격을 얼마로 책정하여 시장에 진입하며, 그에 따라 예상하는 이윤은 얼마인가?

유니레버사와 가오사가 부과하게 될 여러 가지 가격수준에서 P&G사의 이윤을 P&G사가 책정하는 제품가격의 함수로 표시하여

계산할 수 있다. 위에서 주어진 수요곡선과 비용조건을 적용하여 계산한 결과가 표 12.2에 나타나 있다. 이 표는 경쟁사인 유니레버사와 가오사는 서로 같은 가격을 책정한다고 가정한 상태에서 특정한 가격조합에 대응하여 P&G사가 얻는 이윤을 월간 천 달러 단위로 보여주고 있다. 예를 들어 P&G사는 $1.30를 책정하며, 유니레버사와 가오사는 동일한 $1.50를 책정한다면 P&G사의 이윤은 월간 $15,000가 될 것이다.

그러나 유니레버사와 가오사의 경영자들도 십중팔구 여러분과 똑같은 계산을 하며, 표 12.2와 같은 자신들의 표를 가지고 있음을 기억하라. 이제 여러분의 경쟁사가 $1.50 이상의 가격을 책정한다고 하자. 표를 보면 알 수 있듯이, 여러분은 가장 높은 이윤을 가져다주는 $1.40의 가격을 책정하기를 원할 것이다(예를 들어 경쟁사들이 $1.50의 가격을 책정한다면 P&G사는 $1.40를 책정함으로써 월 $29,000의 이윤을 올릴 것이다. 그러나 P&G사가 가격을 $1.50로 책정한다면 단지 $20,000의 이윤만 얻을 것이며, $1.30로 책정한다면 $15,000만 얻을 것이다). 결과적으로 여러분은 가격을 $1.50나 그 이상으로 책정하려 하지 않을 것이다. 경쟁사들도 똑같이 생각할 것임을 가정한다면 여러분은 경쟁사들이 $1.50나 그 이상의 가격을 책정하지 않을 것으로 예상해야 한다.

경쟁사가 가격을 $1.30로 책정한다면 어떻게 되는가? 이 경우

---

4 두 기업의 비용이 같으므로 동일한 가격 P를 부과할 것이다. 총이윤은 다음과 같다.

$$\pi_T = \pi_1 + \pi_2 = 24P - 4P^2 + 2P^2 - 40 = 24P - 2P^2 - 40$$

총이윤은 $\Delta\pi_T/\Delta P = 24 - 4P = 0$일 때 극대화되므로 공동의 이윤을 극대화하는 가격은 $P = \$6$이다. 그러므로 각 기업의 이윤은 다음과 같다.

$$\pi_1 = \pi_2 = 12P - P^2 - 20 = 72 - 36 - 20 = \$16$$

5 이 사례는 MIT의 John Hauser 교수가 개발한 교재에 기초하고 있다. P&G사의 지적재산권 이해관계를 보호하기 위해 일부 제품과 시장 관련 사실이 수정되었다. 그러나 P&G의 가격설정 문제의 본질에 대한 기술은 정확하다.

표 12.2	프록터앤갬블사의 이윤(단위: 천 달러/월)							
	경쟁사들의 (동일) 가격($)							
P&G의 가격($)	1.10	1.20	1.30	1.40	1.50	1.60	1.70	1.80
1.10	−226	−215	−204	−194	−183	−174	−165	−155
1.20	−106	−89	−73	−58	−43	−28	−15	−2
1.30	−56	−37	−19	2	15	31	47	62
1.40	−44	−25	−6	12	29	46	62	78
1.50	−52	−32	−15	3	20	36	52	68
1.60	−70	−51	−34	−18	−1	14	30	44
1.70	−93	−76	−59	−44	−28	−13	1	15
1.80	−118	−102	−87	−72	−57	−44	−30	−17

P&G사는 손해를 볼 것이다. 그러나 가격을 $1.40로 책정한다면 손실은 월 $6,000로 가장 작아진다. 그러므로 경쟁자들은 P&G사가 가격을 $1.30로 책정할 것이라고는 예상하지 않을 것이다. 마찬가지로 P&G사도 경쟁사들이 이처럼 낮은 가격을 책정할 것으로 예상하지 않아야 한다. 경쟁사의 가격이 주어졌을 때 P&G사가 선택할 수 있는 최선의 가격은 $1.40이다. 이 가격은 또한 경쟁사들이 선택하는 최선의 가격이다. 따라서 이 가격은 내쉬균형이다.[6] 표에서 볼 수 있듯이 내쉬균형에서 P&G사와 경쟁사들은 각각 월 $12,000의 이윤을 얻을 것이다.

P&G사 경쟁사들과 담합한다면 P&G사는 더 큰 이윤을 얻을 수 있을 것이다. 모두 $1.50의 가격을 부과하기로 합의한다면 각 기업은 $20,000의 이윤을 얻을 것이다. 그러나 담합에 관한 합의를 강제하기는 어렵다. P&G사가 가격을 경쟁사들보다 약간 인하한다면 경쟁사들은 피해를 보는 대신 P&G사의 이윤은 더 커질 수 있으며, 경쟁사들도 물론 P&G사에게 똑같은 행위를 할 수 있기 때문이다.

12.4   경쟁과 담합: 죄수의 딜레마

내쉬균형은 비협조적(noncooperative) 균형이다. 각 기업은 경쟁기업들의 행동이 주어져 있을 때 자신의 이윤을 가장 높일 수 있도록 의사결정을 한다. 이미 살펴본 것처럼 이때 각 기업이 얻게 되는 이윤은 완전경쟁에서 나타나는 이윤보다는 크고 기업들이 담합한 경우의 이윤보다는 작다.

그러나 담합은 불법이며, 대부분 경영자들은 구속되기를 원치 않는다. 하지만 협력을 통해 더 높은 이윤을 얻을 수 있다면 기업들은 명시적인 담합(explicit collusion)은 피하면서 서로 협력하고자 할 것이다. 특히 여러분과 경쟁사 모두 담합을 할 경우에 책정하게 될 이윤극대화 가격을 알고 있다면 그 가격을 정한 후 경쟁사들이 똑같은 가격을 정할 것으로 기대할 수도 있다. 만약 경쟁사들이 실제로 똑같은 가격을 정한다면 여러분과 경쟁사 모두 더 많은 이익을 얻을 것이다.

---

6 이 내쉬균형은 위의 수요곡선과 비용자료로부터 대수적으로 도출할 수도 있다. 이는 연습문제로 맡긴다.

문제는 여러분의 경쟁사가 가격을 담합수준으로 설정하지 않을 수도 있다는 것이다. 경쟁사의 입장에서는 여러분이 가격을 담합수준으로 설정할 것임을 알더라도, 자신의 기격을 그보다 좀 더 낮은 수준으로 책정한다면 더 많은 이익을 얻을 수 있기 때문이다.

이를 이해하기 위해 앞 절에서 살펴본 가격경쟁의 예를 다시 살펴보자. 기업들은 고정비용이 $20이고 변동비용은 0이며, 각 기업이 직면하는 수요곡선은 다음과 같다.

$$기업 1의 수요: Q_1 = 12 - 2P_1 + P_2$$
$$기업 2의 수요: Q_2 = 12 - 2P_2 + P_1$$

이 경우의 내쉬균형에서는 각 기업은 $4의 가격을 책정하며, $12의 이윤을 얻는다는 것을 확인하였다. 두 기업이 담합한다면 $6를 공동가격으로 책정하여 각각 $16의 이윤을 얻는다. 이제 기업들이 담합하지는 않지만 기업 1은 담합가격 $6를 책정하며, 기업 2도 똑같은 가격을 책정할 것을 기대한다고 하자. 만약 기업 2가 똑같이 가격을 $6로 책정한다면 $16의 이윤을 얻겠지만 가격을 $4로 책정한다면 어떻게 될까? 그 경우 기업 2의 이윤은 다음과 같다.

$$\pi_2 = P_2 Q_2 - 20 = (4)[12 - (2)(4) + 6] - 20 = \$20$$

그러나 기업 1은 다음과 같이 단지 $4의 이윤만 얻는다.

$$\pi_1 = P_1 Q_1 - 20 = (6)[12 - (2)(6) + 4] - 20 = \$4$$

그러므로 기업 1이 가격을 $6로 책정할 때 기업 2가 $4로 자신의 가격을 책정하면 기업 2의 이윤은 $20로 증가한다. 그것은 기업 1의 이윤이 $4로 감소했기 때문이다. 기업 2의 입장에서는 $4의 가격은 최선의 선택이다. 만약 기업 2가 가격을 $6로 책정하고 기업 1이 $4로 책정한다면 기업 1의 이윤은 $20가 되는 반면 기업 2의 이윤은 $4로 줄어들 것이다.

보수행렬 표 12.3은 이러한 여러 가지 가능성의 결과를 요약한 것이다. 어떤 가격을 선택할 것인가를 두고 두 기업은 **비협조게임**(noncooperative game)을 하고 있는 것이다. 여기서 각 기업은 경쟁자의 선택을 고려하면서 독립적으로 자신이 할 수 있는 최선의 선택을 한다. 표 12.3은 각 기업과 경쟁기업의 선택이 주어졌을 때 각 기업이 얻는 이윤(또는 보수)을 보여 주므로 **보수행렬**(payoff matrix)이라 부른다. 예를 들어 보수행렬의 왼쪽 위의 값은 두 기업 모두 가격을 $4로 책정한다면 각 기업은 $12의 이윤을 얻는다는 것을 보여 준다. 오른쪽 위의 값은 기업 1이 가격을

비협조게임 서로를 구속하는 계약의 협상이나 강제집행이 불가능한 게임

보수행렬 각 기업의 결정과 경쟁기업의 결정이 주어졌을 때 각 기업이 얻는 이윤(또는 보수)을 나타내는 표

표 12.3	가격설정 게임의 보수행렬		
		기업 2	
		$4 부과	**$6 부과**
기업 1	**$4 부과**	$12, $12	$20, $4
	$6 부과	$4, $20	$16, $16

$4로 책정하고 기업 2는 $6로 책정한다면 기업 1은 $20, 기업 2는 $4의 이윤을 얻게 됨을 보여 준다.

이 보수행렬을 이용하여 기업들이 비록 담합을 할 수는 없지만 협조적인 행위를 통하여 더 높은 이윤을 얻지 못하는 이유를 설명할 수 있다. 이 경우 협조한다는 것은 두 기업 모두 $4 대신 $6의 가격을 책정하여 모두 $12 대신 $16의 이윤을 얻는다는 것을 의미한다. 문제는 **경쟁자가 어떻게 하든지 상관없이 각 기업은 가격을 $4로 책정함으로써 항상 더 많은 이윤을 얻을 수 있다는 점이다.** 보수행렬이 보여 주는 것처럼 만약 기업 2가 가격을 $4로 정한다면 기업 1은 $4로 정하는 것이 자신의 입장에서는 최선이 된다. 비슷하게 기업 2도 기업 1이 어떻게 하든지 상관없이 가격을 $4로 정하는 것이 자신의 입장에서는 항상 최선이다. 결과적으로 두 기업이 가격을 $6로 부과하도록 강제할 수 있는 합의문에 서명하지 않는 한, 어떤 기업도 경쟁기업이 $6의 가격을 선택할 것이라고 기대하지는 못한다. 따라서 두 기업 모두 $4의 가격을 선택하게 된다.

죄수의 딜레마   **죄수의 딜레마**(prisoner's dilemma)로 불리는 게임이론의 고전적인 예는 바로 과점기업들이 직면하는 문제를 잘 보여 준다. 그 내용은 다음과 같다. 두 죄수가 형사사건의 공범으로 기소되었다. 둘은 서로 분리된 감방에 수감되어 의사소통을 할 수 없다. 각자는 자백할 것을 권유받았다. 만약 두 죄수가 모두 자백한다면 각자는 5년의 징역형을 받을 것이다. 만약 둘 다 자백하지 않는다면 기소를 입증하기 어려워져 죄수들은 양형거래(plea bargain)를 기대할 수 있고, 이에 따라 2년의 징역형을 받는다. 반면 한 죄수는 자백하는데 다른 죄수는 하지 않는다면 자백한 죄수는 1년의 징역형을, 다른 죄수는 10년의 징역형을 받을 것이다. 여러분이 이러한 상황에 처해 있다면 자백할 것인가 자백하지 않을 것인가?

표 12.4의 보수행렬은 가능한 결과들을 요약하고 있다[보수는 음(-)의 값을 가지는데, 예를 들어 오른쪽 아래 칸의 숫자는 각 죄수가 2년의 형을 받는 것을 의미한다]. 여기서 볼 수 있듯이 죄수들은 딜레마에 처해 있다. 만약 구속력 있는 방법에 의해 둘 다 자백하지 않기로 동의한다면 각자는 2년형을 받을 것이다. 그러나 둘은 서로 의논을 할 수 없으며, 또 설사 의논을 할 수 있더라도 서로를 신뢰할 수 있을까? 만약 죄수 A가 자백하지 않는다면 그는 공범에 의해 이용당하는 위험을 감수해야 한다. 결국 죄수 A가 무엇을 선택하든지 상관없이 죄수 B는 자백을 함으로써 이득을 볼 수 있다. 마찬가지로 죄수 A도 자백을 하는 것이 항상 이득이 되며, 따라서 죄수 B는 자백을 하지 않으면 자신이 이용당하게 된다는 점을 걱정해야만 한다. 따라서 두 죄수 모두 자백을 하며, 각자 5년의 형을 받게 될 것이다.

죄수의 딜레마 두 죄수가 범죄에 대해 자백할지 여부를 별도로 결정해야 하는 상황에 관한 게임이론의 예이다. 만약 한 죄수가 자백을 하면 자신은 가벼운 형을 받지만 공범은 무거운 형을 받는다. 그러나 아무도 자백을 하지 않으면 둘 다 자백할 때에 비해서 가벼운 형을 받는다.

표 12.4	죄수의 딜레마의 보수행렬		
		죄수 B	
		자백함	자백하지 않음
죄수 A	자백함	-5, -5	-1, -10
	자백하지 않음	-10, -1	-2, -2

사례 12.3 죄수의 딜레마에 빠진 프록터앤갬블사

사례 12.2에서는 P&G, 유니레버, 가오가 동시에 일본의 방충용 테이프 시장에 진입할 계획을 가지고 있을 때의 문제를 살펴보았다. 세 회사 모두 동일한 비용과 수요조건을 가지며, 각 기업은 경쟁기업의 반응을 염두에 두고 자신의 가격을 책정해야 했다. 표 12.2에는 P&G사와 경쟁기업들이 책정할 수 있는 여러 가격하에서 P&G사가 얻는 이윤이 정리되어 있다. 앞에서 P&G는 경쟁기업들이 $1.40의 가격을 책정할 것임을 예상해야 하고 자신도 같은 가격을 책정해야 함을 살펴보았다.[7]

만약 P&G사와 경쟁사 모두가 가격을 $1.50로 책정한다면 P&G사는 더 나아진다. 이는 표 12.5의 보수행렬을 통해 명확히 알 수 있다. 이 보수행렬은 표 12.2에서 $1.40와 $1.50의 가격에 해당하는 P&G사의 이윤을 경쟁기업들의 이윤과 함께 나타낸 것이다.[8] 모든 기업이 가격을 $1.50로 정한다면 각 기업은 가격을 $1.40로 정할 때 얻게 되는 월 $12,000 대신 월 $20,000의 이윤을 얻게 된다. 그렇다면 기업들은 왜 가격을 $1.50로 책정하지 않는가?

그것은 기업들이 죄수의 딜레마 상황에 처해 있기 때문이다. 유니레버사와 가오사가 어떤 가격을 책정하든지 관계없이 P&G사는 가격을 $1.40로 책정함으로써 더 많은 이윤을 얻는다. 예를 들어 만약 유니레버사와 가오사가 가격을 $1.50로 책정할 때 P&G사가 $1.40로 정하면 월 $29,000를 얻으며, 그들이 $1.50를 책정하면 월 $20,000를 얻는다. 이는 유니레버사와 가오사도 마찬가지이다. 예를 들어 P&G사가 $1.50를 책정하고 유니레버사와 가오사가 $1.40를 책정한다면 P&G사의 경쟁사들은 월 $20,000 대신 월 $21,000의 이윤을 얻는다.[9] 결과적으로 P&G사는 자신이 가격을 $1.50로 책정하면 경쟁사들은 가격을 더 낮추어 $1.40로 책정할 강한 유인을 가진다는 사실을 알 것이다. 그렇게 되면 P&G사는 시장점유율은 낮아지며 이윤은 월 $3,000에 그치게 될 것이다. P&G는 굳은 믿음을 가지고 가격을 $1.50로 책정해야 하는가? 만약 여러분이 이러한 상황에 처해 있다면 어떤 결정을 할 것인가?

표 12.5	가격책정 문제의 보수행렬		
		유니레버와 가오	
		$1.40 부과	$1.50 부과
P&G	$1.40 부과	$12, $12	$29, $11
	$1.50 부과	$3, $21	$20, $20

과점기업들은 자주 죄수의 딜레마에 처하게 된다. 기업들은 경쟁사의 몫을 가로채서 시장점유율을 높이기 위하여 공격적으로 경쟁을 해야 할지, 아니면 경쟁사와 공존하여 서로 현재의 시장점유율을 안정적으로 유지하며 심지어 묵시적으로 담합도 하면서 협력하고 좀 더 수동적으로 경쟁하는 쪽을 택할지 결정해야 한다. 만약 기업들이 수동적으로 경쟁하여 가격을 높게 책정하고 생산량을 제한한다면 공격적으로 경쟁할 때보다 더 높은 이윤을 얻을 수 있을 것이다.

---

7 사례 12.2에서와 같이 제품과 시장에 대한 일부 사실은 P&G의 재산권 이해관계를 보호하기 위해 수정되었다.

8 이 보수행렬에서는 유니레버사와 가오사 모두 같은 가격을 부과한다고 가정한다. 각 항에는 단위가 월 천 달러로 표시된 이윤이 표시된다.

9 만약 P&G와 가오가 모두 $1.50를 책정하고 유니레버만 $1.40를 책정하면 유니레버는 월 $29,000를 번다. 낮은 가격을 부과하는 유일한 기업이 된다면 특히 더 큰 이윤을 얻는다.

그러나 마치 죄수들처럼 각 기업은 경쟁기업보다 낮은 가격으로 제품을 공급할 유인이 있으며, 또한 자신의 경쟁기업도 똑같은 유인이 있다는 사실을 알고 있다. 협력이 바람직하기는 하지만 각 기업은 자신이 수동적으로 경쟁한다면 경쟁기업이 공격적으로 경쟁을 하여 시장의 대부분을 가로챌 것을 우려하게 된다. 표 12.3에 나타난 가격설정 문제에서 두 기업은 협력하여 높은 가격을 책정하는 것이 이득이 된다. 그러나 어느 기업도 경쟁기업이 높은 가격을 설정할 것이라고 믿지 못하는 죄수의 딜레마 상황에 있다.

12.5 과점기업의 가격설정과 죄수의 딜레마

죄수의 딜레마는 과점기업들이 공격적인 경쟁을 할 수밖에 없도록 만들며, 그 결과 기업들은 낮은 이윤만 얻게 되는가? 반드시 그렇지만은 않다. 비록 가상의 죄수들은 자백을 할 수 있는 기회가 단 한 번만 있지만 대부분 기업들은 생산량과 가격을 반복적으로 여러 번 결정한다. 이 과정에서 과점기업들은 지속적으로 경쟁기업의 행위를 관찰하며, 그에 따라 자신의 행동을 조정해 나간다. 이런 과정을 통해 기업들은 신뢰가 형성될 수 있는 기초인 평판을 쌓을 수 있게 된다. 결과적으로 과점기업들의 조정과 협력은 경우에 따라서는 잘 이루어질 수도 있다.

예를 들어 어느 산업에는 오랜 기간 시장에서 함께 활동해 왔던 서너 개의 기업들이 있다고 하자. 시간이 지남에 따라 경영자들은 가격전쟁 때문에 발생하는 손해를 피하고자 할 것이며, 그로 인해 모든 기업이 높은 가격을 유지하면서 아무도 경쟁사의 시장점유율을 가로채려고 하지 않는다는 묵시적인 양해가 형성될 수 있다. 각 기업은 경쟁기업에 비해 낮은 가격을 책정하고 싶겠지만, 경영자들은 낮은 가격을 통해 얻는 이득은 오래가지 못한다는 것을 잘 알고 있다. 그것은 자신의 가격 인하는 경쟁기업들의 보복을 초래하며, 그로 인해 가격전쟁이 다시 촉발됨으로써 장기적으로는 이윤을 낮추게 되기 때문이다.

어떤 산업에서는 이러한 방식으로 죄수의 딜레마 문제가 해결될 수 있지만, 그렇지 않은 산업도 있다. 경영자들은 때로는 암묵적인 담합을 통해 얻게 되는 적당히 높은 수준의 이윤에 만족하지 못하며, 시장점유율을 높이기 위한 공격적인 경쟁을 선호한다. 때로는 암묵적인 상호이해가 달성되기 힘들 수도 있다. 예를 들어 기업들의 비용구조가 서로 다르며 시장수요에 대해서도 서로 다르게 평가한다면 적절한 담합가격에 대해 서로 다르게 생각할 수 있다. 기업 *A*는 적절한 가격이 $10라고 생각하는 반면 기업 *B*는 $9라고 생각할 수 있다. 이 경우 기업 *B*가 가격을 $9로 설정한다면 기업 *A*는 이를 가격을 낮추려는 시도로 간주하여 자신의 가격을 $8로 낮춤으로써 보복한다. 결과는 가격전쟁이다.

따라서 많은 산업에서 암묵적 담합은 오래가지 않는다. 과점시장에서는 기업 간의 상호불신이 밑바탕에 깔려 있는 경우가 많다. 따라서 경쟁기업이 가격을 변화시키거나 광고를 늘림으로써 판 흔들기를 한다고 인식한다면 가격전쟁이 촉발된다.

가격경직성

가격경직성 과점시장의 특징으로서 기업들은 비용이나 시장수요가 변함에도 불구하고 가격을 변화시키는 것을 꺼리는 현상

암묵적 담합은 깨지기 쉽기 때문에 과점기업들은 안정적인 가격을 원하는 경우가 많다. 이러한 이유로 인해 과점산업에서는 **가격경직성**(price rigidity)이 특징적으로 나타날 수 있다. 비용과 수

요가 변하더라도 기업들은 가격 변화를 꺼린다. 비용이 내려가거나 시장수요가 감소함에 따라 가격을 인하할 이유가 생기는 경우에도 자신의 가격 인하가 경쟁기업에게 잘못된 신호를 보내서 가격전쟁을 촉발시킬 수 있다는 점에서 주저한다. 또한 비용이 상승하거나 시장수요가 증가하여 가격을 인상할 필요가 있더라도 경쟁기업들은 가격을 그대로 유지할 수도 있기 때문에 가격 인상을 꺼린다.

가격경직성은 과점시장에 관한 **굴절수요곡선 모형**(kinked demand curve model)의 근거가 된다. 이 모형에 의하면 각 기업은 현재의 가격 P^*에서 굴절된 수요곡선을 가진다(그림 12.7 참조). P^*보다 높은 가격에서 수요곡선은 매우 탄력적이다. 그 이유는 과점기업은 자신이 가격을 P^*보다 높게 올린다면 다른 기업들이 이를 따라 하지 않을 것이므로 자신의 판매량은 줄고 시장의 상당 부분을 잃게 될 것이라고 믿기 때문이다. 반면 가격을 P^*보다 낮게 내린다면 시장점유율을 잃는 것을 원치 않는 경쟁기업들도 함께 가격을 낮출 것이라고 믿는다. 이 경우 이 기업의 판매량은 낮아진 시장가격으로 인해 총시장수요가 증가하는 정도만큼만 늘어날 것이다.

기업의 수요곡선이 굴절되어 있기 때문에 한계수입곡선은 불연속적인 모습을 지닌다(한계수입곡선의 아래 부분은 덜 탄력적인 수요곡선에 해당하는 한계수입곡선이다). 결과적으로 기업의 비용이 변하더라도 가격은 변하지 않는 일이 발생할 수 있다. 그림 12.7에서 보듯이 한계비용이 상승하더라도 여전히 동일한 생산량 수준에서 한계수입과 같아지므로 가격은 같은 수준에서 유지된다.

굴절수요곡선 모형은 과점시장에나 나타나는 현상을 쉽게 설명한다는 장점은 있지만 실제로 가격책정 문제를 설명하지는 않는다. 이 모형은 처음의 가격 P^*가 어떻게 결정되는지, 왜 다른 가격이 나타나지는 않는지를 설명하지 못한다. 따라서 이 모형은 가격경직성을 **설명하기보다는**

굴절수요곡선 모형 과점시장을 설명하는 모형으로서 각 기업이 직면하는 수요곡선은 현재의 시장가격을 기준으로 더 높은 가격에서는 매우 탄력적이고 더 낮은 가격에서는 비탄력적인 모습을 지닌다.

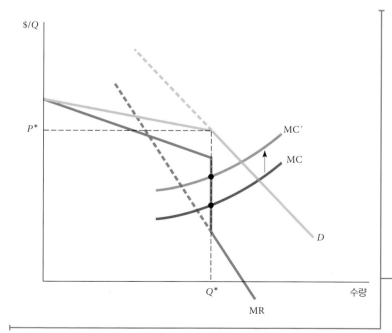

그림 12.7
굴절수요곡선
각 기업은 가격을 현재 가격인 P^*보다 높게 올리면 경쟁자 중 아무도 이를 따라 하지 않기 때문에 자신의 판매량거의 대부분을 잃게 될 것이라고 믿는다. 각 기업은 또한 자신이 가격을 내린다면 모두가 같이 내릴 것이므로 자신의 판매량은 단지 시장수요가 증가하는 정도로만 증가할 것으로 믿는다. 결과적으로 기업의 수요곡선 D는 가격 P^*에서 굴절되고 한계수입곡선 MR은 이점에서 불연속적이 된다. 한계비용이 MC에서 MC′로 증가하더라도 기업은 여전히 같은 생산량 Q^*를 생산하고 동일한 가격 P^*를 부과할 것이다.

그 현상을 표현하는 데 유용하다. 가격경직성에 대한 설명은 죄수의 딜레마와 상호 파괴적인 가격경쟁을 피하려고 하는 기업들의 의지로부터 찾을 수 있다.

가격신호와 가격선도

암묵적 담합에 의한 가격책정을 가로막는 가장 큰 장애요인은 기업들이 서로 의사소통을 하지 않는다면 어떤 가격을 책정해야 할지 합의하기가 어렵다는 사실이다. 기업 간의 조정은 비용과 수요조건이 변하고 그에 따라 책정해야 할 정확한 가격이 변하는 경우에는 특히 힘들다. **가격신호**(price signalling)는 암묵적인 담합의 일종으로서 이와 같은 문제를 극복하기 위한 수단이 된다. 예를 들어 어떤 기업이 언론을 통해 자신의 가격을 인상할 것임을 발표할 때는 경쟁사들이 자신들도 함께 가격을 인상해야 한다는 신호로 받아들이기를 기대한다. 만약 이 기업이 기대한 것처럼 경쟁기업들도 가격을 인상한다면 모든 기업은 더 높은 이윤을 얻게 될 것이다.

때로는 한 기업이 정기적으로 가격 변화를 발표하고 동종 업계의 다른 기업들은 이를 따라 하는 정형화된 패턴이 형성된다. 이러한 패턴을 **가격선도**(price leadership)라고 부른다. 여기서 한 기업은 암묵적으로 선도자(price leader)로 인식되며, 가격추종자(price follower)인 다른 기업들은 자신들의 가격을 선도가격에 맞춘다. 이러한 행동이 가격조정의 문제를 해결한다. 모든 기업은 선도자가 정하는 가격을 책정한다.

예를 들어 세 과점기업이 현재 자신들의 제품을 $10에 판매하고 있다고 하자(이 기업들이 모두 시장수요곡선을 알고 있다면 이는 내쉬균형가격이 될 수도 있다). 세 기업이 담합하여 가격을 모두 $20로 정하면 자신들의 이윤이 크게 증가할 수 있다고 하자. 함께 만나서 $20의 가격을 책정하기로 합의하는 것은 불법이다. 대신 기업 A가 가격을 $15로 인상하면서 해당 산업의 활력을 회복하기 위하여 가격 인상이 필요하다는 점을 경제신문에 발표한다. 기업 B와 C는 이를 기업 A가 가격을 올리는 데 있어서 자신들의 협력을 구한다는 확실한 메시지로 간주할 수도 있다. 따라서 기업 B와 C도 자신들의 가격을 $15로 인상할 수 있다. 기업 A는 그 후 다시 가격을 $18로 더 올리며, 기업 B와 C도 같이 올릴 수 있다. 이러한 과정을 통해 이윤극대화 가격 $20까지 가든지 혹은 $20를 초과하는 가격을 정하든지 관계없이 기업의 입장에서는 정식으로 만나서 가격에 대한 합의를 하는 것만큼이나 효과적인 가격조정 패턴이 형성된 것이다.[10]

신호발송과 가격선도가 극단적으로 이용된다면 반독점적 행위에 관한 소송을 야기할 수 있다. 그러나 일부 산업에 있어서는 한 대기업이 자연스럽게 선도기업으로 부상하고 다른 기업들은 선도기업이나 다른 경쟁기업보다 낮은 가격에 판매하기보다는 선도기업의 가격에 맞추어서 자신의 가격을 책정하는 것이 가장 좋은 선택이라고 결정할 수도 있다. 제너럴모터스사가 전통적으로 가격선도자의 역할을 해 온 미국 자동차산업을 하나의 예로 들 수 있다.

가격선도는 또한 과점기업들이 저가경쟁 또는 판 흔들기에 대한 두려움 때문에 가격 변경을 꺼리는 문제를 해결하는 방안이 될 수도 있다. 비용과 수요조건이 변함에 따라 기업들은 오랫동안 경직적으로 유지해 왔던 가격을 변경해야 할 필요성을 느끼게 된다. 이러한 경우 기업들은 가

10 이러한 가격선도가 담합을 촉진시킬 수 있는지를 설명하는 모형으로는 다음을 참조하라. Julio J. Rotemberg and Garth Saloner, "Collusive Price Leadership," *Journal of Industrial Economics*, 1990: 93–111.

가격신호 한 기업이 다른 기업도 따라 할 것을 바라면서 가격인상을 발표하는 암묵적 담합의 한 형태

가격선도 한 기업이 정기적으로 가격 변화를 발표하고 다른 기업들은 이에 맞추는 정형화된 가격설정 패턴

격선도자가 언제 그리고 얼마만큼 가격이 변경되어야 하는지에 대한 신호를 보내 줄 것을 기대한다. 어떤 경우에는 대기업이 자연스럽게 선도자가 되지만 가끔은 다른 기업들이 선도자로 행동할 수도 있다. 다음 사례는 이를 잘 설명해 준다.

사례 12.4 은행업의 가격선도와 가격경직성

상업은행은 당좌예금, 저축예금, 예금증서 등의 형태로 저축을 하는 개인과 회사들로부터 돈을 빌려서 이를 다시 가계나 기업들에게 대출을 한다. 저축에 대해 지불하는 이자율보다 높은 이자율로 대출을 해 줌으로써 은행들은 이윤을 얻는다.

미국의 대규모 상업은행들은 대기업 고객에게 돈을 대출해 주기 위해 서로 경쟁을 한다. 경쟁은 주로 가격, 즉 은행이 대출에 대해 부과하는 이자율을 두고 벌어진다. 경쟁이 치열해지면 이자율은 떨어지고 은행의 이윤도 하락한다. 치열한 경쟁을 피하려는 유인으로 인해 가격경직성이 초래되며, 일종의 가격선도가 나타난다.

은행이 대기업 고객에게 받는 이자율을 *우대금리*(prime rate)라고 한다. 우대금리 수준은 널리 알려져 있기 때문에 이 이자율이 가격선도의 초점이 된다. 대부분의 대형 은행들은 이자율의 빈번한 변동이

시장안정성을 해치고 경쟁적인 가격전쟁을 촉발하는 것을 피하기 위하여 우대금리를 똑같거나 거의 같은 수준으로 책정한다. 우대금리는 자금시장의 상황에 따라 다른 금리가 상당폭으로 오르거나 내릴 때에만 변경된다. 그런 상황이 발생하면 주요 은행 중 하나가 먼저 금리변경을 발표하고 다른 은행들도 조속히 이에 따라 금리를 변경한다. 선도은행의 역할을 하는 은행은 상황에 따라 다르지만, 한 은행이 금리변경을 발표하면 다른 은행들이 2~3일 내에 따라간다.

그림 12.8은 우대금리와 최우수등급(AAA) 회사채 수익률을 비교하고 있다. 회사채 수익률은 지속적으로 변동했지만 우대금리는 상당히 오랫동안 변하지 않은 기간이 있었음을 확인할 수 있다. 이것이 가격경직성의 예이다. 은행들은 경쟁은행에게 고객을 빼앗기는 것을 두려워하여 대출금리 변경을 꺼린다.

그림 12.8

우대금리와 회사채 수익률

우대금리는 주요 은행들이 대기업 고객의 단기 대출에 대해 부과하는 금리이다. 은행들은 서로 저가경쟁하는 것을 꺼리기 때문에 이 금리는 단지 간헐적으로만 변경된다. 이 금리가 변할 때면 어느 한 은행부터 시작한다. 그리고 다른 은행들이 곧 따라 한다. 회사채 수익률은 장기회사채에서 얻는 수익률이다. 이 채권은 폭넓게 거래가 되므로 이 수익률은 시장상황에 따라 변동한다.

사례 12.5 대학교재의 가격

여러분이 이 책을 미국의 대학구매서점에서 새로 샀다면 아마 $200 이상, 어쩌면 $300에 가깝게 지불했을 것이다. 이 책은 물론 좋은 책이지만 왜 이렇게도 비싼가?[11]

서점을 조금만 둘러보더라도 이 책의 가격이 결코 특별나게 비싼 것이 아니라는 것을 알게 될 것이다. 미국에서 팔리는 대부분 교재의 가격은 $200~$300의 구간에 있다. 사실 이 교재보다 훨씬 좋지 않은 다른 미시경제학 교재들도 거의 $300에 팔리고 있다. 대학교재가격은 출판사들이 정한다. 그렇다면 출판사들이 서로 경쟁한다면 교재가격은 내려갈 것인가?

대학교재 출판업은 부분적으로는 지난 수십 년간의 인수합병 탓에 집중된 과점시장에 해당된다. 이 책을 출판하는 피어슨(Pearson)은 최대의 대학교재 출판사이며, 센게이지러닝(Cengage Learning)과 맥그로힐(McGrow Hill)이 뒤따르고 있다. 이러한 출판사들은 가격 인하를 초래하게 될 가격전쟁을 피하려는 유인을 가진다. 가격전쟁을 피하는 최선의 방법은 가격을 할인하지 않고 정기적으로 보조를 맞추어 가격을 인상하는 것이다. 실제로 출판사들은 이와 같이 행동해 왔다. 결과적으로 대학교재가격은 물가상승률보다 훨씬 빠른 속도로 매년 인상되어 왔다. (사례 1.5에서 보았듯이, 대학교재가격은 1980년에서 2016년까지 약 9배나 올랐다.) 이제는 여러분도 무슨 일이 벌어지고 있는지 이해할 것이다.

서적소매업은 매우 집중된 산업이며, 교재의 소매 유통마진이 30%가량이다. 그러므로 소매가격이 $300라는 것은 출판사가 도매가격으로 $200를 받는다는 것을 의미한다. 강의자들은 대체로 가격을 고려하지 않고 교재를 선택하기 때문에 수요의 가격탄력성이 낮다. 반면 가격이 너무 높으면 일부 학생들은 중고서적을 구입하거나 아예 책을 사지 않는다. 사실 이와 같은 경우에 출판사가 교재가격을 내린다면 더 많은 이익을 볼 수 있다. 그렇게 하지 않는 것은 무서운 가격전쟁을 촉발할 수도 있기 때문이다.

지배적 기업모형

일부 과점시장에서는 한 대기업이 시장 총판매의 상당 부분을 차지하며, 소규모 기업들이 나머지를 공급하는 경우를 볼 수 있다. 그렇다면 이 대기업은 자신의 이윤을 극대화하는 가격을 설정하면서 **지배적 기업**(dominant firm)으로 행동할 수 있다. 개별적으로는 가격에 별다른 영향을 미칠 수 없는 다른 기업들은 완전경쟁기업처럼 행동하고자 할 것이다. 즉, 그들은 지배적 기업이 정한 가격을 주어진 것으로 간주하고 그에 따라 생산량을 결정한다. 그렇다면 지배적 기업은 가격을 얼마로 책정해야 하는가? 이 기업은 이윤극대화를 위하여 자신이 설정한 가격에 의해 다른 기업들의 생산량이 얼마나 영향을 받는지를 고려해야 한다.

그림 12.9는 지배적 기업이 어떻게 가격을 설정하는지를 잘 보여 준다. 여기서 D는 시장수요곡선이고 S_F는 소규모 주변 기업들의 공급곡선(즉, 총한계비용곡선)이다. 지배적 기업은 자신의 수요곡선 D_D를 알아야 한다. 그림에서 보듯이 지배적 기업의 수요곡선은 시장수요곡선과 주변 기업들의 공급곡선 간의 차이에 해당된다. 예를 들어 가격 P_1에서 주변 기업들의 공급량은 시장

지배적 기업 높은 시장점유율을 차지하는 기업으로서 소규모 기업들의 공급량을 고려하여 자신의 이윤극대화를 위해 가격을 설정하는 기업

---

11 여러분은 아마 책을 인터넷으로 구매하여 어느 정도 절약했는지 모를 것이다. 중고서적을 구입하거나 전자서적을 임대하면 미국 소매가격의 절반 수준을 지불하였을 것이다. 그리고 만일 미국 밖에서만 페이퍼백으로 팔리는 국제학생판을 구입하면 훨씬 싸게 구입할 것이다. 중급미시경제학 교재의 최신 가격목록을 보려면 다음의 인터넷 웹사이트를 참조하라. http://theory.economics.utoronto.ca/poet/

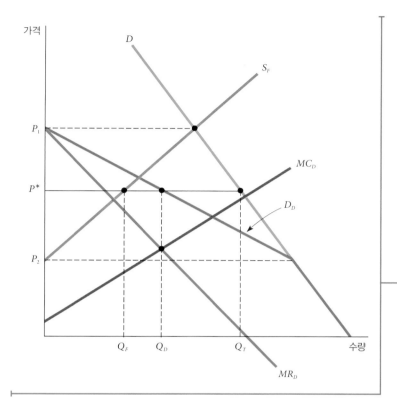

그림 12.9
지배적 기업의 가격설정
지배적 기업이 가격을 정한 후 다른 기업들은 그 가격으로 원하는 양만큼을 판매한다. 지배적 기업의 수요곡선 D_D는 시장수요 D와 소규모 주변 기업들의 공급곡선 S_F의 차이이다. 지배적 기업은 자신의 한계수익곡선 MR_D가 한계비용 MC_D과 만나는 점에서 생산량 Q_D를 생산한다. 이에 상응하는 가격은 P^*이다. 이 가격에서 소규모 주변 기업들은 Q_F를 팔며, 총판매량은 Q_T가 된다.

수요량과 같다. 따라서 지배적 기업은 이 가격에서는 아무것도 팔 수 없다. 가격이 P_2이거나 이보다 낮을 경우 주변 기업들은 이 제품을 공급하려 하지 않으므로 시장수요곡선이 지배적 기업의 수요곡선이 된다. 가격이 P_1과 P_2 사이일 때는 지배적 기업의 수요곡선은 D_D가 된다.

D_D에 해당하는 지배적 기업의 한계수입곡선은 MR_D이다. MC_D는 지배적 기업의 한계비용곡선이다. 이윤을 극대화하기 위하여 지배적 기업은 MR_D와 MC_D이 만나는 생산량 Q_D를 생산한다. 수요곡선 D_D로부터 가격 P^*를 구할 수 있다. 이 가격에서 주변 기업들은 Q_F만큼 판매하므로 총판매량은 $Q_T = Q_D + Q_F$가 된다.

12.6 카르텔

카르텔(cartel)에 속해 있는 생산자들은 명시적인 합의하에서 가격과 생산량을 결정한다. 산업 내의 모든 생산자가 카르텔에 가입할 필요는 없으며 대부분의 카르텔에는 일부 생산자들만 가입되어 있다. 그러나 충분히 많은 수의 생산자들이 카르텔 협정을 준수하며 시장수요가 충분히 비탄력적이라면 카르텔은 경쟁시장에서의 가격보다 훨씬 높은 가격을 설정할 수 있다.

국제적인 카르텔도 종종 볼 수 있다. 미국의 독점금지법은 미국 기업들의 담합을 금지하지만, 다른 국가들에서는 관련법은 훨씬 약하며 때로는 제재도 잘 이행되지 않는다. 아울러 국가 간 또는 외국 정부가 소유하거나 통제하는 기업들이 카르텔을 형성하는 것을 막을 방도가 없다. 예를 들어 석유수출국기구(OPEC) 카르텔은 산유국 사이의 국제적 협정으로서 세계 유가를 경쟁시장 가격수준보다 높은 수준으로 유지하는 데 성공하였다.

다른 국제 카르텔들도 가격 인상에 성공하였다. 예를 들어, 1970년대 중반에 국제 보크사이트 협회(International Bauxite Association, IBA)는 보크사이트가격을 4배로 인상하였으며, 비밀스럽 게 운영되는 국제우라늄카르텔도 우라늄가격을 올렸다. 어떤 카르텔은 상당히 오랜 기간 성공적 으로 운영되었다. 1928년부터 1970년대 초반까지 Mercurio Europeo라는 카르텔은 수은가격을 독점시장의 가격수준에 가깝게 유지하였다. 한 국제 카르텔은 요오드시장을 1878년부터 1939 년까지 독점화하였다. 그러나 대부분의 카르텔은 가격 인상에 실패하였다. 국제구리카르텔은 오 늘날까지 운영되고 있지만 이제껏 구리가격에 유의미한 영향력을 발휘한 적이 없다. 주석, 커피, 차, 그리고 커피시장에서 카르텔이 가격 인상을 시도하였지만 역시 성공하지 못하였다.[12]

카르텔이 성공하기 위한 조건   어떤 카르텔은 성공하는 반면 다른 카르텔은 실패하는 이유는 무 엇인가? 카르텔의 성공을 위해서는 두 가지 조건이 필요하다. 첫째, 회원들이 가격과 생산량에 합의한 후 그 합의를 준수할 수 있도록 하는 안정적인 카르텔조직이 형성되어야 하다. 죄수의 딜 레마에서의 죄수들과는 달리 카르텔 회원들은 서로 의사소통을 통해 합의를 이룰 수 있다. 그렇 다고 하더라도 합의를 이루는 것은 쉽지는 않다. 회원마다 비용이 다르고, 시장수요에 대한 평가 가 다르고, 심지어 사업목표도 다르기 때문에 원하는 가격수준은 서로 달라질 수 있다. 더구나 카르텔의 각 회원은 상대방을 속여서 자신의 가격을 합의된 가격보다 약간 낮춤으로써 자신에게 할당된 것보다 더 많은 시장점유율을 차지하려고 할 것이다. 대부분의 경우 그러한 행위를 통하 여 장기적으로는 가격이 경쟁시장가격으로 회귀할 수 있다는 위협만이 이러한 속임수를 억제하 는 역할을 한다. 카르텔을 통해 얻는 이윤이 충분히 크다면 그러한 위협은 회원들의 속임수를 충 분히 억제할 수 있다.

두 번째 조건은 카르텔이 독점력을 가질 수 있는 잠재력이다. 카르텔이 조직 내 문제를 해결 할 수 있다고 하더라도 시장수요가 매우 탄력적이라면 카르텔을 통한 가격 인상의 여지는 거의 없 다. 잠재적인 독점력은 카르텔의 성공을 위한 가장 중요한 조건이 될 수 있다. 즉 협력을 통해 얻 을 수 있는 잠재적인 이득이 크다면 카르텔 회원들은 보다 적극적으로 조직의 문제를 해결하려 는 유인을 가질 것이다.

카르텔의 가격설정

어떤 재화를 생산하는 모든 생산자가 참여하여 카르텔을 형성하는 경우는 극히 드물다. 보통 카 르텔은 총생산량의 일부분만 차지하므로 카르텔이 가격을 설정할 때는 다른 경쟁(비회원)공급 자들의 생산량 반응을 염두에 두어야 한다. 따라서 카르텔의 가격설정에 관해서는 앞에서 논 의한 지배적 기업모형을 활용하여 분석할 수 있다. 우리는 이 모형을 OPEC(원유 카르텔)과 CIPEC(구리 카르텔)에 적용해 보기로 한다.[13] 이를 통하여 OPEC는 가격 인상에 성공했던 반면

10.2절에서 독점력이란 판매 자의 시장지배력, 즉 기업이 상품가격을 한계생산비보다 높게 설정할 수 있는 능력을 의미한다고 설명했음을 기억 하라.

---

12 Jeffrey K. MacKie-Mason and Robert S. Pindyck, "Cartel Theory and Cartel Experience in International Minerals Markets," in *Energy: Markets and Regulation* (Cambridge, MA: MIT Press, 1986) 참조.

13 CIPEC은 국제구리수출국이사회(International Council of Copper Exporting Countries)의 프랑스어 약자이다.

CIPEC은 성공하지 못했던 이유를 이해할 수 있다.

OPEC 분석 그림 12.10은 OPEC의 사례를 보여 준다. 총수요 TD는 원유에 대한 세계 전체의 총수요곡선이고 S_C는 경쟁공급곡선(비회원국의 공급곡선)이다. OPEC 원유에 대한 수요 D_{OPEC}은 총수요곡선과 경쟁공급곡선 S_C 간의 차이이다. MR_{OPEC}는 OPEC의 수요곡선에 상응하는 한계수입곡선이며 MC_{OPEC}는 OPEC의 한계비용곡선이다. 여기서 볼 수 있듯이 OPEC는 비회원국 생산자에 비해 생산비용이 훨씬 낮다. OPEC의 한계수입과 한계비용은 생산량 Q_{OPEC}에서 같아지며, 이것이 OPEC의 생산량이 된다. OPEC의 수요곡선으로부터 가격은 P^*가 되고 이 가격에서 비회원 경쟁국의 생산량은 Q_C가 된다.

원유수출국들이 카르텔을 형성하지 않고 경쟁적으로 공급한다면 가격은 한계비용과 같을 것이다. 따라서 경쟁가격은 OPEC의 수요곡선이 한계비용곡선과 만나는 점에서 결정된다. 이 가격은 P_C로 표시되는데, 카르텔 가격 P^*보다 훨씬 낮다. 총수요곡선과 OPEC 비회원국 공급곡선은 모두 비탄력적이기 때문에 OPEC 원유에 대한 수요곡선 역시 매우 비탄력적이다. 그러므로 카르텔은 상당한 독점력을 지니며, OPEC는 이러한 독점력을 이용하여 가격을 시장경쟁 가격수준보다 훨씬 높게 인상하였다.

제2장에서는 단기와 장기의 수요와 공급을 구분하는 것이 중요하다는 점을 강조하였다. 여기서도 이러한 구분은 중요하다. 그림 12.10에서 총시장수요와 OPEC 비회원국의 공급곡선은 단기 또는 중기 분석에 적용되는 것이다. 장기에는 수요와 공급 모두 훨씬 탄력적이 된다. 따라서 OPEC는 장기적으로는 경쟁시장 가격보다 훨씬 높은 수준의 가격을 유지할 수 없다는 점을 예상할 수 있다. 실제로 1982~1989년 기간 동안 원유의 실질가격은 하락하는데, 그것은 세계시장

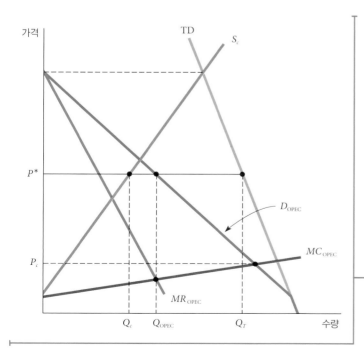

그림 12.10
OPEC 원유 카르텔
TD는 세계 전체의 총원유수요곡선이며, S_C는 경쟁공급곡선(OPEC 비회원국의 공급곡선)이다. OPEC의 수요곡선 D_{OPEC}는 이 둘 간의 차이에 해당된다. 총수요곡선과 경쟁공급곡선 모두 비탄력적이므로 OPEC의 수요곡선도 비탄력적이다. OPEC의 이윤극대화 생산량 Q_{OPEC}는 한계수입곡선과 한계비용곡선이 만나는 점에서 구해지고 이 생산량에서 OPEC는 P^*의 가격을 설정한다. 만약 OPEC 산유국들이 카르텔을 형성하지 않는다면 가격은 OPEC 수요곡선과 한계비용곡선이 만나는 P_C가 될 것이다.

수요와 OPEC 비회원국 공급에 있어서의 장기 조정에 따른 것이다.

CIPEC 분석 그림 12.11은 CIPEC에 대한 분석을 제공한다. CIPEC은 칠레, 페루, 잠비아, 콩고 등 구리를 생산하는 4개국으로 구성되어 있다. 이 국가들의 전체 생산량은 세계 구리 생산량의 절반에 약간 못 미친다. 이들 국가의 구리 생산비용은 CIPEC 비회원국들에 비해서는 낮지만 칠레를 제외하면 많이 낮지는 않다. 따라서 그림 12.11에서 CIPEC의 한계비용곡선은 CIPEC 비회원국의 공급곡선보다 약간 아래에 위치한다. CIPEC의 수요곡선 D_{CIPEC}은 총수요곡선 TD와 CIPEC 비회원국의 공급곡선 S_C 간의 차이에 해당한다. CIPEC의 한계비용곡선과 한계수입곡선은 생산량 Q_{CIPEC}에서 교차하며, 이 생산량에 상응하는 가격은 P^*이다. 경쟁시장의 가격 P_C는 CIPEC의 수요곡선과 한계비용곡선이 만나는 점에서 결정된다. 이 가격은 카르텔 가격 P^*와 매우 가깝다는 점을 주목하라.

CIPEC이 구리가격을 훨씬 높게 올리지 못하는 이유는 무엇인가? 그림 12.11에서 보듯이 구리의 총수요는 원유의 경우보다 훨씬 탄력적이다(구리는 알루미늄과 같이 다른 금속으로 쉽게 대체할 수 있다). 아울러 경쟁공급은 훨씬 더 탄력적이다. 심지어 단기에도 CIPEC 비회원국들은 구리가격이 오른다면 (부분적으로 재생구리를 공급함으로써) 공급을 쉽게 확대할 수 있다. 때문에 CIPEC이 가질 수 있는 독점력은 크지 않다.

OPEC와 CIPEC의 사례에서 볼 수 있듯이 카르텔의 성공을 위해서는 두 가지 조건이 만족되어야 한다. 첫째, 총수요의 가격탄력성이 크지 않아야 한다. 둘째, 카르텔이 전 세계 공급량의 거의 전체를 통제하든지 아니면 비회원국 생산자들의 공급이 가격탄력성이 크지 않아야 한다. 대부분의 국제적 카르텔이 실패하는 이유는 이러한 두 가지 조건을 만족시키는 세계시장이 거의 없기 때문이다.

그림 12.11

CIPEC 구리 카르텔
TD는 구리의 총수요곡선이고 S_C는 경쟁공급곡선
(CIPEC 비회원국의 공급곡선)이다. CIPEC의 수요
D_{CIPEC}은 이 둘 사이의 차이에 해당한다. 총수요와 비
회원국 공급 모두 비교적 탄력적이다. 따라서 CIPEC
의 수요도 탄력적이며, CIPEC은 독점력이 거의 없
다. CIPEC의 최적 가격 P^*는 경쟁가격 P_C와 별 차이
가 없다는 점을 주목하라.

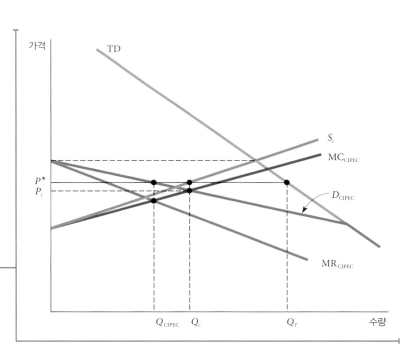

사례 12.6   미국 대학스포츠의 카르텔화에 관한 논쟁

많은 사람들은 대학스포츠가 대학생의 과외활동이며 스포츠팬들에게는 오락거리를 제공한다고 생각한다. 그들은 대학이 운동부를 지원하는 이유는 아마추어 운동선수에게 기술을 연마하고 많은 관중 앞에서 축구나 농구경기를 할 기회를 주는 동시에 여흥을 제공하고 애교심과 동창들의 지원을 촉진할 수 있기 때문이라고 생각한다. 이러한 면도 있지만 대학스포츠는 하나의 큰 산업이며, 수익률이 매우 높은 산업이기도 하다.

다른 산업과 마찬가지로 대학스포츠에도 기업과 소비자가 있다. 여기서 기업은 팀을 지원하고 팀 운영에 필요한 자금을 조달해 주는 대학이다. 감독, 학생 선수 그리고 실내체육관이나 운동경기장 형태의 자본 등이 생산을 위한 투입물에 해당된다. 소비자들은 경기를 보기 위해 입장권을 사는 팬과 경기를 중계방송하기 위해 돈을 지불하는 TV와 라디오 방송국이다. 많은 기업들과 소비자들이 있기 때문에 이 산업은 경쟁적인 산업이다. 그러나 이 산업이 지속적으로 높은 수준의 이윤을 올린다는 사실은 경쟁산업과 부합하지 않는다. 큰 주립대학은 보통 미식축구경기로만 연간 $6백만의 이윤을 벌어들인다. 이러한 수익성은 카르텔을 형성함으로써 얻게 되는 독점력의 결과물이다.

카르텔 조직은 바로 전미대학스포츠협회(National Collegiate Athletic Association, NCAA)이다. NCAA는 여러 가지 중요한 방법을 이용하여 경쟁을 제한하고 있다. 학생 운동선수의 교섭력을 줄이기 위하여 NCAA는 선수의 자격과 보수 조건에 관한 규칙을 제정하여 집행하고 있다. 대학 간의 경쟁을 제한하기 위해 매 시즌마다 할 수 있는 경기의 횟수와 지역별 경기에 참가하는 팀 수를 제한하고 있다. 가격경쟁을 제한하기 위해 1984년까지 NCAA는 미식축구 TV방송 계약 시 단독협상자로서의 역할을 함으로써 수입의 주 원천 중 하나를 독점화하고 있었다.

학생 운동선수와 경기를 관람하는 팬들에게 창출하는 편익의 차원에서 NCAA가 좋은 카르텔인지 여부를 살펴보자. 만약 NCAA가 나쁜 카르텔이라면 대학스포츠에 대해 NCAA가 부과한 규제가 제거되어야 하는지를 논의할 수 있다. 이 문제에 관해 저자들의 의견은 서로 다르다.

Rubinfeld 교수는 "미식축구와 농구에 국한한다면, NCAA는 가장 규모가 큰 디비전 1 대학들(Division 1 schools)에게 상당한 이윤을 제공해 주는 역할을 했던 것이 사실입니다."라고 말한다. "그러나 이 이윤의 상당 부분은 여성 운동선수나 다른 종목의 남성 스포츠에 대한 보조금으로 사용되며, 일부는 대학의 다른 활동을 지원하는 데 사용됩니다. NCAA는 회원인 대학에 제한을 가하여 학생선수들에게 보수를 지불하지 못하도록 합니다. 그러나 이러한 제한은 아마추어경기를 유지시키고 이를 프로경기와 구분되도록 하는 요소입니다. 사실 소비자(팬)는 아마추어경기를 높게 평가합니다. 예를 들어 지금까지 NCAA 수입의 최대 원천인 대학농구의 '3월의 광란(March Madness)'에 대한 엄청난 관중과 시청자를 보십시오."

이에 대해 Pindyck 교수는 다음과 같이 반박한다. "나도 팬들이 대학스포츠를 높게 평가한다는 점에는 동의합니다. 그리고 Rubinfeld 교수님은 열렬한 농구팬이므로 NCAA를 좋은 카르텔이라고 부르는 것 같습니다. 그럼에도 불구하고 NCAA는 카르텔이며, 카르텔의 힘을 이용하여 엄청난 이윤을 얻고 있습니다. NCAA가 협상한 스포츠중계료를 보세요. 예를 들어, 2010년 CBS와 터너방송사(Turner Broadcasting)는 디비전 1 남자농구 결승전 경기를 14년 동안 중계하기 위해 $108억 계약에 합의하였습니다."

"맞습니다. 그리고 그 중계료는 디비전 1 스포츠 프로그램을 위한 중요한 수입원이며, 이는 다시 소비자(팬)뿐만 아니라 학생선수들에게도 편익이 됩니다. 이러한 운동프로그램이 없다면 학생선수들은 코칭, 장학금 지원, 그리고 선수의 실력을 향상시키기 위한 연습시간을 확보할 수 없었을 것입니다."라고 Rubinfeld 교수는 응수한다.

다시 Pindyck 교수는 "NCAA에 대한 나의 가장 큰 불만은 학생선수들에게 보수를 지급하지 않도록 하는 제한입니다."라고 말한다. "사실 학생이라는 단어를 사용하는 것이 잘못입니다. 디비전 1 대학들에 있어서 많은 학생선수들은 상당 시간을 훈련에 써야 하므로 교육 측면에서 얻는 것은 거의 없습니다. 학생선수들은 본질적으로는 종업원이지만, 노동법에 의해 보호를 받지 못하고, 고용에 대한 보상을 받을 자격도 없고, 더 나은 임금을 위해 협상도 못합니다."

"저도 이러한 제한이 NCAA에 중요한 문제라는 데에는 동의합니다."라고 Rubinfeld 교수가 응답한다. "그러나 문제는 이러한 제한이 주는 편익이 손해를 능가하는지 여부입니다. 이 질문은 현재 법원에서 검토 중인데, 지금으로서는 일단 이러한 제한은 합법적이라고 결정이 났습니다. 아마 우리의 논쟁을 최종적으로 해결해 줄 수 있는 대법원 판결이 앞으로 나올 것입니다. 우리는 그 결과를 이 교재의 다음 판에 기술할 수 있을 것입니다."

사례 12.7 자동차부품 카르텔

2011년 9월 미국 법무부는 조향장치, 안전벨트 그리고 와이퍼 등의 제조사들을 포함한 광범위한 자동차부품산업에서 담합입찰과 가격조작에 연루된 한 국제자동차부품 카르텔에 대한 수사가 종결되었다고 발표하였다. 정부에 따르면 많은 제조업체들은 자동차부품 공급이 모델별로 배분된다는 데 동의하였다. 법무부는 제조업체들이 여러 장소에서 만났으며, 카르텔 합의사항을 다루기 위해 서로 사적인 이메일을 보냈다고 주장하였다. 미국에서 이러한 합의 문제에 관해서는 토요타, 혼다, 닛산과 제너럴모터스, 포드 등을 표적으로 삼았다. 결과적으로 완성차 메이커들은 미국 소비자들에게 판매되는 차에 들어가는 부품에 대해 높은 비경쟁적 가격을 지불하였으며, 높은 가격은 소비자들에게 전가되었다.

미국에서 자동차부품 카르텔에 대한 수사를 통해 58명의 개인과 38개의 기업이 형사적으로 기소되었으며, $26억 이상의 벌금이 부과되었다. 이 수사 후에는 대규모 통합 민간 반독점 사건(자동차부품 반독점 소송)이 2016년 현재 진행 중이다. 자동차부품 카르텔에 있어서 국제적 범위가 특히 놀라웠다. 수사는 유럽연합 집행부, 일본, 싱가포르, 한국, 중국, 캐나다, 호주의 경쟁 당국에 의해 성공적으로 수행되었으며, 결국 카르텔에게는 엄청난 벌금이 부과되었다. 이 사건에 대한 수사는 이른바 자진신고자 감면제도(leniency program)에 의해 빠르게 진행되었는데, 이 제도는 어떤 기업이 카르텔에서 자신이 수행했던 역할을 설명하고 공모자들에 대한 수사에 협조하는 경우 과징금(미국에서는 징역형)을 면제해주는 제도이다.

합의는 부품마다 서로 다르기 때문에 새로 밝혀진 여러 합의들은 단일 카르텔로 설명할 수 있는지 아니면 서로 연관된 여러 카르텔의 집합을 의미하는지는 앞으로 더 살펴봐야 한다. 확실한 것은 정기적으로 직접 대면이나 전화통화를 통해 카르텔이나 카르텔들이 성공적으로 운영되었다는 것이다. 의사소통을 통해 가격뿐만 아니라 카르텔 회원의 행동을 감시하는 방법과 합의사항을 지키지 않는 회원사를 처벌하는 방법에 대해서까지 합의가 이루어졌던 것이다. 자동차부품 카르텔이 자동차 구매자들에게 어느 정도 손해를 끼쳤는지는 아직까지 불분명한데, 이를 밝히기 위해서는 향후 부품시장에 대한 상당한 수준의 경제적 분석이 요구된다.

요약

1. 독점적 경쟁시장에서 기업들은 차별화되면서도 서로 대체성이 매우 높은 제품들을 판매하면서 서로 경쟁한다. 새로운 기업은 시장에 쉽게 진입할 수 있으며 시장에서 쉽게 퇴출할 수 있다. 기업들은 약간의 독점력만 가진다. 장기적으로 시장 진입은 이윤이 0이 될 때까지 일어난다. 따라서 기업들은 평균비용이 최저가 되는 생산량보다 적은 생산량을 생산하므로 초과생산능력 상태에서 생산한다.

2. 과점시장에서는 소수의 기업들이 생산량의 대부분 또는 전체를 차지한다. 진입장벽으로 인해 몇몇 기업들은 장기에서도 상당한 이윤을 얻을 수 있다. 경제적 의사결정에는 전략적 고려가 포함된다. 각 기업은 자

신의 행동이 경쟁사에 어떤 영향을 미치며, 동시에 경쟁사들이 어떻게 반응할 것인가를 고려해야만 한다.

3. 과점시장에 관한 쿠르노 모형에서 기업들은 자신들의 생산량을 동시에 결정한다. 이때 각 기업은 상대방의 생산량을 주어진 것으로 간주한다. 쿠르노균형에서 각 기업은 상대방 경쟁사의 생산량이 주어진 상태에서 자신의 이윤을 극대화하고 있다. 따라서 어느 기업도 자신의 생산량을 변경할 유인이 없으므로 기업들은 내쉬균형 상태에 있다. 각 기업은 완전경쟁의 경우에 비해 높은 이윤을 누리지만 담합할 경우에 누리는 이윤보다는 작다.

4. 스타켈버그 모형에서는 한 기업이 자신의 생산량을 먼저 결정한다. 이 기업은 전략적 우위를 갖게 되며 더 높은 이윤을 얻는다. 이 기업은 자신이 많은 생산량을 생산할 수 있으며, 경쟁기업들은 이윤을 극대화하려면 적은 생산량을 선택할 수밖에 없다는 사실을 잘 알고 있다.

5. 내쉬균형의 개념은 기업들이 대체성을 갖는 재화를 생산하여 가격경쟁을 하는 시장에도 적용할 수 있다. 균형에서 각 기업은 경쟁기업들의 가격이 주어져 있는 상태에서 이윤을 극대화한다. 따라서 가격을 변경할 유인이 없다.

6. 기업들이 가격을 올리기로 담합을 한다면 높은 이윤을 얻을 수 있다. 그러나 이러한 담합은 반독점법에 의해 금지된다. 담합을 하지 않고도 기업들은 가격을 높게 책정하고 다른 경쟁사들도 이러한 높은 가격을 책정하기를 기대할 수도 있다. 그러나 기업이 죄수의 딜레마 상황에 처해 있기 때문에 그러한 일이 일어날 것을 기대하기는 힘들다. 각 기업은 가격을 내려서 경쟁사의 판매수입을 가로채는 식으로 상대방을 속일 유인을 가진다.

7. 죄수의 딜레마 상황은 과점시장에서 가격경직성을 초래한다. 기업들은 가격전쟁이 촉발될 것을 두려워하므로 가격변경을 꺼리게 된다.

8. 가격선도는 일종의 암묵적 담합으로서 죄수의 딜레마 상황을 피하는 방법이 되기도 한다. 한 기업이 가격을 정하면 다른 기업들은 그 가격을 그대로 따라간다.

9. 카르텔의 경우에는 생산자들이 가격과 생산량 결정에서 명시적으로 담합한다. 카르텔이 성공하기 위해서는 총수요가 가격비탄력적이어야 하고, 카르텔이 전체 공급량의 대부분을 차지하거나 혹은 비회원사들의 공급이 비탄력적이어야 한다.

복습문제

1. 독점적 경쟁시장의 특징은 무엇인가? 한 기업이 새롭게 개선된 제품을 시장에 출시한다면 시장의 균형가격과 생산량은 어떻게 되는가?

2. 독점적 경쟁시장에서 기업의 수요곡선은 시장수요곡선보다 더 평평한 이유는 무엇인가? 독점적 경쟁기업이 단기적으로 이윤을 얻고 있다고 하자. 장기에서는 이 기업의 수요곡선은 어떻게 되는가?

3. 일부 전문가들은 너무 많은 브랜드의 아침식사용 시리얼이 시장에서 판매되고 있다고 주장한다. 이러한 견해를 지지하는 이유를 제시하라. 아울러 이러한 견해를 반박하는 이유를 제시하라.

4. 쿠르노균형은 왜 안정적인가?(즉, 일단 균형상태에 있으면 기업들이 생산량을 변경할 유인을 갖지 않는 이유는 무엇인가?) 담합을 할 수 없을지라도 기업들이 공동이윤을 극대화하는 생산량(즉, 담합을 통해 선택하게 될 생산량)을 생산하지 않는 이유는 무엇인가?

5. 스타켈버그 모형에서는 생산량을 먼저 정하는 기업이 우위를 차지한다. 그 이유를 설명하라.

6. 쿠르노 모형과 베르트랑 모형의 공통점은 무엇인가?

7. 기업들이 가격으로 경쟁할 때의 내쉬균형의 의미를 설명하라. 균형은 왜 안정적인가? 기업들이 공동이윤을 극대화하는 수준까지 가격을 올리지 않는 이유는 무엇인가?

8. 굴절수요곡선 모형은 가격경직성에 대해 잘 설명한다. 이 모형이 어떻게 작동하는지 설명하라. 이 모형의 한계는 무엇인가? 과점시장에서 가격경직성은 왜 발생하는가?

9. 과점시장에서 가격선도가 자주 나타나는 이유는 무엇인가? 가격선도자는 이윤극대화 가격을 어떻게 결정하는지 설명하라.

10. OPEC 원유 카르텔은 가격을 상당히 인상하는 데 성공했던 반면 CIPEC 구리 카르텔은 그렇지 못했던 이유는 무엇인가? 카르텔이 성공하기 위한 조건은 무엇인가? 카르텔은 조직 운영상 어떠한 문제를 극복해야 하는가?

연습문제

1. 독점적 경쟁산업의 모든 기업이 하나의 대기업으로 합병되었다고 하자. 새로운 기업은 전과 같이 여러 가지 다른 브랜드를 생산하는가 아니면 단지 하나의 브랜드만 생산하는가? 설명하라.

2. 두 기업이 직면하고 있는 수요곡선은 $P = 50 - 5Q$이며 여기서 $Q = Q_1 + Q_2$이다. 각 기업의 비용곡선은 $C_1(Q_1) = 20 + 10Q_1$과 $C_2(Q_2) = 10 + 12Q_2$이다.

   a. 두 기업 모두 산업에 진입했다고 하자. 공동이윤을 극대화하는 생산량은 얼마인가? 각 기업은 얼마만큼 생산하는가? 만약 기업들이 아직까지 산업에 진입하지 않았다면 답은 어떻게 달라지는가?

   b. 만약 두 기업이 비협조적으로 행동한다면 각 기업의 균형생산량과 이윤은 얼마인가?

   c. 담합은 불법이지만 기업인수는 합법이라면 기업 1이 기업 2를 인수하기 위하여 얼마를 지불할 용의가 있는가?

3. 어느 독점기업은 일정한 평균비용과 한계비용 AC = MC = \$5로 생산을 할 수 있다. 이 기업이 직면하는 시장수요곡선은 $Q = 53 - P$로 주어져 있다.

   a. 이 독점기업의 이윤극대화 가격과 생산량을 계산하라. 아울러 이 기업의 이윤도 계산하라.

   b. 두 번째 기업이 이 시장에 진입한다고 하자. Q_1을 첫 번째 기업의 생산량, Q_2를 두 번째 기업의 생산량이라고 하자. 이제 시장수요는 다음과 같다.

$$Q_1 + Q_2 = 53 - P$$

두 번째 기업도 첫 번째 기업과 똑같은 비용구조를 가진다는 가정하에서 각 기업의 이윤을 Q_1과 Q_2의 함수로 나타내라.

   c. 쿠르노 모형에서와 같이 각 기업이 자신의 생산량을 결정함에 있어서 경쟁기업의 생산량이 고정되어 있다고 가정한다. 각 기업의 반응곡선을 구하라.

   d. 각 기업이 경쟁기업의 생산량이 주어진 상태에서 자신의 최선을 다할 때의 생산량 Q_1과 Q_2로 구성되는 쿠르노균형을 계산하라. 쿠르노균형에서 시장가격과 각 기업의 이윤은 얼마인가?

   ***e.** 이 산업에는 N개의 기업이 있는데, 모든 기업의 한계비용은 MC = \$5이다. 쿠르노균형을 구하라. 각 기업의 생산량은 얼마이고, 시장가격은 얼마이며, 각 기업은 얼마의 이윤을 얻는가? N의 값이 커질수록 시장가격은 점점 완전경쟁과 같은 시장가격에 접근함을 보여라.

4. 이 문제는 연습문제 3번에서 이어진다. 평균비용과 한계비용이 AC = MC = \$5로 일정하며 시장수요 $Q_1 + Q_2 = 53 - P$에 직면하고 있는 두 기업의 예로 다시 돌아가자. 이제 스타켈버그 모형을 이용하여 한 기업이 다른 기업에 앞서 먼저 생산량을 정하는 경우를 고려한다.

   a. 기업 1이 스타켈버그 선도자여서 기업 2보다 먼저 자신의 생산량을 정한다고 하자. 경쟁기업의 생산량으로 표시되는 각 기업의 반응곡선을 구하라.

   b. 각 기업의 생산량은 얼마인가? 각 기업의 이윤은 얼마인가?

5. 두 기업이 동일한 제품을 판매하며 경쟁하고 있다. 두

기업은 생산량 Q_1과 Q_2를 동시에 정하며, 다음의 수요곡선을 직면하고 있다.

$$P = 30 - Q$$

여기서 $Q = Q_1 + Q_2$이다. 최근까지 두 기업의 한계비용은 0이었다. 그러나 최근의 환경규제로 인해 기업 2의 한계비용은 \$15로 증가하였다. 기업 1의 한계비용은 그대로 0으로 일정하다. 그 결과 시장가격은 **독점**가격 수준으로 오를 것이다. 이 주장은 맞는가, 틀리는가?

6. 동일한 두 기업이 제품을 생산하고 있으며, 시장에는 이 두 기업만 존재한다고 하자. 기업 1과 2의 비용은 $C_1 = 60Q_1$과 $C_2 = 60Q_2$로 주어져 있다. 여기서 Q_1은 기업 1의 생산량이고 Q_2는 기업 2의 생산량이다. 가격은 다음의 수요곡선에 의해 결정된다.

$$P = 300 - Q$$

여기서 $Q = Q_1 + Q_2$이다.

a. 쿠르노–내쉬균형을 구하라. 이 균형에서 각 기업의 이윤은 얼마가 되는지 계산하라.

b. 두 기업이 공동이윤을 극대화하는 카르텔을 형성한다고 하자. 제품 생산량은 얼마가 되는가? 각 기업의 이윤을 계산하라.

c. 기업 1이 이 산업의 유일한 기업이라고 하자. 시장 생산량과 기업 1의 이윤은 위의 b의 경우와 어떻게 다른가?

d. b의 복점시장으로 돌아가서 기업 1은 합의를 지키지만 기업 2는 상대방을 속여서 생산량을 늘린다고 하자. 기업 2는 얼마를 생산할 것인가? 각 기업의 이윤은 얼마가 될 것인가?

7. 두 경쟁기업 A와 B가 동일한 제품을 생산하고 있다고 하자. 두 기업의 한계비용은 MC = \$50이다. 다음 각 상황에서 기업들이 (i) 쿠르노균형, (ii) 담합균형, (iii) 베르트랑 균형에 있다면 가격은 어떻게 되는가?

a. 기업 A는 임금의 상승으로 한계비용이 \$80로 증가하였다.

b. 두 기업 모두 한계비용이 증가하였다.

c. 수요곡선이 오른쪽으로 이동하였다.

8. 항공산업은 아메리칸 항공사와 텍사스 항공사의 두 기업으로만 구성되어 있다고 하자. 두 기업의 비용함수는 $C(q) = 40q$로 동일하다. 산업의 수요곡선은 $P = 100 - Q$로 주어져 있고, 각 기업은 상대방이 쿠르노 경쟁자로 행동할 것으로 예상하고 있다고 가정하라.

a. 각 기업은 경쟁사의 생산량이 주어진 것으로 간주하고 자신의 이윤을 극대화하는 생산량을 정한다고 가정하고 쿠르노–내쉬균형을 계산하라.

b. 텍사스 항공사의 한계비용과 평균비용이 \$25이고 아메리칸 항공사의 한계비용과 평균비용이 모두 \$40라면 균형 생산량은 얼마가 되는가?

c. 두 기업 모두 비용함수가 $C(q) = 40q$라고 가정하자. 텍사스 항공사는 자신이 비용을 절감시키기 위한 투자를 할 때 아메리칸 항공사가 따라 하지 않을 것이라고 가정한다면 한계비용을 \$40에서 \$25로 낮추기 위해 얼마를 투자할 용의가 있는가? 텍사스 항공사가 아메리칸 항공사의 행동과 무관하게 한계비용을 \$25로 유지한다고 가정하면 아메리칸 항공사는 한계비용을 \$25로 줄이기 위해 얼마를 투자해야 하는가?

*9. 전구의 수요가 $Q = 100 - P$라고 하자. 여기서 Q의 단위는 전구 백만 상자이고, P는 한 상자당 가격이다. 시장에서는 에버글로우(Everglow)와 딤리트(Dimlit)의 두 기업이 전구를 생산하는데, 이들은 다음과 같은 동일한 비용함수를 가진다.

$$C_i = 10Q_i + \frac{1}{2}Q_i^2 (i = E, D)$$
$$Q = Q_E + Q_D$$

a. 두 기업이 단기적으로 완전경쟁기업처럼 행동하고 있다면 균형에서 Q_E, Q_D, P의 값은 각각 얼마인가? 각 기업의 이윤은 얼마인가?

b. 최근에 교체된 두 기업의 최고경영자들은 각자 독

립적으로 전구산업이 과점시장임을 인식하고 쿠르노 모형에서와 같이 행동한다고 하자. 균형에서 Q_E, Q_D, P의 값은 각각 얼마인가? 각 기업의 이윤은 얼마인가?

c. 에버글로우의 경영자는 딤리트가 쿠르노 모형처럼 행동할 것을 정확히 예상하면서 자신은 스타켈버크 모형처럼 행동한다고 하자. 균형에서 Q_E, Q_D, P의 값은 각각 얼마인가? 각 기업의 이윤은 얼마인가?

d. 두 기업의 경영자가 담합을 한다면, 균형에서 Q_E, Q_D, P의 값은 각각 얼마인가? 각 기업의 이윤은 얼마인가?

10. 두 기업 WW사와 BBBS사가 고급 양가죽 자동차 시트커버를 생산하고 있다. 두 기업의 비용함수는 다음과 같다.

$$C(q) = 30q + 1.5q^2$$

시트커버의 시장수요의 역수요함수는 다음과 같다.

$$P = 300 - 3Q$$

여기서 $Q = q_1 + q_2$는 총생산량이다.

a. 만약 각 기업이 경쟁기업의 생산량은 주어진 것으로 간주하고 자신의 이윤을 극대화하는 선택을 한다면(즉, 각 기업이 쿠르노 복점기업으로 행동한다면), 각 기업의 균형생산량은 얼마인가? 총생산량은 얼마이고 시장가격은 얼마인가? 각 기업의 이윤은 얼마가 되는가?

b. WW사와 BBBS사의 경영자들은 담합한다면 두 기업은 훨씬 더 좋아질 것이라고 생각하게 되었다. 만약 두 기업이 담합한다면 이윤극대화 생산량과 시장가격은 얼마인가? 이 경우 각 기업의 생산량과 이윤은 얼마인가?

c. 두 기업의 경영자들은 명시적인 담합은 불법이라는 것을 깨달았다. 각 기업은 쿠르노 생산량 또는 카르텔 생산량을 택할지를 독자적으로 결정해야 한다. 의사결정에 도움이 되도록 WW사의 경영자는 다음과 같은 보수행렬을 만들었다. 각 칸을 WW사의 이윤과 BBBS사의 이윤 조합으로 채워라. 이 보수행렬이 주어지면 각 기업은 어떤 생산량 전략을 추진할 것이라고 예상하는가?

보수행렬 (WW사 이윤, BBBS사 이윤)	BBBS	
	쿠르노 생산량 q	카르텔 생산량 q
WW 쿠르노 생산량 q		
WW 카르텔 생산량 q		

d. WW사가 자신의 생산량을 BBBS사보다 먼저 정할 수 있다고 하자. 이 경우 WW사는 얼마만큼 생산할 것인가? BBBS는 얼마나 생산할 것인가? 시장가격은 얼마이며 각 기업의 이윤은 얼마인가? WW사는 생산량을 먼저 정함으로써 더 나아지는가? 그 이유에 대해 설명하라.

*11. 가격경쟁을 하는 두 기업의 수요곡선은 각각 다음과 같다.

$$Q_1 = 20 - P_1 + P_2$$
$$Q_2 = 20 + P_1 - P_2$$

여기서 P_1과 P_2는 각 기업이 책정하는 가격이고 Q_1과 Q_2는 그에 따른 수요량이다. 각 재화의 수요곡선은 가격의 차이에만 의존한다는 점을 주목하라. 만약 두 기업이 담합하여 같은 가격을 책정한다면 이들은 가격을 최대한 높게 책정하여 무한대의 이윤을 얻을 것이다. 한계비용은 0이다.

a. 두 기업이 가격을 동시에 책정할 때 내쉬균형을 구하라. 각 기업은 얼마의 가격을 책정하며, 얼마나 생산하는가? 각 기업의 이윤은 얼마가 되는가? (힌트: 각 기업의 이윤을 가격에 대하여 극대화하라.)

b. 기업 1이 가격을 먼저 정한 후 기업 2가 나중에 정한다고 하자. 각 기업이 책정하는 가격과 판매량은 얼마이며 각 기업의 이윤은 얼마가 되는가?

c. 여러분의 회사가 이들 기업 중 하나이며, 여러분은 (i) 두 기업이 동시에 가격을 책정하는 게임, (ii)

여러분의 회사가 가격을 먼저 책정하는 게임, (iii) 여러분의 경쟁기업이 가격을 먼저 책정하는 게임 중 하나를 선택할 수 있다고 하자. 여러분은 어떤 게임을 가장 선호하는가? 그 이유를 설명하라.

*12. 지배적 기업모형은 일부 카르텔의 행동을 이해하는 데 도움이 된다. 이 모형을 OPEC 원유 카르텔에 적용해 보자. 세계수요 W와 카르텔 비회원국의 공급 S를 표시하기 위해 등탄력성곡선(isoelastic curve)을 이용한다. 세계수요의 가격탄력성은 $-1/2$이고 카르텔 비회원국들의 공급의 가격탄력성은 $1/2$이다. W와 S의 단위는 하루당 100만 배럴이다.

$$W = 160P^{-1/2}$$
$$S = \left(3\frac{1}{3}\right)P^{1/2}$$

OPEC의 순 수요는 $D = W - S$이다.

a. 세계수요곡선 W, OPEC 비회원국의 공급곡선 S, OPEC의 순수요곡선 D, 그리고 OPEC의 한계수익곡선을 그려라. OPEC의 생산비용을 0이라고 가정하자. OPEC의 최적 가격과 최적 생산량, 그리고 OPEC 비회원국의 생산량을 그래프에 표시하라. 이제 원유 매장량이 고갈되면서 OPEC 비회원국의 공급비용이 상승한다면 위의 여러 곡선이 어떻게 이동하며 OPEC의 최적 가격은 어떻게 변하는지 그래프에 표시하라.

b. OPEC의 최적(이윤극대화) 가격을 계산하라(힌트: OPEC의 생산비용이 0이므로 OPEC의 수입을 나타내는 식을 이용하여 이를 극대화하는 가격을 구하라).

c. 원유 소비국들이 수요독점력을 가지기 위해 구매자 카르텔을 형성하려고 한다고 하자. 이러한 행동이 가격에 미칠 영향에 대하여 어떤 말을 할 수 있는가?

13. 테니스화시장에는 하나의 지배적 기업과 5개의 주변 기업이 있다고 하자. 시장수요는 $Q = 400 - 2P$이다. 지배적 기업의 한계비용은 MC $= 20$이다. 각 주변 기업의 한계비용은 MC $= 20 + 5q$이다.

a. 5개 주변 기업의 총공급곡선이 $Q_f = P - 20$임을 증명하라.

b. 지배적 기업의 수요곡선을 구하라.

c. 지배적 기업의 이윤극대화 생산량과 가격을 구하고, 각 주변 기업의 생산량과 가격을 구하라.

d. 주변 기업이 5개가 아닌 10개라고 하면 답은 어떻게 변하는가?

e. 주변 기업이 5개이지만 각 기업의 한계비용은 MC $= 20 + 2q$라고 하자. 이 경우에 답은 어떻게 달라지는가?

*14. 레몬을 경작하는 4개의 과수원이 카르텔을 형성하고 있다고 하자. 각 과수원의 비용함수는 다음과 같다.

$$TC_1 = 20 + 5Q_1^2$$
$$TC_2 = 25 + 3Q_2^2$$
$$TC_3 = 15 + 4Q_3^2$$
$$TC_4 = 20 + 6Q_4^2$$

여기서 TC의 단위는 백 달러이고, Q의 단위는 매월 수확하여 출하하는 상자 수이다.

a. 매월 생산량이 1, 2, 3, 4, 5상자라고 할 때 각 생산량에 해당하는 각 과수원의 총비용, 평균비용, 한계비용을 표에 기입해 보라.

b. 카르텔이 매달 10상자를 상자당 $25에 출하하기로 결정한다면 각 기업에게는 얼마씩의 생산량이 배정되는가?

c. 이와 같은 출하량 수준에서 상대방을 속일 유인이 가장 큰 과수원은 어느 곳인가? 상대방을 속일 유인이 없는 과수원도 있는가?

CHAPTER 13

게임이론과 경쟁전략

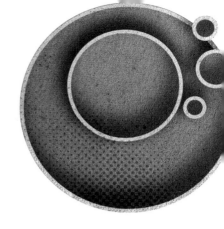

제12장에서는 기업의 생산량과 가격에 관한 전략적 의사결정 몇 가지를 분석하였는데, 기업들이 그러한 결정을 할 때 경쟁사들이 취할 수 있는 반응을 어떻게 고려하는지도 살펴보았다. 그러나 시장구조와 기업의 행동에 대해 아직 다루지 않은 사항도 많다. 예를 들어, 기업들은 어떤 시장에서는 담합하는 반면 다른 시장에서는 공격적으로 경쟁하는 경향이 나타나는 이유는 무엇인가? 기업들은 잠재적 경쟁자가 시장에 진입하는 것을 어떻게 저지할 수 있는가? 수요와 비용조건이 변하거나 새로운 경쟁자가 시장에 진입할 때 기업은 가격을 어떻게 책정해야 하는가?

이러한 질문에 답하기 위하여 이 장에서는 게임이론을 이용하여 전략적 의사결정에 대한 분석을 확대시키고자 한다. 게임이론을 응용할 수 있다는 것은 미시경제학에 있어서 중요한 진전이다. 이 장에서는 게임이론의 몇 가지 핵심사항을 설명하며, 시장의 발달과 작동을 이해하고 경영자들이 지속적으로 직면하는 전략적 의사결정에 있어서 게임이론을 어떻게 활용할 수 있는지를 설명한다. 예를 들면, 과점기업들이 시간이 지남에 따라 전략적으로 가격을 여러 번 설정하고 조정해야 함에 따라 제12장에서 논의한 죄수의 딜레마 같은 상황이 반복된다면 어떤 일이 나타나는지를 살펴볼 것이다. 또한 어떤 기업이 경쟁기업보다 우위에 서거나 협상에서 유리한 고지를 점하기 위하여 취할 수 있는 전략적 행동에 대해서도 알아보며, 다른 기업의 진입을 저지하기 위해 협박이나 약속 그리고 보다 엄격한 행동을 활용하는 것에 대해서도 알아볼 것이다. 끝으로는 게임이론이 경매의 설계와 입찰전략에 어떻게 응용될 수 있는지에 대해서 살펴볼 것이다.

13.1 게임과 전략적 의사결정

먼저 게임과 전략적 의사결정이 무엇을 의미하는지 명확히 할 필요가 있다. **게임**(game)이란 경기자(참가자)들이 전략적 의사결정(strategic decision), 즉 상대방의 행동이나 반응을 고려하여 의사결정을 하는 상황을 말한다. 게임

게임 경기자(참가자)들이 상대방의 행동과 반응을 고려하여 전략적 의사결정을 하는 상황

보수 게임을 통해 나타날 수 있는 결과와 연관된 가치

전략 경기자가 게임에서 취하는 행동의 원칙이나 계획

최적 전략 경기자의 기대 보수를 극대화하는 전략

의 예로는 가격을 통해 서로 경쟁하는 기업들 또는 예술작품의 경매에서 매입가격을 부르면서 서로 경쟁하는 소비자들을 들 수 있다. 전략적 결정의 결과는 경기자에게 보상이나 편익 등 **보수**(payoff)를 가져다준다. 보수는 가격경쟁에 참여하는 기업에게는 이윤으로 나타나며, 경매의 낙찰자에게는 예술작품에 대해 자신이 부여한 가치와 실제 지불한 금액 간의 차이인 소비자잉여로 나타난다.

게임이론의 핵심적인 목표는 각 경기자의 최적 전략을 찾는 일이다. **전략**(strategy)이란 게임에 참가하는 경기자들의 행동의 원칙이나 계획이다. 가격을 책정하는 기업들의 경우에는 전략이란 "나는 경쟁사가 가격을 높게 유지하는 한 가격을 높게 유지할 것이지만 경쟁사가 가격을 낮추면 나는 가격을 이보다 더 낮출 것이다."라고 하는 것이 될 수 있다. 경매에 참가하는 입찰자에게 전략은 "나는 내가 경매에서 이길 의지가 있음을 다른 입찰자들이 인식할 수 있도록 처음 호가로 \$2,000를 부를 것이지만 다른 입찰자들이 가격을 \$5,000 위로 올린다면 나는 포기할 것이다."가 될 수 있다. 경기자의 **최적 전략**(optimal strategy)은 기대되는 보수를 극대화하는 전략이다.

여기서 경기자들은 자신이 취하는 행동에 따라 나타나게 될 결과를 고려하여 생각한다는 의미에서 합리적인 경기자들이 참여하는 게임에 초점을 맞춘다. 이 경우 핵심적인 질문은 다음과 같다. 만약 내가 나의 경쟁자들이 합리적이고 자신들의 보수를 극대화하기 위해 행동한다고 믿는다면, 나는 그들의 행동을 어떻게 고려하여 나의 의사결정을 할 것인가? 물론 현실세계에서 여러분은 비합리적이거나 자신이 취하는 행동의 결과를 고려하여 생각하는 능력이 떨어지는 경쟁자들을 만날 수 있다. 그럼에도 불구하고 경쟁자들도 여러분만큼 합리적이고 지혜롭다고 가정하는 것이 좋은 출발점이 된다.[1] 곧 보게 되듯이 경쟁자의 행동을 고려한다는 것은 생각보다 간단하지 않다. 완전히 대칭적이고 완전한 정보(즉, 나의 경쟁자와 나의 비용구조가 같으며, 서로의 비용과 수요 등에 대해 충분히 알고 있다.)의 조건에서도 최적 전략을 파악하는 일은 쉽지 않다. 우리는 기업들의 비용이 서로 다르며, 가지고 있는 정보도 서로 다르며, 다양한 경쟁우위의 형태와 정도에 직면해 있는 보다 복잡한 상황에 대해서도 살펴볼 것이다.

비협조게임과 협조게임

협조게임 참가자들이 공동전략을 수립하도록 서로를 속박하는 구속력 있는 계약을 체결할 수 있는 게임

비협조게임 구속력 있는 계약을 체결하거나 강제적 집행이 불가능한 게임

기업이 행하는 경제적 게임은 협조게임일 수도 있고, 비협조게임일 수도 있다. **협조게임**(cooperative game)에서는 경기자들이 공동전략을 수립하도록 서로를 속박하는 구속력 있는 계약을 체결할 수 있다. **비협조게임**(noncooperative game)에서는 구속력 있는 계약을 체결하거나 강제적 집행은 불가능하다.

협조게임의 한 가지 예로 구매자와 판매자가 양탄자가격을 흥정하는 경우를 살펴보자. 만약 양탄자의 생산비용이 \$100이고 구매자는 이에 대해 \$200의 가치를 매긴다면 이 게임은 협조적인 해결이 가능하다. 양탄자를 \$101와 \$199 사이의 어떤 가격에서 거래한다는 계약은 소비자잉여와 생산자의 이윤의 합을 극대화함으로써 양 당사자 모두 거래가 없을 때보다는 이득을 보게 된다. 또 다른 협조게임의 예로 두 기업 중 어느 한 기업이 독자적으로는 신기술을 개발할 수 있

---

[1] 우리 학생들의 80%는 자신들이 대부분의 급우들보다 똑똑하고 능력도 뛰어나다고 대답하였다. 여러분은 여러분만큼 지혜롭고 능력 있는 사람들과 경쟁한다는 상상만으로 큰 부담을 느끼지 않길 바란다.

는 노하우를 가지고 있지 않을 때 두 기업이 신기술 개발을 위한 공동투자를 협상하는 경우를 살펴보자. 만약 두 기업이 공동투자를 통해 얻어지는 이윤을 나누는 것을 내용으로 하는 구속력 있는 계약을 체결할 수 있다면 두 당사자 모두가 이득을 보는 협조적인 결과가 가능하다.[2]

비협조게임의 경우는 두 경쟁기업이 각각 독립적으로 가격을 책정할 때 서로 상대방이 취할 수 있는 행동을 고려해야 하는 상황을 예로 들 수 있다. 각 기업은 경쟁사보다 저가로 공급함으로써 시장점유율을 높일 수 있음을 알고 있다. 그러나 기업은 자신이 가격을 낮춤에 따라 가격전쟁이 촉발되는 위험을 감수해야 한다는 것도 잘 알고 있다. 또 다른 비협조게임의 예는 위에서 언급한 경매이다. 각 입찰자는 최적 입찰전략을 결정할 때 다른 입찰자들이 취할 수 있는 행동을 고려해야만 한다.

협조게임과 비협조게임의 근본적인 차이점은 **계약체결의 가능성**(contracting possibilities)에 있다는 점을 주목할 필요가 있다. 협조게임에서는 구속력 있는 계약이 가능하지만 비협조게임에서는 그렇지 않다.

여기서는 대부분 비협조게임을 다룰 것이다. 그러나 어떤 게임이든 전략적 의사결정에 관한 다음의 핵심사항을 명심해야 한다.

> 상대방의 관점을 이해하고 여러분의 행동에 대해 상대방이 취할 수 있는 반응을 유추해 내는 것이 필수적이다.

물론 전략적인 의사결정을 하기 위해서는 누구나 상대방의 견해를 이해해야만 하므로 이 점은 당연한 것 같다. 그러나 간단한 게임 상황에서도 사람들은 종종 상대방의 입장이나 그러한 입장에 따른 상대방의 합리적인 반응을 무시하거나 잘못 판단한다.

$1 지폐 매입 방법   마틴 슈빅(Martin Shubik)이 고안한 다음의 게임을 고려해 보자.[3] $1 지폐가 특이한 방식으로 경매에 붙여진다. 가장 높은 가격을 부르는 입찰자가 자신의 입찰가를 지불하고 그 지폐를 받는다. 그러나 두 번째로 높은 가격을 부르는 입찰자는 자신의 입찰가를 지불해야 하지만 그 대가로 아무것도 얻지 못한다. 여러분이 이 게임에 참가한다면 $1 지폐에 대해 얼마를 부를 것인가?

강의실에서 학생들을 대상으로 한 실험에 의하면 학생들은 $1 지폐에 대해 종종 $1 이상을 지불하는 결과가 나타난다. 전형적인 예를 살펴보면, 한 경기자가 20센트를, 다른 경기자는 30센트를 부른다. 낮은 가격을 부른 사람은 20센트를 잃게 될 판이지만 가격을 좀 높게 부르면 $1를 얻을 수 있다는 것을 파악하고 40센트를 부른다. 10센트씩 단계적으로 올리다 보면 90센트에 대해 $1를 부르는 상황에 도달한다. 이 시점에서 90센트를 부른 경기자는 $1 지폐를 얻기 위해 $1.10를 부르든지 아니면 90센트를 내고 아무것도 얻지 못하는 두 가지 중에 하나를 선택해

---

2 양탄자에 대한 협상은 정합게임(constant sum game)이라 불리는데 그것은 판매가격이 얼마이든지 상관없이 소비자잉여와 이윤의 합은 동일하기 때문이다. 합작투자에 대한 협상은 비정합게임(nonconstant sum game)이다. 합작투자로부터 얻어지는 총이윤은 협상의 결과에 따라 달라진다(예를 들어 각 기업이 합작투자에 어느 정도의 자원을 투자하는가에 따라 달라진다).

3 Martin Shubik, *Game Theory in the Social Sciences* (Cambridge, MA: MIT Press, 1982).

야 한다. 대부분 경기자는 더 높은 금액을 부르며 부르는 가격은 계속 올라간다. 일부 실험에서는 최후의 승자는 $1를 얻기 위해 $3 이상을 지불하는 일도 있었다.

똑똑한 학생들이 왜 이런 결과를 초래하는가? 그것은 상대방이 취하게 될 그에 따른 일련의 상황을 제대로 판단하지 못했기 때문이다.

이 장에서는 가격설정, 광고 그리고 투자결정과 관련된 단순한 게임들을 살펴볼 것이다. 이러한 게임들은 행동에 대한 몇 가지 가정하에서 각 기업의 최선의 전략을 알아낼 수 있다는 의미에서 단순한 게임이다. 그러나 이러한 단순한 게임에서조차 상대방의 행동에 대해 정확히 가정하는 일은 쉽지 않다는 점을 알게 될 것이다. 행동에 대한 가정은 종종 게임이 어떻게 진행되는가(즉, 기업들이 얼마나 오래 사업을 유지하는가, 기업들의 평판은 어떠한가 등)에 따라 달라진다. 따라서 이 장을 학습할 때는 전략적 의사결정에 수반되는 기본적인 쟁점들을 이해하려고 노력해야 한다. 아울러 사례 13.1에서 잘 볼 수 있듯이, 상대방의 입장과 여러분의 행동에 대한 상대방의 합리적인 반응을 주의 깊게 평가하는 것이 중요하다는 점을 잘 기억해야 한다.

사례 13.1 기업 매수

여러분이 대표로 있는 A사(인수자)는 T사(피인수기업)를 매수하고자 한다.[4] 여러분은 T사 주식 전체에 대해 현금을 지불할 계획이지만 얼마의 가격을 제시해야 할지 확실히 알지 못한다. T사의 가치, 정확히 말하면 생존가능성은 원유탐사 프로젝트의 성패에 따라 달라진다. 만약 이 프로젝트가 실패로 끝난다면 현 경영진이 운영하는 T사의 가치는 전혀 없을 것이다. 그러나 프로젝트가 성공한다면 현 경영진이 운영하는 T사의 가치는 1주당 $100 정도로 높아질 수 있다. 1주당 가치가 $0에서 $100 사이의 어떤 값으로 나타날 확률은 모두 같다.

그러나 T사의 가치는 현 경영진이 운영할 때보다 A사의 혁신적인 경영진이 운영한다면 훨씬 높아질 것으로 기대된다. 현 경영진하에서 나타나게 될 가치가 얼마이든지 간에 *A사의 경영진이 운영하면 T사의 가치는 50% 더 높을 것이다.* 만약 원유탐사 프로젝트가 실패한다면 회사의 가치는 경영진이 누가 되든지 상관없이 1주당 $0가 된다. 프로젝트가 성공할 경우 주가는 현 경영진하에서는 1주당 $50이겠지만 A사의 경영진하에서는 1주당 $75가 될 것이다. 또 T사의 경영진하에서는 주당 $100는 A사하에서는 주당 $150가 될 것이다.

여러분은 A사가 T사 주식에 대해 얼마를 제안해야 할지 결정해

야 한다. 이 제안은 탐사 프로젝트의 결과가 알려지기 전인 지금 해야만 한다. 모든 면에서 T사는 정당한 가격을 받을 수 있다면 A사가 인수하기를 원한다. 여러분은 T사가 여러분이 부른 가격에 대해 탐사결과가 나올 때까지 결정을 지연시키다가 탐사결과가 언론을 통해 알려지기 전에 여러분의 제안을 수락하거나 거절할 것이라고 예상한다.

따라서 *여러분은 탐사의 결과를 모른 채 인수가격을 제시할 것이지만 T사는 탐사결과를 알고서 여러분의 제안에 대해 수락 여부를 결정할 것이다.* 아울러 T사는 지금의 회사가치보다 더 높은 인수가격을 제시한다면 여러분의 제안을 받아들일 것이다. A사의 대표로서 여러분은 인수가격에 대해 1주당 $0(인수를 포기함)와 1주당 $150 사이의 값을 고민 중이다. *여러분은 T사 주식에 대해 1주당 얼마의 가격을 제시해야 하는가?*

주의: 일반적으로는 1주당 $50와 $75 사이에서 제시한다고 답할 것이지만, 그것은 틀린 답이다. 이 문제의 정확한 답은 이 장의 끝부분에 나와 있지만 스스로 답을 풀어 보기 바란다.

---

4 이는 MIT 강의를 위해 Max Bazerman이 고안한 사례의 수정본이다.

13.2   우월전략

어떤 게임에서 최선의 전략은 어떻게 알아낼 수 있는가? 또한 게임의 결과에 대해서는 어떻게 알수 있는가? 각 경기자의 합리적인 행동이 어떻게 균형을 이끌어 낼 수 있는지를 이해하기 위해서는 몇 가지 개념이 필요하다. 어떤 전략은 경쟁자들이 어떤 선택을 하면 성공하지만 다른 선택을 한다면 실패한다. 그렇지만 어떤 전략의 경우에는 경쟁자가 어떤 선택을 하든지 상관없이 항상 성공할 수 있다. **우월전략**(dominant strategy)이란 상대방이 무엇을 하든지 상관없이 최적인 전략을 의미한다.

우월전략   상대방이 무엇을 하든지 상관없이 최적인 전략

다음의 예는 과점시장의 상황에서 이 개념을 보여 준다. A기업과 B기업은 경쟁 제품을 판매하고 있는데, 광고를 할지 여부를 고민하고 있다. 각 기업은 경쟁자의 결정에 의해 영향을 받는다. 게임에서 나올 수 있는 결과는 표 13.1의 보수행렬에 나타나 있다(각 칸의 첫 번째 값은 A기업이 받는 보수를, 두 번째 값은 B기업이 받는 보수를 보여 준다). 만약 두 기업이 모두 광고를 하면 A기업은 10의 이윤을, B기업은 5의 이윤을 얻는다. 만약 A기업은 광고를 하지만 B기업은 하지 않는다면 A기업은 15를 얻고 B기업은 0을 얻는다. 또 나머지 두 경우의 결과도 볼 수 있다.

12.4절에서 보수행렬이란 각경기자들의 의사결정이 정해져 있을 때 각자에게 돌아가는 보수를 보여 주는 표라고 설명하였다.

각 기업은 어떤 전략을 선택해야 하는가? 먼저 A기업에 대해 살펴보자. 이 기업은 분명히 B기업이 어떻게 하든지 상관없이 광고를 해야 한다. 즉 A기업은 광고하는 것이 최선이다. B기업이 광고를 하는 경우, A기업도 광고를 한다면 A기업은 $10를 얻지만 광고를 하지 않는다면 $6만 얻는다. B기업이 광고를 하지 않을 경우, A기업이 광고를 한다면 A기업은 $15를 얻지만 광고를 하지 않는다면 $10만 얻는다. 따라서 A기업에게는 광고를 하는 것이 우월전략이다. 이것은 B기업에도 똑같이 적용된다. A기업이 어떻게 하든지 상관없이 B기업은 광고를 하는 것이 최선이다. 그러므로 두 기업이 합리적이라면 두 기업 모두 광고를 한다는 것이 이 게임의 결과이다. 이러한 결과는 두 기업이 모두 우월전략을 가지고 있기 때문에 파악하기가 쉽다.

모든 경기자가 우월전략을 가지고 있다면 그 게임의 결과는 **우월전략 균형**(equilibrium in dominant strategies)이라고 한다. 이러한 게임은 분석하기가 쉬운데, 그것은 각 경기자의 최적 전략은 상대방 경기자의 행동과 관계없이 결정되기 때문이다.

우월전략 균형   각 경기자가 경쟁자의 행위에 관계없이 최선을 다함에 따라 나타나는 게임 결과

불행하게도 모든 게임에서 각 경기자가 우월전략을 갖는 것은 아니다. 이를 살펴보기 위해 위의 광고게임을 약간 변형시켜 보자. 표 13.2의 보수행렬은 표 13.1에서 오른쪽 아래의 값만 바꾼 것이다. 이제 두 기업 모두가 광고를 하지 않는다면 B기업은 그대로 $2의 이윤을 얻지만 A기업은 $20의 이윤을 얻는다(아마 A기업의 경우에는 광고비용이 많이 들며, 주로 B기업의 주장을 반

표 13.1	광고게임의 보수행렬	

		B기업	
		광고함	광고하지 않음
A기업	광고함	10, 5	15, 0
	광고하지 않음	6, 8	10, 2

표 13.2	수정된 광고게임		
		B기업	
		광고함	광고하지 않음
A기업	광고함	10, 5	15, 0
	광고하지 않음	6, 8	20, 2

박하기 위한 광고이므로 광고를 하지 않음으로써 A기업은 그 비용을 상당히 줄일 수 있다).

이제 A기업은 우월전략을 갖지 않는다. A기업의 최적 전략은 B기업이 어떻게 하느냐에 따라 달라진다. B기업이 광고를 한다면 A기업은 광고를 하는 것이 최선이다. 그러나 B기업이 광고를 하지 않는다면 A기업도 광고를 하지 않는 것이 최선이다. 이제 두 기업이 동시에 의사결정을 해야 한다고 하자. A기업은 어떻게 해야 하는가?

답을 구하기 위해서는 A기업은 B기업의 입장에서 생각해야 한다. B기업의 입장에서는 어떤 의사결정이 최선이며, B기업은 어떻게 할 가능성이 높은가? 답은 분명하다. 즉 B기업은 우월전략을 가지고 있어서 A기업이 어떻게 하든지 관계없이 광고를 한다(만약 A기업이 광고를 하는 경우 B기업은 광고를 하면 5를, 하지 않으면 0을 얻는다. 만약 A기업이 광고를 하지 않는 경우 B기업은 광고를 하면 8을, 하지 않으면 2를 얻는다). 그러므로 A기업은 B기업이 광고를 할 것이라고 결론 내릴 수 있다. 이것이 의미하는 바는 A기업도 역시 광고를 해야 한다는 것이다. 광고를 함으로써 A기업은 6 대신 10을 얻는다. 이 게임의 논리적인 결과는 두 기업 모두 광고를 하는 것이다. 이로써 A기업은 B기업의 의사결정이 주어진 상황에서 자신의 최선을 다하며, B기업도 역시 A기업의 의사결정이 주어진 상황에서 자신의 최선을 다한다.

13.3 내쉬균형 다시 보기

지금까지는 게임의 결과를 파악하기 위해 자기강제적(self-enforcing)이거나 안정적(stable)인 전략을 살펴보았다. 우월전략은 안정적인 전략이지만 게임에서는 한 명 또는 여러 명의 경기자들이 우월전략을 갖지 않는 경우가 많다. 따라서 좀 더 일반적인 균형의 개념이 필요하다. 제12장에서는 내쉬균형의 개념을 소개하였는데, 내쉬균형은 폭넓게 응용될 수 있으며, 직관적으로도 유용하다는 점을 설명하였다.[5]

내쉬균형은 상대방의 행동이 주어진 상태에서 각 경기자가 자신이 할 수 있는 최선을 다할 때 취하는 일련의 전략(또는 행동)이다. 각 경기자는 자신의 내쉬전략에서 벗어날 유인이 없기 때문에 그러한 전략들은 안정적이다. 표 13.2에서 내쉬균형은 두 기업이 모두 광고를 하는 것이다. 경쟁

---

5 내쉬균형과 게임이론일반에 관한 우리의 논의는 원론적인 수준이다. 게임이론과 그 응용에 대한 보다 심층적인 논의에 대해서는 다음을 참조하라. James W. Friedman, *Game Theory with Applications to Economics* (New York: Oxford University Press, 1990); Drew Fudenberg and Jean Tirole, *Game Theory* (Cambridge, MA: MIT Press, 1991); and Avinash Dixit, David Reiley, Jr., and Susan Skeath, *Games of Strategy*, 3rd ed. (New York: Norton, 2009).

자의 결정이 주어져 있을 때 각 기업은 자신이 취할 수 있는 최선의 의사결정에 대해 만족하므로 그 결정을 변경할 유인이 없다.

제12장에서는 과점기업들의 생산량과 가격책정을 분석하기 위해 내쉬균형을 활용하였다. 예를 들어, 쿠르노 모형에서 각 기업은 경쟁기업의 생산량이 고정되어 있다고 생각하고 자신의 생산량을 결정한다. 쿠르노균형에서 각 기업은 경쟁기업의 의사결정이 주어졌을 때 자신이 할 수 있는 최선의 결정을 하고 있으므로 자신의 생산량을 일방적으로 변경할 유인이 없음을 알고 있다. 그러므로 쿠르노균형은 내쉬균형이다.[6] 아울러 경쟁기업의 가격이 주어진 상태에서 기업이 가격을 정하는 모형도 살펴보았다. 이 경우에도 내쉬균형에서는 각 기업은 경쟁기업의 가격이 주어졌을 때 최대의 이윤을 얻고 있으므로 자신의 가격을 변경할 유인이 없게 된다.

내쉬균형의 개념과 우월전략균형의 개념을 비교하면 다음과 같다. 우월전략균형은 내쉬균형의 특별한 경우임을 주목할 필요가 있다.

12.2절에서 쿠르노균형이 각 기업이 서로 상대방 경쟁사가 얼마만큼 생산할지를 정확히 예상할 때 달성되는 내쉬균형이라고 설명한 것을 상기하라.

> **우월전략:** 나는 당신이 어떻게 하든지 상관없이, 내가 할 수 있는 최선의 선택을 한다.
> 당신은 내가 어떻게 하든지 상관없이, 당신이 할 수 있는 최선의 선택을 한다.
>
> **내쉬균형:** 나는 당신의 선택이 주어졌을 때 내가 할 수 있는 최선의 선택을 한다.
> 당신은 나의 선택이 주어졌을 때 당신이 할 수 있는 최선의 선택을 한다.

표 13.2의 광고게임에는 하나의 내쉬균형이 존재하는데, 그것은 두 기업 모두 광고를 하는 것이다. 일반적으로 게임이 하나의 내쉬균형만 가질 필요는 없다. 때로는 내쉬균형이 없을 수도 있으며, 때로는 여러 개가 있을 수도 있다(즉, 여러 전략조합이 안정적이며 자기강제적이다). 몇 가지 예를 통해 이를 확인할 수 있다.

제품 선택의 문제 다음과 같은 제품 선택 문제를 고려하라. 아침식사용 시리얼을 만드는 두 기업이 있다. 만약 한 기업이 새로운 제품을 하나씩만 출시한다면 두 제품은 시장에서 성공적으로 팔릴 수 있다. 새로운 바삭한 시리얼 시장과 새로운 단맛 시리얼 시장이 존재하지만 각 기업은 단지 한 유형의 신상품만을 출시할 수 있는 자원을 보유하고 있다. 두 기업의 보수행렬은 표 13.3과 같다.

이 게임에서 각 기업은 상대방이 같은 제품을 만들지 않는다면 어느 것을 생산하든지 무차별적이다. 따라서 만약 협의가 가능하다면 두 기업은 시장을 나누기로 합의할 것이다. 그러나 두 기업이 **비협조적으로** 행동해야만 한다면 어떻게 되는가? 기업 1이 언론을 통하여 단맛 시리얼을 출시할 계획임을 밝힌 후 이 소식을 듣고 기업 2가 바삭한 시리얼을 출시할 계획을 발표한다고 하자. 상대방이 취할 행동이 주어진 상태에서 어떤 기업도 자신이 이미 제시한 행동을 철회할 유인이 없다. 만약 각 기업이 이미 제시한 행동을 그대로 택한다면 10의 보수를 얻는다. 하지만 이미 제시한 행동으로부터 이탈하고 상대방의 행동은 변하지 않는다면 각 기업은 −5의 보수를

---

6 스타켈버그 균형도 내쉬균형이다. 그러나 스타켈버그 모형에서는 게임의 규칙이 다르다. 즉 한 기업은 자신의 생산량을 경쟁기업에 앞서서 결정한다. 이러한 규칙하에서 각 기업은 경쟁기업의 결정이 주어졌을 때 자신이 할 수 있는 최선의 결정을 하는 것이다.

표 13.3	상품 선택 문제		
		기업 2	
		바삭한 시리얼	단맛 시리얼
기업 1	바삭한 시리얼	−5, −5	10, 10
	단맛 시리얼	10, 10	−5, −5

얻는다. 그러므로 보수행렬의 왼쪽 아래에 있는 전략조합은 안정적이며 내쉬균형이 된다. 상대방의 전략이 주어졌을 때 각 기업은 자신이 할 수 있는 최선의 선택을 하며, 그러한 선택으로부터 이탈할 유인이 없는 것이다.

보수행렬의 오른쪽 위의 결과를 가져오는 전략조합도 기업 1이 바삭한 시리얼을 생산할 것이라는 의사를 표시할 때 나타나는 내쉬균형임을 주목하라. 일단 전략들이 선택되고 나면 어느 경기자도 자신의 결정으로부터 일방적으로 이탈할 유인이 없으므로 각 내쉬균형은 안정적이다. 그러나 더 많은 정보가 주어지지 않는다면 우리는 둘 중 어떤 균형이 결과적으로 나타날 것인지 알수가 없다. 물론 두 기업은 두 가지 내쉬균형 중 하나를 달성해야 할 강한 유인을 가진다. 그것은 만약 두 기업이 같은 유형의 시리얼을 출시한다면 둘 다 손실을 보기 때문이다. 두 기업의 담합이 허락되지 않는다는 사실이 내쉬균형에 도달할 수 없다는 의미는 아니다. 산업이 발전함에 따라 기업들이 산업이 나아갈 방향에 대해 서로 신호발송을 함으로써 상호 이해의 폭이 넓어질 수 있다.

해변에서의 입지게임　여러분(Y)과 경쟁자(C)가 여름에 해변에서 음료수를 팔 계획이라고 하자. 해변의 길이는 200야드이고 일광욕하는 사람들이 해변을 따라 균등하게 자리 잡고 있다고 하자. 여러분과 경쟁자는 동일한 음료수를 같은 가격으로 판매하며, 따라서 고객들은 가까운 판매대로 걸어가서 음료수를 살 것이다. 여러분은 해변의 어디에 위치를 잡을 것이며, 경쟁자는 어디에 위치를 잡을 것이라고 생각하는가?

이 문제를 조금만 생각해 본다면 여러분과 경쟁자가 해변 중앙의 같은 지점에 자리 잡는 것이 유일한 내쉬균형임을 알 수 있다(그림 13.1 참조). 그 이유를 알기 위하여 경쟁자가 해변의 끝에서 3/4 떨어진 다른 지점(A)에 위치를 정했다고 하자. 이 경우 여러분은 더 이상 해변 중앙에 자리 잡기를 원치 않을 것이다. 아마 여러분은 경쟁자의 바로 왼쪽 옆에 자리를 잡을 것이다. 그 결과 여러분은 전체 판매량의 약 3/4을 차지하며, 경쟁자는 나머지 1/4만 차지하게 될 것이다. 이 결과는 균형이 아니다. 경쟁자는 해변 가운데 쪽으로 이동하려고 할 것이며, 그에 따라 여러분도 함께 가운데 쪽으로 옮기려 할 것이다.

해변입지게임은 우리가 현실에서 접하는 다양한 현상을 이해할 수 있도록 도와준다. 여러분은 혹시 2~3마일 쭉 뻗어 있는 도로를 따라 2~3개 주유소나 여러 자동차 대리점들이 서로 가까이 자리를 잡고 있는 것을 본 적이 있는가? 마찬가지로 미국 대통령선거가 가까워질수록 민주당과 공화당 후보들은 정치적 입장을 밝힐 때 중도노선으로 점점 가깝게 옮겨 가게 된다.

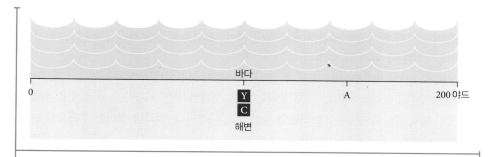

그림 13.1

해변에서의 입지게임

여러분(Y)과 경쟁자(C)는 해변에서 음료수를 판매할 계획이다. 일광욕을 하는 사람들이 해변에 균일하게 퍼져 있고 제일 가까운 판매대에서 음료수를 구입한다면 두 경쟁자는 해변의 가운데에서 서로 바로 옆자리에 위치를 잡을 것이다. 이것이 유일한 내쉬균형이다. 만약 경쟁자가 A지점에 자리를 잡는다면 여러분은 이동하여 A의 바로 왼쪽에 자리를 잡을 것이다. 그곳에서는 여러분이 총판매량의 3/4을 차지할 수 있다. 그 때문에 경쟁자는 다시 가운데로 이동하려고 하며, 여러분도 똑같이 따라 할 것이다.

최소극대화 전략

내쉬균형 개념은 개인이 합리적이라는 가정에 크게 의존한다. 각 경기자의 전략 선택은 자신의 합리성뿐만 아니라 상대방의 합리성에도 의존한다. 이는 내쉬균형의 한계가 될 수 있는데, 표 13.4에서 살펴보자.

이 게임에서 두 기업은 파일을 암호화하는 소프트웨어 판매시장에서 경쟁하고 있다. 두 기업이 같은 암호화 표준을 이용하기 때문에 한 기업에 의해 암호화된 파일은 다른 기업의 소프트웨어로 읽을 수 있어서 소비자에게는 이익이 된다. 그럼에도 불구하고 기업 1의 시장점유율이 훨씬 크다(이 기업은 시장에 일찍 진출했으며, 기업 1의 소프트웨어는 보다 나은 사용자 인터페이스를 가지고 있다). 두 기업은 이제 새로운 암호화 표준 개발을 위한 투자를 고려하고 있다.

기업 1이 어떻게 하든지 상관없이 기업 2는 투자하는 것이 나으므로 기업 2에게는 투자하는 것이 우월전략임을 주목하라. 따라서 기업 1은 기업 2가 투자를 할 것으로 예상해야 한다. 이 경우 기업 1도 투자함으로써 $20백만 얻는 것이 투자를 하지 않아서 $10백만를 잃는 것보다 낫다. 분명히 (투자, 투자)는 이 게임의 내쉬균형이며, 또 유일한 내쉬균형이다. 그러나 기업 1의 경영자는 기업 2의 경영자가 게임을 잘 이해하고 있으며 합리적이라는 것을 확인할 필요가 있다. 만

표 13.4	최소극대화 전략		
		기업 2	
		투자하지 않음	투자함
기업 1	투자하지 않음	0, 0	− 10, 10
	투자함	− 100, 10	20, 10

약 기업 2의 경영자들이 실수로 투자를 못하는 일이 발생한다면 기업 1에게는 엄청난 손해가 발생하기 때문이다(호환 불가능한 표준에 대한 소비자들의 혼란으로 인해 시장점유율이 높은 기업 1은 $100백만의 손실을 입게 될 것이다).

만약 여러분이 기업 1이라면 어떻게 할 것인가? 여러분이 신중한 편이어서 기업 2의 경영자들이 사정을 잘 모르고 합리적이지 않을 수 있다는 점을 우려한다면, 투자하지 않는 것을 선택할 수도 있다. 이 경우 최악의 경우는 $10백만의 손실을 보는 것이다. 그러나 그러한 선택으로 $100백만의 손실을 볼 가능성은 없다. 이 전략은 얻을 수 있는 **최소의 이득을 극대화**한다는 뜻에서 **최소극대화 전략**(maxmin strategy)이라고 부른다. 만약 두 기업 모두 최소극대화 전략을 선택한다면 기업 1은 투자를 하지 않으며 기업 2는 투자를 한다. 최소극대화 전략은 보수적이어서 이윤을 극대화해 주지는 않는다(예를 들어 기업 1은 $20백만를 얻는 대신 $10백만의 손실을 본다). 만약 기업 2가 최소극대화 전략을 쓴다는 것을 기업 1이 확실히 알았더라면 기업 1은 스스로 투자하지 않는 최소극대화 전략을 선택하는 대신 투자를 함으로써 $20백만의 이익을 보는 것을 선택할 것이다.

기대보수의 극대화   만약 기업 1이 기업 2가 어떻게 할 것인지에 대해 불확실하지만 기업 2가 취할 것으로 예상하는 몇 가지 행동에 대한 확률을 가늠할 수 있다면 기업 1은 기대보수를 극대화하는 전략을 활용할 수 있다. 예를 들어 기업 1은 기업 2가 투자를 하지 않을 확률은 10%에 불과하다고 생각한다고 하자. 이 경우 기업 1이 투자를 하는 경우 기대보수는 $(0.1)(-100) + 0.9(20) = 8$백만이다. 반면 기업 1이 투자하지 않을 경우의 기대보수는 $(0.1)(0) + (0.9)(-10) = -$9백만이다. 따라서 이 경우에 기업 1은 투자해야 한다.

한편 기업 1이 기업 2가 투자하지 않을 확률이 30%라고 생각한다고 하자. 그렇다면 기업 1이 투자함에 따른 기대보수는 $(0.3)(-100) + (0.7)(20) = -$16백만이며, 기업 1이 투자하지 않을 경우의 기대보수는 $(0.3)(0) + (0.7)(-10) = -$7백만이다. 따라서 이 경우에 기업 1은 투자하지 않을 것이다.

따라서 기업 1의 전략은 기업 2가 취할 수 있는 여러 행동의 가능성에 대한 기업 1의 평가에 따라 달라짐을 알 수 있다. 이러한 가능성을 예상하는 일은 쉽지 않다. 그러나 기업은 종종 시장 환경, 미래의 비용, 경쟁자의 행동 등에 관한 불확실성에 직면하게 되며, 확률적인 평가와 기대 가치를 토대로 최선의 의사결정을 해야만 한다.

죄수의 딜레마   제12장에서 논의한 죄수의 딜레마에서 내쉬균형은 무엇인가? 표 13.5는 죄수의 딜레마에서의 보수행렬을 보여 주고 있다. 이상적인 결과는 누구도 자백하지 않으며, 따라서 둘 다 2년의 징역형을 받는 것이다. 그러나 각 죄수에게 **우월전략**은 자백하는 것이다. 이 전략이 다른 죄수의 전략에 상관없이 더 큰 보수를 가져다주기 때문이다. 죄수의 딜레마 게임에서 우월전략은 동시에 최소극대화 전략이다. 그러므로 두 죄수가 모두 자백을 하는 결과는 내쉬균형이자 최소극대화 전략에 따른 해결책이다. 따라서 두 죄수에게는 자백하는 것이 합리적인 선택이다.

*혼합전략

지금까지 살펴본 모든 게임에서는 광고를 할 것인가 하지 않을 것인가, 가격을 $4로 정할 것인가

(왼쪽 여백 주석)

최소극대화 전략   얻을 수 있는 최소 이득을 극대화하는 전략

기댓값에 대해 다시 알아보려면 5.1절을 참조하라. 기댓값은 모든 발생가능한 결과와 연계된 보수에 각 결과가 일어날 확률을 가중치로 곱해서 모두 합한 가중평균이다.

표 13.5	죄수의 딜레마		
		죄수 B	
		자백함	자백하지 않음
죄수 A	자백함	−5, −5	−1, −10
	자백하지 않음	−10, −1	−2, −2

또는 $6로 정할 것인가 등 경기자들이 하나의 특정한 선택이나 특정한 행동을 취하는 전략을 고려하였다. 이러한 종류의 전략을 **순수전략**(pure strategy)이라고 한다. 그러나 순수전략이 최선의 방법이 아닌 게임들도 있다.

순수전략 경기자가 하나의 특정한 선택이나 특정한 행동을 취하는 전략

동전의 면 맞추기 한 가지 예로 동전 맞추기 게임을 들 수 있다. 이 게임에서 각 경기자는 동전의 앞면 또는 뒷면을 선택하고 2명의 경기자가 동시에 자신들이 선택한 동전의 면을 상대방에게 보인다. 만약 각자가 선택한 동전의 면이 둘 다 앞면이거나 둘 다 뒷면이라면 경기자 A가 경기자 B로부터 $1를 받는다. 만약 선택한 동전의 면이 서로 다르면 경기자 B가 A로부터 $1를 받는다. 보수행렬이 표 13.6에 나타나 있다.

이 게임에는 순수전략에 의한 내쉬균형은 존재하지 않는다는 점에 주목하라. 예를 들어 경기자 A가 앞면을 선택하면 경기자 B는 뒷면을 선택하고자 할 것이다. 그러나 B가 뒷면을 선택하면 경기자 A도 뒷면을 선택하길 원할 것이다. 앞면 또는 뒷면의 어떠한 조합도 두 경기자를 동시에 만족시키는 경우는 없다. 즉, 경기자 A 또는 경기자 B는 항상 전략을 바꿀 것이다.

이 게임에서는 순수전략에 의한 내쉬균형은 존재하지 않지만 혼합전략에 의한 내쉬균형은 존재한다. **혼합전략**(mixed strategy)이란 어떤 정해진 확률에 기초하여 경기자들이 둘 또는 그 이상의 선택 가능한 행동 중에서 무작위로 선택하는 전략을 말한다. 이 게임의 경우에는 경기자 A는 그냥 동전을 던져서 결정을 하는데, 따라서 1/2의 확률로 앞면을 선택하고 1/2의 확률로 뒷면을 선택한다. 실제로, 경기자 A가 이런 전략을 취하고 경기자 B도 똑같은 전략을 취한다면 내쉬균형이 성립한다. 두 경기자 모두 상대방의 행동이 주어진 상태에서 자신의 입장에서 최선의 선택을 하기 때문이다. 여기서 결과는 무작위적으로 나타나지만 각 경기자의 기대보수는 0이 된다.

게임에서 행동을 무작위로 선택한다는 것이 이상하게 보일 수 있다. 그러나 여러분이 경기자

혼합전략 경기자가 어떤 정해진 확률에 기초하여 둘 또는 그 이상의 선택 가능한 행동 중에서 무작위로 선택하는 전략

표 13.6	동전 맞추기		
		경기자 B	
		앞면	뒷면
경기자 A	앞면	1, −1	−1, 1
	뒷면	−1, 1	1, −1

*A*의 입장에서 동전을 무작위로 던져서 선택하지 않고 다른 전략을 택한다면 어떤 상황이 발생할지 생각해 보라. 예를 들어 여러분이 앞면을 선택한다고 하자. 만약 경기자 *B*가 이를 안다면 그는 뒷면을 택할 것이고 여러분은 돈을 잃게 된다. 경기자 *B*가 여러분의 전략을 모른다고 하더라도 이 게임이 여러 번 반복된다면 경기자 *B*는 여러분이 선택하는 전략의 패턴을 알 수 있으며, 그에 대응하여 자신의 전략을 택할 것이다. 물론 그렇다면 여러분도 전략을 바꾸고자 할 것이다. 이러한 이유로 내쉬균형이 성립하지 않는다. 여러분과 상대방 모두 앞면 또는 뒷면을 각각 확률 1/2로 무작위로 택할 경우에만 어느 누구도 전략을 바꿀 유인이 없게 된다(앞면의 확률 3/4, 뒷면의 확률 1/4 등 앞면과 뒷면이 나타날 확률이 달라지는 선택을 하면 내쉬균형은 존재하지 않는다는 것을 확인할 수 있다).

혼합전략을 고려하는 한 가지 이유는 동전의 면 맞추기와 같은 일부 게임에서는 순수전략으로는 내쉬균형이 존재하지 않기 때문이다. 그러나 일단 혼합전략을 허용한다면 **모든** 게임은 적어도 하나의 내쉬균형을 가지게 된다.[7] 그러므로 혼합전략은 순수전략으로는 얻을 수 없는 게임의 해법을 제공해 준다. 물론 혼합전략이 제시하는 해법이 합리적인가는 게임의 성격과 경기자들에 따라 다를 것이다. 혼합전략은 동전의 면 맞추기, 포커 등과 같은 게임에 있어서는 매우 합리적일 가능성이 크다. 반면, 기업의 경우에는 경쟁기업이 가격을 무작위로 설정하리라고 믿는 것은 합리적이라고 생각하지 않을 수 있다.

성 대결 어떤 게임에서는 순수전략이나 혼합전략 모두 내쉬균형을 가질 수 있다. 한 가지 예로 "성 대결(The Battle of the Sexes)" 게임을 들 수 있다. 이 게임의 내용은 다음과 같다. 짐과 조앤은 토요일 저녁시간을 같이 보내려고 하지만 여가에 대한 취향이 서로 다르다. 짐은 오페라를 관람하고 싶어 하는 반면 조앤은 레슬링경기를 보고 싶어 한다(이 둘의 선호가 반대여도 상관없다). 표 13.7의 보수행렬에서 보듯이 짐은 조앤과 함께 오페라를 관람하는 것을 가장 선호하지만 혼자 오페라를 보러 가는 것보다는 조앤과 함께 레슬링경기를 관람하는 것을 선호한다.

우선 이 게임에는 경기자들이 순수전략을 사용하는 경우 2개의 내쉬균형이 존재한다. 하나는 짐과 조앤이 같이 레슬링경기를 관람하는 것이며, 다른 하나는 둘 다 오페라에 가는 것이다. 물론, 조앤은 이 둘 중 첫 번째를 더 좋아하고 짐은 두 번째를 더 좋아하지만, 두 결과는 모두 균형

표 13.7	성 대결		
		짐	
		레슬링	오페라
조앤	레슬링	2, 1	0, 0
	오페라	0, 0	1, 2

---

7 좀 더 정확히 표현하면 유한한 수의 경기자와 유한한 수의 행동를 갖는 모든 게임에는 적어도 하나의 내쉬균형이 존재한다. 이에 대한 증명은 David M. Kreps, *A Course in Microeconomic Theory* (Princeton, NJ: Princeton University Press, 1990), p. 409 참조.

이다. 짐과 조앤 모두 상대방의 결정이 주어진 상태에서 자신의 결정을 바꾸려고 하지 않는다.

또한 이 게임에는 혼합전략에 의한 균형도 존재한다. 그것은 조앤은 레슬링경기를 2/3의 확률로, 오페라를 1/3의 확률로 선택한다. 그리고 짐은 레슬링경기를 1/3의 확률로 오페라를 2/3의 확률로 선택하는 경우이다. 조앤이 이러한 혼합전략을 선택한다면 조앤은 자신의 전략을 변경시킴으로써 지금보다 더 나아질 수 없다. 이는 짐의 경우도 마찬가지이다.[8] 이에 따른 결과는 무작위적이며, 짐과 조앤은 각각 2/3의 기대보수를 갖는다.

짐과 조앤이 이 혼합전략을 사용할 것으로 예상할 수 있는가? 만약 이들이 둘 다 위험선호적이 아니거나 또는 어떤 면에서 이상한 커플이 아니라면 아마 혼합전략을 선택하지 않을 것이다. 두 선택 중에서 어느 하나를 선택하는 데 서로 합의한다면 각자는 적어도 1의 보수를 얻을 수 있는데, 이는 무작위로 선택함으로써 얻게 되는 기대보수 2/3보다 높기 때문이다. 이 게임과 같이 다른 많은 게임에서도 혼합전략은 다른 답을 제시해 주지만 현실적이지는 않다. 따라서 이 장의 나머지 부분에서는 순수전략에 초점을 맞춘다.

13.4 반복게임

제12장에서는 과점시장에서 기업들은 종종 생산량이나 가격설정을 할 때 죄수의 딜레마 상황에 직면하게 된다는 것을 살펴보았다. 기업들이 이와 같은 상황에서 벗어나서 과점시장에서의 조정과 협력(명시적 또는 암묵적인)을 쉽게 할 수 있는 방법이 있는가?

이러한 질문에 답하기 위해서는 지금까지 살펴봤던 죄수의 딜레마는 제한적이라는 점을 인식할 필요가 있다. 죄수들은 자백을 할 것인지 말 것인지를 고민할 기회가 일생에 단 한 번 있을지 몰라도 대부분의 기업들은 생산량과 가격을 반복적으로 계속 결정한다. 실제로 기업들은 **반복게임**(repeated game)을 하는 것이다. 행동이 취해지고 그에 따라 보수를 얻는 일이 계속 반복되는 것이다. 반복게임에서 전략은 더 복잡해진다. 예를 들어 죄수의 딜레마 게임이 매번 반복되면서 각 기업은 자신의 행동에 대한 평판을 쌓아 갈 수 있으며 경쟁자의 행동도 분석할 수 있다.

게임이 반복된다면 게임의 결과는 어떻게 달라질 수 있는가? 여러분이 표 13.8의 보수행렬에 나타난 죄수의 딜레마에서 기업 1이라고 생각해 보자. 여러분의 회사와 경쟁사가 모두 높은 가격을 책정한다면 둘 다 낮은 가격을 책정할 때보다 많은 이윤을 얻게 된다. 그러나 여러분은 높은 가격을 책정하는 것을 망설일 수 있는데, 그것은 만약 경쟁사가 낮은 가격을 책정한다면 여러분의 회사는 피해를 보며, 경쟁사는 많은 돈을 벌기 때문이다. 그러나 이 게임이 계속적으로 반복된다고 해 보자. 예를 들어 여러분의 회사와 경쟁사가 매달 1일에 가격을 동시에 공시한다고 하자. 그렇다면 여러분의 행동은 달라져서 시간이 지남에 따라 경쟁사의 행동에 반응하면서 여러분의 가격을 변경하는가?

반복게임 행동이 취해지고 그에 따라 보수를 얻는 일이 계속 반복되는 게임

---

[8] 조앤이 무작위로 선택한다고 하자. 조앤이 레슬링을 선택할 확률은 p, 오페라를 선택할 확률은 $(1 - p)$이다. 짐은 레슬링을 선택할 확률을 1/3, 오페라를 선택할 확률을 2/3로 하기 때문에 둘 다 레슬링을 선택할 확률은 $(1/3)p$이며 둘 다 오페라를 선택할 확률은 $(2/3)(1 - p)$가 된다. 따라서 조앤의 기대보수는 $2(1/3)p + (2/3)(1 - p) = (2/3)p + 2/3 - (2/3)p = 2/3$이다. 이 보수는 p와 관계없이 정해지므로 조앤은 어떤 확률을 선택하든지 기대보수 면에서 더 나아질 수 없다.

표 13.8	가격설정		
		기업 2	
		낮은 가격	높은 가격
기업 1	낮은 가격	10, 10	100, −50
	높은 가격	−50, 100	50, 50

한 흥미로운 연구에서 액설로드(Robert Axelrod)는 게임이론가들에게 죄수의 딜레마 게임을 반복적으로 계속할 때 생각할 수 있는 최선의 전략을 알려 줄 것을 요청하였다.[9] 그러고 나서 컴퓨터 모의실험을 통해 어떤 전략이 가장 좋은 결과를 가져오는지를 살펴보았다.

맞대응전략   예상할 수 있는 바와 같이 어떤 전략은 다른 일부 전략보다는 나은 전략이었으나 동시에 또 다른 일부 전략보다는 못한 전략으로 나타났다. 그러나 이 실험의 목적은 모든 다른 전략에 비해서 또는 거의 모든 다른 전략에 비해서 평균적으로 가장 나은 성과를 가져다주는 전략을 찾는 것이었다. 놀랍게도 가장 성과가 좋은 전략은 지극히 단순한 **맞대응전략**(tit-for-tat strategy)인 것으로 나타났다. 나는 높은 가격으로 시작하는데, 당신이 계속 협조하여 높은 가격을 부과하는 한 나도 높은 가격을 유지한다. 그러나 당신이 가격을 낮추는 즉시 나도 따라서 가격을 낮춘다. 만약 당신이 다시 협조하기로 하여 가격을 다시 올린다면 나도 즉시 가격을 따라 올린다.

> **맞대응전략** 반복게임의 전략으로서, 경기자가 이전 경기에서 상대방이 취했던 행동에 대해 따라서 그 행동이 협조적이었으면 협조하고 비협조적이었으면 그에 보복하는 방법으로 대응하는 전략

맞대응전략의 성과가 가장 좋은 이유는 무엇인가? 특히 이 전략을 사용한다면 경쟁사의 협조적 행동을 유도할 수 있는가?

무한 반복게임   게임이 무한대로 반복된다고 생각해 보자. 다시 말해 경쟁자와 나는 매달 영원히 반복하여 가격을 책정한다. 그렇다면 협조적 행동(즉, 높은 가격을 책정하는 것)이 맞대응전략에 대한 합리적 대응이다. 그 이유를 파악하기 위해 어떤 달에 경쟁자가 낮은 가격을 설정하여 나보다 저가로 공급한다고 하자. 그달에는 경쟁자가 높은 이윤을 얻게 될 것이다. 그러나 경쟁자는 내가 다음 달에 낮은 가격을 책정함에 따라 자신의 이윤은 감소하며, 둘 다 낮은 가격을 책정하는 한 낮은 수준의 이윤은 지속될 것임을 알고 있다. 게임이 무한대로 반복되므로 낮은 가격으로 인해 누적될 손실은 첫 달에 가격을 낮춤으로써 얻었던 어떤 단기적인 이윤보다 훨씬 클 것이다. 따라서 가격을 낮추는 선택은 합리적이지 않다.

사실 게임이 무한 반복된다면, 나의 경쟁자는 내가 맞대응전략을 취하여 자신으로 하여금 협조하는 것이 합리적인 선택이 되도록 유도하고 있다는 점을 확실하게 알 필요도 없다. 나의 경쟁자는 내가 맞대응전략을 쓸 가능성이 적다고 생각한다고 해도 자신이 높은 가격을 책정하고 내가 그에 따라 높은 가격을 유지하는 한 자신도 계속 높은 가격을 유지하는 것이 합리적이라고 생각하게 된다. 그것은 게임이 무한 반복된다면 협력으로 인한 기대이익이 낮은 가격을 책정함으

---

9   Robert Axelrod, *The Evolution of Cooperation* (New York: Basic Books, 1984) 참조.

로써 얻는 기대이익을 압도하기 때문이다. 이는 내가 맞대응전략을 취할(그리하여 계속 협조할) 가능성이 낮다고 하더라도 마찬가지이다.

유한 반복게임 이제 게임이 반복되는 횟수가 예를 들어 N개월로 한정되어 있다고 하자. 나의 경쟁자인 기업 2가 합리적이며, 또한 그가 나를 합리적이라고 믿는다면 그는 다음과 같이 생각할 것이다. "기업 1이 맞대응전략을 취하므로 나(기업 2)는 적어도 마지막 달 직전까지는 낮은 가격을 책정할 수 없다. 나는 마지막 달에는 가격을 낮추어야 한다. 왜냐하면 그렇게 함으로써 마지막 달에 많은 이윤을 얻을 것이며, 그 후에 게임이 끝날 것이므로 기업 1이 나에게 보복을 할 수 없기 때문이다. 따라서 나는 마지막 달 직전까지 높은 가격을 책정하며, 마지막 달에는 가격을 낮출 것이다."

그러나 나(기업 1)도 경쟁자가 이런 식으로 생각할 것임을 알고 있으므로 역시 마지막 달에는 가격을 낮출 것이다. 물론 기업 2도 마찬가지로 내가 마지막 달에는 낮은 가격을 부과할 것을 알고 있다. 그렇다면 마지막 달 바로 전 달에는 어떻게 되는가? 마지막 달에는 협조가 불가능하므로 기업 2는 마지막 달 바로 전 달에는 낮은 가격을 책정해야 한다. 그런데 나도 마찬가지로 마지막 달 바로 전 달에는 낮은 가격을 책정할 것을 계획한다. 이와 동일한 추론이 계속해서 이전 달들에 적용되므로 게임의 유일한 합리적인 결과는 둘 다 매달 낮은 가격을 책정하는 것이다.

실제의 맞대응전략 우리는 누구나 영원히 살 것으로 기대하지 않기 때문에 맞대응전략은 거의 유용성이 없다고 생각할 수 있으며, 따라서 다시 죄수의 딜레마에 빠지게 된다. 그러나 실제로는 맞대응전략이 종종 잘 작동하여 서로 간의 협조가 이루어질 수 있다. 여기에는 두 가지 주요한 이유가 있다.

첫째, 대부분의 경영자들은 경쟁기업과 얼마나 오랫동안 경쟁을 하게 될지 알지 못한다. 바로 이 점은 협조적 행동이 훌륭한 전략이 되도록 한다. 반복게임이 끝나는 시점을 모른다면 마지막 달을 알 수 없으며, 따라서 마지막 달에 가서 가격을 낮출 것이라는 기대를 할 수 없다. 그러므로 무한 반복게임의 경우에서와 같이 맞대응전략을 취하는 것이 합리적일 것이다.

둘째, 나의 경쟁자는 나의 합리성에 대해 어느 정도 의심을 할 수 있다. 나의 경쟁자는 내가 맞대응전략을 취할 것이라고 생각한다고 하자(이를 확신할 필요는 없다). 아울러 나의 경쟁자는 "아마" 내가 맞대응전략을 맹목적으로 쓰거나 제한된 합리성 때문에 쓴다고 생각한다고 하자. 예를 들어, 나의 경쟁자는 마지막 달에 자신이 가격을 낮출 것임을 내가 "아마" 알아채지 못하고 마지막 달에도 내가 높은 가격을 책정할 것이라고 생각한다고 하자. 이 경우 나의 경쟁자는 아마 다음과 같이 생각할 것이다. "기업 1은 맞대응전략을 맹목적으로 사용할 것이므로 내가 가격을 높게 책정하는 한 기업 1도 높은 가격을 책정할 것이다." 이와 같은 경우에는 나의 경쟁자의 입장에서는 마지막 달까지 높은 가격을 유지하다가 마지막 달에 가서 나보다 낮은 가격을 책정하는 것이 합리적이다.

위의 설명에서는 "아마"라는 단어를 강조했음을 주목하라. 나의 경쟁자는 내가 맹목적으로 맞대응전략을 사용하거나 심지어 내가 맞대응전략을 조금이라도 사용한다는 것을 확신할 필요는 없다. 시계가 충분히 장기적이라면 **가능성** 그 자체가 경쟁자로 하여금 마지막 바로 직전까지는 협조적 행동이 좋은 전략이라고 생각하게 만드는 것이다. 설령 나의 경쟁자가 내가 게임을 어떻게 할 것인지에 대해 잘못 추측하더라도 협조적 행동은 기대가치의 측면에서 경쟁자에게는 이익이 된다. 오랜 기간 동안 발생하는 미래의 이윤을 경쟁자의 예상이 맞을 확률을 가중치로 삼아 구한 기대치는 가격경쟁하에서 경쟁자가 얻을 수 있는 이윤의 합을 능가할 수 있다. 다시 말해서 결국 내가 틀리고 나의 경쟁자가 낮은 가격을 책정하면 나는 단지 한 기간 동안의 이윤만을 비용으로

사례 13.2 수도계량기산업에서의 과점적 협조

약 40년 동안 미국에서 판매되는 거의 모든 수도계량기는 록웰인터내셔널(Rockwell International), 배저미터(Badger Meter), 냅튠워터미터컴퍼니(Neptune Water Meter Company), 허시프로덕트(Hersey Products)의 4개 회사가 생산하였다.[10] 수도계량기는 대부분 지역단위 수도공사가 구매하는데, 이들은 주거시설이나 상업시설에 계량기를 설치하여 수돗물 소비량을 측정하고 그에 따라 사용료를 부과한다. 계량기의 비용은 수도 공급에 필요한 전체 비용의 일부분에 해당하므로 공사들은 주로 계량기의 정확성과 신뢰성에 관심을 두었다. 가격은 일차적인 관심사가 아니므로 수요는 매우 비탄력적이다. 또한 모든 주택과 상업용 건물은 수도계량기를 반드시 설치해야 하므로 수요는 인구가 늘어남에 따라 서서히 증가한다.

아울러 수도공사와 같은 공익사업체들은 부품공급자들과 장기적인 관계를 맺고 있어 공급업체를 바꾸는 것을 주저하는 경향이 있다. 따라서 새로운 진입자는 기존 기업으로부터 고객을 뺏어 오는 것이 어려우며, 이는 진입장벽으로 작용하기도 한다. 상당한 크기의 규모의 경제는 또 다른 진입장벽이 된다. 신규 진입자가 상당한 수준의 시장점유율을 확보하려면 대규모 투자를 해야 한다. 이러한 조건은 사실상 신규기업의 시장 진입을 불가능하게 만든다.

비탄력적이고 안정적인 수요가 보장되고 신규진입의 위협이 거의 없으므로 기존의 4개 기업은 협조가격을 부과함으로써 상당한 수준의 독점이윤을 얻을 수 있었다. 반면 기업들이 시장점유율을 늘리고자 공격적으로 경쟁한다면 이윤은 거의 경쟁시장 수준까지 하락했을 것이다. 따라서 기업들은 죄수의 딜레마 상황에 빠지게 된다. 협조가

이루어질 수 있을까?

협조는 이루어질 수 있으며 지금까지 이루어져 왔다. 동일한 4개의 기업이 수십 년 동안 반복게임을 해 왔다는 점을 기억하라. 수요는 안정적이고 예측가능하며 기업들은 수년에 걸쳐 자신과 상대방의 비용구조를 잘 파악할 수 있었다. 이러한 상황에서 맞대응전략은 잘 작동한다. 각 기업에게는 경쟁사가 협조하는 한 자신도 협조하는 것이 이득이 된다.

결과적으로 네 기업은 수년 동안 마치 동호회 회원처럼 행동할 수 있었다. 경쟁사보다 낮은 가격을 책정하려는 시도는 거의 없었으며, 기업들은 모두 자신의 시장점유율에 대체적으로 만족하였다. 경기가 좋지 않을 때조차 확실히 수익을 올릴 수 있었다. 이 기업들의 투자수익률은 경쟁이 심한 업종에 비하여 훨씬 높았다.

그러나 2012년경부터는 스마트 수도계량기와 같은 새로운 기술이 동호회의 운영에 혼란을 초래하였다. 새로운 수도계량기는 매분 또는 매시간 자료를 수집하여 정보를 공사 유통망으로 전달하면 그 정보를 이용하여 소비패턴을 파악하고, 누수를 정확히 찾아내며, 소비자들에게 수돗물 사용정보를 온라인으로 알린다. 가장 중요한 점은 스마트 계량기의 경우에는 가정을 방문하여 계량기를 측정할 필요성이 없어서 비용을 크게 절감시킬 수 있다는 점이다. 6개 이상의 제조사가 스마트 수도계량기를 판매하는데, 주력 기업은 시장점유율이 거의 50%인 아이트론(Itron)사와 시장점유율 20%의 GE디지털에너지(GE Digital Energy)이다. 수도공사가 구형 수도계량기를 신형 스마트 계량기로 교체함에 따라 전통적인 계량기 판매는 급감하였으며, 안정적이었던 과점산업의 이윤도 크게 감소하였다.

---

10 이 사례는 일부 Nancy Taubenslag의 "Rockwell International," Harvard Business School Case No. 9-383-019, July 1983을 참조한 것이다. 1980년대 말 록웰은 수도계량기사업을 분리하여 브리티시타이어앤러버(Britsh Tyre & Rubber)사에 매각하였고 이는 다시 미국에서 폭스버러(Foxboro) 브랜드로 수도계량기를 판매하는 다국적회사 인벤시스(Invensys)의 사업부가 되었다. 허시사는 1999년 뮬러프로덕트(Mueller Products)의 자회사가 되었지만 아직 허시 브랜드로 계량기를 판매하고 있다. 배저와 냅튠은 계속 단독회사로 운영 중이다.

감수하고 전략을 바꿀 수 있다. 이는 둘 다 높은 가격을 부과할 때 얻는 상당한 수준의 이윤을 감안하면 사소한 비용이기 때문이다.

이렇게 볼 때, 반복게임에 있어서 죄수의 딜레마는 협조적 결과를 가져올 수 있다. 대부분 시장에서 사실 게임은 불특정 장기간에 걸쳐서 반복되며 경영자들은 자신과 자신의 경쟁자들이 얼마나 완벽하게 합리적으로 행동할지 의구심을 갖는다. 결과적으로 일부 산업(특히 단지 소수의 기업이 장기적으로 안정적인 수요와 비용 조건하에서 경쟁을 하는 산업)에 있어서는 계약이 체결되어 있지 않더라도 협조는 이루어질 수 있다(사례에서 논의되는 수도계량기산업도 한 예이다). 그러나 다른 많은 산업에 있어서는 협조적 행동이 거의 또는 전혀 이루어지지 않는다.

때로는 협조체계가 붕괴하거나 너무 많은 기업들이 존재하여 시작조차 못하기도 한다. 협조가 종종 실패하는 것은 수요나 비용조건이 빠르게 변화하기 때문에 나타나는 현상이기도 하다. 수요와 비용에 대한 불확실성은 기업들로 하여금 협조가 가져다주는 이익에 대하여 기업들이 암묵적인 이해를 공유하는 것을 어렵게 만든다(회합과 토론을 통해 이루어지는 상호 간의 **명시적** 이해는 반독점법을 위반하는 사항이 될 수 있다). 예를 들어 비용 차이 또는 수요에 대한 예측의 차이로 인해 어떤 기업은 협조가격을 $50로 생각하는 반면 다른 기업은 이를 $40로 생각한다. 만약 후자가 가격을 $40로 정하면 전자는 이를 시장을 뺏기 위한 행위로 간주하고 맞대응전략 차원에서 가격을 $35로 응수한다. 그 결과 가격전쟁이 촉발될 수 있다.

사례 13.3 항공산업에서의 경쟁과 담합

1983년 3월, 아메리칸 항공사(American Airline)는 모든 항공사가 탑승거리에 기초한 단일요금제를 택할 것을 제안하였다. 마일당 요금은 탑승거리가 짧을수록 높아지는데, 탑승거리가 2,500마일이 넘을 때는 최저요금인 마일당 15센트를, 250마일 이하일 때는 최고요금인 마일당 53센트를 부과하자고 제안하였다. 예를 들어 거리가 932마일인 보스턴에서 시카고까지 일반석 편도요금은 탑승거리 751~1,000마일인 경우의 적용요금인 마일당 25센트를 적용하여 $233가 된다.

이 제안은 할인요금을 포함하여 당시 적용되었던 여러 요금을 단일화하기 위한 시도였다. 도시 간 비행기 탑승권의 가격은 단지 두 도시 간 거리에 의해서만 결정된다. 아메리칸 항공사의 고위임원은 "새롭게 조정된 요금체계는 혼란을 줄이는 데 도움을 줄 것이다."라고 말하였다. 대부분 다른 주요 항공사는 이 계획에 우호적으로 반응

하여 이를 채택하기 시작하였다. TWA항공사의 부사장은 "이는 좋은 조치이며, 매우 효율적이다."라고 말하였다. 유나이티드 항공사는 아메리칸 항공사와 경쟁하는 모든 노선(이는 사실 대부분의 노선을 포괄한다)에 이 요금제를 적용할 것이라고 신속히 발표하였다. TWA사와 컨티넨탈 항공사(Continental Airline)도 이러한 요금을 전 노선에 채택할 것이라고 발표하였다.[11]

아메리칸 항공사는 왜 이러한 제안을 했으며 다른 항공사들은 어떤 이유로 이를 매력적이라고 생각했는가? 새로운 요금책정 방식은 실제로 비행기 요금의 혼란스러움을 줄이는 데 도움이 되었는가? 그렇지 않다. 이러한 제안의 목적은 가격경쟁을 줄이고 담합가격을 책정하기 위한 것이었다. 항공사들이 점유율 경쟁을 하면서 경쟁적으로 가격을 낮춤에 따라 항공요금은 하락하였다. 로버트 크랜달(Robert Crandall)은 이미 전화로 가격을 고정하려 한 것이 불법인 것

---

11 "American to Base Fares on Mileage," *New York Times*, March 15, 1983; "Most Big Airlines Back American's Fare Plan," *New York Times*, March 17, 1983.

을 알고 있었다. 그 대신 항공사들이 동일 요금체계를 활용하는 것에 동의하도록 함으로써 암묵적으로 가격을 고정시키려 한 것이었다.

이 계획은 실패하였으며, 죄수의 딜레마의 희생물이 되었다. 이 계획이 발표되고 대부분의 항공사가 이 요금체계를 도입한 지 단 2주 만에 미국 시장에서의 낮은 시장점유율을 만족하지 못했던 팬암(Pan Am)사가 요금을 인하하였다. 아메리칸, 유나이티드, TWA는 시장점유율을 잃을 것을 두려워하여 팬암의 가격에 맞추어 자신들의 가격을 급히 인하하였다. 가격 인하는 계속되었으며, 소비자들에게는 다행스럽게 이 계획은 곧 사라졌다.

아메리칸 항공사는 또 다른 4단계 단순 요금체계를 1992년 4월 도입하였으며, 대부분 주요 항공사들은 조속히 이를 채택하였다. 이 역시 가격 인하 경쟁의 제물이 되었다. 1992년 5월 노스웨스트 항공사(Northwest Airline)가 "어린이 무료 비행" 프로그램을 발표하였는데, 이에 아메리칸 항공사는 여름 반값 세일로 응수하였으며, 다른 항공사들도 이에 맞대응하였다. 결과적으로 항공업계는 수십억 달러의 손실을 보았다.

항공사의 가격책정에서 이다지도 경쟁이 극심한 이유는 무엇인가? 항공사는 2년 이상 앞서서 미래의 노선 수용능력을 기획한다. 그러나 가격설정은 월별 또는 심지어 주별 등 매우 단기적으로 결정된다. 단기적으로 각 항공편에 승객을 추가로 탑승시킬 때의 한계비용은 기본적으로 청량음료와 땅콩 한 봉지 정도의 비용으로서 매우 낮다. 따라서 각 항공사는 경쟁사로부터 승객을 가로채기 위해 가격을 낮출 유인을 지닌다. 이에 더하여 항공여행 수요는 종종 예측이 불가능한 정도로 크게 변동한다. 이러한 요인은 암묵적 가격담합을 어렵게 한다.

그 결과 공격적인 가격경쟁은 항공산업에서 하나의 법칙처럼 지속되어 왔다. 특히 사우스웨스트(Southwest)나 제트블루(Jet Blue)와 같은 저가항공사가 가격에 민감한 수많은 소비자들을 끌어들이고 익스피디아(Expedia)나 오비츠(Orbitz)와 같은 인터넷 서비스가 항공료 쇼핑을 촉진시킴에 따라 가격경쟁은 더욱 심화되었다. 그러나 사례 9.3에서 보았듯이 2005년경부터 합병을 통해 주요 항공사의 수가 5개(아메리칸, 유나이티드, 델타, 제트블루, 사우스웨스트)로 줄어듦으로서 각 항공사는 더 많은 좌석을 채울 수 있게 되었으며, 그 결과 가격경쟁의 강도는 낮아졌다.

13.5 순차게임

순차게임 게임 참가자들이 상대방의 행동과 반응을 고려하여 순차적으로 움직이는 게임

지금까지 살펴본 대부분의 게임에서 두 경기자는 동시에 행동을 하였다. 예를 들면 복점시장 쿠르노 모형에서 두 기업은 생산량을 동시에 결정하였다. **순차게임**(sequential game)에서는 경기자들이 차례대로 행동한다. 제12장에서 살펴본 스타켈버그 모형은 순차게임의 한 예이다. 한 기업이 다른 기업에 앞서 생산량을 결정한다. 다른 예도 많이 있다. 한 기업의 광고에 대한 의사결정과 경쟁사의 반응, 기존 기업의 진입 저지를 위한 투자와 잠재적 경쟁자의 시장 진입 여부 결정, 새로운 정부규제와 규제 대상 기업들의 투자와 생산량을 통한 반응 등을 들 수 있다.

이 장의 나머지 부분에서는 다양한 유형의 순차게임을 살펴볼 것이다. 순차게임은 동시게임보다 분석하기가 쉬운 경우가 많다. 순차게임에서 핵심은 각 경기자가 취할 수 있는 행동과 합리적인 반응을 면밀히 생각하는 것이다.

간단한 예로 13.3절에서 살펴보았던 제품 선택 문제로 돌아가 보자. 이 문제는 새로운 시리얼 제품을 시장에 출시하는 두 기업에 관한 것이다. 각 기업이 새로운 시리얼 두 가지 중 한 가지 제품만 출시해야 두 가지 시리얼 모두 성공적으로 판매될 수 있다. 이번에는 보수행렬을 약간 변경하자. 표 13.9에서 볼 수 있듯이 새로운 단맛 시리얼은 이제 10이 아닌 20의 이윤을 가져다주므로 분명히 바삭한 시리얼보다 나은 제품이 된다(이는 아마도 소비자들이 단맛 시리얼보다 바삭한 시리얼을 좋아하기 때문이다). 그러나 각 제품이 하나의 기업에 의해서만 생산되어야 각 기업에게 이익이 될 수 있다(표 13.9를 표 13.3과 비교하라).

표 13.9	수정된 상품 선택 문제		
		기업 2	
		바삭한 시리얼	단맛 시리얼
기업 1	바삭한 시리얼	−5, −5	10, 20
	단맛 시리얼	20, 10	−5, −5

　두 기업이 모두 상대방의 의사를 무시한 채 자신의 결정을 독립적으로, 동시에 발표한다고 하자. 이 경우 아마 두 기업은 모두 단맛 시리얼을 출시할 것이며, 둘 다 손해를 볼 것이다.

　이제 기업 1이 자신의 신제품을 먼저 출시할 수 있다고 하자. 이제 게임은 기업 1이 신상품을 먼저 출시하고 난 후 기업 2가 신상품을 출시하는 순차게임이 된다. 이 게임의 결과는 어떻게 될까? 기업 1은 자신의 의사를 결정할 때 경쟁자의 합리적 반응을 고려해야 한다. 기업 1은 자신이 어떤 제품을 출시하든지 관계없이 기업 2는 자신과는 다른 종류를 출시할 것임을 안다. 따라서 기업 1은 기업 2가 바삭한 시리얼을 출시하는 것으로 반응할 것임을 알고 자신은 단맛 시리얼을 출시할 것이다.

전개형 게임

이러한 결과는 표 13.9의 보수행렬로부터 추론할 수 있지만 순차게임의 경우는 가능한 움직임을 의사결정나무(decision tree)의 형태로 나타냄으로써 보다 쉽게 볼 수 있다. 이렇게 표현하는 것을 **전개형 게임**(extensive form of a game)이라고 하는데, 그림 13.2에 나타낸 것과 같다. 그림은 기업 1이 취할 수 있는 선택(바삭한 시리얼 또는 단맛 시리얼)과 그에 대한 기업 2의 반응을 보여준다. 결과로 나타나는 보수는 각 나무줄기의 끝에 표시된다. 예를 들어 기업 1이 바삭한 시리얼을 생산하고 기업 2도 같이 바삭한 시리얼을 생산한다면 각 기업의 보수는 −5가 된다.

　전개형 게임의 해를 구하기 위해서는 끝에서부터 거꾸로 살펴봐야 한다. 기업 1에게 최선의 행동 순서는 기업 1이 20을 얻고 기업 2가 10을 얻는 경우이다. 따라서 기업 1은 단맛 시리얼을 생산해야 하는데, 그것은 자신의 선택에 따른 기업 2의 최적 반응이 바삭한 시리얼을 생산하는 것이기 때문이다.

전개형 게임　게임에서 가능한 행동을 의사결정나무 형태로 표현한 것

그림 13.2
상품 선택 전개형 게임

선점자의 우위

12.2절에서는 스타켈버그 모형은 한 기업이 다른 기업보다 먼저 생산량을 정하는 과점시장모형이라고 설명하였다.

제품 선택 게임에서는 먼저 행동한다면 분명한 이점이 있다. 단맛 시리얼을 출시함으로써 기업 1은 기업 2로 하여금 바삭한 시리얼을 출시할 수밖에 없도록 만든다. 이는 제12장에서 스타켈버그 모형에서 살펴보았던 선점자의 우위(first-mover advantage)와 매우 유사하다. 그 모형에서는 먼저 행동하는 기업이 많은 양을 생산함으로써 경쟁기업이 적은 양만 생산할 수밖에 없게 만든다.

12.2절에서 살펴본 쿠르노 모형에서는 각 기업은 경쟁사의 생산량이 고정되어 있는 것으로 간주하며, 아울러 모든 기업이 생산량을 동시에 결정한다고 가정하였다.

이와 같은 선점자 우위의 특성을 보다 명확히 이해하기 위해 스타켈버그 모형을 다시 살펴보며, 이를 두 기업이 생산량 결정을 동시에 하는 쿠르노 모형과 비교해 보자. 제12장에서와 마찬가지로 두 복점기업이 다음의 시장수요곡선을 가지고 있다고 하자.

$$P = 30 - Q$$

여기서 Q는 총생산량이며, $Q = Q_1 + Q_2$이다. 앞에서와 같이 두 기업의 한계비용은 0이라고 가정한다. 그렇다면 쿠르노균형은 $Q_1 = Q_2 = 10$이며, 그에 따라 $P = 10$이고 각 기업의 이윤은 100이 된다. 또한 두 기업이 담합한다면 각 기업은 112.5의 이윤을 얻는다. 마지막으로 12.3절에서 기업 1이 먼저 움직이는 스타켈버그 모형의 결과는 $Q_1 = 15$, $Q_2 = 7.50$이며, $P = 7.50$이고 각 기업은 112.50과 56.25의 이윤을 얻는다.

이러한 결과와 함께 나타날 수 있는 몇 가지 결과가 표 13.10의 보수행렬에 요약되어 있다. 만약 두 기업이 동시에 움직인다면 게임의 유일한 답은 두 기업이 각각 10을 생산하고 100의 보수를 얻는 것이다. 이러한 쿠르노균형에서 각 기업은 경쟁기업의 행동이 주어진 상태에서 자신이 할 수 있는 최선의 선택을 한다. 그러나 기업 1이 먼저 행동을 한다면, 기업 1은 자신의 결정이 기업 2의 선택을 제한한다는 것을 안다. 보수행렬에서 기업 1이 자신의 생산량을 $Q_1 = 7.5$로 정하면 기업 2의 최적 반응은 $Q_2 = 10$으로 결정하는 것임을 알 수 있다. 이로 인해 기업 1의 이윤은 93.75, 기업 2의 이윤은 125가 된다. 기업 1이 $Q_1 = 10$으로 정하면 기업 2는 $Q_2 = 10$으로 정하며, 두 기업은 각각 100의 이윤을 번다. 그러나 기업 1이 $Q_1 = 15$로 정하면 기업 2는 $Q_2 = 7.5$로 정하며, 그에 따라 기업 1은 112.50의 이윤을, 기업 2는 56.25의 이윤을 번다. 그러므로 기업 1이 얻을 수 있는 최대 이윤은 112.50이며, 이를 위해 기업 1은 생산량을 $Q_1 = 15$로 정할 것이다. 이를 쿠르노 모형의 결과와 비교해 보면, 기업 1이 먼저 행동함으로써 기업 1은 이윤이 더 커지며 기업 2의 이윤은 훨씬 작아짐을 알 수 있다.

표 13.10	생산량 선택		
		기업 2	
	7.5	10	15
기업 1 7.5	112.50, 112.50	93.75, 125	56.25, 112.50
10	125, 93.75	100, 100	50, 75
15	112.50, 56.25	75, 50	0, 0

13.6 위협, 자기구속, 신빙성

제품 선택 문제와 스타켈버그 모형은 먼저 움직이는 기업이 자신의 행동을 기정 사실화함으로써 경쟁사에 대해 우위를 차지할 수 있음을 잘 보여 주는 두 가지 사례이다. 이 절에서는 기업이 먼저 행동할 때 얻는 우위에 대해 폭넓게 살펴보고자 한다. 또한 누가 먼저 행동하는지를 결정하는 요인이 무엇인지도 고려할 것이다. 다음과 같은 질문에 초점을 맞춘다. 시장에서 우위를 점하기 위하여 기업이 취할 수 있는 행동은 무엇인가? 예를 들어 기업이 어떤 식으로 잠재적인 경쟁자의 시장 진입을 저지할 수 있는가? 또는 기업은 어떻게 자신의 경쟁자들이 가격을 올리도록, 생산량을 줄이도록, 또는 시장을 완전히 떠나도록 유도할 수 있는가?

스타켈버그 모형에서는 먼저 행동하는 기업이 공개적으로 대량생산을 한다고 밝힘으로써 우위를 점하게 된다. 자신의 미래 행동을 제한하는 자기구속(commitment, "commitment"에 대한 적당한 우리말을 한 가지로 정하기 쉽지 않다. 국내 서적에는 "자기구속" 이외에 "공약", "공언", "서약", "확언", "몸 던지기" 등이 쓰이고 있다. – 역주)을 하는 것이 핵심이다. 그 이유를 파악하기 위하여 먼저 움직이는 기업 1이 기업 2의 행동에 반응하여 자신의 마음을 나중에 바꿀 수 있다고 가정해 보자. 그렇다면 기업 2는 더 많이 생산할 것이다. 그것은 기업 2는 기업 1이 처음 발표한 것보다 생산량을 줄이는 반응을 할 것임을 알기 때문이다. 기업 1이 선점자의 우위를 차지하는 유일한 방법은 스스로 자기구속을 하는 것이다. 사실 기업 1은 자신의 행동을 제한함으로써 기업 2의 행동을 제한한다.

우위를 점하기 위하여 자신의 행동을 제한한다는 생각은 역설적인 것으로 생각할 수도 있지만 그렇지 않다는 것을 곧 알 수 있다. 몇 가지 예를 살펴보자.

먼저 표 13.9의 제품 선택 문제를 다시 한 번 살펴보자. 시리얼 신상품을 먼저 출시하는 기업이 우위를 차지하게 된다. 그러나 어떤 기업이 시리얼을 먼저 출시할 것인가? 생산을 준비하는 데 같은 시간이 필요하다고 하더라도 각 기업은 먼저 단맛 시리얼에 자기를 구속시킬 유인을 갖는다. 핵심단어는 자기구속이다. 만약 기업 1이 단맛 시리얼을 생산할 것이라고 단순히 발표만 한다면 기업 2는 그 발표를 믿을 아무런 이유가 없다. 결국 기업 2는 이러한 인센티브를 알기 때문에 똑같은 발표를 더 큰 소리로 떠들썩하게 할 수 있다. 기업 1은 어떤 방식을 사용하든지 자신의 행동을 속박시켜야 한다. 그래야 기업 2로 하여금 기업 1은 단맛 시리얼을 생산하는 것 외에는 다른 선택이 없다는 확신을 가질 수 있도록 할 수 있다. 기업 1은 제품을 출시하기 전부터 많은 비용을 들여서 새로운 단맛 시리얼을 소개하는 광고를 시작할 수도 있다. 이는 자신의 평판을 걸고 하는 일이다. 또한 기업 1은 대량의 설탕을 선주문하는 계약을 체결할 수도 있다(이 계약을 공개적으로 발표하거나 기업 2에게 계약서 사본을 발송할 수도 있다). 이러한 방법들은 기업 1에게는 단맛 시리얼을 생산하도록 자기 자신을 구속하는 것이다. 자기구속은 기업 2로 하여금 기업 1이 원하는 바삭한 시리얼을 생산하는 의사결정을 하도록 유인하는 전략적인 행동이다.

기업 1은 기업 2가 단맛 시리얼을 생산하더라도 자신은 단맛 시리얼을 생산할 것이라고 공언함으로써 단순하게 기업 2를 위협할 수는 없는가? 기업 2는 위협을 믿을 하등의 이유가 없으며, 아울러 기업 2도 같은 위협을 할 수 있기 때문이다. 위협은 신빙성(credible)이 있을 때에만 유용하다. 다음의 예를 통해 이를 명확하게 이해할 수 있다.

표 13.11	컴퓨터와 문서편집기의 가격설정	

		기업 2	
		높은 가격	낮은 가격
기업 1	높은 가격	100, 80	80, 100
	낮은 가격	20, 0	10, 20

헛된 위협

기업 1이 문서편집과 다른 작업을 하는 데 사용할 수 있는 개인용 컴퓨터를 제작한다고 하자. 기업 2는 문서편집기만 생산한다. 표 13.11의 보수행렬이 보여 주듯이, 기업 1이 컴퓨터에 높은 가격을 책정한다면 두 기업은 많은 이윤을 얻을 수 있다. 심지어 기업 2가 문서편집기에 낮은 가격을 책정하더라도 일부는 가격차이 때문에 문서편집기만을 살 수도 있지만, 많은 사람들은 다른 기능을 활용하기 위해 계속 기업 1의 컴퓨터를 구매할 것이다. 그러나 만약 기업 1이 낮은 가격을 책정한다면 기업 2도 역시 가격을 낮춰야만 하므로 두 기업의 이윤은 상당히 감소할 것이다.

기업 1은 보수행렬의 왼쪽 위의 결과가 나타나기를 원할 것이다. 그러나 기업 2의 입장에서는 낮은 가격을 책정하는 것이 분명히 우월전략이다. 그러므로 어떤 기업이 먼저 가격을 설정하든지 관계없이 오른쪽 위의 결과가 나타날 것이다.

기업 1의 가격설정이 산업 전반의 이윤에 큰 영향을 주기 때문에 기업 1은 이 산업의 지배적 기업으로 여겨질 수 있다. 기업 1은 기업 2가 낮은 가격을 책정한다면 자신도 낮은 가격을 책정할 것이라고 위협(threat)함으로써 기업 2로 하여금 높은 가격을 책정하도록 유도할 수 있는가? 표 13.11의 보수행렬에서 볼 수 있듯이 그럴 수는 없다. 기업 2가 어떤 선택을 하든지 관계없이 기업 1이 낮은 가격을 책정한다면 기업 1은 훨씬 나빠진다. 결과적으로 기업 1의 위협은 신빙성이 없다.

자기구속과 신빙성

때때로 기업은 상대방이 자신의 위협을 믿도록 할 수 있다. 그 방법을 알아보기 위해 다음의 예를 살펴보자. 레이스카모터스(Race Car Motors)사는 자동차를 생산하고, 파아웃엔진(Far Out Engines)사는 특수자동차엔진을 제조한다. 파아웃사는 생산한 엔진의 대부분을 레이스카모터스사에 판매하며 나머지 소량은 외부시장에 판매한다. 파아웃사는 레이스카모터스에 크게 의존적이어서 레이스카의 생산계획에 맞춰 자신의 생산량을 결정한다.

그러므로 레이스카사가 "선도자"인 순차게임을 한다. 레이스카사가 어떤 차를 제조할지 결정하며, 그 후에 파아웃엔진사가 어떤 엔진을 생산할 것인지를 결정한다. 표 13.2(a)의 보수행렬은 이 게임에서 나타날 수 있는 결과들을 보여 준다(이윤의 단위는 백만 달러이다). 레이스카사는 소형차 생산을 결정함으로써 가장 좋은 결과를 얻는다는 것을 알 수 있다. 레이스카사는 파아웃이 자신의 결정에 반응하여 소형 엔진을 생산할 것이며 생산한 엔진의 부분을 레이스카사가 구입할 것임을 안다. 따라서 결과적으로 파아웃사는 $3백만의 이윤을 얻으며, 레이스카사는 $6백만의 이윤을 얻을 것이다.

그러나 파아웃사는 보수행렬 오른쪽 아래에 있는 결과를 훨씬 선호할 것이다. 만약 파아웃사가 대형 엔진을 생산하고 레이스카사가 대형차를 생산하기 위해 대형 엔진을 구입한다면 파아웃사는 $8백만를 벌 수 있다(이 경우 레이스카사는 단 $3백만를 번다). 파아웃사는 레이스카사가 소형차 대신 대형차를 생산하도록 유도할 수 있을까?

파아웃사는 레이스카사가 생산하는 자동차의 종류에 관계없이 자신은 대형 엔진을 생산할 것이라고 레이스카사를 위협한다고 하자. 또한 다른 엔진 제조사는 레이스카사가 원하는 엔진을 생산할 수 없다고 하자. 만약 레이스카사가 파아웃사의 위협을 믿는다면 레이스카사는 대형차를 생산할 것이다. 그렇지 않으면 소형차 엔진을 구하는 데 어려움을 겪을 것이며, $3백만 대신에 고작 $1백만의 이윤만 얻을 수 있다. 그러나 이러한 파아웃사의 위협은 신빙성이 없다. 일단 레이스카사가 소형차를 생산할 것이라고 발표하여 대응한다면 파아웃사는 자신의 위협을 그대로 이행할 유인이 없다.

파아웃사는 보수행렬에서 자신의 보수의 일부를 확실하고 돌이킬 수 없게 감소시킴으로써 자신의 선택을 제한한다면 자신의 위협을 신빙성 있게 만들 수 있다. 이를 위해 파아웃사는 소형 엔진으로부터 얻을 수 있는 이윤을 감소시켜야 한다. 파아웃사는 자신의 소형 엔진 생산설비 중 일부의 가동을 중지하거나 파괴함으로써 그렇게 할 수 있다. 그 결과 보수행렬은 표 13.12(b)와 같아질 것이다. 이제 레이스카사는 자신이 어떤 크기의 자동차를 생산하든지 파아웃사는 대형 엔진을 생산할 것임을 안다. 만약 레이스카사가 소형차를 생산한다면 파아웃사는 대형 엔진을 생산하여 다른 자동차제조사에게 최대한 많이 판매함으로써 $1백만의 이윤만 얻는다. 그래도 소형 엔진을 제작하여 이윤을 전혀 얻지 못하는 것보다는 낫다. 레이스카사도 엔진을 구입하기 위해 다른 기업을 찾아봐야 하므로 이윤은 $1백만로 낮아질 것이다. 이제 레이스카사의 입장에서는 대형차를 생산하는 것이 자신의 이해와 일치한다. 자신을 불리한 입장에 놓는 것처럼 보이는 행동을 취함으로써 파아웃사는 게임에서 자신에게 더 유리한 결과를 얻게 된 것이다.

이와 같은 전략적 자기구속은 효과적일 수 있지만 위험이 따르며 보수행렬과 산업에 대해 얼마나 정확한 지식을 가지고 있는지에 따라 결과는 달라진다. 예를 들어, 파아웃사가 대형 엔진을 생산하기로 자기구속을 하고 있는데 다른 엔진제조사가 낮은 비용으로 소형 엔진을 생산할 수 있다는 사실을 알게 되었다고 하자. 그렇다면 자기구속은 파아웃사에게 높은 이윤을 가져다주는 대신 파산하게 만들 수도 있다.

표 13.12(a)	생산량 선택 문제		
		레이스카모터스사	
		소형차	대형차
파아웃엔진사	소형 엔진	3, 6	3, 0
	대형 엔진	1, 1	8, 3

표 13.12(b)	수정된 생산량 선택 문제	
	레이스카모터스사	
	소형차	대형차
파아웃엔진사 소형 엔진	0, 6	0, 0
대형 엔진	1, 1	8, 3

평판의 역할   기업은 또한 좋은 평판(reputation)을 유지함으로써 전략적 우위를 가질 수 있다. 파아웃사가 레이스카사의 대형차 생산을 위한 대형 엔진을 생산하는 경우를 다시 생각해 보자. 파아웃사의 경영진은 비합리적이라는 평판을 얻고 있다. 파아웃사의 경영진은 레이스카모터스사가 무엇을 생산하든지 관계없이 대형 엔진을 생산할 것이라고 위협한다고 하자[표 13.12(a) 참조]. 이 경우 그 위협은 파아웃사가 더 이상의 행동을 하지 않아도 신빙성을 갖는다. 그것은 비이성적인 경영자가 항상 이윤극대화 의사결정을 한다고 상대방이 확신할 수 없기 때문이다. 게임 상황에서는 약간 비합리적이라고 알려진 참가자가 상당한 우위를 가질 수 있다.

반복게임에서는 평판을 얻는 일이 특히 중요한 전략이 될 수 있다. 여러 번의 게임을 겪으면서 기업은 비이성적으로 행동하는 것이 자신에게 유리하다는 점을 발견할 수도 있다. 그러한 비이성적인 행동이 자신의 장기적 이윤을 크게 증가시키는 어떤 평판을 얻게 해 줄 수도 있다.

협상전략

자기구속과 신빙성에 대한 이상의 논의는 협상 문제에도 적용된다. 협상의 결과는 협상에 있어서 자신의 상대적 위치를 변경시키는 행동을 할 수 있는 협상 당사자의 능력에 달려 있다.

예를 들어 서로 보완재인 두 재화 중 하나를 생산하고자 하는 두 기업의 경우를 생각해 보자. 표 13.13의 보수행렬이 보여 주듯이 기업 1은 A의 생산에 있어서 기업 2에 비해 비용 측면에서 우위에 있다. 그러므로 두 기업이 모두 A를 생산한다면 기업 1은 상대적으로 낮은 가격을 유지할 수 있어서 더 많은 이윤을 얻는다. 한편 기업 2는 B의 생산에 있어서 기업 1에 비해 비용상의 우위에 있다. 만약 두 기업이 누가 무엇을 생산할 것인가에 대해 합의를 한다면 합리적인 결과는 보수행렬의 오른쪽 위에 있는 것이 된다. 즉 기업 1은 A, 기업 2는 B를 생산하여 각 기업은 50의 이윤을 얻는다. 사실은 협조를 하지 않더라도 기업 1 또는 기업 2가 먼저 행동을 하든지, 아니면 두 기업이 동시에 결정하든지 관계없이 이 결과는 나타날 수 있다. 기업 2에게는 B를 생산하는 것이 우월전략이며, 따라서 (A, B)는 유일한 내쉬균형이다.

물론 기업 1은 보수행렬의 왼쪽 아래의 결과를 선호할 것이다. 그러나 의사결정 조합이 지닌 한계를 고려할 때 이 결과는 달성될 수 없다. 한편 기업 1과 기업 2가 제3의 기업이 추진하는 연구 컨소시엄에 참여할 것인지 여부를 결정하는 두 번째 문제에 대해 협상한다고 하자. 표 13.14는 이 의사결정 문제의 보수행렬을 보여 준다. 분명히 두 기업의 우월전략은 컨소시엄에 참여함으로써 이윤을 40으로 증가시키는 것이다.

이제 기업 1은 기업 2가 A를 생산하는 데 동의를 할 경우에만 컨소시엄에 참여할 것이라고 발

표 13.13	생산 결정		
		기업 2	
		A 생산	B 생산
기업 1	A 생산	40, 5	50, 50
	B 생산	60, 40	5, 45

표 13.14	컨소시엄 참여 결정		
		기업 2	
		독자 연구	컨소시엄 참여
기업 1	독자 연구	10, 10	10, 20
	컨소시엄 참여	20, 10	40, 40

표함으로써 두 문제를 연계시키려 한다고 하자. 이 경우에는 기업 2의 입장에서는 기업 1이 컨소시엄에 참여하는 대가로 자신이 A를 생산(기업 1은 B를 생산)하는 것은 확실히 이익이 된다. 이 예는 협상의 안건을 같이 묶는다면 한쪽의 비용으로 다른 한쪽이 편익을 볼 수 있다는 것을 보여 준다.

또 다른 예로 주택가격에 대한 흥정을 생각해 보자. 주택의 잠재적 구매자인 나는 나에게 $250,000의 가치가 있는 어떤 주택에 대해 $200,000 이상은 지불하지 않으려고 한다. 판매자는 $180,000 이상의 가격이라면 집을 판매할 의사가 있으나 받을 수 있는 최대한의 금액을 받으려 한다. 만약 내가 이 주택을 사려고 하는 유일한 사람이라면 나는 어떤 방법을 통해 $200,000 이상을 지불하느니 흥정을 그만둘 것이라고 판매자가 믿게 할 수 있는가?

나는 $200,000보다 많이 줘야 한다면 결코 사지 않을 것이라고 공언할 수도 있다. 그러나 그러한 약속이 신빙성이 있는가? 만약 판매자가 내가 엄격하기로 소문나 있고 약속을 어긴 적이 없다는 것을 알고 있다면 그럴 수도 있다. 그러나 나에 대한 평판이 그렇지 않다고 해 보자. 이 경우 판매자는 약속하는 데에 비용이 들지 않으므로 나의 입장에서는 그런 약속을 할 유인은 충분히 있으나, 약속을 지킬 유인은 거의 없다는 것을 안다(아마도 이 거래가 둘 사이의 유일한 거래가 될 것이다). 결과적으로 약속만으로는 협상에서의 나의 입지를 높일 수는 없을 것이다.

그러나 이 약속이 신빙성을 주는 어떤 행동과 결합된다면 잘 작동할 수 있다. 그러한 행동은 내가 약속을 지킬 수밖에 없도록 나의 융통성을 줄이는 것(나의 선택을 제한시키는 것)이어야만 한다. 하나의 가능성은 제3자와 내기를 하는 것이다. 예를 들어 "내가 그 집을 $200,000 이상을 주고 산다면 내가 당신에게 $60,000를 지불할 것이다."라는 내기를 하는 것이다. 혹은 내가 그 집을 우리 회사를 대신하여 사려고 한다면 회사가 $200,000 이상의 가격에 대해 이사회의 승인을 얻어야 하는데, 이사회는 앞으로 몇 달 동안 개최되지 않을 것이라고 발표하는 것이다. 이와 같은 두 가지 경우에 있어서 나의 약속은 신빙성을 갖게 된다. 그것은 내가 나의 약속을 어길 수 있는 능력을 없애 버렸기 때문이다. 결과적으로 나의 융통성(선택가능성)은 줄어드는 대신 협상 력은 커진다.

사례 13.4 월마트의 선제적 투자전략

월마트(Wal-Mart)는 1969년 샘 월튼(Sam Walton)이 설립하여 엄청난 성공을 이룬 대형 할인소매 체인점이다. 월마트의 성공은 업계에서 이례적인 것이었다.[12] 1960~1970년대에 걸쳐 기존 기업의 빠른 확장과 새로운 기업의 진입 및 확장으로 인해 할인소매유통업 분야의 경쟁은 매우 심화되었다. 1970년대와 1980년대에는 업계의 이윤은 감소하였으며 여러 대형 할인체인점들은 파산하였다. 그러나 월마트는 계속 성장하였으며, 이윤은 증가하였다. 1985년 말에 샘 월튼은 미국에서 가장 부유한 사람 중 하나가 되었다.

다른 체인점들은 실패했지만 월마트가 성공할 수 있었던 배경은 무엇이었는가? 성공의 핵심은 월마트의 확장전략이었다. 일반적인 백화점이나 소형 소매점보다 낮은 가격에 판매하기 위해 할인점은 대규모, 꼭 필요한 서비스, 높은 재고회전율에 의존한다. 1960년대에는 할인점은 인구 10만 이상의 도시에서만 성공할 수 있다는 것이 이 업계의 일반적인 생각이었다. 샘 월튼은 이에 동의하지 않고 남서부 소도시에 점포를 열기로 결정하였다. 1970년까지 아칸소, 미주리, 오클라호마의 소도시에 30개의 월마트 점포가 들어섰다. 월마트는 30개의 지역 독점기업(local monopoly)을 새로 만들었기 때문에 성공할 수 있었다. 대도시나 좀 더 큰 도시에서는 할인점들이 서로 치열하게 경쟁함에 따라 가격은 내려가고 이윤폭은 떨어졌다. 그러나 이러한 소도시들은 단 하나의 할인점만 수용할 수 있는 규모였다. 월마트는 할인점이 아닌 다른 소매점보다는 싼 가격을 책정할 수 있었으며, 다른 할인점이 진입하여 경쟁 상태에 놓일 것이라는 염려도 할 필요가 없었다.

1970년대 중반에 이르러서 다른 할인 체인점들도 월마트의 전략이 매우 수익성이 좋은 전략임을 인식하게 되었다. 그것은 단 하나의 할인점만 지탱할 수 있는 소도시에 점포를 개설하고 지역독점을 누린다는 전략이다. 미국에는 수많은 소도시가 있다. 따라서 누가 먼저 소도시에 진입하는가가 이슈가 되었다. 월마트는 자신이 표 13.15의 보수행렬과 같은 일종의 선점게임(preemption game)에 참가하고 있다는 것을 알게 되었다. 보수행렬이 보여 주듯이 만약 월마트가 소도시에 진입할 때 기업 X가 진입하지 않는다면 월마트는 20을 얻고 기업 X는 0을 얻는다. 또 월마트가 진입하지 않고 기업 X가 진입하면 월마트는 0을, 기업 X는 20을 얻는다. 그러나 월마트와 기업 X가 둘 *다 진입한다면 둘은 모두 10의 손실을 본다.*

이 게임에는 2개의 내쉬균형(왼쪽 아래와 오른쪽 위의 결과)이 존재한다. 어떤 결과가 나타날지는 *누가 먼저 행동하느냐*에 달려 있다. 월마트가 먼저 움직여서 시장에 진입한다면 월마트는 기업 X의 합리적인 반응은 진입하지 않는 것임을 알고 있으므로 자신이 20의 이윤을 얻는다는 것을 확신할 수 있다. 그*러므로 적절한 전략은 선점하는 것이다.* 기업 X(또는 기업 Y나 Z)가 나서기 전에 다른 소도시에 먼저 점포를 세우는 것이다. 이것이 바로 월마트가 했던 일이다. 1986년까지 월마트는 1,009개 점포를 운영 중이었으며 연간 $4억 5천만의 이윤을 얻고 있었다. 다른 할인 체인점들이 파산하는 가운데서도 월마트는 성장을 지속하였다. 1999년까지 월마트는 미국 내에 2,454개의 점포와 세계 다른 지역에 729개 점포를 지닌 세계 최대의 소매유통기업으로 성장하였으며, 연간 매출액은 $1,380억에 달하였다.

최근에도 월마트는 전 세계에 걸쳐 새로운 할인점, 창고형 도매점포[예를 들어 샘즈클럽(Sam's Club)], 할인점과 식품점을 결합한 점포[예를 들어 월마트 슈퍼센터(Wal-Mart Supercenter)]를 개설하면서 다른 소매유통업자들에 앞서 선점을 계속하고 있다. 월마트의 선점전략은 다른 국가에서 특히 공격적으로 진행되었다. 2016년 현재 월마트는 미국에 4,574개 점포와 유럽, 중남미, 그리고 아시아에 6,299개 점포를 소유하고 있다. 월마트는 전 세계적으로 종업원 수가 230

---

[12] 이 사례는 부분적으로 다음 자료에 기초한다. Pankaj Ghemawat, "Wal-Mart Stores' Discount Operations," Harvard Business School, 1986.

만 명이며 미국에서만 150만 명을 고용하는 세계 최대의 민간 고용
주가 되었다. 2016년의 연간 매출액은 $4,800억를 넘어섰는데, 이는
아르헨티나부터 베네수엘라에 이르는 국가들의 국내총생산(GDP)을
능가하는 것이다.

표 13.15	할인점 선점게임		
		기업 X	
		진입함	진입하지 않음
월마트	진입함	-10, -10	20, 0
	진입하지 않음	0, 20	0, 0

13.7 진입저지

독점력과 독점이윤의 중요한 원천이 되는 진입장벽은 때로는 자연적으로 형성된다. 예를 들면,
규모의 경제, 특허나 자격증, 또는 핵심 투입요소에 대한 접근성이 진입장벽을 만들 수 있다. 그
러나 때때로 기업들은 스스로 잠재적 경쟁자들의 시장 진입을 저지할 수 있다.

진입을 저지하기 위하여 기존 기업은 잠재적 경쟁자에게 그가 시장에 진입하더라도 이윤을 얻지 못할
것이라는 점을 확신시켜 줘야 한다. 잠재적 진입자인 기업 X를 맞이하고 있는 기존 독점기업의 입장
에서 생각해 보자. 기업 X는 공장을 설립하려면 (매몰)비용 $80백만를 지불해야만 한다. 물론 독
점기업은 기업 X가 진입하지 않도록 유도하고 싶다. 만약 기업 X가 진입하지 않는다면 독점기업
은 계속 높은 가격을 부과함으로써 독점이윤을 누릴 수 있다. 표 13.16(a) 보수행렬의 오른쪽 위
에서 독점기업은 $200백만의 이윤을 얻을 수 있다.

기업 X가 시장에 진입한다면, 독점기업은 가격에 대한 의사결정을 해야만 한다. 독점기업은
자신이 높은 가격을 그대로 유지하면서 기업 X도 높은 가격을 부과할 것이라는 희망하에서 기
업 X의 진입을 수용할 수 있을 것이다. 이런 경우에는 기업 X와 시장을 나누어야 하므로 독점기
업은 단 $100백만의 이윤만 얻게 될 것이다. 신규로 진입하는 기업 X는 $100백만에서 공장 건설
비용 $80백만를 뺀 $20백만를 순이윤으로 얻을 것이다(이 결과는 보수행렬 왼쪽 위에 나타나 있

7.1절에서 매몰비용이란 이미
발생했으며 다시 회수될 수 없
는 비용이라고 설명하였다.

표 13.16(a)	진입가능성		
		잠재적 진입기업	
		진입함	진입하지 않음
기존 기업	높은 가격(진입 허용)	100, 20	200, 0
	낮은 가격(가격전쟁)	70, -10	130, 0

다). 한편 독점기업은 생산능력을 확장하여 생산량을 늘리고 가격을 낮출 수도 있다. 독점기업은 낮은 가격을 통해 시장점유율을 증가시킴으로써 판매수입을 $20백만를 더 증가시킬 것이다. 그러나 생산능력 증설에 $50백만의 비용이 들기 때문에 독점기업의 순이윤은 $70백만로 줄어든다. 가격전쟁으로 진입기업의 판매수입은 $30백만가 감소하므로 진입기업은 $10백만의 순손실을 보게 된다(이 결과는 보수행렬 왼쪽 아래에 나타나 있다). 마지막으로 기업 X가 진입하지 않지만 독점기업이 생산능력을 확장하고 가격을 인하한다면 독점기업의 순이윤은 $200백만에서 $130백만로 $70백만가 감소한다. 여기서 $50백만는 시설확장에 소요되는 비용이고 $20백만는 시장점유율은 변함이 없는 상태에서 가격을 낮춤에 따른 판매수입의 감소분이다. 보수행렬의 오른쪽 아래에 위치한 이 선택은 분명히 합리적 선택은 아니다.

기업 X가 자신이 시장에 진입하면 독점기업이 진입을 수용하고 높은 가격을 유지할 것으로 생각한다면 기업 X는 진입하는 것이 수익성이 있다는 것을 알고 그렇게 할 것이다. 그러나 독점기업이 기업 X의 진입을 막기 위해 시설을 확장하고 가격전쟁을 할 것이라고 위협한다고 생각해 보자. 만약 기업 X가 이 위협을 심각히 받아들인다면 $10백만의 손실이 발생할 것으로 예상하기 때문에 시장 진입을 하지 않을 것이다. 그러나 이 위협은 신뢰성이 없다. 표 13.16(a)가 보여 주듯이 (그리고 잠재적 경쟁자도 알고 있듯이) 일단 진입이 이루어지면 진입을 수용하고 높은 가격을 유지하는 것이 독점기업에게는 가장 이익이 되는 결과가 되기 때문이다. 기업 X의 합리적인 행동은 시장에 진입하는 것이다. 결과는 보수행렬의 왼쪽 위에 나타난다.

그런데 진입이 일단 이루어지고 난 후에 독점기업의 인센티브를 바꾸도록 하는 돌이킬 수 없는 자기구속(즉 진입이 일어난다면 독점기업이 낮은 가격을 선택하는 것 외에는 다른 선택이 없도록 하는 자기구속)을 할 수 있다면 어떻게 되는가? 예를 들어 진입이 일어난 후에 생산량을 증가시키고 가격전쟁을 실행하기 위하여 필요한 시설확장에 대하여 독점기업이 지금 $50백만를 투자한다고 가정하자. 물론 기업 X의 진입 여부에 관계없이 독점기업이 높은 가격을 유지한다면 이 추가적인 비용은 독점기업의 보수를 감소시킬 것이다.

이제 새로운 보수행렬은 표 13.16(b)와 같이 나타난다. 독점기업이 추가적인 생산시설에 지금 투자한다는 결정을 함에 따라 가격전쟁을 감행할 것이라는 독점기업의 위협은 완전한 신빙성을 가지게 된다. 가격전쟁을 감행할 수 있는 추가 생산시설을 이미 확보하였기 때문에 독점기업은 높은 가격을 유지할 때보다 가격전쟁을 더 잘할 수 있을 것이다. 이제 잠재적 경쟁자는 시장 진입이 가격전쟁을 초래할 것임을 알기 때문에 시장에 들어가지 않는 것이 합리적이다. 한편 진입을 저지한 덕분에 독점기업은 높은 가격을 유지할 수 있고 $150백만의 이윤을 얻을 수 있다.

표 13.16(b)	진입가능성	잠재적 진입기업	
		진입함	진입하지 않음
기존 기업	높은 가격(진입 허용)	50, 20	150, 0
	낮은 가격(가격전쟁)	70, −10	130, 0

기존 독점기업이 많은 비용을 들여 추가적인 생산시설 확장을 하지 않더라도 진입을 저지시킬 수 있을까? 앞에서는 비이성적이라는 평판이 전략적 우위를 가져다주는 것을 살펴보았다. 기존 기업이 그러한 평판을 얻고 있다고 하자. 즉 이 기업이 과거에 손실이 따름에도 불구하고 포악한 저가공세를 벌여 모든 신규진입자를 끝내 시장에서 몰아낸 전력이 있다고 하자. 그렇다면 위협은 신빙성이 있을 것이다. 즉 기존 기업의 비이성적인 성향은 잠재 경쟁자에게 시장에 진입하지 않는 편이 더 낫다는 것을 암시한다.

물론 이러한 게임이 무한 반복된다면 기존 기업은 진입이 실제로 일어날 때마다 가격전쟁을 하는 합리적인 유인을 가질 수 있다. 그것은 진입을 저지함으로써 얻을 수 있는 장기적인 이익이 가격전쟁으로 인한 단기적 손실을 보상하고도 남을 수 있기 때문이다. 이 점을 이해한다면 잠재적 경쟁자는 가격전쟁을 할 것이라는 기존 기업의 위협을 신빙성 있는 것으로 받아들이고 진입하지 않기로 결정할 수 있다. 이제 기존 기업은 진입저지에 필요한 신빙성을 확보하기 위하여 자신이 이성적이고 장기적 안목을 지닌 기업이라는 평판을 얻으면 된다. 이 전략의 성공 여부는 기간이 어느 정도인가, 그리고 진입허용 및 가격전쟁과 연관된 상대적인 이득과 손실이 어느 정도인가에 달려 있다.

진입이 얼마나 매력적인 행위인가는 대체로 기존 기업이 어떻게 대응할 것으로 예상되는가에 달려 있다는 것을 살펴보았다. 일반적으로 일단 진입이 발생하면 기존 기업은 신규 기업이 진입하기 전에 누렸던 자신의 생산량을 유지할 것으로 기대하기는 어렵다. 궁극적으로는 기존 기업은 뒤로 물러서서 새로운 공동이윤극대화 수준까지 생산량을 줄이고 가격을 올릴 수도 있다. 잠재적 진입자는 이러한 점을 알고 있기 때문에, 기존 기업들은 진입을 저지하기 위해 가격전쟁에 대한 신빙성이 있는 위협을 새로 생각해 내야 한다. 비이성적이라는 평판이 도움이 될 수 있다. 사실 이러한 점이 실제 시장에서 나타나는 진입저지를 위한 행위의 상당한 부분에 있어서 기초가 된다. 잠재적 진입자는 자신이 진입한 후에는 이성적인 업계 규율이 붕괴될 수도 있다는 점을 반드시 고려해야만 한다. 비이성적이고 호전적인 이미지를 키움으로써 기존 기업은 잠재적 진입자에게 가격전쟁의 위험이 매우 높다는 것을 확신하게 만들 수 있다.[13]

전략적 무역정책과 국제경쟁

우리는 선점투자(preemptive investment)가 잠재적 경쟁자에게 신빙성 있는 위협으로 작용함으로써 기존 기업에게 우위를 가져다줄 수 있음을 살펴보았다. 어떤 상황에서는 선점투자(정부가 보조금을 지급하거나 다른 방식을 통한 정부의 장려정책)가 특정 국가에게 국제시장에서의 우위를 가져다줄 수 있으며, 따라서 무역정책의 중요한 수단이 될 수 있다.

---

13 이는 핵억지력과 유사한 면이 있다. 냉전기간 동안 구소련의 서유럽 침공을 억제하기 위해 핵을 사용하겠다고 위협을 했던 것을 생각해 보라. 만약 소련이 서유럽을 침공한다면 미국은 소련이 핵무기로 맞대응할 것을 알면서도 실제로 핵무기를 사용하여 대응을 할까? 미국이 이런 식으로 대응하는 것은 합리적이 아니므로 핵위협은 신빙성이 없는 듯하다. 그러나 이는 모든 사람이 합리적임을 가정한 것이다. 미국의 비이성적 대응을 두려워할 이유도 있다. 비이성적 대응이 일어날 가능성이 매우 희박하다고 여겨질지라도, 그러한 실수로 인해 초래될 엄청난 비용을 고려한다면 이는 억지력으로 작용할 수 있다. 그러므로 미국이 비이성적으로 행동할 수 있다든가 또는 일단 침공이 발생하면 통제 불능 상태가 될 수 있다는 인식을 확산시킴으로써 미국은 이득을 볼 수 있다. 이것이 "비이성의 이성(rationality of irrationality)"이다. Thomas Schelling, *The Strategy of Conflict* (Harvard Univ. Press, 1980) 참조.

이는 자유무역의 편익에 대하여 이미 이 책에서 설명했던 내용과 상충되는가? 예를 들면 제9장에서는 관세나 수량할당과 같은 무역제한조치가 어떻게 사중손실을 발생시키는지를 살펴보았다. 나아가 제16장에서는 일반적으로 사람들 사이(또는 국가 간)의 자유거래는 상호 유익한 결과를 가져온다는 점을 살펴볼 것이다. 자유무역의 장점을 고려할 때 국제시장에서 정부의 개입은 어떻게 정당화될 수 있는가? 어떤 상황에서는 한 국가가 국내 산업이 비교우위를 가질 수 있도록 하는 정책을 택함으로써 이득을 볼 수 있다.

이를 살펴보기 위하여 상당한 크기의 규모의 경제가 있는 산업, 즉 소수의 대기업이 다수의 소기업보다 훨씬 더 효율적으로 생산을 할 수 있는 산업을 생각해 보자. 정부는 보조금이나 조세감면을 제공함으로써 국내기업들이 이런 지원이 없을 경우보다 더 빨리 성장하도록 장려하고 있다고 하자. 이러한 정책은 다른 나라의 기업들이 세계시장에 진입하는 것을 저지할 수 있고 이에 따라 국내 산업이 높은 가격을 책정하고 더 많은 제품을 판매할 수 있도록 한다. 그러한 정책은 잠재적 경쟁자에게 신빙성 있는 위협으로 작용할 수 있다. 국내 대기업은 규모의 경제의 이점을 누리므로 낮은 가격으로 세계수요를 만족시킬 수 있을 것이다. 다른 기업들이 진입하면 가격은 이윤을 얻을 수 있는 수준보다 아래로 내려갈 것이다.

민간 여객기 시장   한 가지 예로 상업용 항공기의 국제시장을 살펴보자. 새로운 항공기의 생산라인의 개발과 생산에는 상당한 수준의 규모의 경제가 나타난다. 따라서 새 항공기가 많이 팔릴 것으로 기대되지 않는다면 새로운 항공기를 개발하는 것은 채산이 맞지 않는다는 것을 의미한다. 보잉과 에어버스(프랑스, 독일, 영국과 스페인을 포함한 유럽 컨소시엄)가 서로 새로운 항공기 개발을 고려하는 중이라고 하자. 각 기업의 최종 보수행렬은 부분적으로는 다른 기업이 어떤 선택을 하는가에 따라 달라진다. 하나의 기업만 새 항공기를 생산해야 경제성이 있다고 가정하자. 그렇다면 보수행렬은 표 13.17(a)와 같이 나타낼 수 있다.[14]

만약 보잉사가 먼저 개발을 시작한다면 게임의 결과는 보수행렬의 오른쪽 위에 나타난다. 보잉사는 새 항공기를 생산하며 에어버스는 같이 새 항공기를 생산한다면 손실을 볼 것을 알고 있으므로 생산하지 않을 것이다. 따라서 보잉사의 이윤은 100이 될 것이다.

물론 유럽국가들은 에어버스가 새로운 항공기를 생산하는 것을 선호할 것이다. 유럽국가들은 이 게임의 결과를 바꿀 수 있을까? 유럽국가들이 보잉사가 항공기를 제작하기로 결정하기 전에 에어버스에 보조금을 지급하기로 약속했다고 하자. 만약 유럽국가들이 보잉사가 어떻게 하든지 관계없이 에어버스가 새 항공기를 생산한다면 에어버스에게 20의 보조금을 준다고 약속했다면 보수행렬은 표 13.17(b)로 바뀔 것이다.

이제 에어버스사는 보잉사의 새 항공기 생산 여부에 상관없이 자신은 새 항공기를 생산함으로써 돈을 벌 것이다. 보잉사는 자신이 새 항공기를 생산하기로 공언을 하더라도 에어버스사는 생산을 할 것이고 이에 따라 자신은 손해를 볼 것이라는 것을 잘 알고 있다. 따라서 보잉사는 생산하지 않기로 결정할 것이며 결과는 표 13.7(b)의 왼쪽 아래에 나타난다. 20의 보조금은 결국 게

---

14 이 자료는 다음 자료에서 발췌한 것이다. Paul R. Krugman, "Is Free Trade Passé?" *Journal of Economic Perspectives* 1 (Fall 1987): 131–44.

표 13.17(a)	신항공기 개발	에어버스	
		생산함	생산하지 않음
보잉	생산함	−10, −10	100, 0
	생산하지 않음	0, 100	0, 0

표 13.17(b)	유럽국가들의 보조금 이후 신항공기 개발	에어버스	
		생산함	생산하지 않음
보잉	생산함	−10, 10	100, 0
	생산하지 않음	0, 120	0, 0

임의 결과를 에어버스사가 생산하지 않고 이윤이 0이 되는 것으로부터 생산하여 이윤이 120이 되는 것으로 바꾼다. 물론 100은 미국으로부터 유럽으로 이윤이 이전되는 것이다. 유럽의 관점에서 본다면 에어버스에 보조금을 지급하는 것은 높은 수익을 가져오는 정책이다.

유럽국가들은 에어버스에 보조금을 지급한다는 약속을 하였으며, 1980년대 에어버스사는 여러 개의 새 항공기를 성공적으로 시장에 내놓았다. 그러나 그 결과는 여기서의 단순화된 예에 나타난 것과는 달랐다. 보잉사도 새 항공기(757과 767모델)를 출시하였으며, 상당한 이윤을 얻었다. 항공여행에 대한 수요가 성장하면서 두 기업 모두 높은 수익을 내면서 새 항공기를 개발하여 판매할 수 있다는 것이 명백해졌다. 그럼에도 불구하고 에어버스에 대한 유럽국가들의 보조금 지원이 없었더라면 보잉사의 시장점유율은 훨씬 더 높았을 것이다. 한 조사에서는 1980년대에 걸쳐 보조금은 총 $259억에 달하였으며, 이 보조금이 없었더라면 에어버스사는 시장에 진입하지 않았을 것임을 발견하였다.[15]

이 예는 전략적 무역정책이 한 국가로부터 다른 국가로 이윤을 이전시킬 수 있음을 보여 준다. 그러나 이러한 정책을 활용하는 국가는 상대국의 보복을 불러일으킬 수 있다는 점을 기억해야 한다. 무역전쟁이 일어난다면 모든 국가는 전보다 훨씬 못한 상황에 처하게 된다. 따라서 국가가 전략적 무역정책을 채택하기 전에 이러한 결과가 초래될 가능성을 반드시 감안해야 한다.

---

15 "Aid to Airbus Called Unfair in U.S. Study," *New York Times*, September 8, 1990.

사례 13.5　산업의 탈바꿈: 우버와 리프트

사례 9.5에서 보았듯이 택시업계는 "탑승공유(ride-share)" 서비스인 우버(Uber)와 리프트(Lyft)에 의해 어려움을 겪어 왔다. (탑승공유 서비스는 스마트폰의 앱을 이용해 어떤 목적지까지 탑승할 것임을 요청하면 근처 운전자에게 메시지를 보내 여러분이 있는 곳으로 여러분을 태우러 온다.) 일부 도시의 택시회사들은 로비를 통해 시정부가 우버와 리프트의 진입을 저지하는 규제를 도입하도록 했지만 이런 노력은 대체적으로 실패하였으며 탑승공유서비스 기업들은 빠르게 성장하였다. 한 가지 결과는 여러 도시에서 택시 면허의 가치는 급격히 하락하였다는 점이며, 또 소비자들은 싼 비용으로 편리하게 A지점에서 B지점으로 이동할 수 있게 되었다.

그러나 탑승공유서비스에는 강한 네트워크 외부효과가 있다. 그것은 여러분이 차를 잡아서 어디든 목적지로 가고자 한다면 차가 가능한 한 빨리 도착하길 원하기 때문이다. 때문에 여러분은 운전자를 가장 많이 보유한 공유서비스업체를 선택할 가능성이 높아진다. 마찬가지로 만약 여러분이 운전자라면 아마 가능한 한 많은 고객을 만나기를 원할 것이다. 이는 고객을 가장 많이 보유한 서비스업체에서 일을 하게 됨을 의미한다. 어느 서비스업체가 운전자도 가장 많고 고객도 가장 많이 보유하고 있는가? 이에 대한 답은 도시에 따라, 그리고 국가에 따라 다르다. 그러나 2016년 현재 대체로 우버가 그러한 회사이다.

우버는 2009년 미국에서 설립되었고 2012년부터 서비스를 해외로 확장시켜 나갔다. 우버는 이제 전 세계에서 가장 널리 애용되는 탑승호출 앱으로 전 세계 68개국의 약 400개 도시에서 서비스를 제공하고 있다. 반면 리프트는 2012년에 사업을 시작한 후 인상적인 성장을 해 왔지만 아직 우버에 비해서는 도시나 운전자 수가 적은 상태이다(미국에는 이 외에도 2~3개 탑승공유서비스가 있으나 그 규모는 매우 작다). 2016년 현재 우버의 주식가치는 총 $620억이고 리프트의 가치는 $55억이다. 예를 들어 2016년 뉴욕시에서 우버는 주당 200,000회에 가까운 탑승서비스를 제공하였으며 리프트는 이의 절반 정도를 처리하였다. 이러한 차이는 한 가지 중요한 질문을 제기한다. 즉, 이 시장에는 2개의 탑승공유서비스업체를 수용할 여지가 있는가? 또는 네트워크 외부효과가 매우 강해서 결국 단지 하나의 "승자"기업만 남게 될 것인가?

이 질문에 대한 답은 두 기업이나 그 이상의 기업도 존재할 수 있다는 것이다. 그 이유는 네트워크 외부효과는 한 도시에는 적용되지만 국가 전체적으로는 적용되지 않기 때문이다. 만약 내가 필라델피아 공항까지 탑승이 필요하다면 나는 필라델피아에 얼마나 빨리 운전자가 나타나는가에만 신경을 쓴다. 시카고나 로스앤젤레스의 운전자 수에는 관심이 없다. 따라서 우버는 어떤 도시에서 우위를 차지할 수 있으며, 리프트는 다른 도시에서 우위를 차지할 수 있도록 노력할 수 있다. 사실 2016년 현재 리프트는 로스앤젤레스, 샌프란시스코, 그리고 텍사스 오스틴에서 탑승 수요의 50%에 가까운 비중을 차지하고 있다. 리프트의 사장 존 짐머(John Zimmer)에 따르면 "이 사업은 우리가 계속 말해 왔던 것을 보여 주고 있다. 일단 어떤 규모를 넘어서면 그다음에는 자연복점시장이다." 결과적으로 그의 말이 맞는지 여부를 곧 알게 될 것이다.

사례 13.6　기저귀 전쟁

미국의 일회용 기저귀 산업은 20여 년이 넘는 기간 동안 두 기업이 지배해 왔다. 프록터앤갬블(Proctor & Gamble)사는 50%의 시장지배율을 차지해 왔으며, 킴벌리-클라크(Kimberly-Clark)사는 30~40%의 점유율을 차지해 왔다.[16] 이 두 기업은 어떻게 경쟁하는가? 다른 기업들이 연간 $50억의 시장에 진입하여 의미 있는 점유율을 차지하지 못했던 이유는 무엇인가?

16　프록터앤갬블은 팸퍼스(Pampers), 울트라팸퍼스(Ultrapampers) 그리고 러브스(Luvs)를 만들고, 킴벌리-클라크는 단 하나의 주요 브랜드 허기스(Huggies)를 만든다.

단 2개의 주요 기업이 존재하지만 경쟁은 치열하다. 경쟁은 주로 혁신적인 *비용절감*의 형태로 나타난다. 이 시장에서 성공의 열쇠는 제조과정을 완벽하게 갖추어 한 공장에서 많은 양의 기저귀를 낮은 비용으로 생산할 수 있도록 하는 것이다. 이는 생각보다 간단치 않다. 분당 3,000개를 기저귀 개당 약 10센트의 비용으로 생산하면서 흡수제 셀루로오스 보풀을 싸고, 탄력적인 주름을 덧입히고, 묶고, 접고, 그리고 기저귀를 포장하기 위해서는 혁신적이고 섬세한 디자인, 그리고 세밀한 공정이 필요하다. 더구나 조그만 기술적 향상도 유의미한 경쟁우위를 가져올 수 있다. 만약 한 기업이 제조비용을 미세하게 낮출 수 있다면 그 기업은 가격을 낮추어 큰 시장점유율을 차지할 수 있다. 결과적으로 두 기업은 비용절감 경쟁을 하면서 막대한 예산을 연구개발(R&D)에 사용할 수밖에 없는 것이다.

표 13.18의 보수행렬은 이러한 상황을 보여 준다. 두 기업이 모두 연구개발에 공격적으로 투자한다면 그들은 현재의 시장점유율을 유지할 수 있을 것으로 기대할 수 있다. P&G사는 40의 이윤을, 킴벌리–클라크사는 낮은 시장점유율로 인해 20의 이윤을 얻을 것이다. 어느 기업도 R&D에 예산을 쓰지 않는다면 P&G사의 이윤은 60으로 늘어나며, 킴벌리–클라크사의 이윤도 40으로 증가한다. 그러나 만약 한 기업은 계속 연구개발에 투자하지만 다른 기업은 하지 않는다면 혁신하는 기업은 결과적으로 경쟁사의 시장점유율 대부분을 차지하게 될 것이다. 예를 들어 만약 킴벌리–클라크사는 연구개발에 투자하지만 P&G사는 투자하지 않는다면 P&G사는 20의 손실을 보고 킴벌리–클라크사의 이윤은 60으로 증가한다. 그러므로 이 두 기업은 죄수의 딜레마 상황에 처해 있다. 각 기업의 입장에서는 R&D에 투자하는 것이 우월전략이다.

협조적 행동이 나타나지 않는 이유는 무엇인가? 두 기업은 이 시장에서 오랫동안 경쟁해 왔고 기저귀의 수요는 상당히 안정적이다. 여러 가지 이유로 연구개발을 둘러싼 죄수의 딜레마는 좀처럼 해결하기 힘든 문제이다. 첫째, 어느 기업이건 상대방의 연구개발 활동을 감시하는 것은 가격을 감시하는 것처럼 쉽지 않다. 둘째, 어떤 연구개발 프로그램이 완성된 후 중요한 제품 향상으로까지 연결되기까지는 몇 년이 걸릴 수 있다. 결국 한 기업이 속임수를 쓸 때까지 두 기업이 협조를 유지하는 맞대응전략이 잘 작동할 가능성은 적다. 한 기업은 경쟁사가 새로 향상된 제품을 공개적으로 발표하기 전까지는 경쟁사가 은밀하게 연구활동을 진행해 왔음을 간파하지 못할 수 있다. 그때서야 자신의 연구개발 프로그램을 새로 준비하여 시작하기에는 너무 늦을 수 있다.

P&G사와 킴벌리–클라크사가 진행 중인 연구개발 지출 역시 진입을 저지하는 데 기여한다. 브랜드명 인지도에 더하여 이 두 기업은 이미 많은 기술적 노하우와 우수한 제조능력을 축적해 왔기 때문에 이제 시장 진입을 시도하는 다른 기업에 비해서는 상당한 비용우위를 가지고 있다. 신규진입자는 새로운 공장을 건설하는 것 이외에도 시장에서 아주 낮은 점유율을 확보하기 위해서 많은 연구개발투자를 해야만 한다. 신규기업은 생산을 개시하고 난 후에도 비용을 절감하기 위한 연구개발에 많은 예산을 지속적으로 투입해야 한다. 시장 진입을 통해 이윤을 남기기 위해서는 P&G사와 킴벌리–클라크사가 연구개발 활동을 중지한 상태에서 신규기업이 이들을 따라잡아 궁극적으로는 비용우위를 달성할 수 있어야 한다. 그러나 이미 살펴본 것처럼 합리적인 기업이라면 이런 상황이 전개될 것이라고 기대하지 않을 것이다.[17]

표 13.18	연구개발투자 경쟁		
		킴벌리–클라크	
		R&D에 투자함	R&D에 투자하지 않음
프록터앤갬블	R&D에 투자함	40, 20	80, −20
	R&D에 투자하지 않음	−20, 60	60, 40

---

17 제15장 사례 15.4에서 기저귀시장 신규진입자에 의한 자본투자의 수익성에 대해 좀 더 자세히 살펴볼 수 있다.

*13.8 경매

경매시장 공식적인 입찰과정을 통해 제품을 사고 파는 시장

이 절에서는 제품들을 공식적인 입찰과정을 통해 사고 파는 **경매시장**(auction market)에 대해 살펴본다.[18] 경매는 온갖 규모와 형식으로 이루어진다. 경매는 특히 예술품, 골동품, 어느 지역에서의 원유채굴권처럼 특별한 품목의 거래 등 차별화된 제품의 거래에 자주 활용된다. 예를 들어 최근 미국 재무부가 미국국채를 판매할 때, 미연방통신위원회가 이동전화서비스 주파수대역을 판매할 때, 국제올림픽위원회가 TV중계권을 판매할 때, 미 국방성이 군사장비를 조달할 때 각각 경매의 방식을 활용하였다. 경매는 중요한 이점을 지니는데, 일대일 협상에 비해서는 시간이 적게 들며, 판매자의 입장에서는 구매자 간의 경쟁을 유발해 수입을 증가시킬 수 있다.

경매가 크게 인기를 얻고 또 성공을 거두는 이유는 무엇인가? 거래비용이 낮다는 것은 부분적인 답이 될 수 있다. 소매점에서의 판매와는 달리, 경매는 여러 구매자들이 관심의 대상인 한 품목을 놓고 서로 경쟁하므로 본질적으로 상호작용적이다. 이러한 상호작용은 예술품이나 스포츠 수집품처럼 물품이 하나밖에 없어서 시장가치가 형성될 수 없는 품목을 판매할 때 특히 중요하다. 또한 경매는 하나밖에 없지는 않지만 시간이 지남에 따라 가치가 크게 변하는 품목을 판매할 때에도 도움이 된다.

하나의 예로 도쿄 수산시장에서 매일 열리는 신선한 참치의 경매를 들 수 있다.[19] 참치는 크기, 형태, 품질 등에서 모두 차이가 나며, 따라서 가치도 모두 다르다. 만약 매번 거래에서 잠재적 구매자와의 여러 번의 흥정과 협상이 이루어진다면 굉장히 많은 시간이 필요할 것이다. 대신 매일 아침에 각 참치 한 마리는 가장 높은 가격을 부르는 사람에게 팔리는 경매가 이루어진다. 이러한 경매를 통해 거래비용을 크게 절감할 수 있으며, 그에 따라 시장의 효율성을 증대시킨다.

경매의 설계는 운영규칙을 선택하는 것을 포함하는데, 판매 결과에 커다란 영향을 미친다. 판매자는 제품판매수입을 극대화하는 경매방식을 원한다. 반면에 일단의 잠재적 판매자들로부터 입찰가를 수집하는 구매자는 상품구매에 드는 예상비용을 최소화하는 경매방식을 원할 것이다.

경매의 형식

경매의 형식에 대한 선택에 따라 판매자의 경매수입은 달라진다. 다음과 같은 몇 가지 경매 형식이 광범위하게 이용되고 있다.

영국식(구두) 경매 판매자가 일단의 잠재 구매자에게 계속 더 높은 가격을 부르도록 적극 종용하는 경매

1. **영국식**(또는 **구두**) **경매**(English or oral auction): 판매자가 일단의 잠재적 구매자들에게 계속 높은 가격을 부르도록 적극적으로 종용한다. 각 시점에서 모든 경매 참가자들은 지금까지 가장 높은 호가가 얼마인지 알고 있다. 경매는 현재 가장 높은 호가보다 더 높은 호가를 부르려는 사람이 없을 때 중단된다. 품목은 가장 높은 호가를 부른 입찰자에게 자신이 부른 호가와 같은 가격으로 팔린다.

---

18 경매에 대해서는 방대한 문헌이 존재하는데, 예를 들면 다음과 같다. Paul Milgrom, "Auctions and Bidding: A Primer," *Journal of Economic Perspectives* (Summer 1989): 3-22; Avinash Dixit and Susan Skeath, *Games of Strategy*, 2nd ed. (New York: Norton, 2004); and Preston McAfee, *Competitive Solutions: The Strategist's Toolkit*, Princeton University Press (2002): ch. 12.

19 John McMillan, *Reinventing the Bazaar: A Natural History of Markets* (New York: Norton, 2002).

2. **더치 경매**(Dutch auction): 판매자가 품목을 비교적 높은 가격에 내놓는다. 만약 잠재적 구매자들 중 아무도 그 가격에 사려고 하지 않는다면 판매자는 일정한 액수만큼 가격을 낮춘다. 제시된 가격을 수락하는 첫 번째 구매자가 그 가격에 품목을 구매한다.

3. **비공개 경매**(sealed-bid auction): 모든 호가는 동시에 봉인된 봉투를 통해 이루어지고 가장 높은 호가를 적어 낸 사람이 낙찰자가 된다. 그러나 낙찰자가 지불하는 가격은 경매의 규칙에 따라 다르다. **최고가 경매**(first-price auction)에서 판매가격은 최고 호가와 같다. **차고가 경매**(second-price auction)에서 판매가격은 두 번째로 높은 호가가 된다.

가치평가와 정보

여러분이 그림이나 희귀한 동전과 같이 매우 독특하고 가치 있는 상품을 판매하려고 한다면 어떤 형식의 경매가 여러분의 입장에서는 최선인가? 이에 대한 답은 입찰자의 선호와 그들이 입수 가능한 정보에 따라 달라진다. 다음의 두 가지 경우를 살펴보자.

1. **개인가치 경매**(private-value auction)에서는 각 입찰자는 자신의 개인적 가치평가액 또는 유보가격(reservation price)을 알고 있으며, 이 가치평가액은 입찰자마다 다르다. 아울러 각 입찰자는 다른 입찰자가 해당 제품에 대해 부여하는 가치를 잘 알지 못한다. 예를 들면 나는 배리 본즈(Barry Bonds)가 사인한 홈런 볼의 가치를 매우 높게 평가하지만 당신이 나보다 낮게 평가할지 어떨지는 모른다.

2. **공통가치 경매**(common-value auction)에서는 경매에 나온 물품의 가치는 모든 입찰자에게 대체로 동일하지만 입찰자들은 그 가치가 정확히 얼마인지는 모른다. 입찰자들은 단지 추정치만 알 수 있지만 입찰자마다 추정치는 서로 다르다. 예를 들어 해저 원유매장구역에 대한 경매에서 매장구역의 가치는 원유가격에서 채굴비용을 뺀 것에 원유매장량을 곱하여 구한다. 따라서 이 가치는 모든 입찰자에게 거의 같아야 한다. 그러나 입찰자들은 매장량이나 채굴비용에 대해서는 정확히 모른다. 입찰자들은 이런 수치들을 추정할 수밖에 없으며, 그러한 추정치는 입찰자마다 다르다. 따라서 해저 원유매장구역의 채굴권을 얻기 위해서 입찰자들이 제시하는 금액은 크게 다를 수 있다.

현실적으로 모든 경매는 개인가치와 공통가치 두 요소를 다 가질 수 있다. 예를 들어 원유매장구역 경매에서는 구역마다 채굴비용이 다르기 때문에 개인가치 요소가 있을 수 있다. 그러나 문제를 단순화시키기 위하여 여기서는 이 두 가지를 구분한다. 먼저 개인가치 경매를 다룬 후 공통가치 경매에 대해 살펴본다.

개인가치 경매

개인가치 경매에서 입찰자들은 제시된 물품에 대해 서로 다른 유보가격을 갖는다. 예를 들어 배리 본즈가 사인한 야구공에 대한 각 입찰자의 유보가격은 \$1(야구에 관심이 없지만 재미로 경매에 참여하는 사람인 경우)에서 \$600(샌프란시스코 자이언츠 팬인 경우)까지 다양할 수 있다. 물론 여러분이 야구공의 입찰에 참여한다면 여러분은 얼마나 많은 사람들이 여러분에 대항하여 입찰에 참여할지, 그들의 호가는 얼마인지에 대해 모른다.

경매의 형식이 어떠하든지 입찰자는 자신의 입찰전략을 선택해야 한다. 영국식 경매의 경우 전략은 입찰을 중단시키는 가격을 선택하는 것이다. 더치 경매의 경우 전략은 개인이 예상할 수 있는 유일한 입찰가를 선택하는 것이다. 비공개 경매의 경우 전략은 봉인된 봉투에 적어 넣을 입찰가를 선택하는 것이다.

이러한 입찰게임에서 보수는 어떻게 나타나는가? 낙찰을 받았을 때 얻는 보수는 승자의 유보가격과 실제 지불한 금액 간의 차이이며, 낙찰을 받지 못할 때의 손실은 없다. 보수가 이와 같이 주어질 때, 입찰전략과 여러 입찰 형식에 따른 결과를 살펴보자.

우선 영국식 구두경매와 차고가 비공개 경매는 거의 같은 결과를 가져온다는 점부터 살펴본다. 우선 차고가 비공개 경매부터 살펴보자. 이 경매에서는 정직하게 매입가격을 적는 것이 우월전략이며, 자신의 유보가격보다 낮은 매입가격을 적는 것은 도움이 되지 않는다. 그것은 여러분이 지불할 가격은 여러분의 가치평가액에 의해 결정되는 것이 아니라 두 번째로 높은 가격을 적어 낸 입찰자의 가치평가액에 의해 결정되기 때문이다. 여러분의 유보가격이 $100라고 하자. 만약 여러분이 유보가격보다 낮은 $80를 적어 낸다면 두 번째로 높은 가격인 $85를 적어 낸 사람에게 질 수 있다. 이 경우 여러분은 $87에 성공적으로 낙찰받았을 경우에 얻게 되는 보수를 잃게 된다. 만약 여러분이 유보가격보다 높은 $105를 적어 낸다면 낙찰을 받더라도 음(−)의 보수를 받을 위험을 감수해야 한다.

이와 유사하게 영국식 경매에서 우월전략은 두 번째로 높은 가격을 부르는 사람이 더 이상 높은 가격을 부를 의사가 없을 때까지 계속 입찰하는 것이다. 그러면 낙찰가는 거의 두 번째로 높은 가격을 부르는 사람의 유보가격과 같아진다. 어느 경우이건 여러분은 입찰가격이 여러분의 유보가격에 도달할 때 입찰을 멈춰야만 한다. 만약 유보가격보다 낮은 가격에서 입찰을 멈춘다면 여러분은 양(+)의 보수를 잃을 위험이 있다. 또 유보가격을 초과하여 입찰을 계속한다면 여러분은 틀림없이 음(−)의 보수를 얻게 된다. 입찰은 가격이 얼마나 높게 형성될 때까지 계속되는가? 낙찰가격이 두 번째로 높은 입찰자의 유보가격과 거의 같아질 때까지 계속 입찰해야 한다. 마찬가지로, 비공개 경매에서 낙찰가는 두 번째로 높은 입찰자의 유보가격과 거의 같을 때까지 계속될 것이다. 그러므로 두 경매방식은 거의 동일한 결과를 가져온다(이론적으로는 결과는 단 $1~2 차이가 난다). 이를 살펴보기 위하여 가치평가액이 각각 $50, $40, $30인 3명의 입찰자가 있고 이러한 가치평가액에 대해 경매인과 입찰자들이 완전한 정보를 가지고 있다고 하자. 만약 여러분의 가치평가액이 $50라면 영국식 경매에서는 여러분은 유보가격이 $40인 입찰자를 이기기 위해 매입가격을 $40.01로 제시할 것이다. 또한 여러분은 비공개 경매에서도 같은 가격으로 입찰할 것이다.

정보가 불완전한 현실에서도 이와 유사한 결과를 예상할 수 있다. 여러분이 판매자라면 영국식 구두 경매와 차고가 비공개 경매 간에 차이를 느끼지 못할 것이다. 그것은 두 경우 모두에 있어서 입찰자들은 개인적 가치를 가지기 때문이다. 여러분이 어떤 물건을 비공개 경매 방식으로 판매할 계획이라면 최고가 경매와 차고가 경매 중 어떤 방식을 택해야 하는가? 최고가 경매를 택한다면 여러분이 받게 될 지불금은 두 번째로 높은 입찰가가 아니라 최고 입찰가로 주어지기 때문에 최고가 경매가 더 낫다고 생각할 수 있다. 그러나 입찰자들은 이 생각을 알고 있으며 이에 따라 입찰 전략을 바꿀 것이다. 그들은 입찰에 성공할 경우 낙찰가를 지불해야 할 것임을 예상하고 낮은 가격에 입찰할 것이다.

차고가 비공개 경매에서 판매자가 얻는 판매수입은 두 번째로 높은 유보가격과 같다. 그러나 최고가 비공개 경매의 경우에는 입찰자들의 최적 전략이 복잡하기 때문에 판매자의 수입에 대한 분석도 더 복잡해진다. 입찰자들이 선택할 수 있는 최선의 전략은 두 번째로 높은 유보가격을 지닌 개인의 유보가격과 같거나 그보다 약간 높다고 생각하는 입찰가를 선택하는 것이다.[20] 왜냐하면 낙찰자는 자신의 입찰가를 지불해야 하는데, 두 번째로 높은 유보가격보다 더 많이 지불할 이유가 결코 없기 때문이다. 그러므로 최고가 비공개 경매와 차고가 비공개 경매는 판매자에게 동일한 기대수입을 발생시킨다는 사실을 알 수 있다.

공통가치 경매

여러분과 다른 4명의 사람들이 동전이 들어 있는 큰 항아리를 사기 위해 영국식 경매에 참가한다고 하자. 가장 높은 입찰가격을 부르는 사람은 그 가격을 지불하고 항아리를 가지게 된다. 입찰자들은 항아리를 살펴볼 수 있으나 열어서 안에 든 동전을 세어 볼 수는 없다. 항아리 속 동전의 수를 추측한 후에 취할 수 있는 최적 입찰전략은 무엇인가? 동전 항아리는 모든 입찰자에게 같은 가치가 있으므로 이는 고전적인 공동가치 경매이다. 문제는 여러분과 다른 입찰자들이 가치(금액)를 모르고 있다는 사실이다.

이런 상황에서 여러분은 많은 초보자들이 하듯이 행동하고 싶을 수 있다. 즉 여러분이 추측한 항아리에 든 동전의 수에 해당하는 금액까지 입찰을 하고 더 이상 하지 않는 것이다. 그러나 그러한 방법은 최선이 아니다. 여러분과 다른 참가자들은 모두 동전의 수를 확실히 모른다는 점을 기억하라. 각자는 독립적으로 동전 수를 추측하는데, 그 추측치는 틀릴 가능성이 높다. 어떤 사람은 너무 많이, 또 어떤 사람은 너무 적게 추측할 것이다. 그렇다면 누가 낙찰자가 될 것인가? 만약 각 입찰자가 자신의 추측치에 해당하는 금액까지 입찰을 계속한다면 동전의 수를 가장 많이 추측한 사람이 낙찰자가 될 것이다. 즉 동전의 수를 가장 과대평가한 사람이다.

승자의 저주 이러한 가능성을 살펴보기 위하여 실제로 동전 항아리에 620개의 페니가 들어 있으며, 입찰자들은 페니의 수를 각각 540, 590, 615, 650, 690개로 추측했다고 하자. 여러분은 690개로 추측했으며 $6.80로 낙찰을 받았다고 하자. 여러분은 낙찰되었다는 사실에 기뻐해야 하는가? 그렇지 않다. 여러분은 $6.20의 가치가 있는 동전을 $6.80를 주고 산 것이다. 여러분은 **승자의 저주**(winner's curse)에 빠진 것이다. 때때로 공통가치 경매의 승자는 패자보다 더 나쁜 상황에 빠지게 된다. 그것은 승자가 과도하게 낙관적이어서 결과적으로 경매 물품에 대해 실제 가치보다 더 높은 가격으로 입찰하기 때문이다.

승자의 저주는 어떤 공통가치 경매에서나 일어날 수 있는데, 입찰자들은 이를 고려하지 못하는 실수를 자주 하게 된다. 예를 들어 여러분이 집에 페인트를 칠하려 한다고 하자. 여러분은 5개의 업체에게 이 작업을 위한 견적서를 요청하면서 가장 낮은 비용을 제시하는 업체에 작업을 맡길 것이라고 알린다. 이 경우 아마 작업의 양을 가장 심하게 과소 추정한 업체가 작업을 맡게

승자의 저주 공통가치 경매에서 낙찰자가 품목의 가치를 과대평가하여 과도하게 높은 가격을 지불함으로써 더 나쁜 상황에 빠지게 되는 현상

---

[20] 보다 정확하게는 최선의 전략은 여러분의 평가가치액이 최고로 높다는 조건하에서 두 번째로 높다고 기대되는 유보가격과 같거나 약간 높은 가격으로 입찰하는 것이다.

될 것이다. 그 업체는 처음에는 일을 맡게 되었다고 기뻐하겠지만 조만간 예상보다 작업량이 훨씬 많다는 사실을 알게 될 것이다. 똑같은 문제가 매장량과 채광비용이 불확실하여 매장구역의 가치가 불확실한 해저원유매장구역의 채광권 입찰에 참가한 석유회사들에게도 일어날 수 있다. 기업들이 승자의 저주를 고려하지 않는다면 낙찰자는 매장구역의 가치를 과대평가하여 경매에서 이기게 되므로 결과적으로 원유매장구역의 가치보다 더 많은 금액을 지불할 가능성이 크다.

　공통가치 경매에 참가하여 어떤 물건을 구매하려면 여러분은 승자의 저주를 어떻게 고려해야 하는가? 여러분은 입찰하고자 하는 물건의 가치를 추정해야 할 뿐만 아니라 여러분의 가치 추정치와 다른 참가자들의 추정치가 틀릴 수 있다는 사실을 고려해야 한다. 승자의 저주를 피하기 위하여 여러분은 최고입찰가를 낙찰자의 기대 오차와 같은 금액만큼 여러분의 가치평가 추정치보다 낮게 잡아야 한다. 여러분의 추정치가 정확할수록 입찰가를 낮출 필요성은 작아진다. 여러분이 추정치의 정확성을 직접 평가할 수 없다면 여러분은 다른 입찰자들의 추정치의 변동성을 추정할 수 있다. 만약 입찰자들 간에 추정치가 크게 차이가 난다면 여러분의 추정치도 상당히 부정확할 가능성이 높다. 추정치들의 변동성을 측정하기 위해서는 추정치들의 표준오차를 이용할 수 있다.

　석유회사들은 오랫동안 원유매장구역을 확보하기 위하여 입찰에 참가해 왔기 때문에 표준편차를 상당히 잘 추정할 수 있다. 따라서 이 회사들은 최고입찰가를 자신들의 가치평가액 아래로 낙찰가의 표준오차와 같은 액수만큼 낮춤으로써 승자의 저주를 피하려고 한다. 결과적으로 석유회사들이 경매에서 낙찰을 받은 후에 실수했다고 생각하는 경우는 드물다. 반면 주택페인팅업체들은 입찰가격을 결정함에 있어서 경험이 적기 때문에 승자의 저주에 빠지는 경우가 종종 있다.

　승자의 저주는 전통적인 영국식 경매보다는 비공개 경매에서 더 문제가 될 수 있다. 전통적인 경매에서는 여러분이 지나치게 낙관적인 유일한 입찰자라면 여러분은 두 번째로 높은 가격보다 약간 높은 가격을 제시함으로써 낙찰을 받을 수 있다. 따라서 승자의 저주가 문제가 되려면 적어도 2명의 입찰자가 지나치게 낙관적이어야 한다. 이와는 대조적으로 비공개 경매의 경우에는 여러분이 스스로 낙관론에 빠져서 다른 모든 입찰자보다 훨씬 높은 가격을 부를 수 있다.

경매수입의 극대화

이제 판매자의 입장에서 경매형식의 설계 문제를 살펴보자. 최선의 경매방식을 선택할 때 유용하게 이용할 수 있는 원칙은 다음과 같다.

1. 개인가치 경매에서는 판매자는 가능한 한 많은 구매자들이 경매에 참가할 수 있도록 해야 한다. 입찰자가 추가되면 낙찰자의 기대 입찰가가 높아질 뿐만 아니라 두 번째로 높은 입찰가격의 기대치도 함께 높아진다.

2. 공통가치 경매에서 판매자는 (a) 비공개 경매보다는 공개 경매를 사용하여야 한다. 일반적으로 영국식(공개) 공통가치 경매는 비공개 경매에 비해 높은 기대수입을 가져다준다. (b) 경매에 나온 물품의 실제 가치를 파악할 수 있는 정보를 공개해야 한다. 승자의 저주에 대한 우려를 줄임으로써 구매자가 경매에 더 참가하도록 장려해야 한다.

3. 개인가치 경매에서 최저입찰가능금액을 매길 때는 물건을 다음에 팔기 위해 지니고 있을 때

의 소장 가치와 같거나 약간 높게 설정하라. 이렇게 함으로써 물건을 그리 높게 평가하지 않는 몇몇 사람들만 경매에 참가함으로써 발생하는 손실을 줄일 수 있다. 더구나 이는 구매자에게 물건의 가치가 높다는 신호를 보냄으로써 경매 참가자의 수를 증가시킬 수 있다. 최저 입찰가능금액에서도 물건이 팔리지 않을 경우에 해당 물건을 다시 팔 기회를 갖는 것은 분명히 이점이 된다. 그러나 첫 판매에서 물건을 파는 데에 실패하였다는 것은 향후 경매에서 입찰자에게 해당 물건의 품질이 낮다는 신호로 여겨진다면 불리하게 작용할 수도 있다.

공개 경매를 사용하는 이유는 무엇인가? 공통가치 경매에서 각 참가자는 승자의 저주를 피하기 위해 자신의 평가가치액보다 낮은 금액을 매입가격으로 제시한다는 점을 기억하라. 물건의 실제 가치에 대한 불확실성이 클수록 매입가격을 과다하게 제시할 가능성이 커지며, 따라서 입찰자가 자신의 입찰가격을 낮춰서 제시할 유인이 커진다(만약 입찰자가 위험회피적이라면 이 유인은 더 커질 것이다). 그러나 영국식 경매에서는 입찰자들은 비공개 경매에서보다 불확실성이 작아질 것이다. 그것은 각 입찰자는 다른 입찰자들이 경쟁을 포기하는 가격을 관찰할 수 있어서 다른 입찰자들의 가치평가에 대한 정보를 얻을 수 있기 때문이다. 여러분이 다른 입찰자들에게 정보를 제공해 준다면 위험기피적인 입찰자들은 승자의 저주에 빠질 가능성을 피할 수 있다는 점을 더 확신하게 됨으로써 더 높은 가격을 부르고자 할 것이다.

입찰과 담합

우리는 경매에서 판매자가 구매자들 간에 경쟁을 부추김으로써 거래를 통한 이득의 큰 몫을 차지할 수 있다는 것을 보았다. 이는 구매자의 입장에서는 입찰자의 수나 입찰 횟수를 줄임으로써 협상력을 키울 수 있다는 것을 의미한다. 어떤 경우에는 법적으로 허용되는 방식으로 구매자 그룹을 형성함으로써 이루어질 수 있지만, 반독점법을 위반하는 담합을 통해 불법적으로 달성될 수도 있다. 구매자들 사이의 담합은 쉽지 않다. 그것은 담합의 합의가 이루어지더라도 개별 구매자들은 원하는 품목을 획득하기 위해 마지막 순간에 값을 올려 상대방을 속일 유인이 있기 때문이다. 그러나 경매가 반복된다면 참가자들은 속임수를 쓴 자보다 계속 더 높은 가격을 제안함으로써 합의를 위반하는 사람에게 벌을 가할 수 있게 된다. 구매자들의 담합은 공개입찰경매보다 비공개 경매에서 더 문제가 된다. 공개 경매는 담합을 한 입찰자들이 배신행위를 찾아내 징벌할 수 있는 최선의 환경을 제공해 주기 때문이다.

잘 알려진 구매자 담합의 사례는 1980년대 중반 프로야구 구단들이 자유계약선수에 대한 입찰가(연봉)를 제한하기로 합의한 협정이다. 자유계약선수에 대한 입찰이 반복되고 공개적으로 이루어지기 때문에 구단들은 빈번하게 그리고 공격적으로 연봉을 높이면서 선수들을 데려가는 구단을 확인하고 보복할 수 있었다. 그러나 경매에서 담합은 구매자들만 하는 것이 아니다. 2001년 세계 최고의 경매전문회사 소더비(Sotheby's)와 크리스티(Cristie's)는 경매 물건을 내놓은 판매자들에게 요구하는 수수료를 동결하기로 담합한 것에 대해 유죄판결을 받았다. 당시 소더비 회장은 이 사건에 연루되어 1년의 징역형을 선고받았다.

사례 13.7   법률서비스 경매

미국에서는 건강이나 후생에 나쁜 영향을 미치는 타인의 행위로 인해 피해를 보았다고 주장하는 여러 개인들을 대리하여 원고 측 변호사가 집단소송을 제기하는 경우가 자주 있다. 변호사들은 전형적으로 조건부 수임료를 받는데, 패소할 경우에는 수임료를 받지 않으나 승소할 경우 대체로 배상금의 30%에 해당하는 금액을 수임료로 받는다.

많은 경우에 집단소송은 정부기관이 성공적으로 수사를 마치고 피고를 기소한 후에 제기되었다. 예를 들어 미국정부가 마이크로소프트를 기소하여 PC운영체제시장을 독점하였다는 판결을 받는 데에 성공한 후, PC를 구매하였던 소비자들을 대리하는 변호사들이 과다 지불에 대한 손해배상청구 소송을 제기하였다. 정부의 소송으로 인해 집단소송 원고들을 대리하는 변호사들의 업무는 매우 단순해질 수 있었다. 많은 주요 문서들이 이미 공개되었으므로 변호사들은 마이크로소프트사가 PC운영체계시장에서 독점기업이었다는 것을 다시 증명할 필요가 없었다.

이러한 소송을 통해 변호사들이 얻게 되는 배상금의 일정 비율에 해당하는 수임료는 변호사들의 노력에 비해 비합리적으로 많다고 여겨져 왔다. 이런 문제는 어떻게 해결할 수 있는가? 다수의 연방법원 판사들이 해법을 가지고 있었다. 즉 변호사들이 입찰자로 참가하는 경매를 통해 잠재적인 원고들을 대리할 권리를 판매하는 것이다. 이러한 경매의 전형적 사례를 보면, 변호사들은 비공개 경매의 절차로서 일정 비율의 수임료를 제시한다. 경매전문회사 소더비와 크리스티에 대한 형사 유죄판결 직후 이어진 특별한 경매에서 뉴욕 남부지역 연방법원 루이스 캐플란(Lewis Kaplan) 판사는 법률회사가 입찰가의 일부로 광범위한 지불조건을 제시할 수 있도록 허용하였다. 그 결과 배상금이 $4억 2,500만를 넘는 배상금에 대하여 그 25%를 수임료로 받는 것으로 제시한 법률회사(Boies, Schiller, & Flexner)가 낙찰자로 선정되었다. 소송을 맡은 지 몇 달 후 이 법률회사는 피고와 $5억 1,200만에 합의를 보았는데 변호사 수임료로 $2,675만를 받고(최저 $4억 2,500만를 초과하는 금액 $1억 700만의 25%), 집단소송 원고들에게 $4억 7,500만가 넘는 배상금을 돌려주었다.

사례 13.8   실제의 경매

경매는 다양한 물품을 사고파는 거래에서 널리 사용되고 있다. 잘 알려진 경매전문회사 소더비와 크리스티의 경우를 통해 경매에서 다루어지는 물품의 범위를 잘 알 수 있다. 각 회사는 정기적으로 자동차, 예술작품, 보석, 그리고 와인을 경매한다. 고가 예술작품의 경매는 어떻게 진행되는지 살펴보자. 경매회사가 하나의 예술품을 제시하면 개인 입찰자들

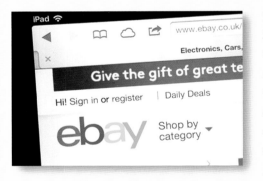

은 경매회사에 자신들의 계정을 만들어서 등록을 한다. 직접 참여하든지 또는 전화나 인터넷으로 하든지 대부분 경매는 기본적으로 구매자들이 계속 호가를 높여 가는 방식으로 진행되며, 낙찰받은 구매자는 경매회사에 대해 최종 낙찰가에 수수료를 더한 금액을 지불한다. 수수료는 판매 물품의 가치에 비례하는데, 장소마다 다르다. 예술품 경매는 특별히 흥미로운데, 최근 수년 동안 몇몇 최고가 작품에 대해 지불된 가격은 수천만 또는 수억 달러에 이르렀다.

경매의 인기는 다양한 물품을 사고파는 새로운 공간으로서 인터넷이 발전함에 따라 급격히 높아졌다. 그러나 지난 10년 동안 경매 형식의 인터넷 판매는 소비자들의 취향이 정가로 사고파는 방식을 선호하게 됨에 따라 인기를 잃었다. 이베이(www.ebay.com, eBay)는 경매과정을 즐기지만 고가 예술품에는 별로 관심이 없는 사람들이 가장 빈번하게 사용하는 인터넷 경매 사이트이다. 이베이는 매일 골동품에서 자동차 그리고 희귀동전에 이르기까지 많은 물품을 경매한다. 단일 품목들에 대하여 이베이는 가격상승 경매방식을 사용하는데, 대략 다음과 같이 운영된다. 호가는 최소 증가분만큼씩 반드시 올라가야 한다. 경매가 끝나는 시점에 최고로 높은 가격을 제시한 사람이 낙찰을 받는데, 낙찰자는 판매자에게 두 번째로 높은 호가에 호가 최소 상승분(예: 25센트)을 합한 금액을 가격으로 지불한다. 이베이의 가격상승 경매는 앞에서 살펴본 경매방식과 정확히 일치하지 않는다. 이는 이베이의 경매에는 모두 알고 있는 경매중단 시점이 정해져 있어

서 입찰자들은 경매가 중단되는 시점에 전략적으로 입찰하기 때문이다.[21]

이베이가 야후나 아마존을 넘어서 지속적으로 성공하는 것은 강한 네트워크 효과 때문이다. 제4장에서 논의한 네트워크 효과가 이 경우에 적용된다. 만약 여러분이 희귀동전이나 우표를 경매로 처분하려고 한다면 어느 인터넷 사이트를 선택할 것인가? 가장 많은 잠재적 입찰자를 지닌 사이트이다. 마찬가지로 여러분이 인터넷에서 희귀동전이나 우표를 경매로 사고자 한다면 여러분은 판매자가 가장 많은 사이트를 선택할 것이다. 그러므로 판매자와 구매자 모두 가장 시장점유율이 높은 경매 사이트로 끌리게 된다. 이베이는 처음 생긴 주요 인터넷 경매 사이트였기 때문에 높은 시장점유율을 차지할 수 있으며, 네트워크 외부효과 덕분에 점유율은 계속 성장하였다. 네트워크 효과가 결정적으로 중요한 역할을 한다는 것을 이해하기 위해 이베이가 사업을 국제적으로 확장하려고 시도했던 사례를 살펴보자. 중국에서 이베이는 타오바오(Taobao)와 경쟁해야 했는데, 타오바오의 경영진은 시장선점 우위를 갖는 것이 얼마나 중요한지 잘 알고 있었다. 따라서 타오바오는 판매자에게 수수료를 부과하지 않기로 결정하였으며, 대부분의 수입은 광고를 통해 얻었다. 이러한 전략 덕분에 수입은 제한을 받았지만 타오바오는 중국 시장에서 지배적인 인터넷 경매 사이트로 빠르게 성장하였으며, 2010년까지 80%를 넘는 시장점유율을 차지할 수 있었다.

미국정부도 경매를 광범위하게 사용하고 있다. 정부가 시행하는 가장 중요한 경매 중 하나는 특정 지역에 이동통신서비스를 제공할 권리를 허가하는 주파수를 판매하는 것이다. 주파수 경매는 미국, 캐나다, 독일, 인도, 스웨덴, 그리고 영국 등 많은 국가에서 수년 동안 실시되었다. 미국에서 주파수 경매는 1994년부터 활용되었다. 연방통신위원회(Federal Communication Commission)는 그 이후 87건의 경매를 실시하였다.

주파수 경매는 다음과 같은 절차로 이루어진다. 참가자는 다수의 허가권(각 대도시별로 하나씩)에 대해 동시에 입찰할 수 있다. 입찰자의 이름은 공개되지 않는다. 담합을 피하기 위해 개별 입찰자는 다른 참가자와 전략적인 정보를 공유하지 않아야 한다. 경매에서 입찰이 진행되고 일별로 갱신된다. 경매는 주파수가 남아 있는 특정 지역의 허가권에 대해 아무도 입찰가격을 제시하지 않을 때까지 지속된다. 이베이 경매방식과는 달리 주파수 경매에 있어서 낙찰자는 낙찰가 전액을 정부에게 지불한다.

주파수 경매를 통해 미국 재무성은 상당한 기금을 조성할 수 있었다. 2015년의 이동통신주파수 경매의 경우 AT&T와 버라이즌이 최대 점유율을 확보했는데, 이를 통해 $450억를 조성하였다.[22] 경매에서는 지역별로 입찰이 이루어졌고 일별로 갱신되었다. 결과는 일반에 공개되었으나 경매에 참여하려면 상당한 수수료가 들었다. 주파수 경매는 상당한 수입을 올렸을 뿐만 아니라 이동통신서비스업의 경쟁을 촉진하고 새로운 사업자를 육성함으로써 자원배분상의 효율성을 제고시켰다. 그러나 한 가지 중요한 위험도 존재한다. 경매조직과 경매의 유연성으로 인해 입찰자 사이의 암묵적인 담합 가능성이 열려 있다는 점이다. 한 입찰자가 특정 지역의 허가권을 낙찰받을 수 있는 가능성이 높아졌을 때 다른 입찰자들이 더 높은 가격을 부르지 않기로 선택하면 경매에서 얻는 수입은 줄어들게 된다.

또한 미국정부는 원유와 통나무 경매를 통해 기금을 조성하였다. 원유에 대해서는 해양에너지관리국은 비공개 경매방식을 이용하여 멕시코만(Gulf of Mexico)의 원유탐사와 개발권에 대한 경매를 실시하였다.[23] 보다 상세히 설명하면, 2016년 3월 23일 실시된 경매에는 26개 기업이 멕시코만의 128개 구역에 대해 148개의 입찰가를 제출하였다. 그러나 경매가 개시되던 시점에는 에너지시장에서 원유가격이 상당히 떨어진 상태였기 때문에 입찰가는 비교적 낮았다. 비공개 입찰방식과 구두 입찰방식이 연방정부가 소유한 땅에 심은 통나무 경매에도 활용되었다.[24] 통나무 경매는 정부의 북서산림계획(Northwest Forest Plan)을 둘러싼 환경에 관한 우려 때문에 논란이 많았다.

---

21 소비자가 인터넷을 이용하여 경매에 참가하거나 또는 정가를 지불하고 물품을 구입할 때는 몇 가지 중요한 사항에 주의해야 한다. 첫째, 품질관리는 제한적인 수준에 그친다. 이베이는 구매자 보호프로그램이 있으나 청구절차가 매우 복잡하다. 둘째, 판매자는 경매과정을 조작하기 위해 거짓된 호가로 입찰하는 것이 항상 가능하다. 그러므로 "매수자 위험부담원칙"(구매자 주의)이 인터넷으로 물품을 구매할 때의 건전한 거래원리이다.

22 http://www.cnet.com/news/fcc-rakes-in-45-billion-from-wireless-spectrum-auction/

23 http://www.boem/glv/FAQ/

24 http://www.blm.gov/or/resources/forests/timbersales.php

요약

1. 만약 게임 참가자들이 서로 의사소통을 하고 구속력 있는 계약을 맺을 수 있다면 그 게임은 협조게임이 된다. 만약 그렇지 않다면 비협조게임이 된다. 어떤 종류의 게임이든지 전략설계에 있어 가장 중요한 것은 상대방의 입장을 이해하고 (만약 여러분의 상대방이 합리적이라면) 여러분의 행동에 대해 상대방이 취할 수 있는 반응을 정확히 유추하는 것이다. 사례 13.1의 기업매수가 보여 주듯이 상대방의 입장을 잘못 판단하는 것은 일반적으로 나타나는 실수이다.[25]

2. 내쉬균형은 다른 경기자들의 전략이 주어진 상태에서 모든 경기자가 자신이 할 수 있는 최선을 다할 때 나타나는 각 경기자의 전략 조합이다. 우월전략균형은 내쉬균형의 특별한 경우이다. 우월전략은 다른 경기자가 어떻게 하든지 관계없이 최적인 전략을 의미한다. 내쉬균형은 각 경기자의 합리성에 의존한다. 최소극대화 전략은 얻을 수 있는 최소이득 중에서 최대이익을 택하는 전략이기 때문에 보수적인 전략이다.

3. 어떤 게임에서는 순수전략에 의한 내쉬균형은 없지만 혼합전략으로는 하나 이상의 내쉬균형이 나타난다. 혼합전략이란 경기자가 둘 이상의 선택 가능한 행동 중에서 각 행동의 확률에 입각하여 무작위선택을 하는 전략이다.

4. 1회성 단판 게임에서는 최적이 아닌 전략이라도 반복게임에서는 최적일 수 있다. 반복 횟수에 따라 경쟁사가 같이 협조하는 한 여러분도 협조하는 맞대응전략이 반복 죄수의 딜레마 게임의 최적 전략이 될 수 있다.

5. 순차게임에서 경기자들은 차례대로 행동한다. 어떤 경우에는 먼저 행동하는 경기자가 우위를 점한다. 따라서 각 경기자는 경쟁자들이 행동하기 전에 자신이 선제적으로 어떤 특정한 행동을 취할 유인을 가질 수 있다.

6. 헛된 위협이란 실행할 하등의 유인이 없는 위협을 말한다. 경쟁사가 이성적인 경우에는 헛된 위협은 가치가 없다. 위협이 신빙성이 있으려면 자신의 추후 행동을 스스로 제한하는 전략적인 행동이 필요하다. 행동의 제한이 위협을 실행에 옮길 유인을 만들기 때문이다.

7. 협상을 하는 상황은 협조게임의 예가 된다. 비협조게임에서와 같이 협상에서 경기자들은 때로 자신이 취할 수 있는 선택을 제한함으로써 전략적 우위를 점할 수 있다.

8. 진입을 저지하기 위해, 기존 기업은 잠재적 경쟁자에게 진입이 수익성이 없을 것이라는 점을 확신시켜야 한다. 진입하는 경우에는 가격전쟁을 피할 수 없을 것이라는 위협을 상대방이 믿을 수 있도록 하기 위해 투자를 해야 할 수도 있다. 정부에 의한 전략적 무역정책은 때로는 이러한 목적을 지닌다.

9. 경매는 영국식(구두로 하는 호가 상승 방식), 더치(구두로 하는 호가 하락 방식), 그리고 비공개 입찰 등 여러 방식으로 실시될 수 있다. 판매자가 수입을 크게 하거나 구매자가 싼 가격에 물건을 확보하느냐는 경매 형식에 영향을 받으며, 경매 물품이 (공통가치 경매의 경우처럼) 모든 입찰자에게 같은 가치를 지니는가 혹은 (개인가치 경매의 경우처럼) 입찰자마다 다른 가치를 지니는가에도 영향을 받는다.

---

25 기업 A의 문제에 대한 해답은 다음과 같다. 기업 A는 기업 T의 주식에 아무것도 지불하지 말아야 한다. 기업 T는 현 경영진하에서의 1주당 가치보다 높은 매입가를 제시할 경우에만 수락할 것이다. 여러분이 $50를 제시한다고 하자. 기업 T가 이를 수락하려면 탐사프로젝트의 결과 현 경영진하에서 1주당 가치가 $50와 같거나 이보다 낮아야만 할 것이다. 가치가 $0에서 $100까지 어떤 것도 같은 확률로 발생할 수 있다. 그러므로 제의가 수락되었다고 할 때(즉, 탐사프로젝트의 결과 가치가 주당 $50 미만으로 주어졌을 때) 기업 T의 기대가치는 $25이다. 그러므로 기업 A의 경영진하에서는 T사의 가치가 주당 $(1.5)($25) = $37.5가 되고 이는 $50보다 적다. 사실 어떤 가격 P에 대해서도, 만일 이 제의가 수락된다면 기업 A가 기대할 수 있는 기업 T의 가치는 $(3/4)P$에 지나지 않을 것이다.

복습문제

1. 협조게임과 비협조게임의 차이는 무엇인가? 각각 한 가지씩 예를 들어라.

2. 우월전략은 무엇인가? 우월전략균형은 왜 안정적인가?

3. 내쉬균형의 의미를 설명하라. 이것은 우월전략균형과 어떻게 다른가?

4. 내쉬균형은 게임의 최소극대화 해결책과 어떻게 다른가? 어떤 경우에 내쉬균형보다 최소극대화 해결책이 게임의 결과가 될 가능성이 더 높은가?

5. 맞대응전략은 무엇인가? 왜 이 전략이 무한대로 반복되는 죄수의 딜레마 게임을 행할 때 합리적 전략인가?

6. 죄수의 딜레마가 10번 반복되고 두 경기자 모두 합리적이고 정보를 완전히 숙지하고 있는 게임을 고려하라. 이 경우 맞대응전략이 최적인가? 이 전략은 어떤 조건하에서 최적이 될 수 있는가?

7. 여러분과 경쟁자가 표 13.8에 있는 가격책정 게임을 한다고 하자. 둘은 동시에 가격을 발표해야만 한다. 여러분은 경쟁자에게 여러분이 높은 가격을 발표할 것이라고 약속함으로써 여러분이 얻게 될 결과를 향상시킬 수 있는가?

8. 선점자 우위란 무엇을 의미하는가? 선점자 우위가 있는 게임의 예를 한 가지 들어 보라.

9. 전략적 행동이란 무엇인가? 어떤 평판을 얻는다는 것이 어떻게 전략적 행동이 될 수 있는가?

10. 가격전쟁의 위협이 경쟁자의 시장 진입을 저지할 수 있는가?

11. 경기자 스스로 융통성을 제한하는 전략적 행동이 게임에서 우위를 점하게 해 준다. 그 이유는? 협상에서 어떻게 전략적 행동이 우위를 가져다주는가?

12. 승자의 저주가 공통가치 경매에서는 입찰자에게 잠재적으로 문제가 되지만 개인가치 경매에서는 그렇지 않은 이유는 무엇인가?

연습문제

1. 많은 과점산업에서는 같은 기업들이 장기에 걸쳐 가격을 책정하고 상대방의 행동을 반복적으로 관찰하면서 경쟁을 한다. 이러한 상황이 아주 많이 반복되더라도 기업 간 담합이 나타나지 않는 이유는 무엇인가?

2. 많은 산업에 있어 기업들은 초과생산능력 때문에 힘들어한다. 기업들은 시설확장을 위한 투자를 동시에 한다. 따라서 산업의 총생산능력은 수요를 초과하게 된다. 이러한 현상은 수요의 변동이 심하고 예측이 불가능한 산업뿐만 아니라 수요가 매우 안정적인 산업에서도 볼 수 있다. 초과생산능력은 어떤 요인들로 인해 발생하는가? 각 요인을 간단히 설명하라.

3. 두 컴퓨터회사 A와 B는 사무실 정보관리용 네트워크 시스템을 판매할 계획이다. 각 기업은 고속-고품질 시스템(고) 또는 저속-저품질 시스템(저)을 개발할 수 있다. 시장조사에 의하면 전략별로 각 기업이 얻을 수 있는 이윤은 다음의 보수행렬에 나타난 것과 같다.

		기업 B	
		고	저
기업 A	고	50, 40	60, 45
	저	55, 55	15, 20

a. 두 기업이 동시에 의사결정을 하고 최소극대화(저위험) 전략을 취한다면 결과는 어떻게 되는가?

b. 두 기업이 모두 이윤을 극대화하려 하지만 기업 A가 먼저 계획을 수립하여 먼저 실행을 한다고 하자. 이 경우 어떤 결과가 나타나는가? 만약 기업 B가 먼저 계획을 수립하여 먼저 실행한다면 어떤 결과가 나타나는가?

c. 먼저 시작하기 위해서는 초기비용이 필요하다고

하자. 이제 다음의 두 단계 게임을 고려해 보자. 이 게임에서는 첫째, 각 기업은 계획을 빨리 수립하기 위해 얼마를 지출할지 결정하며, 둘째, 어떤 상품(고 또는 저)을 생산할지를 결정하여 발표한다. 어떤 기업이 빨리 계획을 수립하기 위해 더 많이 지출할 것인가? 얼마를 지출할 것인가? 상대방 기업은 계획을 빨리 수립하기 위해 **얼마라도 지출**을 해야 하는가? 설명하라.

4. 초콜릿시장에 두 기업이 있다. 각 기업은 질이 좋은 제품이나 질이 떨어지는 제품 중 하나를 선택할 수 있다. 선택에 따른 이윤은 다음의 보수행렬로 주어진다.

		기업 B	
		저	고
기업 A	저	−20, −30	900, 600
	고	100, 800	50, 50

a. 내쉬균형이 존재한다면 무엇인가?

b. 만약 두 기업이 최소극대화 전략을 취한다면 어떤 결과가 나타나는가?

c. 협조적 결과는 무엇인가?

d. 협조적 결과로부터 더 많은 이득을 보는 기업은 어느 기업인가? 그 기업은 상대방 기업이 담합하도록 설득하기 위해 얼마를 제시할 필요가 있는가?

5. 두 방송사가 평일 저녁 8~9시와 9~10시의 시간대에서 시청률 경쟁을 벌이고 있다. 각 기업은 이 시간대에 방영할 두 가지 쇼프로그램이 있고 순서 배정을 고민하고 있다. 각 방송사는 자신의 대형 쇼를 먼저 내보낼지 아니면 이를 두 번째로 9~10시에 방영할지 선택할 수 있다. 의사결정 조합에 따라 시청률은 다음과 같다.

		방송사 2	
		첫 번째 시간대	두 번째 시간대
방송사 1	첫 번째 시간대	20, 30	18, 18
	두 번째 시간대	15, 15	30, 10

a. 두 방송사가 의사결정을 동시에 한다고 가정하고 내쉬균형을 구하라.

b. 각 방송사가 위험회피적이어서 최소극대화 전략을 구사한다면 어떤 균형이 달성되는가?

c. 방송사 1이 먼저 선택을 하면 균형은 어떻게 되는가? 만약 방송사 2가 먼저 선택한다면 어떻게 되는가?

d. 두 방송사 경영진들이 만나서 서로 일정을 조정하면서 방송사 1이 대형 쇼를 먼저 방영하기로 약속한다고 하자. 이 약속은 신빙성이 있는가? 어떤 결과가 나타날 가능성이 높은가?

6. 두 경쟁사가 각자 신상품을 출시할 계획을 수립 중이다. 각 기업은 상품 A, 상품 B, 또는 상품 C 중 어느 것을 생산할지 결정해야 한다. 기업들은 이 결정을 동시에 한다. 보수행렬은 다음과 같다.

		기업 2		
		A	B	C
기업 1	A	−10, −10	0, 10	10, 20
	B	10, 0	−20, −20	−5, 15
	C	20, 10	15, −5	−30, −30

a. 순수전략 내쉬균형이 존재하는가? 만약 존재한다면 어떤 것들인가?

b. 만약 두 기업이 최소극대화 전략을 구사한다면 어떤 결과가 나타나는가?

c. 만약 기업 1이 최소극대화 전략을 구사하고 기업 2가 이를 알고 있다면, 기업 2는 어떻게 할 것이라고 생각하는가?

7. 우리는 미국과 일본의 무역정책을 하나의 죄수의 딜레마 상황으로 간주할 수 있다. 두 국가는 자국의 수입시장을 개방할지 또는 폐쇄할지를 고려 중이다. 보수행렬은 다음과 같다.

		일본	
		개방	폐쇄
미국	개방	10, 10	5, 5
	폐쇄	−100, 5	1, 1

a. 각 국가는 보수행렬을 알고 있으며 상대방 국가는 자국만의 이익을 위해 행동할 것이라고 믿는다고 가정하자. 두 국가 중 우월전략을 갖는 국가가 있는가? 각국이 자국의 후생을 최대화하기 위해 합리적으로 행동한다면 무엇이 균형정책이 되는가?

b. 이제 일본은 미국이 이성적으로 행동할지 여부를 잘 모른다고 가정하자. 특히 일본은 미국의 정치인들이 일본을 응징하는 것이 미국의 후생을 극대화하지 않더라도 이를 관철하기 원한다고 우려를 하고 있다. 이러한 우려가 일본의 전략 선택에 어떠한 영향을 줄 수 있는가? 이것이 균형을 어떻게 변화시킬 수 있는가?

8. 여러분이 동일한 재화를 생산하는 복점기업 중 하나라고 하자. 여러분과 경쟁자의 한계비용은 0이다. 시장수요곡선은 다음과 같다.

$$P = 30 - Q$$

여기서 $Q = Q_1 + Q_2$이며, Q_1은 여러분의 생산량, Q_2은 경쟁사의 생산량이다. 여러분의 경쟁사는 또한 이 책을 읽었다.

a. 이 게임을 단 한 번만 한다고 하자. 여러분과 경쟁사는 생산량을 동시에 발표해야 한다면 여러분은 생산량을 얼마로 정할 것인가? 여러분의 이윤은 얼마가 될 것으로 예상하는가? 설명하라.

b. 여러분은 경쟁사보다 먼저 생산량을 발표하도록 요구받았다고 하자. 여러분은 얼마만큼 생산할 것이며, 경쟁사는 얼마만큼 생산할 것이라고 생각하는가? 여러분은 이윤이 얼마가 될 것이라고 예상하는가? 먼저 발표하는 것이 유리한가 아니면 불리한가? 간단히 설명하라. 먼저 또는 나중에 발표하는 선택권에 대하여 여러분은 얼마를 지불할 것인가?

c. 여러분과 경쟁사가 10회에 걸쳐 연속 게임을 한다고 하자. 매 경기에서 여러분과 경쟁사는 동시에 생산량을 발표한다. 여러분은 10회의 게임으로부터 얻는 이윤의 합을 극대화하기를 원한다. 첫 번째 게임에서 여러분은 얼마나 생산할 것인가? 마지막 10번째 게임에서 여러분은 얼마나 생산할 것으로 예상하는가? 9번째는 어떤가? 간단히 설명하라.

d. 다시 한 번 여러분은 10회에 걸쳐 연속적인 게임을 한다고 하자. 그러나 이번에는 각 게임마다 경쟁사가 여러분보다 먼저 생산량을 발표한다. 이 경우 (c)의 답은 어떻게 달라지는가?

9. 여러분은 다음과 같은 협상게임을 하고 있다. 경기자 A가 먼저 행동을 하며 경기자 B에게 \$100를 나누어 가지는 제안을 한다(예를 들어 경기자 A는 본인이 \$60를 그리고 경기자 B는 \$40를 받는 것을 제안할 수 있다). 경기자 B는 이 제안을 수락하거나 거절할 수 있다. 만약 거절한다면 남는 돈은 \$90로 줄어들며 경기자 B가 이 액수를 나누어 가지는 제안을 한다. 만약 경기자 A가 이 제안을 거절하면 남는 돈은 \$80로 다시 줄어들고 경기자 A가 이를 나누는 제안을 한다. 만약 경기자 B가 이를 거절한다면 돈은 0으로 줄어든다. 두 경기자는 합리적이며, 정보를 완전히 알고 있으며, 자신들의 보수를 극대화하고자 한다. 어느 경기자가 이 경기에서 더 잘할 수 있는가?

*10. 디펜도사는 혁신적인 비디오 게임을 출시하기로 결정하였다. 이 시장에 처음 진입하는 기업으로서 이 기업은 당분간 독점적 지위를 누릴 것이다. 어떤 형태의 제조공장을 세울 것인가를 결정함에 있어서 두 가지 기술을 선택할 수 있다. 기술 A는 일반에 공개된 기술로 연간비용이 다음과 같다.

$$C^A(q) = 10 + 8q$$

기술 B는 디펜도사의 연구실에서 개발된 독자기술로서 보다 높은 고정비용과 낮은 한계비용을 수반한다.

$$C^B(q) = 60 + 2q$$

디펜도사는 어떤 기술을 채택해야 할지 결정해야 한다. 신상품의 시장수요곡선은 $P = 20 - Q$이며 여기서 Q는 시장 총생산량이다.

a. 디펜도사는 제품의 수명기간 5년 동안 신규기업의 진입 위협이 없이 시장에서 독점적 지위를 유지할 수 있을 것으로 확신하고 있다고 하자. 여러분은 디펜도사가 어떤 기술을 채택하도록 조언할 것인가? 이 경우 디펜도사의 이윤은 얼마가 되는가?

b. 디펜도사는 자신이 신제품을 출시한 직후에 최대 라이벌인 오펜도사가 시장에 진입할 것으로 예상하고 있다. 오펜도사는 기술 A에만 접근이 가능하다. 만약 오펜도사가 시장에 진입한다면 두 기업은 (수량 측면에서) 쿠르노 게임을 하여 쿠르노-내쉬균형을 달성할 것이다.

   i. 만약 디펜도사가 기술 A를 채택하고 오펜도사가 시장에 진입한다면 각 기업의 이윤은 얼마인가? 이 이윤을 보고 오펜도사는 시장 진입을 선택할 것인가?

   ii. 만약 디펜도사가 기술 B를 채택하고 오펜도사가 시장에 진입한다면 각 기업의 이윤은 얼마인가? 이 이윤을 보고 오펜도사는 시장 진입을 선택할 것인가?

   iii. 시장 진입의 위협이 있는 상태에서 여러분은 디펜도사가 어느 기술을 채택하도록 조언할 것인가? 이 선택이 주어질 때 디펜도사의 이윤은 얼마가 될 것인가? 이 선택이 주어질 때 소비자잉여는 얼마가 되는가?

c. 시장 진입의 위협은 결과적으로 사회적 후생(소비자잉여와 생산자잉여의 합)에 어떤 영향을 미치는가? 균형가격은 어떻게 되는가? 이 결과가 시장지배력을 제한하는 데 있어서 **잠재적 경쟁**의 역할에 대해 시사하는 바는 무엇인가?

11. A, B, C 세 사람이 풍선과 권총을 하나씩 가지고 있다. 고정된 위치로부터 그들은 상대방의 풍선을 향해 발사한다. 풍선이 맞아서 터지면 그 풍선의 임자는 게임에서 탈락한다. 단 하나의 풍선만 남아 있을 때 남은 풍선의 임자가 $1,000의 상금을 받는다. 처음 시작할 때 각 경기자는 제비를 뽑아 발사 순서를 정하고 남아 있는 풍선 중 어느 하나를 자신의 목표로 삼을 수 있다. 모두는 A가 최고의 명사수여서 항상 목표한 풍선을 명중시키며, B는 풍선을 .9의 확률로 맞추고, C는 풍선을 .8의 확률로 맞춘다는 것을 알고 있다. 누가 $1,000의 상금을 받을 확률이 가장 높은가? 그 이유를 설명하라.

12. 어떤 골동품 딜러는 정기적으로 자신이 사는 동네의 경매장에서 물건을 구매한다. 이 경매장의 입찰자는 다른 딜러들로 제한된다. 딜러는 낙찰받은 것의 대부분은 이윤을 남기고 골동품을 재판매할 수 있으므로 금전적으로 가치가 있는 것으로 판명되었다. 그러나 때로는 일반에게 공개된 경매에 입찰하기 위해 옆 동네로 가기도 한다. 드물게 거기서 낙찰받은 경우 실망스럽게도 골동품을 이윤을 남기고 재판매할 수 없다는 것을 종종 발견하게 되었다. 여러분은 두 환경에서 골동품 딜러가 거둔 성공의 차이를 설명할 수 있는가?

13. 여러분은 신축주택을 구하려 시장에 있고 주택을 경매로 구입하기로 결정하였다. 여러분은 주택의 가치가 $125,000와 $150,000 사이라고 믿고 있으나 정확한 가치는 잘 알지 못한다. 그러나 여러분은 판매자가 낙찰가를 만족스럽지 않게 생각한다면 주택을 팔지 않을 권리가 있다는 것을 알고 있다.

a. 여러분은 이 경매에서 입찰을 해야만 하는가? 그 이유는 무엇인가?

b. 여러분이 건설도급업자라고 하자. 여러분은 주택을 개량해서 이윤을 남기고 재판매할 계획이다. 이 상황이 a에서 한 답을 어떻게 변화시키는가? 여러분이 보유한 기술이 특정한 주택을 개량하는 데 얼마나 적합한가에 따라 답이 달라지는가?

CHAPTER 14

생산요소시장

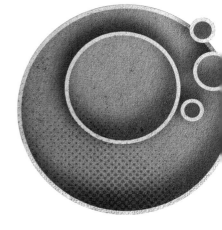

지금까지는 기업이 팔고 소비자가 구매하는 재화와 서비스의 **생산물시장**(output markets)을 살펴보았다. 이 장에서는 노동, 원자재 그리고 기타 생산 투입물을 거래하는 시장인 **생산요소시장**(factor markets)을 살펴본다. 생산물시장에서 수요와 공급에 영향을 미치는 요인들과 같은 요인들이 생산요소시장에도 영향을 미치므로 두 시장은 매우 유사하다.

어떤 생산물시장은 완전히 또는 거의 완전히 경쟁적인 반면 다른 생산물시장에서는 생산자들이 시장지배력을 가진다. 생산요소시장의 경우도 마찬가지이다. 여기서는 다음의 세 가지 다른 생산요소 시장구조를 살펴본다.

1. 완전경쟁적 생산요소시장
2. 생산요소의 구매자가 수요독점력을 지닌 시장
3. 생산요소의 판매자가 독점력을 지닌 시장

아울러 생산요소시장의 균형이 생산물시장의 시장지배력에 따라 달라지는 것도 살펴본다.

14.1 경쟁적 생산요소시장

경쟁적 생산요소시장은 노동이나 원자재와 같은 생산요소의 판매자와 구매자의 수가 많은 시장을 말한다. 어떤 한 판매자나 구매자가 주어진 생산요소의 가격에 영향을 미치지 못하므로 각자는 가격순응자(price taker)이다. 예를 들어 주택을 건설하기 위해 원목을 구입하는 개별 기업의 구매량이 전체 원목시장에서 거래되는 총량 중 적은 부분만 차지한다면 그 기업의 구매결정은 가격에 어떠한 영향도 미치지 못할 것이다. 마찬가지로, 각 원목 공급자가 공급하는 원목의 양이 시장 전체의 공급량에서 일부만 차지한다면 각 기업의 의사결정은 원목가격에 영향을 미치지 않을 것이다. 대신 원목의 가격과 총생산량은 원목의 총공급과 총수요에 의해 결정될 것이다.

우리는 먼저 개별 기업의 생산요소에 대한 수요를 분석한다. 개별 기업의 수요를 모두 합하면 시장수요가 된다. 다음으로는 시장의 공급 측면을 분석하며 생산요소의 시장가격과 수량이 어떻게 결정되는지 살펴본다.

가변생산요소가 하나일 때의 생산요소에 대한 수요

생산과정을 거쳐서 만들어지는 최종재화의 수요곡선과 같이 생산요소의 수요곡선도 우하향한다. 그러나 재화와 서비스에 대한 소비자의 수요곡선과는 달리 생산요소에 대한 수요는 **파생수요**(derived demands)이다. 즉 생산요소에 대한 수요는 기업의 최종재 생산량과 생산요소 사용으로부터 발생하는 비용에 따라 달라지며, 이들로부터 파생된다. 예를 들어 마이크로소프트사의 컴퓨터 프로그래머에 대한 수요는 프로그래머의 현재 봉급수준뿐만 아니라 마이크로소프트사의 소프트웨어 예상 판매량에 따라 달라지는 파생수요이다.

생산요소에 대한 수요를 분석하기 위하여 제7장에서 설명했던 기업의 생산요소 투입량 선택에 관한 설명을 이용한다. 기업은 생산물을 생산하기 위해 자본 K와 노동 L의 두 가지 생산요소를 이용하는데, 자본의 가격은 자본의 임대비용인 r, 노동의 가격은 임금률인 w로 표시한다.[1] 기업은 공장과 설비를 이미 갖춘 상태(단기적 상황)이며, 노동의 사용량만 결정하면 된다고 가정한다.

기업이 일정 수의 근로자를 이미 고용하고 있는 상태에서 1명을 추가로 고용하는 것이 수익성이 있는지를 알아보려고 한다고 해 보자. 추가적인 근로자의 노동을 이용하여 생산되는 생산물로부터 얻는 수입이 그 근로자에게 지불되는 비용보다 크다면 수익성이 있을 것이다. 노동 1단위 증가분에 따른 추가적인 수입을 의미하는 노동의 **한계생산물수입**(marginal revenue product of labor)은 MRP_L로 표시한다. 노동 1단위 증가에 따른 추가적인 비용은 임금률 w이다. 따라서 MRP_L이 임금률 w보다 크거나 같다면 노동을 더 고용하는 것은 기업의 수익성을 증가시킨다.

노동의 한계생산물수입은 어떻게 측정하는가? MRP_L은 노동 1단위를 더 투입할 때 얻어지는 추가적인 생산량에 생산량 1단위를 더 판매함으로써 얻어지는 추가적인 수입을 곱한 것이다. 추가적인 생산량은 노동의 한계생산 MP_L로 주어지며, 추가적인 수입은 한계수입 MR로 주어진다.

한계생산물수입은 $\Delta R / \Delta L$로 주어지는데, 여기서 L은 노동투입 단위 수, 그리고 R은 판매수입이다. 노동 1단위당 추가 생산량 MP_L은 $\Delta Q / \Delta L$이며 한계수입 MR은 $\Delta R / \Delta Q$이다. 따라서 $\Delta R / \Delta L = (\Delta R / \Delta Q)(\Delta Q / \Delta L)$이므로 다음이 성립한다.

$$\text{MRP}_L = (\text{MR})(\text{MP}_L) \tag{14.1}$$

이 중요한 결과는 생산물시장이 경쟁적이건 아니건 모든 경쟁적인 생산요소시장에 적용된다. MRP_L의 특성을 살펴보기 위하여 우선 생산물시장과 생산요소시장이 모두 완전경쟁적인 경우부터 생각해 보자. 완전경쟁적인 생산물시장에서 기업은 모든 생산물을 시장가격 P에 판매하므로 생산물 1단위를 더 판매할 때의 한계수입은 따라서 P와 같다. 이 경우 노동의 한계생산물수입은 노동의 한계생산에 제품의 가격을 곱한 것과 같다.

$$\text{MRP}_L = (\text{MP}_L)(P) \tag{14.2}$$

---

1 우리는 암묵적으로 모든 생산요소의 질이 동일하다고 가정한다. 근로자 숙련과 능력의 차이는 제17장에서 논의한다.

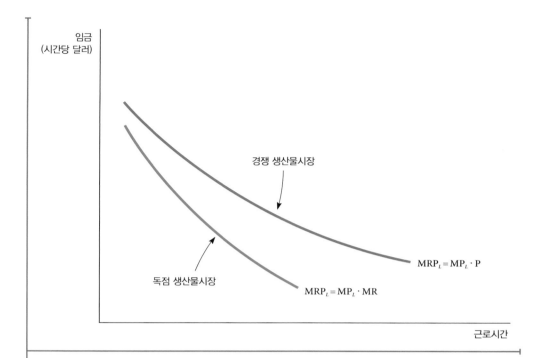

그림 14.1

한계생산물수입

생산자가 생산물시장에서 가격순응자인 경우 경쟁적 생산요소시장에서 구매자의 생산요소 수요는 한계생산물수입곡선으로 주어진다. 근로시간이 증가하면 노동의 한계생산이 감소하기 때문에 MRP곡선은 우하향한다. 생산자가 생산물시장에서 독점력을 지니고 있을 때에도 생산요소에 대한 수요곡선은 역시 한계생산물수입곡선으로 주어진다. 그러나 이 경우에는 노동의 한계생산과 한계수입이 둘 다 하락하기 때문에 MRP곡선은 하락한다.

그림 14.1의 두 곡선 중 위에 있는 곡선이 경쟁적 생산물시장에서 기업의 MRP_L곡선이다. 노동의 한계수확체감 현상에 의해 고용량이 증가함에 따라 노동의 한계생산은 감소한다는 점을 기억하라. 따라서 한계생산물수입곡선은 생산물의 가격이 일정하더라도 우하향한다.

그림 14.1에서 아래에 있는 곡선은 기업이 생산물시장에서 독점력을 지니고 있을 때의 MRP_L이다. 기업이 독점력을 지닌다면 수요곡선은 우하향하며, 따라서 판매량을 늘리기 위해서는 생산량 전체에 대해 가격을 내려야만 한다. 그 결과 한계수입은 항상 가격보다 작다($MR < P$). 따라서 생산물시장에서 독점력을 갖는 기업의 한계생산물수입곡선은 완전경쟁적인 기업의 한계생산물수입곡선보다 아래에 위치한다. 또한 생산량이 증가함에 따라 한계수입은 감소한다. 따라서 이 경우에는 한계수입곡선과 한계생산곡선이 모두 우하향하기 때문에 한계생산물수입곡선도 우하향한다.

노동의 한계생산물수입은 기업이 노동을 추가적으로 1단위 더 고용하기 위해 얼마를 지불해야 하는가를 알려 준다. 한계생산물수입이 임금보다 크다면 기업은 노동을 더 고용해야 한다. 만약 한계수입생산이 임금보다 작다면 기업은 근로자를 해고해야 한다. 기업은 한계생산물수입이

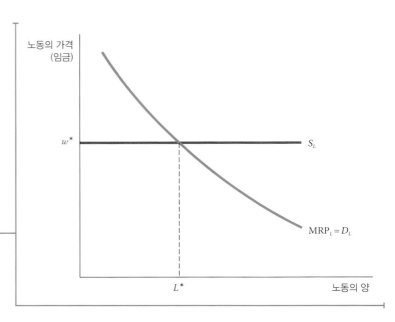

그림 14.2
노동시장에서의 기업의 노동수요(자본의 양은 고정)
경쟁적 노동시장에서 기업은 완전탄력적인 노동공급곡
선 S_L에 직면하여 임금 w^*에서 원하는 만큼의 근로자를
고용할 수 있다. 기업의 노동수요곡선 D_L은 노동의 한계
생산물수입 MRP_L로 주어진다. 이윤극대화 기업은 노동
의 한계생산물수입과 임금이 같아지는 점에서의 노동량
인 L^*단위의 노동을 고용한다.

임금과 같을 때에만 이윤을 극대화하는 노동량을 고용하게 된다. 따라서 이윤극대화 조건은 다
음과 같다.

$$MRP_L = w \qquad (14.3)$$

그림 14.2는 이 조건을 그래프를 이용하여 보여 준다. 노동의 수요곡선 D_L은 노동의 한계생산
물수입(MRP_L)곡선이다. 임금이 하락하면 노동수요량이 증가한다는 점을 살펴보라. 노동시장이
완전경쟁이므로 기업은 시장임금 w^*에서 자신이 원하는 만큼의 근로자를 고용할 수 있으며, 시
장임금에 영향을 미칠 수는 없다. 따라서 기업이 직면하는 노동의 공급곡선 S_L은 수평선이 된다.
기업이 고용하는 이윤극대화 노동량 L^*은 수요곡선과 공급곡선이 만나는 점에서 결정된다.

그림 14.3은 시장임금이 w_1에서 w_2로 하락하는 경우에 노동수요량이 어떻게 변화되는지를 보
여 준다. 더 많은 사람들이 노동시장에 참여하여 일자리를 찾는다면 임금은 하락할 수 있다. 초
기의 기업의 노동수요량은 MRP_L과 S_1이 만나는 L_1이다. 노동의 공급곡선이 S_1에서 S_2로 이동함
에 따라 임금은 w_1에서 w_2로 하락하고 노동수요량은 L_1에서 L_2로 증가한다.

8.3절에서는 기업이 한계수입
과 한계비용이 같아지는 생산
량을 선택함으로써 이윤을 극
대화한다고 설명하였다.

생산요소시장은 여러 면에서 생산물시장과 유사하다. 예를 들어 노동의 한계생산물수입과 임
금이 일치해야 한다는 요소시장 이윤극대화 조건은 한계수입과 한계비용이 일치해야 한다는
생산물 시장조건과 유사하다. 그 이유를 이해하기 위해 $MRP_L = (MP_L)(MR)$임을 기억하고 식
(14.3)의 양변을 노동의 한계생산으로 나누면 다음의 관계를 얻을 수 있다.

$$MR = w/MP_L \qquad (14.4)$$

MP_L은 생산요소 1단위당 추가적인 생산량을 측정하므로 식 (14.4)의 오른쪽 항은 추가적인
생산물 1단위당 한계비용을 측정하는 것이다(즉, 생산물 1단위 생산에 필요한 노동의 양에 임금

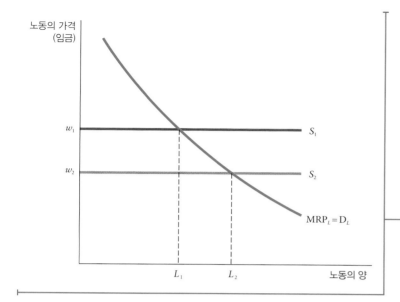

그림 14.3
노동공급곡선의 이동
기업이 직면하는 노동공급곡선이 S_1일 때 기업은 임금 w_1에서 노동 L_1단위를 고용한다. 그러나 노동공급곡선이 S_2로 이동하면 시장임금이 감소하며, 기업은 새 임금수준 w_2가 노동의 한계생산물수입과 같아질 때까지 노동수요곡선을 따라 움직인다. 결과적으로 L_2단위의 노동을 고용한다.

을 곱한 것이다). 식 (14.4)는 기업의 고용량과 생산량은 동일한 원칙에 의해 결정된다는 것을 보여 준다. 즉, 생산요소의 수요량과 생산물의 생산량은 생산물의 판매로부터 얻어지는 한계수입이 생산요소 구매로부터 발생하는 한계비용과 같아지도록 선택된다. 이 원칙은 경쟁시장(competitive markets)과 비경쟁시장(noncompetitive markets)에서 똑같이 적용된다.

가변생산요소가 다수일 때의 생산요소에 대한 수요

기업이 두 종류 이상의 가변생산요소의 양을 동시에 선택할 때는 적정 사용량을 결정하는 문제는 더 어려워진다. 한 생산요소의 가격 변화가 다른 생산요소들에 대한 수요를 변화시키기 때문이다. 예를 들어 노동과 조립기계의 두 가지 가변생산요소를 사용하여 농기구를 생산하는 기업의 노동수요곡선을 파악해 보자. 임금이 하락함에 따라 기업은 기계장치에 대한 투자를 그대로 유지하더라도 노동에 대한 수요량은 증가할 것이다. 그러나 임금이 하락함에 따라 농기구를 생산하는 데 발생하는 한계비용은 하락할 것이다. 따라서 기업은 생산량을 늘림으로써 이윤을 증가시키려고 할 것이다. 이 경우 기업은 생산능력을 확대하기 위하여 기계장치에 대한 투자를 확대할 가능성이 높다. 기계장치의 사용을 증가시키는 것은 노동의 한계생산물수입곡선을 오른쪽으로 이동시키며, 이는 다시 노동에 대한 수요량을 증가시킨다.

그림 14.4는 이를 잘 설명하고 있다. 임금이 시간당 $20일 때 기업은 MRP_{L_1}곡선 위의 A점에서 100시간의 노동을 고용한다고 하자. 이제 시간당 임금이 $15로 떨어지면 어떤 상황이 발생하는지를 살펴보자. 이제 노동의 한계생산물수입이 임금보다 크기 때문에 기업은 노동을 더 고용하려고 할 것이다. 그러나 MRP_{L_1}곡선은 기계장치 사용량이 고정되어 있을 때의 노동수요를 나타낸다. 노동의 사용량이 많아짐에 따라 자본의 한계생산은 증가하며, 그에 따라 기업은 더 많은 노동을 고용하고 더 많은 기계장치를 사용하고자 한다. 더 많은 기계장치가 사용되면 노동의 한

그림 14.4

기업의 노동수요곡선(자본이 가변생산요소일 때)
두 종류 이상의 생산요소가 가변적일 때 기업의 생산요소에 대한 수요는 두 생산요소의 한계생산물수입에 의존한다. 임금이 $20일 때 기업의 노동수요량은 A점에서 결정된다. 임금이 $15로 떨어진다면 기업은 더 많은 노동을 고용하며, 그에 따라 자본의 한계생산이 증가하므로 더 많은 기계를 사용한다. 또 더 많은 기계가 사용됨에 따라 노동의 한계생산은 증가한다. 결과적으로 MRP곡선은 MRP_{L1}에서 MRP_{L2}로 이동하고 기업의 노동수요량은 C점에서 결정된다. 이 경우 A점과 C점이 노동수요곡선상에 있는 점이 된다.

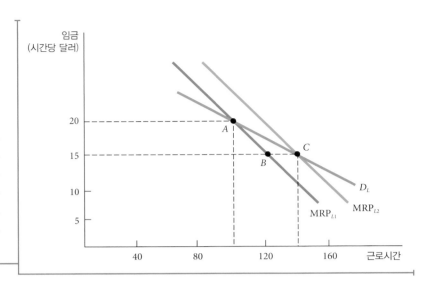

계생산은 증가한다(기계장치가 더 많아지면 근로자들의 생산성이 더 높아진다). 이에 따라 한계생산물수입곡선은 오른쪽으로(MRP_{L2}) 이동한다. 따라서 임금이 하락함에 따라 기업은 140시간의 노동을 고용하게 되는데, 이것은 B점이 보여 주는 120시간이 아니라 새로운 수요곡선상의 C점으로 나타난다. A점과 C점은 기계장치가 가변생산요소일 때 기업의 노동수요곡선 D_L상에 있는 점이다. B는 D_L상에 있지 않다.

그림에 나타나듯이 기업의 노동수요곡선은 기계장치의 사용량이 고정되어 있을 때의 수요곡선들에 비해 더 탄력적이다. 그러므로 장기적으로 자본의 사용량이 가변적이라면 기업은 생산과정에서 노동을 자본으로 대체할 수 있기 때문에 노동수요의 탄력성은 더 커진다.

생산요소의 시장수요곡선

4.3절에서 설명했듯이 제품의 시장수요는 제품의 가격이 변함에 따라 소비자들이 구매하고자 하는 제품의 양이 얼마인지를 보여 준다.

어떤 한 산업에 있어서 제품의 시장수요곡선은 개별 소비자의 수요곡선을 합하여 구한다. 그러나 숙련노동과 같은 생산투입요소는 많은 다른 산업에 속한 기업들이 필요로 한다. 더구나 서로 다른 산업에 속한 기업들의 노동에 대한 수요(부분적으로 기업의 생산물 수요로부터 파생되는 수요)는 크게 다르다. 따라서 노동의 총시장수요곡선을 구하기 위해서는 먼저 각 산업의 노동수요를 구해야 하며, 그다음으로는 각 산업의 노동수요곡선을 수평으로 합해야 한다. 두 번째 단계에서 노동의 시장수요를 구하기 위해 산업별 노동수요를 합하는 것은 상품의 시장수요를 구하기 위해 개인의 상품수요를 합하는 것과 같다. 따라서 더 어려운 첫 번째 과정에 집중해 보자.

산업수요의 결정 어떤 생산요소에 대한 한 산업의 수요를 결정하는 첫 번째 단계에서는 생산요소의 가격이 변함에 따라 그 산업에 속한 기업들이 생산하는 생산물의 양과 가격이 모두 변한다는 점을 고려한다. 산업에 단 하나의 공급자가 있다면 시장수요는 쉽게 파악할 수 있다. 이 경우에는 기업의 한계생산물수입곡선이 산업의 생산요소에 대한 수요곡선이 된다. 그러나 여러 기업이 있을 때는 기업 간의 상호작용으로 인해 분석이 복잡해진다. 예를 들어 생산물시장이 완전경

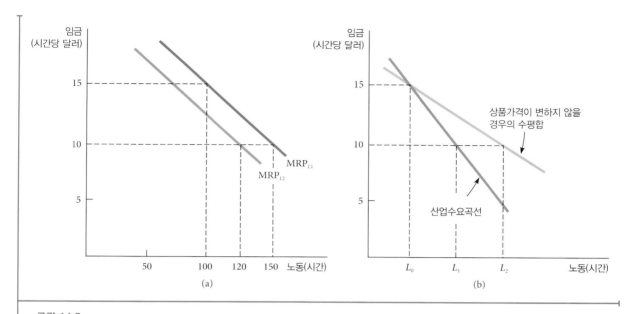

그림 14.5

산업의 노동수요

(a)에 나타난 경쟁기업의 노동수요곡선 MRP_{L1}은 제품가격이 주어진 경우이다. 그러나 임금이 시간당 $15에서 $10로 하락하면 제품가격도 하락한다. 따라서 기업의 노동수요곡선은 아래쪽으로 이동하여 MRP_{L2}가 된다. 결과적으로 (b)에 나타난 산업의 노동수요곡선은 상품가격이 변하지 않는 경우의 산업의 노동수요곡선에 비해 비탄력적이 된다.

쟁일 때의 노동에 대한 수요를 생각해 보자. 노동의 한계생산물수입은 그림 14.5(a)의 MRP_{L1} 곡선에서 보듯이 상품의 가격과 노동의 한계생산을 곱한 것이다[식 (14.2) 참조].

당초에 임금이 시간당 $15이고 기업은 100시간의 노동을 고용한다고 하자. 이제 이 기업이 지불하는 임금이 시간당 $10로 하락한다고 하자. 만약 다른 기업들이 이렇게 낮은 임금수준에서는 근로자를 고용할 수 없다면 이 기업은 (시간당 임금 $10에 해당하는 MRP_{L1} 곡선상의 점을 찾아내어) 150명의 노동을 고용할 것이다. 그러나 산업 내 모든 기업이 지불하는 임금이 하락한다면 산업 전체가 더 많은 노동을 고용할 것이며 이로 인해 산업의 생산량이 증가하고 산업의 공급곡선이 오른쪽으로 이동하여 제품의 시장가격이 하락한다.

그림 14.5(a)에서 제품가격이 하락함에 따라 당초의 한계생산물수입곡선은 MRP_{L1}에서 MRP_{L2}로 아래쪽으로 이동한다. 이러한 이동에 따라 기업의 노동수요량은 150명에서 120명으로 줄어든다. 결과적으로 산업의 노동수요는 단 한 기업만 낮은 임금으로 근로자를 고용할 수 있었던 경우에 비해 줄어들 것이다. 그림 14.5(b)는 이를 잘 설명하고 있다. 옅은 색의 선은 임금이 하락함에 따라 제품가격이 변하지 않을 때의 개별 기업의 노동수요를 수평으로 합한 것이다. 짙은 색의 선은 모든 기업이 임금 하락에 반응하여 생산량을 확대함에 따라 제품가격이 낮아질 경우의 산업의 노동수요곡선을 나타낸다. 시간당 임금이 $15일 때 산업의 노동수요는 L_0인데, 임금이 시간당 $10로 떨어지면 노동수요는 L_1으로 증가한다. 이는 제품가격이 변하지 않을 때의 노동수요량인 L_2보다는 적음을 주목하라. 한편 노동에 대한 총수요곡선을 구하기 위해서는 단순히 모든 산

업의 노동수요량을 합하면 된다.

생산물시장이 경쟁적이지 않을 때에도 노동 또는 다른 생산요소의 시장수요를 도출하는 방법은 기본적으로 동일하다. 유일한 차이는 시장에 있는 각 기업이 가격을 주어진 것으로 받아들이기보다는 전략적으로 가격을 책정할 가능성이 크기 때문에 임금 변화에 따른 제품가격의 변화를 예측하기가 어렵다는 점이다.

사례 14.1 비행기 연료의 수요

비행기의 제트연료 비용은 과거 수십 년 동안 원유가격의 변동에 따라 등락을 거듭하면서 상당히 불안정한 모습을 나타내었다. 연료비가 비행기 운영비용에서 차지하는 비중은 연료가격이 높을 때는 약 30%, 연료가격이 낮을 때는 10~15% 수준이었다. 전체적으로 제트연료는 항공사의 지출에서 노동 다음으로 높은 비중을 차지한다.

비행기에서 사용하는 제트연료의 수요를 이해하는 것은 제트연료

를 얼마나 생산할지 결정해야 하는 정유회사 경영자에게는 중요한 일이다. 이는 또한 연료가격이 오를 때 연료구매액과 비용을 예측하고 연비가 좋은 항공기에 대한 투자 여부를 결정해야 하는 항공사 경영자에게도 중요한 일이다.[2]

연료비의 증가가 항공산업에 미치는 영향은 여분으로 싣는 연료의 양을 줄임으로써 전체 중량을 줄이거나 저속으로 비행함으로써 저항력을 줄이고 엔진효율을 높여서 연료사용량을 줄일 수 있는 기업의 능력에 따라 달라진다. 또한 비용 증가를 소비자가격으로 전가시킬 수 있는 기업의 역량도 중요하다. 제트연료 수요의 단기 가격탄력성을 측정하기 위하여 국내선 네트워크 내의 모든 시장에서 항공기 1대에 의해 사용된 연료 갤런 수를 연료 수요량으로 사용한다. 또한 제트연료가격은 갤런당 달러로 측정한다. 수요에 대한 통계적 분석에서는 어떤 기업이 다른 기업들에 비해 연료를 더 많이 사용하는 이유를 설명할 수 있는 가격 이외의 다른 요인들을 통제해야 한다. 그러한 요인으로는 어떤 항공사는 타사에 비해 연료효율성이 높은 비행기를 사용한다거나 비행시간이 짧아서 운항거리당 더 많은 연료를 사용한다는 것 등이 있다. 이러한 두 가지 요인을 연료 수요량과

2.4절에서 수요의 가격탄력성을 재화의 가격이 1% 변할 때 초래되는 수요량의 퍼센트 변화로 정의한 것을 상기하라.

표 14.1	제트연료 수요의 단기 가격탄력성
항공사	**탄력성**
아메리칸	−0.06
델타	−0.15
유나이티드	−0.10

---

2 이 사례는 부분적으로 다음 자료에서 발췌하였다. Joseph M. Cigliano, "The Demand for Jet Fuel by the U.S. Domestic Trunk Airlines," *Business Economics* (September 1982): 32-36.

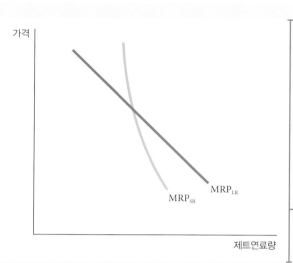

그림 14.6
비행기 연료의 장기 및 단기 수요곡선
단기 수요곡선 MRP_{SR}은 장기 수요곡선 MRP_{LR}보다 더 비탄력적이다. 단기에는 연료가격이 오르더라도 항공사는 연료 소비량을 크게 줄일 수 없다. 그러나 장기에는 좀 더 연료효율적인 노선으로 바꾸고 연료효율적인 항공기를 투입함으로써 연료 사용량을 크게 줄일 수 있다.

가격 간의 관계에 대한 통계적 분석에 포함시킨다. 표 14.1은 몇몇 항공사의 비행기 연료에 대한 단기적인 수요의 가격탄력성을 보여 주고 있다(이 결과는 신형항공기의 도입을 고려하지 않고 있다).

항공사의 제트연료에 대한 수요의 가격탄력성은 아메리칸항공의 −0.06에서 델타항공의 −0.15까지 다양하게 나타난다. 전반적으로는 항공사의 비행기 운항에 사용되는 생산요소로서 제트연료에 대한 수요는 단기에는 매우 비탄력적임을 알 수 있다. 그것은 단기에는 제트연료에 대한 대체재가 없기 때문이다. 그러나 장기에는 항공사들이 보다 연료효율적인 항공기를 더 많이 투입하기 때문에 수요의 가격탄력성은 더 높아진다.

그림 14.6은 단기 및 장기의 제트연료 수요곡선을 보여 준다. 단기 수요곡선 MRP_{SR}는 장기 수요곡선보다 훨씬 덜 탄력적이다. 이는 연료가격이 상승할 때 신형의 연료효율적인 항공기로 대체하기 위해서는 상당한 시간이 걸리기 때문이다.

기업이 직면하는 생산요소의 공급

생산요소시장이 완전경쟁적일 때 기업은 그림 14.7(a)와 같이 시장수요와 공급곡선이 교차하는 점에서 결정되는 시장가격에서 원하는 만큼의 생산요소를 구입할 수 있다. 따라서 기업이 직면하는 생산요소 공급곡선은 완전탄력적이다. 그림 14.7(b)와 같이 기업은 옷을 만들기 위해 직물을 야드당 $10에 구입한다. 이 기업의 직물 수요량은 직물시장의 총수요량에서 아주 작은 부분만 차지하므로 시장가격에 영향을 미치지 않고 자신이 원하는 만큼 직물을 구입할 수 있다.

그림 14.7(b)에서 기업이 직면하는 공급곡선 AE는 기업이 재화에 대해 지불하는 재화 1단위당 가격을 나타내는 **평균지출액곡선**(average expenditure curve)이다(기업이 직면하는 수요곡선이 평균수입곡선인 것과 마찬가지이다). 한편 **한계지출액곡선**(marginal expenditure curve)은 기업이 재화를 추가적으로 1단위 더 구입할 때 추가적으로 지불하는 금액을 나타낸다(생산요소시장에서의 한계지출액곡선은 생산물시장에서 한계수입곡선과 유사하다). 한계지출액은 경쟁적인 구매자인지 또는 수요독점력을 지닌 구매자인지에 따라 다르다. 경쟁적인 구매자의 경우에는 재화의 시장가격으로 주어진 단위당 비용은 구입하는 양에 관계없이 일정하다. 지불되는 가격은 단위당 평균지출액이며 한계지출액은 평균지출액과 같다. 결과적으로 생산요소시장이 경쟁적이면 평균

평균지출액곡선 기업이 어느 재화에 대해 지불하는 단위당 가격을 나타내는 공급곡선

한계지출액곡선 기업이 재화 1단위를 추가적으로 구입할 때 추가적으로 지불해야 하는 비용을 나타내는 곡선

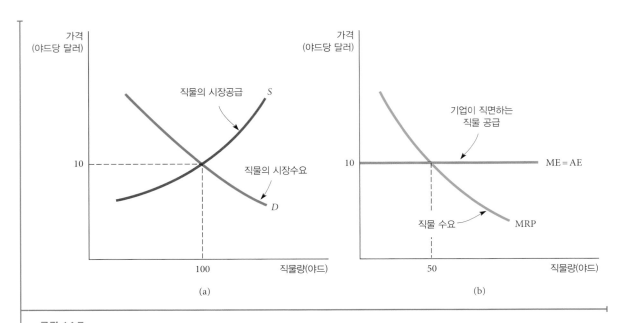

그림 14.7
경쟁적 생산요소시장에서 기업이 직면하는 생산요소의 공급곡선
경쟁적 생산요소시장에서 기업은 생산요소 가격에 영향을 미치지 않으면서 원하는 양만큼 구매할 수 있다. 그러므로 기업은 해당 생산요소의 완전탄력적인 공급곡선에 직면한다. 결과적으로 기업이 구매하는 생산요소의 양은 생산요소 수요와 공급곡선의 교차점에서 결정된다. (a)에서 직물의 산업수요량과 공급량은 1야드당 가격 $10에서 같아진다. (b)에서 기업은 직물 1야드당 $10의 가격에서 수평적인 한계지출액곡선을 직면하며 50야드를 구매한다.

지출액곡선과 한계지출액곡선은 동일한 수평선이 된다. 이는 생산물시장에서 경쟁기업의 한계수입곡선과 평균수입곡선이 동일한 수평선인 것과 마찬가지이다.

생산요소시장이 경쟁적이라면 기업은 얼마만큼의 생산요소를 구매해야 하는가? 한계생산물수입곡선이 한계지출액곡선 위에 위치한다면 생산요소를 추가적으로 사용함에 따른 편익(MRP)이 비용(ME)을 초과하므로 생산요소의 사용량을 늘림으로써 이윤을 증가시킬 수 있다. 그러나 한계생산물수입곡선이 한계지출액곡선보다 아래에 위치한다면 생산요소 중 일부는 그 비용에 비해 적은 혜택을 가져다주게 된다. 따라서 이윤극대화를 위해서는 한계생산물수입을 한계지출액과 일치시켜야 한다.

$$ME = MRP \tag{14.5}$$

생산물시장이 경쟁적인 경우를 고려한다면 기업은 식 (14.3)에서와 같이 노동과 같은 생산요소를 한계생산물수입과 생산요소 가격 w가 같아지는 점까지 구입한다는 것을 보았다. 그러므로 경쟁시장의 경우에 이윤극대화를 위해서는 생산요소의 가격이 한계지출액과 같아야 한다.

$$ME = w \tag{14.6}$$

위의 예에서 경쟁적 직물시장에서의 직물가격(야드당 $10)은 그림 14.7(a)에서 보듯이 수요곡선과 공급곡선이 만나는 곳에서 결정된다. 그림 14.7(b)는 한계지출액곡선과 한계생산물수입곡선이 만나는 점에서 개별 기업이 구매하는 직물의 양을 보여 준다. 직물 50야드가 구매될 때의 한계지출액 $10는 생산과정에서 직물을 추가적으로 투입하여 생산되는 의복의 판매로부터 얻어지는 한계수입과 같다. 만약 50야드보다 적은 양을 구매한다면 기업은 의복 판매로부터 얻을 수 있는 추가적인 이윤 획득의 기회를 잃는 것이다. 만약 50야드보다 많은 양을 구매한다면 직물에 대해 지불한 추가적인 비용이 추가적인 의복 판매로부터 얻는 수입보다 더 커진다.

생산요소의 시장공급

생산요소의 시장공급곡선은 일반적으로 우상향한다. 제8장에서는 재화 생산의 한계비용이 체증하기 때문에 경쟁시장에서 판매되는 재화의 시장공급곡선도 대체로 우상향하는 것을 보았다. 이러한 현상은 직물이나 다른 원자재 투입물의 경우에도 마찬가지이다.

그러나 생산요소가 노동인 경우에는 기업보다는 개인들이 공급에 관한 의사결정을 한다. 따라서 이 경우에는 이윤극대화가 아니라 근로자의 효용극대화가 공급을 결정한다. 아래에서는 제4장에서 살펴봤던 소득효과와 대체효과 분석을 활용하여 노동의 시장공급곡선이 우상향할 수도 있지만, 그림 14.8과 같이 **후방굴절하는**(backward bending) 곡선일 수도 있음을 보여 주고자 한다. 다시 말해 임금이 상승할 때 노동공급은 줄어들 수도 있다는 것이다.

노동공급곡선이 후방굴절할 수도 있다는 점을 설명하기 위하여 하루를 근로시간과 여가시간으로 나눈다. 여가는 취침, 식사 그리고 집안일 등 모든 비근로 활동을 나타낸다. 근로는 그것이 창출하는 소득을 통해서만 근로자에게 혜택을 가져다준다. 근로자는 하루에 얼마나 많은 시간을 일할지 선택할 수 있다고 가정한다.

임금은 근로자가 여가를 즐김으로써 포기해야 하는 금액을 말하므로 근로자가 여가시간에 매기는 가격이다. 그러므로 임금이 상승하면 여가의 가격도 올라간다. 이러한 가격 변화는 대체효

8.6절에서는 단기 시장공급곡선이란 시장에서 주어지는 모든 가능한 가격에 대하여 기업들이 공급하는 생산물의 양을 보여 준다고 설명하였다.

4.2절에서는 어떤 재화의 가격이 상승하면 각 소비자의 실질구매력은 하락하고(소득효과) 그 재화는 상대적으로 더 비싸짐을(대체효과) 설명하였다.

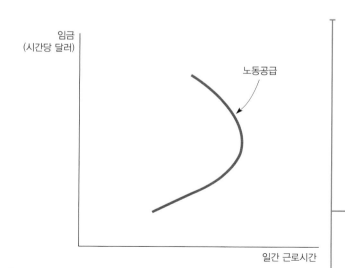

그림 14.8
후방굴절 노동공급곡선
임금이 상승할 때 처음에는 근로시간이 증가하지만 개인들이 일을 적게 하고 더 많은 여가시간을 즐김에 따라 결국에는 감소할 수 있다. 노동공급곡선에서 후방굴절 부분이 나타나는 것은 높은 임금으로 인한 (더 많은 여가를 장려하는) 소득효과가 (더 많은 근로를 장려하는) 대체효과보다 크기 때문이다.

과(효용수준이 일정할 때 상대가격의 변화)와 소득효과(상대가격이 일정할 때 효용수준의 변화)를 초래한다. 여가의 가격이 상승할 때의 대체효과는 근로자가 여가 대신 근로를 선택함에 따라 발생한다. 또한 소득효과는 높은 임금으로 근로자의 실질구매력이 높아짐에 따라 발생한다. 소득이 높아지면 근로자들은 더 많은 재화를 구입할 수 있는데 여가는 그중 하나이다. 소득이 높아짐에 따라 근로자가 더 많은 여가를 선택한다면 그것은 소득효과가 근로자로 하여금 더 적은 시간을 일하도록 만든다는 것을 의미한다. 대부분 사람들에게 임금은 주된 소득원이므로 소득효과는 규모가 클 수 있다. 소득효과가 대체효과를 능가한다면 후방굴절 공급곡선이 나타난다.

그림 14.9는 근로-여가의 선택으로부터 후방굴절 노동공급곡선이 도출되는 과정을 보여 준다. 수평축은 하루 중 여가시간을 나타내며 수직축은 근로로 인해 발생하는 소득이다(다른 소득원은 없다고 가정한다). 초기에 임금은 시간당 $10이고 예산선은 PQ로 주어져 있다. 예를 들어 P점은 만약 이 개인이 하루 24시간을 일한다면 하루에 $240의 소득을 얻는다는 것을 보여 준다.

초기에 근로자는 A점을 선택하여 효용을 극대화하고, 따라서 하루 16시간의 여가를 즐기고 8시간은 일하여 $80를 번다. 임금이 시간당 $30로 상승하면 예산선은 수평축 절편을 중심으로 회전하여 직선 RQ가 된다. 이제 근로자는 19시간의 여가(5시간 근로)를 선택하여 B점에서 효용을 극대화하고 $150를 번다. 단지 대체효과만 작용한다면 임금 상승은 이 근로자로 하여금 8시간 대신 C점에서 12시간 일하도록 할 것이다. 그러나 소득효과가 반대 방향으로 작용한다. 소득효과가 대체효과를 능가하여 근로시간은 8시간에서 5시간으로 줄어든다.

실생활에서 후방굴절 노동공급곡선은 여름방학 동안 생활비를 벌기 위해 일을 하는 대학생에

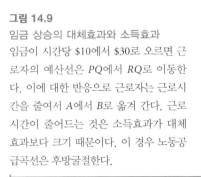

그림 14.9
임금 상승의 대체효과와 소득효과
임금이 시간당 $10에서 $30로 오르면 근로자의 예산선은 PQ에서 RQ로 이동한다. 이에 대한 반응으로 근로자는 근로시간을 줄여서 A에서 B로 옮겨 간다. 근로시간이 줄어드는 것은 소득효과가 대체효과보다 크기 때문이다. 이 경우 노동공급곡선은 후방굴절한다.

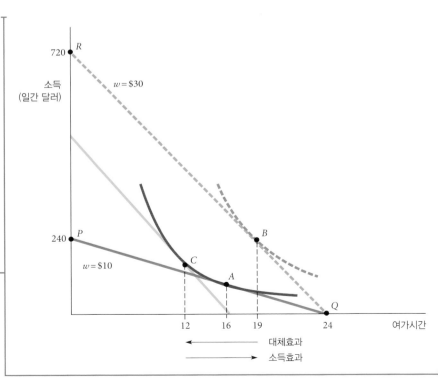

게 적용될 수 있다. 이 학생은 자신이 목표로 정한 소득수준을 달성하자마자 일을 그만두고 여가를 즐긴다. 임금이 인상됨에 따라 이 학생은 더 빨리 목표소득수준에 도달할 수 있으며, 그에 따라 근로시간은 줄어들게 된다. 후방굴절 공급곡선은 또한 택시기사에게도 적용된다. 사례 9.2에서 본 것처럼 시간당 임금이 상승하면 택시기사는 일하는 시간을 줄인다.

사례 14.2   홑벌이/맞벌이 가구의 노동공급

20세기 들어 노동시장에 나타난 가장 극적인 변화 중의 하나는 여성의 노동시장 참여가 증가했다는 것이었다. 1950년에는 34%에 불과했던 여성의 노동시장 참가율은 2010년에 약 60%까지 상승하였다. 이 중 상당 부분은 기혼여성의 노동시장 참여 확대에 기인한다. 노동시장에서 여성의 역할 증대는 주택시장에도 큰 영향을 미쳤다. 어디에 살면서 일을 하느냐는 부부 공동의 의사결정 사항이 되었다.

한 연구는 94명의 미혼여성과 397개의 가정에서 세대주와 배우자의 근로 결정을 비교하여 복잡한 근로시간 선택의 문제를 분석하였다.[3] 여러 가정의 근로 결정을 설명하는 한 가지 방법은 노동의 공급탄력성을 계산하는 것이다. 탄력성은 근로시간과 세대주의 임금 간의 관계를 보여 주며 근로시간과 맞벌이 가구의 세대주 외 구성원

의 임금 간의 관계도 보여 준다. 표 14.2에는 결과가 요약되어 있다.

임금이 상승함에 따라 근로시간이 줄어든다면 노동공급곡선은 후방굴절한다. 여가를 장려하는 소득효과가 근로를 장려하는 대체효과를 앞지르기 때문이다. 그렇다면 노동공급의 탄력성은 음(−)이 된다. 표 14.2는 자녀를 둔 홑벌이 소득원 가구와 (자녀가 있거나 또는 없는) 맞벌이 가구가 후방굴절 노동공급곡선을 가지며, 탄력성은 −0.002에서 −0.078 사이에 있음을 보여 준다. 대부분의 홑벌이 가구주는 노동공급곡선의 우상향하는 부분에 위치하고 있으며, 자녀가 있는 미혼 여성의 경우 탄력성이 0.106으로 가장 크다. 기혼여성(세대주의 배우자로 등록)들은 또한 노동공급곡선의 후방굴절 부분에 위치하며 탄력성은 −0.028에서 −0.086 사이로 나타난다.

표 14.2	노동공급(근로시간) 탄력성		
그룹	세대주 임금에 대한 세대주 근로시간	배우자 임금에 대한 배우자 근로시간	배우자 임금에 대한 세대주 근로시간
미혼 남성, 자녀 없음	.026		
미혼 여성, 자녀 있음	.106		
미혼 여성, 자녀 없음	.011		
홑벌이 가구, 자녀 있음	−.078		
홑벌이 가구, 자녀 없음	.007		
맞벌이 가구, 자녀 있음	−.002	−.086	−.004
맞벌이 가구, 자녀 없음	−.107	−.028	−.059

3 Janet E. Kohlhase, "Labor Supply and Housing Demand for One- and Two-Earner Households," *Review of Economics and Statistics* 68 (1986): 48–56; and Ray C. Fair and Diane J. Macunovich, "Explaining the Labor Force Participation of Women 20–24" (unpublished, February 1997).

14.2 경쟁적 생산요소시장의 균형

경쟁적 생산요소시장은 생산요소의 수요량과 공급량이 같아지는 가격에서 균형을 이룬다. 그림 14.10(a)는 노동시장에서의 균형을 보여 준다. A점에서 균형임금은 w_c이고 균형공급량은 L_c이다. 근로자들은 충분한 정보를 가지고 있기 때문에 어느 기업에 고용되든지 간에 동일한 임금을 받으며 동일한 한계생산물수입을 발생시킨다. 어떤 근로자가 한 기업에서 자신의 한계생산물수입보다 낮은 임금을 받고 있는 경우 다른 기업이 그 근로자를 더 높은 임금에 고용한다면 이윤을 증가시킬 수 있다.

생산물시장도 역시 완전경쟁적이라면 생산요소의 수요곡선은 생산과정에서 생산요소가 1단위 더 추가적으로 사용되는 것에 대해 제품 소비자들이 부여하는 편익의 크기를 나타낸다. 임금은 또한 기업과 사회가 생산요소를 1단위 더 사용할 때 부담하는 비용을 반영한다. 따라서 그림 14.10(a)의 A점에서 1시간 근로의 편익(한계수입생산 MRP_L)은 한계비용(임금 w)과 같아진다.

생산물시장과 생산요소시장이 둘 다 완전경쟁적이라면 총편익과 총비용의 차이가 가장 커지기 때문에 자원은 가장 효율적으로 활용된다. 효율성의 필요조건은 노동을 1단위 추가적으로 고용할 때 창출되는 추가적인 수입(노동의 한계생산물수입 MRP_L)이 추가적인 생산물로부터 소비자들이 얻는 편익(생산물의 가격 × 노동의 한계생산 $= P \cdot MP_L$)과 같아지는 것이다.

9.2절에서 완전경쟁시장에서는 소비자잉여와 생산자잉여의 합이 극대화되므로 효율성이 달성된다고 설명하였다.

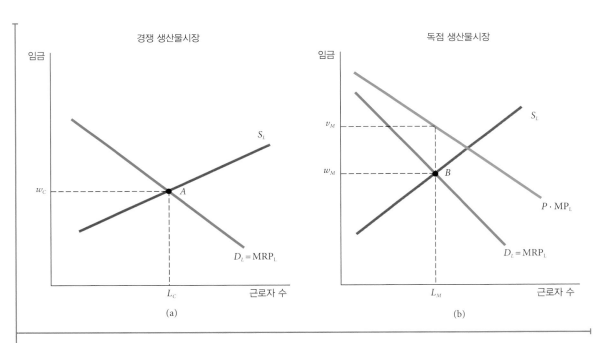

경쟁 생산물시장   독점 생산물시장

(a)   (b)

그림 14.10
노동시장균형
생산물시장이 경쟁적이고 생산요소시장도 경쟁적일 때 균형임금 w_c는 노동수요(한계생산물수입)곡선과 노동공급곡선이 만나는 곳에서 결정되는데, 이는 그림 (a)의 A점이다. (b)는 생산자가 독점적 지배력을 갖고 있을 때 근로자의 한계가치 v_M이 임금 w_M보다 큼을 보여 준다. 따라서 너무 적은 수의 근로자가 고용된다(점 B에서 기업이 고용하는 고용량과 지불되는 임금이 결정된다).

생산물시장이 완전경쟁적이 아닌 경우에는 $MRP_L = (P)(MP_L)$의 조건은 더 이상 성립하지 않는다. 그림 14.10(b)에서 생산물의 가격과 노동의 한계생산의 곱을 나타내는 $(P)(MP_L)$곡선은 한계생산물수입곡선 $(MR)(MP_L)$의 위에 위치하며, B점이 균형임금 w_M과 균형노동공급량 L_M을 나타내는 점이다. 생산물의 가격은 소비자가 추가적으로 구입하는 생산물에 대해 매기는 가치를 나타내므로 $(P)(MP_L)$은 추가적인 노동 1단위에 대해 소비자가 매기는 가치이다. 따라서 L_M의 노동이 고용될 때 기업이 부담하는 한계비용 w_M은 소비자의 한계편익 v_M보다 작다. 기업은 자신의 이윤을 극대화하고 있으나 생산량은 효율적인 수준보다 작으며, 생산요소 역시 효율적인 수준보다 작게 활용된다. 만약 더 많은 근로자가 고용되어 더 많은 생산물이 생산된다면 경제적 효율성은 증대될 것이다. 다시 말해 소비자들이 얻는 이득이 기업의 이윤손실보다 커진다.

경제적 지대

경제적 지대(economic rent)의 개념을 이용하여 생산요소시장이 어떻게 작동하는지를 설명할 수 있다. 제8장의 장기 생산물시장에 관한 설명에서 경제적 지대란 기업이 생산물을 생산하는 데에 드는 최소한의 비용을 초과하여 받는 금액이라고 정의하였다. 생산요소시장에서 **경제적 지대**는 한 생산요소에 대해 지불하는 금액과 그 요소를 구입하기 위해서 지불해야 하는 최소한의 금액과의 차이를 말한다. 그림 14.11은 경제적 지대의 개념을 경쟁적 노동시장에 적용한 경우를 보여 준다. 균형노동가격은 w^*이고 균형노동공급량은 L^*이다. 노동공급곡선은 우상향하며 노동수요곡선은 우하향하는 노동의 한계생산물수입곡선이다. 공급곡선은 각 임금수준에서 얼마나 많은 노동이 공급되는지를 알려 주므로 노동 L^*단위를 고용하는 데에 필요한 최소지출액은 균형노동공급량 L^*의 왼쪽과 노동공급곡선 아래에 위치한 면적 AL^*0B로 주어진다.

완전경쟁시장에서는 모든 근로자에게 w^*의 임금이 지불된다. 이 임금은 마지막 "한계적" 근로자가 자신의 노동을 공급하는 데 필요한 임금수준이지만 다른 모든 근로자가 일을 하도록 유인하는 데 필요한 임금수준보다 높은 임금이기 때문에 나머지 근로자들은 경제적 지대를 얻게 된다. 총임금지불액은 직사각형 $0w^*AL^*$이므로 근로자들이 얻는 전체 경제적 지대의 크기는

8.7절에서는 경제적 지대란 기업이 어떤 생산요소 투입물에 대해 지불하고자 하는 금액에서 이를 구입하는 데 필요한 최소금액을 뺀 것이라고 설명하였다.

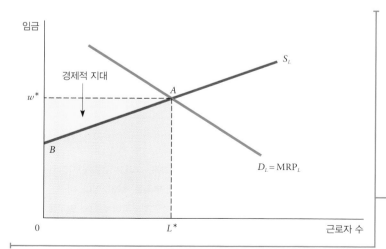

그림 14.11
경제적 지대
노동의 고용과 연관된 경제적 지대는 근로자를 고용하기 위해 지불해야 하는 최소한의 금액을 초과하는 임금이다. 균형임금은 노동공급곡선과 수요곡선이 만나는 A점에서 결정된다. 노동의 공급곡선이 우상향하므로 일부 근로자는 임금이 w^*보다 낮아도 일을 할 것이다. 면적 ABw^*는 모든 근로자가 받는 경제적 지대의 크기이다.

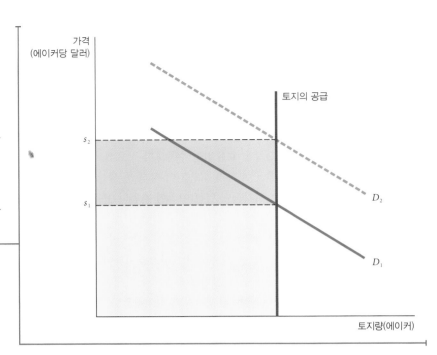

그림 14.12
토지 지대
토지 공급이 완전비탄력적일 때 토지의 시장가격은 수요곡선과 수직의 공급곡선이 만나는 점에서 결정된다. 이때는 토지 전체의 가치가 경제적 지대가 된다. 수요가 D_1으로 주어질 때 에이커당 경제적 지대는 s_1이며, 수요가 D_2로 증가하면 에이커당 지대는 s_2로 상승한다.

ABw^*의 면적이 된다.

만약 생산요소의 공급곡선이 완전탄력적이라면 그 생산요소가 얻는 경제적 지대는 0이 된다. 경제적 지대는 공급이 어느 정도 비탄력적일 때에만 나타난다. 또한 생산요소의 공급이 완전비탄력적이라면 그 생산요소에 대해 지불되는 모든 금액은 경제적 지대가 된다. 왜냐하면 그 생산요소는 어떤 가격이 지불되더라도 공급되기 때문이다.

그림 14.12가 보여 주듯이 토지는 대표적으로 공급이 비탄력적인 생산요소이다. 주택용지나 농업용지의 공급량은 적어도 단기에는 고정되어 있기 때문에 공급곡선은 완전비탄력적이다. 토지의 공급이 비탄력적이므로 가격은 전적으로 수요에 의해 결정된다. 토지의 수요가 D_1으로 주어지면 단위당 가격은 s_1이 된다. 토지로부터 얻는 총지대는 초록색 음영으로 표시된 직사각형으로 주어진다. 그러나 토지 수요가 D_2로 증가하면 토지 1단위당 임대가치는 s_2로 상승한다. 이 경우 총토지지대는 청색 음영으로 표시된 면적까지 포함하여 늘어난다. 따라서 토지 수요의 증가(수요곡선의 오른쪽 이동)로 인해 단위당 토지가격은 상승하며 경제적 지대의 크기도 증가한다.

사례 14.3   군인의 급여

미국 군대는 여러 해 동안 인적 자원의 문제를 겪었다. 남북전쟁 시에는 약 90%의 병력이 지상전투에 투입되는 미숙련근로자였다. 그 이후 전쟁의 성격은 변화를 거듭하였다. 지금은 지상전투병력은 전체 병력의 20%에도 못 미친다. 한편 20세기 후반부터 기술 변화는 훈련된 조종사, 컴퓨터 분석가, 수리공, 그리고 고급 군사장비 운영에 필요한 인력 등 숙련 기술인력의 부족을 초래하였다. 미군은 이러한 인력 부족에 어떻게 대응하였는가? 경제학이 정답의 일부를 제공한다.

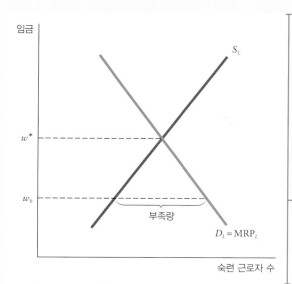

그림 14.13
숙련 군인력의 부족
임금 w^*이 군인력에 지급될 때 노동시장은 균형상태이다. 임금이 w_0로 w^*보다 낮게 유지될 때 노동수요량이 공급량보다 많아 인력 부족이 발생한다.

군대에서 장교들은 주로 근무연수에 기초하여 급여를 받는다. 그 결과 서로 다른 기술수준과 능력을 지닌 장교들도 점차 비슷한 급여를 받게 되었다. 더구나 일부 숙련도가 높은 장교들은 민간부문에서 받을 수 있는 봉급에 비해 상당히 낮은 봉급을 받았다. 그림 14.13은 이러한 급여정책이 가져오는 비효율성을 보여 준다. 균형임금 w^*는 노동수요와 노동공급이 같아지는 임금수준이다. 경직적인 임금구조로 인해 군은 균형임금보다 낮은 임금수준인 w_0를 지급한다. w_0에서

는 노동수요량이 노동공급량보다 많아서 숙련된 근로자의 공급부족 현상이 나타난다.

지난 10년 동안 군 당국은 효율적인 전투병력을 유지하기 위해 급여구조를 변경하였다. 첫째, 급여를 2007년 2.7%, 2009년 3.9%, 2010년 3.4% 등으로 계속 인상하였다. 하지만 군인에 대한 급여는 여전히 낮은 수준이다. 2011년 현재 일병의 급여는 $20,470, 병장은 $24,736, 대위는 $43,927 그리고 소령은 $49,964이다.[4]

표 14.3	군 급여(2015년)		
계급	**연봉**	**계급승진에 필요한 복무 연수**	**승진비율(%)**
일등병	$23,256	2	거의 100
병장	$30,972	4	70
대위	$62,628	4	거의 100
소령	$79,908	10	80
대령	$119,724	22	50

출처: 2015년 1월 현역 급여 (http://militarypay.defense.gov/pay/Basicpay/ActiveDutypay.aspx)
http://www.army-portal.com/pay-promotions/officer-promotions.html

---

군 당국은 한 걸음 더 나아가 재입대하는 군인에 대한 보너스의 종류와 수준을 늘렸다. 선별적인 재입대 보너스는 인력이 부족한 숙련 부문의 노동력 확충을 위한 것이었다. 군은 2008~2011년 기간 중 지속적인 고실업상태를 기회로 활용하여 상당한 수준의 기술훈련과 함께 주택, 식품, 의료서비스, 교육에 대한 무상 또는 보조금 지원을 강조하였다. 이러한 정책들의 결과로 군의 숙련 노동시장에서는 그림 14.13에 나타난 시장청산임금 w^*가 달성되었다.

군인들에 대한 급여는 최근 몇 년 동안 지속적으로 향상되어 왔다. 표 14.3은 승진에 필요한 복무 연수와 함께 계급별 급여수준을 보여 준다. 급여 자체는 민간부문보다는 낮지만 급여는 총보수의 절반 정도에 해당한다. 나머지는 다양한 혜택(의료, 퇴직급여, 보육, 그리고 식품, 주택, 교육 등의 무상공급)의 형태로 주어진다. 이에 더하여 군인들은 외국어 능력이나 컴퓨터 경력 등 특별한 기술에 대한 추가적인 봉급에 해당하는 "특별급여"도 받는다.

14.3 수요독점적 생산요소시장

일부 생산요소시장에서는 개별 구매자가 자신이 지불하는 가격에 영향력을 행사할 수 있는 구매자 지배력(buyer power)을 갖는다. 이런 현상은 기업이 수요를 독점하는 구매자이거나 시장에 소수의 구매자들만 있는 경우에 나타나는데, 각 기업은 일정한 수요독점력(monopsony power)을 가진다. 예를 들어 제10장에서는 자동차부품의 구매자인 자동차 제조업체들은 수요독점력을 지닌다는 것을 보았다. GM과 토요타는 브레이크, 라디에이터, 그리고 다른 부품을 대량으로 구매하기 때문에 소량으로 구매하는 기업들에 비해 낮은 가격을 흥정할 수 있다. 이와는 달리 어떤 생산요소의 공급자는 2~3명에 불과하지만 10명 이상의 구입자가 있는 경우도 각 구매자는 교섭력을 지닌다. 가끔씩 대량구매를 하는 구매자는 가격을 협상할 때 판매자들이 서로 경쟁하도록 만들 수 있으며, 그 결과 낮은 가격으로 구매할 수 있다.

이 절에서는 생산물시장이 완전경쟁적이라고 가정한다. 아울러 많은 기업들이 동시에 수요독점력의 일부를 행사하는 경우보다 단일 구매자의 경우가 설명이 용이하므로 우선 생산요소시장이 순수 수요독점인 경우에 대해 살펴본다.

수요독점력: 한계지출액과 평균지출액

어떤 재화의 구매량을 결정하기 위해서는 마지막으로 구매하는 단위로부터 얻어지는 추가적인 가치(한계가치)가 바로 그 단위를 구매하기 위해 지불하는 추가적인 비용(한계지출액)과 같아질 때까지 구매량을 계속 늘려야 한다. 완전경쟁의 경우에는 재화에 대해 지불하는 가격(평균지출액)은 한계지출액과 같다. 그러나 수요자가 수요독점력을 지닌다면 그림 14.14에서 보듯이 한계지출액은 평균지출액보다 크다.

수요독점기업이 직면하는 생산요소공급곡선은 시장공급곡선인데, 생산요소 가격이 오를 때 생산요소 공급자들이 생산요소를 얼마나 많이 판매할지를 보여 준다. 수요독점기업은 각 단위에 대해 동일한 가격을 지불하므로 공급곡선은 수요독점기업의 평균지출액곡선이다. 평균지출액곡선은 1단위 추가적으로 구입하는 결정이 단지 마지막 단위뿐만 아니라 전체 구매 단위에 대해 지불해야만 하는 가격을 인상시키므로 우상향한다. 그러나 이윤을 극대화하는 수요독점기업의 경

10.5절에서는 구매자의 구매 결정이 상품가격에 영향을 미치는 경우 그 구매자는 수요독점력을 갖는다고 설명하였다.

10.5절에서는 한계지출액은 1단위 추가적으로 구매하는 데 드는 비용이고 평균지출액은 단위당 지불하는 평균가격이라고 설명하였다.

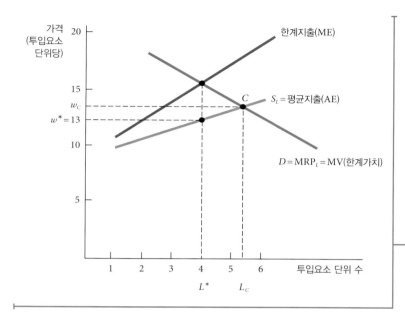

그림 14.14
한계지출액과 평균지출액
생산요소의 구매자가 수요독점력을 지니고 있다면 한계지출곡선은 평균지출액곡선보다 위에 위치한다. 이는 1단위를 추가로 구매하는 결정이 단지 마지막 단위뿐만 아니라 모든 구매 단위에 대해 지불하는 가격을 인상시키기 때문이다. 구매되는 생산요소의 양은 한계생산물수입곡선이 한계지출액곡선과 만나는 점에서 L^*로 결정된다. 이에 상응하는 임금 w^*은 경쟁적 임금 w_c보다 낮다.

우에는 얼마만큼을 구매해야 하는지를 결정할 때는 한계지출액곡선을 살펴봐야 한다. 한계지출액 곡선은 평균지출액곡선의 위쪽에 위치한다. 이는 기업이 추가적인 단위를 구매하기 위해 생산요소의 가격을 올릴 때 마지막 단위뿐만 아니라 모든 구매 단위에 대해서도 높은 가격을 지불해야만 하기 때문이다.

수요독점기업의 구매결정

기업은 생산요소를 얼마만큼 구입해야 하는가? 앞에서 살펴본 것처럼 한계지출액이 한계생산물 수입과 같아질 때까지 구입해야 한다. 이 경우 구입된 마지막 단위로부터 얻는 편익(MRP)은 그 비용(ME)과 같아진다. 그림 14.14는 이러한 노동시장 원리를 설명하고 있다. 수요독점기업은 노동을 L^*만큼 고용한다. 이 점에서 $ME = MRP_L$이 성립한다. 근로자에게 지급되는 임금 w^*는 고용량이 L^*일 때의 평균지출액곡선(공급곡선)상의 점이다.

제10장에서 살펴본 것처럼 수요독점력을 지닌 구매자는 한계가치(MV)가 한계지출액과 같은 점까지 구매함으로써 얻어지는 순편익(= 효용 − 지출)을 극대화한다.

$$MV = ME$$

어떤 생산요소를 구매하는 기업으로서는 MV는 생산요소의 한계생산물수입 MRP와 같다. 따라서 경쟁적 생산요소시장의 경우와 마찬가지로 다음의 관계가 성립한다.

$$ME = MRP \tag{14.7}$$

그림 14.14로부터 수요독점기업은 수요독점력이 없는 기업에 비해 적은 양의 노동을 고용한다는 점을 알 수 있다. 경쟁적 노동시장에서는 L_C만큼의 근로자가 고용되는데, 이 고용량에서 (한

계생산물수입곡선으로 주어지는) 노동수요량은 (평균지출액곡선으로 주어지는) 노동의 공급량과 같아진다. 또한 수요독점기업은 경쟁시장에서 지불되는 임금 w_c보다 낮은 수준의 임금 w^*를 지불하게 된다.

수요독점력은 여러 가지 원인에 의해 발생할 수 있다. 그 원인 중 하나로 기업이 수행하는 사업의 특수성을 들 수 있다. 만약 어떤 기업이 다른 어떤 기업들도 구매하지 않는 부품을 구매한다면 그 기업은 해당 부품시장에서 수요독점자가 될 수 있다. 또 하나의 원인으로는 사업의 입지를 들 수 있는데, 기업이 어떤 지역의 유일한 주요 고용주일 경우이다. 또한 수요독점력은 생산요소의 구매자들이 경쟁가격보다 낮은 가격으로 구매하기 위해 카르텔을 형성하여 생산요소의 구매량을 제한하는 경우에 발생할 수 있다(이러한 카르텔 형성은 제10장에서 설명한 바와 같이 반독점법 위반에 해당된다).

경제 내에서 순수 수요독점기업은 매우 드물다. 그러나 많은 기업들 또는 개인들은 구매량이 시장 전체의 상당 부분을 차지함으로써 일정한 수요독점력을 갖는다. 정부도 군 지원병을 고용하거나 미사일, 항공기 그리고 기타 특수 군사장비를 구매함에 있어서 수요독점자이다. 채광기업(mining firm) 또는 마을에서 유일한 고용주인 기업도 지역노동시장에서 수요독점력을 갖는다. 그러나 이러한 경우에도 수요독점력은 제한적이다. 정부는 유사한 일자리를 제공하는 다른 기업들과 경쟁하며, 마찬가지로 채광기업도 어느 정도는 인근 마을에 있는 기업들과 경쟁하기 때문이다.

협상력

어떤 생산요소시장에는 소수의 판매자와 소수의 구매자가 존재한다. 이러한 경우 각 개별 구매자와 개별 판매자가 서로 가격을 결정하기 위해 흥정을 할 것이다. 최종적으로 결정되는 가격은 어느 편이 협상력이 더 큰가에 따라 높거나 낮을 수 있다.

구매자 또는 판매자의 협상력의 크기는 부분적으로 서로 경쟁하는 구매자의 수와 서로 경쟁하는 판매자의 수에 의해 결정된다. 때때로 협상력은 구매 자체의 성격으로 인해 결정되기도 한다. 만약 각 구매자가 대량으로 가끔씩 구매한다면 구매자는 가격 협상에서 판매자들이 서로 경쟁하도록 만들어서 상당한 협상력을 행사할 수 있다.

이러한 종류의 협상력은 민간여객기시장에서 나타날 수 있다. 비행기는 항공사의 주된 생산요소이며 항공사는 비행기를 가능한 한 가장 낮은 가격에 구매하고자 한다. 그러나 비행기의 구매자인 항공사의 수는 수십 개나 되는 반면 주요 민간 항공기 제작사는 보잉(Boeing)과 에어버스(Airbus) 두 기업뿐이다. 따라서 가격 협상에서 보잉과 에어버스가 상당한 우위를 가진다고 생각할 수 있다. 그러나 현실은 정반대이다. 그 이유에 대해 살펴보자.

항공사들은 매일 비행기를 구매하지 않으며 한 번 구입할 때 1대씩 구매하는 것도 아니다. 아메리칸항공사 같은 회사는 보통 3~4년마다 한 번씩 새 비행기를 구매하는데, 한 번에 수십억 달러의 비용으로 20대 또는 30대를 주문한다. 보잉이나 에어버스 같은 큰 기업에게도 이는 적지 않은 구입액이므로 주문을 따기 위해 최선을 다할 것이다. 아메리칸항공사는 이러한 상황을 잘 이해하고 있기 때문에 자신에게 유리하게 이용할 수 있다. 예를 들어 아메리칸항공사가 20대의 신기종 보잉787과 20대의 신기종 에어버스 A380(거의 유사한 비행기이다) 중 한 기종을 선택하고자 한다면 가격을 협상할 때 두 회사를 경쟁시킬 수 있다. 예를 들어 보잉이 1대당 $3억의 가격을 제안한다면 항공사는 에어버스에게 그보다 나은 조건을 제시할 것을 요구할 수 있다. 에어버스가 어떤 제안을 하든지 항공사는 다시 보잉사에게 (진실이든 아니든) 에어버스가 큰 폭의 할인을 제안한다고 주장하면서 그보다 더 할인해 줄 것을 요구할 수 있다. 이런 식으로 아메리칸항공사는 두 기업 중 한 곳으로부터 대폭 할인을 받을 때까지 에어버스사로 갔다가 또 보잉사로 가는 일을 반복할 것이다.

사례 14.4 야구선수시장의 수요독점력

미국에서 메이저리그 야구는 반독점법 적용이 면제되는데, 그것은 미 의회의 정책과 연방법원의 판결에 따라 노동시장에는 동법을 적용하지 않기 때문이다.[5] 이와 같은 면제조치로 인해 1975년 이전에는 야구팀의 구단주들은 수요독점 카르텔을 운영할 수 있었다. 다른 모든 카르텔처럼 이 카르텔도 구단주 간의 합의에 의해 운영되었다. 합의는 주로 연례적인 선수 드래프트에 관한 것과 각 선수를 효과적으로 한 팀에 영구적으로 묶어 두는 유보조항(reserve clause)에 관하여 이루어졌다. 이러한 합의 때문에 선수를 확보하기 위한 팀 간 경쟁은 크게 제한되었다. 어떤 팀이 한 선수를 선발한 후에는 그 선수는 소속팀이 자신에 대한 권리를 다른 팀에 판매하지 않는 한 다른 팀으로 이적할 수 없었다. 결과적으로 구단주들은 선수들과 계약을 갱신할 때 수요독점력을 가지고 있었다. 선수가 계약을 하지 않는다면 유일한 대안은 야구를 그만두거나 다른 나라에서 경기를 하는 것이었다.

1960년대와 1970년대 초에 야구선수들의 급여는 그들의 한계생산에 대한 시장의 평가가치에 비해 훨씬 낮았다. 한계생산은 부분적으로 타격이나 투수력의 향상에 따라 받는 관심의 증가에 의해 결정된다. 만약 시장이 완전경쟁적이었더라면 1969년에 약 $42,000의 봉급을 받았던 선수들은 1969년의 달러가치로 $30만(2007년 가치로는 $170만)를 받았을 것이다.

선수들에게는 다행스럽게도 1972년 세인트루이스 카디널즈(St. Louis Cardinals)의 커트 플러드(Curt Flood) 선수가 유보조항에 대

해 소송을 제기한 것을 계기로 선수들의 파업이 발생하였다. 중재과정을 거쳐서 1975년에는 한 팀에 6년 동안 소속된 후에는 자유계약 선수가 될 수 있다는 노사협약이 이루어졌다. 유보조항은 더 이상 효력이 없게 되었으며, 상당히 수요독점적이었던 야구선수의 노동시장이 훨씬 경쟁적으로 변화되었다.

이 결과는 노동경제학에서는 흥미로운 실험 대상이었다. 1975년부터 1980년 사이에 야구선수시장은 유보조항이 없는 새로운 시장균형으로 조정되었다. 1975년 이전에는 선수들의 계약에 지출된 금액이 팀 전체 지출액의 약 25%를 차지하였다. 이 지출액은 1980년에는 40%로 증가하였다. 더군다나 평균적인 선수연봉은 실질임금으로 약 2배가 되었다. 1992년에 평균적인 야구선수는 $1,014,942의 소득을 얻었는데, 이는 1960년대의 수요독점적 임금에 비해 매우 크게 증가한 것이었다. 예를 들어 1969년의 평균연봉은 인플레이션을 조정한 수치로 약 $42,000였는데, 이는 2015년 실질가치로 약 $270,000에 해당된다.

야구선수들의 연봉은 계속 상승하였다. 1990년에 평균연봉은 $60만보다 약간 적었지만 2000년에는 $1,998,000로 올랐으며, 2016년에는 $500만를 뛰어넘었다. 선수들의 연봉이 높은 뉴욕 양키스의 경우 2016년 평균연봉은 $820만에 달했으며, 상당수의 선수들은 그보다 훨씬 더 많은 소득을 벌었다(가장 연봉이 많은 선수는 $2,500만를 벌었다).

---

[5] 이 사례는 Roger Noll의 야구선수의 봉급구조 분석에 따른 것이다.

사례 14.5 청소년 노동시장과 최저임금

최저임금(1996년에는 시간당 $4.50, 2011년에는 시간당 $7.20)의 인상은 많은 논쟁을 불러일으킨다. 논쟁에서는 최저임금 인상에 의해 야기되는 실업으로 인한 비용과 최저임금의 인상으로 더 많은 소득을 얻는 사람들이 누리는 편익의 상대적 크기가 주요 이슈였다.[6] 최저임금이 뉴저지주 패스트푸드점의 고용에 미친 영향에 관한 한 연구는 논란을 증폭시켰다.[7]

일부 주에서는 최저임금을 연방정부 수준보다 높게 정한다. 1992년 4월 뉴저지주의 최저임금은 시간당 $4.25에서 $5.05로 인상되었다. 410개 패스트푸드점에 대한 설문조사를 이용한 연구에서 David Card와 Alan Krueger는 최저임금이 인상된 후에 고용이 13%나 증가했다고 밝혔다. 이러한 놀라운 결과는 상당히 타당성이 있었으며 다른 연구에서도 이를 지지하는 결과를 보였다.[8] 높은 최저임금에 대응하기 위해 패스트푸드 체인점은 종업원에게 무상으로 또는 할인된 식사 형태로 제공하던 복지 혜택을 축소한 것으로 생각할 수 있다. 또한 고용주들이 현장실습을 줄이거나 최저임금보다 더 높은 수준의 보수를 받던 경력 근로자의 임금을 낮춤으로써 대응했을 것이라고 생각할 수 있다.

더욱 중요한 것은 만약 10대 미숙련근로자의 노동시장이 아주 경쟁적이 아니라면 제9장의 수요-공급 분석을 적용할 수 없다는 사실이다. 만약 미숙련근로자에 대한 패스트푸드 노동시장이 수요독점적이라면 최저임금은 경쟁시장에서 예상할 수 있는 것과는 다른 효과를 보일 것이다. 최저임금 인상으로 노동시장이 수요독점적 임금(Card와 Krueger의 연구에서 $4.25)에서 경쟁시장 수준의 임금(같은 연구에서 $5.10)으로 증가했다고 하자. 그림 14.4에서 볼 수 있듯이 최저임금 인상은 임금을 올릴 뿐만 아니라 고용수준도 증가시킨다.

그러나 전국 대부분의 지역에서 패스트푸드시장은 매우 경쟁적이어서 최저임금 인상은 고용에 부정적인 영향을 미칠 것으로 예상할 수 있다. 저임금 노동시장에 대한 좀 더 나은 분석을 위해서는 제17장에서 다룰 예정인 효율적 임금이론과 같은 보다 고급 이론이 필요하다. 최저임금 인상은 근로자에게 더 열심히 그리고 한 일자리에서 오래 일할 유인을 제공할 수 있다. 그러나 만약 그렇다면 최저임금이 높을 필요가 없다. 이러한 경우에는 고용주가 이윤을 높이기 위해 임금을 인상시킬 상당한 동기를 갖기 때문이다.

9.3절에서는 완전경쟁적인 노동시장에서 최저임금을 설정한다면 실업과 사중손실이 발생할 수 있다고 설명하였다.

14.4 공급독점적 생산요소시장

생산요소의 구매자가 수요독점력을 갖는 것처럼 생산요소의 공급자도 독점력을 가질 수 있다. 어떤 기업이 다른 기업은 모방할 수 없는 컴퓨터 칩을 생산하는 특허를 보유할 때와 같이 한 생

---

6 최저임금에 대해서는 사례 1.4에서 살펴보았으며, 최저임금이 고용에 미치는 효과에 대한 분석은 9.3절에서 설명하였다.

7 David Card and Alan Krueger, "Minimum Wages and Employment: A Case Study of the Fast-Food Industry in New Jersey and Pennsylvania," *American Economic Review* 84 (September 1994). 또한 David Card and Alan B. Krueger, "A Reanalysis of the Effect of the New Jersey Minimum Wage on the Fast-Food Industry with Representative Payroll Data," Working Paper No. 6386, Cambridge, MA: National Bureau of Economic Research, 1998; and Madeline Zavodny, "Why Minimum Wage Hikes May Not Reduce Employment," Federal Reserve Bank of Atlanta, *Economic Review*, Second Quarter, 1998도 참조.

8 Card와 Krueger는 패스트푸드 연구를 다른 최신 자료를 가지고 재분석하여 유사한 결과를 도출하였다. "Minimum Wages and Employment: A Case Study of the Fast-Food Industry in New Jersey and Pennsylvania: Reply," *American Economic Review* 90 (2000): 1397-1420. 한편 다른 연구자들은 다른 지역 노동시장자료를 이용하여 최저임금의 작은 변화가 고용에 부정적인 영향을 미친다는 것을 지지할 만한 증거가 부족하다고 분석하였다. Arindrajit Dube, T. William Lester, and Michael Reich, "Minimum Wage Effects Across State Borders: Estimates Using Contiguous Counties," *The Review of Economics and Statistics* 92 (2010): 945-64.

산요소의 판매자는 독점자가 될 수 있다. 노동조합은 생산요소시장에서 독점력에 대한 가장 중요한 사례이므로 여기서는 노동조합에 대해 주로 살펴본다. 노동서비스를 독점적으로 공급하는 노동조합이 조합원의 후생을 향상시킬 수 있으며, 노동조합에 가입하지 않은 근로자들에게도 큰 영향을 미칠 수 있다는 점을 설명할 것이다.

임금에 대한 독점력

그림 14.15는 수요독점력이 없는 시장에서의 노동수요곡선을 보여 준다. 이 경우 노동수요곡선은 노동을 구매하기 위해 서로 경쟁하는 기업들의 한계생산물수입곡선을 수평으로 합한 것이다. 노동공급곡선은 노동조합이 독점력을 행사하지 않는 경우에 노조에 가입한 근로자들이 얼마만큼의 노동서비스를 공급하는지를 보여 준다. 이 경우 노동시장은 경쟁적이며, 수요곡선 D_L과 공급곡선 S_L이 만나는 곳에서 w^*의 임금수준에서 L^*만큼의 근로자들이 고용될 것이다.

그러나 노동조합은 독점력을 지니기 때문에 마치 생산물시장에서 독점적인 판매자가 가격과 이에 상응하는 생산량을 선택하는 것처럼 어떤 수준의 임금이든 선택하고 그에 상응하는 노동공급량을 선택할 수 있다. 만약 조합이 고용되는 근로자의 수를 최대로 하기를 원한다면 A점에서 경쟁적 노동시장과 같은 결과를 선택할 것이다. 그러나 근로자들이 경쟁적인 임금보다 높은 수준의 임금을 받기를 원한다면 조합에 속하는 근로자의 수를 L_1으로 제한할 수 있다. 이에 따라 기업은 w_1의 임금을 지불하게 된다. 이런 경우에는 일자리를 갖는 조합원들은 이득을 보지만 일자리를 얻을 수 없는 사람들의 사정은 악화될 것이다.

노동조합의 조합원 수를 제한하는 정책은 채택할 가치가 있는가? 만약 노동조합이 조합원들이 누리는 경제적 지대를 극대화하기를 원한다면 채택할 가치가 있다. 노조는 조합원 수를 제한함으로써 마치 이윤극대화를 위해 생산량을 제한하는 독점기업과 같이 행동하게 된다. 기업에게

10.2절에서는 상품 판매자가 한계비용보다 높은 가격을 부과하면서 이익을 본다면 어느 정도의 독점력을 지닌다고 설명하였다.

7.1절에서 기회비용은 기업의 자원을 다른 최선의 용도에 투입하지 않음으로써 포기한 기회와 연관된 비용이라고 설명하였다.

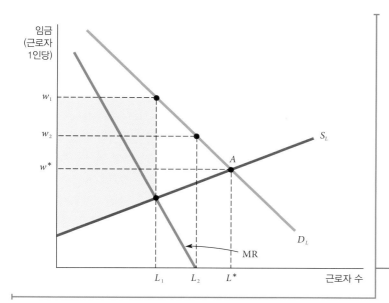

그림 14.15

노동공급자의 독점력

노동조합이 독점적 공급자일 때 노동조합은 구매자의 노동수요곡선 D_L선상의 한 점을 선택한다. 노동조합은 모든 근로자가 w^*의 임금을 받는다는 조건에 동의함으로써 고용되는 근로자의 수를 L^*로 최대로 할 수 있다. 근로자가 얻는 경제적 지대를 최대화하는 고용량 L_1은 한계수입과 노동공급곡선이 만나는 점에서 결정되며, 노조의 조합원은 w_1의 임금을 받는다. 마지막으로 노동조합이 근로자에게 지급되는 임금의 총액을 극대화시키고자 한다면 w_2의 임금으로 L_2만큼의 근로자가 고용되는 것을 허용해야 한다. 이 경우 노동조합의 한계수입은 0이 된다.

이윤이란 판매수입에서 기회비용을 뺀 것이다. 노동조합에게 지대는 조합원들이 받는 총임금에서 기회비용을 뺀 것이다. 지대를 극대화하기 위해 노동조합은 조합의 한계수입(추가적인 임금소득)이 근로자들이 일을 하도록 유도하는 데 드는 추가적인 비용과 같아지도록 고용되는 근로자의 수를 선택해야 한다. 이 비용은 고용주(기업)가 근로자 1명을 추가적으로 고용하여 기업을 위해 일을 하도록 만들기 위해서 그에게 제시하는 금액을 측정하기 때문에 한계기회비용이다. 근로자들로 하여금 추가적으로 일을 하도록 유도하기 위해 필요한 임금은 노동공급곡선 S_L로 주어져 있다.

지대를 극대화하는 임금과 근로자 수의 조합은 MR과 S_L곡선이 만나는 점에서 결정되는데, 임금은 w_1이고 고용량은 L_1이 된다. 노동수요곡선의 아래쪽과 노동공급곡선 위쪽, 그리고 L_1의 왼쪽에 음영으로 처리된 면적은 모든 근로자가 얻는 총 경제적 지대를 나타낸다.

지대를 극대화하는 정책은 전반적인 임금수준을 높이게 되므로 노조에 가입하지 않은 근로자들이 일자리를 잡을 수 있다면 그들에게도 이득이 된다. 그러나 노조에 가입하지 않은 근로자들이 일자리를 구할 수 없다면 지대극대화는 승자와 패자 간에 극명한 차이를 초래한다. 노조가 택할 수 있는 다른 선택은 조합원들이 받을 수 있는 임금총액을 극대화하는 것이다. 그림 14.15의 예를 다시 보자. 이러한 목적을 달성하기 위해 고용되는 근로자의 수는 L_1에서 기업이 얻는 한계수입이 0이 될 때까지 증가한다. 따라서 임금이 w_2이 되고 고용되는 근로자 수가 L_2가 될 때 근로자들의 총임금은 극대화된다. 이보다 더 많은 수의 근로자가 고용된다면 총임금은 감소한다.

노동조합원과 비조합원

노동조합이 독점력을 발휘하여 조합원의 임금을 인상시키려고 한다면 조합원의 고용은 감소한다. 이 경우 일자리를 얻지 못한 근로자들은 노조가 조직화되어 있지 않은 부문으로 이동을 하든지 아니면 처음부터 노조에 가입하지 않을 수도 있기 때문에 노조가 조직화되지 않은 경제부문에서 어떤 일이 벌어지는지를 이해할 필요가 있다.

조직화된 근로자와 조직화되지 않은 근로자를 합한 총공급은 일정하게 주어져 있다고 가정하자. 그림 14.16에서 두 부문의 시장노동공급은 S_L로 나타난다. 조직화된 부문에 속한 기업들의 노동수요는 D_U이며, 조직화되지 않은 부문의 노동수요는 D_{NU}이다. 총시장수요는 이 두 부문의 수요의 합으로서 D_L가 된다.

이제 노동조합이 조합원인 근로자들의 임금을 경쟁적 임금수준 w^*보다 높은 w_U로 인상하려 한다고 하자. 이 임금수준에서 노조부문에 속한 근로자의 고용은 수평축에 나타난 것처럼 ΔL_U만큼 감소한다. 고용되지 못한 근로자들이 비노조부문에서 일자리를 찾는다면 비노조부문의 임금은 노동시장이 다시 균형에 이를 때까지 조정된다. 비노조부문의 새로운 임금은 w_{NU}로 결정되며 추가적으로 고용되는 근로자의 수는 ΔL_{NU}가 되는데, 이는 노조부문을 떠난 근로자의 수와 같다.

그림 14.16은 조합원들의 임금을 인상시키기 위한 노동조합의 전략이 초래하는 부정적 결과를 보여 주고 있다. 그것은 비노조부문의 임금이 하락한다는 것이다. 노동조합은 근로조건을 개선시키고 근로자들과 경영진에게 유용한 정보를 제공해 준다. 그러나 노동수요가 완전비탄력적이 아닐 때 노동조합에 속한 근로자는 비노조 근로자들의 희생 덕분에 더 높은 임금을 받게 된다.

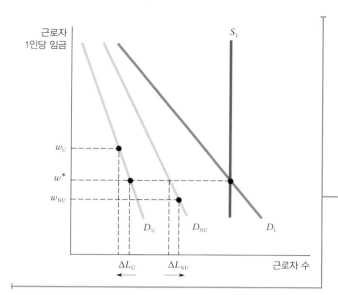

그림 14.16
노조부문과 비노조부문의 임금차별
노동조합이 독점력을 이용하여 노조부문의 임금을 w^*에서 w_U로 인상시킬 때 노조부문의 고용은 수요곡선 D_U상의 이동이 보여 주듯이 감소한다. 총공급이 S_L로 주어져 변하지 않을 때 비노조부문의 임금은 수요곡선 D_{NU}상의 이동이 보여 주듯이 w^*에서 w_{NU}로 확실히 감소한다.

사례 14.6 민간부문 노동조합의 쇠퇴

지난 수십 년 동안 미국의 노동조합 조합원 수는 감소해 왔다. 그림 14.17은 지난 30년 동안의 노동조합 가입률의 하락을 보여 주고 있

다. 상당히 안정적인 추세를 유지해 오던 하락세는 21세기 들어서면서 진정되기 시작했으며, 최근에는 약 12%로 안정되었다. 하지만

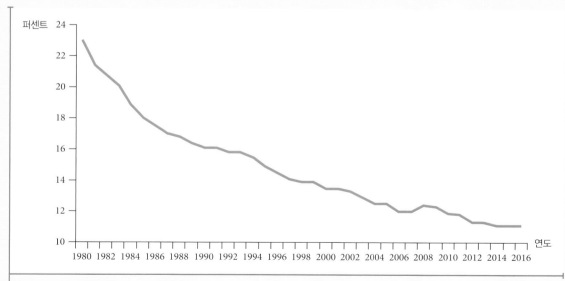

그림 14.17
전체 근로자 대비 노동조합 가입 근로자 비율
노동조합 가입 근로자의 비율은 지난 30년간 줄곧 감소해 왔다(자료: 미국노동통계국).

2010년 현재 공공부문의 노조 가입률은 36.2%로 민간부문의 가입률 6.9%에 비해 월등히 높다.

노동조합들은 이와 같은 역동적인 움직임에 대해 어떻게 대응해 왔는가? 노동조합의 협상력 약화가 노동조합 협상대표들의 대응방식의 변화를 일으켰을 것으로 생각할 수 있는데, 실제로 이러한 일이 일어났다. 역사적으로 노동조합에 속한 근로자의 임금은 비노조 근로자들의 임금보다 높았다. 1970년대에는 노조와 비노조 간 임금격차는 크게 줄어들었는데, 이는 노동조합이 임금보다 고용에 역점을 두었기 때문이었다. 1980년대에는 고용주들이 노동조합의 요구를 받아들여 경력 근로자의 임금은 높게 유지하는 반면 신규 조합원에게는 낮은 수준의 임금을 주는 이중임금제도를 실행하면서 이런 패턴은 계속되었다.

지난 20년 동안 많은 경제적 요인에 의해 노조와 비노조 간 임금격차는 더 좁혀졌으며, 지난 10년 동안 안정적으로 유지되었다.[9] 시간이 지남에 따라 임금격차가 감소한 이유는 무엇인가? 한 가지는 기업이 생산과정에서 보다 쉽게 숙련노동을 자본장비로 대체할 수 있게 됨으로써 노동조합원에 대한 노동수요가 점점 탄력적으로 변했다는 점이다. 또 다른 이유로는 세계화로 인해 많은 기업들이 미국 국내 또는 해외에서 비노조 근로자를 더 많이 고용할 수 있도록 생산과정을 조직할 수 있었다는 점을 들 수 있다. 노동조합은 조합원의 노동서비스에 대한 수요가 더 탄력적으로 변함에 따라 고용수준을 유지하기 위해 임금을 양보할 수밖에 없었던 것이다. 심각한 경쟁압력하에서 노동조합은 이중 임금과 복지제도를 유지하기로 합의하였던 것이다.

사례 14.7 임금 불평등 다시 보기

사례 2.2에서는 미국의 소득분배상의 불평등은 부분적으로는 숙련노동에 대한 수요가 미숙련노동에 대한 수요에 비해 빠르게 증가했다는 사실에 기인한다고 설명하였다. 앞서 설명했던 바와 같이 숙련노동에 대한 수요는 지속적으로 증가했으나, 숙련노동 공급은 그다지 증가하지 않았다. 반면 미숙련노동의 공급은 증가하였다. 수요와 공급 간의 상대적 변화가 부문별로 다르게 나타난 이유는 무엇인가? 민간부문 노조의 쇠퇴와 최저임금이 물가상승률을 따라가지 못한 것이 원인이었는가? 아니면 컴퓨터가 노동시장에서 차지하는 역할이 확대되고 교육의 중요성이 더 커졌기 때문인가? 최근의 한 연구는 이에 대해 몇 가지 답을 제시한다.[10]

1980년부터 지금까지 대학 졸업생들의 상대적 임금은 증가해 왔다. 이것은 노동조합 조직률 하락과 최저임금의 변화가 임금 불평등

의 1차적인 원인이었다면 기대할 수 있었던 결과와 부합되지 않는다. 1963년에 전형적인 대졸자의 시간당 임금은 고졸자 임금의 1.5배에 달하였다. 2009년에 이 비율은 1.95배로 증가하였다. 2010년 학사학위 소지자의 주당 급여의 중위값은 $1,038이지만 고졸자는 $626에 그쳤다. 학사학위를 뛰어넘는 전문직인 학위 소지자의 경우 중위 임금은 $1,610가 된다.[11] 교육의 중요성은 그림 14.18에 요약되어 있다. 이 그림은 2010년의 교육수준별 주당 중위임금과 실업률을 보여 준다. 이에 따른 교육에 대한 투자는 가치가 있다. 고학력 근로자는 높은 급여를 받을 뿐만 아니라 경기침체기에 직장을 잃고 실업자가 될 확률이 낮다. 예를 들어 2010년 학사학위자의 평균 실업률은 5.4%이지만 고졸 미만의 경우 실업률이 14.9%에 달한다.

---

9 미국 노동통계국(BLS)에 따르면 2010년 민간부문 노조 근로자의 평균 근로소득은 시간당 $23.19인 반면 비노조 근로자의 평균 임금은 시간당 $19.28였다.

10 David Autor, "The Polarization of Job Opportunities in the U.S. Labor Market," Center for American Progress: The Hamilton Project, April, 2010. 또한 David H. Autor, Lawrence Katz, and Alan B. Krueger, "Computing Inequality: Have Computers Changed the Labor Market?" *Quarterly Journal of Economics* 113 (November 1998): 1169–1213도 참조.

11 Bureau of Labor Statistics, Current Population Survey 2010.

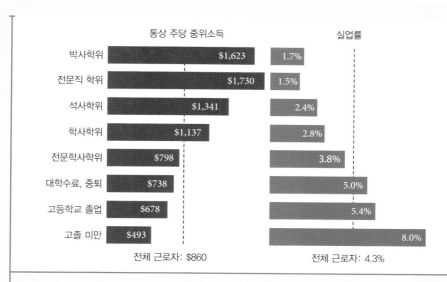

그림 14.18

교육, 소득과 고용

교육수준이 높은 근로자군일수록 주당 중위소득이 훨씬 높고 평균 실업률은 훨씬 낮다.

주: 25세 이상 인구 자료. 전일제 임금근로자 소득.

출처: 미국 노동통계국, Current Population Survey.

이러한 현상에 대한 한 가지 단서는 근로자의 컴퓨터 사용이 급격하게 증가하였다는 점이다. 1984년에는 전체 근로자의 25%가 컴퓨터를 사용하였다. 이제 이 수치는 60%에 가까우며, 경영자와 전문직의 경우에는 80%가 넘는다.[12] 교육과 컴퓨터 사용은 서로 밀접하게 상호작용을 하면서 숙련근로자에 대한 수요를 증가시켰다. 한 통계분석에 따르면 컴퓨터 기술의 확산은 전반적으로 상대임금 변화의 거의 절반을 설명해 준다. 나아가 숙련노동에 대한 수요의 증가는 컴퓨터가 유용하게 사용되는 산업에서 주로 발생하였다.

이러한 자료와 그림 14.18에 나타난 수치는 여러분에게 대학교육과 대학원교육, 특히 미시경제학 공부를 계속해야겠다는 동기를 부여할 것이다.

요약

1. 경쟁적 생산요소시장에서 어떤 생산요소에 대한 수요곡선은 그 생산요소에 대한 기업의 한계생산물수입곡선이다. 한계생산물수입은 기업의 한계수입과 생산요소의 한계생산을 곱한 것이다.

2. 경쟁적 노동시장에 속한 기업은 노동의 한계생산물수입과 임금이 같아지는 점에서 근로자를 고용할 것이다. 이 원칙은 생산물시장에서 이윤극대화 생산량은 한계수입과 한계비용이 같아지는 점에서 결정된다는 조건과 유사하다.

3. 생산요소의 시장수요는 해당 생산요소의 산업별 수요

---

12 National Center for Educational Statistics, Digest of Educational Statistics, Table 432.

를 수평적으로 합한 것이다. 그러나 산업별 수요는 같은 산업에 속한 모든 기업의 수요를 수평으로 합한 것이 아니다. 산업별 수요를 구하기 위해서는 상품의 시장가격이 생산요소 가격의 변화에 따라 달라진다는 점을 반드시 주의해야 한다.

4. 생산요소시장이 경쟁적일 때, 생산요소 구매자는 자신의 구매량이 생산요소 가격에 아무런 영향을 미치지 않는다고 생각한다. 결과적으로 기업의 한계지출액곡선과 평균지출액곡선은 모두 완전탄력적이다.

5. 노동과 같은 생산요소의 시장공급은 항상 우상향하는 것은 아니다. 만약 높은 임금수준에서 (정상재인 여가를 많이 수요하는) 소득효과가 (여가의 가격이 상승함에 따라 여가에 대한 수요가 감소하는) 대체효과보다 커다면 후방굴절 노동공급곡선이 도출된다.

6. 경제적 지대는 생산요소에 지불하는 금액과 이를 사용하기 위해 필요한 최소한의 지불금액과의 차이이다. 노동시장에서 지대는 임금수준 아래쪽과 한계지출곡선 위쪽에 위치한 면적의 크기로 측정된다.

7. 어떤 생산요소의 구매자가 수요독점력을 지닌다면 한계지출액곡선은 평균지출액곡선 위에 위치한다. 이는 수요독점자가 더 많은 생산요소를 확보하기 위해서는 더 높은 가격을 지불해야 한다는 점을 반영하는 것이다.

8. 생산요소의 판매자가 노동조합과 같은 독점자일 때 판매자는 자신의 목적을 가장 잘 실현시켜 주는 한계수입생산곡선상의 점을 선택한다. 고용량의 극대화, 경제적 지대의 극대화, 총임금의 극대화는 노동조합이 택할 수 있는 세 가지 목표이다.

복습문제

1. 기업이 경쟁적인 생산물시장에 있는 경우에 비해 독점력을 가지는 경우에 기업의 노동수요곡선이 더 비탄력적인 이유는 무엇인가?

2. 노동공급곡선이 후방굴절할 수 있는 이유는 무엇인가?

3. 컴퓨터 기업의 컴퓨터 프로그래머에 대한 수요는 왜 파생수요인가?

4. 수요독점기업과 경쟁기업의 고용 선택을 비교하라. 누가 더 많은 근로자를 고용하며, 누가 더 높은 임금을 지불하는가? 설명하라.

5. 록 가수 중에는 1년에 수백만 달러를 버는 사람도 있다. 경제적 지대 개념을 활용해 이와 같은 고액 소득을 설명할 수 있는가?

6. 어떤 생산요소(A)와 보완적인 관계에 있는 생산요소(B)의 사용이 늘어날 때 그 생산요소(A)의 수요는 어떻게 되는가?

7. 생산요소에 대한 수요독점자에게 있어서 생산요소의 공급과 그 생산요소에 대한 한계지출액 사이에는 어떤 관계가 있는가?

8. 미국의 NFL은 대학을 졸업하는 선수를 선발할 때 각 선수는 오직 한 팀에 의해서만 지명되도록 하는 제도를 운영하고 있다. 선수는 반드시 해당 팀과 계약해야 하며, 그렇지 않으면 경기를 할 수 없게 된다. 이러한 선발제도가 폐지되고 모든 팀이 대학선수를 경쟁적으로 선발할 수 있다면 새로 선발되는 선수와 경력 선수의 임금은 어떤 영향을 받는가?

9. 정부는 공공 복지프로그램의 지원을 받고 있는 개인 수급자들의 취업을 장려하기 위해 다음의 두 가지 인센티브 프로그램을 고려하고 있다.

   a. 공공 복지프로그램 수급자를 고용한 기업에 대해 한 사람당 시간당 $2를 지급한다.

   b. 한 사람 이상의 수급자를 고용하는 기업에 대해 고용 인원수에 상관없이 연 $1,000의 지원금을 지급한다.

   이 두 프로그램은 복지수급자들의 고용기회를 확대시키는 데에 있어서 각각 어느 정도의 효과가 있는가?

10. 쿠키를 만드는 한 작은 기업은 노동을 유일한 가변생산요소로 사용한다. 근로자 1인당 1일 평균 생산량

은 쿠키 50개이고, 근로자 1일 평균임금은 $64, 과자 1개의 가격은 $1이다. 회사는 이윤을 극대화하고 있는가? 설명하라.

11. 어떤 기업이 노동과 기계장비를 사용하여 생산을 한

연습문제

1. 임금은 시간당 $16이고 생산물의 가격은 $2라고 하자. 다음 자료에서 생산량과 노동은 시간당 단위로 측정된다.

q	l
0	0
20	1
35	2
47	3
57	4
65	5
70	6

a. 이윤극대화 노동 사용량을 구하라.

b. 생산품의 가격은 그대로 $2이지만 임금은 $21로 올랐다고 하자. 새로운 이윤극대화 고용량을 구하라.

c. 생산품의 가격이 $3로 오르고 임금은 시간당 $16로 그대로라고 하자. 새로운 이윤극대화 고용량을 구하라.

d. 생산품의 가격이 $2, 임금은 $16로 그대로이지만 주어진 고용량에서 생산량을 25% 증가시키는 기술진보가 있었다고 하자. 새로운 이윤극대화 고용량을 구하라.

2. 소득이 $10,000 미만인 근로자들은 연방소득세를 내지 않는다고 하자. 새로운 정부 프로그램에서는 각 근로자에게 $5,000의 소득을 보장하는 대신 $10,000 까지의 소득에 대해서는 모든 근로자가 50%의 소득세를 내야 한다. 이 프로그램하에서 근로자가 직면하는 예산선을 그려라. 이 프로그램은 근로자의 노동공

다. 평균임금의 상승이 노동수요곡선상의 움직임과 노동수요곡선의 이동을 동시에 가져다주는 이유를 설명하라.

급곡선에 어떠한 영향을 미치는가?

3. 한계생산물수입에 대한 지식을 활용하여 다음을 설명하라.

a. 한 유명한 테니스 선수는 $200,000를 받고 30초 분량의 TV광고에 출연한다. 그 광고에서 이 선수의 복식경기 파트너의 역할을 하는 배우는 $500를 받는다.

b. 경영난을 겪고 있는 저축은행 사장이 2년의 계약 기간이 남은 상태에서 사퇴하는 조건으로 일정한 금액을 지급받는다.

c. 400명의 승객을 싣는 대형 여객기는 같은 제조비용이 드는 250인승 여객기에 비해 가격이 비싸다.

4. 아래에 나열한 생산요소에 대한 수요가 증가하였다. 이 생산요소들과 관련된 소비재의 수요에는 어떤 변화가 나타날 것으로 생각하는가? 소비재의 수요가 변하지 않는다면 이러한 생산요소들의 수요(파생수요)가 증가한 것에 대해 어떻게 설명할 수 있는가?

a. 컴퓨터 메모리 칩

b. 여객기용 제트연료

c. 신문용지로 사용되는 종이

d. 음료수 캔에 사용되는 알루미늄

5. 노조 근로자와 비노조 근로자 두 그룹이 있다고 하자. 의회가 모든 근로자는 조합에 가입해야 한다는 법률을 통과시켰다. 이 경우 여러분은 이전에는 노조에 가입하지 않았던 근로자들의 임금에는 어떤 변화가 나타날 것이라고 생각하는가? 아울러 처음부터 노조에 가입해 있던 근로자의 임금은 어떻게 되는가? 노동조합의 행동에 대해 여러분은 어떤 가정을 했는가?

6. 기업의 생산함수가 $Q = 12L - L^2$로 주어졌다고 하자

(L의 값은 0에서 6 사이이다). 여기서 L은 1일 노동투입량이고 Q는 1일 생산량이다. 기업이 생산물을 경쟁시장에서 $10에 판매하는 경우 기업의 노동수요곡선을 구하고 그래프로 그려라. 임금이 하루 $30일 때 기업은 몇 명의 근로자를 고용하는가? 하루 $60라면 어떠한가?(힌트: 노동의 한계생산은 12-2L)

7. 미국에서 군인을 고용하는 유일한 법적 고용주는 연방정부이다. 만약 정부가 자신의 수요독점적 지위를 이용한다면 고용하는 군인의 수를 결정할 때 어떤 기준을 사용하는가? 강제징집제가 실시되면 무슨 일이 일어나는가?

8. 한 산업의 노동수요곡선은 $L = 1,200 - 10w$이다. 여기서 L은 1일 노동수요량이고 w는 임금이다. 노동공급곡선은 $L = 20w$이다. 균형임금과 균형고용량은 얼마인가? 근로자가 가져가는 경제적 지대는 얼마인가?

9. 8번 문제와 같은 정보하에서 유일한 가용 자원인 노동은 조합원의 지대를 극대화하기를 원하는 노동조합에 의해 통제되고 있다고 하자. 균형노동량과 균형임금은 얼마가 되는가? 8번과 비교할 때 답은 어떻게 달라지는가? 논의하라(힌트: 노동조합의 한계수입곡선은 MR = 120 − 0.2L).

*10. 한 기업이 유일한 생산요소인 노동을 사용하여 생산함수 $q = 8\sqrt{L}$에 따라 생산량 q를 생산한다. 이 상품은 단위당 $150에 판매되고 임금은 시간당 $75이다.

a. 이윤을 극대화하는 L의 양을 구하라.

b. 이윤을 극대화하는 q의 양을 구하라.

c. 최대이윤은 얼마인가?

d. 기업이 생산물 단위당 $30의 세금을 부담하고 임금에는 시간당 $15씩 보조금을 받는다고 하자. 기업은 가격순응자로서 생산물의 가격은 $150로 유지된다고 가정하자. 이윤을 극대화하는 L과 q를 구하고 그에 따른 이윤을 구하라.

e. 기업의 이윤에는 20%의 세금이 부과된다고 하자. 이 경우 이윤을 극대화하는 L과 q를 구하고 그에 따른 이윤을 구하라.

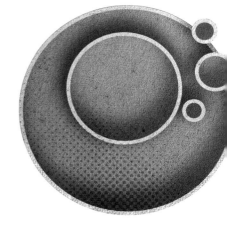

CHAPTER 15
투자, 시간, 자본시장

제14장에서는 경쟁시장의 기업이 생산요소를 얼마나 구입해야 하는가를 결정할 때 각 생산요소의 한계생산물수입과 그 생산요소의 가격을 비교한다는 것을 살펴보았다. 또한 각 생산요소에 대한 모든 기업의 구매량이 그 생산요소에 대한 시장수요를 결정하며, 시장가격은 수요량과 공급량이 일치되는 가격이라는 점을 설명하였다. 노동이나 원재료 등의 생산요소에 대해서는 이 정도의 내용으로 충분하다. 그러나 생산요소가 자본인 경우에는 그렇지 않은데, 자본은 내구재이기 때문이다. 자본은 한 번 구입한 후에 여러 해에 걸쳐 사용되면서 생산에 기여한다.

기업은 근로자를 고용하는 것과 같은 방식으로 자본을 임대할 수 있다. 예를 들어 기업은 한 달간 임금을 지불하고 근로자를 고용하는 것처럼 한 달간 사용료를 지불하고 사무실을 임대할 수 있다. 그러나 많은 경우에 기업은 여러 해 동안 계속 사용하기 위해서 공장이나 장비를 구입하는 자본적 지출을 한다. 이러한 상황은 시간이라는 요소가 고려되어야 함을 의미한다. 공장을 짓거나 기계를 구입하고자 할 때, 그 기업은 현재 지출해야 하는 금액과 새로운 자본이 미래에 가져다줄 추가적인 이윤을 비교해야 한다. 이러한 비교를 위해 기업은 "미래에 얻을 수 있는 이윤의 현재가치는 얼마인가?"라는 질문에 답해야 한다. 이런 문제는 노동을 고용하거나 원재료를 구입하는 경우에는 발생하지 않는데, 이러한 생산요소의 선택에서는 기업은 해당 생산요소에 대한 현재의 지출액과 현재의 한계생산물수입만 비교하면 되기 때문이다.

이 장에서는 미래에 발생하는 현금흐름의 현재가치를 계산하는 방법에 대해 설명한다. 이는 기업의 투자에 대한 의사결정을 분석하는 데 기초가 된다. 대부분의 기업의 투자결정에는 현재의 지출과 미래에 발생할 것으로 예상되는 이윤을 비교하는 일이 포함된다. 따라서 우리는 기업이 이러한 비교를 어떻게 하고, 현재 지출의 타당성 여부를 어떻게 결정하는지를 살펴본다. 한편 자본투자로부터 발생하는 미래의 이윤은 기대했던 것보다 클 수도 있고 작을 수도 있다. 따라서 기업이 이러한 불확실성을 어떻게 의사결정에

14.1절에서 경쟁시장에서는 각 생산요소에 대한 수요는 그 생산요소를 1단위 추가적으로 사용함에 따른 수입의 증가분을 의미하는 한계수입 생산물에 의해 결정된다고 설명하였다.

포함할 수 있는지도 살펴본다.

개인들 또한 비용과 혜택이 서로 다른 시점에 발생하는 상황에서 의사결정을 하는데, 이런 경우에도 동일한 원리가 적용된다. 예를 들어, 에어컨을 구입하는 소비자가 값은 비싸지만 에너지 효율이 높아서 앞으로 지불할 전기료를 절약할 수 있는 모델을 구입하는 것이 경제적으로 옳은 선택인지를 판단하는 방법을 알아본다. 또한 인적자본에 대한 투자에 대해서도 논의한다. 직장을 얻어 바로 돈을 버는 것보다 대학이나 대학원에 가는 것이 경제적으로 합리적인가라는 고민을 예로 들 수 있다.

또한 기업이 때때로 직면하는 시점 간(intertemporal) 의사결정 문제에 대해서도 살펴본다. 예를 들어 석탄과 석유 같은 한정된 자원은 현재의 생산이 늘어날수록 미래에 생산될 수 있는 양은 점점 줄어들며, 이러한 자원을 생산하는 기업은 현재의 생산량을 결정할 때 이 점을 고려해야 한다. 또한 목재 생산 기업은 나무를 얼마나 오랫동안 키우고 언제 벌목해야 할지를 결정해야 한다. 이런 상황에서의 의사결정에 대해서도 살펴본다.

위와 같은 투자결정이나 생산결정은 돈을 빌리거나 빌려 줄 때 적용되는 이자율에 따라 달라진다. 따라서 이자율을 결정하는 요인들에 대해서도 알아보며, 정부채권, 회사채권, 은행예금의 이자율이 서로 다른 이유에 대해서도 살펴본다.

15.1 저량과 유량

6.1절에서는 기업의 생산함수에는 투입물과 산출물의 유량이 포함된다고 설명하였다. 생산함수를 통해 매년 어떤 양의 노동과 자본이 같은 해에 어떤 생산량으로 변환된다.

우선, 기업이 구매하는 자본이나 기타 생산요소를 어떻게 측정하는지에 대해서 명확히 알아보자. 자본은 기업이 소유하는 공장과 장비의 양을 의미하는 **저량**(stock)의 개념으로 측정된다. 예를 들어 어떤 기업이 $1천만의 가치가 있는 전기모터공장을 소유한다면 이 기업이 $1천만의 가치가 있는 **자본스톡**(capital stock)을 보유한다고 말한다. 한편 노동이나 원재료 같은 생산요소와 기업이 생산하는 생산물은 **유량**(flow)의 개념으로 측정된다. 예를 들어 이 기업은 매달 8,000개의 전기모터를 생산하기 위해 매달 20,000시간의 노동과 20,000파운드의 구리를 사용한다. (측정기간은 정하기 나름이다. 여기서는 매년 96,000개의 모터를 생산하기 위해 매년 240,000시간의 노동과 240,000파운드의 구리를 사용한다고 표현할 수도 있다.)

전기모터를 생산하는 기업의 경우를 좀 더 자세히 살펴보자. 가변비용과 생산량은 모두 유량으로 측정된다. 임금이 시간당 $15이고, 구리의 가격이 파운드당 $2이면 가변비용은 매월 $(20,000)(\$15) + (20,000)(\$2) = \$340,000$이다. 한편, 평균가변비용은 생산물 1단위당 비용이다.

$$\frac{\text{매월 } \$340,000}{\text{매월 } 8,000\text{단위}} = \text{단위당 } \$42.5$$

모터를 1대당 $52.50에 판매한다면 이 기업의 평균이윤은 모터 1대당 $52.50 − $42.50 = $10이며, 한 달간의 총이윤은 $80,000가 된다(총이윤 또한 유량의 개념이다). 그러나 모터를 생산하여 판매하기 위해서 이 기업은 자본(건설비 $1천만짜리 공장)이 필요하다. 따라서 이 기업은 $1천만의 자본스톡으로 매달 $80,000라는 이윤흐름을 갖게 된다.

이 공장을 짓기 위해 $1천만를 투자한 것은 좋은 결정인가? 그 답을 알기 위해서는 매달 $80,000라는 이윤흐름을 $1천만라는 건설비용과 비교 가능한 어떤 수치로 환산해야 한다. 만약 공장이 20년 동안 사용된다고 가정하면, 이 질문은 "20년 동안 계속해서 발생하는 매달 $80,000의 현재가치는 얼마인가?"라는 단순한 문제로 표현된다. 만약 그 현재가치가 $1천만보다 크다면 이 투자는 잘한 투자결정이다.

20년 동안 매달 $80,000의 이윤을 얻는다면 모두 ($80,000)(20)(12) = $1.92천만가 된다. 이 수치는 공장에 대한 투자가 대단히 좋은 결정인 것처럼 보이게 한다. 그러나 지금으로부터 5년 또는 20년 뒤의 $80,000는 현재에도 $80,000의 가치를 가지지는 않는다. 그 이유는 은행에 저축한다든지, 채권에 투자한다든지, 기타 이자를 지불하는 자산에 현재의 돈을 투자한다면 미래에는 더 많은 돈을 얻을 수 있기 때문이다. 따라서 앞으로 20년에 걸쳐서 얻게 되는 $1.92천만의 현재가치는 $1.92천만보다 적다.

15.2 현재할인가치

전기모터공장의 예는 15.4절에서 다시 살펴보는데, 그 전에 다음과 같은 기본적인 질문에 답해 보자. 미래에 지불되는 $1의 현재가치는 얼마인가? 그 답은 **이자율**(interest rate)에 따라 달라진다.

연 이자율이 R이라고 하자(이 이자율이 구체적으로 어떤 이자율인지는 너무 신경 쓰지 말자. 여러 종류의 이자율에 대해서는 앞으로 살펴본다). 이 경우 현재 $1는 1년 후에 $(1 + R)$를 가져다준다. 따라서 $(1 + R)$는 현재 $1의 1년 후의 미래가치이다. 그렇다면 1년 후에 얻게 될 $1의 현재가치, 즉 **현재할인가치**(present discounted value, PDV)는 얼마인가? 그 답은 어렵지 않다. 지금으로부터 1년 후의 $(1 + R)$의 현재가치는 $(1 + R) / (1 + R) = $1이므로, 지금으로부터 1년 후의 $1의 현재가치는 $1/(1+R)$가 된다. 이 금액은 이자율이 R일 때 1년 후에 $1를 가져다줄 수 있는 금액이다.

지금으로부터 2년 후에 지불되는 $1의 현재가치는 얼마인가? 만약 $1가 이자율 R로 현재 투자된다면 1년 후에는 $(1 + R)$가 되며, 2년 후에는 $(1 + R)(1 + R) = (1 + R)^2$가 될 것이다. 2년 후의 $(1 + R)^2$는 현재 $1의 가치를 지니므로, 지금부터 2년 후의 $1의 현재가치는 $1/(1 + R)^2$이 된다. 마찬가지로 지금부터 3년 뒤에 지불되는 $1의 현재가치는 $1/(1 + R)^3$이 된다. 그리고 지금부터 n년 뒤에 지불되는 $1의 현재가치는 $1/(1 + R)^n$이 된다.[1] 이상을 정리하면 다음과 같다.

이자율 돈을 빌리고 빌려 주는 가격

현재할인가치(PDV) 미래에 예상되는 현금흐름의 현재가치

$$1년 후에 지불되는 \$1의 PDV = \frac{\$1}{(1 + R)}$$

$$2년 후에 지불되는 \$1의 PDV = \frac{\$1}{(1 + R)^2}$$

$$3년 후에 지불되는 \$1의 PDV = \frac{\$1}{(1 + R)^3}$$

$$\vdots$$

$$n년 후에 지불되는 \$1의 PDV = \frac{\$1}{(1 + R)^n}$$

---

1 여기서는 연 이자율 R이 매년 동일하다고 가정한다. 이제 이자율이 첫해에는 R_1, 둘째 해에는 R_2 등으로 매년 변한다고 하자. 지금 투자한 $1는 2년 후에는 $(1 + R_1)(1 + R_2)$가 되므로 지금부터 2년 후에 받는 $1의 현재가치는 $1/(1 + R_1)(1 + R_2)$가 된다. 마찬가지로 지금부터 n년 후에 받는 $1의 현재가치는 $1/(1 + R_1)(1 + R_2)\cdots(1 + R_n)$이 된다.

표 15.1	미래에 지불되는 $1의 현재할인가치(PDV)					
이자율	1년	2년	5년	10년	20년	30년
0.01	$0.990	$0.980	$0.951	$0.905	$0.820	$0.742
0.02	0.980	0.961	0.906	0.820	0.673	0.552
0.03	0.971	0.943	0.863	0.744	0.554	0.412
0.04	0.962	0.925	0.822	0.676	0.456	0.308
0.05	0.952	0.907	0.784	0.614	0.377	0.231
0.06	0.943	0.890	0.747	0.558	0.312	0.174
0.07	0.935	0.873	0.713	0.508	0.258	0.131
0.08	0.926	0.857	0.681	0.463	0.215	0.099
0.09	0.917	0.842	0.650	0.422	0.178	0.075
0.10	0.909	0.826	0.621	0.386	0.149	0.057
0.15	0.870	0.756	0.497	0.247	0.061	0.015
0.20	0.833	0.694	0.402	0.162	0.026	0.004

표 15.1은 서로 다른 이자율이 적용될 때 1, 2, 5, 10, 20, 30년 후에 지불되는 $1의 현재가치를 보여 주고 있다. 연 이자율이 6% 또는 7%보다 높을 때는 지금부터 20년 또는 30년 후에 지급되는 $1의 현재가치는 매우 적다. 그러나 연 이자율이 낮을 때는 그렇지 않다. 예를 들어 R이 3%라면 지금부터 20년 후에 지불되는 $1의 현재가치(PDV)는 약 55센트가 된다. 다시 말해, 이자율 3%를 받기로 하고 지금 55센트를 투자하면 20년 후에는 약 $1를 받게 된다.

현금흐름의 현재가치

이제 여러 기간에 걸쳐서 지급되는 현금흐름의 현재가치에 대해 살펴보자. 표 15.2에 나타나듯이 두 종류의 현금흐름이 있다고 하자. 현금흐름 A는 총 $200인데, 현재 $100를 지급하고, 1년 뒤에 $100를 지급한다. 현금흐름 B는 총 $220로서 현재 $20를 지급하고 1년 뒤에 $100, 2년 뒤에 $100를 지급한다. 여러분이 어떤 현금흐름을 더 선호하는가는 이자율에 따라 달라진다.

이 두 현금흐름의 현재할인가치를 계산하기 위해서는 각 연도에 지급되는 현금의 현재가치를 계산하여 합해야 한다.

$$\text{현금흐름 } A\text{의 PDV} = \$100 + \frac{\$100}{(1 + R)}$$

$$\text{현금흐름 } B\text{의 PDV} = \$20 + \frac{\$100}{(1 + R)} + \frac{\$100}{(1 + R)^2}$$

표 15.2	두 가지 현금흐름		
	현재	1년 뒤	2년 뒤
A 현금흐름	$100	$100	$0
B 현금흐름	$20	$100	$100

표 15.3	현금흐름의 현재할인가치			
	R = 5%	*R* = 10%	*R* = 15%	*R* = 20%
A 현금흐름의 PDV	$195.24	$190.91	$186.96	$183.33
B 현금흐름의 PDV	$205.94	$193.55	$182.57	$172.78

표 15.3은 이자율이 5, 10, 15, 20%일 때 두 현금흐름의 현재가치를 보여 준다. 표에서 알 수 있듯이, 어느 현금흐름이 더 좋은가는 이자율에 따라 달라진다. 10% 이하의 이자율에서는 현금흐름 *B*가 더 가치가 있으나, 15% 이상의 이자율에서는 현금흐름 *A*가 더 가치가 있다. 그 이유는 현금흐름 *A*는 더 적은 금액을 지급하지만 더 빠른 시점에 지급하기 때문이다.

표 15.2와 표 15.3에서 살펴본 간단한 예는 한 가지 중요한 원칙을 말해 준다. 즉 현금흐름의 현재가치는 (1) 지급되는 현금의 크기, (2) 각 현금의 발생 시점, (3) 미래에 발생하는 현금흐름을 할인하기 위해 사용하는 이자율의 세 가지 요인에 따라 결정된다. 앞으로 보듯이, 이 원칙은 다양한 문제들에 적용된다.

사례 15.1　잃어버린 소득의 가치

사고가 났을 때 희생자와 그 상속인은 가해자나 보험회사에 대해 손해배상을 받기 위한 법적 조치를 취한다. 사고로 인한 고통에 대한 보상 외에도 상해를 입거나 혹은 사망한 사람이 사고를 당하지 않았더라면 벌 수 있는 미래소득도 피해에 포함된다. 미래에 잃게 될 소득의 현재가치가 어떻게 계산되는지를 보기 위해 2016년에 실제로 발생했던 사고의 경우를 살펴보자.

헤롤드 제닝스는 2016년 1월 1일, 53세의 나이에 교통사고로 사망하였다. 그의 가족은 가해 운전자의 운전부주의에 대해 손해배상 소송을 제기하였다. 원고가 요구한 손해배상액의 대부분은 항공기 파일럿으로 근무하던 제닝스가 사망하지 않았더라면 받을 수 있던 소득의 현재가치가 차지하였다. 이런 유형의 사고에서는 현재가치의 계산이 보편적인 방식으로 사용된다.

제닝스가 2016년에 일을 했더라면 그는 $85,000의 보수를 받았

을 것이다. 항공기 파일럿은 평균적으로 60세에 퇴직한다. 제닝스가 잃어버린 소득의 현재가치를 계산하기 위해서는 몇 가지 요인을 고려해야 한다. 첫째, 시간이 지날수록 제닝스의 임금은 상승하였을 것이다. 둘째, 사고가 나지 않았더라도 퇴직 시까지 살았을 것이라고 확신할 수 없다. 따라서 2023년 말에 제닝스가 퇴직할 때까지 잃어버린 소득의 현재할인가치는 다음과 같이 계산된다.

$$PDV = W_0 + \frac{W_0(1+g)(1-m_1)}{(1+R)} + \frac{W_0(1+g)^2(1-m_2)}{(1+R)^2}$$
$$+ \cdots + \frac{W_0(1+g)^7(1-m_7)}{(1+R)^7}$$

여기서 W_0는 2016년의 보수, g는 예상 연간 보수인상률[따라서 $W_0(1+g)$는 2017년의 보수, $W_0(1+g)^2$은 2018년의 보수 등임], 그리고 $m_1, m_2, \cdots, m_7$은 각각 다른 이유로 2017년, 2018년, $\cdots$, 2023년

표 15.4	잃어버린 임금의 계산			
연도	$W_0(1+g)^t$	$(1-m_t)$	$1/(1+R)^t$	$W_0(1+g)^t(1-m_t)/(1+R)^t$
2016	$85,000	0.991	1.000	$84,235
2017	$91,800	0.990	0.952	$86,554
2018	$99,144	0.989	0.907	$88,937
2019	$107,076	0.988	0.864	$91,386
2020	$115,642	0.987	0.823	$93,902
2021	$124,893	0.986	0.784	$96,487
2022	$134,884	0.985	0.746	$99,143
2023	$145,675	0.984	0.711	$101,872

에 사망했을 확률을 나타낸다.

현재할인가치를 구하기 위해서는 사망률 m_1, m_2, $\cdots$, m_7과 제닝스 임금의 예상 인상률 g, 그리고 이자율 R을 알아야 한다. 사망률은 인종과 연령에 따른 남성 사망률 자료를 이용할 수 있다.[2] 또 g의 값은 항공기 파일럿의 평균 보수 인상률인 8%를 사용할 수 있다. 이자율은 당시 5%였던 정부채권의 수익률을 사용할 수 있다. (15.4절과 15.5절에서 미래 현금흐름을 할인하기 위한 정확한 이자율의 선택에 대해 살펴본다.) 표 15.4는 구체적인 현재가치 계산을 보여 준다.

마지막 열의 값들을 합하여 현재할인가치 $742,517를 얻는다. 제닝스의 유족이 피고가 잘못이 있었다는 점을 성공적으로 증명할 수 있었다면, 또 이 사고와 관련된 또 다른 손해가 발생하지 않았다면 이 금액에 해당하는 보상금을 받을 수 있었을 것이다.[3]

15.3 채권의 가치

채권 채무자가 채권소유자(채권자)에게 미래의 현금흐름을 지불할 것을 약정하는 계약

채권(bond)은 채무자가 채권소유자(채권자)에게 미래의 현금흐름을 지불할 것을 약정하는 계약이다. 예를 들어 어떤 기업이 앞으로 10년 동안 매년 $100의 쿠폰(coupon : 채권의 소유자에게 지불하는 이자액)을 지급하며, 10년 뒤에 원금(principal) $1,000를 갚는 회사채(corporate bond)를 판매한다고 하자.[4] 여러분은 이 회사채에 얼마를 지불할 용의가 있는가? 이 채권의 가치를 알기 위해서는 다음과 같이 지급되는 현금흐름의 현재가치를 계산하면 된다.

$$\text{PDV} = \frac{\$100}{(1+R)} + \frac{\$100}{(1+R)^2} + \cdots + \frac{\$100}{(1+R)^{10}} + \frac{\$1000}{(1+R)^{10}} \tag{15.1}$$

---

2 사망률 자료는 *Statistical Abstract of the United States*(2011년판)의 표 105에서 구할 수 있다.

3 실제로는 제닝스의 임금 중에서 자신을 위해서 사용되었을 부분, 즉 부인이나 자녀를 위해 사용되지 않았을 부분을 제외한 금액이 보상되어야 한다.

4 미국에서는 대부분의 회사채는 반년에 한 번씩 쿠폰(이자)을 지급한다. 계산을 단순하게 하기 위해서 이자는 1년마다 지급하는 것으로 가정한다.

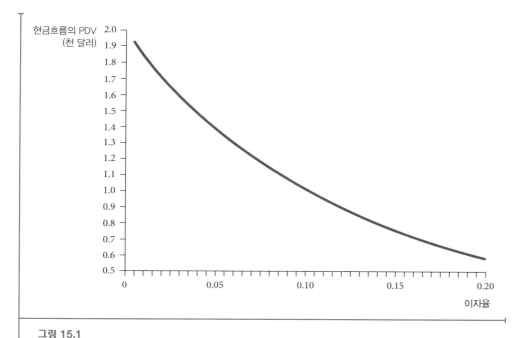

그림 15.1

채권으로부터의 현금흐름의 현재가치

채권지급액은 대부분 미래에 발생하므로 이자율이 상승함에 따라 현재할인가치는 떨어진다. 예를 들어 원금이 $1,000이고 매년 $100의 이자를 지급하는 10년 만기 채권의 가치는 5%의 이자율에서는 약 $1,386이지만, 15%의 이자율에서는 $749밖에 되지 않는다.

현재가치는 이자율에 따라 달라진다는 것을 다시 한 번 확인할 수 있다. 그림 15.1은 각 이자율에서의 채권가치(채권이 지급하는 현금흐름의 현재가치)를 보여 준다. 이자율이 높을수록 채권의 (현재)가치는 떨어진다는 것을 알 수 있다. 5%의 이자율에서 이 채권의 가치는 약 $1,386이지만, 이자율이 15%인 경우에는 가치가 $749밖에 되지 않는다.

영구채권

영구채권(perpetuity)은 매년 일정한 금액을 영원히 지급하는 채권이다. 매년 $100를 지급하는 영구채권의 가치를 알기 위해서는 다음과 같이 지급되는 현금흐름을 무한대로 합하면 된다.

$$\text{PDV} = \frac{\$100}{(1+R)} + \frac{\$100}{(1+R)^2} + \frac{\$100}{(1+R)^3} + \frac{\$100}{(1+R)^4} + \cdots$$

영구채권의 현재가치는 다음과 같이 간단히 구할 수 있다.[5]

$$\text{PDV} = \$100/R \tag{15.2}$$

영구채권 매년 일정한 금액을 영원히 지급하는 채권

---

[5] 매년 $1를 지급하는 영구채권의 현재할인가치를 x로 두면, $x = 1/(1+R) + 1/(1+R)^2 + \cdots$ 이다. 따라서 $x(1+R) = 1 + 1/(1+R) + 1/(1+R)^2 + \cdots$ 가 되며, $x(1+R) = 1 + x$, $xR = 1$, 즉 $x = 1/R$이 된다.

따라서 이자율이 5%라면 이 영구채권의 가치는 $100 / 0.05 = $2,000가 된다. 그러나 만약 이자율이 20%라면 이 영구채권의 가치는 $500에 불과하다.

채권의 실효수익률

많은 회사채와 대부분의 정부채권은 **채권시장**(bond market)에서 거래된다. 거래되는 채권의 가격은 시장가격을 통해 알 수 있다. 시장가격은 채권의 구매자와 판매자가 그 채권의 가치에 대해서 동의하는 가격이다.[6] 따라서 채권의 가치는 쉽게 알 수 있다. 그러나 채권을 다른 투자기회와 비교하기 위해서는 채권의 가치에 상응하는 이자율을 알아야 한다.

실효수익률   식 (15.1)과 (15.2)에 따르면 채권의 가치는 미래에 발생하는 현금을 할인하는 데 사용되는 이자율에 달려 있다. 이 식들은 이자율을 채권의 가격으로 나타내는 식으로도 표현할 수 있다. 영구채권의 경우는 간단히 표현된다. 영구채권의 시장가격(채권의 가치)이 P라면, 식 (15.2)에서 $P = $100 / R$이 되며, 따라서 $R = $100 / P$가 된다. 영구채권의 가격이 $1,000라

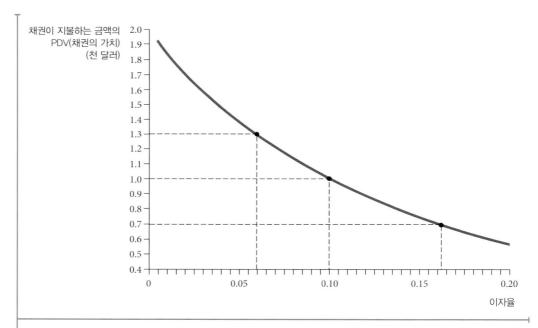

그림 15.2

채권의 실효수익률

채권의 실효수익률은 채권이 발생시키는 미래 현금흐름의 현재가치와 채권의 시장가격을 일치시키는 이자율이다. 그림은 현금흐름의 현재가치를 이자율의 함수로 보여 준다. 실효수익률은 채권의 가격에서 그은 수평선을 통해 알 수 있다. 예를 들어 채권의 가격이 $1,000라면 실효수익률은 10%가 된다. 가격이 $1,300라면 실효수익률은 약 6%이며, 가격이 $700라면 실효수익률은 16.2%이다.

---

6   활발하게 거래되는 회사채와 미국 국채의 가격은 www.yahoo.com, www.bloomberg.com, www.schwab.com과 같은 금융시장 관련 웹사이트에서 확인할 수 있다.

면 이자율은 $R = \$100 / \$1,000 = 0.1$, 즉 10%이다. 이러한 이자율을 채권의 **실효수익률**(effective yield) 또는 **수익률**(rate of return)이라고 하는데, 채권에 투자함으로써 얻는 수익률이다.

식 (15.1)의 10년짜리 쿠폰 채권의 경우에는 실효수익률을 구하는 것이 다소 복잡하다. 채권의 가격이 P라면 식 (15.1)은 다음과 같이 표현할 수 있다.

$$P = \frac{\$100}{(1+R)} + \frac{\$100}{(1+R)^2} + \cdots + \frac{\$100}{(1+R)^{10}} + \frac{\$1000}{(1+R)^{10}}$$

가격 P가 주어진다면, 이 식을 통해 R을 구해야 한다. 이 경우에는 앞에서 본 영구채권의 경우처럼, R을 P로 표시하는 간단한 공식은 없지만 R의 값은 구할 수 있다. 그림 15.1과 동일한 그래프인 그림 15.2는 10년짜리 쿠폰채권의 경우, R이 P에 따라 어떻게 변하는가를 보여 주고 있다. 만약 채권가격이 $1,000라면, 실효수익률은 10%이며, 가격이 $1,300로 상승한다면 실효수익률은 약 6%로 하락하며, 가격이 $700로 하락한다면 실효수익률은 16%보다 높아진다.

채권의 (실효)수익률은 채권마다 크게 차이가 날 수 있다. 회사채는 정부채권보다 수익률이 높다. 사례 15.2에서 알 수 있듯이, 어떤 회사의 채권은 다른 회사의 채권보다 수익률이 훨씬 높다. 채권의 수익률이 서로 다른 중요한 이유 중 하나는 채권의 위험이 서로 다르기 때문이다. 미국정부는 일반기업보다 원금을 갚지 못하는 채무불이행의 가능성이 적다. 또한 어떤 회사는 재무적으로 탄탄하여 다른 회사보다 채무불이행의 가능성이 적다. 제5장에서 살펴봤듯이 투자의 위험이 클수록 투자자는 높은 수익률을 요구한다. 따라서 위험한 채권일수록 수익률이 높다.

> 실효수익률 또는 수익률 채권에 투자함으로써 얻는 수익률

사례 15.2 회사채의 수익률

회사채의 수익률을 계산하고, 서로 다른 회사들 간의 수익률의 차이를 계산하기 위해 두 쿠폰 채권의 수익률을 살펴보자. 하나는 마이크로소프트가 발행한 채권이며, 다른 하나는 카지노 체인인 시저스 엔터테인먼트(Caesars Entertainment)가 발행한 채권이다. 각 채권의 액면가(face value)는 $100여서 만기에 도달할 때 채권의 소유자는 이 금액만큼 되돌려받는다. 각 채권은 6개월마다 쿠폰(이자)을 지급한다.[7]

여기서는 2016년 5월 26일의 종가(closing price)를 사용하여 채권의 수익률을 구한다. 뒤의 표는 두 채권의 정보를 보여 준다.

이러한 수치들은 무엇을 의미하는가? 마이크로소프트의 경우는 액면가 $100인 채권의 2016년 5월 26일의 종가는 $123.5였다. 쿠폰 $5.3는 6개월마다 채권의 소유자에게 $2.65가 지급된다는 것을 의미한다. 만기일은 정해진 기간이 끝나서 소유자가 $100의 액면가를 되돌려받는 날짜이다. 뒤에 설명하겠지만 3.821%의 만기수익률은 채권의 실효수익률이다. 경상수익률은 쿠폰을 현재 가격으로 나눈 값이다($5.30/123.5 = 4.29$%). 따라서 경상수익률은 채권의 실제 수익률을 의미하지 않는다. 마지막으로 마이크로소프트 채권은 회사채로서는 가장 높은 AAA 등급인데, 채무불이행의 가능성이 매우 낮음을 보여 준다.

마이크로소프트 채권의 실효수익률(만기수익률 또는 수익률)은 어떻게 결정되는가? 단순화를 위해 쿠폰 지급이 매 6개월이 아닌 1년에 한 번씩 이루어진다고 가정한다. 이 채권은 2041년에 만기가 도래하므로 쿠폰은 25년($= 2041 - 2016$) 동안 지급된다. 따라서 수익률은 다음과 같이 계산된다.

$$123.5 = \frac{5.3}{(1+R)} + \frac{5.3}{(1+R)^2} + \cdots + \frac{5.3}{(1+R)^{24}} + \frac{5.3}{(1+R)^{25}}$$

---

7 이 채권들의 액면가는 실제로는 $100가 아니라 $1,000이다. 가격과 이자 지급은 액면가가 $100인 것을 가정하여 표시한다. 따라서 실제 가격과 이자지급액을 구하기 위해서는 금융 관련 웹사이트나 신문에 나타나는 금액에 10을 곱하면 된다.

	마이크로소프트	시저스 엔터테인먼트
가격*($)	123.50	95.88
쿠폰(%)	5.30	11.00
만기일	2041. 2. 8.	2021. 10. 1.
만기수익률(%)	3.821	12.062
경상수익률(%)	4.291	11.473
등급	AAA	CCC-

출처: FINRA(Financial Industry Regulatory Authority). FINRA의 허락하에 게재함.
*가격은 2016년 5월 26일의 가격임

실효수익률을 구하기 위하여 위 식을 R에 대해 풀어야 한다.[8] 그 결과 R^*은 약 3.821%가 된다. (역으로 $R = 0.03821$을 대입해 보면 위 식이 실제로 만족됨을 확인할 수 있다.)

시저스 엔터테인먼트 채권의 실효수익률은 동일한 방식으로 구할 수 있다. 채권가격이 $95.88이고 5년 동안 매년 $11.00를 지급하므로 수익률 공식은 다음과 같다.

$$95.88 = \frac{11}{(1+R)} + \frac{11}{(1+R)^2} + \frac{11}{(1+R)^3} + \frac{11}{(1+R)^4} + \frac{11}{(1+R)^5}$$

이 식의 해는 약 $R^* = 12.062%$가 된다.

시저스 엔터테인먼트 채권의 수익률이 마이크로소프트 채권의 수익률에 비해 상당히 높은 이유는 시저스 엔터테인먼트 채권의 위험성이 높기 때문이다. 2013년부터 2016년 사이에 시저스 엔터테인먼트는 한 분기를 제외하면 이윤을 얻지 못했다. 시저스의 경영이 급격히 악화된 주요 원인은 젊은 층을 중심으로 온라인 카지노게임이 유행했으며, 경기침체에 따라 가처분소득이 감소했다는 점에서 찾을 수 있다. 2015년 1월 15일에 시저스 엔터테인먼트는 임박한 파산을 피하고자 기업 구조조정을 단행하였다. 하지만 구조조정 계획에도 불구하고 시저스의 부채는 증가하였다. 이에 따라 시저스의 채권은 기업이 파산하기 직전의 가장 낮은 등급인 CCC- 등급이 매겨졌다. 투자자들은 시저스 엔터테인먼트가 채무를 불이행할 가능성이 높다고 생각했기 때문에 기대수익률이 위험을 보상해 줄 만큼 충분히 높을 경우에만 채권을 구입하고자 했던 것이다.[9]

15.4 자본투자 결정을 위한 순현재가치 기준

7.1절에서 매몰비용이란 이미 발생한 지출로서 회수할 수 없는 비용이라고 설명하였다.

기업에 있어서 가장 보편적이면서 중요한 의사결정 중 하나는 새로운 자본에 대한 투자를 결정하는 것이다. 여러 해 동안 운용되면서 이윤흐름에 영향을 미치는 공장이나 기계에 수백만 달러가 투자되기도 한다. 그러한 투자가 가져다주는 미래의 현금흐름은 불확실한 경우가 많다. 또한 공장이 지어진 후에는 이를 해체하여 투자액을 다시 회수할 수 없는 경우가 일반적이다. 따라서 투자액의 대부분은 다시 회수할 수 없는 매몰비용(sunk cost)이 된다.

---

8 엑셀에서 Solver를 이용하여 이 식을 R에 대해 풀 수 있다.

9 출처: http://www.ceocrestructuring.com/, http://www.forbes.com/sites/greatspeculations/2015/01/07/trends-in-the-casino-industry-a-shift-from-the-las-vegas-strip-to-east-asia/#139551696e3c, https://www.zacks.com/stock/news/215836/what-awaits-caesars-entertainment-czrin-q1-earnings.

기업이 어떤 투자가 가치 있는 투자인지를 판단하기 위해서는 해당 투자로부터 기대되는 미래 현금흐름의 현재가치를 계산하고 그것을 그 투자를 위해 지불하는 비용과 비교해야 한다. 이러한 방식을 **순현재가치 기준**[net present value(NPV) criterion]이라고 한다.

> 순현재가치 기준: 어떤 투자로부터 기대되는 미래 현금흐름의 현재가치가 그 투자의 현재 비용보다 크다면 투자를 해야 한다.

순현재가치(NPV) 기준 어떤 투자로부터 기대되는 미래 현금흐름의 현재가치가 그 투자의 현재 비용보다 크다면 투자를 해야 한다는 투자결정 법칙

어떤 자본투자의 현재 비용이 C이며, 앞으로 10년간 기대되는 이윤흐름(현금흐름)이 π_1, π_2, $\cdots$, π_{10}이라면, 이 투자의 순현재가치는 다음과 같이 표현된다.

$$\text{NPV} = -C + \frac{\pi_1}{(1+R)} + \frac{\pi_2}{(1+R)^2} + \cdots + \frac{\pi_{10}}{(1+R)^{10}} \tag{15.3}$$

여기서 R은 미래의 이윤흐름을 할인하기 위해 사용하는 **할인율**(discount rate)이다. R은 시장이자율이 될 수도 있으며, 또 다른 이자율이 될 수도 있다. 식 (15.3)은 기업이 이 투자로부터 얻는 순편익을 나타낸다. 기업은 해당 투자의 순현재가치가 양(+)의 값(NPV>0)을 가질 때에만 투자해야 한다.

할인율 미래에 얻게 될 $1의 현재가치를 결정하는 데 사용하는 이자율

할인율의 선택 기업이 사용해야 하는 할인율은 기업이 자신의 돈을 사용할 수 있는 대안적인 방법에 달려 있다. 예를 들어 기업은 이 프로젝트와는 다른 이윤흐름을 발생시키는 자본에 투자할 수도 있으며, 채권에 투자할 수도 있다. 따라서 R은 **자본의 기회비용**(opportunity cost of capital)으로 생각할 수 있다. 기업이 이 프로젝트에 투자하는 대신 "비슷한" 곳에 투자한다면 어떤 수익률을 얻을 수 있다. 이때 R의 정확한 값은 기업이 "비슷한" 곳에 투자함으로써 얻을 수 있는 수익률이 된다.

자본의 기회비용 유사한 위험을 지닌 다른 프로젝트에 투자했을 때 얻을 수 있는 수익률

여기서 "비슷한" 투자란 동일한 크기의 위험을 갖는 투자를 의미한다. 제5장에서 살펴보았듯이 투자의 위험이 클수록 그 투자로부터 투자자들이 기대하는 수익률은 높아진다. 따라서 이 프로젝트에 대한 투자의 기회비용은 이 프로젝트와 비슷한 위험을 갖는 투자 중에서, 이 프로젝트 다음으로 수익성이 높은 다른 사업이나 자산에 투자할 경우에 이 기업이 얻을 수 있는 수익률이 된다.

어떤 투자의 위험 크기를 평가하는 방법에 대해서는 다음 절에서 살펴본다. 우선은 이 투자 프로젝트는 위험이 없다고 하자. 따라서 미래의 이윤흐름 π_1, π_2 등이 확실하다. 이 경우 이 투자의 기회비용은 위험이 없는 정부채권으로부터 얻을 수 있는 수익률과 같은 **무위험수익률**(risk-free return)이다. 따라서 이 투자의 수명이 10년이라면, 기업은 10년짜리 정부채권이 가져다주는 연 수익률을 식 (15.3)과 같이 이 투자 프로젝트의 순현재가치 NPV를 계산하기 위한 R로 사용할 수 있다.[10] 만약 NPV가 0이라면, 이 투자로부터 발생하는 혜택은 이 투자의 기회비용과 일치한다. 따라서 기업은 투자하는 것과 투자하지 않는 것이 똑같다고(무차별하다고) 생각해야 한다.

---

10 이런 방법은 근사치를 사용하는 것이다. 보다 정확하게는, π_1은 1년짜리 채권의 수익률로 할인하며, π_2는 2년짜리 채권의 수익률로 할인하는 등의 방법을 사용해야 한다.

만약 NPV가 0보다 크다면 편익이 기회비용보다 크므로 투자를 해야 한다.[11]

전기모터공장

15.1절에서는 어떤 기업이 전기모터를 생산하는 공장을 짓기 위해 $1천만를 투자하는 결정에 대해 살펴보았다. 이 기업이 공장을 신축한다면 노동과 구리를 생산요소로 사용하여 20년 동안 매월 8,000대의 모터를 1대당 $42.50의 비용으로 생산할 수 있다. 모터 1대당 판매가격은 $52.50이며 이윤은 $10이다. 따라서 매월 $80,000, 매년 $960,000의 이윤이 발생한다. 공장의 수명이 20년이고 그 후에는 $1백만에 처분된다고 하자. 이 투자가 좋은 투자인지를 확인하기 위해서는 투자의 순현재가치를 계산해야 한다.

비용과 가격 및 판매량이 확실하므로 이윤도 확실하며, 20년 후의 잔존가치도 확실하다고 가정한다. 따라서 기업은 미래 이윤흐름(현금흐름)을 할인하기 위해서 무위험이자율을 사용해야 한다. 현금흐름을 백만 달러 단위로 표시할 때 순현재가치는 다음과 같다.

$$NPV = -10 + \frac{0.96}{(1+R)} + \frac{0.96}{(1+R)^2} + \frac{0.96}{(1+R)^3} + \cdots + \frac{0.96}{(1+R)^{20}} + \frac{1}{(1+R)^{20}} \tag{15.4}$$

그림 15.3은 순현재가치를 할인율의 함수로 보여 준다. 할인율 R^*는 약 7.5%이며, 이 할인율에서 순현재가치는 0이 된다. 이와 같이 순재현가치를 0으로 만드는 할인율을 투자의 **내부수익률**(internal rate of return)이라고 한다. 7.5%보다 낮은 할인율에서 순현재가치는 양(+)의 값을 가지므로 기업은 이 공장에 투자해야 한다. 할인율이 7.5%보다 높다면 순현재가치는 음(−)의 값

그림 15.3
공장의 순현재가치(NPV)
공장의 NPV는 공장의 건축과 운영에 관련된 모든 현금흐름의 현재할인가치이다. 여기서 PDV는 미래이윤의 흐름에서 건축비용을 뺀 값의 현재할인가치에 해당한다. NPV는 할인율이 증가함에 따라 감소한다. 할인율이 R^*이면 NPV는 0이 된다.

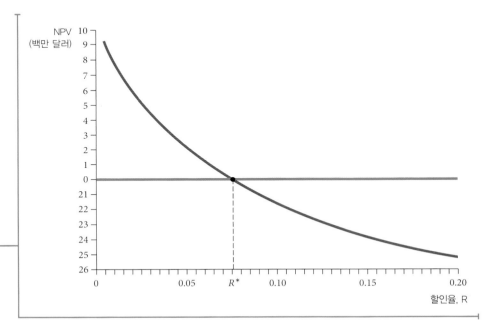

NPV (백만 달러)

할인율, R

---

[11] 이와 같은 순현재가치법은 투자가 불가역적이며, 불확실성의 영향을 받으며, 지연될 수 있는 경우에는 정확하지 않다. 불가역적인 투자를 다루는 방법에 대해서는 다음을 참고하라. Avinash Dixit and Robert Pindyck, *Investment under Uncertainty* (Princeton, NJ: Princeton University Press, 1994).

을 가지므로 기업은 투자해서는 안 된다.

실질할인율과 명목할인율

앞의 예에서는 미래 현금흐름이 확실하다고 가정하였다. 따라서 할인율 R은 정부채권의 이자율과 같은 무위험이자율이어야 한다. 무위험이자율이 9%일 때 순현재가치는 음(-)의 값을 갖는다. 그렇다면 이 기업은 이 공장에 투자하지 말아야 하는가?

이에 대한 답을 구하기 위해서는 실질할인율과 명목할인율, 실질현금흐름과 명목현금흐름을 구별해야 한다. 우선 현금흐름에 대해 살펴보자. 제1장에서는 명목가격과 실질가격에 대해 알아보았다. 실질가격은 인플레이션 효과를 뺀 가격이고, 명목가격은 인플레이션을 포함한 가격이다. 앞의 예에서 전기모터가 앞으로 20년 동안 1대당 $52.5에 팔린다고 가정하면서 인플레이션의 효과에 대해서는 언급하지 않았다. $52.5는 인플레이션을 제외한 실질가격인가 혹은 인플레이션을 포함한 가격인가? 이 문제에 대한 답은 중요하다.

가격 $52.5와 생산비용 $42.5는 실질가치로 측정한 것이라고 가정하면, 연 5%의 인플레이션이 예상된다면 모터의 명목가격은 첫해에는 $52.5, 둘째 해에는 (52.5)(1.05) = $55.13, 셋째 해에는 (55.13)(1.05) = $57.88 등이 된다. 따라서 연 $960,000의 이윤도 실질가치이므로 이와 같은 식으로 증가할 것이다.

이제 할인율에 대해 살펴보자. 만약 현금흐름이 실질가치로 측정된 것이라면, 할인율도 실질가치로 측정되어야 한다. 그 이유는 할인율이 투자의 기회비용이기 때문이다. 만약 인플레이션이 현금흐름에 포함되지 않는다면 투자의 기회비용에도 포함되지 않아야 한다.

따라서 앞의 예에서 사용한 할인율 R은 정부채권의 실질이자율이어야 한다. 명목이자율 9%는 신문 등에서 접하는 이자율로 인플레이션을 포함하는 이자율이다. 실질이자율은 명목이자율에서 기대 인플레이션율을 빼 준 값이다.[12] 만약 평균적으로 연간 5%의 인플레이션이 예상된다면, 앞의 예에서 실질이자율은 9 - 5 = 4%가 된다. 따라서 전기모터공장에 대한 투자가 가져다주는 순현재가치를 계산할 때는 이 실질이자율을 할인율로 사용해야 한다. 왜냐하면 현금흐름이 실질가치로 측정된 것이라고 가정하기 때문이다. 그림 15.3은 5%의 이자율에서 NPV는 양(+)의 값을 가진다는 것을 보여 준다. 따라서 이 공장에 대한 투자는 이루어져야 한다.

순재현가치법을 이용하여 투자를 평가할 때 사용하는 수치는 실질가치로 측정하든 명목가치로 측정하든 일관성만 있으면 된다. 현금흐름이 실질가치로 측정된 것이라면 할인율도 실질할인율을 사용해야 한다. 명목할인율을 사용할 경우에는 현금흐름도 미래의 인플레이션을 포함한 금액으로 측정되어야 한다.

음(-)의 미래 현금흐름

공장을 짓거나 생산설비를 갖추는 데에는 여러 해가 걸릴 수 있으므로 투자비용도 여러 해에 걸쳐 분산되어 나타난다. 또한 투자는 처음 몇 해 동안은 이윤보다는 손실을 발생시킬 가능성이 높다. 소비자가 해당 제품을 알기 전까지는 수요량이 매우 적을 수 있으며, 생산비용도 처음에는

---

12 미래의 인플레이션에 대한 예상이 달라지면 실질이자율에 대한 추정치도 달라진다.

매우 높다가 경영자나 근로자가 학습곡선을 따라 이동함에 따라 낮아질 수 있다. 그러나 음(－)의 미래 현금흐름이 발생하더라도 순현재가치법을 적용하는 데는 문제가 없다. 양(＋)의 현금흐름과 마찬가지로 음(－)의 현금흐름도 할인하면 된다.

앞의 예에서, 전기모터공장을 짓는 데는 1년이 걸리는데, 총비용 $1천만 가운데 지금 바로 $5백만를 지출해야 하며, 나머지 $5백만는 1년 뒤에 지출된다고 하자. 또한 공장이 완공된 후 1년 동안에는 $1백만의 손실이 발생할 것으로 예상되고, 그다음 해에는 $50만의 손실이 예상되며, 4년째부터는 매년 $96만의 양(＋)의 이윤이 기대된다고 하자. 그리고 20년 뒤에 공장을 처분할 때 잔존가치는 앞에서와 같이 $1백만가 된다고 하자. 이러한 현금흐름은 모두 실질가치로 측정된 것이다. 이 경우 순현재가치는 다음과 같다.

$$\text{NPV} = -5 - \frac{5}{(1+R)} - \frac{1}{(1+R)^2} - \frac{0.5}{(1+R)^3} + \frac{0.96}{(1+R)^4} + \frac{0.96}{(1+R)^5} \tag{15.5}$$

$$+ \cdots + \frac{0.96}{(1+R)^{20}} + \frac{1}{(1+R)^{20}}$$

실질이자율이 4%라면 이 기업은 이 공장을 지어야 하는가? 이 경우에는 순현재가치가 음(＋)의 값이 되므로 이 투자는 좋지 않은 투자이다.

사례 15.3   뉴욕 택시운행허가증의 가치

사례 9.5에서 보았듯이 2011년에 뉴욕의 택시운행허가증(medallion)의 수는 1937년과 거의 같았으며, 허가증의 가격은 $880,000에 달하였다. 허가증은 택시회사가 소유했는데, 택시회사는 뉴욕시가 허가증의 수를 제한하도록 압력을 행사함으로써 높은 가격을 유지할 수 있었다. 그 결과 시민들은 택시를 잡기가 힘들었다.

택시운행허가증을 보유한 택시회사는 택시를 기사에게 임대함으로써 택시운행에 따른 이윤을 얻는다. 이러한 이윤은 허가증의 가격이 $880,000나 될 정도로 충분한가? 이를 알아보기 위해 택시회사가 허가증을 기사에게 임대함으로써 예상할 수 있는 이윤의 흐름을 파악해 보자.

택시회사는 기사에게 허가증의 사용에 대해 일정한 사용료를 부과하는데, 그 상한은 뉴욕시가 규제한다. 2011년에 사용료는 12시간에 $110였으며 하루에는 $220였다. 택시 1대가 1주일에 7일, 1년에 50주를 운행한다면 택시회사는 허가증으로부터 1년에 (7)(50)($220)＝$77,000의 소득을 얻는다. 택시 수가 부족하여 허가증을 임대하고

자 하는 기사를 쉽게 찾을 수 있으므로 위험은 거의 없으며, 사용료 상한은 인플레이션에 따라 증가한다. 따라서 미래 소득흐름을 할인하기 위하여 5%의 할인율을 적용하는 것은 적정하다. 20년 동안을 고려한다면 소득흐름의 현재가치는 다음과 같다.

$$\text{PV} = \frac{70,000}{1.05} + \frac{70,000}{1.05^2} + \frac{70,000}{1.05^3} + \cdots + \frac{70,000}{1.05^{20}} = \$872,355$$

따라서 2011년의 허가증의 가격 $880,000는 택시회사가 허가증을 통해 얻을 수 있는 소득의 흐름과 일치하였다.

그러나 사례 9.5에서 보았듯이 택시면허증의 가치가 2011년 이후에 우버(Uber)나 리프트(Lyft) 같은 차량공유서비스가 도입됨에 따라 상당히 떨어졌다. 2016년에는 허가증이 약 $500,000에 거래되었다. 2011년 당시에 택시회사들은 우버와 리프트의 등장이 어떠한 파장을 일으킬 것인지에 대해 예상할 수 있었어야 했다고 주장할 수도 있지만, 사실은 그러지 못했다.

15.5 위험에 대한 조정

앞에서 설명한 바와 같이 미래 현금흐름이 확실한 경우에는 무위험이자율이 적절한 할인율이다. 그러나 대부분의 투자에 있어서 미래 현금흐름은 확실하지 않다. 전기모터공장의 예에서도 구리의 미래가격, 모터의 미래수요와 가격, 미래의 임금 등 여러 측면에서 불확실성이 존재한다. 따라서 기업은 앞으로 20년 동안에 발생할 이윤에 대해서도 정확히 알 수 없다. 연간 $960,000는 이윤의 예측치일 뿐이며, 실제로 발생하는 이윤은 이보다 높거나 낮을 수 있다. 투자의 순현재가치를 계산할 때 기업은 이러한 불확실성을 어떻게 반영해야 하는가?

일반적인 관행은 무위험이자율에 **위험프리미엄**(risk premium)을 더하여 할인율을 높이는 것이다. 이는 기업의 소유자는 위험을 싫어하기 때문에 불확실한(위험한) 미래 현금흐름은 확실한 미래 현금흐름보다 가치가 낮으며, 따라서 할인율을 높임으로써 불확실한 미래 현금흐름의 (현재) 가치를 축소시킨다는 개념이다. 그렇다면 위험프리미엄은 얼마가 되어야 하는가? 아래에서 보듯이 그것은 위험의 성격에 따라 다르다.

위험프리미엄 위험회피적인 사람이 위험을 피하기 위해 지불하고자 하는 금액

분산가능 위험과 분산불가능 위험

할인율에 위험프리미엄을 더하는 것은 조심스럽게 이루어져야 한다. 기업의 경영자가 주주의 이익을 최우선적으로 고려한다면 분산가능 위험과 분산불가능 위험이라는 두 유형의 위험을 구별해야 한다.[13] **분산가능 위험**(diversifiable risk)은 많은 종류의 프로젝트에 분산하여 투자하거나, 많은 기업의 주식을 분산하여 보유함으로써 없앨 수 있는 위험을 말한다. **분산불가능 위험**(nondiversifiable risk)은 분산하여 투자하더라도 없앨 수 없는 위험을 말한다. 분산불가능 위험만이 자본의 기회비용에 영향을 미치므로 위험프리미엄은 분산불가능 위험에 대해 지불되는 프리미엄이다.

분산가능 위험 많은 프로젝트에 분산하여 투자하거나 많은 기업의 주식을 분산하여 보유함으로써 제거할 수 있는 위험

분산불가능 위험 많은 프로젝트에 분산하여 투자하거나 많은 기업의 주식을 분산하여 보유하더라도 제거할 수 없는 위험

분산가능 위험 분산가능 위험을 이해하기 위하여 제5장에서 살펴본 바와 같이 분산화를 통해서 많은 위험이 제거될 수 있다는 점을 기억하자. 예를 들어 나는 한 번의 동전 던지기에서 앞면이 나올지 뒷면이 나올지 알 수가 없다. 그러나 나는 1,000번 동전을 던지면 500번 정도 앞면이 나올 것이라고 어느 정도 확신할 수 있다. 이와 비슷하게, 나에게 생명보험을 파는 보험회사는 내가 얼마나 오래 살지 알 수 없다. 그러나 수천 명에게 생명보험을 판매하기 때문에 보험회사는 매년 사망하는 사람들의 비율을 어느 정도 확신할 수 있다.

자본에 대한 투자결정에 있어서도 이와 같은 상황이 발생한다. 기업이 한 가지 투자로부터 기대하는 이윤흐름은 매우 위험(불확실)할 수 있다. 그러나 여러 종류의 프로젝트에 투자한다면 전체적인 위험(불확실성)은 크게 줄어들 것이다. 더욱이, 설령 한 기업이 오직 한 종류의 프로젝트에만 투자하더라도 주주들은 그 기업 외에도 여러 기업의 주식에 투자함으로써 또는 다양한 종류의 주식에 투자하는 뮤추얼펀드(mutual fund)에 투자함으로써 쉽게 분산투자할 수 있다. 따라서 기업의 주인인 주주는 분산가능 위험을 제거할 수 있다.

---

[13] 분산가능 위험은 비체계적 위험(nonsystematic risk), 분산불가능 위험은 체계적 위험(systematic risk)이라고도 부른다. 할인율에 단순한 위험프리미엄을 더하는 것은 위험을 다루는 올바른 방법이 아닐 수 있다. 예를 들어 다음 연구를 참고하라. Richard Brealey and Stewart Myers, *Principles of Corporate Finance* (New York: McGraw-Hill, 2011).

투자자는 분산가능 위험을 제거할 수 있으므로 자신이 분산가능 위험을 가진다고 해서 무위험이자율보다 더 높은 수익을 얻을 수 있을 것으로 기대할 수 없다. 즉 감수할 필요가 없는 위험을 부담하는 데 대한 보상을 받지는 못한다. 실제로 분산가능 위험만을 갖는 자산은 평균적으로 무위험이자율 정도의 수익률밖에 얻지 못하는 경향을 보인다. 한편, 어떤 투자사업안의 타당성을 판단할 때 적용되는 할인율은 그와 유사한 위험을 지닌 다른 자산에 투자하는 대신에 해당 사업에 투자하는 자본의 기회비용이다. 따라서 만약 투자가 분산가능 위험만 가진다면 그 프로젝트에 투자되는 자본의 기회비용은 무위험이자율이다. 그러므로 어떠한 위험프리미엄도 할인율에 추가되어서는 안 된다.

분산불가능 위험   먼저 분산불가능 위험이 어떻게 발생하는지에 대해 알아보자. 생명보험회사에게 있어서 전쟁이 일어날 가능성은 분산불가능 위험이다. 전쟁이 일어날 경우에는 사망률이 매우 높아질 것이므로 생명보험회사가 얼마나 많은 고객을 확보하고 있는가에 관계없이 매년 "평균적으로" 어느 정도의 고객이 사망할 것이라는 예측은 할 수 없다. 따라서 생명보험, 건강보험, 재산보험 등 대부분의 보험은 전쟁에 따른 피해는 보상하지 않는다.

자본에 대한 투자의 경우에서 분산불가능 위험은 기업의 이윤이 전반적인 경제 상황에 영향을 받기 때문에 발생한다. 경제성장률이 높을 때 기업의 이윤도 높아지는 경향이 나타난다. 전기모터공장의 예에서는 경제성장률이 높을 때 수요가 증가하여 이윤도 증가할 가능성이 높다. 한편, 경기가 하강할 때는 기업의 이윤은 줄어드는 경향이 있다. 미래에 나타날 경제성장의 정도는 불확실하기 때문에 분산투자로 모든 위험을 제거할 수는 없다. 따라서 투자자가 분산불가능 위험을 감수할 때는 그에 따라 더 높은 수익률을 얻어야 하며 또 실제로 얻을 수 있다.

어떤 투자가 가진 분산불가능 위험의 정도에 비례하여 그 투자의 기회비용은 무위험이자율보다 높다. 따라서 투자의 타당성을 판단할 때 사용하는 할인율에는 위험프리미엄이 포함되어야 한다. 이제 위험프리미엄의 크기는 어떻게 결정되는지에 대해 살펴보자.

자본자산가격 결정 모형

자본자산가격 결정 모형(Capital Asset Pricing Model, CAPM)은 자본투자에 대한 기대수익률과 전체 주식시장의 기대수익률을 비교함으로써 자본투자에 대한 위험프리미엄을 측정한다. 이 모형을 이해하기 위해서 여러분이 (예를 들어 뮤추얼펀드에 대한 투자를 통해서) 주식시장 전체에 투자하는 경우를 생각해 보자. 이 경우 여러분은 완전한 분산투자를 한 것이며, 따라서 분산가능 위험은 부담하지 않는다. 그러나 주식시장이 전체 경제와 함께 움직이는 경향이 있으므로 여러분은 분산불가능 위험은 부담하게 된다. (주식시장은 경제상황의 영향을 받는 기업들의 미래 이윤흐름의 기대치를 반영한다.) 따라서 주식시장 전체에서 나타나는 기대수익률은 무위험이자율보다 높다. 주식시장 전체의 기대수익률을 r_m, 무위험이자율을 r_f라고 하면, 시장 전체에 대해 주어지는 위험프리미엄은 $r_m - r_f$이다. 이는 여러분이 주식시장과 관련된 분산불가능 위험을 부담할 때 얻을 수 있는 추가적인 기대수익이다.

이제 어떤 회사의 주식과 같이 하나의 자산과 관련된 분산불가능 위험을 살펴보자. 이 자산의 위험은 이 자산의 수익률이 주식시장 전체의 수익률(시장수익률)과 관련된 정도로 측정할 수 있

자본자산가격 결정 모형(CAPM) 자본투자의 위험프리미엄은 그 투자의 수익률과 주식시장 전체의 수익률 간의 상관관계에 의해 결정된다는 모형

다. 예를 들어 어떤 회사 주식의 수익률은 시장수익률과는 거의 아무런 관련이 없을 수 있다. 따라서 평균적으로 이 주식의 가격 변화는 시장 전체적으로 나타나는 주식의 가격 변화와는 관계 없이 독립적으로 변할 수 있으므로 이 주식은 분산불가능 위험을 거의 또는 전혀 가지지 않을 것이다. 따라서 이 주식의 수익률은 무위험이자율과 거의 같아야 한다. 그러나 다른 회사 주식의 가격 변화는 시장 전체적으로 나타나는 주식의 가격 변화와 매우 큰 관계를 가질 수 있다. 경우에 따라서는 이 주식의 가격 변화가 주식시장의 전반적 가격 변화보다 더 클 수도 있다. 이 경우 이러한 주식은 시장 전체보다 더 큰 분산불가능 위험을 가질 것이다. 따라서 이 주식의 수익률은 평균적으로 시장 전체적으로 나타나는 주식의 수익률을 초과할 것이다.

자본자산가격 결정 모형에 따르면 기대수익률과 위험프리미엄 간의 관계는 다음과 같이 요약된다.

$$r_i - r_f = \beta(r_m - r_f) \tag{15.6}$$

여기서 r_i는 어떤 자산 i의 기대수익률이다. 이 식은 어떤 자산의 위험프리미엄(자산의 기대수익률 − 무위험이자율)이 시장 전체의 위험프리미엄과 비례한다는 것을 보여 준다. 이 식에서 상수 β는 **자산베타**(asset beta)라고 하는데, 시장수익률에 대한 자산 수익률의 민감도를 측정하므로 자산 i의 분산불가능 위험의 크기를 측정한다. 만약 시장 전체적으로 주식가격이 1% 상승할 때 어떤 자산의 가격이 2% 상승한다면 이 자산의 자산베타 값은 2가 된다. 또한 시장 전체적으로 주식가격이 1% 상승할 때 어떤 자산의 가격이 1% 상승한다면 그 자산의 자산베타 값은 1이 된다. 한편 시장 전체적으로 주식가격이 변할 때 어떤 자산의 가격이 아무런 변화를 보이지 않는다면 그 자산의 자산베타 값은 0이 된다. 식 (15.6)이 보여 주듯이, 어떤 자산의 자산베타 값이 클수록 그 자산의 기대수익률은 커지는데, 그것은 그 자산의 분산불가능 위험이 더 크기 때문이다.

> **자산베타** 시장의 움직임에 따른 자산 수익률의 민감도를 측정하는 상수로서 자산의 분산불가능 위험을 반영함

위험이 조정된 할인율 주어진 베타 값에서 어떤 자산의 순현재가치를 계산하는 데 사용하는 적절한 할인율을 결정할 수 있다. 적절한 할인율은 그 자산으로부터 기대되는 기대수익률이며, 또한 그 자산과 똑같은 크기의 위험을 가지는 다른 자산의 기대수익률이기도 하다. 따라서 적절한 할인율은 무위험이자율에 그 자산의 분산불가능 위험에 대한 위험프리미엄을 더한 것이다.

$$할인율 = r_f + \beta(r_m - r_f) \tag{15.7}$$

지난 60년간 미국 주식시장의 위험프리미엄($r_m - r_f$)은 평균적으로 약 8%였다. 만약 실질 무위험이자율이 4%이고, 어떤 투자자산의 베타 값이 0.6이라면, 적절한 할인율은 0.04 + 0.6(0.08) = 0.09, 즉 9%이다.

자산이 주식이라면 주식의 베타 값은 통계적으로 비교적 쉽게 추정할 수 있다.[14] 그러나 자산이 새로운 공장일 경우에는 베타 값을 구하는 것은 상당히 어렵다. 이 경우에는 많은 기업은

---

14 주식의 수익률의 시장에서의 초과수익률($r_m - r_f$)에 대한 선형 회귀분석을 통해 베타 값을 추정할 수 있다. 혹은 개별 주식에 대한 구체적인 정보를 제공하는 여러 금융 관련 웹사이트를 통해서도 알 수 있다. 야후 파이낸스(Yahoo! Finance) 웹사이트에 따르면 2011년 8월, 인텔의 베타는 1.07, 이스트만 코닥의 베타는 1.46이다.

기업자본비용 해당 기업 주식의 예상 수익률과 대출 이자율의 가중 평균

기업자본비용(company cost of capital)을 (명목)할인율로 사용한다. 기업자본비용은 해당 기업 주식의 기대수익률(이는 해당 기업 주식의 베타 값에 따라 달라진다)과 부채에 대해 지불하는 이자율을 가중 평균해서 구한다. 이 방법은 고려하는 자본투자가 해당 기업 전체의 사업 성격과 유사한 경우에는 적절한 방법이다. 그러나 섬유사업을 하는 기업이 전기모터 생산공장을 짓는 경우와 같이 고려하는 자본투자가 그 기업 전체의 사업 성격과는 많이 달라서 기업 전체에 비해 분산 불가능 위험이 훨씬 크거나 혹은 훨씬 작다면 이 방법은 잘못된 판단을 초래할 수도 있다. 이런 경우에는 해당 자본투자로부터 발생하는 수입이 경제 전체의 상황에 따라 어느 정도 달라질 수 있는가를 합리적으로 예상하여 그에 따라 할인율을 결정하는 것이 나을 수 있다.

사례 15.4 일회용 기저귀 산업의 자본투자

사례 13.6에서는 프록터앤갬블(Procter & Gambe)과 킴블리-클라크(Kimberly-Clark)가 지배하는 일회용 기저귀 산업에 대해 살펴보았다. 두 회사는 지속적인 연구개발 지출을 통한 비용 측면의 우위를 이용하여 다른 기업의 진입을 저지해 왔다. 이제 잠재적인 진입자의 자본투자 결정에 대해 살펴보자.

여러분이 이 산업에 진입하는 것을 고려하고 있다고 하자. 생산, 광고 및 유통 측면에서 규모의 경제를 누리기 위해서는 하나에 $6천만가 드는 공장 3개를 지어야 하는데, 공장 신축비용은 3년에 걸쳐 분산된다. 공장을 가동하면 매년 총 $25억의 기저귀를 생산하게 된다. 생산된 기저귀는 하나당 16센트에 판매되어 매년 $4억의 수익이 발생한다. 변동비용은 매년 $2.9억여서 순수입은 $1.1억으로 예상된다.

그런데 다른 비용도 발생할 것이다. 프록터앤갬블과 킴블리-클라크의 경험에 의하면 사업을 시작하기 전에 효율적인 제조과정을 설계하기 위한 R&D에 $6천만의 지출이 예상되며, 공장을 가동한 후에는 생산과정을 유지하고 개선하기 위해 매년 $2천만의 추가적인 R&D 지출이 예상된다. 이에 더하여 전체 공장을 가동한 후에는 매년 광고와 마케팅에 $5천만의 추가적인 지출이 발생할 것으로 예상된다. 따라서 공장가동에 따른 순이윤은 매년 $4천만로 예상된다. 공장은 15년 동안 가동할 수 있으며, 그 후에는 폐기된다.

이러한 투자는 좋은 투자인지를 확인해 보기 위해 순현재가치를 계산해 보자. 표 15.5는 앞에서 제시한 수치에 따라 순현재가치를 계산하기 위한 자료를 보여 준다. 공장이 완공되는 2015년에는 생산능력의 33%로 생산을 시작하고, 생산능력 전체를 가동하는 데는 2년이 걸리며, 그 이후 2030년까지는 공장이 완전히 가동된다고 가정한다. 표에 정리된 순현금흐름을 이용하여 이 투자의 순현재가치를 구하면 다음과 같다.

$$NPV = -120 - \frac{93.4}{(1+R)} - \frac{56.6}{(1+R)^2} + \frac{40}{(1+R)^3}$$
$$+ \frac{40}{(1+R)^4} + \cdots + \frac{40}{(1+R)^{15}}$$

표 15.5는 5%, 10%, 15%의 할인율을 사용할 때의 순현재가치를 보여 준다.

여기서 보듯이 할인율이 5%일 때는 순현재가치는 0보다 크지만, 10%와 15%의 할인율에서는 0보다 작아진다. 어떤 할인율을 사용하는 것이 적절한지 살펴보자. 첫째, 인플레이션을 고려하지 않았으므로 할인율은 실질할인율이어야 한다. 둘째, 현금흐름에는 위험이 따른다. 공장이 얼마나 효율적으로 가동될 것인지, 광고와 홍보가 얼마나 효과적일지, 기저귀의 수요가 장차 어떻게 변화될 것인지 등에 대해 알지 못한다. 이런 위험 중 일부는 분산이 불가능하다. 위험프리미엄을 구하기 위한 베타 값으로는 이런 유형의 소비재를 생산하는 경우에 전형적으로 적용하는 값인 1을 사용한다. 무위험이자율이 4%이고 주식시장의 위험프리미엄이 8%라면 할인율은 다음과 같다.

$$R = 0.04 + 1(0.08) = 0.12$$

이 할인율을 적용하면 순현재가치는 음의 값이 되므로 투자는 적절치 않다. 여러분은 기저귀산업에 진입하지 않을 것이며, 기존 기업

표 15.5	순현재가치 계산을 위한 자료(단위: 백만 달러)					
	2015년 이전	**2015년**	**2016년**	**2017년**	**⋯**	**2030년**
매출액 빼기		133.3	266.7	400.0	⋯	400.0
변동생산비용		96.7	193.3	290.0	⋯	290.0
매년 R&D		20.0	20.0	20.0	⋯	20.0
판매원, 광고, 마케팅		50.0	50.0	50.0		50.0
영업이익 빼기		−33.4	3.4	40.0	⋯	40.0
공장건설비용	60.0	60.0	60.0			
초기 R&D	60.0					
순현금흐름(net cash flow)	−120.0	−93.4	−56.6	40.0	⋯	40.0
		할인율:	0.05	0.10	0.15	
		순현가(NPV):	80.5	−16.9	−75.1	

들은 안도할 수 있다. 시장에 있는 두 회사는 시장에서 이윤을 얻을 수 있는 반면 여러분은 그렇지 못하다는 사실에 놀랄 필요는 없다. 두 회사의 축적된 경험과 과거로부터 이어진 R&D, 그리고 제품에 대한 소비자의 인지도 등은 신규진입자가 극복할 수 없는 경쟁적 우위로 작용하는 것이다.

15.6 소비자의 투자결정

지금까지는 기업이 미래의 현금흐름을 어떻게 평가하며, 그에 따라 오랫동안 존속하는 자본에 대한 투자 여부를 어떻게 결정하는지에 대해 살펴보았다. 소비자도 내구재인 자동차나 전기제품을 구입할 때는 비슷한 결정을 해야 한다. 식품이나 오락거리 혹은 의류 등을 구매할 때의 의사결정과는 달리, 내구재에 대한 구매결정은 현재의 구입비용과 그 내구재가 가져다주는 미래 편익의 흐름을 비교해야 한다.

예를 들어, 여러분이 새 차를 사려고 한다고 하자. 만약 그 차를 6년이나 7년 동안 사용한다면 그 차가 주는 편익과 운행비용의 대부분은 미래에 발생한다. 따라서 여러분은 자동차를 소유함으로써 얻는 미래 순편익의 흐름(운송서비스 혜택에서 보험료, 유지비용, 연료비용을 빼 준 것)을 자동차 구입가격과 비교해야 한다. 마찬가지로, 새 에어컨의 구입 여부를 판단할 때에도 에어컨의 가격과 에어컨의 순편익의 흐름(시원한 방이 주는 혜택에서 에어컨 가동에 드는 전기요금을 뺀 값)을 비교해야 한다.

이러한 문제들은 기업이 자본투자 여부를 결정할 때 공장과 장비에 드는 현재의 비용과 미래의 이윤흐름을 비교하는 것과 유사하다. 따라서 이런 문제는 기업의 투자결정 문제와 같은 방식으로 분석할 수 있다. 이에 대해 자동차의 구입 여부를 결정하는 소비자의 예를 통해 살펴보자.

자동차를 소유할 때 얻는 주된 편익은 자동차가 지속적으로 제공하는 운송서비스이다. 이러한 서비스의 가치는 소비자마다 다르다. 어떤 소비자는 이 가치를 연간 S로 평가한다고 가정하자. 또한 총운영비용(보험료, 유지비용, 연료비용 등)은 연간 E라고 하자. 자동차는 $20,000이며, 6년 후 판매가격은 $4,000이다. 따라서 자동차 구입이라는 투자의 순현재가치는 다음과 같다.

$$\text{NPV} = -20,000 + (S-E) + \frac{(S-E)}{(1+R)} - \frac{(S-E)}{(1+R)^2} \qquad (15.8)$$

$$+ \cdots + \frac{(S-E)}{(1+R)^6} - \frac{4000}{(1+R)^6}$$

이 소비자는 어떤 할인율 R을 사용해야 하는가? 소비자도 기업과 똑같은 원칙을 사용해야 한다. 할인율은 돈의 기회비용이다. 만약 소비자에게 $20,000가 있고 따라서 대출을 받을 필요가 없는 경우에 사용해야 하는 적정한 할인율은 그 돈을 다른 자산에 투자했을 때 얻을 수 있는 수익률, 예를 들면 저축예금의 이자율이나 정부채권의 이자율이다. 만약 소비자가 자동차 구입을 위해 대출을 한다면 사용해야 하는 적정한 할인율은 자신이 지불하는 이자율이 된다. 이 이자율은 저축예금이나 채권의 이자율보다 훨씬 높기 때문에 자동차에 대한 투자의 순현재가치는 적어질 것이다.

소비자는 때때로 먼저 지불하는 금액과 나중에 지불하는 금액 중에서 선택을 해야 하는 상황에 처한다. 예를 들어 새 자동차를 사는 경우와 새 자동차를 리스(lease)하는 경우를 비교해 보자. 새 차를 $15,000에 살 수 있고 6년 후에 $6,000에 팔 수 있다고 하자. 새 차를 사는 대신 한 달에 $300를 주고 3년간 리스하고 3년 뒤에는 차를 돌려주는 대안이 있다고 하자. 자동차를 사는 것과 리스하는 것 중 어느 것이 나은가? 그 답은 이자율에 따라 달라진다. 만약 이자율이 매우 낮다면 차를 사는 것이 나은데, 미래의 리스 지급액의 현재가치가 커지기 때문이다. 만약 이자율이 높다면 미래에 지불하는 리스 지급액의 현재가치는 작아지므로 리스하는 것이 낫다.

사례 15.5   에어컨과 새 자동차의 구입

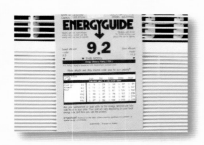

에어컨을 새로 살 때도 먼저 지불하는 것과 나중에 지불하는 것 중에서 선택을 해야 한다. 어떤 에어컨은 싸지만 냉방능력에 비해 전기 소비량이 많아서 비효율적이다. 다른 에어컨은 비싸지만 연료효율적이다. 구입가격은 싸지만 앞으로 사용할 때 많은 전기료가 드는 에어컨을 사야 하는가 아니면 가격은 비싸지만 사용에 따른 비용이 적게 드는 에어컨을 사야 하는가?

냉방능력이 똑같은 2개의 에어컨을 비교한다고 하자. 두 에어컨은 편익의 흐름이 똑같다고 하면 비용의 현재가치를 비교하면 된다. 에어컨을 8년 동안 사용하며, 재판매하지 않는다면 에어컨을 구입하고 가동하는 데 드는 비용의 현재할인가치는 다음과 같이 계산된다.

$$\text{PDV} = C_i + OC_i + \frac{OC_i}{(1+R)} + \frac{OC_i}{(1+R)^2} + \cdots + \frac{OC_i}{(1+R)^8}$$

여기서 C_i는 구입가격을, OC_i는 연간 평균 가동비용을 나타낸다.

어떤 에어컨이 나은지는 할인율에 따라 결정된다. 여윳돈이 없어서 돈을 빌려야 한다면 높은 할인율을 적용해야 한다. 높은 할인율 하에서는 미래 가동비용의 현재가치가 작아지므로 비효율적이지만 싼 에어컨을 구입할 것이다. 여윳돈이 상당히 있다면 돈의 기회비용과 할인율은 적으므로 비싼 에어컨을 구입할 것이다.

가정의 에어컨 구입에 관한 한 계량경제학적 연구에 따르면 소비자들은 이런 방법으로 자본비용과 미래 가동비용에 대한 예상을 비교하여 선택하는 것으로 나타난다.[15] 이 연구에 의하면 전체 소비자들은 약 20%의 높은 할인율을 사용하는 것으로 나타났다. 즉 미국의 소비자들은 미래에 절약되는 금액을 과도하게 할인하는 근시안적인 행위를 한다는 것이다. 또한 이 연구는 소비자들의 할인율은 소득과 역의 관계가 있음을 보인다. 예를 들어 소득이 평균 이상인 사람들의 할인율은 9%이지만 하위 1/4에 해당하는 소득층은 39%나 그 이상의 할인율을 사용하는 것으로 나타났다. 이 결과는 고소득층은 여윳돈이 많아서 돈의 기회비용이 낮기 때문이라고 설명할 수 있다.

새 차를 살 때도 비슷한 상황이 나타난다. 어떤 차는 다른 차에 비해 싸지만 연비가 낮고 수리와 유지비용이 많이 들어서 미래 운행비용은 더 많이 들 수 있다. 에어컨의 경우와 마찬가지로 소비자는 구매가격과 연간 평균 운행비용의 현재할인가치를 비교함으로써 서로 다른 자동차들을 비교할 수 있다. 자동차 구입에 관한 한 계량경제학적 연구에 의하면 소비자들은 이런 방법으로 구매가격과 예상 운행비용을 비교하는 것으로 나타난다.[16] 이 연구에 의하면 전체 소비자들의 할인율은 11~17% 사이로 나타났는데, 이 할인율은 에어컨의 경우와 비교할 때 다소 낮은 값으로서 자동차 대출이 활발하게 이루어지고 있음을 반영하는 것으로 보인다.

15.7 인적자본에 대한 투자

지금까지는 기업이나 소비자가 물리적 자본(기업의 경우에는 빌딩이나 기계, 소비자의 경우에는 내구재인 자동차나 주요 가전제품)에 대한 투자 여부를 어떻게 결정하는지에 대해 설명하였다. 이러한 의사결정에 있어서는 투자가 가져다줄 것으로 예상되는 미래 편익(현금흐름)의 현재가치가 비용의 현재가치보다 큰 경우에는 투자해야 한다는 순현재가치법의 적용에 대해 설명하였다.

실물자본이 아닌 **인적자본**에 대해서도 중요한 투자결정이 이루어진다. 여러분이 현재 이 책을 읽고 있다면 여러분은 이 순간에 자신의 인적자본에 투자하고 있는 것이다.[17] 대학이나 대학원 학위과정의 한 부분으로 미시경제학을 공부한다면 여러분은 미래의 여러분을 보다 생산적이도록 만들어 주는 가치 있는 지식과 기술을 습득하고 있는 것이다.

인적자본(human capital)이란 개인을 좀 더 생산적으로 만듦으로써 더 높은 소득을 얻을 수 있도록 해주는 지식, 기술, 경험을 말한다. 여러분이 대학이나 대학원에 진학하거나, 박사 후 과정을 거치거나, 전문직업 연수 프로그램에 등록하는 것은 인적자본에 투자하는 것이다. 여러분이 인적자본을 구축하기 위해 투자하는 돈, 시간, 노력은 좀 더 높은 임금이나 보수를 받을 수 있는 기회를 가져다주는 형태의 보상을 가져다준다.

개인이 인적자본에 대한 투자 여부를 결정할 때는 실물자본에 대한 투자 여부를 판단할 때와 마찬가지로 순현재가치법을 사용할 수 있다.

인적자본 개인을 좀 더 생산적으로 만듦으로써 평생 동안 더 높은 소득을 얻을 수 있도록 해주는 지식, 기술, 경험

---

15 Jerry A. Hausman, "Individual Discount Rates and the Purchase and Utilization of EnergyUsing Durables," *Bell Journal of Economics* 10 (Spring 1979): 33–54.

16 Mark K. Dreyfus and W. Kip Viscusi, "Rates of Time Preference and Consumer Valuations of Automobile Safety and Fuel Efficiency," *Journal of Law and Economics* 38 (April 1995): 79–105.

17 반면에 이 책이 소설책보다 재미있기 때문에 읽는다면 순전히 즐거움을 위해 읽을 수도 있다.

예를 들어, 고등학교 졸업을 앞두고 대학에 진학할 것인지 아니면 바로 일을 할 것인지를 결정해야 한다고 하자. 단순화를 위해 대학생활이 가져다줄 수 있는 즐거움이나 괴로움 등은 무시하고 순전히 금전적인 측면에 근거하여 의사결정을 한다고 가정하자. 대학학위를 얻는 데 드는 비용과 대학학위가 가져다주는 혜택의 순현재가치를 계산해 보자.

대학교육의 순현재가치 대학과 관련하여 발생하는 비용은 크게 두 가지로 구분된다. 첫째, 일을 하는 대신 공부를 하기 때문에 일을 했더라면 벌 수 있었던 임금을 잃게 되는 기회비용이 발생한다. 미국의 일반적인 고등학교 졸업생이 1년 동안 잃는 임금은 약 $20,000로 추정된다. 두 번째로 중요한 비용은 학비, 방값 및 식대로 이는 사립대학인지, 집에서 다니는지, 장학금을 받는지 등에 따라 차이가 많이 난다. 이런 비용이 대략 평균적으로 $20,000라고 하자. 따라서 4년제 대학을 다니기 위해 매년 지불해야 하는 총 경제적 비용은 $40,000가 된다.

대학교육의 중요한 혜택은 졸업 후 일하는 기간 동안 좀 더 높은 봉급을 받을 수 있는 능력을 얻는다는 것이다. 미국의 경우 대학 졸업자는 고등학교 졸업자보다 평균적으로 매년 약 $20,000를 더 번다. 실제로 대학을 졸업한 후 5~10년 동안 고등학교 졸업생과의 임금격차가 가장 크게 나며, 그 이후에는 임금격차가 줄어드는 것으로 나타난다. 그러나 단순화를 위해 우리는 매년 $20,000의 임금격차가 20년 동안 계속된다고 가정한다. 따라서 대학교육에 대한 투자가 발생시키는 순현재가치(NPV)를 $1,000단위로 측정하면 다음과 같이 표현된다.

$$NPV = -40 - \frac{40}{(1+R)} - \frac{40}{(1+R)^2} - \frac{40}{(1+R)^3} + \frac{20}{(1+R)^4} + \cdots + \frac{20}{(1+R)^{23}}$$

NPV를 구하기 위한 할인율 R은 어떻게 선택해야 하는가? 시간이 지나도 비용과 편익의 크기는 고정된다고 가정하는 것은 묵시적으로 인플레이션을 무시하는 것이다. 따라서 실질할인율 (real discount rate)을 사용해야 한다. 이 경우 적절한 실질할인율은 약 5%가 될 것이다. 이 할인율은 여러 가정에서 돈에 대한 기회비용을 반영하는데, 다시 말해, 일반적으로 가정에서 인적자본에 투자하는 대신 다른 자산에 투자할 경우에 벌 수 있는 수익률을 반영한다. 이렇게 해서 구해진 NPV의 값은 약 $66,000임을 확인할 수 있다. 따라서 할인율이 5%일 때 대학교육에 투자하는 것은 순전히 금전적인 측면에서 볼 때도 좋은 선택이 된다.

대학교육에 대한 투자가 양(+)의 NPV를 갖는다고 하더라도 그 값이 매우 크지는 않다. 대학교육이 가져다주는 금전적 수익이 매우 크지 않은 이유는 미국의 경우 고등학교 졸업생 대부분이 대학에 진학할 수 있기 때문이다.[18] 다시 말해, 대학교육은 자유로운 진입이 가능한 투자이다. 제8장에서 보았듯이, 시장 진입이 자유로울 경우 장기적으로 기업이 얻는 경제적 이윤(economic profit)은 0이 되는데, 이는 투자도 경쟁적 수익을 얻는 것을 의미한다. 물론 낮은 경제적 수익이 대학공부를 마치지 말아야 한다는 것을 의미하지는 않는다. 대학교육은 미래소득을 증가시켜 주는 것 외에도 많은 편익을 가져다준다.

8.7절에서 설명했듯이 경제적 이윤이 0이라는 것은 기업이 투자에 대해 경쟁시장 수익 (competitive return)을 얻고 있다는 의미이다.

---

18 이는 모든 고등학교 졸업생들이 자신이 원하는 대학에 진학할 수 있다는 것을 의미하는 것은 아니다. 어떤 대학은 고등학교 성적과 입학시험 성적을 보고 선택적으로 학생을 선발한다. 하지만 미국에는 많은 대학들이 있으므로 고등학교 졸업생들은 원한다면 대부분 대학에 갈 수 있다.

사례 15.6 MBA학위를 받아야 하는가?

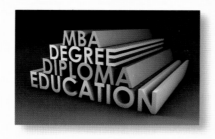

이 책을 읽는 많은 독자들은 경영대학원에 진학하여 MBA학위를 받을 생각이 있거나 이미 MBA과정을 이수 중일 것이다. 이런 학생들은 MBA학위가 투자할 만한 가치가 있는 것인지 의문을 가질 수 있다. 이 문제에 대해 도움을 줄 수 있는지 알아보자.

대부분 사람들의 봉급은 MBA학위를 취득함으로써 상당히 많아진다. 표 15.6은 미국 내 23개와 해외 8개 등 총 31개 경영대학원에 대해 MBA학위를 받기 전과 후의 평균적인 봉급의 추정치를 보여 준다.[19] 여기서 보듯이 MBA학위 취득 후에 봉급은 급격히 증가한다. 물론 표 15.6은 모든 MBA과정을 포함하지는 않으며 상위권의 MBA과정에서 자체적으로 발표한 자료만 보여 주기 때문에 MBA학위 취득 후의 봉급이 과장되었을 가능성도 있다. 미국의 경우에는 전체적으로 경영대학원에 입학하는 학생들의 평균 연봉은 $45,000인데, 학위 취득 후에 평균 연봉은 약 $30,000가 인상된다. 여기서는 $30,000의 연봉 인상이 20년 동안 지속된다고 가정한다.

미국의 경우 대체로 MBA과정은 2년이며, 연간 $45,000의 학비와 기타 비용이 필요하다. MBA과정의 학생에게 장학금을 주는 대학은 거의 없다. 학비와 기타 비용 외에 MBA과정에 진학함에 따라 입학 전에 받던 봉급을 잃어버림으로써 발생하는 기회비용인 연간

$45,000를 포함시켜야 한다. 따라서 MBA학위 취득의 총 경제적 비용은 2년에 걸쳐 연간 $90,000이다. 그러므로 이런 투자의 순현재가치는 다음과 같다.

$$NPV = -90 - \frac{90}{(1+R)} + \frac{30}{(1+R)^2} + \cdots + \frac{30}{(1+R)^{21}}$$

5%의 실질 할인율을 적용하면 순현재가치는 약 $180,000가 된다.

표 15.6에 나타난 대학들에서 MBA학위를 취득한 사람들의 봉급이 대학 4년만 졸업한 사람들의 봉급에 비해 이처럼 높은 이유는 무엇인가? MBA과정에 입학하는 것은 매우 어렵다. 물론 로스쿨이나 메디컬스쿨 등의 전문학위과정에 입학하는 것도 어렵다. 입학 정원에 비해 훨씬 많은 사람들이 MBA과정에 지원하기 때문에 학위 취득으로 인한 수익은 높게 유지된다.

여러분도 경영대학원에 진학해야 할까? 여기서 살펴본 것과 같이 금전적 측면에서의 결정은 쉬운데, 비용이 많이 들지만 투자의 수익은 매우 높다. 물론 여러분의 의사결정은 다른 요인들에 의해서도 영향을 받는다. 어떤 학생들은 경영대학원에서 듣는 일부 과목이 매우 흥미롭다고 생각한다. 또한 인적자본에 대한 이러한 특별한 투자가 여러분이 선택할 수 있는 옵션이 될 수 있을 정도로 여러분의 학부 성적이나 다른 시험성적이 높은지도 의사결정에 영향을 미칠 수 있다. 끝으로 MBA학위를 취득함으로써 좀 더 많은 것을 가져다줄 수 있는 다른 직업을 선택할 수 있는 기회가 생긴다는 것도 의사결정에 중요한 영향을 미친다. 예술, 법, 교육 등에 투자하는 것도 한번 생각해 보기 바란다.

표 15.6	MBA학위 취득 이전과 이후의 봉급	
대학	학위 취득 이전의 봉급	학위 취득 3년 후의 평균 봉급
Stanford Graduate School of Business	$99,433	$185,939
University of Pennsylvania: Wharton	$96,672	$177,877
Harvard Business School	$88,918	$172,501
Columbia Business School	$85,360	$169,866
Northwestern University: Kellogg	$84,416	$162,923

(계속)

---

[19] 이 자료는 2011년에 MBA학위를 취득했던 학생들의 2016년의 평균적인 봉급을 보여 주는데, *Financial Times*의 상위 100대 경영대학원 순위에서 발췌한 것이다(http://rankings.ft.com/businessschoolrankings/global-mba-rankings-2016).

표 15.6	MBA학위 취득 이전과 이후의 봉급(계속)	
MIT Sloan School of Management	$84,163	$159,909
University of Chicago: Booth	$76,454	$158,259
Dartmouth College: Tuck	$80,334	$156,652
Yale School of Management	$73,188	$152,232
New York University: Stern	$76,401	$150,510
University of Virginia: Darden	$70,385	$147,104
University of Michigan: Ross	$70,029	$144,961
Duke University: Fuqua	$74,461	$144,455
Cornell University: Johnson	$70,675	$142,764
UCLA: Anderson	$74,110	$140,067
Carnegie Mellon: Teppe	$65,863	$136,996
University of Texas at Austin: McCombs	$69,957	$134,317
Georgetown University: Mcdonough	$67,154	$130,950
University of Southern California: Marshall	$68,867	$128,782
Vanderbilt University: Owen	$62,170	$121,231
Indiana University: Kelley	$59,099	$119,970
University of Rochester: Simon	$54,335	$109,756
Pennsylvania State University: Smeal	$51,513	$105,601
International Business Schools		
Indian Institute of Management, Ahmedabad (India)	$88,915	$174,274
Insead (France/Singapore)	$84,954	$166,510
International Institute for Management Development (IMD) (Switzerland)	$86,032	$157,439
University of Cambridge: Judge (UK)	$80,166	$156,323
London Business School	$77,075	$154,150
Hong Kong UST Business School (China)	$67,431	$144,303
HEC Paris (France)	$64,567	$134,299
Incae Business School (Costa Rica)	$36,695	$89,902

자료: The Financial Times, Ltd., Global MBA Ranking 2016 (http://rankings.ft.com/businessschoolrankings/ global-mba-ranking-2016).

*15.8 생산의 시점 간 결정 – 한정된 자원

생산에 대한 결정은 현재의 생산이 미래의 판매량이나 비용에 영향을 미치는 서로 다른 **시점 간** (intertemporal) 측면을 수반하는 경우가 종종 있다. 제7장에서 살펴본 학습곡선도 이러한 예의 하나이다. 기업은 현재의 생산을 통해 미래의 비용을 낮출 수 있는 경험을 쌓는다. 이 경우 현재의 생산은 미래의 생산비용을 낮추기 위한 투자이며, 그 가치는 비용과 편익을 비교할 때 고려되어야 한다. 다른 예로는 한정된 자원의 생산이다. 유전의 소유자가 현재 더 많은 원유를 생산하면 미래에 생산할 수 있는 원유량은 줄어든다. 기업은 생산량 결정에서 이런 점을 고려해야 한다.

이러한 경우에, 생산량을 결정하기 위해서는 현재 발생하는 비용과 편익을 미래에 발생하는 비용 및 편익과 비교하는 과정이 필요하다. 현재할인가치라는 개념을 사용하여 이런 비교를 할 수 있다. 다음에서 설명하는 원칙은 여러 가지 다른 유형의 시점 간 생산결정에도 똑같이 적용되는 원칙이지만 여기서는 한정된 자원(depletable resources)의 경우에 대해 살펴본다.

7.6절에서는 학습곡선에 의해 기업의 생산비용은 시간이 지남에 따라 경영자와 근로자가 경험을 쌓고 공장과 장비를 보다 효과적으로 활용함으로써 하락한다는 것을 설명하였다.

자원 생산자의 생산결정

여러분이 부자인 삼촌으로부터 유전을 증여받았다고 하자. 이 유전에는 1,000배럴의 원유가 매장되어 있는데, 배럴당 $10의 평균비용과 한계비용으로 생산할 수 있다고 하자. 여러분은 원유를 지금 모두 채취할 것인가, 아니면 미래를 위해서 일부를 남겨 둘 것인가?[20]

여러분은 이 질문에 대한 답은 원유를 채취하여 벌 수 있는 이윤에 따라 달라진다고 생각할 수 있다. 채취비용에 비해 가격이 높다면 모두 채취하여 파는 것이 옳다고 생각할 수 있다. 그러나 이런 생각은 현재 원유를 모두 채취하여 사용함으로써 미래에는 원유를 사용할 수 없게 될 때 발생하는 기회비용을 무시하는 것이다.

따라서 올바른 답은 현재 이윤의 크기에 달린 것이 아니라 원유가격이 얼마나 빠르게 상승할 것으로 예상하는지에 달려 있다. 땅속에 매장되어 있는 원유는 은행에 넣어 둔 돈과 같다. 원유가 시장이자율과 같거나 그보다 높은 수익률을 가져다줄 것으로 예상한다면 원유를 유전에 그대로 보존해야 한다. 만약 원유가격이 변하지 않거나 매우 천천히 상승할 것으로 예상된다면 원유를 모두 지금 채취하여 팔고 그 수입을 다른 곳에 투자하는 것이 낫다. 그러나 만약 원유가격이 매우 급속히 상승할 것으로 예상된다면 원유를 그대로 땅속에 두어야 한다.

원유를 땅속에 그대로 두기 위해서는 원유가격이 얼마나 빠르게 상승해야 하는가? 땅속에 있는 원유 1배럴의 가치는 원유가격에서 $10의 채취비용을 뺀 것과 같다(이는 1배럴의 원유를 채취하여 팔 때 여러분이 얻는 이윤이다). 원유를 땅속에 그대로 두기 위해서는 이 가치가 적어도 이자율과 같은 수준으로 상승해야 한다. 따라서 여러분의 생산원칙은, 원유가격에서 채취비용을 뺀 금액이 이자율보다 빠르게 상승할 것으로 예상된다면 모든 원유를 땅속에 그대로 두어야 하며, 만약 가격에서 채취비용을 빼 준 금액이 이자율보다 느리게 상승할 것으로 예상된다면 원유를 모두 채취하여 팔아야 한다는 것이다. 만약 가격에서 채취비용을 뺀 금액이 이자율과 정확히 같

---

[20] 유전의 경우에는 대체로 평균비용과 한계비용이 일정하지 않으며, 짧은 시간 내에 모든 원유를 추출하는 데는 굉장히 많은 비용이 든다. 여기서는 문제를 단순화하기 위해 이런 사실은 무시한다.

이 상승한다면 어떻게 해야 하는가? 이 경우에는 원유를 모두 채취하는 것과 땅속에 그대로 두는 것 간에 아무런 차이가 없다. 올해의 원유가격을 P_t, 내년의 원유가격을 P_{t+1}, 채취비용을 c로 두면, 이러한 생산원칙을 다음과 같이 요약할 수 있다.

$(P_{t+1} - c) > (1+R)(P_t - c)$라면 원유를 땅속에 그대로 둔다.

$(P_{t+1} - c) < (1+R)(P_t - c)$라면 모든 원유를 채취하여 바로 판다.

$(P_{t+1} - c) = (1+R)(P_t - c)$라면 어떻게 하든지 차이가 없다.

원유가격 상승률에 대한 기대치가 주어진다면, 이 원칙을 사용하여 원유의 생산을 결정할 수 있다. 이때 원유가격은 얼마나 빠르게 상승할 것으로 예상해야 하는가?

시장가격의 움직임

OPEC과 같은 카르텔이 없으며, 원유시장이 원전을 소유한 많은 경쟁적 생산자로 구성되어 있다고 하자. 이 경우 다른 생산자들의 생산결정을 살펴봄으로써 원유가격이 얼마나 빠르게 상승할 것인지를 알 수 있다. 만약 다른 생산자들이 자신들이 얻을 수 있는 최대한의 수익률을 얻기를 원한다면, 그들은 위에서 설명한 생산원칙을 따를 것이며, 이는 가격에서 한계비용을 뺀 금액이 이자율과 정확히 동일하게 상승한다는 것을 의미한다.[21] 그 이유를 살펴보기 위해서, 가격에서 비용을 뺀 금액이 이자율보다 빠르게 상승한다고 하자. 이 경우에는 아무도 원유를 팔려고 하지 않을 것이며, 그 결과 원유의 현재가격은 상승할 것이다. 한편, 가격에서 비용을 뺀 금액이 이자율보다 느리게 상승한다면 모든 사람들이 원유를 바로 팔려고 할 것이며, 이에 따라 원유의 현재가격은 하락할 것이다.

그림 15.4는 시장가격이 어떻게 상승하는지에 대해 보여 준다. 자원의 한계채취비용은 c, 처음의 가격과 생산총량은 각각 P_0와 Q_0이다. 그림 15.4(a)는 순가격 $(P - c)$가 이자율과 동일한 비율로 상승하는 경우를 보여 준다. 그림 15.4(b)는 가격이 상승함에 따라 수요량이 하락한다는 것을 보여 준다. 이러한 상황은 시간 T까지 계속된다. 시간 T에서 원유는 모두 채취되어 사용되며, 가격은 수요가 0이 되는 P_T가 된다.

사용자비용

제8장에서 보았듯이 경쟁기업은 항상 가격이 한계비용과 일치할 때까지 생산한다. 그러나 한정된 천연자원시장이 경쟁시장인 경우에는 가격은 한계비용보다 높다(그리고 가격과 한계비용의 차이는 시간이 지남에 따라 더 커진다). 이는 제8장에서 배운 내용과 서로 상충하는가?

그렇지 않다. 한정된 천연자원을 채취하여 생산하는 데 발생하는 전체적 한계비용이 지하로부터 그 자원을 채취하는 데 발생하는 한계비용보다 크다는 것을 이해해야 한다. 한정된 천연자원을 현재의 판매를 위해 채취하여 생산할 때는 그 자원의 미래 판매(및 소비)를 줄이는 추가적인 비용이 발생한다. 이러한 기회비용을 **생산의 사용자 비용**(user cost of production)이라고 한다. 그

생산의 사용자 비용 현재의 생산으로 인해 미래의 생산이 줄어듦에 따른 기회비용

---

21 이 결과를 호텔링의 법칙(Hotelling rule)이라고 한다. 호텔링은 다음 문헌에서 이를 처음 증명하였다. Harold Hotelling, "The Economics of Exhaustible Resources," *Journal of Political Economy* 39 (April 1931): 137-75.

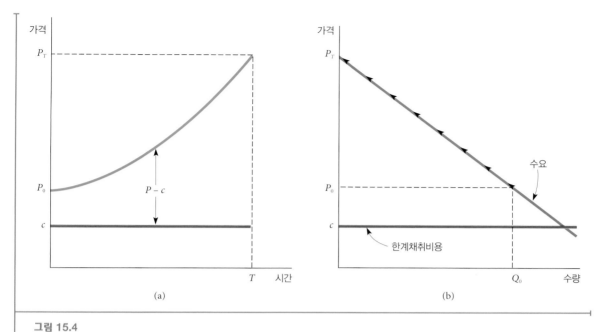

그림 15.4

한정된 자원의 가격

(a)에서 가격은 시간이 지남에 따라 상승한다. 땅속에 매장된 천연자원의 수익률은 다른 자산의 수익률과 같아야 한다. 따라서 경쟁시장에서는 가격에서 한계비용을 뺀 금액은 이자율과 동일한 비율로 상승한다. (b)는 가격이 상승함에 따라 수요곡선을 따라서 수요량이 줄어든다는 것을 보여 준다.

림 15.4에서, 사용자비용은 가격과 한계생산비용의 차이이다. 이 비용은 시간이 지남에 따라 땅속에 남아 있는 자원의 양이 점점 적어지기 때문에 상승한다. 다시 말해, 한정된 자원의 채취가 계속되면서 추가적인 1단위를 생산하는 데 발생하는 기회비용은 점점 커진다.

독점기업에 의한 한정된 자원의 생산

만약 한정된 자원이 경쟁시장에 의해 생산되는 것이 아니라 **독점기업**에 의해 생산된다면 어떻게 되는가? 이 경우도 가격에서 한계비용을 뺀 금액이 이자율과 똑같은 비율로 상승하는가?

독점기업이 땅속에 매장된 한정된 자원을 추가적으로 1단위 더 생산하여 판매할 것인가, 아니면 땅속에 그대로 둘 것인가를 결정하는 경우를 생각해 보자. 추가적인 1단위의 가치는 한계수입에서 한계비용을 뺀 금액이다. 만약 그 가치가 이자율보다 빠르게 상승할 것으로 예상된다면 그대로 땅속에 두어야 하며, 만약 이자율보다 느리게 상승할 것으로 예상된다면 생산하여 팔아야 한다. 독점기업은 생산량을 조정할 수 있으므로 한계수입에서 한계비용을 뺀 금액(즉 추가적인 1단위의 가치)이 이자율과 정확하게 동일한 비율로 상승하도록 생산량을 조절할 것이다. 즉 다음의 관계가 성립한다.

$$(\mathrm{MR}_{t+1} - c) = (1+R)(\mathrm{MR}_t - c)$$

이 원칙은 경쟁기업의 경우에도 적용된다. 다만, 경쟁기업의 경우 한계수입은 가격 p와 일치한다.

10.1절에서 설명했듯이 독점기업은 한계수입와 한계비용이 같아지는 지점에서 산출량 수준을 정함으로써 이윤을 극대화한다.

우하향하는 수요곡선을 가지는 독점기업의 경우에는 가격은 한계수입보다 높다. 따라서 만약 한계수입에서 한계비용을 빼 준 금액이 이자율과 동일한 비율로 상승한다면 가격에서 한계비용을 뺀 금액은 이자율보다 낮은 비율로 상승한다. 따라서 우리는 독점기업이 경쟁시장의 경우보다 더 자연보전적으로 행동한다는 흥미로운 결과를 얻는다. 독점기업은 독점력을 행사하여 높은 가격을 책정하며, 그에 따라 자원은 좀 더 천천히 고갈된다.

사례 15.7 천연자원은 얼마나 빨리 고갈되는가?

원유, 천연가스, 석탄, 우라늄, 구리, 철, 납, 주석, 니켈, 헬륨 등의 천연자원은 한정된 자원이다. 이러한 자원들은 매장량이 한정적이므로 생산과 소비는 궁극적으로는 사라진다. 어떤 자원은 다른 자원에 비해 상대적으로 더 한정적이다.

원유, 천연가스, 헬륨 등은 지금까지 알려진 매장량과 새로 발견될 매장량을 합해서 현재 소비량을 기준으로 50~100년간 사용할 수 있다. 이런 자원들의 경우에는 생산의 사용자비용이 시장가격의 상당히 많은 부분을 차지할 수 있다. 석탄이나 철은 현재 사용량을 기준으로 수백 년 또는 수천 년 동안 사용할 수 있는 매장량이 있다. 이런 자원의 경우에는 사용자비용은 매우 적다.

자원의 사용자비용은 현재 확인된 매장량과 미래에 발견될 수 있는 매장량에 대한 지질학적 정보, 해당 자원의 수요곡선, 경제성장에 따른 수요곡선의 이동 등을 통하여 추정할 수 있다. 시장이 경쟁적이라면 사용자비용은 해당 천연자원을 소유하는 사람들이 얻는 경제적 렌트를 통해 결정할 수 있다.

표 15.7은 여러 가지 천연자원에 대해 사용자비용을 경쟁가격에 대한 비율로 측정한 값을 보여 준다.[22] 원유와 천연가스의 경우에는 사용자비용이 가격에서 차지하는 비율이 상당히 높다. 다른 자원들의 경우에는 그 값이 적거나 무시할 정도이다. 나아가 이런 자원들은 대부분 급격한 가격 변동을 겪었지만 사용자비용은 가격 변동과 아무런 관련이 없었다. 예를 들어 원유가격은 OPEC과 중동의 정치적

상황에 따라, 천연가스가격은 에너지 수요의 변화에 따라, 우라늄과 보크사이트는 1970년의 국제적 카르텔의 형성에 의해, 구리가격은 수요의 변화에 따라 각각 변동하였다.

따라서 천연자원의 고갈은 지난 수십 년간 가격의 결정요인으로서 그리 중요한 역할을 하지 않았다. 시장구조와 시장수요의 변화가 보다 중요한 역할을 했던 것이다. 하지만 고갈 가능성은 무시되어서는 안 된다. 장기적으로는 고갈 가능성이 천연자원의 가격에 대한 궁극적인 결정요인이 될 것이다.

표 15.7	경쟁가격의 일부를 구성하는 사용자 생산비용
천연자원	**(사용자 생산비용)/경쟁가격**
원유	0.4~0.5
천연가스	0.4~0.5
우라늄	0.1~0.2
구리	0.2~0.3
보크사이트	0.05~0.2
니켈	0.1~0.3
철광석	0.1~0.2
금	0.05~0.1

---

22 여기에 나타난 수치들은 다음에서 발췌하였다. Michael J. Mueller, "Scarcity and Ricardian Rents for Crude Oil," *Economic Inquiry* 23 (1985): 703–24; Kenneth R. Stollery, "Mineral Depletion with Cost as the Extraction Limit: A Model Applied to the Behavior of Prices in the Nickel Industry," *Journal of Environmental Economics and Management* 10 (1983): 151–65; Robert S. Pindyck, "On Monopoly Power in Extractive Resource Markets," *Journal of Environmental Economics and Management* 14 (1987): 128–42; Martin L. Weitzman, "Pricing the Limits to Growth from Mineral Depletion," *Quarterly Journal of Economics* 114 (May 1999): 691–706; and Gregory M. Ellis and Robert Halvorsen, "Estimation of Market Power in a Nonrenewable Resource Industry," *Journal of Political Economy* 110 (2002): 883–99.

15.9 이자율은 어떻게 결정되는가

지금까지는 시장이자율이 자본투자나 생산의 시점 간 결정에 어떻게 이용되는지에 대해 살펴보았다. 그러나 이자율의 수준은 무엇에 의해 결정되는가? 이자율은 왜 변동하는가? 이러한 질문에 답하기 위해서는 이자율이 돈을 빌리는 사람들이 돈을 빌려 주는 사람들에게 돈을 사용하는 대가로 지불하는 가격임을 기억해야 한다. 기타 재화나 서비스처럼 이자율도 수요와 공급에 의해 결정된다. 이 경우 수요와 공급은 자금의 수요와 공급이다.

대부자금(loanable funds)의 공급은 미래의 소비를 위하여(또는 후손에게 상속하기 위하여) 자신의 소득 중 일부를 저축하는 개인들로부터 발생한다. 예를 들어 어떤 사람은 지금은 소득이 높지만 은퇴 후에는 소득이 줄어들 것으로 예상한다. 저축은 이러한 사람들이 소비를 여러 기간에 걸쳐 균등하게 배분할 수 있도록 해 준다. 또한 자신이 빌려 주는 돈에 대해서 이자를 받기 때문에 그들은 현재의 소비를 줄이는 대신 미래에 좀 더 많은 소비를 할 수 있다. 따라서 이자율이 높아질수록 저축하려는 인센티브는 커지며, 이에 따라 자금의 공급곡선이 그림 15.5의 S곡선처럼 우상향한다.

대부자금의 수요는 두 부분으로 구성된다. 첫째, 어떤 사람들은 자신의 현재소득보다 많이 소비하기를 원한다. 이는 그들의 소득이 현재는 적지만 앞으로 증가할 것으로 기대하기 때문일 수도 있고, 주택구입과 같이 미래의 소득으로 갚아야 하는 대규모의 구매 때문일 수도 있다. 이들은 소비를 위해 기다리지 않는 것에 대하여 이자를 지불할 용의가 있다. 그러나 이자율이 높아질수록 기다리는 것보다 기다리지 않는 것의 비용이 더 커진다. 따라서 이자율이 높아질수록 이러한 사람들이 돈을 빌리려는 생각은 줄어든다. 따라서 그림 15.5의 D_H곡선처럼 자금의 수요량은 이자율이 상승함에 따라 감소한다.

대부자금에 대한 수요를 구성하는 두 번째 요소는 자본투자를 원하는 기업들이다. 기업은 어떤 투자안의 순현재가치가 양(＋)의 값을 가진다면 투자를 하고자 한다. 순현재가치가 양(＋)의 값을 가진다는 것은 해당 투자로부터 기대되는 수익률이 자금의 기회비용보다 크다는 의미이다. 자금의 기회비용(순현재가치를 구하기 위해 사용하는 할인율)은 (위험에 대해 조정된) 이자율이다. 일반적으로 기업은 투자를 위해 자금을 빌린다. 그 이유는 투자로부터 얻는 이윤흐름은 미래에 발생하는 반면에, 투자에 드는 비용은 통상적으로 현재에 지불되기 때문이다. 따라서 기업들의 투자하고자 하는 의욕은 자금에 대한 수요를 발생시키는 중요한 요인이다.

그러나 앞에서 살펴봤듯이, 이자율이 상승할수록 투자의 순현재가치는 작아진다. 이자율이 상승함에 따라 순현재가치가 양(＋)의 값에서 음(－)의 값으로 바뀌면 투자대상에서 제외된다. 따라서 전체적으로 볼 때, 이자율이 상승함에 따라 기업들의 투자는 줄어들고 자금에 대한 수요도 줄어들므로 기업들의 자금에 대한 수요곡선은 그림 15.5의 D_F곡선처럼 우하향한다.

대부자금의 총수요는 개인과 기업의 자금수요를 합한 것이다. 그림 15.5에서 D_T는 자금의 총수요곡선이다. 총수요곡선과 공급곡선은 균형이자율을 결정한다. 그림 15.5에서 균형이자율은 R^*이다.

그림 15.5를 이용하여 이자율이 변동하는 이유도 설명할 수 있다. 경제가 불황기에 접어들면 새로운 자본투자로부터 기업이 기대하는 미래의 매출액과 이윤흐름은 줄어든다. 따라서 투자 프

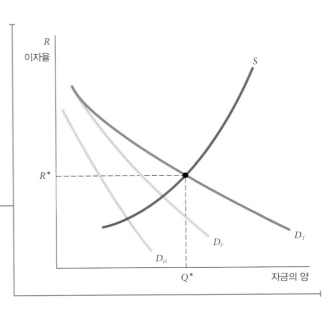

그림 15.5
대부자금의 수요와 공급
시장이자율은 대부자금의 수요와 공급에 의해 결정된다. 가계에서 미래 소비를 위해 대부자금을 공급하는데 이자율이 높을수록 공급량은 증가한다. 가계와 기업은 자금이 필요하며 이자율이 높을수록 수요량이 줄어든다. 수요와 공급의 이동은 이자율의 변동을 가져온다.

로젝트의 순현재가치가 줄어들면서 기업의 투자의욕은 감소하고 자금수요도 감소한다. 이에 따라 D_F와 D_T는 왼쪽으로 이동하며 균형이자율은 하락한다. 한편, 정부가 세금으로 거둬들이는 수입보다 더 많은 지출을 하여 큰 재정적자가 나타나는 경우를 생각해 보자. 정부의 재정적자는 정부가 돈을 빌려야 함을 의미하며 이는 자금의 총수요곡선 D_T를 오른쪽으로 이동시킨다. 따라서 이자율은 상승한다. 중앙은행의 통화정책 또한 이자율에 영향을 미치는 중요한 요소이다. 중앙은행은 돈의 공급을 늘릴 수 있으며 이는 대부자금의 공급곡선을 오른쪽으로 이동시켜 이자율을 하락시킨다.

여러 종류의 이자율

그림 15.5에서는 개별수요와 개별공급을 모두 합하여 전체 수요와 전체 공급에 의해 마치 하나의 시장이자율이 결정되는 것처럼 보이지만, 실제로 개인, 기업, 정부는 여러 조건과 기간에 의해 돈을 빌려 주고 또한 빌린다. 따라서 실제로는 여러 수준의 시장이자율이 존재한다. 여기서는 신문에 게재되고 때때로 자본투자 결정에 이용되는 중요한 이자율 중 일부를 간단히 살펴보기로 한다.

- **재무성 단기채권 이자율**(Treasury Bill Rate): 미국 재무성은 1년 이하의 만기를 갖는 단기채권을 발행한다. 이는 제로 쿠폰 채권(중간에 이자를 지급하지 않는 대신 만기에 돌려주는 원금보다 낮은 가격에 판매되는 채권)이다. 예를 들어 3개월 만기의 재무성 채권은 $98에 판매되며 3개월 뒤에 $100의 원금을 돌려준다. 따라서 3개월간의 실효수익률은 약 2%이며, 연 실효수익률은 약 8%이다.[23] 재무성 단기채권의 이자율은 단기 무위험이자율로 생각할 수 있다.

---

23 정확하게는 3개월 동안의 수익률은 $(100/98) - 1 = 0.0204$이며, 연간 수익률은 $(100/98)^4 - 1 = 0.0842 = 8.42\%$이다.

- **재무성 장기채권 이자율**(Treasury Bond Rate): 미국 재무성은 만기가 10~30년인 장기채권도 발행한다. 이러한 채권의 이자율은 만기에 따라 각각 다르다.
- **재할인율**(Discount Rate): 상업은행은 단기간 중앙은행으로부터 돈을 빌린다. 이러한 단기차입을 재할인이라고 하며, 중앙은행이 은행의 이러한 차입금에 부과하는 이자율을 재할인율이라고 한다.
- **연방준비기금 이자율**(Federal Funds Rate): 이 이자율은 은행이 지급준비금이 모자라는 다른 은행에 돈을 빌려 주면서 부과하는 1일물 대출(overnight loan)에 대한 이자율이다. 연방준비기금은 현재 유통되는 화폐와 은행들이 연방준비은행에 예치해 두는 예금으로 구성된다. 은행들은 연방준비제도(Fed: 미국의 중앙은행)가 예금의 일정한 비율을 정해 은행들에게 보유할 것을 요구하는 필요지급준비금을 맞추기 위해 연방준비은행에 일정액을 예금해 둔다. 그러나 매일의 거래에 따라 필요지급준비금보다 많은 화폐를 보유하는 은행은 필요지급준비금이 부족해지는 은행에게 연방준비기금 이자율로 돈을 빌려 준다. 이 이자율은 미국 연방준비위원회가 핵심적인 통화정책 수단으로 이용하는 이자율이다.
- **상업어음 이자율**(Commercial Paper Rate): 안정성이 높은 대기업이 단기적으로 돈을 빌리기위해 발행하는 단기채권(6개월 이하의 만기)을 상업어음이라고 한다. 상업어음은 재무성 단기채권보다 약간 위험하기 때문에 통상적으로 상업어음의 이자율은 재무성 단기채권의 이자율보다 높지만 그 차이는 1% 미만이다.
- **프라임레이트**(Prime Rate): 이 이자율은 기준금리(reference rate)라고도 하며, 대규모 상업은행이 자신의 대기업 고객에게 단기간 자금을 빌려 줄 때 책정하는 이자율이다. 사례 12.4에서 살펴봤듯이, 이 이자율은 그 밖의 이자율과는 달리 매일 변하지는 않는다.
- **회사채 이자율**(Corporate Bond Rate): 이는 기업이 발행하는 장기채권(보통 20년 만기)의 이자율이다. 이 이자율은 채권을 발행하는 기업의 위험도에 따라 다르다. 우량 정도에 따라 기업들을 그룹별로 구별하여 각 기업그룹의 기업들이 발행하는 장기채권의 연평균수익률이 신문이나 기타 매체에 발표된다. 이는 기업들이 장기채무에 대해 얼마를 지불하려고 하는지를 알려 준다. 그러나 사례 15.2에서 봤듯이 회사채의 수익률은 해당 채권을 발행한 기업의 재무적 능력(위험)과 만기까지 남아 있는 기간에 따라 상당히 달라질 수 있다.

요약

1. 기업이 가지는 자본은 저량(stock)으로 측정되지만, 노동과 원재료는 유량(flow)으로 측정된다. 자본은 미래의 이윤흐름을 발생시킨다.

2. 기업이 자본에 투자한다는 것은 미래의 이윤을 얻기 위해 지금 돈을 지출한다는 것을 말한다. 어떤 투자가 가치 있는지를 판단할 때 기업은 그 투자가 가져다 주는 미래 이윤흐름을 할인하여 그 투자의 현재가치를 파악해야 한다.

3. 지금부터 1년 뒤에 지불되는 $1의 현재할인가치(PDV)는 이자율이 R이라면 $1 / (1 + R)$이 된다. 지금부터 n년 뒤에 지불되는 $1의 PDV는 $1 / (1 + R)^n$이다.

4. 채권은 채무자가 채권소유자(채권자)에게 미래의 현금흐름을 지불할 것을 약정하는 계약이다. 채권의 가치는 채권이 가져다주는 미래 현금흐름의 현재할인가

치이며, 채권의 실효수익률은 이 가치를 채권의 시장 가격과 일치시켜 주는 이자율이다. 채권의 실효수익률은 각 채권마다 위험과 만기까지 남아 있는 기간에 따라 다르다.

5. 기업은 자본에 대한 투자를 결정할 때 순현재가치법을 사용할 수 있다. 순현재가치법은 투자로부터 기대되는 미래 현금흐름의 현재가치가 그 투자의 비용(또는 비용의 현재가치)보다 클 때 투자해야 한다는 원칙이다.

6. 어떤 투자의 순재현가치를 구하는 데 사용하는 할인율은 자본의 기회비용(차선의 비슷한 위험을 갖는 투자를 했을 때 기업이 얻을 수 있는 수익률)과 같아야 한다.

7. 순현재가치를 구할 때, 현금흐름이 명목가치로 측정됐다면 할인율도 명목할인율을 사용해야 하며, 현금흐름이 실질가치로 측정됐다면 실질할인율을 사용해야 한다.

8. 위험에 대한 조정을 위해 할인율에 위험프리미엄을 더한다. 그러나 위험프리미엄은 분산불가능 위험만을 반영해야 한다. 자본자산가격 결정 모형(CAPM)을 사용하여 위험프리미엄을 구할 때, 위험프리미엄의 크기는 해당 투자의 베타 값과 주식시장 전체에 대한 위험프리미엄을 곱한 것이다. 어떤 투자자산의 베타는 해당 투자자산의 수익률이 시장 전체의 수익률에 대해 갖는 민감도를 측정해 준다.

9. 소비자도 기업과 동일한 분석이 요구되는 투자결정에 직면한다. 자동차나 가전제품처럼 내구성을 갖는 재화의 구입을 결정할 때, 소비자는 그 재화를 사용함에 따라 발생하는 비용의 현재가치를 고려해야 한다.

10. 사람들이 좀 더 생산적이 되게 만들어 주고 또한 그에 따라 미래에 더 높은 소득을 얻을 수 있게 해 주는 지식, 기술, 경험을 의미하는 인적자본에 대한 투자도 기타 투자와 마찬가지 방법으로 평가될 수 있다. 예를 들어 추가적인 교육에 대한 투자는, 그로 인해 얻을 수 있을 것으로 기대되는 혜택인 미래소득 증가의 현재가치가 그를 위해 지불해야 하는 비용의 현재가치를 초과한다면 경제적 타당성을 가진다.

11. 매장량이 한정된 천연자원은 은행에 저축한 돈과 같다. 따라서 시장이자율과 동일한 수익률을 가져야 한다. 만약 시장이 경쟁적이라면, 가격에서 한계채취비용을 뺀 금액은 시장이자율의 크기만큼 상승할 것이다. 한정된 자원의 생산에 있어서 해당 자원의 가격과 한계생산비용 간의 차이를 사용자 생산비용이라고 한다. 이는 해당 자원을 추가적으로 1단위 더 생산하는 데 발생하는 기회비용이다.

12. 시장이자율은 대부자금의 수요와 공급에 의해 결정된다. 개인들은 미래에 더 많이 소비하기 위해서 현재의 소비를 억제하여 자금을 공급하며 개인, 기업, 정부는 자금을 수요한다. 대부자금의 수요와 공급의 변화는 이자율을 변화시킨다.

복습문제

1. 어떤 기업이 $1천만의 비용으로 구입한 공장에서 직물과 노동을 사용하여 셔츠를 생산한다. 어떤 생산요소가 유량으로 측정되며, 어떤 생산요소가 저량으로 측정되는가? 이 기업이 공장을 구입하는 대신 임대해서 사용한다면 답은 어떻게 달라지는가? 생산물(셔츠)은 유량으로 측정되는가, 아니면 저량으로 측정되는가? 이 기업의 이윤은 어떻게 측정되는가?

2. 투자자들은 채권의 순현재가치를 어떻게 계산하는

가? 만약 이자율이 5%라면, 매년 $1,000를 지급하는 영구채권의 현재가치는 얼마인가?

3. 채권의 실효수익률이란 무엇이며, 어떻게 구하는가? 어떤 기업의 채권이 다른 기업의 채권보다 실효수익률이 더 높은 이유는 무엇인가?

4. 투자결정에서 순현재가치법이란 무엇인가? 투자 프로젝트의 순현재가치는 어떻게 구하는가? 어떤 투자가 가져다주는 미래 현금흐름이 확실하다면 그 투자

의 순현재가치를 구하는 데는 어떤 할인율을 사용해야 하는가?

5. 은퇴 시점에 여러분은 퇴직금 지급 방식에 대해 다음 두 가지 중 하나를 선택할 수 있다. 하나는 한꺼번에 일시불로 퇴직금을 받는 것이며, 다른 하나는 매년 그보다 적은 일정한 금액을 살아 있는 동안 계속 받는 것이다. 어떤 선택이 좋은지 어떻게 판단할 것인가? 여러분에게 필요한 정보는 무엇인가?

6. 여러분은 지난 몇 달 동안 회사채권의 가격이 계속 상승해 왔다는 것을 알고 있다. 다른 사항들이 일정하다면, 이런 현상은 그 기간 동안 이자율에 어떤 일이 발생했음을 말해 주는가?

7. 실질할인율과 명목할인율의 차이는 무엇인가? 순현재가치를 구하기 위해 실질할인율을 사용한다면 명목할인율은 언제 사용하는가?

8. 순현재가치를 구할 때 위험을 고려하기 위한 위험프리미엄은 어떻게 사용되는가? 분산가능 위험과 분산불가능 위험의 차이는 무엇인가? 위험프리미엄의 크기를 구할 때 분산불가능 위험만 고려되는 이유는 무엇인가?

9. 자본자산가격 결정 모형에서 "시장수익률"은 무엇을 의미하는가? 시장수익률이 무위험이자율보다 높은 이유는 무엇인가? 자산베타는 무엇을 측정하는가? 베타 값이 높은 자산이 베타 값이 낮은 자산보다 기대수익률이 높은 이유는 무엇인가?

10. 여러분이 $1억짜리 제철공장의 건설을 고려하고 있다고 하자. 이 투자로부터 기대할 수 있는 미래 현금흐름을 알지만, 불확실(위험)하다. 앞으로 철의 가격은 오르거나 내릴 수 있다. 이 경우 자본자산가격 결정 모형은 순현재가치를 구하기 위한 할인율을 선택하는 데 어떤 도움을 주는가?

11. 소비자는 에어컨이나 기타 내구성을 갖는 전기제품을 선택할 때 현재 비용과 미래 비용을 어떻게 비교하는가? 순현재가치법은 이러한 선택에 어떤 도움을 주는가?

12. 한정된 자원을 생산할 때 발생하는 생산의 사용자비용은 무엇을 의미하는가? 경쟁적인 천연자원시장에서 가격에서 비용을 뺀 금액이 이자율과 동일한 크기로 상승하는 이유는 무엇인가?

13. 자금의 공급을 결정하는 요인은 무엇인가? 자금의 수요를 결정하는 요인은? 자금의 수요곡선과 공급곡선은 어떤 요인에 의해 이동하며, 이들은 이자율에 어떤 영향을 미치는가?

연습문제

1. 이자율이 10%라면 오늘 $100가 투자됐다면 1년 후와 5년 후의 가치는 각각 얼마인가? 지금부터 1년 후에 지불되는 $100의 오늘 가치는 얼마인가? 2년 후에 지불되는 경우는? 5년 후에 지불되는 경우는?

2. 여러분은 다음의 두 가지 지급방법 중 하나를 선택할 수 있다. (a) 1년 뒤에 $150가 지급되고, 2년 뒤에 $150가 지급되는 것, (b) 1년 뒤에 $130가 지급되고, 2년 뒤에 $160가 지급되는 것. 이자율이 5%라면 여러분은 어떤 것을 더 선호하는가? 이자율이 15%라면?

3. 이자율이 10%라고 하자. 앞으로 5년 동안 매년 $80를 지급하고, 6년째에 원금 $1,000를 지급하는 쿠폰채권의 가치는 얼마인가? 이자율이 15%일 때의 가치는?

4. 2년 만기의 채권이 있다. 1년 후에는 $100의 쿠폰을 지급하고, 2년 후에는 쿠폰 $100와 원금 $1,000를 지급한다. 현재 이 채권은 $966에 거래된다. 이 채권의 실효수익률은 얼마인가?

5. 식 (15.5)는 전기모터공장에 대한 투자의 순현재가치를 나타낸다. 전체 비용 $1천만의 반은 바로 지급해야 하며, 나머지 반은 1년 후에 지급해야 한다. 공장을 가동하더라도 처음 두 해 동안은 손실이 발생할 것으로 예상된다. 할인율이 4%라면, 이 공장에 대한 투자가 갖는 순현재가치는 얼마인가? 이 투자는 가치가

있는가?

6. 시장이자율은 5%이며, 앞으로도 그대로 유지될 것으로 예상된다. 소비자는 이 이자율에서 자신이 원하는 만큼 돈을 빌릴 수도 있고 빌려 줄 수도 있다. 다음 각 상황에서 여러분의 선택에 대해 설명하라.

 a. 여러분은 오늘 $500와 1년 후의 $540 중 어느 것을 선호하는가?

 b. 여러분은 현재의 $100짜리 선물(gift)과 4년 동안 이자를 지불할 필요가 없는 $500의 대출금 중 어느 것을 선호하는가?

 c. $8,000짜리 자동차에 대해 $350를 할인해 주는 것과 연 0%의 이자율로 1년 후에 $8,000를 갚는 것 중에서 어느 것을 선호하는가?

 d. 여러분이 앞으로 20년 동안 매년 $50,000를 주는 복권에 당첨된다면 이 복권의 현재가치는 얼마인가?

 e. $100만의 복권에 당첨되어 오늘 당장 그 돈을 다 받을 수도 있고, 아니면 영원히 자손 대대로 매년 $60,000를 받을 수 있다면, 여러분은 어느 쪽을 택하겠는가?

 f. 부모로부터 $10,000가 넘는 금액을 증여받는 자녀는 그에 대한 세금을 내야 한다. 그러나 부모가 자녀에게 이자를 받지 않고 돈을 빌려 주는 경우에 자녀는 세금을 내지 않아도 된다. 어떤 사람은 이러한 상황은 불공평하다고 말한다. 그 이유는 무엇인가? 이러한 상황은 누구에게 불공평한가?

7. 랄프는 대학원 진학 여부를 결정해야 한다. 매년 $15,000의 학비를 2년 동안 투자하여 대학원 과정을 마친다면 앞으로 자신이 일하는 기간 동안 매년 $60,000의 봉급을 주는 직업을 얻게 된다. 그러나 대학원을 가지 않는다면 바로 직장을 가져야 하며, 이 경우에는 앞으로 3년 동안은 매년 $30,000를, 그다음 3년 동안은 매년 $45,000를, 그 이후에는 매년 $60,000를 번다. 이자율이 10%라고 할 때 대학원에 진학하는 것은 금전적으로 좋은 투자인가?

8. 여러분의 삼촌이 여러분에게 유전을 증여했다고 하자. 원유 생산의 한계생산비용은 $50, 원유의 현재가격은 $80이다. 원유의 총생산량은 생산량의 많은 부분을 차지하는 카르텔에 의해 관리된다. 여러분은 유전에서 원유를 지금 모두 채취하여 팔아야 하는가, 아니면 생산을 나중으로 미루어야 하는가? 그 이유를 설명하라.

9. 여러분은 고급 포도주에 투자할 계획을 세우고 있다. 포도주 1병당 가격은 $100이고, 포도주를 t년 동안 보유하면 그 가치는 $100t^{1/2}$이 된다. 여러분은 100병의 고급 포도주를 구입할 수 있으며, 현재의 시장이자율은 10%이다.

 a. 여러분은 몇 병의 포도주를 구입해야 하는가? 이를 판매하기 위해 얼마나 기다려야 하는가? 포도주 판매로 여러분이 얻게 될 수입은 얼마인가?

 b. 여러분이 포도주를 구입하자마자 어떤 사람이 여러분에게 1병에 $130에 자기에게 판매할 것을 제안한다면 그 제안을 받아들이겠는가?

 c. 이자율이 5%라면, 여러분의 답은 어떻게 달라지는가?

10. 일회용 기저귀 산업(사례 15.4)에서의 자본투자에 대해서 현재 이 산업에 있는 기업의 입장에서 다시 살펴보자. 만약 프록터앤갬블사나 킴벌리-클라크사가 생산능력을 증대시키기 위해 공장 3개를 새로 짓는다면 이 회사들은 초기 연구개발비 $6천만를 지출할 필요가 없다. 이러한 이점은 이 회사들의 표 15.5와 같은 순현가 계산에 어떤 영향을 미치는가? 할인율이 12%일 때 이 투자는 수익성이 있는 투자인가?

11. 새 자동차를 $20,000에 사서 6년 후에 $12,000에 팔거나, 다른 대안으로는 한 달에 $300의 임대료를 지불하고 3년간 자동차를 사용한 후 돌려줄 수 있다고 하자(단순화를 위해 매년 $3,600의 임대료를 지불한다고 하자).

 a. 만약 이자율이 4%라면, 자동차를 구입하는 것과 임대하는 것 중 어느 쪽이 나은 선택인가?

 b. 이자율이 12%라면 어느 쪽이 나은 선택인가?

 c. 사는 것과 임대하는 것 사이에 아무런 차이가 없는 이자율은 얼마인가?

12. 어떤 소비자는 컴퓨터를 $1,000에 구입하여 3년간 인터넷 접속료로 매달 $10를 지불하는 것과 컴퓨터를 $400 할인하여 구입하고($600에 구입) 3년간 인터넷 접속료로 매달 $25를 지불하는 것 중에서 하나를 선택해야 한다(단순화를 위해 매년 $120의 인터넷 접속료를 지불한다고 하자).

a. 이자율이 3%라면 이 소비자는 어느 쪽을 선택해야 하는가?

b. 이자율이 17%라면 어느 쪽을 선택해야 하는가?

c. 어떤 수준의 이자율에서 이 소비자는 두 선택에 아무런 차이가 없다고 생각하는가?

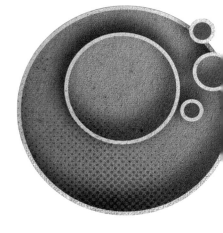

PART 4

정보, 시장실패, 그리고 정부의 역할

제4부에서는 시장이 때때로 자원의 효율적인 배분에 실패하는 현상은 어떤 이유로 초래되는지, 그리고 경제적 효율성을 달성하기 위한 정부의 개입은 어떻게 이루어지는지에 대해 설명한다.

지금까지 이 책에서는 소비자와 기업은 어떻게 행동하며, 그러한 행동이 시장구조에 어떤 영향을 미치는지에 관한 실증적 질문에 초점을 맞추었다. 제4부는 보다 규범적인 접근법을 취한다. 우선 경제적 효율성의 달성이라는 목표에 대해 설명하며, 어떤 경우에 시장이 경제적으로 효율적인 결과를 가져오는가를 살펴보며, 시장실패가 일어나는 이유와 그에 따른 정부 개입에 대해 설명한다.

　제16장에서는 서로 관련된 시장들 간의 상호작용을 고려하는 일반균형분석에 대해 살펴본다. 또한 경제가 효율적인 상태에 있기 위해서 요구되는 조건들을 분석하며, 언제, 어떤 이유로 경쟁시장이 효율적인 결과를 가져오는지에 대해서도 살펴본다. 제17장에서는 시장실패의 중요한 원인 중 하나인 불완전한 정보에 대해 살펴본다. 시장에서 일부 참여자들이 다른 참여자에 비해 많은 정보를 가진다면 시장은 재화를 효율적으로 배분하지 못하거나 혹은 시장 자체가 존재하지 않을 수도 있음을 살펴본다. 또한 판매자가 잠재적 구매자에게 제품의 품질에 대한 신호를 보냄으로써 정보의 비대칭 문제를 어떻게 피해 갈 수 있는지에 대해서도 살펴본다. 제18장에서는 시장실패의 또 다른 이유인 외부효과와 공공재에 대해 설명한다. 이러한 시장실패가 어떤 경우에는 사적 협상을 통하여 해결될 수 있지만, 또 다른 경우에는 정부의 개입이 요구된다는 것을 살펴본다. 또한 공해세나 배출권거래제와 같이 시장실패를 교정하는 다양한 수단들에 대해서도 살펴본다.

　마지막으로 제19장은 행동경제학을 다룬다. 여기서는 사람들의 선택에 영향을 미치는 심리적 요인들에 의해서만 설명될 수 있는 소비자행동에 대해 논의한다.

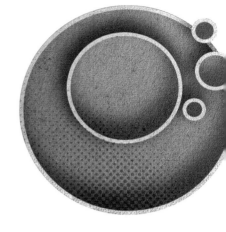

CHAPTER 16
일반균형과
경제적 효율성

지금까지는 개별 시장의 문제를 분리하여 살펴보았다. 그러나 시장은 때때로 상호의존적이어서 한 시장의 상황은 다른 시장의 가격이나 생산량에 영향을 미친다. 한 재화는 다른 재화의 생산에 사용되는 생산요소이거나, 재화들이 서로 대체재 또는 보완재일 수 있기 때문이다. 이 장에서는 시장 간의 상호관련성을 고려하기 위하여 **일반균형분석**(general equilibrium analysis)을 활용한다.

또한 이 장에서는 제9장에서 소개한 경제적 효율성의 개념을 확장하며, 완전경쟁시장을 통해 얻을 수 있는 이익에 대해 논의한다. 이를 위해 우선 개인과 국가 간의 교환으로부터 시작하여 경제적 효율성에 대해 분석한다. 나아가 이러한 교환에 대한 분석을 이용하여 어떤 경제가 얻는 결과가 공평한지에 대해서도 알아본다. 그 결과가 불공평하다면 정부가 나서서 소득을 재분배할 수 있다.

다음으로, 한 경제가 재화를 효율적으로 생산하고 배분하기 위하여 충족시켜야 하는 조건들에 대해 살펴보며, 완전경쟁시장에서는 그러한 조건들이 충족되는 이유를 설명한다. 또한 자유로운 국제무역이 한 국가의 생산역량을 확장시키고 그 국가의 소비자를 좀 더 나은 상태로 만들어 줄 수 있는 근거에 대해서도 설명한다. 그러나 대부분의 시장은 완전경쟁적인 상황과는 상당히 다르다. 따라서 이 장의 마지막 절에서는 시장이 효율적으로 작동하는 데 실패하는 중요한 이유들에 대해 논의한다. 시장실패에 대한 보다 자세한 내용은 제17장과 제18장에서 살펴본다.

16.1 일반균형분석

지금까지의 시장에 대한 분석에서는 주로 **부분균형분석**(partial equilibrium analysis)을 사용하였다. 부분균형분석을 통해 시장의 균형가격과 균형수량을 찾는다는 것은 한 시장에서의 결과가 다른 시장에는 영향을 미치지 않는다는 것을 전제하는 것이다. 예를 들어 제2장과 제9장의 밀시장에 대한 분석은 밀시장이 옥수수나 콩시장과는 독립적이라는 가정하에서 이루어진 것

부분균형분석 다른 시장으로부터의 영향을 고려하지 않고 한 시장의 균형가격과 수량을 분석

이다.

부분균형분석만으로도 어떤 시장의 움직임을 충분히 이해할 수도 있지만, 시장 간의 상호관련성을 고려해야 하는 경우도 있다. 예를 들어 제2장에서 설명하였듯이 두 재화가 서로 대체재이거나 보완재라면 한 재화의 가격 변화가 다른 재화의 수요에 영향을 미친다. 제8장에서는 어떤 생산요소에 대한 기업의 수요가 증가하면 그 생산요소의 시장가격과 그 기업이 생산하는 생산물의 가격이 상승한다는 것을 살펴보았다.

일반균형분석 시장 간의 피드백효과를 고려하여 모든 관련 시장의 가격과 수량을 동시에 분석

부분균형분석과는 달리 **일반균형분석**(general equilibrium analysis)에서는 모든 시장에서 가격과 수량이 동시에 결정되며, 시장 간의 피드백효과를 명시적으로 고려한다. 피드백효과(feedback effect)란 한 시장의 가격과 수량의 변화에 의한 관련 시장의 가격과 수량의 변화를 말한다. 예를 들어 정부가 원유 수입에 세금을 부과한다면 수입원유의 가격은 비싸져서 휘발유의 공급곡선은 왼쪽으로 이동하며, 휘발유의 가격은 인상된다. 세금의 효과는 거기서 끝나지 않는다. 원유가격의 상승은 천연가스의 수요를 증가시키므로 천연가스의 가격을 상승시킨다. 높아진 천연가스의 가격은 다시 원유의 수요를 증가시키면서(원유 수요곡선의 오른쪽으로의 이동) 원유의 가격을 더욱 상승시킨다. 원유시장과 천연가스시장은 이러한 상호작용을 계속하면서 최종적으로 두 시장에서 각각 수요량과 공급량이 일치하는 어떤 균형에 도달하게 된다.

현실적으로 한 시장에서의 변화가 다른 모든 시장에 미치는 효과를 분석하는 완전한 일반균형분석은 가능하지 않다. 그 대신 상호 밀접한 관계를 가지는 두세 개의 시장을 분석 대상으로 한다. 예를 들어 원유에 대한 과세의 효과를 살펴보는 경우에는 천연가스, 석탄, 그리고 전력시장을 함께 살펴볼 수 있다.

상호의존적인 두 시장 – 일반균형으로의 이동

시장의 상호의존성을 이해하기 위하여 경쟁시장인 DVD 대여시장과 영화관람권시장을 예로 들어 보자. 사람들은 집에서 영화를 보거나 영화관에서 영화를 보는 것 중 하나를 선택할 수 있으므로 두 시장은 매우 밀접한 관련이 있다. 한 시장에 영향을 주는 가격정책의 변화는 다른 시장에 영향을 미치며, 이는 다시 처음의 시장에 영향을 미친다.

그림 16.1은 DVD 대여시장과 영화관람권시장의 수요곡선과 공급곡선을 보여 준다. 그림 16.1(a)에서 초기의 영화관람권의 가격은 \$6이다. 시장은 D_M 곡선과 S_M 곡선이 만나는 점에서 균형을 이룬다. 그림 16.1(b)에서 보듯이, DVD 대여시장의 균형가격은 \$3이다.

이제 정부가 영화관람권 1장당 \$1의 세금을 부과한다고 하자. 그림 16.1(a)에서 세금으로 인해 영화관람권의 공급곡선은 S_M에서 \$1만큼 위로 이동하여 S_M^*가 된다. 공급곡선의 이동으로 영화관람권의 가격은 \$6.35로 상승하며, 영화관람권의 판매량은 Q_M에서 Q_M'으로 감소한다. 여기까지는 부분균형분석에 의한 설명이다. 일반균형분석에서는 두 가지 사항을 추가적으로 살펴본다. 첫째, 영화관람권에 부과되는 세금이 DVD 대여시장에 미치는 효과를 살펴보며, 둘째, DVD 대여시장으로부터 영화관람권시장으로 피드백효과가 나타나는지를 살펴본다.

2.1절에서 살펴보았듯이 한 재화의 가격 인상이 다른 재화의 수요량을 증가시킨다면 두 재화는 서로 대체재이다.

영화와 DVD는 서로 대체재이기 때문에 영화관람권에 대한 세금은 DVD 대여시장에 영향을 미친다. 영화관람권가격의 상승은 그림 16.1(b)의 DVD 대여시장에서 DVD의 수요곡선을 D_V에서 D_V'로 이동시킨다. 이러한 수요곡선의 이동으로 DVD 대여가격은 \$3에서 \$3.5로 상승한다.

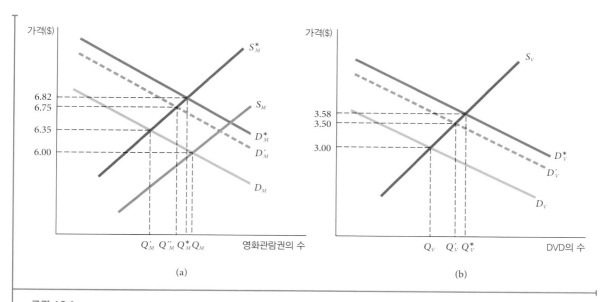

그림 16.1
상호의존적인 두 시장: (a) 영화관람권과 (b) DVD 대여
두 시장이 상호의존적이라면 모든 재화의 가격은 동시에 결정되어야 한다. (a)에서 영화관람권에 대한 과세는 공급곡선을 S_M에서 S_M^*로 이동시킨다. 영화관람권가격의 상승($6에서 $6.35로)은 (b)에서 DVD 대여의 수요곡선을 위로(D_V에서 D_V'으로) 이동시키며, 이에 따라 DVD 대여가격은 상승($3에서 $3.5)한다. DVD 대여가격의 인상은 다시 영화관람권시장에 피드백효과를 미치는데, 영화관람권의 수요곡선은 D_M에서 D_M'으로 이동하며 이에 따라 영화관람권의 가격은 $6.35에서 $6.75로 더 상승한다. 이러한 과정은 (a)에서는 D_M^*곡선과 S_M^*곡선이 서로 만나는 점에서 영화관람권가격($6.82)이 결정되며, (b)에서는 D_V^*곡선과 S_V곡선이 서로 만나는 점에서 DVD 대여가격($3.58)이 결정되는 일반균형에 도달할 때까지 계속된다.

한 재화에 대한 세금이 다른 재화의 가격과 판매량에 영향을 미칠 수 있다는 점을 주목할 필요가 있는데, 정책당국은 조세 정책을 수립할 때 이 점을 고려해야 한다.

영화관람권시장에는 어떤 일이 발생하는가? 영화관람권에 대한 처음의 수요곡선은 DVD 대여가격이 $3에 그대로 머무른다는 가정에 따른 수요곡선이다. 그러나 DVD 대여가격이 $3에서 $3.5로 변했기 때문에 그림 16.1(a)에서 영화관람권에 대한 수요곡선은 D_M에서 D_M'으로 이동한다. 영화관람권의 새로운 균형가격(S_M^*곡선과 D_M'곡선이 만나는 점)은 $6.35가 아닌 $6.75가 된다. 또한 사람들이 구입하는 영화관람권의 수는 Q_M'에서 Q_M''으로 증가한다. 따라서 부분균형분석의 결과는 영화관람권에 대한 과세가 영화관람권의 가격에 미치는 효과를 과소평가한 것이다. DVD 대여시장은 영화관람권시장과 매우 밀접하게 관련되어 있기 때문에 영화관람권에 대한 과세로 인한 전체적 효과를 파악하기 위해서는 일반균형분석이 필요하다.

일반균형에 도달하기

일반균형분석은 아직 끝난 것이 아니다. 영화관람권의 시장가격의 변화는 DVD 대여가격에 피드백효과를 미치며, 이는 다시 영화관람권가격에 영향을 미치는 식으로 계속해서 상호작용이 이어진다. 이러한 과정이 마무리될 때 영화시장과 DVD 대여시장에서의 균형가격과 균형수량을 동시에 얻게 된다. 그림 16.1(a)에서 영화관람권의 균형가격은 영화관람권의 수요곡선 D_M^*와 공급곡선 S_M^*가 만나는 균형점에서 $6.82로 결정된다. 한편, 그림 16.1(b)에서 DVD 대여의 균형가격은 DVD 대여시장의 수요곡선 D_V^*와 공급곡선 S_V가 만나는 균형점에서 $3.58로 결정된다. 이런 가격들이 정확한 일반균형가격이다. 왜냐하면 DVD 대여시장의 수요곡선과 공급곡선은 영화관람권의 가격이 $6.82라는 가정하에서 그려진 것이며, 영화시장의 수요곡선과 공급곡선은 DVD의 대여가격이 $3.58라는 가정에서 그려진 것이기 때문이다. 다시 말해 한 시장의 수요곡선과 공급곡선은 그 시장과 연관된 다른 시장에서의 가격을 제대로 반영하고 있으므로 어느 시장에서도 수요곡선과 공급곡선이 추가적으로 조정될 이유가 없다. 현실적으로 일반균형에서의 가격과 수량을 구하기 위해서는 모든 시장에서 수요량과 공급량을 일치시키는 시장가격들을 동시에 찾아야 한다. 위의 영화시장 예에서는 총 4개의 방정식(영화관람권의 수요와 공급, DVD의 수요와 공급)의 해를 구해야 한다.

영화관람권에 대한 과세가 영화시장에 미치는 영향에 대해서만 살펴보고자 하는 경우에도 DVD 대여시장에서 나타나는 변화를 파악하는 것은 중요하다. 이 예에서 보듯이, 부분균형분석에 의하면 과세의 효과는 과소평가된다. 다시 말해 부분균형분석에서는 세금으로 인해 영화관람권의 가격이 $6에서 $6.35로 상승한다는 결론에 도달하지만, 일반균형분석에서는 세금이 영화관람권의 가격에 더 큰 영향을 미쳐서 가격은 $6.82로 상승한다는 것을 알 수 있다.

영화와 DVD는 서로 대체재이다. 만약 관련된 두 재화가 서로 **보완재**라면, 그림 16.1과 같은 그래프를 통하여 부분균형분석은 과세의 효과를 **과대평가**한다는 사실을 알 수 있다. 예를 들어 휘발유와 자동차의 경우에 있어서는 휘발유에 대한 과세는 휘발유의 가격을 상승시킨다. 그에 따라 자동차의 수요는 줄어들며, 그것은 다시 휘발유에 대한 수요를 줄임으로써 휘발유가격은 더 떨어질 것이다.

2.1절에서 살펴보았듯이 한 재화의 가격 인상이 다른 재화의 수요량을 감소시킨다면 두 재화는 서로 보완재이다.

사례 16.1   에탄올의 세계시장

높은 원유가격, 해로운 배출가스, 가격 변동이 심한 외국산 원유에 대한 의존성 증가 등은 에탄올(ethanol) 같은 대체에너지에 대한 관심을 고조시켰다. 에탄올은 사탕수수나 옥수수로부터 얻을 수 있는 옥탄가가 높은 청정원료로, 자동차 공해를 줄이고 지구온난화에 대응하는 데 매우 적합한 대체원료이다. 사탕수수에서 추출되는 브라질산 에탄올과 옥수수에서 추출되는 미국산 에탄올은 생산과 판매에서 상당한 상호의존성을 갖고 있다. 우리는 미국정부의 에탄올시장에 대한 규제가 브라질 시장에 중요한 영향을

미쳤고 브라질 시장에 대한 영향은 다시 미국 시장에 영향을 미쳤다는 점을 살펴볼 것이다. 이러한 상호의존성은 미국 생산자에게는 확실히 혜택을 가져다주었지만 미국 소비자, 브라질 생산자, 그리고 아마도 브라질 소비자에게는 좋지 않은 결과를 가져다주었다.

에탄올의 세계시장은 2005년에 전 세계 생산량의 90% 이상을 생산하고 있는 브라질과 미국에 의해 지배되고 있었다.[1] 에탄올이 새로운 것은 아니다. 브라질정부는 1970년대 중반부터 상승하는 원유가격과 하락하는 사탕가격에 대한 대응책으로 에탄올의

---

1   이 사례는 다음 자료에서 발췌한 것이다. "Removing Distortions in the U.S. Ethanol Market: What Does It Imply for the United States and Brazil?" *American Journal of Agricultural Economics* 90(4), (November 2008): 918–32.

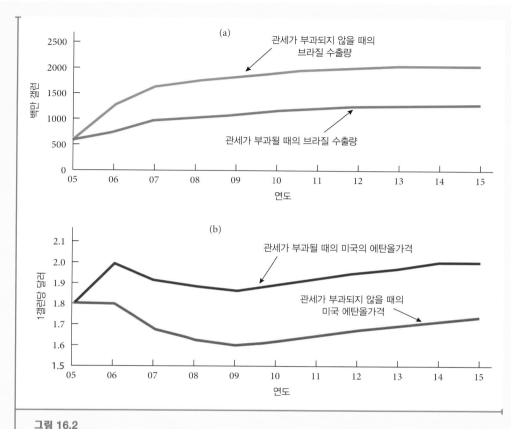

그림 16.2

브라질의 에탄올 수출에 대한 관세철폐

외국에서 생산된 에탄올에 대해 미국정부가 부과하는 관세가 폐지된다면 브라질은 더 많은 에탄올을 미국으로 수출함으로써 미국 국내에서 옥수수로 제조한 비싼 에탄올을 대체하게 될 것이다. 그 결과 미국의 에탄올 가격은 하락하며, 미국의 소비자들은 이익을 본다.

사용을 권장해 왔으며 그러한 브라질정부의 노력은 성공적이었다. 2007년에는 브라질 자동차 연료의 약 40%가 에탄올이었다. 미국에서의 에탄올 생산은 에탄올과 휘발유를 혼합한 원료에 세금을 감면해 준 1978년의 에너지세법안에 의해 촉진되었다. 2005년 에너지정책법은 미국에서 생산되는 연료 중에 매년 생산되어야 하는 재생연료의 최소량을 규정하고 있다. 이 법은 미국에서 생산되어야 하는 에탄올의 양을 규정한 것이나 다름없다.

미국과 브라질의 에탄올시장은 서로 가깝게 연결되어 있다. 따라서 자국 에탄올시장에 대한 미국정부의 규제는 브라질 에탄올시장에 큰 영향을 미칠 수 있다. 이러한 세계적 의존성은 미국정부가 에탄

올에 1갤런당 $0.51의 세금 공제를 하도록 규정한 1979년의 에너지안보법에 의해 확실하게 드러났다. 미국정부는 외국 에탄올 생산자가 이러한 세금공제 혜택을 보지 못하도록 수입산 에탄올에는 1갤런당 $0.54의 세금을 부과하였다. 미국정부의 이러한 정책은 매우 큰 효과가 있었다. 미국에서 생산된 옥수수는 점점 더 많이 에탄올 생산에 사용되었다. 반면에 사탕수수로부터 생산되는 브라질산 에탄올의 수입은 감소하였다. 미국정부의 이러한 정책은 미국의 옥수수 생산자에게 혜택을 가져다주었지만 미국의 에탄올 소비자에게는 도움이 되지 않았다. 브라질은 에탄올을 1갤런당 $0.9 이하로 수출할 수 있지만 아이오와주의 옥수수로부터 얻는 에탄올의 생산비용은 1갤런

당 $1.1였다.[2] 따라서 미국 소비자는 에탄올에 대한 세금과 보조금이 철폐되어, 좀 더 싼 값의 브라질산 에탄올이 수입된다면 혜택을 받게 된다.

그림 16.2는 2006년에 미국의 관세가 완전히 철폐되는 경우에 에탄올시장에서 나타날 수 있는 변화의 예측치를 보여 주고 있다. 그림 16.2(a) 윗부분의 녹색선은 미국정부가 관세를 철폐할 때 예측되는 브라질의 에탄올 수출량을, 아랫부분의 파란 선은 미국정부가 관세를 부과할 때 예측되는 브라질의 에탄올 수출량을 알려 준다. 그림 16.2(b)는 관세가 부과될 때와 부과되지 않을 때 나타나는 미국에서의 에탄올가격이다. 그림에서 알 수 있듯이 미국의 관세가 철폐되면 브라질산 에탄올의 수출은 급격하게 증가하고 그에 따라 미국 소비자는 혜택을 보게 된다. 이는 브라질 생산자와 소비자에게도 이익이 되는 것이다.

위와 같은 미국 관세의 역효과는 에탄올과 관련시장에 대한 전체적인 이야기가 아니다. 1984년에 미의회는 캐러비안해협개발계획을 마련하여 캐러비안 국가들의 경제개발을 촉진코자 하였다. 이에 따라 해당 국가에서 생산되는 에탄올은 연간 6,000만 갤런까지 무관세 혜택을 볼 수 있었다. 그런데 브라질은 해당지역 내 여러 에탄올 공장에 투자함으로써 브라질이 설탕기반 에탄올을 미국에 수출할 때 부과되는 갤런당 54센트의 관세를 피하였다.

외국산 에탄올에 관세를 부과하는 정책은 관세가 발생시키는 경제적 비효율성에도 불구하고 계속 유지되고 있다. 이에 더해 미국 의회는 에탄올 생산에 대한 세금감면액을 증가시키는 방법으로 미국 옥수수 재배농가에 대한 보조금을 증가시켰다. 이런 보조금 증가로 2011년에 미국 납세자들은 약 $200억의 비용을 지불하게 되었다. 자국의 옥수수 재배농가에 대해 미국은 왜 이렇게 너그러울까? 대부분 아이오와주에 있는 옥수수 재배자들은 자신들의 이익을 보호하기 위하여 정치인들의 선거캠페인 기간에 많은 기부금을 내는 등 집중적인 로비활동을 펼쳐 왔다. 2014년에 이르러 미국 옥수수의 40%가 에탄올 생산에 쓰였다. 미국의 에탄올 생산에 대한 이러한 지원정책은 미국 납세자와 소비자에게 큰 비용을 발생시키고 있을 뿐만 아니라 브라질의 에탄올 생산비용이 미국의 생산비용의 절반도 안 되는 사실에도 불구하고 미국을 세계에서 가장 큰 에탄올 공급자 중 하나로 만들고 있다.

사례 16.2   전 세계 주식시장에 걸친 파급효과

전 세계 주식시장들은 같이 움직이는 경향을 갖는다. 이런 현상을 컨테이전(contagion: 파급효과)이라고 부르기도 한다. 예를 들어 2008년 미국의 금융위기는 미국 주식시장에서 주식가격을 폭락시켰고 이 현상은 다시 유럽, 라틴아메리카, 아시아 국가들의 주식시장으로 이어졌다. 그림 16.3은 전 세계 주식시장이 같은 방향으로 움직이는 경향을 보여 주고 있다. 그림은 세계 주요 3개 주가지수인 S&P 500(미국), FTSE(영국), DAX(독일) 지수들의 움직임을 보여 주고 있다. S&P 500은 미국 뉴욕증권시장(New York Stock Exchange)과 나스닥(NASDAQ)에 상장되어 있는 가장 높은 시장가치를 갖고 있는 500대 미국 기업의 주가에 대한 지수이다. 또한 FTSE(footsie: 푸치라는 애칭으로 불림)는 런던주식시장(London Stock Exchange)에 상장된 100대 영국 기업의 주가에 대한 지수이다. 그리고 DAX는 프랑크푸르트주식시장(Frankfurt Stock Exchange)에 상장되어 있는 30대 독일 기업에 대한 주가지수이다(이 세 주식가격 지수는 1984년을 100

으로 하여 조정되어 있다). 그림에서 볼 수 있듯이 주식가격의 전반적인 변화 패턴은 3개국에서 동일하다. 주식시장은 왜 같이 움직이는 경향을 보일까?

이에는 두 가지 기본적인 이유가 있으며, 두 가지 모두 일반균형으로의 이동을 보여 주고 있는 것이다. 첫째 이유는 전 세계 주식(과 채권)시장들은 서로 상당히 강하게 연결되어 있다는 것이다. 예를 들어 미국에 있는 어떤 사람은 런던, 프랑크푸르트, 기타 세계 여러 주식시장에서 거래되고 있는 주식을 사고팔 수 있다. 마찬가지로 유럽이나 아시아에 있는 사람도 세계 여러 주식시장에서 거래되는 주식을 사고팔 수 있다. 따라서 미국에서 주식가격이 크게 떨어져서 유럽이나 아시아의 주식시장의 주식가격에 비해 상대적으로 값이 싸지면 유럽이나 아시아 투자자들은 자신들의 주식을 일부 팔고 미국 주식을 살 것이며 이에 따라 유럽과 아시아의 주식가격은 하락한다. 따라서 한 국가의 주식가격에 영향을 주는 어떤 외부적 충격이 발생하면 그러한

---

2   자세한 내용은 다음을 참조하라. Christine L. Crago et al., "Competitiveness of Brazilian Sugarcane Ethanol Compared to U.S. Corn Ethanol," *Energy Policy* 38 (11), (June 2010): 7404-15.

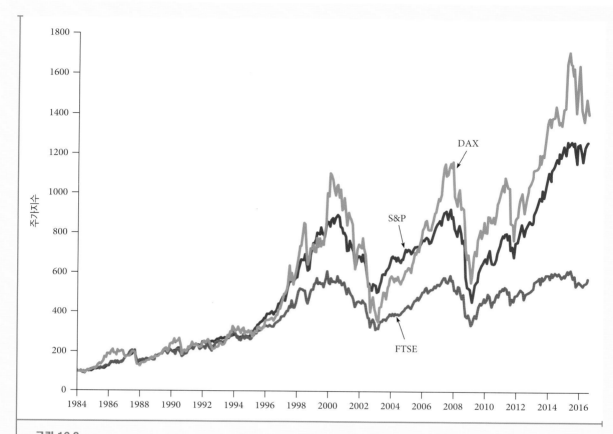

그림 16.3

미국과 유럽의 주식가격

미국의 S&P 500, 영국의 FTSE, 독일의 DAX 등 세 가지 주가지수를 각각 1984년에 100에서 시작하는 것으로 맞추어 함께 나타낸 것이다. 지수들은 함께 움직이는 경향을 보이는데, 거의 같은 시점에 증가하고 감소한다.

자료: www.worldbank.org

충격은 다른 국가들의 주식가격에도 같은 방향의 영향을 미친다.

둘째 이유는 전 세계적으로 각국의 경제상황이 서로 상관관계를 갖고 있다는 것이다. 경제상황은 주식가격에 영향을 미치는 중요한 요소 중 하나이다. (경기침체기에 기업들의 이윤은 하락하고 그에 따라 주식가격도 하락한다.) 예를 들어 미국 경제가 (2008년처럼) 깊은 침체기에 빠졌다고 하자. 미국인들은 소비를 줄일 것이며, 미국의 수입도 줄어들 것이다. 미국의 수입은 다른 국가의 수출이다. 따라서 다른 국가들의 수출은 줄어들고 그에 따라 다른 국가들의 생산량은 줄어들고 고용도 줄어들 것이다. 따라서 미국의 경기침체는 유럽과 아시아 국가들의 경기침체를 가져올 수 있으며 그 반대의 경우에도 마찬가지이다. 전 세계 주식시장에서 나타나는 파급효과(컨테이전)는 이러한 일반균형으로의 이동이 가져오는 현상이다.

경제적 효율성

제9장에서 경쟁시장은 소비자잉여와 생산자잉여의 합을 극대화시키므로 경제적으로 효율적인 결과를 가져다준다는 것을 보았다. 우리가 사용하는 **경제적 효율성**(economic efficiency)이라는 용어는 통상적으로 이런 의미를 가진다. 그러나 이러한 경제적 효율성의 개념은 시장의 상호의존성을 고려할 때는 어떻게 적용되는가? 또한 자유무역과 보호무역, 자유경제와 계획경제, 그리고 규제의 정도를 고려할 때 경제적 효율성의 개념은 어떻게 적용되는가? 다행히 시장이 전혀 없는 상태에서 사람들이 서로 물건을 교환하는 경우에 적용되는 경제적 효율성의 개념이 있다. 지금부터 경제적 효율성과 관련된 이와 같은 질문들에 대해 답하며, 그 의미를 평가한다.

지금부터의 분석은 이전의 내용에 비해 다소 복잡하다. 우리는 여러 경제주체들이 서로 경쟁하고 교환하는 다양한 시장들 간의 상호작용에 초점을 맞춘다. 나아가 일반균형에서 경쟁적 시장의 작동방식이 형평성에 미치는 영향에 대해서도 함께 살펴본다. 독자들의 이해를 돕기 위해 이론적 분석을 단계적으로 진행한다.

6.1절에서는 기업이 가능한 한 효율적인 생산요소의 결합을 사용한다면 생산함수는 기술적 효율성이 달성된다고 설명하였다.

분석에서는 서로 다른 생산자와 소비자로 구성된 두 국가와 두 재화가 있는 경우를 고려한다. 나아가 16.2절에서는 생산이 없이 교환만 존재하는 모형부터 살펴본다. 각 국가를 대표하는 2명의 개인은 음식과 옷과 같은 초기 부존자원을 보유하며, 이를 서로 교환한다. 이러한 교환은 경쟁시장이 아닌 협상의 결과이며, 서로에게 이득이 되기 때문에 이루어진다. 이런 유형의 교환을 분석하는 데 있어서 특히 유용한 새로운 효율성 개념을 정의한다. 16.4절에서는 생산부문이 추가되는데, 또 다른 효율성의 개념인 **기술적 효율성**을 정의한다. 기술적 효율성은 제6장에서 생산함수를 소개할 때 이미 다룬 바 있다. 마지막으로 16.6절에서는 경쟁시장의 작동방식을 분석하면서 형평성(16.3절) 및 국제무역(16.5절)과 관련된 중요한 주제들도 함께 살펴본다. 여기서 제시되는 모형들은 일상적 경험에 대한 정보를 주기에는 너무 단순하다고 생각할 수 있지만, 모형들은 일반화될 수 있으며, 넓고 깊은 함의를 얻을 수 있다.

16.2   교환에서의 효율성

교환경제   2명 또는 그 이상의 소비자들이 두 재화를 서로 교환하는 시장

두 소비자가 두 재화를 서로 교환하는 **교환경제**(exchange economy)부터 살펴본다. 이러한 분석은 두 국가 간의 무역에도 적용될 수 있다. 초기에 두 재화가 각 소비자에게 배분되며, 소비자들은 재화를 서로 교환함으로써 전보다 나아질 수 있다. 따라서 초기 상태는 재화가 경제적으로 비효율적으로 배분된 것이다.

파레토 효율적 배분   다른 사람이 전보다 나빠지지 않는 어느 누구도 전보다 더 나아질 수 없도록 재화가 배분된 상태

재화의 **파레토 효율적 배분**(Pareto efficient allocation)에서는 다른 사람이 전보다 나빠지지 않는다면 어느 누구도 전보다 더 나아질 수 없다. 이는 교환을 통해 달성되는 효율성을 이와 같이 정의한 이탈리아 경제학자인 파레토(Vilfredo Pareto)의 이름을 따른 것이다. 그러나 이러한 파레토 효율성의 개념은 제9장에서 정의된 경제적 효율성의 개념과는 다르다. 파레토 효율적인 상태에서는 한 사람이 더 나아지기 위해서는 다른 사람이 피해를 봐야 하므로 두 사람의 후생을 동시에 향상시킬 방법이 없다는 점은 확실하다. 하지만 이런 상태에서 두 사람의 전체적인 후생수준이 극대화되는지는 확실치 않다.

형평성에 대한 파레토 효율성의 함의에 주목할 필요가 있다. 두 사람의 전체적인 후생수준을 증

표 16.1	거래를 통한 이익		
사람	처음의 배분	거래	최종 배분
제임스	7F, 1C	− 1F, +1C	6F, 2C
카렌	3F, 5C	+1F, − 1C	4F, 4C

가시키는 방식으로 재화를 재배분할 수 있지만 두 사람 중 한 사람은 반드시 그 전보다 나빠진다. 만약 한 사람의 후생수준을 약간 줄이면서 동시에 다른 사람의 후생수준을 크게 높일 수 있는 재배분 방식이 존재한다면 그러한 재배분은 파레토 효율적이지는 않더라도 충분히 채택할 만한 가치가 있다고 생각할 수 있다. 하지만 이에 대한 판단은 형평성에 대한 주관적 판단에 따라 달라지기 때문에 문제가 그리 단순하지 않다.

거래를 통한 이익

두 사람이나 두 국가 간의 자발적인 거래가 서로에게 이익이 된다는 것은 하나의 원칙이다.[3] 거래를 통해 사람들은 더 나아질 수 있다는 점을 이해하기 위해 두 사람 간의 교환에 대해 자세히 살펴보는데, 교환에 따른 비용은 없다고 가정한다.

제임스와 카렌이 모두 10단위의 식품과 6단위의 옷을 가지고 있다고 하자. 표 16.1에 의하면 처음에는 제임스가 7단위의 식품과 1단위의 옷을, 카렌이 3단위의 식품과 5단위의 옷을 가지고 있다. 거래를 통해 얻을 수 있는 이익을 살펴보기 위해서는 식품과 옷에 대한 두 사람의 선호를 알아야 한다. 카렌에게는 옷은 많지만 식품은 조금밖에 없으므로 옷에 대한 식품의 한계대체율이 3이라고 하자. 즉 카렌은 1단위의 식품을 얻기 위해 3단위의 옷을 포기할 용의가 있다. 그런데 제임스의 옷에 대한 식품의 한계대체율은 1/2이다. 다시 말해서, 제임스는 1단위의 식품을 얻기 위해 1/2단위의 옷을 포기할 용의가 있는 것이다.

제임스는 카렌보다 옷에 더 높은 가치를 부여하는 반면 카렌은 제임스보다 식품에 더 높은 가치를 부여하기 때문에 두 사람은 거래를 통해서 상호 이익을 얻을 수 있는 기회를 가진다. 카렌은 1단위의 식품을 얻기 위하여 3단위의 옷을 포기할 용의가 있으며, 제임스는 1/2단위의 옷을 얻기 위하여 1단위의 식품을 포기할 용의가 있다. 실제로 나타나는 교환조건은 협상의 과정에 따라 달라진다. 생각할 수 있는 교환 방식 중 하나는 제임스가 1단위의 식품을 카렌에게 주는 대신 1/2~3단위의 옷을 카렌으로부터 받는 것이다.

1단위의 옷과 1단위의 식품을 교환하자는 카렌의 제안에 대해 제임스가 동의한다고 하자. 그러한 교환을 통해 두 사람은 모두 전보다 나아진다. 제임스는 식품보다 더 가치 있다고 생각하는 옷을 더 많이 가지게 되며, 카렌은 옷보다 더 가치 있다고 생각하는 식품을 더 많이 가지게 된다.

3.1절에서 보았듯이 한계대체율은 소비자가 한 재화를 얻기 위해 포기할 의사가 있는 다른 재화의 최대량을 의미한다.

---

3 거래가 이익을 가져다주지 못하는 경우도 있다. 첫째, 정보가 제한된 탓에 실제로는 그렇지 않음에도 불구하고 사람들은 거래를 통해 전보다 나아진다고 믿을 수 있다. 둘째, 물리적 위협이나 미래에 받게 될 경제적 보복이라는 위협에 의해 사람들은 거래를 강요당할 수도 있다. 셋째, 제13장에서 살펴보았듯이, 무역장벽은 한 국가에게 전략적 우위를 가져다줄 수 있다.

두 소비자의 MRS가 서로 다르다면 자원의 배분은 비효율적이므로 상호 이익을 얻을 수 있는 교환의 기회가 생긴다. 다시 말해서 효율성을 달성하기 위해서는 두 소비자의 한계대체율이 일치해야 한다.

이와 같은 중요한 결과는 많은 재화와 많은 소비자가 있는 경우에도 똑같이 성립한다. 즉 모든 재화에 대해 두 재화 간의 한계대체율이 모든 소비자에게 같아지도록 분배되는 경우에만 재화는 효율적으로 배분된다.

에지워스 박스

에지워스 박스 두 사람에 대한 두 재화의 모든 가능한 배분이나, 두 생산방식에 대한 두 생산요소의 모든 가능한 배분을 나타내는 도형

거래가 이익을 가져다준다면 어떤 거래가 이루어져야 하는가? 어떤 거래를 통해 재화가 소비자들에게 효율적으로 배분되는가? 소비자들은 전보다 얼마나 나아지는가? 두 사람과 두 재화의 경우에는 **에지워스 박스**(Edgeworth box)를 이용하여 이러한 질문에 대한 답을 찾을 수 있다.

그림 16.4는 수평축에 식품의 양을, 수직축에 옷의 양을 표시한 에지워스 박스이다. 이 박스의 길이는 두 사람이 보유한 총 10단위의 식품을, 그리고 높이는 두 사람이 보유한 총 6단위의 옷을 각각 나타낸다.

에지워스 박스 내의 각 점은 두 소비자가 보유한 각 재화의 양을 나타낸다. 제임스가 보유한 재화의 양은 원점 O_J로부터 읽으며, 카렌이 보유한 재화의 양은 O_K를 원점으로 하여 거꾸로 읽는다. 따라서 A점은 제임스와 카렌이 초기에 보유한 식품과 옷의 양을 나타낸다. 수평축을 따라

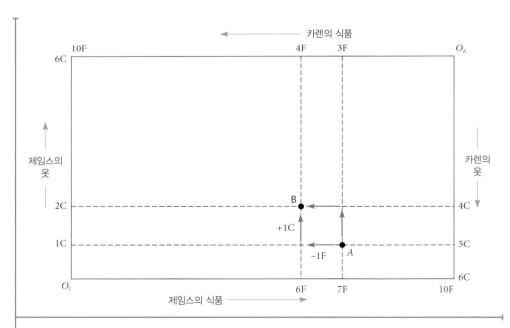

그림 16.4

에지워스 박스에서의 교환

에지워스 박스 내의 각 점은 제임스와 카렌이 보유한 식품과 옷의 양을 동시에 보여 준다. A점에서 제임스는 7단위의 식품과 1단위의 옷을, 카렌은 3단위의 식품과 5단위의 옷을 가지고 있다.

왼쪽에서 오른쪽으로 읽으면 A점에서 제임스는 7단위의 식품을 가지며, 수직축을 따라서 올라가면 A점에서 제임스는 1단위의 옷을 가진다는 것을 알 수 있다. 따라서 A점에서 카렌은 3단위의 식품과 5단위의 옷을 가진다.

이 박스를 통하여 두 사람 간의 거래를 통한 결과를 알 수 있다. 제임스가 1F를 포기하는 대신 1C를 얻으면 A점에서 B점으로 이동한다. 또한 카렌이 1C를 포기하는 대신 1F를 얻으면 역시 A점에서 B점으로 이동한다. 따라서 B점은 제임스와 카렌이 서로 이익이 되는 교환을 마친 후에 각자가 가지는 두 재화의 양을 나타낸다.

효율적 배분

교환을 통하여 A점에서 B점으로 이동하면 두 사람은 모두 전보다 나은 상태에 도달한다. 그렇다면 B점에서의 배분은 **효율적인 배분**인가? 그 답은 B점에서 제임스와 카렌의 한계대체율이 서로 같은지 여부에 달려 있으며, 그것은 또한 두 사람의 무차별곡선의 모양에 따라 달라진다. 그림 16.5는 여러 개의 제임스와 카렌의 무차별곡선을 보여 준다. 제임스가 가진 재화의 양은 원점 O_J로부터 측정되므로 제임스의 무차별곡선은 보통의 무차별곡선과 같다. 그러나 카렌이 보유한 재화의 양은 오른쪽 위의 O_K를 원점으로 측정되므로 카렌의 무차별곡선은 180도 회전하여 표시된다. 카렌의 무차별곡선도 제임스의 경우와 마찬가지로 원점 O_K에 대해 볼록하다.

이제 처음의 배분상태를 나타내는 A점을 통과하는 무차별곡선 U_J^1와 U_K^1에 대해 살펴보자. A점에서의 제임스와 카렌의 한계대체율은 A점에서 각자의 무차별곡선 기울기이다. 제임스의 한계대체율은 $1/2$이며, 카렌의 한계대체율은 3이다. 이 두 무차별곡선 사이에 있는 회색으로 표시된 영역은 두 사람 모두를 A점에서보다 나은 상태로 만들어 주는 모든 가능한 식품과 옷의 배분을 나타낸다. 다시 말해, 이 영역은 상호 이익이 되는 모든 가능한 거래를 보여 주는데, 거래를 통해 A점에서 이 영역 내에 있는 어떠한 점으로 이동하더라도 두 사람 모두에게 이익이 된다.

A점에서 출발하여 거래를 통해 회색으로 표시된 영역 밖의 어떤 점으로 이동한다면 두 사람 중 한 사람은 전보다 못한 상태가 된다. 반면 거래를 통해 A점에서 B점으로 이동한다면 이 거래는 두 사람 모두에게 이익이 된다. 하지만 B점에서는 두 사람의 무차별곡선 U_J^2와 U_K^2가 서로 교차하기 때문에 효율적인 상태는 아니다. 이 경우에는 제임스와 카렌의 한계대체율이 일치하지 않으므로 효율적인 배분이 이루어지지 않는다. B점에서 제임스는 옷을 더 많이 얻기 위해 식품을 일부 포기할 용의가 있다. 그는 전보다 못하지 않거나, 전보다 나아질 수 있는 어떠한 거래라도 참여할 용의가 있는데, 그러한 결과를 얻을 수 있는 거래는 다양하다. 한편, 카렌은 식품을 더 많이 얻기 위해 옷의 일부를 포기할 용의가 있는데, 카렌의 경우에도 전보다 나아질 수 있는 거래는 다양하다. 이는 중요한 사실을 알려 준다. 즉 비효율적 배분에서 출발하여 거래를 통해 두 사람이 더 나아지는 새로운 배분이 이루어지더라도 그 배분이 반드시 파레토 효율적 배분은 아니라는 것이다.

B점에서 다시 새로운 거래가 이루어진다고 하자. 즉 제임스가 식품 1단위를 추가적으로 포기하는 대신 1단위의 옷을 얻으며, 카렌은 1단위의 옷을 포기하는 대신 1단위의 식품을 얻는 거래가 이루어진다고 하자. 그림 16.5의 C점은 이러한 교환을 통해서 도달하는 새로운 배분을 나타낸다. C점에서 두 사람의 한계대체율은 같아진다. 따라서 두 사람의 무차별곡선은 C점에서 서로 접한다. 제임스와 카렌이 옷과 식품을 서로 교환하면서 B점에서 C점으로 이동하면 파레토 효율

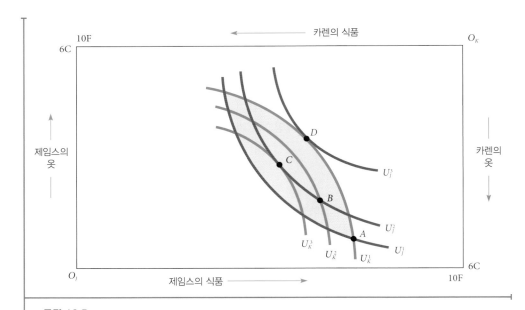

그림 16.5
교환을 통한 효율성
에지워스 박스는 두 소비자가 재화를 서로 교환함으로써 자신들의 만족을 증가시킬 수 있는 가능성을 보여준다. A점이 처음의 자원배분 상태라면 회색으로 표시된 영역은 서로에게 이익이 되는 모든 가능한 교환의 결과를 나타낸다.

적 배분에 도달하면서 두 사람은 모두 전보다 나아진다. 무차별곡선이 서로 접하는 경우에는 다른 사람을 전보다 나빠지도록 만들지 않고서는 한 사람을 전보다 나아지게 만들 수 없다. 따라서 C점은 효율적 배분을 나타낸다.

물론, C점이 제임스와 카렌이 거래를 통해 도달할 수 있는 유일한 효율적인 결과는 아니다. 제임스가 유능한 협상자라면 거래를 통해서 A점에서 D점으로 이동할 수도 있다. D점에서는 무차별곡선 U_J^3와 무차별곡선 U_K^1가 서로 접한다. D점에서의 배분은 카렌을 A점에서보다 나빠지도록 만들지 않으면서 제임스를 전보다 훨씬 나아지도록 만들어 주는 배분이다. 따라서 D점은 또 다른 효율적 배분을 나타낸다. 비록 제임스는 C점보다는 D점을, 카렌은 D점보다는 C점을 더 선호하지만, C점과 D점은 둘 다 효율적 배분을 나타낸다. 일반적으로 거래를 통해서 이루어지는 최종 배분이 어떻게 나타날 것인가를 예측하기는 어렵다. 왜냐하면 최종 배분은 관련된 사람들의 협상력에 따라 달라지기 때문이다.

계약곡선

지금까지는 처음의 비효율적인 배분상태에서 출발하여 상호 이익이 되는 거래를 통해 효율적 배분상태에 도달할 수 있음을 살펴보았다. 카렌과 제임스 사이의 거래를 통해서 도달할 수 있는 모든 효율적 배분을 파악하기 위해서는 두 사람의 무차별곡선이 서로 접하는 모든 점을 찾아내야 한다. 그림 16.6은 그와 같은 모든 효율적 배분을 나타내는 점들을 이은 곡선을 보여 주는데, 이러한 곡

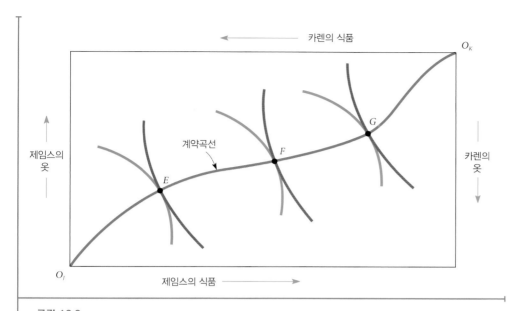

그림 16.6

계약곡선

계약곡선은 소비자들의 무차별곡선이 서로 접하는 모든 배분상태를 보여 준다. 계약곡선상의 모든 점에서는
한 사람이 더 나아지기 위해서는 다른 사람은 더 나빠져야 하므로 효율적인 배분이 이루어진다.

선을 **계약곡선**(contract curve)이라고 한다.

계약곡선은 상호 이익이 되는 거래가 이루어질 수 없는 모든 배분상태를 나타낸다. 계약곡선상
의 배분에서는 다른 사람을 더 나쁘게 만들지 않고는 어떤 사람을 더 나아지도록 만드는 재화의 재분배 방
법이 없기 때문에 효율적이다. 그림 16.5에서 *E*, *F*, *G*점으로 표시된 배분들은 서로 다른 배분을 나
타내지만 모두 파레토 효율적이다. 왜냐하면 각 점에서는 다른 사람을 더 나빠지도록 만들지 않
고는 한 사람을 더 나아지게 만들 수 없기 때문이다.

계약곡선의 여러 가지 특징을 살펴봄으로써 교환에서의 효율성 개념을 이해할 수 있다. 예를
들어, 계약곡선상의 한 점인 *E*점에서는 한 사람(카렌)을 더 나빠지도록 만들지 않고는 계약곡선
상의 다른 한 점인 *F*점으로 이동할 수 없다. 카렌은 *E*점과 비교할 때 *F*점에서 식품과 옷을 더 적
게 가지므로 전보다 나빠지게 된다. 제임스와 카렌의 선호를 좀 더 자세히 알아야만 *E*점의 배분
과 *F*점의 배분을 서로 비교할 수 있다. 계약곡선을 통해 파악할 수 있는 바는 두 점 모두가 파레
토 효율적인 배분이라는 것이다. 이렇게 볼 때, 파레토 효율성(Pareto efficiency)이라는 개념은 대
단한 것이 아니라고 생각할 수 있다. 즉 이는 상호 이익이 되는 교환이라면 모두 참여해야 한다
는 것을 말해 주지만, 어떤 교환이 가장 좋은 교환인지는 말해 주지 않는다. 그러나 파레토 효율
성은 매우 강력한 개념이다. 교환을 통해 효율성이 증진된다면 **모든** 사람은 그것을 따르는 것이
이익이 된다는 것이다.

어떤 변화로 인해 일부 사람들이 손해를 보더라도 효율성이 증진되는 경우를 자주 볼 수 있다.
다만, 그러한 경우에는 아무도 전보다 나빠지지 않도록 하면서 일부 사람들은 전보다 나아지도

계약곡선 두 소비자에 대한 두
재화의 모든 효율적인 배분상태
를 나타내거나 두 생산함수에 대
한 두 생산요소의 모든 효율적인
배분상태를 나타내는 곡선

록 해 주는 추가적 조치가 있어야 한다. 예를 들어 미국에 수입되는 자동차에 대한 수입쿼터를 철폐하는 정책을 생각해 보자. 이러한 조치로 인해 미국의 소비자들은 자동차를 싼 가격에 구입할 수 있으며, 다양한 자동차를 선택할 수 있다는 점에서 혜택을 보는 반면 미국의 일부 근로자는 일자리를 잃게 될 것이다. 수입자동차에 대한 쿼터를 폐지하는 동시에 자동차회사에 근무하는 근로자가 다른 일자리를 찾는 동안 보조금을 지불하고 세금감면 혜택을 주는 경우를 생각해 보자. 이 경우 소비자는 (근로자에 대한 보조금 지불 등의 혜택을 주는 데 발생하는 비용을 고려한 후에도) 전보다 나아질 수 있으며, 자동차회사의 근로자는 전보다 나빠지지는 않을 것이므로 결과적으로 효율성은 증진될 수 있다.

경쟁시장에서의 소비자 균형

두 사람 간의 교환에서 나타나는 최종적인 결과는 당사자의 협상력에 달려 있다. 그러나 경쟁시장에는 많은 실제적 또는 잠재적 구매자와 판매자가 있다. 따라서 만약 소비자가 교환조건에 만족하지 않는다면 더 나은 조건을 제시하는 다른 판매자를 찾을 수 있다. 이러한 상황은 결과적으로 각 구매자와 판매자로 하여금 재화의 가격을 자신들에게 주어진 것으로 생각하도록 하며, 그 가격에서 자신들이 얼마만큼을 사고팔 것인지를 결정하도록 만든다. 에지워스 박스를 이용하여 경쟁시장이 효율적인 교환을 가져다준다는 점을 살펴볼 수 있다. 예를 들어 시장에 많은 제임스와 많은 카렌이 있다고 가정한다면 각각의 제임스와 카렌은 가격을 주어진 것으로 수용한다고 생각할 수 있다.

그림 16.7은 A점에서 출발하여 식품의 가격과 옷의 가격이 1일 때 사람들이 거래를 할 가능성이 있음을 보여 준다(식품과 옷의 실제 가격은 중요하지 않다. 중요한 것은 식품과 옷의 상대가격이다). 식품과 옷의 가격이 동일할 때, 1단위의 식품은 1단위의 옷과 교환된다. 따라서 기울기가 −1인 가격선 PP'는 식품과 옷의 일대일 교환을 통해 얻을 수 있는 모든 배분을 나타내고 있다.

각 제임스가 교환을 통해 2단위의 옷을 사는 대신 2단위의 식품을 팔기로 결정한다고 하자. 이때 각 제임스는 A점에서 C점으로 이동하며, 각 제임스의 효용은 무차별곡선 U_J^1에서 무차별곡선 U_J^2로 증가한다. 한편, 각 카렌은 2단위의 식품을 사고 2단위의 옷을 판다. 이는 각 카렌을 A점에서 C점으로 이동시키며, 각 카렌의 효용은 무차별곡선 U_K^1에서 무차별곡선 U_K^2로 증가한다.

이 예에서는 두 재화의 가격을 각 카렌이 사고자 하는 식품의 양과 각 제임스가 팔고자 하는 식품의 양이 같아지도록, 또한 각 제임스가 사고자 하는 옷의 양과 각 카렌이 팔고자 하는 옷의 양이 같아지도록 선택한다. 따라서 식품시장과 옷시장은 균형상태에 있다. **균형**이란 모든 시장에서 **수요량**과 **공급량**을 일치시키는 가격의 집합을 의미한다. 또한 모든 공급자와 수요자가 가격수용적이므로 C점은 **경쟁적 균형**이기도 하다.

8.7절에서는 경쟁적 균형에서는 가격수용적인 기업들은 이윤을 극대화하며, 재화의 가격은 수요량과 공급량이 같아지도록 결정된다고 설명하였다.

그러나 모든 가격수준에서 균형이 이루어지는 것은 아니다. 예를 들어 식품의 가격이 1이고 옷의 가격이 3이라면, 식품 1단위는 옷 1/3단위와 교환되어야 한다. 그러나 이때에는 각 제임스는 옷과 식품을 교환하려고 하지 않을 것이다. 왜냐하면 각 제임스의 옷에 대한 식품의 한계대체율(식품 1단위와 교환하려는 옷의 단위)이 1/2이기 때문이다. 한편, 각 카렌은 식품 1단위에 옷 1/3단위의 교환으로 옷을 팔고 식품을 더 구입하고자 하지만 아무도 그러한 거래를 하려고 하

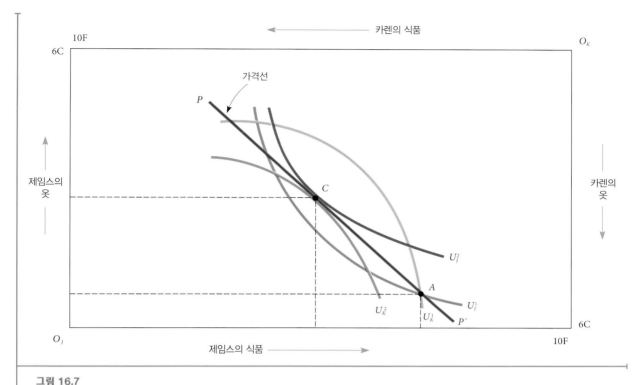

그림 16.7

경쟁시장의 균형

경쟁시장에서는 두 재화의 가격이 두 재화의 교환조건을 결정한다. A점이 처음의 배분상태를 나타내고 가격선 PP′가 두 재화의 가격비율을 나타낸다면, 경쟁시장은 두 무차별곡선이 만나는 C점에서 균형을 이룬다. 따라서 경쟁시장은 효율적인 결과를 가져다준다.

지 않는다. 따라서 수요량과 공급량이 일치하지 않으므로 시장은 **불균형상태**에 있게 된다.

그런데 이러한 불균형상태는 일시적인 현상이다. 경쟁시장에서는 수요량이 공급량보다 많은 **초과수요**(excess demand)나 공급량이 수요량보다 많은 **초과공급**(excess supply)이 나타난다면 가격이 변한다. 우리의 예에서는 각 카렌의 식품 수요량이 각 제임스의 식품 공급량보다 많으며, 각 카렌의 옷 공급량이 각 제임스의 옷 수요량보다 많다. 따라서 식품에 대해서는 초과수요가 발생하고, 옷에 대해서는 초과공급이 발생한다. 이에 식품가격이 옷가격에 비해 상대적으로 상승할 것으로 기대할 수 있다. 또한 가격이 변함에 따라 시장에서의 수요량도 변한다. 가격의 변화는 시장이 균형에 이를 때까지 계속된다. 이 예에서는 식품과 옷의 가격이 각각 2가 된다. 앞에서 살펴보았듯이 옷가격이 식품가격과 같아질 때 경쟁시장은 균형상태에 있게 된다(문제는 상대가격이라는 점을 기억하라. 옷과 식품의 가격이 각각 2라는 것은 이들의 가격이 각각 1인 경우와 똑같다).

두 사람만이 교환을 하는 경우와 많은 사람들이 서로 교환을 하는 경우 간에는 중요한 차이가 있다. 두 사람만 참여하는 경우에는 협상의 결과는 두 사람의 협상력에 따라 달라지므로 어떤 결과가 나타날지 알 수 없다. 그러나 많은 사람들이 참여하는 경우에는 많은 수요자들과 공급자들의 상호작용에 의해 재화의 가격이 결정된다.

초과수요 재화의 수요량이 공급량에 비해 많은 상황

초과공급 재화의 공급량이 수요량에 비해 많은 상황

경쟁시장의 경제적 효율성

이제 우리는 미시경제적 분석의 핵심적인 결과 중 하나를 이해할 수 있다. 그림 16.7의 C점으로부터 알 수 있듯이, 경쟁시장의 균형이 가져다주는 배분은 파레토 효율적이다. 그 이유는 C점은 두 무차별곡선이 접하는 점에서 나타나기 때문이다. 만약 그렇지 않다면 많은 제임스나 카렌들 가운데 1명은 효용을 극대화하지 못한다. 그렇다면 그들은 좀 더 높은 효용을 얻기 위해 거래를 하고자 할 것이다.

이러한 결과는 모든 시장이 완전경쟁적인 경우의 교환의 결과로서 일반균형적인 측면에서 성립하는 것이다. 이는 아담 스미스(Adam Smith)의 보이지 않는 손(invisible hand)이 작동하고 있음을 직접적으로 보여 주는 결과로서 어떤 통제가 없이도 경제가 자동적으로 자원을 파레토 효율적인 방식으로 배분함을 보여 준다. 시장이 경제적으로 효율적인 방식으로 작동하도록 만드는 것은 가격을 주어진 것으로 간주하는 많은 소비자와 생산자의 독립적인 행동이다. 보이지 않는 손이 가져다주는 이러한 결과는 실제 시장이 얼마나 잘 작동하는가를 살펴보는 데 있어서 하나의 기준으로 자주 이용된다. 보이지 않는 손은 시장이 매우 경쟁적이기 때문에 시장에 대한 정부의 간섭은 적을수록 바람직하다는 규범적인 주장의 근거가 된다. 또한 보이지 않는 손은 시장을 경쟁적으로 만들기 위하여 정부가 더 많은 역할을 할 필요가 있다는 점을 강조한다.

후생경제학 시장이나 경제정책에 대한 규범적 평가를 다루는 경제학의 한 분야

대부분의 경제학자들은 정부 개입에 대한 개인적인 견해가 어떠하든지 간에 보이지 않는 손의 결과를 매우 중요하게 생각한다. 경쟁시장의 균형이 파레토 효율적이라는 결과는 시장이나 경제정책에 대한 규범적 평가를 다루는 분야인 **후생경제학**(welfare economics)의 제1정리라고 부른다. 제1정리는 다음과 같이 정의된다.

> 모든 사람이 경쟁시장에서 참가한다면 상호 이익이 되는 모든 거래가 이루어진 후에 그 결과로 나타나는 균형에서의 자원배분은 파레토 효율적이다.

경쟁시장의 균형에 대해서 지금까지 파악한 내용을 소비자의 입장에서 정리하면 다음과 같다.

1. 소비자들의 무차별곡선이 서로 접하므로 모든 소비자의 한계대체율은 모두 같다.
2. 각 소비자의 무차별곡선은 가격선과 접하므로 각 소비자의 옷에 대한 식품의 한계대체율은 두 재화 간의 가격비율과 같다.

이를 보다 명확하게 표현하기 위하여 옷에 대한 식품의 한계대체율을 MRS_{FC}로 표시하고, P_C와 P_F를 각각 옷과 식품의 가격으로 표시하면 다음과 같은 관계로 나타낼 수 있다.

$$\text{MRS}_{FC}^{J} = P_F/P_C = \text{MRS}_{FC}^{K} \tag{16.1}$$

많은 소비자와 생산자가 있는 경우에는 파레토 효율적인 배분을 달성하기는 쉽지 않다. 그러나 모든 시장이 완전경쟁적이라면 효율적 배분은 달성될 수 있다. 한편, 효율적 배분은 적어도 이론상으로는 다른 방법을 통해서도 달성될 수 있다. 예를 들어 정부가 모든 재화와 서비스를 배분하는 중앙통제시스템을 통해서도 효율적인 배분은 달성될 수 있다. 그러나 시장의 경쟁을 이용하는 방법이 선호되는데, 경쟁은 최소한의 정보로 자원을 배분하기 때문이다. 다시 말해, 모든

소비자는 자신의 선호와 자신이 직면하는 가격에 대해 알아야 한다. 하지만 소비자는 무엇이 생산되는지, 또한 다른 소비자의 수요가 어떤지에 대해서는 알 필요가 없다. 시장이 아닌 다른 배분방법은 더 많은 정보를 필요로 하며, 시행하는 데 많은 어려움과 번거로움이 있다.

16.3 형평성과 효율성

우리는 여러 가지 효율적 배분이 있을 수 있으며, 또 완전경쟁시장은 효율적 배분을 가져다준다는 것을 살펴보았다. 그러나 많은 파레토 효율적인 배분 중에서 어떤 배분은 다른 배분보다 공평할 수 있다. 가장 공평한 배분을 판단하는 것은 쉽지 않은 문제이다. **형평성**(equity)을 어떻게 정의하고 계량화하는가에 대한 경제학자들을 포함한 사람들의 견해는 서로 다르다. 사람들의 견해가 어떠하든 그러한 견해는 효용에 대한 주관적인 비교를 포함하지 않을 수 없으며, 어떤 식으로 그러한 비교를 해야 하는지에 대한 일반적인 합의를 구하기는 쉽지 않다. 이 절에서는 사람들이 생각하는 형평성에 관한 일반적인 사항에 대해 살펴보며, 경쟁시장의 균형이 반드시 공평한 배분을 가져다주지는 않는다는 것을 살펴본다.

효용가능경계

앞에서 살펴본 두 사람 간의 교환경제에서 계약곡선상의 각 점은 그 점에서 제임스와 카렌이 얻는 효용수준을 나타낸다. 그림 16.8은 에지워스 박스에서 얻은 정보를 다른 방식으로 표현한 것이다. 제임스의 효용은 수평축에, 카렌의 효용은 수직축에 표시된다. 어떠한 배분이든 두 사람에게 일정한 수준의 효용을 가져다주기 때문에 에지워스 박스 안에 있는 어떤 점이라도 그림 16.8의 한 점으로 나타낼 수 있다. 그림 16.8에서 오른쪽으로 이동하면 제임스의 효용이 증가하며, 위로 이동하면 카렌의 효용이 증가한다.

효용가능경계(utility possibilities frontier)상의 모든 점은 파레토 효율적인 배분을 의미한다. 이 곡선은 두 사람이 계약곡선상에 도달할 때 각자가 얻는 만족의 크기를 보여 준다. O_J점은 제임스가

효용가능경계 효율적인 자원배분 상태에서 두 개인이 얻는 효용수준을 보여 주는 곡선

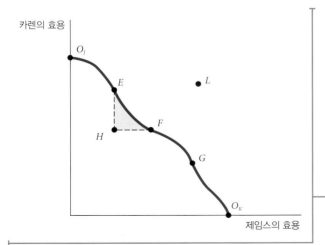

그림 16.8
효용가능경계
효용가능경계는 두 사람이 거래를 통하여 계약곡선상의 한 점에 도달했을 때 각자가 가지는 만족수준을 보여 준다. E, F, G점은 각각 계약곡선상의 어떤 점과 상응하는 점으로서 효율적 배분을 나타낸다. H점은 비효율적인 배분을 나타내는데, 두 사람이 거래를 통해서 회색으로 표시된 영역 내의 한 점으로 이동한다면 적어도 한 사람 또는 두 사람 모두를 나아지도록 할 수 있다.

아무 재화도 가지지 않은 경우로서 제임스는 0의 효용을 얻는다. O_K점은 카렌이 아무 재화도 가지지 않은 경우이다. 효용가능경계상에 있는 E, F, G와 같은 각 점은 계약곡선상의 점과 상응하는 점이며, 따라서 한 사람이 더 나아지기 위해서는 반드시 다른 사람이 더 나빠져야 하는 상황을 나타낸다. 그러나 H점은 비효율적인 배분을 나타낸다. 왜냐하면 회색으로 표시된 영역 안에서 이루어지는 어떠한 거래든 한 사람 또는 두 사람 모두를 나아지도록 만들기 때문이다. 한편 L점으로 이동하면 두 사람 모두가 더 나아지지만 L점이 나타내는 효용수준을 가져다줄 정도로 재화의 양이 충분하지 않기 때문에 도달이 불가능하다.

형평성을 위해서는 자원이 파레토 효율적으로 배분되어야 한다는 결론은 옳다고 생각할 수도 있다. 예를 들어 H점을 E점이나 F점과 비교해 보자. E점과 F점은 모두 효율적인 점이다. 또한 H점에서 E점이나 F점으로 이동하면 다른 사람을 더 나쁘게 만들지 않으면서 한 사람은 더 나아진다. 따라서 E점이나 F점이 아닌 H점과 같은 배분은 제임스나 카렌에게 또는 두 사람 모두에게 불공평하다고 생각할 수도 있다.

그러나 만약 H점과 G점만이 달성 가능한 배분이라면 G점은 H점에 비해 공평한 배분을 의미하는가? 반드시 그렇지는 않다. H점과 비교할 때 G점에서는 제임스의 효용은 증가하지만 카렌의 효용은 줄어든다. 어떤 사람은 G점이 H점보다 공평하다고 느낄 수도 있으며, 또 어떤 사람은 그 반대로 생각할 수도 있다. 따라서 어떤 파레토 비효율적인 배분은 다른 파레토 효율적인 배분보다 더 공평할 수도 있다고 결론지을 수 있다.

문제는 공평한 배분을 어떻게 정의하는가이다. 효용가능경계상에 있는 점들에 국한하더라도 어떤 점이 다른 점보다 더 공평한 배분을 의미하는지는 확실하지 않다. 이에 대한 판단은 어떤 상태가 공평한 배분이라고 생각하는지에 따라 달라지며, 개인 간의 효용을 어떤 식으로 비교할 것인지에 달려 있다.

사회후생함수   경제학에서는 개별 사회구성원의 효용에 의해 사회 전체의 후생수준을 표현하는 **사회후생함수**(social welfare function)를 자주 사용한다. 사회후생함수는 서로 다른 사회구성원들에게 서로 다른 영향을 미치는 정책을 평가할 때 유용하게 사용된다.

공리주의자(utilitarian)는 각 사회구성원의 효용에 똑같은 가중치를 부여하는 사회후생함수를 사용하여 모든 사회구성원들의 효용의 합인 총효용을 극대화하고자 한다. 사회후생함수의 형태는 형평성에 대한 견해와 관련된다. 그러나 형평성에 대한 어떤 견해는 개인들의 효용에 어떠한 가중치도 부여하지 않기 때문에 사회후생함수로 표현될 수 없는 경우도 있다. 예를 들어 시장중심적 견해(market-oriented view)에서는 경쟁시장에서는 더 능력 있고 더 열심히 일하는 사람이 더 많은 보상을 받기 때문에 경쟁시장이 가져다주는 결과가 공평한 결과라고 주장한다. 따라서 만약 E점이 경쟁시장의 균형에 따른 배분이라면, 비록 E점에서는 F점에 비해 재화가 덜 균등하게 배분되지만 E점이 F점보다 공평한 배분을 의미한다고 주장한다.

사람 수가 많다면 형평이라는 단어의 의미는 더욱 복잡해진다. 롤스(Rawls)의 주장을 따르는 롤스주의자(Rawlsian)[4]는 개인들이 자신이 얼마를 가질 것인지를 미리 알지 못하는 세상을 가정

사회후생함수   개별 구성원들의 효용에 의하여 사회 전체적인 후생수준을 표현하는 척도

---

4   이에 대해서는 다음을 참조하라. John Rawls, *A Theory of Justice* (New York: Oxford University Press, 1971).

표 16.2	공평에 관한 네 가지 입장
1. 평등주의자: 모든 사회구성원들은 똑같은 양의 재화를 가져야 한다.	
2. 롤스주의자: 가장 못사는 사람의 효용을 극대화해야 한다.	
3. 공리주의자: 사회구성원 전체의 총효용을 극대화해야 한다.	
4. 시장주의자: 시장의 결과가 가장 공평하다.	

한다. 롤스는 사람들은 자신의 운명에 대해 알지 못하는 세상에 살기 때문에 사회구성원 중 가장 가난한 사람들에게 합리적인 수준의 후생을 제공해 줄 수 있는 제도를 선택하기를 원한다고 주장한다. 롤스에 의하면 가장 공평한 배분은 사회에서 가장 못사는 사람의 효용을 극대화하는 배분이다. 롤스주의자의 견해는 평등주의(egalitarian)에 입각한 것으로서 사회구성원 모두에게 재화를 동등하게 배분해야 한다고 주장하는 것으로 생각할 수 있다. 하지만 문제가 있다. 더 생산적인 사람에게 더 많은 보상을 해 줌으로써 가장 생산적인 사람이 더 열심히 일하게 만들 수 있다. 이러한 정책으로 인해 더 많은 재화와 서비스를 생산할 수 있으며, 그중 일부를 가난한 사회구성원들에게 재분배하여 그들의 효용을 높일 수 있다.

표 16.2는 가장 균등한 배분에서 가장 균등하지 않은 배분의 순으로 형평성에 대한 네 가지 입장을 요약한 것이다. 균등주의자는 똑같은 배분을 원하지만 롤스주의자는 균등에 상당한 비중을 둔다. 공리주의자는 사회구성원 간의 어느 정도의 차이는 인정하는 입장이다. 마지막으로 시장중심적 견해에 따르면 재화가 상당히 불균등하게 배분될 수 있다.

형평성과 완전경쟁

경쟁시장의 균형에 의한 파레토 효율적인 결과는 공평할 수도 있으며 공평하지 않을 수도 있다. 실제로, 경쟁시장의 균형은 처음의 배분상태에 따라 계약곡선상의 어느 점에서든 나타날 수 있다. 예를 들어 처음에는 카렌이 모든 식품과 옷을 가지고 있었다고 하자. 그러한 배분 상태는 그림 16.8의 O_J점으로 나타나며, 카렌은 거래를 할 이유가 없다. 그러나 O_J점은 O_K점이나 계약곡선상의 다른 점들과 마찬가지로 경쟁시장의 균형이 될 수 있다.

효율적인 배분이 반드시 공평한 배분을 의미하지는 않으므로 사회가 소득이나 재화를 가계들 간에 재분배함으로써 형평성의 목표를 추구하기 위해서는 어느 정도는 정부에게 의존할 수밖에 없다. 좀 더 형평한 배분은 조세제도를 통해 달성될 수 있다. 예를 들어 누진적인 소득세를 부과하여 그 수입을 가난한 사람들을 돕는 여러 가지 정책에 사용함으로써 좀 더 공평한 소득분배를 가져올 수 있다.

계약곡선상에 있는 어떤 점이든 경쟁시장의 균형으로 나타날 수 있다는 결과는 미시경제학의 핵심적인 결과 중 하나이다. 이러한 결과는 "형평성과 효율성 사이에는 상호교환관계가 성립하는가?"라는 기본적이고 규범적인 질문에 대한 답을 제시한다. 한 사회가 보다 공평한 자원배분을 원한다면 그 사회는 경제적 비효율성을 감수해야 하는가? 이 질문에 대해 후생경제학의 제2정리가 제시하는 답은, 재분배는 경제적 효율성과 상충적이지 않다는 것이다. **후생경제학의 제2**

정리(second theorem of welfare economics)는 다음과 같다.

> 개인들의 선호가 볼록하다면 처음의 배분에서 시작하여 나타날 수 있는 모든 파레토 효율적인 배분(계약곡선상의 모든 점)은 경쟁시장에 의해 달성될 수 있다.

3.1절에서는 무차별곡선을 따라 아래로 내려가면서 한계대체율이 하락한다면 무차별곡선은 볼록하다고 설명하였다.

이 정리는 공평하다고 생각되는 어떠한 경쟁시장의 균형(효율적 배분)이든 개인들에게 자원을 적절히 분배함으로써 달성될 수 있으며, 그러한 자원의 분배 자체는 비효율성을 발생시키지는 않는다는 것이다. 그러나 불행하게도 소득을 재분배하는 여러 정책은 현실적으로 경제적 비용을 발생시킴으로써 효율성을 저하시킨다. 예를 들어 세금은 개인들이 일을 적게 하도록 만들 수 있으며, 또한 기업들이 자원을 생산에 사용하기보다는 세금을 피할 수 있는 방법으로 사용하도록 만들 수 있다. 따라서 현실적으로 형평성과 효율성을 추구하는 목적들 사이에는 상충관계가 발생하므로 이들 간의 선택은 매우 어려운 문제일 수 있다. 제1정리와 제2정리에 기초한 후생경제학은 공공정책에서 형평성과 효율성에 관련된 규범적 문제를 논의하는 데 유용한 틀을 제공한다.

16.4 생산에서의 효율성

이제 생산요소의 효율적 사용에 대해 살펴보자. 식품과 옷을 생산하는 데 사용하는 두 가지 생산요소인 노동과 자본의 양이 일정하게 주어진다고 하자. 많은 소비자가 생산요소를 소유하고 있으며, 자신의 생산요소를 팔아서 얻은 소득으로 식품과 옷을 구입한다고 하자.

이 모형은 경제의 공급과 수요 측면을 연계시킨다. 사람들은 생산요소를 제공하고 그로부터 얻은 소득을 사용하여 재화와 서비스를 수요하고 소비한다. 한 생산요소의 가격이 상승하면 그 생산요소를 많이 가진 사람의 소득은 증가하여 더 많은 재화를 구매한다. 이는 그 재화 생산에 필요한 생산요소에 대한 수요를 증가시키므로 생산요소의 가격에 피드백효과를 발생시킨다. 따라서 모든 시장에서 수요와 공급을 일치시키는 가격을 파악하기 위해서는 일반균형분석을 이용해야 한다.

생산요소의 효율적 배분

기술적 효율성 기업이 주어진 생산량을 가장 낮은 비용으로 생산하도록 생산량을 조합한 상태

생산요소들의 조합이 효율적인지를 확인하기 위해서는 두 가지 재화의 생산에 사용되는 생산요소들의 다양한 조합을 살펴보아야 한다. 생산과정에서 생산요소의 배분이 **기술적으로 효율적**(technical efficient)이라면 한 재화의 생산량을 증가시키기 위해서는 반드시 다른 재화의 생산량을 감소시켜야만 한다는 것을 의미한다. 기술적 효율성은 투입물(생산요소)의 적절한 조합을 의미하므로 이를 투입물 효율성(input efficiency)이라고도 부를 수 있다. 생산에 있어서의 효율성이란 새로운 개념이 아니다. 제6장에서는 생산함수란 주어진 생산요소의 조합으로 생산할 수 있는 생산물의 최대생산량을 나타낸다고 설명하였다. 여기서는 이러한 개념을 한 재화가 아닌 두 재화의 생산에 대해 확장시킨다.

생산요소시장이 경쟁적이라면 기술적 효율성이 달성된다. 만약 노동시장과 자본시장이 완전경쟁적이라면, 임금 w는 모든 산업에서 동일하다. 마찬가지로 자본의 임대료 r은 자본이 어떤 재화의 생산에 사용되든지 동일하다. 제7장에서 살펴본 바와 같이 생산자가 식품과 옷을 최소비용

으로 생산하기 위해서는 노동과 자본의 두 생산요소의 한계생산물 비율이 두 생산요소의 가격비율과 같아지는 노동과 자본의 조합을 선택한다.

$$\mathrm{MP}_L/\mathrm{MP}_K = w/r$$

또한 두 생산요소의 한계생산물 비율은 노동의 자본에 대한 기술적 한계대체율과 같으므로, 다음과 같은 관계가 성립한다.

$$\mathrm{MRTS}_{LK} = w/r \qquad \textbf{(16.2)}$$

기술적 한계대체율은 기업의 등량곡선의 기울기이므로, 생산요소시장의 경쟁적 균형은 각 생산자의 등량곡선 기울기가 서로 같고, 또한 등량곡선 기울기가 두 생산요소의 가격비율과 같아지도록 각 생산자가 노동과 자본을 사용할 경우에만 나타난다. 따라서 경쟁적 생산요소시장의 균형에서는 효율적인 생산이 이루어진다.

생산가능곡선

생산가능곡선(production possibilities frontier)은 일정한 기술수준하에서 주어진 양의 노동과 자본을 사용하여 효율적으로 생산될 수 있는 식품과 옷의 다양한 생산량의 조합을 나타낸다. 그림 16.9의 생산가능곡선은 생산에 관한 계약곡선을 통해 도출된 것이다. 계약곡선상의 각 점과 생산가능곡선상의 각 점은 효율적으로 생산된 옷과 식품의 양을 보여 준다.

그림 16.9의 생산가능곡선에서 O_F점은 옷만 생산되는 경우를, O_C는 식품만 생산되는 경우를 각각 나타낸다. B, C 및 D점에서는 식품과 옷 둘 다 효율적으로 생산된다.

A점은 생산가능곡선 안에 있으므로 생산요소가 비효율적으로 배분된 경우를 나타낸다. 다시 말해, 생산가능곡선 안에 있는 모든 점은 최대한의 생산량을 나타내는 생산계약곡선에 미치지 못하는 점들이므로 생산과정에서 자본과 노동을 가장 효율적으로 사용하지 못한 상황을 나타낸다. 삼각형 ABC 내의 모든 점은 생산과정에서 노동과 자본이 완전히 사용되는 경우를 나타낸다.

7.3절에서는 자본의 임대료는 1단위의 자본을 임대하는 데 필요한 연간 비용이라고 설명하였다.

6.3절에서는 노동의 자본에 대한 기술적 한계대체율이란 생산량을 일정하게 유지하면서 노동을 1단위 추가적으로 사용할 때 축소될 수 있는 자본의 사용량으로 정의하였다.

생산가능곡선 주어진 양의 생산요소들을 효율적으로 사용하여 생산할 수 있는 두 재화의 생산량의 조합

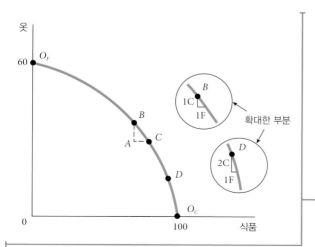

그림 16.9
생산가능곡선
생산가능곡선은 효율적으로 생산된 두 재화의 모든 조합을 보여 준다. 생산가능곡선은 원점에 대해 오목한데, 그것은 생산량이 증가함에 따라 이 곡선의 기울기인 한계변환율이 증가하기 때문이다.

14.4절에서 지대극대화를 추구하는 노동조합은 회원들의 기회비용을 초과하여 임금을 극대화한다고 설명하였다.

하지만 노조의 렌트 추구 행위와 같은 노동시장의 왜곡에 의해 경제 전체적으로는 효율적인 생산을 달성하지 못한다.

생산가능곡선상의 어떤 점에 도달하는가는 두 재화에 대한 소비자의 수요에 의해 결정된다. 소비자가 옷보다는 식품을 더 선호한다면 경쟁시장의 균형점은 그림 16.8의 D점으로 나타날 수 있다. 반대로 소비자가 식품보다 옷을 더 선호한다면 O_F에 가까운 생산가능곡선상의 한 점으로 나타나게 된다.

생산가능곡선이 우하향하는 이유는 무엇인가? 이는 효율적인 생산이 이루어지는 상황에서 더 많은 식품을 생산하기 위해서는 옷 생산에 사용하는 생산요소를 식품 생산으로 돌려야 하며, 그에 따라 옷의 생산량은 줄어들기 때문이다. 생산가능곡선 내부의 모든 점은 비효율적이므로 계약곡선상에서 벗어난다.

한계변환율   생산가능곡선은 원점에 대해 오목한 모양을 가지므로 식품의 생산량이 증가할수록 생산가능곡선의 기울기는 증가한다. 생산가능곡선상에 있는 각 점의 기울기는 옷에 대한 식품의 **한계변환율**(marginal rate of transformation, MRT)이라고 하는데, 식품 1단위를 더 생산하기 위해서 포기해야 하는 옷의 생산량을 나타낸다. 예를 들어 그림 16.9의 확대한 부분을 보면, 생산가능곡선상의 B점에서 한계변환율은 1이다. 이는 식품 1단위를 추가로 생산하려면 옷 1단위를 포기해야 한다는 것을 의미한다. 그러나 D점에서의 한계변환율은 2이며, 이는 식품 1단위를 추가로 생산하기 위해 옷 2단위를 포기해야 함을 나타낸다.

한계변환율   어떤 재화를 1단위 추가적으로 생산하기 위하여 포기해야 하는 다른 재화의 양

생산가능곡선을 따라 아래로 내려오면서 식품 생산량을 증가시킴에 따라 한계변환율은 증가한다.[5] 한계변환율이 증가하는 이유는 생산요소를 식품과 옷 중 무엇을 더 많이 생산하는 데 사용하는가에 따라 자본과 노동의 생산성이 달라지기 때문이다. 옷만 생산하는 O_F점에서 출발하여 자본과 노동을 한계생산물이 낮은 옷 생산으로부터 한계생산물이 높은 식품 생산으로 전환시킨다. 따라서 처음 1단위의 식품을 얻기 위해 포기해야 하는 옷의 양은 매우 적다(한계변환율은 1보다 훨씬 작다). 그러나 생산가능곡선을 따라 내려오면서 옷 생산을 차츰 줄임에 따라 옷 생산에서의 노동과 자본의 생산성은 증가하는 반면 식품 생산에서의 생산성은 하락한다. B점에서는 옷 생산과 식품 생산에서 생산요소의 생산성이 같아지며, 따라서 한계변환율은 1이 된다. 생산가능곡선을 따라 더 내려오면 옷 생산에서 생산요소의 생산성은 더 증가하고 식품 생산에서 생산요소들의 생산성은 더 감소하므로 한계변환율은 1보다 커진다.

생산가능곡선의 모양은 생산비용으로도 설명할 수 있다. 식품 생산량을 늘리기 위해 옷 생산량을 조금만 포기해도 되는 O_F에서는 식품 생산의 한계비용은 매우 작은데, 이때에는 생산요소를 조금만 사용하더라도 많은 양의 식품을 생산할 수 있다. 하지만 옷 생산의 한계비용은 매우 커서 옷 1단위를 추가적으로 더 생산하기 위해서는 두 생산요소를 매우 많이 사용해야 한다. 따라서 한계변환율이 낮다면 식품 생산의 한계비용을 옷 생산의 한계비용으로 나눈 값의 크기도

---

5 생산가능곡선에서 한계변환율이 계속 증가할 필요는 없다. 예를 들어 식품 생산에는 규모의 불경제가 강하게 작용하는 경우를 생각해 보자. 이때에는 옷으로부터 식품 생산으로 투입물을 이동시킴에 따라 식품 1단위를 추가적으로 얻기 위해 포기해야 하는 옷의 양은 줄어들 것이다.

작다. 즉 생산가능곡선의 기울기는 한 재화를 생산하는 데 발생하는 한계비용과 다른 재화를 생산하는 데 발생하는 한계비용의 상대적 크기를 나타낸다. 생산가능곡선이 휘어지는 것은 식품 생산에서의 한계비용을 옷 생산에서의 한계비용으로 나눈 값의 크기가 식품 생산을 증가시킴에 따라 차츰 커지기 때문에 나타나는 현상이다. 생산가능곡선상의 모든 점에서는 다음의 조건이 성립한다.

$$MRT = MC_F/MC_C \tag{16.3}$$

예를 들어 B점에서 한계변환율은 1이다. 여기서 생산요소를 옷 생산에서 식품 생산으로 돌린다면 옷을 1단위 줄이는 대신 식품 1단위를 얻게 된다. 만약 각 재화 1단위를 더 생산하는 데 발생하는 생산비용이 똑같이 $100라면, 한계비용의 비율은 $100/$100 = 1이 된다. 식 (16.3)은 D점과 같이 생산가능곡선상에 있는 그 밖의 모든 점에서도 성립한다. D점에서 만약 식품 1단위를 더 생산하기 위해 사용해야 하는 생산요소에 대한 비용이 $160라면 식품 생산의 한계비용은 $160이다. 그러나 옷 생산의 한계비용은 $80($160/옷 2단위)에 불과하다. 따라서 한계비용의 비율은 2가 되며, 이는 D점에서의 한계변환율과 같다.

생산물의 효율적 배분

한 경제가 효율적이기 위해서는 재화가 최저의 비용으로 생산되어야 할 뿐만 아니라 각 재화에 대한 사람들의 지불용의금액에 따라 적절한 양의 재화가 생산되어야 한다. 제3장에서 보았듯이, 옷에 대한 식품의 한계대체율(MRS)은 소비자가 식품 1단위와 교환하고자 하는 옷의 양을 나타낸다. 한편, 한계변환율은 식품 1단위를 생산하기 위해 지불해야 하는 비용을 옷의 양으로 나타낸 것이다. 한 경제가 효율적인 양의 생산물을 생산하려면 각 소비자에 대해 다음과 같은 조건이 성립해야 한다.

$$MRS = MRT \tag{16.4}$$

이런 조건이 효율성을 위해 필요한 이유를 살펴보기 위해 한계변환율이 1이고 한계대체율은 2라고 하자. 이 경우 소비자는 1단위의 식품을 얻기 위해 2단위의 옷을 포기할 용의가 있다. 그러나 식품 1단위를 더 생산하는 데 필요한 비용은 옷 1단위이다. 이러한 상황은 식품이 사람들이 원하는 양보다 적게 생산되고 있다는 것을 의미한다. 따라서 효율성을 위해서는 식품 생산량을 증가시켜야 한다. 그에 따라 두 재화 간의 한계변환율은 커지고 한계대체율은 작아지면서 결국은 같아진다. 모든 두 재화 간의 한계대체율이 한계변환율과 같아질 때 재화의 생산량은 효율적이 된다.

그림 16.10은 효율적 생산량을 의미하는 이와 같은 조건을 그래프로 보여 주는데, 그림 16.9의 생산가능곡선에 대표적인 소비자의 무차별곡선을 추가한 것이다. 생산가능곡선상의 C점은 소비자의 만족을 극대화하는 유일한 점이다. 생산가능곡선상에 있는 모든 점은 기술적으로 효율적이지만, 소비자의 입장에서 볼 때 그러한 점들이 모두 효율적인 생산량을 의미하지는 않는다. 무차별곡선과 생산가능곡선이 접하는 점에서 한계대체율(무차별곡선의 기울기)은 한계변환율(생산가능곡선의 기울기)과 같아진다.

만약 여러분이 어떤 경제를 관리하는 임무를 맡고 있다면, 매우 어려운 문제에 직면하게 된다.

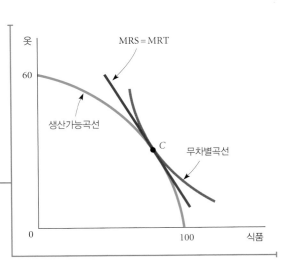

그림 16.10

생산물 효율성

(생산에서 다른 재화의 생산비용에 대한 한 재화의 상대적 생산비용을 측정하는) 한계대체율이 (소비에서 다른 재화의 소비에 대한 한 재화의 상대적 한계편익을 측정하는) 한계대체율과 같아질 때 생산량의 조합은 효율적이다.

효율적인 양의 재화를 생산하기 위해서는 두 재화 간의 한계변환율을 두 재화에 대한 소비자의 한계대체율과 일치시켜야 한다. 그러나 식품과 옷에 대한 소비자들의 선호가 서로 다르다면, 모든 소비자의 한계대체율이 같아지도록 하기 위해서 식품과 옷을 각각 얼마만큼씩 생산하여 각 소비자에게 얼마만큼씩 나눠 주어야 하는가? 이러한 문제를 해결하는 데는 엄청난 정보비용이 발생할 것이다. 과거 중앙집중적 계획경제를 실시하던 구소련 같은 나라의 경제가 제대로 작동하지 못한 것은 부분적으로는 이러한 이유 때문이었다. 다행스럽게도, 잘 작동하는 경쟁시장은 이상적으로 운영되는 경제처럼 효율적인 결과를 가져다준다.

생산물시장의 효율성

3.3절에서는 한 재화에 대한 다른 재화의 한계대체율이 두 재화의 가격비율과 같아질 때 효용극대화가 달성된다고 설명하였다.

생산물시장이 완전경쟁적일 때 모든 소비자는 두 재화 사이의 한계대체율이 그 재화들의 가격비율과 같아지도록 자신의 예산을 두 재화의 소비에 배분한다. 따라서 식품과 옷에 대해서는 다음과 같은 관계가 성립한다.

$$\text{MRS} = P_F/P_C$$

또한 이윤을 극대화하는 기업은 가격이 한계비용과 일치할 때까지 자신의 재화를 생산한다. 따라서 식품과 옷에 대해서는 다음과 같은 관계가 성립한다.

$$P_F = \text{MC}_F, \ P_C = \text{MC}_C$$

두 재화 간의 한계변환율은 두 재화 간의 한계(생산)비용의 비율과 같으므로 다음과 같은 관계가 성립한다.

$$\text{MRT} = \text{MC}_F/\text{MC}_C = P_F/P_C = \text{MRS} \tag{16.5}$$

생산물시장과 생산요소시장이 경쟁적이라면 한계대체율이 한계변환율과 같아지므로 효율적인 생산이 달성된다. 이 조건은 제3장에서 살펴본 한계편익이 한계비용과 일치해야 한다는 원칙을 달리 표현한 것이다. 제3장에서 보았듯이, 소비자는 한 재화의 소비를 통한 한계편익이 그 재화를 얻기 위한 한계비용과 같아질 때까지 해당 재화를 추가적으로 구매한다. 여기서 말하는 것은, 각 재화에 있어서 그 재화를 1단위 더 소비할 때 얻는 한계편익이 그 재화를 1단위 더 생산하는 데 발생하는 한계비용과 같아지도록, 두 재화의 생산량이 결정되어야 한다는 것이다.

3.3절에서는 각 재화를 추가적으로 소비함에 따른 한계편익이 그에 따른 한계비용과 같아질 때 효용극대화가 달성된다고 설명하였다.

　그림 16.11은 생산과 소비에 대한 선택이 독립적으로 이루어질 때 경쟁적인 생산물시장은 효율적 결과를 가져다준다는 것을 보여 준다. 시장에서 형성된 식품가격과 옷가격의 비율이 P_F^1/P_C^1 이라고 하자. 만약 생산자들이 생산요소를 효율적으로 사용한다면, 그들은 A점이 나타내는 식품과 옷의 양을 생산하며, A점에서의 가격비율은 한계변환율(생산가능곡선의 기울기)과 같아진다. 그런데 예산제약에 직면하는 소비자는 무차별곡선 U_2를 따라 자신의 만족을 극대화하는 B점에서 소비하고자 한다. 그러나 P_F^1/P_C^1의 가격비율하에서 생산자는 B점이 나타내는 식품과 옷의 양을 생산하려고 하지 않는다. 생산자는 식품을 F_1만큼 생산하기를 원하지만 소비자는 F_2만큼 구매하기를 원하므로 식품에 대한 초과수요가 발생한다. 또한 소비자는 C_2만큼의 옷을 구매하려고 하지만 생산자는 C_1만큼의 옷을 생산하기를 원하므로 옷의 경우에는 초과공급이 발생한다. 이러한 상황에서는 시장가격이 조정된다. 즉 식품가격은 초과수요로 인해 상승하며, 옷가격은 초과공급으로 인해 하락한다. 이에 따라 가격비율 P_F/P_C가 증가하면서 가격선은 생산가능곡선을 따라 아래로 이동하게 된다.

　균형은 C점에서 가격비율이 P_F^*/P_C^*가 될 때 달성된다. 이러한 균형에서는 한 소비자를 전보다 나빠지도록 만들지 않고는 다른 소비자를 전보다 나아지게 만들 수 없다. 따라서 이 균형은 파레토 효율적이다. 더욱이 C점에서 생산자들은 F^*만큼의 식품과 C^*만큼의 옷을 생산하고자 하며, 소비자도 그와 같은 양의 식품과 옷을 소비하기를 원한다. 또한 C점에서는 한계대체율과 한계변환율이 같아진다. 따라서 경쟁적인 생산물시장의 균형은 효율적이다.

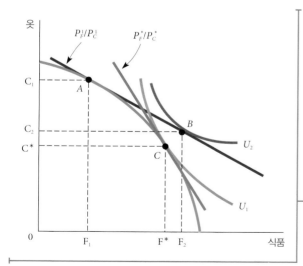

그림 16.11

경쟁과 효율적인 생산량

경쟁적인 생산물시장에서는 소비자는 한계대체율이 가격비율과 같아질 때까지 소비한다. 생산자는 한계변환율이 가격비율과 같아질 때까지 생산한다. 한계대체율과 한계변환율이 일치하므로 경쟁적인 생산물시장은 효율적이다. 가격비율이 경쟁적인 생산물시장의 균형가격으로 나타난 가격비율과 다르다면 한 재화의 초과수요와 다른 재화의 초과공급이 나타난다.

16.5 자유무역의 이익

교환경제에서는 국가 간 거래를 통해 이익을 얻을 수 있음을 분명히 알 수 있다. 앞에서 살펴봤듯이 두 사람 또는 두 국가는 거래를 통해서 계약곡선상의 한 점에 도달함으로써 이익을 얻는다. 그러나 두 국가가 경제적으로 달라서 각 국가가 서로 다른 재화의 생산에 비교우위를 가진다면 두 국가는 거래를 통해 추가적인 이익을 얻을 수 있다.

비교우위

비교우위 재화 A의 생산비용을 재화 B의 생산비용과 상대적으로 비교할 때 국가 1이 국가 2보다 낮은 상대적 비용으로 재화 A를 생산할 수 있음에 따라 재화 A의 생산에서 국가 1이 국가 2에 대해 가지는 우위

절대우위 국가 1의 재화 A의 생산비용이 국가 2의 재화 A의 생산비용보다 낮을 때 재화 A의 생산에서 국가 1이 국가 2에 대해 가지는 우위

재화 A의 생산비용을 재화 B의 생산비용과 상대적으로 비교할 때 국가 1이 국가 2보다 낮은 상대적 비용으로 재화 A를 생산할 수 있다면 국가 1은 재화 A의 생산에서 국가 2에 대해 **비교우위**(comparative advantage)를 가진다.[6] 비교우위는 절대우위와는 다르다. 국가 1이 재화 A를 생산할 때의 비용이 국가 2가 재화 A를 생산할 때의 비용보다 낮다면 국가 1은 재화 A의 생산에서 국가 2에 대해 **절대우위**(absolute advantage)를 가진다.

두 국가가 각각 비교우위를 가진다면 각 국가는 자신이 더 잘 생산할 수 있는 재화를 생산하고 다른 재화는 구매함으로써 나아질 수 있다. 이를 살펴보기 위해 네덜란드는 치즈와 포도주 생산에 절대우위를 가진다고 가정하자. 네덜란드는 치즈 1파운드 생산에는 1시간의 노동을, 포도주 1갤런 생산에는 2시간의 노동을 사용한다. 한편 이탈리아는 치즈 1파운드 생산에는 6시간의 노동을, 포도주 1갤런 생산에는 3시간의 노동을 사용한다. 표 16.3은 이런 상황을 보여 준다.[7]

네덜란드는 치즈 생산에서 이탈리아에 대해 비교우위를 가진다. 필요한 노동시간을 기준으로 삼으면, 네덜란드의 치즈 생산비용은 포도주 생산비용의 1/2이다. 반면, 이탈리아의 치즈 생산비용은 포도주 생산비용의 2배이다. 따라서 이탈리아는 포도주 생산에서 네덜란드에 대해 비교우위를 가진다.

국가 간 교역의 효과 각 국가의 비교우위는 교역을 통해 나타나는 결과를 결정한다. 교역의 결과는 교역 과정에서 두 재화 간의 상대가격에 의해 영향을 받는다. 교역이 이루어진다면 어떤 일이 나타나는지를 살펴보기 위해 교역을 통해 두 국가 모두에서 포도주 1갤런의 가격이 치즈 1파운드의 가격과 같아진다고 가정한다. 또한 두 국가 모두 완전고용상태에 있어서 한 재화의 생

표 16.3	치즈와 와인 생산에 필요한 노동시간	
	치즈 1파운드	**포도주 1갤런**
네덜란드	1	2
이탈리아	6	3

---

6 두 재화 x와 y, 그리고 두 국가 i와 j가 있다면 국가 i는 $a_x^i/a_y^i < a_x^j/a_y^j$일 때 x재의 생산에 비교우위를 가진다. 여기서 a_x^i는 국가 i가 x재를 생산하는 데 드는 비용을 나타낸다.

7 이 예는 다음에서 발췌한 것이다. "World Trade: Jousting for Advantage," *The Economist* (September 22, 1990): 5-40.

산량을 증가시키기 위해서는 다른 재화의 생산에 투입되는 노동량을 줄일 수밖에 없다고 가정한다.

교역이 없다면 네덜란드는 24시간의 노동으로 24파운드의 치즈를 생산하거나 12파운드의 포도주를 생산하거나, 또는 18파운드의 치즈와 3갤런의 포도주와 같이 두 재화를 조합하여 생산할 수 있다. 그러나 네덜란드는 교역을 통해 더 나은 결과를 얻을 수 있다. 교역이 이루어진다면 포도주 1갤런의 가격이 치즈 1파운드의 가격과 같아지므로 네덜란드는 1시간의 노동을 사용하여 생산한 치즈 1파운드를 포도주 1갤런과 교환할 수 있다. 만약 네덜란드가 스스로 포도주 1갤런을 생산한다면 2시간의 노동을 투입해야 한다. 따라서 네덜란드의 입장에서는 치즈 생산에 특화하고 생산된 치즈를 이탈리아에서 생산된 포도주와 교환하는 것이 유리하다. 만약 네덜란드가 24파운드의 치즈를 생산하여 6파운드를 수출한다면 네덜란드는 18파운드의 치즈와 6갤런의 포도주를 소비할 수 있다. 이는 교역을 하지 않고 18파운드의 치즈와 3갤런의 포도주를 생산하여 소비하는 것보다는 확실히 나은 결과이다.

이탈리아도 교역을 통해서 나은 상태에 도달할 수 있다. 교역이 없다면 이탈리아는 24시간의 노동으로 4파운드의 치즈를 생산하거나 8갤런의 포도주를 생산할 수 있으며 또는 이 둘의 생산량을 적당히 조절하여 3파운드의 치즈와 2갤런의 포도주를 생산할 수 있다. 그러나 교역을 한다면 이탈리아는 1시간의 노동을 투입하여 포도주 1/3갤런을 생산하여 이를 치즈 1/3파운드와 교환할 수 있다. 만약 이탈리아가 치즈를 스스로 생산한다면 2배의 노동시간을 치즈 생산에 사용한다. 따라서 이탈리아는 포도주 생산에 특화하는 것이 유리하다. 만약 이탈리아가 8갤런의 포도주를 생산하여 6갤런을 치즈와 교환한다면, 6파운드의 치즈와 2갤런의 포도주를 소비할 수 있다. 이는 교역을 하지 않고 3파운드의 치즈와 2갤런의 포도주를 생산하여 소비하는 경우에 비해 확실히 나은 결과이다.

생산가능곡선의 확장

비교우위가 존재한다면 국제무역을 통하여 한 국가는 자국의 생산가능곡선 밖에서 소비할 수 있다. 그림 16.12는 네덜란드의 예를 통해서 이를 보여 준다. 보호무역주의에 따른 무역장벽으로 인해 네덜란드가 이탈리아와 교역을 할 수 없다고 하자. 이 경우 네덜란드 국내시장의 경쟁을 통해 두 재화의 생산량은 A점에서 결정되는데, A점은 무차별곡선 U_1 상에 있다. A점에서 포도주의 치즈에 대한 한계변환율과 교역이 이루어지기 전의 포도주와 치즈의 가격비율은 2가 된다. 만약 교역이 이루어진다면 네덜란드는 치즈 2파운드를 수출하는 대신 포도주 1갤런을 수입할 수 있다.

이제 무역장벽이 철폐되어 네덜란드와 이탈리아가 자유롭게 교역을 하는 경우를 생각해 보자. 두 국가의 수요와 생산비용이 서로 달라서 치즈와 포도주의 교환이 일대일로 이루어진다고 하자. 이 경우 네덜란드는 1/1의 가격선과 자신의 생산가능곡선이 접하는 점인 B점에서 생산하는 것이 유리하다는 것을 알 수 있다. B점은 자유로운 교역이 이루어질 때 네덜란드가 생산하는 포도주와 치즈의 양을 나타낸다. 무역장벽이 철폐된 후에 네덜란드는 교역 이전보다 적은 양의 포도주와 많은 양의 치즈를 생산한다.

그런데 교역의 효과는 여기서 그치지 않는다. 교역이 이루어진다면 소비는 더 높은 효용을 나

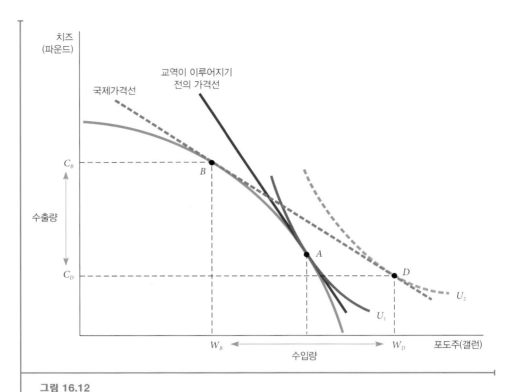

그림 16.12

무역을 통한 이득

교역이 없다면 생산과 소비는 *A*점에서 이루어지며, 와인의 가격은 치즈가격의 2배가 된다. 교역을 통해 와인과 치즈의 가격비율이 1이 됨에 따라 국내생산은 *B*점에서 이루어지며 소비는 *D*점에서 이루어진다. 자유무역으로 인해 효용은 U_1에서 U_2로 증가한다.

타내는 무차별곡선 U_2가 국제가격선과 접하는 *D*점에서 이루어진다. 따라서 국제무역을 통해 네덜란드의 소비선택은 생산가능곡선 밖으로 확장된다. 네덜란드는 $W_D - W_B$만큼의 포도주를 수입하고 $C_B - C_D$만큼의 치즈를 수출한다.

　교역을 통해 각 국가는 여러 가지 중요한 조정을 경험하게 된다. 네덜란드가 포도주를 수입함에 따라 국내 포도주 생산은 줄어들고 포도주산업의 고용은 줄어든다. 그러나 치즈 생산이 증가함에 따라 치즈산업에서의 고용은 증가한다. 이러한 조정과정에서 한 직업에 전문화된 기술을 보유한 근로자는 새로운 직장을 얻는 데 어려움을 겪게 된다. 따라서 자유무역을 통해 모든 사람이 좋아지는 것은 아니다. 소비자는 확실히 전보다 나아질 수 있지만, 포도주산업에 있는 생산자와 근로자는 적어도 당분간은 전보다 나빠질 수 있다.

사례 16.3   아이폰의 생산

대부분의 사람들은 교역을 제품의 수입과 수출로 생각한다. 그러나 교역에는 원재료를 최종 완제품으로 전환하는 것과 관련된 여러 단계도 포함된다. 각 단계에서 중간재는 완제품을 만들기 위해 노동이나 기계와 결합된다. 예를 들어, 컴퓨터를 만들기 위해서 근로자는 여러 종류의 칩과 부품을 조립한다. 따라서 통상 어떤 제품을 만드는 데는

관련된 여러 작업들이 포함된다. 그러한 작업들이 어디서 어떻게 수행되는가는 효율적 생산과 교역에 있어서 중요하다.

애플의 아이폰6의 경우를 살펴보자. 뒷면에는 "캘리포니아에서 디자인되었으며 중국에서 조립됨(Designed in California, Assembled in China)"이라고 적혀 있다. 그러나 이는 단지 시작과 끝에 불과하며, 그 사이에는 아이폰을 생산하기 위해 필요한 수많은 단계가 있다. 이와 관련하여 다음의 세 가지 사항에 대해 살펴보자.

첫째, 아이폰의 생산은 전 세계적으로 이루어지는 작업이다. 디자인, 기업경영, 조립 등은 각각 다른 장소에서 이루어진다. 아이폰의 핵심 부품들을 살펴보면 이에 대해 명확히 알 수 있다. 아이폰의 프로세서 칩은 주로 아시아에서 생산된다. 이전에는 한국의 삼성이 아이폰 칩의 상당 부분을 공급하였지만 아이폰6를 생산하면서 애플은 대만의 TSMC로 공급자를 전환하였다. 액정화면은 일본의 재팬디스플레이와 대만의 이놀룩스가 주요 공급자이다. 저장장치는 일본의 토시바와 한국의 SK하이닉스가 주로 담당한다. 이러한 생산공정의 분절화를 통해 기업은 생산의 각 단계에서 각 국가의 비교우위를 활

용할 수 있는데, 정보통신기술의 발달과 수송비용 때문에 가능해졌다. 제품의 디자인과 부품들은 중국에서 조립된다. 중국은 낮은 노동비용과 규모의 경제를 실현할 수 있어서 조립공정에서 비교우위를 지닌다. 이렇게 조립된 아이폰이 미국으로 수출되면 미국 기업들이 유통과 소매판매를 맡는다.

둘째, 아이폰의 부품들은 플라스틱이나 실리콘과 같은 원재료라기보다는 반제품(semi-finished products)이라는 점에 주목하라. 보다 효율적인 생산을 위해 특화된 기업들이 디자인을 개발하고 대부분의 부품들을 생산하는 것이다. 애플이 프로세서, 저장장치, 액정화면 등을 생산할 수 있는 직영 공장을 세울 수도 있었지만, 무역을 통해 외국 기업들의 생산기술을 활용하는 것이 보다 효율적이다. 애플이 아이폰 공장을 미국으로 이전했다고 가정해 보자. 공장 이전에는 $42억의 비용이 발생할 것으로 추정되었다(Tim Worstall, *Forbes*). 현재 상태에서 애플은 디자인과 개발 그리고 물류와 유통을 통해 미국에 수십만 개의 일자리를 창출하였다. 동시에 아이폰은 한국, 대만, 일본 경제에 큰 도움이 되었다.

셋째, 해외에서 생산되는 아이폰의 물리적 부품들은 아이폰6 소매가격의 절반에도 못 미치는 비중을 차지한다.[8] 대부분의 전자제품들과 마찬가지로 최종제품이 미국 소비자들에게 전달되기 위해서는 다양한 서비스(디자인, 개발, 유통)가 함께 필요하며, 이러한 서비스를 창출하는 애플과 다른 기업들이 최종 판매가격에서 상당한 부분을 차지하게 된다.

사례 16.4   보호주의 정책의 비용과 편익

미국에서 정부의 보호정책을 요구하는 목소리는 1980년대와 1990년대까지 계속 커져 갔다. 미국의 아시아 국가와의 무역에 대한 또는 북미자유무역협정(NAFTA)에 대한 보호주의 논쟁은 계속되고 있다. 보호주의 정책이 취할 수 있

는 보호적 장치에는 여러 가지가 있다. 제9장에서 살펴본 관세의 부과나 쿼터의 할당 등이 보호적 장치의 예이며, 이 외에도 각종 규제의 사용, 국내생산자에 대한 보조금 지급, 외환사용의 제한 등이 있다. 표 16.4는 최근 미국정부가

---

8 Jennifer Ribarsky, "Global Manufacturing and Measurement Issues Raised by the iPhone," Bureau of Economic Analysis, U.S. Department of Commerce, May 6, 2011.

사용한 무역제한 조치로 인해 나타난 결과를 보여 주고 있다.[9]

보호주의 정책을 취하는 주된 이유 중 하나는 특정한 산업의 일자리를 보호하기 위해서이므로 보호주의 정책이 생산자 이득을 가져다주는 것은 놀랄 일이 아니다. 그러나 보호주의 정책은 소비자에게 손실을 발생시키며 경제적 효율성을 상당히 감소시킨다. 이러한 효율성 상실은 비효율적인 과잉생산으로 발생하는 생산자잉여의 상실과 높은 국내가격과 낮은 소비로부터 발생하는 소비자잉여의 상실을 합한 것이다.

표 16.4에서 의류산업은 가장 큰 효율성 상실을 보여 주고 있다.

각 산업에서 상당한 크기의 생산자 이득이 나타나지만, 소비자 손실은 이보다 더 크게 나타난다. 의류산업의 국내 과잉생산과 수입의류의 소비 감소로부터 발생하는 효율성 상실의 크기는 $98.9억으로 나타난다. 낙농품의 경우에도 $27.9억의 효율성 상실을 보이고 있다.

한편, 국내생산자를 보호하기 위해 지불하는 효율성 비용은 산업에 따라 상당히 다르게 나타난다. 의류산업의 경우 효율성 비용은 생산자 이득의 22%, 낙농품의 경우는 27%, 오렌지주스의 경우는 33.3%로 나타난다. 그러나 컬러 텔레비전(3.7%), 탄소강(8.7%), 출판업(9.5%)의 경우에는 매우 낮은 효율성 비용을 나타내고 있다.

9.1절에서 설명했듯이 소비자잉여는 소비자가 재화에 지불하는 대가를 넘어서는 총편익 혹은 총가치를 의미한다. 생산자잉여도 생산자에 대해 이와 유사한 가치를 의미한다.

표 16.4	보호주의 정책의 비용		
산업	생산자 이득(백만 달러)[a]	소비자 손실(백만 달러)[b]	효율성 상실(백만 달러)[c]
출판업	622	1,020	59
오렌지주스	796	1,071	265
의류	44,883	55,084	9,895
탄소강	7,753	13,873	673
컬러 텔레비전	388	857	14
낙농품	10,201	11,221	2,795
육류	3,264	3,672	296
설탕	1,431	2,882	614

[a] 수입관세가 부과되는 경우에 생산자 이득은 그림 9.15에서 사다리꼴 A이다.
[b] 소비자 손실은 그림 9.15에서 면적 A, B, C, D의 합이다.
[c] 이는 그림 9.15에서 삼각형 B와 C에 해당한다.

16.6 경쟁시장의 효율성 – 요약

지금까지 일반균형분석과 경제적 효율성에 대하여 분석하였다. 이상의 분석을 통하여 우리는 다음과 같은 두 가지 중요한 결과를 얻을 수 있다. 첫째, 어떠한 초기 자원배분 상태에서 시작하더

---

9 이 사례는 다음의 문헌에서 발췌한 것이다. Cletus Coughlin, K. Alec Chrystal, and Geoffrey E. Wood, "Protectionist Trade Policies: A Survey of Theory, Evidence, and Rationale," *Federal Reserve Bank of St. Louis* (January/February 1988): 12-30. 표 표의 자료는 다음에서 얻은 것이다. Gary Clyde Hufbauer, Diane, T. Berliner, and Kimberly Ann Elliott, "Trade Protection in the United States: 31 Case Studies," *Institute for International Economics* (1986). 금액은 소비자물가지수를 사용하여 2011년 기준으로 조정하였다. 설탕에 관한 자료는 그림 9.15에서 가져온 것이다.

라도 개인 간 자유로운 교환을 통하여 파레토 효율적 상황에 도달할 수 있으며, 투입물(생산요소)시장과 생산물시장에서도 경쟁적 과정을 거쳐서 파레토 효율적인 상황에 도달할 수 있다. 후생경제학의 제1정리는 자신의 이익을 위해서 행동하는 소비자와 생산자, 그리고 이들에게 정보를 전달하는 시장가격을 통하여 경쟁시장은 자원의 파레토 효율적 배분을 달성할 수 있음을 보여 준다.

둘째, 소비자의 선호를 나타내는 무차별곡선이 원점에 대해 볼록하다면, 자원의 적절한 재배분과 그에 따른 경쟁적 과정을 거쳐서 어떠한 자원의 효율적 배분이라도 달성될 수 있다. 물론 여러 개의 파레토 효율적인 결과가 나타날 수 있다. 후생경제학의 제2정리는 일정한 가정하에서는 형평성과 효율성의 문제를 서로 구분하여 다룰 수 있음을 보여 준다. 형평성의 문제를 별도로 한다면, 경쟁시장의 균형에서 소비자잉여와 생산자잉여는 극대화된다. 다시 말해, 경제적으로 효율적인 결과를 얻는다.

이와 같은 후생경제학의 두 가지 정리는 시장이 경쟁적일 때 성립한다. 따라서 어떤 이유로 인해 시장이 경쟁적이지 않다면 두 정리는 성립하지 않는다. 이 책의 마지막 두 장에서는 시장이 효율적 결과를 가져오는 데 실패할 때 정부가 할 수 있는 일에 대해 살펴본다. 여기서는 교환에서의 경제적 효율성이 달성되기 위해, 또 생산요소시장과 생산물시장에서 경제적 효율성이 달성되기 위해 필요한 조건들을 다시 한 번 살펴봄으로써 경쟁적 과정이 어떻게 작동하는지를 요약해 본다.

1. **교환에서의 효율성:** 모든 소비자의 옷에 대한 식품의 한계대체율이 같아지도록 모든 배분은 (교환)계약곡선상에 있어야 한다.

$$MRS^I_{FC} = MRS^K_{FC}$$

소비자의 예산선과 가장 높은 만족을 주는 무차별곡선은 서로 접하기 때문에 경쟁시장은 이러한 조건을 만족시킨다.

$$MRS^I_{FC} = P_F/P_C = MRS^K_{FC}$$

2. **생산요소의 효율적 배분(기술적 효율성):** 두 재화의 생산에 있어서 모든 생산자의 자본에 대한 노동의 한계기술대체율은 일치해야 한다.

$$MRTS^F_{LK} = MRTS^C_{LK}$$

각 생산자는 노동과 자본의 가격비율이 두 생산요소 간의 한계기술대체율과 같아지도록 노동과 자본의 사용량을 선택하여 자신의 이윤을 극대화하므로 경쟁시장은 이러한 조건을 만족시킨다.

$$MRTS^F_{LK} = w/r = MRTS^C_{LK}$$

3. **생산물의 효율적 배분(효율적 생산량):** 각 재화의 생산량은 두 재화 간의 한계변환율이 소비자의 두 재화에 대한 한계대체율과 같아지도록 결정되어야 한다.

$$MRT_{FC} = MRS_{FC}(모든 소비자에 대해 성립)$$

3.3절에서 살펴보았듯이 음식과 옷 간의 한계대체율이 두 재화 간의 가격비율과 같아질 때 소비자 만족이 극대화된다.

경쟁시장에서 이윤을 극대화하는 생산자는 한계비용이 가격과 같아질 때까지 자신의 생산량을 증가시키므로 다음의 조건이 성립한다.

$$P_F = \mathrm{MC}_F, \ P_C = \mathrm{MC}_C$$

따라서

$$\mathrm{MRT}_{FC} = \mathrm{MC}_F/\mathrm{MC}_C = P_F/P_C$$

가 된다. 또한 경쟁시장에서 소비자가 자신의 만족을 극대화하기 위해서는 다음 조건이 성립해야 한다.

$$P_F/P_C = \mathrm{MRS}_{FC}(\text{모든 소비자에 대해 성립})$$

따라서

$$\mathrm{MRS}_{FC} = \mathrm{MRT}_{FC}$$

가 되므로 경쟁시장은 생산물의 효율적 배분을 위한 조건을 만족시킨다. 즉 재화는 소비자가 각 재화를 원하는 양만큼 생산되며, 또한 소비자가 각 재화에 지불하고자 하는 금액과 일치하는 비용으로 생산된다.

16.7 시장실패는 왜 발생하는가

효율성을 위해 필요한 조건들에 대해서는 두 가지 다른 해석을 할 수 있다. 첫 번째는 경쟁시장이 작동해야 한다는 것을 강조한다. 이것은 자원이 효율적으로 배분되기 위해서는 경쟁의 전제조건이 보장되어야 함을 의미한다. 두 번째는 경쟁시장이 성립되지 못하는 경우를 강조한다. 이는 시장실패를 다루는 방법을 고려해야 함을 의미한다. 지금까지는 첫 번째 해석에 초점을 맞추었으며, 지금부터는 두 번째 해석에 집중한다.

시장실패를 일으키는 기본적인 원인으로는 **시장지배력**(market power), **불완전한 정보**(incomplete information), **외부효과**(externality), **공공재**(public goods)의 네 가지를 들 수 있다. 이러한 원인들에 대해 하나씩 살펴본다.

시장지배력

10.2절에서 설명하였듯이 생산자가 한계비용보다 높은 수준에서 가격을 책정할 수 있다면 그 생산자는 독점력을 지닌다. 이와 유사하게 10.5절에서 구매자의 수요독점력을 살펴보았다. 즉, 소비자의 구매 결정이 가격에 영향을 미칠 수 있다면 그 구매자는 수요독점력을 가진다.

생산물이나 생산요소의 공급자가 시장지배력을 가진다면 비효율성이 발생한다. 예를 들어 에지워스 박스에서 식품 생산자가 독점력을 가지는 경우를 생각해 보자. 식품 생산자는 자신의 생산량을 가격이 아닌 한계수입이 한계비용과 같아지는 점에서 결정하며, 그에 따라 경쟁시장에 비해 적은 생산량을 경쟁시장에 비해 낮은 가격에 판매한다. 식품 생산량이 적다는 것은 식품 생산의 한계비용이 낮다는 것을 의미한다. 한편 식품 생산에 투입되지 않는 생산요소는 옷 생산에 사용되며, 따라서 옷 생산의 한계비용은 상승한다. $\mathrm{MRT}_{FC} = \mathrm{MC}_F/\mathrm{MC}_C$의 관계에서 보듯이 그 결과로 한계변환율은 감소한다. 따라서 그림 16.9에서 생산가능곡선상의 A점과 같은 점에 도달하며, 너무 적은 양의 식품과 너무 많은 양의 옷이 생산되는 비효율이 발생한다. 이와 같은 비효율의 원인은 시장지배력을 지닌 기업은 소비자가 소비결정에 사용하는 가격과는 다른 가격을 사용하여 생산량을 결정하기 때문이다.

생산요소시장에서 시장지배력이 있는 경우에도 비효율적 결과가 나타난다. 노동조합이 식품생산에서 노동공급에 대해 시장지배력을 가지는 경우를 고려해 보자. 이 경우 식품산업에서는 임금수준(w_F)이 높아서 노동공급량은 너무 적어지며, 옷산업에서는 임금수준(w_C)이 낮아서 너무 많은 노동이 공급된다. 옷산업에서는 $\mathrm{MRTS}^C_{LK} = w_C/r$로서 생산요소의 효율적 배분을 위한 조건이 만족된다. 그러나 식품산업에서는 옷산업에 비해 높은 임금이 지불되기 때문에 $\mathrm{MRTS}^F_{LK} = w_F/r > w_C/r = \mathrm{MRTS}^C_{LK}$가 된다. 따라서 모든 재화의 생산에서 기술적 한계대체율이 일치해야 한다는 생산요소의 효율적 배분 조건이 성립하지 않아서 생산요소는 비효율적으로 사용된다.

불완전한 정보

만약 소비자가 제품의 질이나 시장가격에 대한 정확한 정보를 가지지 못한다면 시장은 효율적으로 작동하지 않는다. 정보의 부족은 생산자에게 일부 재화를 너무 많이 생산하고 다른 재화는 너무 적게 생산하도록 하는 유인을 제공할 수 있다. 또 어떤 경우에는 일부 소비자는 재화를 구매하는 것이 자신에게 이익이 됨에도 불구하고 해당 재화를 구매하지 않을 수도 있으며, 다른 소비자는 어떤 재화를 구매함으로써 나빠질 수도 있다. 예를 들어 어떤 소비자는 체중을 확실히 감소시켜 준다는 약을 구입한 후에 그 약이 전혀 효과가 없다는 사실을 알게 된다. 또한 정보의 부족으로 시장이 형성되지 못할 수도 있다. 예를 들어 보험회사가 소비자가 처할 수 있는 위험에 대해 정확한 정보가 없다면, 소비자는 보험 가입이 불가능할 수도 있다.

정보의 부족은 경쟁시장의 비효율성을 발생시킨다. 제17장에서는 정보적 비효율성에 대해 자세히 살펴보며, 이때 정부가 어떤 역할을 할 수 있는지도 살펴볼 것이다.

외부효과

가격시스템이 효율적으로 작동하는 이유는 시장가격이 생산자나 소비자에게 정보를 전달하기 때문이다. 그러나 경우에 따라서 시장가격은 생산자나 소비자의 행동을 제대로 반영하지 못한다. 어떤 소비나 생산활동이 다른 소비나 생산활동에 영향을 미치지만 이러한 영향이 시장가격에 반영되지 못하는 경우에는 외부효과가 발생한다. 9.2절에서 설명했듯이, **외부효과**라는 용어는 다른 사람에게 미치는 영향(혜택이든, 비용이든)이 시장외부적임을 의미한다.

예를 들어, 제철공장이 강에 폐수를 방류하여 강이 오염됨으로써 강 하류에서 수영이나 낚시를 못하는 경우를 보자. 이 경우 제철공장은 폐수방류에 대한 비용을 부담하지 않으므로 외부효과가 발생하며, 생산요소의 비효율적 사용을 가져온다. 이러한 외부효과가 모든 제철공장에서 발생한다면 한계비용과 일치하는 철의 가격은 폐수비용이 반영된 한계비용보다 낮게 나타난다. 이에 따라 너무 많은 양의 철이 생산됨으로써 생산물의 비효율적 배분이 발생한다. 제18장에서는 이러한 외부효과에 대해 살펴본다.

공공재

시장실패는 많은 소비자가 가치가 있다고 생각하는 재화를 시장이 공급하지 못하는 경우에도 발

공공재 비배제적이고 비경합적인 재화와 서비스를 의미한다. 따라서 공공재는 값싸게 이용할 수 있지만 일단 공급되면 다른 사람들이 소비하는 것을 막기 어렵다.

생한다. **공공재**(public goods)는 많은 소비자에게 싼값에 공급될 수 있지만 일부 소비자에게 일단 공급된 후에는 다른 소비자가 그것을 소비하는 것을 막기가 매우 어렵다. 예를 들어 어떤 기업이 새로운 기술개발을 위해 연구비를 투자할지를 고민하는 중이라고 해 보자. 그런데 그 기술이 개발된 후에 특허를 취득할 수 없다면 다른 기업들이 그 기술을 복제할 수 있다. 다른 기업들이 새로운 기술을 이용하여 제품을 생산하는 것을 배제할 수 없다면 기술개발을 위한 연구의 수익성은 거의 없을 것이다.

따라서 시장은 기술과 같은 공공재를 충분히 공급하지 못한다. 제18장에서는 때로는 정부가 공공재를 직접 공급하거나 민간기업이 공공재를 생산하도록 적절한 인센티브를 제공함으로써 이러한 문제를 해결할 수 있음을 살펴본다.

사례 16.5   건강관리 시스템의 비효율성

미국은 다른 국가들에 비해서 GDP의 더 큰 부분을 의료서비스에 지출한다. 이러한 사실은 미국의 의료시스템이 다른 국가들에 비해 "비효율적(inefficient)"이라는 것을 의미하는가? 이러한 질문은 공공정책에 대한 중요한 질문이다. 이 장에서 살펴본 분석을 이용하여 이에 대한 답을 살펴보자. 이 경우 살펴보아야 할 것은 투입물 효율성(input efficiency)과 생산물 효율성(output efficiency)이다. 첫째, 미국의 의료시스템은 병원, 의사, 간호사, 약 등의 투입물(생산요소)들을 아주 잘 결합하여 의료서비스를 생산하고 있는지를 의미하는 *기술적 효율성*(technical efficiency)을 달성하고 있는가? 둘째, 의료서비스를 제공하는 데 있어서 *생산물 효율성*은 달성되고 있는가? 즉 의료서비스에 지출된 마지막 1단위의 달러로부터 발생하는 의료혜택은 그 기회비용(의료혜택 대신 제공될 수 있었던 다른 재화나 서비스로부터의 혜택)보다 더 큰가?

우리는 제6장에서 *기술적 효율성*에 대해 살펴보았다. 사례 6.1에서 보았듯이 점점 더 많은 의료서비스가 생산되면서 수확체감의 현상이 더 강해지고 그에 따라 생산가능곡선상에 있다고 하더라도 작은 추가적인 의료혜택(예를 들어 기대수명의 증가)을 얻기 위해서 점점 더 많은 자원을 사용해야 한다. 그러나 다른 한편으로, 미국의 의료산업이 생산가능곡선상에 있지 않고 생산가능곡선 아래에 있다고 믿을 만한 근거가 있다는 것에 대해서도 언급하였다. 따라서 투입물(생산요소)들이 좀 더 효율적으로 사용된다면 적은 양의 추가 자원의 사용이나 추가적 자원의 사용이 전혀 없는 경우에도 더 많은 의료혜택을 가져올 수 있다. 예를 들어 미국의 경우, 병원근무 의사 1명당

2.2명의 의료행정을 지원하는 근로자가 있는 것으로 나타난다. 이는 영국보다 25%나 더 높은 수치이며, 네덜란드보다 165%, 독일보다 215% 더 높은 수치이다. 미국은 다양한 보험가입자들에 대한 증명서 발급, 보험비 청구, 병원비 청구 등 의료행정 일에서 다른 국가들에 비해 훨씬 더 많은 시간과 비용을 발생시키는 것으로 보인다. 또한 매우 효과가 높지만 가격은 낮은 약들이 잘 처방되고 있지 않은 것으로 보인다. 예를 들어 베타 차단제(Beta blocker) 약은 1알에 몇 센트밖에 하지 않지만 심장마비로 인한 사망률을 25%나 감소시키는 것으로 알려져 있다. 그러나 미국의 일부 지역에서는 이 약이 거의 처방되지 않고 있다.

미국 의료산업의 생산물 효율성은 어떠한가? 미국인들의 소득 중 점점 더 많은 부분이 의료혜택을 받는 데 지출되고 있다는 사실은 미국 의료산업의 비효율성을 나타내는 증거로 거론되기도 한다. 그러나 사례 3.4에서 보았듯이 이는 단지 소득이 점점 증가하면서 의료서비스의 소비를 더 늘리려는 미국인들의 강한 선호를 반영하는 것일 수 있다. 그 사례에서 언급한 연구논문은 건강관련 재화와 기타 재화 간의 한계대체율(marginal rate of subsitution)을 계산하고 있는데 소비가 증가함에 따라 기타 재화의 한계효용이 급속히 감소하는 것으로 나타났다. 이미 설명했지만 이는 상식적으로도 쉽게 이해될 수 있는 것이다. 사람들이 소득이 증가하면서 나이를 먹어 갈 때, 새 자동차나 두 번째 집보다는 수명연장이 더 가치가 있는 것이 된다. 따라서 소득 중 점점 더 많은 부분이 의료혜택을 받기 위해 지출되는 것은 생산물 효율성이 달성되고 있다는 것을 말해 준다.

요약

1. 시장에 대한 부분균형분석에서는 관련된 시장들이 서로 영향을 주지 않는다고 가정한다. 일반균형분석은 분석의 대상인 시장에 대한 다른 시장들로부터의 피드백효과를 고려하여 모든 시장을 동시에 살펴본다.

2. 배분적 효율성은 교환에 의해 다른 사람을 더 못한 상태로 만들지 않고서는 어떤 사람도 더 나은 상태로 만들 수 없을 때 달성된다. 소비자가 상호 이익이 되는 모든 거래를 한다면 그 결과는 파레토 효율적이며 계약곡선상에서 나타난다.

3. 경쟁시장의 균형은 각 소비자가 자신이 가장 선호하는 배분을 선택하며 그에 따라 각 시장에서 수요량과 공급량이 일치할 때 나타나는 가격과 수량을 의미한다. 모든 경쟁시장의 균형은 교환계약곡선상에 나타나며, 파레토 효율적이다.

4. 효용가능곡선은 모든 효율적 배분을 두 사람이 각자 얻을 수 있는 효용수준으로 나타낸다. 두 개인 모두가 어떤 배분 상태를 비효율적인 배분보다 선호할 수 있지만 모든 효율적인 배분이 항상 선호되지는 않는다. 따라서 비효율적인 배분이 효율적 배분에 비해 더 공평한 배분일 수 있다.

5. 경쟁시장의 균형이 반드시 공평한 배분을 가져다주는 것은 아니므로 정부는 부자로부터 가난한 사람에게로 부를 재분배할 수 있다. 그러나 현실적으로 그러한 재분배에 의해 높은 비용이 발생할 수 있으므로 형평성과 효율성 간에는 상충관계가 나타날 수 있다.

6. 다른 재화의 생산량을 감소시키지 않고서는 한 재화의 생산량을 증가시킬 수 없는 생산요소의 배분상태

는 기술적으로 효율적이다.

7. 경쟁적 생산요소시장의 균형은 두 생산요소 간의 기술적 한계대체율이 두 재화 간의 가격비율과 같을 때 나타난다.

8. 생산가능곡선은 주어진 생산요소의 양으로 생산할 수 있는 생산물의 양을 이용하여 모든 효율적인 생산량을 측정한다. 재화 1의 재화 2에 대한 한계변환율은 더 많은 재화 1과 더 적은 재화 2가 생산됨에 따라 증가한다. 한계변환율은 재화 1 생산의 한계비용과 재화 2 생산의 한계비용 간의 비율과 같다.

9. 생산물의 효율적 배분은 소비에 있어서 모든 소비자의 한 재화의 다른 재화에 대한 한계대체율이 생산에 있어서 한 재화의 다른 재화에 대한 한계변환율과 같을 때 달성된다.

10. 생산요소시장과 생산물시장이 모두 완전경쟁적일 때, 두 재화 간의 한계대체율(두 재화 간의 가격비율과 같음)은 두 재화 간의 한계변환율[두 재화 간의 한계(생산)비용 비율과 같음]과 일치한다.

11. 자유무역은 한 국가의 생산가능곡선을 확장시켜 준다. 따라서 소비자는 더 나은 상태에 있게 된다.

12. 시장의 비효율성이 나타나는 원인으로는 첫째, 기업이나 소비자가 생산요소시장이나 생산물시장에서 시장지배력을 갖는 경우, 둘째, 소비자나 생산자가 불완전한 정보를 가짐으로써 소비나 생산에 있어서 잘못된 결정을 하는 경우, 셋째, 외부효과가 발생하는 경우, 넷째, 재화나 서비스가 공공재인 경우 등의 네 가지를 들 수 있다.

복습문제

1. 피드백효과가 일반균형분석과 부분균형분석을 서로 완전히 차이가 나도록 하는 이유는 무엇인가?

2. 에지워스 박스 내의 한 점은 시장바구니에 대한 두 소비자의 선택을 동시에 나타낼 수 있음을 설명하라.

3. 에지워스 박스를 사용한 재화의 교환에 대한 분석에

서 계약곡선상의 모든 점에서 두 소비자의 한계대체율이 서로 같아지는 이유를 설명하라.

4. "계약곡선상의 모든 점은 효율적이므로 사회적 관점에서 보더라도 이들은 모두 똑같이 바람직한 점들이다." 이 말에 동의하는가? 설명하라.

5. 효용가능곡선과 계약곡선은 어떤 관계가 있는가?

6. 에지워스 생산 박스에서, 한 배분상태가 생산계약곡선상에 있기 위해서는 어떤 조건이 만족되어야 하는가? 경쟁시장의 균형이 계약곡선상에 있는 이유는 무엇인가?

7. 생산가능곡선과 생산계약곡선은 어떤 관계가 있는가?

8. 한계변환율(MRT)이란 무엇인가? 한 재화의 다른 재화에 대한 한계변환율이 두 재화 간의 한계(생산)비용의 비율과 같은 이유는 무엇인가?

9. 두 재화의 한계변환율이 모든 소비자의 두 재화에 대한 한계대체율과 일치하지 않는다면 재화가 효율적으로 배분된 상태가 아닌 이유는 무엇인가?

10. 두 국가 간의 자유무역이 두 국가의 소비자를 좀 더 나은 상태로 만드는 이유는 무엇인가?

11. A국이 B국과 비교하여 두 재화 모두의 생산에서 절대우위를 갖는다면 A국은 B국과 교역을 하더라도 이득을 얻지 못한다. 이 서술은 옳은가? 설명하라.

12. 다음 각 서술에 대한 동의 여부를 말하고 그 이유를 설명하라.

   a. 2병의 포도주와 3파운드의 치즈를 교환하는 것이 가능하다면 치즈가격은 포도주가격의 2/3이다.

   b. 한 국가가 상대 국가에 비해 어떤 재화를 절대적으로 더 낮은 생산비용으로 생산할 수 있을 경우에만 그 국가는 상대 국가와의 무역으로부터 이득을 얻을 수 있다.

   c. 한계생산비용과 평균생산비용이 일정하다면 한 국가는 일부 재화의 생산에 완전히 특화하고 다른 재화는 전적으로 수입에 의존하는 것이 가장 좋은 방법이다.

   d. 노동이 유일한 생산요소라고 하자. 1야드의 옷감을 생산하는 데 따른 기회비용이 3부셸의 밀이라면, 밀 1부셸의 생산에서는 옷 1야드를 생산하는 데 필요한 노동의 3배가 필요하다.

13. 시장실패를 발생시키는 네 가지 주요 원인은 무엇인가? 각 경우에 시장이 효율적으로 작동하지 못하는 이유를 설명하라.

연습문제

1. 인플레이션을 방어하는 역할을 한다는 점에서 금(G)과 은(S)은 서로 대체재라고 하자. 또한 단기적으로 두 귀금속의 공급량은 $Q_G = 75$와 $Q_S = 300$으로 고정되어 있으며, 수요는 다음과 같이 주어졌다고 하자.

$$P_G = 975 - Q_G + 0.5P_S, \ P_S = 600 - Q_S + 0.5P_G$$

   a. 금과 은의 균형가격은 얼마인가?

   b. 새로운 금광의 발견으로 금 생산량이 150단위로 2배 증가했다고 하자. 이러한 발견은 금가격과 은가격에 어떤 영향을 미치는가?

2. 일반균형분석을 사용하고 피드백효과를 고려하여 다음의 상황을 분석하라.

   a. 양계농장에서 발생한 질병이 닭고기시장과 돼지고기시장에 미치는 효과.

   b. 항공요금에 대한 세금 인상이 주요 여행지인 플로리다와 캘리포니아 같은 곳의 관광과 호텔요금에 미치는 효과.

3. 제인은 3리터의 소프트드링크와 9개의 샌드위치를 가지고 있다. 밥은 8리터의 소프트드링크와 4개의 샌드위치를 가지고 있다. 제인의 샌드위치에 대한 소프트드링크의 한계대체율은 4이며, 밥의 한계대체율은 2이다. 에지워스 박스를 사용하여 이러한 배분이 효율적인지를 설명하라. 만약 효율적이라면 그 이유를 설명하라. 만약 효율적이 아니라면, 어떤 교환이 두 사람을 모두 전보다 나은 상태로 만들 수 있는지에 대해 설명하라.

4. 제니퍼와 드류는 오렌지주스와 커피를 소비한다. 제니퍼의 커피에 대한 오렌지주스의 한계대체율은 1이고, 드류의 한계대체율은 3이다. 오렌지주스의 가격이 \$2이고 커피의 가격이 \$3라면 어떤 시장이 초과수

요 상태에 있는가? 이 두 재화의 가격은 어떻게 될 것으로 예상하는가?

5. 다음 표에서 빠진 부분을 채워라. 각 표에서 가능한 거래에 대한 정보를 이용하여 결과적으로 나타나는 최종 배분을 확인하고 효율적 결과에서 나타나는 두 재화 간의 MRS를 구하라(주의: 정답은 1개 이상임). 결과를 에지워스 박스를 사용하여 그려라.

   a. 노만의 옷에 대한 식품의 MRS는 1이고, 지나의 MRS는 4이다.

개인	초기 배분	거래	최종 배분
노만	6F, 2C		
지나	1F, 8C		

   b. 마이클의 옷에 대한 식품의 MRS는 1/2이고, 켈리의 MRS는 3이다.

개인	초기 배분	거래	최종 배분
마이클	10F, 3C		
켈리	5F, 15C		

6. 두 사람 간의 교환을 분석할 때 만약 두 사람의 선호가 동일하다면 계약곡선은 직선이 되는가? 설명하라.

7. 생산가능곡선이 원점에 대해 오목하지 않은 경우의 예를 들어 보라.

8. 노동에 대한 수요독점자는 경쟁적 임금보다 낮은 임금을 지불하고 노동을 고용한다. 이러한 수요독점력은 어떤 비효율성을 발생시키는가? 만약 노동시장에서의 수요독점자가 동시에 생산물시장에서의 공급독점자라면 답은 어떻게 달라지는가?

9. 애크미 주식회사는 알파를 x단위, 베타를 y단위 생산하고 있다.

   a. 알파를 더 많이 또는 더 적게 생산할 것인지에 대한 결정이 베타에 대한 알파의 한계변환율에 따라 어떻게 달라지는지를 생산가능곡선을 사용하여 설명하라.

   b. 애크미가 (i) 최초에 0단위의 알파를 생산하거나

(ii) 최초에 0단위의 베타를 생산하는 두 극단적인 경우를 생각해 보자. 만약 애크미가 항상 자신의 생산가능곡선상에 머무르고자 한다면 (i)과 (ii)의 상황을 나타내 보라. 애크미가 두 재화 모두를 생산하기 시작한다면 어떤 상황이 나타나는가?

10. 새로운 발명으로 인해 식품 생산에서 나타나던 규모에 대한 수확불변 현상은 규모에 대한 수확체증 현상으로 변경되었다고 하자. 이러한 변화는 생산계약곡선에 어떤 영향을 미치가?

11. A국가와 B국가 모두 포도주와 치즈를 생산한다. A국가는 이용 가능한 노동력 800단위를, B국가는 600단위를 가지고 있다. 교역이 이루어지기 전에 A국가는 치즈 40파운드와 포도주 8병을, B국가는 치즈 30파운드와 포도주 10병을 소비한다.

	A국가	B국가
치즈 1파운드 생산에 필요한 노동	10	10
포도주 1병 생산에 필요한 노동	50	30

   a. 어떤 국가가 각 재화의 생산에 비교우위를 갖는가? 설명하라.

   b. 각국의 생산가능곡선을 그래프와 수식으로 표현하라(교역 이전의 생산점을 *PT*로, 교역 이후의 점을 *P*로 표시하라).

   c. 36파운드의 치즈와 9병의 포도주가 거래된다고 할 때, 교역 후의 소비점 *C*를 표시하라.

   d. 두 국가 모두 교역을 통해 이득을 보게 됨을 증명하라.

   e. 교역이 발생하는 가격선의 기울기는 얼마인가?

12. 어떤 빵가게에 16명의 근로자가 있다. 이들 중 일부는 일반 빵을 만드는 근로자(B)이고, 나머지는 케이크를 만드는 근로자(C)이다. 따라서 B + C = 16이다. 생산함수가 다음과 같을 때 일반 빵(y)과 케이크(x)의 생산가능곡선을 그려라.

   a. $y = 2B^{0.5}$, $x = C^{0.5}$

   b. $y = B$, $x = 2C^{0.5}$

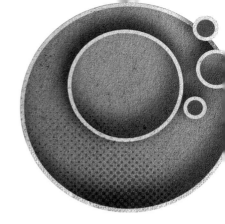

CHAPTER 17

비대칭적 정보하에서의 시장

지금까지는 소비자와 생산자가 자신들이 직면하는 선택과 관련된 경제적 변수에 대해 완전한 정보를 가지는 것으로 가정하였다. 이제는 한쪽이 다른 쪽보다 더 많이 알고 있다면, 즉 정보의 비대칭성이 존재한다면 어떤 상황이 발생하는지에 대해 살펴보고자 한다.

비대칭적 정보(asymmetric information)는 흔히 나타나는 현상이다. 일반적으로 제품의 판매자는 구매자에 비해 제품의 질에 대하여 더 잘 알며, 근로자는 자신의 기술과 능력에 대해 고용주보다 더 잘 안다. 또한 기업의 경영자는 기업의 비용, 경쟁적 우위, 투자기회 등에 대해 기업의 주인인 주주들보다 더 많이 안다.

또한 비대칭적 정보는 우리 사회에 존재하는 많은 제도적 장치들이 필요한 이유를 설명해 준다. 자동차 제조회사가 새 자동차의 부품과 서비스에 대해 일정 기간의 보증기간을 설정해 준다거나, 근로자가 자신이 받을 보상을 명시한 계약서에 서명을 한다거나, 주식회사의 주주들이 경영자의 행위를 감시하는 것 등은 모두 비대칭적 정보로 인해 발생하는 문제를 해결하려는 행위이다.

이 장에서는 먼저 판매자가 구매자보다 제품의 질에 대해 더 많은 정보를 가지는 상황에 대해 살펴보는데, 이러한 비대칭적 정보로 인해 시장실패가 초래된다는 것을 알 수 있다. 두 번째 절에서는 판매자가 자신이 판매하는 제품의 질에 대한 신호를 잠재적 구매자에게 보냄으로써 비대칭적 정보로 발생하는 문제를 어떻게 피할 수 있는지에 대해 살펴본다. 제품보증서는 구매자가 판매자보다 정보가 적을 때 판매자가 구매자에게 제공하는 보험과 같은 역할을 한다. 세 번째 절에서는 보험의 경우에는 구매자가 판매자보다 더 나은 정보를 가진다면 문제가 나타난다는 것을 살펴본다.

네 번째 절에서는 기업의 소유주인 주주들이 경영자의 행위를 감시하는데 상당한 비용이 발생한다면 경영자는 이윤극대화가 아닌 다른 목적을 추구할 수도 있음을 살펴본다. 또한 경영자를 감시하는 비용이 많이 드는 경우에는 주주들은 인센티브를 활용하여 경영자가 이윤극대화 행위를 하도록

비대칭적 정보 거래에서 구매
자와 판매자가 서로 다른 정보를
가지는 상황

유도할 수 있음을 살펴본다. 마지막으로, 근로자가 자신의 생산성에 대해 고용주보다 더 나은 정
보를 가지고 있다면 노동시장은 비효율적으로 작동할 수 있음을 살펴본다.

17.1 품질의 불확실성과 레몬시장

여러분이 $20,000를 주고 새 차를 사서 100마일 정도를 운행한 후에 차가 꼭 필요하지 않다고
생각하여 차를 팔려고 한다고 하자. 물론 차에는 아무런 결함이 없다. 여러분은 얼마를 받을 수
있을 것으로 기대하는가? 그 차는 겨우 100마일만 운행한 새 차이고 보증기간도 아직 유효하지
만 아마 $16,000 이상 받기는 어려울 것이다. 만약 여러분이 그런 차를 산다고 하더라도 $16,000
이상에 사려고 하지는 않을 것이다.

단순히 중고차라는 사실이 가격을 크게 떨어뜨리는가? 이에 대해 답하기 위해 여러분이 그 차
의 구매자라고 생각해 보자. 여러분은 차 주인이 새 차나 다름없는 차를 왜 팔려고 하는지 의아해
할 것이다. 차 주인은 단순히 차가 특별히 필요하지 않아서 팔려고 하는가 아니면 차에 무슨 이상
이 있는 것은 아닌가? 이 차는 "레몬(lemon, "레몬"은 불량품을 의미한다. – 역주)"이 아닐까?

중고차는 새 차보다 훨씬 싼 값에 판매되는데, 그것은 차의 **상태에 대한 비대칭적 정보** 때문이다.
중고차를 팔려는 사람은 자신의 차에 대해서 구매자보다 훨씬 잘 안다. 구매자는 기술자를 통해
차의 상태를 점검해 볼 수도 있지만 판매자는 차를 직접 사용해 왔기 때문에 차의 상태를 누구보
다도 잘 안다. 더욱이 차를 팔려고 내놓았다는 사실 자체가 그 차가 레몬이 아닌가 하는 의심을
갖게 한다. 구매자는 "왜 믿을 만한 차를 팔려고 하는가?"라고 의심할 수 있다. 따라서 중고차를
사려는 사람은 당연히 차의 상태에 대해 의심을 품게 된다.

애컬로프(George Akerlof)[1]는 제품의 질에 대한 비대칭적 정보의 의미를 최초로 분석한 경제학
자이다. 애컬로프의 분석은 비단 중고차시장에만 적용되는 것은 아니다. 보험시장, 신용대출시
장, 심지어 고용시장도 품질에 대한 정보가 비대칭적이라는 특성을 가진다. 비대칭적 정보의 함
의를 이해하기 위하여 중고차시장의 예로부터 시작하여 다른 시장에도 같은 원칙이 적용됨을 살
펴본다.

중고차시장

상태가 좋은 중고차와 나쁜 중고차가 있으며, 구매자나 판매자는 모두 어떤 차가 좋은 차이고 어떤 차
가 나쁜 차인지를 구별할 수 있다고 하자. 그렇다면 그림 17.1에서 보듯이 두 시장을 구분할 수 있
다. 그림 17.1(a)에서 S_H는 상태가 좋은 차의 공급곡선이며, D_H는 그 수요곡선이다. 그림 17.1(b)
에서 S_L과 D_L은 각각 상태가 나쁜 차의 공급곡선과 수요곡선을 나타낸다. 어떠한 주어진 가격에
서도 S_H는 S_L에 비해 높은 곳에 위치하는데, 그것은 상태가 좋은 차를 소유한 사람은 차를 팔기
를 주저하며, 팔더라도 더 높은 가격을 받기를 원하기 때문이다. 이와 유사하게 D_H도 D_L보다 높
은 곳에 위치하는데, 그것은 상태가 좋은 차를 사고자 하는 사람은 더 높은 가격을 지불할 용의

---

1 George A. Akerlof, "The Market for 'Lemons': Quality Uncertainty and the Market Mechanism," *Quarterly Journal of Economics* (August 1970): 488–500.

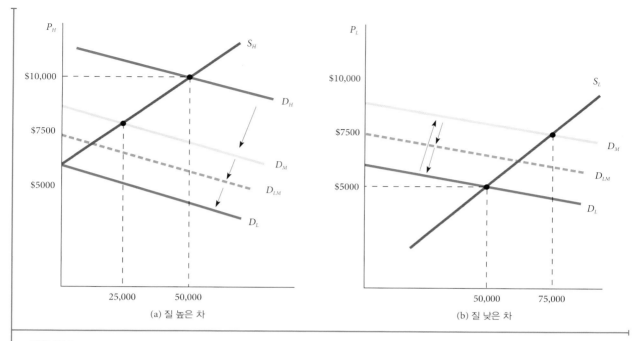

그림 17.1

중고차시장

판매자가 구매자에 비해 제품의 품질에 대해 더 나은 정보를 가지고 있다면 품질이 나쁜 제품이 품질이 좋은 제품을 시장에서 몰아내는 "레몬의 문제(lemon problem)"가 발생할 수 있다. (a)에서 상태가 좋은 자동차에 대한 수요곡선은 D_H이다. 그러나 구매자가 시장에 있는 자동차의 평균적인 상태에 대한 기대를 낮춘다면 수요곡선은 D_M으로 이동한다. 마찬가지로 (b)에서 상태가 좋지 않은 자동차에 대한 수요곡선은 D_L에서 D_M으로 이동한다. 그 결과 좋은 자동차의 판매량은 50,000대에서 25,000대로 줄어들며, 나쁜 자동차의 판매량은 50,000대에서 75,000대로 증가한다.

가 있기 때문이다. 그림 17.1에서는 상태가 좋은 차의 시장가격은 $10,000이고 나쁜 차의 가격은 $5,000이며, 각각 50,000대씩 판매된다.

현실에서는 중고차를 팔려는 사람은 구매자에 비해 차의 상태에 대해 훨씬 잘 안다. 구매자는 차를 사서 얼마간 운행을 해 본 후에 비로소 그 차의 상태를 알 수 있다. 판매자는 차의 상태를 잘 알지만 구매자는 전혀 모른다면 어떤 상황이 일어나는지를 살펴보자. 구매자는 상태가 좋은 차를 살 수 있는 확률이 50 대 50이라고 생각할 수 있다. 왜냐하면 판매자나 구매자가 모두 차의 상태를 안다면 두 종류의 차는 각각 50,000대씩 판매되기 때문이다. 따라서 중고차를 구입할 때 구매자는 일단 모든 자동차는 중간 정도의 상태라고 생각한다(물론, 차를 구입하고 난 후에 비로소 그 차의 진짜 상태를 알게 될 것이다). 중간 정도의 상태를 가진다고 생각되는 자동차의 수요곡선은 그림 17.1에서 D_M으로 표시되어 있는데, D_M은 D_L보다는 위에 있으며 D_H보다는 아래에 위치한다. 따라서 그림이 나타내는 것처럼, 상태가 좋은 차의 판매는 25,000대로 줄어드는 반면 나쁜 차의 판매는 75,000대로 증가한다.

그러나 판매되는 차의 대부분(전체 판매 대수의 약 3/4)이 상태가 나쁜 차라는 사실을 소비자가 알게 됨에 따라 수요곡선은 이동한다. 따라서 새로운 수요곡선은 D_{LM}이 된다. 한편 구매자의 이러한 인식으로 인해 판매되는 차 중에서 상태가 좋지 않은 차의 비중이 점점 높아지게 된다. 이에 따라 수요곡선은 더 아래로 이동하며, 판매되는 차 중에서 상태가 나쁜 차의 수는 점점 많아진다. 이러한 이동과정은 상태가 나쁜 차만 팔리는 상황에 도달할 때까지 계속되며, 결국 시장가격은 좋은 차가 팔리기에는 너무 낮게 형성된다. 소비자는 자신이 구입하는 차는 모두 좋지 않은 차라고 생각하게 되어 수요곡선은 D_L이 된다.

그림 17.1에 나타난 상황은 극단적인 경우이다. 시장의 균형은 상태가 좋은 차가 시장에서 일부 판매되는 가격에서 나타날 수도 있다. 그러나 좋은 차의 판매량은 소비자가 차를 구입하기 전에 질을 확인할 수 있는 경우에 비해서는 훨씬 적어진다. 이러한 이유 때문에 잠시 사용한, 상태가 좋은, 거의 새 차를 파는 경우에도 훨씬 낮은 가격을 받을 수밖에 없다. 비대칭적 정보로 인하여 품질이 낮은 재화는 품질이 높은 재화를 시장에서 몰아낸다. 이런 현상을 레몬의 문제(lemon problem)라고 하는데, 시장실패의 중요한 원인 중 하나이다. 이를 정리하여 표현하면 다음과 같다.

> 레몬의 문제: 비대칭적인 정보하에서 품질이 좋지 않은 재화가 품질이 좋은 재화를 시장에서 몰아내는 현상

비대칭적 정보의 의미

중고차의 예는 비대칭적 정보로 인해 시장실패가 발생할 수 있음을 보여 준다. 시장이 이상적으로 잘 작동한다면 소비자는 좋은 차와 나쁜 차 중에서 하나를 선택할 수 있다. 즉 어떤 소비자는 저렴한 가격에 끌려서 상태가 나쁜 차라도 구입할 것이며, 어떤 소비자는 높은 가격을 지불하고 좋은 차를 구입하고자 할 것이다. 그러나 불행하게도 소비자는 실제로 자동차를 구입한 후에야 비로소 중고차의 품질을 파악할 수 있다. 따라서 중고차의 가격은 하락하며 좋은 중고차는 시장에서 밀려난다.

상태가 좋은 차를 팔고자 하는 사람들 중에서 어떤 사람은 자신의 차에 대한 가치를 그 차를 사려는 사람보다 낮게 평가할 수 있다. 이런 경우에는 거래를 통해 양쪽은 모두 이익을 얻을 수 있지만, 구매자의 정보 부족 때문에 상호 이익이 되는 거래는 발생하지 못한다.

역선택 중고차의 예는 여러 시장에 영향을 미치는 중요한 문제인 역선택 문제를 단순화시킨 것이다. **역선택**(adverse selection) 문제는 구매자나 판매자가 거래를 하는 시점에 제품의 품질을 제대로 판단할 수 있는 충분한 정보가 없는 탓에 품질이 서로 다른 제품이 동일한 가격에 판매될 때 발생한다. 결과적으로는 시장에서 품질이 나쁜 제품이 더 많이 판매되며, 품질이 좋은 제품은 더 적게 판매된다. 비대칭적 정보와 그에 따른 역선택의 다른 예를 살펴보자. 또 이러한 문제에 대해 정부나 민간기업이 어떻게 대응하는지에 대해서도 살펴본다.

보험시장 65세 이상의 고령자들은 왜 건강보험에 가입하기가 어려울까? 고령자는 심각한 질병에 걸릴 위험이 높지만, 그러한 위험을 반영하기 위해 보험료를 높게 책정할 수 있지 않은가? 그 이유는 비대칭적 정보에 있다. 보험에 가입하고자 하는 사람은 보험회사가 건강진단을 통해서

역선택 비대칭적 정보로 인해 서로 다른 품질의 제품이 단일 가격으로 판매될 때 나타나는 현상으로서 시장실패의 한 가지 유형. 결과적으로 품질이 나쁜 제품은 너무 많이 판매되는 반면 품질이 좋은 제품은 너무 적게 판매됨

알 수 있는 것보다 자신의 건강상태에 대해 훨씬 잘 안다. 따라서 이때에도 중고차시장에서와 같은 역선택 문제가 발생한다. 건강하지 않은 사람일수록 보험가입을 더 원하기 때문에 보험가입자 중에서 건강하지 않은 사람의 비중은 높아진다. 이에 따라 보험가격이 상승하며, 따라서 자신의 건강에 큰 위험을 느끼지 않는 많은 건강한 사람들은 보험에 가입하려고 하지 않는다. 따라서 보험가입자 중에서 건강하지 않은 사람의 비중은 더욱 높아져서 보험가격은 더욱 상승한다. 이러한 과정은 보험가입을 원하는 거의 모든 사람이 건강하지 않은 사람들로 구성될 때까지 계속된다. 결국 보험료는 매우 비싸지며, 극단적으로는 보험회사는 보험판매를 중지하게 된다.

역선택은 다른 방법으로도 보험시장의 작동을 곤란하게 한다. 어떤 보험회사가 자동차사고로 인한 재산상의 피해를 보상하는 보험을 판매하고자 한다. 이 보험회사는 특정 연령층(예를 들어 25세 이하의 남성)을 대상으로 하는데, 이 연령층의 자동차사고 발생 확률은 평균적으로 0.01로 추정된다. 하지만 이 연령층에 속한 사람들 중 일부는 사고를 낼 확률이 0.01보다 훨씬 낮지만 다른 일부는 사고를 낼 확률이 0.01보다 훨씬 높다. 만약 이 보험회사가 위험이 높은 사람과 낮은 사람을 구별할 수 없다면, 평균 사고발생률인 0.01을 기초로 보험료를 책정할 것이다. 이 경우 사고를 낼 확률이 낮은 사람들은 보험에 가입하지 않는 반면 사고를 낼 확률이 높은 사람들은 보험에 가입하게 된다. 이로 인해 보험가입자들의 사고발생률은 0.01보다 높아지며, 따라서 보험회사는 보험료를 인상해야 한다. 극단적인 상황에서는 사고를 내게 될 사람들만 보험에 가입할 것이며, 이는 사실상 보험의 판매를 불가능하게 만든다.

역선택 문제를 해결하기 위한 방법 중 하나는 위험을 모으는 것(risk pooling)이다. 건강보험의 경우, 미국의 메디케어(Medicare) 프로그램에서 보듯이 정부가 그 역할을 할 수도 있다(메디케어 프로그램은 미국의 노인 의료보험제도의 명칭이다. 이 제도에서는 사회보장세를 20년 이상 납부한 65세 이상의 노인과 장애인에게 연방정부가 의료비를 지원한다. – 역주). 65세 이상의 모든 사람에게 보험을 제공함으로써 정부는 역선택에 따른 문제를 제거한다. 마찬가지로 보험회사도 한 집단 전체를 대상으로 하는 집단 건강보험을 판매함으로써 역선택 문제를 피하거나 줄일 수 있다. 어떤 기업에 근무하는 모든 근로자(건강한 사람이나 건강하지 않은 사람이나 모두)를 대상으로 보험을 판매함으로써 보험회사는 다수의 고위험의 사람들이 보험에 가입할 가능성을 줄일 수 있다.[2]

신용카드시장 신용카드를 사용하는 것은 특별한 담보가 없이 돈을 빌려 쓰는 것이다. 사람들은 보통 여러 개의 신용카드를 보유하고 있으며, 신용카드를 보유한 사람은 일정 금액까지 돈을 빌려 쓸 수 있다. 신용카드회사는 빌려 주는 돈에 대해 이자를 부과하여 수익을 올린다. 신용카드회사나 은행은 신용이 양호한 채무자와 그렇지 않은 채무자를 어떻게 구별하는가? 돈을 빌리는 사람은 돈을 빌려 주는 신용카드회사나 은행보다 더 많은 정보를 가지는데, 즉 자신이 돈을

---

2 일부 전문가들은 위험을 모으는 것(risk pooling)이 메디케어 프로그램의 주요 근거가 아니라고 주장한다. 대부분 사람들의 경우에는 65세가 되면 과거 건강기록을 통해 건강상태를 판단할 수 있어서 보험회사는 고위험군과 저위험군을 구분할 수 있다는 것이다. 메디케어 프로그램을 실시하는 또 다른 이유는 분배적 차원에서 찾을 수 있다. 65세 이후에는 상대적으로 건강한 사람들도 더 많은 의료서비스가 필요할 가능성이 높아서 정보의 비대칭성이 없더라도 보험료는 비싸지는데, 고령층은 대부분 비싼 보험료를 지불할 충분한 소득이 없다는 것이다.

갚을지에 대해 더 잘 알고 있다. 따라서 이런 경우에도 레몬의 문제가 발생한다. 신용이 높은 채무자에 비해 그렇지 않은 채무자가 돈을 빌리려는 경향이 높으며, 이로 인해 이자율이 상승한다. 이는 다시 신용이 낮은 채무자의 수를 증가시키며 또한 이자율은 더 상승한다. 이러한 과정은 계속된다.

사실 신용카드회사나 은행은 일정한 범위 내에서 개인의 신용상태에 대한 과거의 기록을 보유하고 있으며, 서로 자료를 공유하면서 신용이 높은 채무자와 낮은 채무자를 어느 정도 구분할 수 있다. 많은 사람들은 컴퓨터에 기록된 개인의 과거 기록을 신용카드회사나 은행이 이용하는 것을 사생활 침해로 여겨 규제해 줄 것을 요구한다. 하지만 과거의 신용기록은 과거 기록을 이용할 수 없다면 신용시장이 잘 작동하지 못하는 원인인 비대칭 정보와 역선택 문제를 제거하거나 크게 완화시켜 준다. 과거 기록이 없다면 신용이 좋은 사람조차도 돈을 빌리기 위해서는 매우 높은 비용을 지불해야 할 것이다.

명성(평판)의 중요성과 표준화

비대칭적 정보는 그 밖의 많은 시장에도 나타나는데, 다음과 같은 몇 가지 예를 들 수 있다.

- **소매점**: 불량품을 수리해 주거나 반품해 줄 것인가? 소매점은 자신의 정책에 대해 소비자보다 더 잘 안다.
- **희귀 우표, 동전, 책, 그림을 파는 상인**: 제품이 가짜인가 아니면 진품인가? 물건을 파는 상인은 진품 여부를 소비자보다 더 잘 안다.
- **지붕수리, 배관공사, 전기공사**: 지붕을 수리하거나 새로 단장할 때 여러분이 지붕 위에 올라가서 직접 작업 상태를 확인하는가?
- **음식점**: 요리사가 신선한 재료를 사용하고 위생적으로 조리하는지를 확인하기 위해 여러분은 얼마나 자주 식당 주방에 들어가 보는가?

이러한 경우에는 판매자는 구매자보다 제품의 질에 대해 훨씬 더 잘 안다. 판매자가 구매자에게 제품의 질에 대한 정보를 제공하지 않는다면 품질이 낮은 재화나 서비스는 품질이 좋은 재화나 서비스를 시장에서 몰아내게 되며, 시장실패가 발생한다. 따라서 판매자가 좋은 품질의 재화나 서비스를 판매한다면 자신의 재화나 서비스의 품질이 실제로 좋다는 것을 소비자에게 확신시키려는 강한 인센티브를 가진다. 앞에서 살펴본 몇 가지 예에서는 판매자의 명성 또는 **평판** (reputation)이 소비자를 확신시키는 역할을 한다. 사람들은 서비스가 좋다는 평판을 얻고 있는 소매점에서 물건을 사기를 원한다. 사람들이 지붕수리나 배관공사에 특정한 업체를 선호하는 이유는 그들이 일을 잘한다는 평판을 가지기 때문이다. 사람들이 특정한 음식점에 더 자주 가는 것은 그 음식점이 신선한 재료를 사용한다는 평판을 가지기 때문이다. 아마존(Amazon)을 포함한 여러 온라인 판매회사들은 평판을 유지하기 위해 또 다른 방법을 사용한다. 이들은 자신을 통해 구입한 제품에 대해 구매자들이 평가하여 등급을 매기도록 한다. 해당 제품에 대한 소비자들의 평가나 등급은 소비자들에게 해당 제품에 대한 정보를 제공함으로써 레몬의 문제를 해소하며, 판매자도 자신이 파는 제품에 대해 책임감을 가지도록 하는 효과가 있다.

그러나 경우에 따라서는 명성이나 평판을 쌓기가 불가능한 경우도 있다. 예를 들어 고속도로 휴게소의 식당이나 지방의 여관을 찾는 고객들은 대부분 그곳을 단 한 번 또는 매우 드물게 이용한다. 따라서 이들이 명성을 쌓기는 매우 힘들다. 그렇다면 이들은 레몬의 문제를 어떻게 해소할 수 있는가? 한 가지 방법은 표준화(standardization)이다. 맥도날드에 자주 가지 않는 소비자의 경우에도 고속도로를 이용할 때는 맥도날드에서 햄버거를 사 먹는 것이 낫다고 생각할 수 있다. 그 이유는 맥도날드가 표준화된 제품을 팔고 있기 때문이다. 전국 어디에 위치한 맥도날드에서든 똑같은 재료를 사용하며, 똑같은 음식을 판매한다. 물론 다른 음식점의 음식이 더 나을 수도 있지만 소비자는 맥도날드에서 음식을 사 먹을 때는 자신이 무엇을 사야 할지 정확히 안다.

사례 17.1 메디케어

최근 미국의 정부정책 중 가장 많은 논쟁과 주목을 받았던 주제가 의료시스템의 개혁이었다. 논쟁의 핵심은 모든 사람들이 건강보험에 가입해야 하는가, 모든 사람들이 공익보험이든 민간보험이든 보험에 가입하도록 강제해야 하는가 하는 것이었다. 보험에 가입하도록 강제해야 한다는 주장을 이해하기 위하여 메디케어(Medicare)의 경우를 살펴보자.

메디케어는 1965년에 만들어져 65세 이상의 노인과 65세 이하라도 장애를 갖고 있는 사람들을 대상으로 의료보험을 제공하는 프로그램이다. 이를 유지하기 위한 비용은 급여세(payroll tax)로 충당된다. 급여세는 근로자와 고용주가 같이 부담하는 세금이다. 2016년에 근로자의 봉급에서 1.45%의 급여세가 부과되었으며, 고용주도 이에 상응하는 동일한 금액을 부담해야 한다. 메디케어의 핵심 특징은 모든 사람이 강제로 가입해야 한다는 것이다. 기본적으로 모든 근로자가 이 프로그램에 가입하게 되어 있다. 이러한 강제성은 메디케어가 유지되도록 해 주고 있으며, 또한 메디케어를 다른 공익보험이나 민간보험과는 차별화된 보험으로 만들어 주고 있다.

강제적 가입이 왜 핵심적인 사항인가를 이해하기 위해, 보험회사들이 연간 $5,000의 보험료로 노인들에 대한 보험을 판다고 해 보자. 이러한 경우에 정보의 비대칭이 존재한다는 것을 기억하라. 보험가입자들은 자신의 건강상태, 라이프스타일, 앞으로 자신이 지출할 것으로 예상되는 의료비용에 대해 보험회사들이 알 수 있는 것보다 훨씬 더 잘 안다. 이제 누가 이런 보험에 가입하고, 누가 연간 $5,000를 지출하지 않을 것인가를 생각해 보자. 건강상태가 양호하고 앞으로 자신에게 드는 의료비용이 연간 $5,000가 되지 않을 것이라고 생각하는 노인층보다 만성적 병을 갖고 있거나, 앞으로 자신이 지출할 것으로 예상되는 의료비용이 연간 $5,000보다 많을 것이라고 생각하는 노인층이 이 보험에 가입할 가능성이 훨씬 높다. 따라서

역선택 문제가 발생한다. 몸이 아플 가능성이 큰 사람들 대부분이 보험에 가입할 것이고 그에 따라 보험회사는 적자를 보고 보험료를 (예를 들어 $7,000 정도로) 다시 올려야 할 것이다. 그러나 그렇게 하더라도 그 상태가 유지되지 않을 가능성이 높다. 왜냐하면 자신의 의료비용이 $7,000보다 많이 들 것이라고 생각하는 사람들 대부분이 보험에 가입할 것이기 때문이다. 따라서 보험회사는 여전히 적자를 보게 될 것이다. 매번 보험회사가 보험료를 올릴 때마다 보다 건강한 사람들이 계속 빠져나갈 것이며 결국에는 크게 아플 가능성이 있는 사람들만이 보험에 가입하려고 할 것이다. (실제로 1965년 이전에 나타난 현상이 바로 이런 것이었다.) 만약 보험에 가입하지 않은 사람이 아프게 되면 어떻게 될까? 일부 사람들은 의료비용을 스스로 낼 수 있을 정도로 부자일 수 있다. 그러나 대부분의 사람들은 부자가 아니다. 따라서 이들이 아플 경우에는 자신들 지역에 있는 병원 응급실로 가게 될 것이다. 법에 의해서 응급실에 오는 환자들은 병원이 치료해 주도록 되어 있다. 따라서 대부분의 노인들에 대한 의료비용은 응급실에 대한 정부보조를 통해 사회 전체가 부담하게 된다.

메디케어는 이러한 역선택 문제를 발생시키지 않는다. 65세가 넘는 사람들은 의료비용이 적게 들 것으로 예상되는 사람이든, 많이 들 것으로 예상되는 사람이든, 모두 메디케어에 가입해야 한다. 강제적인 프로그램인 경우에는 역선택 문제가 발생하지 않으므로, 메디케어에 발생하는 비용은 민간보험회사들 대부분에 발생하는 비용보다 낮다. 메디케어는 미국에서 가장 성공적이고 효율적인 공익프로그램이라는 명성을 얻고 있다.

그림 17.2는 메디케어가 도입되기 2년 전인 1963년부터 적정부담 의료법(Affordable Care Act, ACA)이 도입된 5년 후인 2015년까지 의료보험이 없는 미국인의 비율을 보여 준다. 메디케어 덕분에 의료보험이 없는 미국인의 비율이 급격히 하락하였다. 보다 최근에 적정부

담의료법으로 인해 의무보험이 등장하고 저소득층에게 보조금을 지원함으로써 의료보험이 없는 미국인의 비율은 다시 큰 폭으로 하락

하였다. 메디케어와 적정부담의료법은 역선택이라는 근본적인 문제점을 다루었기 때문에 모두 성공적이었다.

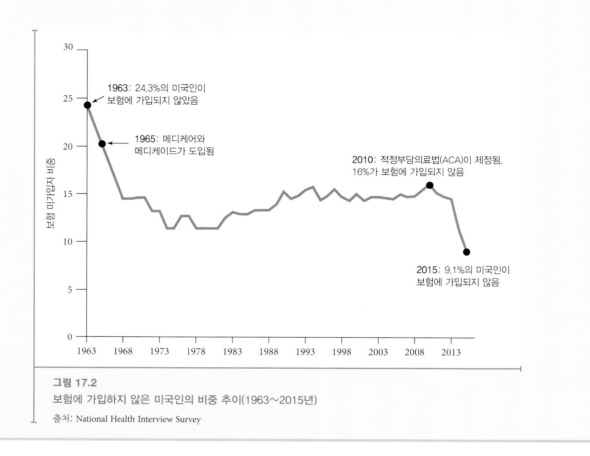

그림 17.2
보험에 가입하지 않은 미국인의 비중 추이(1963~2015년)
출처: National Health Interview Survey

사례 17.2   메이저리그의 레몬

레몬시장이 존재하는지 여부를 어떻게 판단할 수 있을까? 한 가지 방법은 재판매되는 제품의 성능을 그와 유사한 제품으로 재판매가 되는 경우가 드문 제품과 비교하는 것이다. 레몬시장에서 재판매되는 제품의 질은 (재판매 제품을 구입하는 사람이 제한된 정보를 가지므로) 재판매시장에 거의 나타나지 않는 제품의 질보다 낮다. 얼마

전, 메이저리그 야구팀의 계약과 관련된 규칙의 변화로 메이저리그 야구선수시장에 재판매시장이 등장하게 되었다.[3]

1976년 이전에는 메이저리그 야구팀은 선수와의 계약을 갱신하는 데 있어서 배타적 권리를 갖고 있었다. 그러나 1976년 이러한 제도가 위법이라는 판결이 나온 이후 새로운 계약 관행이 나타났다. 선수

---

3 이 사례는 다음에서 발췌한 것이다. Kenneth Lehn, "Information Asymmetries in Baseball's Free-Agent Market," *Economic Inquiry* (1984): 37-44.

들은 이제 메이저리그팀에 6년 동안 소속된 후에 그들의 원래 팀과 새로운 계약을 체결하든가 아니면 자유계약 야구선수가 되어 새로운 팀과 계약을 맺을 수 있게 되었다. 많은 자유계약 야구선수들이 생겨남으로써 야구선수 시장에 재판매시장이 등장하게 되었다.

자유계약선수시장에서는 비대칭 정보가 지배적으로 나타났다. 잠재적 구매자 중 하나인, 해당 선수가 원래 속했던 팀은 다른 팀보다 해당 선수의 능력에 대해 좀 더 나은 정보를 갖는다. 중고자동차의 경우라면 자동차 수리내용을 서로 비교해 봄으로써 정보의 비대칭적 존재 여부를 판단할 수 있다. 야구의 경우에는 선수들의 부상기록을 비교해 볼 수 있다. 만약 선수들이 열심히 운동하면서 여러 체력관리 프로그램을 따라 했다면 우리는 선수들의 부상 가능성이 낮고 설령 부상을 당했더라도 여전히 운동을 계속할 수 있을 것으로 기대할 수 있다.

다시 말해, 좀 더 적극적인 선수들은 부상으로 인해 벤치에서 보내는 시간이 상대적으로 더 적을 것이다. 만약 레몬시장이 존재한다면 소속팀과 계약을 갱신한 선수보다 자유계약선수의 부상률이 더

높을 것으로 예상할 수 있다. 또한 선수들은 자신이 처음 속했던 팀만이 알며 또한 그로 인해 자신이 소속했던 팀이 계약을 갱신하기가 어려운 어떤 신체적 이유가 있을 수 있다. 그러한 선수들이 상대적으로 더 많이 자유계약선수가 되기 때문에 자유계약선수는 신체적 이유로 인해 부상률이 높을 것이다.

장기계약을 한 모든 선수의 계약 후 성과를 보여 주고 있는 표 17.1은 두 가지 사항을 알려 주고 있다. 첫째, 자유계약선수나 계약갱신선수 모두 계약 후 부상률이 높아졌다. 시즌당 부상 일수는 평균 4.73일에서 평균 12.55일로 증가하였다. 둘째, 자유계약선수와 계약갱신선수의 계약 후 부상률이 서로 매우 다르게 나타났다. 평균적으로 볼 때, 계약갱신선수의 부상일은 9.68일로 나타났으며 자유계약선수의 부상일은 17.23일로 나타났다.

이 두 가지 사항은 야구팀(구단)이 자기 선수에 대해서는 다른 경쟁팀(구단)보다 더 잘 알고 있기 때문에 자유계약선수의 경우 레몬시장이 존재한다는 것을 말해 주고 있다.

표 17.1	선수의 부상률		
	시즌당 부상 일수		
	계약 전	**계약 후**	**변화 퍼센트**
모든 선수	4.73	12.55	165.4
계약갱신선수	4.76	9.68	103.4
자유계약선수	4.67	17.23	268.9

17.2 시장신호

지금까지는 비대칭적 정보에 의해 레몬의 문제가 나타날 수 있음을 살펴보았다. 판매자는 자신의 제품에 대하여 구매자보다 잘 알고 있기 때문에 구매자는 품질이 좋지 않을 것이라고 간주하며, 따라서 가격은 하락하고 품질이 나쁜 제품만 거래되는 상황이 일어난다. 또한 정부가 개입하거나(건강보험의 경우), 명성을 쌓음으로써(서비스산업의 경우) 이러한 문제를 완화할 수 있다는 것도 살펴보았다. 여기서는 비대칭적 정보의 문제를 해결하는 또 다른 방법에 대해 살펴본다. 이는 시장을 통해 신호를 보내는 것이다. **시장신호**(market signaling)의 개념은 스펜스(Michael

시장신호 판매자가 제품의 품질에 대한 신호를 구매자에게 전달하는 과정

Spence)에 의해 처음 소개되었는데, 일부 시장에서는 판매자가 구매자에게 자신이 파는 제품의 품질에 대한 정보를 전달하는 신호(signal)를 보낸다는 것이다.[4]

비대칭적 정보가 존재하는 시장의 좋은 예인 **노동시장**에서 시장신호가 어떻게 작동하는지를 살펴보자. 어떤 기업이 약간의 직원을 신규로 채용할 계획이라고 하자. 근로자(노동의 판매자)는 자신이 제공할 수 있는 노동의 질에 대해서 기업(노동의 구매자)에 비해 훨씬 더 잘 안다. 예를 들어 그는 자신이 얼마나 열심히 일하고자 하는지, 얼마나 책임감이 있는지, 어떤 기술이 있는지 등을 잘 알고 있다. 그러나 기업은 고용 당시에는 이러한 근로자의 속성에 대해 잘 알지 못하며, 근로자를 고용하여 얼마간 일을 시켜 본 후에야 파악할 수 있다.

그렇다면 기업은 일단 근로자를 고용하여 능력을 살펴본 후에 생산성이 낮다면 해당 근로자를 해고하는 방법을 사용할 수 있다. 하지만 그러한 방법은 매우 높은 비용을 발생시키게 된다. 많은 기업들에게 몇 달 이상 근무한 근로자를 해고하는 것은 쉬운 일이 아니다. 기업은 해고 사유를 증명해야 하며, 퇴직수당도 지불해야 한다. 더구나 많은 직업의 경우에는 근로자는 적어도 처음 6개월 정도가 지난 후에야 충분한 생산성을 발휘할 수 있다. 또한 기업은 처음 얼마 동안은 근로자에게 업무와 관련된 훈련을 시키기 위해 상당한 자원을 투자해야 한다. 따라서 기업은 처음 6개월에서 1년 사이에는 근로자의 역량을 제대로 파악하지 못할 수 있다. 기업이 근로자를 고용하기 전에 잠재적 근로자의 역량을 파악할 수 있다면 기업은 분명히 더 나은 선택을 하게 될 것이다.

근로자를 고용하기 전에 생산성에 대한 정보를 얻기 위해 기업은 근로자의 어떤 특징들을 살펴볼 수 있는가? 채용되기를 원하는 근로자는 자신의 생산성에 대한 정보를 전달할 수 있는가? 채용 면접 시에 옷을 단정하게 입으면 약간의 정보를 전달할 수도 있다. 그러나 비생산적인 사람도 옷을 잘 입고 나올 수도 있으므로 옷차림은 매우 약한 신호(weak signal)일 뿐이며, 생산성이 높은 사람과 생산성이 낮은 사람을 구별하는 데 큰 도움을 주지는 못한다. 강한 신호(strong signal)가 되기 위해서는 생산성이 높은 사람이 생산성이 낮은 사람에 비해 전달하기가 훨씬 쉬워야 하며, 따라서 생산성이 높은 사람이 그러한 신호를 보낼 가능성이 높아야 한다.

예를 들어 교육수준은 노동시장에서 매우 강한 신호에 해당한다. 한 사람의 교육수준은 교육 연수, 취득한 학위, 학위를 준 대학의 명성, 학점 등 여러 측면에서 측정할 수 있다. 교육은 직접 또는 간접적으로 업무에 도움을 주는 정보, 기술, 일반지식 등을 제공함으로써 개인의 생산성을 증가시킨다. 설령 교육이 생산성을 향상시키지 않더라도 생산성에 대해 상당한 정보를 제공할 수 있는데, 그것은 생산적인 사람은 높은 수준의 교육을 받기가 보다 쉽기 때문이다. 보편적으로 생산적인 사람은 더 부지런하고, 더 적극적이며, 규율을 더 잘 따르고, 더 열정적으로 일을 하는 경향이 있다. 따라서 보다 생산적인 사람은 기업에게 자신의 생산성에 대한 신호를 보냄으로써 높은 수준의 보수를 주는 좋은 직장을 구하기 위해 높은 수준의 교육을 받을 가능성이 높다. 그러므로 기업이 교육수준을 사람들의 생산성에 대한 신호로 간주하는 것은 적절하다.

---

4 Michael Spence, *Market Signaling* (Cambridge, MA: Harvard University Press, 1974).

취업시장의 신호에 대한 간단한 모형

간단한 모형을 이용하여 신호가 어떻게 작동하는지를 살펴보자.[5] 근로자는 생산성에 따라 두 그룹으로 구분되는데, 생산성이 낮은 근로자들(I그룹)의 평균생산물과 한계생산물은 각각 1이며, 생산성이 높은 근로자들(II그룹)의 평균생산물과 한계생산물은 각각 2라고 가정하자. 근로자는 경쟁기업에 의해 고용되며 경쟁기업은 자신의 제품을 $10,000에 판매한다. 또 기업은 각 근로자가 평균적으로 10년간 근무할 것으로 예상하며, 근로자의 반은 I그룹에, 나머지 반은 II그룹에 속한다고 하자. 따라서 모든 근로자의 **평균생산성**은 1.5이다. 기대수입은 근로자의 유형에 따라 달라지는데, I그룹의 경우는 $100,000(연간 $10,000 × 10년), II그룹의 경우는 $200,000(연간 $20,000 × 10년)이다.

만약 기업이 근로자들의 생산성을 확인할 수 있다면 그들의 한계생산물수입과 같은 크기의 임금을 지불할 것이다. I그룹에 속하는 근로자에게는 연간 $10,000를 지불하며, II그룹에 속하는 근로자에게는 연간 $20,000를 지불한다. 한편 기업이 근로자를 고용하기 전에는 미리 생산성을 파악할 수 없다면, 기업은 모든 근로자에게 평균 $15,000의 연간 임금을 지불할 것이다. 이 경우 I그룹의 근로자는 II그룹의 근로자의 희생($20,000 대신 $15,000)으로 더 많은 임금($10,000 대신 $15,000)을 받게 된다.

이제 교육이라는 신호로 인해 어떤 상황이 일어날 수 있는지를 살펴보자. 교육과 관련된 모든 속성(학위, 학점 등)은 고등교육을 받은 기간을 나타내는 y로 표현된다고 가정하자. 모든 교육에는 비용이 발생하므로 y가 클수록 비용은 증가한다. 이러한 비용에는 학비, 책값, 기회비용(일하지 않고 대학에 다님으로써 포기해야 하는 임금), 좋은 학점을 받기 위해서 열심히 공부함에 따른 정신적 비용 등이 포함된다. 중요한 점은 교육의 비용은 생산성이 낮은 그룹이 생산성이 높은 그룹에 비해 높다는 것인데, 그 이유는 다음과 같이 두 가지로 설명할 수 있다. 첫째, 생산성이 낮은 근로자는 열심히 공부하지 않는 경향이 있으며, 열심히 공부하더라도 능력이 부족하여 장학금 등의 혜택을 받지 못할 가능성이 높다. 둘째, 생산성이 낮은 근로자는 일정한 교육 프로그램을 마치는 데 더 많은 시간이 걸릴 수 있다. 이에 따라 I그룹과 II그룹에 속한 사람들이 y수준의 교육을 받는 데 필요한 비용을 다음과 같이 나타낼 수 있다.

$$C_I(y) = \$40,000y$$
$$C_{II}(y) = \$20,000y$$

이제 교육이 어떤 사람의 생산성을 높이는 데 아무런 역할을 하지 않으며, 다만 신호로서만 기능한다고 가정하자. 이런 경우에 서로 다른 교육수준을 가진 사람들과 교육을 생산성에 대한 신호로 간주하는 기업들로 구성된 시장에서 나타날 수 있는 균형에 대해 살펴보자.

시장균형 다음과 같은 시장균형을 생각해 보자. 기업은 다음과 같은 의사결정원칙을 따른다고 하자. 즉 교육수준이 y^* 이상인 사람은 II그룹에 속한다고 간주하고 $20,000의 임금을 지불하며, 교육수준이 y^*보다 낮은 사람은 I그룹에 속한다고 보고 $10,000의 임금을 지불한다. 이때 교육수준 y^*는 기업

---

5 Spence의 *Market Signaling*에서 개발한 모형을 기본으로 한다.

이 자의적으로 선택한다. 이러한 의사결정원칙이 어떤 시장균형을 가져오기 위해서는 기업이 생산성에 따라 사람을 정확하게 구별할 수 있어야 한다. 그렇지 않다면 기업은 원칙을 바꿔야 한다. 이러한 의사결정원칙은 잘 작동할 것인가?

이 질문에 대한 답을 얻기 위해서는 기업이 이러한 의사결정원칙을 사용할 때 각 그룹에 속하는 사람은 얼마만큼의 교육을 받을 것인가를 파악해야 한다. 이를 위하여 교육은 개인이 더 높은 임금을 지불하는 직업을 가질 수 있도록 하는 신호의 기능을 한다는 사실을 기억하자. 그림 17.3에서 보듯이, 교육이 주는 혜택 $B(y)$는 교육수준에 따른 임금의 증가분을 나타낸다. 초기의 $B(y)$는 0으로 나타나는데, 이는 대학교육을 받지 않았을 경우 10년간 받는 기본임금인 \$100,000를 의미한다. y^*보다 낮은 수준의 교육에 대해서 $B(y)$는 계속 0이 된다. 그러나 교육수준이 y^* 이상인 경우에는 10년간 받는 임금이 \$200,000로 증가하므로 $B(y)$는 \$100,000가 증가한다.

사람들은 어느 정도의 교육을 받으려고 하는가? 사람들은 전혀 교육을 받지 않거나($y = 0$) y^*의 교육수준 중에서 하나를 선택해야 한다. 교육수준이 y^*보다 낮다면 소득은 기본소득 \$100,000에 그치는데, 그 이유는 교육수준이 0보다는 크지만 y^*보다 낮다면 교육으로부터의 혜택은 없기 때문이다. 이와 유사하게 교육수준이 y^*보다 높더라도 추가적인 혜택은 없다. 즉 y^*

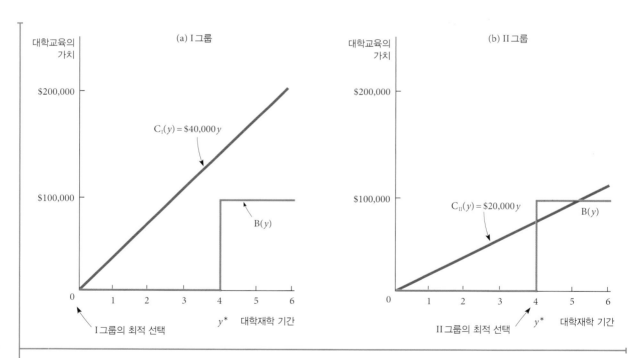

그림 17.3

신호

만약 생산성이 높은 근로자가 생산성이 낮은 근로자에 비해 교육을 받기가 쉽다면 생산성이 높은 근로자의 입장에서는 교육이 유용한 신호로 사용될 수 있다. 그림의 (a)에서 생산성이 낮은 근로자는 $y = 0$의 교육수준을 선택하는데, 그 이유는 교육의 비용이 교육에 따른 소득의 증가에 비해 크기 때문이다. 하지만 (b)에서 생산성이 높은 근로자는 교육수준 $y^* = 4$를 택하는데, 그것은 교육을 받음으로써 비용에 비해 큰 혜택을 얻을 수 있기 때문이다.

의 교육수준이면 $200,000의 소득을 누리기에 충분하다.

비용 – 편익의 비교 어느 정도의 교육을 받을 것인가를 결정할 때 사람들은 교육의 편익과 비용을 비교한다. 이때 각 그룹에 속한 사람들은 다음과 같은 비용과 편익에 대한 계산을 하게 된다. 만약 편익(소득의 증가)이 비용과 같거나 그보다 크다면 y*수준의 교육을 받는다. 두 그룹 모두에게 편익(소득의 증가)은 $100,000이지만 비용은 그룹에 따라 차이가 난다. I그룹의 비용은 $40,000$y$이지만 II그룹의 비용은 $20,000$y$가 된다. 따라서 I그룹은 다음과 같이 판단한다.

$$\$100,000 < \$40,000y^*(y^* > 2.5)$$ 라면 교육을 받지 않는다.

또 II그룹은 다음과 같이 판단한다.

$$\$100,000 > \$20,000y^*(y^* < 5)$$ 라면 y^* 수준의 교육을 받는다.

이러한 결과는 y*가 2.5와 5 사이의 값을 가진다면 균형상태가 된다. 예를 들어 그림 17.3에서와 같이 y*가 4라고 하자. 이 경우 I그룹의 사람들은 교육을 받아도 혜택이 없다는 것을 알게 되며, 따라서 아무런 교육도 받지 않을 것이다. 한편, II그룹의 사람들은 교육이 혜택을 가져다준다는 것을 알게 되며 $y = 4$의 교육을 받을 것이다. 기업은 대학교육을 전혀 받지 않은 구직자와의 면접에서는 그들의 생산성이 낮다고 생각하고 $10,000의 임금을 제시하는 것은 올바른 판단이다. 마찬가지로 기업이 4년제 대학을 수료한 구직자와의 면접에서는 그들의 생산성이 높다고 생각하고 $20,000의 임금을 제시하는 것은 올바른 판단이다. 따라서 균형이 나타난다. 다시 말해, 생산성이 높은 사람은 자신의 생산성이 높다는 신호를 보내기 위해서 대학교육을 받으며, 그에 따라 기업은 신호를 읽고 그들에게 높은 임금을 제시한다.

이 모형은 매우 단순하지만 중요한 점을 알려 준다. 즉 교육수준은 기업이 생산성에 따라 근로자를 구별할 수 있도록 해 주는 중요한 신호가 된다는 것이다. 일부 근로자(생산성이 높은 근로자)는 교육이 자신의 생산성을 높이는 데 아무런 도움을 주지 않는다고 생각하더라도 대학교육을 받기를 원한다. 이들은 단지 자신의 생산성이 높다는 신호를 보내기 위해 교육을 받는다.

현실에서 교육은 유용한 지식을 제공하며 개인의 생산성을 높이는 데 기여한다. (저자들이 만약 이러한 점을 믿지 않는다면 이 책을 출간하지 않았을 것이다.) 그러나 교육은 신호의 기능도 한다. 예를 들어, 많은 기업들은 경영자가 되고자 하는 사람들은 MBA학위를 가져야 한다고 주장한다. 그 이유는 MBA 과정에서 미래의 경영자들은 경제학, 재무관리 및 기타 유용한 내용을 배우기 때문이다. 그러나 기업이 MBA학위를 요구하는 또 다른 이유는 MBA를 거친 사람들은 그 과정을 성공적으로 마치는 데 필요한 지적 능력, 자기절제, 성실함 등을 갖춘 매우 생산적인 사람일 가능성이 높기 때문이다.

보증

노동시장에서의 신호의 기능과 마찬가지로 신호는 정보가 비대칭적인 그 밖의 많은 시장에서도 중요한 역할을 한다. 예를 들어 텔레비전, 스테레오, 카메라, 냉장고와 같은 내구재시장에서는 많은 기업들이 제품을 생산하지만 일부 기업의 제품은 다른 기업의 제품보다 더 신뢰를 얻는다.

사례 17.3 밤늦도록 일하기

노동시장에서의 신호는 채용할 때에만 작동하는 것이 아니다. 수년간 근무한 후에도 여전히 근로자는 자신의 생산성에 대해서 고용주보다 더 많이 알고 있을 것이다. 이는 엔지니어링이나 컴퓨터 프로그래밍, 금융, 법, 경영, 컨설팅 등의 지식기반 분야에서 일하는 근로자에게 특히 해당되는 사실이다. 예를 들어 컴퓨터 프로그래밍에 동료보다 훨씬 뛰어난 능력을 갖춘 사람의 경우에도 그 사람의 능력을 기업이 충분히 인정하는 데는 여러 해가 걸릴지도 모른다. 이러한 비대칭적 정보가 존재할 때, 고용주는 승진이나 봉급 인상을 결정하기 위해 어떤 정책을 사용해야 하는가? 탁월한 능력이 있는 생산적인 근로자는 그러한 사실을 신호로 보내 남들보다 빠르게 승진하고 남들보다 많은 봉급을 받을 수 있는가?

근로자는 *보다 열심히 보다 많은 시간을 일하는* 것으로 자신의 재능에 대한 신호를 보낼 수 있다. 재능 있고 생산적인 근로자는 일을 더 즐기고 일로부터 더 큰 만족을 얻는 경향이 있으므로 그러한 신호를 보낼 때 그들에게 발생하는 비용은 다른 근로자가 그러한 신호를 보낼 때 발생하는 비용보다 낮을 것이다. 따라서 그러한 신호는 강한 신호가 되어 어떤 정보를 전달한다. 고용주는 이러한 신호에 의존하여 승진이나 봉급 인상을 결정할 수 있다.

이러한 신호는 많은 사람들이 일하는 방식에 영향을 미쳤다. 지식기반 분야에서 일하는 근로자는 시간당 임금을 받기보다는 일반적으로 1주일당 35~40시간에 해당하는 고정봉급을 받으며 초과근무를 하는 경우에도 추가수당을 받지 않는다. 그러나 이들은 1주일당 근무시간을 훨씬 초과하면서 일하는 경향을 보이고 있다. 예를 들어 미국 노동부의 자료에 따르면, 1주일당 49시간 이상을 일하는 근로자의 비중이 1976년의 13%에서 2011년에는 16%로 증가하였다.[6] 많은 젊은 변호사, 회계사, 경영 컨설턴트, 투자은행에서 근무하는 사람, 컴퓨터 프로그래머는 일반적으로 밤늦게까지 또한 주말에도 일하여 주당 60~70시간을 일하는 것으로 나타났다. 이들이 초과수당도 받지 않고 매우 열심히 일하는 것이 놀랄 일인가? 전혀 그렇지 않다. 이들은 자신의 경력에 큰 영향을 미칠 수 있는 어떤 신호를 보내려고 노력하고 있는 것이다.

기술의 빠른 변화로 고용주가 근로자의 기술이나 생산성에 대해서 정확히 알기가 점점 더 어려워지고 있는 상황에서, 고용주는 좀 더 오랜 시간 일하는 것이 가져다주는 신호적 가치에 점점 더 의존하고 있는 경향을 보인다. 예를 들어 제록스(Xerox)사가 소프트웨어 엔지니어를 대상으로 실시한 한 설문조사를 통해, 많은 사람들이 자신의 상사가 자신을 쉬운 일만 찾아서 하는 사람으로 생각하지 않도록 하기 위해 밤늦도록 일한다는 사실을 발견하였다. "기술이 빠른 속도로 발전하고 있는 상황에서 우리는 근로자가 갖고 있는 지식의 가치를 평가할 방법이 없다. 따라서 우리는 밤늦게까지 일하는 사람을 더 가치 있는 사람으로 생각한다."라고 말한 제록스사의 한 간부의 발언에서 볼 때, 제록스사의 엔지니어들이 상황에 잘 대처하고 있는 것 같다.

평생직장을 보장받기가 점점 더 어려워지고 승진을 위한 경쟁도 치열해져 감에 따라 봉급쟁이들은 좀 더 긴 시간을 일해야 한다는 무언의 압력을 받고 있다. 만약 여러분이 1주일에 60~70시간을 일하고 있다면, 여러분이 보내고 있는 신호가 강한 신호라는 밝은 측면을 생각하고 일하는 것이 여러분에게 위안이 될 것이다.[7]

---

6 "At the Desk, Off the Clock and Below Statistical Radar," *New York Times*, July 18, 1999. 근무시간에 대한 자료는 다음에서 구할 수 있다. Current Population Survey (CPS), Bureau of Labor Statistics (BLS), at http://www.bls.gov/cps/#charemp; *Persons at Work in Agriculture and Nonagricultural Industries by Hours of Work.*

7 시간 스트레스에 관한 흥미로운 연구는 다음을 참조하라. Daniel Hamermesh and Jungmin Lee, "Stressed Out on Four Continents: Time Crunch or Yuppie Kvetch?" *Review of Econ. and Stat.*, May 2007, 89, 374-383.

만약 소비자가 어떤 제품이 신뢰할 만한 제품인지를 판단할 수 없다면 좋은 제품이라도 높은 가격에 판매될 수 없다. 따라서 품질이 좋은 제품을 생산하는 기업은 소비자가 제품의 질적 차이를 파악할 수 있도록 만들어야 한다. 기업은 어떤 방법으로 소비자들에게 그러한 정보를 줄 수 있는 가? 한 가지 방법은 제품에 대해 보증(guarantee, warranty)을 제공하는 것이다.

보증은 제품의 질에 대해 매우 효과적인 신호를 줄 수 있다. 왜냐하면 제품에 대한 보증은 좋은 품질의 제품을 생산하는 기업에 비해 품질이 낮은 제품을 생산하는 기업에게 더 많은 비용을 발생시키기 때문이다. 품질이 낮은 제품은 보증서에 따른 제품의 수리나 교환에 더 많은 비용이 발생하므로 생산자는 자신의 이익을 위해 장기간 많은 부분에 대해 보증하기를 꺼리게 된다. 따라서 소비자는 보증기간이 길거나, 보다 많은 부분에 대한 보증이 제품의 질에 대한 신호를 보내는 것으로 판단하며, 좀 더 높은 가격을 지불하려고 할 것이다.

17.3 도덕적 해이

어떤 사람이 완전한 보상을 해 주는 보험에 가입하고 있으며 보험회사가 제한된 정보로 인해 그 사람이 취하는 행동을 정확히 감시할 수 없다면 보험에 가입한 사람은 사고를 내거나 피해를 입을 가능성을 증가시키는 행동을 할 수도 있다. 예를 들어 어떤 사람이 집에 도둑이 드는 경우에 그 손실을 완전히 보상해 주는 보험에 가입하고 있다면, 그 사람은 외출을 할 때 문 잠그는 것을 게을리하거나 경보장치를 설치하지 않을 수 있다. 보험가입으로 인해 개인의 행동이 바뀌는 현상은 잘 알려진 도덕적 해이의 한 가지 예이다.

도덕적 해이의 개념은 보험에서만 나타나는 문제는 아니며, 기업에서 고용주가 근로자의 행위를 감독할 수 없을 때 근로자가 자신의 역량을 제대로 발휘하지 않는 경우에도 적용된다. 일반적으로, **도덕적 해이**(moral hazard)는 자신의 행동이 다른 사람에 의해 관측되지 않는 개인이 그러한 행동으로 인한 비용의 발생 가능성이나 크기에 영향을 미칠 때 나타난다. 예를 들어 어떤 사람이 모든 질병에 대해 보상을 해 주는 종합건강보험에 가입한다면 그는 일부 질병에 대해서만 보상을 해 주는 건강보험에 가입한 경우에 비해 더 자주 병원에 갈 수 있다. 만약 보험회사가 가입자의 행동을 일일이 감시할 수 있다면, 보험회사는 더 많은 보상금을 청구하는 사람에게 더 높은 보험료를 책정할 수 있을 것이다. 그러나 보험회사가 가입자의 행동을 일일이 감시할 수 없다면, 보험회사는 자신이 예상한 금액보다 더 많은 보상금을 지불하게 될 것이다. 도덕적 해이가 나타난다면 보험회사는 모든 사람에 대해 보험료를 인상해야 할 수도 있으며, 심지어는 보험 자체를 판매하지 않을 수도 있다.

예를 들어, 보험회사가 $100,000의 가치가 있는 것으로 판단하는 창고를 소유한 사람의 의사결정에 대해 살펴보자. 창고 주인이 종업원을 위하여 $50에 화재예방 프로그램을 작동시킨다면 화재발생 가능성은 0.005이지만, 그러한 프로그램이 없다면 화재발생 가능성은 0.01로 증가한다고 하자. 보험회사가 이런 사실을 알면서도 가입자가 화재예방 프로그램을 작동시키는지를 감시할 수 없다면 보험회사는 딜레마에 빠진다. 왜냐하면 보험회사가 판매하는 화재보험에는 화재예방 프로그램이 작동하는 경우에만 보상금을 지불한다는 확인될 수 없는 사항에 대한 조항을 포함시킬 수 없기 때문이다. 화재예방 프로그램이 작동한다면 창고 주인은 화재로부터 예상

도덕적 해이 자신의 행동이 관측되지 않는 개인이 그러한 행동으로 인한 비용의 발생 가능성이나 비용의 크기에 영향을 미치는 현상

되는 기대손실액과 같은 크기의 보험료를 지불하는 보험에 가입할 수 있다. 기대되는 손실액은 0.005 × $100,000 = $500가 된다. 그러나 일단 보험에 가입한 후에는 창고 주인은 더 이상 화재 예방 프로그램을 작동시킬 인센티브를 갖지 않는다. 따라서 만약 보험회사가 화재보험을 $500에 판매한다면 기대손실액은 0.01 × $100,000 = $1,000가 되므로 보험회사는 손실을 보게 될 것이다.

도덕적 해이는 보험회사에만 문제가 되는 것이 아니라 자원을 효율적으로 배분하는 시장의 능력을 변화시킨다. 예를 들어, 그림 17.4에서 곡선 *D*는 1주일당 운전거리(마일)로 표시된 자동차 운전에 대한 수요곡선이다. 자동차 운전의 한계편익을 나타내는 이 수요곡선은 우하향하는데, 그것은 자동차 운전의 비용이 상승함에 따라 일부 사람들은 자동차를 직접 운전하는 대신 다른 수송수단을 선택하기 때문이다. 자동차 운전에 따른 한계비용은 MC로 표시되는데, 자동차 운전의 비용에는 보험료가 포함된다고 하자. 또한 보험회사가 자동차의 운전거리(마일 수)를 측정할 수 있다고 하자. 이 경우 자동차 소유자의 도덕적 해이는 발생하지 않는다. 자동차 소유자는 자동차를 더 많이 운행하면 총보험료가 증가하여 운전에 따른 총비용이 증가한다는 것을 안다 (1마일당 운행비용은 일정하다고 가정한다). 예를 들어 자동차 운전의 비용이 1마일당 $1.5라면 (이 중 50센트는 1마일당 보험료라 하자), 자동차 소유자는 1주일당 100마일을 운전할 것이다.

보험회사가 각 운전자의 운전 습관을 일일이 감시할 수 없어서 운전거리에 따라 보험료를 부과할 수 없다면 도덕적 해이가 발생한다. 이 경우 운전자는 자동차사고에 따른 추가적인 비용이 많은 사람들에게 분산되어서 개인별로는 아주 적은 비용만 부담할 것이라고 생각하게 된다. 따라서 추가적으로 1마일 더 운전함에 따라 발생하는 한계비용은 $1.5보다 낮은 $1(MC′)라고 생각한다. 이에 따라 운전자가 자동차를 운행하는 거리는 1주일당 100마일에서 사회적으로 비효율적인 수준인 1주일당 140마일로 증가한다.

도덕적 해이는 사람들의 행동을 바꿀 뿐만 아니라 경제적 비효율성도 발생시킨다. 경제적 비효율성은 보험에 가입한 사람이 자신들이 취하는 행동으로 인해 발생하는 비용이나 혜택을 실제

그림 17.4
도덕적 해이의 효과
도덕적 해이는 시장이 자원을 효율적으로 배분하는 능력을 변화시킨다. 그림에서 곡선 *D*는 자동차 운전에 대한 수요곡선을 나타낸다. 도덕적 해이가 없다면 자동차 운전에 따른 한계비용 MC는 1마일당 $1.5이며, 운전자는 1주일에 자동차를 100마일 운전하는데, 이는 효율적인 운행량에 해당한다. 그러나 도덕적 해이가 나타난다면 운전자는 자동차 운전에 따른 한계비용을 1마일당 $1.0로 인식하여 1주일에 140마일을 운전한다.

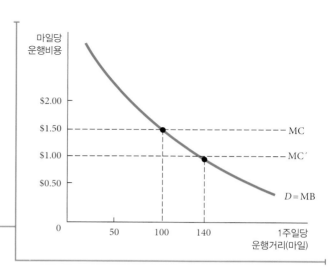

로 발생하는 사회적 비용이나 혜택과 다르게 인식하기 때문에 나타난다. 그림 17.4에서 효율적인 운전거리는 한계편익곡선(MB)과 한계비용곡선(MC)이 만나는 점에서 결정된다. 그러나 도덕적 해이가 나타나는 경우에는 개인이 인식하는 한계비용(MC′)은 실제 한계비용보다 낮으며, 따라서 자동차 운전거리(140마일)는 한계편익과 한계비용이 일치하는 효율적인 운전거리(100마일)보다 많아진다.

사례 17.4 도덕적 해이 줄이기: 가축 건강보증서

가축을 사려는 사람에게 가축의 건강상태에 관한 정보는 매우 중요하다.[8] 건강하지 않은 가축은 살이 잘 찌지 않으며 생식능력도 부족하다. 가축시장에 존재하는 비대칭적 정보 때문에(판매자는 가축의 건강상태를 구매자보다 더 잘 알고 있다) 미국의 대부분 주에서는 가축을 판매할 때 보증을 하도록 법으로 정하

고 있다. 이러한 법 아래에서 판매자는 가축이 어떤 병에도 걸리지 않았다는 것을 보장해 주어야 할 뿐만 아니라, 만약 병이 든 가축으로 인해 비용이 발생하는 경우에는 그 모든 비용도 부담해야 한다.

이러한 보증은 판매자가 구매자보다 더 나은 정보를 갖고 있다는 비대칭적 정보의 문제를 해결해 주기는 하지만, 한편으로는 가축 구매자의 도덕적 해이를 발생시키기도 한다. 병에 걸린 가축 때문에 발생하는 모든 비용을 판매자가 지불하기로 약속하는 것은 보험료가 구매자나 구매자의 대리인이 가축을 질병으로부터 보호하기 위해서 취해야 하는 예방조치 수준과 연결되어 있지 않다는 사실을 의미한

다. 따라서 이러한 보증은 가축 구매자가 가축이 병에 걸렸는지를 확인하기 위한 초기 진단비용을 지불하는 것을 회피하게 만들며 그에 따라 손실액을 증가시킨다.

이와 같은 도덕적 해이에 직면하여, 미국의 많은 주는 판매자가 가축을 판매할 때 가축이 병에 걸려 있는지의 여부를 구두 또는 서류로 명확하게 구매자에게 알려 줘야 하는 의무만을 갖도록 가축에 대한 보증제도를 수정하였다. 또한 일부 주에서는 가축의 건강유지에 대한 주법과 연방법의 규정을 판매자가 지키도록 요구하여 가축이 병에 걸리는 경우가 줄어들게 하였다. 2003년에 광우병(Mad Cow Disease)이 발생한 후, 미국의 농무부는 도덕적 해이를 좀 더 줄이기 위해서 가축이력시스템(National Animal Identification System, NAIS)을 도입하였다. 이를 통해 공급사슬(supply chain)이 더 명확해졌으며 질병이 발생했을 때 그 최초 발생지를 추정할 수 있게 되었다.

17.4 주인-대리인 문제

근로자의 생산성을 확인하는 데 비용이 거의 들지 않는다면 기업의 소유자는 경영자나 근로자가 효율적으로 일하도록 만들 수 있다. 그러나 대부분의 경우에 기업의 소유자는 근로자가 하는 모든 일을 감시할 수는 없다. 근로자는 기업 소유자보다 더 나은 정보를 가진다. 이러한 비대칭적 정보는 **주인-대리인 문제**(principal-agent problem)를 발생시킨다.

대리인 관계(agent relationship)는 한 사람의 후생이 다른 사람의 행동에 의해 영향을 받는 경우에는 항상 나타난다. **대리인**(agent)은 행동을 하는 사람이고, **주인**(principal)은 대리인의 행동에

> **주인-대리인 문제** 대리인(예: 기업의 경영자)이 주인(예: 기업의 소유자)의 목적을 추구하는 것이 아니라 자신의 목적을 추구할 때 나타나는 문제
>
> **대리인** 주인의 목적을 달성하기 위해 주인에게 고용된 사람
>
> **주인** 어떤 목적을 달성하기 위해 1명 또는 다수의 대리인을 고용하는 사람

---

8 이 사례는 다음에서 발췌한 것이다. Terence J. Centner and Michael E. Wetzstein, "Reducing Moral Hazard Associated with Implied Warranties of Animal Health," *American Journal of Agricultural Economics* 69 (1987): 143–50.

의해 영향을 받는 사람이다. 주인-대리인 문제는 대리인이 주인의 목적이 아닌 자신의 목적을 추구할 때 발생한다. 기업의 예에서는 대리인은 경영자와 근로자이며, 주인은 기업의 소유자이다. 이 경우에 주인-대리인 문제는 경영자가 기업소유자가 얻는 이윤이 줄어들더라도 자신의 목적을 추구함에 따라 발생한다.

대리인 관계는 사회적으로 널리 나타난다. 예를 들어 의사는 병원의 대리인으로서 환자를 치료한다. 의사는 자신의 개인적인 선호에 따라 치료과정을 선택할 수 있으며 그러한 선택은 병원이 원하는 방향과 일치하지 않을 수 있다. 마찬가지로, 집을 관리하는 관리인은 집주인이 원하는 방식으로 집을 관리하지 않을 수 있다. 또한 보험의 경우에는 보험가입자를 대리인으로, 보험회사를 주인으로 볼 수도 있다.

불완전한 정보와 상대방의 행동을 감시하는 데 많은 비용이 발생한다는 것은 대리인의 행동에 어떠한 영향을 미치는가? 또한 경영자로 하여금 주인의 이해관계에 맞는 행동을 하도록 인센티브를 제공하는 수단은 무엇인가? 이러한 질문이 주인-대리인 문제의 분석에서 중심이 된다. 이 절에서는 여러 형태의 주인-대리인 문제에 대해 살펴본다. 우선 공기업이나 민간기업에서의 소유자-경영자 문제를 살펴보며, 주인-대리인 문제를 해소하기 위해 소유자가 대리인과 계약관계를 이용할 수 있는 방법에 대해서도 살펴본다.

민간기업에서의 주인-대리인 문제

대부분의 대기업에서는 전문경영자들이 경영을 담당한다. 기업의 소유자인 개별 주주(stock-holder)는 일반적으로 낮은 비율의 지분을 보유하기 때문에 주주들은 경영성과가 좋지 않더라도 경영자를 해고할 수 있는 힘을 거의 또는 전혀 가지지 못한다. 실제로 주주들은 경영자들이 무엇을 하는지, 기업을 얼마나 제대로 경영하는지에 대해 잘 알지 못한다. 경영자를 감시하거나 기업경영에 관한 정보를 얻는 데는 많은 비용이 든다. 이러한 상황에서는 경영자들이 주주들의 목적(기업가치의 극대화)에 초점을 맞추기보다는 자신의 목적에 따라 기업을 경영하는 일이 자주 나타난다.[9]

그렇다면 경영자는 어떤 목적을 추구하는가? 한 가지 견해는, 경영자는 기업의 이윤보다는 기업의 성장에 보다 많은 관심을 가진다는 것이다. 기업이 빠르게 성장하고 시장점유율이 높아지면 현금흐름이 원활해지며, 그 결과로 경영자는 더 많은 특전을 누릴 수 있다는 것이다. 또 다른 견해는, 경영자가 자신의 일로부터 얻는 만족감(효용)을 강조한다. 경영자는 기업에서 발생하는 이윤뿐만 아니라 자신에 대한 동료나 주위 사람들의 존경심, 기업을 통제하는 힘, 부가적인 혜택과 특전, 오랜 재직기간 등으로부터 더 큰 만족을 얻는다는 것이다.

그러나 경영자가 기업의 주인인 주주들의 목적에 벗어난 행동을 할 수 있는 능력에는 중요한 한계가 있는데, 다음과 같다. 첫째, 주주들은 경영자가 적절치 못한 행동을 취할 때 큰 소리로 불만을 표현할 수 있다. 심한 경우에는 주주들은 경영자의 행동을 감독하는 이사회의 도움을 얻어 경영자를 쫓아낼 수도 있다. 둘째, 활발한 기업인수시장이 형성될 수 있다. 기업이 제대로 운

---

9 Merritt B. Fox, *Finance and Industrial Performance in a Dynamic Economy* (New York: Columbia University Press, 1987) 참조.

영되지 않아서 다른 기업에 의해 인수될 가능성이 높아진다면 경영자는 이윤극대화의 목적을 추구하려는 강한 인센티브를 가지게 된다. 셋째, 경영자를 거래하는 매우 효율적인 시장이 발달할 수 있다. 이윤을 극대화하는 경영자에 대한 수요가 증가한다면 그러한 경영자는 매우 높은 임금을 받을 것이며, 이는 또한 다른 경영자들도 동일한 목적을 추구하도록 만드는 유인을 제공할 것이다.

불행하게도 주주들이 경영자의 행동을 효율적으로 통제할 수 있는 수단들은 제한적이며 또한 완전하지도 않다. 예를 들어 기업을 인수·합병하는 시장도 경제적 효율성에 근거하여 작동하기보다는 인수기업의 경영자가 개인적이고 경제적인 힘을 과시하려는 의도에서 이루어질 수 있다. 또한 경영자를 거래하는 시장도 경영자가 곧 은퇴하거나 경영자가 기업과 장기계약을 맺고 있다면 불완전하게 작동할 수 있다. 더 혼란스러운 것은 가장 높은 보수를 받는 CEO들이 운영하는 10개의 공기업에서 CEO가 받는 보수의 크기와 기업의 성과 간에 음($-$)의 상관관계가 나타났다는 사실이다.

주주들이 경영자의 행동을 적절하게 통제하지 못했음은 분명하다. 이론적으로는 이 문제를 풀 수 있는 방법은 매우 간단하다. 경영자와 주주의 이해를 서로 밀접하게 연관시키는 메커니즘을 찾으면 된다. 그러나 현실적으로 그러한 메커니즘을 마련하는 것은 어렵다. 최근에 시행된 한 가지 방법은 미국 증권거래위원회가 제시한 것으로서 독립적인 사외이사들에게 더 많은 권한을 주는 것이다. 또 다른 방법으로는 중역들의 보수를 기업의 장기적 성과와 밀접하게 연계시키는 것이다. 5~10년에 걸친 기업의 수익성에 초점을 맞춘 보상제도는 단기간의 성과에 초점을 맞춘 보상제도보다 더 효율적인 인센티브를 발생시킨다. 다음 절에서는 주인-대리인 문제에 관한 추가적인 해법들에 대해 살펴본다.

사례 17.5 CEO의 봉급

신흥 저축대부회사인 워싱턴 뮤추얼(Washington Mutual)은 1990년대와 2000년대 초반에 걸쳐 놀랍게 성장하였다. 이 회사의 CEO 케리 킬링거(Kerry Killinger)는 최고조에 달했던 주택붐하에서 신규 주택담보대출을 적극적으로 추진하였다. 그러나 2007년에 워싱턴 뮤추얼은 곤경에 처하였다. 주택시장이 침체되고 주택가치가 하락하면서 은행 장부상 서브프라임 모기지(비우량 주택담보대출)가 위험수위에 달했던 것이다. 당시 미국 역사상 가장 심각한 은행 실패가 되는 것을 피하기 위해 2008년 가을까지 워싱턴 뮤추얼의 자산은 FDIC에 의해 압류되어 경쟁사인 JP 모건 체이스(JP Morgan Chase)에게 $19억에 매각되었다. 매각이 3주도 안 남은 시점에 워싱턴 뮤추얼의 이사회는 킬링거를 해고했는데, 킬링거는 총 $1,530만 이상의 퇴직금을 받았다.[10] 킬링거의 후임인 앨런 피쉬먼(Alan Fishman)은 17일 동안 은행을 이끌었지만 $750만의 계약금 외에 $1,160만의 퇴직금을 받았다.[11] 워싱턴 뮤추얼의 주주들은 매각 과정에서 전멸하였다.

킬링거와 피쉬먼 외에도 은행가나 CEO들은 기업의 성과나 건전성과 관계없이 거액의 보상 패키지를 받았다. CEO에 대한 보수는 지난 수십 년간 급격히 증가하였다. 2014년의 불변가격으로 미국의 생산직 근로자에 대한 연평균 보수(연봉＋기타 급여)는 1965년의 $40,200에서 2014년에는 $53,200로 32%가 증가하였다. 동시에 상위 350개 기업 CEO의 연평균 보수(기타 혜택과 스톡옵션 포함)는 $832,000에서 1,800%가 증가한 $16,316,000로 집계되었다. 미국 최고의 기업 CEO들의 경우는 더욱 놀랍다. 예를 들어, 2013년에 디

---

10 http://seattletimes.nwsource.com/html/businesstechnology/2011590001_wamuside13.html

11 http://www.nytimes.com/2008/09/26/business/26wamu.html

즈니의 CEO 밥 아이거(Bob Iger)는 평균 노동자가 받은 금액의 281배($12,112,603 대 $60,300)를 받았다.

많은 CEO들에게 보상의 대부분은 스톡옵션에서 나온다. 주가가 상승함에 따라 CEO에 대한 보상도 증가한다.[12] 회사의 가치평가가 상승함에 따라 CEO들의 보상이 높아지는 것은 일리가 있다. 주인(주식 소유자)과 대리인(최고경영자) 모두 성공 또는 실패의 보상을 공유하는 것이다. 그러나 CEO에 대한 보상은 1965년부터 현재까지 S&P 주가지수에 비해 약 2배나 빠른 속도로 성장하였다.

이 거대한 차이를 어떻게 설명해야 할까? 최고 경영자들의 생산성이 높아졌는가, 아니면 CEO들이 단순히 회사로부터 보다 효과적으로 경제적 렌트를 뽑아내었는가? 이 질문에 대한 답은 CEO 연봉 결정의 핵심인 주인-대리인 문제에 있다. 주주들은 CEO 급여를 거의 또는 아예 통제할 수 없으며, 심지어 실적이 나쁜 CEO들을 그만두게 할 수도 있다. 마찬가지로 이사회는 CEO의 임금 인상을 억제할 수 없거나 억제할 의사가 없다. 그 결과 CEO들은 실적과 상관없이 그들의 회사로부터 막대한 렌트를 뽑아낼 수 있다.

수년간 많은 경제학자들은 임원에 대한 보상이 역량에 대한 적절한 보상을 반영한다고 믿었다. 그러나 최근에 나타난 증거는 경영자가 이사회에 대한 자신의 힘을 확대할 수 있었으며, 자신의 성과와 회사의 성장에 대한 기여도와는 전혀 다른 보상 패키지를 추출하는 데 그 힘을 사용했음을 시사한다. 본질적으로 관리자들은 경제적 렌트를 뽑아내는 능력을 꾸준히 높여 왔다. 어떻게 이런 일이 일어났을까?

첫째, 대부분의 이사회는 경영자와 효과적으로 협상하기 위해 필요한 정보나 독립성을 가지지 못한다. 이사는 경영진의 활동을 감시하지 못하는 경우가 많아서 성과와 밀접하게 연계된 보상책을 협상할 수 없다. 더욱이 이사회는 최고경영진 또는 최고경영진에 의해 선택되는 내부 구성원과 종종 최고경영진과 긴밀한 관계를 맺고 있는 외부 구성원으로 구성된다.[13] 따라서 이사들은 이사로 재임명되거나 다른 보상을 받기 위해 경영진을 지원할 강한 동기를 가지게 된다.

한 연구에 따르면 높은 수준의 CEO 급여는 기업의 회계가치 및 수익성과 부정적으로 상관관계가 있는 것으로 나타났다.[14] CEO 급여가 높을수록 기업의 수익성은 낮아질 가능성이 높다. 또 유별나게 높은 급여를 받는 CEO들은 경제적 성과가 좋지 않음에도 불구하고 회사에 남을 가능성이 더 높은 것으로 나타났다. 이사회가 고착화되고 주주권이 제한되는 기업에서는 이러한 효과가 더욱 심화되는 것이다.

최고경영자(CEO)들이 이사회와 협상할 수 있는 관대한 퇴직금인 "황금낙하산(golden parachutes)"도 최근 도마에 올랐다. 일부에서는 그와 같은 보장은 단기 성장에 초점을 맞추기를 요구하는 이사회와 주주들의 압력으로부터 CEO들을 자유롭게 하여 회사의 장기적 성장에 집중할 수 있도록 한다고 주장한다. 그러나 황금낙하산을 가진 CEO들은 장기적인 성장에 대한 관심이 덜하며, 회사를 매각하는 협상에서 주주들에게 피해를 주는 인수 조건에 동의할 가능성이 더 높은 것으로 나타났다.[15]

공기업에서의 주인-대리인 문제

주인-대리인 문제를 이용하여 공기업 경영자들의 행동도 이해할 수 있다. 공기업의 경영자는 권력이나 특전에 관심을 가질 수 있는데, 이를 위해 자신이 경영하는 조직을 효율적인 규모 이상으로 확대하려는 경향이 있다. 공기업의 경영자를 감시하는 데도 민간기업의 경우와 마찬가지로 매우 많은 비용이 요구되기 때문에 그들이 효율적으로 생산한다는 보장은 없다. 정부의 감사기

---

12 Lawrence Mishel and Alyssa Davis, "Top CEOs Make 300 Times More Than Typical Workers," *Economic Policy Institute*, June 21, 2015.

13 킬링거는 은행이 파산하기 2개월 전에 해임될 때까지 워싱턴 뮤추얼의 이사회 의장직을 맡았다.

14 2007년에 워싱턴 뮤추얼의 이사회 의장이었던 킬링거의 보수는 $1,810만였는데, 모든 공기업의 CEO 중에서 가장 높은 보수를 받았다(http://www.equilar.com/NewsArticles/062407_pay.pdf). 이는 그 회사의 최고경영진 5인에게 지급된 총보수에서 CEO가 가장 큰 몫을 챙겼기 때문이다. 보다 자세한 논의와 분석은 Lucian(2012) 논문에서 확인할 수 있다.

15 Lucian A. Bebchuk, Alma Cohen, and Charles C. Y. Wang, "Golden Parachutes and the Wealth of Shareholders," *Journal of Corporate Finance* 25 (2014): 140-54.

관에 의한 감사도 감사기관에 비해 경영자(대리인)가 자신이 발생시키는 비용에 대해서 더 나은 정보를 갖고 있는 한 효율적인 수단이 될 수 없다.

공기업의 경영자에게는 민간기업의 경영자가 직면하는 시장으로부터의 압력과 같은 힘이 작용하지 않더라도 이들에 대한 감시는 효율적으로 이루어질 수 있다. 첫째, 공기업 경영자는 자신이 관리하는 기관의 규모에만 관심을 가지는 것이 아니다. 실제로 많은 공기업 경영자들이 봉급이 상대적으로 낮은 공직을 택하는 이유는 그들이 공공의 이익에 관심을 가지기 때문이기도 하다. 둘째, 공기업의 경영자도 민간기업의 경영자와 마찬가지로 활발하게 작동하는 경영자 거래시장에 노출되어 있다. 따라서 만약 공기업 경영자가 부적절한 목적을 추구한다고 인식된다면, 미래에 높은 봉급을 받을 수 있는 기회가 손상될 수 있다. 셋째, 입법기관이나 기타 정부의 감사기관이 감독기능을 수행한다. 예를 들어 정부회계국과 예산관리국은 업무의 많은 부분을 공공기관의 감시에 할애한다. 끝으로 공기업 간의 경쟁은 민간기업 간의 경쟁과 마찬가지로 공기업 경영자의 행동을 통제할 수 있다.

지방정부에 속한 공기업의 경영진은 보다 큰 감시와 견제를 받고 있다. 예를 들어, 만약 지역 내 대중교통을 담당하는 기관이 효율적 수준을 초과하여 서비스를 확대했다고 하자. 시민들은

사례 17.6 비영리 병원의 경영자

비영리단체의 경영자들은 영리단체의 경영자들과 같은 목표를 가지는가? 비영리조직이 영리기업보다 더 효율적인가 아니면 덜 효율적인가? 의료서비스의 공급을 통해 이러한 문제에 대한 통찰력을 얻을 수 있다. 14개 주요 병원 체인에 소속된 725개 병원을 대상으로 한 연구에서는 비영리 병원과 영리 병원의 투자 수익률과 평균비용을 비교하여 성과의 차이를 확인하였다.[16]

그 연구에 의하면 수익률은 실제로 차이가 나는 것으로 나타났다. 1년 동안 영리단체는 11.6%의 수익을 올린 반면, 비영리단체는 8.8%의 수익을 올렸다. 4년 후에 영리단체는 12.7%, 비영리단체는 7.4%를 벌어들였다. 그러나 영리 병원과 비영리 병원은 서로 다른 기능을 수행하기 때문에 수익과 비용을 직접적으로 비교하는 것은 적절하지 않다. 예를 들어 비영리 병원의 24%가 의료 레지던트 프로그램을 제공하는 데 비해 영리 병원은 6%에 불과하다. 이와 유사한 차이점을 전문진료의 제공에서도 발견할 수 있는데, 비영리 병원 중 10%가 심장수술실을 보유하는 데 비해 영리 병원은 5%만 보유한다. 또 비영

리 병원의 43%가 조산아를 관리하는 시설을 가지지만 비영리 병원은 29%만 같은 시설을 가진다.

수행하는 서비스의 차이를 통제한 회귀분석을 사용하여 서비스 차이가 더 높은 비용을 설명하는지를 판단할 수 있다. 연구에 따르면, 수행하는 서비스를 조정한 후에는 비영리 병원의 하루 평균 환자 비용이 영리 병원에 비해 8% 높은 것으로 나타났다. 이러한 차이는 주인-대리인 이론이 예측하는 바와 같이 영리 병원 여부가 성과에 영향을 미친다는 것을 의미한다. 영리 병원이 직면하는 경쟁적인 압박이 없으므로 비영리 병원은 비용에 덜 민감할 수 있으며, 따라서 사회 전반에 걸쳐 주인들의 대리인으로서 적절한 역할을 할 가능성이 낮다.

물론, 비영리 병원은 사회가 기꺼이 보조하기를 원하는 서비스를 제공한다. 그러나 비영리 병원에 대해 면세 혜택을 부여해야 할지를 결정하기 위해서는 비영리 병원의 운영과 관련된 추가적인 비용을 고려해야 한다.

16 Regina E. Herzlinger and William S. Krasker, "Who Profits from Nonprofits?" *Harvard Business Review* 65 (January-February 1987): 93-106.

투표를 통해 해당 기관장을 경질시킬 수도 있고 다른 교통수단을 선택할 수도 있다. 기관들 간의 경쟁은 경영자의 행동을 제한하는 데에 있어 민간 기업들 간의 경쟁만큼 효과적이다.

주인-대리인 관계에서의 인센티브

주인-대리인 관계를 통해 기업의 경영자와 소유자의 목적이 서로 다를 가능성이 높다는 것을 알 수 있다. 그렇다면 소유자는 경영자와 근로자들이 자신의 목적에 맞는 행동을 하도록 유도하기 위해서 어떤 보상체계를 마련해야 하는가? 한 가지 예를 통해서 살펴보자.

노동과 기계를 사용하여 시계를 생산하는 소규모 기업의 예를 들어 보자. 이 회사의 소유자들은 이윤극대화를 원한다. 이 기업은 기계 수리공을 고용하고 있는데, 그의 역할은 기계 고장으로 기업의 이윤이 부정적인 영향을 미칠 가능성을 줄이는 것이다. 이 기업의 이윤은 기계가 고장 없이 잘 작동하도록 수리공이 얼마나 열심히 일하는가에 달려 있으며, 또한 시계부품의 질이라든가 기타 작업에 의해서도 영향을 받는다. 근로자의 작업을 일일이 감시하는 데는 많은 비용이 발생하므로 소유자는 수리공이 얼마나 노력하는지를 직접 확인할 수 없으며, 똑같은 노력이 항상 똑같은 수준의 이윤을 발생시킬 것인지도 확신하지 못한다. 표 17.2는 이러한 상황을 보여 준다.

표 17.2에서 보듯이 수리공은 일을 하는 데 적은 노력만 할 수도 있으며, 많은 노력을 기울일 수도 있다. 적은 노력($a=0$)은 상황에 따라 $10,000 또는 $20,000의 판매수입을 동일한 확률로 발생시킨다. 많은 노력($a=1$)을 기울일 때의 판매수입은 $20,000(나쁜 상황) 또는 $40,000(좋은 상황)가 될 수 있다. 이러한 수치들은 불완전한 정보에 따른 문제를 나타낸다. 즉 판매수입이 $20,000인 경우에는 기업의 소유자는 수리공이 많은 노력을 기울였는지, 아니면 적은 노력을 기울였는지를 알 수 없다.

수리공의 목적은 노력의 대가로 받는 순임금(임금에서 잃어버린 여가와 힘든 작업에 따른 비용을 뺀 값)을 극대화하는 것이라고 하자. 단순화를 위해 적은 노력을 기울일 때의 노력의 비용은 0이며, 많은 노력을 기울이는 경우의 노력의 비용은 $10,000(즉 $c=10,000a$)라고 가정하자.

이제 소유자의 입장에서 주인-대리인 문제를 살펴보자. 기업 소유자의 목적은, 수리공의 행동을 감독할 수 없으며, 결과로 나타나는 판매수입의 크기도 불확실한 상황에서 회사의 기대이윤을 극대화하는 것이다. 소유자는 수리공에게 지불하는 임금을 계약할 수 있다. 그러나 계약에서 임금은 수리공이 기울이는 노력에 따라 결정되는 것이 아니라 나타나는 결과에 따라 결정될 수밖에 없다. 임금의 크기가 결과로 나타나는 판매수입에 따라 결정된다는 것을 강조하기 위하여 지급되는 임금 w를 수입 R의 함수, 즉 $w(R)$로 표시한다.

최선의 임금지급방식은 무엇인가? 이러한 지급방식은 결과가 아닌 수리공의 노력에 기초한

표 17.2	시계 제조의 수입		
		나쁜 상황	좋은 상황
적은 노력($a=0$)		$10,000	$20,000
많은 노력($a=1$)		$20,000	$40,000

지급방식보다 더 효과적인가? 이러한 질문에 대한 답을 찾아보자. 가장 좋은 임금지급방식은 생산량, 불확실성의 정도, 소유자나 근로자의 목적에 따라 달라질 수 있다. 또한 그러한 지급방식은 근로자가 기울이는 노력과 임금을 직접 연결시키는 이상적인 방식만큼 항상 효과적이지는 않다.

이제, 수리공이 자신이 기울이는 노력의 비용을 뺀 순임금의 크기를 극대화하기를 원할 때는 임금지급방식을 어떻게 고안할 것인가를 살펴보자.[17] 먼저 고정임금을 지불하는 경우를 고려해보자. 이때에는 어떤 수준의 임금도 적용될 수 있지만 임금을 0으로 두면 상황을 명확하게 알 수 있다. 임금이 0이라면 수리공은 많은 노력을 기울일 인센티브가 없다. 수리공은 자신의 노력에 의해 소유자가 얻는 이득에서 아무것도 얻지 못하기 때문이다. 따라서 고정임금은 비효율적인 결과를 가져온다. $a = 0$이고 $w = 0$일 때 소유자는 $15,000의 기대수입을 얻으며 수리공의 순임금은 0이다.

만약 수리공이 자신의 노력에 대한 보상을 받는다면 소유자와 수리공은 모두 나아질 수 있다. 예를 들어 소유자가 수리공에게 다음과 같은 임금지불방식을 제시한다고 하자.

$$R = \$10,000 \text{ 또는 } \$20,000 \text{라면 } w = 0$$
$$R = \$40,000 \text{라면 } w = \$24,000 \tag{17.1}$$

이와 같은 보너스 임금지급방식하에서는 수리공이 노력을 적게 한다면 추가적인 임금을 전혀 받을 수 없다. 그러나 많은 노력을 기울인다면 기대임금은 $12,000가 되는데, 이때 노력의 비용을 뺀 순기대임금은 $12,000 − $10,000 = $2,000가 된다. 이 경우 수리공은 많은 노력을 기울이는 선택을 할 것이다. 이러한 계약은 소유자에게도 더 나은 결과를 가져다준다. 이 경우, 주인은 $30,000의 기대수입과 $18,000의 기대이윤을 얻기 때문이다(높은 판매수입과 낮은 판매수입이 발생할 가능성은 각각 1/2임을 기억하라).

그러나 이러한 임금지불방식이 소유자가 택할 수 있는 유일한 임금지급방식은 아니다. 소유자가 수리공에게 다음과 같이 수입을 공유하는 계약을 체결했다고 하자. 판매수입이 $18,000보다 많을 경우에 지급되는 임금은 다음 식으로 결정된다.

$$w = R - \$18,000 \tag{17.2}$$

판매수입이 $18,000 이하라면 임금은 0이 된다. 이 경우 수리공이 적은 노력을 기울인다면 기대임금은 $1,000가 된다. 그러나 많은 노력을 기울인다면 기대임금은 $12,000가 되며, 비용 $10,000를 뺀 순기대임금은 $2,000가 된다. 소유자의 기대이윤은 $18,000이다.

따라서 수입을 공유하는 임금지불방식을 이용하여 보너스 임금지급방식과 동일한 결과를 얻을 수 있다. 좀 더 복잡한 상황에서는 이 두 가지 임금지급방식의 결과가 달라질 수도 있다. 그러나 이 예에서 살펴본 기본적인 아이디어는 모든 주인–대리인 문제에 적용될 수 있다. 즉 대리인이 기울이는 노력을 직접적으로 측정할 수 없는 상황에서는 대리인이 많은 노력을 기울일 때 나

---

17 수리공은 위험중립적이어서 효율성의 손실이 없다고 가정한다. 만약 그가 위험회피적이라면 효율성의 손실이 발생한다.

타나는 결과에 대해 보상을 해 주는 인센티브 제도를 통해 주인이 설정한 목적에 따라 대리인이 행동하도록 유인할 수 있다는 것이다.

*17.5   통합된 기업에서의 인센티브

지금까지 기업의 소유자와 경영자는 수요, 비용, 기타 여러 사항에 대해서 서로 비대칭적 정보를 가질 수 있다는 것을 살펴보았다. 또한 소유자가 경영자로 하여금 적절한 노력을 기울이도록 유인하기 위해서는 그러한 노력에 대한 보상체계를 만들 필요가 있다는 것도 살펴보았다. 이제 통합된 기업에서의 인센티브 문제를 살펴본다. **통합된** 기업의 경우에는 기업 내에 여러 부서가 있으며, 각 부서에는 자체적인 경영자가 있다. 어떤 기업의 경우에는 여러 공장이 동일한 제품 또는 관련된 제품을 생산하는 식으로 **수평적으로 통합**(horizontally integrated)되어 있다. 또 어떤 기업은 상방부서가 원료나 부품 등 투입물을 생산하고 하방부서는 상방부서가 생산한 투입물을 사용하여 최종제품을 생산하는 식으로 **수직적으로 통합**(vertically integrated)되어 있다. 통합은 여러 가지 문제를 발생시킨다. 이러한 문제 중 하나인 수직적으로 통합된 기업에서의 **이전가격책정**에 대해서는 제11장의 부록에서 살펴보았다. 여기서는 비대칭적 정보로 인해 발생하는 문제에 대해 살펴본다.

수평적 통합 한 기업에서 여러 개의 공장이 같은 제품 또는 서로 관련된 제품을 생산하는 조직 형태

수직적 통합 한 기업 내에 여러 부서가 있으며, 어떤 부서는 원료와 부품을 생산하며 다른 부서에서는 그것을 이용하여 최종재를 생산하는 조직 형태

통합된 기업에서의 비대칭적 정보와 인센티브 설계

통합된 기업의 부서별 경영자는 자기 부서에서 발생하는 비용이나 자기 부서의 생산능력, 기타 현장 상황 등에 대해서 총괄 경영자보다 많은 정보를 가질 수 있다. 이러한 비대칭적 정보는 두 가지 문제를 발생시킨다.

1. 총괄 경영자는 부서별 경영자로부터 부서별로 발생하는 비용이나 생산 상황에 대한 정확한 정보를 어떻게 얻을 수 있는가? 이는 매우 중요한 문제인데, 한 부서의 생산물이 다른 부서의 생산요소로 사용되므로 최종제품이 소비자에게 제때 전달되도록 생산계획을 잡아야 하며, 또한 전체적인 생산능력이나 생산비용을 파악해야 적정한 가격을 책정할 수 있기 때문이다.

2. 총괄 경영자는 어떤 보상이나 인센티브 체계를 이용하여 부서별 경영자가 최대한 효율적으로 생산하도록 만들 수 있는가? 생산량에 따른 보너스를 지급해야 하는가? 만약 그렇다면 그러한 보너스는 어떻게 설계해야 하는가?

이러한 문제를 이해하기 위하여 동일한 제품을 생산하는 여러 개의 공장을 소유한 기업에 대해 살펴보자. 각 공장을 책임지는 경영자는 총괄 경영자에 비해 자기 부서의 생산능력에 대해 훨씬 많은 정보를 가진다. 생산에 문제가 발생하지 않도록 하고 제품의 배달 시간을 정확히 맞추기 위해 총괄 경영자는 각 공장이 얼마나 생산할 수 있는지에 대해 자세히 알기를 원하며, 또한 각 공장이 가능한 한 많은 양을 생산하기를 원한다고 하자. 이제 총괄 경영자가 공장이 최대한 효율적으로 운영되도록 각 공장별 경영자를 독려하면서 자신이 원하는 정보를 어떻게 얻을 수 있는지를 살펴보자.

한 가지 방법은, 각 공장의 경영자에게 생산량이나 이윤 발생의 크기에 따라 보너스를 지급하는 것이다. 이러한 방법은 공장별 경영자로 하여금 자신의 생산량을 극대화하도록 만드는 것이다. 하지만 한편으로는 생산비용이 높고 생산능력이 떨어지는 공장의 경영자에게는 페널티를 주는 것이다. 이런 공장이 설령 효율적으로 운영된다고 하더라도 그 생산량과 그에 따른 이윤, 그리고 경영자가 받는 보너스는 생산비용이 낮고 생산능력이 높은 공장보다 적을 것이다. 이러한 상황에서 각 공장의 경영자는 자신이 발생시키는 비용이나 자기 공장의 생산능력에 대해 정확한 정보를 획득하여 공개하려는 인센티브를 갖지 않을 것이다.

두 번째 방법은, 각 경영자에게 비용과 생산능력 등 상황에 대해서 물어보고 그러한 상황과 비교할 때 좋은 결과가 나타난다면 그에 따른 보너스를 지급하는 것이다. 예를 들어 각 경영자에게 매년 자신의 공장에서 얼마만큼을 생산할 수 있는지를 물어보고, 연말에 그러한 목표량의 달성여부를 기준으로 보너스를 지급할 수 있다. 총괄 경영자가 한 공장의 생산가능량을 Q_f로 판단하는 경우, 그에 따라 지급되는 연간 보너스 B는 다음과 같이 책정할 수 있다.

$$B = 10,000 - 0.5(Q_f - Q) \tag{17.3}$$

여기서 Q는 해당 공장의 실제 생산량이며, $10,000$은 실제 생산량이 생산가능량과 일치할 때 지급되는 보너스이다. 0.5는 Q가 Q_f보다 적을 때 보너스 지급액을 낮추기 위해서 선택된 수치이다.

그러나 이러한 보너스 체계하에서는 각 공장의 경영자는 자신의 생산능력을 과소 추정할 유인을 가진다. 자신의 생산능력을 달성 가능한 수준보다 낮은 수준이라고 주장함으로써 효율적으로 생산을 하지 않더라도 많은 보너스를 받을 수 있다. 예를 들어 한 부서 경영자가 자기 공장의 생산능력을 $20,000$이 아닌 $18,000$으로 보고하고 실제로 $16,000$을 생산한다면 그가 받는 보너스는 $8,000에서 $9,000로 증가한다. 따라서 이러한 보너스 체계로는 정확한 정보를 얻어 내지 못하며 또한 공장이 효율적으로 운영되도록 만들지도 못한다.

이제 이 보너스 체계를 수정해 보자. 여전히 해당 부서 경영자에게 자신의 공장에서 생산할 수 있는 양을 물어보고 이러한 양을 기준으로 하여 보너스를 지급하는 방식을 고려하지만, 이제 보너스 지급액을 다음과 같이 식 (17.3)보다 약간 복잡한 방법으로 결정한다.

$$Q > Q_f \text{라면 } B = 0.3Q_f + 0.2(Q - Q_f)$$
$$Q \leq Q_f \text{라면 } B = 0.3Q_f - 0.5(Q_f - Q) \tag{17.4}$$

여기서 상수 0.3, 0.2, 0.5는 각 공장의 경영자가 자신의 진정한 생산가능량을 밝히도록 유인하며, 또 실제 생산량 Q가 가능한 많아지도록 하기 위해서 선택된 값들이다.

이러한 보너스 체계가 잘 작동한다는 것을 확인하기 위해 그림 17.5를 살펴보자. 실제의 최대 생산가능량 Q^*를 연간 $20,000$단위라고 하자. 공장 경영자가 진정한 생산가능량을 말하는 경우, 그가 받는 보너스는 $Q_f = 20,000$으로 표시된 선으로 나타난다. 이 선은 생산량이 $20,000$단위가 넘는 경우에 받을 수 있는 보너스 수준을 나타내기 위해서 연속적으로 그려지지만 $20,000$단위가 넘는 생산량은 가능하지 않으므로 점선으로 표시된다. 공장 경영자는 최대 생산량인 $20,000$단위를 생산할 때 최대로 받을 수 있는 보너스인 $6,000를 받는다.

그러나 만약 부서 경영자가 생산가능량 Q_f를 $10,000$단위로 보고한다면 그가 받는 보너스는

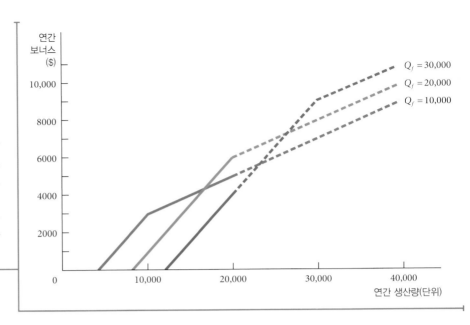

그림 17.5

통합된 기업에서의 인센티브 설계
각 경영자가 자신의 공장이 생산할 수 있는 실제 생산량을 정확히 보고하도록 만들 수 있는 보너스 체계를 고안할 수 있다. 만약 부서의 경영자가 실제로 해당 공장이 연간 최대로 생산할 수 있는 생산량인 20,000단위를 자신의 생산가능량으로 보고한다면 그 경영자는 자신이 받을 수 있는 보너스를 극대화($6,000)하게 된다.

$Q_f = 10,000$으로 표시된 선에 따라 결정된다. 이제 경영자가 최대로 받을 수 있는 보너스의 크기는 $5,000로서 생산량 20,000단위를 달성할 때 받을 수 있는 금액이다. 이 금액은 만약 그 경영자가 진실하게 생산가능한 양을 20,000단위로 말했을 경우에 받을 수 있는 보너스보다는 적다.

한편 공장 경영자가 생산가능량 Q_f를 연간 30,000단위로 과장하여 보고한다면, 그에 따라 받을 수 있는 보너스의 크기는 $Q_f = 30,000$으로 표시된 선에 의해 결정된다. 이 경우 최대로 받을 수 있는 보너스는 $4,000인데, 이는 20,000단위를 생산할 경우에 받을 수 있는 금액이다. 그러나 이때에도 앞의 경우와 마찬가지로, 경영자는 실제의 생산가능량을 보고할 때 받을 수 있는 보너스보다 적은 금액을 받게 된다.[18]

응용

비대칭적 정보의 문제와 그에 따른 적절한 인센티브의 설계에 관한 문제는 경영자가 자주 직면하는 문제이므로 위에서 살펴본 것과 같은 인센티브 체계는 많은 상황에서 사용될 수 있다. 예를 들어 경영자는 "어떻게 하면 판매원이 실제로 달성할 수 있는 목표판매량을 진실하게 말하도록 만들고 이를 최대한 달성하도록 유도할 수 있는가?"라는 문제에 직면할 수 있다.

대부분의 세일즈맨들은 정해진 지역을 담당한다. 인구가 집중된 도시지역에 배정된 세일즈맨은 인구가 적은 지역에 배정된 세일즈맨에 비해 많이 판매할 수 있다. 그러나 기업은 모든 세일

---

[18] $Q > Q_f$일 때는 $B = \beta Q_f + \alpha(Q - Q_f)$이고, $Q \leq Q_f$일 때는 $B = \beta Q_f - \Upsilon(Q_f - Q)$의 형태를 가지며, $\Upsilon > \beta > \alpha > 0$인 어떠한 보너스 체계도 위와 같은 결과를 가져다준다. 이에 대해서는 다음을 참조하라. Martin L. Weitzman, "The New Soviet Incentive Model," *Bell Journal of Economics* 7 (Spring 1976): 251-6. 그러나 이러한 보너스 체계는 동태적인 측면을 고려하지 않는다. 공장의 경영자는 올해 좋은 성과를 올림으로써 많은 보너스를 받는 것과 그에 따라 미래에는 보다 높은 목표치가 배정될 것임을 고려하여 의사결정을 할 것이다. 이러한 내용은 다음을 참조하라. Martin Weitzman, "The 'Ratchet Principle' and Performance Incentives," *Bell Journal of Economics* 11 (Spring 1980): 302-8.

즈맨들에게 공평하게 보상해 주기를 원한다. 또한 세일즈맨들이 최대한 열심히 일하기를 원하며, 실현가능한 목표판매량을 보고하도록 함으로써 생산계획과 배달계획을 미리 준비할 수 있기를 원한다. 기업은 일반적으로 세일즈맨에게 판매량에 따른 보너스나 판매금액의 일정 비율을 커미션(commission)으로 지급하는 방법을 사용한다. 그러나 인센티브 체계가 제대로 설계되지 않은 경우가 많다. 특히 세일즈맨이 받는 커미션은 자신의 판매액에 비례하여 지불된다. 이런 방법으로는 실현가능한 판매량에 대한 정확한 정보를 얻을 수도 없으며, 세일즈맨이 최대의 노력을 기울이도록 유도할 수도 없다.

오늘날 많은 기업은 식 (17.4)와 같은 보너스 체계가 좀 더 나은 결과를 가져다준다는 사실을 차츰 인식하고 있다. 따라서 기업은 세일즈맨에게 그들에게 지급되는 보너스의 크기가 자신이 설정한 목표판매량과 실제 판매량 둘 다에 의해 결정되는 어떤 공식을 제시할 수 있다[그러한 공식에 사용되는 수치들은 식 (17.4)를 이용하거나 이와 비슷하게 정할 수 있다]. 세일즈맨은 자신이 실제로 달성할 수 있는 진실한 판매량을 목표판매량으로 보고하며, 또 그 목표를 달성하기 위해서 열심히 일하는 것만이 자신에게 최대의 보너스를 가져다준다는 사실을 바로 파악할 것이다.[19]

17.6 노동시장의 비대칭적 정보: 효율임금이론

노동시장이 경쟁시장이라면 일하기를 원하는 모든 사람은 자신의 한계생산물수입과 같은 크기의 임금을 받는 일자리를 찾을 수 있다. 그러나 대부분 국가에서는 많은 사람들이 열심히 일자리를 찾고 있지만 여전히 상당한 수준의 실업이 존재한다. 실업자 중 상당수는 이미 고용된 사람이 받는 임금보다 낮은 임금에도 일할 의사를 가질 수 있다. 그렇다면 기업은 임금을 낮추어서 고용을 증가시키고, 그에 따라 이윤을 증가시킬 수 있음에도 불구하고 그렇게 하지 않는 이유는 무엇인가? 경쟁시장의 모형은 지속적으로 나타나는 실업을 설명할 수 있는가?

이 절에서는 **효율임금이론**(efficiency wage theory)을 통하여 실업이 존재하는 이유와 임금격차가 나타나는 이유에 대해 설명한다.[20] 지금까지 노동생산성은 근로자의 능력과 기업의 자본에 대한 투자에 의해 결정된다고 설명하였다. 그러나 효율임금이론은 노동생산성이 임금에 의해서도 결정된다는 점을 강조하고 있다. 그러한 관계에 대해서는 여러 가지 설명이 있다. 경제학자들은 개발도상국에서 근로자의 생산성은 영양의 공급이라는 측면에서 임금에 의해 영향을 받는다고 지적한다. 다시 말해, 좀 더 많은 임금을 받는 근로자는 좀 더 나은 식품을 살 수 있으며, 그에 따라 좀 더 건강하고 생산적으로 일할 수 있다는 것이다.

미국이나 기타 선진국의 경우에는 임금이 노동생산성에 영향을 주는 이유는 **직무태만 모형**(shirking model)으로 설명될 수 있다. 근로자를 일일이 감시하는 것은 많은 비용을 발생시키거나 불가능하므로 기업은 근로자의 생산성에 대해서 불완전한 정보를 가지며, 그 결과 주인-대리

14.1절에서는 완전경쟁적인 노동시장에서 기업은 실질임금(제품의 가격으로 나눈 임금)이 노동의 한계수입생산물과 같아질 때까지 노동을 고용한다고 설명하였다.

효율임금이론 노동생산성이 임금에 의해 영향을 받을 수 있음을 강조하여 실업과 임금격차의 원인을 설명하는 이론

직무태만 모형 기업이 근로자에게 시장균형임금을 지불한다면 근로자는 직무태만으로 해고되더라도 똑같은 수준의 임금을 주는 다른 일자리를 구할 수 있기 때문에 직무를 소홀히 할 유인을 가진다고 설명하는 모형

---

19 Jacob Gonik, "Tie Salesmen's Bonuses to Their Forecasts," *Harvard Business Review* (May-June 1978): 116-23 참조.

20 Janet L. Yellen, "Efficiency Wage Models of Unemployment," *American Economic Review* 74 (May 1984): 200-5. 여기서의 분석은 다음에 기초한 것이다. Joseph E. Stiglitz, "The Causes and Consequences of the Dependence of Quality on Price," *Journal of Economic Literature* 25 (March 1987): 1-48.

인 문제가 발생한다. 직무태만 모형에서는 모든 근로자의 생산성이 동일하며 그에 따라 동일한 임금을 받는 완전경쟁적 노동시장을 가정한다. 일단 고용이 되면 근로자는 생산적으로 일할 수도 있고 직무에 태만할 수도 있다. 그러나 근로자가 어떻게 일하는가에 대한 정보가 부족하므로 근로자는 직무에 태만하더라도 해고되지 않을 수도 있다.

이 모형이 설명하는 바는 다음과 같다. 기업이 근로자에게 시장균형임금 w^*를 지불한다면, 근로자는 자신의 직무를 태만히 할 인센티브를 가진다. 직무태만으로 해고되더라도 근로자는 똑같은 수준의 임금을 지불하는 다른 일자리를 바로 구할 수 있다. 이러한 상황에서는 해고될 수 있다는 위협은 근로자에게 비용을 발생시키지 않으므로 근로자는 생산적으로 일할 인센티브가 없다. 따라서 직무태만이 나타나지 않도록 하는 인센티브를 제공하기 위해서는 기업은 근로자에게 시장균형임금보다 더 많은 임금을 지불해야 한다. 이때에는 근로자가 직무태만으로 해고된 후 w^*의 임금을 받는 다른 일자리를 구한다면 임금은 하락한다. 만약 임금격차가 크다면, 근로자는 현재의 직장에서 생산적으로 일할 것이며, 기업은 근로자의 직무태만의 문제를 겪지 않게 된다. 직무태만이 발생하지 않는 수준의 임금을 **효율임금**(efficiency wage)이라고 한다.

지금까지는 한 기업의 경우에 대해 살펴보았다. 그러나 모든 기업은 근로자의 직무태만 문제에 직면한다. 따라서 모든 기업은 시장균형임금 w^*보다 높은 임금(즉 효율임금)을 지불할 것이다. 그런데 근로자가 해고되어 다른 기업에 고용되더라도 새로운 기업에서도 높은 임금을 받을 수 있으므로 근로자는 여전히 직무태만의 인센티브를 가지게 된다는 문제를 지적할 수 있다. 그러나 모든 기업이 w^*보다 높은 임금을 지불하고 있으므로 노동수요량은 노동시장의 균형노동량보다 적으며 실업이 존재한다. 따라서 직무태만으로 해고된 근로자는 다른 기업에 고용되기 전에 상당 기간 실업상태에 직면하게 될 것이다.

그림 17.6은 노동시장에서 직무태만의 경우를 보여 준다. 노동수요곡선 D_L은 우하향한다. 만약 직무태만이 없다면, 노동시장의 임금은 노동의 수요곡선 D_L과 공급곡선 S_L이 만나는 점에서 w^*로 결정되며, 완전고용(L^*)이 달성된다. 그러나 직무태만이 나타난다면 각 기업은 w^*의 임금

효율임금 기업이 근로자가 직무에 태만하지 않도록 유인하기 위해 근로자에게 지불하는 임금

14.2절에서는 균형임금은 노동수요곡선과 노동공급곡선이 만나는 점에서 결정된다고 설명하였다.

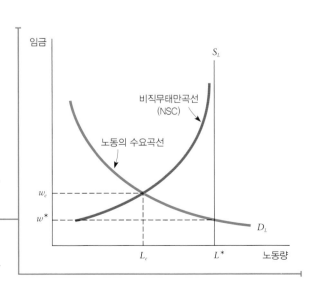

그림 17.6
직무태만 모형이 설명하는 실업
실업은 기업이 근로자들을 정확히 감시할 수 없을 때 경쟁적 노동시장에서도 발생할 수 있다. 비직무태만곡선(NSC)은 근로자가 직무태만을 하지 않게 하는 데 필요한 임금수준을 알려 준다. 기업은 L_e명의 근로자를 고용하는 데, 효율성 임금수준(w_e)이 시장청산임금인 w^*보다 높으므로 $L^* - L_e$만큼의 실업이 발생하게 된다.

을 지불하려고 하지 않는다. 기업은 근로자가 열심히 일하도록 유도하기 위해 w^*보다 높은 임금을 지불한다. 이러한 임금은 비직무태만곡선(no-shirking constraint curve, NSC)으로 나타난다. NSC곡선은 노동시장의 각 실업수준에서 근로자가 직무태만을 하지 않도록 유인하기 위하여 근로자가 받아야 하는 최저임금을 보여 준다. 실업수준이 증가함에 따라 효율임금(w_e)과 w^*의 차이가 점점 줄어드는 것을 볼 수 있다. 그 이유는 더 높은 실업수준에서는 직무를 소홀히 하는 근로자는 오랫동안 실업상태에 빠질 수 있기 때문에 근로자가 열심히 일하도록 유인하기 위하여 더 많은 임금을 지불할 필요성이 줄어들기 때문이다.

그림 17.6에서, 균형임금은 NSC곡선과 노동의 수요곡선 D_L이 만나는 점에서 결정되며, 근로자들은 w_e의 임금을 받게 된다. NSC곡선은 직무태만의 유인을 없애면서 기업이 지불할 수 있는 가장 낮은 수준의 임금을 나타내기 때문에 이러한 점에서 균형이 이루어진다. 기업은 자신이 필요로 하는 노동량을 얻기 위해서 w_e보다 높은 임금을 지불할 필요가 없다. 또한 w_e보다 낮은 임금은 직무태만을 발생시키므로 w_e보다 낮은 임금도 지불하지 않을 것이다. NSC곡선은 노동의 공급곡선과 만나지 않는다는 점에 주의할 필요가 있는데, 이는 균형상태에서는 항상 어느 정도의 실업이 발생한다는 것을 의미한다.

사례 17.7 포드자동차의 효율임금

효율임금 지급의 초기 사례 중 하나는 포드자동차의 역사에서 볼 수 있다. 1913년 이전에 자동차 생산은 숙련된 근로자에 대한 의존도가 높았다. 그러나 조립라인의 도입으로 사업장은 획기적으로 변화하였다. 조립라인의 장비에 의존한 생산이 가능해짐으로써 기술수준이 높지 않은 근로자도 업무를 수행할 수 있게 되었다. 그러나 생산방식의 변화로 인해 근로자들의 이직률이 높아졌다. 1913년에는 포드사의 근로자 이직률은 380%에 달했으며, 다음 해에는 1,000%까지 상승하였다. 이에 따라 이윤율은 급격히 떨어졌다.

포드는 안정된 인력을 유지해야 했으며, 헨리 포드(Henry Ford)와 그의 사업 파트너 제임스 쿠젠스(James Couzens)는 이 문제에 관한 조치를 취하였다. 1914년에 미국의 산업평균 하루 임금은 $2~$3 사이였지만 포드는 하루 $5를 지불하기 시작하였다. 그 목표는 능력 있

는 근로자들을 끌어들이고, 오랫동안 직장에 머물게 함으로써 결국 이윤을 증가시키는 것이었다.

헨리 포드의 이러한 임금정책은 많은 비판을 받았지만, 성공적이었다. 회사는 노동력을 안정적으로 유지할 수 있었으며, 포드자동차의 홍보에도 도움이 되었다. 이에 더하여 높은 임금을 이용하여 포드는 평균적으로 보다 생산적인 근로자들을 고용할 수 있었다. 포드는 임금 인상이 근로자들의 충성도와 개인적 효율성을 증가시켰다고 주장하였다. 그의 주장은 실제 추정을 통해 사실인 것으로 밝혀졌다. 포드자동차의 계산에 따르면 생산성은 51% 증가하였다. 또 다른 연구에서는 노동자의 결근율이 반으로 줄었고 해고도 크게 줄었다. 따라서 생산성의 향상은 임금 인상을 상쇄하고도 남았다. 그 결과 포드사의 수익성은 1914년 $3,000만에서 1916년 $6,000만로 크게 증가하였다.

요약

1. 대체로 판매자는 구매자에 비해 제품의 질에 대해 더 나은 정보를 가진다. 이와 같은 유형의 비대칭적 정보는 품질이 좋지 않은 제품이 품질이 좋은 제품을 시장에서 몰아내도록 만드는 시장실패를 초래한다. 시장실패는 판매자가 표준화된 제품을 판매하거나, 제품에 대해 보증을 하거나, 혹은 제품의 평판을 유지할 수 있는 수단을 이용하여 제거될 수 있다.

2. 많은 경우에 보험시장은 비대칭적 정보의 문제를 가진다. 보험가입자는 보험회사에 비해 위험에 대하여 나은 정보를 가진다. 이러한 사실은 역선택을 일으킨다. 다시 말해, 위험도가 높은 사람은 보험에 가입하는 반면 위험도가 낮은 사람은 가입하지 않는다. 도덕적 해이는 보험시장과 관련된 또 다른 문제이다. 이는 보험가입자가 보험에 가입한 후에는 손실을 줄이거나 피하려는 관심을 덜 기울인다는 것이다.

3. 판매자는 구매자에게 제품의 질에 대한 신호를 보냄으로써 비대칭적 정보가 발생시키는 문제를 줄일 수 있다. 예를 들어, 근로자는 높은 수준의 교육을 받음으로써 자신의 생산성이 높다는 신호를 보낼 수 있다.

4. 비대칭적 정보는 기업의 소유자(주인)가 경영자(대리인)의 행동을 정확히 감시하는 데 매우 높은 비용을 발생시킬 수 있다. 주주는 이윤극대화를 원하지만 경영자는 좀 더 많은 특전을 얻고자 하거나 매출액의 극대화를 추구할 수 있다.

5. 주인은 대리인이 생산적으로 일하도록 하는 인센티브를 제공하는 적절한 계약을 설계함으로써 주인-대리인 문제를 피할 수 있다.

6. 비대칭적 정보의 문제를 통하여 경쟁적 노동시장에서도 실업이 존재할 수 있음을 설명할 수 있다. 효율임금이론에 의하면, 경쟁시장의 균형임금보다 높은 임금(효율임금)은 근로자의 직무태만을 막음으로써 근로자의 생산성을 증가시킨다.

복습문제

1. 판매자와 구매자 사이의 비대칭적 정보가 시장실패를 초래하는 이유는 무엇인가?

2. 중고차시장이 레몬시장이라면 판매되지 않은 중고차의 수리기록은 이미 판매된 중고차의 판매 후 수리기록과 어떠한 차이가 있다고 생각하는가?

3. 보험시장에서 역선택과 도덕적 해이의 차이에 대해 설명하라. 이 중 하나가 존재하지 않더라도 다른 하나는 존재할 수 있는가?

4. 판매자가 자신은 품질이 좋은 제품을 판매한다는 것을 구매자에게 확신시킬 수 있는 여러 가지 방법을 설명해 보라. 그러한 방법 중에서 세탁기, 햄버거, 대형 다이아몬드에는 각각 어떤 방법이 이용될 수 있는가?

5. 판매자가 제품의 품질에 대해 신호를 보내는 것이 자신에게 유리하다고 생각하게 되는 이유는 무엇인가? 보증서는 어떻게 신호 기능을 하는가?

6. 조는 대학에서 높은 성적을 받았다. 이러한 성과는 조의 미래 고용주에게 조가 매우 생산적인 근로자가 될 것임을 알려 주는 강한 신호로서 작용할 수 있는가?

7. 경영자가 회사의 주인인 주주들의 목적인 이윤극대화와 다른 목적을 추구하는 이유는 무엇인가?

8. 우체국과 같은 공공기관이 이윤극대화와는 다른 목적을 추구할 수 있는 이유를 주인-대리인 모형을 통해 설명하라.

9. 보너스 지급이나 이윤을 공유하는 임금지불방식을 통해 주인-대리인 문제를 해결할 수 있음을 설명하라.

10. 효율임금이란 무엇인가? 기업보다 근로자가 자신의 생산성에 대해서 더 나은 정보를 갖고 있다면 기업의 입장에서는 효율임금을 지불하는 것이 유리한 이유는 무엇인가?

연습문제

1. 많은 소비자들은 잘 알려진 상표를 제품의 품질을 나타내는 신호로 간주하여 유명 상표의 제품에 대해서는 더 높은 가격을 지불한다. 상표는 품질을 나타내는 좋은 신호인가? 그 이유에 대해 설명하라.

2. 최근에 대학을 졸업한 게리는 6개월간 직장에 근무한 후에 드디어 자동차를 구입할 수 있는 돈을 모았다.

   a. 게리는 여러 회사의 자동차들 간의 차이점에 대해 거의 알지 못한다. 그는 자동차를 비교할 때 시장신호, 자동차 회사의 명성, 표준화 등을 어떻게 이용할 수 있는가?

   b. 차를 선택한 후에, 게리는 어떤 은행에 대출을 신청한다고 하자. 게리는 최근에 대학을 졸업했기 때문에 은행은 게리의 신용도를 파악할 수 있는 자료가 없다. 하지만 이 은행은 오랫동안 대학을 갓 졸업한 사람들에게 자동차 구입 자금을 대출해 왔다. 이러한 정보는 게리에 대한 대출을 결정하는 데 유용하게 사용될 수 있는 가? 만약 그렇다면 그 이유는 무엇인가?

3. 한 유명 대학은 학생들에게 D학점이나 F학점을 주는 것을 금지하고 있다. 학생들이 낙제라는 압박감에서 벗어날 때 평균 이상의 성적을 내는 경향이 있다는 것이다. 이 대학은 모든 학생이 A나 B학점을 받기를 원한다고 말한다. 이러한 대학정책이 학생들의 전체 성적을 B학점 이상으로 만들기 위한 것이라면 이러한 정책은 좋은 정책인가? 도덕적 해이라는 측면에서 이 문제를 논의하라.

4. 존스는 어떤 유명 대학의 교수로 채용되었다. 이 대학의 이사회는 학생들에게 최고수준의 교육을 제공하는 데 전념한다고 발표하였다. 학기가 시작되고 두 달이 지났는데도 존스 교수는 강의실에 나타나지 않았다. 그는 자신의 시간을 강의보다는 연구에 투자하고 있는 것처럼 보였다. 존스 교수는 그의 연구가 그 대학의 명성을 더욱 높여 줄 것이라고 주장하였다. 그에게 연구만 하도록 허용해야 하는가? 이 문제를 주인-대리인 문제의 측면에서 설명하라.

5. 생산한 자동차가 잦은 고장을 일으키는 탓에 평판이 좋지 않은 미국의 여러 자동차회사들이 자신들의 자동차에 대해 폭넓은 보증(예를 들어 모든 부품에 대해 7년간의 보증 및 부품교환에 따른 인건비 지불)을 해 준다는 새로운 조건을 구매자에게 제시하였다.

   a. 레몬시장에 대해 여러분이 알고 있는 지식에 비추어 볼 때, 이러한 정책이 합리적인 이유는 무엇인가?

   b. 이러한 정책은 도덕적 해이를 발생시킬 수 있는가? 설명하라.

6. 기업 간의 경쟁을 촉진하고 소비자후생을 증가시키기 위해서 미국 연방통상위원회는 기업이 진실한 광고를 할 것을 요구한다. 진실한 광고가 경쟁을 촉진하는 이유는 무엇인가? 거짓광고로 인해 경쟁이 제한되는 이유는 무엇인가?

7. 한 보험회사는 (i) 완전보상보험, (ii) $10,000 이상의 손실에 대해서만 보상금을 지불하는 보험, (iii) 모든 손실의 90%를 보상금으로 지급하는 보험 등 세 종류의 화재보험을 팔려고 계획하고 있다. 이 중 어떤 보험이 도덕적 해이를 발생시킬 가능성이 가장 높은가?

8. 비대칭적 정보로 인해 시장에서 판매되는 제품의 평균적인 품질은 하락할 수 있다. 비대칭적 정보가 존재하는 시장에서 여러분은 다음의 각 사항에 대해서 동의하는가, 동의하지 않는가?

   a. 정부는 제품에 대한 평가를 소비자에게 알리는 《소비자 보고서(Consumer Reports)》에 대해 보조금을 지불해야 한다.

   b. 정부는 제품의 질에 대한 기준을 설정하고 일정한 수준에 도달하지 못하는 제품의 판매를 금지해야 한다.

   c. 좋은 품질의 제품을 생산하는 생산자는 소비자에게 제품에 대한 폭넓은 보증을 제공할 것이다.

   d. 정부는 모든 기업이 보다 폭넓은 보증을 하도록 요구해야 한다.

9. 두 중고차 판매상이 서로 옆에 인접하여 중고차를 팔고 있다. 해리는 항상 성능이 좋은 중고차를 판매

하며, 중고차를 구매하고 수리하는 데 평균적으로 $8,000가 든다. 루이는 항상 성능이 좋지 않은 중고차를 판매하며, 중고차를 구매하고 수리하는 데 평균적으로 $5,000가 든다. 만약 소비자가 중고차의 품질에 대해서 잘 안다면 해리로부터 중고차를 구입할 때는 평균적으로 $10,000를, 루이로부터 중고차를 구입할 때는 평균적으로 $7,000를 지급한다.

더 많은 정보가 없는 상태에서 소비자는 각 판매상이 파는 중고차의 성능에 대해서 알지 못한다. 이런 상황에서 소비자는 성능이 좋은 중고차를 구입하게 될 확률이 50%라고 생각할 수 있으며, 따라서 중고차에 대하여 $8,500를 지불할 용의가 있다.

해리는 자신이 판매하는 모든 중고차의 모든 부분에 대해 보증을 해 주고자 한다. 해리는 Y년의 보증기간 동안 $500Y의 비용이 발생할 것으로 예상한다. 만약 루이도 자신의 차에 대해서 똑같은 보증을 한다면 루이에게 발생하는 비용은 $1,000Y가 될 것임을 해리는 알고 있다.

a. 해리가 자신이 판매하는 모든 차에 대해 1년간 보증을 해 준다고 하자.

   i. 루이가 1년간의 보증을 제공하지 않는다면 루이가 얻는 이윤은 얼마인가? 루이가 1년간의 보증을 해 준다면 루이가 얻는 이윤은 얼마인가?

   ii. 루이가 1년간의 보증을 해 주지 않는다면 해리가 얻는 이윤은 얼마인가? 루이가 1년간의 보증을 해 준다면 해리가 얻는 이윤은 얼마인가?

   iii. 루이는 해리와 같이 1년간의 보증을 제공할 것인가?

   iv. 해리가 1년간의 보증을 제공하기로 한 것은 좋은 생각인가?

b. 만약 해리가 2년의 보증을 제공한다면, 해리는 자신이 파는 중고차의 질에 대해 믿을 만한 신호를 보내는 것인가? 3년간의 보증은 어떠한가?

c. 만약 여러분이 해리를 위해 광고를 한다면, 어느 정도의 기간을 보증기간으로 설정하도록 추천할 것인가? 설명하라.

*10. ASP사의 회장은 연간 이윤을 아래 표와 같이 추정하고 있다. 이윤(π)은 시장수요와 새로 채용한 CEO의 노력에 따라 달라진다. 각 수요상황이 발생할 가능성은 확률로 주어진다.

시장수요	낮음	중간 수준	높음
확률	30%	40%	30%
적은 노력	$\pi=$500만	$\pi=$1,000만	$\pi=$1,500만
많은 노력	$\pi=$1,000만	$\pi=$1,500만	$\pi=$1,700만

ASP사의 회장은 기대이윤을 극대화하도록 CEO에 대한 보상체계를 마련해야 한다. 기업은 위험중립적이지만 CEO는 위험회피적이다. CEO의 효용함수는 다음과 같다.

적은 노력을 하는 경우: $U = W^{0.5}$
많은 노력을 하는 경우: $U = W^{0.5} - 100$

여기서 W는 CEO의 소득이며, -100은 CEO가 많은 노력을 함에 따라 줄어드는 효용을 의미한다. 회장은 CEO의 효용함수를 알고 있으며, 또한 회장과 CEO는 위의 표에 주어진 모든 정보를 알고 있다. 회장은 보상을 하는 시점에서 CEO가 어떤 수준의 노력을 기울였는지, 어떤 수요상황이 발생했는지에 대해서는 알 수 없지만 회사가 달성한 이윤은 알 수 있다.

다음 세 종류의 보상 패키지 중 ASP의 회장은 어떤 패키지를 선호하는가? 그 이유는 무엇인가?

패키지 1: CEO에게 연간 일정한 금액 $575,000를 지불한다.

패키지 2: CEO에게 연간 회사 이윤의 6%를 지불한다.

패키지 3: CEO에게 연간 일정한 금액 $500,000를 지불하며, 추가적으로 $1,500만를 초과하는 이윤의 50%를 지불한다.

11. 한 기업의 단기 수입이 $R = 10e - e^2$으로 주어지는데, 여기서 e는 대표적인 근로자가 기울이는 노력의 크기를 나타낸다(모든 근로자가 똑같다고 가정함). 이 근

로자는 자신의 임금에서 자신의 노력에 따른 비용을 뺀 순임금($w - e$)을 극대화하는 노력수준을 선택한다 (노력 1단위당 비용은 1이라고 가정한다). 다음 각 임금체계하에서 나타나는 노력의 크기와 기업의 이윤 (수입에서 임금지불액을 차감한 금액)을 구하라. 주인-대리인 문제를 다루기 위한 이러한 방법들이 서로 다른 결과를 가져오는 이유에 대해서 설명하라.

a. $e \geq 1$이라면 , $w = 2$, 그 밖의 경우에는 $w = 0$

b. $w = R / 2$

c. $w = R - 12.5$

12. 유니버설 금융은 $1,000의 대출가능 금액을 보유하고 있다. 무위험대출은 4% 이자율로 다음 해에 전액 회수된다. 이자율은 4%이다. 위험대출에 대한 이자율은 30%인데, 위험대출의 부도 가능성(대출금을 전혀 돌려받지 못함)은 20%이며, 완전회수 가능성은 80%이다.

a. 이 금융회사는 얼마의 이윤을 벌 수 있는가? 이 회사가 위험대출을 하든, 무위험대출을 하든 기대 이윤은 동일하다는 것을 보여라.

b. 이 금융회사는 자신이 부도가 날 경우에 정부가 $1,000를 갚아 줌으로써 구제해 줄 것임을 알고 있다. 그렇다면 이 회사는 어떤 종류의 대출을 할 것으로 생각하는가? 정부의 기대비용은 얼마인가?

c. 이 금융회사는 부도가 날 경우에 정부가 구제해 준다는 것을 확실히 알지는 못하지만 구제해 줄 확률이 P라고 판단하고 있다. P의 값이 얼마일 때 이 회사는 위험대출을 하려고 하는가?

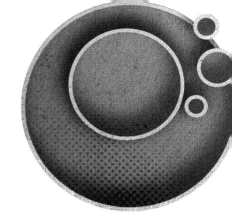

CHAPTER 18
외부효과와 공공재

이 장에서는 외부효과와 공공재에 대해 살펴본다. 외부효과는 시장에 직접적으로 반영되지 않는 생산과 소비행위의 효과를 의미하며, 공공재는 모든 소비자에게 혜택을 주지만 시장에서는 과소공급되거나 혹은 전혀 공급되지 않는 재화를 의미한다. 외부효과와 공공재는 시장실패의 주요 원인으로서 심각한 공공정책적 문제를 발생시킨다. 다음과 같은 다양한 예를 들 수 있다. 기업이 얼마나 많은 폐기물을 강과 하천에 버리도록 허용할 것인가? 자동차 매연발생 기준치를 얼마나 엄격하게 적용할 것인가? 정부는 국방, 교육, 기초연구, 공영 텔레비전 방송 등에 얼마나 많은 돈을 지출할 것인가?

외부효과가 존재한다면 어떤 재화의 가격은 그 재화의 사회적 가치를 제대로 반영하지 못한다. 그 결과 기업은 그 재화를 너무 많이 또는 너무 적게 생산할 수 있으며, 따라서 시장은 비효율적인 결과를 가져온다. 이 장에서는 먼저 외부효과에 대해 알아보는데, 외부효과에 의한 시장의 비효율성에 대해 설명하며, 비효율성을 교정하는 방법에 대해서도 살펴본다. 외부효과가 초래하는 비효율성은 정부의 규제에 의해서, 관련 당사자 간의 협상에 의해서, 또는 외부효과로 피해를 본 사람이 피해를 발생시킨 사람을 법적으로 소송함으로써 해결될 수 있다.

다음으로는 공공재에 대해 살펴본다. 공공재의 경우는 그 재화를 추가적인 소비자에게 공급함에 따른 한계비용은 0이며, 사람들이 공공재를 소비하는 것을 막을 수 없다. 여기서는 시장이 생산하기 어려운 재화와 시장이 생산할 수 있는 재화를 구별하며, 정부가 공공재의 생산량을 결정할 때 부딪히는 문제에 대해서도 살펴본다.

18.1 외부효과

외부효과(externality)는 생산자 간에, 소비자 간에, 또는 소비자와 생산자 간에 나타날 수 있다. 외부효과는 한쪽의 행동이 다른 쪽에게 비용을 발생시외부효과   생산자나 소비자의 행동으로써 다른 생산자나 소비자에게 영향을 미치지만 해당 시장가격에는 반영되지 않는 행동

키는 음(−)의 외부효과 또는 한쪽의 행동이 다른 쪽에게 혜택을 주는 양(+)의 외부효과로 구분된다.

먼저 **음(−)의 외부효과**에 대하여 제철소와 어부들 간의 관계를 예로 들어 살펴보자. 강의 상류에 위치한 제철소는 강에 폐수를 방류하며, 강 하류에서는 어부들이 생계유지를 위해 물고기를 잡는 경우를 생각해 보자. 제철소가 방류하는 폐수의 양이 많을수록 하류에서 잡히는 물고기의 양은 줄어들 것이다. 그러나 제철소는 철 생산량을 결정할 때 자신의 제철소가 어부들에게 발생시키는 외부비용을 고려할 어떠한 유인도 없다. 더욱이 이러한 외부비용을 철의 가격에 포함시키도록 만드는 어떤 시장도 존재하지 않는다.

한편 **양(+)의 외부효과**에 대해서는 어떤 사람이 자기 집에 새로 페인트칠을 하고 정원을 예쁘게 가꾸는 경우를 예로 들어 살펴보자. 이웃사람들은 그 사람이 자기 집을 꾸미는 행위로부터 혜택을 받지만 그 사람이 자신의 행위를 결정할 때는 이웃사람들이 얻는 혜택을 고려하지 않는다.

음(−)의 외부효과와 비효율성

6.3절에서 설명했듯이 생산요소 투입비율이 고정되어 있는 생산기술에서 생산은 노동과 자본 간 특정 비율에 따라 이루어지므로 생산요소 간의 대체는 불가능하다.

외부효과는 시장가격에 반영되지 않기 때문에 경제적 비효율성을 발생시키는 원인이 된다. 기업이 음의 외부효과와 관련된 피해를 고려하지 않는다면 과도한 생산과 불필요한 사회적 비용이 발생한다. 폐수를 강에 방류하는 제철소의 예를 통해 살펴보자. 그림 18.1(a)는 경쟁적 시장에서 생산활동을 하는 어떤 제철회사의 생산량을 나타낸다. 그림 18.1(b)는 모든 제철회사가 비슷한 외부효과를 발생시킨다는 가정에 따른 시장수요곡선과 시장공급곡선을 나타낸다. 제철회사는 고정비율 생산함수를 가진다고 가정한다. 따라서 생산요소의 사용비율을 변경할 수 없기 때문에 폐수 방류량을 감소시키기 위해서는 생산량을 줄여야 한다. 여기서는 외부효과의 성격을 두 가지 경우로 나누어 분석한다. 즉 하나의 제철회사만 폐수를 발생시키는 경우에 대해 살펴본 후, 모든 제철회사가 똑같이 폐수를 발생시키는 경우를 살펴본다.

8.3절에서는 경쟁기업은 수평적인 수요곡선에 직면하기 때문에 한계비용과 가격이 같아지는 생산량에서 이윤이 극대화된다고 설명하였다.

그림 18.1(b)에서 철의 가격은 수요곡선과 공급곡선이 만나는 점에서 P_1으로 결정된다. 그림 18.1(a)에서의 MC는 전형적인 제철회사의 한계생산비용곡선이다. 이 기업은 한계비용과 가격이 일치하는 점(경쟁적 시장에 있는 기업은 가격을 수용하므로 가격은 한계수입과 같다)에서의 생산량인 q_1을 생산함으로써 이윤을 극대화한다. 기업의 생산량이 변함에 따라 강 하류에서 고기를 잡는 어부들에게 발생하는 외부비용도 변한다. 이러한 외부비용은 그림 18.1(a)의 **한계외부비용**(marginal external cost, MEC)곡선으로 표시되는데, 이 곡선은 우상향한다. 즉 이 기업이 철 생산량을 증가시킴에 따라 폐수 방류량이 증가한다면 어부들이 입는 추가적인 피해는 점점 커진다.

한계외부비용   하나 또는 다수의 기업이 생산량을 1단위 증가시킴에 추가적으로 발생하는 외부비용

사회적 한계비용   한계비용과 한계외부비용의 합

사회 전체적인 관점에서 볼 때, 이 기업은 철을 너무 많이 생산한다. 효율적인 철 생산량은 철의 가격이 **사회적 한계비용**(marginal social cost, MSC)과 일치하는 점에서의 생산량이다. 사회적 한계생산비용은 생산에서 발생하는 한계비용에 폐수를 방류함으로써 발생하는 한계외부비용을 더한 것이다. 그림 18.1(a)에서 사회적 한계비용곡선은 각 생산량에서의 한계비용과 한계외부비용을 합한 것이다(MSC = MC + MEC). 사회적 한계비용곡선 MSC가 가격과 같아지는 생산량은 q^*이다. 이 경우에는 단지 하나의 기업만 폐수를 강에 방류하므로 이 제품의 시장가격은 변하지 않는다. 그러나 이 기업은 필요 이상의 철(q^*이 아닌 q_1)을 생산함으로써 너무 많은 폐수를 방

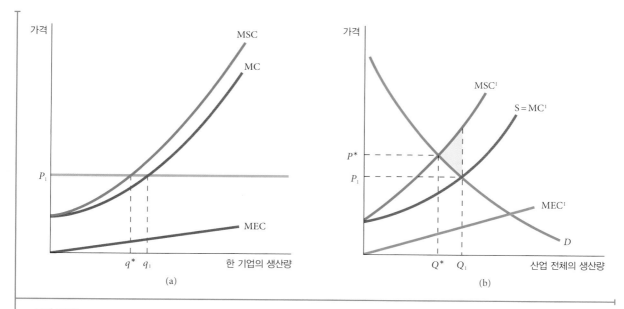

그림 18.1

외부비용

음(−)의 외부효과가 나타나는 경우에는 사회적 한계비용 MSC는 한계비용 MC보다 큰데, 이 둘 간의 차이는 한계외부비용 MEC에 해당한다. (a)에서 기업은 가격이 MC와 같아지는 q_1이 이윤을 극대화하는 생산량이다. 반면 효율적인 생산량은 가격이 MSC와 같아지는 q^*이다. (b)에서 산업의 경쟁적 생산량은 산업의 공급곡선 MC^I가 수요곡선 D와 만나는 Q_1이 된다. 그러나 효율적인 생산량은 Q_1보다 적은 Q^*로서 수요곡선과 사회적 한계비용곡선 MSC^I가 만나는 곳에서 결정된다.

류하는 것이다.

이제 모든 제철회사가 폐수를 강에 버린다면 어떤 상황이 발생하는지를 살펴보자. 그림 18.1(b)에서 MC^I곡선은 제철산업의 공급곡선(전체 제철소의 한계비용곡선)이다. 한계외부비용곡선인 MEC^I는 각 수준의 철 생산량에서 피해를 보는 어부들의 한계비용을 합하여 구한 것이다. 또 MSC^I곡선은 전체 제철회사의 한계비용과 한계외부비용을 합하여($MSC^I = MC^I + MEC^I$) 구한 것이다.

음(−)의 외부효과가 발생하고 있는 경우에 경쟁시장에서 생산되는 철의 생산량은 효율적인 생산량인가? 그림 18.1(b)가 보여 주듯이 효율적인 철의 생산량은 철을 추가적으로 1단위 더 생산할 때 발생하는 한계편익이 사회적 한계비용과 일치하는 점에서의 생산량이다. 수요곡선은 소비자가 얻는 한계편익을 나타낸다. 따라서 효율적인 철 생산량은 사회적 한계비용곡선 MSC^I와 수요곡선 D가 만나는 점에서의 생산량 Q^*이다. 그러나 경쟁적인 제철산업에서는 생산량은 수요곡선과 공급곡선 MC^I가 만나는 점에서 Q_1으로 결정된다. 따라서 음(−)의 외부효과가 발생하는 경우에는 경쟁시장에서 생산되는 산업 전체의 생산량은 효율적인 생산량에 비해 너무 많아진다.

이 예에서는 철 생산량 1단위마다 폐수를 발생시킨다. 따라서 개별 기업의 경우에나 산업 전

9.2절에서는 시장실패가 없다면 경쟁시장에서는 경제적으로 효율적 수준이 생산된다고 설명하였다.

체의 경우에도 과도한 양의 철이 생산되어 너무 많은 폐수가 강으로 방류되는 경제적 비효율성이 발생한다. 이러한 비효율성은 제품의 가격이 잘못 책정되기 때문에 나타나는 것이다. 그림 18.1(b)에서 나타난 시장가격 P_1은 너무 낮은데, 이 가격은 기업의 사적 한계비용(marginal private cost)은 반영하지만 사회적 한계비용은 반영하지 못한다. 보다 높은 가격 P^*에서만 제철회사들은 철을 효율적인 수준으로 생산하게 된다.

이러한 비효율성에 의한 사회적 비용은 어떠한가? Q^*보다 많은 각 단위의 생산량이 발생시키는 사회적 비용은 사회적 한계비용과 수요곡선으로 나타난 한계편익의 차이이다. 따라서 사회적 총비용은 그림 18.1(b)에서 Q^*와 Q_1 사이의 생산량에서 MSC곡선과 수요곡선 D 간의 차이를 나타내는 삼각형에 해당한다. 제철회사의 사적 이윤극대화 생산량으로부터 사회적으로 효율적인 생산량으로 이동한다면 제철회사의 이윤은 줄어들며, 철의 시장가격이 상승함에 따라 철을 구매하는 사람들은 전보다 나빠진다. 그러나 이러한 손실은 폐수 방류로 인해 피해를 입는 사람들이 철 생산량이 축소됨으로써 얻게 되는 혜택에 비해서는 적다.

외부효과는 지금까지 살펴본 단기적 비효율성과 함께 장기적 비효율성도 발생시킨다. 제8장에서 살펴본 경쟁시장에서는 가격이 **평균비용**보다 높은 경우에는 기업들이 시장에 진입하며, 가격이 평균비용보다 낮은 경우에는 시장에서 퇴출한다. 장기균형에서 가격은 (장기)평균비용과 일치한다. 음의 외부효과가 나타나는 경우에는 사적 평균생산비용은 사회적 평균생산비용보다 낮다. 따라서 일부 기업들이 시장을 떠나는 것이 사회적으로 효율적이더라도 시장에 그대로 남게 된다. 따라서 음($-$)의 외부효과는 너무 많은 기업들이 해당 산업에 남도록 만든다.

양($+$)의 외부효과와 비효율성

앞에서 자신의 집을 꾸미는 행위에서 살펴본 바와 같이 외부효과는 과소생산을 초래하기도 한다. 그림 18.2의 수평축은 집주인이 집수리와 정원을 가꾸는 데 투자하는 금액을 나타낸다. 집수리의 한계비용곡선은 집을 수리하는 데 더 많은 노력이 투입됨에 따른 비용 증가를 나타낸다. 여기서 한계비용곡선이 수평으로 나타난 것은 추가적으로 집을 수리하는 데 필요한 비용은 일정하다는 것이다. 수요곡선 D는 집을 수리함으로써 집주인이 얻게 되는 사적 한계편익을 나타낸다. 집주인은 자신의 수요곡선과 한계비용곡선이 만나는 점에서 q_1(집수리의 정도)를 결정할 것이다. 그러나 집을 수리함으로써 이웃주민들에게 외부적 편익이 발생하는데, 이러한 외부적 편익은 그림 18.2의 **한계외부편익**(marginal external benefit, MEB)곡선으로 표시된다. 이 곡선은 우하향하는데, 집을 수리하는 데 투자한 금액이 적다면 한계외부편익은 크지만, 집을 좀 더 많이 수리함에 따라 한계외부편익은 점점 줄어들기 때문이다.

사회적 한계편익(marginal social benefit, MSB)곡선은 각 집수리 수준에서 사적 한계편익과 한계외부편익을 합하여(MSB $= D +$ MEB) 구한 것이다. 효율적인 집수리 수준 q^*는 추가적인 집수리가 가져다주는 사회적 한계편익을 나타내는 MSB곡선과 추가적인 집수리에 따르는 한계비용을 나타내는 MC곡선이 만나는 점에서 결정된다. 이때에도 비효율성이 발생하는데, 그것은 집주인이 자신의 집을 수리하기 위한 투자로부터 받을 수 있는 혜택을 모두 받지 못하기 때문에 자신의 사적으로 최적인 집수리 수준 q_1을 선택한다. 가격 P_1은 집주인이 사회적으로 바람직한 수준까지 집수리에 투자하도록 유도하기에는 너무 높은 가격이다. 효율적 생산량인 q^*를 달성하기

한계외부편익 기업이 생산량을 1단위 증가시킴에 따라 추가적으로 발생하는 외부적 편익

사회적 한계편익 사적 한계편익과 한계외부편익의 합

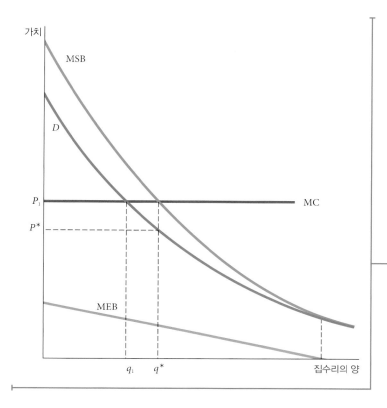

그림 18.2
외부편익
양(+)의 외부효과가 존재할 때는 사회적 한계편익 MSB
는 한계편익 D보다 큰데, 이 둘 간의 차이는 한계외부편익
MEB에 해당한다. 집주인은 자신을 위해 집을 수리하는
데, 한계편익곡선 D와 한계비용곡선 MC가 같아지는 q_1을
투자한다. 효율적인 투자는 사회적 한계편익과 한계비용
이 같아지는 q^*로서 q_1보다 높다.

위해서는 가격은 P_1보다 낮은 P^*가 되어야 한다.

양(+)의 외부효과가 발생하는 다른 예로는 기업의 연구개발 투자를 들 수 있다. 기업의 연구
개발을 통한 혁신의 결과를 다른 기업이 무단으로 모방하는 경우가 있다. 예를 들어 어떤 기업이
새로운 제품을 개발한다고 하자. 만약 새로운 제품이 특허권에 의해 보호된다면 그것을 개발한
기업은 제조와 판매를 통해 많은 이윤을 얻을 수 있다. 하지만 다른 기업들이 새로운 제품을 유
사하게 모방할 수 있다면 신제품을 개발한 기업이 얻을 수 있는 이윤 중 일부를 가져가게 된다.
이런 경우에는 연구개발에 따른 보상이 줄어들기 때문에 적절한 연구개발 투자가 이루어지지 않
을 것이다.

외부효과라는 개념은 새로운 것이 아니다. 제4장의 수요에 대한 설명에서 어떤 재화에 대한
한 소비자의 수요량이 다른 소비자들의 구매량이 증가함에 따라 증가 또는 감소한다면 양 또는
음의 외부효과가 발생한다는 것을 설명하였다. 이와 같은 네트워크 외부효과도 시장실패를 일
으킨다. 예를 들어 어떤 사람들은 북적대는 스키장에서 다른 사람들과 함께 스키 타는 것을 즐긴
다. 하지만 리프트를 이용하기 위해 오랫동안 기다리기를 원치 않는 사람들은 혼잡으로 인해 즐
겁지 않은 경험을 하게 된다.

4.5절에서는 개별 소비자의
수요량이 다른 소비자들의 구
매량에 따라 달라진다면 네트
워크 외부효과가 발생한다고
설명하였다.

사례 18.1   아황산가스 배출에 따른 비용과 편익

아황산가스는 화산 폭발로 인해 자연적으로 발생하기도 하지만 미국에 있어서 전체 배출량의 2/3는 석탄이나 원유 등의 화석원료를 사용하는 발전으로부터 발생한다. 정책당국은 오래전부터 아황산가스 오염이 환경에 미치는 부정적 영향에 대하여 우려해 왔다. 1990년대에 들어오면서 아황산가스가 산성비를 발생시킨다는 점에서 우려는 더욱 커졌다. 연료를 태울 때 발생하는 아황산가스와 질소산화물에 의해 발생하는 산성비는 미국의 중서부와 북서부에 걸쳐 재산과 건강을 크게 위협하였다.[1]

산성비는 대기를 통해 사람들의 건강에 직접적으로 부정적인 영향을 미치며, 식물이 자라는 토양을 오염시킴으로써 간접적으로도 건강에 영향을 미친다. 산성비는 심장병을 증가시키고 천식이나 기관지염 등 폐질환을 유발하여 어른들과 아이들의 조기 사망을 유발하는 것으로 나타났다. 한 연구에서는 미국에서 아황산가스 배출량이 역사상 가장 많았던 시기였던 1980년대의 50% 수준으로 배출량을 유지했더라면 매년 17,000명 이상의 사망을 줄일 수 있었을 것으로 추정하였다.

사람들의 건강에 미치는 부정적인 영향 외에도 산성비는 물과 숲, 그리고 인공구조물에도 부정적인 영향을 미친다. 한 연구에 의하면 1980년대에 아황산가스 배출량을 50% 줄였더라면 레저낚시산업에서 연간 $2,400만, 목재산업에서 연간 $8억, 곡물 생산에서 연간 $7억의 가치를 더 얻을 수 있었던 것으로 나타났다.[2] 아황산가스는 또한 페인트, 철, 석회석, 대리석 등의 표면을 잠식시킨다는 것이 밝혀졌다. 사람들이 만든 물질에 산성비가 발생시키는 비용을 추정하는 것은 힘들지만, 자동차회사는 신차에 1대당 평균 $5의 추가비용을 들여서 산성비에 강한 페인트를 사용하여 도색하는데, 이를 미국에서 판매되는 모든 신차와 트럭에 적용하면 $6,100만에 해당한다.

아황산가스 배출을 줄이는 데 필요한 비용은 얼마나 될까? 아황산가스 배출을 감축하기 위해서 기업은 배출량을 줄이기 위한 시설을 마련해야 한다. 아황산가스 배출을 어느 정도 줄이기 위해 필요한 비용 증가분은 적을 수 있지만, 점점 더 많은 양의 아황산가스를 줄이기 위해서는 그러한 시설에 많은 투자를 해야 한다.

그림 18.3은 아황산가스 배출량을 줄임에 따른 비용과 편익의 사

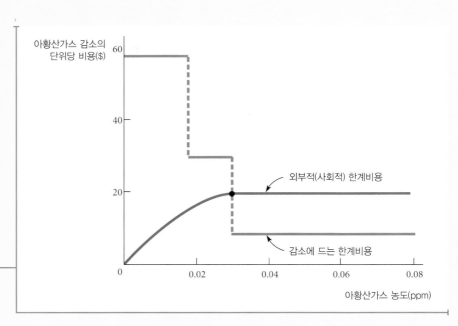

그림 18.3
아황산가스 배출량의 감소
효율적인 아황산가스 농도는 아황산가스의 감소를 위해 지불해야 하는 한계비용이 외부적 한계비용과 일치할 때의 농도이다. 그림에서 아황산가스를 감소시킬 때 나타나는 한계비용은 아황산가스를 더 줄이기 위해 다른 기술을 추가적으로 사용해야 할 때마다 증가하여 아황산가스 감소에 따른 한계비용곡선은 계단 형태로 나타난다.

아황산가스 감소의
단위당 비용($)

외부적(사회적) 한계비용

감소에 드는 한계비용

아황산가스 농도(ppm)

---

1   아황산가스와 산성비에 대해서는 http://www.epa.gov 참조.

2   Spencer Banzhaf et al., "Valuation of Natural Resource Improvements in the Adirondacks," (Washington: Resources for the Future, September 2004).

례를 보여 준다. 이 사례는 필라델피아의 오염 감축에 관한 한 연구에서 발췌한 것이다.[3] 사회적으로 바람직한 아황산가스 농도는 0.08ppm 이하이므로 이 수치로부터 아황산가스의 농도를 추가적으로 줄이는 데 요구되는 비용을 살펴보려면 이 그래프를 오른쪽에서 왼쪽으로 보는 것이 편리하다. 아황산가스 감소를 위한 한계비용곡선은 추가적인 감소를 위하여 새로운 오염방지시설을 설치해야 할 때마다 오른쪽에서 왼쪽으로 불연속적으로 증가한다.

한계외부비용곡선은 오른쪽에서 왼쪽으로 읽으면 산성비로 인한 피해의 추가적인 감소분을 보여 준다. 호흡기질환, 물질의 부식, 시야 감소 등에 대한 연구에 따르면 아황산가스의 농도가 중간 정도일 때는 사회적 한계비용은 높으면서 상대적으로 일정하다. 그러나 농도가 매우 낮을 때에는 농도가 감소함에 따라 한계외부비용은 감소하며, 결국 아황산가스가 건강, 물질, 시야에 미치는 영향은 거의 없는 것으로 나타났다.

적절한 수준의 아황산가스 배출량은 ppm 수치로 나타낼 수 있는데, 이는 아황산가스의 발생을 추가적으로 줄이기 위해 지불해야 하는 한계비용과 한계외부비용이 같아질 때의 ppm 수치이다. 그림 18.3에서 그 농도는 약 0.0275ppm으로 나타난다.

요약하면, 아황산가스의 배출량을 줄인다면 상당한 혜택이 발생한다는 것을 알 수 있다. 그렇다면 배출량을 감축하기 위해 사용할 수 있는 정책을 고려할 필요가 있다. 이에 대한 답은 18.2절에서 외부효과에 대한 다양한 정책적 수단을 검토한 후에 살펴보도록 한다.

18.2 시장실패를 교정하는 방법

외부효과에 의해 발생하는 비효율적인 결과는 어떤 방법으로 교정할 수 있는가? 만약 음(−)의 외부효과를 발생시키는 기업이 고정비율 생산기술을 사용한다면 외부효과를 줄이는 유일한 방법은 기업으로 하여금 생산량을 축소하도록 유도하는 것이다. 제8장에서 살펴보았듯이, 그것은 기업의 생산물에 세금을 부과함으로써 달성될 수 있다. 그러나 대부분의 기업은 생산기술을 바꿈으로써 생산과정에서 생산요소들을 서로 대체하여 사용할 수 있으므로, 그에 따라 공해배출량을 줄일 수 있다. 또한 생산장비에 배출저감장치를 부착하여 공해배출량을 줄일 수도 있다.

어떤 기업이 경쟁시장에서 생산물을 판매하고 있다고 하자. 이 기업의 공장은 공해를 발생시킴으로써 주변지역의 대기 질을 훼손한다. 공해배출량을 줄이는 데는 비용이 든다. 그림 18.4는 공해배출량의 감소와 공해배출량을 줄이기 위해 지불해야 하는 비용 사이에는 상호교환관계가 있음을 보여 주는데, 수평축은 공해배출량을 나타내며, 수직축은 공해배출량 단위당 비용을 나타낸다. 단순화를 위해 기업의 생산량 결정과 공해배출량에 대한 결정은 서로 독립적이며, 기업은 이미 이윤극대화를 위한 생산량을 결정한 것으로 가정한다. 따라서 기업은 자신이 원하는 수준의 공해배출량만 선택하면 된다. MEC곡선은 공해가 발생시키는 한계외부비용을 나타낸다. 이는 공해로 인한 추가적인 피해를 나타내는 사회적 한계비용곡선이다. 우리는 앞으로의 설명에서 한계외부비용과 사회적 한계비용을 동일하게 사용한다(기업의 생산량이 고정되어 있으므로 사적 비용은 일정하다). MEC곡선은 우상향하는데, 그 이유는 공해배출량이 많아질수록 외부효과에 의한 한계비용은 증가하기 때문이다(공기오염과 수질오염에 관한 여러 연구들은 오염량이 적을 때는 피해도 적지만, 오염량이 증가함에 따라 피해는 점점 더 많이 증가한다는 것을 보여 준다).

7.3절에서 살펴보았듯이 배출부담금이 부과됨에 따라 기업은 생산기술을 변경시켜서 생산요소들을 서로 대체한다.

3 Thomas R. Irvin, "A Cost Benefit Analysis of Sulfur Dioxide Abatement Regulations in Philadelphia," *Business Economics*, September 1977, pp. 12–20.

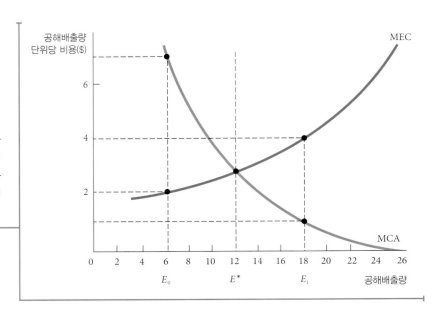

그림 18.4
효율적인 수준의 공해배출량
효율적인 수준의 공해배출량은 한계외부비용
(MEC)이 공해배출량을 줄이는 데 드는 한계비
용(MCA)이 감소하는 데 따른 편익과 일치하는
수준에서 결정된다. 그림에서 효율적인 공해배
출량은 $E^* = 12$이다.

공해배출량을 현재 수준에서 감소시키는 것에 대해 살펴보기 위하여 MEC곡선은 오른쪽에서 왼쪽으로 보는 것이 편리하다. MEC곡선에서 볼 때 26단위의 공해배출량에서 배출량을 조금 감소시킬 때 얻게 되는 추가적인 혜택은 감소량 1단위당 $6 이상이다. 그러나 배출량을 차츰 감소시킴에 따라 사회적 한계비용은 점점 줄어들어서 1단위당 $2 아래로 떨어진다. 이는 공해배출량을 1단위 더 감소시킬 때 얻는 추가적인 혜택의 크기는 $2보다 적다는 것이다.

MCA곡선은 공해배출량을 줄이기 위해 지불하는 한계비용을 나타낸다. 이는 기업이 공해배출량 저감을 위한 시설을 설치하는 데 드는 추가 비용을 나타낸다. MCA곡선은 우하향하는데, 그 이유는 적은 양의 공해를 감소시킬 때는 공해배출량을 줄이기 위해 지불해야 하는 한계비용이 높지만, 공해배출량이 많을 때는 한계비용이 낮기 때문이다. (공해를 약간 줄이는 경우에는 추가적으로 큰 비용이 발생하지 않는다.) MEC곡선과 마찬가지로 MCA곡선도 오른쪽에서 왼쪽으로 보는 것이 직관적으로 더 도움이 된다. 따라서 공해배출량을 차츰 감소시킬수록 공해 감소에 드는 한계비용은 증가한다.

그림 18.4에서 공해배출량을 감소시키려는 노력을 하지 않는다면 기업의 이윤을 극대화하는 공해배출량은 26인데, 이는 공해배출량을 감소시키는 데 드는 한계비용이 0일 때의 공해배출량이다. 그러나 효율적인 공해배출량은 12단위인데, 이는 공해배출량의 사회적 한계비용($3)이 공해배출량을 줄이기 위해 지불해야 하는 한계비용($3)과 일치하는 E^*점에서의 공해배출량이다. 만약 공해배출량이 E^*보다 적은 E_0라면, 공해배출량을 추가적으로 줄이기 위해 지불해야 하는 한계비용($7)은 사회적 한계비용($2)보다 높다. 따라서 공해배출량은 사회적으로 적정한 수준보다 상대적으로 적다. 그러나 만약 공해발생량이 E_1이라면, 공해배출량을 추가적으로 줄이기 위해 지불해야 하는 한계비용($1)은 사회적 한계비용($4)보다 낮다. 따라서 이 경우에는 공해배출량이 사회적으로 적정한 수준보다 상대적으로 많다.

기업들이 E^*만큼의 공해를 배출하도록 유도하는 데는 세 가지 방법이 있는데, (1) 배출허용기준의 설정, (2) 공해배출에 대한 배출부담금 부과, (3) 공해배출 허용량을 표시한 공해배출권 발급 등이다. 우선 배출허용기준과 배출부담금에 대해 살펴보고 장단점을 비교해 본 후 기업들 간에 거래가 가능한 공해배출권에 대해 살펴본다.

배출허용기준

배출허용기준(emission standard)은 한 기업이 배출할 수 있는 오염물질의 양에 대한 법적 허용치이다. 만약 이 허용치를 초과한다면 기업은 벌금을 내야 하며, 심한 경우에는 범죄행위로 간주되어 처벌받을 수도 있다. 그림 18.5에서 효율적인 배출허용기준은 E^*점에서 12단위가 되는데, 기업이 이보다 많은 공해를 발생시킨다면 무거운 제재가 가해진다.

이러한 기준치의 설정은 기업이 효율적으로 생산하도록 유도한다. 기업은 오염저감시설을 설치함으로써 배출허용기준을 준수한다. 공해배출량을 감소시키기 위해 지불한 비용이 증가함에 따라 공해배출량 감소에 드는 평균비용만큼 평균생산비용이 증가한다. 기업은 평균생산비용에 공해배출량을 감소시키는 데 드는 평균비용을 합한 금액보다 자신의 제품가격이 높을 경우에만 해당 산업에 진입하는 것이 수익성이 있다고 판단하게 된다. 따라서 산업 전체적으로 장기적인 효율성이 달성된다.[4]

배출허용기준 기업이 배출할 수 있는 오염물질의 양에 대한 법적 허용치

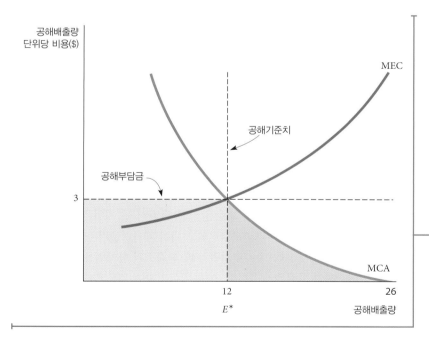

그림 18.5
배출허용기준과 배출부담금
효율적인 공해배출량 E^*는 배출허용기준의 설정 또는 배출부담금 부과를 통해 달성될 수 있다. 공해배출량당 $3의 배출부담금이 부과된다면 기업은 부담금이 배출량을 줄이는 데 드는 한계비용과 같아지는 수준까지 배출량을 줄인다. 한편 배출허용기준을 12단위로 설정하는 경우에도 배출량을 똑같은 수준으로 축소시킬 수 있다.

---

4 이 분석에서는 공해배출의 사회적 비용이 시간이 지나도 변하지 않는다고 가정한다. 만약 사회적 비용이 변한다면 배출허용기준도 변해야 한다.

배출부담금

배출부담금(emission fee)은 기업이 발생시키는 공해 단위당 부과된다. 그림 18.5에서 보듯이, \$3의 배출부담금은 기업이 효율적인 선택을 하도록 만든다. 배출부담금이 부과된다면 기업은 공해배출량을 26단위에서 12단위로 줄임으로써 비용을 최소화한다. 이를 살펴보면, 처음 1단위(26단위에서 25단위로)의 공해배출량 감소는 매우 적은 비용이 든다(최초에 1단위를 감소시키는 데 드는 한계비용은 0에 가깝다). 따라서 기업은 매우 적은 비용으로 1단위당 \$3의 배출부담금의 지불을 피할 수 있다. 공해배출량이 12단위보다 많을 때는 공해배출량을 추가적으로 1단위 줄이기 위해 지불해야 하는 한계비용은 배출부담금보다 적다. 따라서 기업에게는 공해배출량을 12단위 수준으로 줄이는 것이 이익이 된다. 그러나 공해배출량이 12단위보다 적을 때에는 배출량을 추가적으로 1단위 감소시키기 위해 지불해야 하는 한계비용이 배출부담금보다 크다. 따라서 이런 경우에는 기업은 공해배출량을 줄이기보다는 차라리 배출부담금을 지불하고자 한다. 기업은 회색으로 표시된 사각형 크기의 총배출부담금을 지불하게 되며, 스스로 공해를 줄이기 위해 지불하는 총비용의 크기는 MCA곡선 아래와 $E = 12$의 오른쪽에 위치한 파란색으로 표시된 삼각형이 된다. 이 비용은 기업이 공해배출량을 전혀 줄이지 않을 때 지불해야 하는 배출부담금보다 적은 금액이다.

배출허용기준과 배출부담금

미국은 역사적으로 배출허용기준을 통하여 공해배출량을 규제해 왔다. 그러나 독일과 같은 국가는 배출부담금을 사용하여 성공적으로 공해배출량을 줄여 왔다. 어떤 방법이 더 나은 방법인가? 배출허용기준에 의한 규제와 배출부담금 부과의 상대적 이점은 정책당국이 가질 수 있는 정보와 공해발생량 규제에 요구되는 실제 비용에 따라 달라진다. 두 방법 간의 차이를 살펴보기 위하여 관리비용 때문에 정책당국은 모든 기업에게 똑같은 배출부담금을 부과하거나, 똑같은 배출허용기준을 적용한다고 가정하자.

배출부담금의 경우   우선 배출부담금의 경우부터 살펴보자. 같은 지역에 위치한 두 기업의 경우를 고려하면, 어떤 기업이 공해를 발생시키든 공해배출의 사회적 한계비용은 같다. 그러나 공해배출량을 줄이기 위해 두 기업이 지불해야 하는 비용은 서로 달라서 두 기업은 서로 다른 배출 감소 한계비용곡선을 가진다. 그림 18.6은 배출부담금의 부과가 배출허용기준에 의한 규제보다 더 나은 경우를 보여 준다. MCA_1과 MCA_2는 두 기업의 배출 감소의 한계비용곡선을 나타낸다. 초기에 두 기업은 각각 14단위의 공해를 배출한다. 이제 감독기관이 총공해배출량을 14단위로 줄이기를 원한다고 하자. 그림 18.6에서 알 수 있듯이, 이 목표를 가장 낮은 비용으로 달성하기 위해서는 기업 1은 6단위의 배출을 줄이며, 기업 2는 8단위를 줄여야 한다. 이때 두 기업의 배출 감소 한계비용은 각각 \$3가 된다. 그러나 만약 감독기관이 각 기업에게 공해배출량을 7단위씩 줄이도록 요구한다면 어떻게 되는가? 이 경우, 기업 1의 배출 감소 한계비용은 \$3에서 \$3.75로 상승하며, 기업 2의 배출 감소 한계비용은 \$3에서 \$2.5로 하락한다. 이는 최소의 비용으로 공해를 줄이는 방법이 아닌데, 기업 2는 기업 1에 비해 더 낮은 비용으로 공해를 줄일 수 있기 때문이다. 두 기업의 배출 감소 한계비용이 같아질 때에만 최소의 비용으로 공해배출량을 14단위로

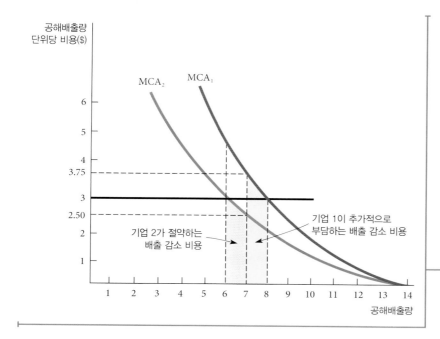

그림 18.6
배출부담금의 경우
정보가 제한적인 정책당국은 모든 기업에게 동일한 배출부담금을 부과하거나 또는 동일한 배출허용기준을 정하는 방법 중 하나를 선택할 수 있다. 각 기업에게 \$3의 배출부담금을 부과하는 것이 각 기업에게 7단위씩 배출허용기준을 정하여 규제하는 방법에 비해 낮은 비용으로 총 배출량을 14단위 줄일 수 있다. 배출부담금을 부과하는 경우에 배출 감소 한계비용이 상대적으로 낮은 기업 2는 기업 1에 비해 공해배출량을 더 많이 줄이게 된다.

줄일 수 있다.

이제 배출부담금(\$3)의 부과가 배출허용기준(7단위)에 비해 나은 방법임을 알 수 있다. \$3의 부담금은 기업 1의 배출량을 6단위만큼, 기업 2의 배출량을 8단위만큼 줄임으로써 효율적인 결과를 가져온다. 이와는 대조적으로, 배출허용기준의 경우 기업 1은 공해를 줄이기 위해 배출량 7단위와 8단위 사이에 초록색으로 표시된 면적만큼의 추가적인 비용을 지불하게 되며, 기업 2는 공해배출량을 배출부담금이 부과되는 경우보다 적게 줄여도 되므로 배출량 6단위와 7단위 사이에 보라색으로 표시된 면적만큼의 공해 감소 비용을 절약하게 된다. 기업 1이 공해를 줄이기 위해 추가로 부담해야 하는 비용은 기업 2가 절약하는 배출 감소 비용에 비해 크다. 따라서 배출부담금은 배출허용기준에 비해 낮은 비용으로 같은 수준의 배출량을 달성할 수 있다.

일반적으로 여러 가지 이유에서 배출부담금 부과가 배출허용기준보다 선호된다. 첫째, 배출허용기준은 모든 기업에 동일하게 적용되지만, 배출부담금은 기업에 따라 배출 감소량이 달라질 수 있도록 허용함으로써 보다 낮은 비용으로 동일한 배출량 축소를 달성할 수 있다. 둘째, 배출부담금은 기업이 공해배출량을 감소시키는 새로운 시설을 갖추도록 함으로써 배출량을 더욱 줄이도록 하는 강한 유인을 제공한다. 예를 들어, 배출허용기준이 각 기업으로 하여금 공해배출량을 14단위에서 8단위로 6단위만큼 줄이도록 정해졌다고 하자. 기업 1은 배출 감소 한계비용을 MCA_1에서 MCA_2로 낮추는 새로운 공해저감장치의 설치를 고려할 수 있다. 만약 장치의 가격이 그다지 비싸지 않다면 기업 1은 더 적은 비용으로 배출허용기준을 달성하기 위해 장치를 설치할 것이다. 그러나 이 경우 배출부담금은 기업 1에게 좀 더 강한 유인을 제공하여 배출량을 더욱 줄이도록 만든다. 왜냐하면 기업 1은 처음 6단위의 배출량을 줄이는 데 지불하는 비용이 더 낮아질 뿐만 아니라, 추가적으로 2단위의 배출량을 더 줄임으로써 비용을 줄일 수 있기 때문이다. 공해배출량을 8단위에서 6단위로 추가적으로 2단위 더 줄이기 위해 지불해야 하는 한계비용은 6단위에서 8단위로 추가적으로 2단위 더 배출하기 위해 지불해야 하는 배출부담금의 크기보다 작다.

배출허용기준의 경우   이제 배출허용기준에 대해 살펴보자. 그림 18.7에서 사회적 한계비용곡선은 기울기가 매우 급한 반면 배출 감소 한계비용곡선은 기울기는 매우 완만하다. 효율적인 수준의 배출부담금은 $8이다. 그러나 정보의 부족으로 이보다 낮은 $7(12.5%의 실수)의 배출부담금이 부과된다고 하자. 이 경우 배출 감소 한계비용곡선의 기울기가 매우 완만하므로 기업의 공해배출량은 8단위에서 11단위로 증가한다. 이로 인해 기업이 공해발생량을 줄이기 위해 부담하는 비용은 조금 줄어들지만 사회적 한계비용곡선의 기울기가 매우 급하므로 추가적으로 발생하는 사회적 비용은 매우 커진다. 사회적 비용의 증가액에서 절약되는 배출 감소 비용을 뺀 사회적 비용의 순 증가액의 크기는 삼각형 ABC의 면적으로 나타난다.

만약 이와 유사한 실수가 배출허용기준의 설정에서 발생한다면 어떤 상황이 나타나는가? 효율적인 수준의 공해배출량은 8단위이다. 그러나 배출허용기준이 8단위에서 9단위로 12.5% 완화되었다고 하자. 이 경우에도 앞의 경우와 마찬가지로 사회적 비용이 증가할 것이며 또한 배출 감소 비용은 줄어들 것이다. 그러나 사회적 비용의 순 증가액의 크기는 앞의 경우보다 훨씬 작은 삼각형인 ADE로 나타난다.

이 예는 배출허용기준과 배출부담금의 차이를 보여 준다. 사회적 한계비용곡선의 기울기가 상대적으로 매우 급하고 배출 감소 한계비용곡선의 기울기가 상대적으로 완만하다면 공해를 줄이지 않을 때 발생하는 비용은 크다. 이러한 경우에는 배출허용기준의 적용이 배출부담금을 부과하는 것보다 선호될 수 있다. 불완전한 정보하에서, 배출허용기준은 공해배출량은 확실하게 줄일 수 있지만 공해 감소에 드는 비용은 소홀히 다룬다. 반면, 배출부담금은 공해 감소 비용은 확실하지만 공해발생량을 소홀히 다룬다. 따라서 어떤 정책이 더 선호되어야 하는가는 불확실성과

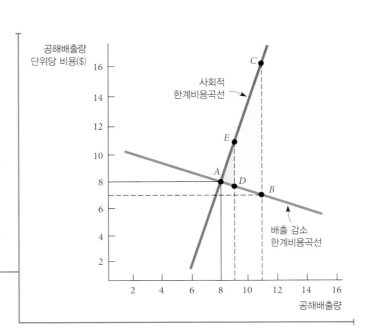

그림 18.7
배출허용기준의 경우
정부가 공해발생량 저감에 따른 비용이나 편익에 대한 충분한 정보를 가지고 있지 않다면 정부는 배출허용기준을 설정하거나 배출부담금을 부과할 수 있다. 만약 사회적 한계비용곡선의 기울기는 급하지만 배출 감소 한계비용의 기울기는 상대적으로 완만하다면 배출허용기준 설정이 보다 바람직할 수 있다. 여기서 배출허용기준을 12.5% 잘못 설정함으로써 발생하는 추가적인 사회적 비용은 삼각형 ADE가 되지만, 배출부담금을 12.5% 잘못 설정함에 따라 발생하는 추가적인 사회적 비용은 삼각형 ABC가 된다.

비용곡선의 형태에 따라 달라진다.[5]

거래 가능한 공해배출권

만약 공해 감소의 비용과 편익의 크기를 알고 또한 모든 기업의 공해 감소 비용이 동일하다면 배출허용기준을 사용할 수 있다. 한편, 공해 감소 비용이 기업들 간에 차이가 난다면 배출부담금을 사용할 수 있다. 그러나 기업 간에 공해 감소 비용이 서로 다르고 공해 감소의 비용과 편익의 크기를 알 수 없는 경우에는 배출허용기준이나 배출부담금으로는 공해배출량을 효율적으로 감소시킬 수 없다.

이런 경우에는 **거래가능한 공해배출권**(tradeable emissions permits)을 이용하여 공해배출량을 효율적으로 감소시킬 수 있다. 이 제도하에서 각 기업은 공해를 배출시키기 위해서는 배출권을 보유해야 하는데, 배출권에는 기업이 배출할 수 있는 배출량이 표시된다. 배출권이 허용하는 양보다 더 많은 양을 배출하는 기업에게는 상당한 부담금이 부과된다. 전체 배출권의 수는 총공해배출량 목표치를 달성하는 수준에서 정해지며, 배출권은 기업들에게 배분된다. 또한 배출권은 시장에서 거래될 수 있다.

공해배출권하에서 배출량을 줄이기가 곤란한 기업은 배출권을 구매한다. 그림 18.6에서 두 기업에게 각각 7단위의 공해를 배출할 수 있는 배출권이 발급된다고 하자. 배출 감소의 한계비용이 상대적으로 높은 기업 1은 공해배출량 1단위에 대해 $3.75까지 지불하고 배출권을 구입하고자 한다. 기업 2에게는 배출량 1단위에 해당하는 배출권의 가치는 $2.5에 지나지 않으므로 기업 2는 기업 1에게 배출권을 $2.5와 $3.75 사이의 가격에 팔 수 있다.

만약 많은 수의 기업에게 배출권이 발급된다면 배출권을 거래하는 경쟁시장이 나타날 수 있다. 이 시장의 균형에서는 배출권의 가격이 각 기업의 배출 감소 한계비용과 일치하게 된다. 만약 이러한 조건이 성립하지 않는다면 어떤 기업은 배출권을 더 많이 구매하는 것이 자신에게 이익이 된다는 사실을 알게 된다. 따라서 정부가 설정한 공해배출 목표치는 최소비용으로 달성될 수 있다. 배출 감소 한계비용이 낮은 기업일수록 공해배출량을 많이 줄이는 반면 한계비용이 높은 기업일수록 더 많은 배출권을 구입하여 배출량을 적게 감소시킬 것이다.

공해배출권 거래제도는 외부효과를 다루는 시장을 만든다. 이러한 시장적 접근방법은 배출허용기준의 장점과 배출부담금의 비용상의 이점을 혼합한 것으로서 매우 바람직한 공해관리 방법이다. 정부는 배출허용기준을 적용할 때처럼 허용할 수 있는 총공해발생량을 설정하고 그에 따라 전체적인 배출권의 발행량을 결정한다. 그러나 배출권이 시장에서 거래되도록 함으로써 최소

거래가능한 공해배출권 기업이 발생시킬 수 있는 최대수준의 공해배출수준을 정한 공해배출권을 각 기업에게 배분하고 서로 거래할 수 있도록 하는 제도

---

5 이상의 분석에서는 배출부담금이 공해발생량 단위당 일정한 금액으로 고정되어 있다고 가정한다. 정보가 부족하여 배출부담금이 너무 낮게 책정된다면 기업은 매우 많은 양의 공해를 발생시킬 것이다. 그러나 공해발생량 단위당 일정하게 부과되는 배출부담금 대신 공해발생량이 많아질수록 공해발생량 단위당 부담금도 많아지는 방식으로 배출부담금이 책정된다면 배출부담금이 너무 낮게 책정되어 공해발생량이 크게 증가하더라도 그에 따라 부과되는 단위당 배출부담금이 증가하므로 기업이 공해를 많이 발생시키는 것을 억제할 수 있다. 일반적으로 공해로 인한 피해의 크기와 함께 배출부담금도 증가하도록 설계되는 변동형 부담금(variable fee)이 배출허용기준에 비해 선호된다. 변동형 부담금하에서 기업은 자신이 지불하는 배출부담금의 크기가 자신이 발생시키는 공해로 인한 피해액의 크기와 거의 같아진다는 사실을 알게 되므로 기업은 그러한 피해의 크기를 자신의 비용으로 내부화하여 생산량을 결정할 것이다. Louis Kaplow and Steven Shavell, "On the Superiority of Corrective Taxes to Quantity Regulation," *American Law and Economics Review* 4 (Spring 2002): 1–17 참조.

비용으로 공해발생량을 줄일 수 있다.[6]

사례 18.2   배출권 거래와 맑은 공기

1980년대와 1990년대에 걸쳐 미국의 기업들은 공해배출량 조정을 위해 연간 $180억 정도의 비용을 지출하였다. 2000년경에 그 비용은 대략 연간 $200억으로 증가하였다. 효과적인 배출권 거래 시스템은 앞으로 수십 년 안에 이러한 비용을 줄일 수 있을 것이다. 미국 환경보호청(Environmental Protection Agency, EPA)의 "버블(bubble)"과 "오프셋(offset)" 프로그램은 공해배출권 거래 시스템을 활용하여 공해 저감 비용을 낮추려는 시도였다.[7]

버블은 개별 기업이 총공해배출량을 초과하지 않는 범위에서 개별 오염원으로부터 발생하는 배출량을 스스로 조정할 수 있도록 한다. 이론적으로, 버블은 기업들이나 전체 지리적 지역에 대한 오염배출 한도를 설정하는 데 사용될 수 있다. 그러나 실제로는 개별 기업들에도 적용되었다. 이로 인해 배출허가증은 기업 내에서 거래된다. 기업의 한 부서가 배출량을 줄일 수 있다면, 다른 부분은 더 많이 배출할 수 있다. EPA의 42개 버블 프로그램이 적용됨에 따른 공해 감소 비용절감액은 연간 약 $3억에 달하였다.

오프셋 프로그램은 오염이 심각하지 않은 지역에서 어떤 기업이 일정한 양의 공해를 발생시키고자 한다면 다른 지역에서 그 기업이 발생시키는 공해배출량을 똑같은 크기로 줄이도록 요구하는 제도이다. 한 기업 내부에서 오프셋이 적용될 수 있으며, 기업 간 외부거래도 허용된다. 1976년 이후 총 2,000건 이상의 오프셋 거래가 발생하였다.

시행 중인 버블과 오프셋은 제한된 성격 때문에 광범위한 배출권 거래 프로그램의 잠재적인 이익을 제대로 얻지 못한다. 한 연구에서는 미국 내 모든 듀폰(DuPont) 공장에서 탄화수소의 배출량을 85% 줄이는 데 지불해야 하는 비용을 추정하였다. 추정에서는 (1) 각 공장의 모든 부서가 배출량을 85% 줄이도록 하는 정책, (2) 각 공장 내에서 배출량을 부서별로 거래하도록 허용하면서 전체 배출량을 85%

줄이도록 하는 정책, (3) 공장 내부 및 외부적 배출량의 거래를 허용하면서 85% 줄이도록 하는 정책 등의 세 가지 정책을 고려하였다.[8] 배출량 감소에 필요한 비용은 배출량의 거래가 허용되지 않는 경우에는 $1억 570만, 내부거래가 허용되는 경우에는 $4,260만, 내부 및 외부거래가 모두 허용되는 경우에는 $1,460만로 나타났다.

따라서 배출량의 거래를 허용하는 경우에는 상당한 비용을 절감할 수 있다는 것을 명확히 알 수 있다. 이에 따라 미국 의회는 1990년의 대기청정법(Clean Air Act)에서 산성비를 다루는 데 공해배출권 제도에 초점을 맞추었다. 산성비는 사람, 동물, 식물, 그리고 건물에 매우 해로운 영향을 미칠 수 있다. 당초 정부는 2000년까지 연간 아황산가스 배출량 1,000만 톤과 질소산화물 배출량 250만 톤을 줄이는 허가제를 승인하였다.

2005년에 이 프로그램은 주 간 대기청정 규칙(Clean Air Interstate Rule)을 통해 수정되었다. 새로운 법안은 25개 주의 배출량에 대해 "제한(cap)"을 두면서도 배출권의 거래(trade)를 계속 허용하였다(따라서 "캡 앤 트레이드" 프로그램이라는 용어를 사용한다). 이 계획에 따르면, 각각의 거래 가능한 허가서에는 최대 1톤의 아황산가스를 공기 중으로 배출할 수 있도록 허용된다. 전력회사와 기타 오염주체는 현재 배출량에 비례하여 허가권을 할당받는다. 기업들은 남는 허가권을 판매함으로써 배출량을 줄이는 데 필요한 자본투자를 할 수도 있고, 허가권을 구입하여 많은 비용이 드는 배출가스 저감 투자를 피할 수도 있다.

1990년대 초에 경제학자들은 이러한 허가권이 약 $300에 거래될 것으로 예상하였지만, 그림 18.8에서 볼 수 있듯이, 실제로는 1993년과 2003년 사이에 가격은 $100에서 $200 사이에서 변동하였다. 그 이유는 저유황 석탄을 채굴하는 비용이 감소하여 아황산가스를 줄이

---

6   정보가 제한적이고 감독비용이 큰 경우에는 공해배출권 제도가 항상 이상적인 결과를 가져다주지는 않는다. 예를 들어 만약 배출권의 총발행량이 잘못 결정되고 일부 기업의 한계비용이 급격히 상승한다면 배출권제도는 그러한 기업들에게 매우 높은 공해 감소 비용을 부담하도록 함으로써 결과적으로 시장에서 이탈하도록 만든다. 이런 문제는 배출부담금을 부과하는 경우에도 나타날 수 있다.

7   Robert W. Hahn and Gordon L. Hester, "The Market for Bads: EPA's Experience with Emissions Trading," *Regulation* (1987): 48–53; Brian J. McKean, "Evolution of Marketable Permits: The U.S. Experience with Sulfur-Dioxide Allowance Trading," Environmental Protection Agency, December, 1996 참조.

8   M. T. Maloney and Bruce Yandle, "Bubbles and Efficiency: Cleaner Air at Lower Cost," *Regulation* (May/June 1980): 49–52.

그림 18.8
배출허가권의 가격
아황산가스 배출에 대한 배출허가권의 가격은 1993년부터 2003년까지는 $100에서 $200 사이에서 변동했지만 2005년과 2006년에는 허가권에 대한 수요가 증가함에 따라 가격이 급격히 상승하였다. 그 후 2008년에 금융위기가 발생하기 전까지 수년간 가격은 $400에서 $500 사이에서 변동하였다. 2012년에는 허가권의 가격은 거의 0에 가까웠으며, 허가권 거래시장은 실질적으로 붕괴하였다.

기 위해 지불해야 하는 비용이 예상했던 수준보다 낮아짐에 따라 많은 전력회사들이 저유황 석탄을 사용했기 때문이었다. 그러나 2005년부터 2006년까지 허가권의 가격은 급격히 상승하였는데, 2005년 12월에는 $1,600 가까이 치솟았다. 이는 저유황 석탄의 가격이 상승했기 때문이기도 하지만 더 중요한 이유는 엄격한 배출기준을 충족하기 위해 더 많은 발전소가 필요하게 되면서 허가권에 대한 수요가 증가한 탓이었다.[9]

그러나 2007년부터는 배출허가권의 시장가격이 하락하기 시작했는데, 부분적으로는 전력회사들이 제기한 소송에서 EPA가 패소했기 때문이다. 법원은 EPA가 초기 범위를 넘어서서 허가권시장을 확대함으로써 권한을 남용했다고 판결하였다. 법원의 판결에 따라 허가권

시장을 확대할 수 있지만 EPA는 기존의 대기청정법 규정을 준수하기 위해 규정을 다시 작성해야 한다. 판결 이후 허가권의 가격은 급격히 하락했고, 2010년에 EPA가 개별 발전소의 변화로 인한 대부분의 배출 감소와 허가권의 사용을 제한하는 새로운 규정을 발표하면서 시장은 마침내 바닥을 쳤다. 2011년에는 1톤당 $2에 허가권을 살 수 있었다.

지난 2012년에는 거래가능한 허가권시장은 완전히 붕괴되어 허가권의 가격이 $1 밑으로 떨어졌다. 결론적으로 공해거래허가제와 관련하여 좋은 소식과 나쁜 소식이 있었다. 나쁜 소식은 특정 공해물질에 대한 다양한 국내 규제가 도입되고 집진기의 사용이 의무화되며 석탄 발전소의 퇴출이 거래허가권의 필요성을 실질적으로 제거했다는 것

9 배출허가권의 가격에 대한 보다 자세한 설명은 다음을 참고하라. A. D. Ellerman, P. L. Joskow, R. Schmalensee, J. P. Montero, and E. M. Bailey, *Markets for Clean Air: The U.S. Acid Rain Program* (Boston: MIT Center for Energy and Environmental Policy Research, 1999). 또 배출허가권에 대한 일반적인 내용은 다음 EPA 웹사이트에서 찾을 수 있다. **www.epa.gov**.

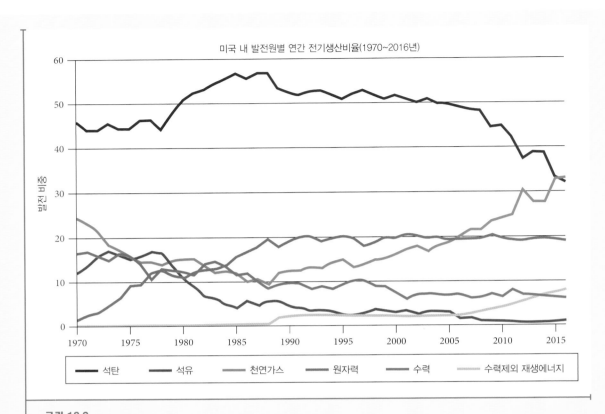

그림 18.9
미국의 발전에서 전력 믹스
최근까지 석탄은 전력생산에서 가장 중요한 연료로 사용되었는데, 1980년대와 1990년대에는 전체 전력생산량의 50% 이상을 차지하였다. 그러나 2000년 전후 시점부터 석탄은 천연가스로 빠르게 대체되었다.

이다. 좋은 소식은 저유황 석탄을 철도를 통해 값싸게 수송할 수 있게 되어 아황산가스 배출량을 줄이는 비용을 감소시켰다는 것이다.[10]

그러나 또 다른 좋은 소식은 2005년부터 미국에서 석탄발전의 사용이 줄어들고 상당 부분 천연가스발전으로 대체되었다는 것이다(그림 18.9). 이는 왜 좋은 소식인가? 천연가스를 태울 때 나오는 이산화탄소량은 석탄을 태울 때 배출되는 양의 절반보다 적다. 그러므로 석탄에서 천연가스로의 전환은 이산화탄소 배출량을 줄이고 지구온난화를 억제하는 중요한 조치인 것이다.

재활용

소비자나 생산자가 폐품을 버릴 때 비용을 전혀 또는 거의 지불할 필요가 없다면 사회 전체적으로 너무 많은 폐품을 버리게 된다. 기초 원료의 과다한 소비와 재활용이 가능한 자원의 과소한 소비는 시장실패를 의미하며, 이로 인해 정부의 개입이 요구된다. 다행스럽게도, 폐품을 재활용

---

10 배출허가권의 거래에 관한 정치경제학적 논의는 다음에서 살펴볼 수 있다. Richard Schmalensee and Robert N. Stavins, "The SO2 Allowance Trading System: The Ironic History of a Grand Policy Experiment," MIT Center for Energy and Environmental Policy Research, August 2012.

하도록 만드는 적절한 인센티브가 존재한다면 이러한 시장실패는 교정될 수 있다.[11]

재활용에 대한 인센티브가 어떻게 작동하는지를 살펴보기 위해, 유리 폐기물의 경우를 예로 들어 어떤 대표적인 가구의 의사결정에 대해 살펴보자. 많은 지역에서는 쓰레기를 버리는 데 가구당 연간 일정한 금액을 부과한다. 따라서 가구들은 유리용기나 기타 쓰레기를 매우 낮은 비용으로 버릴 수 있다.

낮은 폐기비용에 따라 사회적 비용과 사적 비용은 달라진다. 가구가 유리 폐기물을 처분하는 데 드는 비용인 사적 한계비용은 어느 정도의 양까지는 폐기량에 관계없이 크기가 일정할 가능성이 높다. 그러나 폐기량이 매우 많다면 운송과 집하에 따른 추가 부담금이 부과되므로 한계비용은 증가하게 된다. 한편, 사회적 비용에는 폐기물이 환경에 미치는 피해와 날카로운 유리로 인해 발생할 수도 있는 상해가 포함된다. 사회적 한계비용도 사적 한계비용의 증가로 인해 또한 폐기물로 인한 환경오염이나 미관적 손실로 인해 폐기물의 양이 증가함에 따라 매우 급격히 증가할 가능성이 높다.

두 비용곡선은 그림 18.10에 그려져 있다. 수평축은 한 가구가 버리는 유리 폐기물의 양 m을 1주일당 최고 12파운드까지 나타낸다. 따라서 재생하여 사용하는 양은 오른쪽에서 왼쪽으로 봄으로써 알 수 있다. 유리 폐기물의 양이 증가함에 따라 사적 한계비용 MC는 증가하지만 사회적 한계비용 MSC보다는 매우 적게 증가한다.

폐기물의 재활용은 지방정부나 민간기업에 의해 이루어진다. 재활용을 위해 지불해야 하는 한계비용은 재활용의 양이 증가함에 따라 상승한다. 이는 부분적으로는 재활용량이 많아짐에 따라 폐기물을 수집하고 분리하며 세척하는 데 드는 총비용이 점점 더 많이 증가하기 때문이다. 그림 18.10에서 재활용을 위해 지불해야 하는 한계비용의 크기는 재활용 한계비용곡선 MCR을 오른

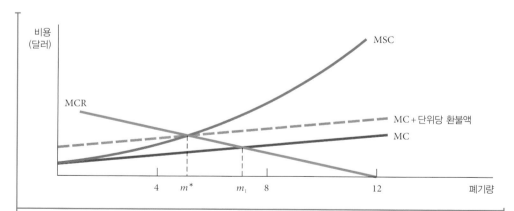

그림 18.10

효율적인 재활용량

효율적인 재활용량은 사회적 한계비용 MSC가 재활용의 한계비용 MCR과 같아지는 양이다. 효율적인 폐기물의 양 m^*은 시장에서 나타나는 양 m_1보다 적다.

---

[11] 정부의 시장 개입이 없더라도 기초 원료의 가격이 매우 높다면 부분적인 재활용이 이루어질 수 있다. 제2장에서 보았듯이, 구리의 가격이 매우 높으면 재생구리의 사용이 늘어나게 된다.

쪽에서 왼쪽으로 본다면 쉽게 알 수 있다. 12파운드의 유리 폐기물 중에서 재활용되는 양은 0이며, 따라서 재활용의 한계비용도 0이다. 유리 폐기물이 감소하면 재활용량은 증가하고 재활용의 한계비용도 증가한다.

효율적인 재활용량은 재활용 한계비용 MCR이 폐기로 발생하는 사회적 한계비용 MSC와 같아지는 점에서 나타난다. 그림 18.10에서 효율적인 폐기량 m^*은 시장에서 나타나는 폐기량 m_1보다 적다.

그렇다면 이러한 외부효과 문제를 해결하기 위하여 폐기물 부담금의 부과, 폐기량 기준치에 의한 규제, 폐기물 거래배출권 제도 등을 사용하지 않는 이유는 무엇인가? 이러한 정책들은 이론상으로는 도움을 줄 수 있다. 그러나 현실적으로는 시행이 쉽지 않아서 거의 사용되지 않는다. 예를 들어 전체 폐기물 중에서 유리 폐기물만을 분류해 내고 이를 다시 별도로 모으기 위해서는 매우 많은 비용이 발생하기 때문에 폐기물 부담금 제도를 실시하기는 쉽지 않다. 또한 유리 폐기물의 중량과 유리 폐기물을 구성하고 있는 물질의 다양성으로 인해 유리 폐기물이 발생시키는 사회적 비용이 서로 다르기 때문에 각각에 대해 별도의 가격을 책정하여 청구하려면 매우 높은 비용이 발생한다. 따라서 현실적으로 적절한 가격을 부담시키기가 어렵다.

환불가능 보증금   재활용을 촉진하는 데 부분적으로 성과를 나타낸 정책 중 하나는 **환불가능 보증금**(refundable deposit)이다.[12] 환불가능 보증금 제도하에서는 가게에서 유리병에 든 제품을 구입할 때 일정한 보증금을 먼저 지불한 후 유리병을 가게나 재활용센터에 돌려주면 적립한 금액을 돌려받는다. 환불가능 보증금은 적절한 인센티브를 제공한다. 즉 가구(또는 기업)가 더 많은 유리를 재활용하도록 유인하기 위해 단위당 적절한 보증금이 책정될 수 있다.

개인의 입장에서 볼 때, 환불가능 보증금하에서는 유리용기를 그냥 버린다면 보증금을 돌려받지 못하므로 추가적인 사적 비용이 발생한다. 그림 18.10에서 보듯이, 폐기에 따른 비용이 상승하면 개인들이 폐기하는 양은 사회적으로 최적 폐기량인 m^*가 될 수 있으며 이에 따라 재활용은 증가한다.

이와 같은 분석은 시장 전체에도 적용될 수 있다. 그림 18.11에서 우하향하는 곡선 D는 유리용기의 시장수요곡선이다. 새 유리용기의 공급곡선은 S_v로 표시되며, 재활용 유리용기의 시장공급곡선은 S_r로 표시된다. 시장공급곡선 S는 이 두 공급곡선을 수평으로 합한 것이다. 따라서 유리용기의 시장가격은 P이고 재활용 유리용기의 균형공급량은 M_1이다.

환불가능 보증금은 유리용기의 폐기비용을 상대적으로 상승시킴으로써 재활용을 촉진하여 재활용 유리용기의 공급곡선을 S_r에서 S_r'로 이동시킨다. 이에 따라 총공급곡선도 S에서 S'로 이동하며 유리용기의 가격은 P'로 하락한다. 또한 결과적으로 재활용 유리용기의 양도 M^*로 증가한다. 이는 폐기되는 유리용기의 양이 줄어든다는 것을 의미한다.

재활용품에 대한 환불가능 보증금은 재활용품시장의 형성이라는 다른 이점이 있다. 많은 도시나 지역에서 개인뿐만 아니라 공기업, 민간기업도 재활용품 수집에 참가한다. 이러한 시장이 점

---

12 재활용에 관한 일반적인 논의는 Frank Ackerman, *Why Do We Recycle: Markets, Values, and Public Policy* (Washington: Island Press, 1997) 참조.

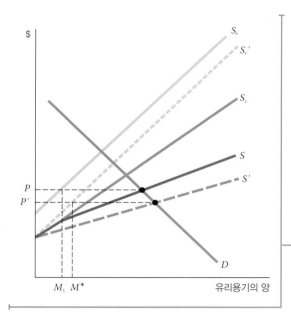

그림 18.11

환불정책

새 유리용기의 공급곡선은 S_v로 표시되어 있고, 재활용 유리용기의 시장공급곡선은 S_r로 표시되어 있다. 시장공급곡선 S는 이 두 공급곡선을 수평으로 합한 것이다. 처음의 균형에서, 가격은 P이고 재활용 유리용기의 공급량은 M_1이다. 환불정책은 유리용기의 폐기비용을 상대적으로 상승시켜 유리용기의 재활용을 촉진한다. 따라서 재활용 유리용기의 공급은 S_r에서 S_r'로 증가하고 이에 따라 유리용기의 총공급곡선도 S에서 S'로 이동한다. 결과적으로 유리용기의 가격이 P'로 하락하고 재활용 유리용기의 양이 M^*로 증가하면서 폐기되는 유리용기의 양은 줄어든다.

점 커지고 더 효율적이 되면서 재활용품의 수요는 증가하며, 이는 좀 더 나은 생활환경이라는 추가적인 혜택도 가져다준다.

사례 18.3 도시 쓰레기에 대한 규제

2009년 미국 국민은 평균적으로 하루에 4.34파운드의 쓰레기를 배출하였는데, 이는 도쿄, 파리, 홍콩, 로마 주민보다 상당히 많은 수준이었다.[13] 이 차이의 일부는 소비수준의 차이에 기인하지만 대부분은 재활용을 위한 국가적 노력에 의해 설명된다. 2012년 미국 도시지역의 쓰레기 재활용률은 34.5%였다. 약 25%의 알루미늄과 종이만이 재활용되었으며, 빈 병의 경우에는 재활용률이 이보다 더 낮다. 그림 18.12는 2013년에 다양한 제품의 미국 내 재활용률을 보여 준다.

미국에서는 재활용을 장려하기 위해 많은 정책 제안들이 도입되었다. 첫 번째는 앞에서 설명한 환불가능 보증금이다. 두 번째는 지역사회가 개인에게 쓰레기의 무게 또는 부피에 비례하여 쓰레기처리 수수료를 부과하는 연석 요금(curbside charge)이다. 재활용이 가능한 물질의 분리수거를 장려하기 위해 유리물질이 분리하여 버려지는 경우에는 부담금을 부과하지 않는다. 연석 요금은 재활용을 장려하지만 재활용이 가능한 제품의 소비를 억제하지는 못한다. 세 번째 대안은 유리 등 재활용 가능 물질의 분리수거를 의무화하는 것이다. 이 방식이 효과적으로 작동하기 위해서는 분리수거가 잘 지켜지고 있는지를 무작위로 점검하여 위반할 경우에는 상당한 벌금을 지불하도록 해야 한다. 분리수거를 의무화하는 것은 아마 세 가지 대안 중 가장 바람직하지 않은 방식이다. 그

---

[13] 이 예는 다음에 기초한 것이다. Peter S. Menell, "Beyond the Throwaway Society: An Incentive Approach to Regulating Municipal Solid Waste," *Ecology Law Quarterly* (1990): 655-739. Marie Lynn Miranda et al., "Unit Pricing for Residential Municipal Solid Waste: An Assessment of the Literature," U.S. Environmental Protection Agency, March 1996.

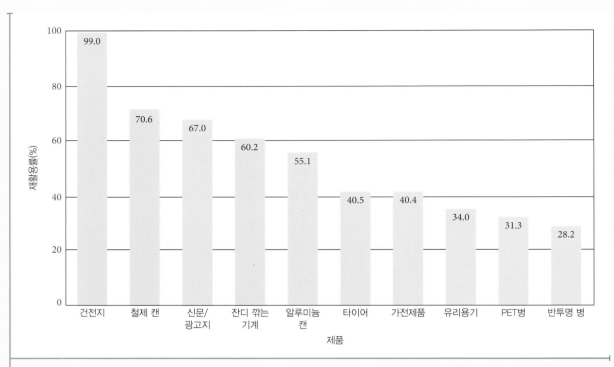

그림 18.12

미국에서 몇몇 제품의 재활용률(2013년)

2013년에 미국인들은 2.54억 톤의 쓰레기를 배출하였는데, 이 중 0.87억 톤이 재활용되어 재활용률은 34.3%를 나타내었다. 이는 한 사람당 하루에 배출하는 양 4.4파운드 중 1.51파운드가 재활용되었다는 것이다.

출처: https://www.epa.gov/smm/advancing-sustainable-materials-management-facts-and-figures.

것은 우선 시행하기가 어려우며, 만약 개인들이 유리용기를 분리수거하는 데 많은 비용이 든다면 그들은 플라스틱과 같은 용기에 든 제품을 사용하려고 할 것이며 이는 환경에 더 나쁜 영향을 미치기 때문이다.

이 세 가지 정책의 효과는 유리용기와 플라스틱용기를 함께 사용하는 제품에 대한 연구를 통해 살펴볼 수 있다. 가격, 질, 양이 동일한 제품을 플라스틱용기와 유리용기에 넣어서 판매할 때 소비자의 절반은 플라스틱용기에 든 제품을, 나머지 절반은 유리용기에 든 제품을 선호한다고 가정한다. 이런 경우에는 재활용에 대한 인센티브가 없다면 소비자의 절반은 유리용기에 든 제품을 소비하며, 나머지 절반은 플라스틱용기에 든 제품을 소비할 것이다. 하지만 사회적으로는 재활용 가능한 유리용기가 더 많이 사용되는 것이 바람직하다.

이 경우 분리수거를 의무화하는 방식은 실패한다. 분리수거에 드는 비용이 워낙 높아서 유리용기에 든 제품을 구입하는 비율이 40%로 떨어진다. 그러나 연석 요금의 경우에는 소비자의 72.5%가 재활용 유리용기에 든 제품을 사용하는 것으로 나타난다. 마지막으로, 환불가능 보증금의 경우에는 소비자의 78.9%가 재활용 가능한 유리용기에 든 제품을 구입하는 것으로 나타난다.

펜실베이니아주 퍼카시(Perkasie)의 최근 사례는 재활용 프로그램이 실제로 효과적일 수 있음을 보여 준다. 위의 세 가지 방법을 모두 사용한 재활용정책을 시행한 결과 연간 2,573톤에 달하던 분리되지 않았던 쓰레기의 총량은 1,038톤으로 59%나 감소하였다. 그 결과 퍼카시는 연간 $9만의 쓰레기 처리비용을 절감할 수 있었다.

지난 10년간 재활용을 위한 노력은 확대되었다. 2009년에는 알루미늄은 50.7%, 사무용 종이는 74.2%, 유리용기는 31.1%가 재활용되었다. 2013년에 미국인들은 1인당 하루 4.40파운드의 쓰레기를 배출하였다. 이 중 1.51파운드만 재활용되거나 퇴비로 사용될 수 있게 처리되었다.

18.3 저량 외부효과

지금까지는 공해로 인한 직접적인 음(−)의 외부효과에 대해 살펴보았다. 예를 들어 발전소에서 배출되는 아황산가스는 대기를 오염시켜 사람들의 건강을 해치므로 정부가 배출부담금을 부과하거나 배출허용기준을 정하여 배출량을 억제한다. 공해배출량을 줄이는 데 드는 한계비용과 공해 감소로 인한 사회적 한계편익을 비교하여 사회적으로 바람직한 수준을 파악하였다. 이러한 분석은 공해배출량이라는 유량(flow)을 대상으로 한 것이다.

그러나 때때로 공해로 인한 사회적인 피해는 배출량이라는 유량에 의해서 직접 발생하기보다는 오랜 시간 동안 축적된 공해물질의 저량(stock)에 의해 발생한다. 지구온난화가 좋은 예이다. 지구온난화는 이산화탄소를 포함한 기타 온실가스(greenhouse gas, GHG)가 대기 중에 축적됨으로써 발생한다. (GHG의 농도가 증가함에 따라 햇빛이 반사되지 않고 공기 중에 흡수됨으로써 지구의 평균온도를 상승시킨다.) GHG의 배출은 아황산가스의 배출처럼 바로 피해를 발생시키지는 않지만 오랫동안 대기 중에 축적되어 온 GHG의 저량이 피해를 발생시킨다. 또한 축적된 GHG는 매우 느린 속도로 사라진다. 대기 중 GHG의 농도가 상당한 수준으로 증가한 후에는 새로운 GHG가 발생하지 않더라도 높아진 수준의 농도는 수년 동안 그대로 유지된다. 이와 같은 이유 때문에 앞으로 GHG의 농도가 상당히 높아질 때까지(그리고 지구의 온도가 상승할 때까지) 기다리는 것이 아니라 지금 당장 GHG의 감소에 관심을 기울여야 한다.

물론 **저량 외부효과**(stock externality)는 유량 외부효과(flow externality)와 마찬가지로 양(+)의 값을 가질 수도 있다. 그 예로는 R&D에 대한 투자로 인해 지식의 저량이 축적되는 것을 들 수 있다. 시간이 지남에 따라 R&D는 새로운 아이디어, 새로운 제품, 보다 효율적인 생산기술, 기타 혁신 등을 가져다주는데, 그에 따른 혜택은 R&D에 투자한 당사자에게만 미치는 것이 아니라 사회 전체적으로 나타난다. 이와 같은 R&D의 양(+)의 외부효과 때문에 정부가 R&D 활동을 지원해야 한다는 주장이 나타난다. 그런데 사회적으로 혜택을 주는 것은 그동안 축적된 지식과 혁신의 저량이며, 저량을 증가시키는 유량이 아니라는 점에 유의해야 한다.

제15장에서는 저량과 유량의 구분에 대해 검토하였다. 15.1절에서 설명했듯이 기업이 소유하는 자본(공장이나 설비)은 저량으로 측정된다. 기업은 추가적으로 공장이나 시설을 매입함으로써(즉 투자라는 유량을 발생시킴으로써) 자본이라는 저량을 증가시킬 수 있다. 또한 노동과 원재료 같은 생산요소(투입물), 그리고 생산물은 유량으로 측정된다. 저량과 유량을 구분하는 것은 기업이 새로운 공장, 장비, 기타 자본재에 투자할 것인가를 판단하는 데 도움을 준다. 투자로 인해 추가적으로 발생할 것으로 예상되는 이윤의 현재할인가치(PDV)를 투자비용과 비교함으로써, 다시 말해 투자의 순현재가치(NPV)를 계산함으로써 기업은 해당 투자가 경제적으로 타당한지를 판단할 수 있다.

저량 외부효과에 대해 정부가 어떻게 대응해야 할지를 분석할 때도 순현재가치(NPV)의 개념이 사용된다. 공해의 경우에는 현재 진행 중인 공해배출이 공해의 저량을 얼마나 증가시키는지를 계산한 후에, 공해의 저량 증가에 따른 경제적 피해를 계산해야 한다. 이런 방법을 통하여 매년 공해를 감소시키는 데 드는 비용의 현재가치를 미래에 감소되는 공해의 저량으로부터 얻게 되는 혜택의 현재가치와 비교할 수 있다.

저량 외부효과 시장가격에 반영되지는 않으나 생산자나 소비자의 행동이 축적된 결과가 다른 생산자나 소비자에게 영향을 미치는 현상

15.1절에서 기업의 자본은 저량의 개념이며 자본량을 증가시키는 투자는 유량의 개념이라고 설명하였다. 또 기업의 생산량은 유량의 개념이다.

15.2절에서 현재할인가치(PDV)는 미래에 기대되는 현금흐름을 적절한 할인율을 적용하여 할인한 값이라고 설명하였다. 또한 15.4절에서 순현재가치(NPV) 방법에 의하면 어떤 투자로부터 발생할 것으로 기대되는 미래 현금흐름의 현재할인가치(PDV)가 해당 투자의 비용의 현재가치보다 크다면 기업은 그 투자를 실행해야 한다고 설명하였다.

저량의 축적과 그 영향

시간이 지남에 따른 공해의 저량 변화에 초점을 맞추어 보자. 현재 진행 중인 공해배출로 인해 공해의 저량은 증가하지만, 저량의 일부(δ)는 매년 사라진다. 첫해에는 저량이 0이라면 공해의 저량(S)은 첫 번째 해에 배출된 공해의 양(E)이 된다.

$$S_1 = E_1$$

둘째 해의 저량은 그해에 배출된 공해의 양에 대기 중에 사라지지 않고 남아 있는 첫 번째 해의 저량을 합한 값이 된다.

$$S_2 = E_2 + (1 - \delta)S_1$$

나머지 해에도 공해의 저량은 이런 식으로 결정된다. 따라서 어떤 해 t의 저량은 그 연도에 발생한 공해의 양에 그 이전 해까지 남아 있는 저량을 합한 값이 된다.

$$S_t = E_t + (1 - \delta)S_{t-1}$$

공해배출량이 매년 일정한 크기(E)라면 N년 후에 나타나는 공해의 저량은 다음과 같다.[14]

$$S_N = E[1 + (1 - \delta) + (1 - \delta)^2 + \cdots + (1 - \delta)^{N-1}]$$

N이 무한대로 커지면 저량은 장기균형수준인 E/δ에 도달한다.

공해의 부정적 영향은 축적된 저량으로부터 발생한다. 초기에 저량이 적을 때는 경제적 영향이 크지 않다. 그러나 저량이 많아짐에 따라 그 영향은 커진다. 지구온난화의 경우 GHG의 저량이 많아질수록 지구의 기온은 더 상승한다. GHG의 배출량이 지금과 같은 속도로 지속된다면 대기 중에 존재하는 GHG의 저량은 궁극적으로 매우 많아져서 지구의 온도는 상당히 상승함으로써 기후 상태, 농작물, 주거환경 등에 나쁜 영향을 끼치게 될 것이다. GHG의 배출량을 감소시키는 데 드는 비용과 지구 온도의 상승을 막음으로써 미래에 발생하는 혜택의 크기에 따라 정부가 대기 중 GHG의 저량이 매우 커질 때까지 기다리는 대신 지금 GHG의 배출량을 감소시키는 정책을 취하는 것이 필요할 수 있다.

수치를 사용한 예   간단한 예를 통해서 이 문제를 구체적으로 살펴보자. 예를 들어 정부의 개입이 없다면 앞으로 100년 동안 매년 100단위의 공해가 대기 중으로 배출되고, 공해의 저량이 대기 중에서 사라지는 자연 소멸률(δ)은 매년 2%, 초기 공해의 저량은 0이라고 가정하자. 표 18.1은 시간이 지남에 따라 저량이 어떻게 증가하는지를 보여 주는데, 100년 후에는 저량이 4,337단위가 됨을 알 수 있다. (매년 100단위의 공해가 영원히 배출된다면 공해의 저량은 궁극적으로 $E/\delta = 100/0.02 = 5,000$단위가 된다.)

공해의 저량에 의한 피해(건강유지 비용, 생산성의 감소에 따른 비용 등)가 1단위당 $1백만라

---

[14] 공해의 저량은 1년 후에는 $S_1 = E$, 2년 후에는 $S_2 = E + (1 - \delta)S_1 = E + (1 - \delta)E$, 3년 후에는 $S_3 = E + (1 - \delta)S_2 = E + (1 - \delta)E + (1 - \delta)^2E$ 등으로 계산된다. N이 무한대로 커진다면 저량은 E/δ에 도달한다.

표 18.1			공해물질의 저량 수준			
연도	**E**	**S₁**	**피해액**(십억 달러)	**E=0에 드는 비용**(십억 달러)	**순편익**(십억 달러)	
2010	100	100	0.100	1.5	− 1.400	
2011	100	198	0.198	1.5	− 1.302	
2012	100	296	0.296	1.5	− 1.204	
…	…	…	…		…	
2110	100	4,337	4.337	1.5	2.837	
…	…	…	…		…	
∞	100	5,000	5.000	1.5	3.500	

고 하자. 따라서 저량의 총크기가 1,000단위라면, 그해에 발생하는 총피해액은 $10억가 된다. 공해를 1단위 줄이는 데 필요한 비용이 매년 $1,500만라고 하자. 따라서 공해를 매년 100단위 줄여서 0단위로 만드는 데 드는 비용은 매년 100 × $1,500만 ＝ $15억가 된다. 그렇다면 지금 당장 시작하여 공해를 0으로 만드는 것이 합리적인가?

이에 대한 답을 구하기 위해서는 연간 비용 $15억의 현재가치를 공해 저량의 감소로부터 얻는 연간 혜택의 현재가치와 비교해야 한다. 지금 당장 시작하여 공해배출량을 0으로 만든다면 앞으로 100년 동안 매년 공해의 저량은 0이 될 것이다. 따라서 이러한 정책이 가져다주는 혜택은 공해 저량의 증가로 인해 발생하는 사회적 비용의 절감액이 된다. 표 18.1은 공해를 100단위에서 0단위로 줄이는 데 매년 들어가는 비용, 피해를 줄임으로써 매년 얻게 되는 혜택과 그 둘의 차이로 계산한 매년 얻게 되는 순편익을 보여 준다. 초기에는 공해의 저량이 적기 때문에 순편익은 음(−)이 된다. 공해의 저량이 어느 정도 증가한 후에는 순편익이 양(＋)의 값으로 나타난다.

공해배출량을 0으로 만드는 것이 합리적인 정책인지를 판단하기 위해서는 정책이 발생시키는 NPV를 계산해야 한다. 연간 순편익의 현재할인가치는 표 18.1에 나타난다. 할인율을 R이라고 할 때 이러한 정책의 NPV는 다음과 같다.

$$\text{NPV} = (-1.5 + 0.1) + \frac{(-1.5 + 0.198)}{1 + R} + \frac{(-1.5 + 0.296)}{(1 + R)^2} + \cdots + \frac{(-1.5 + 4.337)}{(1 + R)^{99}}$$

NPV가 음(＋) 또는 양(−)의 값을 가지는지는 R의 크기에 의해 결정된다. 표 18.2는 할인율에 따른 NPV의 값을 보여 준다. [표 18.1은 표 18.2의 가운데 행에 있는 자연 소멸률(δ) 2%를 가정한 것이다. 표 18.2는 소멸률이 1~4%일 때의 NPV도 보여 준다.] 자연 소멸률이 2%이고 할인율이 4% 이하일 때 NPV는 양(＋)의 값으로 나타난다. 그러나 할인율이 높을 때는 NPV가 음(−)의 값이 된다.

표 18.2는 공해배출량을 0으로 만드는 정책의 NPV는 자연 소멸률(δ)에 따라서 달라진다는 것을 보여 준다. δ가 낮다면 공해의 저량은 많아지고 그에 따라 큰 경제적 피해가 발생한다. 따라서 공해 감소로부터 발생하는 혜택은 커진다. 표 18.2에서 δ ＝ 0.01일 때 공해 제거로부터 발생

15.1절에서는 어떤 투자의 NPV는 할인율이 커질수록 감소한다고 설명하였다. 그림 15.3은 전기모터공장의 NPV를 보여 주는데, 환경정책적 문제와 유사함을 주목하라.

표 18.2	공해배출량을 0으로 만드는 정책의 NPV				
		할인율(R)				
		0.01	0.02	0.04	0.06	0.08
자연 소멸률(δ)	0.01	108.81	54.07	12.20	−0.03	−4.08
	0.02	65.93	31.20	4.49	−3.25	−5.69
	0.04	15.48	3.26	−5.70	−7.82	−8.11

주: 표의 수치는 순현재가치로서 십억 달러 단위임. $\delta=0.2$일 때의 수치는 표 8.1에서의 순편익(net benefit)에 해당한다.

하는 NPV는 $\delta=0.04$일 때의 NPV보다 어떤 할인율에서든 훨씬 크다는 것을 알 수 있다. 지구온난화에 대한 우려의 목소리가 커지고 있는 이유 중 하나는 GHG의 자연 소멸률이 매우 낮기 때문이다. GHG의 자연 소멸률(δ)은 약 0.005밖에 되지 않는다.

따라서 저량 외부효과가 존재하는 경우에는 환경정책에서 "어떤 할인율을 적용해야 하는가?"라는 추가적인 문제가 발생한다. 정부정책의 비용과 혜택은 사회 전체에 대한 것이다. 따라서 적용해야 하는 할인율은 현재가 아닌 미래에 사회 전체가 받는 경제적 혜택의 기회비용을 반영해야 한다. 정부정책의 NPV를 계산하는 데 사용하는 이러한 기회비용을 **사회적 할인율**(social rate of discount)이라고 한다. 그러나 사례 18.4에서 보겠지만, 적절한 사회적 할인율에 대한 경제학자들 간에 합의는 없다.

사회적 할인율 미래에 사회 전체가 받게 되는 경제적 혜택의 기회비용

원칙적으로 사회적 할인율은 (1) 실질 경제성장률의 기대치, (2) 사회 전체적인 위험회피도, (3) 사회 전체적인 순수 시간선호율(rate of pure time preference)의 세 가지 요소에 의해 영향을 받는다. 경제성장률이 빠른 경우에는 미래 세대의 소득은 현재 세대보다 높아질 것이며, 소득의 한계효용이 감소한다면(즉 위험회피적이라면) 미래 세대가 추가적인 1단위의 소득으로부터 얻는 효용(만족감)은 현재 세대에 비해 낮을 것이다. 이러한 이유로 미래의 혜택은 더 적은 효용을 가져다주므로 할인되어야 한다. 또한 기대 경제성장률이 0이라고 하더라도, 사람들은 미래에 받게 될 혜택보다 현재에 받는 혜택을 더 선호할 수 있다(순수 시간선호율). 미래에 기대되는 실질 경제성장률, 사회 전체의 위험회피도, 사회 전체의 순수 시간선호율을 어떻게 판단하는가에 따라서 적용해야 하는 사회적 할인율은 높게는 6%까지, 낮게는 1%까지 달라질 수 있다. 따라서 이 문제는 쉽지 않다. 비용은 현재에 발생하면서 향후 50년이나 100년 동안 혜택을 가져다주는 어떠한 정부정책(예를 들어 지구온난화를 막는 정부의 정책)도 6%의 할인율에서는 정당화되기 어렵다. 그러나 사회적 할인율이 1%나 2%라면 그렇지 않다.[15] 따라서 오랜 기간을 대상으로 하는 정부정책에 대한 논쟁은 종종 적절한 사회적 할인율에 대한 논쟁으로 이어진다.

---

[15] 예를 들어 할인율이 6%라면 100년 후에 받게 될 $100의 현재가치는 $0.29에 불과하다. 하지만 할인율이 1%라면 100년 후의 $100는 현재 $36.97의 가치를 가지므로 할인율이 6%인 경우에 비해 127배나 많다.

사례 18.4 지구온난화

이산화탄소와 같은 온실가스(GHG)의 배출은 지난 세기 동안 급속한 경제성장으로 화석연료의 사용량이 많아짐에 따라 급격히 증가하였으며, 대기 중 GHG의 농도도 증가하였다. 전 세계의 GHG 배출량이 현재 수준에서 안정화되더라도 대기 중 GHG의 농도는 다음 세기에도 계속 증가할 것이다. 높아진 GHG 농도는 햇빛의 반사를 차단함으로써 50년 내에 지구의 평균온도를 크게 상승시킬 것으로 예상되며, 그에 따라 극지방의 빙하가 녹아 바닷물의 수위가 높아짐에 따라 저지대에 홍수가 발생하고, 기후 변화를 증폭시키고, 생태계를 교란시키고, 농작물 생산량을 줄이는 등 심각한 환경적 결과를 초래할 것으로 예상된다. 예를 들어 정부가 휘발유

나 화석연료의 사용에 높은 세금을 부과하는 등의 방법으로 GHG의 배출을 현재 수준보다 감소시킬 수는 있지만 비용이 많이 들 수 있다. 문제는 GHG 감축의 비용은 지금 발생하지만 그에 따른 편익은 50년이나 혹은 그 후에 얻을 수 있다는 것이다.

여러 기후학자들과 경제학자들은 배출량을 줄이기 위한 아무런 조치를 취하지 않는 경우를 전제로 GHG의 축적과 그에 따른 지구 온도의 상승에 대해 연구해 왔다. 물론 지구 온난화의 경제적 영향에 대해서는 높은 불확실성이 있지만 그 충격이 상당할 것이어서 지금 배출량을 줄임에 따라 미래에 편익이 발생한다는 점에 대해서는 견해가 일치한다.[16] 특정한 값에 대해서는 불

표 18.3	GHG 배출량 감소								
	지금처럼				배출량을 연간 1%씩 감축					
연도	E_t	S_t	ΔT_t	피해액	E_t	S_t	ΔT_t	피해액	비용	순편익
2020	55	460	0℃	0	45	460	0℃	0	0.82	−0.82
2030	62	490	0.4℃	0.63	41	485	0.4℃	0.63	1.05	−1.05
2040	73	520	0.8℃	1.61	37	510	0.8℃	1.61	1.34	−1.34
2050	85	550	1.2℃	3.08	33	530	1.2℃	3.08	1.71	−1.71
2060	90	580	1.6℃	5.26	30	550	1.6℃	5.26	2.19	−2.19
2070	95	610	2℃	8.42	27	550	2℃	8.42	2.81	−2.81
2080	100	640	2.4℃	12.94	25	550	2℃	10.78	3.59	−1.44
2090	105	670	2.8℃	19.32	22	550	2℃	13.80	4.60	0.92
2100	110	700	3.2℃	28.27	20	550	2℃	17.67	5.89	4.71
2110	115	730	3.6℃	40.71	18	550	2℃	22.61	7.54	10.55
2120	120	760	4℃	57.90	16	550	2℃	28.95	9.65	19.30

주: E_t의 단위는 기가톤(10억 톤), S_t는 ppm, ΔT는 섭씨로 측정된 것이며, 비용, 피해액, 순편익의 단위는 $1조로 2007년 달러를 기준으로 한 것이다. 배출량 감소에 드는 비용은 매년 GDP의 1%로 추정한 것이며, 세계 GDP는 2010년의 $65조에서 시작하여 2016년 $74조로 연 실질성장률 2.5%로 성장하는 것으로 가정하였다. 지구 온도의 매 1℃ 상승에 대해 매년 GDP의 1.5%의 피해액이 발생하는 것으로 추정하였다. 지금처럼 간다면 기온이 연간 0.04℃씩 상승할 것으로 예측된다.

---

16 일치된 견해에 대해서는 다음을 참고하라. 2007 *Assessment Report of the Intergovernmental Panel on Climate Change*, Cambridge University Press or online at http://www.ipcc.ch.

확실성이 존재하지만 배출량을 줄이는 데 드는 비용(혹은 현재 수준보다 증가하는 것을 저지하는 데 드는 비용)도 산정할 수 있다.

표 18.3은 2020년부터 시작되는 두 시나리오를 바탕으로 GHG 배출량과 평균 지구 온도 변화를 10년 간격으로 보여 주고 있다. 첫 번째는 "지금처럼" 시나리오로서 GHG 배출량이 다음 세기 동안 2배 이상 증가함에 따라 GHG 평균농도가 상당히 증가하여 2120년에는 지구 평균온도가 현재 수준보다 섭씨 4도 높아진다. 이러한 기온 상승으로 매년 입게 되는 피해는 상승 기온 1도당 세계 GDP의 1.5%로 추정된다. 이때 세계 GDP는 2016년 가치로 $74조에서 연간 2.5%의 실질성장률로 증가하여 2120년 $965조에 이르게 된다. 그러므로 지구 온난화로 인한 피해액은 2120년 (0.015)(4)(965)=$57.9조에 달한다.

두 번째 시나리오는 GHG 농도가 550ppm으로 안정된 수준에서 유지되어 2070년경에 기온 상승폭이 섭씨 2도인 경우이다. 그러기 위해서는 2010년부터 매년 GHG 배출량을 1%씩 줄여야 한다. 이러한 배출량 저감정책의 비용은 세계 GDP의 1%로 추정된다.[17] 세계 GDP는 계속 증가하는 것으로 가정하기 때문에 비용도 역시 증가한다. 아울러 이 표는 배출량 저감정책의 연간 순편익의 크기도 보여

주고 있다. 순편익은 "지금처럼" 시나리오에서의 피해액에서 배출량 저감 시나리오의 (더 적은) 피해액과 배출량 저감의 비용을 차감한 것이다.

이러한 배출량 감소 정책은 타당성이 있는가? 이에 답하기 위해서는 할인율에 따라 달라지는 순편익의 현재가치를 구해야 한다. 영국의 한 보고서에서는 1.3%의 사회적 할인율을 사용하였다. 이 할인율에서 이러한 정책의 NPV는 $11.41조로 나타났으며, 이는 배출량 저감정책이 분명히 경제적이라는 점을 보여 준다. 그러나 2%의 할인율을 적용하면 NPV의 값은 −$12.19조로 떨어지고, 3%의 할인율을 적용할 때는 NPV는 −$23.68조로 계산된다.

우리는 GHG 배출량을 줄이는 정책들 중 하나에 대해 살펴보았다. GHG 배출량을 줄이는 어떠한 정책이든 그 정책이 경제적으로 타당한지 여부는 미래의 비용과 미래의 편익을 할인하는 데 사용하는 할인율에 달려 있다는 사실은 분명하다. 그러나 경제학자들은 어떤 할인율을 사용하는가에 대해서 서로 의견을 달리하고 있기 때문에 지구온난화에 대해서 무엇을 해야 하는가에 대해서도 서로 의견이 다르다는 점에 주의해야 한다.[18]

18.4 외부효과와 재산권

우리는 정부규제가 외부효과에 의해 발생하는 비효율성을 어떻게 해소할 수 있는지에 대해 살펴보았다. 배출부담금의 부과, 공해배출권의 발급 등은 기업으로 하여금 자신이 발생시키는 외부적 비용을 스스로 고려하도록 인센티브를 변화시킴으로써 공해배출량을 줄이게 된다. 그러나 정부규제가 외부효과를 다룰 수 있는 유일한 방법은 아니다. 이 절에서는 상황에 따라 영향을 받는 당사자 간의 사적 협상을 통해서, 또는 피해를 본 측이 피해를 보상받기 위한 법적 소송을 통하여 비효율성을 제거할 수 있음을 살펴본다.

---

17 이 정책은 영국정부의 위원회에서 추진한 스턴보고서(Stern Review)에서 추천한 것이다(http://www.hm-treasury.gov.uk/stern_review_report.htm). GDP의 1%라는 비용 추정치는 스턴보고서에 따른 값으로서 너무 낙관적인 견해라고 생각된다. 기온 상승에 따른 피해액의 추정치(섭씨 1도 상승에 따라 GDP의 1.3%)는 스턴보고서와 IPCC 보고서의 추정치를 결합한 것이다.

18 할인율에 대한 견해 차이와 그것이 GHG 배출량 감축정책의 평가에서 차지하는 중요성은 Martin Weitzman, "The Stern Review of the Economics of Climate Change," *Journal of Economic Literature* (September 2007)에 잘 나타나 있다. 또한 미래의 기온 상승과 그에 따른 사회적 및 경제적 충격에 대해서도 상당한 불확실성이 있다. 이러한 불확실성도 정책 시사점을 주지만 이 예에서는 무시하였다. 이에 대해서는 다음 문헌을 참고하라. R. S. Pindyck, "Uncertainty in Environmental Economics," *Journal of Environmental Economics and Policy* (Winter 2007), R. S. Pindyck, "Uncertain Outcomes and Climate Change Policy," *Journal of Environmental Economics and Management*, 2012.

재산권

재산권(property right)은 개인이나 기업이 자신의 재산으로 무엇을 할 수 있는지에 대해 법으로 규정되는 권리이다. 어떤 개인이 땅에 대한 재산권을 보유한다면 자신의 의지에 따라서 그 땅을 팔거나 건물을 지을 수 있으며, 또한 다른 사람들이 그 땅에 대해 간섭하는 것으로부터 보호를 받는다.

재산권의 중요성을 이해하기 위하여 기업이 강에 폐수를 방류하는 경우를 다시 살펴보자. 기업이 폐수를 버리기 위해 강을 사용할 수 있는 재산권을 가지며, 어부는 오염되지 않은 물에 대한 재산권을 가지지 않는다고 가정하였다. 그 결과 기업은 폐수로 인해 발생하는 비용을 생산비용의 일부로 포함시키려는 유인이 없다. 다시 말해, 기업은 폐수 방류에 의해 발생하는 비용을 **외부화**(externalize)한다. 반대로 어부가 깨끗한 강물에 대한 재산권을 가지고 있는 경우를 생각해 보자. 이 경우에 어부는 기업이 폐수를 방류하려면 자신에게 돈을 지불하도록 요구할 수 있다. 기업은 생산을 중단하거나 아니면 폐수 방류와 관련된 비용을 지불해야 한다. 따라서 기업의 입장에서 폐수 방류와 관련된 비용은 **내부화**(internalize)되며, 자원의 효율적 배분이 달성될 수 있다.

재산권 개인이나 기업이 자신의 재산에 대해 행사할 수 있는 권리에 관한 법적 규정

협상과 경제적 효율성

외부효과에 영향을 받는 당사자들의 수가 상대적으로 적으며 재산권이 잘 규정되어 있다면 정부의 개입이 없어도 경제적 효율성이 달성될 수 있다. 이에 대해 폐수 방류의 경우를 수치로 살펴보자. 제철회사의 폐수 방류가 어부들의 이윤을 감소시킨다고 하자. 표 18.4는 제철회사가 폐수를 줄이기 위해 정화시설을 설치하는 경우와 어부들이 폐수처리시설을 설치하는 경우를 보여준다.[19]

효율적인 해법은 어부와 제철회사의 공동이윤을 극대화시킨다. 표 18.4의 예에서는 제철회사가 정화시설을 갖추고 어부들이 폐수처리시설을 갖추지 않는 경우에 공동이윤은 극대화된다. 재산권이 다르게 설정된다면 양측의 협상결과는 어떻게 달라지는지를 살펴보자.

제철회사가 폐수를 강에 버릴 수 있는 재산권을 보유하는 경우를 살펴보자. 초기에 어부들이 얻는 이윤은 $100이며, 제철회사가 얻는 이윤은 $500이다. 그러나 어부들은 폐수처리시설

표 18.4	폐수처리 대안별 하루당 이윤		
	제철회사의 이윤($)	어부들의 이윤($)	총이윤($)
정화 안 함, 폐수처리 안 함	500	100	600
정화함, 폐수처리 안 함	300	500	800
정화 안 함, 폐수처리함	500	200	700
정화함, 폐수처리함	300	300	600

---

19 다음 문헌에서 좀 더 많은 사례를 볼 수 있다. Robert Cooter and Thomas Ulen, *Law and Economics* (Prentice Hall, 2012), ch. 4.

표 18.5	사유재산권 설정에 따른 협상의 결과	
비협조적 결과	제철회사가 폐수 방류권을 가짐	어부들이 맑은 강물에 대한 사유재산권을 가짐
제철회사의 이윤	500	300
어부들의 이윤	200	500
협조적 결과		
제철회사의 이윤	550	300
어부들의 이윤	250	500

을 갖춤으로써 이윤을 $200로 증가시킬 수 있다. 따라서 상호협조가 없다면 공동이윤의 크기는 $700(= $500 + $200)이다. 한편, 어부들은 제철회사가 정화시설을 갖추도록 유인하기 위해 하루에 $300까지 지불할 용의가 있다. 지불용의금액 $300는 제철회사가 정화시설을 갖출 때 어부들이 얻는 이윤 $500에서 협조가 없을 때의 이윤 $200를 뺀 금액이다. 제철회사는 정화시설을 갖출 경우 하루에 $200의 손실을 보기 때문에 어부들로부터 하루에 $300를 받고 정화시설을 갖출 용의가 있다. 상호협조를 통해 양쪽이 얻는 이익은 $100가 된다. 이 금액은 제철공장이 정화시설을 갖춤으로써 어부들이 얻는 $300의 이익에서 정화시설 설치비용 $200를 뺀 금액이다.

제철회사와 어부들이 $100의 이익을 서로 똑같이 나누기로 합의했다고 하자. 따라서 어부들은 제철회사가 폐수정화시설을 갖추도록 $250를 지불한다. 표 18.5는 이러한 협상이 효율적인 결과를 가져다준다는 사실을 보여 준다. 제철회사가 폐수 방류권을 가지며 양쪽의 상호협력이 없는 경우에는 어부들은 $200의 이윤을 얻으며, 제철회사는 $500의 이윤을 얻는다. 그러나 양쪽이 협력을 하는 경우에는 양쪽의 이윤은 각각 $50씩 증가한다.

이제 어부들이 맑은 물에 대한 재산권을 가진다고 하자. 이는 제철회사가 폐수정화시설을 갖추어야 함을 의미한다. 이 경우 제철회사는 $300의 이윤을 얻고 어부들은 $500의 이윤을 얻는다. 따라서 협상을 통하여 어느 쪽도 더 나은 상태에 도달하지 못하므로 협상의 필요성은 없어진다.

이러한 분석은 재산권이 제대로 확립되어 있다면 어떠한 상황에도 적용된다. 협상을 위해 별도의 비용이 발생하지 않으며, 관련 당사자들이 서로의 이익을 위해 협상을 한다면, 누가 재산권을 보유하는가에 관계없이 효율적인 결과를 얻을 수 있다. 이러한 결과를 **코스 정리**(Coase theorem)라고 한다.[20]

코스 정리 협상을 위한 별도의 비용이 발생하지 않으며, 관련 당사자들이 서로의 이익을 위해 협상을 한다면, 재산권을 누가 보유하는가에 관계없이 효율적인 결과를 얻을 수 있다는 원칙

협상을 위한 비용 — 전략적 행위

재산권이 명확하게 규정되지 않은 경우에는 협상에는 많은 시간이 투입되어야 하며, 비용도 발생할 수 있다. 협상에 많은 비용이 든다면 협상당사자들이 일정한 합의에 도달하는 것은 매우 어렵다. 앞의 예에서 양 당사자는 협상과정을 통해 $200와 $300 사이의 금액에서 타협이 이루어진다는 것을 알고 있다. 그러나 만약 당사자들이 재산권의 상태를 확실히 알 수 없다면 어부들은

---

20 Ronald Coase, "The Problem of Social Cost," *Journal of Law and Economics* 3 (1960): 1–44.

$100만 지불하려고 할 수도 있으며, 협상은 실패로 끝날 것이다.

협상에 거의 비용이 들지 않더라도 양쪽이 서로 더 큰 이익을 얻을 수 있다고 믿는다면 협상은 이루어지지 않을 수 있다. 상대방이 결국 양보할 것이라는 잘못된 가정하에서 한쪽이 더 많은 몫을 요구하면서 협상을 거부할 수 있다. 이러한 전략적 행동은 비효율적이고 비협조적인 결과를 초래할 수 있다. 또한 협상에 참여하는 당사자의 수가 많을 때에도 문제가 발생한다. 예를 들어 제철공장의 폐수 방류가 강 하류에 거주하는 수백 또는 수천의 가계에 영향을 미칠 수 있다. 이러한 경우 협상에 따르는 비용으로 인해 당사자들이 합의에 도달하기는 매우 어렵다.

법적 해결 ─ 손해배상의 청구

외부효과가 존재하는 많은 경우에 있어서 상대방에 의해서 피해를 보는 당사자(피해자)는 소송을 제기할 수 있는 법적 권리를 가진다. 만약 재판에서 이긴다면 피해자는 자신이 입은 손해에 대해 금전적 보상을 받을 수 있다. 피해에 대한 소송에서는 정부가 아닌 피해를 본 당사자가 금전적 보상을 받는다는 점에서 공해 발생이나 폐수 방류 부담금과는 차이가 난다.

법적 해결의 가능성이 효율적인 결과를 가져다줄 수 있는지를 알아보기 위해 어부들과 제철회사의 예를 다시 살펴보자. 어부들이 맑은 강물에 대한 권리를 가진다고 하자. 따라서 제철회사가 정화시설을 갖추지 않아서 어부들에게 피해를 입힌다면 제철회사는 그 피해에 대해 책임을 져야 한다. 이 경우 어부들이 입는 피해액은 폐수가 방류되지 않을 때 이윤 $500에서 폐수가 방류될 때 얻는 이윤 $100를 뺀 값인 $400이다. 제철회사는 다음과 같은 두 가지 대안 중 하나를 선택할 수 있다.

1. 정화시설을 설치하지 않고 피해액을 보상할 때: 이윤 = $100($500 − $400)
2. 정화시설을 설치하고 피해를 입히지 않을 때: 이윤 = $300($500 − $200)

제철회사는 정화시설을 설치하는 비용이 피해를 보상하는 비용에 비해 상당히 낮기 때문에 정화시설을 설치할 것이며, 그 결과 효율적인 결과가 달성된다.

한편, 제철회사가 폐수 방류권을 갖는 경우에도 양쪽이 얻는 이윤의 크기는 달라지지만 효율적인 결과가 나타날 수 있다. 법에 따라 어부들은 제철회사에 정화시설을 설치할 것을 요구할 수 있지만, 그 경우 어부들은 제철회사에게 이윤 감소액 $200를 지불해야 한다. 이러한 상황에서 어부들은 세 가지 선택이 가능하다.

1. 어부가 폐수처리시설을 갖출 때: 이윤 = $200
2. 제철회사가 정화시설을 갖추게 하고
   그에 따른 손해를 배상할 때: 이윤 = $300($500 − $200)
3. 폐수처리시설도 갖추지 않고 제철회사에게
   정화시설을 갖출 것을 요구하지도 않을 때: 이윤 = $100

따라서 어부들은 제철회사에게 정화시설을 갖출 것을 요구하고 그에 따른 제철회사의 손실 $200를 보상해 주는 두 번째 경우를 택할 때 가장 높은 이윤을 얻게 된다. 어부들이 맑은 강물에 대한 권리를 갖는 경우와 마찬가지로 이 경우에도 정화시설이 설치되는 효율적인 결과가 나타난

사례 18.5 코스 정리의 실제 예

1987년 9월의 뉴욕시와 뉴저지주 간의 협력 협정이 보여 주듯이, 코스 정리는 사람들과 조직뿐만 아니라 정부 간에도 적용된다. 수년 동안, 뉴욕항의 수변 쓰레기처리시설에서 흘러나온 쓰레기는 뉴저지 해안을 따라 수질을 오염시켰으며 해변을 더럽혔다. 가장 나쁜 사례 중 하나는 1987년 8월에 발생했는데, 그때 200톤 이상의 쓰레기가 뉴저지 해안에서 50마일 길이로 쓰레기 띠를 형성하였다.

뉴저지는 깨끗한 해변에 대한 권리를 가졌으며, 따라서 쓰레기 유출과 관련된 피해를 복구하기 위해 뉴욕시를 고소할 수도 있었다. 뉴저지주는 또한 문제가 해소될 때까지 뉴욕시가 쓰레기처리시설의 사용을 중단하도록 요구하는 가처분신청을 법원에 제기할 수도 있었다.

그러나 뉴저지는 단순한 피해 복구가 아니라 깨끗한 해변을 원하였다. 그리고 뉴욕은 쓰레기처리시설을 운영할 수 있기를 원하였다. 결과적으로 상호 이익이 되는 거래의 여지가 있었다. 2주간의 협상 끝에 뉴욕시와 뉴저지는 합의에 도달하였다. 뉴저지는 뉴욕시를 상대로 소송을 제기하지 않기로 동의하였다. 뉴욕시는 스테이튼섬과 브루클린에서 발생하는 유출물을 막기 위해 특수 보트와 부유물 장치를 설치하기로 합의하였다. 또한 모든 쓰레기처리시설을 조사하여 위와 같은 조치를 할 수 없는 시설은 폐쇄하는 데 동의하였다. 동시에 뉴저지의 공무원들은 이 프로그램의 효과를 감시하기 위해 뉴욕시의 쓰레기처리시설에 언제든지 접근할 수 있도록 허용되었다.

다. 그러나 이때 어부들이 얻는 이윤 $300는 자신들이 맑은 강물에 대한 권리를 갖는 경우의 이윤 $500에 비해서는 훨씬 적다.

이 예에서는 피해에 대한 소송이 가능하다면 양 당사자의 선택에 따른 결과가 분명해지므로 협상할 필요성이 없어진다는 것을 보여 준다. 피해를 본 쪽이 피해를 발생시킨 쪽으로부터 보상받을 권리를 가지도록 함으로써 효율적인 결과를 얻을 수 있다. (그러나 정보가 불완전할 때는 피해보상을 위한 소송이 가능하더라도 비효율적인 결과가 나타날 수 있다.)

18.5 공유자원

공유자원 누구나 자유롭게 사용할 수 있는 자원

비용을 지불하지 않고 자원을 사용할 수 있는 경우에도 외부효과가 발생한다. **공유자원**(common property resource)은 누구든지 자유롭게 사용할 수 있는 자원이어서 과도하게 사용될 가능성이 높다. 공기와 물은 가장 대표적인 공유자원이다. 또한 물고기, 야생동물, 지하자원 등도 공유자원에 해당한다. 자원이 사적으로 소유되지 않고 공동 소유권이 인정될 때 발생할 수 있는 비효율성에 대해 살펴보자.

넓은 호수에는 많은 물고기가 있는데, 누구나 그 호수에서 물고기를 잡을 수 있다고 하자. 사람들은 각자 고기잡이로부터 발생하는 한계수입(만약 이윤이 아닌 스포츠를 목적으로 고기잡이를 한다면 한계가치)과 한계비용이 일치할 때까지 물고기를 잡을 것이다. 그러나 호수는 공유자원이므로 어느 누구도 자신의 고기잡이가 다른 사람이 고기잡이를 할 수 있는 기회에 영향을 미친다는 것을 고려할 유인이 없다. 그 결과 물고기를 잡는 사람이 자신의 비용이라고 생각하는 사적 비용은 자신이 물고기를 더 많이 잡을수록 다른 사람들이 잡을 수 있는 물고기의 양이 더 줄어드는 것을 고려할 때의 사회적 비용보다 적어진다. 따라서 사람들은 너무 많은 물고기를 잡으며, 비효율성이 발생한다.

그림 18.13은 이러한 상황을 보여 준다. 사람들은 자신이 잡는 물고기 양이 전체 수요량에 비

해서는 매우 적어서 물고기의 가격이 주어진 것으로 생각한다고 하자. 효율적인 물고기의 양은 수요곡선으로 나타나는 고기잡이로부터 얻는 한계편익이 고기잡이로 인해 발생하는 사회적 한계비용과 일치하는 점인 F^*에서 결정된다. 사회적 한계비용은 사적 비용뿐만 아니라 물고기의 양이 줄어듦으로써 발생하는 사회적 비용을 포함한다.

호수가 공유자원이라면 사람들은 한계외부비용은 고려하지 않으며, 자신의 이윤을 증가시킬 수 없을 때까지 물고기를 잡는다. F^*만큼의 물고기만 잡는 경우에는 한계수입이 한계비용보다 크기 때문에 사람들은 더 많은 이윤을 얻기 위해 더 많은 물고기를 잡으려고 한다. 이에 따라 사람들이 잡는 물고기의 양은 가격과 사적 한계비용이 일치하는 F_c에서 결정된다. 그러나 이는 사회적 최적에 비해 너무 많은 물고기를 잡는다는 것을 의미한다.

이와 같은 공유자원의 문제를 해결하는 방법은 상대적으로 간단한데, 누군가가 해당 자원을 소유하여 관리하도록 만드는 것이다. 자원의 소유자는 물고기의 양이 줄어듦에 따른 한계비용과 같은 크기로 자원에 대한 사용료를 책정할 것이다. 사용료를 지불해야 한다면 사람들은 전체적으로 F^*보다 많은 양의 물고기를 잡음으로써 이윤이 증가하지는 않는다는 것을 알게 될 것이다. 불행하게도, 대부분의 공유자원은 그 규모가 매우 커서 민간이 소유하기가 어렵다. 미국의 경우에는 지난 수십 년 동안 정부의 감독이 이런 문제를 부분적으로 해결해 왔다. 미국의 많은 어업 지역에서 정부는 연간 총어획가능량을 결정한 후, 경매나 기타 배분방식을 사용하여 개별적으로 어획량을 할당해 왔다.[21]

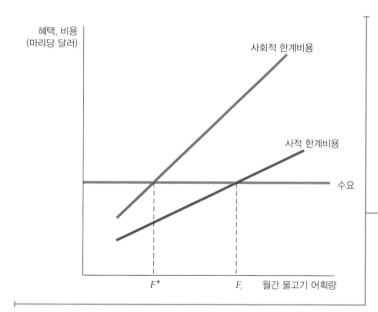

그림 18.13
공유자원
모든 사람들이 접근할 수 있는 공유자원은 사적 한계비용이 추가적인 수입(한계수입)과 일치하는 F_c까지 사용된다. 이러한 사용량은 그 자원을 사용함에 따른 사회적 한계비용과 수요곡선으로 주어진 한계편익이 같아지는 F^*가 나타내는 효율적인 사용량을 초과한다.

---

21 보다 자세한 내용은 다음을 참고하라. Environmental Defense Fund report, "Sustaining America's Fisheries and Fishing Communities: An Evaluation of Incentive-Based Management," authored by Lawrence J. White (2007).

사례 18.6 루이지애나의 가재잡이

가재는 많은 음식점에서 인기 있는 요리가 되고 있다. 1950년에 루이지애나주의 아차팔라야강에서 어획된 가재는 1백만 파운드를 약간 넘는 정도였다. 그러나 1995년에는 그 양이 3천만 파운드가 넘게 증가하였다. 대부분의 가재는 강바닥 웅덩이에서 자라기 때문에 어부들은 가재를 쉽게 잡을 수 있다. 따라서 공유자원 문제가 발생하였다. 즉 너무 많은 양의 가재가 어획되어 가재의 수가 효율적인 수보다 크게 줄어들었다.[22]

이 문제는 얼마나 심각한 문제인가? 어부들이 강에서 아무 제약 없이 가재를 어획하게 하는 것은 얼마만큼의 사회적 비용을 발생시키는가? 그 답은 가재 어획에 따른 사적 한계비용곡선, 사회적 한계비용곡선, 가재의 수요곡선을 추정하면 알 수 있다. 그림 18.14는 이러한 곡선들의 일부를 보여 주고 있다. 사적 한계비용은 우상향한다. 즉 어획량이 늘어남에 따라 일정량을 더 어획하기 위해서는 점점 더 많은 노력이 추가되어야 한다. 수요곡선은 우하향하며, 또한 기타 갑각류 물고기들이 강한 대체품이기 때문에 탄력적이다.

가재의 효율적 어획량은 공식이나 그래프를 이용해 알아낼 수 있다. F(수평축)는 연간 어획되는 가재의 양을 백만 파운드 단위로 나타내며, C(수직축)는 파운드당 달러로 표시된 비용을 나타낸다고 하자. 이 세 곡선이 서로 만나는 부근에서 이 곡선들은 다음과 같이 표현된다.

수요 $C = 0.401 - 0.0064F$
사회적 한계비용 $C = -5.645 + 0.6509F$
사적 비용 $C = -0.357 + 0.0573F$

수요와 사회적 한계비용을 일치시켜 주는 효율적인 어획량은 920만 파운드이다. 실제 어획량인 1,190만 파운드는 수요와 사적 비용이 일치되는 지점에서 결정된다. 노란색 삼각형 부분은 자유로운 접근에 따른 사회적 비용을 의미한다. 이 그림을 통해 가재잡이의 사회적 비용이 사적 편익을 넘어서고 있다는 점을 알 수 있다. 사회적 비용은 노란색 삼각형의 넓이로서 약 $2,396,000으로 계산된다. 만약 강으로의 출입을 통제하거나 어획량에 제한을 가하는 정부규제가 도입된다면 이 사회적 비용은 피할 수 있을 것이다.

그림 18.14

공유자원으로서의 가재
강바닥 웅덩이에서 자라는 가재는 어부들이 아무 제한 없이 쉽게 잡을 수 있다. 따라서 가재는 공유자원이다. 가재의 효율적 어획량은 한계효용이 사회적 한계비용과 일치하는 점에서 결정된다. 그러나 실제로 어획되는 양은 사적 한계비용이 수요곡선과 만나는 점에서 나타난다. 이에 따라 발생하는 공유자원의 사회적 비용의 크기는 노란색으로 표시된 삼각형 면적으로 나타난다.

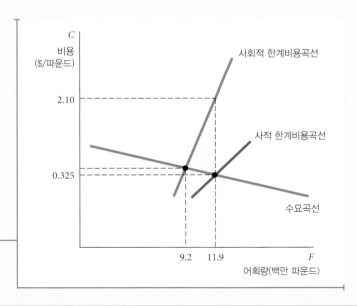

18.6 공공재

공유자원의 경우를 포함하여 외부효과가 시장의 비효율성을 발생시키며, 경우에 따라서 정부의 규제가 필요하다는 것을 살펴보았다. 그런데 정부가 민간기업을 대체하여 재화나 서비스를 생산해야 하는 경우가 나타날 수 있는가? 이 절에서는 시장이 특정 재화를 전혀 생산하지 못하거나, 일단 생산한 후에도 적절한 가격을 형성하지 못하는 경우에 대해 살펴본다.

비경합적 재화　제16장에서 **공공재**(public goods)는 비경합성과 비배제성이라는 두 가지 특징을 가진다고 설명하였다. 어떤 재화가 **비경합적**(nonrival)이라면 어떤 생산량에서 추가적인 소비자에게 해당 재화를 공급하는 데 발생하는 한계비용은 0이 된다. 민간이 생산하는 대부분의 재화는 해당 재화를 더 많이 생산함에 따른 한계비용은 0보다 크다. 그러나 일부 재화에 있어서는 추가적인 소비자가 그 재화를 소비한다고 하더라도 추가적인 비용이 발생하지 않는다. 교통량이 많지 않을 때의 고속도로의 사용을 생각해 보자. 고속도로는 이미 존재하며, 교통혼잡도 없으므로 고속도로를 이용함에 따른 추가적인 비용은 0이다. 등대의 경우도 마찬가지인데, 일단 등대가 세워지고 운영된다면 1대의 배가 등대가 제공하는 서비스를 추가적으로 이용하더라도 등대를 운영하는 비용이 증가하지는 않는다. 또한 공영 텔레비전 방송의 경우에도 추가적인 시청자가 방송을 시청함에 따라 발생하는 비용은 0이다.

　대부분의 재화는 소비에 있어서 경합성을 가진다. 예를 들어 어떤 소비자가 가구를 구입하면 다른 사람들이 살 수 있는 가구는 줄어든다. 경합적인 재화는 사람들 간에 배분되어야 한다. 그러나 비경합적인 재화는 다른 사람이 그 재화를 소비할 기회에 영향을 미치지 않으면서 모든 사람이 그 재화를 소비할 수 있다.

비배제적 재화　사람들을 어떤 재화의 소비에서 제외시킬 수 없을 때 그 재화는 **비배제적**(non-exclusive)이다. 사람들은 그 재화에 대해 직접 지불하지 않고도 그 재화를 사용할 수 있다. 따라서 사람들이 비배제적 재화를 소비하는 데 요금을 부과하는 일은 어렵거나 불가능하다. 비배제적 재화의 한 가지 예로 국방을 들 수 있다. 어떤 국가가 국방력을 공급한다면 모든 국민은 그로부터 혜택을 받는다. 등대나 공영 텔레비전 방송도 비배제적 재화의 예이다.

　비배제적인 재화는 전국적인 성격을 가질 필요는 없다. 어떤 주나 도시에서 해충을 박멸한다면 모든 농민들과 소비자들이 혜택을 얻는다. 그러한 혜택으로부터 일부 농민을 배제하는 것은 불가능하다. 자동차는 배제적(또한 경합적) 재화이다. 자동차회사가 자동차 1대를 한 소비자에게 판매한다면 자동차회사는 다른 사람이 그 차를 사는 것을 배제시킨 것이다.

　어떤 재화는 배제적이지만 비경합적일 수 있다. 예를 들어 교통량이 많지 않은 시간에 다리를 건너는 것은 비경합적이다. 왜냐하면 1대의 자동차가 추가적으로 다리를 사용하더라도 다른 차들의 주행속도가 느려지지 않기 때문이다. 그러나 다리를 사용하는 것은 배제적이다. 다리를 관리하는 기관은 사람들이 그 다리를 사용하는 것을 막을 수 있다. 텔레비전 방송의 경우에도 방송이 전송된 후에 다른 시청자가 추가적으로 그 방송을 시청하는 데 따른 한계비용은 0이다. 따라서 텔레비전 방송은 비경합적이다. 그러나 방송신호는 방해전파를 통해 어떤 사람이 방송신호를 받는 것을 배제할 수 있으며, 방해전파를 풀어 주는 코드에 대해 요금을 받을 수 있다.

공공재　비배제적이고 비경합적인 재화로서 추가적인 소비자에게 제공함에 따른 한계비용이 0이며, 사람들을 소비로부터 제외할 수 없는 재화

비경합적 재화　추가적인 소비자에게 해당 재화를 제공함에 따른 한계비용이 0인 재화

비배재적 재화　소비로부터 사람들을 제외할 수 없어서 소비에 대한 요금 부과가 불가능하거나 곤란한 재화

어떤 재화는 비배제적이지만 경합적일 수 있다. 해양이나 큰 호수는 비배제적이다. 그러나 거기서 물고기를 잡는 것은 다른 사람에게 비용을 발생시키므로 경합적이다. 누군가가 물고기를 더 많이 잡을수록 다른 사람들이 잡을 수 있는 물고기의 양은 줄어든다. 맑은 공기는 비배제적이며 또한 비경합적일 수 있다. 하지만 만약 기업이 공해를 발생시켜서 대기의 질을 오염시킴으로써 사람들이 맑은 공기를 즐기는 데 부정적인 영향을 미친다면 맑은 공기는 경합적 재화가 된다.

공공재는 비경합적인 동시에 비배제적이다. 사람들에게 0의 한계비용으로 혜택을 주며 또한 누구도 해당 재화나 서비스를 사용하는 것으로부터 제외될 수 없다. 공공재의 전통적 예는 국방이다. 국방은 비배제적이고 또한 추가적인 사람들에게 국방을 제공하는 데 발생하는 한계비용이 0이므로 비경합적이다. 등대 또한 비경합적이고 비배제적이기 때문에 공공재이다. 다시 말해, 선박들이 등대로부터 얻는 혜택에 대해 요금을 부과하기가 어렵다.[23]

정부가 제공하는 모든 재화가 공공재인 것은 아니다. 공적으로 제공되는 많은 재화들도 소비에 있어서 경합성을 갖거나, 배제성을 갖거나, 또는 둘 다 갖는다. 예를 들어 공립학교 교육은 소비에 있어서 경합적이다. 학생의 수가 늘어나서 학급당 학생 수가 증가하면 다른 학생들이 학교로부터 받을 수 있는 보살핌은 작아진다. 따라서 추가적인 학생에게 교육을 제공하는 것은 양(＋)의 한계비용을 발생시킨다. 학비를 내도록 함으로써 일부 학생들을 교육으로부터 제외시킨다. 따라서 정부가 공교육을 공급하는 이유는 교육이 공공재이기 때문이 아니라 양(＋)의 외부효과를 발생시키기 때문이다.

마지막으로, 국립공원의 경우를 보자. 입장료를 인상함으로써 일부 사람들을 공원의 사용으로부터 제외시킬 수 있다. 또한 공원의 사용은 경합적이다. 공원에 사람이 추가적으로 입장하면 이미 공원에 들어간 사람들이 공원으로부터 받는 혜택은 줄어들 수 있다.

효율성과 공공재

민간재의 효율적 공급량은 그 재화의 추가적인 1단위가 가져다주는 한계편익을 그 추가적인 1단위를 생산하기 위해서 지불해야 하는 한계비용과 비교함으로써 결정된다. 한계편익과 한계비용이 일치할 때 경제적 효율성이 달성된다. 이와 똑같은 원칙이 공공재의 효율성에도 적용되지만, 공공재의 효율적 생산량을 찾아내는 방법은 민간재와는 다르다. 민간재의 경우에 한계편익은 소비자가 얻는 편익에 의해 측정된다. 그러나 공공재의 경우에 한계편익은 해당 공공재를 사용하는 모든 소비자에게 그 공공재의 추가적인 1단위에 대해 어느 정도의 가치를 부여하는지를 물어보고 그러한 가치들을 모두 합해야 구할 수 있다(공공재는 비경합적임을 기억하라). 따라서 공공재의 효율적 공급량을 알아내기 위해서는 그 공공재에 대한 모든 소비자의 한계편익을 그 공공재를 추가적으로 1단위 더 생산하기 위해 지불해야 하는 한계비용과 일치시켜야 한다.

그림 18.15는 공공재의 효율적 생산량을 보여 준다. D_1은 공공재에 대한 첫 번째 소비자의 수요곡선을 나타내며, D_2는 두 번째 소비자의 수요곡선을 나타낸다. 각 수요곡선은 해당 소비자가

---

23 반드시 정부가 등대를 제공할 필요는 없다. 19세기 영국에서는 등대가 민간에 의해 운영되었는데, 그에 관한 자세한 내용은 다음을 참조하라. Ronald Coase, "The Lighthouse in Economics," *Journal of Law and Economics* 17 (1974): 357–76.

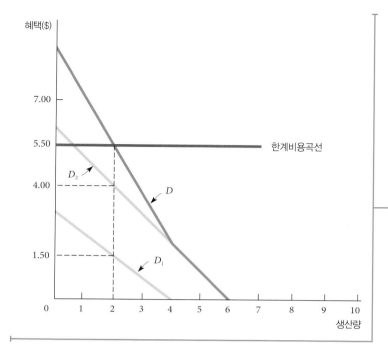

그림 18.15
효율적인 공공재 공급
재화가 비경합적이라면 그 재화의 소비로부터 발생하는 사회적 한계편익은 수요곡선 D로 표시된다. 이는 개별수요곡선 D_1과 D_2를 수직으로 합한 것이다. 효율적인 생산량은 수요곡선과 한계비용곡선이 만나는 점에서 결정된다.

각 생산량 수준에서 얻는 한계편익을 보여 준다. 예를 들어 2단위의 공공재가 있을 때, 첫 번째 소비자는 $1.5의 가격을 지불할 용의가 있는데, 이 금액이 첫 번째 소비자의 한계편익이다. 마찬가지로 두 번째 소비자는 $4의 한계편익을 가진다.

두 사람의 한계편익의 합을 구하려면 각자의 수요곡선을 **수직으로** 합해야 한다. 예를 들어 생산량이 2단위일 때는 $1.5의 한계편익을 $4의 한계편익과 합하여 사회적 한계편익 $5.5를 얻는다. 각 생산량 수준에서 이러한 합을 구하면 이 공공재에 대한 총수요곡선 D를 얻게 된다.

효율적 생산량은 사회가 얻는 한계편익이 한계비용과 일치하는 생산량이다. 이는 수요곡선과 한계비용곡선이 만나는 점에서의 생산량인데, 이 예에서는 한계비용이 $5.5이므로 2단위의 생산량이 효율적인 생산량이다.

2단위를 생산하는 것이 효율적인 이유를 파악하기 위하여 1단위만 생산하는 경우에는 어떤 상황이 일어나는지를 살펴보자. 한계비용곡선이 수평선이므로 1단위의 생산량에서 한계비용은 $5.5로 변하지 않지만 한계편익은 약 $7가 된다. 따라서 한계편익이 한계비용보다 크므로 너무 적은 양이 생산되는 것이다. 한편 3단위를 생산하는 경우 한계편익은 약 $4가 되며, 이는 한계비용 $5.5보다 적다. 따라서 너무 많은 양의 공공재가 생산되는 것이다. 사회적 한계편익이 한계비용과 일치하는 경우에만 효율적인 수준의 공공재가 제공되는 것이다.[24]

---

24 우리는 비배제적이고 비경합적인 재화가 효율적인 양만큼 공급되지 않는다는 것을 보았다. 이러한 결과는 비경합적이지만 배제적인 재화에도 똑같이 적용된다.

공공재와 시장실패

여러분이 마을을 위해 모기퇴치 프로그램을 제안하려 한다고 해 보자. 여러분은 이 프로그램을 시행하는 데 드는 비용 $50,000보다 더 큰 혜택이 마을에 돌아간다는 사실을 안다. 만약 이 프로그램을 사적으로 시행한다면 여러분은 이윤을 얻을 수 있는가? 마을에 거주하는 10,000가구에게 가구당 $5의 요금을 받는다면 여러분은 손익분기점에 놓일 것이다. 그러나 모기퇴치 프로그램에 대해 가장 높은 가치를 부여하는 가구에게 가장 많은 요금을 내게 하는 것은 불가능하며, 마을 사람들이 비용을 부담하도록 강요할 수도 없다.

모기퇴치 프로그램은 비배제적이어서 서비스를 공급하면 모든 마을 사람이 함께 혜택을 본다. 따라서 어떤 사람도 이 프로그램으로 인해 자기가 얻는 혜택만큼 지불하려는 인센티브를 갖지 않는다. 사람들은 비용을 지불하지 않고도 이 프로그램에 의한 혜택을 누릴 수 있다고 생각하여 그 가치를 낮게 평가하면서 **무임승차자**(free rider)처럼 행동할 수 있다.

공공재의 경우, 무임승차자 문제가 발생하므로 시장을 통해서는 효율적인 양을 공급하기가 어렵거나 불가능하다. 만약 적은 수의 사람들만 이 프로그램과 관련되어 있고 또한 그 비용이 상대적으로 적다면 관련된 모든 사람이 자발적으로 비용을 분담하는 데 동의할 수도 있다. 그러나 많은 사람들이 관련되어 있다면 자발적인 협력을 통하여 적절한 수준의 공공재가 공급될 가능성은 거의 없다. 따라서 공공재가 효율적인 수준으로 공급되기 위해서는 정부가 직접 공급하거나 또는 공급에 보조적인 역할을 담당해야 한다.

무임승차자 비배제적인 재화에 대해 다른 사람들이 그 비용을 치를 것으로 예상하여 그 대가를 지불하지 않는 소비자나 생산자

사례 18.7   맑은 공기에 대한 수요

사례 4.6에서는 더 깨끗한 환경이 가져다주는 혜택을 계산하기 위해 맑은 공기에 대한 수요곡선을 사용하였다. 여기서는 맑은 공기가 갖는 공공재 성격에 대해 살펴보자. 날씨, 운전자의 운전습관, 산업체에서 발생시키는 공해 등 많은 요소가 한 지역의 공기의 질을 결정한다. 공기를 맑게 하는 어떤 노력이든 해당 지역 전체의 공기의 질을 개선한다. 따라서 맑은 공기는 비배제적이다. 즉 그 지역의 어떤 사람이 맑은 공기를 즐기는 것을 막기는 어렵다. 맑은 공기는 또한 비경합적이다. 즉 내가 맑은 공기를 즐기는 것이 다른 사람이 맑은 공기를 즐기는 것을 감소시키지 않는다.

맑은 공기는 공공재이기 때문에 사람들이 맑은 공기를 기타 재화

와 교환하려고 하는 시장이 존재하지 않으며 그에 따라 어떤 가격이 형성되지 못한다. 다행스럽게도 우리는 사람들이 맑은 공기에 얼마나 지불할 용의가 있는가를 주택시장을 통해서 알 수 있다. 사람들은 똑같은 주택이라도 공기가 나쁜 지역에 있는 주택보다 공기가 맑은 지역에 위치한 주택에 더 많은 금액을 지불하려고 한다.

보스턴 지역의 주택시장에 대한 자료로 통계분석을 하여 구한 맑은 공기에 대한 수요를 살펴보자.[25] 이 분석은 주택가격과 공기의 질, 그 밖에 주택시장과 관련된 특징들의 상관관계를 분석하였다. 그림 18.16은 사람들이 맑은 공기에 부여하는 가치가 질소산화물의 양과 소득에 따라 달라지는 3개의 수요곡선을 나타내고 있다. 수평축은

---

25 David Harrison, Jr., and Daniel L. Rubinfeld, "Hedonic Housing Prices and the Demand for Clean Air," *Journal of Environmental Economics and Management* 5 (1978): 81-102.

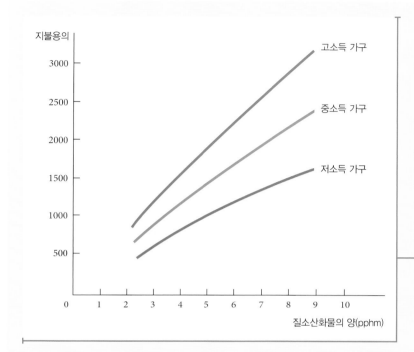

그림 18.16
맑은 공기에 대한 수요
세 곡선은 서로 다른 수준의 소득에서 사람들이 맑은 공기에 대해 지불하고자 하는 용의를 나타내고 있다. 일반적으로, 고소득 가구는 저소득 가구보다 맑은 공기에 대한 수요가 더 크다. 또한 각 가구는 공기의 질이 좋아짐에 따라 맑은 공기에 대해서 점점 더 적게 지불하려고 한다.

질소산화물의 pphm(parts per hundred million) 양으로 표시된 공기오염도를 나타내고, 수직축은 각 가구가 질소산화물이 1 pphm 줄어드는 데 지불하고자 하는 금액을 나타내고 있다.

수평축에 공기청정도가 아닌 공기오염도를 표시했으므로 수요곡선은 우상향한다. 따라서 우리가 예상할 수 있듯이 공기가 더 맑아질수록 사람들이 맑은 공기에 대해 지불하고자 하는 용의는 점점 더 작아진다. 맑은 공기에 대해 지불하고자 하는 용의는 가구에 따라 매우 다르다. 예를 들어 보스턴 지역의 질소산화물의 양은 3∼9 pphm이었는데, 질소산화물의 양이 3 pphm일 때 이를 1 pphm 줄이는 데 중소득 가구는 $800 정도를 지불할 용의가 있다. 그러나 9 pphm에서 1 pphm 줄이는 데는 $2,200를 지불하려고 한다.

한편, 고소득 가구는 저소득 가구보다 공기의 질을 조금 더 개선하는 데 대해 더 많은 금액을 지불하려고 한다. 질소산화물의 양이 낮을 때(3 pphm), 저소득 가구와 중소득 가구가 맑은 공기에 대해 지불하고자 하는 금액은 $200밖에 차이가 나지 않지만, 질소산화물의 수준이 높을 때(9 pphm) 그 차이는 약 $700로 증가한다.

맑은 공기의 수요에 대한 수치 정보를 갖고 있고, 공기의 질을 개선하는 데 드는 비용의 크기를 안다면, 우리는 환경규제로부터 얻는 혜택이 환경규제에 따른 비용을 능가하는지 판단할 수 있다. 미국 국립과학원의 한 연구는 자동차 매연에 대해 그러한 비교를 하였다. 이 연구는 질소산화물 같은 공기오염물질에 대한 정부의 규제가 공기오염수준을 약 10% 감소시켰으며 그로 인해 미국에 거주하는 사람들이 얻은 혜택이 약 $20억라고 계산하였다. 또한 공기오염을 줄이기 위해 설정된 공해기준치에 맞추기 위해 자동차 매연감소장치를 설치하는 데 지출된 비용이 $20억에 약간 못 미치는 것으로 측정하였다. 따라서 이 연구는 규제의 혜택이 그 비용을 능가한 것으로 결론지었다.

요약

1. 한 생산자나 소비자가 다른 생산자나 소비자의 생산활동이나 소비활동에 대해 영향을 미치지만 시장이 직접적으로 그 효과를 반영하지 못한다면 외부효과가 발생한다. 외부효과는 시장가격이 얼마만큼 생산하고, 얼마만큼 소비해야 하는가에 대하여 정확한 정보를 제공하지 못하도록 함으로써 시장의 비효율성을 발생시킨다.

2. 공해는 시장실패를 초래하는 외부효과의 가장 대표적인 예이다. 이러한 시장실패는 배출허용기준에 의한 규제, 배출부담금의 부과, 공해배출권의 발급, 재활용 제도 등으로 교정될 수 있다. 비용과 편익이 불확실하다면 사회적 한계비용곡선과 한계편익곡선의 모양에 따라 이러한 방법 중 한 방법이 다른 방법보다 더 선호될 수 있다.

3. 때로는 지금 배출되고 있는 공해물질의 양이 아니라 오랫동안 축적된 공해물질의 저량이 피해를 입힌다. 온실가스의 축적이 지구온난화를 초래하는 것을 저량 외부효과의 예로 들 수 있다.

4. 시장실패로 인해 발생하는 비효율성은 당사자들 간의 사적 협상을 통해 제거될 수도 있다. 코스 정리에 의하면 거래비용이 0이고 사유재산권이 명확히 규정되어 있으며 또한 각 당사자의 전략적 행위가 없다면 협상은 효율적인 결과를 가져다줄 수 있다. 그러나 당사자들이 전략적으로 행동한다면 협상을 통해 효율적인 결과를 얻을 수 있는 가능성은 적다.

5. 공유자원의 경우에는 관리하는 주체가 없으므로 누구든지 가격을 지불하지 않고도 사용할 수 있다. 공짜로 사용할 수 있는 탓에 현재의 과다한 사용이 미래에 그 자원을 사용하게 될 사람들에게 피해를 발생시키는 외부효과가 발생한다.

6. 비경합적이거나 비배제적인 재화는 시장에 의해 효율적으로 생산될 가능성이 적다. 공공재는 그러한 두 가지 성격을 모두 지닌다. 일정한 생산량에서 추가적인 소비자에게 해당 재화를 추가적으로 공급하는 데 발생하는 한계비용이 0이라면, 그 재화는 비경합적인 재화이다. 다른 사람들을 해당 재화의 소비로부터 제외시키는 데 많은 비용이 들거나 제외시키는 것이 불가능하다면 그 재화는 비배제적인 재화이다.

7. 어떤 공공재에 대한 개별수요의 수직적 합과 그 공공재의 한계(생산)비용이 일치할 때 공공재는 효율적으로 공급된다.

복습문제

1. 다음 중 외부효과를 설명하는 것과 그러지 않는 것을 찾고 그 차이를 설명하라.
   a. 브라질이 커피 수출을 제한함으로써 미국의 커피가격이 인상되며, 그에 따라 미국의 차(tea)가격도 인상된다.
   b. 현란한 광고판 때문에 운전자의 주의가 산만해져서 사고가 일어난다.

2. 공해 감소에 따른 효용과 비용이 불확실한 경우에 공해가 발생시키는 외부효과를 다루는 다음 세 가지 제도를 서로 비교하여 설명하라. (a) 배출부담금의 부과, (b) 배출허용기준에 의한 규제, (c) 공해배출권 제도.

3. 외부효과로 인해 정부의 개입이 요구되는 경우를 설명하라. 또한 정부의 개입이 불필요한 경우에 대해서도 설명하라.

4. 한 기업이 시장을 독점하는 경우를 생각하라. 이 기업은 현재 양(+) 또는 음(−)의 외부효과를 발생시키면서 제품을 생산하고 있다. 외부효과로 인해 자원의 비효율적 배분은 더욱 확대되는가?

5. 외부효과는 사람들이 자신들의 행동이 초래하는 결과에 대해 모르기 때문에 발생한다. 여러분은 이러한 설명에 대해 동의하는가? 설명하라.

6. 어떤 산업이 사회적 최적 수준의 생산량을 생산하도

록 유도하기 위해서는 정부는 제품 1단위당 한계비용과 같은 크기의 세금을 부과해야 한다. 맞는가, 틀리는가? 설명하라.

7. 조지와 스탠은 서로 옆집에 산다. 조지는 정원 가꾸기를 좋아하는데, 꽃을 심을 때마다 스탠의 개가 파헤쳐 버린다. 스탠의 개가 피해를 입히므로 경제적 효율성이 달성되도록 하기 위해서는 스탠이 자기 집 마당에 울타리를 쳐서 개가 더 이상 피해를 입히지 않도록 해야 한다. 여러분은 이에 동의하는가? 설명하라.

8. 배출부담금은 정부에게 지불한다. 반면에 외부효과를 발생시켜서 손해배상을 해야 하는 사람은 피해를 본 사람에게 직접 배상금을 지불한다. 이 두 경우에 피해를 입은 사람의 행동에 어떤 차이가 있다고 생각하는가?

9. 누구나 공짜로 사용할 수 있는 공유자원의 경우에 비효율적인 결과가 나타나는 이유는 무엇인가?

10. 공공재는 비경합적이고 비배제적이다. 비경합성과 비배제성에 대해 설명하고, 둘 간의 차이점도 설명하라.

11. 어떤 마을 옆에는 1,000에이커의 초원이 있다. 이 초원은 마을이 소유하고 있으며 원하는 사람이면 모두 이 초원에 소를 방목할 수 있다. 몇몇 주민들은 초원이 과도하게 이용되고 있다고 주장한다. 옳은가? 이러한 주장을 하는 주민들은 초원에 소를 방목하는 사람들은 허가권을 사도록 하든지 아니면 그 사람들에게 이 초원을 팔아야 한다고 강조한다. 이 두 가지는 모두 좋은 대책인가?

12. 텔레비전이 있는 사람이면 누구나 볼 수 있는 공영 텔레비전 방송이 부분적으로 민간으로부터 후원금을 받는다. 이를 무임승차자 문제의 시각에서 설명할 수 있는가?

13. 공공지출액의 수준을 다수결에 따라 결정할 때 중앙투표자가 원하는 수준이 항상 효율적인 수준은 아닐 수 있는 이유를 설명하라.

14. 위키피디아(Wikipedia)는 공공재라고 생각하는가? 위키피디아는 양(+)의 외부효과를 발생시키는가, 음(-)의 외부효과를 발생시키는가?

15. 다음 재화들에 대해 경합성과 배제가능성을 중심으로 구분하고, 그 이유를 설명하라.
    a. 의류
    b. 케이블방송
    c. 일반도로
    d. 국방

연습문제

1. 어떤 도시의 동쪽에 주택지가 들어선 이후에 서쪽에 많은 기업들이 입지하였다. 기업들은 동일한 제품을 생산하는데, 생산과정에서 대기 중에 유해 가스를 발생시킴으로써 주민들에게 나쁜 영향을 끼치고 있다.
    a. 기업들에 의해 외부효과가 초래되는 이유는 무엇인가?
    b. 이러한 경우 사적 협상을 통해 문제가 해결될 수 있는가? 설명하라.
    c. 이 도시에서는 공기 질의 효율적인 수준을 어떻게 결정할 수 있는가?

2. 한 컴퓨터 프로그래머가 소프트웨어에 대한 저작권 부여를 반대하고 있다. 이 사람은 개인용 컴퓨터를 위해 개발된 소프트웨어는 모든 사람들에게 혜택을 줘야 하며, 다양한 컴퓨터 프로그램을 접하게 만듦으로써 젊은 프로그래머가 좀 더 창의적인 프로그램을 개발할 수 있도록 고무될 것이라고 주장한다. 이 사람이 주장하는 바와 같은 사회적 한계혜택을 생각할 때, 여러분도 이 사람의 의견에 동의하는가?

3. 아황산가스의 발생이 초래하는 혜택과 비용에 관한 연구는 다음과 같은 정보를 제공하고 있다.

아황산가스 발생량의 감소가 가져다주는 한계편익:
$$MB = 500 - 20A$$
아황산가스의 발생량을 감소시키는 데 드는 한계비용:
$$MC = 200 + 5A$$

여기서 A는 백만 톤 단위로 측정한 아황산가스의 감소량이며, 한계편익(MB)과 한계비용(MC)은 톤당 달러로 표시된다.

a. 사회적으로 효율적인 수준의 아황산가스 감소량은 얼마인가?

b. 사회적으로 효율적인 수준의 감소량에서 아황산가스 발생량 감소에 따른 한계혜택과 한계비용은 얼마인가?

c. 효율적인 수준보다 1백만 톤 많이 감소시키거나 1백만 톤 적게 감소시킨다면 사회적 순편익(편익 − 비용)의 크기는 각각 어떻게 변하는가?

d. 총편익이 총비용과 같아질 때까지 아황산가스의 발생량을 감소시키는 것보다 한계편익이 한계비용과 같아질 때까지 감소시키는 것이 사회적으로 더 효율적인 이유는 무엇인가?

4. 강 유역의 서로 다른 지점에 위치한 4개의 기업이 강에 폐수를 버리는데, 그 양은 서로 다르다. 폐수는 강 하류에 거주하는 주민들이 수영을 하는 데 나쁜 영향을 미친다. 주민들은 강에서 수영을 하는 대신 집에 수영장을 설치할 수 있으며, 기업도 유해 화학물질을 제거하는 정화시설을 갖출 수 있다. 여러분이 해당 지역의 환경을 담당하는 기관의 정책고문이라면 폐수 문제를 다루는 아래의 대안들에 대하여 어떤 평가를 내릴 수 있는가?

a. 모든 기업에게 똑같은 배출부담금을 부과함

b. 각 기업이 방류할 수 있는 폐수량에 대해 똑같은 배출허용기준을 설정함

c. 총 허용가능 폐수량을 설정하고 그에 따라 모든 기업에게 똑같이 폐수거래배출권을 발급함

5. 간접흡연이 건강에 해롭다는 것은 의학적으로 증명된 사실이다. 최근에는 사회 전체적으로 공공장소에서의 흡연을 제한하자는 목소리가 더욱 커지고 있다. 흡연자인 여러분은 흡연에 대해 보다 엄격한 법이 적용되더라도 계속 담배를 피우기를 원한다고 하자. 흡연에 대한 다음의 여러 경우가 여러분의 행동에 미칠 영향을 설명해 보라. 이러한 조치를 통해 흡연자 여러분은 혜택을 보는가? 사회 전체는 혜택을 보는가?

a. 모든 담배의 타르와 니코틴을 줄이도록 강제하는 법안이 제출됨

b. 담배 1갑당 세금이 부과됨

c. 판매된 담배 1갑당 세금이 부과됨

d. 흡연자는 정부가 발행한 흡연배출권을 항시 소지해야 함

6. 어떤 지역의 종이시장은 다음과 같은 수요곡선과 공급곡선을 가진다.

$$Q_D = 160,000 - 2,000P, \quad Q_S = 40,000 + 2,000P$$

수량 Q_D의 단위는 100파운드이며, 가격 P는 100파운드당 가격이다. 현재로서는 종이공장에서 나오는 폐수에 아무런 규제가 적용되지 않아서 폐수 방류가 매우 심각한 수준에 달하고 있다. 종이 생산의 한계외부비용곡선(MEC)은 MEC $= 0.0006Q_S$로 주어져 있다.

a. 폐수 방류를 감시하거나 규제하지 않는 경쟁상황에서 종이가 생산되고 있다면 종이 생산량과 종이 가격은 얼마인가?

b. 사회적으로 바람직한 효율적인 종이의 가격과 생산량은 얼마인가?

c. a의 답과 b의 답이 서로 다른 이유를 설명하라.

7. 드라이클리닝시장의 역시장수요함수는 $P = 100 - Q$이며, 모든 드라이클리닝회사의 한계비용을 다 합한 사적 한계비용은 MC $= 10 + Q$이다. 또한 드라이클리닝이 발생시키는 공해로 인한 외부적 피해는 한계외부비용곡선 MEC $= Q$이다.

a. 공해에 대한 규제가 없는 경쟁시장에서의 드라이클리닝의 가격과 수량을 계산하라.

b. 사회적으로 효율적인 드라이클리닝의 가격과 수량은 얼마인가?

c. 경쟁시장에서 사회적으로 효율적인 드라이클리닝의 양이 생산되기 위해서는 얼마의 세금이 부과되어야 하는가?

d. 드라이클리닝시장이 규제가 없는 독점시장이라면 드라이클리닝의 가격과 수량은 얼마인가?

e. 독점적 드라이클리닝시장에서 사회적으로 효율적인 드라이클리닝의 양이 생산되기 위해서는 얼마의 세금이 부과되어야 하는가?

f. 공해에 대한 어떠한 규제도 이루어지지 않는다면 어떤 시장구조하에서 사회적 후생은 더 커지는가? 설명하라.

8. 지구온난화에 대한 사례 18.4에서 표 18.3은 연간 GHG의 배출량을 1% 줄이는 정부정책이 가져다주는 연간 순편익의 크기를 보여 준다. 이러한 정책의 NPV는 할인율이 얼마일 때 0이 되는가?

9. 사과 과수원 옆에 양봉업자가 살고 있다. 벌들이 사과나무에 꽃가루받이를 해 주기 때문에 과수원 주인은 혜택을 얻는다. 벌집 하나가 꽃가루받이를 해 주는 과수원의 면적은 1에이커이다. 그러나 이러한 서비스에 대해 과수원 주인은 따로 돈을 지불하지는 않는다. 한편, 양봉되는 벌의 수는 과수원의 전체 사과나무에 꽃가루받이를 해 주기에는 부족하므로 나머지 사과나무에는 인공 꽃가루받이를 해 주어야 한다. 이에 드는 비용은 1에이커당 $10이다. 벌을 키우는 데드는 한계비용은 MC = 100 + 5Q이다. Q는 벌집의수이고, 각 벌집은 $40의 꿀을 생산한다.

a. 양봉업자는 얼마나 많은 벌집을 유지해야 하는가?

b. 양봉업자가 유지하는 벌집의 수는 경제적으로 효율적인 수준인가?

c. 좀 더 효율적인 결과를 얻기 위해서는 어떤 변화가 필요한가?

10. 한 마을에 세 집단의 사람들이 거주하는데, 각 집단의 공영 텔레비전 방송시간(T)에 대한 수요는 각각 다음과 같다.

$$W_1 = \$200 - T$$
$$W_2 = \$240 - 2T$$
$$W_3 = \$320 - 2T$$

공영 텔레비전 방송은 순수 공공재이며, 시간당 $200의 일정한 한계비용이 발생한다고 가정하자.

a. 효율적인 텔레비전 방송시간은 몇 시간인가?

b. 텔레비전 방송을 민간에 의한 경쟁시장에 맡긴다면 몇 시간이 방송될 것인가?

11. 사례 18.6의 공유자원의 경우를 다시 살펴보자. 가재 요리가 인기를 얻음에 따라 수요곡선이 $C = 0.401 - 0.0064F$에서 $C = 0.50 - 0.0064F$로 이동한다고 하자. 이러한 수요곡선의 이동은 실제로 어획되는 가재의 양, 효율적인 어획량, 공유자원에 발생하는 사회적 비용에 어떤 영향을 미치는가? (힌트: 사례에서 주어진 사회적 한계비용곡선과 사적 한계비용곡선을 사용하라.)

12. 뉴잉글랜드 지역의 해안은 어업자원이 풍부하다. 이 해안은 1평방마일당 물고기의 양에 따라 1지역과 2지역으로 구분된다. 1지역에는 1평방마일당 물고기의 양이 많지만 물고기를 잡는 노력에 대해 매우 큰 수확체감 현상을 나타낸다. 1지역의 하루당 어획량(톤)은 다음과 같이 주어진다.

$$F_1 = 200(X_1) - 2(X_1)^2$$

여기서 X_1은 1지역의 어선 수이다. 2지역은 1평방마일당 물고기의 양은 적지만 지역이 더 넓고 수확체감 현상은 1지역에 비해서 그다지 크게 나타나지 않는다. 2지역의 하루당 어획량은 다음과 같이 주어진다.

$$F_2 = 100(X_2) - (X_2)^2$$

여기서 X_2는 2지역의 어선 수이다. 각 지역의 한계어획량 MFC는 다음과 같다.

$$\text{MFC}_1 = 200 - 4(X_1)$$
$$\text{MFC}_2 = 100 - 2(X_2)$$

이 두 지역에서 고기를 잡을 수 있는 미국정부의 배출권을 가진 어선의 수는 100척이다. 물고기는 톤당 $100에 팔린다. 어선당 총비용(자본비용 및 운영비용)은 하루 $1,000로 일정하다. 이러한 상황하에서 다음 질문에 답하라.

a. 만약 정부의 규제 없이 어선이 원하는 곳에서 마

음대로 물고기를 잡을 수 있도록 허용한다면, 각 지역에서 얼마나 많은 어선들이 고기잡이를 할 것인가? 이때 잡히는 총어획량의 가치는 얼마인가?

b. 만약 정부가 어선의 수를 제한한다면 각 지역에 몇 척의 어선이 배정되어야 하는가? 총어획량의 가치는 얼마인가? 총 어선 수는 100척으로 제한된다고 가정하라.

c. 만약 새로운 어부들이 어선을 구입하여 고기잡이를 하고자 한다면, 어획량의 순가치를 극대화하는 정부는 그들에게 배출권을 발급해야 하는가? 그

이유는 무엇인가?

13. 담배에 대한 수요함수가 $P = 500 - 0.2Q$로 주어져 있다. 담배 생산의 한계비용은 \$50로 일정하고, 경쟁적 시장에서 판매된다고 하자.

a. 담배시장의 균형거래량을 구하라.

b. 만약 담배의 한계외부비용이 $MEC = 0.1Q$라면, 사회적 최적 수준은 어떻게 되는가?

c. 사적 한계비용과 사회적 한계비용, 그리고 수요곡선을 그려라. 시장균형거래량, 사회적 최적 거래량, 그리고 사회후생비용은 각각 어떻게 되는가?

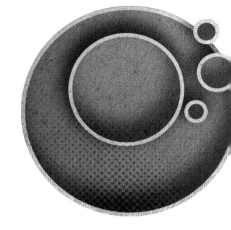

CHAPTER 19

행동경제학

지금까지는 소비자와 기업의 행위를 상당히 단순하게 표현하였다. 소비자는 가격에 대한 완전한 정보를 가지고 예산제약하에서 자신의 효용을 극대화하는 재화를 선택한다고 가정하였다. 마찬가지로 기업은 수요와 생산요소의 가격, 그리고 생산기술에 대한 완전한 정보를 가지고 원하는 생산량을 생산하는 데 필요한 비용을 최소화하는 노동, 자본 및 기타 생산요소를 선택한다고 가정하였다. 이러한 가정하에서 소비자의 수요곡선과 기업의 비용곡선을 도출하였다.

그런데 소비자들과 기업들이 이러한 경제적 행동에 관한 합리적 모형을 항상 따르지 않는다면 어떻게 되는가? 만약 소비자가 가격에 대한 완전한 정보가 없거나 소비자 선택에서 핵심인 제약하의 최적화 문제를 해결하지 못한다면 어떻게 되는가? 또한 기업이 자신의 생산기술에 대한 완전한 정보가 없거나 어떤 이유로 비용을 최소화하는 자본과 노동의 투입량을 선택하지 못한다면 어떻게 되는가? 이 장에서는 소비자의 소비에 관한 선택 혹은 기업의 생산에 관한 선택에서 의사결정의 심리적인 측면에 대해 살펴본다.

기초적인 소비자 수요이론은 첫째, 소비자는 다른 재화에 비해 어떤 재화에 대해 분명한 선호를 가지며, 둘째, 소비자는 예산제약에 직면하며, 셋째, 소비자는 주어진 선호, 제한된 소득, 그리고 주어진 재화의 가격하에서 자신의 만족감 또는 효용을 극대화하는 재화들을 구매한다는 세 가지 가정에 기초한다. 그러나 이러한 가정들이 항상 현실적이지는 않다. 선호는 선택이 이루어지는 상황에 따라 달라질 수 있어서 항상 분명하지는 않으며, 때로는 효용극대화와는 다른 선택을 할 수도 있다.

만약 인간의 행위에 대하여 보다 현실적이고 구체적인 가정들을 고려할 수 있다면 소비자 수요와 기업의 의사결정에 대해 보다 잘 이해할 수 있을 것이다. 바로 이 점이 최근 각광을 받고 있는 **행동경제학**(behavioral economics)의 목적이다. 행동경제학은 미시경제학 연구의 범위를 넓히고 풍부하게 해 주는 분야이다.[1] 여기서는 지금까지 의존해 왔던 효용극대화 관련 가정들에 의해서는 설명이 쉽지 않은 소비자행동의 몇 가지 예를 구체적으로 살펴봄으로써 행동경제학을 소개한다.

- 폭설이 내려서 눈을 치우는 삽을 사기 위해 철물점을 방문한다. 눈삽의 가격은 이 철물점에서 지금까지 판매하던 가격인 $20일 것으로 예상했지만 갑자기 $40로 올랐음을 확인한다. 물론 폭설 때문에 가격이 올랐을 것으로 예상했지만 두 배나 오른 것은 너무 심하며, 철물점이 폭리를 취한다고 생각한다. 기분이 상해서 삽을 사지 않는다.[2]
- 눈 때문에 오랫동안 집에 갇혀 지내다가 시골로 휴가를 떠나기로 마음을 먹는다. 가는 길에 점심을 먹으러 고속도로 휴게소의 식당에 들른다. 비록 그 식당을 다시 방문하지는 않을 것이지만 서비스의 대가로 15%의 팁을 주는 것이 적절하다고 생각한다.
- 이 교과서를 인터넷 서점을 통해 구매하면 동네 서점보다 싼 가격에 살 수 있다. 그런데 가격을 비교할 때 택배요금을 고려하지 않는다.

이러한 예는 나타날 수 있는 행동을 보여 주지만, 제3장과 제4장에서 사용했던 기본 가정에만 기초한 소비자행동 모형에 의해서는 설명될 수 없다. 그 대신 소비자행동의 기본 가정을 보강하기 위해 심리학과 사회학으로부터 통찰력을 얻을 필요가 있다. 이러한 통찰력을 통하여 보다 복잡한 소비자 선호, 의사결정에서 간단한 규칙의 사용, 그리고 확률을 이해하는 데 있어서 사람들이 자주 겪는 어려움 등에 대해 설명할 수 있다.

표준적인 소비자 선호와 수요 모형에 대한 조정은 세 가지 유형으로 구분될 수 있는데, 부분적으로 처한 상황에 따라 재화와 서비스의 가치를 부여하는 경향, 경제적 거래의 공정성에 대한 관심, 복잡한 경제적 의사결정 대신 경험법칙의 사용 등이 그것이다. 이에 대해 하나씩 차례대로 살펴본다.

19.1 기준점과 소비자 선호

표준적인 소비자행동 모형에서는 소비자는 자신이 구매하는 재화와 서비스에 대해 유일한 가치를 부여한다고 가정한다. 하지만 심리학자들과 시장연구에 관한 문헌들은 소비자가 인식하는 가치는 부분적으로 구매 의사결정이 이루어지는 상황에 따라 결정된다는 것을 발견하였다. 그러한 상황은 적어도 선호를 부분적으로 결정하는 **기준점**(reference point)을 만들어 낸다.

기준점 개인이 소비에 관한 의사결정을 하는 기준이 되는 점

기준점은 개인이 소비에 관한 의사결정을 할 때 기준이 되는 점으로서 의사결정에 강한 영향을 미친다. 피츠버그와 샌프란시스코의 아파트가격을 예로 살펴보자. 2006년에 침실이 2개인 아파트의 월간 임대료의 중위값은 피츠버그의 경우에는 $650였지만 샌프란시스코에서는 $2,125였다. 샌프란시스코의 주택가격에 익숙한 사람은 피츠버그의 가격은 너무 싸다고 생각할 수 있

1 이 절에서 소개되는 내용에 대한 보다 구체적인 논의는 다음 연구들을 참조하라. Stefano DellaVigna, "Psychology and Economics: Evidence from the Field," *Journal of Economic Literature* 47(2), 2009: 315-372; Colin Camerer and George Loewenstein, "Behavioral Economics: Past, Present, Future," in Colin Camerer, George Loewenstein, and Matthew Rabin (eds.), *Advances in Behavioral Economics*, Princeton University Press, 2003.

2 이 예는 다음의 논문에 기초한 것이다. Daniel Kahneman, Jack Knetsch, and Richard Thaler, "Fairness as a Constraint on Profit Seeking: Entitlements in the Market," *American Economic Review* 76 (September 1986): 728-741.

다. 하지만 피츠버그에서 샌프란시스코로 이주하는 사람의 입장에서는 그렇게 높은 주택가격은 대단히 불공정하다고 느낄 수 있다.[3] 이 예에서 피츠버그에 오래 거주한 사람의 기준점과 샌프란시스코에 오래 거주한 사람의 기준점은 분명히 다르다.

기준점은 어떤 재화에 대한 과거의 소비, 시장에 대한 경험, 가격이 어떻게 움직여야 하는가에 대한 기대, 재화를 소비하는 상황 등 여러 가지 이유 때문에 만들어진다. 기준점은 사람들의 경제적 의사결정 방식에 중대한 영향을 미칠 수 있다. 아래에서는 기준점에 관한 몇몇 예와 기준점이 소비자의 행위에 영향을 미치는 경로에 대해 설명한다.

부존효과 널리 알려진 기준점의 예는 부존효과이다. **부존효과**(endowment effect)는 개인이 어떤 재화를 보유할 때는 그렇지 않을 때에 비해 높은 가치를 부여하는 경향이 나타난다는 것이다. 이 효과에 대해 생각하는 한 가지 방법은 개인이 어떤 재화를 구매할 때 지불하고자 하는 가격과 그 재화를 판매할 때 받아야 한다고 생각하는 가격 간의 차이를 고려하는 것이다. 기초적인 소비자 행동 이론에서는 두 가격은 똑같아야 한다고 설명하지만 실제로는 그렇지 않다는 것이 많은 실험을 통해 밝혀졌다.[4]

다음은 강의실에서 학생들을 대상으로 실시한 실험과 그 결과이다. 우선 절반의 학생들을 무작위로 선택하여 시장가치가 $5인 커피머그를 공짜로 나눠 주었으며, 나머지 절반에게는 주지 않았다.[5] 머그를 가진 학생들에게 그 머그를 교수에게 다시 판다면 얼마를 받고자 하는지를 물었으며, 머그가 없는 절반에게는 머그 대신 얼마를 받기를 원하는지를 물었다. 두 그룹이 처한 상황은 유사하지만 기준점이 다른 것이다. 머그를 가진 것이 기준점이 되는 첫 번째 그룹의 평균 판매가격은 $7로 나타났다. 하지만 머그가 없는 그룹은 머그 대신 평균 $3.5를 받기를 원했다. 이와 같은 가격의 차이는 머그를 가진 사람의 입장에서는 머그를 포기함에 따른 손실이 머그가 없는 사람이 머그를 얻음에 따른 이익에 비해 크게 인식된다는 것을 보여 준다. 이것이 바로 부존효과인데, 머그는 이미 그것을 가진 사람에게 더 가치가 있다는 것이다.

손실 기피 커피 머그에 대한 실험은 또한 손실 기피의 예를 보여 준다. **손실 기피**(loss aversion)란 사람들은 이익을 얻는 것보다 손해를 피하는 것을 선호하는 경향이 있다는 것이다. 머그를 가진 학생들은 머그의 시장가치가 $5라고 믿는다면 시장가치에 비해 적게 받고 판다면 손해라고 인식하기 때문에 $5보다 낮은 가격에 팔기를 원치 않는다. 머그를 공짜로 받았으므로 $5보다 싼 가격에 팔더라도 이익을 본다는 사실은 큰 문제가 되지 않는 것이다.

손실 기피의 또 다른 예는 주식 거래에서 볼 수 있는데, 사람들은 때로는 자신들이 보유한 주식을 팔아서 다른 주식에 투자하는 것이 낫다고 생각하더라도 손해를 보고는 주식을 팔기를 주저한다. 주식을 구입할 때 시장 상황에 비추어 볼 때 너무 높은 가격을 지불한 것으로 판명되더

부존효과 개인이 어떤 재화를 보유할 때는 그렇지 않을 때에 비해 높은 가치를 부여하는 경향

손실 기피 사람들이 이익을 얻는 것보다 손해를 피하는 것을 선호하는 경향

---

3 이 사례는 다음 문헌에서 인용한 것이다. Uri Simonsohn and George Loewenstein, "Mistake #37: The Effects of Previously Encountered Prices on Current Housing Demand," *The Economic Journal* 116 (January 2006): 175-199.

4 실험적 방법은 행동경제학의 발전에 있어서 중요한 역할을 해 왔다. 2002년에 노벨경제학상을 공동으로 수상했던 Vernon Smith는 실험적 방법을 사용하여 경제이론을 검증한 선구적인 학자이다.

5 Daniel Kahneman, Jack L. Knetsch, and Richard H. Thaler, "Experimental Tests of the Endowment Effect and the Coase Theorem," *Journal of Political Economy* 98, (December 1990): 1925-48.

라도 그 가격이 기준점으로 작용하기 때문에 손실을 보는 것을 기피하려 한다. ($1,000의 이익이 가져다주는 혜택에 비해 $1,000의 손실 때문에 상처를 입는다.) 부존효과가 나타나는 상황은 매우 다양하지만 소비자들이 일정한 경험을 얻음에 따라 이런 효과는 사라질 수 있다. 주식 중개인이나 투자전문가들은 이러한 손실 기피 경향을 보이지 않는다.[6]

구성 의사결정에서 선택이 나타나는 맥락 또는 상황에 의존하는 경향

구성 선호는 또한 기준점의 또 다른 표현인 구성에 의해 영향을 받는다. **구성**(framing)이란 의사결정을 할 때 선택이 나타나는 맥락 또는 상황에 의존하는 경향을 의미한다. 선택의 명칭, 선택이 나타나는 상황, 선택이 나타나는 모습 등을 포함하는 선택의 구성은 개인의 선택에 영향을 미칠 수 있다. 두 화장품 상자에는 똑같은 화장품이 들어 있지만 한 상자에는 "노화를 늦춘다"는 설명이, 다른 상자에는 "다시 젊음을 느끼게 만든다"는 설명이 적혀 있다면 정보가 제한적이며 관점이 중요한 현실에서는 많은 사람들은 젊음을 강조하는 제품을 선호할 것이다.

눈에 띄기 재화와 서비스에 대한 인식의 중요성

눈에 띄기 어떤 재화나 서비스가 **눈에 띈다**(salience)는 것은 그 특징 중 하나 또는 그 이상이 중요하게 인식되는 것을 말한다. 예를 들어 유명 브랜드의 제품은 종종 소비자들에게 새로운 정보를 제공하는 눈에 띄는 특징을 가진다. 세렝게티 초원을 배경으로 한 얼룩말과 야생동물의 사진은 탄자니아 사파리 여행 패키지의 눈에 띄는 특징을 표현한다. 또한 역광을 비춘 넓은 화면은 고화질 텔레비전의 눈에 띄는 특징이다. 눈에 띄기는 재화나 서비스의 특징을 강조하는 것이 소비자의 선택을 유인하는 수단으로 작용한다는 점에서 구성과 밀접한 관련이 있다.

행동경제학은 눈에 띄기는 개인이 보다 좋은 선택을 하도록 도움을 줄 수 있다고 지적한다. 눈에 띄기는 재화와 서비스의 가치에 대한 신뢰할 수 있는 신호를 제공함으로써 소비자들의 수요에 긍정적인 영향을 미친다. 예를 들어 자동차에 대해 오랫동안 폭넓은 보증을 제공하는 것은 소비자들에게는 신뢰할 수 있는 자동차라는 신호로 작용한다. 이 경우에는 신뢰성이 눈에 띄는 특징이 된다. 눈에 띄기의 심리학적 중요성을 인식함으로써 기업은 효과적인 마케팅 전략을 수립하고 정책담당자는 실행 가능한 공공정책을 수립할 수 있다.

눈에 띄기는 2013년에 네덜란드에서 행해진 법 집행과 관련한 자연적 실험을 통해 잘 이해할 수 있다.[7] 어떤 사람이 범죄를 저지르려고 하는 경우 눈에 띄기는 체포될 가능성과 그에 따른 처벌을 인식하는 것이다. 만약 이 사람이 두 가지 핵심적인 요소에 대해 잘 인식하지 못한다면 범죄행위는 제대로 억제되지 않는다.[8]

실험의 초점은 불법적인 쓰레기 투기에 맞추어졌다. 네덜란드의 한 동네에서 가장 지저분한 56곳을 선택하여 쓰레기처리 조례를 위반하는 가구를 찾아서 벌금을 부과하는 임무가 두 명의 공무원에게 주어졌다. 각 장소에는 대형 쓰레기수거 컨테이너가 설치되었으며, 1유로를 지불해야 쓰레기를 버릴 수 있었다. 실험이 시작되기 전에는 많은 사람들이 쓰레기처리 비용을 지불하

6 John A. List, "Does Market Experience Eliminate Market Anomalies?" *Quarterly Journal of Economics* 118 (January 2003): 41-71.

7 Robert Dur and Ben Vollaard, "Salience of Law Enforcement: A Field Experiment," draft June 2016.

8 위법행위의 억제에 관한 이전 연구에서 몇몇 연구자들은 밝은색의 큰 주차위반 딱지를 자동차의 와이퍼 아래에 둔다면 사람들이 주차요금을 내도록 유도할 수 있음을 확인하였다. Christine Jolls, Cass R. Sunstein, and Richard Thaler, "A Behavioral Approach to Law and Economics," *Stanford Law Review*, 50 (1998): 1471-1476.

사례 19.1 주택의 판매

주택을 소유한 사람들은 새 직장 때문에 다른 곳으로 이사하거나, 직장과 가까운 곳으로 이사하거나, 혹은 집을 넓히거나 좁히고 싶을 때 주택을 팔고자 한다. 이때 자신의 주택을 시장에 내놓는다. 그런데 가격은 얼마나 받아야 하는가? 집주인은 비슷한 주택의 매매가격을 알아보거나 혹은 부동산업자와 상의하여 판매가격을 파악할 수 있다. 그런데 때로는 집주인이 실제 판매될 수 있는 현실적인 가격에 비해 매우 높은 가격을 부를 수도 있다. 그에 따라 그 집은 주인이 마지못해 가격을 낮추기 전에 수개월 동안 시장에 나와 있게 된다. 그 기간 동안 집주인은 집을 계속 유지해야 하며, 세금과 공공요금, 그리고 보험료를 내야 한다. 이런 상황은 비현실적이므로 시장에서 거래되는 가격과 유사한 수준에서 판매가격을 정해야 하지 않을까?

여기에는 *부존효과*가 작동한다. 집주인은 자신의 집을 특별하다고 생각한다. 그 집을 소유함으로써 시장가치를 훨씬 뛰어넘는 특별한 가치를 얻었다고 생각하는 것이다.

주택가격이 떨어진다면 손실 기피가 작동하게 된다. 실제로 거품이 꺼지면서 미국과 유럽의 주택가격은 2008년경부터 하락하였다. 그 결과 일부 주택소유자들은 판매가격을 결정할 때 손실 기피의 영향을 받았는데, 특히 거품이 절정일 때 주택을 구입한 사람들의 경우는 더 큰 영향을 받았다. 집을 팔면 실제로 손해를 보는 것이다. 그와 같은 현실을 회피하고자 하는 것은 주택소유자들이 집을 팔기 위한 마지막 단계에서 주저하는 현상을 설명한다. 따라서 경기가 좋을 때에 비해 경기침체기에는 주택이 시장에 오랫동안 나와 있는 경향을 볼 수 있다.

지 않으려고 쓰레기봉투와 폐품들을 버렸다. 실험이 시작되기 전 1년 동안에는 규정 위반으로 적발될 확률은 5%였으며, 발각 시에는 90유로의 벌금이 부과되었다. 따라서 벌금의 기댓값은 4.5유로였다. 상당한 금전적 부담에도 불구하고 대다수의 사람들은 쓰레기처리 조례를 위반하였다.

실험은 몇몇 장소에서 불법적으로 버려진 쓰레기봉투 겉면에 발각 시에는 90유로의 벌금을 내야 한다는 오렌지색의 경고문을 부착함으로써 공무원들의 감시행위가 보다 눈에 띄도록 만드는 방식으로 진행되었다. 경고문은 며칠 동안 부착되었다. 그 후에 경고문을 부착한 곳에서는 부착하지 않았던 곳과 비교할 때 불법적으로 버려진 쓰레기봉투가 50%나 감소한 것으로 나타났다. 이 연구는 주차위반 딱지의 경우와 마찬가지로 범죄행위의 억제효과는 발각될 확률과 벌칙뿐만 아니라 눈에 띄는 법 집행에 의해서도 달라진다는 결론을 내렸다.

눈에 띄기를 고려하는 것은 행동경제학의 다양한 중심 개념과 함께 다음과 같은 여러 가지 측면에서 기본적인 미시경제이론도 풍부하게 만든다. 첫째, 중요한 특징을 강조함으로써 선택 가능한 대안에 대한 개인적 믿음의 정확성을 향상시킨다. 둘째, 선택의 비용과 편익에 대한 개인의 지식을 향상시킨다.

19.2 공정성

사람들이 때때로 금전적이거나 물질적인 혜택이 없더라도 어떤 일을 하는 것은 그렇게 하는 것이 적절하거나 공정하다고 생각하기 때문이다. 자선적인 기부, 노력봉사, 또는 음식점에서 팁을 주는 것 등을 예로 들 수 있다. 앞에서 살펴본 눈삽을 사는 예에서는 공정성도 소비자의 행위에 영향을 미친다.

기본적인 소비자이론에서는 공정성을 고려하지 않는 것처럼 보인다. 하지만 공정성이 소비자의 행위에 미치는 영향을 고려하기 위해 수요 모형을 수정할 수 있다. 눈삽의 예를 다시 살펴보자. 삽의 시장가격은 $20였지만 폭설이 내린 후에는 수요곡선의 이동에 의해 가격이 $40로 올랐다. 어떤 소비자들은 불공정한 바가지라고 생각하여 삽을 사지 않는다.

그림 19.1을 통해서 이러한 상황을 볼 수 있다. 수요곡선 D_1은 기후가 정상적일 때의 수요를 나타낸다. 철물점은 삽 하나에 $20를 받았으며 한 달에 Q_1의 삽을 판매한다. 어떤 사람들은 더 높은 가격을 지불할 용의가 있지만 시장가격이 $20이므로 그럴 필요는 없다. 폭설로 인해 수요곡선은 오른쪽으로 이동한다. 가격이 $20로 유지된다면 수요량은 Q_2로 증가한다. 그런데 새로운 수요곡선 D_2는 처음의 수요곡선처럼 위로 올라가지는 않는다. 많은 소비자들은 가격이 $25처럼 약간 오르는 것은 공정하지만 그보다 더 많이 오르는 것은 바가지라고 생각하는 것이다. 따라서 새 수요곡선은 $25 이상의 가격에서는 매우 탄력적이 되며, 가격이 $30 이상일 때는 아무도 삽을 사지 않는다.

여기서 공정성이 어떻게 작용하는지에 대해 살펴보자. 날씨가 정상적일 때 어떤 소비자들은 삽 하나에 $30나 혹은 $40까지 지불할 용의가 있었다. 하지만 가격은 항상 $20였다는 것을 알기 때문에 폭설 이후에 가격이 급격히 상승하는 것에 대해 바가지라고 생각하고 사지 않는 것이다. 공정성에 대한 소비자들의 태도를 고려하여 표준적인 수요곡선을 수정할 수 있다.

공정성의 또 다른 예는 다음과 같은 **최후통첩** 게임(ultimatum game)에서 볼 수 있다. 여러분이 다시 만나지 않을 상대방과 1달러짜리 지폐 100장을 나누어 가진다고 하자. 우선 여러분이 지폐를 나누는 방식을 제안한다. 상대방은 여러분의 제안을 수용하거나 거부하는데, 만약 수용한다면 여러분이 제안한 방식에 따라 지폐를 나누어 가지지만 만약 거부한다면 두 사람 모두 한 장의 지폐도 얻지 못한다. 여러분은 어떻게 제안해야 하는가?

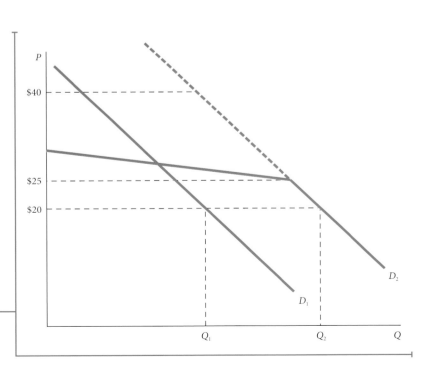

그림 19.1

눈 치우는 삽의 수요
날씨가 정상적일 때의 수요곡선은 D_1이다. 철물점은 $20의 가격에 한 달 동안 Q_1의 삽을 판매하였다. 폭설로 인해 수요곡선이 오른쪽으로 이동할 때 가격이 $20로 유지된다면 수요량은 Q_2로 증가한다. 하지만 새 수요곡선 D_2는 처음의 수요곡선처럼 위로 올라가지는 않는다. 소비자들은 가격이 $25와 같이 약간 오르는 것은 공정하지만 그보다 더 많이 오르는 것은 바가지라고 생각한다. 새 수요곡선은 $25 이상의 가격에서는 매우 탄력적이 되며, 가격이 $30 이상일 때는 아무도 삽을 사지 않는다.

돈이 많을수록 효용이 높아지기 때문에 기본적 이론에 따른 답은 분명하다. 여러분은 여러분이 $99를 가지는 것을 제안하며, 상대방은 $1만 가진다. 상대방이 여러분의 제안을 거부한다면 아무것도 얻지 못하므로 여러분의 제안을 받아들여서 $1를 얻는 것이 낫다. 이런 거래를 통해 두 사람 다 좋아진다.

하지만 이런 선택 문제에 있어서 많은 사람들은 이렇게 제안하는 것을 주저하는데, 그 이유는 그러한 제안은 불공정하여 상대방이 그 제안을 거부할 것이라고 생각하기 때문이다. 상대방은 두 사람이 $100를 나누어 가질 수 있는 우연한 기회를 가졌기 때문에 간단하고 공정한 배분은 $50씩 가져가거나 그것과 비슷하게 가져가는 것이라고 생각할 수 있다. 따라서 상대방은 여러분이 $1를 준다는 제안을 거부함으로써 여러분이 욕심 많고 적절치 않은 제안을 했다고 느끼도록 만들 수 있다. 만약 상대방이 이런 식으로 느낄 수 있다고 생각한다면 여러분은 더 많은 금액을 상대방에게 제안하는 것이 합리적일 것이다. 실험을 통해 이 게임을 실시한 결과 통상 67/33과 50/50 사이의 배분이 제안되었으며, 그러한 제안은 수용되었다.

최후통첩 게임은 경제적 의사결정에서 공정성의 영향을 보여 준다. 기업과 근로자 간의 협상에서도 공정성에 관한 고려가 영향을 미친다. 기업의 경영자는 근로자들이 안정적인 생활수준을 유지해야 한다고 생각하거나 편안한 근로환경을 조성하기 원하기 때문에 종업원들에게 높은 임금을 제안할 수 있다. 또한 공정하다고 느끼는 수준의 임금을 받지 못하는 근로자들은 직무에 노력을 기울이지 않는다.[9] (17.6절에서는 공정성에 대한 고려는 없이 노동시장의 효율임금이론을 통해 근로자들에게 시장임금보다 높은 임금을 지불하는 것을 설명하였다.) 공정성은 기업이 가격을 책정하는 방식에도 영향을 미치는데, 기업이 수요가 증가하는 경우에 비해 비용 인상에 반응하여 보다 쉽게 가격을 올리는 이유를 설명해 준다.[10]

다행스럽게도 공정성에 대한 고려는 기본적인 소비자행동 모형에서 고려할 수 있다. 샌프란시스코로 이주하는 개인이 높은 아파트 임대료가 공정하지 않다고 믿는다면 임대주택에 대한 지불 용의 임대료는 낮아진다. 충분히 많은 수의 개인들이 이런 식으로 느낀다면 수요가 감소하여 임대료는 하락할 것이다. 마찬가지로 충분히 많은 수의 근로자들이 임금이 공정하지 못하다고 생각한다면 노동의 공급량은 줄어들고 임금은 인상될 것이다.

19.3 경험법칙과 의사결정상의 편의

많은 경제적 및 일상적 의사결정은 매우 복잡하며, 특히 경험이 거의 없는 문제에 관한 선택은 더욱 복잡하다. 이런 경우에는 사람들은 의사결정에서 경험법칙(rule of thumb)에 의존한다. 식당에서 팁을 주는 예에서 15%의 팁을 주기로 결정하는 것은 경험을 따른 것이다. 하지만 이처럼 경험법칙을 따르는 것은 기본적인 모형에서는 허용되지 않는 의사결정상의 편의(bias)를 초래하

---

9 행동경제학과 임금 및 고용이론에 관한 일반적인 논의는 다음을 참고하라. George Akerlof, "Behavioral Macroeconomics and Macroeconomic Behavior," *American Economic Review* 92 (June 2002): 411–33.

10 예를 들어 다음 문헌을 참고하라. Julio Rotemberg, "Fair Pricing," *Journal of the European Economic Association* 9 (2011): 952–981.

게 된다.[11]

고정화 우리가 의사결정을 할 때 사용하는 정신적인 법칙은 종종 결정이 이루어지는 맥락 또는 상황과 얻을 수 있는 정보에 의존한다. 예를 들어 여러분이 새로운 자선단체로부터 기부금을 내라는 권유를 받는다고 하자. 기부금액은 마음대로 정하는 것이 아니라 $20, $50, $100, $250 또는 기타 금액으로 정해져 있다. 이러한 제안의 목적은 여러분이 최종 기부금액을 고정(anchor)하도록 만드는 것이다. **고정화**(anchoring)란 서로 관련이 없는 제안된 정보가 최종적인 의사결정에 미치는 영향을 의미한다. 예를 들어 정확히 $44.52를 기부하기로 정하는 것이 인색하게 보일까 봐 그보다 약간 높은 금액인 $50를 기부하기로 한다. 또 형식적으로 $10만 기부하기를 원하는 사람은 제시된 금액 중 가장 낮은 $20를 선택한다. 이와 유사하게 상품의 가격표에 적힌 가격의 끝자리가 0.95 또는 0.99인 것도 우연은 아니다. 시장은 소비자들이 소수점 위의 가격을 과도하게 고려하는 경향이 있어서 제품의 가격대를 $20 미만 또는 $20 이상으로 구분한다는 것을 알고 있다. 따라서 심각하게 생각하지 않는 소비자는 $19.95가 $20.01에 비해 상당히 싸다고 느끼는 것이다.

고정화 의사결정을 할 때 사전에 가진 정보에 강하게 의존하는 경향

경험법칙 의사결정을 위해 필요한 노력을 줄이는 일반적인 방법은 별로 중요하지 않다고 생각되는 정보를 무시하는 것이다. 예를 들어 인터넷에서 재화를 구매할 때는 배송료가 부과되는데, 소비결정에서는 소액의 배송료라도 재화의 최종가격에 포함된 한 부분으로 고려해야 한다. 그러나 최근 연구에 의하면 많은 소비자들은 온라인으로 제품을 구매할 때는 보통 배송료를 무시하는 것으로 나타난다. 이러한 의사결정은 편의(bias)를 가지는데, 즉 제품의 가격을 실제 가격에 비해 낮게 생각하는 것이다.[12]

경험법칙에 따른 의사결정은 편의를 초래할 수 있지만 상당히 유용할 수도 있다. 경험법칙을 통해 시간과 노력을 절약할 수 있으며, 단지 약간의 편의만 나타난다. 따라서 완전히 무시해서는 안 된다.

소비자들은 자주 불확실한 상황에서 의사결정을 하지만 그러한 상황에서 최적의 의사결정을 위해 필요한 확률을 이해하지 못하는 경우가 많다. (예를 들어 기대효용의 계산방법이 너무 복잡해서 이해하지 못할 수 있다.) 따라서 소비자들은 자주 경험법칙을 따르게 되는데, 경우에 따라서는 강한 편의를 초래할 수도 있다.

소수의 법칙 상대적으로 정보가 적을 때는 어떤 일이 발생할 확률을 과대평가하는 경향

소수의 법칙 사람들은 때로는 **소수의 법칙**(law of small numbers)이라는 편의를 가지기 쉬운데, 최근의 기억으로부터 얻을 수 있는 정보가 상대적으로 적을 때는 어떤 일이 생길 확률을 과장하는 경향이 나타난다. 예를 들어 사람들은 자신이나 자신이 아는 사람이 비행기사고로 사망하거나 복권에 당첨될 가능성을 과대평가하는 경향이 있다. 빨간색이 세 번 연속으로 나오는 것을 보고 검은색에 베팅한 룰렛 선수를 생각해 보라. 그는 확률의 법칙을 무시한 것이다.

---

11 이 주제에 관한 입문서로는 다음을 참고하라. Amos Tversky and Daniel Kahneman, "Judgment under Uncertainty: Heuristics and Biases," *Science* 185 (September 1974): 1124-31.

12 Tankim Hossain and John Morgan, "… Plus Shipping and Handling: Revenue (Non) Equivalence in Field Experiments on eBay," *Advances in Economic Analysis & Policy* 6: 2 (2006).

연구에 따르면 주식시장에 투자하는 사람들은 자주 소수의 편의(small number bias)에 빠진다. 지난 수년간의 높은 수익률이 향후 몇 년 동안 더 높은 수익률로 이어질 것으로 생각하여 무리지어 행동(herd behavior)하는 경향이 나타난다. 이런 경우에는 투자자들은 단기간의 시장상황을 관찰함으로써 투자의 기대수익을 평가한다. 실제로는 주식투자로부터의 기대수익을 정확하게

사례 19.2 뉴욕시의 택시운전사

대부분의 택시운전사들은 매일 일정한 금액을 주고 차량을 소유한 회사로부터 택시를 임대한다. 운전사들은 12시간 동안 원하는 만큼 택시를 운행할 수 있다. 다른 서비스와 마찬가지로 택시영업의 경우도 날씨, 지하철 운행 중단, 휴일 등 여러 가지 요인에 따라 변동성이 크다. 택시운전사들은 대체로 예측이 불가능한 이러한 변동성에 대해 어떻게 대응하는가?

많은 도시는 택시요금을 규제하고 있어서 요금은 일정하다. 승객이 많은 바쁜 날에는 택시운전사들은 대기하는 시간을 줄일 수 있으므로 수입이 많아진다. 전통적인 경제이론에 따르면 택시운전사들은 바쁜 날에는 그렇지 않은 날에 비해 더 오래 일한다. 예를 들어 바쁜 날에는 1시간 더 일하면 $20를 벌 수 있지만 바쁘지 않은 날에는 $10만 벌기 때문이다. 택시운전사의 행동을 이런 전통적인 이론으로 설명할 수 있을까?

뉴욕의 택시와 리무진협회로부터 구한 1994년 봄의 실제 택시운행거리 자료를 분석한 흥미로운 연구가 있다.[13] 그 당시 택시를 하루 임대하는 임대료는 $76였으며, 하루 연료비는 약 $15였다. 놀랍게도 대부분의 택시운전사들이 바쁜 날에 비해 바쁘지 않은 날에 더 많은 시간 동안 운행하는 것으로 나타났다. 달리 말하면 하루에 운행하는 시간과 시간당 임금 간에는 음(−)의 관계가 있어서 임금이 많을수록 하루 일을 빨리 마친다는 것이다. 이런 결과는 행동경제학을 통해 설명할 수 있다. 대부분의 택시운전사들이 하루 일정한 목표 수입을 정한다고 하자. 행동적 관점에서 하루 목표 수입을 정하는 것은 일리가 있다. 목표 수입은 택시운전사에게는 간단한 의사결정법칙을 제공하는데, 하루 동안 요금기록만 지키면 된다. 또 목표 수입은 택시운전사들에게는 자기통제 문제를 해소하는 데 도움을 준다. 택시운전의 고단함 때문에 목표가 없다면 택시운전사들은 자주 하루 일을 일찍 마치게 될 것이다. 1994년의 연구에서 목표 수입은 하루 $150로 나타났다.

많은 연구들은 경제주체들의 행위를 행동경제학적으로 설명하고자 한다. 뉴욕의 택시운전사에 대한 또 다른 연구는 전통적인 경제이론이 택시운전사들의 행위에 대해 중요한 직관을 제공한다는 결론을 내렸다.[14] 언제 하루 일을 마칠 것인지를 결정하는 데 있어서 수입은 약간의 영향만 미치는 대신 이미 얼마나 일을 했는지가 중요하다고 주장하였다.

"택시운전사에 관한 큰 논쟁"은 여기서 그치지 않는다. 최근 연구에서는 위의 두 가지 상충적으로 보이는 결과들에 대해 설명하였다. 연구자들은 똑같은 택시운행 기록 자료를 다시 분석함으로써 전통적인 경제모형은 택시운전사들의 의사결정에 대해 상당 부분을 설명하지만, 기준점과 소득과 시간에 대한 목표를 고려하는 행동 모형이 훨씬 잘 설명할 수 있다고 밝혔다.[15]

13 Colin Camerer, Linda Babcock, George Loewenstein, and Richard Thaler, "Labor Supply of New York City Cabdrivers: One Day at a Time," Quarterly Journal of Economics (May 1997): 404–41. Henry S. Farber, "Reference-Dependent Preferences and Labor Supply: The Case of New York City Taxi Drivers," American Economic Review 98 (2008): 1069–82.

14 Henry S. Farber, "Is Tomorrow Another Day? The Labor Supply of New York City Cabdrivers," Journal of Political Economy 113 (2005): 46–82.

15 Vincent P. Crawford and Juanjuan Meng, "New York City Cab Drivers' Labor Supply Revisited: Reference-Dependent Preferences with Rational-Expectations Targets for Hours and Income," American Economic Review, 101 (August 2011): 1912–1934.

추정하기 위해서는 지난 수십 년 동안에 걸친 주식시장의 수익에 대해 연구해야 한다. 이와 유사하게 사람들은 몇 년 동안의 자료를 통해 향후 주택가격이 오를 것으로 예상하는데, 그러한 잘못된 인식의 결과로 주택가격 거품이 발생한다.[16]

사람들은 때로는 동전을 던지는 경우와 같이 실제 확률을 이해하지만, 확률을 알 수 없을 때는 혼란이 발생한다. 예를 들어 자신이나 친구가 자동차사고나 비행기사고를 당할 확률을 아는 사람은 거의 없다. 이런 경우에는 그런 일이 생길 가능성을 평가하기 위해 주관적 확률에 의존한다. 주관적 확률은 실제 확률과 가까울 수도 있지만 그렇지 않을 수도 있다.

주관적 확률을 형성하는 것은 쉬운 일이 아니며, 그 과정에서 몇 가지 편의에 빠질 수 있다. 예를 들어 어떤 일이 일어날 가능성을 평가할 때는 그러한 평가가 이루어지는 맥락이나 상황이 중요하다. 비행기사고가 최근에 일어났다면 사람들은 자신이 같은 사고를 겪을 확률을 과대평가한다. 이와 마찬가지로 어떤 일이 일어날 확률이 지극히 낮다면 사람들은 의사결정에서 그 가능성을 단순히 무시해 버린다.

과신   앞에서는 사람들이 예측을 하거나 행동을 계획할 때 아주 약간의 정보에만 의존하는 소수의 법칙을 따르는 경향이 자주 나타난다고 설명하였다. 예를 들어 지난 한두 해 동안 주식가격이 상당히 올랐던 것을 보고 내년에도 가격이 계속 오를 것으로 전망하여 투자의 위험성을 과소평가할 수 있다. 이런 식으로 위험을 과소평가하는 투자자는 상당한 위험을 안게 되며, 잘못 투자할 수 있다. 그런 투자자는 **과신**(overconfidence) 때문에 곤란을 겪는데, 즉 의사결정을 할 때 자신의 전망이나 능력을 과대평가하는 것이다.

과신은 인간의 의사결정에서 중요하면서도 매우 일반적으로 나타나는 편의이다. 과신은 일이 잘될 것이라는 비현실적인 믿음을 의미하는 **과도한 낙관**(over-optimism)이라는 형식으로 나타날 수 있다. 과도한 낙관의 예로는 자신의 투자는 평균보다 높은 수익률을 가져다줄 것이라는 투자자의 믿음, 자신은 동료들에 비해 빨리 승진할 것이라는 직장인의 믿음, 신용카드 빚을 실제보다 빨리 갚을 수 있을 것이라는 소비자의 믿음 등을 들 수 있다. 또 다른 예로는 기업의 CEO가 자기 기업의 신제품이 시장에서 큰 성공을 거둘 것으로 믿는 경향을 들 수 있다. 또한 재앙적인 긴급의료상황에 닥칠 위험을 과소평가하는 인간의 자연적인 성향도 예로 들 수 있는데, 이러한 낙관 때문에 사람들은 건강보험이나 생명보험에 충분히 가입하지 않는다.

과신은 또한 자신이 결과를 정확하게 예측할 수 있다는 비현실적인 믿음인 **과도한 정확성**(over-precision)의 형태로도 나타날 수 있다. 한 가지 예는 소비자가 이동전화 데이터 사용시간을 선택하는 경우인데, 소비자는 한 달 동안 데이터를 얼마나 다운로드할 것인지를 정확히 예측할 수 있다는 잘못된 믿음 때문에 불필요하게 많은 비용을 지불하게 된다. (11.4절에서 살펴본 이동전화 데이터 사용 계획의 사례를 기억하라.) 건강보험에 충분히 가입하지 않는 것도 역시 과도한 정확성의 결과인데, 사람들은 자신의 장래 건강상태에 대해서 예측할 수 있다는 잘못된 믿음을 가진다.

과신 개인의 전망이나 능력에 대한 과대평가

과도한 낙관 일이 잘될 것이라는 비현실적인 믿음

과도한 정확성 자신이 결과를 정확히 예측할 수 있다는 비현실적인 믿음

---

16 Charles Himmelberg, Christopher Mayer, and Todd Sinai, "Assessing High House Prices: Bubbles, Fundamentals and Misperceptions," *Journal of Economic Perspectives* 19 (Fall 2005): 67–92.

소비자나 투자자, 그리고 기업의 CEO가 자주 과신한다는 것이 지금까지 이 책에서 설명한 미시경제학의 핵심적인 이론이 쓸모없다는 것을 의미하는 것은 아니다. 실제로 핵심적인 이론은 과신의 함의를 이해하는 데 도움을 줄 수 있다. 5.4절에서 설명했던 위험 자산에 대한 수요에서 특히 투자자의 포트폴리오 선택 문제를 다시 살펴보자. 어떤 투자자가 수익률은 R_f로 낮지만 안전한 자산인 국채와 위험이 따르지만 R_m의 높은 기대수익률이 예상되는 주식시장에 대한 투자액을 결정한다고 하자. 주식시장에 대한 투자는 실제 수익률이 불확실하며 표준편차는 σ_m이다. 그림 5.6에서 살펴본 바와 같이 효용을 극대화하는 투자 포트폴리오는 투자자의 무차별곡선(투자자가 동일한 효용을 가지는 위험과 수익률의 조합)이 위험의 시장가격을 나타내는 기울기가 $(R_m - R_f)/\sigma_m$인 예산선과 접하는 점에서 결정된다.

그림 19.2는 투자자의 선택 문제의 해를 보여 주는 그림 5.6을 다시 그린 것이다. 효용극대화 투자 포트폴리오는 무차별곡선 U_1이 실제 예산선과 접하는 점에서 결정된다. 그러한 포트폴리오의 기대수익률은 R^*이며 표준편차는 σ^*이다. 그런데 투자자가 자신이 다른 투자자들에 비해 더 잘 투자할 수 있다고 과신한다면 시장의 위험이 실제 위험보다 낮다고 인식함으로써 예산선은 실제 예산선에 비해 기울기가 크다고 생각한다. 예산선의 기울기는 $(R_m - R_f)/\sigma_m$이므로 투자자의 과신으로 표준편차 σ_m이 실제보다 작다고 생각한다면 인식하는 예산선의 기울기는 커지는 것이다. 이때 투자자는 무차별곡선 U_2가 자신이 인식하는 예산선이 접하는 점의 포트폴리오를 선택하는데, 이에 따라 포트폴리오 내 주식의 비중은 최적에 비해서 높아진다. 따라서 포트폴리오의 기대수익률은 R^*가 아닌 R'으로 높아진다. 그런데 투자자는 자신의 포트폴리오의 위험성이 실제 위험성보다 낮다고 생각하게 된다. 즉 포트포리오의 수익률의 표준편차는 실제로는 σ^{**}이지만 σ'에 불과하다고 생각하는 것이다. 이와 같은 위험에 대한 잘못된 인식 때문에 너무 많은

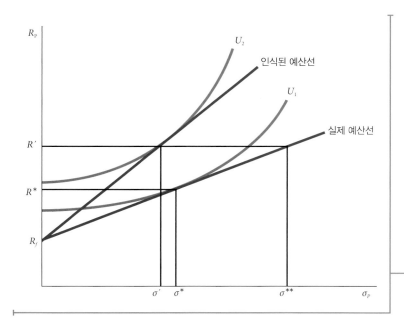

그림 19.2
투자자의 과신
투자자가 안전자산인 국채와 주식에 자신이 가진 자금을 분산하여 투자한다. 예산선은 기대수익률과 기대수익률의 표준편차로 측정한 위험 간의 교환관계를 보여 준다. 효용극대화 포트폴리오는 투자자의 무차별곡선 U_1이 예산선과 접하는 점에서 결정된다. 그런데 투자자는 과신하여 주식의 위험이 실제 위험에 비해 낮다고 인식하여 예산선의 기울기가 보다 급하다고 생각한다. 그 결과 무차별곡선 U_2가 자신이 인식하는 예산선과 접하는 점의 포트폴리오를 선택함으로써 포트폴리오 내 주식의 비중은 최적에 비해 높아진다.

돈을 주식에 투자하게 되는 것이다. 과신으로 인해 투자자는 자신이 부담해야 하는 수준 이상의 위험을 부담하게 된다.

사례 19.3 신용카드 빚

사람들은 대부분 신용카드를 가지고 있으며 물건을 구매하기 위해 규칙적으로 사용한다. 신용카드를 보유한 사람들의 절반가량은 매달 사용액 전체를 상환함으로써 이자부담을 피한다. 하지만 나머지 절반은 전체 사용액 중 일부만 상환하고 나머지에 대해서는 이자를 문다. 이상한 점은 신용카드의 경우에는 주택담보 대출, 자동차 대출, 기타 신용대출에 비해 이자율이 매우 높다는 점이다.

그림 19.3은 연방준비위원회가 조사한 소비자 표본을 대상으로 2013년에 카드보유자들이 지불한 연간 평균 이자율(average percentage rate, APR)을 보여 준다. 어떤 소비자들은 APR이 10% 이하인 카드를 보유했지만 평균 APR은 17%에 달했으며, 많은 소비자들은 그보다 훨씬 높은 APR을 지불하였다. 소비자들이 17% 이상의 높은 이자율을 부담하면서 신용카드 빚을 지는 이유는 무엇인가?

이 질문에 대한 답은 많은 소비자들은 비현실적이지만 신용카드로 구매한 금액을 통제할 수 있어서 이자부담을 피할 수 있다고 믿는다는 것이다. 그들은 과신 때문에 고통을 겪는다. 특히 그런 사람들은 과도하게 낙관적이어서 월말의 청구액이 실제로 청구되는 금액보다 낮을 것이라고 믿는다. 때로는 일부 신용카드 보유자들은 17%의 이자율이 어떤 의미인지 잘 이해하지 못한다. 카드회사들은 이러한 행동적 문제점을 이용하여 그렇게 높은 이자율을 부과함으로써 이윤을 얻을 것이라는 것을 안다.[17]

그림 19.3
신용카드 연체액에 부과된 이자율
그래프는 연방준비위원회의 자료를 이용하여 2013년에 신용카드 사용자들이 지불한 APR을 보여 준다. 어떤 소비자들은 APR이 10% 이하인 카드를 보유했지만 평균 APR은 17%에 달했으며, 많은 소비자들은 그보다 훨씬 높은 APR을 지불하였다.

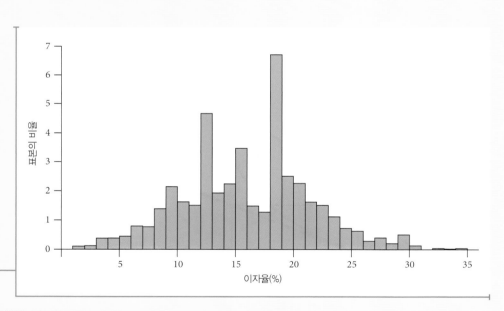

17 소비자들의 과신과 기업이 그러한 과신을 이용하는 다양한 예에 대해서는 다음 문헌을 참고하라. Michael D. Grubb, "Overconfident Consumers in the Marketplace," *Journal of Economic Perspectives*, Fall 2015, Vol. 29 (Fall 2015): 9-36.

사례 19.4 체육관에 가지 않으면서 돈을 지불하기

미국 내에는 수천 개의 회원제 헬스클럽이 있으며 회원 수는 수백만 명에 달한다. 대부분 클럽은 회원들에게 두 가지 이상의 이용료 납부 방식을 제시하는데, 대표적으로는 일정한 연회비를 납부하나 시설을 방문할 때마다 이용료를 내도록 한다. 대부분의 소비자들이 일주일에 몇 번이나 운동할 것인지를 예측하기가 곤란한 상황에서 완전

히 합리적이고 효용을 극대화할 수 있는 방식을 선택할 수 있는가? 헬스클럽 회원권에 대한 한 설득력 있는 연구에 따르면 그렇지 않다고 할 수 있다.[18] 이 연구에서는 보스턴 소재 헬스클럽에 초점을 맞추었는데, 이용료는 첫째, $70의 월회비를 내고 무제한으로 이용하는 방식, 둘째, 연회비 $700를 내고 무제한으로 이용하는 방식, 셋째, 한 번 이용할 때 $12를 내거나 10번 이용에 $100를 내는 방식 중에서 선택할 수 있었다.

이 연구에서는 7,000명 이상의 사람들의 실제 선택을 분석한 결과 소비자들은 자신들이 얼마나 자주 운동을 하는지에 대해 과도하게 낙관적인 견해를 가진다는 다소 놀라운 결과를 발견하였다. 예를 들어 $70의 월회비를 내는 소비자들은 한 달에 평균 4.3회 클럽을

이용했는데, 1회 이용에 $17가 넘는 금액을 지불한 것이었다. 만약 한 번 이용할 때마다 $12를 지불하거나 혹은 10회 이용권을 구입하였다면 한 달 이용료로 $40에서 $50 사이의 금액을 지불했을 것이다. 사람들이 $70의 월회비를 지불하는 방식을 선택했던 이유는 무엇일까? 이에 대한 한 가지 설명으로는 자신을 스스로 잘 통제할 수 있다고 과신하여 운동을 할 가능성을 일관적으로 과다추정했을 가능성을 들 수 있다.

$700의 연회비를 지불한 사람들에게서도 비슷한 결과가 나타났는데, 연회비 납부액만큼은 자주 운동을 하지 않았던 것이다. 1회 방문당 평균비용은 $15로서 한 번 이용할 때마다 $12를 지불하는 방식에 비해 높았다.

여기서 살펴본 과신은 시간이 지나도 계속 되었는가 혹은 결국 자신들이 생각한 만큼 자주 운동하러 가지 않는다는 것을 인식했을까? 월회비나 연회비를 낸 사람들은 자신의 출석률에 대해 알게 되었는데, 그에 따라 일부는 지불 방식을 변경했으며, 나머지 일부는 회원권을 포기하였다.[19]

19.4 거품

1995년부터 2000년 사이에 많은 인터넷 회사들의 주가는 급등하였다. 주가 급등의 배경으로는 많은 주식시장 전문가들, 투자자문가들, 그리고 평범한 투자자들이 생각하는 바와 같이 기초가 튼튼했기 때문이라고 주장할 수 있다. 많은 사람들은 특히 초고속 인터넷이 널리 보급됨에 따라 인터넷의 잠재력은 무한하다고 생각하였다. 결국 아마존(Amazon.com), 크레이그스리스트(Craigslist.org), 티켓마스터(Ticketmaster.com), 팬당고(Fandango.com) 등과 같은 기업들의 온라인 구매를 통해 보다 많은 재화와 서비스가 구매되었다. 또 점점 더 많은 사람들은 신문이나 잡지보다 온라인으로 뉴스에 접했으며, 구글(Google), 빙(Bing), 위키피디아(Wikipedia), 웹MD(WebMD)와 같은 사이트에서 정보를 얻을 수 있었다. 그 결과 기업들도 신문이나 TV를 이

---

18 Stefano Della Vigna and Ulrike Malmendier, "Paying Not to Go to the Gym," *American Economic Review* 96: 3 (2006): 694-719.

19 저자들은 어떤 선택을 했을까? 둘 중 한 사람은 월회비를 납부하는 방식을 선택했지만 방문 횟수는 예상했던 것보다 훨씬 적었다. 다른 한 사람은 집에서 운동한다.

용한 광고에서 인터넷을 이용한 광고로 전환하기 시작하였다.

인터넷은 대부분 사람들의 생활방식을 확실히 변화시켰다. 그런데 이러한 변화가 모든 닷컴 기업들이 장래에 항상 높은 이윤을 얻을 것임을 의미하지는 않는다. 많은 투자자(또는 투기꾼)들이 인터넷 기업의 주식을 높은 가격에 샀지만 그처럼 높은 가격은 미래의 수익성에 대한 합리적인 예측으로는 정당화가 곤란하다. 그 결과 인터넷 기업의 주식가격이 기업의 수익성에 관한 기본에 바탕을 둔 것이 아니라 주가가 계속 올라갈 것이라는 믿음에 의해 상승하는 인터넷 **거품**(bubble)이 나타났던 것이다. 사람들이 그런 기업들의 수익성도 확실하지 않으며, 올랐던 주식가격이 내려갈 수 있다는 것을 인식하기 시작하면서 거품이 꺼졌다.

거품은 비합리적인 행위에 의해 자주 나타난다. 사람들은 생각을 똑바로 하지 않는다. 어떤 물건을 살 때는 가격이 오르고 있기 때문에 사며, 가격은 계속 오를 것이라고 믿음으로써 확실히 이익을 얻을 것이라고 생각한다. 만약 그런 사람들에게 가격이 언젠가는 떨어질 수 있지 않을까라고 묻는다면 "그래요, 하지만 가격이 떨어지기 전에 팔 거예요."라고 말할 것이다. 또 언제 가격이 떨어질 것인지 어떻게 아는지 묻는다면 "그냥 알아요."라고 답할 것이다. 하지만 대체로 정확한 시점을 알 수 없으며, 가격이 떨어진 후에 팔아서 투자금의 상당 부분을 잃게 된다.

거품은 사람들이 돈을 잃게 만들지만 전체 경제에는 지속적으로 손해를 입히지는 않는다는 점에서는 크게 해가 없는 경우도 있지만 항상 그렇지는 않다. 미국에서는 오랫동안 지속되었던 주택가격 거품이 2008년에 꺼지면서 대출금을 상환할 능력이 없는 사람들에게 주택담보 대출을 했던 대형은행들은 상당한 금융 손실을 입었다. 몇몇 은행들은 정부의 대규모 구제금융을 통해 파산을 피할 수 있었지만 많은 사람들은 소유하던 집이 압류되었으며, 집을 잃었다. 2008년 말에 미국은 1930년대의 대공황 이후 가장 심각한 경기침체를 겪었다. 해가 없을 것 같았던 주택가격 거품이 부분적인 원인을 제공했던 것이다.

거품 어떤 재화의 가격이 수요나 가치의 기본에 따라 결정되는 것이 아니라 가격이 계속 올라갈 것이라는 믿음에 의해 결정되는 현상

4.3절에서는 투기적 수요는 어떤 재화를 소유하거나 소비함에 따른 직접적인 편익이 아니라 그 재화의 가격이 인상될 것이라는 예상에 따라 발생한다고 설명하였다.

사례 19.5 주택가격 거품 1

1998년을 전후로 미국의 주택가격은 급등하기 시작하였다. 그림 19.4는 전국적 수준의 S&P/Case-Shiller 주택가격지수를 보여 준다.[20] 지수가 최초로 작성되었던 1987년부터 1998년까지는 지수의 연간 명목상승률은 약 3%였다. (실질상승률은 연간 약 0.5%가 낮았다.) 이런 수준은 인구와 소득성장, 그리고 물가상승률과 비례하는 정상적인 가격 상승률이었다. 그러나 가격은 매우 급격하게 오르기 시작하였으며, 지수는 2006년에 190으로 가

장 높은 값을 기록하기 전까지 매년 10%씩 상승하였다. 1998년부터 2006년까지 8년 동안 많은 사람들은 주택에 투자하는 것은 확실하며 가격은 계속 오를 수밖에 없다는 주택불패 신화에 빠졌던 것이다. 많은 은행들도 이런 신화를 믿었으며, 소득이 장기간 매월 이자와 원금을 갚을 수 있는 수준보다 훨씬 낮은 사람들에게도 주택담보 대출을 제안하였다. 주택에 대한 수요는 급격히 증가했는데, 어떤 사람들은 1년 안에 깜짝 수익을 올릴 수 있다는 가

---

20 S&P/Case-Shiller 지수는 미국 내 20개 도시에서 단독주택의 반복적인 거래를 추적하여 주택가격의 변화를 측정한다. 이 지수는 어떤 주택의 최초 판매가격과 다음 판매에서의 가격을 비교함으로써 규모, 위치, 유형 등 주택가격에 영향을 미치는 다른 변수들의 영향을 통제한다.

정하에서 너댓 채의 집을 사기도 하였다. 이러한 투기적인 수요에 따라 주택가격은 더욱 올랐다.

그런데 2006년에 재미있는 일이 벌어졌다. 가격 상승이 중단되던 것이다. 2006년에는 가격이 2% 정도 떨어졌다. 그러다가 2007년에는 가격이 급격하게 떨어지기 시작했으며 급기야 2008년에는 거대한 주택 붐이 거품에 불과했다는 것이 확실해지면서 거품은 꺼졌다. 2006년 초의 피크 시점부터 2011년까지 주택가격은 명목으로 33%나 떨어졌다. (실질하락률은 약 40%에 달했다.) 이러한 주택가격 하락은 미국 전체의 평균적인 하락률이었으며, 거품이 더욱 심각했던 플로리다, 애리조나, 네바다 등에서는 가격이 50% 넘게 떨어졌다.

주택가격 거품을 겪었던 국가는 미국뿐만이 아니다. 유럽에서도 상당히 유사한 일이 벌어졌다. 예를 들어 아일랜드의 경우에는 상기 호황과 외국으로부터의 투자에 힘입어 1995년부터 2007년까지 주택가격은 305%나 올랐다. (1987부터 2007년 사이에는 641%나 올랐다.) 10년 이상 평균적인 수준 이상의 높은 경제성장이 끝나면서 거품은 꺼졌다. 2010년까지 주택가격은 2007의 피크로부터 28% 이상 하락하였다. 스페인과 다른 유럽국가들도 같은 운명에 시달리면서 세계적인 채무 위기에 일조하였다. 그 외 명백한 거품은 아직 꺼지지 않았다. 상하이와 베이징을 포함한 중국의 여러 도시들은 아파트가격이 몇 달 만에 2배로 뛰는 등 주택과 토지가격의 급격한 상승을 경험하였다.[21]

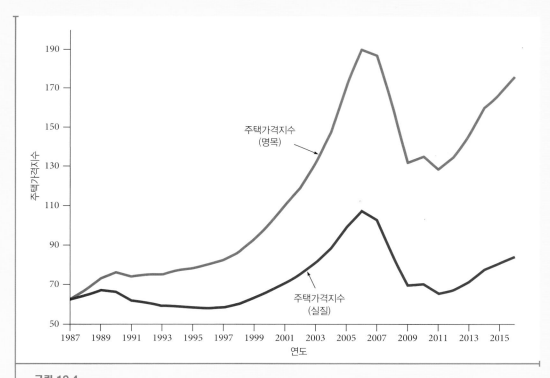

그림 19.4

S&P/Case-Shiller 주택가격지수

이 지수는 전국적인 수준에서 미국의 평균 주택가격을 보여 준다. 주택가격은 1987년과 2006년 사이에 빠르게 상승했지만 그 이후에는 급락하였다.

---

21 거품이 갑자기 빠지는 것을 염려하여 중국정부는 치솟는 주택가격을 잡기 위하여 대출요건을 강화하고 구매자들에게 자기자금 조달 비율을 강화하는 등의 몇 가지 조치를 취하였다. 자세한 내용은 http://www.businessinsider.com/the-chinese-real-estate-bubble-is-the-most-obvious-bubbleever-2010-1#prices-are-way-out-of-whack-compared-to-global-standards-3을 참조하라.

정보의 폭포

여러분이 주식 한 주에 $20에 거래되는 에이작스사(Ajax Copr.)의 주식에 투자할 것을 고려하고 있다고 하자. 에이작스는 생명공학 관련 회사인데, 획기적인 새로운 접근법으로 만성적인 피로감을 치료하는 방법을 개발하는 중이다. 여러분은 이 회사의 전망에 대해서는 잘 평가할 수 없지만 $20는 합리적인 가격이라고 생각한다. 그런데 주가가 $21, $22, 그리고 $25로 계속 오르고 있으며, 몇몇 친구들은 방금 $25에 샀다. 이제 가격이 $30로 오른다. 다른 투자자들은 분명히 뭔가 알고 있는데, 아마 이 회사의 전망에 대해 보다 잘 평가할 수 있는 생명공학자의 자문을 받았을 수 있다. 따라서 여러분도 $30에 주식을 사기로 결정한다. 여러분은 긍정적인 정보가 다른 사람들이 주식을 사도록 했다고 믿으며, 여러분도 그에 따라 행동하는 것이다.

$30에 에이작스의 주식을 산 것은 합리적인 결정일까 아니면 거품이 낀 가격에 산 것일까? 이런 행동은 합리적인 결정일 수도 있다. 다른 투자자들이 최선을 다해 그 회사의 가치를 평가했으며, 그들이 여러분보다 철저하게 분석했거나 혹은 좋은 정보하에서 분석했다고 기대하는 것은 합리적이다. 따라서 다른 투자자들의 행동은 도움이 될 수 있으며 회사에 대한 여러분의 가치평가를 합리적으로 조정하도록 만들 수 있다.

이 예에서 여러분의 투자결정은 여러분이 스스로 얻은 기본적인 정보(예를 들어 에이작스의 R&D가 성공적인 결과를 가져올 가능성)에 따른 것이 아니라 다른 사람들의 결정에 따른 것이다. 여러분은 암묵적으로 다음과 같은 가정을 하는 것이다. 첫째, 다른 사람들은 자신들이 얻은 기본적인 정보에 따라 투자를 결정한다. 둘째, 다른 사람들의 투자결정은 또 다른 사람들이 얻은 기본적인 정보에 따른 투자결정에 따라 이루어진다 등등 … 만약 이렇다면 최초의 "다른 사람" 은 여러분이 에이작스에 대해 생각하기 시작할 때 가졌던 정보에 비해 도움이 덜 되는 약간의 정보만 가지고 자신들의 투자를 결정했을 수 있다. 다시 말해서, 여러분의 투자결정은 다른 사람들의 행동에 따른 다른 사람들의 행동 등 **정보의 폭포**(informational cascade)의 결과로서 매우 약간의 기본적인 정보에 따라 이루어졌을 수 있다는 것이다.

정보의 폭포 다른 사람들의 행동에 기초한 다른 사람들의 행동에 따른 투자기회 등에 대한 평가

사례 19.6 주택가격 거품 2

정보의 폭포는 미국과 다른 나라들에서 나타났던 주택가격 거품을 설명하는 데 도움을 줄 수 있다. 예를 들어 1999년부터 2006년까지 마이애미의 주택가격은 거의 3배나 올랐다. 2006년에 마이애미에서 부동산을 사는 것은 완전히 비합리적인 선택이었는가? 2006년에 몇 년 앞서서 주택시장 전문가들은 마이애미를 포함한 플로리다주의 여러 곳에서 주택 수요는 크게 증가할 것으로 전망하였다. 그것은 따뜻한 곳으로 이주하기를 원하는 은퇴자들의 수요와 더

불어 마이애미에 가족이나 친지를 둔 이민자들의 유입이 증가했기 때문이었다. 이와 같은 전문가들의 전망에 대해 믿음을 가지고 투자했다면 그러한 투자는 합리적이었다고 할 수 있다.

정보의 폭포를 통해 애리조나, 네바다, 캘리포니아 등 미국의 다른 주에서 일어났던 주택거품(그림 19.5 참조)에 대해서도 설명할 수 있다. 이런 주들에 대해서도 몇몇 전문가들은 수요가 급증할 것으로 전망하였다. 반면에 클리블랜드와 같은 도시에 대해 수요가 급증할 것

이라고 전망했던 전문가는 거의 없었다. 실제로 클리블랜드는 주택 가격 거품을 거의 겪지 않았다.

2006년에 마이애미의 주택을 구매한 것은 합리적이었는가? 합리 적인 결정 여부에 관계없이 마이애미는 물론 플로리다의 다른 지역,

네바다, 애리조나, 캘리포니아 등에서 부동산을 구입했을 때는 상당 한 위험이 따른다는 것을 알아야 했다. 뒤돌아보면 당시 주택에 투자 했던 많은 사람들이 큰 손실을 보았음을 알 수 있다.

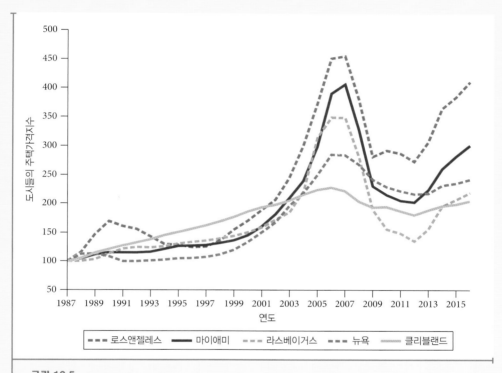

그림 19.5
5개 도시의 S&P/Case-Shiller 주택가격지수
지수는 5개 도시의 (명목)평균 주택가격을 보여 준다. 어떤 도시의 주택가격 거품은 다른 도시에 비해 훨씬 심했다. 로스앤젤레스, 마이애미, 라스베이거스의 주택가격은 가장 급격하게 상승했지만 2007년부터 폭락 하였다. 반면 클리블랜드의 경우는 대체로 거품을 피했는데, 주택가격은 완만하게 상승 또는 하락하였다.

정보의 폭포로부터 발생하는 거품은 거품이 있을 때 투자한다면 수익을 얻을 수 있음을 믿도록 한다는 점에서는 합리적일 수 있다. 먼저 투자결정을 하는 사람들이 긍정적인 정보를 얻어서 그에 따라 결정을 한다면 나중에 결정하는 사람들의 기대 수익도 양(+)의 값이 될 수 있다.[22] 하지만 그러한 결정에 포함된 위험은 상당한데, 적어도 몇몇 투자자들은 그러한 위험을 과소평가한다.

---

22 이에 관한 단순한 예에 대해서는 다음을 참고하라. S. Bikhchandani, D. Hirschleifer, and I. Welch, "Learning from the Behavior of Others: Conformity, Fads, and Informational Cascades," *Journal of Economic Perspectives* 12 (Summer 1998): 151–170.

19.5   행동경제학과 공공정책

경제학자들이 공공정책을 설계할 때는 자주 그러한 정책에 의해 영향을 받는 소비자와 기업은 완전히 합리적이며, 완전한 정보를 가진다고 가정한다. 이에 관한 한 가지 예는 오염과 같은 부정적인 외부효과를 제거하거나 줄이기 위해 조세를 이용하는 것이다. 제18장의 그림 18.1을 다시 살펴보자. 그림의 (b)는 산출량과 거의 같은 비율로 오염물질을 배출하는 기업들이 소속된 산업을 보여 준다. 그 결과 한계외부비용(MEC)은 산업의 생산량에 따라 선형으로 증가한다. 따라서 산업의 생산량에 따른 사회적 한계비용(MSC)은 산업의 공급곡선을 나타내는 사적 한계비용(MC)에 비해 높다. 규제가 없다면 산업의 생산량 Q_1은 사회적 최적 생산량 Q^*에 비해 많다. 제18장에서 설명했듯이, 이 문제에 대한 공공정책적 해법은 생산에 대한 조세 부과를 통해 사적 한계비용과 사회적 한계비용을 일치시킴으로써 생산량을 사회적 최적 수준인 Q^*로 줄이는 것이다.

그런데 이러한 오염 문제에 대해서는 다른 방법으로도 대응할 수 있다. 오염물질이 지구온난화와 기후변화를 야기함으로써 외부비용을 발생시키는 이산화탄소라고 하자. (지구온난화에 대한 사례 18.4를 기억하라.) 정책전문가가 제시하는 전형적인 해법은 탄소세(carbon tax)인데, 탄소세의 부과로 인해 화석연료 사용에 따른 사적 한계비용이 증가함으로써 이산화탄소 배출량은 줄어든다. 그런데 이는 소비자들과 기업들이 화석연료를 사용함에 따른 자신들의 사적 비용에 대해 완전한 정보를 가진다고 가정하는 것이다. 그러나 이런 가정은 틀릴 수 있다.

소비자들과 기업들이 적절한 정보를 가진다면 조세가 부과되지 않더라도 스스로 화석연료의 사용을 줄일 수 있다. 이런 경우는 언제 나타나는가? 백열등을 보다 연료효율적인 LED등으로 교체하는 경우를 생각해 보자. 12와트의 LED등은 100와트의 백열등과 같은 빛을 만든다. LED등이 백열등에 비해 비싸지만, 전기사용량을 상당히 절약할 수 있어서 1~2년 내에 오히려 돈을 절약할 수 있다. 그러므로 거의 아무런 노력과 비용 없이도 소비자들은 에너지 소비와 전력 생산으로부터 발생하는 이산화탄소 배출을 줄일 수 있다. 전구를 교체하려는 인센티브를 가지도록 만드는 적절한 정보만 있으면 된다. 마찬가지로 소비자들이 단열이나 스마트 온도조절장치를 통해 비용을 절감할 수 있다는 사실에 대한 정보를 가지더라도 에너지 소비는 줄어들 수 있다.

바로 이 점에서 행동경제학은 공공정책의 설계에 도움을 줄 수 있다. 만약 정책 목표가 에너지 소비량을 줄이는 것이라면 **사람들의 행동**이 에너지에 관한 자신들의 선택에 어떤 영향을 미치는지를 이해할 필요가 있다. 소비자들이 완전한 정보를 가지고 효용을 극대화한다면 LED등을 사용함에 따른 비용절감에 대해 스스로 학습함으로써 LED등으로 교체하려고 행동할 것이다. 그런데 이는 소비자들에게 너무 많은 것을 기대하는 것이다. 한 가지 방법은 광고를 이용하거나 교실에서 학생들에게 LED등의 장점에 대해 이해시키는 것이다.

공공정책에 관한 행동경제학적 접근은 그림 18.1을 일반화시킨 그림 19.6을 통해 볼 수 있다.[23] 그림에서 산업은 오염물질을 배출하는데, 산업의 한계외부비용은 MEC로 표시된다. 사회

---

23 이와 유사하면서 보다 구체적인 공공정책의 행동경제학적 접근에 대해서는 백신의 경우를 예로 든 다음 논문에서 볼 수 있다. Brigitte C. Madrian, "Applying Insights from Behavioral Economics to Policy Design," *Annual Review of Economics* 6 (2014): 663–88. 그림 19.6은 이 논문의 그림 1을 바탕으로 한 것이다. 또 다음 논문도 참고하라. Allison Demeritt and Karla Hoff, "Small Miracles–Behavioral Insights to Improve Development Policy," Policy Research Working Paper 7197, World Bank, 2015.

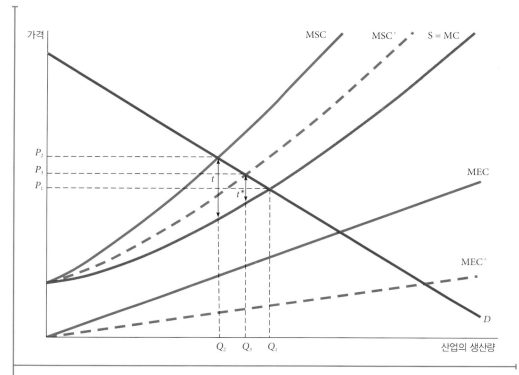

그림 19.6

외부비용: 행동경제학적 분석

오염배출로 인해 산업의 사회적 한계비용은 사적 한계비용에 비해 커지며, 따라서 산업의 생산량은 사회적 최적 수준에 비해 많아진다.

적 한계비용 MSC는 사적 한계비용 MC와 한계외부비용의 합이다. 따라서 산업의 생산량은 사회적 최적 생산량 Q_2보다 많은 Q_1이 된다. 이 문제에 대한 한 가지 해법은 조세 t를 부과하여 사회적 한계비용과 사적 한계비용을 일치시키는 것이다. 이제 간단한 교육을 통하여 소비자들과 기업들은 오염물질의 배출을 줄임으로써 돈을 절약할 수 있음을 인식한다고 하자. 그렇다면 한계외부비용곡선은 MEC'으로 낮아지며, 마찬가지로 사회적 한계비용곡선도 MSC'로 낮아진다. 이 경우에는 산출량은 Q_2가 아닌 Q_3로 줄어드는데, 이 산출량은 여전히 사회적 최적에 비해 많지만 t보다 훨씬 낮은 t^*의 조세를 부과함으로써 달성할 수 있다.

이산화탄소 배출과 기후변화의 경우에는 소비자들과 기업들이 에너지 소비량을 줄이도록 유인할 수 있는 또 다른 방법이 있다. 한 가지 예는 **도덕적 설득**(moral persuasion)이다. 만약 소비자들이 불편하고 비용이 들더라도 에너지를 보전하는 것이 도덕적 의무라고 믿는다면 실제로 에너지 소비량을 줄일 것이다. 이런 경우에는 소비자들이 예산제약하에서 효용극대화를 하지 않는다고 볼 수도 있다. 하지만 그렇지는 않다. 도덕적 의무감이라는 변수는 소비자의 효용함수에 포함될 수 있으며, 따라서 에너지 소비량 축소가 효용을 극대화하는 선택일 수도 있다.

또 다른 정책 대안은 개인들이 선택을 하는 환경을 변화시키거나 개선하는 것이다. 예를 들어 소비자가 선택 가능한 기본 대안을 변경하는 방법을 생각할 수 있다. 전구의 예에서는 조례를 통해 가게는 소비자가 원할 때만 판매하도록 규정할 수 있다. 다른 대안은 가게에서 백열등은 잘 보이지 않는 곳에 두는 대신 LED등은 잘 보이는 곳에 진열하도록 유도하거나 요구하는 것이다. 마지막으로 가게는 백열등과 비교한 LED등의 장점을 명확하게 설명하는 안내간판을 설치함으로써 소비자들의 선택을 단순하게 만들 수 있다. 이러한 정책 대안들은 모두 소비자들이 선택하는 환경을 바꾸는 것이다. 소비자들이 완전한 정보를 가진다면 선택하게 될 방향으로 움직이도록 함으로써 효용극대화에 도움을 주는 것이다.[24]

마무리

이상과 같은 행동경제학은 미시경제학에 어떤 합의를 제공하는가? 제3장과 제4장에서 살펴보았던 전통적인 소비자이론을 버려야 하는가? 전혀 그렇지 않다. 실제로 지금까지 학습했던 기초이론은 상당히 많은 상황에 잘 적용될 수 있는데, 소비자 수요의 특성을 평가하고 가격이나 소득의 변화가 수요에 미치는 영향을 예측하는 데 활용될 수 있다. 비록 모든 소비자의 의사결정을 설명하지는 못하지만 상당히 많은 부분을 이해하는 데 도움을 준다. 계속 발전하고 있는 행동경제학은 기초적인 소비자 모형으로는 제대로 설명할 수 없는 상황에 대해 자세히 설명하기 위한 노력이다.

경제학을 계속 공부하다 보면 경제모형이 현실을 완전하게 반영하지 못하는 경우를 많이 보게 될 것이다. 경제학자는 모형이 너무 복잡하지 않으면서 너무 단순하지도 않도록 현실의 어떤 특징은 포함시켜야 하며 어떤 부분은 가정을 통해 단순화시켜야 하는지를 상황에 따라 결정해야 한다.

---

24 Cass R. Sunstein and Richard H. Thaler, *Nudge: Improving Decisions about Health, Wealth, and Happiness*, Yale University Press (2008).

요약

1. 개인의 행위는 때로는 예측불가능하며, 매우 불합리해서 기본적인 소비자이론에서 전제하는 가정과는 다르다.

2. 개인들이 소비 의사결정을 하게 되는 점을 의미하는 **기준점**은 개인들이 경제적 결정에 접근하는 방식에 상당한 영향을 미칠 수 있다. 기준점의 한 가지 예는 **부존효과**로서 어떤 재화를 소유하는 것이 그 재화에 대한 소비자의 가치평가에 영향을 미치는 것이다.

3. 기준점의 영향에 대한 또 다른 심리학적 관점에 따른 설명은, 손실기피(이익을 얻는 것보다 손해를 피하기를 원하는 개인의 경향), **구성**(선택이 표현되는 맥락이나 상황에 의존하는 경향), **눈에 띄기**(하나 또는 그 이상의 재화의 형태에 관한 인식의 중요성)이다.

4. 소비자이론의 모형은 소비자 행위에 있어서 공정성의 효과를 고려하는 방식으로 수정될 수 있다. 예를 들어 어떤 재화의 가격이 공정한가에 대한 관심은 상당히 높은 가격에서 매우 비탄력적으로 변하는 수요곡선을 통해 파악할 수 있다.

5. 개인들은 의사결정을 할 때 **경험법칙**에 자주 의존한다. 하지만 경험법칙에 따른 결정은 편의를 초래할 수 있다. 예를 들어 **소수의 법칙**이 의미하듯이, 개인이 최근 기억에 의해 약간의 정보만 가진다면 어떤 일이 일어날 가능성에 대해 과장하는 경향이 나타난다.

6. **과신**(자신의 전망이나 능력에 대해 과대추정하는 현상)은 인간의 의사결정에서 나타나는 보편적인 편의이다. 과신은 개인이 스스로 결과에 대해 정확하게 예측할 수 있다는 비현실적인 믿음을 의미하는 과도한 정확성으로 나타날 수 있다.

7. **거품**은 수요의 기본에 바탕을 두지 않은 재화가격의 상승을 의미한다. 거품은 때때로 재화의 가격이 계속 상승할 것이라는 비합리적인 믿음의 결과로 나타난다. 거품은 **정보의 폭포** 때문에 나타날 수 있는데, 이는 어떤 사람의 행동이 다른 사람의 행동에 따라 이루어지며, 다른 사람의 행동은 또 다른 사람의 행동에 따라 이루어지는 등의 현상을 의미한다.

8. 외부효과를 교정하기 위한 조세정책의 설계와 같이 경제학자들은 행동경제학을 통해 적절한 공공정책을 설계하는 데 도움을 얻을 수 있다.

복습문제

1. 식품점 냉장고에 똑같은 내용물에 포장지의 설명만 다른 두 팩의 쇠고기가 진열되어 있다. 한 팩에는 "80%는 지방이 없다"고 표시되어 있지만, 다른 팩에는 "지방이 20%이다"라고 표시되어 있다. 여러분은 어떤 팩을 구매할 것인가? 행동경제학의 개념은 이런 선택에서 무엇을 보여 주는가?

2. 부존효과란 무엇인가? 예를 들어 설명하라.

3. 경험법칙이란 무엇인가? 식당에서 팁을 주는 것은 경험법칙의 예를 보여 주는가? 설명하라.

4. 어떤 소매점은 소비자들에게 제품을 30일간 사용한 후에 마음에 들지 않으면 환불해 주는 마케팅 프로그램을 제시한다. 이 문제에는 어떤 행동경제학적 개념이 포함되는가? 설명하라.

5. 어떤 사람이 박물관 앞에서 "요금을 마음대로 지불하세요."라는 표시를 보고는 스스로 공정한 가격으로 생각하는 $10를 지불하기로 마음을 먹는다. 그런데 티켓 판매소에서 "우리가 제시하는 입장료는 $25입니다."라는 표시를 본다. 이에 따라 그 사람은 마음을 바꾸어 $25를 지불하기로 결정한다. 이 문제에는 어떤 행동경제학적 개념이 포함되며, 그것은 그 사람의 결정에 어떤 영향을 미치는가?

6. 동네 슈퍼마켓에서 쇼핑을 하다가 어떤 통조림이 한 캔당 $0.79라고 적힌 것을 본다. 조금 뒤에 "한 사람당 5캔만 살 수 있습니다."라는 표시를 본다. 이런 표시가 구매 의사결정에 어떤 영향을 미치는가? 어떤 행동경제학적 개념이 포함되는가?

7. 여러분은 투자 목적으로 적당한 뮤추얼 펀드를 찾고 있다. 이론상 지난 3년 동안 연속적으로 투자에 성공적이었던 펀드매니저는 내년에도 좋은 결과를 가져올 것이라고 생각하여 지난 3년간 평균 이상의 수익률을 기록한 펀드매니저만 찾고 있다. 이런 생각에는 어떤 잘못이 있는가? 설명하라.

8. 행동경제학은 거품에 대해 어떤 함의를 제공하는가? 여러분의 논리를 설명하라.

연습문제

1. 어떤 도시에서 주중의 우버(Uber) 탑승에 대한 수요곡선은 $Q = 50 - P$이다. 평균 탑승료는 $25이다. 그런데 주말 저녁에는 수요가 급격히 증가하여 수요곡선은 $Q = 100 - P$가 된다. 이에 따라 우버는 평균요금의 2배인 $50의 추가요금을 받는다.

   a. 수요곡선을 그리고 제시된 가격에 따라 주중과 주말 저녁의 탑승량을 결정하라. 가격과 양으로 수요곡선을 표시하라.

   b. 우버가 $50의 추가요금을 받는 시간대 탑승객들의 지불용의 가격은 $40라고 하자. 이러한 소비자행동의 바탕이 되는 논리를 설명하고 주말 저녁의 새로운 수요곡선을 그려라. 우버는 계속해서 $50를 받을 수 있는가?

   c. 이러한 변화가 주말 저녁 시간대의 우버의 이윤에 영향을 미치는가? 만약 그렇다면 우버의 전체적인 이익 또는 손해는 얼마인가?

2. 원유회사들이 걸프만에서 원유를 채취한다. 사고로 인한 원유 유출로 걸프만 주변에 거주하는 사람들에게 부정적인 외부효과가 발생한다고 하자. 외부효과와 행동경제학에 대한 지식을 이용하여 부정적인 효과가 축소될 수 있는 두 가지 원유 채취 방법에 대해 설명하라.

3. 최근에 로스쿨의 수업료 인상에는 거품이 있다는 주장이 나타났다. 이러한 주장에 동의하는가?

4. 전자책(e-book)을 구입하는 소비자들은 두 가지 유형이 있는데, 100명의 표준적인 소비자들은 $Q = 20 - P$의 수요곡선을 가지며, 100명의 경험법칙을 따르는 소비자들은 가격이 $10 이하일 때만 10권의 전자책을 구입한다. 따라서 두 번째 그룹의 수요곡선은 $P < 10$일 때는 $Q = 10$이며, $P \geq 10$이라면 $Q = 0$이 된다. 전자책에 대한 전체 수요곡선을 그려라. 경험법칙은 전자책의 탄력성에 어떤 영향을 미치는가?

5. 어떤 기업은 근로자들의 생산성을 높이기 위해 두 가지 방법을 고려하고 있다. 첫 번째는 근로자들에게 열심히 일할 인센티브를 제공하기 위해 임금을 인상하는 것이다. 두 번째 방법은 특별히 노력한다고 판단되는 근로자에 대해 자발적인 보너스를 지급한다고 발표하는 것이다. 행동경제학이 제시하는 바에 따르면 어떤 방법이 보다 효과적인가?

6. 행동경제학의 지식을 활용하여 사람들은 자동차 보험에 가입할 때 공제율을 낮게 정하려고 하는 이유에 대해 설명하라.

7. 여러분은 에너지청에 대한 자문관으로서 가정용 단열재를 사용함으로써 에너지 소비량을 축소시키는 가장 좋은 방법에 대해 자문한다고 하자. 천장에 추가적인 단열재를 설치하기 위한 비용에 따라 세금공제를 제공하는 방법이 제시되었으나, 제한적인 범위에서만 성공적이었다. 단열시공 업체에 대해 천장에 불필요한 물건들을 치우는 비용의 일부를 보조하는 방법을 고려 중이다. 행동경제학과 공공정책에 대한 이해를 바탕으로 이 프로그램의 장단점에 대해 분석하라.

8. 미국과 몇몇 다른 나라에서는 사람들이 수명을 다할 때 자신의 장기를 기증하기 위해서는 긍정적으로 동의해야 한다. 그런데 다른 많은 나라에서는 장기를 기증하기를 원치 않는다는 명백한 의사를 밝혀야 한다. 행동경제학의 지식을 이용하여 미국과 같은 국가에서는 장기기증 비율이 현저하게 낮은 현상에 대해 설명하라.

부록

회귀분석의 기초

이 부록은 **다중회귀분석**(multiple regression analysis)의 기초를 설명하며, 경제학에서 그 적용 사례를 예시한다.[1] 다중회귀분석은 경제적 관계를 정량화하고 관련 연구가설을 검증하는 통계적 과정이다.

선형회귀(linear regression)에서 경제적 변수 간의 관계는 다음과 같다.

$$Y = b_0 + b_1X_1 + b_2X_2 + \cdots + b_kX_k + e \tag{A.1}$$

식 (A.1)은 종속변수 Y와 여러 독립변수 또는 설명변수 X_1, X_2, ⋯ 간의 관계를 나타낸다. 예를 들어, 독립변수가 2개인 경우에는 Y는 어떤 재화에 대한 수요, X_1은 해당 재화의 가격, X_2는 소득을 나타낼 수 있다. 또한 이 방정식은 **오차항** e를 포함하는데, 이는 Y에 영향을 줄 수 있지만 분석에서는 누락된 변수들(예를 들어, 다른 재화의 가격, 날씨, 소비자 선호의 변화 등)의 총영향을 나타낸다. Y와 X에 대한 자료는 이용할 수 있지만 오차항은 관찰할 수 없는 것으로 가정한다.

식 (A.1)에서 모수(parameter) 간의 관계는 선형이어야 하지만 변수(variable) 간의 관계는 반드시 선형일 필요는 없다. 예를 들어, 식 (A.1)을 통해 수요함수를 나타낸다면, Y는 수요량의 로그값($\log Q$), X_1은 가격의 로그값($\log P$), X_2는 소득의 로그값($\log I$)을 고려할 수 있다.

$$\log Q = b_0 + b_1 \log P + b_2 \log I + e \tag{A.2}$$

회귀분석의 목적은 관측 자료에 "가장 적합한(best fit)" 모수인 b_0, b_1, ⋯, b_k의 추정치를 구하는 것이다. 이제 이러한 목적을 달성하는 방법을 살펴보자.

사례

미국 내 분기별 자동차 판매를 설명하고 예측하는 상황을 고려해 보자. 판매액 S(단위는 \$10억)를 설명해야 하는 종속변수로 두고 가장 간단한 경우부터 살펴보자. 새 자동차의 가격 P(2016년을 100으로 하는 신차 가격지수로 측정)를 유일한 설명변수로 고려해 보자. 이러한 단순 모형은 다음과 같이 나타낼 수 있다.

$$S = b_0 + b_1P + e \tag{A.3}$$

다중회귀분석 변수 간의 경제적 관계를 정량화하고 관련 연구가설을 검증하는 통계적 기법

선형회귀 종속변수와 여러 독립변수(또는 설명변수) 및 오차항 간의 관계를 직선의 관계로 나타내는 모형

---

1   응용 계량경제학을 다룬 교과서로는 R. S. Pinkdyck and D. L. Rubinfeld, *Econometric Models and Economic Forecasts*, 4th ed. (New York McGraw-Hill, 1998)을 추천한다.

식 (A.3)에서 b_0와 b_1은 관측 자료를 통해 추정해야 하는 모수이며, e는 임의의 오차항이다. 모수 b_0은 절편이며, b_1은 기울기로서 신차 가격지수의 변화가 자동차 판매액에 미치는 효과를 나타낸다.

만약 오차항이 없다면, S와 P의 관계는 두 변수 간의 관계를 체계적으로 보여 주는 직선으로 나타난다. 그러나 실제 관측치가 모두 선 위에 있는 것은 아니기 때문에 오차항 e는 누락된 다른 요인들을 고려하기 위해 필요하다.

추정

최소자승법 종속변수의 실제 값과 적합값 간의 잔차의 제곱 합을 최소화하는 "최적합"의 기준으로 회귀분석의 모수 값을 결정하는 방법

회귀분석의 모수를 추정하기 위해서는 "최적합(best fit)"에 대한 기준이 필요하다. 가장 일반적으로 사용되는 기준은 실제로 관측된 Y값과 식 (A.1)을 추정하여 구한 Y의 적합 값(fitted value) 간의 잔차(residual)의 제곱 합을 최소화하는 것이다. 이런 방법을 **최소자승법**(least-square criterion)이라고 한다. 식 (A.1)에서 추정된 모수(또는 계수)를 $\hat{b}_0, \hat{b}_1, \cdots, \hat{b}_k$라고 한다면, Y의 적합 값은 다음과 같다.

$$\hat{Y} = \hat{b}_0 + \hat{b}_1 X_1 + \ldots + \hat{b}_k X_k \tag{A.4}$$

그림 A.1은 독립변수가 하나인 경우를 보여 준다. 수직축에 판매액, 수평축에 가격을 두면 관측치는 각 점으로 표시된다. 이 점들 사이에 적합 회귀선이 그려진다. 어떤 특정한 가격의 관측치인 P_i에 상응하는 판매액의 적합 값은 B점에서 $\hat{S}_i = \hat{b}_0 + \hat{b}_1 P_i$이 된다.

각 관측치에 대한 회귀잔차는 종속변수의 실제 값과 적합 값 간의 차이이다. 그림에서 A점의 관측치에 해당하는 잔차는 $\hat{e}_i = S_i - \hat{S}_i$로 나타난다. 따라서 모든 잔차를 제곱한 후 합한 값을 최소

그림 A.1
최소자승법
잔차들의 제곱 합을 최소화하는 방법으로 회귀선을 그릴 수 있다. 가격 P_i와 관련된 잔차는 선분 AB이다.

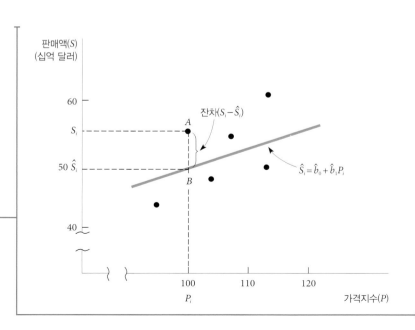

화하는 방법으로 모수를 구한다. 이 과정에서 양(+)의 오차나 음(−)의 오차는 모두 동일하게 취급되면서도 오차가 클수록 더 큰 가중치를 차지하게 된다. 곧 살펴보겠지만, 이러한 기준을 통해 회귀분석을 해석하는 데 필요한 단순 통계적 검증을 할 수 있다.

식 (A.3)의 자동차 판매액에 관한 모형을 다시 살펴보자. 최소자승법을 이용하여 이 식을 추정하면 다음의 결과를 얻는다.

$$\hat{S} = -225.5 + 0.57P \tag{A.5}$$

식 (A.5)에서 절편의 값인 −225.5는 가격지수가 0일 때 판매액은 −$2,255억임을 나타낸다. 기울기는 새 차의 가격지수가 1단위 오를 때 자동차 판매액은 $5.7억 증가한다는 것을 보여 준다. 이 결과에 의하면 수요곡선은 우상향하므로 경제이론과 일치하지 않아서 모형의 타당성에 의문을 가질 수 있다.

이제 설명변수로 개인 소득 I(단위는 $10억)와 이자율 R(3개월짜리 미국 국채금리)을 추가한 확장모형을 추정해 보자. 3개의 설명변수를 이용하여 추정한 회귀선은 다음과 같다.

$$\hat{S} = 51.1 - 0.42P + 0.046I - 0.84R \tag{A.6}$$

소득과 이자율을 추가함에 따라 회귀분석의 결과가 바뀐다는 사실을 통하여 모형에서 관련된 모든 변수를 다 포함시키는 것이 얼마나 중요한지를 알 수 있다. 위 결과에서 P의 계수 값은 0.57에서 −0.42로 완전히 바뀌었다. 계수 값 −0.42는 이자율과 소득이 일정한 상태에서 가격 상승이 판매에 미치는 효과를 나타낸다. 가격의 계수 값 부호가 음(−)인 것은 수요곡선이 우하향한다는 이론과도 일치한다. 이를 통해 이자율과 소득을 통제하지 않으면 판매와 가격이 양(+)의 상관관계를 가진다는 잘못된 결론에 도달할 수 있음을 분명하게 알 수 있다.

소득의 계수 값인 0.046은 미국에서 전체 개인소득이 $10억 증가할 때 자동차 판매액은 $4,600만가 증가할 수 있다는 사실을 나타낸다. 이자율의 계수 값을 통해 이자율이 매 1% 증가할 때마다 자동차 판매액은 $8.4억가 감소할 수 있다는 사실을 알 수 있다. 이를 통해 자동차 판매는 대출비용에 매우 민감하다는 것을 분명히 확인할 수 있다.

통계적 검증

알려지지 않은 참 모수 값에 대한 추정치는 어떤 관측 자료, 즉 어떤 **표본**(sample)을 고려하느냐에 따라 달라질 수 있다. 고려하는 표본이 다르면 추정치도 달라진다.[2] 만약 더 많은 수의 표본을 수집하여 추정치를 다시 구한다면 각 모수의 추정치는 확률분포를 따르게 된다. 이러한 분포는 평균과 이를 중심으로 하는 흩어짐의 척도인 표준편차, 즉 계수의 표준오차(standard error of the coefficient)를 통해 정리될 수 있다.

최소자승법은 몇 가지 바람직한 특성을 가진다. 첫째, 최소자승법은 불편성(unbiased)을 가진다. 이는 여러 개의 다른 표본으로 회귀분석을 계속해서 반복적으로 시행한다면, 각 계수에 대

표본 분석을 위하여 모집단의 일부로 추출된 관측치의 집합

---

2 이러한 추정치를 구하는 데 사용되는 최소자승의 공식을 최소자승 추정량이라고 하는데, 그 값은 표본에 따라 달라진다.

한 추정치들의 평균이 실제 모수와 같아진다는 사실을 나타낸다. 둘째, 최소자승법은 **일치성**(consistent)을 가진다. 이는 표본의 관측치가 많아질수록 실제 모수에 매우 가까운 추정치를 구할 수 있다는 사실을 나타낸다.

일반적으로, 계량경제학에서는 오차항과 추정된 모수들이 정규분포를 따르는 것으로 가정한다. 정규분포의 특징은 평균을 기준으로 양방향의 표준오차가 1.96인 면적이 전체 면적의 95%를 차지한다는 것이다. 이를 통해 다음과 같은 질문을 할 수 있다. 추정치인 $\hat{b}$을 중심으로 어떤 구간을 설정하되 95%의 확률로 실제 모수가 그 구간 안에 존재하도록 할 수 있을까? 이는 가능하며, 이러한 95% **신뢰구간**(confidence interval)은 다음과 같다.

$$\hat{b} \pm 1.96(\hat{b}\text{의 표준편차}) \tag{A.7}$$

이와 같이 추정된 회귀식을 고려할 때는 **점** 추정치뿐만 아니라 계수 값의 표준오차를 통해 실제 모수가 존재할 수 있는 범위를 살펴보아야 한다.[3]

만약 95% 신뢰구간이 0을 포함한다면 (추정치가 0이 아니라도) 실제 모수 값인 b가 0일 수도 있다. 이는 곧 연구자의 기대와는 달리 실제로 해당 독립변수가 종속변수에 영향을 미치지 **않는**다는 사실을 나타낸다. 실제 모수가 0인지에 대한 가설은 t-**통계량**(t-statistics)을 통해 검증해 볼 수 있는데, 그 식은 다음과 같다.

$$t = \frac{\hat{b}}{\hat{b}\text{의 표준오차}} \tag{A.8}$$

만약 t-통계량의 절댓값이 1.96보다 작다면 $\hat{b}$을 중심으로 하는 95% 신뢰구간은 0을 포함하여야 한다. 이는 곧 실제 모수 b가 0과 같다는 가설을 기각할 수 없다는 것을 의미한다. 이 경우 해당 추정치가 어떠한 값을 나타내든 상관없이 **통계적으로 유의하지 않다**(not statistically significant)고 말할 수 있다. 반면, t-통계량이 절댓값으로 1.96보다 크다면 $b=0$의 가설을 기각하고 해당 추정치는 **통계적으로 유의하다**(statistically significant)고 말할 수 있다.

식 (A.9)는 자동차 판매에 관한 식 (A.6)의 다중회귀분석의 결과인데, 표준오차와 t-통계량이 함께 표시된다.

$$
\begin{array}{ccccc}
\hat{S} = 51.1 & -0.42P & +0.046I & -0.84R & \\
(9.4) & (0.13) & (0.006) & (0.32) & \text{(A.9)} \\
t = 5.44 & -3.23 & 7.67 & -2.63 &
\end{array}
$$

각 추정치 바로 아래 괄호 안에는 추정된 모수의 표준오차를, 그 아래에는 t-통계량을 표시한다.

먼저 가격 변수를 살펴보도록 하자. 표준오차인 0.13은 계수 값인 −0.42보다 절댓값 기준으로 상대적으로 작다. 이를 통해 가격 계수의 실제 값이 −0.42에 대해 1.96과 표준편차의 곱을 더하고 뺀 구간[즉, $0.42 \pm (1.96)(0.13) = -0.42 \pm 0.25$] 안에 있을 것으로 95% 확신할 수 있다. 이를 통해 계수의 참값은 −0.17과 −0.67 사이에 있을 것으로 본다. 이 구간은 0을 포함하지 않으

---

[3] 만약 관측치 수가 100개 이하라면 표준오차에 대해 1.96보다는 다소 큰 수로 곱해야 한다.

므로 가격은 통계적으로 유의하게 0이 아니면서 음(−)의 효과를 가진다고 볼 수 있다. 이러한 결과는 t-통계량을 통해서도 검증할 수 있다. 가격 변수에 대한 t값은 −3.23으로 이는 −0.42를 0.13으로 나눈 값이다. t-통계량이 절댓값으로 1.96을 초과하므로 가격은 자동차 판매에 대해 통계적으로 유의한 결정요인이라고 결론 내릴 수 있다.

소득과 이자율 변수 또한 통계적으로 유의하게 0이 아닌 것을 확인해 볼 수 있을 것이다. 이 회귀분석을 통해 소득의 증가는 통계적으로 유의하게 자동차 판매에 양(+)의 영향을 미치지만, 이자율의 증가는 통계적으로 유의하게 음(−)의 효과를 미친다는 사실을 알 수 있다.

적합도

회귀분석의 결과를 통해 회귀선이 관측치에 얼마나 적합한지를 확인할 수 있는 정보를 얻을 수 있다. 한 가지 통계량은 **추정치의 표준오차**(standard error of regression, SER)로서 오차항 e의 표준편차에 대한 추정치이다. 만약 모든 관측치가 회귀선 위에 있다면, SER은 0이 된다. 다른 조건이 일정하다면, 추정치의 표준오차가 클수록 회귀선이 관측치와 일치하는 적합도는 떨어진다. SER이 큰지 또는 작은지를 결정하기 위해서는 이를 종속변수의 평균값과 비교하면 된다. 이를 통해 SER의 상대적 크기를 측정할 수 있는데, 이는 절대적 크기에 비해 유용한 통계량이 된다.

결정계수(R-squared, R^2)는 종속변수의 전체 변동분에서 독립변수들에 의해 설명되는 비중을 나타내는데, 이는 곧 다중회귀 방정식의 전체 적합도를 나타내는 척도로서[4] 0과 1 사이의 값을 가진다. R^2가 0이라면 종속변수의 변동을 독립변수가 전혀 설명하지 못한다는 것을 의미한다. 반면 R^2가 1이라면 종속변수의 변동을 독립변수가 완벽히 설명한다는 것을 의미한다. 판매에 관한 회귀분석(A.9)에서 R^2는 0.94이다. 이는 3개의 독립변수가 자동차 판매 변동분의 94%를 설명하고 있음을 나타낸다.

R^2가 높다는 사실 자체가 모형에서 고려하는 독립변수들이 적절하다는 것을 의미하지는 않는다. 그 이유로 첫째, R^2는 연구 자료의 형태에 따라서 달라질 수 있다. 일반적으로 횡단면 자료보다 극단적 우상향 형태의 증가 추세를 보이는 시계열 자료에서 R^2값은 훨씬 높아진다. 둘째, 모형의 신뢰성에 대해서는 관련 경제이론이 궁극적인 검증 수단이 된다. 만약 밀가격의 자동차 판매 효과에 대한 회귀분석에서 R^2가 높게 나왔다면 여러분은 모형의 신뢰성에 의문을 가질 것이다. 이는 이론적으로 밀가격의 변화는 자동차 판매와는 거의 상관이 없기 때문이다.

회귀분석 결과의 전반적인 신뢰성은 모형의 형태에 의해 결정된다. 추정에서는 나타난 결과를 의심스럽게 만드는 다음과 같은 몇 가지 점에 대해 고려해야 한다. 첫 번째는 이러한 관계 속에서 누락된 변수는 없는지, 즉 식의 설정(specification)이 잘못된 것은 아닌지를 확인해야 한다. 둘째, 식의 함수 형태가 올바른 것인지, 예를 들어, 변수들이 로그로 전환되어야 하는지 등을 고려해야 한다. 셋째, 설명변수 중 하나(즉, X)와 종속변수 Y 간에 다른 관계는 없는지, 만약 그렇다면, X와 Y는 동시에 결정되므로 하나의 식이 아닌 2개의 식을 고려해야 한다. 마지막으로, 한두

추정치의 표준오차 회귀분석 오차의 표준편차에 대한 추정치

결정계수 종속변수의 전체 변동분에서 독립변수들에 의해 설명되는 비중

---

4 Y의 변동분은 Y의 평균값을 중심으로 편차 제곱의 합으로 계산된다. $R^2 = 1 - [\text{SER}^2 / (Y\text{의 분산})]$이므로 적합도에 관해 R^2와 SER은 서로 비슷한 정보를 제공한다.

개의 관측치를 더하거나 뺌으로 인해 추정 계수 값이 크게 바뀌는지, 즉 식의 강건성(robustness)도 고려해야 한다. 만약 그렇지 않다면, 결과에 대한 신뢰 또는 중요도에 대해 너무 과장하지 않도록 주의하여야 한다.

경제 예측

예측(forecast)은 주어진 설명변수에 관한 정보하에서 종속변수의 값을 예상하는 것이다. 일반적으로, 사전적 예측(ex ante forecast)을 위하여 회귀분석 모형을 활용하는데, 이는 모형에서 추정한 분석 기간을 뛰어넘는 시기에 대해 종속변수의 값을 예상하는 것이다. 만약 설명변수의 값을 안다면 예측은 무조건부(unconditional) 예측이 된다. 반면, 설명변수 또한 예상해야 한다면 예측은 이러한 예상하에서 조건부(conditional) 예측이 된다. 때때로 사후적 예측(ex post forecast)도 유용한데, 이는 독립변수가 과거에 다른 값을 가졌더라면 종속변수가 어떠한 값을 가졌을지를 예상하는 것이다. 사후적 예측은 종속변수와 설명변수 값 모두가 다 알려진 기간에서 진행된다. 따라서 사후적 예측은 이미 존재하는 자료와 비교하여 검증될 수 있고, 예측모형을 평가하는 직접적인 수단이 된다.

예를 들어, 위에서 살펴본 자동차 판매의 회귀분석을 다시 고려해 보자. 일반적으로, 자동차 판매에 관한 예측치는 다음과 같이 주어진다.

$$\hat{S} = \hat{b}_0 + \hat{b}_1 P + \hat{b}_2 I + \hat{b}_3 R + \hat{e} \tag{A.10}$$

위 식에서 $\hat{e}$은 오차항에 대한 예측치로서 추가적인 정보가 없다면 보통 0으로 가정한다.

이를 바탕으로 예측치를 구하기 위해 다음과 같은 추정 판매식을 이용한다.

$$\hat{S} = 51.1 - 0.42P + 0.046I - 0.84R \tag{A.11}$$

예를 들어, $P = 100$, $I = \$1$조, $R = 8\%$일 때, 식 (A.11)을 이용하여 판매액을 예측하면 다음과 같다.

$$\cdot \quad \hat{S} = 51.1 - 0.42(100) + 0.046(1\text{조}) - 0.84(8) = \$484\text{억}$$

위 식에서 $\$484$억는 $P = 100$, $I = \$1$조, $R = 8\%$일 때 **사후적**으로 예측되는 판매액이다.

사전적 예측과 사후적 예측의 신뢰성을 확인하기 위해 **예측의 표준오차**(SEF)를 고려할 수 있다. SEF는 설명변수의 값이 확실하게 나타나는 표본에서 발생하는 예측 오차의 표준편차를 의미한다. SEF는 오차가 발생하는 두 가지 원인을 내포하고 있다. 첫 번째는 오차항 그 자체인데, 이는 $\hat{e}$이 예측기간 동안 0이 아닐 수 있기 때문이다. 두 번째 원인은 회귀모형의 추정된 모수들이 참값과 완전히 같지 않을 수 있다는 사실에서 나타난다.

적용사례로서 식 (A.11)에서 SEF가 $\$70$억인 경우를 고려해 보자. 만약 표본 크기가 충분하다면, 예측 판매액은 예측값을 중심으로 1.96과 표준오차를 곱한 값 이내에 있을 확률이 대략 95%가 된다. 이 경우, 95% 신뢰구간은 $\$484$억 $\pm$ $\$140$억로서 $\$334$억와 $\$624$억 사이가 된다.

이제 2020년과 같이 미래의 어느 한 시점에 대해 자동차 판매액을 예측해 보자. 이를 위해 예측은 조건부가 되어야 하는데, 이는 자동차 판매액을 예측하기 전에 독립변수들의 값을 먼저 예상해야 하기 때문이다. 예를 들어, 이들 변수에 대한 예상값이 $\hat{P} = 200$, $\hat{I} = \$5조$, $\hat{R} = 10\%$라고 가정해 보자. 이 경우 예측치는 $\hat{P} = 51.1 - 0.42(200) + 0.046(5조) - 0.84(10) = \$1,887억$이 된다. $\$1,887억$는 사전적 조건부 예측치이다.

미래를 예측하면서도 분석 기간 내내 설명변수들이 평균값과는 가깝지 않기 때문에 SEF는 $\$82억$가 된다.[5] 이 예측에 관한 95% 신뢰구간은 $\$1,723억$와 $\$2,051억$ 사이이다.

사례 A.1 석탄에 대한 수요

역청탄(COAL, 연간 톤) 수요를 추정하고 이를 바탕으로 미래의 석탄 판매량을 예측하는 경우를 생각해 보자. 수요량은 석탄가격(PCOAL, 석탄에 대한 생산자 물가지수)과 석탄과 밀접한 대체재의 가격(PGAS, 천연가스에 대한 생산자 물가지수)에 의해 영향을 받을 것으로 예상할 수 있다. 석탄은 철과 전기를 생산하는 데 사용되기 때문에 철 생산(FIS, 순철과 강철에 대한 연방준비제도이사회 지수)과 전기 생산(FEU, 전력사업에 대한 연방준비제도이사회 지수) 또한 수요의 중요 결정요인으로 생각할 수 있다.

따라서 석탄 수요에 관한 모형은 다음과 같다.

$$COAL = b_0 + b_1 \, PCOAL + b_2 \, PGAS + b_3 \, FIS + b_4 \, FEU + e$$

이론적으로 석탄의 수요곡선은 우하향하므로 b_1은 음($-$)의 값을 가진다고 예상할 수 있다. 또한 천연가스의 가격이 높을수록 산업 내 에너지 수요자들이 천연가스를 석탄으로 대체할 것이므로 b_1는 양($+$)의 값이 될 것으로 예상된다. 마지막으로, 철과 전기 생산이 많을수록 석탄 수요가 증가하므로 b_3와 b_4 모두 양($+$)이 될 것으로 예상한다.

이 모형은 8년 동안의 월별 시계열 자료를 사용하여 추정하였는데, 분석 결과(괄호 안의 수치는 t-통계량)는 다음과 같다.

$$COAL = 12,262 + 92.34 \, FIS + 118.57 \, FEU$$
$$(3.51) \quad (6.46) \quad (7.14)$$
$$- 48.90 \, PCOAL + 118.91 \, PGAS$$
$$(-3.82) \quad (3.18)$$
$$R^2 = 0.692 \qquad SER = 120,000$$

모든 추정 계수 값은 경제이론에서 예측한 부호를 그대로 나타내고 있다. 또한 t-통계량 모두 절댓값으로 1.96보다 더 크기 때문에 각 계수 값은 통계적으로 유의하게 0이 아니다. R^2는 0.692인데, 이는 이 모형이 석탄 판매 변동의 2/3 이상을 설명하고 있다는 사실을 나타낸다. 추정치의 표준오차인 SER은 12만 톤의 석탄이다. 석탄 생산의 평균값이 390만 톤이므로 SER은 종속변수의 평균값 대비 약 3%를 나타낸다. 이를 통해 이 모형이 상당히 적합함을 알 수 있다.

이제 추정된 석탄 수요 식을 활용하여 향후 1년 동안의 석탄 판매액을 예측해 보자. 이를 위해 12개월 예측 기간에 대한 각 설명변수의 수치를 추정 식에 대입한다. 또한 예측의 표준오차를 추정하고(추정치는 17만 톤), 이를 석탄 수요의 예측값에 대한 95% 신뢰구간을 구하는 데 사용한다. 표 A.1은 몇몇 대표적 예측값과 신뢰구간을 보여 준다.

표 A.1	석탄 수요에 관한 예측	
	예측	신뢰구간
1개월 후 예측(톤)	520만	490~550만
6개월 후 예측(톤)	470만	440~500만
12개월 후 예측(톤)	500만	470~530만

---

5 SEF에 관해서는 Pindyck and Rubinfeld, *Econometric Models and Economic Forecasts*의 제8장을 참고하길 바란다.

요약

1. 다중회귀분석은 변수 간의 경제적 관계를 정량화하고 관련 연구가설을 검증하는 통계적 기법이다.

2. 선행회귀모형은 하나의 종속변수와 하나 또는 그 이상의 독립변수 간 관계를 나타내는 것으로, 일반적으로 이를 통해 종속변수의 실제 값과 추정 값 간 편차의 제곱 합을 최소화하는 절편과 기울기의 모수 값을 추정할 수 있다.

3. 다중회귀모형에서 각 기울기의 계수 값은 다른 모든 독립변수가 일정한 상태에서 해당 독립변수의 변화가 종속변수에 어떠한 영향을 미치는지를 나타낸다.

4. t-검정을 통해 특정 기울기의 계수 값이 0과 다른지에 관한 가설을 검증할 수 있다.

5. 회귀방정식의 전체 적합도는 추정치의 표준오차(SER)(0에 가까울수록 더 적합함을 나타냄) 또는 R^2(1에 가까울수록 더 적합함을 나타냄)을 통해 평가할 수 있다.

6. 종속변수의 미래 수치를 예측하는 데 회귀모형을 활용할 수 있다. 예측의 표준오차(SEF)는 예측의 정확도를 측정한다.

용어 해설

가격경직성(price rigidity) 과점시장의 특징으로서 기업들은 비용이나 시장수요가 변함에도 불구하고 가격을 변화시키는 것을 꺼리는 현상

가격선도(price leadership) 한 기업이 정기적으로 가격 변화를 발표하고 다른 기업들은 이에 맞추는 정형화된 가격설정 패턴

가격소비곡선(price-consumption curve) 한 재화의 가격이 변할 때 효용을 극대화하는 두 재화의 조합의 궤적을 나타내는 곡선

가격수용자(price taker) 시장가격에 아무런 영향을 못 미치며, 가격을 주어진 것으로 수용하는 기업

가격신호(price signalling) 한 기업이 다른 기업도 따라 할 것을 바라면서 가격 인상을 발표하는 암묵적 담합의 한 형태

가격지지(price support) 정부가 가격을 시장균형가격보다 높게 설정하고, 초과공급을 정부가 매입하여 그 가격을 유지시키는 정책

가격차별(price discrimination) 유사한 재화에 대해 서로 다른 고객에 대해 서로 다른 가격을 부과하는 행위

개별수요곡선(individual demand curve) 한 재화의 가격과 한 소비자가 구매하고자 하는 그 재화의 양과의 관계를 나타내는 곡선

개인가치 경매(private-value auction) 각 입찰자가 경매에 나온 물품에 대한 자신의 가치평가액을 알고 있으며, 입찰자마다 가치평가액이 다른 경매

거래가능한 공해배출권(tradeable emissions permits) 기업이 발생시킬 수 있는 최대수준의 공해배출수준을 정한 공해배출권을 각 기업에게 배분하고 서로 거래할 수 있도록 하는 제도

거시경제학(macroeconomics) 국민총생산의 규모와 성장률, 이자율, 실업, 인플레이션 등과 같은 총량적인 경제변수를 다루는 경제학의 분야

거품(bubble) 어떤 재화의 가격이 수요나 가치의 기본에 따라 결정되는 것이 아니라 가격이 계속 올라갈 것이라는 믿음에 의해 결정되는 현상

게임(game) 경기자(참가자)들이 상대방의 행동과 반응을 고려하여 전략적 의사결정을 하는 상황

결정계수(R-squared, R^2) 종속변수의 전체 변동분에서 독립변수들에 의해 설명되는 비중

경기순환형 산업(cyclical industries) 국내총생산과 국민총소득의 경기순환적 변화에 비해 매출액의 변화가 더 크게 나타나는 산업

경매시장(auction market) 공식적인 입찰과정을 통해 제품을 사고파는 시장

경제적 렌트(economic rent) 한 생산요소에 대해 지불하고자 하는 금액에서 그것을 구입하기 위해 필요한 최소의 금액을 차감한 값

경제적 비용(economic cost) 생산을 위해 경제적 자원을 사용할 때 드는 비용

경제적 효율성(economic efficiency) 소비자잉여와 생산자잉여의 합의 극대화

계약곡선(contract curve) 두 소비자에 대한 두 재화의 모든 효율적인 배분상태를 나타내거나 두 생산함수에 대한 두 생산요소의 모든 효율적인 배분상태를 나타내는 곡선

고정 가중치 지수(fixed-weight index) 재화와 서비스의 구매량이 일정한 것으로 두고 구한 생계비지수

고정비용(fixed cost, FC) 생산량의 변화에 따라 변하지 않으며, 조업을 중단할 경우에만 없앨 수 있는 비용

고정비율 생산함수(fixed-proportions production function) L자 모양의 등량곡선을 갖는 생산함수로서 생산에 있어서 노동과 자본에 대해 단 한 가지 조합만 가능한 생산함수

고정생산요소(fixed input) 투입량을 변화시킬 수 없는 생산요소

고정화(anchoring) 의사결정을 할 때 사전에 가진 정보에 강하게 의존하는 경향

공공재(public goods) 비배제적이고 비경합적인 재화로서 추가적인 소비자에게 제공함에 따른 한계비용이 0이며, 사람들을 소비로부터 제외할 수 없는 재화

공급곡선(supply curve) 생산자가 팔고자 하는 재화의 양과 가격 간의 관계를 나타내는 곡선

공급과잉(surplus) 공급량이 수요량을 초과하는 상황

공급부족(shortage) 수요량이 공급량을 초과하는 상황

공급의 가격탄력성(price elasticity of supply) 가격의 1% 증가에 따른 공급량의 퍼센트 변화

공유자원(common property resource) 누구나 자유롭게 사용할 수 있는 자원

공통가치 경매(common-value auction) 경매에 나온 물품은 모든 입찰자에게 동일한 가치를 지니지만 입찰자는 정확한 금액을 모르며 추정치는 개인마다 서로 다른 경매

과도한 낙관(over-optimism) 일이 잘될 것이라는 비현실적인 믿음

과도한 정확성(over-precision) 자신이 결과를 정확히 예측할 수 있다는 비현실적인 믿음

과신(overconfidence) 개인의 전망이나 능력에 대한 과대평가

과점(oligopoly) 단지 소수의 기업들만이 서로 경쟁을 하고 새로운 기업의 시장 진입이 방해를 받고 있는 시장

관세(tariff) 수입되는 재화에 부과되는 세금

광고비-매출액 비율(advertising-to-sales ratio) 기업의 매출액 대비 광고비 지출액의 비율

교환경제(exchange economy) 2명 또는 그 이상의 소비자들이 두 재화를 서로 교환하는 시장

구간가격설정(block pricing) 다른 구매량이나 구간에 따라 다른 가격을 부과하는 방식

구성(framing) 의사결정에서 선택이 나타나는 맥락 또는 상황에 의존하는 경향

굴절수요곡선 모형(kinked demand curve model) 과점시장을 설명하는 모형으로서 각 기업이 직면하는 수요곡선은 현재의 시장가격을 기준으로 더 높은 가격에서는 매우 탄력적이고 더 낮은 가격에서는 비탄력적인 모습을 지닌다.

규모에 대한 수확(returns to scale) 생산요소의 투입량이 똑같은 비율로 증가할 때 생산량이 증가하는 비율

규모에 대한 수확불변(constant returns to scale) 생산요소의 투입량이 2배가 될 때 생산량도 2배가 되는 경우

규모에 대한 수확체감(decreasing returns to scale) 생산요소의 투입량을 2배로 할 때 생산량은 2배보다 적게 증가하는 경우

규모에 대한 수확체증(increasing returns to scale) 생산요소의 투입량이 2배가 될 때 생산량이 2배보다 더 많아지는 경우

규모의 경제(economies of scale) 2배보다 적은 비용으로 생산량을 2배로 증가시킬 수 있는 상황

규모의 불경제(diseconomies of scale) 생산량을 2배로 늘리기 위해 2배 이상의 비용이 필요한 상황

규범적 분석(normative analysis) 어떻게 되어야 하는가를 살펴보는 분석

균형가격(equilibrium price) 공급량과 수요량이 같아지는 가격

기대수익률(expected returns) 자산에 대해 평균적으로 기대되는 수익률

기대효용(expected utility) 발생 가능한 모든 결과에 따른 효용에 각 결과가 발생할 확률을 가중치로 곱한 것의 합

기댓값(expected value) 발생 가능한 모든 결과에 따른 보수를 각 결과가 나타날 확률로 가중하여 얻는 평균값

기수적 효용함수(cardianl utility function) 어느 한 장바구니가 다른 것보다 얼마나 더 선호되는지를 나타내는 효용함수

기술 변화(technological change) 생산요소들을 보다 효율적으로 사용할 수 있도록 하는 기술의 발전

기술적 한계대체율(marginal rate of technical substitution, MRTS) 생산량을 변화시키지 않으면서 한 생산요소를 추가적으로 1단위 더 사용할 때 줄일 수 있는 다른 생산요소의 사용량

기술적 효율성(technical efficient) 기업이 주어진 생산량을 가장 낮은 비용으로 생산하도록 생산량을 조합한 상태

기업이론(theory of the firm) 기업이 어떻게 비용을 최소화하는 생산을 결정하며, 생산량에 따라 비용이 어떻게 달라지는가를 설명하는 이론

기업자본비용(company cost of capital) 해당 기업 주식의 예상 수익률과 대출 이자율의 가중 평균

기준점(reference point) 개인이 소비에 관한 의사결정을 하는 기준이 되는 점

기펜재(giffen good) 음(−)의 값을 가지는 소득효과가 대체효과보다 더 커서 수요곡선이 우상향하는 재화

기회비용(opportunity cost) 기업의 자원을 최선의 다른 용도로 사용하지 않음으로써 사라진 기회와 관련된 비용

끼워팔기(tying) 소비자가 어떤 제품을 구입할 때 반드시 다른 제품도 함께 구입하도록 요구하는 것

내쉬균형(Nash equilibrium) 경쟁자들의 행동이 주어진 상태에서 각 기업이 자신이 할 수 있는 최선을 다할 때 나타나는 전략이나

행동의 집합

네트워크 외부효과(network externality)　개인의 수요가 다른 사람들의 구매량에 영향을 받는 상황

노동생산성(labor productivity)　산업 전체 또는 경제 전체로 본 노동의 평균생산물

눈에 띄기(salience)　재화와 서비스에 대한 인식의 중요성

다중회귀분석(multiple regression analysis)　변수 간의 경제적 관계를 정량화하고 관련 연구가설을 검증하는 통계적 기법

단기(short run)　하나 또는 그 이상의 생산요소의 투입량을 변화시킬 수 없는 기간

단기 평균비용곡선(short-run average cost curve, SAC)　자본투입량이 고정되어 있을 경우의 생산량과 평균생산비용의 관계를 나타내는 곡선

대리인(agent)　주인의 목적을 달성하기 위해 주인에게 고용된 사람

대체재(substitutes)　한 재화의 가격 상승이 다른 재화의 수요량 증가에 영향을 주는 두 재화

대체효과(substitution effect)　효용수준을 일정하게 유지한 상태에서 한 재화의 가격 변화에 따른 해당 재화의 소비량 변화

더치 경매(Dutch auction)　판매자가 품목을 비교적 높은 가격에 내놓고 품목이 팔릴 때까지 일정 액수만큼 가격을 계속 낮춰 제시하는 경매

도덕적 해이(moral hazard)　자신의 행동이 관측되지 않는 개인이 그러한 행동으로 인한 비용의 발생 가능성이나 비용의 크기에 영향을 미치는 현상

독점(monopoly)　공급자가 하나인 시장

독점적 경쟁(monopolistic competition)　기업들이 자유롭게 진입하여 각자 차별화된 브랜드 상품을 생산하고 있는 시장

동반행위(parallel conduct)　암묵적 담합의 한 가지 유형으로서 한 기업이 다른 기업의 행위를 지속적으로 따라서 하는 현상

등량곡선(isoquant)　동일한 생산량을 가져다주는 생산요소들의 모든 가능한 조합을 나타내는 곡선

등량곡선 지도(isoquant map)　생산함수를 나타내기 위해 여러 등량곡선들을 그린 그래프

등비용선(isocost line)　주어진 총생산비용으로 구매 가능한 노동과 자본의 모든 조합을 나타내는 선

등탄력적 수요곡선(isoelastic demand curve)　가격탄력성이 일정한

수요곡선

라그랑지 승수법(method of Lagrange multiplier)　하나 또는 그 이상의 제약조건하에서 함수를 극대화 또는 극소화하는 기법

라그랑지 함수(Lagrangian)　극대화 또는 극소화의 대상인 함수에 한 변수(라그랑지 승수)와 제약조건을 곱한 것을 더한 함수

라스파이레스 가격지수(Laspeyres index)　어떤 개인이 기준연도에 구매한 재화와 서비스의 묶음을 현재 가격으로 사는 데 필요한 금액을 기준연도의 가격으로 사는 데 필요한 금액으로 나눈 값

러너의 독점력 지수(Lerner Index of Monopoly Power)　가격이 한계비용을 초과한 정도를 가격으로 나누어 독점력을 측정하는 지수

렌트 추구(rent seeking)　독점력을 획득하거나 유지하기 위해 사회적으로 비생산적인 노력에 지출하는 행위

맞대응전략(tit-for-tat strategy)　반복게임의 전략으로서, 경기자가 이전 경기에서 상대방이 취했던 행동에 대해 따라서 그 행동이 협조적이었으면 협조하고 비협조적이었으면 그에 보복하는 방법으로 대응하는 전략

매몰비용(sunk cost)　이미 지불되었으며 다시 회수할 수 없는 비용

명목가격(nominal price)　인플레이션 효과를 조정하지 않은 절대가격

모서리 해(corner solution)　선택된 장바구니에서 다른 재화에 대한 어느 한 재화의 한계대체율이 예산선의 기울기와 같지 않은 상태

무위험자산(riskless, risk-free asset)　확실한 현금이나 서비스의 흐름을 제공하는 자산

무임승차자(free rider)　비배제적인 재화에 대해 다른 사람들이 그 비용을 치를 것으로 예상하여 그 대가를 지불하지 않는 소비자나 생산자

무차별곡선(indifference curve)　소비자에게 같은 수준의 만족을 가져다주는 모든 시장바구니의 조합을 나타내는 곡선

무차별지도(indifference map)　어떤 소비자에게 무차별적인 시장바구니들로 구성된 무차별곡선의 집합을 나타내는 그림

묶어팔기(bundling)　2개 이상의 제품을 하나의 패키지로 파는 것

뮤추얼펀드(mutual fund)　개인투자자들의 자금을 모아서 많은 종류의 주식이나 기타 다양한 금융자산에 투자하는 조직

미시경제학(microeconomics)　소비자, 기업, 근로자, 투자자 등 개별 경제단위의 행위와 이와 같은 개별 경제단위로 구성된 시장을 다루는 경제학의 분야

반독점법(antitrust laws)　경쟁을 제한하거나 제한할 가능성이 있는

행위를 금지하는 규칙과 규제

반복게임(repeated game) 행동이 취해지고 그에 따라 보수를 얻는 일이 계속 반복되는 게임

반응곡선(reaction curve) 어떤 기업의 이윤극대화 생산량과 그 기업이 생각하는 경쟁자의 예상 생산량 간의 관계

배출부담금(emission fee) 기업이 발생시키는 공해 단위당 부과되는 부담금

배출허용기준(emission standard) 기업이 배출할 수 있는 오염물질의 양에 대한 법적 허용치

밴드왜건 효과(bandwagon effect) 다른 사람들이 어떤 재화를 가지고 있기 때문에 다른 소비자도 그 재화를 가지려고 할 때 나타나는 긍정적 네트워크 외부효과

범위의 경제(economies of scope) 한 기업의 결합생산량이 각각 하나의 제품을 생산하는 서로 다른 두 기업에 의해 달성될 수 있는 생산량보다 많은 상황

범위의 경제도(degree of economies of scope, SC) 둘 이상의 제품을 개별적으로 생산하지 않고 결합생산을 할 때 발생하는 비용절감의 비율

범위의 불경제(diseconomies of scope) 한 기업의 결합생산량이 각각 하나의 제품을 생산하는 서로 다른 두 기업에 의해 달성될 수 있는 생산량보다 적은 상황

베르트랑 모형(Bertrand model) 기업들이 동일한 제품을 생산하고, 각 기업은 경쟁기업의 가격을 고정된 것으로 여기며, 모든 기업이 동시에 가격에 대해 의사결정하는 것으로 가정하는 과점시장모형

변동비용(variable cost, VC) 생산량의 변화에 따라 변하는 비용

변동성(variability) 불확실한 상황에서 발생 가능한 결과들이 서로 차이가 나는 정도

변동이윤(variable profit) 기업이 생산량을 1단위씩 늘릴 때마다 얻는 이윤의 합으로 총이윤에 고정비용을 더한 값

보수(payoff) 발생 가능한 결과에 부여된 가치

보수행렬(payoff matrix) 각 기업의 결정과 경쟁기업의 결정이 주어졌을 때 각 기업이 얻는 이윤(또는 보수)을 나타내는 표

보완재(complements) 한 재화의 가격 상승이 다른 재화의 수요량 감소에 영향을 주는 두 재화

보조금(subsidy) 구매자의 가격을 판매자의 가격보다 낮게 만드는 지원금, 즉 음(−)의 세금

보험수리적 공정성(actuarially fair) 보험료가 기대지급액과 같은 상황을 나타냄

복점(duopoly) 2개의 기업이 서로 경쟁하고 있는 시장

부분균형분석(partial equilibrium analysis) 다른 시장으로부터의 영향을 고려하지 않고 한 시장의 균형가격과 수량을 분석

부존효과(endowment effect) 개인이 어떤 재화를 보유할 때는 그렇지 않을 때에 비해 높은 가치를 부여하는 경향

분산가능 위험(diversifiable risk) 많은 프로젝트에 분산하여 투자하거나 많은 기업의 주식을 분산하여 보유함으로써 제거할 수 있는 위험

분산불가능 위험(nondiversifiable risk) 많은 프로젝트에 분산하여 투자하거나 많은 기업의 주식을 분산하여 보유하더라도 제거할 수 없는 위험

분산화(diversification) 결과가 서로 밀접하게 관련되지 않은 다양한 활동에 자원을 배분함으로써 위험을 줄이는 방법

분할할당(amortization) 한 번에 지출한 비용을 수년간 분산시켜서 매년 발생한 비용으로 처리하는 것

비경합적 재화(nonrival) 추가적인 소비자에게 해당 재화를 제공함에 따른 한계비용이 0인 재화

비공개 경매(sealed-bid auction) 모든 호가가 봉인된 봉투로 동시에 이루어지고 가장 높은 호가를 적어 낸 개인이 낙찰자가 되는 경매

비교우위(comparative advantage) 재화 A의 생산비용을 재화 B의 생산비용과 상대적으로 비교할 때 국가 1이 국가 2보다 낮은 상대적 비용으로 재화 A를 생산할 수 있음에 따라 재화 A의 생산에서 국가 1이 국가 2에 대해 가지는 우위

비대칭적 정보(asymmetric information) 거래에서 구매자와 판매자가 서로 다른 정보를 가지는 상황

비배재적 재화(nonexclusive) 소비로부터 사람들을 제외할 수 없어서 소비에 대한 요금 부과가 불가능하거나 곤란한 재화

비용감소산업(decreasing-cost industry) 장기 공급곡선이 우하향하는 산업

비용불변산업(constant-cost industry) 장기 공급곡선이 수평인 산업

비용증가산업(increasing-cost industry) 장기 공급곡선이 우상향하는 산업

비용함수(cost function) 생산비용과 생산량 및 그 외 기업이 통제할 수 있는 변수들 간의 관계를 나타내는 함수

비재화(bads) 적은 양이 많은 양보다 더 선호되는 재화

비협조게임(noncooperative game)　구속력 있는 계약을 체결하거나 강제적 집행이 불가능한 게임

사중손실(deadweight loss)　총잉여(소비자잉여 + 생산자잉여)의 순손실

사회적 한계비용(marginal social cost, MSC)　한계비용과 한계외부비용의 합

사회적 한계편익(marginal social benefit, MSB)　사적 한계편익과 한계외부편익의 합

사회적 할인율(social rate of discount)　미래에 사회 전체가 받게 되는 경제적 혜택의 기회비용

사회후생함수(social welfare function)　개별 구성원들의 효용에 의하여 사회 전체적인 후생수준을 표현하는 척도

생계비지수(costofliving index)　전형적인 소비자가 재화와 서비스의 묶음을 구매하는 데 드는 현재 비용을 기준 연도에 같은 묶음을 구매하는 데 든 비용으로 나눈 비율

생산가능곡선(production possibilities frontier)　주어진 양의 생산요소들을 효율적으로 사용하여 생산할 수 있는 두 재화의 생산량의 조합

생산변환곡선(product transformation curve)　주어진 양의 생산요소들을 이용하여 생산할 수 있는 서로 다른 두 생산물(제품)의 여러 조합을 나타내는 곡선

생산요소(factor of production)　생산과정에 투입되는 투입물(예: 노동, 자본, 원료)

생산의 사용자 비용(user cost of production)　현재의 생산으로 인해 미래의 생산이 줄어듦에 따른 기회비용

생산자 물가지수(Producer Price Index, PPI)　중간재와 도매제품의 총량적 가격수준의 측정치

생산자잉여(producer surplus)　어떤 기업이 생산하는 재화의 시장가격과 한계비용 간의 차이를 그 기업이 생산하는 모든 생산량 단위에 대해 합한 것

생산함수(production function)　생산요소들의 특정한 배합들로 기업이 생산할 수 있는 최대 생산량을 나타내는 함수

서수적 효용함수(ordinal utility function)　시장바구니들을 가장 선호되는 순서대로 순위를 매기는 효용함수

선형수요곡선(linear demand curve)　직선 형태의 수요곡선

선형회귀(linear regression)　종속변수와 여러 독립변수(또는 설명변수) 및 오차항 간의 관계를 직선의 관계로 나타내는 모형

소득소비곡선(income-consumption curve)　개별 소비자의 소득 변화에 따른 두 재화의 효용극대화 소비조합 변화의 궤적을 나타내는 곡선

소득효과(income effect)　한 재화의 상대가격이 고정된 상태에서 구매력 향상에 따른 해당 재화의 소비 변화

소비자 물가지수(Consumer Price Index, CPI)　총량적 가격수준의 측정치

소비자잉여(consumer surplus)　한 재화에 대해 소비자가 지불하고자 하는 가격과 실제로 지불한 가격 간의 차이

소비자 행동이론(theory of consumer behavior)　소비자가 자신의 만족을 극대화하기 위해 소득을 다양한 재화와 서비스에 어떻게 배분하는지를 설명하는 이론

소수의 법칙(law of small numbers)　상대적으로 정보가 적을 때는 어떤 일이 발생할 확률을 과대평가하는 경향

손실 기피(loss aversion)　사람들이 이익을 얻는 것보다 손해를 피하는 것을 선호하는 경향

수량강제(quantity forcing)　하류기업들이 가능한 한 많은 물량을 판매하도록 판매할당이나 다른 인센티브를 사용하는 것

수요곡선(demand curve)　소비자가 사고자 하는 재화의 양과 가격 간의 관계를 나타내는 곡선

수요과점(oligopsony)　소수의 구매자만 존재하는 시장

수요독점(monopsony)　수요자가 하나인 시장

수요독점력(monopsony power)　가격에 영향을 미칠 수 있는 구매자의 능력

수요의 가격탄력성(price elasticity of demand)　어떤 재화의 가격이 1% 증가함에 따른 그 재화에 대한 수요량의 퍼센트 변화

수요의 광고비 탄력성(advertising elasticity of demand)　광고비 1% 증가에 따른 수요량의 퍼센트 변화

수요의 교차가격탄력성(cross-price elasticity of demand)　다른 재화 가격의 1% 증가에 따른 한 재화 수요량의 퍼센트 변화

수요의 소득탄력성(income elasticity of demand)　소득의 1% 변화에 따른 수요량의 퍼센트 변화

수요의 점 탄력성(point elasticity of demand)　수요곡선상의 특정한 점에서의 가격탄력성

수요의 호 탄력성(arc elasticity of demand)　수요곡선상의 일정한 범위에 걸친 가격 변화에 대해 계산한 가격탄력성

수익률(rate of return) 자산의 가격 대비 총 현금의 흐름

수익률규제(rate-of-return regulation) 기업이 얻을 것으로 예상되는 수익률에 기초하여 규제기관이 허용하는 최대가격을 설정하는 방식

수입할당제(import quota) 어떤 재화의 수입량을 제한하는 정책

수직적 통합(vertically integrated) 한 기업 내에 여러 부서가 있으며, 어떤 부서는 원료와 부품을 생산하며 다른 부서에서는 그것을 이용하여 최종재를 생산하는 조직 형태

수평적 통합(horizontally integrated) 한 기업 내에서 여러 공장들이 동일한 제품이나 연관된 제품을 생산하는 조직 형태

순수 묶어팔기(pure bundling) 제품을 묶어서만 판매하는 것

순수전략(pure strategy) 경기자가 하나의 특정한 선택이나 특정한 행동을 취하는 전략

순차게임(sequential game) 게임 참가자들이 상대방의 행동과 반응을 고려하여 순차적으로 움직이는 게임

순현재가치 기준[net present value(NPV) criterion] 어떤 투자로부터 기대되는 미래 현금흐름의 현재가치가 그 투자의 현재 비용보다 크다면 투자를 해야 한다는 투자결정 법칙

스놉효과(snob effect) 소비자가 차별적이고 독특한 재화를 소유하고 싶을 때 나타나는 부정적 네트워크 외부효과

스타켈버그 모형(Stackelberg model) 한 기업이 다른 기업보다 먼저 생산량을 결정하는 과점모형

슬러츠키 방정식(Slutzky equation) 가격 변화의 효과를 대체효과와 소득효과로 구분한 공식

승자의 저주(winner's curse) 공통가치 경매에서 낙찰자가 품목의 가치를 과대평가하여 과도하게 높은 가격을 지불함으로써 더 나쁜 상황에 빠지게 되는 현상

시장(market) 실제적 또는 잠재적 상호작용을 통해 한 재화나 여러 재화묶음의 가격을 결정하는 구매자와 판매자의 집합

시장가격(market price) 경쟁시장에서 나타나는 가격

시장기능(market mechanism) 자유시장에서 시장이 청산될 때까지 변화하는 가격의 성향

시장바구니(market basket) 하나 또는 그 이상의 재화들의 집합

시장수요곡선(market demand curve) 한 재화에 대해 시장 내의 모든 소비자들이 구매하고자 하는 양과 그 재화의 가격 간의 관계를 나타내는 곡선

시장신호(market signaling) 판매자가 제품의 품질에 대한 신호를 구매자에게 전달하는 과정

시장실패(market failure) 가격이 소비자와 생산자에게 적절한 신호를 제공하지 못하기 때문에 규제가 없는 경쟁시장이 비효율적이 되는 상황

시장의 범위(extent of a market) 지리적 및 제품의 종류라는 측면에서의 시장의 경계

시장의 정의(market definition) 특정 시장에 포함되어야 하는 구매자, 판매자 및 제품의 범위에 대한 결정

시장지배력(market power) 판매자 또는 구매자가 재화의 가격에 영향을 미칠 수 있는 능력

시장청산가격(market-clearing price) 공급량과 수요량이 같아지는 가격

시점 간 가격차별(intertemporal price discrimination) 서로 다른 수요함수를 가진 소비자들을 다른 그룹으로 나누어서 시점에 따라 서로 다른 가격을 부과하는 방식

실제수익률(actual returns) 자산이 실제로 발생시키는 수익률

실증적 분석(positive analysis) 원인과 결과 간의 관계를 설명하는 분석

실질가격(real price) 총량적 가격과 대비한 어떤 재화의 상대가격으로서 인플레이션 효과를 조정한 가격

실질수익률(real rate of return) 자산의 단순(또는 명목)수익률에서 물가상승률을 제한 값

실효수익률 또는 수익률(effective yield) 채권에 투자함으로써 얻는 수익률

쌍대성(duality) 소비자의 효용극대화 의사결정에 관한 두 가지 접근 방법, 즉 주어진 예산제약하에서 가장 높은 수준의 무차별곡선을 선택하는 방법과 주어진 무차별곡선에 접하는 가장 낮은 수준의 예산선을 선택하는 방법은 동일한 결과를 가져다준다는 것

쌍방독점(bilateral monopoly) 하나의 구매자와 하나의 판매자만 존재하는 시장

약탈적 가격설정(predatory pricing) 경쟁기업을 시장에서 쫓아내거나 새로운 기업의 시장 진입을 막음으로써 미래에 보다 높은 이윤을 얻고자 하는 목적으로 가격을 책정하는 행위

양(+)의 상관관계변수(positive correlation) 서로 같은 방향으로 움직이는 경향을 갖는 두 변수

에지워스 박스(Edgeworth box) 두 사람에 대한 두 재화의 모든 가

능한 배분이나, 두 생산방식에 대한 두 생산요소의 모든 가능한 배분을 나타내는 도형

엥겔곡선(Engel curve) 한 소비자의 소득수준과 한 재화의 소비량 간의 관계를 나타내는 곡선

역선택(adverse selection) 비대칭적 정보로 인해 서로 다른 품질의 제품이 단일 가격으로 판매될 때 나타나는 현상으로서 시장실패의 한 가지 유형. 결과적으로 품질이 나쁜 제품은 너무 많이 판매되는 반면 품질이 좋은 제품은 너무 적게 판매됨

연쇄 가중법 가격지수(chain-weighted price index) 재화와 서비스의 수량 변화를 고려하는 생계비지수

열등재(inferior good) 소득효과가 음(−)의 값으로 나타나는 재화

영구채권(perpetuity) 매년 일정한 금액을 영원히 지급하는 채권

영국식(구두) 경매(English or oral auction) 판매자가 일단의 잠재 구매자에게 계속 더 높은 가격을 부르도록 적극 종용하는 경매

예산선(budget line) 소득을 모두 지출하여 구입할 수 있는 재화들의 조합

예산제약(budget constraint) 소비자들이 한정된 소득 때문에 직면하게 되는 제약

완전경쟁시장(perfectly competitive market) 많은 수의 구매자와 판매자로 구성되어서 어떤 한 구매자나 판매자가 가격에 중대한 영향을 미치지 못하는 시장

완전대체재(perfect substitutes) 한 재화에 대한 다른 재화의 한계대체율이 일정한 값을 가지는 두 재화

완전보완재(perfect complements) MRS가 영이거나 무한대인 두 재화. 무차별곡선은 직각 형태

완전비탄력적 수요(completely inelastic demand) 가격과 상관없이 소비자들은 일정한 양을 구매한다.

완전정보의 가치(value of complete information) 정보가 완전할 때의 선택의 기댓값과 정보가 불완전할 때의 기댓값 간의 차이

완전탄력적 수요(infinitely elastic demand) 어떤 가격에서 소비자들은 가능한 수준에서 최대한의 양을 구매한다. 그러나 가격이 조금만 올라도 수요량은 0이 되고, 가격이 조금만 내려가면 수요량은 무한대로 증가한다.

외부효과(외부성)(externality) 생산자나 소비자의 행동으로써 다른 생산자나 소비자에게 영향을 미치지만 해당 시장가격에는 반영되지 않는 행동

우월전략(dominant strategy) 상대방이 무엇을 하든지 상관없이 최적인 전략

우월전략 균형(equilibrium in dominant strategies) 각 경기자가 경쟁자의 행위에 관계없이 최선을 다함에 따라 나타나는 게임 결과

위험선호적(risk loving) 확실한 소득보다 그것과 같은 기대가치를 가지는 위험한 소득을 더 선호하는 상황

위험의 가격(price of risk) 투자자가 더 높은 기대수익률을 누리기 위해 감수해야 하는 추가적인 위험

위험자산(risky asset) 소유자에게 불확실한 현금 또는 서비스의 흐름을 제공하는 자산

위험중립적(risk neutral) 확실한 소득과 그것과 같은 기대가치를 가지는 위험한 소득에 대해 무차별한 상황

위험프리미엄(risk premium) 위험회피적인 사람이 위험을 피하기 위해 지불하고자 하는 금액

위험회피적(risk averse) 확실한 소득을 그것과 동일한 기댓값을 가지는 위험한 소득보다 더 선호하는 상황

유보가격(reservation price) 고객이 재화를 구매할 때 지불할 용의가 있는 최대가격

음(−)의 상관관계변수(negative correlation) 서로 반대 방향으로 움직이는 경향을 갖는 두 변수

이부가격(two-part tariff) 소비자들에게 입장료와 사용료를 모두 부과하는 가격설정 방식

이상적 생계비지수(ideal cost-of-living index) 현재 가격에서 어떤 수준의 효용을 얻는 데 필요한 비용을 기준연도의 가격에서 같은 수준의 효용을 얻는 데 필요한 비용으로 나눈 값

이윤(profit) 총수입과 총비용의 차이

이자율(interest rate) 돈을 빌리고 빌려 주는 가격

이전가격(transfer prices) 한 기업 내에서 상류사업부가 하류사업부에 부품을 판매할 때 적용하는 내부가격

이중마진(double marginalization) 수직계열화된 각 기업이 한계비용보다 높게 가격을 설정하여 최종제품의 가격을 증가시키는 방식

인적자본(human capital) 개인을 좀 더 생산적으로 만듦으로써 평생 동안 더 높은 소득을 얻을 수 있도록 해 주는 지식, 기술, 경험

일반균형분석(general equilibrium analysis) 시장 간의 피드백효과를 고려하여 모든 관련 시장의 가격과 수량을 동시에 분석

임대료(rental rate) 자본 1단위를 임대하는 데 드는 연간 비용

자본량(stock of capital) 생산에 사용할 수 있는 총자본의 양

자본의 기회비용(opportunity cost of capital) 유사한 위험을 지닌 다른 프로젝트에 투자했을 때 얻을 수 있는 수익률

자본의 사용자 비용(user cost of capital) 자본재를 소유하고 사용하는 데 드는 연간 비용으로서 경제적 감가상각비와 포기한 이자수입의 합과 같다.

자본자산가격 결정 모형(Capital Asset Pricing Model, CAPM) 자본투자의 위험프리미엄은 그 투자의 수익률과 주식시장 전체의 수익률 간의 상관관계에 의해 결정된다는 모형

자산(asset) 소유자에게 현금이나 서비스의 흐름을 제공하는 어떤 것

자산베타(asset beta) 시장의 움직임에 따른 자산 수익률의 민감도를 측정하는 상수로서 자산의 분산불가능 위험을 반영함

자연독점(natural monopoly) 여러 기업이 재화를 생산하는 경우에 비해 더 낮은 비용으로 시장 전체 수량을 생산하는 기업

자유로운 진입과 퇴출(free entry and exit) 기업이 어떤 산업에 진입하거나 퇴출하는 것을 어렵게 만드는 특별한 비용이 없는 상황

장기(long run) 모든 생산요소의 투입량을 변화시킬 수 있는 기간

장기 경쟁균형(long-run competitive equilibrium) 해당 산업에 있는 모든 기업이 이윤을 극대화하고 있으며, 어떤 기업도 해당 산업에 진입하거나 해당 산업으로부터 퇴출하려는 유인을 가지지 않으며, 가격은 공급량과 수요량이 일치하는 수준에서 결정된다.

장기 평균비용곡선(long-run average cost curve, LAC) 자본을 포함한 모든 생산요소가 가변적일 경우의 생산량과 평균생산비용의 관계를 나타내는 곡선

장기 한계비용곡선(long-run marginal cost curve, LMC) 생산량이 1단위씩 점차적으로 증가함에 따른 장기 총비용의 변화를 나타내는 곡선

재산권(property right) 개인이나 기업이 자신의 재산에 대해 행사할 수 있는 권리에 관한 법적 규정

저량 외부효과(stock externality) 시장가격에 반영되지는 않으나 생산자나 소비자의 행동이 축적된 결과가 다른 생산자나 소비자에게 영향을 미치는 현상

전개형 게임(extensive form of a game) 게임에서 가능한 행동을 의사결정나무 형태로 표현한 것

전략(strategy) 경기자가 게임에서 취하는 행동의 원칙이나 계획

절대우위(absolute advantage) 국가 1의 재화 A의 생산비용이 국가 2의 재화 A의 생산비용보다 낮을 때 재화 A의 생산에서 국가 1이 국가 2에 대해 가지는 우위

정보의 폭포(informational cascade) 다른 사람들의 행동에 기초한 다른 사람들의 행동에 따른 투자기회 등에 대한 평가

종량세(specific tax) 판매 단위당 일정 금액으로 부과하는 세금

죄수의 딜레마(prisoner's dilemma) 두 죄수가 범죄에 대해 자백할지 여부를 별도로 결정해야 하는 상황에 관한 게임이론의 예이다. 만약 한 죄수가 자백을 하면 자신은 가벼운 형을 받지만 공범은 무거운 형을 받는다. 그러나 아무도 자백을 하지 않으면 둘 다 자백할 때에 비해서 가벼운 형을 받는다.

주인(principal) 어떤 목적을 달성하기 위해 1명 또는 다수의 대리인을 고용하는 사람

주인-대리인 문제(principal-agent problem) 대리인(예: 기업의 경영자)이 주인(예: 기업의 소유자)의 목적을 추구하는 것이 아니라 자신의 목적을 추구할 때 나타나는 문제

지배적 기업(dominant firm) 높은 시장점유율을 차지하는 기업으로서 소규모 기업들의 공급량을 고려하여 자신의 이윤극대화를 위해 가격을 설정하는 기업

직무태만 모형(shirking model) 기업이 근로자에게 시장균형임금을 지불한다면 근로자는 직무태만으로 해고되더라도 똑같은 수준의 임금을 주는 다른 일자리를 구할 수 있기 때문에 직무를 소홀히 할 유인을 가진다고 설명하는 모형

진입장벽(barrier to entry) 새로운 경쟁자의 진입을 방해하는 조건

차고가 경매(second-price auction) 판매가격이 두 번째로 높은 호가로 정해지는 경매

차익거래(arbitrage) 한 곳에서 싼 가격에 제품을 구입하여 다른 곳에서 비싸게 판매하는 행위

채권(bond) 채무자가 채권소유자(채권자)에게 미래의 현금흐름을 지불할 것을 약정하는 계약

초과공급(excess supply) 재화의 공급량이 수요량에 비해 많은 상황

초과수요(excess demand) 재화의 수요량이 공급량에 비해 많은 상황

총비용(total cost, TC 또는 C) 생산에 드는 총경제적 비용으로서 고정비용과 변동비용으로 구성됨

최고가 경매(first-price auction) 판매가격이 가장 높은 호가로 정해지는 경매

최대부하 가격설정(peak-load pricing) 생산능력의 한계 때문에 한계비용이 크게 높아지는 최대부하 기간에 더 높은 가격을 부과하는 방식

최소극대화 전략(maxmin strategy)   얻을 수 있는 최소 이득을 극대화하는 전략

최소자승법(least-square criterion)   종속변수의 실제 값과 적합값 간의 잔차의 제곱 합을 최소화하는 "최적합"의 기준으로 회귀분석의 모수 값을 결정하는 방법

최적 전략(optimal strategy)   경기자의 기대 보수를 극대화하는 전략

추정치의 표준오차(standard error of regression, SER)   회귀분석 오차의 표준편차에 대한 추정치

카르텔(cartel)   일부 또는 모든 기업이 명시적으로 담합을 하고 공동의 이윤을 극대화할 목적으로 가격과 생산량을 조절하는 시장

코스 정리(Coase theorem)   협상을 위한 별도의 비용이 발생하지 않으며, 관련 당사자들이 서로의 이익을 위해 협상을 한다면, 재산권을 누가 보유하는가에 관계없이 효율적인 결과를 얻을 수 있다는 원칙

콘도미니엄(condominium)   개인이 소유하지만 공동시설에 대해서는 소유자 협회가 공동으로 비용을 지불하고 관리하는 주택 단위

콥-더글러스 생산함수(Cobb-Douglas production function) $q = AK^\alpha L^\beta$ 형식의 생산함수로 q는 생산량, K는 자본 투입량, 그리고 L은 노동 투입량이다. 또 A, α, β는 양(+)의 상수이다.

콥-더글러스 효용함수(Cobb-Douglas utility function) $U(X, Y) = X^a Y^{1-a}$ 형태의 효용함수로서, X와 Y는 두 재화, 그리고 a는 상수이다.

쿠르노균형(Cournot equilibrium)   쿠르노 모형의 균형으로서 각 기업이 자신의 경쟁자가 얼마만큼 생산할지 정확히 예측하고 그에 따라 자신의 생산량을 결정할 때 달성된다.

쿠르노 모형(Cournot model)   여러 기업들이 동질적인 제품을 생산하는 과점모형으로서 각 기업은 경쟁자들의 생산량이 고정되어 있다고 간주하며, 모든 기업이 동시에 생산량을 결정한다.

탄력성(elasticity)   한 변수가 1% 증가함에 따른 다른 변수의 퍼센트 변화

투기적 수요(speculative demand)   재화를 소유하거나 소비하는 것에서 직접적으로 이득을 얻기 위한 것이 아니라 가격이 오를 것이라는 기대 때문에 발생하는 수요

파레토 효율적 배분(Pareto efficient allocation)   다른 사람이 전보다 나빠지지 않고는 어느 누구도 전보다 더 나아질 수 없도록 재화가 배분된 상태

파생수요(derived demands)   기업의 최종재 생산량과 생산요소 사용에 의해 발생하는 비용에 따라 달라지며, 그로부터 파생되는 수요

파셰 지수(Paasche index)   한 개인이 현재 연도에 구매한 재화와 서비스의 묶음에 대해 현재 가격으로 사는 데 필요한 금액을 기준연도 가격으로 사는 데 필요한 금액으로 나눈 값

편차(deviation)   기대보수와 실제 보수 간의 격차

평균고정비용(average fixed cost, AFC)   고정비용을 생산량으로 나눈 것

평균변동비용(average variable cost, AVC)   변동비용을 생산량으로 나눈 것

평균생산물(average product of labor, APL)   특정 생산요소의 1단위당 생산량

평균지출(average expenditure)   재화 1단위당 가격

평균지출액곡선(average expenditure curve)   기업이 어느 재화에 대해 지불하는 단위당 가격을 나타내는 공급곡선

평균총비용(average total cost, ATC)   총비용을 생산량으로 나눈 것

표본(sample)   분석을 위하여 모집단의 일부로 추출된 관측치의 집합

표준편차(standard deviation)   발생 가능한 각 결과에 따른 보수와 그 기댓값 간의 편차를 제곱한 것의 평균값의 제곱근

학습곡선(learning curve)   생산물 1단위를 생산하기 위해 필요한 생산요소 투입량과 누적 생산량과의 관계를 나타내는 곡선

한계가치(marginal value)   재화를 1단위 더 구매함으로써 얻는 추가적인 편익

한계대체율(marginal rate of substitution, MRS)   소비자가 어떤 재화 1단위를 추가적으로 얻기 위해 포기할 용의가 있는 다른 재화의 최대량

한계변환율(marginal rate of transformation, MRT)   어떤 재화를 1단위 추가적으로 생산하기 위하여 포기해야 하는 다른 재화의 양

한계비용(marginal cost, MC)   생산량을 1단위 추가적으로 생산하는 데 따르는 비용의 증가분

한계생산물(marginal product of labor, MPL)   생산요소 1단위의 증가에 따른 추가적인 생산량

한계생산물수입(marginal revenue product of labor)   어떤 생산요소를 1단위 더 사용하여 생산된 생산물의 판매로 얻어지는 추가적 수입

한계수입(marginal revenue)   생산량을 1단위 증가시킴에 따른 총수입의 변화

한계수확체감의 법칙(law of diminishing marginal returns) 다른 생산요소가 고정된 상태에서 한 생산요소를 추가적으로 사용할 때 그에 따른 생산량의 증가분이 결국 감소한다는 원칙

한계외부비용(marginal external cost, MEC) 하나 또는 다수의 기업이 생산량을 1단위 증가시킴에 추가적으로 발생하는 외부비용

한계외부편익(marginal external benefit, MEB) 기업이 생산량을 1단위 증가시킴에 따라 추가적으로 발생하는 외부적 편익

한계지출(marginal expenditure) 재화를 1단위 더 구매함에 따른 추가적인 비용

한계지출액곡선(marginal expenditure curve) 기업이 재화 1단위를 추가적으로 구입할 때 추가적으로 지불해야 하는 비용을 나타내는 곡선

한계치 균등의 원칙(equal marginal principle) 소비자가 모든 재화에 대해 화폐 1단위당 한계효용이 같도록 지출할 때 효용이 극대화된다는 원칙

한계편익(marginal benefit) 재화 1단위를 추가적으로 소비할 때 얻는 편익

한계효용(marginal utility, MU) 어떤 재화를 1단위 더 소비할 때 얻는 추가적인 만족의 크기

한계효용체감(diminishing marginal utility) 어떤 재화를 더 많이 소비할수록 추가되는 효용의 크기는 점점 작아지는 원리

할인율(discount rate) 미래에 얻게 될 $1의 현재가치를 결정하는 데 사용하는 이자율

현재할인가치(present discounted value, PDV) 미래에 예상되는 현금흐름의 현재가치

협동조합(cooperative) 상호이익을 위해 회원들에 의해 운영되고 회원들이 공동소유하는 기업이나 사람들의 연합체

협조게임(cooperative game) 참가자들이 공동전략을 수립하도록 서로를 속박하는 구속력 있는 계약을 체결할 수 있는 게임

혼합 묶어팔기(mixed bundling) 제품을 따로 팔기도 하고 묶어서도 판매하는 것

혼합전략(mixed strategy) 경기자가 어떤 정해진 확률에 기초하여 둘 또는 그 이상의 선택 가능한 행동 중에서 무작위로 선택하는 전략

확률(probability) 주어진 결과가 나타날 가능성

확장경로(expansion path) 등비용선과 등량곡선의 접점들을 지나는 곡선

회계적 비용(accounting cost) 실제로 지출한 비용에 자본설비의 감가상각비를 더한 비용

효용(utility) 주어진 시장바구니로부터 소비자가 느끼는 만족감을 나타내는 수치

효용가능경계(utility possibilities frontier) 효율적인 자원배분 상태에서 두 개인이 얻는 효용수준을 보여 주는 곡선

효용함수(utility function) 각 시장바구니에 효용의 크기를 부여하는 공식

효율임금(efficiency wage) 기업이 근로자가 직무에 태만하지 않도록 유인하기 위해 근로자에게 지불하는 임금

효율임금이론(efficiency wage theory) 노동생산성이 임금에 의해 영향을 받을 수 있음을 강조하여 실업과 임금격차의 원인을 설명하는 이론

후생경제학(welfare economics) 시장이나 경제정책에 대한 규범적 평가를 다루는 경제학의 한 분야

후생효과(welfare effect) 소비자와 생산자에게 발생하는 이익이나 손실

힉스 대체효과(Hicks substitution effect) 슬러츠키 방정식의 대안적 방법으로 무차별곡선을 거칠 필요 없이 가격 변화를 분해하는 방법

0의 경제적 이윤(zero economic profit) 기업이 자신의 투자에 대해 정상이윤을 얻고 있는 것을 말한다. 즉, 자신의 돈을 다른 곳에 투자함으로써 얻을 수 있는 것과 같은 크기의 수익을 자신의 사업에 투자해서 얻고 있음을 의미한다.

1차 가격차별(first-degree price discrimination) 각 고객의 유보가격만큼 가격을 부과하는 방식

2차 가격차별(second-degree price discrimination) 동일 재화와 서비스에 대해 구매량에 따라 다른 단위당 가격을 부과하는 방식

3차 가격차별(third-degree price discrimination) 소비자들을 서로 다른 수요곡선을 갖는 2개 이상의 그룹으로 나누어 각 그룹마다 다른 가격을 부과하는 방식

연습문제 해답

제1장

1. **a.** **틀림.** 지역 간에는 대체가능성이 적거나 없다. 예를 들어 로스앤젤레스에 거주하는 소비자가 햄버거가격이 싸다는 이유만으로 휴스턴이나 애틀랜타, 또는 뉴욕으로 점심을 먹으러 가지는 않는다. 마찬가지로 로스앤젤레스의 햄버거가격이 비싸다고 해서 뉴욕에 있는 맥도날드나 버거킹이 로스앤젤레스에 햄버거를 공급할 수는 없다. 다시 말해서, 뉴욕의 패스트푸드가격 인상은 로스앤젤레스나 다른 지역의 수요량과 공급량에 영향을 미치지 못한다.

   b. **틀림.** 소비자들이 옷을 사기 위해 다른 지역으로 가지는 않을지만 공급자들은 한 지역에서 다른 지역으로 옷을 쉽게 운반할 수 있다. 따라서 애틀랜타의 옷가격이 로스앤젤레스에 비해 현저하게 비싸다면 의류회사들은 애틀랜타의 옷 공급량을 늘리며, 그에 따라 애틀랜타의 옷가격은 하락한다.

   c. **틀림.** 코카콜라나 펩시콜라에 충성도가 높은 일부 소비자들이 있겠지만, 많은 소비자들은 가격의 차이에 따라 한 제품에서 다른 제품으로 대체하고자 한다. 따라서 콜라시장은 단일 시장이다.

제2장

2. **a.** 가격이 $20씩 오를 때마다 수요량은 2(백만)만큼 감소한다. 따라서 $(\Delta Q_D / \Delta P) = -2/20 = -0.1$이다. $P = 80$일 때 수요량은 20(백만)이 되며, $E_D = (8/20)(-0.1) = -0.40$이다. 마찬가지로 $P = 100$일 때는 수요량은 18(백만)이며 $E_D = (100/18)(-0.1) = -0.56$이다.

   b. 가격이 $20씩 오를 때마다 공급량은 2(백만)만큼 증가한다. 따라서 $(\Delta Q_S / \Delta P) = 2/20 = 0.1$이다. $P = 80$에서 공급량은 16(백만)이며, $E_S = (80/16)(0.1) = 0.5$이다. 마찬가지로 $P = 100$일 때는 공급량은 18(백만)이며, $E_S = (100/18)(0.1) = 0.56$이다.

   c. 균형가격과 균형수요량은 공급량과 수요량이 일치하는 곳에서 찾는다. 표를 보면 균형가격은 $P^* = \$100$이며, 균형수량은 $Q^* = 18$(백만)이다.

   d. 가격상한이 $80로 정해진다면 소비자들은 20(백만)을 원하지만 생산자들은 16(백만)만 공급한다. 따라서 4(백만)의 공급 부족이 발생한다.

3. 미국의 밀 수요에 브라질과 인도네시아의 수요 2억 부셸이 추가된다면 새로운 수요곡선은 $Q + 200$, 즉 $Q_D = (3,244 - 283P) + 200 = 3,444 - 283P$가 된다. 공급과 수요를 일치시키면 $1,944 + 207P = 3,444 - 283P$의 관계에서 균형가격은 $P^* = \$3.06$/부셸이 된다. 또 균형가격을 수요 또는 공급함수에 대입하면 균형수량을 찾을 수 있는데, 수요함수를 이용하면 $Q_D = 3,444 - 283(3.06) = 25.78$억 부셸이 된다.

5. **a.** 총수요는 $Q = 3,244 - 283P$, 국내수요는 $Q_D = 1,700 - 107P$이므로 총수요에서 국내수요를 뺀 수출수요는 $Q_E = 1,544 - 176P$가 된다. 예에서 주어진 바와 같이 초기의 시장균형가격은 $P^* = \$2.65$이다. 수출수요가 40% 감소하면 총수요는 $Q = Q_D + 0.6Q_E = 1,700 - 107P + 0.6(1,544 - 176P) = 2,626.4 - 212.6P$가 된다. 수요는 공급과 일치하므로 $2,626.4 - 212.6P = 1,944 + 207P$의 관계에서 $P = \$1.626$이 된다. 이 가격에서 $Q = 2,281$이다. 그렇다. 농부들은 걱정해야 한다. 수량과 가격이 하락함에 따라 수입은 $66.09억에서 $37.18억로 줄어든다.

b. 미국정부가 지지가격을 $3.50로 정한다면 시장은 균형을 이루지 못한다. 이 지지가격에서 수요는 $2,626.4 - 212.6(3.5) = 1,882.3$이며 공급은 $1,944 + 207(3.5) = 2,668.5$가 된다. 초과공급($2,668.5 - 1,882.3 = 786.2$)은 정부가 구매해야 하며 그 비용은 $3.50(786.2) = $27.517억이 된다.

8. **a.** 새로운 수요곡선을 도출하기 위해 2.6절에서 설명했던 과정을 따르면 된다. $E_D = -b(P^*/Q^*)$에서 $E_D = -0.75$, $P^* = 3, $Q^* = 18$을 대입하면 $-0.75 = -b(3/18)$이므로 $b = 4.5$이다. 이 값을 선형수요곡선 $Q_D = a - bP$에 대입하면 $a = 31.5$가 된다. 따라서 새로운 수요곡선은 $Q_D = 31.5 - 4.5P$이다.

b. 구리 수요가 55% 감소함에 따른 효과를 파악하기 위해서는 각 가격수준에서 수요량이 45%임을 알면 된다. 수요곡선의 오른쪽 항에 0.45를 곱하면 $Q_D = (0.45)(31.5 - 4.5P) = 14.18 - 2.03P$를 얻는다. 공급은 여전히 $Q_S = -9 + 9P$이므로 수요와 공급을 일치시키면 가격은 $P = $2.10/파운드가 된다. 따라서 수요가 55% 감소하면 가격은 파운드당 90센트(즉 30%)가 하락한다.

10. **a.** 먼저 OPEC 비회원국들의 공급곡선은 $S_C = Q^* = 23$이다. $E_S = 0.05$, $P^* = 50, $E_S = d(P^*/Q^*)$이므로 $d = 0.012$가 된다. 공급함수에 d값, $S_C = 23$, $P = 50$을 대입하면 $23 = c + (0.023)(50)$에서 $c = 21.85$가 된다. 따라서 공급곡선은 $S_C = 21.85 + 0.023P$가 된다. 마찬가지로 $Q_D = 35$, $E_D = -b(P^*/Q^*) = -0.05$이므로 $b = 0.035$이다. 수요곡선에 b값, $Q_D = 35$, $P = 50$을 대입하면 $35 = a - (0.035)(50)$에서 $a = 36.75$가 된다. 따라서 $Q_D = 36.75 - 0.035P$가 된다.

b. 장기탄력성은 $E_S = 0.30$, $E_D = -0.30$이다. a에서 $E_S = d(P^*/Q^*)$, $E_D = -b(P^*/Q^*)$이므로 $0.30 = d(50/23)$, $-0.30 = -b(50/35)$이다. 따라서 $d = 0.138$, $b = 0.21$이 된다. 다음으로 c와 a를 구하면 $Q_S = c + dP$, $Q_D = a - bP$에서 $23 = c + (0.138)(50)$, $35 = a - (0.210)(50)$이므로 $c = 16.1$,

$a = 45.5$가 된다.

c. 새로운 유전의 개발로 인해 OPEC의 공급량은 연간 20억 배럴 증가한다. 따라서 $S_C = 23$, $S_O = 14$, $D = 37$이 된다. 새로운 단기 총공급곡선은 $S_T = 35.85 + 0.023P$이다. 수요는 $D = 36.75 - .035P$에서 바뀌지 않는다. 수요와 공급을 일치시키면 $35.85 + 0.023P = 36.75 - 0.035P$의 관계에서 $P = $15.52/배럴가 된다. OPEC의 공급량 증가에 의해 가격은 단기적으로 $34.48로 또는 69%가 하락한다. 장기의 분석을 위해서는 새로운 장기 공급곡선 $S_T = 30.1 + 0.138P$를 이용한다. 이 장기 공급곡선을 장기 수요곡선과 일치시키면 $45.5 - 0.210P = 30.1 + 0.138P$에서 가격은 $P = $44.25/배럴가 되는데, 이 가격은 초기 가격에 비해 배럴당 $5.75 또는 12%가 낮아진 것이다.

제3장

3. 반드시 옳지는 않다. 그녀가 볼록한 선호를 가져서 한계대체율이 체감하며 영화관람권을 아주 많이 가지고 있다고 하자. 그녀는 농구경기 관람권 1장을 더 얻기 위해 여러 장의 영화관람권을 포기할 용의가 있다는 것이 반드시 그녀가 농구경기를 더 좋아한다는 것을 의미하지는 않는다.

6. **a.** 그림 3(a)에서 R은 록 콘서트를, H는 하키경기를 나타낸다.

b. R과 H의 어떤 조합에서도 존스가 H를 얻기 위해 포기할 용의가 있는 R의 양은 스미스에 비해 많다. 따라서 존스의 H에 대한 R의 한계대체율은 스미스의 한계대체율보다 크다. 존스의 무차별곡선은 항상 스미스의 무차별곡선에 비해 기울기가 크다.

8. 그림 3(b)는 비행거리 M과 달러로 표시한 다른 모든 재화 G를 점으로 나타낸다. 예산선의 기울기는 $-P_M/P_G$이다. 비행거리의 가격은 비행거리에 따라 변하므로 예선선은 25,000마일과 50,000마일에서 굴절된다. $M \le 25,000$일 때는 P_M은 마일당 $1, $25,000 < M \le 50,000$에서는 P_M은 마일

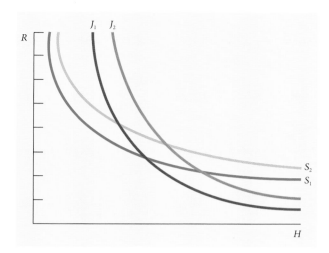

그림 3(a)

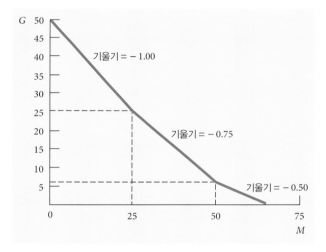

그림 3(b)

당 $0.75, M > 50,000$에서는 P_M은 마일당 0.5라고 하자. 또 $P_G = \$1$라고 하자. 이 경우 예산선의 기울기는 첫 번째 부분은 -1, 두 번째 부분은 -0.75, 마지막 부분은 -0.5가 된다.

제4장

9.　a. 컴퓨터 칩의 경우 $E_P = -2$이므로 $-2 = \%\Delta Q / 10$에서 $\%\Delta Q = -20$이 된다. 디스크 드라이브의 경우는 $E_P = -1$이므로 가격이 10% 인상되면 판매

량은 10% 줄어든다. 컴퓨터 칩의 경우에는 수요가 탄력적이며 가격이 인상되었으므로 수입은 줄어든다. 판매수입의 변화를 추정하기 위해 가격 변화 이전의 수입을 $TR_1 = P_1Q_1$으로, 가격 변화 이후의 수입을 $TR_2 = P_2Q_2$로 나타내자. 따라서 $\Delta TR = P_2Q_2 - P_1Q_1$이므로 $\Delta TR = (1.1P_1)(0.8Q_1) - P_1Q_1 = -0.12P_1Q_1$이 된다. 따라서 판매수입은 12% 감소한다. 디스크 드라이브의 경우에는 수요의 가격탄력성이 -1이므로 판매수입은 변하지 않는다.

b. 가격 변화에 따른 수요량의 반응을 알더라도 총판매수입을 파악하기 위해서는 상품의 수량과 가격을 알아야 한다.

11.　a. 가격이 조금만 변한다면 점 탄력성 공식을 이용하는 것이 적절하다. 그러나 여기서는 식품가격이 $2에서 $2.5로 인상되므로 호 탄력성 $E_P = (\Delta Q / \Delta P)(P / Q)$을 사용해야 한다. $E_P = -1$, $P = 2$, $\Delta P = 0.50$, $Q = 5,000$이므로 소득의 변화가 없다면 $-1 = (\Delta Q / 0.50)[((2 + 0.50)/2)/(5,000 + \Delta Q / 2)] = (\Delta Q \cdot 2.50)/(10,000 + \Delta Q)$에서 $\Delta Q = -1,000$을 얻는다. 즉 그녀는 식품 소비량을 5,000단위에서 4,000단위로 줄인다.

b. $2,500의 세금 환급은 소득이 $2,500 증가함을 의미한다. 세금 환급에 따른 수요의 변화를 계산하기 위해서는 소득의 호 탄력성 공식 $E_I = (\Delta Q / \Delta I)(I / Q)$을 이용한다. $E_I = 0.5$, $I = 25,000$, $\Delta I = 2,500$, $Q = 4,000$이므로 $0.5 = (\Delta Q / 2,500)[((25,000 + 27,500)/2)/(4,000 + \Delta Q / 2)]$를 풀면 $\Delta Q = 195$가 된다. 즉 그녀의 식품 소비량은 4,000단위에서 4,195단위로 증가한다.

c. 세금 환급으로 펠리시아의 후생은 증가한다. 환급액은 그녀가 처음에 선택한 식품과 다른 재화를 구매하기에 충분하다. 처음에 그녀는 식품을 5,000단위 소비하였다. 가격이 1단위당 50센트 상승했다면 그녀가 다른 재화의 소비량을 줄이지 않고 동일한 양의 식품을 구매하기 위해서는 $(5,000)(\$0.50) = \$2,500$가 필요하다. 이 금액은 환급액과 정확히 같다. 하지만 그녀는 처음의 소비조합을

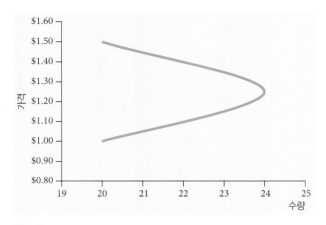

그림 4

선택하지 않았는데, 이를 통해 그녀는 더 높은 효용을 얻는 다른 소비조합을 선택한 것으로 생각할 수 있다.

13. **a.** 수요곡선은 수직 절편이 $P = 15$, 수평 절편이 $Q = 30$인 직선이다.

b. 통행료가 없다면 가격 P는 0이므로 $Q = 30$이 된다.

c. 통행료가 $5라면 $Q = 20$이다. 소비자잉여의 감소는 $P = 0$일 때의 소비자잉여와 $P = 5$일 때의 소비자잉여의 차이로서 $125이다.

16. **a.** 소비자는 $20의 비용으로 2개의 스테이크와 $10의 비용으로 20개의 감자를 소비한다.

b. 소비자는 감자 소비량을 20개로 증가시키기 위해서는 스테이크 소비량을 1개로 줄여야 한다.

c. 스테이크 소비량은 0이 되어야 한다. $30를 이용하여 24개의 감자를 산다.

d. 감자는 기펜재이다.

e. 가격이 $1.25 이상 상승하면 소비자가 구매할 수 있는 재화의 양은 줄어든다. 따라서 수요곡선은 그림 4와 같이 후방 굴절한다.

제4장 부록

1. 첫 번째 효용함수는 일련의 직선으로 나타나며, 두 번째 효용함수는 양(+)의 사분면에서 일련의 쌍곡선으로 나타나며, 세 번째 효용함수는 일련의 L자형으로 나타난다. 두 번째 효용함수만 강볼록성의 정의를 만족시킨다.

3. 슬러츠키 방정식은 $dX/dP_X = \partial X/\partial P^*|_{U=U^*} - X(\Delta X/\Delta I)$인데, 우변의 첫 번째 항은 대체효과를, 두 번째 항은 소득효과를 나타낸다. 이런 효용함수를 갖는 소비자는 가격이 변하더라도 한 상품을 다른 상품으로 대체하지 않으므로 대체효과는 0이다.

제5장

2. 표 5에는 네 가지 상호배타적인 상황이 나타나 있다.

4. 기댓값은 $EV = (0.4)(100) + (0.3)(30) + (0.3)(-30) = 40이다. 분산은 $\sigma^2 = (0.4)(100 - 40)^2 + (0.3)(30 - 40)^2 + (0.3)(-30 - 40)^2 = 2,940$이다.

8. 초기에는 전체 부가 $450,000이다. 세 가지 선택하에서 기대효용을 계산하면 다음과 같다. 안전한 선택을 하는 경우: $E(U) = [450,000 + (1.05)(200,000)]^{0.5} = 678$. 여름 옥수수를 심는 경우:

표 5		
	미국 의회의 관세 부과	미국 의회의 관세 미부과
완만한 성장률	상황 1	상황 2
	관세하의 완만한 성장	관세 없이 완만한 성장
빠른 성장률	상황 3	상황 4
	관세하의 빠른 성장	관세 없이 빠른 성장

$E(U) = 0.7(250{,}000 + 500{,}000)^{0.5} + 0.3(250{,}000 + 50{,}000)^{0.5} = 770$. 가뭄에 강한 옥수수를 심는 경우　$E(U) = 0.7(250{,}000 + 450{,}000)^{0.5} + 0.3(250{,}000 + 350{,}000)^{0.5} = 818$. 가장 높은 기대효용을 가져다주는 선택은 가뭄에 강한 옥수수를 심는 것이다.

제6장

2. **a.** 노동의 평균생산물 AP는 Q/L이며, 노동의 한계생산물 MP는 $\Delta Q/\Delta L$이다. 이에 따른 계산은 아래 표에 주어진다.

L	Q	AP	MP
0	0	—	—
1	10	10	10
2	18	9	8
3	24	8	6
4	28	7	4
5	30	6	2
6	28	4.7	−2
7	25	3.6	−3

b. 이 생산과정에서 노동의 한계수확은 체감하는데, 이는 고정생산요소가 하나뿐인 경우 모든 생산함수에서 나타나는 특징이다. 노동을 추가적으로 1단위 더 투입할 때마다 생산량의 증가분은 감소한다.

c. 노동의 한계생산물이 음($-$)의 값을 가지는 것은 의자 생산공장의 혼잡 때문일 수 있다. 주어진 자본량을 사용하는 근로자의 수가 늘어남에 따라 서로의 생산활동에 지장을 초래하여 생산은 줄어든다.

6. 그렇지 않다. 만약 투입물들이 서로 완전대체재라면 등량곡선은 선형이 된다. 그러나 등량곡선의 기울기인 기술적 한계대체율(MRTS)을 계산하기 위해서는 한 생산요소가 다른 생산요소로 대체될

수 있는 비율을 알아야 한다. 각 생산요소의 한계생산물을 알지 못한다면 기술적 한계대체율을 계산할 수 없다.

9. **a.** Q_1을 디스크사의 생산량, Q_2를 플로피사의 생산량으로 두며, X는 두 회사의 자본량 및 노동량과 같다고 하자. 그러면 $Q_1 = 10X^{0.5}X^{0.5} = 10X^{(0.5 + 0.5)} = 10X$이며, $Q_2 = 10X^{0.6}X^{0.4} = 10X^{(0.6 + 0.4)} = 10X$이다. $Q_1 = Q_2$이므로 두 회사는 같은 투입량으로 같은 양을 생산한다.

b. 자본이 9단위의 기계로 고정된다면 생산함수는 $Q_1 = 30L^{0.5}$과 $Q_2 = 37.37L^{0.4}$가 된다. 아래 표를 살펴보면 1단위 다음부터는 각 노동 단위에 대한 노동의 한계생산물은 디스크사가 크다.

	Q	MP	Q	MP
L	회사 1		회사 2	
0	0	—	0	—
1	30.00	30.00	37.37	37.37
2	42.43	12.43	49.31	11.94
3	51.96	9.53	57.99	8.69
4	60.00	8.04	65.07	7.07

제7장

4. **a.** 총비용 TC는 고정비용 FC와 변동비용 VC의 합이다. 연간 세금 FF는 고정된 금액이므로 기업의 고정비용은 세금만큼 증가한다. 이에 따라 평균비용 (FC + VC)/Q와 평균고정비용 (FC/Q)는 평균 세금 (FF/Q)만큼 증가한다. 한계비용과 마찬가지로 평균변동비용은 영향을 받지 않는다.

b. 세금 t가 부과되면 변동비용은 tQ만큼 증가한다. 평균변동비용과 평균비용은 t만큼 증가한다(고정비용은 일정하다). 총비용은 추가적인 1단위마다 t만큼 증가하므로 한계비용도 t만큼 증가한다.

5. 아마 회계적 이윤을 언급하는 것이다. 회계적 이윤은 기업의 재무적 행위에 대한 논의에서 사용되는 표준적인 개념이다. 이 경우에는 기사는 회계적 이

윤과 경제적 이윤의 실질적인 차이를 지적한다. 이 기사는 지금의 노동계약하에서 자동차 제조업체들은 근로자들이 일하지 않아도 임금을 지불해야 한다고 주장한다. 이는 근로자들에게 지불하는 임금은 계약이 유지되는 동안은 매몰된 비용임을 암시한다. 따라서 자동차 제조업체들은 회계적으로는 손실을 보지만 경제적으로는 이윤을 얻게 된다.

10. 만약 기업이 4시간의 노동 또는 4시간의 기계 사용 또는 이들 간의 어떤 조합으로도 1개의 의자를 생산할 수 있다면 등량곡선은 기울기가 -1, 절편이 $K=4$와 $L=4$인 직선이 된다. 등비용곡선 TC $=30L+15K$는 기울기가 -2이고 절편은 $K=$ TC$/15$와 $L=$ TC$/30$이다. 비용극소화 점은 $L=0$, $K=4$, TC $=\$60$인 모서리 해이다.

15. 바이너(Viner)가 틀렸다. 그림 7과 같이 장기 평균비용곡선은 단기 평균비용곡선들의 포락선이다. 장기에는 규모의 경제와 규모의 불경제가 나타나므로 가장 작은 공장과 가장 큰 공장의 평균비용 최소점은 장기 평균비용곡선상에 나타나지 않는다. 예를 들어 평균비용이 최저인 상태에서 운영되는 작은 공장은 비효율적인데, 그것은 더 큰 규모의 공장을 가동한다면 수확체증에 따라 더 낮은 평균비용으로 생산할 수 있기 때문이다.

16. **a.** $MP_L/P_L=4/12>MP_C/P_C=50/4{,}000$이므로 기업은 비용을 최소화하지 못한다.

b. 노동에 대해 $\$1$를 지출하면 시멘트에 $\$1$를 지출하는 것에 비해 보다 생산적이므로 기업은 비용을 최소화시키기 위해 노동 사용량을 늘리는 대신 시멘트 사용량을 줄인다.

제7장 부록

1. **a.** 규모에 대한 수확은 생산물과 모든 생산요소의 비례적인 증가 간의 관계를 말한다. 만약 $F(\lambda L, \lambda K)$ $>\lambda F(L, K)$이면 규모에 대한 수확증가가 나타난다. 만약 $F(\lambda L, \lambda K)=\lambda F(L, K)$이면 규모에 대한 수확불변이다. $F(\lambda L, \lambda K)<\lambda F(L, K)$이면 규모에 대한 수확감소이다. 이를 $F(L, K)=K^2L$에 적용하면 $F(\lambda L, \lambda K)=(\lambda K)^2(\lambda L)=\lambda^3K^2L=\lambda^3F(L, K)>\lambda F(L, K)$이다. 따라서 이 생산함수는 규모에 대한 수확증가를 나타낸다.

b. $F(\lambda L, \lambda K)=10\lambda K+5\lambda L=\lambda F(L, K)$이므로 생산함수는 규모에 대한 수확불변을 나타낸다.

c. $F(\lambda L, \lambda K)=(\lambda K\lambda L)^{0.5}=(\lambda^2)^{0.5}=(KL)^{0.5}=\lambda(KL)^{0.5}=\lambda F(L, K)$이므로 생산함수는 규모에 대한 수확불변을 나타낸다.

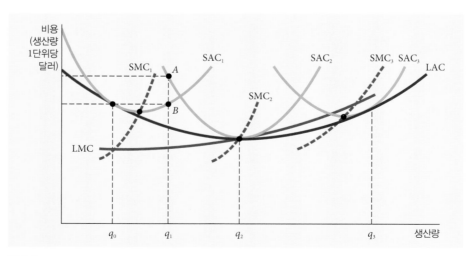

그림 7

2. 노동의 한계생산물은 $100K$이며, 자본의 한계생산물은 $100L$이다. 기술적 한계대체율은 K/L이다. 이것을 자본의 임대비용에 대한 임금의 비율과 같이 두면 $K/L = 30/120$ 또는 $L = 4K$가 된다. 생산함수에서 L을 K로 대체하고 1,000단위의 생산량에 해당하는 K에 대해 푼다. 즉 $1,000 = 100K \cdot 4K$이므로 $K = 2.5^{0.5}$, $L = 4 \cdot 2.5^{0.5}$이며, 총비용은 \$379.20이다.

5. **a.** $TP_L = 600L^2 - L^3$

   b. $AP_L = \dfrac{600L^2 - L^3}{L} = \dfrac{L^2(600 - L)}{L} = 600L - L^2$

   c. $MP_L = \dfrac{dTP_L}{dL} = 1,200L - 3L^2$

   d. 수확체감이 나타나는 점을 찾기 위해서는 한계생산물의 도함수를 0으로 둔다. 즉 $\dfrac{dMP_L}{dL} = 1,200 - 6L = 0$에서 $L = 200$이 된다. 따라서 수확체감은 $L > 200$에서 나타난다.

제8장

4. **a.** 이윤은 한계비용(MC)이 한계수입(MR)과 같아질 때 극대화된다. 여기서, MR은 \$100이므로 MC를 100으로 두면 이윤극대화 생산량은 25가 된다.

   b. 이윤은 총수입(PQ)에서 총비용을 뺀 값이다. 따라서 이윤은 $PQ - 200 - 2Q^2$이 된다. $P = 100$과 $Q = 25$에서 이윤은 \$1,050이다.

   c. 기업은 단기에서 수입이 변동비용보다 크다면 생산한다. 기업의 단기 공급곡선은 AVC의 최저점 위에 위치한 MC곡선이다. 여기서 AVC는 변동비용 $2Q^2$을 생산량 Q로 나눈 값이다. 따라서 AVC $= 2Q$이다. 또 MC는 $4Q$이다. 따라서 MC는 0보다 많은 어떤 생산량에 대해서도 AVC보다 크다. 이는 기업이 단기에는 가격이 0보다 높다면 생산한다는 것을 의미한다.

11. 기업은 가격이 한계비용과 같아지도록 생산량을 결정해야 하므로 $P = 115 = 15 + 4q = MC$의 관계로부터 $q = 25$이다. 이윤은 \$800이며, 생산자잉여는 이윤에 고정비용을 합한 \$1,250가 된다.

14. **a.** 한 기업에 대해 \$1의 세금을 부과하면 그 기업의 모든 비용곡선은 \$1만큼 위로 이동한다.

   b. 기업은 가격순응자이므로 한 기업에게만 세금을 부과한다면 시장가격은 변하지 않는다. 이 기업의 단기 공급곡선은 평균비용곡선 위에 위치한 자신의 한계비용곡선이므로 한계비용곡선이 위로 이동했을 때 이 기업은 모든 가격에서 시장에 적은 양을 공급한다.

   c. 세금이 한 기업에게만 부과되는 경우 그 기업이 과세 이전에 양($+$)의 이윤을 얻지 못했더라면 산업에서 퇴출한다.

제9장

1. **a.** 자유경쟁시장의 균형에서는 $L^S = L^D$이다. 이 조건을 이용하여 풀면 $w = \$4$ 그리고 $L^S = L^D = 40$이 된다. 최저임금이 \$5라면 $L^S = 50$, $L^D = 30$이다. 고용되는 사람의 수는 노동수요에 의해 결정되므로 3천만 명이 고용된다.

   b. 보조금이 있다면 기업은 $w - 1$만 지급하면 된다. 노동수요는 $L^D = 80 - 10(w - 1)$이 되므로 $w = \$4.50$, $L = 45$이다.

4. **a.** 수요와 공급을 일치시키면 $28 - 2P = 4 + 4P$의 관계에서 $P^* = 4$, $Q^* = 20$이 된다.

   b. 농업 생산량을 25% 줄이면 농부들은 150억 부셸을 생산한다. 농부들이 땅을 경작하지 않도록 유인하기 위해서는 정부는 농부들에게 50억 부셸을 주어서 시장에서 판매할 수 있도록 해야 한다. 시장의 총공급량은 여전히 200억 부셸이므로 시장가격도 여전히 부셸당 \$4이다. 농부들은 정부가 지급하는 50억 부셸에 대해 아무런 비용도 발생하지 않으므로 이익을 얻는다. 이러한 비용 절감액은 150억 부셸과 200억 부셸 사이의 공급곡선 아랫부분의 면적으로 파악할 수 있다. $Q = 15$와 $Q = 20$에서 가격은 각각 $P = \$2.75$와 $P = \$4.00$가 된다. 따라서 마지막 50억 부셸을 생산하는 데 드는 총

비용은 5($3.375) = $168.75억이다.

c. 납세자의 경우에는 정부가 1년 동안 밀을 보관하고 저개발국으로 수송하는 비용을 지불하지 않아도 되므로 이익이 된다. 이 농업정책은 밀 재고량이 남아 있다면 지속될 수 있다. 하지만 이 정책은 밀 재고량이 없어지면 경작되지 않던 땅이 다시 경작될 수 있다고 가정한다. 만약 경작이 불가능하다면 소비자는 밀제품에 대해 더 많은 비용을 지불하게 된다. 마지막으로 농부들은 생산비용이 들지 않으므로 불로소득을 얻는다.

10. a. 원유가격이 배럴당 $60일 때 천연가스의 가격을 파악하기 위해서는 천연가스의 수요량과 공급량을 일치시키고 가격 P_G에 대하여 푼다. 공급곡선은 $Q = 15.90 + 0.72P_G + 0.05P_O$, 수요곡선은 $Q = 15.90 + 0.72P_G + 0.05P_O$이므로 $P_O = 60를 이용하면 $15.90 + 0.72P_G + 0.05(60) = 0.02 - 1.8P_G + 0.69(60)$의 관계에서 천연가스의 가격은 $P_G = 8.94가 된다. 이 가격을 수요곡선 또는 공급곡선에 대입하면 경쟁시장의 수량은 25.34Tcf가 된다. 천연가스의 최고가격이 $3로 정해진다면 공급량은 21.06Tcf, 수요량은 36.02Tcf가 된다. 사중손실을 구하기 위하여 그림 9.4에서 삼각형 B와 C의 면적을 측정한다. B의 면적을 알기 위해서는 우선 수량이 21.1일 때 수요곡선상의 가격을 구해야 한다. 수요곡선으로부터 $21.1 = 41.42 - 1.8P_G$이므로 $P_G = 11.29이다. 면적 B는 $(0.5)(25.3 - 21.1)(11.29 - 8.94) = $49억$, 면적 C는 $(0.5)(25.3 - 21.1)(8.94 - 3) = $125억$가 된다. 따라서 사중손실은 $49억 + $125억 = $174억이다.

b. 천연가스의 경쟁시장 가격을 $3로 만드는 원유의 가격을 알기 위해서는 수요량과 공급량을 일치시키고 $P_G = 3를 이용하여 P_O에 대해 푼다. 따라서 $Q_S = 15.90 + 0.72(3) + 0.05P_G = 0.02 - 1.8(3) + 0.69P_O = Q_D$의 관계에서 $P_O = 36.63를 얻는다. 이 원유가격에서 천연가스의 경쟁시장 가격은 $3가 된다.

11. a. 새로운 국내가격을 찾기 위하여 수요량에서 공급량을 뺀 값을 10으로 둔다. 따라서 $Q_D - Q_S = (31.20 - 0.27P) - (-8.95 + 0.99P) = 10$의 관계에서 $P = 23.93$센트가 된다. 수입량이 100억 파운드로 증가하면 미국의 가격은 3.07센트 하락한다.

b. 새로운 가격 23.93센트를 공급 및 수요함수에 대입하면 미국의 설탕 생산량은 147.4억 파운드로 감소하는 반면 수요량은 247.4억 파운드로 증가한다. 증가된 수요량 중 100억 파운드는 수입해야 한다. 소비자잉여와 생산자잉여의 변화를 구하기 위해 그림 9(a)를 살펴보자. 생산자잉여의 증가는 사다리꼴 A의 면적에 해당하는데, $A = \dfrac{14.7 + 7.9}{2} \times (23.93 - 17) = $7.83억$으로서 수입량이 61억 파운드로 제한되었을 경우에 비해 $5.1억가 적다. 소비자잉여의 증가분을 알기 위해서는 소비자잉여 감소분의 변화를 알아야 하는데, 그것은 사다리꼴 A, 삼각형 B와 C, 그리고 사각형 D의 면적의 합이다. 사다리꼴 A의 면적은 알고 있으며 삼각형 $B = 0.5(14.7 - 7.9)(23.93 - 17) = $2.36억$, 삼각형 $C = 0.5(26.6 - 24.7)(23.93 - 17) = $0.66억$, 사각형 $D = (24.7 - 14.7)(23.93 - 17) = $6.93억이다. 따라서 A, B, C와 D의 합은 $18억이다. 수입량이 61억 파운드로 제한되었을 때 소비자잉여의 감소분은 $25억으로서 수입량이 10억 파운드로 증가한다면 소비자잉여는 약 $7억가 증가한다는 것을 의미한다.

c. 사중손실은 삼각형 B와 C의 면적의 합에 해당하는데, $B = 0.5(14.7 - 7.9)(23.93 - 17) = $2.36억$, $C = 0.5(26.6 - 24.7)(23.93 - 17) = $0.66억이므로 $B + C = $2.36억 + $0.66억 = $3.02억이다. 사례 9.6과 비교하여 사중손실의 변화를 파악하기 위하여 이 값을 최초의 사중손실 $6.31억에서 빼주면 $6.31억 - $3.02억 = $3.29억가 된다. 다시 말해서 연간 수입 쿼터를 100억 파운드 증가시키면 사중손실은 $3.29억가 감소한다. 외국 생산자들의 이익은 사각형 D의 면적에 해당한다. 수입이 61억 파운드로 제한되면 $D = $6.1억$가 된다. 수

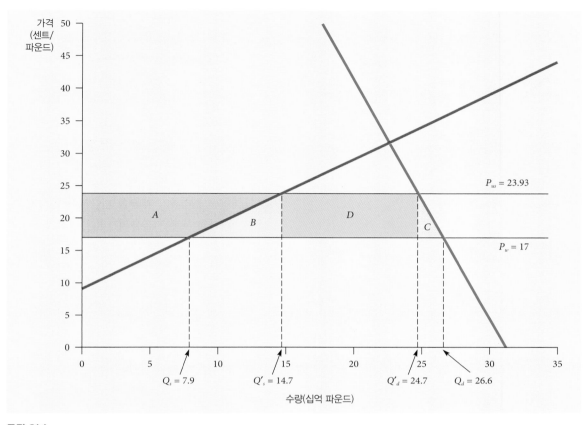

가격
(센트/
파운드)

$P_{us} = 23.93$

$P_w = 17$

$Q_s = 7.9$ $Q'_s = 14.7$ $Q'_d = 24.7$ $Q_d = 26.6$

수량(십억 파운드)

그림 9(a)

입이 100억 파운드로 증가하면 $D = (24.7 - 14.7)$ $(23.93 - 17) = \$6.93$억가 된다. 미국의 설탕가격 인상으로 인해 외국 생산자들의 이윤은 약 $\$0.83$ 억 증가한다.

12. 우선 균형수량을 구하기 위해 수요와 공급을 일 치시키면, $50 + Q = 200 - 2Q$에서 $Q_{EQ} = 50$(백만 파운드)이 된다. $Q_{EQ} = 50$을 수요 또는 공급함 수에 대입하면 가격은 $P_S = 50 + 50 = 100$ 또는 $P_D = 200 - (2)(50) = 100$이 된다. 따라서 균형가격 P는 $\$1$이다. 그런데 세계시장의 가격은 60센트이 다. 이 가격에서 국내 공급량은 $60 = 50 - Q_S$에서 $Q_S = 10$이며, 국내 수요량은 $60 = 200 - 2Q_D$에서 $Q_D = 70$이다. 수입은 국내 수요와 공급의 차이와 같으며 0.60억 파운드가 된다. 의회가 40센트의 관세를 부과하면 수입품의 가격은 $\$1$로 상승한다.

$\$1$의 가격에서는 국내 생산자들은 국내 수요를 만 족시키며, 수입은 0으로 줄어든다. 그림 9(b)에서 보듯이, 관세 부과 이전의 소비자잉여는 면적 $a +$ $b + c$로서 $(0.5)(200 + 60)(70) = 49.00$억 센트 또 는 $\$0.49$억이다. 관세 부과 이후에는 가격이 $\$1.00$ 로 증가하며, 소비자잉여는 면적 a로 줄어들어서 $(0.5)(200 - 100)(50) = \$0.25$억가 되며, $\$0.24$억 가 줄어든다. 생산자잉여는 면적 b만큼 증가하는 데, 즉 $(100 - 60)(10) + (0.5)(100 - 60)(50 - 10)$ $= \$0.12$억가 증가한다. 마지막으로 $\$1$에서 국내 생산은 국내 수요와 일치하므로 홀라빈은 전혀 수 입되지 않으며, 정부는 아무런 수입을 얻지 못한 다. 소비자잉여의 감소분과 생산자잉여의 증가분 의 차이는 $\$0.12$억의 사중손실이다.

13. 그렇지 않다. 가장 명확한 예는 노동시장이 경쟁

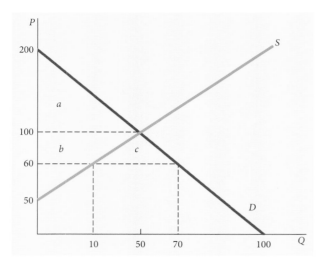

그림 9(b)

적인 경우이다. 세금이 누구에게 부과되든지 공급곡선과 수요곡선의 차이는 지불되는 임금의 12.4%이다. 세금이 전부 노동자에게 부과되든지 (공급곡선을 12.4%만큼 이동시킴), 사용자에게 전부 부과되든지(수요곡선을 12.4%만큼 아래로 이동시킴) 문제가 되지 않는다. 12.4%를 둘 사이에 어떻게 나누든지 결과는 마찬가지이다.

제10장

2. 다음과 같은 세 가지 중요한 요인이 있다. (1) 캐터필러사의 농기계가 경쟁자들의 농기계와 얼마나 유사한가? 만약 농기계들이 밀접한 대체재라면 가격을 약간만 인상하더라도 소비자들은 경쟁사의 제품으로 바꿀 수 있다. (2) 농가에서 사용 중인 농기계는 얼마나 오랫동안 사용되었는가? 가격이 5% 인상되는 경우 농부들이 사용하고 있는 농기계가 오래되었을수록 수요는 적게 감소할 것이다. (3) 농업부문에서 기대되는 이윤은 어떠한가? 만약 농가의 기대소득이 감소한다면 농기계의 가격 인상으로 과거의 판매와 가격에 관한 정보를 이용하여 추정한 값보다 수요는 훨씬 많이 줄어들 것이다.

4. a. 최적 생산은 한계수입과 한계비용을 일치시켜서 구할 수 있다. 수요곡선이 직선이라면 $P = a - bQ(a = 120, b = 0.02)$에서 $MR = a - 2bQ = 100 - 2(0.02)Q$가 된다. 총비용은 $25,000 + 60Q$이므로 $MC = 60$이다. $MR = MC$의 조건에서 $120 - 0.04Q = 60$이므로 $Q = 1,500$이다. 이 값을 수요함수에 대입하면 $P = 120 - (0.02)(1,500) = 90$센트가 된다. 총이윤은 $(90)(1,500) - (60)(1,500) - 25,000$에서 주당 $200로 구해진다.

b. 먼저 소비자가 세금을 지불해야 한다고 하자. 소비자의 세후 지불용의가격은 변하지 않으므로 수요함수는 $P + t = 120 - 0.02Q - t$가 된다. 과세로 인해 생산물 각 단위의 가격은 인상되므로 독점기업의 총수입도 t만큼 증가하여 $MR = 120 - 0.04Q - t$가 되며, 이때 $t = 14$센트이다. 세금하에서 이윤극대화 생산량을 구하기 위하여 한계수입과 한계비용을 일치시키면 $120 - 0.04Q - 14 = 60$에서 $Q = 1,150$단위가 된다. 수요곡선으로부터 평균수입은 $120 - (0.02)(1,150) - 14 = 83$센트로 구해진다. 총이윤은 주당 1,450센트 또는 $14.50이다.

7. a. 독점기업의 가격책정 방식은 $(P - MC)/P = -1/E_D$이다. 탄력성이 -2이고 가격이 40이므로 $MC = 20$이다.

b. 한계비용이 가격의 50%이므로 퍼센트로 둘의 차이는 50%이다.

c. 총수입은 가격에 수량을 곱하여 구하므로 ($40)(800) = $32,000이다. 총비용은 평균비용과 수량의 곱이므로 ($15)(800) = $12,000이다. 따라서 이윤은 $20,000이다. 생산자잉여는 이윤에서 고정비용을 더한 값으로 $22,000이다.

10. a. **찬성** 알코아는 미국에서 알루미늄괴 생산의 90%를 점유하지만 재생 알루미늄이 전체 공급의 30%를 차지한다. 알루미늄 공급에서 재생 알루미늄의 비중이 높아질 수도 있다. 따라서 알코아가 생산하는 알루미늄괴에 대한 수요의 가격탄력성은 생각하는 것보다 훨씬 높다. 많은 경우에 구리나 철 등의 금속으로 알루미늄을 대체할 수 있다. 따라

서 알코아의 알루미늄에 대한 수요의 탄력성은 그렇지 않을 경우에 비해 훨씬 높을 수 있다.

  b. 반대　알루미늄의 재고량은 제한적이다. 따라서 알코아는 높은 가격을 유지함으로써 독점이윤을 얻을 수 있다. 또한 재생 알루미늄도 알코아가 원래 생산했기 때문에 알코아는 재생 알루미늄이 장래의 알루미늄가격에 미칠 수 있는 영향을 알루미늄괴를 생산할 때 이미 고려했을 것이다. 따라서 재생 알루미늄의 공급에 독점적인 영향을 미친다.

  c. 알코아는 미국 내 생산시설을 팔라는 지시를 받지 않았다. 대신 (1) 알코아는 2차 세계대전 기간 동안 미국정부가 발주한 2개의 알루미늄괴 공장 입찰에서 제외되었으며, (2) 알코아는 캐나다에 있는 자회사를 분리시키는 명령을 받았다.

13.　그렇지 않다. 경쟁시장에서는 기업이 직면하는 수요곡선은 수평선이므로 가격은 일정하며, 한계수입인 동시에 평균수입이 된다. 코네티컷의 한계비용이 상승하면 가격은 여전히 매사추세츠의 한계비용, 총한계비용, 한계수입과 같다. 그림 10(a)에서 보듯이 코네티컷의 수량만 감소하며, 그로 인해 총수량이 줄어든다.

19. a. 이윤극대화를 위하여 한계수입은 한계비용과 같아야 한다. 주중에는 $MR = 50 - 2Q$, $MC = 0$이

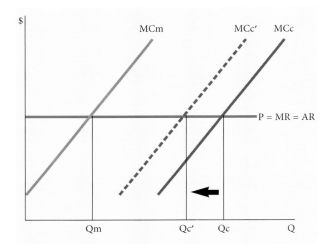

그림 10(a)

므로 $MR = MC$로 두고 Q에 대해 풀면 25를 얻는다. 주중의 이윤극대화 가격을 구하기 위해서는 수요곡선에서 $Q = 25$를 대입하면 $P = 50 - 25 = \$25$가 된다. 번잡한 시간에 대해서도 똑같은 과정을 반복하면 된다. 이 경우 이윤극대화 가격은 $50이다.

  b. 이윤극대화를 위하여 한계수입은 한계비용과 같아야 한다. 주중에는 $MR = 50 - 2Q$, $MC = 10$이므로 $MR = MC$로 두고 Q에 대해 풀면 20을 얻는다. 주중의 이윤극대화 가격을 구하기 위해서는 수요곡선에서 $Q = 20$을 대입하면 $P = 50 - 20 = \$30$가 된다. 번잡한 시간에 대해서도 똑같은 과정을 반복하면 되는데, 이 경우 이윤극대화 가격은 $55이다.

  c. 그래프는 그림 10(b)에서 볼 수 있다. 이윤을 구하기 위해서는 총수입과 총비용을 계산해야 한다. 총수입은 $55 \times 45 = \$2,475$이다. 총비용은 평균비용에 생산량을 곱하면 구할 수 있는데, 이 경우에는 평균비용이 한계비용과 같다. 따라서 총비용은 $10 \times 45 = \$450$이다. 이윤은 총수입에서 총비용을 빼면 $2,025가 된다. 사중손실은 $0.5(45)(45) = \$1,012.5$이다.

제11장

1. a. 토요일밤 조건을 적용함으로써 주말에 집으로 돌아가기를 원하는 출장자들과 주말에 여행하는 여행객들을 구분할 수 있다.

  b. 구매자의 위치에 따라 가격을 책정함으로써 지역적으로 구분할 수 있다. 그 후 가격은 구매자의 지역까지 배달하는가 또는 시멘트 공장에서 받는가에 따라 구매자가 지불하는 운송비용을 반영하여 책정될 수 있다.

  c. 조리기구에 첨부된 할인 쿠폰은 소비자들을 두 그룹으로 분리한다. 가격에 덜 민감한 (가격탄력성이 낮은) 소비자들은 할인을 요구하지 않지만 가격에 민감한 (가격탄력성이 높은) 소비자들은 할

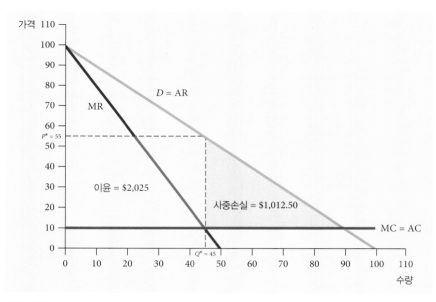

가격 110

100 ⟍ D = AR

MR

$P^* = 55$

이윤 = \$2,025

사중손실 = \$1,012.50

MC = AC

$Q^* = 45$

수량

그림 10(b)

인을 요구한다.

d. 화장지가격을 일시적으로 할인하는 것은 기간에 따른 가격차별의 한 유형이다. 가격에 민감한 소비자들은 할인기간 동안 화장지를 더 많이 구입하지만 가격에 민감하지 않은 소비자들은 그렇지 않다.

e. 성형외과 의사는 협상을 통해 고소득층 환자와 저소득층 환자를 구분한다. 성형수술 자체는 저소득층 환자로부터 고소득층 환자로 이전될 수 없으므로 차익거래는 발생하지 않는다.

8. a. 2개의 시장을 가지는 독점기업은 두 시장의 한계수입이 서로 같고 한계비용과 같아지도록 각 시장의 생산량을 선택해야 한다. 한계비용은 총비용곡선의 기울기이므로 40이다. 각 시장의 한계수입을 결정하기 위하여 가격을 수량의 함수로 계산한 후 그것을 총수입함수에서 가격에 대입한다. P_{NY} = 240 − $4Q_{NY}$, P_{LA} = 200 − $2Q_{LA}$이므로 총수입은 $TR_{NY} = Q_{NY}P_{NY} = Q_{NY}(240 − 4Q_{NY})$, $TR_{LA} = Q_{LA}P_{LA} = Q_{LA}(200 − 2Q_{LA})$가 된다. 한계수입은 총수입곡선의 기울기이므로 $MR_{NY} = 240 − 8Q_{NY}$, $MR_{LA} = 200 − 4Q_{LA}$이다. 다음으로는 한계수입을 한계비

용(= 40)과 일치시키면 Q_{NY} = 25, Q_{LA} = 40을 얻는다. 이 식을 이용하여 가격을 구하면 P_{NY} = 240 − (4)(25) = \$140, P_{LA} = 200 − (2)(40) = \$120가 된다.

b. 새로운 위성으로 인해 샐은 시장을 더 이상 분리할 수 없다. 총수요함수는 두 시장의 수요곡선의 수평 합이다. 가격이 \$200 이상일 때 총수요는 뉴욕의 수요함수와 같다. 가격이 \$200보다 낮다면 두 수요곡선을 더하여 Q_T = 60 − 0.25P + 100 − 0.50P = 160 − 0.75P가 된다. 샐은 MR = MC가 성립하도록 수량을 정함으로써 이윤을 극대화한다. 한계수입은 213.33 − 2.67Q이다. 이 값을 한계비용과 일치시키면 이윤극대화 수량 65와 가격 \$126.67이 구해진다. 뉴욕시장에서는 수량은 60 − 0.25(126.67) = 28.3이 되며, 로스앤젤레스 시장에서는 수량은 100 − 0.50(126.67) = 36.7이 된다. 둘을 합하면 \$126.67의 가격에서 65단위가 구매된다.

c. 샐은 이윤이 높을수록 좋은데, 가격차별을 하는 (a)가 그러하다. 가격차별하에서 이윤은 π =

$P_{NY}Q_{NY} + P_{LA}Q_{LA} - [1,000 + 40(Q_{NY} + Q_{LA})]$에서 $\$140(25) + \$120(40) - [1,000 + 40(25 + 40)] = \$4,700$가 된다. (b)의 시장 조건에서 이윤은 $\pi = PQ_T - [1,000 - 40Q_T]$에서 $\$126.67(65) - [1,000 + 40(65)] = \$4,633.33$가 된다. 따라서 샐은 두 시장이 분리될 때 더 많은 이윤을 얻는다. (a)의 시장 조건에서 두 도시의 소비자잉여는 $CS_{NY} = (0.5)(25)(240 - 140) = \$1,250$, $CS_{LA} = (0.5)(40)(200 - 120) = \$1,600$가 된다. (b)의 시장 조건에서 소비자잉여는 $CS_{NY} = (0.5)(28.3)(240 - 126.67) = \$1,603.67$, $CS_{LA} = (0.5)(36.7)(200 - 126.67) = \$1,345.67$가 된다. 뉴요커들은 (b)를 선호하는데, 이때는 가격이 $\$140$가 아닌 $\$126.67$여서 소비자잉여가 증가한다. 로스앤젤레스의 소비자들은 (a)를 선호하는데, 이때는 가격이 $\$126.67$ 대신 $\$120$이며, 소비자잉여가 커진다.

10. a. 개별수요가 $Q_1 = 10 - P$라면 개별 소비자의 잉여는 일주일에 $\$50$, 1년에 $\$2,600$가 된다. 코트 사용료를 따로 부과하지 않더라도 한계비용이 0이므로 $\$2,600$의 연회비를 부과한다면 모든 소비자잉여를 차지할 수 있다. 주당 이윤은 테니스광인 고객의 수 1,000명에 주당 연회비 $\$50$를 곱한 값에서 고정비용 $\$10,000$를 빼면 주당 $\$40,000$가 된다.

b. 두 유형의 소비자들이 있다면 테니스클럽 소유자는 코트 사용료를 한계비용보다 높게 정하며 연회비를 수요가 적은 소비자(즉, 가끔 테니스를 치는 소비자)의 남은 소비자잉여와 같게 정함으로써 이윤을 극대화할 수 있다. 연회비 T는 코트 사용료가 부과된 후 남는 소비자잉여와 같다. 즉 $T = (Q_2 - 0)(16 - P)(1/2)$에서 $Q_2 = 4 - (1/4)P$이므로 $T = (1/2)(4 - (1/4)P)(16 - P) = 32 - 4P + P^2/8$이다. 모든 회원에 대한 연회비는 $2,000(32 - 4P + P^2/8)$이다. 코트 사용료로부터 발생하는 수입은 $P(Q_1 + Q_2) = P[1,000(10 - P) + 1,000(4 - P/4)] = 14,000P - 1,250P^2$이다. 따라서 총수입은 $TR = 64,000 + 6,000P - 1,000P^2$가 된다. 한계비용은 0이며, 한계수입은 총수입곡선의 기울기이

므로 $\Delta TR/\Delta P = 6,000 - 2,000P$이다. 한계수입과 한계비용을 일치시키면 시간당 가격은 $\$3.00$가 된다. 총수입은 $\$73,000$이며, 총비용은 고정비용 $\$10,000$와 같다. 따라서 이윤은 일주일당 $\$63,000$가 되는데, 이는 테니스광들만 회원이 되는 경우의 $\$40,000$에 비해 많다.

c. 일주일에 $\$50$의 회비를 받는다면 테니스광들만 회원으로 가입할 것이다. 테니스광 3,000명이 회원으로 가입하면 일주일당 총수입은 $\$150,000$, 이윤은 $\$140,000$가 된다. 테니스광과 가끔 테니스를 치는 사람들이 가입한다면 회비는 가끔 테니스를 치는 고객의 잉여의 4,000배가 된다. 즉 $T = 4,000(32 - 4P + P^2/8)$이다. 코트 사용료는 $P[3,000(10 - P) + 1,000(4 - P/4)] = 34,000P - 3,250P^2$이 된다. 이때 총수입은 $TR = 128,000 + 18,000P - 2,750P^2$이 된다. 한계비용이 0이므로 $\Delta TR/\Delta P = 18,000 - 5,500P = 0$으로 두면 시간당 가격은 $\$3.27$가 된다. 총수입은 일주일당 $\$157,455$가 되는데, 테니스광만 있을 때에 비해 일주일에 $\$150,000$가 많다. 클럽 소유자는 연회비를 $\$1,053$로 정하며, 코트 사용료를 $\$3.27$로 정함으로써 연간 $\$7.67$백만의 이윤을 얻을 수 있다.

11. 혼합 묶어팔기는 서로 다른 수요가 음의 상관관계를 가지거나 또는 한계비용이 상당할 때 이상적인 전략이다. 아래 표는 세 소비자의 유보가격과 세 가지 전략으로부터의 이윤을 보여 준다. 이윤극대화 전략은 혼합 묶어팔기를 사용하는 것이다.

유보가격			
	재화 1	재화 2	합계
소비자 A	$3.25	$6.00	$9.25
소비자 B	8.25	3.25	11.50
소비자 C	10.00	10.00	20.00

	가격 1	가격 2	묶어팔기	이윤
따로 팔기	$8.25	$6.00	—	$28.50
순수 묶어팔기	—	—	$9.25	$27.75
혼합 묶어팔기	$10.00	$6.00	$11.50	$29.00

15. a. 각 전략하에서 최적 가격과 이윤은 다음 표와 같다. 한계비용이 0이어서 모든 소비자는 두 재화를 사는 것을 배제할 필요가 없기 때문에 순수 묶어팔기가 혼합 묶어팔기보다 낫다.

	가격 1	가격 2	묶어팔기	이윤
따로 팔기	$80.00	$80.00	—	$320.00
순수 묶어팔기	—	—	$120.00	$480.00
혼합 묶어팔기	$94.95	$94.95	$120.00	$429.00

b. 한계비용이 $30라면 최적 가격과 이윤은 다음 표와 같다. 이제는 혼합 묶어팔기가 다른 전략보다 낫다.

	가격 1	가격 2	묶어팔기	이윤
따로 팔기	$80.00	$80.00	—	$200.00
순수 묶어팔기	—	—	$120.00	$240.00
혼합 묶어팔기	$94.95	$94.95	$120.00	$249.90

제11장 부록

2. 각 경우를 검토하여 이윤을 비교한다.

a. 외부 엔진시장이 없는 경우에는 최적 수량과 가격은 각각 $Q_E = Q_A = 2,000$, $P_E = \$8,000$, $P_A = \$18,000$이다. 엔진제조 부서의 경우 수입은 TR $= 2,000(\$8,000) = \$16$백만, 비용은 TC $= 2(2,000)^2 = \$8$백만, 이윤은 $\pi_E = \$8$백만이다. 자동차조립 부서의 경우에는 수입은 TR $= 2,000(\$18,000) = \$36$백만, TC $= \$8,000(2,000) + \$16$백만 $= \$32$백만이며, 이윤은 $\pi_A = \$4$백만이다. 총이윤은 $\$12$백만이 된다.

b. 외부 엔진시장이 존재한다면 $Q_E = 1,500$, $Q_A =$

$3,000$, $P_E = \$6,000$, $P_A = \$17,000$이다. 엔진제조 부서의 경우 수입은 TR $= 1,500(\$6,000) = \$9$백만, 비용은 TC $= 2(1,500)^2 = \$4.5$백만, 이윤은 $\pi = \$4.5$백만이다. 자동차조립 부서의 경우에는 수입은 TR $= 3,000(\$17,000) = \$51$백만, TC $= (8,000 + 6,000)3,000 = \$42$백만이며, 이윤은 $\pi = \$9$백만이다. 총이윤은 $\$13.5$백만가 된다.

c. 엔진이 독점시장일 때에는 최적 수량과 가격은 $Q_E = 2,200$, $Q_A = 1,600$, $P_E = \$8,800$, $P_A = \$18,400$가 되며, 독점시장에서는 $\$9,400$에 600개의 엔진이 판매된다. 엔진제조 부서의 경우 수입은 TR $= 1,600(\$8,800) + 600(\$9,400) = \$19.72$백만, 비용은 TC $= 2(2,200)^2 = \$9.68$백만, 이윤은 $\pi = \$10.04$백만가 된다. 자동차조립 부서의 경우에는 TR $= 1,600(\$18,400) = \$29.44$백만, TC $= (8,000 + 8,800)1,600 = \$26.88$백만, $\pi = \$2.56$백만가 된다. 총이윤은 $\$12.6$백만이다. 엔진을 생산하는 상방부서는 엔진시장을 독점할 때 가장 많은 이윤을 얻는다. 최종제품을 만드는 하방부서는 경쟁적인 엔진시장에서 가장 많은 이윤을 얻는다. 엔진의 생산비용이 높다면 기업 외부의 경쟁적인 엔진시장에서 가장 낮은 비용으로 엔진이 생산될 때 기업은 가장 좋아진다.

제12장

1. 각 기업은 다른 브랜드로부터 자신의 브랜드를 차별화함으로써 경제적 이윤을 얻는다. 경쟁기업들이 하나의 기업으로 합병한다면 그 결과로 나타나는 독점기업은 합병 이전에 비해 적은 양을 생산한다. 그러나 가격과 품질이 다른 여러 제품을 생산하는 것은 가격탄력성이 서로 다른 고객들의 시장을 분리하는 방법이다.

3. a. 이윤 $\pi = 53Q - Q^2 - 5Q$를 극대화하기 위해서는 $\Delta\pi / \Delta Q = -2Q + 48 = 0$의 조건을 이용한다. $Q = 24$이므로 $P = 29$이며, 이윤은 576이 된다.

b. $P = 53Q_1 - Q_2$, $\pi_1 = PQ1 - C(Q) = 53Q1 - Q_1^2 -$

$Q_1Q_2 - 5Q_1$, $\pi_2 = PQ_2 - C(Q_2) = 53Q_2 - Q_1Q_2 - Q_2^2 - 5Q_2$.

c. 기업 1이 직면하는 문제는 자신의 생산량 결정에 대해 기업 2가 반응하지 않는다고 할 때 자신의 이윤을 극대화하는 것이다. 따라서 기업 1은 위에서처럼 1을 극대화하는 Q_1을 선택한다. Q_1의 변화에 대한 1의 변화는 $53 - 2Q_1 - Q_2 - 5 = 0$에서 $Q_1 = 24 - Q_2/2$이다. 문제는 대칭적이므로 기업 2의 반응함수는 $Q_2 = 24 - Q_1/2$이다.

d. 두 반응함수를 만족시키는 Q_1과 Q_2를 구한다. 즉 $Q_1 = 24 - (1/2)(24 - Q_1/2)$에서 $Q_1 = 16$, $Q_2 = 16$이 된다. 가격은 $P = 53 - Q_1 - Q_2 = 21$이 된다. 이윤은 $\pi_1 = \pi_2 = P \cdot Q_i - C(Q_i) = 256$이며, 산업 전체의 이윤은 $\pi_1 + \pi_2 = 512$이다.

5. 옳다. 기업 2의 반응함수는 $q_2 = 7.5 - 1/2q_1$이며 기업 1의 반응함수는 $q_1 = 15 - 1/2q_2$이다. 따라서 $q_2 = 0$, $q_1 = 15$이다. 가격은 독점가격인 15가 된다.

7. a. (i) 쿠르노 균형에서 기업 A의 한계비용이 상승하면 A의 반응함수는 안쪽으로 이동한다. A의 생산량은 줄어들며 B의 생산량은 증가한다. 총생산량은 감소하며 가격은 상승한다. (ii) 담합균형에서 두 기업은 함께 독점기업처럼 행동한다. 기업 A의 한계비용이 상승하면 B가 보다 낮은 한계비용으로 생산할 수 있기 때문에 A는 생산량을 0으로 줄인다. 기업 B는 한계비용 $50로 산업 전체의 생산량을 생산할 수 있으므로 가격과 생산량은 변하지 않는다. 하지만 기업 B가 얻는 이윤을 나누어 가지는 협약에 동의해야 한다. (iii) 재화가 동질적이므로 둘 다 한계비용이 가격과 같아지는 점에서 생산한다. 기업 A는 가격을 $80로 올리며 B는 $79.99로 올린다. B가 충분히 생산할 수 있다면 시장 전체에 대해 공급하게 된다.

b. (i) 두 기업의 한계비용 상승으로 두 기업의 반응곡선은 모두 안쪽으로 이동한다. 두 기업의 생산량은 모두 줄어들며 가격은 인상된다. (ii) 한계비용이 증가하면 독점의 경우와 같이 두 기업은 생산량

을 줄이며 가격은 인상된다. (iii) 가격은 인상되며 생산량은 감소한다.

c. (i) 두 기업의 반응함수는 바깥쪽으로 이동하며, 두 기업은 모두 더 많이 생산한다. 가격은 상승한다. (ii) 두 기업은 모두 생산량을 증가시키며 가격도 상승한다. (iii) 두 기업은 모두 생산량을 증가시킨다. 한계비용이 일정하므로 가격은 변하지 않는다.

11. a. 내쉬균형을 구하기 위해 각 기업의 반응함수를 구하고 가격에 대해 동시에 푼다. 한계비용이 0이라고 가정하면 기업 1의 이윤은 $P_1Q_1 = P_1(20 - P_1 + P_2) = 20P_1 + P_1^2 + P_2P_1$이다. 기업 1의 한계수입은 $MR_1 = 20 - 2P_1 + P_2$이다. 이윤극대화 가격에서는 $MR_1 = 0$이 성립하므로 따라서 $P_1 = (20 + P_2)/2$가 된다. 기업 2는 기업 1과 대칭적이므로 기업 2의 이윤극대화 가격은 $P_2 = (20 + P_1)/2$가 된다. 기업 2의 반응함수를 기업 1의 반응함수에 대입하면 $P_1[20 + (20 + P_1)/2]/2 = 15 + P_1/4$이므로 $P_1 = 20$이다. 대칭성에 의해 $P_2 = 20$이 된다. 따라서 $Q_1 = 20$이며, 대칭성에 의해 $Q_2 = 20$이다. 기업 1의 이윤은 $P_1Q_1 = 400$이며, 기업 2의 이윤도 역시 400이 된다.

b. 기업 1이 먼저 자신의 가격을 정한다면 기업 1은 기업 2의 반응함수를 고려한다. 기업 1의 이윤은 $\pi_1 = P_1[20 - P_1 + (20 + P_1)/2]$이다. 그러면 $d\pi_1/dP_1 = 20 - 2P_1 + 10 + P_1$이 된다. 이 식을 0으로 두면 $P_1 = 30$이 된다. P_1을 기업 2의 반응함수에 대입하면 $P_2 = 25$이다. 이 가격에서 $Q_1 = 20 - 30 + 25 = 15$, $Q_2 = 20 + 30 - 25 = 25$가 된다. 이윤은 $\pi_1 = 30 \cdot 15 = 450$, $\pi_2 = 25 \cdot 25 = 625$이다.

c. 첫 번째 선택은 (iii)이어야 하며, 두 번째 선택은 (ii)여야 한다. 스타켈버그 전략을 따른다면 각 기업에게는 쿠르노 균형에 비해 가격을 높게 책정하는 것이 최적이다. 반응함수로부터 가격 선도자는 가격 추종자의 가격 상승을 유발시킨다. 그러나 추종자는 선도자에 비해 가격을 적게 인상함으로써 가격 선도자의 가격 인상을 약화시킨다. 두 기

업의 이윤은 증가하지만 가격 추종자는 최선의 결과를 얻지 못한다. 또한 두 기업은 모두 쿠르노 균형에 비해 좋아진다.

제13장

1. 만약 게임이 무한정 반복되며 선수들이 모든 보수를 안다면 합리적인 행위는 명백히 담합을 초래한다. 하지만 때로는 광범위한 정보교환이 있어야만 다른 기업의 보수를 알 수 있다. 아마도 담합을 유지하는 데 있어서 가장 큰 문제는 외생적인 수요의 변화와 투입물가격의 변화이다. 모든 선수가 동시에 새로운 정보에 접하지 못한다면 한 기업의 합리적인 반응이 다른 기업에게는 위협으로 인식될 수 있다.

2. 초과 생산능력은 진입이 쉽고 제품이 차별화된 산업에서 나타날 수 있다. 각 기업의 수요곡선이 우하향함에 따라 평균비용이 최소 평균비용보다 높은 곳에서 생산하도록 하므로 생산량의 증가는 평균비용을 하락시킨다. 결과적으로 나타나는 생산량과 장기 평균비용 최소점에서의 생산량 간의 차이가 새로운 기업의 진입을 저지하는 데 사용될 수 있는 초과 생산능력이다.

4. a. 2개의 내쉬균형 (100, 800)과 (900, 600)이 있다.
   b. 두 경영자가 질 좋은 제품을 선택하는 전략을 따른다면 그 결과로 나타나는 균형은 (50, 50)이며, 두 기업 모두의 이윤은 줄어든다.
   c. 협조적 결과 (900, 600)은 두 기업의 전체 이윤을 극대화한다.
   d. 기업 1은 협조로부터 가장 많은 이익을 얻는다. 차선의 선택과 비교할 때 협조로 인해 기업 1은 900 − 100 = 800의 이익을 얻는 반면 기업 2는 800 − 600 = 200의 손실을 본다. 따라서 기업 1은 기업 2의 손실을 보상하기 위해 적어도 200을 지불하는 제안을 할 필요가 있다.

6. a. 그렇다. 2개가 있다. (1) 기업 2가 A를 선택한다면 기업 1은 C를 선택하며, 기업 1이 C를 선택한다면 기업 2는 A를 선택한다. (2) 기업 2가 C를 선택한다면 기업 1은 A를 선택하며, 기업 1이 A를 선택한다면 기업 2는 C를 선택한다.
   b. 만약 두 기업이 모두 최소최대화를 따른다면 기업 1은 제품 A를 선택하며 기업 2도 제품 A를 선택한다. 그 결과 둘의 보수는 모두 −10이 된다.
   c. 기업 2는 10, 20에서 보수를 극대화하기 위해 제품 C를 선택한다.

12. 골동품에 대한 경매는 개인가치적 요소를 가지지만 딜러들이 개입하기 때문에 공동가치 경매이다. 이웃 동네의 경매에서는 골동품의 가치에 대한 추정치가 큰 폭으로 변동하므로 그녀는 승자의 저주에 빠질 가능성이 있다. 정보를 가진 참가자가 훨씬 적은 고향에서는 승자의 저주가 나타날 가능성이 적다.

제14장

2. 새 프로그램하에서는 근로자들이 일을 하지 않고 여가를 최대한 즐긴다면 예산선은 정부 보조금 $5,000만큼 위로 이동한다. 근로시간이 증가(여가시간이 축소)됨에 따라 근로소득의 50%가 세금으로 징수되므로 예산선의 기울기는 최초 예산선에 비해 절반이 된다. 세후 소득이 $10,000가 되면 새 예산선은 최초 예산선과 같아진다. 그 결과 새 프로그램은 근로자들이 처음에 연간 $10,000 이상의 소득을 얻었다면 전혀 효과가 없는 반면, 근로자들이 처음에 연간 $10,000보다 적은 소득을 얻었다면 근로시간을 축소(여가시간을 확대)시킬 수 있다.

6. 노동에 대한 수요는 노동의 한계수입생산물 MRP_L $= MR \cdot MP_L$에 의해 주어진다. 경쟁시장에서는 가격이 한계수입과 같으므로 $MR = 10$이다. 노동의 한계수입생산물은 생산함수 $Q = 12L − L^2$의 기울기와 같다. 기업의 이윤극대화 노동 사용량은 $MRP_L = w$의 조건으로 구해진다. 만약 $w = 30$이라면 L에 대해서 풀면 하루 4.5시간이 된다. 만약

w = 60이라면 *L*은 하루 3시간이 된다.

8. 균형임금은 노동의 공급량과 수요량이 같아지는
곳에서 결정된다. 즉 20*w* = 1,200 − 10*w*의 조건
에 따라 결정되므로 *w* = $40가 된다. 이 값을 노동
공급함수에 대입하면 균형 노동량은 $L_S = (20)(40)$
= 800이 된다. 경제적 렌트는 균형임금과 노동공
급곡선에 의해 주어진 임금의 차이이다. 여기서는
L = 800까지의 노동공급곡선 위와 균형임금 아래
의 면적으로서 (0.5)(800)($40) = $16,000이다.

제15장

3. 지금부터 1년 후에 지급되는 첫 $80의 현재할인
가치는 PDV = $80/(1 + 0.10)^1 = \$72.73$이다. 모
든 쿠폰 지급액의 가치는 똑같은 방법으로 계산되
는데, 즉 PDV = $80[1/(1.10)^1 + 1/(1.10)^2 + 1/(1.10)^3 + 1/(1.10)^4 + 1/(1.10)^5] = \$303.26$이다.
6년째에 마지막으로 지급되는 $1,000의 현재가치
는 $1,000/1.1^6 = \$564.47$이다. 따라서 이 채권의
현재가치는 $303.26 + $564.47 = $867.73이다.
이자율이 15%이면 PDV = $700.49이다.

5. *R* = 0.04를 이용하여 식 15.5에 적절한 값들을 대
입하면 *NPV* = −5 − 4.808 − 0.925 − 0.445 +
0.821 + 0.789 + 0.759 + 0.730 + 0.701 + 0.674
+ 0.649 + 0.624 + 0.600 + 0.577 + 0.554 +
0.533 + 0.513 + 0.493 + 0.474 + 0.456 + 0.438
+ 0.456 = −0.338이 된다. 이 투자는 $338,000
의 손실이 발생하므로 가치가 없다. 그러나 할인
율이 3%라면 *NPV* = $866,000이므로 투자는 실행
할 가치가 있다.

9. **a.** 1병을 사서 *t*년 후에 판다면 $100를 지금 지불하
며, 팔 때는 $100t^{0.5}$를 받는다. 이 투자의 NPV는
NPV = $-100 + e^{-rt}100t^{0.5} = -100 + e^{-0.1t}100t^{0.5}$
이다. 1병을 산다면 NPV를 극대화하는 *t*를 선택
할 것이다. 필요조건은 $dNPV/dt = e^{-0.1t}(50 - t^{-0.5}) - 0.1e^{-0.1t} \cdot 100t^{0.5} = 0$이며, 이 식에서 *t* = 5
가 된다. 5년 동안 보유한다면 NPV는 −100 +

$e^{-0.1 \cdot 5}100 \cdot 5^{0.5} = 35.62$가 된다. 각 병은 모두 좋은
투자이므로 100병을 사야 한다.

b. $130에 팔라는 제안을 받으므로 즉시 $30의 이윤
을 얻는다. 그러나 와인을 5년 동안 보유한다면 이
윤의 NPV는 (a)에서 계산했듯이 $35.62가 된다.
따라서 즉시 판매하는 대신 5년 동안 보유함에 따
른 NPV는 $30 − 35.62 = −$5.62이므로 팔아서
는 안 된다.

c. 이자율이 10에서 5%로 변하면 NPV의 계산도
$-100 + e^{-0.05t} \cdot 100t^{0.5}$로 변한다. 포도주를 10
년 동안 보관하면 최대 NPV는 $-100 + e^{-0.05 \cdot 10} \cdot 100 \cdot 10^{0.5} = \$91.80$가 된다.

11. **a.** *r* = 0.04에서 차를 구입하는 것과 리스하는 것을
비교한다. 차를 구매할 때의 순비용의 현재가치는
$-20,000 + 12,000/(1 + 0.04)^6 = -10,516.22$이
다. 차를 리스할 때의 비용의 현재가치는 $-3,600 - 3,600/(1 + 0.04)^1 - 3,600/(1 + 0.04)^2 = -10,389.94$이다. 따라서 *r* = 4%일 때는 리스하
는 것이 낫다.

b. 다시 차를 구입하는 것과 리스하는 것을 비교한
다. 구입할 때의 순비용의 현재가치는 $20,000 + 12,000/(1 + 0.12)^6 = -13,920.43$이며, 리스할
때의 비용의 현재가치는 $-3,600 - 3,600/(1 + 0.12)^1 - 3,600/(1 + 0.12)^2 = -9,684.18$이다.
r = 12%일 때는 차를 리스하는 것이 낫다.

c. 차를 구매하여 나중에 팔 때의 비용의 현재가치
와 리스비용의 현재가치가 같을 때 소비자는 무
차별하다. 따라서 $-20,000 + 12,000/(1 + r)^6 = -3,600 - 3,600/(1 + r)^1 - 3,600/(1 + r)^2$로 두
면 *r* = 3.8%가 된다.

제16장

6. 선호가 동일하더라도 계약곡선은 직선일 수도 있
고 아닐 수도 있는데, 그래프를 통해서 쉽게 알 수
있다. 예를 들어 두 개인의 효용함수가 모두 $U = x^2y$라면 한계대체율은 $2y/x$이다. *X*와 *Y*를 두 재

화의 양으로 두면, 계약곡선 $y = (Y/X)x$상의 모든 점에서 두 사람의 한계대체율은 같아진다. 계약곡선이 직선이 아닌 한 가지 예는 두 사람의 소득이 다르며 한 재화가 열등재인 경우이다.

7. 한계변환율은 두 재화 생산의 한계비용의 비율과 같다. 대부분의 생산가능곡선은 바깥쪽으로 휜다. 그러나 두 재화가 규모에 대한 수확불변의 생산함수로 생산된다면 생산가능곡선은 직선이 된다.

10. 규모에 대한 수확불변 생산과정에서 규모에 대한 수확급증 생산과정으로 변화하더라도 등량곡선의 모양은 변하지 않는다. 어떤 비율의 생산요소 증가가 그보다 높은 비율의 생산량 증가를 가져오도록 등량곡선의 수량을 재조정할 수 있다. 이 가정하에서 기술적 한계대체율은 변하지 않으며, 생산계약곡선에도 변화가 없다.

제17장

5. a. 비교적 최근에 소비자들은 미국 자동차의 품질이 낮다고 인식하였다. 이러한 인식을 바꾸기 위하여 미국 자동차회사들은 품질 향상을 위해 투자했으며, 자동차의 수리 필요성을 낮추었다. 이들은 자동차에 대한 보증을 확대함으로써 품질 향상에 대한 신호를 보냈다.

   b. 도덕적 해이는 보험에 가입한 사람이 보험금 지급(자동차 수리)을 유발시키는 상황의 발생가능성이나 크기에 영향을 미칠 수 있을 때 발생한다. 기계적 문제와 관련된 모든 부품과 노동비용에 대해 보상해 주는 것은 자동차를 잘 유지할 유인을 감소시킨다. 따라서 보증범위 확대로 인해 도덕적 해이 문제가 나타난다.

7. 보험에 가입한 사람이 화재발생의 가능성에 영향을 미친다면 도덕적 해이 문제가 발생한다. 재산소유자는 집을 잘 살펴보고, 잘못된 전기선을 대체하고, 경보시스템을 설치하는 등의 행위를 통해 화재발생의 가능성을 줄일 수 있다. 완전보상보험을 구입한다면 보험 가입자는 손실의 확률과 크기를 줄이려는 유인을 거의 갖지 않으므로 도덕적 해이 문제는 심각해질 수 있다. $10,000 이상의 손실 보상과 90%의 보상을 비교하기 위해서는 잠재적 손실의 가치에 대한 정보가 필요하다. 두 방법 모두 완전보상으로 인한 도덕적 해이 문제를 축소시킨다. 그러나 재산이 $10,000보다 가치가 높을(낮을) 때 총손실은 $10,000 이상의 손실보상보다 90%의 보상보험에서 적어진다. 재산의 가치가 $10,000보다 많아지면 소유자는 $10,000 이상의 손실에 대한 보상보다 90% 보상보험에서 화재예방을 위한 노력을 더 기울일 것이다.

제18장

4. 주민이 강에서 수영하는 것에 대한 가치와 폐수배출량 감소의 한계비용을 알아야 한다. 정책의 선택은 배출량 감소의 한계편익과 한계비용에 달려 있다. 기업들에게 동일한 배출부담금을 부과하면 기업들은 배출량 감소의 한계비용이 부담금과 같아지는 점까지 폐수배출량을 줄이게 된다. 만약 이러한 배출량 감소가 수영을 하기에 충분하지 않다면 부담금은 증가될 수 있다. 배출기준치를 설정하는 것은 정책담당자가 배출량 감소의 한계비용과 한계편익에 대해 완전한 정보를 가질 때에만 효과적이다. 나아가 기준치는 기업이 새로운 정화기술을 이용할 수 있을 때 기업으로 하여금 배출량을 더 줄이도록 유인할 수 없다. 폐수거래허가제도 또한 여전히 정책담당자가 효율적인 폐수기준치를 정하도록 요구한다. 허가증이 한 번 배분되면 시장이 발생하며, 폐수 감소 비용이 높은 기업은 비용이 낮은 기업으로부터 허가증을 구입하게 된다. 그러나 처음에 허가증이 팔리지 않는다면 수입은 발생하지 않는다.

9. a. 이윤은 한계수입과 한계비용이 같을 때 극대화된다. 한계수입이 $40로 일정하고 한계비용은 $10 + 5Q$이므로 $Q = 6$이다.

   b. 만약 벌이 도와주지 않는다면 과수원 주인은 인

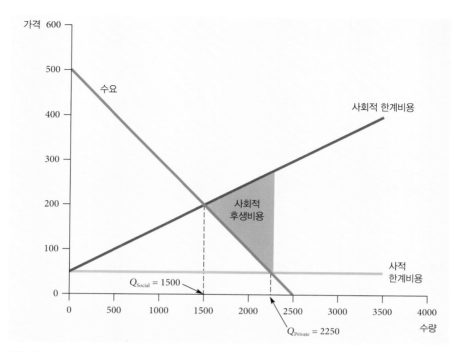

그림 18

공수정을 위해 에이커당 $10를 지불해야 한다. 양봉업자가 유지하는 각 벌집에 대해 과수원 주인은 $10까지 지불할 용의가 있으므로 각각의 사회적 한계편익은 $40의 사적 한계편익에 비해 큰 $50이다. 사회적 한계편익과 한계비용을 일치시키면 $Q = 80$이 된다.

c. 보다 효율적인 생산을 가져다주는 가장 급진적인 방법은 과수원과 양봉업의 합병이다. 합병은 벌의 꽃가루받이에 따른 양(+)의 외부효과를 내부화한다. 합병을 하지 못하더라도 과수원 주인과 양봉업자는 꽃가루받이 서비스에 대해 계약을 체결해야 한다.

13. a. $P = 500 - 0.2Q$, $MC = 50$이므로 균형은 $500 - 0.2Q = 50$의 관계로 이루어진다. 따라서 $Q = 2,250$이다.

b. $MEC = 0.1Q$를 더하면 사회적 한계비용은 $50 + 0.1Q$가 된다. 사회적으로 바람직한 담배 소비량 수준을 구하기 위해 수요와 SMC를 일치시킨다. 즉 $500 - 0.2Q = 50 + 0.1Q$에서 $Q = 4,500/3 =$

1,500이 된다. 그림 18을 보라.

제19장

2. 한 가지 해법은 조세 부과를 통해 사적 한계비용을 사회적 한계비용과 일치시키는 것인데, 이에 따라 생산량은 사회적 최적 수준이 된다. 그러나 원유회사들이 원유채굴량을 줄이도록 유인할 수 있는 다른 방법도 있다. 한 가지 예는 도덕적인 설득이다. 만약 회사들이 원유채굴량을 줄여야 하는 도덕적 의무를 가진다고 인식한다면 채굴을 줄일 것이다.

5. 보너스 프로그램은 사후적으로 생산적인 결과를 초래한 것으로 확인된 사람들에 대해서만 보상하기 때문에 사전적인 임금 보충에 비해 상당히 공정해 보일 수 있다. 이는 실험적으로 증명되는데, 다음 논문을 살펴보라. Ernst Fehr, Alexander Klein, and Klaus M. Schmidt, "Fairness and Contract Design," *Econometrica* 75 (January 2007) pp. 121-154.

사진 크레딧

찾아보기